新疆知识产权（专利）三十年

XINJIANG
ZHISHICHANQUAN (ZHUANLI)
SANSHI NIAN

新疆维吾尔自治区知识产权局 编

知识产权出版社
全国百佳图书出版单位

图书在版编目（CIP）数据

新疆知识产权(专利)三十年 / 新疆维吾尔自治区知识产权局编. —北京:知识产权出版社,2018.5

ISBN 978-7-5130-3560-6

Ⅰ.①新… Ⅱ.①新… Ⅲ.①知识产权 – 工作 – 新疆 Ⅳ.①D927.450.34

中国版本图书馆CIP数据核字(2018)第016803号

责任编辑：张　珑　　　　　　　　　　　责任出版：刘译文

新疆知识产权(专利)三十年

新疆维吾尔自治区知识产权局　编

出版发行：	知识产权出版社 有限责任公司	网　址：	http://www.ipph.cn
电　话：	010 – 82004826		http://www.laichushu.com
社　址：	北京市海淀区气象路50号院	邮　编：	100081
责编电话：	010 – 82000860 转 8597	责编邮箱：	31964590@qq.com
发行电话：	010 – 82000860 转 8101	发行传真：	010 – 82000893
印　刷：	北京中献拓方科技发展有限公司	经　销：	各大网上书店、新华书店及相关专业书店
开　本：	880mm×1230mm　1/16	印　张：	55
版　次：	2018年5月第1版	印　次：	2018年5月第1次印刷
字　数：	1716千字	定　价：	266.00元

ISBN 978-7-5130-3560-6

本书编委会

顾　　问：刘　华

主　　编：马庆云

副 主 编（以姓氏笔画为序）：

艾拉·吾买尔巴克、多里坤·阿吾提、刘永生、

孙东方、姜万林、阎科华、雷筱云、谭　力

编　　委（以姓氏笔画为序）：

于　晟、叶红珠、田湘勇、史治勋、白志斌、

邢月霞、成　功、吕红梅、刘山玖、杨　靖、

李　静、沈联海、张　毅、阿依努尔·阿不都如苏里、

陈　勇、范志刚、哈洪江、贺迎国、聂海涛、

夏　黎、黄晓珊、常　铖、董海军、薛卫东

责任编辑：史治勋

编　　辑：李　晨、史　媛、李　放

序

为纪念《中华人民共和国专利法》实施三十周年，自治区知识产权局编印了《新疆知识产权（专利）三十年》一书。该书的编印，是对自治区专利工作三十年发展历程的一次全面回顾和系统总结，也是对自治区专利工作业绩和专利成果的一次展现，对社会各界全面真实地了解新疆以往的专利工作和今后全面深入推进实施自治区知识产权战略，进一步提升知识产权创造、运用、保护、管理和服务能力，都具有重要意义。

三十年来，在自治区党委、政府的正确领导下，在国家知识产权局的大力支持和援疆省市知识产权局的帮助下，自治区的知识产权（专利）事业得到快速发展，取得了可喜的成绩：一是知识产权工作体系已基本建立，知识产权工作队伍不断发展壮大；二是知识产权政策、法规、制度日益完善，执法保护水平不断提高；三是知识产权（专利）战略实施扎实推进，知识产权创造、运用、保护、管理和服务能力全面提升；四是知识产权协调、保护机制基本建立，政府主导、部门参与的局面已经形成；五是"局区会商"和对口援疆合作机制不断完善，知识产权对外合作活动有效开展；六是知识产权宣传教育深入人心，社会公众知识产权意识明显增强。

三十年来，知识产权工作取得了巨大的成绩，为自治区创新驱动和经济社会发展提供了重要支撑。与此同时，我们也看到，自治区的知识产权工作和自身发展与东中部发达省市区相比还有较大差距：一是知识产权创造质量还不够高；二是知识产权信息利用不够全面；三知识产权管理体系还不健全；四是知识产权管理、保护、服务能力需要大大增强。

当前，我国经济发展进入新常态，创新成为引领发展的第一动力。党中央、国务院作出了深入实施创新驱动发展战略、推进供给侧结构性改革、加强产权保护制度建设、加快建设世界科技强国、推进知识产权综合管理改革、实施"十三五"国家知识产权保护和运用规划、加快建设知识产权强国等一系列重大部署。知识产权作为激励和保护创新的基本保障、经济发展的重要战略性资源和竞争力的核心要素，地位越来越凸显，作用越来越突出。全区的知识产权工作面临重要历史发展机遇期，我们应以纪念《中华人民共和国专利法》实施三十周年为新的起点，以习近平总书记系列重要讲话精神为指导，围绕自治区社会稳定和长治久安的总目标，紧密结合新疆实际，抢抓机遇，以加快知识产权强国建设、实施知识产权战略和"十三五"国家知识产权保护和运用规划为重要载体，以深化知识产权领域改革为突破口，以知识产权保护运用为重点，找准知识产权工作的发力点，提升知识产权质量，加强知识产权运用，严格知识产权保护，优化知识产权管理，推动自治区知识产权工作全面上新水平，充分发挥知识产权在激励创新和保护创新中的基础性作用，为新疆经济社会发展提供更加有力的支撑。

2017年9月6日

前　　言

　　1984年3月12日，中华人民共和国第六届全国人民代表大会常务委员会第四次会议审议通过，1985年4月1日颁布实施的《中华人民共和国专利法》至今已有30年。30年来，新疆维吾尔自治区的知识产权制度从无到有，逐步建立完善；知识产权体系由小到大，日益发展壮大；知识产权工作创新提升，并取得显著成就。为纪念《中华人民共和国专利法》颁布30周年，促进自治区知识产权工作再上新台阶，自治区知识产权局编印了《新疆知识产权（专利）三十年》一书。

　　本书的编写，是对30年来新疆知识产权事业发展历程的全程回顾，是几代新疆知识产权工作者在自治区知识产权事业发展奋斗进程中所展现出的开拓创新、默默奉献情景的回放和辛勤耕耘及聪明智慧的真实记录。它既是新疆知识产权工作所取得显著业绩和丰硕成果的一次全面展示，又是为今后进一步提升新疆知识产权工作提供研究依据和借鉴。总之，本书的编印，对社会各界全面系统地关心了解支持新疆的知识产权工作，促进新疆知识产权事业全面快速发展具有一定的指导意义。

　　本书的框架结构由篇、章、节构成。其内容收录了1985—2014年新疆知识产权（专利）工作的基本资料。全书包括3篇："综合篇"由新疆知识产权（专利）工作三十年"集锦""综述"和"纪事"3章组成；"工作篇"由"知识产权战略""工作体系""专利创造""专利运用""专利保护""专利管理""专利服务""宣传培训""合作交流""协调指导""人才队伍""专利奖励"和"地州市工作"13章组成；"文献篇"由"相关国家法规""相关国家政策""相关国家文献""相关自治区法规""相关自治区政策"和"相关自治区文献"组成。

　　本书所采用的专利申请授权数据含新疆生产建设兵团专利申请授权数据。在表述15个地州市中含石河子市。

　　本书的编写工作，得到了自治区领导的大力支持和全区知识产权局系统同仁的通力配合，自治区人民政府原副秘书长刘华关心支持本书的编写工作，并亲自为本书作序，值此，编委会表示衷心感谢。另外，由于年代久、档案资料不完整、时间仓促和编写经验不足等因素，难免有疏漏和不足之处，欢迎读者批评指正。

2017年9月7日

目　　录

—— 综合篇 ——

第一章　新疆知识产权（专利）工作三十年集锦

领导关怀

2014年1月6日，中共中央政治局委员、自治区党委书记张春贤出席自治区科技创新大会，在大会讲话中对新疆知识产权工作取得的成绩给予充分肯定。

2015年2月27日，中共中央政治局委员、自治区党委书记张春贤（左）在"自治区科学技术奖励大会暨专利奖励大会"上向获得2012年度"新疆专利奖"的获奖者颁发获奖证书并表示祝贺。

2015年2月27日，自治区党委副书记、自治区主席雪克来提·扎克尔在"自治区科学技术奖励大会暨专利奖励大会"上发表重要讲话。

2008年3月17日，自治区副主席靳诺（左）与国家知识产权局局长田力普（右）就国家知识产权局与新疆维吾尔自治区人民政府建立工作会商机制等方面的工作进行交谈。

2010年12月12日，国家知识产权局局长田力普（右）、自治区党委常委尔肯江·吐拉洪（左）分别代表国家知识产权局和自治区人民政府在《国家知识产权局援疆工作协议书》上签字后互表祝贺。

2010年12月12日，国家知识产权局局长田力普在乌鲁木齐出席"全国知识产权局系统对口援疆工作会议暨国家知识产权局与新疆维吾尔自治区人民政府第二次合作会商会议"并作重要讲话。

2010年12月12日，自治区党委常委尔肯江·吐拉洪出席"全国知识产权局系统对口援疆工作会议暨国家知识产权局与新疆维吾尔自治区人民政府第二次合作会商会议"并作重要讲话。

2010年12月12日，自治区副主席靳诺在"全国知识产权局系统对口援疆工作会议暨国家知识产权局与新疆维吾尔自治区人民政府第二次合作会商会议"上作重要讲话。

2012 年 7 月 26 日，国家知识产权局局长田力普（左）和自治区副主席靳诺（右）为"国家知识产权培训（新疆）基地"揭牌。

2012 年 7 月 27 日，国家知识产权局局长田力普（左二）在自治区知识产权局局长马庆云（左三）等领导的陪同下在"西气东输"首站考察。

2014 年 5 月 14 日，新疆维吾尔自治区人民政府副主席田文（左排左二）拜会国家知识产权局局长申长雨（右排右二），双方就国家知识产权局支持新疆知识产权事业发展和知识产权对口援疆等工作进行了座谈交流。

2013年11月15日，国家知识产权局党组成员、纪检组组长肖兴威（左）向昌吉回族自治州党委书记李建国授"国家知识产权示范城市"牌匾。

2011年2月22日，国家知识产权局党组成员、纪检组组长肖兴威在乌鲁木齐出席新疆维吾尔自治区知识产权工作会议。

2007年10月24日，在乌鲁木齐博格达宾馆举行"国家知识产权局专利局乌鲁木齐专利代办处揭牌仪式"。自治区主席助理靳诺（左一）与国家知识产权局协调管理司副司长曾武宗（右一）为乌鲁木齐专利代办处揭牌。

2013年10月31日,自治区副主席田文(右二)在自治区人民政府副秘书长刘华(右三)和自治区科技厅厅长张小雷(右一)的陪同下在自治区知识产权局调研指导工作。

1999年3月23日,1998年度自治区优秀发明创造者、专利技术开发者颁奖大会召开。颁奖会后,自治区领导与1998年度自治区优秀发明创造者和专利技术开发者获奖代表合影。

2014年12月24日,自治区科技厅党组书记、副厅长热依汗·玉素甫(左排右一)一行到自治区知识产权局调研。

局 区 会 商

2010年12月12日，在北京召开"全国知识产权局系统对口援疆工作会议暨国家知识产权局与新疆维吾尔自治区人民政府第二次合作会商会议"。

2010年12月12日，在北京出席"全国知识产权局系统对口援疆工作会议暨国家知识产权局与新疆维吾尔自治区人民政府第二次合作会商会议"的代表合影。

对口援疆

2010年12月12日，在"全国知识产权局系统对口援疆工作会议暨国家知识产权局与新疆维吾尔自治区人民政府第二次合作会商会议"上举行捐赠仪式。由左至右为江苏、湖南、山东、河北、黑龙江省知识产权局分别向对口的伊犁哈萨克自治州、吐鲁番地区、喀什地区、巴音郭楞蒙古自治州和阿勒泰地区知识产权局捐款。

2012年2月21日，在乌鲁木齐昆仑宾馆召开"国家知识产权局援疆工作调研座谈会"。国家知识产权局党组成员、纪检组组长肖兴威、自治区人民政府秘书长刘华等领导出席。

2006年8月4日，在哈密宾馆举行《哈密地区行政公署与广东省知识产权局知识产权合作对口援疆协议》签字仪式。图为签约仪式会场。

2010年10月3日，在巴音郭楞蒙古自治州人民政府召开"河北省知识产权局对口支援巴（州）座谈会"。

2011年3月2日，在阜康市举行山西省知识产权局对口援助"煤化工专利专题数据库"启用仪式暨山西援阜煤电煤化工知识产权培训班。

2012年7月24日，天津市知识产权局向和田地区知识产权局捐赠10万元工作经费。

2012年9月7日，安徽省知识产权局向和田地区知识产权局赠送执法车一辆。图为捐赠执法车辆仪式。

2012年11月26日，在石家庄市举行"河北省知识产权局与巴音郭楞蒙古自治州人民政府知识产权对口支援合作协议签字仪式"。图为签字仪式后，巴音郭楞蒙古自治州人民政府副秘书长肖玲（右）代表巴州人民政府向河北省知识产权局赠送锦旗。

2013年3月11日，江苏省知识产权局在南京召开"江苏省—新疆伊犁州知识产权局系统第二次对口支援工作座谈会"。

2013年10月28日，国家知识产权局专利管理司副司长雷筱云在乌鲁木齐出席"东中西部知识产权对口援疆深化推进实务研讨班"，并代表国家知识产权局致辞。

2013年9月26日，国家知识产权局复审委员会常务副主任张茂于（右二）一行4人来新疆调研并与自治区知识产权局代表座谈。

2014年3月20—21日，河南省知识产权局为哈密举办两期中小企业知识产权培训班。图为河南省知识产权局知识产权事务中心副主任刘卫东应邀为培训班授课。

◀2014年5月22—23日，湖南省知识产权局召开"湖南省对口吐鲁番地区知识产权援助合作座谈会"。自治区知识产权局局长马庆云（左排中）和吐鲁番地区知识产权局局长姚建军（左排左一）等人员参加。

2014年7月21日，自治区知识产权局与国家知识产权局专利局专利审查协作北京中心在北京联合举行为期3个月的"2014年新疆专利代理人知识产权培训班"。图为开班仪式。

◀2014年7月31日，在伊宁市举行《2014—2016年江苏省对口支援伊犁州知识产权工作计划》签字仪式。伊犁哈萨克自治州知识产权局局长叶尔波力·马奥（左）与江苏省知识产权局副局长张春平（右）分别代表双方在计划书上签字。

对外交流

▲
2007年8月23日—9月6日，自治区及地州市知识产权局局长一行9人前往澳大利亚培训。图为自治区知识产权局局长姜万林（右一）与澳大利亚知识产权署负责人会谈。

战略推进

▲
2009年8月14日，自治区知识产权战略实施领导小组办公室在博格达宾馆召开"自治区知识产权战略制定工作中期会议"。

2010年1月22日，自治区知识产权战略制定工作领导小组在自治区党委会议室召开《新疆维吾尔自治区知识产权战略纲要（送审稿）》审议会议。自治区党委常委尔肯江·吐拉洪（二排左二）、自治区党委副秘书长景海燕（二排左三）、自治区人民政府副秘书长刘华（二排左一）等领导出席会议。尔肯江·吐拉洪作重要讲话。

2010年4月26日，自治区人民政府在乌鲁木齐昆仑宾馆举行《新疆维吾尔自治区知识产权战略纲要》颁布实施新闻发布会。自治区人大常委会副主任杜秦瑞、自治区副主席靳诺、自治区人民政府副秘书长刘华等领导出席。

2013年11月15日，在乌鲁木齐博格达宾馆召开"2013年新疆维吾尔自治区专利事业发展战略推进计划"汇报会，国家知识产权局党组成员、纪检组组长肖兴威（右一）等评估组成员出席，听取自治区知识产权局局长马庆云（左排左二）的汇报。

2013年3月12日，由自治区知识产权局局长兼自治区知识产权战略实施领导小组办公室主任马庆云（右排右三）任组长的自治区知识产权战略实施考评（1）组在巴音郭楞蒙古自治州考评知识产权战略实施工作。

2013年3月14日，由自治区科技厅副巡视员、知识产权局副局长谭力（右前排中）任组长的自治区知识产权战略实施考评（2）组在乌鲁木齐市考评知识产权战略实施工作。

2013年3月14日，由自治区科技厅副巡视员、知识产权局副局长谭力（右排右三）任组长的自治区知识产权战略实施考评（2）组在克拉玛依市考评知识产权战略实施工作。

2013年8月30日，自治区及15个地州市在党委电视电话会议室组织参加"全国知识产权战略实施工作电视电话会议"。图为克拉玛依市分会场。

2013年9月12日，哈密地区行署召开"自治区知识产权战略实施工作总结会议"。哈密地区行署副专员艾赛提·扎克尔（左排左三）出席会议并讲话。

2013年11月18日，国家知识产权局战略实施调研组在石河子市召开座谈会，听取石河子市实施知识产权战略情况汇报。

2013年，新疆各地相继组织召开知识产权战略实施推进工作联席会。图为2013年4月20日，克拉玛依市召开2013年知识产权战略实施推进工作联席会。

执 法 保 护

2011年1月19日，自治区知识产权局在全区知识产权局系统部署开展打击侵犯知识产权和销售假冒伪劣商品专项行动集中督导检查工作。

在2014年"4·26"宣传周期间，自治区、石河子市知识产权局在石河子市联合开展执法检查活动。

2014年4月25日，自治区知识产权局、乌鲁木齐市知识产权局等单位在华凌综合市场联合举行"知识产权保护规范化培育工作启动仪式"。自治区知识产权局马庆云局长（前排）出席启动仪式并讲话。

2014年4月25日，自治区知识产权局局长马庆云（中）在华凌综合市场家具城某品牌店内开展专利执法检查。

2014年6月11日，自治区知识产权局局长马庆云（右）向阿勒泰地区知识产权局赠送专利执法设备箱。

2012年9月1—6日，第二届中国—亚欧博览会在新疆乌鲁木齐市召开。由自治区知识产权局等五部门组成的博览会组委会知识产权投诉组，深入亚博会开展知识产权侵权、假冒行为的投诉和咨询服务活动。

2014年7月3日，自治区知识产权局、吐鲁番地区知识产权局在吐鲁番联合举行"区、地专利行政执法联动机制启动仪式"。自治区科技厅副巡视员、知识产权局副局长谭力出席启动仪式并讲话。

2014年7月3日，自治区科技厅副巡视员、知识产权局副局长谭力一行4人与吐鲁番地区6部门联合开展专利行政执法活动。图为谭力副局长（左二）等专利执法人员在吐鲁番市阿凡提药品超市开展专利执法检查活动。

2014年7月20日，自治区知识产权局、昌吉回族自治州知识产权局执法人员组成联合执法组，由自治区科技厅副巡视员、知识产权局副局长谭力（中）带队，到昌吉市大型商场联合开展专利执法检查活动。

2014年7月9日，自治区知识产权局在昌吉市举行"昌吉回族自治州专利巡回审理庭揭牌仪式。自治区科技厅副巡视员、知识产权局副局长谭力（中）出席揭牌仪式并揭牌。

2013年9月6日，在和田市召开第二届南疆五地州知识产权保护合作交流会议。自治区科技厅副巡视员、知识产权局副局长谭力（左排左七）出席。

加强管理

2007年3月21—22日，自治区人民政府在乌鲁木齐昆仑宾馆召开"自治区知识产权试点示范工作会议"。自治区党委常委、自治区常务副主席陈雷、国家知识产权局副局长邢胜才出席并分别作重要讲话。自治区人大常委会副主任张国梁、生产建设兵团副司令阿勒布斯拜·拉合木等领导出席会议。自治区主席助理靳诺作总结讲话。

2015年2月27日，自治区人民政府在乌鲁木齐召开"自治区科学技术奖励大会暨专利奖励大会"。会上对获得2012年度新疆专利奖的获奖者进行表彰奖励。

2011年4月15日，自治区人民政府在昆仑宾馆召开"自治区知识产权工作会议"。国家知识产权局顾问、原局长王景川，自治区人民政府副秘书长刘华，自治区科技厅党组书记、副厅长约尔古丽·加帕尔等领导出席了会议。自治区知识产权战略实施领导小组成员单位代表，自治区"优秀发明创造者"和"优秀专利技术开发者"获奖代表，新疆地州市知识产权局、高校、科研机构和知识产权试点示范企事业单位、专利代理和中介服务机构及媒体代表等共160余人参加。

2011年4月15日,在昆仑宾馆召开的自治区知识产权工作会议上,国家知识产权局顾问、原局长王景川,自治区人民政府副秘书长刘华,自治区科技厅党组书记、副厅长约尔古丽·加帕尔,自治区知识产权局局长马庆云等领导为"十一五"期间获得"中国专利优秀奖"和自治区"优秀发明创造者"及"优秀专利技术开发者"的获奖人员颁发获奖证书并合影。

2011年1月19日,在乌鲁木齐市博格达宾馆召开"新疆发明协会第四届会员代表大会暨新疆知识产权研究会第三届会员代表大会"。自治区副主席靳诺(左三)、中国知识产权研究会秘书长张云才(左二)、自治区人民政府副秘书长刘华(右三)等领导出席。

2013年4月16—18日,新疆专利奖评奖办公室在乌鲁木齐徕远宾馆组织召开自治区专利奖评审会。评审会分8个专业组对申报2012年度新疆专利奖的76项专利项目进行评审论证。

2007年6月19—20日，自治区知识产权局在克拉玛依市召开"全区知识产权局局长会议"。15个地州市知识产权局局长及负责知识产权试点示范工作的人员参加。图为会议现场。

2007年6月19日，在克拉玛依市参加全区知识产权局局长会议的代表合影。

2011年7月8日，自治区知识产权局在乌鲁木齐召开"地州市知识产权局局长会议"。15个地州市知识产权局局长参加。

2013年2月1日，自治区知识产权局召开"全区知识产权局局长视频会议"。总结上一年度工作，部署2013年工作任务。自治区知识产权局局长马庆云（前排左二）作工作报告，全区知识产权局系统干部职工120余人，分别在14个分会场参加会议。

2010年1月12日，自治区知识产权局召开2010年度自治区知识产权局工作总结表彰大会。自治区知识产权局全体职工参加，自治区知识产权局局长马庆云（主席台右二）、自治区科技厅副巡视员、知识产权局副局长谭力（主席台左二）、自治区知识产权局副局长多里坤·阿吾提（主席台右一）、自治区知识产权局副局长孙东方（主席台左一）出席。

2013年5月24日，自治区知识产权局在乌鲁木齐高新技术开发区盈科大厦举办"新疆第三届企业知识产权沙龙暨贯标启动仪式"。

2013年5月13日，国家知识产权局在乌鲁木齐高新技术开发区（新市区）召开"国家知识产权试点园区考核验收会"。由国家知识产权局组成考核验收组对乌鲁木齐高新技术开发区国家知识产权试点工作进行了考核验收。图为考核验收会会场。

2013年4月19日，自治区知识产权局等单位在新疆国家大学科技园举行"新疆发明专利倍增行动启动仪式"。

2014年1月27日，由国家知识产权局、自治区知识产权局组成国家知识产权试点园区验收评定组对乌鲁木齐经济技术开发区（头屯河区）"国家知识产权试点园区"试点工作进行验收。图为验收会会场。

2014年8月20—21日，自治区知识产权局局长马庆云（左排左三）一行5人在石河子调研，并对石河子贵航农机装备有限责任公司承担的2012年自治区专利实施计划项目进行验收。图为项目验收会场。

2006年6月28日，自治区知识产权局局长姜万林（右二）在乌鲁木齐高新技术产业开发区检查指导工作。

2006年6月28日，自治区知识产权局局长姜万林（右二）在乌鲁木齐高新技术产业开发区检查指导工作时与高新区相关人员进行座谈。

2014年6月12日，自治区知识产权局马庆云局长（左二）在阿勒泰青河县神农农业科技示范有限公司调研。

2014年6月15日，自治区知识产权局马庆云局长（中）在阿勒泰地区福海县现代农业科技示范园区开展实地调研工作。

2014年6月10日，自治区知识产权局副局长孙东方（左四）一行3人在和田木卜拉商贸有限责任公司等4家公司就2013年专利实施项目进行实地考察。

2014年6月12日，自治区知识产权局副局长艾拉·吾买巴克一行3人在哈密地区新疆域尊酒业有限公司等6家企业进行实地调研。图为艾拉·吾买巴克副局长（左排右三）在新疆域尊酒业有限公司与企业人员座谈。

2014年6月20日，自治区知识产权局副局长艾拉·吾买巴克一行4人在博尔塔拉蒙古自治州新疆赛湖渔业有限公司、金坤兔业有限公司等4家企业进行实地调研。图为艾拉·吾买巴克（左四）副局长在新疆赛湖渔业有限公司调研。

提升服务

2013年3月22日，自治区知识产权局与建行新疆区分行举行"支持小企业发展合作协议签字仪式"。自治区科技厅、知识产权局和人民银行乌鲁木齐中心支行、自治区融资担保有限责任公司等单位代表参加。自治区人民政府副秘书长刘华出席并致辞。

2007—2014年，自治区连续8年组织实施了"全国专利代理人资格考试"（乌鲁木齐考点）。图为2007年11月3—4日在新疆科技干部培训中心举行的"2007年全国专利代理人资格考试"（乌鲁木齐考点）。参加此次考试的考生有44人。

2013年4月27日，奎屯市知识产权局召开"知识产权托管启动会议"。自治区知识产权局局长马庆云（前排中）出席会议并讲话。

2014年7月9日，自治区知识产权局在克拉玛依市举行"自治区首个知识产权帮扶工作站揭牌仪式"。自治区科技厅副巡视员、知识产权局副局长谭力出席并揭牌。

2014年8月27日，自治区科技厅副巡视员、知识产权局副局长谭力（右）、巴音郭楞蒙古自治州人民政府副秘书长肖玲（左）为"新疆巴州知识产权帮扶工作站"揭牌。

2014年11月5日，由克拉玛依市人民政府主办，克拉玛依市科技局（知识产权局）协办，新疆油田公司科技信息处等6个单位在克拉玛依市融汇科创大厦承办"2014年克拉玛依石油石化科技成果及专利技术交易会"。该交易会参展项目产品涉及12个领域、325项科技成果和专利。自治区知识产权局局长马庆云出席开幕仪式并致辞。

广泛宣传

2003年4月18日，自治区知识产权局等单位在自治区科技厅召开"首次自治区企事业知识产权工作供需对接会暨自治区知识产权讲师团新闻发布会"。

2007年4月24日，自治区知识产权局、教育厅与新疆生产建设兵团等单位在新疆农业大学举办"新疆第三届'知识产权杯'知识竞赛"活动。

2009年3月15日，自治区、新疆生产建设兵团、乌鲁木齐市知识产权局和工商局等部门在乌鲁木齐人民广场联合举行纪念"3·15"大型现场咨询服务活动。

2009年4月22日，自治区知识产权局在新疆大学举办"2009年知识产权走进大学沙龙"。自治区知识产权管理部门、专利代理机构的代表、大学生及新闻媒体300多人参加。

2010年4月22日，由自治区发明协会、自治区知识产权研究会主办，自治区知识产权局协办，乌鲁木齐高新技术产业开发区知识产权局承办以"创造、保护、发展"为主题的"2010年知识产权进企业沙龙"，举办了企业知识产权事务讲座。乌鲁木齐市和乌鲁木齐高新技术产业开发区企业代表近300人参加了活动。

2010年4月28日，自治区知识产权局、教育厅等单位在新疆大学校联合举行"第六届'新疆知识产权杯'大学生知识产权知识竞赛"。新疆大学等8所高校代表队及新闻媒体等300多人参加。

2011年4月22日，由自治区知识产权局、教育厅等单位在新疆大学学术报告厅举办"第七届新疆知识产权杯大学生知识产权知识竞赛暨大学生优秀发明创造颁奖"活动。新疆大学、新疆农业大学、新疆财经大学、新疆医科大学、新疆师范大学、石河子大学、塔里木大学和昌吉学院8所高校代表队参赛。

2013年4月24日，自治区知识产权局、教育厅、新疆生产建设兵团知识产权局和兵团教育局联合在新疆农业大学举行"第九届'新疆知识产权杯'大学生知识产权知识竞赛"活动。新疆大学、新疆农业大学、新疆财经大学、新疆医科大学、新疆师范大学、石河子大学、塔里木大学、昌吉学院和新疆工程学院9支代表队参赛。

2013年4月25日，自治区、新疆生产建设兵团知识产权局在石河子大学联合举办新疆知识产权企业大讲堂活动。自治区知识产权局局长马庆云（主席台中）出席并讲话。

2013年6月19日，伊犁哈萨克自治州知识产权局在伊宁市举行《新疆维吾尔自治区专利促进与保护条例》宣讲报告会。

2014年4月24日，乌鲁木齐市知识产权局在乌鲁木齐高新技术开发区举行"2014年知识产权宣传周宣传讲座"。自治区知识产权局副局长孙东方（左四）出席并讲话。

2012年4月26日，哈密地区、哈密市知识产权协调指导小组在哈密市时代广场前开展以"培育知识产权文化，促进社会创新发展"为主题的第12个"4·26知识产权周"宣传咨询活动。

2014年4月24日，阿克苏地区行署召开"2014年阿克苏地区知识产权宣传周座谈会"。

2014年4月22日，巴音郭楞蒙古自治州知识产权局在库尔勒市第八中学举办知识产权进校园专利法律法规专题讲座。

2014年"4·26"期间，喀什地区知识产权局在喀什市第二十八中学举办知识产权讲座。

2014年11月，博尔塔拉蒙古自治州知识产权局在专利周期间，举办《新疆维吾尔自治区专利促进与保护条例》宣传活动。

教 育 培 训

◄

2006年6月27日，乌鲁木齐市举办企业知识产权培训班，自治区知识产权局局长姜万林为培训班作专题讲座。

2007年8月23日—9月2日，自治区知识产权局在科技干部培训中心举办"2007年全国专利代理人资格考试考前强化培训班（新疆班）"。来自全疆各地知识产权局、专利代理机构、企事业单位、科研院所、大专院校的近120名学员参加培训。

►

◄

2014年7月31日，伊犁哈萨克自治州人民政府、江苏省知识产权局在伊犁师范学院举行"伊犁州知识产权培训基地揭牌仪式"。伊犁哈萨克自治州党委副秘书长王玉龙、江苏省知识产权副局长张春平、自治区知识产权局局长马庆云等领导出席。

2014年9月15日，自治区知识产权局在新特能源股份有限公司隆重举行"新疆知识产权培训基地"授牌仪式。图为自治区知识产权局局长马庆云（右）向新特能源股份有限公司总经理马旭平（左）授"新疆知识产权培训基地"牌匾。截至2014年9月，自治区设立知识产权培训基地达到5个。

2004年3月30日，在乌鲁木齐昆仑宾馆，自治区知识产权局承办"全国第二期知识产权局办公自动化培训班"。

2006年7月11日，国家知识产权局在昌吉市园林宾馆承办全国专利执法培训班。来自全国31个省（市）自治区共计145名人员参加。

◀

2006年9月18—21日，国家知识产权局在库尔勒市举办"2006年西部地区企事业单位知识产权培训班"。来自全国5个省市知识产权管理部门、企事业单位的知识产权管理和工作人员近150名人员参加。

2014年2月28日，自治区公安厅举办"知识产权与创新发展"主题讲座，自治区科技厅副巡视员、自治区知识产权局副局长谭力应邀作专题报告。自治区公安厅机关各委、部民警共计124人参加。

▶

◀

2014年4月25日，阜康市知识产权局在阜康市职业技术学院举办知识产权专题讲座。自治区科技厅副巡视员、知识产权局副局长谭力作"知识产权现状与反思"专题报告。阜康市职业技术学院等单位人员共800多人参加。图为专题讲座会场。

2014年6月13日，自治区知识产权局局长马庆云在吉木乃县为该县党政领导干部作知识产权形势报告。

2013年8月6—10日，在江苏省知识产权局大力支持下，由江苏大学主办、江苏省知识产权中心承办"2013年新疆企业知识产权管理贯标培训班"。

2014年7月6日，昌吉回族自治州知识产权局举办"专利行政执法务实培训班"。对该州各县市知识产权局分管领导和工作人员45人进行了专利执法实务培训。

▲
2014年5月19日,克拉玛依市知识产权局举办"2014年知识产权与自主创新培训班"。该市企事业单位的知识产权管理人员、技术骨干近280余人参加。

第二章　新疆知识产权（专利）工作三十年综述

不断加强全面提升专利工作　为促进创新型新疆
建设和经济科技社会又好又快发展提供有力支撑

专利制度是智力成果所有人在一定的期限内依法对其智力成果享有的专有权，并受到法律保护的制度。这一制度的功能和意义在于依法对智力成果加以确权、保护，从而在全社会营造并形成激励技术创新、尊重发明创造、保护知识产权的良好社会氛围和机制，促进新技术尽快实施转化和产业化，推进技术进步和经济发展。

据有关资料记载，我国专利制度的真正建立是于辛亥革命后的1912年，工商部颁布了《奖励工艺品暂行章程》。1944年，国民党政府颁布了专利法。新中国成立后，1950年中央人民政府颁布了《保障发明权与专利权暂行条例》。改革开放以后，我国专利事业得到了蓬勃发展。1980年中国专利局成立，同年3月3日，我国向世界知识产权组织递交了加入申请文书，同年6月3日，我国获得批准成为该组织的成员国。1984年3月12日全国人大常委会通过了《中华人民共和国专利法》（以下简称《专利法》），该法于1985年4月1日正式实施。1982—1997年，我国相继颁布实施了《商标法》《专利法》《技术合同法》《著作权法》《计算机软件保护条例》《反不正当竞争法》《知识产权海关保护条例》《保护植物新品种条例》《集成电路布图设计保护条例》和《音像制品管理条例》等30多种知识产权法律法规，建立了符合中国国情的知识产权行政执法体系和司法体系，形成了与市场经济相适应的并与国际知识产权制度接轨的具有中国特色的专利等知识产权法律制度。

新疆专利工作几乎与国家同步，是在20世纪80年代我国实行改革开放方针后建立和逐步发展起来的。岁月如梭，时光荏苒，新疆的专利事业已走过30年不平凡的发展道路。30年来，在自治区党委和自治区人民政府的正确领导、国家知识产权局的正确指导、兄弟省市的大力支持、政府各部门和社会各界人士的大力关心下，新疆几代专利人坚持不忘初心，牢记职责，接力传承，不懈努力，辛勤耕耘，力推新疆的专利事业快速发展。在新疆专利工作的不同阶段，提出了不同时期的工作重点、工作方针和工作思路。在1985—1999年（初创时期），提出了"科技兴新，专利先行"，以"专利宣传为先导，专利实施为根本，专利执法为核心"的工作方针；在2000—2009年（成长时期），提出了"打基础，建机构，建队伍"和实施"自治区知识产权战略推进工程"的工作目标和工作抓手；在2010—2014年（发展时期），提出了"以实施自治区知识产权战略和自治区专利事业发展战略为主线，促进和提升新疆专利事业快速发展"的工作思路，从而确保了自治区专利工作始终沿着正确的方向不断发展进步，并取得显著成绩：新疆的专利体系、制度和机制得到较快建立并不断完善；专利宣传广泛深入，社会公众的专利意识日益增强；专利创造能力不断提高，专利数量成倍增长，质量不断提高；专利培训教育持久开展，专利管理、服务能力和运用水平不断提升；专利执法保护体系、制度和协作执法机制得到健全完善，"尊重知识、崇尚发明、保护知识产权"的良好社会环境逐步形成。专利制度在激励技术创新、促进专利创造、打击侵权、假冒专利行为、规范市场秩序、营造投资环境、促进产业结构调整和发展方式转变，以及提升企业核心竞争力等方面的作用日益凸显，在促进创新型新疆建设和经济跨越式发展目标的实现中发挥着重要的不可替代的支撑作用。

30年来，新疆专利事业的发展历程大致可分为三个时期，即"初创时期"（1985—1999年）、"成长时期"（2000—2009年）和"发展时期"（2010—2014年）。

一、初创时期（1985—1999年）

初创时期，新疆的专利事业发展较快，取得了可喜的成绩，在自治区经济建设和社会发展中起到了积极作用。主要表现在以下方面。

（1）初步建立专利管理体系、制度和机制。在初创时期，新疆的专利管理、专利服务、专利保护等专利工作体系和运行机制初步建立，还不完善，处于起步阶段。自治区及部分地州建立专利管理机构，地州市的专利工作主要由地州市科技部门负责。截至1999年年底，新疆建立自治区知识产权工作协调指导机构1个，专利管理机构4个，专利代理机构9个，无形资产评估机构1个，社团组织2个；自治区知识产权讲师团成员单位4个、成员8名；专利管理机构人员编制27人（实有37人），具有专利代理资格的人员72人，专利代理从业人员27人。

在初创时期，新疆制定出台了相关的专利政策法规制度。1985—1999年制定出台的专利政策、法规和制度14个，建立并初步形成了基本的专利管理制度体系。

（2）积极开展专利宣传和培训。在初创时期，自治区专利管理等部门坚持把《专利法》的宣传普及摆在首要位置来抓。每年将《专利法》的宣传列入年度工作计划，提出宣传重点，利用广播、电视、报刊等各种新闻媒体开展形式多样的专利宣传活动。采取办学习班、报告会、讲座、知识竞赛等形式，传播专利知识，提高社会公众的专利意识。据不完全统计，在初创时期，全区编印《新疆专利工作》刊物105期；印发宣传资料30多万份（册），编印维吾尔文、汉文培训教材3.95万册（份）；出动宣传人员600多人（次），宣传人数达25万人（次）；举办知识产权理论研讨会3次，参加人数300多人（次）；举办培训班106期，培训人数0.43万人（次）；举办专题报告会和讲座140多次，参加人数4.2万人（次）；为近100家企业培训了专利工作管理人员；组织200多个单位、1.5万人参加了全国专利知识竞赛。

（3）大力加强专利执法保护工作。自治区专利执法、司法部门按照《专利法》的要求，积极探索专利执法保护工作。一是在自治区专利管理部门设立专利执法部，配备专职执法人员，为全区36名专利执法人员进行培训并颁发了《专利执法证》；二是制定专利执法管理制度、专利执法程序；三是依法受理、调处专利纠纷案件，查处打击假冒、冒充专利行为，维护专利权人的合法权益，营造良好社会环境和市场环境。据统计，1986—1999年，自治区专利行政执法部门共受理专利纠纷案件107件，结案62件，查处冒充专利案件57件，收缴罚金35.1万元，为专利权人挽回经济损失500多万元。

（4）积极促进专利技术转化。1996年10月，自治区在全国率先建立了专利技术实施基金，制定出台了《新疆维吾尔自治区专利实施资金管理办法》。1996—1999年，自治区财政共拨专利实施资金210万元，支持专利实施计划项目17个。自治区企事业单位实施专利项目4156项，实现产值84972.4万元，缴税15786.2万元。

（5）积极搭建专利展示平台。初创时期，自治区专利工作的一个突出亮点是：由专利管理部门和发明协会牵头，以政府名义组织举办、承办和组织参加国内外各类发明与新技术、新产品展览会，为企业和发明人搭建专利技术和产品展示交易平台。据统计，初创时期，自治区共举办发明与新技术成果展览会3届，共展出项目1544项，签订技术合同300余份，交易额达1500万元；承办全国发明与新技术、新产品博览会4次，共展出专利技术、专利产品8772项，洽谈项目6583项，签订正式合同578份，签订意向合同1951项，合同额达23.8亿元，新产品销售额为4866.9万元。自治区专利管理部门和发明协会组织参加国内发明展览会28次，参展项目257项，签订合作协议36份，合同金额636万元；获金奖25项、银奖11项、铜奖27项、优秀奖12项。

（6）首次创建专利奖励机制。自治区人民政府出台了专利奖励办法，建立了由自治区发明协会牵头，自治区科技、人事、专利、工会、团委、科协等部门和单位参加的专利奖评奖组织和机制，并于1996年和1999年，在全区组织开展了两次"优秀发明家"和"优秀发明与实施专利企业家"评选活动，共评选出优秀发明家5名，优秀发明者50名，优秀专利企业家6名，优秀实施发明与企业家7名。另外，自治区专利管理部门积极推进企事业单位落实《专利法》提出的"一奖两酬"规定，在全区积极宣传推广专利入股分红等先进经验和做法，促进了技术创新、专利创造和实施转化。

（7）专利创造数量逐年上升。1985年，新疆的专利申请为36件，1999年为876件。1999年，新疆的发明、实用新型、外观设计三种专利申请分别为139件、547件和190件。1999年，新疆职务、非职务发明专利申请分别达166件和710件。1999年，新疆大专院校、科研院所、工矿企业和机关团体的专利申请分别为3件、46件、111件和6件。1985—1999年，新疆专利申请累计达到7046件，年平均增幅35.5%。

1986年，新疆的专利授权为4件，1999年达859件。1999年，新疆的发明、实用新型、外观设计三种专利授权分别为32件、630件和197件。新疆职务、非职务发明专利授权分别为209件和650件。1999年，新疆大专院校、科研院所、工矿企业和机关团体专利授权分别为5件、41件、151件和12件。1986—1999年，新疆专利授权累计达到3818件，年均增幅71.2%。

初创时期，新疆专利工作亮点主要有5个：一是提出了一个"方针"，即"以专利宣传为先导，以专利实施为根本，以专利执法为核心"的专利工作方针；二是搭建了"两个平台"，即建立专利实施转化平台和专利技术、产品展示平台；三是建立了"三支队伍"，即专利管理、专利执法和专利服务三支队伍；四是突出了"四个重点"，即专利管理、专利执法、专利宣传和专利服务；五是开展了五项创新，即：①思想创新，创造性地提出了自治区专利工作指导方针；②制度创新，首次制定出台了较为配套的专利管理、服务、执法保护等制度；③机制创新，以政府的名义出台并实施了优秀发明创造者和技术开发者奖励管理办法，建立了激励发明创造的奖励机制；④管理创新，在全国率先建立专利实施专项资金，出台配套的管理办法；⑤服务创新，积极推进专利服务体系和专利代理服务队伍建设。在全国率先建立了无形资产评估机构，开展无形资产评估工作等。

总之，初创时期，新疆的专利工作从零起步，勇于开拓，不断创新，填补了许多空白，出现了许多的首次和亮点，为以后的专利工作创造了重要的条件，为自治区专利事业的发展奠定了良好的基础。

二、成长时期（2000—2009年）

自治区专利事业发展的成长时期，也是发展较快的时期。这一时期开展的工作主要有以下几方面。

（1）健全专利工作体系。成长时期是自治区的专利工作体系建设最快的发展时期。2000年10月21日，经自治区人民政府批准，自治区专利管理处更名为自治区知识产权局，级别由县处级升格为副厅级，隶属自治区人民政府，人员编制由10个增加到18个（之后又增加到22个）。2001年3月，经自治区人民政府批准，将设在自治区科委的自治区知识产权工作协调指导小组办公室的工作移交给自治区知识产权局。2001年12月，《新疆维吾尔自治区人民政府关于加强专利工作促进技术创新的意见》中提出"地州一级都应设立知识产权管理机构"。"自治区有关委、办、厅、局要有一名领导负责专利工作，并在其科技部门配备专（兼）职工作人员。"2002年1月，自治区人民政府在召开的"自治区专利工作会议"和同年3月制定出台的《新疆维吾尔自治区专利工作"十五"计划》中，对专利工作体系建设方面提出明确要求："地州市一级知识产权局应尽快建立起来，选配好领导和工作人员，提供必需的办公条件和经费。有条件的县市（区）可率先成立知识产权局。自治区有关厅局都要有一名领导负责专利工作，在科技管理部门配备专职或兼职的工作人员"。为认真贯彻落实上述精神，加快自治区专利工作体系建设步伐，自治区知识产权局提出了"打基础，建机构，建队伍"的工作思路，并将地州市专利管理体系建设作为每年的重点工作积极推进。经过不懈的努力，到2009年年底，全区的15个地州市全部成立知识产权局和知识产权工作协调指导机构。35个县市区成立知识产权局，占全区县市区总数的38.5%。全区专利管理人员达179人，专利执法人员达246人。成立专利代理机构6个，具有专利代理人资格的人员72人，具有"两证"的从业人员26人。另外，在自治区政府部门中有27个确定了负责知识产权工作的处室，配备了专职或兼职工作人员。

（2）完善专利政策法规。成长时期，自治区的专利政策、法规和管理制度得到进一步完善。一是自治区人大审议通过了自治区首部专利法规——《新疆维吾尔自治区专利保护条例》（简称《专利保护条例》）；二是出台了《新疆维吾尔自治区人民政府关于加强专利工作促进技术创新的意见》；三是自治区人民政府办公厅印发《关于印发自治区保护知识产权专项行动方案的通知》和《转发知识产权局等部门关于实施自治区知识产权战略推进工程意见的通知》；四是自治区知识产权局与财政厅、经贸委联合制定了《新疆维吾尔自治区专利实施资金管理办法》等4个管理办法；五是自治区知识产权局制定了《新疆维吾尔自治区企事业单位专利工作管理制度制定指南》等7个管理办法。据统计,2000—2009年,自治区新出台的有关专利政策、法规和管理办法达15个。

(3)建立知识产权协调机制。自治区、地州市建立了知识产权工作协调、指导和保护机构,自治区各部门之间、自治区与地州市及新疆生产建设兵团之间、地州市之间建立并形成了知识产权工作协作机制。在每年的"3·15""4·26"和乌鲁木齐对外经济贸易洽谈会(简称"乌洽会")等活动期间,自治区知识产权局会同商标、版权、公安、海关、法院等部门联合发布《新疆维吾尔自治区知识产权保护状况》(白皮书)和《新疆维吾尔自治区知识产权典型案例》,开展跨地区跨部门协作执法、宣传活动。

(4)提升专利管理服务能力。一是加强领导,提升高层设计和筹划能力。2001年1月30日,自治区人民政府召开全区专利工作会议,对自治区"十五"专利工作进行全面动员和部署;同年7月17日,自治区知识产权工作协调指导小组召开会议,研究部署自治区知识产权工作任务;同年12月3日,自治区人民政府印发《新疆维吾尔自治区人民政府关于加强专利工作促进技术创新的意见》,就发挥专利制度的功能和作用,促进技术创新,加强对全区专利工作的领导,建立健全专利工作体系等9方面提出了明确要求。2002年3月,自治区知识产权局制订印发《新疆维吾尔自治区专利工作"十五"计划》,对"十五"时期自治区专利工作的指导思想、奋斗目标、工作任务作出了具体筹划。2004年4月初,自治区知识产权局会同科技厅等9部门提出由自治区人民政府办公厅转发《关于自治区实施知识产权战略推进工程的意见》。二是创新思路,提升专利管理能力。从制度机制入手,自治区知识产权局制定了《新疆维吾尔自治区专利申请工作奖励办法(试行)》等3项管理办法;建立了地州市专利申请、执法工作检查制度和考核机制,结合年终工作总结开展绩效考核评优活动;发布了《企业专利制度制定指南》《自治区企事业专利工作管理办法(试行)》和《新疆维吾尔自治区知识产权试点示范服务行动计划》及实施方案,分批次在园区、企事业单位推进知识产权试点示范工作。以专利项目实施计划为抓手,促进专利技术的实施转化和产业化。由自治区财政支持的专利实施项目有172个,拨付专利实施资助资金达2570万元。与此同时,全区知识产权局系统还组织企事业单位实施了一大批专利项目,取得较好的经济效益,如昌吉回族自治州(简称"昌吉州")累计实施专利项目624项,创产值20亿元,创外汇3.2亿元。更重要的是,通过对专利实施计划申报体系的修订,建立并形成了"以专利项目实施为引导,促进项目实施主体建立健全知识产权工作体系、制度,完善专利奖励政策,强化知识产权培训,提升专利创造、运用、保护、管理能力的导入机制"。创新企事业单位管理工作,分批次组织开展了知识产权试点示范工作,使企事业单位的专利管理、运用能力明显提升。2002年年初,自治区知识产权局联合经贸委、科技厅等部门,联合选定新疆特变电工股份有限公司(简称"特变电工")等10家企业启动首批自治区专利试点工作。2004年4月,在对首批企业专利试点单位进行验收的基础上,将其中7家专利试点验收合格单位列为自治区知识产权示范单位,在全区启动首批企事业知识产权示范工作。随后,自治区又将知识产权试点示范工作由企事业单位扩展到城市、口岸、县、市、区和园区等领域。2007年3月21—22日,自治区人民政府在乌鲁木齐召开"自治区知识产权试点示范工作会议"。自治区党委常委、自治区常务副主席陈雷在会议上作了重要讲话,对自治区知识产权试点示范工作取得的成绩给予了充分肯定。会议对自治区知识产权试点示范工作进行了全面系统的总结;对15个知识产权试点示范先进集体和26名先进个人进行了表彰;昌吉州等先进试点区域和特变电工等试点先进单位在大会上介绍经验;启动了自治区第二批知识产权区域试点和第三批企事业知识产权试点、示范工作。2009年6月30日,自治区知识产权局印发"新知管字〔2009〕40号"通知,将新疆金风科技股份有限公司等10家企业列为第二批自治区知识产权示范单位;同年7月22日,国家知识产权局印发《关于开展第一批全国企事业知识产权示范创建单位示范创建总结验收工作的通知》,特变电工被列为全国企事业知识产权示范创建单位;同年8月18日,自治区知识产权局等部门在昌吉市园林宾馆召开了自治区企事业单位知识产权试点示范工作交流会议,会上对2007年以来自治区知识产权试点示范工作进行了认真总结和交流。2010年7月26日,经国家知识产权局批准,新疆众和股份有限公司等5家企业被列为第二批国家级企事业知识产权示范创建单位。截至2010年年底,列为自治区知识产权试点的企事业单位有3批56家;列为自治区知识产权示范的企事业单位有2批17家；列为自治区专利工作交流站的企业有6家；列为全国专利工作交流站的企业有2家；列为全国知识产权试点的企事业单位有2批5家；列有国家级知识产权示范创建企事业单位2批7家；列有全国知识产权口岸试点基地1个；列有全国知识产权试点城市2批3个、示范城市1个；列有自治区知识产权试点区域2批20个；列有地州市试点企事业单位110家。另外，自治区知识产权局在管理工作中坚持定期召开务虚会议，集思广益形成年度工作思路和工作重点等许多行之有效的制度。三是提升知识产权服务能力。自治区知识产权局通过组织开展对专利代理机构和专利代理人队伍的监管，成立了新疆专利代理惩戒委员会，每年坚持对专利代理机构和专利代理人业务进行年检，举办提升专利代理服务能力培训班，制定并实施《新疆维吾尔自治区优秀专利代理机构和优秀专利代理人评选办法（试行）》等管理办法，组织专利代理、代办人员到企事业单位开展专利咨询、电子申请培训和"消除零专利"等帮扶活动，提升专利代理、专利代办等服务能力。以新疆发明协会和知识产权研究会等社团组织为纽带，面向社会公众开展服务。2000—2009年，新疆发明协会组织企业及发明人参加国内各种会展21次，参展项目271项，签订合作协议12份，合同金额39万元，获金奖45项、银奖39项、铜奖31项、优秀奖12项。新疆知识产权研究会承办了国家知识产权局和中国知识产权研究会联合主办的西部大开发战略知识产权理论研讨会；组织参加了国家知识产权局与世界知识产权组织在兰州举办的知识产权高级论坛；完成了《新疆优势产业知识产权战略研究》软科学研究课题，并获得国家知识产权局软科学二等奖。

（5）开展宣传培训工作。自2001年起，自治区以纪念"4·26"世界知识产权日为契机，连续9年在全区组织开展了知识产权宣传周活动。2004年4月26日第三个世界知识产权纪念日，自治区主席司马义·铁力瓦尔地在新疆电视台发表《加强知识产权保护，促进我区经济发展》的电视讲话。据不完全统计，2001—2009年，全区知识产权局系统共组织大型宣传活动765次，出动车辆2018台（次），参加人员1.7万人（次），举行专题报告会420次，参加讲座人数11万人（次），开展咨询服务57.4万人（次），出专版170期，编印宣传刊物112期，印发宣传资料228.01万份，悬挂横幅1010幅。自治区知识产权局会同自治区党委宣传部每年评选一次知识产权好新闻，奖励全区新闻媒体宣传知识产权的优秀作品，极大地调动了宣传报道知识产权的积极性。在培训工作中，制订并实施"自治区知识产权万人培训计划"。自2004年4月起，自治区知识产权工作协调指导和管理部门通过印发文件，将知识产权万人培训计划的指标任务分解到自治区各地、各部门。通过推进知识产权培训基地建设，设立知识产权培训专项资金，建立知识产权师资队伍和培训工作检查考评机制，以确保"自治区知识产权万人培训计划"任务目标的实现。据统计，2001—2009年，全区共举办各类知识产权培训班1314期，培训人数10.46万人（次），举办知识产权专题报告会和讲座539次，参加人数13.73万人（次）。

（6）提升专利创造能力。在成长时期，新疆专利创造数量和质量不断提升。据统计，2000—2009年，新疆三种专利申请累计达到18041件，是初创时期的2.56倍；新疆的发明、实用新型和外观设计专利申请分别为3421件、10790件和3830件，分别是初创时期的2.82倍、2.14倍和4.88倍；新疆的职务、非职务发明专利申请分别为5136件和12906件，分别是初创时期的3.6倍和2.2倍；新疆三种专利授权累计达到13206件，是初创时期的3.5倍；新疆的发明、实用新型、外观设计专利授权分别为1053件、9194件和2959件，分别是初创时期的7.9倍、2.9倍和5.7倍；新疆职务、非职务发明专利授权分别为4335件和8871件，分别是初创时期的5.1倍和近3倍。2006—2009年，新疆有效发明专利为1609件，年均增长10.8%；新疆万人拥有有效发明专利平均达0.191件，年均增长10.59%。

（7）强化专利执法保护。成长时期，专利保护工作得到进一步强化。一是自治区人大、政府高度重视专利保护工作，2004年，自治区人大常委会审议通过了首部《专利保护条例》，并在全区对其执行情况多次组织开展执法检查；二是建立了由自治区专利、商标、版权、海关、公安、法院等部门参加的自治区知识产权保护领导小组，建立并形成了知识产权执法保护协调机制，组织开展了跨部门、跨地区联合协作执法活动；三是在"3·15""4·26"和国庆、元旦、古尔邦节假日及"乌洽会"等活动期间，组织开展了专利执法活动；四是制订了《新疆维吾尔自治区加强知识产权保护工作方案（2006—2007年）》，结合区情，对自治区专利保护工作的指导思想、目标、要求、安排、重点和措施等方面作了全面部署，并在全区组织开展专利保护专项行动；五是加强了专利举报投诉和法律援助体系机制建设，建立了新疆专利举报投诉中心，开通了12330举报投诉电话，搭建了执法机关和举报投诉服务中心之间的信息互通平台；六是自治区专利执法部门和司法机关每年定期发布《新疆维吾尔自治区知识产权保护状况》（白皮书）和《新疆维吾尔自治区知识产权典型案件》；七是成立"新疆维吾尔自治区专利保护技术鉴定委员会"，并在专利案件审理活动中发挥其作用；八是积极推进自治区涉及遗传资源和传统医药知识保护工作，自治区知识产权局和新闻出版局（版权局）等部门联合印发通知，对自治区传统医药知识和遗传资源的流失情况开展了一次自查、清理活动；九是积极开展专利纠纷案件受理调解工作和查处假冒专利案件工作，自治区的专利执法工作受到上级的好评。据统计，在成长时期，全区知识产权局系统共受理专利案件1258件，其中受理专利权纠纷案件373件，受理专利假冒案件885件。结案1190件，其中调处专利纠纷案件305件，查处假冒专利案件885件。出动专利执法人员8545人（次），检查商场5444场次，检查商品147.27万件。自治区知识产权局法律事务处3次、伊犁哈萨克自治州（简称"伊犁州"）等5地州市知识产权局8次被评为全国专利执法保护工作先进集体，全区有12人次被评为全国专利执法保护工作先进个人。

（8）启动知识产权战略制定工作。2004—2009年，自治区知识产权局等9部门提出并实施了自治区知识产权战略推进工程；2005年，由自治区知识产权局牵头组织开展了《新疆优势产业知识产权战略研究》等软课题研究工作；2006年8月，自治区知识产权局在昆仑宾馆承办了全国区域知识产权战略研讨会。这些都为自治区知识产权战略的制定奠定了理论基础。2007年6月13日，自治区知识产权工作协调指导小组召开成员单位专题会议，自治区知识产权局等19个成员单位的代表参加，就自治区知识产权战略制订工作进行了专题研究和讨论。会议提议成立自治区知识产权战略研究制定工作领导小组，在全区组织开展自治区知识产权战略制定工作。2007年7月，自治区人民政府审议并通过该提议，成立了以自治区党委副书记、自治区常务副主席杨刚为组长，自治区主席助理靳诺等9人为副组长，33个部门和单位负责人为成员的自治区知识产权战略制定工作领导小组（简称"领导小组"）。2008年8月6日，自治区党委、自治区人民政府对"领导小组"进行了调整，自治区党委常委尔肯江·吐拉洪和自治区副主席靳诺为"领导小组"副组长。同月，召开了"领导小组"第一次全体成员会议，研究通过了《新疆维吾尔自治区知识产权战略制定工作方案》等4个文件。会后，由自治区知识产权战略制定工作领导小组办公室与各专题牵头单位签订《新疆维吾尔自治区知识产权战略专题研究任务书》，正式启动自治区知识产权战略制定工作。

（9）建立并开展"局区"会商工作。2008年3月17日，自治区副主席靳诺到国家知识产权局拜会田力普局长，双方就贯彻落实国务院《关于进一步促进新疆经济社会发展的若干意见》（国发〔2007〕32号），国家知识产权局与新疆维吾尔自治区人民政府建立工作会商（简称"局区"会商）机制等事项进行交流并达成共识。同年7月，国家知识产权局印发《关于进一步促进新疆知识产权事业发展的若干意见》。该意见就加强新疆知识产权工作，促进新疆知识产权事业发展提出8点意见。同年8月，国家知识产权局与新疆维吾尔自治区人民政府签订工作会商制度议定书，正式启动"局区"会商工作。

在成长时期，自治区的专利工作在原有的基础上又有新的开拓、创新和提升。一是以"打基础，建机构，建队伍"为抓手，积极推进全区专利管理、执法和协调指导体系及机制建设，进一步发展壮大专利管理、执法、服务、师资队伍。二是强化知识产权执法保护。自治区人大常委会审议通过并发布了《专利保护条例》，首次以政府的名义向社会编译发布《新疆维吾尔自治区知识产权保护状况》（白皮书）和《新疆维吾尔自治区知识产权典型案例》。三是加强知识产权培训工作，首次提出并实施了知识产权万人培训计划，建立了自治区知识产权培训基地，建立了培训专项资金，加大了培训资金投入，组织举办了多种类型的知识产权培训班，普及了知识产权知识和培养了一大批知识产权人才。四是首次组织开展新疆知识产权战略研究，启动了自治区知识产权战略制定工作。五是2001年在全国率先提出并坚持在全区以政府的名义组织开展多种形式的丰富多彩的"4·26"知识产权宣传周活动，到2009年已连续组织开展了9次，并取得显著成效。六是创新管理，首次提出并在企事业单位推广专利制度制定指南工作。此项工作受到国家知识产权局的充分肯定并在全国推广；首次提出将企事业单位专利试点扩展为知识产权试点，将专利试点合格单位提升为知识产权示范单位，在全区启动知识产权示范工作；首次在乌鲁木齐市等3个地州市和昌吉市等5个县级市及乌鲁木齐高新技术开发区、乌鲁木齐经济技术开发区、克拉玛依市克拉玛依区、霍尔果斯口岸等区域开展了多种类型的知识产权试点示范工作。七是首次提出并在全区组织实施了自治区知识产权战略推进工程，并取得显著成效。八是首先倡议并积极推动"局区"会商和东中西部知识产权对口援疆工作体系、机制的建立等。

三、发展时期（2010年以来）

2010年以来，是自治区专利事业快速发展时期，其表现和特征主要有以下几个方面。

（一）完成自治区知识产权战略制定工作

在自治区党委和政府的大力关心支持、自治区知识产权战略制定工作领导小组的正确领导、成员单位不懈努力和社会各界的积极参与下，自治区知识产权战略制定工作自2007年8月启动，经过2年多的时间，于2010年年初完成了《新疆维吾尔自治区知识产权战略纲要》（简称《战略纲要》）及13个专题的研究制定工作。2010年4月26日，自治区人民政府向社会正式发布实施《战略纲要》。与此同时，由新疆大学牵头的"新疆专利战略研究"专题组根据自治区知识产权战略的整体要求完成了《新疆维吾尔自治区专利事业发展战略纲要》（简称《自治区专利事业发展战略纲要》）制定工作。值此，标志着自治区知识产权（专利）事业步入快速发展轨道。

（二）推进自治区知识产权战略实施工作

2010年以来，全区各地各部门在自治区知识产权战略实施领导小组的领导下，坚持以推进实施自治区知识产权战略和自治区专利事业发展战略为主线，以企事业单位为重点，以提升知识产权创造、运用、保护、管理、服务能力为目标，不断开拓，勇于创新，全面推进自治区知识产权工作，并取得显著的成绩。自2010年4月以来，自治区知识产权战略实施领导小组办公室（简称"自治区知战办"）认真履行职责，以强烈的使命感和责任感全力推进自治区知识产权战略实施工作，会同各成员单位制订了《新疆维吾尔自治区知识产权战略实施推进计划（2011—2015年）》（简称《推进计划》）和2011—2014年度《新疆维吾尔自治区知识产权战略实施推进计划》。根据《战略纲要》和《推进计划（2011—2015年）》确定的目标任务，结合各部门工作职责，对年度战略实施目标任务进行分解和细化，使每个成员单位明确其目标任务。与此同时，"自治区知战办"加强对自治区知识产权战略和自治区专利事业发展战略实施工作的推进和指导。每年年初，通过印发通知，对推进自治区知识产权战略实施计划提出要求。年中，要求地州市及自治区知识产权战略实施领导小组成员单位对战略实施工作进行自评，并组成战略实施评价组，深入地州市对知识产权战略实施工作进行检查督导。在年终，对各地各部门知识产权战略实施工作进行绩效考评，从而确保了自治区知识产权战略实施计划任务目标的实现。知识产权战略实施工作的扎实推进，有效地促进了自治区知识产权创造、管理、运用和保护能力的提升。根据国家知识产权局2013年11月对全国各省市、自治区知识产权战略实施工作综合分析与评估，新疆战略实施综合评估为中势，综合分析评估得分为201.16分，在全国30个省市区中排第21位。根据全国总体得分情况与纲要目标对比结果，新疆超过纲要目标为10.19%，排在全国第16位。新疆知识产权创造得分为42.68分、运用为32.93分、保护为16.32分、管理为48.78分、服务为60.46分。新疆知识产权创造、运用、保护、管理和服务评估全部达标，创造、运用、保护、管理和服务分数分别在全国30个省市区中排第20位、30位、25位、21位和6位。

（三）提升了自治区知识产权创造能力

1.新疆专利数量成倍增长

2014年，新疆三种专利申请首次突破万件，达10210件，同比增长24.1%，是1999年的11.7倍、2000年的9.4倍和2009年的3.6倍。发展时期，新疆的发明、实用新型、外观设计专利申请分别为8305件、17934件和

7535件，分别是成长时期的2.43倍、1.66倍和1.97倍；新疆的职务、非职务发明专利申请分别为20207件和13567件，分别是初创时期的14.25倍和2.41倍；新疆三种专利申请累计达到33774件，是成长时期的近1.9倍，是1985—2010年的近1.4倍。

2.新疆专利质量明显提升

发展时期，新疆发明专利申请数占专利申请总数的24.6%，比初创时期和成长时期分别提高了7.4个百分点和4.5个百分点。发展时期，新疆发明专利数分别是初创时期和成长时期的6.9倍和2.4倍。

（四）强化了知识产权执法保护工作

1.完善了专利法规制度

一是完成了对《专利保护条例》的修订，颁布实施了《新疆维吾尔自治区专利促进与保护条例》（简称《促进与保护条例》）等政策法规。二是全面实施"专利行政执法能力提升工程"，建立并在全区实施自治区专利行政执法联动机制。2014年，自治区知识产权局在昌吉州、巴音郭楞蒙古自治州（简称"巴州"）、吐鲁番市和石河子市4地州市知识产权局设立了专利行政执法案件巡回审理庭，并及时委派执法人员到地州市指导案件审理工作，或调配知识产权公职律师参加专利行政诉讼应诉活动。三是建立了专利侵权判定咨询机制。2014年，制定出台了《中国（新疆）知识产权维权援助中心专利侵权判定咨询工作办法》；建立了中国（新疆）知识产权维权援助中心专利侵权判定咨询专家库。四是建立了专利行政诉讼和行政复议案件统计报送制度，建立了专利纠纷快速调处机制。五是建立了执法办案信息公开与报送制度。六是开展了执法督导检查与案卷评查工作。七是改善了地州市执法办案条件。2014年自治区知识产权局向地州市知识产权局拨付执法办案补贴33.7万元，向15个地州市配备了专利执法设备。八是编印了《专利行政执法工作法规政策及制度文件汇编》。

2.组织开展知识产权执法维权专项行动

发展时期，按照国家知识产权局的统一部署，在全区组织开展了知识产权执法专项行动。2012—2014年，由自治区知识产权局牵头，成立了自治区知识产权执法维权专项行动领导小组，印发了《新疆维吾尔自治区知识产权局系统执法专项行动实施方案》《关于进行全区知识产权局系统打击侵犯知识产权和制售假冒伪劣商品专项行动督导检查工作的通知》和《关于全区知识产权局系统专项行动延期阶段继续深入开展执法专项行动的通知》等文件，在全区组织开展了知识产权执法维权"护航"等专项行动。在专利保护专项行动工作中，突出重点，讲求实效。全区知识产权局系统以流通领域、重点商品物流集散地作为查处重点，加大监管力度，做到对重点对象反复查，对消费市场全面查，对可疑目标突击查，以提高打击流通领域假冒专利行为的效率和力度，切实保护专利权人和消费者的合法权益，积极营造良好的市场环境，不断增强全社会知识产权保护意识和对知识产权保护工作的信心。为保证专项行动的有效开展，自治区知识产权局组成专项行动督导检查组，多次深入地州市对执法专项行动工作进行检查，通过组织召开工作汇报会，听取汇报，查阅相关档案资料，及时发现问题，以确保专项行动各项工作的落实。与此同时，在专项行动中，重视强化舆论宣传和良好氛围的营造。全区知识产权局系统在专项行动中充分发挥新闻媒体作用，大力宣传专项行动的成效及知识产权维权援助工作，努力营造良好的知识产权保护氛围。

3.继续推进专业市场知识产权保护工作

自治区知识产权局重视会展知识产权保护工作。一是2011年会同自治区国际事务博览局制定出台了《中国-亚欧博览会保护知识产权管理办法》和《中国-亚欧博览会知识产权举报投诉工作指南》，向参展商发出了保护知识产权倡议书，并派执法组深入展会开展多种形式的宣传、咨询、检查执法活动。二是在2011—2014年的"中国-亚欧博览会"、中国科学院-新疆科技合作洽谈会（简称"科洽会"）、"喀洽会"等会展期间，自治区及地州市知识产权局联合工商、版权、司法等部门，深入展会开展知识产权纠纷案件的举报、投诉、受理、纠纷的调处和维权援助活动，为维护会展市场秩序和知识产权权利人合法利益发挥了重要作用。

4.开展了专利案件受理调处等工作

发展时期，全区知识产权局系统共受理专利案件1052件，其中受理专利权纠纷案件451件、受理专利假冒案件601件；结案988件，其中调处专利纠纷案件387件，查处假冒专利案件601件。出动专利执法人员13450人（次），检查商场7379场（次），检查商品394.27万件，向其他部门移交案件6件，接收其他部门移交案件14件，与其他部门协作执法683次，全区内知识产权局系统协作执法99次，与外省区协作执法4次。

（五）深化了知识产权管理工作

1.进一步深化知识产权试点示范工作

2014年，新疆有"两州"（巴州、昌吉州），"两市"（乌鲁木齐市、克拉玛依市）被列为国家知识产权试点和示范创建城市；"一园区"（乌鲁木齐经济技术开发区）通过国家知识产权试点园区工作验收；"一个企业"（特变电工）被评为全国知识产权示范单位。发展时期，新疆列为全国知识产权（专利）试点的企事业单位共5批33家、国家级知识产权示范企事业单位有2批4家、全国企事业知识产权示范创建单位2批7家、国家级知识产权优秀企业18家、国家专利导航试点工程培育单位1家。

2.推进实施企业知识产权贯标工作

2014年，自治区确定知识产权贯标试点企业两批36家。为贯标企业举办了为期一周的"新疆《企业知识产权管理规范》培训班"，对相关工作人员进行了系统培训，召开了知识产权贯标试点工作座谈会，知识产权贯标企业与贯标辅导机构签订了服务协议书，完成了企业知识产权管理现状的自我评估等工作。

3.不断加强专利实施和专利申请资助工作

发展时期，新疆审定专利实施项目219项，拨付实施资金6600万元，支持项目数和拨款数分别占1996—2014年支持项目数和拨款总数的58.3%和78.76%；拨付专利申请资助经费1204.37万元。

4.专利奖励活动再上新台阶

（1）建立并实施了"新疆专利奖"工作。2010—2011年，由自治区发明协会牵头，在全区组织开展了自治区"优秀发明创造者及优秀专利技术开发者"评选活动，共评出"优秀发明创造者"30名；"优秀专利技术开发者"22名。2013年，自治区知识产权局推进新疆专利奖的建立，经向自治区评比达标表彰工作协调小组请示并得到同意，将"新疆维吾尔自治区优秀发明创造和专利技术开发者评选表彰项目"变更为"新疆维吾尔自治区专利奖"（简称"新疆专利奖"）。与此同时，成立了2012年度"新疆专利奖评奖委员会"，制定了《2012年度新疆专利奖评奖办法》，自治区财政设立了新疆专利奖专项资金，全区组织开展了2012年度新疆专利奖评奖活动。经过由下而上申报→专家评审→实地调研→综合评审→自治区人民政府审核批准，共评出2012年度新疆专利奖37项，其中一等奖7项、二等奖10项、三等奖20项。2014年3月11日，全国评比达标表彰工作协调小组复函，同意自治区评比达标表彰工作协调小组的请示，将"新疆维吾尔自治区优秀发明创造和专利技术开发者评选表彰项目"变更为"新疆专利奖"。同年3月31日，自治区人民政府办公厅印发《关于表彰2012年度自治区专利奖获奖项目的通报》（新政办发〔2014〕39号）；2015年2月27日，自治区人民政府召开2012年度"新疆专利奖"颁奖大会，对获得2012年度新疆专利奖的37个项目进行了表彰奖励。

（2）积极组织开展中国专利奖申报活动。2010—2014年，自治区知识产权局先后组织开展了5届（十二至十六届）中国专利奖申报活动。经由下而上的申报推荐和中国专利奖评奖委员会批准，新疆有16件专利获得中国专利优秀奖。

（3）在专利管理、执法、宣传、培训等项工作中开展评优活动。每年结合年终工作总结进行绩效考核和开展评优活动。

（4）开展"新疆优秀大学生发明创造专利获得者"评选活动。2010年4月至2014年4月，自治区知识产权局、教育厅与新疆生产建设兵团知识产权局、兵团教育局在新疆高校联合组织开展了4届"新疆优秀大学生发明创造专利获得者"推选表彰活动，对获得"新疆优秀大学生发明创造专利获得者"称号的61名大学生进行了通报表彰奖励。

5.积极开展"知识产权评议"及软科学研究工作

自治区知识产权局向自治区人民政府报送了《关于开展重大经济科技活动知识产权评议工作的意见》，围绕自治区重点产业、重大项目，针对关键技术领域，开展知识产权评议和专利动态分析，建立预警机制。另外，由自治区发明协会和自治区知识产权局牵头，组织开展了《新疆优势产业知识产权战略研究》《新疆科技成果项目知识产权现状调查分析研究及对策》《中亚五国和俄罗斯专利保护环境及合作对策研究》《新疆区域知识产权（专利）资源分析》《新疆知识产权战略实施情况评估研究》《新疆专利密集型企业的产业创新支撑能力分析》等软科学课题的研究，并取得研究成果，为提升科技管理工作中的知识产权管理、运用能力，推进商贸、海关、外向型企业等知识产权保护，探索促进中亚合作交流，加强知识产权保护政策的制定、机制的建立和工作的开展提供了参考依据。

（六）提高了知识产权服务能力

1.提升专利代办服务工作

乌鲁木齐专利代办处坚持树立服务理念，强化业务服务职能，建立健全工作制度，完善工作责任制，以内强素质，外塑形象，开拓创新的精神，积极做好专利代办服务工作。发展时期，乌鲁木齐专利代办处共受理申请20571件，占新疆同期专利申请量的60.9%；以电子件申请方式办理的专利申请为14744件，占新疆同期专利申请总数的58.9%；办理收缴专利费为116577笔，金额达2950.07万元；受理专利电子申请注册用户789户；受理专利实施许可合同备案177件，占全区专利实施许可合同备案总数的87.6%。

2.提升专利代理服务能力

自治区知识产权局高度重视专利代理机构的建设，将其作为新疆专利事业一个重要组成部分，加强监管指导，通过培训等措施，不断提升专利代理能力和服务质量。在发展时期，新疆专利代理机构共代理专利14393件，是前5年专利代理量的3.34倍；经营收入为1941.64万元，年均增幅35.23%。经营收入比前5年的472.28万元增加了1469.36万元，年均增幅12.8%。

3.推进知识产权帮扶工作

2014年，自治区知识产权局制订了《地州市知识产权（专利）帮扶工作站实施方案》，在克拉玛依市等3个地州市建立了"知识产权帮扶工作站"，选定新疆国家大学科技园进行知识产权帮扶试点，并完成了前期调研和摸底工作。

（七）加强了知识产权宣传培训工作

1.知识产权宣传工作

发展时期，自治区按照国家知识产权局有关"4·26知识产权宣传周"和"中国专利周"的部署及要求，在全区组织开展了丰富多彩的知识产权宣传活动。一是举行知识产权宣传周新闻发布会，向社会发布《新疆维吾尔自治区知识产权保护状况》（白皮书）和《新疆维吾尔自治区知识产权典型案例》；二是邀请自治区主席和各地领导发表电视讲话；三是在首府人民广场和各地州市城市举办万人签名、咨询、专利产品展示等大型宣传展示活动；四是举办了"企业知识产权大讲堂"、知识产权管理人员及大学生知识产权知识竞赛；五是开展知识产权进机关、进企业、进校园、进街道、进商场、进社区、进军营等活动；六是专利、商标、公安等部门执法人员联合开展执法活动；七是在大学开展了知识产权"沙龙""专题讲座"和"演讲比赛"等活动；八是结合专利执法开展专利法律知识宣传活动；九是充分利用网络、报刊、新闻媒体开展形式多样的知识产权宣传活动。发展时期，全区知识产权局系统在自治区知识产权局网站等信息平台上发布信息4829条。随着知识产权宣传活动的不断深入开展，自治区社会公众的发明创新、知识产权保护意识明显增强，尊重知识、崇尚发明、尊重知识产权的社会氛围逐渐形成。

2.知识产权培训工作

发展时期，一是加强知识产权培训基地建设。通过申报并经国家知识产权局批准，在新疆大学设立国家知识产权培训（新疆）基地；经自治区知识产权局批准，在伊犁州和新特能源股份有限公司建立自治区知识产权培训基地。截至2014年12月，在新疆建立国家知识产权培训基地1个、自治区知识产权培训基地4个。二是积极加强知识产权师资队伍建设。通过多种渠道培训，到2014年年底，新疆已形成140多人的知识产权师资队伍。三是坚持抓好知识产权培训计划制订工作。每年，自治区知识产权局结合国家知识产权局提出的"百千万知识产权人才"培训工程和自治区"知识产权万人教育培训计划"制订印发年度培训计划，提出培训工作的指导思想、培训重点、培训目标、培训任务和培训措施。四是积极组织举办各类知识产权培训班，加强对各级领导和企事业单位、知识产权管理、执法部门和服务机构管理服务人员的培训。据统计，发展时期，全区共举办培训班705期，培训人数6.44万人（次）；举办讲座418场（次），参加人数9.75万人（次）。

（八）完善了知识产权工作体系

发展时期，自治区知识产权工作体系得到进一步完善，知识产权队伍得到进一步壮大。截至2014年，全区73个县市区（其中45个县、15个市、11个市辖区、2个国家级开发区）建立了知识产权（专利）管理机构，占全区县市区总数的80.2%。全区知识产权管理人员达252人，专利执法人员达278人；专利代理机构6个，具有专利代理人资格的人员141人，具有两证的从业人员27人。

（九）推进了知识产权合作交流

中华人民共和国成立以来，特别是改革开放以来，在中央和全国各地的大力支持下，新疆各族干部群众艰苦奋斗、锐意进取，使天山南北发生了翻天覆地的变化。但由于历史、自然等多方面原因，新疆的发展和稳定仍然面临许多特殊困难和严峻挑战，新疆处在发展和稳定的关键时期。

自治区知识产权局认真学习贯彻国务院"国发〔2007〕32号"文件精神和中央新疆工作座谈会精神，紧紧抓住这一千载难逢的历史性大机遇，以2011年3月29—30日全国对口支援新疆工作会议提出的国内19个省市对口支援新疆12个地州的82个县（市）及新疆生产建设兵团的12个师的支疆框架为基础，以国家知识产权局、自治区人民政府为主导，以促进新疆知识产权创造、运用、保护、管理能力为目标，以项目合作、引进、实施、转化、人员学习培训、资金设备援助为重点，以"局区会商"、互访、考察、学习、交流、签订援助合作协议等活动为纽带，高层设立，全面谋划，积极推进并形成19个援疆省市知识产权局与对口的新疆12个地州行署、人民政府对口援疆合作长效机制，组织开展了多种形式的知识产权对口援疆合作活动，并取得了显著成效。

1. "局区"会商活动持续开展

2010年7月，国家知识产权局与新疆维吾尔自治区人民政府在北京举行第二次合作会商筹备工作座谈会，商讨第二次合作会商事宜。2012年7月，在乌鲁木齐召开国家知识产权局、新疆维吾尔自治区人民政府第三次合作会商会议。会上，双方签署了《国家知识产权局、新疆维吾尔自治区人民政府2012—2013年度知识产权援疆工作协议》，就建立全国知识产权援疆合作工作长效机制，共同推进知识产权战略实施，加快新疆知识产权事业发展进行了研究部署。2014年5月，自治区副主席田文一行到国家知识产权局拜会申长雨局长，双方就知识产权援疆合作进行了座谈；同年8月，在乌鲁木齐举行了国家知识产权局与新疆维吾尔自治区人民政府新一轮合作会商；同年12月，在北京召开了全国知识产权系统援疆专家研讨会，就国家知识产权局与自治区人民政府、新疆生产建设兵团第二轮合作会商有关内容进行了研讨。

2. 知识产权对口援疆活动不断深化

一是建立了知识产权对口援疆的组织和机制。2010年12月，在北京召开全国知识产权局系统对口援疆工作会议，成立"东中西部知识产权合作与对口援疆工作领导小组"。2012年7月，国家知识产权局在山东烟台召开全国知识产权系统对口援疆工作座谈会。2013年10月，在乌鲁木齐召开"东中西部知识产权对口援疆研讨班"。

二是实现了知识产权对口援疆合作全覆盖。2012年7月，在乌鲁木齐召开的第二次全国知识产权系统对口援疆工作会议上，上海等5省市知识产权局分别与新疆喀什等5地州签订《知识产权对口支援合作协议书》。至此，19个援疆省市知识产权局与新疆12个地州人民政府、行署签订对口援疆合作协议，实现了知识产权对口援疆合作全覆盖。

三是开展了多种形式的对口合作、交流活动。

（1）开展了项目引进和合作活动。2011年3月，昌吉州与山西省知识产权局在阜康市联合举办了"晋阜共享'煤化工专利专题数据库'启用仪式暨山西援阜煤电煤化工知识产权培训班"，为阜康煤电煤化工产业发展和产业链延伸及专利运用创造了条件；同年8月，在伊宁市举行2012年度江苏省知识产权系统援伊资金捐赠暨项目启动仪式，江苏省知识产权系统启动支援项目18项，资助配套资金145万元。2013年5月，在吐鲁番市举办中南大学技术转移中心吐鲁番分中心签约仪式。2014年5月，自治区和吐鲁番地区知识产权局有关人员赴湖南省知识产权局，就知识产权对口援疆工作进行接洽。

（2）加强互访沟通，共商合作。2012年11月，自治区知识产权局局长马庆云率部分地、州、市知识产权局局长前往广州等3省市知识产权局学习考察，达成了合作与交流协议。2013年3月，自治区科技厅副巡视员、知识产权局副局长谭力一行5人到湖南省知识产权局商谈知识产权对口援疆合作事宜；同年3月，在江苏省知识产权局召开江苏省—新疆伊犁州知识产权局系统第二次对口支援工作座谈会，自治区知识产权局副局长孙东方带领伊犁州及县（市）知识产权局领导参加。

（3）不断扩大对口合作单位和合作交流内容。2012年11月，自治区知识产权局局长马庆云率新疆专利信息中心、国家知识产权培训（新疆）基地和部分地州知识产权局工作人员赴广州华南理工大学等单位学习考察。2013年9月，中国专利局电学发明部专利审查人员到特变电工等4家企事业单位开展咨询服务活动。2014年5月15日，在"局区会商"机制下，自治区知识产权局与国家知识产权局专利局专利审查协作北京中心（简称"协作北京中心"）签订《2014—2016年度合作框架性协议》；同年5月，该中心审查员赴新疆开展为期10天的知识产权梯度培训活动；同年7—10月，自治区知识产权局与该中心联合在北京举办一期为时3个月的"新疆专利代理人资格考前培训班"。此次培训班为新疆培训专利代理人22名；同年10月，湖北省武汉市知识产权局纪检组长黄本忠一行5人到博州调研并就2014年开展对口援疆工作相关事项进行座谈交流；同年12月，克拉玛依市知识产权局与四川省知识产权局就知识产权援助合作的相关事宜进行对接洽谈。

（4）不断推进和深化知识产权对口援疆活动。2014年7月，江苏省知识产权局与伊犁州知识产权局在伊宁市签订《2014—2016年江苏省对口支援伊犁州知识产权工作计划》，双方共同在伊犁师范学院建立知识产权培训基地；同年8月，江苏省知识产权局张春平副局长在伊宁市为伊犁州领导干部和大专院校师生作知识产权报告会；同年8月，国家知识产权局专利管理司组织有关专家，对《中亚五国和俄罗斯专利保护环境及合作对策研究》项目进行了中期评估；同年9月，国家知识产权局保护协调司副司长武晓明一行，到乌鲁木齐市华凌综合市场考察调研；同年9月，湖南省郴州市知识产权局局长陈善俊一行6人到鄯善县开展调研；同年10月，浙江省知识产权局在阿克苏市举办2014年知识产权对口援疆培训班。

四是知识产权对口援疆活动取得新的成效。据统计，截至2014年12月，东中部19个省市和16个地市区知识产权局与新疆12个地州行署、人民政府及16个县市知识产权局建立对口援助合作关系。援疆资金累计达到1364万元，援助设备11套，价值近70万元，建立专利数据库4个，引进合作项目9个，项目资金395万元，举办知识产权培训班37期，培训人数3006人（次）。

发展时期的工作亮点主要表现在：一是自治区各级党委、人大、政府、政协和部门对知识产权工作的重视程度和支持力度达到了一个新的高度。自治区人大完成了对《专利保护条例》的修订，颁布实施了《促进与保护条例》等政策法规；二是完成了《战略纲要》《推进计划》和《自治区专利事业发展战略纲要》制定颁布工作；三是每年结合实际，制订实施《新疆维吾尔自治区知识产权战略实施推进计划》和《新疆维吾尔自治区专利事业发展战略推进计划》，全面推进自治区知识产权战略和专利事业发展战略实施工作；四是深化专利项目管理，进一步提升项目管理水平，建立了专利项目计划资助资金增长机制，加大了对专利技术实施转化的支持力度，将建立健全专利体系、制度和机制，加强知识产权培训，提升知识产权创造、运用、保护能力融入项目申报、评审、检查、验收等环节，通过专利项目实施，促进项目实施主体知识产权创造、运用、保护和管理能力的全方位提升；五是加强了专利申请管理工作，修订完善了专利申请资助资金管理办法，建立了专利申请目标管理机制，更加重视发明专利、有效专利、"PCT"申请专利、万人发明专利和企业专利数量的提升，自治区专利申请数量和质量大幅度提升；六是企业专利管理服务工作进一步深化，以提升知识产权运用能力为目标，积极加强专利信息服务工作，大力开展专利信息利用实务培训、知识产权贯标、帮扶、消除"零专利"和维权援助等活动；七是知识产权工作以服务自治区经济发展、技术创新、经济结构调整和发展方式转变为目标，为自治区经济跨越式发展和建设创新型新疆发挥支撑作用越来越显著；八是建立了自治区专利实施转化、专利执法、专利奖励、专利宣传培训等专项资金，形成了增长机制，恢复并组织开展了新疆专利奖奖励工作；九是创新了知识产权合作交流工作，建立了国家知识产权局与自治区人民政府"局区"会商和东中西部省市知识产权对口援疆长效机制，组织开展了多种形式的卓有成效的知识产权对口援疆活动，取得了显著效果，受到自治区各级政府的好评和全区各界人士的点赞。

第三章　新疆知识产权（专利）工作三十年纪事
（1985—2014年）

1985年

2月16日 中国科学院新疆分院印发《关于成立中国科学院新疆专利事务所的批复》（新科院计字〔1985〕014号），中国科学院新疆分院专利事务所正式成立。

3月13日 自治区人民政府办公厅印发《对自治区科委、经委〈关于建立自治区专利工作机构的请示报告〉的批复》（新政办〔1985〕42号）。该批复指出，经研究，自治区人民政府同意设置专利管理处，作为自治区的专利管理机关，列事业编制7人，受自治区科委领导。同时设立新疆专利服务中心，作为自治区专利服务机构，暂列事业编制10人，亦归科委领导。专利管理处和专利服务中心的经费，由自治区财政核拨。

3月27日 自治区科委印发《关于自治区专利管理处开始办公的通知》（新科专字〔85〕063号）。

9月5日 自治区科委印发《关于贯彻执行有关专利代理工作的几项暂行规定的通知》（新科专字〔85〕110号）。

12月12日 自治区科委、经委、对外经济贸易厅联合印发《关于技术引进中有关专利等若干问题的管理办法（试行）》（新科专字〔1985〕153号）。

12月31日 1985年新疆首次有了专利申请，全年专利申请量为36件。

1986年

4月15日 自治区科委印发《新疆维吾尔自治区关于调处专利纠纷有关问题的暂行规定》（新科专字〔1986〕97号）。

6月5日 自治区人民政府印发《新疆维吾尔自治区实施专利法若干问题的暂行规定》（新政发〔1986〕54号）。

6月20日 石河子市专利事务所成立。

8月5日 昌吉市专利事务所成立。

10月12—21日 自治区科委专利管理处组织新疆企业代表参加由中国发明协会在武汉举办的全国第二届发明展览会。

12月20日 自治区科委在乌鲁木齐召开"新疆第一届发明协会成立大会"。大会通过了《新疆维吾尔自治区发明协会章程》，选举产生了会长、副会长、干事长和副干事长。会长由自治区科委主任杨逸民担任，干事长由自治区专利管理处处长吕文良担任。自治区发明协会会员有516名。

12月31日 1986年新疆首次有了专利授权，当年专利授权量为4件。

12月 新疆发明协会在自治区科技馆举办新疆首届发明与新技术展览会。参展项目308项，评出优秀奖项目87项，参展人数1.2万人（次）。

1987年

6月8—10日 自治区人民政府在乌鲁木齐召开"自治区首次专利工作会议"，各地州市和有关厅局、大专院校、科研院所80余人参加会议，总结交流了专利工作经验，分析了专利工作存在的问题和困难，研究讨论了如何进一步作好自治区专利工作，自治区党委常委、自治区副主席黄宝璋、自治区人大常委会副主任胡赛音·斯牙巴也夫及自治区经委副主任祁述山、自治区最高人民法院副院长阿不列孜·哈斯木等领导出席会议并讲话；自治区科委副主任那吉米丁·尼扎木丁传达全国第二次专利工作会议精神并作大会总结讲话；自治区科委主任杨逸民因临时有重要活动未能出席，以书面形式作工作报告。

7月13日 自治区科委印发《新疆维吾尔自治区专利代理工作暂行规定》（新科专字〔1987〕101号）。

9月5—14日 自治区专利管理处组团参加在长春举办的"第三届全国发明展览会"，新疆参展专利技术6项，其中3项获铜奖。签订合同1项，合同金额30万元。

9月17日 乌鲁木齐专利事务所成立。

是年 召开了新疆专利代理人座谈会，听取了与会代表对自治区专利工作的意见；讨论修改了自治区专利代理工作暂行规定；对46名专利代理人进行了考核，其中28人重新取得专利代理人证书。

是年 自治区专利管理处编发《新疆专利工作》10期，接待专利咨询100余人（次），培训人员210人（次）。全区实施专利技术37项，获得经济效益2738.83万元。

1988年

3月3日 自治区科委、物价局联合印发《新疆维吾尔自治区专利代理收费标准的暂行规定》（新科专字〔1988〕037号）。

4月1日 自治区科委在乌鲁木齐召开"自治区实施专利法3周年总结表彰大会"，对6个先进单位、9名先进个人进行表彰奖励。

4月15—25日 由自治区科委和自治区发明协会在自治区展览馆联合举办"自治区第二届发明与新技术成果展览会"。此次展会共展出专利等项目538项，评出获奖项目203个；签订技术转让合同90余份，交易额为200万元，签订新产品订货合同额达30万元，参展人数2.5万多人（次）。

7月5日 自治区科委向自治区人民政府上报《关于成立新疆维吾尔自治区专利管理局的报告》（新科专字〔88〕116号）。

10月5—13日 自治区专利管理处组团参加由中国发明协会在北京举办的"国际发明展览会"，新疆参展项目30项。

是年 根据中国发明协会《关于发放会员证规定的通知》（中发协字〔1987〕013号），自治区专利管理处向中国发明协会新疆维吾尔自治区首批265名会员颁发了证书。

1989年

3月18—24日 自治区发明协会组织企业参加由国家科委、中科院联合主办在新加坡莱佛士城举办的"中国科技适用成果展览会"，新疆参展专利技术18项，签订意向合同3项，交易额达3000万美元。

6月1日 自治区科委印发《新疆维吾尔自治区专利新产品的确认及申请减免税的暂行规定》（新科专字〔1989〕098号）。

8月23日 自治区科委、财政厅、物价局联合印发《新疆维吾尔自治区调解处理专利纠纷收费暂行规定》（新科专字〔1989〕157号）。

11月3—11日 自治区发明协会组团参加在四川省成都市举办的"第四届全国发明展览会"，新疆参展项目9项，转让技术8项，签订正式合同金额为10万元，意向合同金额达86万元；获银奖1项，铜奖5项。

12月21日 自治区科委、司法厅劳改工作局联合印发《关于在押服刑人员申请专利的暂行规定》（新科专字〔1989〕238号）。

1990年

1月13日 自治区科委、财政厅、中国人民银行新疆维吾尔自治区分行、自治区税务局联合印发《关于转发中国专利局、财政部、中国人民银行、国家税务局〈关于职务发明创造专利的发明人、设计人奖酬提取办法的规定〉的通知》（新科专字〔1990〕007号）。

3月20日 自治区科委印发《关于转发国家科委、中国专利局〈关于加强专利管理工作的通知〉的通知》（新科专字〔1990〕043号）。该通知规定，专利管理机关具有执法和管理双重职能。

5月 自治区专利管理处在乌鲁木齐召开"自治区企业专利工作座谈会"，地州市科委、有关厅局专利工作机构和部分企业代表共计90余人参加。

5月19—25日 自治区人民政府在自治区展览馆举办"丝路专利技术博览会"及"自治区第三届发明与新技术成果展览会"，13个省、市、自治区196个单位的736个项目参展，其中获得专利权的项目有117项。

10月11—20日 自治区发明协会组织参加由中国发明协会在天津举办的第五届全国发明展。

1990年 全区共举办各类学习班58期，培训人员3600人（次）；实施专利项目68项，创产值5239.14万元，利税1015.75万元。

1991年

3月 自治区专利管理局组织7个地州市和部分科研院所200多个单位、13696人参加了由《中国技术市场报》、中国专利局、《经济日报》和《中国技术市场报》举办的"人寿杯全国专利知识竞赛"活动和"滑行杯专利技术知识问卷"调查活动，自治区获得"全国专利知识竞赛优秀组织奖"。

4月27日—5月9日 自治区发明协会组织参加在法国巴黎举办的"第82届巴黎国际发明展览会"，参展项目8项，获银奖1项、巴黎市政府专项奖4项。

6月7日 自治区发明协会组织参加了由世界知识产权组织在保加利亚普罗夫迪夫市举办的第二届世界青年发明家成果展览会，新疆参展项目15项（其中青少年项目3项），获银奖1枚、铜奖5枚，并获先进展团称号。

6月12日 自治区科委、司法厅、人事厅、经委联合印发《关于在全区广泛开展〈专利法〉普及教育活动的通知》（新科专字〔1991〕119号）。

6月20日 自治区科委、经委、计委、经济体制改革委、财政厅、税务局联合印发《关于开展企业专利试点工作的通知》（新科专字〔1991〕118号），对企业专利试点工作作出部署，提出具体要求：一是把贯彻执行专利法作为推动企业技术进步的重要内容；二是有计划、有步骤、分期分批地把企业专利试点工作扎扎实实地开展起来；三是企业建立健全专利管理工作制度的具体要求；四是企业专利试点工作的具体实施意见。

8月27日 经自治区机构编制委员会批准，自治区专利管理处更名为自治区专利管理局，人员编制由7个增加到10个，隶属自治区科委领导，经费由自治区财政直接拨款。

10月5日 中国专利局、国家人事部联合印发《关于表彰全国专利系统先进集体和先进工作者的决定》（国专发管字〔1991〕184号），石河子市专利事务所被评为先进集体。

△中国专利局印发《关于表彰全国专利系统先进个人的决定》（国专发管字〔1991〕185号），自治区专利管理处副处长白志斌、乌鲁木齐专利事务所副所长高泉生被评为先进个人。

10月23日—11月2日 自治区发明协会组织参加在西安举办的"第六届全国发明展览会"，新疆参展项目12项，获金奖6枚、银奖1枚、铜奖5枚。

1992年

1月4日 自治区专利管理局印发《关于举办专利培训班的通知》（新专管字〔1992〕01号）。自治区专利管理局分批举办南疆片、伊犁片、乌鲁木齐片、阿勒泰地区、石河子市、昌吉州、克拉玛依市、哈密地区等片区的专利法宣传员培训班和企业工作者培训班。编印教材5000册。

4月4—12日 自治区发明协会组织参加在北京举办的"中国新产品、新技术博览会"。新疆参展项目12项，获金奖5项、银奖1项，并获优秀组团奖。

6月20—30日 国家科委、自治区人民政府在自治区展览馆联合举办"全国星火计划暨专利技术乌鲁木齐展销洽谈会"。此次展会共签订正式合同457项，合同成交额达7.9亿元；签订意向协议813项，交易额达13.5亿元。参观人数达17万人（次）。

8月10—14日 自治区发明协会组织参加由国家知识产权局和陕西省人民政府在西安市共同举办的"第九届中国专利新技术新产品博览会"，新疆参展项目7项。

12月25日—1993年1月8日 在北京展览馆举办的"新技术、新产品展销会"，自治区发明协会组织参展项目12项，获金奖5项、银奖1项。

12月31日 新疆维吾尔自治区第七届人民代表大会常务委员会第二十六次会议审议通过自治区人民政府

《关于自治区〈专利法〉〈技术合同法〉执行情况的报告》。

1993年

3月11—13日 自治区专利管理局在乌鲁木齐举办首次"企业开发专利新产品座谈会暨专利技术拍卖会"，参加拍卖的专利技术有6项，成交4项，成交金额75万元。

4月12日 自治区物价局、财政厅联合转发《国家物价局、财政部关于重新发布专利收费项目和标准的通知》（新价非字〔1993〕23号）。

5月21—24日 自治区发明协会组织参加在法国举办的"第84届巴黎国际发明博览会"，新疆参展项目2项，获金、银奖各1项，签订合同1项、合同金额28万元。新疆"黛妹"牌奥斯曼植物生眉笔产品在展会上一举夺得金奖。

5月25日 克拉玛依专利事务所成立。

6月9日 自治区专利管理局印发《转发新疆天山锅炉厂"关于将我厂定为专利试点企业的请示"》（新专管字〔1993〕08号），批准该厂为自治区专利试点企业，并向全区宣传推广其在专利工作中"领导、机构、人员、制度"四落实的做法。

6月20—30日 由自治区科委、财政厅、经委主办，自治区专利管理局在自治区展览馆承办"93专利技术、新产品乌鲁木齐博览会"，来自21个省、市、自治区372个参展单位，展出专利技术及新产品千余项；参展人数1.6万人（次）；签订合同241份，合同金额为1676万元；销售额1060万元。评出最高金杯奖4项、金杯奖35项、金奖94项、银奖4项。

6月22日 自治区人民政府在昆仑宾馆举办"知识产权报告会"，中国专利局副局长姜颖作《知识产权与关贸总协定》专题报告，自治区副主席米吉提·纳斯尔出席并讲话。

7月10日 自治区专利管理局印发《关于建立伊犁地区专利事务所的批复》（新专管字〔1993〕012号）。

8月1日 自治区专利管理局印发《组织赴哈萨克斯坦和吉尔吉斯斯坦共和国进行专利技术市场考察活动的通知》（新专管字〔1993〕18号），在9省1市专利实施经验交流会期间组织内蒙古、山东、陕西、甘肃、宁夏、新疆、西安等省（区）市与会代表赴哈萨克斯坦和吉尔吉斯斯坦共和国进行为期5~7天的专利技术市场考察活动。

10月22日 中国专利局副局长明廷华及专利管理部部长郭凤久到新疆驻北京办事处，与自治区常务副主席王乐泉就如何加强新疆的专利工作，以适应经济和科技发展的要求等问题进行了座谈。

10月22—30日 自治区发明协会组团参加在石家庄举办的"第七届全国发明展"。

是年 新疆石河子植保机械厂研发的"一种多功能悬挂式喷雾器"专利获第三届中国专利优秀奖。这是新疆首次获中国专利优秀奖。

1994年

2月28日 自治区专利管理局印发《关于成立巴州专利事务所的批复》（新科专字〔1994〕02号）。

3月21日 自治区在全国率先成立无形资产评估机构——新疆无形资产评估所。

4月 在"第22届日内瓦国际发明博览会"上，新疆"黛妹"牌奥斯曼植物生眉笔产品荣获银奖，是我国唯一在国际权威发明博览会上连续获大奖的化妆品。

8月5—11日 自治区人民政府在乌鲁木齐中国新疆国际博览中心举办"94全国发明与专利博览会暨'百强县'与新疆交流协作会"，全国21个省、市、自治区的381家单位，800多名代表，2000项专利和新科技项目参展，有23个百强县的代表到会，参展人数达10多万人（次），新疆与内地省区签订技术贸易合同186项，合同额5140.38万元，产品销售额约2390.1万元，自治区有8个县的代表和与会的百强县（市）的代表签订了结成友好县的协议。大会评出发明与新技术、新产品金杯奖78项，发明与新技术、新产品金牌奖41项，最佳组团19个；大会期间，组织了"供需技术信息发布会"和"'百强县'与新疆交流协作座谈会"。

9月9日 自治区机构编制委员会印发《关于成立新疆无形资产评估事务所的批复》（新机编字〔1994〕103

号),同意成立新疆无形资产评估事务所,为隶属于自治区专利管理局的科级事业单位,经费实行自收自支、自负盈亏、独立核算。该所核定事业编制4名,领导职数1名。

9月8—17日 自治区发明协会组织参加由中国发明协会和青岛发明协会在青岛共同举办的"第八届全国发明展",新疆参展项目1项。

9月13—17日 自治区专利管理局、国有资产管理局在乌鲁木齐联合召开"全国无形资产评估方法研讨会",来自全国8个省、市、自治区的30余名代表参加。

12月12日 自治区人民政府办公厅印发《关于成立自治区知识产权工作协调指导小组的通知》(新政办〔1994〕146号),自治区副主席米吉提·纳斯尔任组长,那吉米丁·尼扎木丁、艾买提·毛拉吐尔地、钱西夫任副组长,成员单位19个,自治区知识产权工作协调指导小组办公室设在自治区科委,办公室主任由顾家骕同志兼任。

1995年

3月1日 自治区专利管理局印发《关于成立哈密专利服务中心的批复》(新专管字〔1995〕07号)。

3月2日 自治区专利管理局印发《关于转发"石河子八一糖厂专利奖酬金兑现报告"的通知》(新专管字〔1995〕04号)。该通知指出,1994年石河子八一糖厂给2位发明人兑现3000元奖之后,1995年又兑现8万余元酬金。

3月11日 自治区召开"纪念专利法实施十周年座谈会",自治区有关部门的领导、专家、发明人、企业家和新闻工作者40多人参加,自治区人大常委会副主任胡吉汉·哈吉莫夫、自治区人民政府副秘书长苏天虎、自治区人大常委杨逸民等领导出席,自治区科委主任张曰知讲话。

3月17—22日 自治区发明协会组织有关单位的专利项目和专利产品参加由中国专利局在北京举办的全国专利十周年成就展。

4月11日 自治区专利管理局在乌鲁木齐召开"查处假冒专利行为社会监督网"成立大会。自治区人民政府、人大、法院及工商等部门和企业代表近50人参加。

4月18日 自治区人民政府召开"知识产权保护报告会"。

4月28日 自治区人民政府办公厅印发《关于增补苏天虎同志为自治区知识产权工作协调指导小组第一副组长的通知》(新政办函〔1995〕46号)。

△自治区知识产权工作协调指导小组印发《贯彻〈国务院关于加强知识产权保护工作的决定〉的若干意见》(新知权字〔1995〕03号)。

6月16日 由自治区知识产权工作协调指导小组牵头,成立自治区知识产权执法检查小组,并向社会公布小组负责人、联系人姓名、办公地点和举报电话。

8月13—18日 自治区发明协会组织自治区专利技术及产品参加在北京展览馆举办"第三届中国专利技术博览会暨中国专利产品订货会"。

8月 克拉玛依市知识产权办公室成立。

9月 据资料记载,新疆农业科学院园艺作物研究所的"葡萄促干剂及其制备方法"获第四届中国专利优秀奖;乌鲁木齐市地毯总厂的"礼拜毯"外观设计专利获中国外观设计专利优秀奖。截至1995年9月,新疆获中国专利优秀奖累计达到3项。

9月13—17日 自治区发明协会组织参加在哈尔滨市举办的"95哈尔滨全国专利技术展览交易会"。

10月 自治区扶贫办公室、专利管理局共同制订《自治区专利技术扶贫项目年度计划》。

10月16—22日 自治区发明协会组织参加在北京中国人民军事博物馆举行的"全国十年发明成果暨第九届发明展览会",新疆获优秀发明成果奖3项,获优秀项目奖7项。

11月12日 自治区专利管理局印发《关于聘任孙德生为新疆无形资产评估事务所所长的决定》(新专管字〔1995〕019号)。聘期3年。

12月21日 自治区知识产权工作协调指导小组办公室、司法厅联合印发《关于在全区开展知识产权法制教育活动的通知》（新知权办字〔1995〕08号）。

12月 自治区专利管理局印发《新疆专利项目可行性评价管理暂行办法》（新科专管字〔1995〕020号）。

1996年

3月13日 石河子市知识产权办公室成立。副县级，行政单位，2人（兼职）。

3月26—27日 自治区专利管理局在乌鲁木齐召开自治区专利工作会议，14个地州市科委领导和分管专利工作的业务人员，以及企事业单位的代表100多人参加。会议传达贯彻1995年全国专利工作会议精神；学习全国专利工作"九五"规划和2010年远景目标纲要；总结交流专利法实施以来自治区专利工作经验；表彰自治区专利战线先进工作者。此次会议提出了"科教兴新，专利先行"的口号。

3月27日 自治区人民政府在乌鲁木齐市召开颁奖大会，对叶良才等5名优秀发明家、董兆德等36名优秀发明者和叶邦华等23名优秀发明与专利企业家进行了表彰奖励。

3月28日 在乌鲁木齐召开"自治区知识产权研究会成立大会"，参加人数100多人。大会通过了《新疆维吾尔自治区知识产权研究会章程》，选举产生了自治区知识产权研究会第一届理事会理事等组成人员。理事长由自治区科委副主任那吉米丁·尼扎木丁担任，秘书长由自治区专利管理局局长刘永生担任，有集体会员29个，个体会员283人。

4月5日 自治区专利管理局印发《关于表彰自治区专利系统先进工作者的决定》（新专管字〔1996〕09号文），授予蔡龙康等20名同志自治区专利系统先进工作者光荣称号，对他们进行了表彰和奖励。

4月11—17日 自治区专利管理局在乌鲁木齐举办"1996年全国专利代理人资格考试考前培训班"，有37人参加。

4月 自治区专利管理局制订印发《新疆维吾尔自治区专利工作"九五"计划和2010年远景目标》，并提出了"科教兴新，专利先行"的工作方针。

7月13—15日 自治区专利管理局、人事厅在乌鲁木齐举办"知识产权暨机构改革研讨班"，各地州市科委的领导和负责机构改革的工作人员共70多人参加。

7月22—27日 自治区专利管理局在霍尔果斯口岸承办"全国专利与发明新产品展示会"。

8月 自治区知识产权协调指导小组成立"自治区知识产权讲师团"，顾家骝任讲师团团长，成员由自治区专利管理局、工商行政管理局、新闻出版局（版权局）等专家组成。

△自治区知识产权工作协调指导小组办公室为全区知识产权宣传培训工作编写的统一规范教材《知识产权普及读本（汉文版）》，由新疆人民出版社正式出版发行。

△自治区《改革中的新疆》系列丛书编委会编辑出版《新疆发明大观》。该书介绍了1985年4月—1996年8月期间评出的52名新疆优秀发明家、优秀发明工作者、优秀发明企业家和优秀实施发明企业家的事迹。

9月12—18日 自治区专利管理局组织参加在北京全国农业展览馆举办的"北京国际发明展览会"，新疆参展项目3项。

9月25—26日 自治区专利管理局在乌鲁木齐举办"专利法及专利诉讼事务培训班"，自治区专利执法等人员参加，邀请中国专利局专利复审委员会的专家授课。

10月16日 自治区财政厅、科委联合印发《新疆维吾尔自治区专利技术推广基金管理办法（试行）》（新财字〔1996〕125号）。

△自治区专利管理局印发《关于自治区各地州市机构中专利管理机构设置问题的通知》（新专字〔1996〕016号），要求各地州市科委在机构改革中要明确专利管理职能，设置专利管理机构，配备专利管理人员，使全区各地州市科委能正常行使专利法赋予的执法和管理双重职能。

10月 自治区在全国率先建立专利技术实施专项资金。1996年自治区财政首次划拨专项经费100万元，用于专利技术的推广实施转化。

11月7日 昌吉州专利管理局成立。

12月3日 自治区专利管理局印发《关于对新疆维吾尔自治区对外开放地州市中级人民法院授予专利纠纷有关案件管辖权的建议》（新专管字〔1996〕020号）。该建议提出，自治区最高人民法院授予自治区已经国务院批准的石河子市、吐鲁番市、喀什市、昌吉市、哈密市、库尔乐市、阿克苏市、伊宁市、博乐市、阿勒泰市、克拉玛依市、塔城市、和田市等13个地州市中级人民法院案件管辖权。

是年 自治区专利管理局组织参加"第87届巴黎国际发明博览会""第四届中国专利技术暨中国专利产品订货会"和"第五届中国专利新技术、新产品展览会"，共组织参展项目57个，获得各种奖杯（牌）37个（枚），签订合同35份，合同金额为500余万元。

1997年

1月2日 新疆生产建设兵团专利代理事务所成立。

1月28日 自治区专利管理局向中国知识产权培训中心上报《关于为新疆培训一批知识产权专业研究生的请示》（新专管字〔1997〕06号）。

3月5日 自治区科委印发《新疆维吾尔自治区查处冒充专利行为的暂行规定》和《新疆维吾治区专利管理机关调处专利纠纷办法》（新科办字〔1997〕49号）。

3月 自治区专利管理局设立专利执法机构——法律部，配备执法人员，建立执法程序，规范专利行政执法工作。

4月25—28日 自治区专利管理局举办"专利执法监督培训班"，地州市科委、专利局、专利事务所、有关企事业单位领导和工作人员参加。

5月7日 自治区人民政府办公厅印发《新疆维吾尔自治区奖励"优秀发明创造、专利技术开发者"暂行办法》（新政办字〔1997〕59号）。

5月28日—6月20日 自治区专利管理局组织"自治区专利考察团"到四川省等5省市考察专利管理、专利代理、企业专利试点等工作。各地州市科委主管专利的领导、专利代理事务负责人参加。

6月9日 自治区专利管理局印发《关于设立新疆无形资产评估事务所业务代办处的通知》（新专管字〔1997〕017号），拟定在有条件的地州市科委设立新疆无形资产评估事务所业务代办处。

6月 自治区专利管理局、自治区知识产权研究会联合组织"赴德国知识产权培训班"，自治区知识产权研究人员、决策管理人员、专利代理机构人员、知识产权经济法规的执法人员和律师参加，到德国、法国等5国考察学习培训。

7月17日 自治区专利管理局在乌鲁木齐市首次召开"自治区专利技术推广基金"项目专家论证会。

8月13日 应自治区人民政府邀请，国家专利局局长高卢麟在乌鲁木齐作《国内外知识产权保护现状及发展趋势》专题报告，自治区各部门、大专院校、科研院所的领导200余人参加。

8月13—17日 中国知识产权研究会和自治区知识产权研究会在乌鲁木齐联合举办"97知识产权保护研讨会"，中国专利局、中国知识产权研究会负责人出席会议并讲话。会议收到论文40篇。

9月8—23日 自治区发明协会组织参加由中国专利局在广州市举办的第十届全国发明展览会。

9月11日 自治区财政厅、专利管理局联合印发《关于下达1997年自治区专利技术实施项目计划的通知》（新财工字〔1997〕073号），下达1997年度自治区专利技术实施计划项目7项，划拨专利技术实施推广经费85万元。

12月24日 自治区专利管理局、自治区国有资产管理局联合转发《中国专利局、国家国有资产管理局〈关于印发"专利资产评估管理暂行办法"的通知〉的通知》（新专管字〔1997〕026号）。

1998年

1月5日 根据自治区人民政府《关于颁发行政执法证件有关问题的紧急通知》（74号令）的要求，自治区专利管理局为昌吉州等地州市首批36名专利行政执法人员颁发《行政执法证》。

1月7日 自治区科委印发《关于加强自治区地、州（市）科委专利管理与执法工作的通知》（新科办字〔1998〕001号）。该通知要求：一是各地、州（市）科委领导把专利工作放到事关科技、经济、外贸以至对外开放的一个重要的战略高度来考虑，增强紧迫感，切实提高对专利工作的认识；二是专利工作是科技管理工作的一项重要内容；三是要从专利法的宣传和培训、专利项目实施及专利行政执法三个关键环节入手，推动各地州（市）的专利工作。

4月2—6日 自治区发明协会组织新疆企业参加由中国专利局在北京展览馆举办的"第六届中国专利技术博览会暨中国专利产品订货会"。

5月19日 国家知识产权局、国家经贸委联合印发《关于确定专利工作试点企业名单的通知》（国知发管字〔1998〕第72号），新疆中石化乌鲁木齐石油化工总厂、新疆联合机械（集团）有限责任公司被确定为国家专利工作试点企业。

6月10—14日 自治区发明协会组织新疆企业专利技术和专利产品参加由中国专利局、天津市人民政府主办，在天津举办的"第七届中国专利新技术新产品博览会"。

8月1—6日 由中国发明协会主办，自治区人民政府在乌鲁木齐新疆国际博览中心承办"第十一届全国发明创造展览会"，来自28个省、市、自治区的1799项发明专利和科技成果参展，为历届之最。此次展会共设展位383个；签订技术合同44项，合同金额23634.65万元；签订意向合同659项，合同金额40296万元；产品销售额1416.8万元；评出金奖94项、银奖148项、铜奖182项、专项奖41项。

12月20日 自治区专利管理局印发《关于下达1998年自治区专利实施计划项目的通知》，下达自治区专利实施计划项目7项，划拨专利技术实施推广经费65万元。

1999年

1月25日 自治区专利管理局印发《关于专利申请代理收费的补充规定》（新专管字〔1999〕03号）。

3月2日 自治区人才服务中心、自治区专利管理局联合印发《关于在自治区人才市场开展专利技术转让、推广的通知》（新人才综字〔1999〕4号），通知决定在自治区人才市场长期开设专利技术转让、推广服务窗口。

3月16日 自治区专利管理局印发《关于进行专利代理机构年检工作的通知》（新专管字〔1999〕09号）。

3月22—23日 自治区知识产权研究会、自治区专利管理局在乌鲁木齐昆仑宾馆联合召开"自治区企事业单位知识产权保护工作经验交流会"，自治区企事业单位主管知识产权工作的领导和知识产权管理工作业务负责人参加。

3月23日 自治区人民政府召开"自治区奖励'优秀发明创造、专利技术开发者'颁奖大会"，对获得自治区发明创造者和优秀专利技术开发者称号的20名获奖人员进行了表彰奖励。

4月1—5日 自治区专利管理局组团参加由国家知识产权局在北京军事博物馆主办的"第七届中国专利技术博览会"，新疆参展展位4个、项目15项，获金奖3枚、银奖2枚，并获优秀组团奖。

5月 乌鲁木齐电熔爆技术研究所的"电熔爆技术"专利和新疆奥斯曼生物科技有限公司的"奥斯曼生眉笔"专利获第六届中国专利优秀奖。截至1999年5月，新疆获中国专利优秀奖累计达到5项。

6月2日 自治区专利管理局向国家知识产权局呈报《关于解决少数民族同志的专利代理资格的报告》（新专管字〔1999〕014号）。

7月9日 自治区专利管理局印发《关于对伊犁地区成立专利管理局请示的批复》（新专管字〔1999〕016号）。

8月8—12日 自治区发明协会组团参加"第八届全国专利技术新产品博览会"，新疆参展项目9项，获金奖2枚、银奖2枚，并获优秀组团奖。

9月16日 "中国专利信息网络工程——新疆网站"建成开通并投入使用。

9月16—21日 自治区发明协会组团参加"第十二届全国发明展览会"，新疆参展的项目30项，获金奖2项、银奖4项、铜奖9项。

9月20日 自治区科委党组根据自治区专利管理局上报的《关于新疆无形资产评估所脱钩改制工作的请示》（新专管字〔1999〕023号文），批准新疆无形资产评估所脱钩改制。

11月11—16日 自治区发明协会组织参加由重庆市人民政府、国防科工委和中国发明协会在重庆市共同举办的"99重庆高新技术成果展示交易会"，新疆参展项目3项。

11月16日 自治区专利管理局、财政厅印发《关于下达1999年自治区专利实施计划项目的通知》，下达自治区专利实施计划项目4个，划拨专利技术推广经费30万元。

12月5—6日 自治区团委、经贸委、专利管理局和科协联合在克拉玛依市召开了"自治区企业青年职工创新创效现场启动大会"。

2000年

2月21日 自治区专利管理局印发《关于2000年〈行政执法证〉年审换证工作的通知》（新专管字〔2000〕第03号）。此次年审换证18人。

2月 自治区专利管理局在乌鲁木齐市组织召开"全区专利宣传通联工作会议"，来自全疆各新闻单位的记者等16人参加。会议通报了1999年自治区专利宣传工作情况，对2000年专利宣传工作进行了部署。

△自治区专利管理局组织召开"新疆专利代理机构负责人座谈会"，传达全国专利工作会议精神，协调专利代理收费等事宜，新疆专利代理机构的代表共9人参会。

4月1—5日 自治区发明协会组团参加由国家知识产权局在北京举办的"中国专利十五周年成就展"，新疆参加16人，展出项目20项，签订技术合作协议项目1项，合同金额达3.8亿元；销售专利产品1.8万元。获优秀组团奖。

4月 自治区专利管理局在乌鲁木齐市组织召开"庆祝专利法颁布实施十五周年座谈会"，来自全疆国有大中型企业、科研院所和高等学校等15个单位的科技主管及发明人代表参加。

5月22—26日 自治区专利管理局在乌鲁木齐举办"专利行政执法人员培训班"，昌吉等5个地州市专利局和科委人员43人参加。

5月30日 自治区专利管理局印发《关于新疆无形资产评估事务所注销营业执照的复函》（新专管字〔2000〕12号）。至此，新疆无形资产评估事务所全部完成脱钩改制工作。其债权债务由"新疆信德资产评估有限公司"承担。

5月 自治区被列为国家知识产权首批促进专利技术示范工程项目——"装配整套体式钢筋混凝土抗震'三剪'建筑结构"项目通过国家验收；列为国家知识产权局的2个专利试点企业通过验收。

7月28日 自治区发明协会组团参加了由国家知识产权局和陕西省人民政府在西安市举办的"第九届专利技术与新产品博览会"，新疆展出项目9项，获金奖1项。

9月5—7日 由国家知识产权局主办、中国知识产权培训中心承办，陕西省专利管理局协办"西北地区企事业单位领导人知识产权培训班"，自治区经贸委、专利管理局联合组织新疆25家企事业单位负责人参加。

10月12日 自治区专利管理局向自治区党委宣传部上报《关于开展专利宣传周的请示报告》（新专管字〔2000〕25号），建议在11月份用一周时间宣传普及第二次修改的专利法，以适应"入世"后面临的挑战。

10月21日 自治区人民政府印发《关于自治区专利管理局更名为自治区知识产权局的通知》（新政函〔2000〕226号）。根据该通知，自治区知识产权局，由县处级升格为副（局）厅级，为自治区人民政府直属事业单位，实行公务员管理。在局内部设立3个（县级）处，人员编制由10个增加到18个。

10月 自治区专利管理局在乌鲁木齐组织专利代理人资格（乌鲁木齐考点）考试，有28名考生参加。

11月26—27日 自治区知识产权局组团参加由中国发明协会和香港生产力促进局在香港举办的"2000年香港国际发明展览会"，新疆参展项目28项，其中获金奖3项、银奖6项、铜奖12项。

12月7日 自治区人民政府主席阿不来提·阿不都热西提任命姜万林同志为自治区知识产权局局长。同时，自治区党委组织部任命姜万林同志为科技厅党组成员，自治区科技厅任命田湘勇、多里坤·阿吾提同志为副局长。

12月14日 国家知识产权局印发《关于授予中国专利金奖和中国专利优秀奖的决定》(国知发办字〔2000〕第5号),新疆药物研究所申报的"菘蓝眼部化妆品及其制备方法"专利获中国专利优秀奖。截至2000年12月,新疆获中国专利优秀奖累计达到6项。

是年 新疆发明协会、自治区专利管理局与中国发明协会联合在乌鲁木齐市召开了"西部大开发与知识产权保护研讨会",来自全国各地的专利管理机关、专利代理机构、工商、版权及企业的代表106人参加。研讨会收到论文20余篇。

△自治区专利管理局在乌鲁木齐承办西北6省6市专利协作会。我国西北6省(市)专利管理局代表参加,交流专利工作情况。

△自治区专利管理局、财政厅印发《关于下达2000年自治区专利实施计划项目的通知》,下达2000年度自治区专利实施计划项目1个,划拨专利技术推广经费30万元。

△截至2000年年底,新疆专利申请受理量首次超千件,达到1088件。

2001年

3月1日 自治区人民政府办公厅印发《关于印发新疆维吾尔自治区知识产权局职能配置、内设机构和人员编制规定的通知》(新政办〔2001〕23号)。根据该通知,自治区知识产权局是自治区人民政府主管专利工作和协调知识产权事宜的(副厅级)直属事业单位。

职能调整:将设在自治区科委的自治区知识产权工作协调指导小组办公室的工作移交给自治区知识产权局。

内设:综合处、法律事务处、管理实施处,列事业编制18名(含工勤人员2名)。局领导职数3名,处级领导职数6名。

3月9日 在自治区科委法规处,由洁同志负责向自治区知识产权局移交自治区知识产权协调指导小组办公室工作。自治区知识产权局史治勋同志接交,田湘勇副局长参加。

3月12日 自治区知识产权局、自治区高级人民法院联合印发《关于成立自治区专利保护技术鉴定委员会的通知》(新知综字〔2001〕15号)。该委员会下设化工材料、机械制造、医药食品生物、电学及电子设备、建筑设计等专业鉴定组,共40人。

4月10日 自治区知识产权局、自治区党委宣传部联合召开"自治区新闻媒体负责人和记者座谈会"。自治区党委宣传部副部长祝谦、知识产权局局长姜万林出席座谈会并讲话。

4月12日 根据自治区科技厅"新科人(干)字〔2001〕10号"干部任免通知,自治区科技厅党组3月9日研究任命:多里坤·阿吾提兼任自治区知识产权局综合处处长(正县级);史治勋为自治区知识产权局综合处副处长(正县级),免去自治区专利管理局调研员职务;贺迎国为自治区知识产权局综合处助理调研员;黄晓珊为自治区知识产权局法律事务处处长(正县级),免去其自治区科技兴新办公室副主任(副县级)职务;哈洪江为自治区知识产权局法律事务处副处长;雷筱云为自治区知识产权局管理实施处处长(正县级),免去其自治区专利管理局助理调研员职务;李怀军为自治区知识产权局管理实施处副处长(副县级);肖旭为自治区知识产权局副主任科员。

4月17日 自治区知识产权局印发《关于自治区知识产权局局长姜万林同志兼任新疆发明协会领导职务的决定》(新知管字〔2001〕20号)。自治区知识产权局局委会研究决定,由自治区知识产权局局长姜万林同志兼任新疆发明协会常务副理事长(法定代表人)职务。

4月21—26日 由自治区知识产权工作协调指导小组办公室牵头,自治区知识产权工作协调指导小组成员参加,在全区组织开展"第一个知识产权宣传周活动"。

5月22日 自治区主席阿不来提·阿不都热西提主持召开九届政府第70次主席办公会议,听取了自治区知识产权局工作汇报。会议认为,近年来,自治区专利工作在建立体系,加强宣传、培训,完成各项法规等方面做了大量工作。但也存在一些问题，主要是社会各方面对专利工作重要性的认识不够。

6月 自治区知识产权局建立并充实自治区专利行政执法队伍。自治区专利执法队伍达38人。

6月15日 自治区党委宣传部、自治区科技厅、自治区知识产权局联合印发《关于开展自治区知识产权宣传周好新闻评奖活动的通报》（新知综字〔2001〕27号），在全区组织开展推荐活动。同年11月29日，联合印发《关于表彰奖励知识产权宣传周最佳组织奖和好新闻奖的通报》（新知综字〔2001〕41号），对获得知识产权宣传周最佳组织奖的伊犁州科委8个单位，以及获得新疆知识产权好新闻奖的31名个人进行通报表彰。

6月26日 在乌鲁木齐召开"自治区发明协会第三次会员代表大会"，参加会议代表共计120多人。大会审议通过《自治区发明协会第二届委员会工作报告》，对《自治区发明协会章程》进行修改，选举产生自治区发明协会第三届会长、副会长、理事。会长由自治区副主席刘怡担任，常务副会长由自治区知识产权局局长姜万林担任，秘书长由自治区知识产权局管理实施处处长雷筱云担任。会员47人。

△ 在乌鲁木齐召开"自治区知识产权研究会第二届代表大会"，审议通过《自治区知识产权研究会第一届理事会工作报告》，对《自治区知识产权研究会章程》进行修改，选举产生自治区知识产权研究会第二届理事会等成员。理事长由自治区科技厅厅长顾家骥担任，秘书长由自治区知识产权局副局长田湘勇担任。理事49人。

7月 经国家知识产权局批准，新疆第三机床厂申报的"调径变距节能抽油机"专利技术项目列入《国家促进专利技术产业化示范工程》第一批项目。本年度自治区被列为国家专利技术示范工程的项目有3项。

8月6—10日 由自治区知识产权局主办、奎屯市科委承办"自治区企事业单位领导人及管理人员知识产权培训班"。企业、科研院所分管科研或开发的领导人员及科技（研）管理人员参加。

8月11—15日 自治区知识产权局在石河子市举办"自治区地州市及高等院校知识产权管理培训班"，地州市科委、专利管理局、教育局和高等院校分管科研或开发的领导人及科技（研）管理人员参加。

8月24—28日 由自治区知识产权局主办、巴州科委承办"自治区企事业单位领导人及管理人员知识产权培训班"，企业、科研院所分管科研或开发的领导人员及科技（研）管理人员参加。

9月21—23日 自治区发明协会组团参加由中国专利信息中心、山东省知识产权局和济宁市人民政府联合举办的"2001中国专利高新技术产品博览会"。

9月5日 自治区知识产权局印发《关于新疆通联站更换站长的报告》（新知综字〔2001〕37号）。按照局领导分工，拟定由多里坤·阿吾提副局长担任新疆通联站站长。

9月24日 自治区发明协会组团参加由国家知识产权局在云南昆明市举办的第13届全国发明展览会，新疆参展项目16项，获金奖、银奖各4项，铜奖1项，优秀奖1项。

10月17日 自治区知识产权局、经贸委联合印发《新疆维吾尔自治区企业专利管理办法（试行）》（新知综字〔2001〕038号）。

11月5日 自治区发明协会组织参加了在陕西杨凌举办的"中国杨陵农业高新科技成果博览会"，新疆参展项目5项。

11月29日 自治区知识产权局印发《关于同意克拉玛依市深思专利事务所改制的批复》（新知综字〔2001〕45号）。

11月30日 自治区知识产权局、经贸委联合印发《关于确定自治区第一批专利试点企业的通知》（新知综字〔2001〕46号），确定特变电工等10家企业为进入新世纪后自治区第一批专利试点企业。试点周期为2年，自2001年12月至2003年12月。

12月3日 自治区人民政府印发《新疆维吾尔自治区人民政府关于加强专利工作促进技术创新的意见》（新政发〔2001〕64号）。

12月 新疆众合股份有限公司申报的"高压电解电容器铝箔的高效冷轧生产工艺"和第三机床厂的"游梁平衡调径变矩节能抽油机"专利获第七届中国专利优秀奖。截至2001年12月，新疆获中国专利优秀奖累计达到8项。

是年 自治区九届政府第20次会议上决定：自治区地州市一级设立知识产权管理机构；每年落实100万元自治区专利实施项目资助资金，20万元专利宣传经费。

△自治区知识产权局、财政厅印发《关于下达2001年自治区专利实施计划项目的通知》，下达2001年度自治区专利实施计划项目6项，划拨专利实施经费100万元。

△自治区发明协会组织参加各类展会共参展项目25项，其中获国际银奖1项、铜奖1项、优秀奖2项；获国内金、银奖各4项，铜奖1项，"光华基金专利奖"1项，奖金2000元。

2002年

1月1日 根据国家知识产权局发布的关于开始施行《专利实施许可合同备案管理办法》的第十八号局长令，各省、市、自治区管理专利工作的部门为专利实施许可合同备案部门。

1月14日 和田地区知识产权局成立。

1月21日 国家知识产权局印发《关于注销新疆生产建设兵团专利事务所的通知》（法代准销字02127号）。

△国家知识产权局印发"法代准销字02128号"《关于注销中国科学院新疆专利事务所的通知》。

1月30—31日 自治区人民政府在乌鲁木齐市环球大酒店召开"自治区专利工作会议"，自治区党委常委努尔·白克力、自治区副主席刘怡分别代表自治区党委和人民政府作了《以"三个代表"重要思想为指导，全面开创自治区专利工作新局面》和《认清形势，应对挑战，全面推动新时期的专利工作》的重要讲话，自治区知识产权局局长姜万林作了《抓住机遇，迎接挑战，努力开创我区专利工作的新局面》的工作报告。各地、州、市政府（行署）主管知识产权工作的副州长、副专员、副市长、科委主任及知识产权局长，自治区各有关委、办、厅、局主要负责人，科技（教）处长，新疆军区、生产建设兵团主管知识产权工作的领导和科委主任，高等院校、科研院所、专利代理机构、人民团体和企业负责人，乌鲁木齐高新技术产业开发、经济技术开发区负责人120人参加。

2月4日 自治区知识产权局、财政厅联合印发《关于下达2001年自治区专利技术实施项目计划的通知》（新知管字〔2002〕11号）。下达2001年度自治区专利实施计划项目7项，划拨专利实施经费100万元。

2月22日 自治区知识产权局向国家知识产权局上报和向全区印发《2002年自治区知识产权宣传工作方案》（新知综字〔2002〕04号）。

3月4日 国家知识产权局条法司专利代理管理处印发《关于注销新疆昌吉市专利事务所的通知》（法代准销字02173号）。

3月5日 自治区知识产权局印发《关于在"3·15"消费者权益日期间开展专利行政执法活动的通知》（新知法字〔2002〕07号）。要求各地州市知识产权局结合实际，明确主题，与工商等6部门在"3·15"期间联合开展专利执法活动。

3月8日 自治区知识产权局、自治区妇联印发通知，在全区联合组织开展"新世纪巾帼发明家"评选活动。

3月11日 自治区知识产权局向全区印发《新疆维吾尔自治区专利工作"十五"计划》（新知管字〔2002〕09号）。

△自治区知识产权局转发国家知识产权局《关于适应入世需要加大知识产权打假工作力度的通知》（新知法字〔2002〕13号）。

3月14日 自治区知识产权局印发《2002年自治区知识产权局工作要点》（新知管字〔2002〕12号）。

3月29日 自治区知识产权局向自治区人民政府报送《贯彻〈新疆维吾尔自治区人民政府关于加强专利工作促进技术创新的意见〉有关问题的请示》（新知综字〔2002〕19号）。请示提出：由政府召开有关厅局领导会议，汇报落实该意见的措施和拟出台的各部门的政策；在"4·26"世界知识产权日，由阿不来提·阿不都热西提主席接受专题电视采访；调整自治区知识产权工作协调指导小组，由刘怡副主席任组长，有关部门领导为成员。

4月3日 在国家知识产权局印发的第八十二号"关于第二批已完成脱钩改制工作的专利代理机构、提请注销的专利代理机构和撤销的专利代理机构公告"中,"中国科学院新疆专利事务所、新疆生产建设兵团专利事务所和新疆昌吉市专利事务所"被公告撤销。

4月5日 自治区知识产权局印发《关于给地州市下拨专利宣传培训经费的通知》(新知综字〔2002〕06号),给地州市拨5.9万元专利宣传培训费。

4月11日 自治区知识产权局向自治区科技兴新领导小组报送《关于给自治区党政领导开办知识产权讲座的请示》(新知综字〔2002〕20号)。同年9月,自治区知识产权局与自治区党委组织部和科技兴新领导小组办公室共同举办"县级领导干部知识产权培训班"。培训4天,培训人数100人。

4月18日 自治区知识产权局、自治区党委宣传部联合在自治区党委宣传部召开"自治区知识产权宣传工作座谈会暨2001年度新疆知识产权好新闻颁奖会"。自治区知识产权局局长姜万林、自治区党委宣传部副部长祝谦及工商行政管理局和新闻出版局(版权局)的领导出席会议。新疆电视台等新闻单位的领导和部分获奖记者参加。会上向2001年度新疆知识产权好新闻获奖单位和个人颁奖。祝谦副部长讲话。

4月20日 昌吉州知识产权局成立。

4月23日 国家知识产权局印发《关于表彰全国专利工作先进单位的决定》(国知发管字〔2002〕47号)。自治区知识产权局和石河子市专利事务所被评为全国专利工作先进单位。

4月25日 自治区知识产权局、乌鲁木齐经济技术开发区管委会、乌鲁木齐高新技术产业开发区管委会联合在火炬大厦举办"企业知识产权工作座谈会"。自治区科技厅、乌鲁木齐经济技术开发区管委会、乌鲁木齐高新技术产业开发区管委会领导讲话;自治区知识产权局局长姜万林传达自治区专利工作会议精神;自治区专利试点企业介绍经验;各参会代表座谈。乌鲁木齐经济技术开发区、乌鲁木齐高新技术产业开发区各有关企业负责人参加。

4月22—26日 自治区知识产权局、自治区党委宣传部等部门在全区范围内开展了以"鼓励创新"为主题的第二个"自治区知识产权宣传周"活动。

4月26日 自治区知识产权局等单位在特变电工举行"全国专利试点示范企业"揭牌仪式和"自治区首批专利试点企业座谈会"。

5月8日 自治区科技厅印发"新科人字〔2002〕3号"通知,李怀军为自治区知识产权局综合处副处长,免去其管理实施处副处长职务;史治勋为自治区知识产权局综合处调研员,免去其综合处副处长职务;叶红珠为自治区知识产权局综合处助理调研员。

5月9日 自治区人民政府办公厅印发《关于调整自治区知识产权工作协调指导小组成员的通知》(新政办发〔2002〕76号)。调整后的自治区知识产权工作协调指导小组组长由自治区副主席刘怡担任,副组长由自治区人民政府秘书长阿依甫·铁依甫、科技厅厅长顾家骕、知识产权局局长姜万林、工商行政管理局副书记梁庚新、新闻出版局(版权局)副局长张新泰和新疆生产建设兵团副秘书长刘光宇担任。成员单位由19个增加到27个,成员30人。

5月23日 在新疆天彩科技股份有限公司举行"天然彩棉产品荣获国际金奖新闻发布会",由自治区知识产权局副局长多里坤·阿吾提主持,自治区知识产权局局长姜万林讲话,自治区党委副书记艾斯海提·克里米拜为新疆天彩科技股份有限公司颁奖并讲话。

△哈密地区知识产权局成立。

5月 自治区发明协会组织参加了在法国巴黎举行的"第93届国际发明展览会,参展项目6项。

△自治区发明协会组织参加"北京第五届新技术产业国际周"。

7月1日 第九届全国政协委员、新疆电熔爆技术研究所所长兼总工叶良才发明的"电熔爆数控机床"从宁波港发运到美国通用电气公司。这是我国拥有完全自主知识产权的高科技机床第一次走出国门。这对我国原创性技术及高技术产业化和装备制造业走向世界将产生重大影响。

7月2日 自治区知识产权局、企业工作委员会、经贸委、科技厅联合印发《关于举办自治区企业领导知识产权培训研讨班暨自治区企业专利工作者培训班的通知》（新知管字〔2002〕30号）。

△塔城地区知识产权局成立。

7月12日 自治区知识产权局会同自治区人民政府法制办公室制订印发《新疆维吾尔自治区"四五"普法专利宣传教育规划》（新知法字〔2002〕31号）。

7月17日 自治区知识产权工作协调指导小组召开会议。自治区知识产权工作协调指导小组成员参加。自治区副主席兼自治区知识产权工作协调指导小组组长刘怡出席会议并讲话。

△自治区依法治区领导小组、知识产权局联合印发《关于印发〈新疆维吾尔自治区"四五"普法专利法宣传教育规划〉的通知》（新知法字〔2002〕31号）。该通知提出了《自治区"四五"普法专利法宣传教育规划》的指导思想、目标任务、工作要求、方法步骤、组织领导和保障措施，成立了由姜万林局长任组长，田湘勇、多里坤·阿吾提副局长任副组长的自治区知识产权局普法依法治理领导小组。

△自治区财政厅印发"新财建〔2002〕223号通知"，向自治区知识产权局拨付专项经费160万元，其中专利实施经费100万元，专利申请资助经费40万元（首次建立该项专项经费），专利宣传培训经费20万元。

7月29日 伊犁州知识产权局成立。

8月6日 自治区知识产权工作协调指导小组印发《关于印发自治区知识产权工作协调指导小组办公室职责、人员组成和工作制度的通知》（新知协字〔2002〕01号）。

8月10日 自治区知识产权局在乌鲁木齐承办"全国专利行政执法工作会议"。来自全国的80位代表参加会议。

8月13日 吐鲁番地区知识产权局成立。

8月14日 塔城地区知识产权工作协调指导小组成立。

8月20日 博尔塔拉蒙古自治州（简称"博州"）知识产权局成立。

8月31日 自治区专利申请累计达到10050件，首次突破万件大关。

9月 自治区知识产权局联合相关部门，组织开展了《优势资源利用知识产权战略研究》软课题研究。该课题被国家知识产权局列为"国家专利战略推广工程"。

9月10日 哈密地区知识产权工作协调指导小组成立。

9月18日 巴州知识产权局成立。

△乌鲁木齐市知识产权局成立。

10月9日 由自治区知识产权局、自治区党委宣传部、自治区科技厅、新疆日报社和新疆广播电视台等单位组成的"4·26"知识产权好新闻评选小组，对2002年度新疆知识产权好新闻进行了评选。共评选出最佳组织奖7项、知识产权好新闻30件。

10月14日 自治区知识产权局印发《关于下达2002年自治区专利技术实施项目计划的通知》（新知管字〔2002〕36号），下达2002年自治区专利实施计划项目11项，划拨专利实施经费100万元。

10月23日 自治区知识产权局向国家知识产权局上报《关于新疆专利信息网点进行更新升级的请示》（新知综字〔2002〕38号）。提出了更新升级需要购置的设备。

11月15日 喀什地区知识产权局成立。

11月18日 自治区知识产权局、自治区科技厅联合印发《关于表彰奖励新疆知识产权好新闻和宣传周组织最佳组织奖的通报》（新知综字〔2002〕40号），对获得2002年度新疆知识产权好新闻奖的30件作品和7家最佳组织奖单位进行通报表彰。

11月27日 石河子市知识产权局挂牌成立（编委2003年印发批文）。

12月11日 国家知识产权局条法司印发《关于批准成立乌鲁木齐合纵专利事务所的通知》（法代准设字02048号）。

12月18日 和田地区知识产权工作协调指导小组成立。

12月20日 喀什地区知识产权工作协调指导小组成立。

12月27日 自治区知识产权局、经贸委和科技厅等单位在特变电工召开"自治区专利试点企业经验交流会",国家知识产权局协调管理司司长胡佐超和自治区知识产权局局长姜万林出席交流会并讲话。

2003年

1月16日 自治区知识产权工作协调指导小组在科技厅召开"办公室扩大会议",总结2002年自治区知识产权工作协调指导小组工作和研究部署2003年工作。

1月27日 国家知识产权局印发《预批通知》(预批函字03'001号),批准设立乌鲁木齐中科新兴专利事务所。

2月17日 阿克苏地区知识产权局成立。

2月20日 自治区知识产权局印发《新疆维吾尔自治区专利行政执法责任制考核办法》(新知法字〔2003〕10号)。

△自治区知识产权局印发《新疆维吾尔自治区专利行政执法监督实施办法》(新知法字〔2003〕11号)。

△自治区知识产权局印发《新疆维吾尔自治区专利行政执法罚款与罚款收缴分离实施办法》(新知法字〔2003〕12号)。

△自治区知识产权局印发《新疆维吾尔自治区专利行政执法人员管理办法》(新知法字〔2003〕13号)。

△自治区知识产权局印发《关于进行2003年〈行政执法证〉(专利行政执法类)审验换证工作的通知》(新知法字〔2003〕15号)。按照该通知要求,对全区7个地州市的专利执法证进行审验换证。

2月23日 自治区知识产权局在乌鲁木齐召开"全区知识产权局局长会议",地州市知识产权局局长共计27人参加,自治区知识产权局局长姜万林作2002年自治区知识产权工作报告并部署2003年工作。

3月16日 自治区知识产权局向自治区人民政府呈报《关于报请审议〈新疆维吾尔自治区专利保护条例〉的请示》(新知法字〔2003〕33号)。

3月17日 自治区知识产权局、自治区党委宣传部、自治区知识产权工作协调指导小组办公室、自治区科技厅联合印发《关于开展知识产权宣传周活动的通知》(新知管字〔2003〕23号)。

3月18日 自治区知识产权局印发《关于表彰2002年度先进集体和先进个人的通报》(新知综字〔2003〕25号),对2002年度自治区知识产权局先进处室和先进个人进行表彰。

3月26日 自治区知识产权局向企事业单位印发《关于印发〈新疆维吾尔自治区企事业单位专利工作管理制度制定指南〉的通知》(新知管字〔2003〕27号)。

4月2日 吐鲁番地区知识产权工作协调领导小组成立。

4月5日 自治区知识产权局、自治区党委宣传部、科技厅在自治区党委宣传部联合召开"2002年新疆知识产权好新闻颁奖大会"和"2003年'4·26'宣传周动员大会"。

4月9日 国家知识产权局向全国30个省、市、自治区转发《新疆维吾尔自治区企事业单位专利工作管理制度制订指南》(国发管字〔2003〕25号"文件)。

4月14日 自治区知识产权工作协调指导小组办公室印发《关于印发〈2003年'4·26'世界知识产权日执法活动方案〉的通知》(新知协办字〔2003〕06号)。

4月18日 自治区知识产权局、科技厅在科技厅会议室联合举行"首次自治区企事业知识产权工作供需对接会暨自治区知识产权讲师团新闻发布会",自治区知识产权工作协调指导小组成员单位、中介服务机构、企事业单位和新闻媒体代表共计76人参加。

4月26日 自治区知识产权工作协调指导小组办公室对知识产权讲师团进行调整,讲师团成员单位由4个增加到24个,成员由8名增加到38名。

△自治区主席司马义·铁力瓦尔地在新疆电视台发表《加强知识产权保护,促进我区经济发展》纪念第三

个世界知识产权日的讲话。

5月17日 自治区发展计划委员会、财政厅、科技厅联合印发《关于印发〈新疆维吾尔自治区专利纠纷调解处理收费管理规定〉的通知》（新计价费〔2003〕850号）。

5月22日 自治区知识产权局、科技厅在乌鲁木齐高新技术开发区举行"自治区技术产权交易所成立方案信息新闻发布会"，自治区体改委主任李振庭和科技厅副厅长胡克林出席发布会并讲话。

5月26日 为纪念《中国知识产权报》新疆通联站成立11周年。自治区知识产权局建立了由38人组成的自治区知识产权工作联络员兼通讯员队伍。

6月10日 自治区财政厅、自治区知识产权局联合印发《新疆维吾尔自治区专利实施资金管理办法》（新财建〔2003〕103号）。

6月11日 自治区财政厅、自治区知识产权局联合印发《新疆维吾尔自治区专利申请资助资金管理办法》（新财建〔2003〕102号）。

6月12日 根据国家知识产权局印发的《关于对参加世界知识产权领导人会议产业及非政府部门论坛报名组工作单位及个人表彰的通知》（国知管字〔2003〕58号），自治区知识产权局被国家知识产权局评为先进单位；自治区知识产权局管理实施处处长雷筱云被评为先进个人。

6月20日 自治区知识产权局印发"新知管字〔2003〕35号通知"，成立了新疆维吾尔自治区专利代理惩戒委员会。

6月27日 根据《乌鲁木齐市人民政府关于申报全国专利试点城市的函》（乌政函〔2003〕31号），自治区知识产权局向国家知识产权局上报《关于推荐乌鲁木齐市申报全国专利试点城市的函》（新知管字〔2003〕36号）。

7月9日 昌吉州知识产权工作协调指导小组成立。

7月21日 伊犁州知识产权工作协调指导小组成立。

8月25—31日 由国家知识产权局主办、自治区知识产权局在乌鲁木齐市昆仑宾馆承办"2003《中国知识产权报》全国通联发行工作年会"。会上，自治区知识产权局通联站被评为中国知识产权报发行先进单位和2003年度先进通联站。

9月7—8日 国家知识产权局在乌鲁木齐举办"全国高新技术开发区知识产权培训班"，来自全国53家高新技术开发区、科技园区管委会的领导和企业的代表共计70多人参加。国家知识产权局协调管理司司长胡佐超、国家科技部火炬高技术产业开发中心副主任裴夏生、自治区科技厅副厅长胡克林和自治区知识产权局局长姜万林分别讲话；国家科技部人事司办公室主任杨梅兰作总结发言。

9月23日 自治区知识产权局向自治区国有资产管理中心上报《关于核销新疆专利服务中心待处理固定资产专利文献资料的报告》（新知管字〔2003〕66号）。同年10月15日，自治区国有资产管理中心印发"新国资规〔2003〕79号"批复：同意"新疆专利服务中心按现行财务制度冲减固定资产和固定基金相关科目"（专利文献资料挂账金额为492670元）。

10月14日 自治区财政厅、自治区知识产权局联合印发《关于下达2003年自治区专利实施计划的通知》（新知管字〔2003〕44号）。下达2003年度自治区专利实施计划项目10项，划拨专利实施经费100万元。

10月15日 自治区首次建立并向地州市划拨专利申请资助资金。

10月23日 自治区知识产权局、科技厅、财政厅、劳动社会保障厅和机构编制委员会共同印发《关于新疆专利服务中心脱钩改制的意见》（新知管字〔2003〕47号）。

10月24—28日 自治区知识产权局组团参加在厦门举办的"第十四届全国发明展览会"，新疆参展项目25个，获金奖3个、银奖6个、铜奖5个、专项奖1个，并获优秀组织奖。

11月23—30日 由自治区知识产权局长姜万林带队到北疆（克拉玛依市、博州和伊犁州等地州）启动知识产权试点工作。

△自治区机构编制委员会办公室印发《关于石河子市科学技术委员会挂"石河子市知识产权局"牌子的批复》（新机编办字〔2003〕29号）。

12月9日 受国家知识产权局委托，由自治区知识产权局牵头，自治区科技厅、经贸委及昌吉州知识产权局共同组成验收组对特变电工专利试点工作进行了验收。

12月16日 自治区知识产权局、自治区妇女联合会、自治区发明协会联合印发《关于开展第二届新世纪巾帼发明家评选活动的通知》（新知管字〔2003〕54号），建立了由田文（自治区妇联党组书记、副主席）、姜万林（自治区知识产权局局长、发明协会常务理事长）为组长的评选领导小组，在全区组织开展了第二届新世纪巾帼发明家评选活动。

截至2003年12月底，全区15个地州市和37个县（市区）成立知识产权局，专利执法人员达172人。

2004年

1月6日 自治区知识产权局向国家知识产权局呈报《关于贯彻中共中央、国务院〈关于进一步加强新疆干部人才队伍建设的意见〉，加强新疆知识产权干部和人才队伍建设的措施和建议》。

△巴州知识产权工作协调指导小组成立。

1月7日 根据国家人事部、国家知识产权局联合印发的《关于表彰全国专利系统先进集体和先进个人的决定》（国人部发〔2004〕5号），自治区知识产权局管理实施处、新疆天业（集团）有限公司知识产权管理办公室被评为全国专利系统先进集体。

2月6日 国家知识产权局印发《关于确定第二批全国企事业专利工作试点单位的通知》（国知发管字〔2004〕12号），新疆新能源股份有限公司等3家企业榜上有名。

2月11日 国家知识产权局印发《关于表扬第一批全国企事业专利试点工作先进集体和先进个人的决定》（国知发管字〔2004〕15号），特变电工被评为第一批全国企事业专利试点工作先进集体；特变电工科技部长李泓等2人被评为第一批全国企事业专利试点工作先进个人。

2月18日 自治区知识产权局、经贸委联合印发《关于转发特变工股份有限公司专利试点工作经验的通知》（新知管字〔2004〕11号）。

2月19日 自治区知识产权局印发《关于印发新疆维吾尔自治区地州市知识产权局工作指南的通知》（新知管字〔2004〕12号）。

2月25—26日 自治区知识产权局在乌鲁木齐组织召开"自治区地州市知识产权局局长会议"，对上年度工作进行了总结，对2004年度工作特别是实施知识产权战略推进工作进行安排部署。

2月27日 自治区知识产权局等9个部门联合向自治区人民政府呈报《关于在自治区实施自治区知识产权战略推进工程的请示》。

4月3日 自治区人民政府办公厅印发《转发自治区知识产权局等部门关于自治区实施知识产权战略推进工程的意见的通知》（新政办发〔2004〕53号）。根据该通知，2004—2009年在全区组织实施知识产权战略推进工程。

3月15日 自治区知识产权局与工商行政管理局、新闻出版局（版权局）、消费者权益保护协会等部门在乌鲁木齐市广场和乌鲁木齐高新技术开发区开展知识产权法律宣传咨询服务活动；自治区知识产权局专利执法人员到乌鲁木齐市亚新等批发市场和药品批发零售点对70多种标有专利标识的药品进行执法检查。

3月27日—4月5日 自治区知识产权局管理实施处处长雷筱云到莫斯科考察并参加第七届国际工业产权展览会。

3月29日—4月2日 由国家知识产权局主办，自治区知识产权局在乌鲁木齐市承办"第二届地方知识产权局办公自动化系统培训班"，来自全国17个省、市、自治区的知识产权局工作人员共计55人参加。

4月2日 由自治区整顿和规范市场经济秩序工作领导小组办公室（简称"整规办"）等11个部门联合印发《关于下发2004年保护知识产权宣传周活动方案的通知》（新整规办发〔2004〕4号），成立了由自治区主席助理、自治区经贸委主任、自治区"整规办"主任王永明为组长、胡赛因·瓦力恰（自治区党委宣传部副部长兼"扫黄""打非"办副主任）、买买提·乌斯满（自治区经贸委副主任兼自治区"整规办"副主任）为副组长、7个部门领导为成员的2004年保护知识产权宣传周活动组委会。

△吐鲁番地区知识产权工作协调领导小组成立。

4月12—16日 由国家知识产权局主办，自治区知识产权局在乌鲁木齐承办"全国企事业专利试点单位工作会议"，参加会议的代表169人，自治区党委副书记努尔·白克力出席并讲话，国家知识产权局副局长张勤作工作报告，特变电工等4家国家首批试点企业的代表在大会上作经验介绍。

4月19—26日 自治区党委宣传部、自治区知识产权局联合在《新疆日报》等媒体上组织开展以"尊重知识产权，维护市场秩序"为主题的征文活动。

4月19日 由自治区整顿和规范市场经济秩序工作领导小组办公室等11个部门在乌鲁木齐举行"'4·26'世界知识产权日新闻发布会"，自治区党委、人大、政府、新疆生产建设兵团等单位领导出席，自治区知识产权保护领导小组成员单位和企事业代表共计200人参加。会上发布《2003年新疆维吾尔自治区知识产权典型案例》；颁发2003年度新疆知识产权好新闻奖；自治区副主席张舟出席新闻发布会并讲话。

4月21日 自治区科技厅、自治区知识产权局举办"科研院所科技创新与知识产权保护座谈会"，自治区知识产权局局长姜万林出席并讲话。

4月22日上午 自治区知识产权局、科技厅等部门在乌鲁木齐高新技术开发区高新技术服务中心举办"企业知识产权保护与发展座谈会"；下午，在乌鲁木齐高新区高新技术服务中心举行"新疆专利技术孵化中心"挂牌仪式。

4月23日 自治区知识产权局会同自治区团委和新疆大学在新疆大学联合举办"我与知识产权"沙龙。

4月25日 自治区知识产权局、工商行政管理局等单位在乌鲁木齐市人民广场联合举办"'4·26'尊重知识产权，维护市场秩序"大型现场咨询、展览等宣传活动。

4月26日 由自治区整顿和规范市场经济秩序工作领导小组办公室牵头，自治区知识产权局、工商行政管理局、新闻出版局（版权局）等部门的20多名执法人员参加，到乌鲁木齐市文化市场和小商品批发市场开展联合专项执法活动。

△自治区主席司马义·铁力瓦尔地在新疆电视台发表《实施知识产权战略推进工程，加强知识产权保护，促进我区经济发展》的"4·26"宣传周电视讲话。

4月27日—5月8日 自治区发明协会组织参加"第94届巴黎国际发明展览会"，新疆参展项目4项，获银奖2项、列宾竞赛奖1项。

5月26日 自治区知识产权局印发《关于确定第一批自治区知识产权试点地州市、县市区和开发区的通知》（新知管字〔2004〕36号），乌鲁木齐市、昌吉州和昌吉市、哈密市、博乐市、奎屯市、克拉玛依市克拉玛依区及巴州库尔勒经济技术开发区列为第一批自治区知识产权试点区域。试点工作从6月1日启动，为期3年。

5月30日 自治区知识产权局、经贸委联合印发《关于确定第二批自治区企事业专利试点单位的通知》（新知管字〔2004〕35号），新能源股份有限公司等20家企事业单位被列为第二批自治区企事业专利工作试点单位。试点工作从6月1日启动。为期2年。

6月7日 自治区知识产权局、经贸委和科技厅在新能源股份公司举行自治区第一批企事业单位专利试点工作验收和第二批企事业单位专利试点工作启动大会，特变电工等7家通过考评，被确定为自治区专利工作示范单位，并在大会上授牌。

6月8日 自治区知识产权局组织18人参加由国家知识产权局主办、中国知识产权培训中心承办的"全国第三批知识产权师资培训班"。

7月9日 昌吉州知识产权工作协调指导小组成立。

7月14日 自治区知识产权局印发《关于表扬奖励2003、2004年度自治区知识产权宣传周最佳组织奖的通报》（新知管字〔2004〕52号），对获得2003度自治区知识产权宣传周最佳组织奖的8个地区市、1个新闻单位和获得2004年度自治区知识产权宣传周最佳组织奖的5个地州市和新疆日报社进行了通报表彰。

△自治区知识产权局印发《关于开展专利申请资助资金执行情况检查的通知》（新知综字〔2004〕53号）。

7月19日—8月3日 由自治区知识产权局副局长田湘勇带队，乌鲁木齐市等5个地州市知识产权局领导参加组成考察组到辽宁等4省市考察学习。

7月21日 伊犁州知识产权工作协调指导小组成立。

7月22日 国家知识产权局专利局文献部部长李建蓉到新疆新能源股份有限公司和特变电工对专利试点企业专利信息资源利用等情况进行专项调研和指导。

7月23日 自治区第十届人民代表大会常务委员会第十一次会议审议通过《专利保护条例》。这是自治区首部关于专利保护的地方性法规。该条例于2004年9月1日施行。

7月28日 自治区知识产权局印发《关于学习贯彻〈新疆维吾尔自治区专利保护条例〉的通知》（新知法字〔2004〕55号）。

8月5—13日 国家专利局专利审查协作中心10名专利审查员到中国科学院新疆理化研究所等10家企事业单位调研，并与新疆专利代理机构代表进行了座谈。

8月7日 由自治区知识产权局副局长田湘勇带队，管理实施处处长雷筱云和法律事务处处长哈洪江参加，到新疆广播电台《行风热线》栏目介绍自治区知识产权保护等情况，并与听众进行互动。

8月24—28日 自治区及6地州市知识产权局的7名专利执法人员参加由国家知识产权局在湖北省宜昌举办的"专利行政执法人员培训班"。

8月27日 在新疆科技干部培训中心召开"自治区知识产权工作协调指导小组办公室扩大会"。会议研究讨论了成员单位实施自治区知识产权战略推进工程方案、知识产权万人教育培训计划、筹备召开自治区知识产权工作会议、编辑发布《新疆维吾尔自治区知识产权保护状况》（白皮书）和加强知识产权联络员兼通讯员培训等事项。

9月1—8日 在"乌洽会"期间，自治区知识产权局联合自治区工商、版权、质监等8部门深入展会开展联合知识产权执法活动。

9月10—13日 自治区知识产权局组织地州市知识产权局及知识产权试点企事业单位共8人到江苏、上海等省市进行调研。

9月13日 自治区知识产权工作协调指导小组办公室印发《关于印发自治区知识产权万人教育培训计划及成员单位年度教育培训任务指标的通知》（新知协办字〔2004〕4号），将培训任务指标分解到成员单位。

9月13—16日 国家知识产权局在宁夏召开"全国企事业专利试点单位经验交流会"，特变电工和新疆天业（集团）股份有限公司派代表参加，特变电工作大会交流发言。

9月15—20日 国家知识产权局副局长李玉光博士到新疆考察工作。16日，应自治区人民政府邀请，在自治区党校作《实施知识产权战略，促进地方经济发展》的专题报告。自治区委办厅局、大专院校、科研院所、企事业单位负责任人和党校在校学生600多人参加。

9月16日 自治区发明协会组团有关企业参加在上海举办的"全国第五届发明展览会"，新疆参展项目18项，获金奖3枚、银奖和铜奖各4枚。

9月20—22日 国家知识产权局监察局局长唐大立及监察处处长孙军等人员到新疆考察，检查指导工作。

10月10—13日 由国家知识产权局主办，自治区知识产权局乌鲁木齐市承办"全国专利信息与企业科技创新培训班"，来自全国的知识产权管理机关、专利代理机构、企事业单位、科研院所相关人员223人参加培训。

10月21—27日 自治区知识产权局局长姜万林到巴州和阿克苏地区检查工作，启动区域知识产权试点工作。

10月25日 自治区人民政府办公厅印发《关于印发自治区保护知识产权专项行动方案的通知》（新政办发〔2004〕151号），自治区人民政府决定，成立自治区保护知识产权工作组，负责统筹协调，督办重大案件。同时，对各地州市设立保护知识产权工作组织领导机构，加强对这项工作的领导和组织协调提出相应要求。

11月1日 乌鲁木齐市知识产权工作协调指导小组成立。

11月3—5日 自治区知识产权局在乌鲁木齐举办"自治区专利执法培训班"，自治区地州市及县（市、区）知识产权管理人员110多人参加。培训班期间，召开了地州市知识产权局局长座谈会。

11月18日 自治区知识产权局、财政厅联合印发《关于下达2004年度自治区专利实施项目计划的通知》（新知管字〔2004〕68号），下达2004年度自治区专利实施计划项目11项，划拨专利实施经费100万元。

12月10日 在自治区人民政府召开"新疆专利服务中心实施脱钩改制会议"，由自治区人民政府副秘书长玉素甫·伊不拉音主持。自治区人民政府办公厅、科技厅、知识产权局、财政厅、编委、劳动和社会保障厅等单位有关领导参加。会议就新疆专利服务中心脱钩改制一事进行了研究并形成《关于新疆专利服务中心实施脱钩改制的意见》（新科人字〔2004〕161号）。

12月18—26日 自治区知识产权工作协调指导小组办公室在广州市举办首次"自治区知识产权工作协调指导小组成员单位工作人员培训班"，并到香港与知识产权署人员进行座谈交流。有10个协调指导小组成员单位的14人参加。

12月28日 国家知识产权局印发《关于同意乌鲁木齐市为国家知识产权试点城市的复函》（国知发管函字〔2004〕1217号），经自治区知识产权局推荐的乌鲁木齐市被列为国家知识产权试点城市。

12月29日 博州知识产权工作领导小组成立。

2005年

1月5日 自治区知识产权局印发《关于在两节期间开展专利行政执法活动的通知》（新知法字〔2005〕03号），要求从1月10日至2月25日全区专利管理部门在古尔邦节和春节期间开展专利行政执法活动。

1月10日 自治区知识产权局印发《自治区知识产权局2005年工作要点》（新知综字〔2005〕01号）。

1月13—14日 国家知识产权局在海口市召开"全国专利行政执法专项行动工作会议"，伊犁州知识产权局被评为全国专利行政执法先进集体。

1月20日 自治区科技厅党组印发"新科人（干）字〔2005〕4号"干部任命通知，任命谭力为自治区知识产权局副局长（正县级），免去自治区技术市场与民营科技管理办公室（自治区科技成果管理办公室）主任职务；免去田湘勇自治区知识产权局副局长职务，改任自治区知识产权局调研员。

1月27日 自治区知识产权局印发《关于注销新疆专利服务中心专利代理机构的决定》（新知管字〔2005〕10号）。"决定"从2005年1月1日起，新疆专利服务中心停止一切专利代理业务，以前所办的相关业务转交给乌鲁木齐新科联专利事务所（有限公司）。

2月2日 自治区知识产权局向国家知识产权局呈报《关于贯彻中央文件精神，对新疆知识产权工作给予支持的建议》（新知管字〔2005〕6号）。

2月3日 由自治区整顿和规范市场经济秩序领导小组办公室牵头，自治区党委宣传部、公安厅、文化厅、乌鲁木齐海关、工商行政管理局、质量技术监督局、新疆出入境检验检疫局、新闻出版局（版权局）、知识产权局、科技厅、高级人民法院和新疆生产建设兵团整顿和规范市场经济秩序领导小组办公室参加，联合印发《关于开展2005年保护知识产权宣传周活动的通知》（新整规办发〔2005〕2号）。

2月23日 自治区知识产权局印发《关于在"3·15"期间开展联合执法活动的通知》（新知法字〔2005〕19号）。

3月3日 自治区教育厅会同知识产权局联合印发《转发教育部、国家知识产权局〈关于进一步加强高等学校知识产权工作的若干意见〉的通知》（新教高〔2005〕12号）。

3月10日 国家知识产权局召开"关于研究支持新疆知识产权工作会议"，由国家知识产权局副局长张勤主持，国家知识产权局局长王景川，自治区副主席刘怡，国家知识产权局党组成员邢胜才，国家知识产权局办公室、协调管理司、规划发展司等司局负责人和自治区知识产权局长姜万林等领导参加。会上，刘怡介绍了新疆发展总体情况;姜万林就贯彻中央关于稳定与发展新疆有关文件精神,请求国家知识产权局支持新疆知识产权工作的建议作了汇报。会议形成国家知识产权局支持新疆知识产权工作的8条措施。

3月15日 自治区知识产权局派员参加由自治区工商行政管理局等部门在乌鲁木齐市人民广场和大型商场产品集散地组织开展的以"健康维权"为主题的法律宣传、咨询服务、投诉查假等活动。

△自治区知识产权局向国家知识产权局呈报《关于申请设立乌鲁木齐专利代办处的报告》(新知综字〔2005〕23号)。

3月24日 自治区知识产权局印发《关于印发2005年"4·26"世界知识产权日专利联合执法活动实施方案的通知》(新知法字〔2005〕24号)。

3月25日 自治区知识产权局、教育厅、团委联合印发《关于开展"知识产权走进大学"活动的通知》(新知管字〔2005〕20号)。

4月8日 自治区知识产权局印发《关于举办知识产权知识竞赛活动的通知》(新知管字〔2005〕30号)。

4月12日 自治区知识产权局、党委宣传部、科技厅联合印发《关于表彰2004年度新疆知识产权好新闻的通报》(新知综字〔2005〕25号),对获得2004年度新疆知识产权好新闻奖的30件作品及作者进行通报表彰。

4月19日 自治区知识产权工作协调指导小组办公室首次编译并向社会发布《2004年新疆维吾尔自治区知识产权保护状况》(白皮书)。

4月20日 自治区整顿和规范市场经济秩序工作领导小组办公室、知识产权局等15个部门在乌鲁木齐市联合举行以"2005保护知识产权,促进创新发展"为主题的新闻发布会,向社会发布了《2004年新疆维吾尔自治区知识产权典型案例》,并颁发2004年新疆知识产权好新闻奖。发布会后,在人民广场举行知识产权试点企业知识产权成果展示活动。

△由自治区知识产权局主办,昌吉州知识产权局在特变电工承办首届新疆知识产权杯知识产权知识竞赛活动,有6个企业代表队参加。

4月19—26日 自治区党委宣传部、知识产权局、工商行政管理局、新闻出版局(版权局)在新闻媒体上联合组织开展以"保护知识产权,促进创新发展"为主题的征文活动。

4月23—24日 自治区知识产权局等单位在人民广场举行万人宣传签名、咨询服务活动。

4月25日 自治区知识产权局、财政厅联合印发《关于下达2005年度自治区专利实施项目计划和资金的通知》(新知管字〔2005〕29号),下达2005年度自治区专利实施计划项目13项,划拨专利实施经费140万元。

△自治区知识产权局在新疆医科大学举办"知识产权走进大学"活动,自治区知识产权局等部门负责人、大学生等人员200多人参加。

4月20—26日 由自治区知识产权局牵头,乌鲁木齐市知识产权局等单位参加,在乌鲁木齐市商场开展专利联合执法行动。

4月26日 自治区知识产权局等单位在新疆大学举行"知识产权走进大学沙龙"活动,自治区知识产权管理部门、专利代理机构的代表及大学生等200多人参加。

△自治区知识产权局印发《关于同意新疆大学设立知识产权宣传教育基地的批复》(新知管字〔2005〕31号)。

5月12日 按照国家知识产权局的要求,由自治区知识产权局牵头,会同新闻出版局(版权局)联合印发《关于加强对自治区涉及遗传资源和传统医药知识保护的通知》(新知管字〔2005〕33号),要求对全区涉及遗传资源和传统医药知识保护情况进行自查和清理,并提出了保护措施。

5月16日 自治区知识产权局印发《关于进行企业专利实施情况调查的通知》(新知管字〔2005〕34号),要求自治区及地州市两级知识产权局在6月10日前对580家企业的专利实施情况进行专项调查。

5月29日 克拉玛依市知识产权工作协调指导小组成立。

6月13日 国家知识产权局印发《关于设立乌鲁木齐专利代办处有关事宜的函》(国知发管函字〔2005〕

115号）。

6月21—24日 新疆生产力促进中心邀请日本海外技术者研修协会、日本太平洋人才交流中心在乌鲁木齐联合举办"中小企业治理与知识产权保护培训班"，新疆中小企业代表参加。

6月28日 国家知识产权局、自治区人民政府和乌鲁木齐市人民政府在北京人民大会堂联合举行"发挥知识产权制度作用，促进新疆经济社会和谐发展"——引进人才、技术、资金新闻发布会，中央电视台、新华社及凤凰卫视等70余家新闻单位、有关国家和地区驻京机构、高等学校、科研院所、国内外相关企业的代表170余人参加，国家知识产权局局长田力普和自治区副主席刘怡出席并讲话。这是国家知识产权局首次与地方政府联合举行的大型活动，展示了新疆知识产权工作新面貌，也从一个侧面反映出我国知识产权保护的决心和能力。

7月19日 自治区知识产权工作协调指导小组办公室印发《关于进一步加强地州市知识产权工作协调指导机构建设及相关工作的通知》（新知协办字〔2005〕01号）。

9月1—6日 在新疆第十七届"乌洽会"期间，自治区知识产权局专利执法人员深入展会开展专利执法活动。

9月8日 自治区知识产权局印发《新疆维吾尔自治区管理专利工作的部门采取封存或者暂扣措施细则》（新知法字〔2005〕62号）。

9月12日 自治区知识产权局印发《新疆维吾尔自治区专利行政执法规程》（新知法字〔2005〕63号）。

9月12—15日 自治区发明协会组织企业参加在北京举办的"第十五届全国发明展览会"，新疆参展项目获金奖2个、银奖6个、铜奖4个。

9月13日 自治区知识产权局印发《新疆维吾尔自治区商业流通领域标注专利标记商品的管理办法》（新知法字〔2005〕64号）。

9月16—21日 自治区知识产权局在伊宁市举办"全区知识产权管理工作实务研讨班"，全区15个地州市知识产权局130人参加。

10月23—27日 由国家知识产权局、中国知识产权培训中心主办，自治区知识产权局在克拉玛依市承办"全国企事业单位知识产权实务培训班"，来自全国企事业单位的155人参加了培训。

11月8日 自治区知识产权局印发《关于印发〈2005年度地州市知识产权局工作考评方案〉的通知》（新知综字〔2005〕69号）。

11月9—30日 自治区知识产权局管理实施处处长雷筱云到日本东京研究中心参加中国实务工作人员研修班。

11月11日 国家知识产权局、自治区人民政府、伊犁州人民政府共同举行"霍尔果斯口岸国家知识产权兴贸工程试点基地启动仪式"，国家知识产权局副局长邢胜才、自治区副主席刘怡出席并分别讲话和揭牌。

12月18日 自治区机构编制委员会印发《关于同意设立国家知识产权局乌鲁木齐专利代办处的批复》（新机编字〔2005〕85号），同意设立国家知识产权局乌鲁木齐专利代办处，为正县级，列事业编制5名，领导职数2名，全额预算，由自治区知识产权局管理。

是年 新疆专利授权量累计首次超过8000件，达到8382件。

2006年

1月5日 自治区知识产权局印发《关于在两节期间开展专利执法活动的通知》（新知法字〔2006〕02号），要求全区专利执法部门在1月8日至2月25日古尔邦节和春节期间开展专利执法活动。

1月8日 自治区知识产权局印发《自治区知识产权局2006年工作要点》（新知综字〔2006〕05号）。

1月9日 自治区知识产权局向国家知识产权局上报《关于申请设立国家知识产权局乌鲁木齐专利代办处的请示》（新知管字〔2006〕03号）。

1月12日 由自治区知识产权局牵头组织完成的国家知识产权局软课题研究项目——《新疆优势产业知识产权战略研究》，获国家知识产权局软课题研究二等奖。

1月17日 根据国家知识产权局印发的《关于表彰专利行政执法工作先进集体和先进个人的通知》，自治区知识产权局法律事务处被评为全国专利行政执法工作先进集体，乌鲁木齐市知识产权局的郭春远被评为全国专利行政执法工作先进个人。

2月8日 阿勒泰地区知识产权工作协调指导小组成立。

2月15日 自治区知识产权局印发《关于建立执法信息上报责任制度的通知》（新知法字〔2006〕14号）。

2月21日 根据国家知识产权局印发的《关于表彰第二批全国企事业专利试点工作先进单位和先进个人的决定》（国知发管字〔2006〕123号），特变电工等2个企业被评为全国企事业专利试点工作先进集体，自治区知识产权局王志明等5人（含兵团）被评为全国企事业专利试点工作先进个人。

△国家知识产权局印发《关于确定第三批全国企事业知识产权试点单位的通知》（国知发管字〔2006〕124号），新疆独山子天利高新技术股份有限公司等5家企业被确定为第三批全国企事业知识产权试点单位。

2月23日 自治区知识产权局、党委宣传部和科技厅联合印发《关于报送2005年度新疆知识产权好新闻参评作品的通知》（新知综字〔2006〕1号），在全区组织开展2005年度新疆知识产权好新闻评选活动。

3月10日 自治区人大常委会副主任张国梁、杜秦瑞一行到自治区知识产权局就《专利保护条例》贯彻实施情况进行调研。

3月16日 自治区知识产权局印发《关于2006年保护知识产权宣传周期间开展联合执法活动的通知》（新知法字〔2006〕20号）。

3月20日 克孜勒苏柯尔克孜自治州（简称"克州"）知识产权局成立。

3月21日 自治区知识产权局向自治区人大常委会上报《〈新疆维吾尔自治区专利保护条例〉实施以来执行情况的汇报》（新知法字〔2006〕23号）。

3月24日 自治区知识产权局印发《关于做好2006年全区知识产权宣传工作的通知》（新知综字〔2006〕24号）。

4月7日 国家知识产权局印发《关于同意设立国家知识产权局乌鲁木齐专利代办处的批复》（国知发管函字〔2006〕63号）。

4月12日 新疆伊犁师范学院理工科专业大三学生开设知识产权公共选修课程。

4月14日 自治区知识产权局向全区印发《关于转发〈阿勒泰地区关于加强知识产权工作的意见〉的通知》（新知综字〔2006〕30号）。

4月18日 自治区知识产权局、党委宣传部、科技厅联合印发《关于表彰奖励2005年度新疆知识产权好新闻的通报》（新知综字〔2006〕29号）。该通报对获得2006年度新疆知识产权好新闻奖的30件作品和5个优秀组织单位进行了通报表彰。

4月19日 自治区知识产权工作协调指导小组办公室向社会发布《2005年新疆维吾尔自治区知识产权保护状况》（白皮书）。

4月20日 自治区人民政府在乌鲁木齐市举行"自治区保护知识产权与自主创新大会暨2006年自治区知识产权宣传周新闻发布会"，自治区知识产权管理部门、法院、海关和企事业单位的代表200多人参加，自治区副主席胡伟出席新闻发布会并讲话。

4月21日 自治区知识产权局在新疆农业大学举办"知识产权走进大学"沙龙。

4月24日 自治区知识产权局在昌吉市举行"新疆知识产权杯知识竞赛活动"。

5月22日 自治区财政厅、知识产权局联合印发《关于转发〈财政部、国家知识产权局关于加强知识产权评估管理工作若干问题〉的通知》（新财企〔2006〕64号）。

6月5日 根据自治区科技厅"新科人（干）字〔2006〕9号"干部任免通知，哈洪江为自治区知识产权局法律事务处处长；余英荣为自治区知识产权局管理实施处副处长（挂职1年）；董海军为自治区知识产权局综合处副调研员。

6月12日 自治区知识产权局印发《关于同意霍城县为自治区知识产权试点县的批复》（新知管字〔2006〕41号）。

6月23日 自治区知识产权工作协调指导小组办公室召开学习贯彻胡锦涛同志"5·26"重要讲话座谈会，自治区经贸委等10个成员单位的代表参加。

6月26日 自治区发明协会组织参加在大连举办的"2006年中国国际专利技术与产品交易会"。新疆参展项目2个。

6月28日 阿克苏地区知识产权工作协调领导小组成立。

7月11日 由国家知识产权局主办，昌吉州知识产权局在昌吉市承办"全国专利执法培训班"，来自全国31个省（市）自治区145名人员参加。

7月28日 自治区知识产权局、科技厅在新疆轻工设计研究院联合举办知识产权专题讲座会，北京大学教授陈美章、北京大学教授张平等专家学者作专题报告，自治区科研院所负责人及科技人员80多人参加。

8月4日 哈密地区行政公署在哈密市举行《哈密地区行政公署与广东省知识产权局知识产权合作对口援助协议》签字仪式。

8月7—9日 由国家知识产权局主办，自治区知识产权局在乌鲁木齐市承办"全国区域知识产权战略研讨会"，来自全国各省、市、自治区的知识产权局负责人120多人参加。

8月18日 自治区财政厅、知识产权局联合印发《关于下达2006年度自治区专利实施项目计划的通知》（新知管字〔2006〕46号），下达2006年年度自治区专利实施计划项目18项，划拨专利实施经费200万元。

8月20—22日 由国家知识产权局主办，自治区知识产权局在乌鲁木齐市组织举办"全国专利审查指南宣讲会"，17个省、市、自治区的知识产权管理部门、专利代理机构和企事业单位的190多名人员参加。

9月1—5日 自治区知识产权局、工商行政管理局等8部门联合在"第15届中国新疆乌鲁木齐对外经济贸易洽谈会"期间开展执法活动。

9月18—21日 由中国知识产权培训中心主办，巴州知识产权局在库尔勒市承办"2006年西部地区企事业单位知识产权培训班"，有5个省市知识产权管理部门、企事业单位的知识产权工作人员近150名人员参加。

9月21日 由新疆友好百盛商业发展有限公司等12家企业自发组织，在乌鲁木齐举行"沙依巴克区知识产权保护联盟"成立仪式，共同签署《沙依巴克区知识产权保护联盟承诺书》。

11月20日—12月3日 自治区知识产权局首次组织知识产权试点区域、新疆建设兵团知识产权局长及分管领导共18人，由自治区知识产权局副局长谭力带队赴德、法、比利时、荷兰等国考察学习。

11月21日 在长沙召开的"全国专利运用产业化会议"上，自治区知识产权局局长姜万林大会发言介绍新疆专利实施资助项目知识产权战略导入计划，以及促进企事业单位建立知识产权运行机制的经验和做法。

11月30日 新疆年度专利申请量首次突破两千件，达到2133件。

12月4日 自治区人民政府印发《新疆维吾尔自治区加强知识产权保护工作方案（2006—2007年）》。该方案对全区知识产权保护工作的指导思想、工作目标、任务、重点和建立完善知识产权保护协作配合机制等9方面的工作作出了具体安排。

12月25日 根据自治区财政厅《关于2005年度自治区本级政府采购信息统计报表工作情况的通报》（新财购〔2006〕26号），自治区知识产权局被评为2005年度政府采购信息统计报表工作先进单位。

2007年

1月6日 自治区知识产权局印发《2007年自治区知识产权局工作要点》（新知综字〔2007〕6号）。

2月2日 受国家知识产权局委托，由自治区知识产权局等7个部门组成专家考核验收组，对乌鲁木齐市国家知识产权试点城市工作进行了考核验收。

2月5日 自治区知识产权局召开"企业知识产权管理软件培训及软件发放会议"，自治区20多家企业的有关专业人员参加。

2月12日 自治区知识产权局印发《关于组织地州市知识产权局专利行政执法人员来自治区知识产权局培训的通知》（新知法字〔2007〕11号），要求从5月14日—9月1日15个地州市专利执法人员到自治区知识产权局跟班培训。

2月14日 国家知识产权局印发《关于公布"全国企事业知识产权示范创建单位"名单的通知》（国知发管字〔2007〕25号），特变电工榜上有名。

2月16日 自治区知识产权局印发《关于下发〈新疆维吾尔自治区专利保护条例释义〉的通知》（新知法字〔2007〕12号）。

3月6日 自治区知识产权局、经贸委、食品药品监督管理局联合印发《新疆维吾尔自治区商业企业开展专利保护试点工作的意见》（新知综字〔2007〕15号）。

3月17日 自治区知识产权局印发《2007年自治区知识产权宣传工作计划》（新知综字〔2007〕19号）。

3月20日 自治区知识产权工作协调指导小组印发《关于表彰自治区知识产权试点示范工作先进集体和先进个人的决定》（新知协字〔2007〕1号）。

△自治区知识产权局印发《关于确定第三批自治区企事业知识产权工作试点单位的通知》（新知管字〔2007〕17号）和《关于开展第二批自治区知识产权区域试点工作的通知》（新知管字〔2007〕18号），确定新疆恒丰糖业有限公司等26家企事业单位为自治区第三批知识产权试点单位；乌鲁木齐高新技术开发区、伊宁市等8个区域为第二批自治区知识产权区域试点区域。

3月21—22日 自治区人民政府在乌鲁木齐召开"自治区知识产权试点示范工作会议"，自治区地州市、新疆生产建设兵团分管知识产权工作的领导和知识产权局局长，自治区知识产权工作协调指导小组成员单位、知识产权试点区及企事业负责人共180余人参加，自治区党委常委、自治区常务副主席陈雷、国家知识产权局副局长邢胜才分别作重要讲话，充分肯定了自治区知识产权工作取得的成绩，提出了新的要求，自治区人大常委会副主任张国梁、新疆生产建设兵团副司令阿勒布斯拜·拉合木等领导出席会议，自治区知识产权局局长姜万林作自治区知识产权试点示范工作报告，自治区主席助理靳诺作总结讲话。会上交流总结了经验，对新一轮试点示范工作进行了全面部署。

3月22日 自治区知识产权局在乌鲁木齐市召开"全区知识产权局局长会议"，地州市知识产权局局长参加。会议对2006年地州市知识产权工作进行了总结、表彰，对2007年工作进行了部署。

3月26日 自治区整顿和规范市场经济秩序工作领导小组办公室等11个部门联合印发《关于建立自治区保护知识产权举报投诉服务中心工作机制的意见（暂行）》（新整规办〔2007〕7号）。

3月27日 自治区知识产权局印发《关于印发〈自治区知识产权局局长姜万林在自治区知识产权试点示范工作会议上的工作报告〉的通知》（新知管字〔2007〕21号）。

△自治区知识产权局印发《2007年自治区知识产权宣传工作计划》（新知综字〔2007〕19号）。

4月2日 国家知识产权局印发《关于表彰全国知识产权培训工作先进集体和先进个人的决定》，自治区知识产权局管理实施处等4个单位被评为全国知识产权局系统培训工作先进集体，自治区知识产权局史治勖等4人被评为全国知识产权局系统培训工作先进个人。

4月14日 自治区知识产权工作协调指导小组办公室向社会发布《2006年新疆维吾尔自治区知识产权保护状况》（白皮书）。

△自治区知识产权局、党委宣传部、科技厅联合印发《关于表彰奖励2006年度新疆知识产权好新闻的通报》（新知综字〔2007〕31号），对获得2006年度新疆知识产权好新闻奖的35件作品和5个优秀组织单位进行了通报表彰。

4月16日 自治区知识产权局印发《自治区知识产权试点示范服务行动计划实施方案（2007—2008年）》（新知管字〔2007〕25号）。该方案对自治区知识产权试点示范服务行动计划的指导思想、工作目标、组织机构、服务内容和服务方法等方面作出了规定和要求。

4月17日 自治区整顿和规范市场经济秩序工作领导小组办公室等11个部门在乌鲁木齐联合召开"自治区保护知识产权新闻发布会"，自治区30个部门及企事业等单位200余人参加，自治区副主席胡伟出席新闻发布会并讲话。

4月20日 自治区知识产权局印发《新疆维吾尔自治区商业流通领域标记专利标记商品管理办法》（新知法字〔2007〕30号）。

△克州知识产权工作协调指导小组成立。

4月24日 自治区知识产权局在昌吉市举办"2007年新疆知识产权杯知识产权知识竞赛活动"，自治区有关部门和企事业单位，新闻媒体200人参加。

4月25日 应自治区政治协商会邀请，自治区知识产权局局长姜万林在自治区政协常委会会议室作"新疆知识产权保护形势"专题报告。部分自治区政协委员、民主党派和工商联负责人共100余人参加。

4月26日 由自治区整顿和规范市场经济秩序工作领导小组办公室牵头，自治区知识产权局等部门执法人员参加，深入乌鲁木齐市场开展联合执法活动。

4月29日 根据国家知识产权局印发的《关于印发〈全国企事业单位知识产权示范创建单位创建工作方案〉的通知》（国知发管字〔2007〕72号），特变电工被列为全国企事业单位知识产权示范创建单位。

5月16日 克拉玛依市知识产权局成立。

5月25日 自治区知识产权局、自治区人民政府法制办、自治区整顿和规范市场经济秩序领导小组办公室联合印发《关于举办全区专利执法培训班的通知》（新知法字〔2007〕46号），并于6月25—29日与11月13—17日分别在库尔勒市和乌鲁木齐举办了"南疆片"和"北疆片"专利行政执法培训班，对全区100多名专利执法人员进行了培训。

6月12日 石河子市知识产权工作协调指导小组成立。至此，新疆15个地州市全部成立知识产权工作协调指导机构。

6月13日 自治区知识产权工作协调指导小组办公室召开成员单位专题会议。会议提议成立由自治区人民政府领导为组长、自治区党委宣传部等7部门领导为副组长、自治区教育厅等26个部门领导为成员的自治区知识产权战略研究制定工作领导小组。

6月15日 自治区知识产权局向国家知识产权局上报《关于推荐昌吉回族自治州申报国家知识产权试点城市的函》（新知管字〔2007〕45号）。

6月19—20日 自治区知识产权局在克拉玛依市召开"全区知识产权局局长会议"，15个地州市知识产权局局长及负责知识产权试点示范工作人员参加。会议主要研究部署了对口支持知识产权试点示范企事业单位工作。

6月28日 自治区知识产权局向自治区人民政府呈报《关于制定新疆维吾尔自治区知识产权战略的请示》（新知综字〔2007〕49号），启动自治区知识产权战略研究制定筹备工作。

7月27日 自治区科技厅党组印发"新科党组字〔2007〕12号""新科党组字〔2007〕13号"和"新科党组字〔2007〕15号"干部任免通知，任命薛卫东为自治区知识产权局管理实施处处长；任命董海军为自治区知识产权局法律事务处副处长，免去其知识产权局综合处副调研员职务；聘任贺迎国为自治区知识产权局专利代办处副处长（主持工作），免去其知识产权局综合处副调研员职务。

7月31日 自治区人民政府办公厅印发《关于成立自治区知识产权战略制定工作领导小组的通知》（新政办发〔2007〕158号）。该通知决定，成立由自治区党委副书记、自治区常务副主席杨刚为组长，自治区主席助理靳诺、自治区党委副秘书长景海燕、自治区人民政府副秘书长刘华、发展改革委员会党组书记吾买尔·阿不都拉、科技厅厅长顾家骍、知识产权局局长姜万林、工商行政管理局副书记、副局长梁庚新、新闻出版局（版权局）副局长张新泰、经贸委副主任帕拉提·阿布都卡迪尔为副组长，自治区发展改革委员会等33个部门领导为成员的自治区知识产权战略制定工作领导小组。领导小组办公室设在自治区知识产权局，办公室主任由姜万林兼任。

8月6日 国家知识产权局协调管理司司长马维野在昌吉市作"知识产权与创新发展"专题报告,昌吉州党委、人大、政府、政协领导及部分企业负责人、管理人员共300余人参加。

8月14日 国家知识产权局印发《关于设立第一批专利工作交流站的通知》(国知发管字〔2007〕26号),特变电工、新疆独山子天利高新技术股份有限公司榜上有名。

8月20日 自治区财政厅、知识产权局联合印发《关于下达2007年度自治区专利实施项目计划的通知》(新知管字〔2007〕152号),下达2007年度自治区专利实施计划项目26项,划拨专利实施经费300万元。

8月23日—9月6日 自治区知识产权局组织地州市知识产权局局长共9人到澳大利亚、新西兰国家培训学习。

8月23日—9月2日 中国知识产权培训中心在乌鲁木齐市举办"2007年全国专利代理人资格考试考前强化培训班(新疆班)",来自全区120名学员参加培训。

△上海市知识产权局与阿克苏地区知识产权局签订《合作项目拟定书》。

9月11日 由中国知识产权培训中心主办,自治区知识产权局协办,伊犁州知识产权局在伊宁市承办"2007年全国边贸口岸知识产权保护培训班",来自北京等12个省、市、自治区的外贸企事业单位工作人员共计144人参加。

9月12日 国家知识产权局印发《关于公布第一批"百千万知识产权人才工程"百名高层次人才培养人选的通知》(国知发人字〔2007〕135号),自治区知识产权局的哈洪江、刘山玖、王志明和特变电工科技部部长李西良、新疆生产建设兵团科技局(知识产权局)乔同勋5名同志榜上有名。

9月20日 自治区知识产权局印发《关于在全区范围内开展〈新疆维吾尔自治区专利保护条例〉执行情况调研工作的通知》(新知法字〔2007〕28号)。按照该通知要求,由自治区人大教科文卫工作委员会、自治区知识产权局组成调研组,于9月20日—11月30日对全区《专利保护条例》执行情况开展调研咨询工作。

9月22—24日 自治区知识产权局在乌鲁木齐举办"2007年新疆知识产权政务信息和信息化利用培训班",全区知识产权局系统53人参加。

10月10日 国家知识产权局印发《关于同意昌吉回族自治州为国家知识产权试点城市的复函》(国知发管字〔2007〕285号)。

10月12—17日 在深圳会展中心举办"第九届中国国际高新技术成果交易会",自治区科技厅、经贸委和知识产权局联合印发"新科高字〔2007〕111号通知",组织有关科技企业参加。

10月16日 自治区人大教科文卫工作委员会、自治区知识产权局到昌吉州等地州市对《专利保护条例》贯彻执行情况进行调研,并针对存在的问题提出了相关的意见和建议。

10月24日 自治区知识产权局在乌鲁木齐举行"国家知识产权局专利局乌鲁木齐专利代办处揭牌仪式",自治区主席助理靳诺、国家知识产权局协调管理司副司长曾武宗出席、揭牌并讲话。

11月3—4日 自治区知识产权局举行2007年全国专利代理人资格考试(乌鲁木齐考点)考务活动。本次考试报名79人,参加考试44人。

11月5日 自治区知识产权局印发《关于深入贯彻党的十七大精神,全面加强自治区知识产权工作的通知》(新知综字〔2007〕64号)。

11月5—9日 自治区知识产权局、新疆发明协会组织有关企业和研究院所参加由国家知识产权局等17个部委在陕西杨凌举办的"第十届中国杨凌农业高新科技成果博览会"。

11月6日 自治区知识产权局召开会议,讨论研究自治区知识产权战略制定工作。会议讨论了制定自治区知识产权战略的专家组成、自治区知识产权战略的框架结构和办公室主任、副主任等事项。

11月15日 自治区知识产权局向自治区人民政府呈报《关于自治区知识产权局贯彻党的十七大和国务院32号文件精神的工作措施》(新知综字〔2007〕65号),提出了贯彻落实的6条措施。

11月26日 按照国家知识产权局《关于组织全国企事业知识产权示范创建单位报送创建工作中期情况的通知》（国知发管函字〔2007〕338号），要求自治区知识产权局对列为全国企事业知识产权示范创建单位2007年中期创建工作总结、2008年创建工作计划和创建工作手册等进行了汇总上报。

12月10日 自治区机构编制委员会办公室印发《关于下达行政编制用于置换自治区知识产权局事业编制的通知》（新机编办〔2007〕289号）。该通知给自治区知识产权局下达17名行政编制、2名工勤人员。调整后，自治区知识产权局总编制为19名。人员管理实行公务员管理。

12月26日 自治区知识产权局向国家知识产权局上报《关于学习贯彻党的十七大精神和国务院32号文件情况的报告》（新知综字〔2007〕69号）。

12月31日 新疆专利授权量累计突破万件大关，达到11103件。

2008年

1月3日 新疆众和股份有限公司申报的"中、高电子铝箔成品在真空炉中的退火方法"专利获第十届中国专利优秀奖。截至2008年1月，新疆获中国专利优秀奖累计达到9项。

1月12日 根据国家人事部、国家知识产权局联合印发的《关于表彰全国专利系统先进集体和先进工作者的决定》，昌吉州等3地州知识产权局被评为全国专利系统先进集体；自治区知识产权局王志明同志被评为全国专利系统先进工作者。

2月3日 自治区知识产权局印发《自治区知识产权工作先进县市区评选标准》。

2月20日 自治区知识产权局印发《关于印发〈"雷雨""天网"知识产权执法专项行动实施方案〉的通知》（新知法字〔2008〕11号）。该方案对自治区"雷雨""天网"知识产权执法专项行动的主要任务、活动时间和要求作出了部署。

3月3—5日 自治区知识产权局在乌鲁木齐召开"全区知识产权局局长会议"，地州市知识产权局局长等40人参加。会议上，对获得2006年、2007年度工作进行考核与表彰，对2008年自治区知识产权工作进行了部署；自治区知识产权局局长姜万林作工作报告。

3月7日 自治区整顿和规范市场经济秩序工作领导小组办公室等部门联合印发《关于开展2008年"保护知识产权宣传周"活动的通知》（新整规办发〔2008〕1号）。

3月17日 自治区副主席靳诺，由自治区知识产权局局长姜万林等领导陪同，到国家知识产权局拜会田力普局长，双方就国家知识产权局与新疆维吾尔自治区政府建立工作会商机制等方面的工作进行了协商，达成共识。

3月18日 中国知识产权研究会印发《关于中国知识产权研究会理事会换届改选的通知》（中知研字〔2008〕6号），自治区知识产权局局长姜万林被推选为中国知识产权研究会理事会理事。

3月20日 根据《中国共产党新疆维吾尔自治区委员会通知》（新党干字〔2008〕107号）和4月2日新疆维吾尔自治区人民政府《干部任免通知》（新政任字〔2008〕15号），任命马庆云同志为自治区科技厅党组成员、自治区知识产权局局长；谭力同志任自治区科技厅副巡视员；免去姜万林同志科技厅党组成员、自治区知识产权局局长职务。

3月25日 自治区知识产权局印发《关于确定哈密市吐哈石油第二学校和哈密市第4小学为自治区知识产权教育示范单位的通知》（新知管字〔2008〕29号）。

3月31日 国家知识产权局印发《关于同意克拉玛依市为国家知识产权试点城市的复函》（国知发管函字〔2008〕73号）。经自治区知识产权局推荐、国家知识产权局批准，克拉玛依市被列为国家知识产权试点城市。

4月8日 自治区党委宣传部、知识产权局、科技厅联合印发《关于表扬2007年度新疆知识产权好新闻的通报》（新知综字〔2008〕21号），对获得2007年度新疆知识产权好新闻奖的32篇优秀作品和5个优秀组织奖的单位予以通报表扬。

4月24日 自治区整顿和规范市场经济秩序工作领导小组办公室等部门在乌鲁木齐市联合举行"2008年新

疆维吾尔自治区知识产权宣传周新闻发布会",自治区16个部门和企事业单位的代表、新闻记者等200多人参加。发布会向社会发布《2007年新疆维吾尔自治区知识产权典型案例》和《2007年新疆维吾尔自治区知识产权保护状况》(白皮书);自治区副主席胡伟出席并讲话。

4月26日 全面启动自治区知识产权战略制定工作。

△自治区知识产权局印发《2008年自治区知识产权局工作要点》(新知综字〔2008〕50号)。

6月18日 自治区知识产权局向国家知识产权局上报《关于设立新疆维吾尔自治区知识产权维权援助中心的请示》(新知法字〔2008〕46号)。8月1日,国家知识产权局印发《关于同意设立中国(新疆)知识产权维权援助中心的批复》(国知发管函字〔2008〕227号)。

6月20日 自治区机构编制委员会印发《关于自治区知识产权局设立规划发展处的批复》(新机编〔2008〕18号),同意自治区知识产权局设立规划发展处。

7月5日 按照国家知识产权局的要求,自治区知识产权局印发《关于对2006、2007年有专利申请的企事业单位实施专利等情况进行调查的通知》(新知管字〔2008〕49号),并按照制订的调查实施方案,从7月8日—8月8日分为3个阶段对全区2006年、2007年有专利申请的企事业单位实施专利等情况进行了调查分析和上报。

7月17日 国家知识产权局印发《关于进一步促进新疆知识产权事业发展的若干意见》(国知发管字〔2008〕92号)。该意见就国家知识产权局支持新疆知识产权工作、促进知识产权事业发展提出8点意见。

8月2日 自治区知识产权局印发《关于调整新疆维吾尔自治区专利代理惩戒委员会的通知》(新知管字〔2008〕42号)。调整后,自治区知识产权局局长马庆云任主任,自治区知识产权局副局长谭力任副主任,成员由薛卫东等4人组成。

8月6日 在自治区人民政府召开《自治区知识产权战略制定工作领导小组会议》,由自治区副主席靳诺主持,自治区知识产权局局长马庆云介绍相关情况,自治区党委副书记、常务副主席杨刚出席会议并讲话,自治区知识产权战略制定工作领导小组33个成员单位领导和有关人员参加。

△在自治区人民政府召开"自治区知识产权工作协调指导小组会议",由自治区人民政府副秘书长刘华主持,自治区副主席靳诺出席会议并讲话,自治区知识产权局局长兼自治区知识产权工作协调指导小组办公室主任马庆云作工作报告,协调指导小组成员单位参加。

8月12日 国家知识产权局、自治区人民政府在乌鲁木齐市联合举行"国家知识产权局、新疆维吾尔自治区人民政府工作会商制度议定书签字仪式",由自治区党委常委尔肯江·吐拉洪主持,国家知识产权局局长田力普,自治区党委副书记、自治区人民政府常务副主席杨刚,自治区党委副秘书长景海燕,国家知识产权局协调管理司长马维野,自治区人民政府副秘书长刘华,科技厅党组书记约尔古丽·加帕尔等领导出席。田力普、杨刚讲话,并分别代表国家知识产权局和自治区人民政府在"国家知识产权局与新疆维吾尔自治区人民政府工作会商制度议定书"上签字。广东省等5省市知识产权局局长、伊犁州等5地州领导及知识产权局局长,自治区知识产权工作协调指导小组成员及新闻媒体等200多人参加。

△在乌鲁木齐举行"东中西知识产权合作联席会议暨对口支援合作协议签订仪式",国家知识产权局局长田力普、自治区党委常委尔肯江·吐拉洪、自治区人民政府副秘书长刘华等领导出席。仪式上,广东省、上海市、湖南省、山东省和江苏省知识产权局分别与哈密、阿克苏、吐鲁番、喀什地区行署和伊犁州政府签订东中西知识产权对口支援合作协议。

△应自治区人民政府邀请,国家知识产权局局长田力普在自治区党校礼堂作"实施知识产权战略,建设创新型国家"的专题报告,由自治区副主席靳诺主持,自治区各部门、新疆生产建设兵团及乌鲁木齐市领导和大中型企业、科研院所负责人及相关工作人员600多人参加。

8月13日 乌鲁木齐高新技术开发区举行《国家知识产权试点园区》授牌仪式,国家知识产权局协调管理司司长马维野授牌并作专题报告,自治区人民政府副秘书长刘华、科技厅厅长张小雷等领导出席,乌鲁木齐高新技术开发区领导及企业人员200多人参加。

8月20日 自治区知识产权战略制定工作领导小组办公室印发《关于印发〈新疆维吾尔自治区知识产权战略制定工作方案〉等相关文件的通知》（新知战办发〔2008〕1号）和《自治区知识产权战略制定工作领导小组办公室关于专题研究有关事项的通知》（新知战办发〔2008〕2号），标志着自治区知识产权战略制定工作正式启动。

8月26日 经自治区人民政府推荐，国家知识产权局印发《关于同意乌鲁木齐市为国家知识产权示范创建城市的复函》（国知发管函字〔2008〕275号）。

9月2日 自治区科技厅党组印发"新科党组字〔2008〕15号"通知，任命陈勇为自治区知识产权局规划发展处处长。

9月8—9日 国家知识产权局在兰州市举办"西北省区知识产权执法研讨班"，自治区及新疆生产建设兵团知识产权局专利执法人员共19人参加。

9月8—12日 由中国知识产权培训中心主办，自治区知识产权局协办，昌吉州知识产权局在昌吉市承办"西部企事业单位知识产权培训班"，有9省、市、自治区企事业单位170人参加。

9月19日 国家知识产权局印发《关于表彰全国专利执法先进集体和先进个人的通知》（国知发管字〔2008〕143号），自治区知识产权局法律事务处等3个单位被评为2008年度全国专利执法先进集体；自治区知识产权局哈洪江等3人被评为2008年度全国专利执法先进个人。

9月22—25日 由国家知识产权局主办，自治区知识产权局在乌鲁木齐市承办"全国企事业单位知识产权培训班"，来自13个省、市、自治区的企事业单位和知识产权管理部门的工作人员共221人参加。

10月16—19日 自治区发明协会组织参加在苏州市举办的"第六届国际发明展览会"，新疆参展项目1项，并获铜牌。

10月22日 自治区知识产权局、经贸委、食品药品监督管理局联合印发《关于自治区第一批商业企业专利保护试点工作通过验收的通知》（新知法字〔2008〕79号）。该通知指出，新疆新特药民族药业有限公司等8家商业企业专利保护试点工作通过验收，其中有4家较好。

10月28日 自治区知识产权局、财政厅联合印发《关于下达2008年度自治区专利实施项目计划的通知》（新知管字〔2008〕78号），下达2008年度自治区专利实施计划项目21项，划拨专利实施经费300万元。

12月1—10日 自治区知识产权局局长马庆云赴瑞士和英国参加WTO世界学院高级研讨班并访问英国知识产权局。

12月2日 自治区知识产权战略制定工作领导小组办公室在乌鲁木齐市举办"自治区知识产权战略制定工作培训班"，参与自治区知识产权战略研究制定工作的专家学者共计90多人参加。

12月29日 自治区知识产权局印发《关于表彰2008年度自治区知识产权局政府网站信息报送先进单位的通报》（新知综字〔2008〕85号），阿克苏等3个地州市知识产权局被评为先进单位。

2009年

1月14日 国家知识产权局、公安部联合印发《关于对2008年全国知识产权部门和公安机关知识产权执法保护先进集体和先进个人予以表扬的通报》，自治区知识产权局法律事务处等3个单位被评为先进集体；自治区知识产权局副局长谭力等4人被评为先进个人。

1月15日 自治区知识产权战略制定工作领导小组办公室召开"自治区知识产权战略制定工作专家咨询组第一次会议"，自治区知识产权战略制定工作专家咨询组成员及相关人员近40人参加。

3月3日 自治区知识产权局印发《关于深入开展"雷雨""天网"知识产权执法专项行动的通知》（新知法字〔2009〕9号）。

3月4日 自治区知识产权局印发《关于表彰2008年度知识产权工作先进个人的决定》（新知综字〔2009〕11号），阿克苏地区知识产权局局长贾新军等15名同志被评为2008年度自治区知识产权工作先进个人。

3月10日 自治区知识产权局在库尔勒市召开"全区知识产权局局长会议"，15个地州市知识产权局局长和工作人员，以及5个被列为"国家知识产权强县（市）工程"的县（市）和乌鲁木齐高新技术开发区知识产权局负责人共72人参加。会上总结了2008年工作，表彰了2008年度自治区知识产权工作先进集体和先进个人，部署了2009年工作。

3月15日 自治区、新疆生产建设兵团及乌鲁木齐市知识产权局在乌鲁木齐市人民广场联合举办"纪念'3·15'大型现场咨询服务活动"。

3月20日 国家知识产权局印发《关于确定首批实施国家知识产权强县工程区县（市、区）名单的通知》，昌吉等5个市榜上有名。

3月27日 自治区知识产权局印发《2009年新疆维吾尔自治区知识产权局工作要点》（新知综字〔2009〕19号）。

3月31日 受国家知识产权局委托，自治区知识产权局组成专家验收组，对第三批全国企事业知识产权试点工作单位的知识产权试点工作进行了验收。

△自治区知识产权局印发《关于组织验收2007年度自治区专利实施计划项目的通知》（新知管字〔2009〕23号），并制订印发验收实施计划，组成验收组，于4月7—11日对克拉玛依市等5个地州市的20个专利实施项目进行了验收；另外地州市的57个专利实施项目委托当地知识产权局进行验收。

4月8日 自治区人民政府办公厅印发《关于开展自治区知识产权宣传周活动的通知》（新政办发〔2009〕53号）。

4月9日 自治区知识产权工作协调指导小组召开会议，由自治区人民政府副秘书长兼自治区知识产权工作协调指导小组副组长刘华主持，协调指导小组成员单位及部分高校代表参加。会议研究确定了2009年自治区知识产权宣传周5项重要活动。

4月19日 自治区人民政府在乌鲁木齐市举行"2009年新疆维吾尔自治区知识产权宣传周新闻发布会"，自治区副主席靳诺、自治区人民政府副秘书长刘华、自治区党委宣传部副部长马木提·托义木利、乌鲁木齐市人民政府副市长童兆玲等领导出席，自治区知识产权工作协调指导小组成员单位、中介服务机构和新闻媒体共200多人参加。会上发布了《2008年新疆维吾尔自治区知识产权保护状况》（白皮书）《2008年新疆维吾尔自治区保护知识产权十大案例》《新疆维吾尔自治区工商行政管理局推进企业商标战略发展措施》和《2009年重点商标培训教育计划》；宣读了《新疆第六届图书奖暨第三届音像制品电子出版物奖获奖名单》和《关于表彰2008年度新疆知识产权好新闻的通报》，并进行了颁奖；刘华代表自治区人民政府讲话。会后，在乌鲁木齐人民广场举行了"2009年新疆维吾尔自治区知识产权宣传活动启动仪式""知识产权宣传周万人签名活动"和专利产品展示等活动。

△自治区知识产权局、自治区党委宣传部、科技厅联合印发《关于表彰2008年度新疆知识产权好新闻的通报》（新知综字〔2009〕24号），对获得2008年度新疆知识产权好新闻奖的29个作品和5个优秀组织奖的单位进行通报表彰。

4月22日 自治区知识产权局在新疆大学举办"2009年知识产权走进大学沙龙"。自治区专利、商标、版权等知识产权管理部门、专利代理机构的代表，大学生及新闻媒体300多人参加。

4月24日 自治区知识产权局等单位在昌吉市举办"第五届'新疆知识产权杯'知识竞赛活动"。有8家企事业单位参赛，200多人参加。

4月25日 自治区知识产权局在全区开通"12330"维权援助与举报投诉电话。

4月27日 自治区知识产权局等单位在新疆农业大学举办"绿色创新—第九个世界知识产权日—新疆农业大学知识产权竞赛活动"，新疆农大学生200多人参加。

4月28日 自治区知识产权局等单位在新疆财经大学举办"自治区首届'青春创新——与知识产权同行'大学生知识产权主题演讲比赛"。新疆财经大学200余名大学生参加。

5月21日 经自治区知识产权局申请和国家知识产权局批准，同意成立"国家专利技术（新疆）展示交易中心"。该中心设在新疆科学技术开发交流中心。

5月26日 自治区知识产权局向国家知识产权局呈报《关于申请进入国家知识产权局"5·26"工程的请示》（新知法字〔2009〕35号）；同年9月7日，国家知识产权局印发《关于同意新疆维吾尔自治区知识产权局进入国家知识产权局"5·26"工程的批复》（国知发管函字〔2009〕364号）。

5月27日 自治区知识产权局召开"新疆专利代理管理工作会议"，新疆专利代理机构负责人及有关人员共14人参会，自治区科技厅副巡视员、知识产权局副局长谭力出席会议并讲话。

6月11日 在乌鲁木齐召开"《专利法》第三次修改（新疆）宣讲会"，15个地州市知识产权局、新疆生产建设兵团、自治区高级人民法院、乌鲁木齐市中级人民法院、新疆律师协会、企事业单位和专利代理机构等单位的代表200多人参加。

6月8日 国家知识产权局印发《关于公布第二批"百千万知识产权人才工程"百名高层次人才培养人选的通知》（国知发人字〔2009〕112号），自治区知识产权局局长马庆云、管理实施处处长薛卫东和石河子市知识产权局局长盛赞华榜上有名。

6月16日 由国家知识产权局主办，自治区知识产权局在乌鲁木齐召开"中医药传统知识与遗传资源保护研讨会"，国家知识产权局条法司司长尹新天主持，自治区知识产权局局长马庆云致辞。北京、上海等有关部门的专家学者及新疆中医药研究院所、企业代表等近50人参加。

6月27日 自治区知识产权局、财政厅联合印发《关于下达2009年自治区专利实施项目计划的通知》（新知管字〔2009〕36号），下达2009年自治区专利实施计划项目22项，划拨专利实施经费300万元。

6月30日 自治区知识产权局印发《关于确定首批"自治区专利工作交流站"的通知》（新知管字〔2009〕41号），新疆众和股份有限公司等8家企业被列为首批自治区专利工作交流站。交流站工作从2009年7月1日启动，为期为2年。

△自治区知识产权局印发《关于确定第二批自治区知识产权示范单位的通知》（新知管字〔2009〕40号），新疆金风科技股份有限公司等10家企业被列为第二批自治区知识产权示范单位。

△自治区知识产权局印发《关于表扬奖励第三批自治区企事业单位知识产权试点工作先进单位和先进个人的决定》（新知管字〔2009〕42号），通报表彰了乌鲁木齐轻工国际投资有限公司等6家企事业先进单位和新疆天地集团有限公司的罗凌等16名先进个人。

7月19日 自治区知识产权局印发《新疆维吾尔自治区知识产权局政务信息工作管理办法》（新知综字〔2009〕45号）和《新疆维吾尔自治区知识产权局机关及事业单位聘用人员管理办法》（新知综字〔2009〕45号）。

8月1日 国家知识产权局印发《关于同意设立中国（新疆）知识产权维权援助中心的批复》（国知发管函字〔2009〕227号），同意在新疆维吾尔自治区知识产权局挂牌设立中国（新疆）知识产权维权援助中心。

8月14日 自治区知识产权战略制定工作领导小组办公室召开自治区知识产权战略制定工作中期会议，对战略制定工作进行中期评估。

8月18日 自治区知识产权局在昌吉市召开"自治区企事业单位知识产权试点示范工作交流会议"，15个地州市知识产权局和企事业知识产权试点示范单位代表、专利代理机构负责人等140多人参加。

9月9日 自治区知识产权局向自治区人民政府上报《关于2010年度政府立法计划项目的建议》（新知法字〔2009〕55号）。

10月26—28日 国家知识产权局在长沙市召开"全国知识产权培训工作会议"，自治区、克拉玛依市和巴州3个知识产权局被评为2009年度全国知识产权培训工作先进集体，史治勋等3人被评为2009年度全国知识产权培训工作先进个人。

12月29日 国家知识产权局印发《关于第十一届中国专利奖授奖的决定》（国知发管字〔2009〕243号），新疆金风科技股份有限公司的"风力发电机组解缆方法"获得第十一届中国专利优秀奖。截至2009年12月，新疆获中国专利优秀奖累计达到10项。

2010年

1月10日 自治区知识产权局印发《关于贯彻自治区人民政府〈关于促进中小企业发展的实施意见〉细则》，对加强对中小企业的专利专项服务提出了具体意见和要求。

1月12日 自治区知识产权局印发《2010年自治区知识产权工作要点》（新知综字〔2010〕3号）。

1月22日 自治区知识产权战略制定工作领导小组在自治区党委会议室召开"《战略纲要（送审稿）》审议会议"，由自治区党委副秘书长景海燕主持，自治区知识产权战略制定工作领导小组成员参加。与会人员对《战略纲要（送审稿）》进行了审议。自治区党委常委尔肯江·吐拉洪出席会议并作重要讲话。

2月4日 国家知识产权局、公安部联合印发《关于对2009年全国知识产权部门和公安机关知识产权执法保护先进集体和先进个人予以表扬的通报》（国知发管字〔2010〕13号），自治区知识产权局法律事务处等3个单位被评为先进集体，自治区知识产权局局长马庆云等6人被评为先进个人。

△自治区知识产权局印发《关于表彰2009年度全区知识产权局系统专利行政执法工作先进集体和先进个人的通知》（新知法字〔2010〕8号），喀什、阿克苏地区知识产权局被评为先进集体，巴州知识产权局宋智军等3人被评为先进个人。

3月5日 根据自治区知识产权局印发的《关于表彰2009年度自治区知识产权工作先进集体和先进个人的决定》（新知综字〔2010〕10号），乌鲁木齐市等5个知识产权局被评为先进集体，塔城地区知识产权局陈春林等15人被评为先进个人。

△自治区知识产权局印发《关于表彰2009年度自治区知识产权宣传信息工作先进集体和先进个人的通报》（新知综字〔2010〕11号），巴州知识产权局被评为先进集体，和田地区知识产权局张金甫等3人被评为先进个人。

△自治区知识产权局印发《关于表彰2009年度自治区专利申请目标管理工作先进集体的通报》（新知管字〔2010〕13号），乌鲁木齐市等6个地州市知识产权局被评为先进集体。

△自治区知识产权局印发《关于表彰2009年度自治区优秀专利代理机构和优秀专利代理人的通报》（新知管字〔2010〕14号），乌鲁木齐合纵专利商标事务所被评为优秀专利代理机构；乌鲁木齐新科联专利事务所（有限公司）李振中等2人被评为优秀专利代理人。

3月9—10日 自治区知识产权局在昌吉市召开"全区知识产权局局长会议"，自治区15个地州市和部分县市知识产权局局长及工作人员60多人参加。会议对2009年工作进行了总结，对2010年工作进行了部署，自治区知识产权局局长马庆云作工作报告。

3月12日 国家知识产权局印发《关于同意包头市、新余市、东莞市、银川市、昌吉州、常熟市、张家港市、义乌市为国家知识产权示范创建市的复函》（国知发管函字〔2010〕63号），昌吉州被列为国家知识产权示范创建市。

3月17日 自治区知识产权局与公安厅联合印发《关于2010年世博会期间开展知识产权保护专项行动的通知》（新知综字〔2010〕15号）。

△自治区知识产权局与公安厅联合印发《关于建立协作配合机制共同加强知识产权保护工作的通知》（新知综字〔2010〕16号）。

4月15日 自治区知识产权局局长马庆云在自治区党校礼堂报告厅作《实施知识产权战略促进经济发展方式转变》专题报告，自治区党校主体班和地厅班260多人参加。

4月16日 自治区人民政府印发《关于开展自治区知识产权宣传周活动的通知》（新政办发〔2010〕87号）。

4月19日 自治区人民政府印发《关于印发新疆维吾尔自治区知识产权战略纲要的通知》（新政发〔2010〕40号）。

△自治区知识产权工作协调指导小组办公室向社会发布《2009年新疆维吾尔自治区知识产权保护状况》

（白皮书）。

4月20日 自治区知识产权局、工商行政管理局、新闻出版局（版权局）共同组织举办"知识产权基础知识网络竞赛"活动。

△自治区知识产权局、经信委联合印发《关于转发〈关于中小企业知识产权战略推进工程首批试点申报若干事项的通知〉的通知》（新知管字〔2010〕24号）。

4月21日 由自治区人大常委会主办，自治区知识产权局、自治区人民政府法制办公室在乌鲁木齐举办"纪念专利法实施二十五周年暨自治区专利保护条例实施五周年座谈会"，自治区人大常委会副秘书长崔光莲主持会议，自治区人大常委会副主任杜秦瑞作重要讲话。自治区人民政府副秘书长刘华、自治区人大教科文卫委主任阿不都萨拉木·吾买尔等领导出席座谈会，自治区知识产权局局长马庆云作主题发言。

4月22日 自治区知识产权局、教育厅与乌鲁木齐市知识产权局、乌鲁木齐教育局等单位在乌鲁木齐市第一小学共同举办"中小学知识产权试点启动仪式"。

△根据自治区科技厅党组印发的"新科党组字〔2010〕13号"干部任职通知，沈联海同志任自治区知识产权局管理实施处副处长；常铖同志任自治区知识产权局综合处处长。

4月26日 自治区人民政府在昆仑宾馆举行《战略纲要》颁布实施新闻发布会，由自治区人民政府副秘书长刘华主持，自治区人大常委会副主任杜秦瑞、自治区副主席靳诺等领导出席，自治区知识产权管理部门、试点示范单位、科研院所、高校、知识产权中介服务机构等150多人参加。发布会上，自治区副主席靳诺作重要讲话，自治区知识产权局局长马庆云作《战略纲要》制定情况的说明。

4月28日 自治区知识产权局、教育厅等在新疆大学联合举办"第六届'新疆知识产权杯'大学生知识产权知识竞赛"，新疆大学等8所高校学生及相关单位300多人参加。

5月5—18日 在自治区党校，由自治区知识产权局主办，自治区党校举办"自治区首期实施知识产权战略专题研修班"，地州市、自治区厅局及国有企事业单位的40余名县处级领导干部参加。

5月31日 受国家知识产权局委托，自治区知识产权局在乌鲁木齐召开"国家知识产权试点城市试点期满考核验收会"，对克拉玛依市试点城市工作进行了考核验收。

6月1日 由自治区知识产权工作协调小组办公室牵头组织，历时两个月，对推进实施自治区知识产权战略推进工程进行了全面的调查和总结。在总结分析的基础上形成并印发《关于新疆维吾尔自治区知识产权战略推进工程实施工作情况的通报》（新知协办字〔2010〕1号）。

6月9日 自治区科技厅党组印发"新科党组字〔2010〕14号"干部任职通知，范志刚同志任自治区知识产权局综合处副调研员。

6月22—28日 自治区知识产权局与新闻媒体在乌鲁木齐市等6地州开展以"实施知识产权战略，促进新疆跨越式发展"为主题的"知识产权天山行"大型采访报道活动。

7月2日 国家知识产权局与自治区人民政府在北京召开"国家知识产权局与新疆维吾尔自治区人民政府第二次合作会商筹备工作座谈会议"，国家知识产权局副局长甘绍宁出席会议并讲话，国家知识产权局各司部领导及自治区、新疆生产建设兵团知识产权局领导参加。

7月14日 国家知识产权局印发《关于公布第二批全国企事业知识产权示范创建单位名单的通知》（国知发管字〔2010〕79号），新疆华易石油工程技术有限公司等5家企业榜上有名。

7月18日 自治区人民政府办公厅印发《关于自治区知识产权战略制定工作领导小组更名及组成人员调整的通知》（新政办发〔2010〕159号），"新疆维吾尔自治区知识产权战略制定工作领导小组"更名为"新疆维吾尔自治区知识产权战略实施领导小组"（简称"战略实施领导小组"），办公室设在自治区知识产权局，主任由马庆云局长兼任。

7月26—28日 国家知识产权局主办，昌吉州知识产权局在昌吉市承办"全国城市、园区知识产权试点示范工作会议"，来自31个省、市、自治区和新疆生产建设兵团知识产权局、试点示范市和园区的200多名代表参加。

7月29日 在伊宁市召开"江苏省知识产权局对口支援伊犁州知识产权工作座谈会"。会上，江苏省知识产权局向伊犁州知识产权局捐赠25万元。

△根据自治区科技厅党组"新科党组字〔2010〕23号"干部任免通知，聘任刘山玖同志为国家知识产权局专利局乌鲁木齐代办处副处长，聘期五年，免去其自治区知识产权局综合处副处长职务。

△根据自治区科技厅党组"新科党组字〔2010〕24号"干部任免通知，免去贺迎国同志国家知识产权局专利局乌鲁木齐代办处副处长职务。

7月30日 自治区知识产权局与教育厅联合印发《关于在自治区中小学开展知识产权试点工作的通知》（新知管字〔2010〕17号）。

8月6日 国家知识产权局、自治区人民政府共同成立"东中西部知识产权合作与对口援疆工作领导小组"。组长由国家知识产权局局长田力普和自治区党委副书记、常务副主席杨刚担任。副组长由国家知识产权局副局长甘绍宁和自治区副主席靳诺担任。成员由国家知识产权局办公室、专利管理司、北京市等19个援疆省市和新疆维吾尔自治区、新疆生产建设兵团知识产权局领导组成。该领导小组办公室设在国家知识产权局专利管理司和新疆维吾尔自治区知识产权局，办公室主任由马维野司长和马庆云局长兼任。

8月13日 自治区专利实施资助资金首次由300万元增加到1000万元，增长了2.3倍。

8月16日 自治区知识产权局印发《关于推广普及专利电子申请工作的通知》（新知综字〔2010〕45号），并于8月31日在乌鲁木齐市举办"自治区专利电子申请培训班"。

8月26日 国家知识产权局、工业和信息化部联合印发《关于确定"中小企业知识产权战略推进工程首批实施单位"的通知》（国知发管字〔2010〕106号），乌鲁木齐市榜上有名。

8月30日—9月5日 由国家商务部主办，新疆外经贸厅在新疆博览中心承办"第19届中国乌鲁木齐对外经济贸易洽谈会"。期间，自治区、乌鲁木齐市知识产权局等执法人员进入展会开展联合执法活动。

8月31日 自治区机构编制委员会办公室印发《关于调整国家知识产权局专利局乌鲁木齐代办处机构编制有关事宜的批复》（新机编办〔2010〕148号），同意在国家知识产权局专利局乌鲁木齐代办处增挂"新疆维吾尔自治区知识产权维权援助中心"牌子，增加"承担全区知识产权维权援助和举报投诉等工作"职责任务。调整后，国家知识产权局专利局乌鲁木齐代办处（自治区知识产权维权援助中心）事业编制6名。

9月13日 自治区知识产权局、财政厅联合签发《关于下达2010年度自治区专利实施项目计划的通知》（新知管字〔2010〕43号），下达2010年度自治区专利实施计划项目32项，划拨专利实施经费1000万元。

9月15—16日 由自治区知识产权局主办，新疆专利信息中心在新疆大学图书馆承办"新疆首次专利信息运用实务培训班"，15个地州市知识产权局和企事业单位专利信息人员55人参加。

9月29日 国家知识产权示范城市评定组在乌鲁木齐召开"国家知识产权示范城市评定工作会议"。会议在听取汇报的基础上，评定组对乌鲁木齐市创建国家知识产权示范城市工作进行了评定。

9月26—30日 由中国知识产权培训中心主办，自治区知识产权局组织，喀什地区知识产权局在喀什市承办"全国边贸口岸知识产权管理保护培训班"，有11个省、市、自治区知识产权局的管理、执法人员近120人参加了培训，国家知识产权局顾问、原局长王景川为培训班授课。

10月10日 自治区知识产权局印发《关于印发〈自治区知识产权局系统执法专项行动实施方案〉的通知》（新知法字〔2010〕60号）。

△国家知识产权局印发《关于第十二届中国专利奖授奖的决定》，清华大学、新疆绿色使者空气环境技术有限公司申报的"一种基于间接蒸发冷却技术的空调系统"专利获第十二届中国专利优秀奖。截至2010年10月，新疆获中国专利优秀奖累计达到11项。

10月15日 自治区知识产权局、教育厅联合签发《关于确定第一批自治区中小学知识产权教育试点学校的通知》（新知管字〔2010〕54号）。被列为自治区首批知识产权试点中小学的共有25所。

2009—2010年10月 乌鲁木齐市先后为两批5家企业实施知识产权质押贷款，总额达1700万元。

10月21日 为纪念自治区知识产权局成立10周年。为此，由自治区知识产权局综合处牵头，史治勋撰写并在《新疆知识产权》上刊登《积极推动自治区知识产权事业又好又快发展》和《新疆维吾尔自治区知识产权局大事记》等纪念文章。

10月25日 自治区知识产权局印发《关于做好2010·第四届中国专利周活动的通知》（新知综字〔2010〕58号），要求11月7—13日全区知识产权局系统结合实际组织开展多种形式的第四届中国专利周活动。

11月16日 自治区知识产权局转发国家知识产权局《关于进一步抓紧贯彻落实专项行动工作部署的通知》（新知法字〔2010〕64号）。

11月16—21日 自治区科技厅、知识产权局、商务厅、教育厅共组织自治区高新技术成果参加"中国国际高新技术成果交易会"。

11月30日 新疆当年专利申请受理量首次突破3000件，达到3188件。

12月12日 国家知识产权局、自治区人民政府联合在北京召开"全国知识产权局系统对口援疆工作会议暨国家知识产权局与自治区政府第二次合作会商会议"。会议主要内容有：贯彻落实中央新疆工作座谈会及全国对口支援新疆工作会议精神；总结"局区"会商第一次会议以来的工作进展情况，商议新的合作议题；总结交流东中西部知识产权合作与对口援疆工作，签订东中西部知识产权合作与对口援疆协议。

12月21日 国家知识产权局、公安部等8个部门联合印发《关于表彰世博会知识产权保护专项行动先进集体和先进个人的决定》（国知发协字〔2010〕153号），自治区知识产权局法律事务处等3个单位被评为先进集体，自治区知识产权局法律事务处杨靖等4人被评为先进个人。

12月25日 国家知识产权局印发《关于同意乌鲁木齐高新技术开发区为国家知识产权试点园区的复函》（国知发管函字〔2010〕293号）。乌鲁木齐高新技术开发区被列为国家知识产权试点园区，为期3年。

12月27日 国家知识产权局印发《关于表彰全国知识产权局系统知识产权培训工作先进集体和先进个人的决定》（国知发人字〔2010〕128号），自治区知识产权局等4个单位被评为先进集体，自治区知识产权局薛卫东等5人被评为先进个人。

12月29日 国家知识产权局印发《关于表彰全国企事业知识产权管理工作先进个人的决定》（国知发管字〔2010〕156号），自治区知识产权局赵斐斐等5名同志被评为先进个人。

2011年

1月7日 国家知识产权局印发《关于商派潘战刚到新疆知识产权局挂职的函》（国知人函字〔2011〕12号），潘战刚从2011年2月至2012年1月到自治区知识产权局挂职。

1月10日 自治区知识产权局印发《关于进行全区知识产权局系统打击侵犯知识产权和制售假冒伪劣商品专项行动督导检查工作的通知》（新知法字〔2011〕3号），在全区开展打击侵犯知识产权和制售假冒伪劣商品专项行动督导检查工作。

1月12日 国家知识产权局印发《关于实施知识产权战略，促进中西部地区知识产权事业快速发展的意见》（国知发协字）〔2011〕1号），提出"充分发挥知识产权在西部大开发中的支撑作用；深入推进地方知识产权战略实施；服务战略新兴产业、优势产业和特色产业的发展；加强知识产权管理能力建设；加强知识产权服务体系建设；加快知识产权专业人才的培养；加大知识产权宣传工作力度；加强知识产权工作交流与合作"等措施。

1月19日 自治区发明协会、自治区知识产权研究会在乌鲁木齐市召开"新疆发明协会第四届会员代表大会暨新疆知识产权研究会第三届会员代表大会"，自治区副主席靳诺、中国知识产权研究会秘书长张云才、自治区人民政府副秘书长刘华等领导出席，15个地州市、自治区有关部门、企事业单位、中介服务机构等单位的代表、新闻媒体记者共计130多人参加。会议总结了上届自治区发明协会和知识产权研究会（简称两会）工作；对"两会"章程进行了修订；对"两会"人员进行了换届。

1月20日 自治区知识产权局在乌鲁木齐市召开"2011年工作务虚会",全区知识产权局局长、自治区知识产权局全体人员及新闻媒体参加,国家知识产权局专利管理司副司长雷筱云出席会议并讲话。

2月15日 根据国家知识产权局印发的《关于表扬2010年度全国知识产权部门和公安机关知识产权执法保护先进集体和先进个人的决定》(国知发管字〔2011〕22号),自治区知识产权局法律事务处等5个单位被评为先进集体,自治区知识产权局的杨靖等5人被评为先进个人。

2月25日 自治区人民政府办公厅印发《关于调整自治区知识产权战略实施领导小组的通知》(新政办发〔2011〕14号)。调整后,自治区知识产权战略实施领导小组组长由自治区党委常委、常务副主席黄卫担任,副组长由自治区党委常委尔肯江·吐拉洪、自治区副主席靳诺担任,成员34名。办公室设在自治区知识产权局,办公室主任由马庆云局长兼任。

3月15日 按照国家知识产权局印发的《关于开展2011年度国家专利技术展示交易中心考核验收的通知》(国知管发〔2011〕14号)要求,自治区知识产权局在6月份对国家专利技术(新疆)展示交易中心的工作进行了考核验收。

3月25日 根据国家知识产权局印发的《关于全国知识产权系统政府部门户网站2010年统计情况的通报》(国知办办字〔2011〕140号),2010年新疆在国家知识产权局网站访问量达1045677次;"动态信息"和"要闻"被采用稿件为28篇。

3月28日 自治区知识产权局印发《关于在自治区开展知识产权托管工作的通知》(新知管字〔2011〕21号)。

4月1日 自治区知识产权局印发《关于表彰2010年度全区知识产权局系统专利行政执法工作先进集体和先进个人的通报》(新知法字〔2011〕18号),伊犁州等4地州市知识产权局被评为先进集体;巴州知识产权局杨佃民等7人被评为先进个人。

4月10日 自治区知识产权局印发《关于奖励2010年度完成专利申请指标任务单位的通报》(新知管字〔2011〕30号),对乌鲁木齐市等7个知识产权局进行了表彰奖励。

4月11日 自治区知识产权局印发《关于表彰2010年度自治区知识产权政务信息工作先进集体和先进个人的通报》(新知综字〔2011〕27号),昌吉州等4地州市知识产权局被评为先进集体,巴州知识产权局宋智军等6人被评为先进个人。

4月13日 国家知识产权局印发《关于中国专利审查三个专利信息化系统建设先进集体和先进个人的决定》(国知发办字〔2011〕33号),乌鲁木齐合纵专利商标事务所被评为先进集体。

4月15日 自治区人民政府在乌鲁木齐昆仑宾馆召开"自治区知识产权工作会议",国家知识产权局顾问、原局长王景川,自治区人民政府副秘书长刘华,自治区科技厅党组书记、副厅长约尔古丽·加帕尔,新疆生产建设兵团科技局(知识产权)副局长黄斌等领导出席会议。自治区知识产权战略实施领导小组成员单位、地州市及新疆生产建设兵团知识产权局、科研院所、专利代理机构和知识产权试点示范企事业单位代表和新闻媒体记者160多人参加会议。会上,王景川向乌鲁木齐经济技术开发区授"国家知识产权试点园区"牌匾,并与刘华为"中国(新疆)知识产权维权援助中心"揭牌。

△新疆维吾尔自治区发明协会印发《关于表彰奖励"自治区优秀发明创造及优秀专利技术开发者"的决定》(新发协字〔2011〕4号)。

△自治区知识产权局印发《关于表彰2010年度自治区知识产权工作先进集体和先进个人的决定》(新知管字〔2011〕28号),乌鲁木齐市知识产权局等5个单位被评为先进集体,塔城地区知识产权局王卫锋等16人被评为先进个人。

△自治区知识产权局印发《关于表彰2010年度优秀专利代理机构和优秀专利代理人的决定》(新知管字〔2011〕29号),乌鲁木齐新科联专利代理事务所(有限公司)被评为优秀专利代理机构,乌鲁木齐合纵专利商标事务所汤建武等2人被评为优秀专利代理人。

4月18日 自治区人民政府办公厅印发《关于开展2011年自治区知识产权宣传周活动的通知》（新政办发〔2011〕45号），并于4月20—26日按照自治区统一部署，全区各地组织开展了以"知识产权主推经济转型"为主题的自治区知识产权宣传周活动。

4月19日 自治区知识产权局印发《关于乌鲁木齐高新技术开发区（新市区）开展知识产权托管试点工作的批复》（新知管字〔2011〕31号）。

△自治区知识产权工作协调指导小组办公室向社会发布《2010年新疆维吾尔自治区知识产权保护状况》（白皮书）。

4月21日 国家知识产权局专利管理司司长马维野在自治区党校为地厅级干部和中青年干部进修班等6个培训班及在校教师300多人作《知识产权——转变经济发展方式的助推器》主旨演讲。

4月22日 自治区知识产权局、教育厅与新疆生产建设兵团知识产权局、兵团教育局等单位在新疆大学联合举办"第七届'新疆知识产权杯'大学生知识产权知识竞赛暨大学生优秀发明创造颁奖"活动。新疆大学等8所大学代表队参赛。

4月25日 经国家知识产权局批准，在新疆大学设立"国家知识产权培训（新疆）基地"。

△自治区及新疆生产建设兵团知识产权局联合印发《关于表彰"新疆大学生优秀发明创造专利获得者"的决定》（新知管字〔2011〕32号）。

4月26日 自治区知识产权局等单位在乌鲁木齐高新技术开发区（新市区）举行"自治区知识产权托管工作试点启动仪式"。

△由自治区知识产权局牵头，自治区公安厅等7部门执法人员参加，在乌鲁木齐市商场开展知识产权联合执法活动。

4月29日 自治区财政厅、知识产权局联合印发《新疆维吾尔自治区专利实施资金和项目管理办法》（新财建〔2011〕167号）和《新疆维吾尔自治区专利申请资助专项资金管理办法》（新财建〔2011〕168号）。

5月3日 自治区科技厅印发《关于表彰2010年度自治区科技政务信息工作先进单位和先进个人的通知》（新科办字〔2011〕50号），自治区知识产权局被评为先进单位，自治区知识产权局史治勋被评为先进个人。

5月9日 自治区知识产权局会同自治区人民政府法制办公室，在乌鲁木齐市召开《专利保护条例》立法后评估报告专家评审会。

5月13日 自治区知识产权局等单位在乌鲁木齐经济技术开发区（头屯河区）举行"专利托管和消零工程启动仪式"。

5月23日 自治区科技厅、知识产权局联合印发《关于在自治区科技创新和科技管理中加强知识产权工作的通知》。

6月13日 自治区知识产权局、财政厅联合印发《关于下达2011年度自治区专利实施项目计划的通知》（新知管字〔2011〕44号），下达2011年自治区专利实施计划项目35项，划拨专利实施经费1000万元，带动企业累计投入达1.84亿元。

6月20—23日 国家知识产权局专利复审委员会在昌吉市举办"专利确权与侵权判定专题培训班"，自治区、地州市知识产权业务人员共70余人参加培训。

7月8日 自治区知识产权局在乌鲁木齐召开"全区知识产权局局长会议"，15个地州市知识产权局副处以上干部参加。会议主要议程：通报全区知识产权工作情况，交流经验；自治区知识产权局马庆云局长讲话。

7月13—17日 由国家知识产权局主办，自治区知识产权局在乌鲁木齐承办"2011年第一期全国专利行政执法培训班"。进入"'5·26'专利执法推进工程"的省、市、自治区及新疆15个地州市的知识产权局专利执法人员100多人参加。

7月28日 自治区知识产权局印发《关于自治区知识产权局归口协调管理与19个省市知识产权局对口援疆工作的通知》（新知管字〔2011〕51号）。

8月2日 自治区科技厅、知识产权局联合印发《关于在全区科技型企业开展消除"零专利"工作的通知》（新科高字〔2011〕95号），并成立了以自治区科技厅厅长张小雷为组长的专项行动工作领导小组，在全区联合组织开展了自治区科技型企业消除"零专利"专项行动。到年底全区共调研企业1372家，现场指导服务企业300多家。

8月5日 自治区知识产权局印发《关于同意设立中国（新疆）知识产权维权援助中心乌鲁木齐工作站的批复》（新知法字〔2011〕54号）。

8月7日 自治区人民政府办公厅印发《推进计划》（新政办发〔2011〕14号）。

8月18—19日 由国家知识产权局主办，自治区知识产权局在乌鲁木齐承办"全国实用新型制度与提高创新能力研讨会"，全国省、市、自治区知识产权管理部门、企事业等单位代表139人参加，其中新疆参加30人。

8月22日 自治区发明协会和自治区知识产权局组织参加在山东省威海市由中国发明协会、山东省科技厅和威海市人民政府联合举办的"第二十届全国发明展览会"，新疆参展项目获得了2金5银3铜及最佳发明奖的佳绩。

9月1—5日 自治区知识产权局与工商等部门组成联合执法组进入在新疆国际会展中心举办的首届"中国-亚欧博览会"，开展联合执法和宣传咨询活动。

9月7日 自治区知识产权战略实施领导小组办公室印发《2011年新疆维吾尔自治区知识产权战略实施推进计划》（新知战办〔2011〕4号）。

11月2日 国家知识产权局印发《关于第十三届中国专利奖授奖的决定》（国知管发字〔2011〕142号），自治区知识产权局推荐的"一种大功率永磁同步电机"及"纳米材料改性滴灌带"专利获中国专利优秀奖。截至2011年11月，新疆获中国专利优秀奖累计达到13项。

11月15日 国家知识产权局印发《关于聘请国家知识产权局特邀监督员的函》（国知办函监字〔2011〕394号），自治区知识产权局副局长多里坤·阿吾提被国家知识产权局聘为特邀监督员。

11月17日 国家知识产权局印发《关于表扬全国知识产权系统知识产权培训工作先进集体和先进个人的决定》（国知发人字〔2011〕145号），自治区知识产权局管理实施处等4个单位被评为先进集体，自治区知识产权局沈联海等3人员被评为先进个人。

11月18日 中国知识产权报社新疆通联站在2011年"社会公众知识产权认知程度调查活动"中被中国知识产权报授予组织纪念奖。

11月25日 自治区科技厅党组印发"新科党组字〔2011〕33号"干部任免通知，刘山玖同志任国家知识产权局专利局乌鲁木齐代办处（自治区知识产权维权援助中心）主任；董海军同志任自治区科技厅机关服务中心主任，免去其自治区知识产权局综合处副处长职务；范志刚同志任自治区知识产权局法律事务处副处长，免去其自治区知识产权局综合处副调研员职务。

11月27日 根据自治区科技厅印发的《关于表彰2011年度自治区科技政务信息工作先进单位和先进个人的通知》（新科办字〔2011〕158号），自治区知识产权局被评为先进单位。

11月30日 新疆年度专利申请首次突破4000件大关，达到4016件。

12月29日 根据人力资源和社会保障部、国家知识产权局联合印发的《关于表彰全国专利系统先进集体和先进工作者的决定》（人社部发〔2011〕135号），昌吉州等3个地州市知识产权局被评为先进集体，自治区知识产权局管理实施处处长薛卫东、吐鲁番市知识产权局局长刘立忠获先进工作者称号。

12月31日 国家知识产权局印发《关于公布国家知识产权专家库入选专家的通知》（国知发人字〔2011〕173号），特变电工李西良、新疆生产建设兵团知识产权局乔同勋进入首批国家知识产权专家库。

2012年

1月1—6日 由自治区知识产权局副局长孙东方带队，昌吉、哈密、阿克苏等3地州知识产权局和自治区财政厅经建处共5人参加到山西省知识产权局、河南省知识产权局调研学习。

2月1日 自治区知识产权战略实施领导小组办公室印发《关于评选2011年度自治区知识产权先进工作者的通知》（新知战办字〔2012〕1号）。

2月13日 自治区知识产权局、经信委联合印发《关于确定第四批自治区企事业知识产权工作试点单位的通知》（新知管字〔2012〕6号），乌鲁木齐华佳成医药包装有限公司等20家企业被确定为第四批自治区企事业知识产权工作试点单位。试点期限为2年。

2月15日 自治区发明协会在乌鲁木齐召开"2011年度新疆专利奖（优秀发明创造者）专家评审会"。共评出2011年度新疆专利奖（优秀发明创造者）特等奖1名、一等奖5名、二等奖10名。

2月16日 自治区知识产权局印发《关于表彰2011年度自治区知识产权宣传信息工作先进集体和先进个人的决定》（新知综字〔2012〕13号），昌吉州等5个地州市知识产权局被评为先进集体；昌吉州知识产权局郭冀生等9名同志被评为先进个人。

2月17日 自治区知识产权局印发《关于表彰2011年度全区知识产权局系统专利行政执法工作先进集体和先进个人的通报》（新知法字〔2012〕10号），伊犁州等5个地州市知识产权局被评为先进集体；伊犁州知识产权局黄河等10名同志被评为先进个人。

2月17日 自治区知识产权局转发《国家知识产权局〈关于开展专利行政执法和知识产权援助举报投诉绩效考核评价工作的通知〉的通知》（新知法字〔2012〕11号）。

2月20日 自治区知识产权战略实施领导小组办公室印发《2012年新疆维吾尔自治区知识产权战略推进计划》（新知战办〔2012〕4号）。

△经过自治区知识产权局推荐和中国知识产权研究会第六届理事会选举，自治区知识产权局局长马庆云被选为中国知识产权研究会第六届理事会常务理事。

2月21日 自治区知识产权局印发《关于表彰2011年度自治区知识产权局系统先进单位和先进个人的决定》（新知管字〔2012〕7号），巴州等6个地州市知识产权局被评为先进单位；乌鲁木齐市知识产权局史苏波等15名同志被评为先进个人。

△自治区知识产权局印发《关于表彰2011年度自治区专利申请工作先进单位的通报》（新知管字〔2012〕8号），对获得2011年度自治区专利申请工作先进单位的喀什等8个地州市知识产权局进行通报表彰。

△自治区知识产权局印发《关于表彰2011年度自治区专利代理申请工作先进单位的通报》（新知管字〔2012〕9号），北京中恒高博知识产权代理有限公司乌鲁木齐办事处被评为先进单位，受到通报表彰。

2月22日上午 自治区人民政府在乌鲁木齐市召开"自治区知识产权工作会议"，总结2011年以来的自治区知识产权工作，表彰奖励知识产权工作先进单位和先进个人，安排部署下一阶段的工作。国家知识产权局党组成员、纪检组组长肖兴威，自治区人大常委会副主任杜秦瑞，自治区副主席靳诺，自治区政协副主席约尔古丽·加帕尔，自治区人民政府副秘书长刘华等领导出席会议。自治区知识产权战略实施领导小组成员单位负责人，地州市知识产权局局长，自治区知识产权试点单位、高校、科研机构、国家级开发园区负责人等160余人参加。肖兴威、靳诺分别致辞、讲话。会后，又召开了"国家知识产权局援疆工作调研座谈会"。肖兴威、刘华等领导出席。下午，自治区知识产权局召开"全区知识产权局局长会议"，传达贯彻全国知识产权局局长会议精神，总结2011年工作，交流经验，部署2012工作任务。

3月14日 自治区知识产权局印发《新疆维吾尔自治区2012年知识产权执法维权"护航"专项行动实施方案》（新知法字〔2012〕18号）。该方案提出，在2012年3月—11月分三个阶段在全区组织开展知识产权维权"护航"专项行动。

3月20日 自治区知识产权局印发《关于组织开展全区"中小学知识产权创意大赛"暨"中小学知识产权试点工作交流会"的通知》（新知管字〔2012〕23号）。

4月1日 在自治区知识产权局举行"自治区知识产权执法维权'护航'专项行动启动仪式"，自治区知识产权局、商务厅和乌鲁木齐市知识产权局等5个单位的领导和执法人员参加。

4月19日 由自治区知识产权工作协调指导小组办公室向社会发布《2011年新疆维吾尔自治区知识产权保护状况》（白皮书）。

4月20日 自治区知识产权局、教育厅与新疆生产建设兵团知识产权局、兵团教育局联合印发《关于表彰2012年度新疆优秀大学生发明创造专利获得者的决定》（新知管字〔2012〕24号），对2012年度新疆优秀大学生发明创造专利获得者称号的古丽祖热·佐努尼等7名大学生进行了通报表彰。

4月23日 自治区知识产权局印发《关于成立吐鲁番地区专利技术成果转化综合信息服务中心的批复》（新知管字〔2012〕31号）。

△自治区知识产权局、教育厅联合印发《关于表彰中小学知识产权试点工作先进单位的决定》（新知管字〔2012〕25号），对获得2012年度中小学知识产权试点工作先进单位的乌鲁木齐市第一小学等7所中小学进行通报表彰。

4月26日 自治区知识产权局、教育厅与新疆生产建设兵团知识产权局、兵团教育局等单位在新疆大学联合举办"第八届'新疆知识产权杯'大学生知识产权知识竞赛"活动。新疆大学等8所高校代表队参赛。

4月27日 自治区知识产权局在乌鲁木齐召开"全疆中小学知识产权教育试点工作交流暨表彰会议"，15个地州市知识产权局、教育局的代表以及全区25所试点学校代表60余人参加。

△自治区知识产权局、教育厅与新疆生产建设兵团知识产权局、兵团教育局联合印发《关于第二届新疆大学生知识产权主题演讲比赛情况的通报》（新知管字〔2012〕27号），对获奖学生和优秀组织单位进行通报表彰。

△自治区知识产权局在乌鲁木齐市第一小学举办"自治区中小学知识产权创意大赛"。

5月31日 自治区知识产权局在乌鲁木齐博格达宾馆召开"知识产权合作与对口援疆工作预备会议"，15个地州市知识产权局局长和新疆生产建设兵团、石河子市相关人员近30人参加。

6月7日 国家知识产权局规划发展司印发《关于公布首批全国知识产权服务品牌机构培育单位名单的通知》（国知办规字〔2012〕57号），乌鲁木齐爱思特专利转让服务有限责任公司被列为首批全国知识产权服务品牌机构培育单位。

6月8日 自治区知识产权局、财政厅联合印发《关于下达2012年度自治区专利实施项目计划的通知》（新知管字〔2012〕33号），下达2012年度自治区专利实施计划项目65项，划拨专利实施经费1100万元。

6月25—29日 国家知识产权局在山东烟台举办"全国知识产权局局长高级研讨班"和"全国知识产权系统对口援疆工作座谈会"。自治区知识产权局局长马庆云参加。

7月2日 自治区知识产权局印发《关于2012年度自治区专利申请资助专项资金分配的通知》（新知综字〔2012〕40号），下拨2012年度自治区专利申请资助资金200万元。

7月26日 国家知识产权局、自治区人民政府在乌鲁木齐联合召开"第二次全国知识产权系统对口援疆工作会议暨国家知识产权局与新疆维吾尔自治区人民政府第三次合作会商会议"，国家知识产权局局长田力普、副局长贺化、自治区党委常委尔肯江·吐拉洪、自治区副主席靳诺、新疆生产建设兵团副司令员宋建业、自治区党委副秘书长景海燕、自治区人民政府副秘书长刘华、新疆生产建设兵团副秘书长陈宏曲等领导、19个援疆省市知识产权局局长、新疆12个受援地州和知识产权局相关负责人120多人参加会议。会议由国家知识产权局副局长贺化主持。主要议程有：自治区副主席靳诺作《第二次全国知识产权系统对口援疆工作会议暨国家知识产权局与新疆维吾尔自治区人民政府第三次合作会商会议工作报告》；国家知识产权局副局长贺化发布援疆工作方案；上海等5省市知识产权局分别与喀什等4地州行署和人民政府签订《知识产权对口支援合作协议书》；国家知识产权局局长田力普、自治区党委常委尔肯江·吐拉洪作重要讲话；国家知识产权局局长田力普、自治区副主席靳诺为"国家知识产权培训（新疆）基地"揭牌。此次会议的召开，实现了19个援疆省市与新疆12个地州市知识产权对口合作的全覆盖。

8月3日 自治区评比达标表彰工作协调小组办公室印发《关于自治区优秀发明创造和专利技术开发评选表彰活动审批意见的函》（新评办函〔2012〕22号）。该函批复：经中央批准，同意设立"自治区优秀发明创造和专利技术开发者奖"表彰项目。

8月14—15日 自治区人大常委会副主任马明成率自治区人大立法调研组在喀什地区就《促进与保护条例》（修订草案）进行立法调研。

8月10日 自治区知识产权局、财政厅联合印发《关于申报自治区2012年度资助向国外申请专利专项资金的通知》（新知综字〔2012〕52号），在全区组织开展2012年度资助向国外申请专利专项资金申报工作。

8月16日 在乌鲁木齐爱思特专利转让服务有限责任公司举行"专利实施项目申报实操解析会暨国家首批全国知识产权服务品牌机构培育单位揭牌仪式"，自治区知识产权局局长马庆云出席会议，并为国家首批"全国知识产权服务品牌机构培育单位"揭牌。

8月16—17日 自治区人大常委会副主任马明成率自治区人大立法调研组到博州就《促进与保护条例》（修订草案）进行立法调研。

8月21—22日 自治区人大常委会副主任马明成一行10人到乌鲁木齐市、昌吉州及特变电工就《促进与保护条例》（修订草案）进行立法调研。

8月22日 由国家知识产权局主办、自治区知识产权局在喀什市组织举办"2012全国知识产权摄影文化（新疆）培训班"。国家知识产权局副局长李玉光出席开班仪式并讲话。全国有10多个省、市、自治区知识产权局的30多名摄影爱好者参加了培训。

9月1—6日 商务部、新疆维吾尔自治区人民政府和新疆生产建设兵团在乌鲁木齐国际会展中心联合举办第二届"中国-亚欧博览会"，自治区知识产权局、工商行政管理局等5单位组成知识产权投诉受理组深入博览会开展联合执法活动。

9月10日 经国家知识产权局批准，特变电工新疆硅业有限公司李西良被评为2012年全国专利信息领军人才，入选全国专利信息专家库；乌鲁木齐合纵专利商标事务所汤建武、特变电工王艳辉被评为2012年全国专利信息师资人才，入选全国专利信息师资库。

9月12日 协作北京中心夏国红副主任一行4人来新疆调研。

9月28日 自治区十一届人大常委会第三十八次会议第三次全体会议审议并表决通过了《促进与保护条例》，该条例于2012年12月1日起施行。

10月9日 自治区知识产权局、中国人民银行乌鲁木齐中心支行、中国银行业监督管理委员会新疆监管局联合印发《新疆维吾尔自治区专利权质押贷款管理办法（试行）》。

10月10日 喀什、阿克苏、和田及克州等南疆4地州在喀什市共同签署《南疆四地州知识产权保护区域合作协议》，建立南疆4地州知识产权保护合作机制。

△自治区知识产权局、经信委联合印发《关于组织开展自治区规模以上工业企业消除"零专利"专项行动的意见》（新知管字〔2012〕64号）。截至2012年8月底，新疆规模以上工业企业有1738家，其中拥有专利的企业有201家，占企业总数的11.57%；共拥有专利2281件，发明专利193件，占专利总数的8.46%。

10月10日—12月10日 自治区知识产权工作协调指导小组办公室印发《关于组织开展2012年度知识产权服务业统计调查工作的通知》（新知协办字〔2012〕2号），并对自治区知识产权局等10个部门的服务业组织实施了调查统计工作。

10月29日 国家知识产权局办公室印发《关于2012年专利执法维权工作绩效考核评价结果的通报》（国知办函管字〔2012〕394号），新疆2012年专利执法维权工作绩效考核评成绩在西部12省区排第5名。

11月5日 根据国家知识产权局办公室人事司印发的《关于表扬2012年全国知识产权系统人才工作先进集体和先进个人的决定》，乌鲁木齐市等4个地州市知识产权局被评为2012年全国知识产权系统人才工作先进集体，自治区知识产权局范志刚等4人被评为2012年全国知识产权系统人才工作先进个人。

11月14日 国家知识产权局印发《关于公布第四批全国企事业知识产权试点工作合格单位名单的通知》（国知发管字〔2012〕109号），新疆金风科技股份有限公司等10家企业榜上有名。

11月15日 国家知识产权局印发《关于第十四届中国专利奖授奖的决定》（国知发管字〔2012〕111号），新疆天业（集团）有限公司和新疆天源滴灌水稻研究院的"水稻直播膜下滴灌旱作栽培方法"等4个专利项目获中国专利优秀奖；美克美家家具连锁有限公司的《组合书柜（90-0023）》专利项目中国外观设计优秀奖。截至2012年11月，新疆获中国专利优秀奖累计达到18项。

11月15—25日 由自治区知识产权局副局长多里坤·阿吾提带队，局有关处室负责人和专利代理机构人员参加，到南疆5地州进行调研。

11月16日 自治区知识产权局转发国家知识产权局《关于进一步抓紧贯彻落实专项行动工作部署的通知》（新知法字〔2010〕64号）。

11月29日 自治区人大常委会在新疆人民会堂举行《新疆维吾尔自治区专利保护与促进条例新闻发布会》，自治区人大常委会主任艾力更·伊力巴海、马明成、自治区副主席靳诺等领导出席，发布会由自治区人大常委会副主任马明主持，自治区人大办公厅主任王志军宣读发布公告，自治区知识产权局局长马庆云作条例修改说明，靳诺副主席和艾力更·伊力巴海主任分别作重要讲话，马明成副主任作总结讲话，自治区知识产权战略实施领导小组成员单位、乌鲁木齐市、高新区、经济技术开发区、试点示范单位、部分高校及昌吉州知识产权局和新闻媒体等单位250多人参加。

12月4日 自治区知识产权局在昌吉市召开"专利质押贷款座谈会"，自治区知识产权局、中国人民银行乌鲁木齐中心支行、中国银行业监督管理委员会新疆监管局、乌鲁木齐高新技术产业开发区、昌吉州知识产权局等部门领导及评估机构代表出席。

12月5日 国家知识产权局印发《关于举办2012·第六届中国专利周的通知》（国知发管字〔2012〕108号），自治区人民政府为"2012·第六届中国专利周"支持单位，自治区知识产权局局长马庆云为"2012·第六届中国专利周"组委会成员。

12月10日 国家知识产权局、公安部联合印发《关于对2012年度全国知识产权系统和公安机关知识产权执法保护先进集体和先进个人予以表扬的通知》（国知发管字〔2012〕127号），自治区知识产权局法律事务处等3个单位被评为先进集体，自治区知识产权局谭力等7人被评为2012年度全国知识产权系统知识产权执法保护先进个人；乌鲁木齐市公安局经侦支队王英豪等3人被评为先进个人。

△自治区知识产权局向国家知识产权局上报《关于协商成立新疆维吾尔自治区知识产权专家委员会的函》。该函提出，由自治区人民政府和国家知识产权局联合成立"新疆维吾尔自治区知识产权专家委员会"，并代拟了《新疆维吾尔自治区知识产权专家委员会章程（征求意见稿）》和《新疆维吾尔自治区知识产权专家委员会工作细则（征求意见稿）》。

12月 国家知识产权局印发《关于2012年全国专利代理人资格考试考务组织工作的表扬信》（国知法〔2012〕1273号）。2012年度乌鲁木齐考点的考务工作及自治区知识产权局马庆云等考务领导小组成员受到国家知识产权局的表扬。

△自治区知识产权局委派孙东方等6位同志赴韩国就政府和企业知识产权创造、运用、保护和管理方面的经验和做法进行考察。

△2012年自治区知识产权局被国家知识产权局采用政务信息6条；被"动态信息"和"要闻"采用26篇；自治区知识产权局网页面浏览次数达11.83万次。

12月31日 全年新疆专利申请受理量为7044件，首次突破7000件大关。

2013年

1月4日 自治区人力资源和社会保障厅会同知识产权局共同印发《关于评选国家知识产权战略实施工作先进集体和先进工作者工作的通知》（新人社函〔2013〕668号）。

1月5日 自治区知识产权局印发《关于表彰2012年度知识产权工作先进集体和先进个人的通报》（新知综字〔2013〕1号），阿勒泰等4地州市知识产权局被评为先进集体，阿克苏地区知识产权局局长贾新军等7人被评为先进个人。

1月6日 自治区知识产权局在乌鲁木齐举行"2012年度自治区知识产权局工作总结表彰大会"。会上，对2012年度自治区知识产权局工作进行了总结，对先进处室和个人进行了表彰，自治区知识产权局局长马庆云作2012年度工作报告。

△国家知识产权局印发《关于同意邯郸市等城市为国家知识产权试点城市的通知》（国知发管函字〔2013〕2号），巴州被列为国家知识产权试点城市。

1月11日 自治区知识产权局印发《关于落实〈援疆工作协议〉工作任务分解的通知》（新知综字〔2013〕6号）。

1月15日 新疆维吾尔自治区专利奖评审委员会成立。由自治区人民政府办公厅、科学技厅、经济和信息化委员会、人力资源和社会保障厅、财政厅、知识产权局、总工会、发明协会和科学技术协会等单位组成，自治区副主席靳诺任主任。

1月16日 由自治区环保厅牵头，自治区知识产权局等14个部门联合印发《关于转发做好知识产权和假冒伪劣商品环境无害销毁工作的通知》（新环防发〔2013〕19号）。做好此项工作的目的是防止收缴的侵犯知识产权和假冒伪劣商品再次流入市场，防止侵犯知识产权和假冒伪劣商品销毁过程的二次污染。

1月20日 按照国家知识产权局印发的《关于开展国家知识产权培训基地2012年度考核工作的通知》（国知发办字〔2012〕90号）要求，自治区知识产权局于2013年1月20日完成对国家知识产权培训（新疆）基地——新疆大学2012年度的工作考核并将考核结果上报。

1月23日 自治区知识产权战略实施领导小组办公室印发《2013年新疆维吾尔自治区知识产权战略实施推进计划》（新知战办〔2013〕1号）。

△自治区知识产权局印发《关于表彰2012年度全区知识产权局系统专利行政执法工作先进集体和先进个人的通报》（新知法字〔2013〕9号），巴州等3个地州市知识产权局被评为先进集体，巴州知识产权局玛丽娅·阿布拉等6人被评为先进个人。

△自治区知识产权局印发《关于表彰2012年度自治区知识产权宣传信息工作先进集体和先进个人的通报》（新知综字〔2013〕10号），巴州等4个地州市知识产权局被评为先进集体，巴州知识产权局杨佃民等7人被评为先进个人。

△自治区知识产权局印发《关于表彰2012年度自治区知识产权系统先进集体和先进个人的决定》（新知管字〔2013〕11号）。阿勒泰地区等4个地州市知识产权局被评为先进集体，阿克苏地区知识产权局贾新军等7人被评为先进个人。

1月25日 自治区知识产权局上报《关于新疆启动专业市场知识产权保护工作的报告》（新知法字〔2013〕15号）。

1月31日 自治区知识产权局印发《关于做好〈新疆维吾尔自治区专利促进与保护条例〉宣传贯彻落实工作的通知》（新知法字〔2013〕17号）。

2月1日 自治区知识产权局在新疆科技开发交流中心视频会议室召开"全区知识产权局局长视频会议"，全区知识产权局系统干部职工120余人分别在各地分会场参加，自治区知识产权局局长马庆云作工作报告。

2月6日 自治区知识产权局印发《自治区专利行政执法能力提升工程实施方案》（新知法字〔2013〕20号），成立自治区专利行政执法能力提升工程领导小组，在全区启动"自治区专利行政执法能力提升工程"。

2月26日 自治区知识产权局印发《2013年新疆维吾尔自治区专利事业发展战略实施方案》。

3月5日 自治区知识产权局印发《关于开展2013年知识产权宣传周活动的通知》（新知综字〔2013〕22号）和《关于举办2013年第七届中国专利周的通知》。

3月11日 以自治区科技厅副巡视员、知识产权局副局长谭力为组长的自治区知识产权战略实施绩效评价（2）组对乌鲁木齐市知识产权战略工作进行考评。

3月12—13日 由自治区知识产权局局长马庆云为组长的自治区知识产权战略绩效评价（1）组对巴州知识产权战略实施工作进行考评。

△由自治区科技厅副巡视员、知识产权局副局长谭力为组长的自治区知识产权战略实施考评（2）组对塔城地区知识产权战略实施工作进行考评。

3月14日 由自治区知识产权局局长马庆云为组长的自治区知识产权战略实施绩效评价（1）组对伊犁州知识产权战略实施工作进行考评。

△由自治区科技厅副巡视员、知识产权局副局长谭力为组长的自治区知识产权战略实施绩效评价（2）组对克拉玛依市知识产权战略实施工作进行考评。

3月19日 自治区知识产权局印发《关于同意设立中国（新疆）知识产权维权援助中心喀什分中心的批复》（新知法字〔2013〕24号）、《关于同意设立中国（新疆）知识产权维权援助中心库尔勒分中心的批复》（新知法字〔2013〕25号）、《关于同意设立中国（新疆）知识产权维权援助中心伊宁分中心的批复》（新知法字〔2013〕26号）和《关于同意设立中国（新疆）知识产权维权援助中心昌吉分中心的批复》（新知法字〔2013〕27号）。

3月22日 自治区知识产权局与建行新疆区分行举行"支持小企业发展合作协议"签约仪式。自治区人民政府副秘书长刘华、自治区知识产权局局长马庆云、建行新疆区分行党委书记、行长魏承国等领导出席。刘华副秘书长和魏承国行长分别致辞。自治区知识产权局马庆云局长和建行新疆区分行副行长杨险峰分别代表各自单位在《共同支持小企业发展合作协议》上签字。

3月27日 中国银监会新疆监管局、自治区知识产权局、工商行政管理、新闻出版（版权）局联合印发《转发中国银监会、国家知识产权局、国家工商行政管理总局、国家版权局〈关于商业银行知识产权质押贷款业务的指导意见〉》（新银监发〔2013〕25号）。

4月2日 自治区知识产权局印发《新疆维吾尔自治区2013年知识产权执法维权"护航"专项行动实施方案》（新知法字〔2013〕32号），并成立专项行动领导小组，在全区启动"2013年知识产权执法维权'护航'专项行动"。

4月15日 国家知识产权局印发《关于确定2013年重大经济科技活动知识产权评议试点单位及试点培育单位通知》（国知办函协字〔2013〕104号），自治区知识产权局被国家知识产权局确定为2013年重大经济科技活动知识产权评议试点单位。

4月16日 喀什地区举办《促进与保护条例》专题宣讲会，自治区科技厅副巡视员、知识产权局副局长谭力作宣讲报告，喀什地区及克州200余人参加。

4月16—18日 自治区知识产权局在乌鲁木齐市徕远宾馆召开"2012年度新疆专利奖评审会"，分8个专业组对申报2012年度新疆专利奖的76项目进行了论证和评审。

4月19日 自治区知识产权局等单位在新疆国家大学科技园启动"新疆发明专利倍增行动首站仪式"，有40余家科技型企业负责人及技术骨干参加。

4月23日 自治区知识产权工作协调指导小组办公室编译并向社会发布《2012年新疆维吾尔自治区知识产权保护状况》（白皮书）。

△自治区知识产权局在乌鲁木齐举办"2013年新疆知识产权宣传周企业大讲堂"，自治区企事业单位120多人参加。

4月24日 自治区知识产权局、教育厅与新疆生产建设兵团知识产权局、兵团教育局在新疆农业大学联合举办"第九届'新疆知识产权杯'大学生知识产权知识竞赛暨2013年度新疆发明创造优秀大学生颁奖仪式"，新疆大学等8所高校教职员工和大学生300余人参加。

△自治区知识产权局会同自治区工商等8部门联合发布"自治区2012年度保护知识产权十大典型案例"。

4月25日 自治区知识产权局、教育厅联合印发《关于第九届"新疆知识产权杯"大学生知识产权知识竞赛情况的通报》（新知管字〔2013〕37号）和《关于表彰2013年度新疆发明创造优秀大学生的决定》（新知管字〔2013〕38号）。

4月26日 根据国家知识产权局印发的《关于公布2012年国家知识产权培训基地年度考核结果的通知》（国知办函办字〔2013〕133号），国家知识产权培训（新疆）基地为2012年度考核合格单位。

5月2日 自治区知识产权局印发《霍尔果斯专业市场知识产权保护工作实施方案》（新知法字〔2013〕39号）。

5月9日 自治区知识产权局印发《自治区高校、科研院所发明专利倍增计划实施方案》（新知管字〔2013〕43号）。

5月13日 由国家及自治区知识产权局组成考核验收组，对乌鲁木齐高新技术产业开发区国家知识产权试点工作进行考核验收。

5月14日 自治区知识产权局印发《关于〈废止新疆维吾尔自治区管理专利工作的部门采取封存或者暂扣措施细则〉等文件的通知》（新知法字〔2013〕45号）。该通知宣布废止《新疆维吾尔自治区管理专利工作的部门采取封存或者暂扣措施细则》（新知法字〔2005〕62号）、《新疆维吾尔自治区专利行政执法规程》（新知法字〔2005〕63号）、《新疆维吾尔自治区专利保护条例释义》（新知法字〔2007〕12号）。

5月21日 吐鲁番地区知识产权局在吐鲁番市举办"中南大学技术转移中心吐鲁番分中心签约仪式"。

5月22日 自治区知识产权局印发《新疆维吾尔自治区专利行政执法人员管理办法》（新知法字〔2013〕46号）。

5月23日 自治区知识产权局印发《新疆维吾尔自治区知识产权局专利行政执法督导与检查工作制度》（新知法字〔2013〕47号）。

5月24日 自治区知识产权局在乌鲁木齐高新技术产业开发区银科大厦举办"第三届企业知识产权沙龙暨知识产权贯标启动仪式"。

△自治区知识产权局印发《关于组织地州市知识产权局执法人员跟班培训的通知》（新知法字〔2013〕49号）。

5月28日 自治区知识产权局印发《新疆维吾尔自治区商业流通领域标注专利标记商品的管理办法》（新知法字〔2013〕50号）和《新疆维吾尔自治区专利行政执法责任制考核办法》（新知法字〔2013〕52号）。

5月30日 自治区知识产权局、科技厅等单位在新疆农科院举行"发明专利倍增行动"启动仪式，新疆农科院相关单位的代表80多人参加。自治区科技厅、知识产权局等单位的领导出席。

6月4日 自治区知识产权局、财政厅联合印发《关于下达2013年度自治区专利实施项目计划的通知》（新知管字〔2013〕57号），下达2013年度自治区专利实施计划项目91项，划拨专利实施经费1500万元。

6月17—18日 国家知识产权局在北京举行"2013年重大经济科技活动知识产权评议试点工作启动会"，自治区知识产权局作为首次试点单位派代表参加。

6月18日 自治区知识产权局在霍尔果斯经济开发区举行"对外贸易专业市场知识产权试点工作启动仪式"，自治区知识产权局局长马庆云出席启动仪式并讲话。

6月24日 根据国家知识产权局印发的《关于专利执法维权工作绩效考核评价结果的通知》（国知办函管字〔2013〕218号），2011年，自治区专利执法维权工作绩效考核成绩在全国89个单位中排第16位，2012年排第9位；自治区维权援助举报投诉工作绩效考核成绩，2011年在全国89个单位中排第57位，2012年排第70位。

6月27日 根据国家知识产权局印发的"国知办发协字〔2013〕51号"文件的要求，自治区知识产权局制订并向国家知识产权局上报《配合开展国家知识产权战略实施五周年宣传活动方案》，并在全区组织开展了相关活动。

6月27—30日 国家知识产权局专利管理司副司长曹东根到新疆考察工作。

7月3—7日 由自治区知识产权局牵头，昌吉州和石河子市知识产权管理人员及企业负责人组成考察组，到福州、泉州、厦门和杭州等地考察城市知识产权试点工作。

7月11日 自治区知识产权局印发《2013年度自治区专利申请专项资金计划》(新知综字〔2013〕63号),下拨2013年度专利申请资助资金200万元。

7月12日 自治区知识产权局印发《新疆维吾尔自治区知识产权举报投诉奖励办法》(新知法字〔2013〕62号)。

7月15—17日 由国家知识产权局主办,自治区知识产权局和全国知识产权(新疆)培训基地在乌鲁木齐联合承办"新疆知识产权管理能力提升培训班",新疆地州市知识产权管理部门、企业、科研院所知识产权管理人员近90人参加。

7月22—24日 自治区知识产权局在乌鲁木齐召开"自治区知识产权宣传与政务信息工作会议",总结和部署自治区知识产权宣传与政务信息工作;交流宣传与政务信息工作经验;举办提高宣传与政务信息工作能力专题讲座。新疆地州市及县市区知识产权局负责及宣传、政务信息工作人员100多人参加。

7月22—28日 由国家知识产权局主办,中国知识产权培训中心和自治区知识产权在北京承办"新疆县市长知识产权培训班"。新疆50多名县处领导干部参加了培训。

7月29日 自治区知识产权局印发《新疆维吾尔自治区知识产权局假冒专利行为行政处罚自由裁量基准》(新知综字〔2013〕65号)和《关于行政审批事项清理结果的报告》(新知综字〔2013〕66号)。

△自治区科技厅印发"新科党组字〔2013〕14号"干部任命通知,多里坤·阿吾提任自治区科技兴新办公室副主任,免去其自治区知识产权局副局长职务;薛卫东任自治区科技兴新办公室项目管理处处长,免去其自治区知识产权局管理实施处处长职务。

8月1—2日 由自治区知识产权局局长马庆云任组长的第1调查小组到乌鲁木齐市和昌吉州对专利申请等工作进行专题调研。

8月3—5日 由自治区知识产权局副局长孙东方任组长的第3调查小组到塔城地区及托里、裕民等县市对专利申请等工作进行专题调研。

8月6日 由自治区科技厅副巡视员、知识产权局副局长谭力任组长的第2调查小组到喀什地区对专利申请等工作进行专题调研。

8月6—7日 由自治区知识产权局局长马庆云任组长的第1调查小组到伊犁州及尼勒克县、伊宁市对专利申请等工作进行专题调研。

8月6—10日 由江苏省大学主办,江苏省知识产权研究中心承办"2013年新疆企业知识产权管理贯标培训班",新疆县(市、区)和企业知识产权管理人员共62人参加了培训。

8月12日 自治区知识产权局印发《自治区专利行政执法案卷评查制度》(新知法字〔2013〕68号)。

8月13—14日 由自治区知识产权局局长马庆云任组长的第1调查组到吐鲁番地区对专利申请等工作进行专题调研。

△由自治区科技厅副巡视员、知识产权局副局长谭力任组长的第2调查组到巴州检查专利申请工作并在库尔勒经济技术开发区作专题报告。

8月14日 自治区知识产权局印发《新疆维吾尔自治区知识产权局软科学研究项目管理办法》(新知规字〔2013〕69号)。

8月23日 自治区知识产权局印发《新疆维吾尔自治区知识产权局系统专利行政执法案件督办工作制度》(新知法字〔2013〕71号)。

8月27日 根据人力资源社会保障部、国家知识产权战略实施工作部际联席会议办公室联合印发的《关于表彰国家知识产权战略实施工作先进集体和先进工作者的决定》(人社部发〔2013〕63号),新疆星塔矿业有限公司被评为国家知识产权战略实施工作先进集体;特变电工新疆硅业有限公司的李西良被评为国家知识产权战略实施工作先进工作者。

8月30日 国务院召开"全国知识产权战略实施工作电视电话会议"。国务委员王勇、国家知识产权局局长田力普出席会议并讲话。自治区知识产权战略实施领导小组成员单位处以上领导干部、地州市分管领导、企事业单位负责人在自治区及各地党委电视电话会议室收视收听。自治区党委常委、自治区常务副主席黄卫在乌鲁木齐出席电视电话视频会并作重要讲话。

9月1—7日 在"中国-亚欧博览会"期间,自治区知识产权局等单位的专利执法人员和知识产权维权志愿者深入展会,开展知识产权维权服务活动。

9月1日—10月31日 自治区知识产权局对6家专利代理机构组织开展年检工作。经国家知识产权局审查批准,新疆5家专利代理机构和1家分支机构全部通过年检达到合格。

9月4日 自治区知识产权局在乌鲁木齐召开"企业知识产权贯标工作会议暨知识产权贯标签约仪式",自治区第一批14家知识产权贯标企业及贯标辅导机构的代表共计40多人参加,自治区知识产权局局长马庆云出席会议并讲话。

9月6日 在和田召开"第二届南疆五地州知识产权保护合作交流会议",自治区科技厅副巡视员、知识产权局副局长谭力出席。

9月12日 根据中国知识产权报社印发的《关于表彰2013年度先进站的决定》(中知报记字〔2013〕4号),自治区知识产权局通讯站被评为2013年度全国先进站。

△中国知识产权报社印发《关于表扬2013年度先进站的决定》(中知报记〔2013〕5号),自治区知识产权局原副局长多里坤·阿吾提被评为2013年度优秀站长,乌鲁木齐市知识产权局张明国被评为2013年度最佳新人。

9月9—18日 国家知识产权局专利局电学发明部专利审查人员到特变电工等4家单位开展咨询服务活动。

9月17日 自治区知识产权局在乌鲁木齐甘泉堡经济技术开发区举办"新疆专利信息应用高层次人才研修班",乌鲁木齐市部分企业60多人参加。

9月18日 国家知识产权局印发《关于确定厦门等18个城市为国家知识产权示范城市的通知》(国知发管函字〔2013〕158号),昌吉州榜上有名。

9月23—28日 由国家知识产权局主办,自治区知识产权局在乌鲁木齐承办"2013年专利行政执法提高培训班",来自陕西等5省区知识产权局及法院、中介服务机构、律师协会共122人参加。

9月25日 国家知识产权局专利管理司执法管理处赵梅生处长一行到新疆调研专利执法工作并出席座谈会,西北五省区及新疆生产建设兵团知识产权局的代表近20人参加。

9月25—28日 国家知识产权局专利复审委员会在乌鲁木齐举办"新疆专利侵权判定培训班",国家知识产权局专利复审委员会常务副主任张茂于、自治区知识产权局副局长艾拉·吾买尔巴克出席开班仪式并讲话,部分省区市和新疆地州市及县(市)知识产权局、司法机关及中介服务机构的代表130余人参加。

9月26日 国家知识产权局专利复审委员会常务副主任张茂于一行4人来新疆调研工作并与自治区知识产权局人员座谈。

10月8—10日 自治区知识产权局局长马庆云一行到国投新疆罗布泊钾盐有限责任公司实地考察2012年度新疆专利奖申报项目。

△自治区知识产权局副局长艾拉·吾买尔巴克一行到阿克苏地区实地考察2012年度新疆专利奖申报项目。

10月9—11日 自治区知识产权局副局长孙东方一行到塔城地区和克拉玛依市实地考察2012年度新疆专利奖申报项目。

10月10日 自治区科技厅副巡视员、知识产权局副局长谭力一行到巴州实地考察2012年度新疆专利奖申报项目。

10月11日 国家知识产权局办公室印发的《关于表扬全国知识产权系统人才工作先进集体和先进个人的通知》(国知办发人字〔2013〕62号),自治区知识产权局等3个单位被评为先进集体;哈密地区知识产权局的狄英等4人被评为先进个人。

10月20日 乌鲁木齐专利代办处制订《2013年新疆专利电子申请提升活动方案》，提出2013年新疆专利电子申请目标：代理机构的专利电子申请率达到98%，全区专利电子申请率达到85%。

10月21日 自治区知识产权局印发《关于转发国家知识产权局〈关于举办2013年第七届中国专利周活动的通知〉的通知》。

△在昌吉园林宾馆举办自治区"企业知识产权管理规范培训班"，全区企业代表近100人参加，自治区知识产权局局长马庆云出席开班仪式并讲话。

10月28日 由国家知识产权局主办、自治区知识产权局在乌鲁木齐承办"东中西部知识产权对口援疆研讨班"，10个对口援疆省市及新疆部分地州市知识产权局50人参加，国家知识产权专利管理司副司长雷筱云出席研讨班并致辞。

10月29日 国家知识产权局印发《关于第十五届中国专利奖授奖决定》（国知发管字〔2013〕74号），新疆申报的"一种风力发电机"等6件专利获2013年中国专利奖优秀奖，自治区知识产权局获得2013年度优秀组织奖。截至2013年10月，新疆获中国专利优秀奖累计达到24项。

10月31日 自治区副主席田文到自治区知识产权局调研指导工作。自治区人民政府副秘书长刘华、科技厅厅长张小雷陪同，自治区知识产权局局长马庆云就近年来知识产权工作作专题汇报。

11月2—3日 自治区知识产权局在新疆科技干部培训中心组织举办"2013年全国专利代理人资格（乌鲁木齐考点）考试"活动。新疆有14人考试成绩达到和超过分数线，并获得全国专利代理人资格证，成绩为历年最好。

11月5日 在乌鲁木齐召开"2013年新疆专利奖综合评审会"。有27个申报项目通过综合评审。

11月15日上午 昌吉州人民政府在昌吉市举行"国家知识产权示范城市工作会谈"，国家知识产权局党组成员、纪检组长肖兴威，国家知识产权局专利管理司司长马维野，自治区知识产权局局长马庆云、副局长孙东方，昌吉州4大班子等领导参加。下午，在昌吉州政务中心多功能厅举行"昌吉州高标准建设国家知识产权示范城市推进会及知识产权专题报告会"。会上，国家知识产权局专利管理司司长马维野宣读《国家知识产权局关于昌吉州获评国家知识产权示范城市的通知》；国家知识产权局党组成员、纪检组长肖兴威向昌吉州党委书记李建国授"国家知识产权示范城市"牌匾并讲话。授牌仪式后，马维野作专题报告。

△国家知识产权局党组成员、纪检组长肖兴威一行到新疆检查《2013年新疆维吾尔自治区专利事业发展战略推进计划》工作进展情况。11月15日下午，在乌鲁木齐博格达宾馆参加由自治区知识产权局召开的"落实专利事业发展战略推进计划汇报会"，听取自治区知识产权局局长马庆云的专题汇报。

11月18日 国家知识产权局专利局乌鲁木齐专利代办处在新疆农业大学举办"专利电子申请进校园"活动。

11月18—20日 国家知识产权局保护协调司区域战略处副处长张建军一行4人来新疆调研自治区知识产权战略实施情况。

11月20日 自治区评比达标表彰工作协调小组办公室印发《关于变更项目名称的初审意见》（新评办审〔2013〕13号），同意将"自治区优秀发明创造和专利技术开发者评选表彰"项目名称变更为"新疆专利奖"，表彰内容、年限不变。

11月21日 国家知识产权局印发《关于确立第一批国家级知识产权示范企业和优秀企业的通知》（国知发管函字〔2013〕181号），特变电工等3家企业被评为第一批国家级知识产权示范企业；新疆独山子天利高新技术股份有限公司等18家企业被评为第一批国家级知识产权优秀企业。

11月22日 根据自治区科技厅印发的"新科党组字〔2013〕16号"干部任命通知，艾拉·吾买尔巴克同志任自治区知识产权局副局长；成功同志任自治区知识产权局管理实施处处长。

11月25—26日 自治区知识产权局在克拉玛依市举办"2013年第四届新疆企业知识产权沙龙"，自治区知识产权局局长马庆云等领导出席，新疆企业知识产权沙龙会员单位20名代表参加。

12月18日 经国家知识产权局批准，自治区知识产权局承担国家软科学研究项目——《中亚五国和俄罗斯专利保护环境及合作对策研究》。

12月27日 自治区知识产权局印发《关于全面执行〈国家知识产权局专利局乌鲁木齐代办处规章制度〉的批复》（新知综字〔2013〕95号）。

12月31日 2013年新疆专利申请受理量为8224件，首次突破8000件，累计达到10579件，首次突破万件大关。

是年 自治区知识产权局完成对"马产业关键技术"和"自治区高层次紧缺人才引进工程"立项并开展知识产权评议工作。

9月至年底 在国家知识产权局自动化部的指导帮助下，对新疆专利信息中心专利数据库系统进行了升级。

2014年

1月2日 自治区知识产权局印发《关于表彰2013年度局系统先进集体和先进个人的通报》（新知综字〔2014〕1号）。

1月5日 国家知识产权局专利管理司印发《关于报送知识产权合作会商工作总结的函》。该函指出，2013年年底，国家知识产权局与新疆维吾尔自治区人民政府的"局区"会商制度执行终止。

1月6日 中共中央政治局委员、自治区党委书记张春贤在自治区科技创新大会讲话中对近年来新疆知识产权工作取得的成绩给予了充分肯定。

1月13日 自治区知识产权局印发《关于表彰2013年度知识产权宣传信息工作先进集体和先进个人的通报》（新知综字〔2014〕3号），昌吉州等6个知识产权局被评为先进集体，博州知识产权局游丽蓉等9人被评为先进个人。

1月14日 自治区知识产权局印发《关于表彰2013年度自治区知识产权工作先进集体和先进个人的通报》（新知管字〔2014〕4号），昌吉州等6个知识产权局被评为先进集体，塔城地区知识产权局王卫锋等15人被评为先进个人。

1月15日 自治区知识产权局印发《关于表彰2013年度专利行政执法工作先进集体和先进个人的通报》（新知法字〔2014〕6号），乌鲁木齐市等6个知识产权局被评为先进集体，乌鲁木齐市知识产权局史苏波等9人被评为先进个人。

1月16日 自治区知识产权局印发《关于地州专利行政执法工作绩效考核结果的通报》（新知法字〔2014〕5号）。

1月20日 自治区知识产权局印发《关于给有关地州知识产权局配置专利行政执法设备箱的通知》（新知法字〔2014〕7号），给乌鲁木齐7个地州市知识产权局配置专利行政执法设备箱。

1月21—22日 自治区知识产权局在自治区科技厅南山培训基地召开"2014年全区知识产权局局长座谈会"，15个地州市知识产权局局长参加。会上，对2013年工作进行了总结，对2014年工作进行了部署。

1月26日 中国人民银行乌鲁木齐中心支行、自治区科技厅、中国银行业监督管理委员会新疆监管局、中国证券监督管理委员会新疆监管局、中国保险监管委员会新疆监管局、自治区知识产权局联合转发《关于大力推进体制机制创新扎实做好科技金融服务的意见》（银发〔2014〕9号）。

1月27日 由国家和自治区知识产权局组成验收评定组对乌鲁木齐经济技术开发区（头屯河区）国家知识产权试点园区工作进行了考核验收。

1月28日 自治区科技厅印发"新科党组字〔2014〕2号"通知，任命国家知识产权局挂职干部张华山为国家知识产权局专利局乌鲁木齐代办处副主任（时间1年）。

△自治区科技厅党组印发"新科党组字〔2014〕1号"通知，夏黎同志试用期满，经厅党组研究，任正处级领导职务。

△自治区知识产权局印发《新疆维吾尔自治区2014年知识产权系统执法维权"护航"专利行动工作方

案》（新知法字〔2014〕9号）。

2月18日 自治区知识产权局印发《2014年自治区知识产权宣传工作要点》（新知综字〔2014〕11号）。

△国家知识产权局办公室印发《关于公布第二批全国知识产权服务品牌机构培育单位名单的通知》（国知办函规字〔2014〕181号），乌鲁木齐合纵专利商标事务所被列为第二批全国知识产权服务品牌机构培育单位。

2月20日 自治区知识产权局印发《中国（新疆）知识产权维权援助中心管理办法（暂行）》（新知法字〔2014〕12号）。

2月26日 自治区知识产权战略实施领导小组办公室印发《2014年新疆维吾尔自治区知识产权战略实施推进计划》（新知办〔2014〕1号）。

2月28日 自治区科技厅副巡视员、知识产权局副局长谭力在公安厅作"知识产权与创新发展"专题报告，公安厅机关等单位124人参加。

3月4日 自治区知识产权局印发《关于下达2014年自治区各地州市专利申请任务指标的通知》（新知管字〔2014〕13号）。

3月4—6日 自治区知识产权局在乌鲁木齐市举办"全区专利行政执法实务研讨与案例分析会"，新疆15个地州市知识产权局专利执法人员共计50多人参加。

3月11日 全国评比达标表彰工作协调小组印发《关于新疆维吾尔自治区申报项目的复函》（国评组函〔2014〕32号），同意将"新疆维吾尔自治区优秀发明创造和专利技术开发者评选表彰项目"变更为"新疆维吾尔自治区专利奖"（简称"新疆专利奖"）。

3月25日 自治区知识产权局印发《关于对2014年专利代理人年检调整相关事项的通知》。

3月31日 自治区人民政府办公厅印发《关于表彰2012年度新疆维吾尔自治区专利奖获奖项目的通报》（新政办发〔2014〕39号）。

△自治区知识产权局印发《关于开展2014年知识产权宣传周活动的通知》（新知综字〔2014〕20号）。对宣传周活动的时间、指导思想、活动主题、宣传重点和要求提出了明确要求。

4月10日 在北京召开的"2014年度全国专利代办工作会议"上，国家知识产权局专利局乌鲁木齐专利代办处的制度建设和电子申请工作受到表扬。

4月17日 自治区知识产权局、教育厅联合印发《关于表彰新疆发明创造优秀大学生的决定》（新知管字〔2014〕24号），对获得2013年度新疆发明创造优秀大学生的18名同学予以通报表彰。

4月18日 自治区知识产权局印发《新疆维吾尔自治区加强专业市场知识产权保护工作的意见》（新知法字〔2014〕27号）。

4月19—26日 全区知识产权局系统在全区组织开展了以"保护·运用·发展"为主题的"2014年知识产权宣传周活动"。

4月23日 自治区、石河子市知识产权局在石河子市举办"专利行政执法联动机制启动仪式"。启动仪式后，双方联合开展了专利执法活动。

4月24日 自治区知识产权局会同工商等9部门，向社会发布《2013年新疆维吾尔自治区知识产权保护状况》（白皮书）和《2013年度自治区知识产权十大典型案例》。

4月25日 自治区知识产权局在华凌市场举行"知识产权保护规范化培育工作启动仪式"，自治区、乌鲁木齐市知识产权局领导及华凌集团负责人出席。

△自治区知识产权局、教育厅与新疆生产建设兵团知识产权局、兵团教育局在新疆大学联合举办"'新疆知识产权杯'大学生知识产权主题演讲比赛暨新疆发明创造优秀大学生颁奖仪式"，新疆大学等9所大学代表队参赛，有关单位代表和大学生350余人参加。

△自治区科技厅副巡视员、知识产权局副局长谭力在新疆大学作知识产权专题讲座，新疆大学师生近100人参加。

4月27—29日 自治区知识产权局在乌鲁木齐市召开"专利申请资助工作会",15个地州市知识产权局领导、专利申请资助部门负责人及项目专管员参加。

4月30日 国家知识产权局专利局乌鲁木齐代办处受理的专利申请文件实现"零纸件"。

5月4日 自治区知识产权局印发《自治区知识产权局基层调研工作管理办法》(新知综字〔2014〕26号)。

5月14日 自治区副主席田文一行到国家知识产权局拜会局长申长雨,双方就从促进新疆知识产权事业发展、知识产权对口援疆工作等事项进行了交换了意见,自治区人民政府副秘书长刘华、科技厅厅长张小雷和知识产权局局长马庆云陪同参加。

△根据国家知识产权局办公室印发的《关于公布2013年国家知识产权培训基地总结考核结果的通知》(国知办函人字〔2014〕169号),国家知识产权培训(新疆)基地——新疆大学为2013年国家知识产权培训基地年度考核合格单位。

5月15日 自治区知识产权局与协作北京中心签订《2014—2016年度合作框架性协议》。

5月16日 国家知识产权局发布《2013年度各省(区、市)试点城市考核结果》,乌鲁木齐、克拉玛依、巴州和石河子市在试点城市考核成绩为优秀;吐鲁番、哈密、奎屯和库尔勒4个市的试点城市考核成绩为合格。

△国家知识产权局发布《2013年度各省区市知识产权局试点示范城市工作考核结果》,新疆维吾尔自治区知识产权局榜上有名。同日,国家知识产权局发布《2013年度国家知识产权示范城市工作考核结果》,昌吉州榜上有名。

5月22—23日 由自治区知识产权局局长马庆云带队,吐鲁番地区知识产权局有关人员参加,赴湖南省知识产权局就2014年对口援吐合作事项进行接洽。

5月27日 自治区知识产权局向自治区人民政府呈报《关于代为呈请自治区人民政府出台〈关于开展重大经济科技活动知识产权评议工作的意见〉的请示》(新知规字〔2014〕33号)。

6月5日 国家知识产权局公布2013年度专利执法维权工作绩效考核结果,新疆维吾尔自治区知识产权局专利执法工作在全国排名第5位。

6月9—12日 由自治区知识产权局副局长孙东方任组长的自治区知识产权战略实施考评(2)组到和田考评该地区知识产权战略实施工作。

6月11日 自治区知识产权局局长马庆云在富蕴县作专题报告,该县4套班子领导及科技型企业代表共200余人参加。

6月12日 由自治区知识产权局局长马庆云任组长的自治区知识产权战略实施考评(1)组到阿勒泰考评该地区知识产权战略实施工作。

6月16—17日 由自治区知识产权局副局长艾拉·吾买巴克任组长的自治区知识产权战略实施考评(3)组到哈密考评该地区知识产权战略实施工作。

6月17—18日 由自治区知识产权局局长马庆云任组长的自治区知识产权战略实施考评(1)组到喀什考评该地区知识产权战略实施工作。

6月18—19日 由自治区知识产权局副局长孙东方任组长的自治区知识产权战略实施考评(2)组到塔城考评该地区知识产权战略实施工作。

6月19—20日 由自治区知识产权局副局长艾拉·吾买巴克任组长的自治区知识产权战略实施考评(3)组到博州考评该州知识产权战略实施工作。

7月1—3日 国家知识产权局在北京举办"全国知识产权系统征文暨演讲比赛决赛",自治区知识产权局获得征文和演讲比赛三等奖。

7月9日 在克拉玛依市举行自治区首个"知识产权帮扶工作站"揭牌仪式。自治区科技厅副巡视员、知识产权局副局长谭力出席并揭牌。

△在昌吉市举行"昌吉回族自治州专利巡回审理庭揭牌仪式"。自治区科技厅副巡视员、知识产权局副局

长谭力出席并揭牌。

7月10日 向国家知识产权局上报《关于落实国家知识产权局〈关于加强知识产权人才体系的建设意见〉的落实情况的自查报告》。

7月11日 自治区知识产权局、财政厅联合印发《关于下达2014年自治区专利实施项目计划的通知》(新知管字〔2014〕36号),下达2014年度自治区专利实施计划项目152项,划拨专利实施经费2000万元。

7月20日 自治区、昌吉州知识产权局在昌吉市大型超市、药店开展为期一周的联合执法检查活动。

7月21日 协作北京中心在北京举办"2014年新疆知识产权培训班开班仪式"。为期3个月,为新疆培训专业人员22人。

7月31日 伊犁州人民政府、江苏省知识产权局在伊犁师范学院联合举行"伊犁哈萨克自治州知识产权培训基地揭牌仪式";在伊宁市签订《2014—2016年江苏省对口支援伊犁州知识产权工作计划》。

8月1日 中国知识产权研究会、中华全国专利代理人协会、中华商标协会和《中国知识产权》杂志社联合印发《关于公布首批"全国知识产权服务品牌机构"名单的通告》,乌鲁木齐爱思特专利转让服务有限责任公司榜上有名。该公司是专业从事专利开发、专利技术咨询、转让及推广,专利技术成果及产品推广的以专利技术为主的社会商务服务性机构。

8月8日 国家知识产权局印发《关于表扬2013年度国家知识产权试点示范城市工作先进集体和先进个人的通知》(国知办函管字〔2014〕324号),乌鲁木齐市被评为(地级)工作先进集体;石河子市被评为(县级)工作先进集体,乌鲁木齐市知识产权局邢倩等2人被评为先进个人。乌鲁木齐市等3个地州市被评为(地级)优秀知识产权示范城市,吐鲁番市等4个市被评为(县级)优秀知识产权示范城市。

△自治区知识产权局、财政厅联合印发《关于下达2014年自治区专利申请资助专项资金计划的通知》(新知综字〔2014〕36号),下拨2014年度专利申请资助专项资金200万元。

8月13—14日 中国知识产权报社在南宁市召开"2014年度全国通联工作会议",新疆维吾尔自治区知识产权局通联站被评为2014年度全国优秀通联站,艾拉·吾买尔巴克被评为优秀站长,受到会议表彰。

8月14日 国家知识产权局、自治区人民政府在乌鲁木齐市举行新一轮合作会商。国家知识产权局专利管理司副司长雷筱云、自治区科技厅副厅长杨晓伟、自治区知识产权局局长马庆云等领导出席。会议就国家知识产权局、自治区人民政府新一轮合作和援疆工作进行了研究。

8月26日 自治区知识产权局在特变电工召开"企业知识产权管理规范启动会",自治区知识产权局局长马庆云出席并讲话。

8月28日 自治区、巴州知识产权局等单位在尉犁县、焉耆县商场开展联合执法活动。

9月1—6日 在乌鲁木齐新疆国际会展中心举办"中国-亚欧博览会",自治区知识产权局、工商行政管理局等部门在会展中心设立知识产权维权工作站,组建知识产权举报投诉工作组,开展知识产权纠纷案件投诉、举报的受理、协调和处理等执法活动。

9月15日 湖南郴州市知识产权局局长陈善俊一行6人到鄯善县调研,商谈筹建技术转移平台事宜。

△自治区知识产权局批准在新特能源股份有限公司建立知识产权培训基地。至此,自治区设立的知识产权培训基地累计达到5个。

9月16日 自治区知识产权局印发《关于举办2014年第八届中国专利周的通知》,对全区专利周活动进行安排部署。

9月18日 国家知识产权局保护协调司副司长武晓明一行到乌鲁木齐市华凌综合市场调研。

9月25—26日 自治区知识产权局在乌鲁木齐召开"知识产权(专利)专业技术职务任职资格评审条件研讨会",15个地州市知识产权局领导、试点示范单位及专利代理机构负责人参加。

10月21日 武汉市知识产权局纪检组长黄本忠一行5人到博乐市调研,双方就武汉市与博乐市开展知识产权对口援博事项进行座谈。

10月27日　浙江省知识产权局在阿克苏举办"2014年知识产权对口援疆培训班"，阿克苏地区255人参加。

10月31日—11月3日　自治区知识产权局在乌鲁木齐市举办"2014年自治区企业知识产权贯标培训班"，地州市知识产权局管理人员、试点示范单位知识产权管理人员200人参加。

11月1—2日　在新疆医科大学举行"2014年度全国专利代理人资格（乌鲁木齐考点）考试活动"。

11月4日　克拉玛依市召开"2014年克拉玛依市企业知识产权贯标工作启动会"，自治区知识产权局局长马庆云出席并讲话。

11月6日　国家知识产权局印发《关于第十六届中国专利奖授奖的决定》（国知发管字〔2014〕63号），新疆申报的"一种并网逆变器及其交流输出滤波方法"等3件专利获第十六届中国专利优秀奖。截至2014年11月，新疆获中国专利优秀奖累计达到27项。

11月13日　国家知识产权局人事司印发《关于表扬2014年全国知识产权系统人才工作先进集体和先进个人的通知》（国知办函人字）〔2014〕452号），自治区知识产权局等4个单位被评为先进集体；和田地区知识产权局阿不都拉·阿不都热合曼等4人被评为先进个人。

11月14日　自治区知识产权局印发《关于2014年专利行政执法案卷评查情况的通报》（新知法字〔2014〕44号）。

△自治区知识产权局印发《关于成立自治区知识产权局软件正版化工作领导小组的通知》（新知综字〔2014〕47号），成立软件正版化工作领导小组，积极做好软件正版化工作。

△自治区知识产权局印发《自治区知识产权局软件管理制度》（新知综字〔2014〕47号）。

11月19日　自治区发明协会组团参加在江苏昆山举行的"第八届国际发明展览会"，新疆参展企业20家，参展项目18个，获得金奖5项、银奖4项、铜奖2项、优秀展团奖1个、吉必盛优秀专项奖3项。

11月24日　按照国家知识产权局办公室印发的《关于迅速组织学习贯彻国务院常务会议精神的通知》（国知办函字〔2014〕463号）要求，自治区知识产权局向国家知识产权局上报《关于学习贯彻落实国务院常务会议精神的汇报》，提出了10项贯彻落实措施。

11月28日　根据自治区科技厅党组印发的"新科党组字〔2014〕30号"干部任免通知，免去张华山同志新疆知识产权维权援助中心（国家知识产权局专利局乌鲁木齐专利代办处）副主任职务；曾宇昕同志任新疆知识产权维权援助中心（国家知识产权局专利局乌鲁木齐专利代办处）副主任，时间1年。

11月30日　自治区知识产权局首次编发《新疆维吾尔自治区知识产权局（2013）年度报告》。

12月16日　自治区知识产权局印发《关于建立首批专利代办业务联系人制度的通知》（新知综字〔2014〕52号），确定首批专利代办业务联系单位112家。

12月17日　自治区知识产权局印发《关于开展2014年度专利行政执法绩效考核评价工作的通知》（新知法字〔2014〕51号）。

12月18日　在北京召开"全国知识产权系统援疆专家研讨会"，国家知识产权局专利管理司、对口援疆省（市）、自治区及新疆生产建设兵团知识产权局负责人和有关专家参加。会议就国家知识产权局与自治区人民政府和新疆生产建设兵团第二轮合作会商有关内容进行了研讨。

△国家知识产权局印发《2014年取消专利代理机构年检，实行年检报告公示制度的通知》。

12月22日　自治区科技厅副厅长高旺盛一行到自治区知识产权局调研。

12月24日　自治区科技厅副巡视员、知识产权局副局长谭力在博乐市出席"博尔塔拉蒙古自治州专利巡回审理庭揭牌仪式"并揭牌。

△自治区科技厅党组书记、副厅长热依汗·玉素甫一行到知识产权局调研。

12月30日　自治区知识产权局印发《关于表彰2014年度局系统先进个人的通报》（新知综字〔2014〕54号）。

12月31日　自治区知识产权局召开"2014年度工作总结暨表彰大会"。会上，总结了2014年的工作，表彰了先进，提出了下一年的工作思路和工作重点。

是年　新疆三种专利申请受理量首次突破万件大关，达到10210件；新疆专利授权量再上新台阶，当年达到5238件。

—— 工作篇 ——

第四章　知识产权战略

世界竞争的核心是知识产权的竞争。20世纪90年代特别是进入21世纪以来，随着知识经济的兴起和经济全球化进程的加快，知识产权的重要性得到了历史性的提升，已经成为国家获取科技和经济竞争优势的重要手段，构成国家竞争力的核心要素，成为国家增强经济实力、科技实力和核心竞争力、维护国家利益和经济安全的重要战略资源。为了保持和提升本国的核心竞争力，世界各主要国家纷纷制定和实施国家知识产权战略。

随着我国改革开放的不断深入和经济发展面临的经济结构调整，增长方式的转变，迫切需要我们把包括科技、文化在内的知识资源作为我国经济社会发展的基础性、战略性资源。因此，在加大对科技和文化投入、促进知识资源开发与利用的同时，制定和实施知识产权战略，健全和完善知识产权制度，提升知识产权创造、运用、保护、管理能力和水平，为智力成果的创造与运用提供持续的动力机制和有力的制度支撑，进而推动经济社会的全面协调可持续发展，这已经成为关系我国及各地发展全局的历史性选择。

第一节　知识产权战略制定与实施

知识产权战略按照权利主体不同可以划分为国家知识产权战略、区域知识产权战略、行业（产业）知识产权战略及企业（事业单位）知识产权战略四个层次。第一个层次的国家知识产权战略，是指从整个国家的宏观层面来考量，根据其经济发展模式、人才培养、研发体系等领域进行筹划而制定的知识产权战略。第二个层次的区域知识产权战略，是指根据不同地区在科技进步和经济发展以及知识产权资源方面存在的差异，结合不同区域的实际情况和不同的侧重点而制定的知识产权战略。第三个层次的行业知识产权战略，即站在社会中介的角度，担当沟通政府与企业的桥梁角色，以国家、区域知识产权战略为导向，以服务企业为宗旨，以解决行业面临的共同知识产权纠纷为目标，借助行会组织的力量，实现联合维权，维护行业整体利益而制定的知识产权战略。第四个层次的企业（事业单位）知识产权战略，是指企业为了获取与保持市场竞争优势，对知识产权进行确权、保护与运用，以谋取最佳经济效益而制定的知识产权策略和手段。新疆维吾尔自治区知识产权战略（简称自治区知识产权战略）为区域知识产权战略，在战略中属于第二个层次。

一、自治区知识产权战略制定工作

（一）自治区知识产权战略制定的历史背景

从国际背景看。自20世纪80年代以来，许多发达国家都把知识产权提升到国家战略层面，依托其自身科技和经济优势建立起经济领域知识产权防护网络，制定实施知识产权战略，依靠知识产权在科技、经济领域夺取和保持国际竞争优势。美国是世界上最早建立知识产权法律和制度的国家之一。美国在建国之初就把保护知识产权作为其基本国策之一，从20世纪的80年代开始实行知识产权发展战略。根据国家利益和美国企业的竞争需要，其率先把专利战略为主的知识产权战略作为国家重要的发展战略，以知识产权为手段建立对全球经济的快速反应机制，使美国经济保持持续增长的势头，经济一直保持世界第一的地位。2003年，日本成立了由首相亲自挂帅的"知识产权战略会议"，内阁专门设立"知识产权战略保护部"，制定出台了日本"知识产权大纲"，提出了知识产权立国，在知识产权的创造、保护、应用及人才培养四个领域推进相应战略。韩国是一个依托知识产权由贫穷落后的发展中国家迅速崛起的典型。韩国十分重视自己的知识产权在国外获得保护，其在发达国家申请专利的数量远远高于中国。目前，随着中国成为韩国最大的贸易伙伴，韩国企业投诉中国企业侵犯其知识产权的案件正在增加。可以预计，涉外知识产权纠纷的压力不仅来自发达国家，也将会来自像韩国这样发展较快的发展中国家。欧盟国家作为知识产权制度的诞生地，又是当今世界上最大的发达国家群体，知识产权法律"一体化"进程已经基本完成。欧盟国家对知识产权保护十分重视，其知识产权法律和制度以及相配套法律和制度都较为完善。在知识产权保护的某些方面，欧盟的立场甚至比美国更为严格。

从国内背景看。2001年12月11日，中国正式加入了世界贸易组织（简称"世贸组织"），这是中国的一项国家战略决策。

为适应国际国内形势发展的需要，胡锦涛同志在党的十七大报告中号召全党"实施知识产权战略"。温家宝同志指出："必须把知识产权战略作为国家发展的重要战略"。国家知识产权局于2004年8月30日向国务院正式呈报了《关于制定和实施国家知识产权战略的请示》，得到了国务院的批准。2005年1月，国务院办公厅发文成立了由吴仪副总理任组长，国务院23个部门的主要负责人为成员的国家知识产权战略制定工作领导小组，正式启动国家知识产权战略制定工作。经过国务院20多个部门和单位及有关专家学者两年半的不懈努力，2008年6月，国务院发布《国家知识产权战略纲要》。

《国家知识产权战略纲要》的制定和发布为全国各地知识产权战略的制定指明了方向，奠定了基础，创造了条件。与此同时，全国各省、市、自治区相继制定了本区域知识产权战略。新疆维吾尔自治区在2007年也启动了知识产权战略制定工作。

（二）自治区知识产权战略制定的意义

新疆是我国西北的战略屏障和战略资源的重要基地，也是我国对外开放的重要门户，在全国经济社会发展中具有十分重要的地位。新疆的发展面临前所未有的机遇和严峻的挑战。一是随着我国加入世贸组织，新疆的经济融入国际经济大家庭，来自全球的竞争日益激烈，最直接的压力来自于发达国家和我国其他省市在知识产权领域的竞争。二是国际贸易的主要形式和竞争手段已经由原来的货物贸易、服务贸易逐步提升为知识产权贸易，建立和完善知识产权法律制度，提升知识产权创造、运用、保护、管理能力，建立起与新疆优势产业相适应的知识产权优势，是新疆适应国际市场竞争形势的需要。三是制定和实施新疆维吾尔自治区知识产权战略是国内外形势不断发展的迫切需要，对于增强新疆自主创新能力，推动优势资源转换和大企业、大集团战略实施，促进产业结构优化升级和发展方式转变，强化重点产业核心竞争力，加快新疆经济社会发展步伐，建立激励技术创新的知识产权制度和机制，进一步提升自治区知识产权创造、保护、运用和管理能力和水平，促进创新型新疆建设和跨越式发展，实现全面建设小康社会的目标都具有十分重要的意义。

（三）自治区知识产权战略制定的指导思想

坚持以邓小平理论和"三个代表"重要思想为指导，深入贯彻落实科学发展观，按照激励创造、有效运用、依法保护、科学管理的方针，着力建立健全知识产权体系，完善知识产权制度和机制，积极营造良好的知识产权法治环境、市场环境、文化环境，大幅度提升自治区知识产权创造、运用、保护和管理能力，为促进经济结构调整和发展方式转变，加快创新型新疆建设步伐，实现全面建设小康社会目标提供强有力支撑。

（四）自治区知识产权战略制定的目标

自治区知识产权战略研究制定工作，以加强政府部门宏观指导，健全知识产权工作体制、体系，完善知识产权法律、法规、政策、制度和机制，提高全社会科技创新、知识产权创造、运用、保护和管理能力，促进优势产业的发展，大幅度提高自主知识产权数量和质量，提升创新主体和市场主体核心竞争力，加快创新型新疆建设步伐，实现产业结构调整、发展方式转变和经济跨越式发展，为自治区全面实现小康社会提供有力支撑为目标。

（五）自治区知识产权战略制定的基本原则

自治区知识产权战略制定的基本原则有七项：一是政府主导，部门分工负责；二是统筹兼顾，突出重点；三是立足区情，创新为本；四是把握系统性，衔接配套；五是广泛调查，认真分析，科学研究；六是坚持纲要制定与专题研究相结合；七是广泛征求社会各界意见，积极做好专家评审。

（六）自治区知识产权战略的规划期

自治区知识产权战略的规划期是2011—2020年。

（七）自治区知识产权战略的主要内容

1.自治区知识产权战略的架构

自治区知识产权战略由《战略纲要》及13个专题（即"新疆科技创新中的知识产权问题研究""新疆针对中亚、西亚、南亚对外贸易中的知识产权问题研究""新疆培育自主知识产权（财税）优惠扶持政策研究""新疆知识产权人才队伍建设和宣传普及问题研究""新疆知识产权法制建设问题研究""新疆专利战略研究""新疆商标战略研究""新疆版权战略研究""新疆传统知识和民间文艺的保护及利用研究""新疆企业知识产权战略研究""新疆标准中的知识产权问题研究""新疆石油化工领域知识产权战略研究"和"新疆农业知识产权战略专题研究"专题）组成。

2.《战略纲要》的基本内容

《战略纲要》由序言、指导思想、基本原则和目标、战略重点、专项任务和保障措施五个部分组成。在客观分析新疆知识产权工作现状和预测未来发展的基础上，科学地设定了远期、近期发展目标，提出了确保实现这些目标的战略重点、专项任务和保障措施，具有较强的针对性和可操作性，并且力争通过战略实施实现三个突破：一是在知识产权创造和运用上有所突破；二是在知识产权管理与保护机制上有所突破；三是在知识产权交流与服务平台建设上有所突破。

3.《战略纲要》提出的目标

《战略纲要》提出的战略目标为：到2020年，新疆要实现从知识产权意识、人才队伍、法制环境、知识产权拥有量和质量全面提高和加强，管理与服务体系更加健全，市场主体知识产权综合能力增强。同时，《战略纲要》还围绕知识产权的创造、运用、保护与管理四个方面，提出了近5年的具体发展指标。

4.《战略纲要》提出的任务

《战略纲要》提出了四个方面的战略重点任务：一是建立健全技术创新激励机制，大力提升知识产权创造能力；二是不断创新管理，有效促进知识产权转化运用；三是依法打击各类侵权行为，努力营造知识产权保护环境；四是广泛开展宣传培训，积极构建知识产权文化。

《战略纲要》设置了"知识产权领域"和"重点产业领域"专项任务，如专利、商标、著作权、商业秘密和高新技术产业、石油化学工业、矿产资源领域等。

5.《战略纲要》提出的措施

《战略纲要》提出通过"加强知识产权工作领导""加强知识产权法制建设""加大政策资金扶持力度""加强知识产权人才队伍建设""建立健全知识产权服务体系""扩大知识产权合作交流"和"认真做好实施与评估工作"等措施，来确保战略实施取得实效。

6.《战略纲要》与专题的关系

《战略纲要》专题研究内容主要包括背景、现状、存在的问题、目标任务、对策和保障措施。要求在广泛调查的基础上，做到摸清"家底"，找准重点、难点和关键性问题，把握发展规律和发展趋势，针对问题，科学提出切实可行的解决问题的政策措施。

《战略纲要》以专题为基础，专题以纲要为指导，互为依存，相互促进。《战略纲要》通过领导小组审定后报自治区人民政府审核批准向社会发布。《战略纲要》为自治区知识产权战略的总论，主要从整体上分析新疆维吾尔自治区知识产权面临的形势；论述制定和实施自治区知识产权战略的重要性和定位、紧迫性和时机；明确自治区知识产权战略的指导思想、基本原则、战略目标、战略重点、战略任务和战略措施等。专题是《战略纲要》的基础和支撑，专题一方面要为《战略纲要》的制定提供必要的基础，另一方面要在《战略纲要》的指导下展开和深化。专题设置包括知识产权宏观问题、知识产权法制建设、知识产权主要类别、知识产权重要环节、重点产业知识产权五个方面，涵盖专利、商标、版权（计算机软件）、植物新品种、商业秘密、标准中的知识产权，以及传统知识、遗传资源、民族民间文艺知识产权保护等各个专业领域。

(八)自治区知识产权战略制定的组织与实施

自治区知识产权战略制定工作,历时2年5个月的时间,即2007年8月启动,2010年1月完成。其经历了五个阶段,即前期准备阶段(2007年8月1日—2008年7月30日)、工作部署阶段(2008年8月1日—2008年10月30日)、实体研究制定阶段(2008年11月1日—2009年4月30日)、意见征询阶段(2009年5月1日—2009年7月30日)和审查发布阶段(2009年8月1日—2010年4月19日)。

2010年1月,完成《战略纲要》研究制定工作。1月22日,召开《战略纲要(送审稿)》审议会议。4月19日,自治区人民政府印发《关于印发新疆维吾尔自治区知识产权战略纲要的通知》,正式颁布《战略纲要》。4月26日,自治区人民政府举行《战略纲要》新闻发布会,向社会正式发布。

1.自治区知识产权战略制定前期筹备工作

2007年6月8日,根据自治区副主席陈雷在2007年自治区知识产权试点示范工作会议上有关制定自治区知识产权战略的讲话精神,自治区知识产权工作协调指导小组召开成员会议,自治区人民政府办公厅等33个成员单位负责知识产权工作的领导和工作人员参加,就筹备制定自治区知识产权战略有关事项进行研究。

2007年6月13日,自治区知识产权工作协调指导小组成员单位召开了专题会议,自治区人民政府办公厅等19个部门和单位的代表参加,就自治区知识产权战略制定工作的重要性、必要性和紧迫性进行了讨论。与会代表认为,制定实施自治区知识产权战略,对于实施科教兴新战略,加强知识产权制度建设,提高自治区综合势力和核心竞争力,提升自治区的知识产权创造、管理、保护、应用能力和水平,推动自治区经济、社会、科技可持续发展具有重要的意义。制定自治区知识产权战略是一件大事,势在必行,应抓紧抓好。自治区各部门应积极参与、密切配合,应建立自治区知识产权研究战略制定工作领导小组,加强对自治区知识产权战略制定工作的领导。此次会议的召开,进一步统一了思想,提高了认识。6月28日,自治区知识产权局向自治区人民政府呈报《关于制定新疆维吾尔自治区知识产权战略的请示》(新知综字〔2007〕49号),标志着自治区知识产权战略研究制定筹备工作的正式启动。

2007年7月31日,自治区人民政府办公厅印发《关于成立自治区知识产权战略制定工作领导小组的通知》(新政办发〔2007〕158号),成立了由自治区党委副书记、自治区常务副主席杨刚任组长,33个部门和单位负责人为成员的自治区知识产权战略制定工作领导小组。在自治区知识产权局设立自治区知识产权战略制定工作领导小组办公室,主任由自治区知识产权局局长姜万林同志兼任(2008年8月由马庆云兼任)。2008年8月,自治区党委、自治区人民政府对"领导小组"进行了调整,自治区党委常委尔肯江·吐拉洪和自治区副主席靳诺为"领导小组"副组长。

表4-1 新疆维吾尔自治区知识产权战略制定工作领导小组成员名单

职务	姓名	工作单位及职务
组长	杨刚	自治区党委副书记、自治区常务副主席
副组长	靳诺	自治区主席助理
	景海燕	自治区党委副秘书长
	刘华	自治区人民政府副秘书长
	吾买尔·阿不都拉	自治区发改委党组书记
	顾家骝	自治区科技厅厅长
	姜万林	自治区知识产权局局长
	马庆云	自治区知识产权局局长
	梁庚新	自治区工商行政管理局副局长
	张新泰	自治区新闻出版局(版权局)副局长
	帕拉提·阿布都卡迪尔	自治区经贸委副主任

续表

职务	姓名	工作单位及职务
组员	马木提·拖依木利	自治区党委宣传部副部长
	孙也刚	自治区教育厅副厅长
	王乐祥	自治区公安厅副厅长
	热合满江·达吾提	自治区人事厅副厅长
	吴承德	自治区农业厅党组书记
	英胜	自治区林业厅副厅长
	冯忠武	自治区畜牧厅副厅长
	逯新华	自治区文化厅纪检组长
	朱新安	自治区卫生厅副厅长
	王彦楼	自治区财政厅副厅长
	哈拜·马太	自治区外经贸厅副厅长（正厅级）
	阿不力米提·马木提	自治区信息产业厅副厅长
	李峰彦	自治区国资委助理巡视员
	刘建新	自治区国家税务局副局长
	夏代提·海木都拉	自治区地方税务局副局长
	夏青	自治区质量技术监督局副局长
	郝军	自治区广播电影电视局总工程师
	叶民	自治区环保局副局长
	力提甫·依明	自治区食品药品监督管理局局长
	王忠山	自治区统计局副局长
	金利岷	自治区高级人民法院副院长
	樊晓林	自治区党委政策研究室副主任
	赵德儒	自治区人民政府发展研究中心主任
	严楠	乌鲁木齐海关副关长
	吴福环	新疆社会科学院院长
	张小雷	中国科学院新疆分院院长
	李伟	自治区人民政府法制办公室副主任
	谭力	自治区科技厅副巡视员、知识产权局副局长

注：2008年4月2日，自治区人民政府印发"新政任字〔2008〕15号"干部任免通知，任命马庆云同志为自治区知识产权局局长；免去姜万林同志自治区知识产权局局长职务。同年4月11日，自治区科技厅宣布马庆云任自治区知识产权局局长职务和免去姜万林知识产权局局长的决定。

表4-2　新疆维吾尔自治区知识产权战略制定工作领导小组办公室成员名单

工作单位	姓名	职务
自治区知识产权局	姜万林	局长
自治区知识产权局	马庆云	局长
自治区知识产权局	谭力	副巡视员、副局长
自治区知识产权局	薛卫东	管理实施处处长
自治区知识产权局	哈洪江	法律事务处处长

续表

工作单位	姓名	职务
自治区知识产权局	陈勇	综合处处长
自治区知识产权局	贺迎国	专利代办处副处长
自治区人民政府办公厅	张晓宁	秘书七处处长
自治区发改委	刘星	社会发展处副处长
自治区科技厅	阿不利孜·赛丁	政策法规与体制改革处副处长
自治区工商行政管理局	白明	商标监督管理处处长
自治区新闻出版局（版权局）	巴哈古丽	版权监督管理处处长
自治区经贸委	于晓初	技术装备处副处长
自治区党委宣传部	胡中平	宣传教育处处长
自治区教育厅	李西斌	高等教育处处长
自治区公安厅	刘云峰	经济犯罪侦察总队总支队长
自治区人事厅	高伟东	政策法规处处长
自治区农业厅	何华新	科技教育处处长
自治区林业厅	潘新剑	科技处副处长
自治区畜牧厅	阿不都热合曼	科教处处长
自治区文化厅	李宏宾	市场处处长
自治区卫生厅	伊沙克·阿合买提江	科教处处长
自治区财政厅	白西荣	经济建设处副处长
自治区外经贸厅	姜保明	进出口公平贸易处副处长
自治区信息产业厅	赵生成	政策规划处处长
自治区国资委	陈道强	产权（股权）管理处处长
自治区国家税务局	吴绩敏	流转税管理处副处长
自治区地方税务局	陈国安	所得税处处长
自治区质量技术监督局	林春杰	政策法规处处长
自治区广播电影电视局	阿布力米提·卡地尔	科技处副处长
自治区环保局	叶尔肯	科技教育处处长
自治区食品药品监督管理局	王平山	药品注册处处长
自治区统计局	杨江敏	人口和社会科技处调研员
自治区高级人民法院	税成疆	民事审判三庭庭长
自治区党委政策研究室	马永强	综合处副处长
自治区人民政府发展研究中心	李坚红	综合秘书处副处长
乌鲁木齐海关	亚力坤	法规处副处长
新疆社会科学院	王磊	科研外事处副处长
中国科学院新疆分院	姬存宇	科技合作处副处长
自治区人民政府法制办公室	冯力	法规处副处长
自治区知识产权局	史治勋	管理实施处调研员
自治区知识产权局	王志明	管理实施处主任科员

2007年7月—2008年7月，"自治区知识产权战略制定工作领导小组办公室"组成自治区知识产权战略制

定考察组，用了一年的时间，对广东、上海、河南等省市实地考察，对湖南、山东、四川、云南、江苏、贵州、辽宁等省市知识产权战略制定工作进行了考察学习；对国内外有关知识产权战略的资料进行了广泛的收集整理与分析研究。在此基础上，结合新疆的实际拟定了自治区知识产权战略制定工作方案、专题设置及分工、领导小组工作规则、领导小组办公室职责、工作制度及经费预算等相关文件，并于2008年7月16日组织召开《战略纲要》起草工作分工会议，就《战略纲要》的起草与分工、战略制定"1+13"的模式，即一个《战略纲要》加13个专题等内容进行了审定。同年8月20日，该领导小组办公室印发《新疆维吾尔自治区知识产权战略制定工作方案》（新知战办发〔2008〕1号）和《新疆维吾尔自治区知识产权战略制定工作领导小组办公室关于专题研究有关事项的通知》（新知战办发〔2008〕2号）等相关文件，正式启动自治区知识产权战略研究制定工作。

2.加强对战略制定工作的组织领导

2008年8月6日，自治区人民政府召开"领导小组"第一次会议，自治区知识产权局等33个成员单位的35人参加了会议。自治区副主席兼"领导小组"副组长靳诺主持会议，自治区知识产权局局长兼"自治区知战办"主任马庆云介绍战略制定筹备工作及战略内容及相关情况；自治区党委副书记、常务副主席兼"领导小组"组长杨刚出席并讲话。会议审议通过《新疆维吾尔自治区知识产权战略制定工作方案》等相关文件，审定有关重要事项，对战略制定工作进行了全面部署。9月24日，在自治区知识产权局开"自治区知识产权战略制定研究工作会议"，就战略制定的目的、时间、阶段、内容、原则、措施和步骤等方面进行了讨论。11月6日，自治区知识产权工作协调指导小组办公室召开会议，研究"自治区知战办"负责人和专家组人选。经会议研究确定："自治区知战办"主任由自治区知识产权局局长马庆云兼任，副主任由自治区科技厅副巡视员、知识产权局副局长谭力兼任。专家组由刘华、王永明、顾家骝、陈彤、戴健、李洪波、湾海川、胡克林、梁庚新、张新泰、吐尔逊·沙迪尔、唐依改、张小雷、吴进、马映军、周俊林、姜万林、文希凯、张勤和雷筱云20名区内外有关专家组成。

3.加强对战略制定工作组织与协调

在实体研究阶段。一是加强业务指导，提高研究能力。根据战略研究人员中存在的知识产权知识不够等现实情况，"自治区知战办"于2008年12月2日举办了"自治区知识产权战略制定工作培训班"，对参与研究制定自治区知识产权战略的13个专题的专家学者共计90多人进行了培训。二是及时了解，有效推进。"自治区知战办"对各专题研究在实体研究阶段的基本数据、相关意见收集、整理和分析研究，形成研究报告（征求意见稿）等进度情况及时了解，以保证《战略纲要》和专题研究的同步进行。根据战略研究制定进度情况和出现的问题，对相关内容进行了补充和完善。2009年8月14日，"自治区知战办"组织召开"自治区知识产权战略制定工作中期会议"，对战略制定工作进行中期评估。同年8月26日，"自治区知战办"建立了由自治区知识产权局处级干部组成的"自治区知识产权战略制定工作联络员"队伍，制定了联络员工作职责，进行了分工，提出要求，开展对口服务。为及时了解各专题研究进度，"自治区知战办"多次召开会议，听取联络员工作汇报，并多次组织办公室成员深入专题研究单位进行调查，了解工作进展情况，对专题组提出的问题，给予及时解答或解决。例如，2009年9月16日，"自治区知战办"对"新疆农业、林果业领域知识产权战略研究"专题调查时发现，该专题不但涉及农业、林果业和畜牧，还涉及水产等领域。为此对该专题成员进行调整，将水利厅水产局纳入该专题研究组成员。同年10月31日，根据自治区石油化工行业办公室副主任史惠中提出的"新疆石油化工领域知识产权战略研究"专题题目没有包括煤化工等领域的建议，将该专题题目修改为"新疆石油和化工领域知识产权战略研究"。该题目的修改，虽然只是一字之差，使该专题研究领域和研究范围进一步扩大，防止了对研究领域、行业理解的偏差，切中了主题，标明了初衷。在整个战略研究过程中，"自治区知战办"重视和加强《战略纲要》和专题之间、专题与专题之间的沟通合作。为避免重复研究，建立了研究信息通报制度，不定期召开研讨会，编发研究工作简报，开展研究成果交流，以达到共享数据和信息资源。三是及时总结，推广经验。"自治区知战办"对各专题组提出的需要提升到《战略纲要》中的主要内容，进行收集整理汇总，及时供给各专题研究借鉴。四是充分发扬民主，广泛征求意见。在自治区知识产权战略纲要制定工作中，"自治区知战办"曾多次召开意见咨询会，听取相关部门、专家的意见以及社会各界意见。例如，2009年1月15日召开"自治区知识产权战略制定工作专家咨询组第一次会议"，听取专家咨询组成员对战略制定工作的咨询和评议；9月30日，"自治区知战办"向15个地州市人民政府、行署印发《关于征求对〈新疆维吾尔自治区知识产权战略纲要〉(征求意见稿)修改意见的通知》(新知战办发〔2009〕8号)，征求地州市政府修改意见；10月14—23日，组织自治区知识产权战略制定工作领导小组成员单位赴巴州、伊犁州、昌吉州和克拉玛依等地州市及10家重点企业就《战略纲要(征求意见稿)》征求意见；11月5日召开"自治区知识产权战略纲要"专家咨询研讨会。专家咨询组成员和新闻媒体参加，听取"自治区知战办"关于自治区知识产权战略制定工作的汇报，对自治区知识产权战略制定工作提出意见和建议；11月11日，向国家及江苏等5省知识产权局和中南财经政法大学吴汉东校长发函，征求对《战略纲要(征求意见稿)》的修改意见；12月20—27日，在自治区知识产权局网页上向社会公布《战略纲要(征求意见稿)》，征求社会公众对《战略纲要》的修改意见。在广泛征求意见和12次修改的基础上，最终形成了《战略纲要(送审稿)》。

在验收结题阶段。一是严格审查，及时发布《战略纲要》。2010年1月4日，"自治区知战办"向自治区人民政府呈报《战略纲要(送审稿)》的请示和《战略纲要(送审稿)》及编制情况的说明。1月22日，"领导小组"召开会议，对《战略纲要(送审稿)》进行了审议。4月19日，自治区人民政府印发《关于印发新疆维吾尔自治区知识产权战略纲要的通知》(新政发〔2010〕40号)。4月26日，自治区人民政府举行《战略纲要》颁布实施新闻发布会。自治区人大常委会副主任杜秦瑞、自治区副主席靳诺、自治区政府副秘书长刘华等领导出席。自治区知识产权战略制定工作领导小组成员单位、知识产权管理部门、知识产权试点示范单位、科研院所、高校、知识产权中介机构和新闻媒体等150多人参加。发布会由自治区政府副秘书长刘华主持，自治区副主席靳诺作重要讲话，"自治区知战办主任"、自治区知识产权局局长马庆云作《战略纲要》制定情况说明。至此，标志着《战略纲要》制定工作的圆满结束。二是加强对《战略纲要》专题的验收。"自治区知战办"在积极推进《战略纲要》研究制定工作的同时，还加强对13个专题的研究制定工作的指导和验收。

二、自治区知识产权战略实施工作

自2010年4月发布《战略纲要》以来，全区以自治区知识产权战略实施为主线，以全面提升知识产权创造、运用、保护、管理和服务能力为目标，不断开拓、深化改革，创新管理，确保了各项战略任务阶段性目标的顺利完成。

(一)健全组织，加强对战略实施工作的领导

自治区各级党委、政府加强对战略实施工作的领导。自治区知识产权战略实施是一项长期性和系统性的工作，任务十分艰巨，责任十分重大，为更好地实现《战略纲要》提出的任务和目标，2010年7月18日，自治区人民政府办公厅印发《关于自治区知识产权战略制定工作领导小组更名及组成人员调整的通知》(新政办发〔2010〕159号)，正式成立了"新疆维吾尔自治区知识产权战略实施领导小组"。在领导成员变化的情况下，2011年2月25日，自治区人民政府办公厅印发《关于调整自治区知识产权战略实施领导小组的通知》(新政办发〔2011〕14号)，对自治区知识产权战略实施领导小组成员进行了及时调整。自治区"战略实施领导小组"组长由自治区党委常委、常务副主席黄卫担任，副组长由自治区党委常委尔肯江·吐拉洪、自治区副主席靳诺担任，成员由33个成员单位的领导组成。自治区知识产权战略实施领导小组办公室设在自治区知识产权局，办公室主任由自治区知识产权局局长马庆云同志兼任。

表4-3 新疆维吾尔自治区知识产权战略实施领导小组成员名单

职务	姓名	工作单位及职务
组长	黄卫	自治区党委常委、自治区常务副主席

职务	姓名	工作单位及职务
副组长	尔肯江·吐拉洪	自治区党委常委
	靳诺	自治区副主席
组员	景海燕	自治区党委副秘书长
	刘华	自治区人民政府副秘书长
	马木提·拖依木利	自治区党委宣传部副部长
	吾买尔·阿不都拉	自治区发改委党组书记
	张小雷	自治区科技厅厅长、中科院新疆分院院长
	朱立	自治区经信委副主任
	买买提明·皮尔多斯	自治区国资委副书记
	马庆云	自治区知识产权局局长
	李建军	自治区工商行政管理局副局长
	古力先·吐拉洪	自治区新闻出版局（版权局）副局长
	谢光德	自治区机构编制委员会办公室副主任
	刘学虎	自治区农业厅党组书记
	韩子勇	自治区文化厅党组书记
	阿不力孜·吾守尔	自治区司法厅厅长
	王彦楼	自治区财政厅副厅长
	张建仁	自治区教育厅副厅长
	尼加提·司马义	自治区商务厅副厅长
	王乐祥	自治区公安厅副厅长
	英胜	自治区林业厅副厅长
	赵新春	自治区畜牧厅副厅长
	帕尔提·克力木	自治区卫生厅副厅长
	韩成	自治区人社厅党组成员、外国专家局局长
	王联社	自治区环境保护厅副厅长
	王作然	自治区食品药品监督管理局副局长
	刘建新	自治区国家税务局副局长
	夏代提·海木都拉	自治区地方税务局副局长
	李峰彦	自治区国资委助理巡视员
	夏青	自治区质量技术监督局副局长
	郝军	自治区广播电影电视局总工程师
	王忠山	自治区统计局副局长
	金利岷	自治区高级人民法院副院长
	樊晓林	自治区党委政策研究室副主任
	赵德儒	自治区人民政府发展研究中心主任
	吕建忠	乌鲁木齐海关副关长
	孙玉霞	自治区人民政府法制办公室主任

与此同时，自治区15个地州市政府、行署都成立了推进实施自治区知识产权战略领导小组，出台并实施了贯彻《战略纲要》实施办法或实施意见。

（二）加强指导，全面有效推进战略实施工作

在自治区"战略实施领导小组"的领导下，"自治区知战办"积极推进自治区知识产权战略实施工作。

一是制订自治区知识产权战略实施年度推进计划，将年度战略实施指标任务分解到各成员单位。2011—2014年，由"自治区知战办"牵头，协调相关成员单位制订印发《新疆维吾尔自治区知识产权战略实施推进计划》（即"新知战办〔2011〕4号""新知战办〔2012〕1号""新知战办〔2013〕1号"和"新知战办〔2014〕1号"等文件），提出自治区知识产权战略实施年度工作的重点任务和保障措施。

二是加强对战略实施工作的检查指导，督促落实年度战略实施计划指标。2012年2月20日，自治区知识产权战略实施领导小组办公室制订印发《2012年新疆维吾尔自治区知识产权战略实施推进计划》（新知战办〔2012〕4号）。2月28日，自治区知识产权局印发《关于开展贯彻落实〈新疆维吾尔自治区知识产权战略纲要〉情况调查的通知》（新知管字〔2012〕16号）。要求各地州市知识产权局认真履行"知战办"职责，及时总结贯彻落实《战略纲要》的经验，进一步完善战略纲要实施推进办法，促进地州市知识产权战略实施贯彻落实。3月11—23日和4月10—12日，由自治区知识产权局局长兼自治区知识产权战略实施领导小组办公室主任马庆云等领导带队组成3个调查组，分别到哈密、吐鲁番、塔城、博州和乌鲁木齐市就《推进计划》和《2012年新疆维吾尔自治区知识产权战略实施推进计划》实施等情况进行调研。

三是对战略实施工作进行总结和评估。2013年8月27日，"自治区知战办"印发《关于印发组织开展自治区知识产权战略实施阶段性总结评价工作的通知》（新知战办〔2013〕2号）。8月30日，自治区知识产权战略实施领导小组召开"知识产权战略实施工作电视电话会议"。自治区党委常委、自治区人民政府常务副主席黄卫在乌鲁木齐出席电视电话视频会议并作重要讲话，在对2010年以来自治区知识产权战略实施工作进行回顾总结的基础上，对今后全面推进战略实施工作提出新的要求。3月11—14日，由"自治区知战办"牵头，组成"自治区知识产权战略实施绩效评价组"，对乌鲁木齐、巴州、塔城、伊犁和克拉玛依等地州市知识产权战略实施工作分别进行了考评。2014年5月7日，自治区知识产权局印发《关于做好知识产权战略实施绩效考核工作的通知》（新知管字〔2014〕28号），并于6月9—19日，组成自治区知识产权战略实施考评组，深入和田、阿勒泰、哈密、博州、喀什和塔城等地州市，对知识产权战略实施工作分别进行了实地考评。

（三）密切配合，积极推进战略实施并取得成效

在全区知识产权管理、执法、保护部门和服务机构的密切配合与不懈努力下，自治区知识产权战略实施得到全面推进并取得显著成效。2013年11月，根据国家知识产权局对全国各省市、自治区知识产权战略实施工作的综合分析与评估，新疆的战略实施综合分数为201.16分，在全国30个省市区中排第21位。根据全国总体得分情况与纲要目标对比结果，新疆超过纲要目标为10.19%，排在全国第16位。新疆知识产权创造分析与评估为42.68分，运用为32.93分，保护为16.32分，管理为48.78分，服务为60.46分，评估均达标。新疆知识产权创造、运用、保护、管理和服务分数分别在全国30个省市区中排第20位、30位、25位、21位和6位。

1.战略实施提高了知识产权创造能力

2010—2014年，在自治区知识产权战略实施期间，新疆的专利申请量达到33774件，年均增长29.3%，超过《战略纲要》专利增幅指标的14.3个百分点；专利授权量达到18880件，年均增长24.1%；2014年，新疆万人有效发明专利拥有量达到1.039件，比2009年战略实施前的0.224件提高了0.815件，是2009年的4.6倍。

2010—2014年，在自治区知识产权战略实施期间，新疆发明专利申请为7393件，分别是新疆专利事业发展初创时期（1985—1999年）的6.1倍和成长时期（2000—2010年）的1.7倍。新疆发明专利申请数在专利申请总数中的所占比例，2011—2014年与1985—1999年和2000—2010年相比，分别提高了17.2和4.4个百分点。

2010年，新疆商标申请达到7632件，2011年突破万件大关达到10192件，2014年增长到17051件。2010—2014年，新疆商标申请达51525件，是战略实施前4年的3.7倍；中国驰名商标为24件，占累计总数39件的61.5%；新疆著名商标为109件，占累计数442件的24.7%；地理标志为23件，占累计数59件的39.0%。

2.战略实施提升了知识产权运用水平

自治区发展改革委员会等6部门围绕自治区重点产业发展领域，积极推动拥有知识产权的创新成果商品化、产业化，推进一批技术含量高、市场前景好、带动效应强的自主知识产权项目。自治区财政厅、知识产权局通过专利项目资助，形成了"引导项目实施主体建立健全专利工作体系，完善专利制度，强化专利管理，加强专利培训，提升专利保护、运用能力的机制"。自治区知识产权局积极加强专利信息服务平台建设，为企事业单位和社会公众提供专利信息服务。自治区知识产权局、工商行政管理局创新工作方式，积极搭建银行与企业对接平台，拓宽中小企业的融资渠道，有针对性地指导拥有专利和驰（著）名商标企业开展专利、商标权质押贷款。截至2014年，全区通过商标质押贷款达5500万元。自治区商标战略的实施，提升了商标注册数量和质量。截至2014年年底，全区注册商标总数累计达79224件，有效注册商标总量累计为64230件。自治区环境保护厅以提高知识产权创造、管理、运用和保护能力为核心，加快了环保实用技术成果转化。食品药品监督管理局积极支持新药发展，对申报具有自主知识产权的新药加快了受理初审进度。

3.战略实施强化了知识产权保护

一是在完成对《专利保护条例》修订的基础上，颁布实施了《促进与保护条例》，使自治区的知识产权保护法规体系进一步完善；二是建立并形成了自治区与内地、与地州市、与新疆生产建设兵团之间、自治区部门之间以及地州市与地州市之间跨地区、跨部门的执法信息共享、协作配合、相互支持、联合执法保护机制；三是各地、各部门结合实际，组织开展了知识产权保护执法维权专项行动和知识产权执法能力提升工程，知识产权保护能力明显提升。2010—2014年，在自治区知识产权战略实施期间，全区专利行政执法部门共受理专利侵权案件669件，结案603件，受理、结案件数分别是战略实施前10年的1.71倍和1.84倍。查处冒充专利案件897件，结案875件，查处冒充和结案数分别是战略实施前5年的1.37倍和1.67倍。

2010—2014年，全区工商行政管理局系统在战略实施期间，共查处商标侵权案件5151件，与战略实施前5年的5073件相比增长了1.54%，罚款3013.9万元，与战略实施前5年的1453.24万元相比增长了107.39%；收缴销毁侵权标识达19.92万件。

4.战略实施提升了知识产权管理能力

自治区科技厅、知识产权局等部门，强化科技创新与知识产权管理的紧密结合，在重大项目管理工作中，优先支持专利技术项目。在科技型企业中积极开展"消除零专利""知识产权托管"等活动。在高校开展了"发明专利倍增"行动。自治区知识产权局指导企业建立了"新疆企业知识产权沙龙"，并多次开展交流活动。加强对高新园区知识产权工作的指导。积极推进高新区、经济技术开发区和工业园区出台加强知识产权工作管理制度。深化了知识产权试点示范工作。昌吉州知识产权试点工作通过国家验收，进入国家知识产权工作示范城市行列；乌鲁木齐高新技术产业开发区和经济技术产业开发区被评为国家知识产权试点园区；自治区知识产权局选定36家企业实施知识产权贯标工作。截至2014年年底，自治区列为国家知识产权试点城市3个、国家知识产权示范创建城市1个、国家知识产权试点园区2个、国家知识产权强县工程县（市、区）5个、国家专利工作交流站2个、国家知识产权试点单位33家；自治区知识产权试点单位75家、示范单位17家；自治区知识产权试点学校25所、示范学校7所；地州市知识产权试点单位168家。自治区商标示范点126家。

5.战略实施促进了人才队伍建设

2011—2014年，全区共举办知识产权培训班、专题报告会397期（次），培训人数达10万多人（次）。自治区有8人列入"国家百千万知识产权人才"队伍，有3人进入"全国专利信息领军人才"库和"全国知识产权领军人才"库。

6.战略实施促进了激励机制建设

2010—2014年实施自治区知识产权战略期间，新疆共获中国专利优秀奖16项，占累计数（国家公布数）18项的88.9%。2013年，经自治区人民政府批准将"新疆维吾尔自治区奖励优秀发明创造、专利技术开发者评选表彰项目"更名为"新疆专利奖"，并从2013年起以自治区人民政府名义开展"新疆专利奖"评奖活动。此外，伊犁州和巴州等地州相继出台了专利奖励办法，组织开展了相关评奖活动。自治区工商管理监督部门以自治区人民政府名义召开2013年自治区荣获中国驰名商标和新疆著名商标企业授牌表彰暨新闻发布会，对2012年下半年以来获得驰（著）名商标的32家企业进行表彰奖励，发放1345万元商标奖励资金。

第二节　专利战略制定与实施

一、自治区专利事业发展战略制定工作

（一）自治区专利事业发展战略制定工作概况

自治区专利事业发展战略是自治区知识产权战略的重要组成部分。2008—2010年，在自治区知识产权战略制定期间，由新疆大学牵头的"新疆专利战略研究"专题组根据自治区知识产权战略的整体要求完成了《自治区专利事业发展战略纲要》制定工作。

（二）《自治区专利事业发展战略纲要》内容介绍

《自治区专利事业发展战略纲要》由序言、指导思想、战略目标、战略重点、专项任务和保障措施等6部分组成。

1.指导思想

《自治区专利事业发展战略纲要》的指导思想是：坚持以邓小平理论和"三个代表"重要思想为指导，落实科学发展观，根据自治区知识产权战略的总体要求，立足服从和服务于自治区优势资源转换战略，科教兴新战略，人才强区战略，努力提升自治区专利的创造、保护、管理和运用能力。

2.战略目标

《自治区专利事业发展战略纲要》的目标分为近期目标和远期目标。

近期目标（2011—2015年）：依托新疆天山北坡经济带形成的中小企业集群，建立专利示范企业，形成专利聚集区，提升专利生产、转化能力，加强特色产品的专利的保护，提高其核心竞争力，加强信息平台建设，建立专利预警应急机制。建立生态环境基地，运用专利加大对实施循环经济的企业在环境的治理方面的力度，提高节能、减排、绿化等生态建设上的专利实施率，并给予政策和资金上的支持。在专利申请量、授权量力争年均增长率达到15%以上，其中优势产业专利申请量每年递增20%以上，发明专利占总申请比重达到30%，职务发明占总量的40%以上，企业专利申请占申请量的10%以上。

长远目标（2020年）：利用自主创新专利技术，提高资源利用率，以优势产业为主攻对象，形成一批具有自主专利技术的优势产业和核心产品。积极营造有利环境，建立促进专利产业化政策与协调机制。进一步加强专利信息开发利用与数据网络建设，扩大与充实执法队伍，做好专利人才队伍与服务体系建设。在专利的创造、管理、保护、实施诸多方面，专利发展水平力争进入西部前列，达到国内中等水平。

3.战略重点

《自治区专利事业发展战略纲要》的重点任务有四个：一是提升专利创造能力。以自治区优势资源转化战略为指导，构建高校、科研结构、企业"三位一体"的专利战略技术系统；发挥政府在科技创新活动中的引导与宏观调控职能，对自治区优势产业专利技术研发进行重点支持；建立自治区优势产业专利数据信息库，根据行业专利技术状况及市场态势，定期发布各类专利情况，指导各产业（企业）选择其切入点、重点和突破口，把技术发明的重点集中在增加产业核心竞争力的行业领域。二是加快专利转化运用。充分发挥专利市场作用，促进专利的转化运用。努力实现专利成果的公开化和信息化，使专利信息在专利创造者和投资者之间顺畅流动，使人力资源和资金进入市场筹融资、市场约束和市场发展的良性循环。培育和发展自治区中介服务市场，鼓励发展各类中介机构，为企事业单位和全社会在专利的各种咨询方面提供全方位的服务，促进自治区专利技

术商品化和产业化、专利服务社会化。三是强化专利保护。建立专利预警应急机制，并提出相应对策。加强对重点产业、领域的专利保护、维护专利权人及社会公众的合法权益。整顿和规范专利市场秩序。严厉打击假冒专利等违法犯罪行为，建立执法监管系统和重大事项通报制度，在执法部门形成各负其责、相互协调、密切配合的执法联动机制。四是培育专利文化。制定自治区专利教育和普及规划，建立专利专门人才教育基地，通过各种形式，形成全社会尊重知识、尊重人才，崇尚创新，诚信守法的专利文化。建立各类专利知识及管理的培训制度，在大学、中学广泛开展以专利为主题的宣传和发明创造活动，大力营造浓厚的创造发明社会氛围。

4. 专项任务

《自治区专利事业发展战略纲要》提出的专项任务有两项：一是实施优势资源转换战略。在石油化工、棉花生产与纺织、矿产开发、林果园艺、现代畜牧和特色民族传统医药等优势产业领域中形成一批拥有自主产权、核心技术能力强、专利技术实施转化和产业化率高的大企业、大集团。在优势产业中专利的申请及授权量显著提高，力争每年以20%的速度递增。二是实施可持续发展战略。在实施优势资源转化战略过程中，要重视开发和利用专利技术，保护资源开发，保护生态环境，坚持走可持续发展之路，把生态建设放在突出位置来抓，坚持保护与建设并举。大力发展循环经济，在资源循环利用和可再生能源开发中，研发和利用国内外专利技术，积极探索循环经济的新思路、新方法和新举措。

5. 保障措施

《自治区专利事业发展战略纲要》提出的保障措施有四条：一是法律政策保障。建立起既符合自治区专利工作实际，又适应自治区优势资源转化，具有新疆特色的专利法规政策体系。二是加强专利工作的领导。健全组织领导机制，完善专利管理体系，建立健全专利服务平台，创建完善专利监管体系，加强专利成果的评鉴，做好专利战略年度计划的制定与实施。三是专利技术保障。为适应新疆经济社会发展的需要，积极推进自治区知识创新体系和技术创新体系的建设，进一步发挥高校、科研院所在知识创新和应用中的基础和生力军作用；充分利用科技资源，依托自治区重点骨干企业；推进重点实验室、工程技术中心、博士后科研流动站和工作站的建设，推动企业、高校、科研机构"三位一体"的系统联盟，使专利发展具有不竭的源泉。四是建立专利激励和政策资金扶持力度。充分发挥政府调控职能，建立和实施专利技术研发的激励与扶持政策，激发广大科技工作者技术创新和专利创造的积极性。运用产业、财税、金融、政府采购等在内的各项政策作用，引导和支持企业创造更多的专利。建立专利申请资助机制，通过建立自治区专利申请资助资金和相关政策，引导企业向国外申请专利，抢占国际市场。

二、自治区专利事业发展战略实施工作

自2010年以来，全区知识产权局系统按照国家知识产权局的要求，积极推进自治区专利事业发展战略实施工作。一是抓组织，加强领导。由自治区知识产权局组织，建立了局长为组长、副局长为副组长和处长为成员的"自治区专利事业发展战略推进计划实施领导小组"。在该领导小组内建立了协调指导组、秘书组、宣传组及"专利数量和质量提升""专利助推企业转型升级"和"专利行政执法推进"3个专项组。对各小组成员进行了分工，明确了责任和任务。二是抓思想，提高认识。通过组织召开全区知识产权局局长视频屏会议进行思想动员，端正态度，提高对专利战略实施重要意义的思想认识。将大家的思想、行动统一到专利战略实施工作上来。三是抓计划，积极推进。自2012年以来，结合制订实施《新疆维吾尔自治区专利事业发展战略推进计划》及实施方案，提出年度目标任务。四是抓落实，加强检查指导。在专利战略实施推进过程中，定期分析，加强调查指导，针对存在问题进行研究，提出对策，以确保专利战略实施计划任务目标的实现。例如，2012年7月，按照国家知识产权局办公室印发的《关于开展〈2012年全国专利事业发展战略推进计划〉实施情况后期检查的通知》（国知办函监〔2012〕325号）要求，自治区知识产权局成立了相关组织，制订印发了《关于开展2012年自治区专利事业发展战略推进计划实施情况后期检查的实施方案》，对2012年《全国专利事业发展战略推进计划》和《新疆维吾尔自治区专利事业发展战略推进计划》（包括专利创造计划、促进专利运用计划、专

利保护计划、"专利助推企业转型升级"计划、"专利促进产业结构调整"计划、"专利支撑重点区域发展"计划、"专利服务综合能力提升"计划和"专利人才培养"计划)的完成情况进行了认真的自查,并将自查情况上报国家知识产权局。2013年2月5日,根据国家知识产权局印发的《关于进一步调整完善2013年专利事业发展战略推进计划组织实施方案的函》的要求,自治区知识产权局对《2013年新疆维吾尔自治区专利事业发展战略推进计划组织实施方案》进一步完善,及时补充了新疆非正常专利申请管理办法和诚信档案制度的目标措施,补充细化制定管理办法和诚信档案的进度安排;提出了认真贯彻执行《关于加强专利行政执法工作决定》的措施,进一步加大专利执法力度。2013年11月15日,国家知识产权局党组成员、纪检组长肖兴威一行来疆检查《2013年新疆维吾尔自治区专利事业发展战略推进计划》实施情况,并出席在乌鲁木齐市召开的"落实专利事业发展战略推进计划汇报会"。自治区知识产权局局长兼自治区专利事业发展战略推进计划实施领导小组组长马庆云向国家知识产权局检查组作了专题汇报。

2014年12月29日,国家知识产权局发布《2014年全国专利事业发展战略推进工作情况通报》,对新疆在推进实施《2014年全国专利事业发展战略推进计划》确定的三大主体任务、13个具体任务和30项工作措施执行落实情况,特别是在"成立督办工作组实地检查落实情况""出台有关推进质押融资办法""签订专利执法维权合作协议""开展地方特色产业专利信息服务推进项目""建设专利信息服务平台"等,在推进实施专利事业发展战略的具体做法给予充分肯定。

附件

新疆维吾尔自治区专利事业发展战略推进计划实施领导小组成员及分工(2012年)

一、实施领导小组成员名单

组长:马庆云

副组长:谭力、多里坤·阿吾提、孙东方

成员:薛卫东、常铖、哈洪江、陈勇、刘山玖

领导小组下设办公室。

主任:孙东方

副主任:薛卫东、常铖、哈洪江、陈勇、刘山玖

成员:沈联海、范志刚、史治勋、杨靖、赵斐斐、郑伊民等

领导小组办公室内设协调指导组、秘书组、宣传组等5个专项组。

二、各组成员及其任务

1.协调指导组、秘书组设在管理实施处,由薛卫东负责,成员有沈联海、史治勋、赵斐斐等。主要负责每年《推进计划》及实施方案的制订;办公室日常管理工作;《推进计划》的启动;定期组织召开领导小组会议;收集整理、上报《推进计划》情况,对《推进计划》进行部署和适时进行调整;对《推进计划》进行协调、监督、检查和情况通报;对实施情况进行调研、指导,年底对地州市局进行考核验收。

2.宣传组设在综合处,由常铖负责,成员有范志刚、郑伊民等,主要负责《推进计划》宣传报道工作。利用广播、电视、报刊、网络等新闻媒体开展宣传活动,创新宣传方式,彰显《推进计划》实施效果,提高各级领导对专利工作的重视度,提高各部门对专利战略、专利制度的认知度,提高全社会各界对专利及专利制度的关注度。

3."专利数量和质量提升"专项组。由薛卫东、常铖、刘山玖负责。主要目标任务:一是根据《2012年新疆维吾尔自治区知识产权战略实施推进计划》提出的专利申请数量、质量指标和制定万人发明专利拥有量地州市考核评价实施方案,并参照以往情况,将专利申请数量、质量指标分解到各地州市;每季度对各地州市专利申请情况进行统计分析和通报;规范自治区专利申请资助资金管理,提高利用率,激励专利申请数量和质量的提升;二是提出各专利代理机构专利申请代理量指标,提高电子申请比例,每季度进行检查指导、年终纳入优秀专利代理机构和优秀专利代理人评选指标之一;三是加强非正常专利申请的监控工作。研究非正常专利申请

的原因，找出解决的办法，探索非正常专利申请监控和处理的长效管理机制。提高专利代办服务质量，将服务窗口迁移，积极推动专利申请数量和质量的提高；四是深化城市、高新园区、企事业单位试点示范工作，与相关部门联合，将发明专利创造列入重大项目立项管理、验收、高新企业认定等指标体系，提升专利创造主体专利申请数量；五是大力开展专利宣传，提高社会公众的专利保护意识和专利知识。

4.“专利助推企业转型升级”专项组。由薛卫东、沈联海负责。主要目标任务：一是实施知识产权优势企业培育工程。积极争取财政支持，建立自治区知识产权优势企业培育工程专项资金，制定出台《新疆知识产权优势企业培育工程管理办法》，制定和完善知识产权优势企业认定标准。通过建立重点企业联系机制、建设企业专利工作交流站、设立企业专利工作薄弱环节专项培育计划等方式，培育30家知识产权优势企业。二是实施中小企业知识产权托管工程。出台《知识产权托管考核标准》，推选2家优秀服务机构为两个国家级开发区的50家中小企业提供专利服务，有效提升中小企业知识产权创造、运用、保护、管理能力。

5.“专利行政执法推进”专项组。由哈洪江负责。主要目标任务：适应新形势变化，健全联合执法保护协作体制机制，推进加强专利执法保护法规的修订和完善，达到强化专利执法工作体系，提升专利执法力度，增加专利执法手段的目的。主要内容是进一步落实国家知识产权局印发的《关于加强专利行政执法工作的决定》，积极开展专利执法维权工作：一是推进专利保护专项行动及执法督导工作常态化，进一步加大专利保护工作力度；二是加大执法人员业务培训，进一步提高执法办案水平；三是进一步完善知识产权维权援助工作机制，加大维权援助工作力度及其宣传工作；四是进一步加大部门间协作与配合力度。

第三节　自治区知识产权战略推进工程

一、概述

为应对入世后知识产权工作所面临的严峻挑战，充分发挥知识产权制度在促进区域科技创新、经济发展中的重要作用，加强知识产权工作与科技、经济和对外贸易工作的结合，营造良好的区域知识产权保护环境，全面提升自治区知识产权创造、运用、保护、管理能力和水平，2004年2月27日，自治区知识产权局、工商行政管理局、新闻出版局（版权局）、财政厅、科技厅、经贸委、质监局、外经贸厅和教育厅9部门联合提出《关于自治区实施知识产权战略推进工程的意见》。4月3日，自治区人民政府办公厅印发《转发自治区知识产权局等部门关于自治区实施知识产权战略推进工程意见的通知》（新政办发〔2004〕53号）。

2004年4月—2009年4月，由自治区知识产权工作协调指导小组办公室牵头，按照“新政办发〔2004〕53号”通知要求，历时五年时间，在全区范围内组织实施了“自治区知识产权战略推进工程”。

二、“自治区知识产权战略推进工程”内容简介

“自治区知识产权战略推进工程”的总体思路是：以增加自主知识产权总量，提高自主知识产权质量，提升区域经济发展能力和产业、企业竞争力为重点，以优势产业和重点企业知识产权战略研究与运用为主线，着力构建完善的法制和政策环境，推进科技创新机制的建立和科技管理体制的创新，促进知识产权制度与现代企业制度紧密结合，以试点、重点和典型示范引路为抓手，逐步推进，进而辐射带动全区知识产权工作上一个新台阶，走上跨越式发展的轨道。

“自治区知识产权战略推进工程”提出的主要目标是：通过实施知识产权战略推进工程，5年内全区专利申请量每年递增18%以上，商标注册申请量明显提高，培育一大批著名商标、驰名商标和原产地证明商标；培育一支基本能满足自治区知识产权事业发展需要的数量足、质量高、结构合理的知识产权人才队伍；主要产业和重点企业技术创新能力、市场竞争力明显提高，形成一批拥有自主知识产权、核心能力强的大公司和企业集团；知识产权制度在促进区域经济发展中发挥重要作用，知识产权工作对自治区经济发展的贡献率明显提高。

"自治区知识产权战略推进工程"提出的主要任务有4项：一是开展自治区优势产业知识产权战略研究。二是开展知识产权试点工作，按照"试点先行、逐步深入、以点带面、指导全局"的方针，取得经验，培养典型，在全疆示范推广，推进全区知识产权工作全面发展。三是大力促进拥有自主知识产权技术的实施。四是进一步加强宣传和培训。为提高对知识产权重要性的认识，全面提升自治区运用知识产权的能力和水平，自治区从2004年开始实施"知识产权万人教育培训计划"。

"自治区知识产权战略推进工程"提出了10条保障措施：一是加强组织领导。充分发挥各级知识产权协调指导小组对知识产权战略推进工程的协调领导作用。二是强化政策导向。技术创新要以取得自主知识产权及其产业化作为主要目标之一。对试点的区域和企事业单位，有关部门在计划立项、专利申请资助、知识产权数据库和信息网络建设等方面给予优先扶持。在科技计划的制定、项目立项、评审、检查、验收鉴定和成果奖励等各个阶段，强化知识产权管理;科技计划优先支持技术含量高、产业前景好的发明专利的实施。三是建立激励机制。不断完善政策规定，引导和扶持取得更多的知识产权及其产业化。四是大力推进企事业单位知识产权工作。五是组织实施知识产权战略研究。六是切实加强知识产权保护。建立健全自治区知识产权行政执法工作体系和政府、行业协会、企业三位一体的知识产权保护机制。七是大力加强知识产权信息基础设施建设。八是扶持和培育知识产权中介机构健康发展。九是加大高新技术产业开发区、经济技术开发区等各类园区的知识产权工作力度，使之成为自治区知识产权与技术创新有机结合的示范点和知识产权产出的重要基地。十是建立和完善知识产权市场运作机制。建立知识产权资产评估、统计制度，并将其纳入企业资产和财务核算管理体系。积极推进知识产权的市场化运营，实施知识产权转让、许可、引进、信托、质押、投资入股等经营策略，将知识产权从财产和资本两方面加以运营，以获得最大效益。

三、"自治区知识产权战略推进工程"实施情况

五年中，全区以实施"自治区知识产权战略推进工程"为主线，以增加自主知识产权总量、提高质量，提升区域经济发展能力和产业、企业竞争力为重点，以宣传教育培训、试点示范、执法保护和实施转化等手段为抓手，积极开展知识产权战略研究，努力构建完善知识产权保护的法制和政策环境，大力推进知识产权工作体系、知识产权制度和机制建设，并取得显著成效。

（一）从工作体系建设入手，不断夯实知识产权工作基础

在实施"自治区知识产权战略推进工程"中，各级知识产权管理部门坚持把知识产权工作体系建设作为基础性工作来抓，积极推进知识产权工作体系建设和人才队伍建设。截至2009年年底，全区有15个地州市、68个县（市、区）、2个国家级开发区建立了知识产权管理机构和知识产权管理队伍。知识产权（专利）管理人员达到310人，专利执法人员达到246人；有15个地州市、31个县（市、区）设立了商标监管机构，商标监管人员达到545人；有15个地州市、99个县（市、区）挂牌建立了版权管理机构；有5个林业单位设立了知识产权管理机构，配备专兼职管理执法人员17名；有7个中级人民法院设立了知识产权审判庭，知识产权法官34人；专利代理机构6个，具有专利代理人资格的人员77人，具有两证的从业人员26人；商标代理机构55个，商标代理人超过160名。

（二）以提升核心竞争力为目标，努力提高自主知识产权数量和质量

自治区专利管理部门采取有力措施，提升专利数量和质量。通过对《新疆维吾尔自治区专利申请资助资金管理办法》进行修改；增加专利申请资助资金；制定《新疆维吾尔自治区专利申请工作奖励办法（试行）》，与各地州市和专利代理机构签订目标责任书，将专利申请工作纳入地州市知识产权工作考核和专利代理机构及专利代理人评优条件之一等措施，促进自治区自主知识产权创造数量和质量的提升。据统计，在实施"自治区知识产权战略推进工程"期间，新疆专利申请达到11201件，占新疆历年专利申请累计数的48.4%。发明专利申请2147件，占新疆历年专利累计数的51.3%；实用新型专利申请6402件，占新疆历年实用新型专利总数的

44.0%；外观设计专利申请2652件，占新疆历年外观设计专利累计数的60.4%。非职务发明专利申请7991件，占新疆历年非职务发明专利总数的45.8%。职务发明专利申请3210件，占新疆历年职务发明专利累计数的56.4%；全区三种专利授权6507件，占新疆历年专利授权累计数的48.4%；发明专利授权为482件，占新疆历年发明专利授权累计数的53.1%；实用新型专利授权4389件，占新疆历年实用新型专利授权累计数的46.3%；外观设计专利授权1636件，占全区历年外观设计专利授权累计数的58.7%；非职务发明专利授权4562件，占新疆历年非职务发明专利授权累计数的47.1%；职务发明专利授权1945件，占新疆历年职务发明专利授权总量的55.7%。自治区专利申请和授权量在西北排第二位。全区注册商标申请30587件，占全区商标申请总数的66.9%，有效注册商标14205件，占新疆商标申请总数的58.4%；获中国驰名商标7件，占新疆中国驰名商标总数的63.6%。全区认定新疆著名商标134件，占全区新疆著名商标总数的68%。新疆已有地理标志24件，占全区地理标志总数的92.3%，位居全国第五位。全区登记出版外国图书授权合同登记48件，累计达到59件，著作权登记650件，累计达到1800件；认定软件企业57家，其中国家布局内重点软件企业2家，软件产品169个。计算机软件登记17件，累计达到27件。截至2009年，全区共申请植物新品种44件，累计达到76件，植物新品种授权为18件，累计达到21件，其中梨属1个、棉属8个、普通番茄1个、普通西瓜2个、普通小麦1个、甜瓜4个、玉米4个。

（三）以营造创新环境为导向，扎实推进知识产权保护工作

1.不断完善知识产权政策法规建设

2004年自治区人大审议通过了《专利保护条例》；自治区党委和人民政府出台了《关于贯彻〈中共中央、国务院关于加强技术创新、发展高科技、实现产业化的规定〉的意见》和《新疆维吾尔自治区人民政府关于加强专利工作促进技术创新的意见》。自治区整顿和规范市场经济秩序工作领导小组办公室等11个部门出台了《关于建立自治区保护知识产权举报投入服务中心工作机制的意见（暂行）》；自治区知识产权局、经贸委、食品药品监督管理局制定了《新疆维吾尔自治区商业企业开展专利保护试点工作的意见》；自治区科技厅、知识产权局出台了《关于加强科技创新知识产权管理的若干意见》；自治区知识产权局与自治区财政厅联合制定出台了《新疆维吾尔自治区专利实施资助资金管理办法》和《新疆维吾尔自治区专利申请资金管理办法》。自治区知识产权局制定了《新疆维吾尔自治区管理专利工作的部门采取封存或者暂扣措施细则》（新知法字〔2005〕62号）等3个专利执法管理办法。

2.进一步加强了知识产权保护体系建设

自治区成立了由多个政府部门组成的知识产权保护工作组，负责全区知识产权保护专项行动的统一部署和协调；成立了"软件正版化领导小组"，负责全区软件正版化工作的组织和协调。15个地州市成立了专利、商标、版权等知识产权执法保护机构和队伍，知识产权执法和司法人员超过千人。

3.积极加强执法检查、监督工作

自治区人大与知识产权局于2006年、2008年先后组成专利执法检查组，对伊犁等5地州市贯彻执行《专利法》和《专利保护条例》情况进行了专项检查。

4.积极开展知识产权保护专项行动

五年中，自治区人民政府认真贯彻落实《国务院办公厅关于印发保护知识产权专项行动方案的通知》（国发办〔2004〕67号）精神，成立了由自治区经贸委等19个部门组成的自治区保护知识产权工作组，制定出台了《新疆维吾尔自治区加强知识产权保护工作方案（2006—2007年）》，对自治区知识产权保护工作的指导思想、目标、要求、安排、重点和措施等方面作了全面部署。专项行动在全区全面展开，有力地打击了知识产权侵权行为，规范了市场。

5.充分发挥社会的力量，开展举报投诉维权活动

2006年7月，建立了"自治区保护知识产权举报投诉服务中心"，制定了《新疆维吾尔自治区保护知识产

权举报投诉服务中心工作制度》和《新疆维吾尔自治区保护知识产权举报投诉服务中心管理办法》等各项管理规定；开通4条12312保护知识产权投诉专线电话，建立了"中国保护知识产权网"新疆子站和保护知识产权举报投诉业务处理系统，搭建了执法机关和举报投诉服务中心之间的信息互通平台，实现了举报投诉在线接收、转交、跟踪督办等功能，有效地加强了知识产权保护。

6.坚持向社会发布知识产权保护状况

五年中，由自治区知识产权工作协调指导小组牵头，以纪念"4·26"世界知识产权日为契机，举行新闻发布会，向社会发布《新疆维吾尔自治区知识产权保护状况》（白皮书）和《新疆维吾尔自治区知识产权典型案例》。

7.知识产权执法部门和司法机关加强协作配合

自治区知识产权行政执法部门和司法机关在知识产权保护工作中建立了相互沟通、相互交流、密切配合、相互协作的知识产权执法保护机制，共享执法信息，联合开展知识产权执法、司法保护活动。

8.加强了非物质文化遗产保护工作

自治区成立了非物质文化遗产保护研究中心，并在每年6月10日举行自治区"非物质文化遗产保护日"宣传纪念活动。自治区文化管理部门按照"保护第一、抢救第二，合理利用、继承发展"的要求，积极做好非物质文化遗产保护工作。截至2008年年底，经自治区政府批准公布的自治区首批非物质文化遗产名录有108项。

9.推进自治区涉及遗传资源和传统医药知识保护

2005年5月12日，自治区知识产权局与自治区新闻出版局（版权局）联合印发了《关于加强对自治区涉及遗传资源和传统医药知识保护的通知》，就如何切实做好自治区传统医药知识包括相关药用资源方面新闻出版物的管理工作，防止自治区传统医药知识和遗传资源的流失进行一次认真的自查、清理活动。

在实施"自治区知识产权战略推进工程"期间，在全区知识产权执法部门和司法机关的不懈努力下，自治区知识产权保护工作取得了突出的成绩。据统计，五年来，全区专利执法部门共受理专利侵权纠纷案件274件，结案219件，查处冒充专利案件839件，结案653件，查处假冒专利案件10件，参加行政诉讼12起。出动专利执法人员7180人（次），检查商业场所4809个（次），检查商品123.56万件。全区工商部门在保护商标、打击商标侵权、假冒活动中检查商家31万家，受理案件5201件，案值4153.92万元，罚款232.52万元，收缴违法商标标识1133.77万个，销毁侵权商品12.8万件，移送公安机关2人。全区版权执法部门在打击盗版执法活动中出动执法人员16.91万人（次），出动车辆1.58万台（次），受理案件240件，检查出版商家2.55万家，处罚违法摊点厂家4.57万家，查处盗版书刊267.61万册，查处盗版音像制品243.95万张（盘），销毁盗版读物74.23万册、半成品盗版光盘66.76万张（盘），罚款87.29万元。全区植物新品种保护部门开展植物新品种保护执法行动15次，出动执法人员886人（次），出动执法车辆178台（次），检查苗木林场5686个，查处违法案件333件，查处违法经营单位281个，查处违法苗木522.26万株，罚款0.5万元。乌鲁木齐海关在海关知识产权保护工作中出动执法人数720人（次），受理案件209件，案值2857.7万元，没收侵权物品2857.7万件，罚款3.38万元，企业海关备案33个。全区公安机关在刑事保护活动中开展执法活动30次，车辆200台（次），检查商家4630家，受理案件132件，立案129件，破案97件，案值2944.91万元，查处盗版光盘5.93万张，查处盗版书刊47.3万册，收缴非法物资429吨，为权利人挽回经济损失624.71万元。全区司法机关在司法保护活动中共受理知识产权案件867件，其中一审法院受理案件724件，二审法院受理案件143件。受理专利案件201件，商标案件236件，著作权案件247件，技术合同案件156件，植物新品种案件1件，其他案件26件。结案824件，其中一审法院结案682件，二审法院结案142件。

（四）以试点示范为抓手，积极推进企事业单位知识产权工作

在实施"自治区知识产权战略推进工程"期间，自治区知识产权部门积极与经济、科技等部门以试点示范工作为抓手，不断开拓企事业单位知识产权工作，并取得了显著效果。一是以企业为重点，不断创新工作。在2004年6月自治区第一批专利试点工作验收时，将验收合格的7家试点企业列为自治区第一批示范单位，进行知识产权示范工作。二是开展区域试点工作。将企事业单位试点延伸到县市区，选定乌鲁木齐市等8个不同级别、不同类型的区域开展区域试点工作。三是提高试点层次。通过向国家知识产权局推荐，特变电工等企业被列为全国知识产权试点示范企业；乌鲁木齐市、昌吉州和克拉玛依市被列为全国知识产权试点示范城市；乌鲁木齐高新区成为国家知识产权试点园区；天利高新等8个被列为国家专利交流站。四是扩展试点领域和试点方式。自治区在第一批专利试点工作结束后，将企业专利试点创新为企事业单位知识产权试点；在乌鲁木齐市专利试点城市工作结束后，及时申报全国知识产权示范城市，争取国家政策的支持。另外，自治区知识产权局还积极推动各地州市的试点工作。五是不断总结，不断提高。2007年3月和2009年7月两次召开自治区知识产权试点示范工作会议，对试点示范工作进行了总结提高和推广，对先进单位和先进个人进行了表彰和奖励。

在自治区人民政府的关怀支持和全区知识产权管理部门及企事业单位的配合下，自治区知识产权试点示范工作不断创新、不断发展。知识产权试点示范工作取得了可喜的成绩。据统计，截至2009年年底，自治区被列为全国知识产权试点城市两批3个、示范城市1个；全国知识产权试点企事业单位2批5家，全国知识产权示范和示范创建企业2批1家（2次）；被列为自治区知识产权试点区域两批20个；自治区知识产权试点企事业单位3批56家，自治区知识产权示范企事业单位2批17家；首批自治区专利工作交流站6个，全国专利工作交流站2个；自治区全国知识产权口岸试点基地一个；地州市所列知识产权试点企事业单位2批110家。试点示范工作有效地推动了试点示范单位知识产权工作体系、知识产权制度的建立和完善；提高了试点示范单位运用知识产权制度的能力和水平；提升了试点示范单位自主知识产权创造，加强了试点示范单位知识产权运用和保护；实现了企业知识产权管理与现代企业制度建设有机结合，提升了企业市场核心竞争力。据对44家试点企业的调查，建立知识产权管理机构的企业由试点前的10个增加到试点后的44个，建立知识产权内设工作机构的企业由试点前的35个增加到试点后的63个，分别比试点前增长了340.0%和80.0%。企业知识产权工作人员由试点前的162人到试点后的376人，增加了214人，增幅为132.1%；试点前专利管理专职人员为21人，试点后为89人，试点前兼职为141人，试点后增加到287人。而且每一个试点企业都有一名或两名公司负责人分管知识产权工作。在知识产权制度建设方面，试点前建立知识产权制度的企业有20个，试点后为43个，增幅为115.0%；试点前制定知识产权制度的企业为72个，试点后达到217个，增幅为201.4%。试点前建立专利信息数据库的企业有10家，试点后增加到41个，增幅为310.0%。试点前建立的知识产权宣传、培训、申请保护、奖励、实施等专项资金为15706.66万元；试点后为17486.59万元，增幅为11.3%。试点前建立奖励资金54.3万元，试点后增加到1332.98万元，是试点前的24.5倍；试点前奖励科技人员208人（次），试点后奖励科技人员1254人（次），是试点前的6倍；试点前发放奖金67.8万元，试点后发放奖金18790.7万元，是试点前的277.1倍。试点前，在技术创新、新产品开发、专利项目立项、专利技术引进等活动中利用专利文献的单位有20个，试点后达到39个，增幅为95.0%。试点前支出知识产权宣传经费为50.65万元，试点后支出宣传经费403.16万元，比试点前增长了695.9%。试点前，支出培训经费50.31万元，试点后为322.31万元，比试点前增长了540.6%。试点前举办知识产权培训班和讲座173期（次），培训人员3171人（次），试点后举办知识产权培训班和专题讲座693期（次），培训人员21335人（次）。试点后举办的培训班期（次）和培训人数比试点前分别增长了300.6%和572.8%。试点前申请专利393件，试点后为1361件，是试点前的3.46倍。试点前专利授权为257件，试点后为869件，是试点前的3.38倍。试点前商标注册为156件，试点后为635件，是试点前的4.1倍。试点前著名商标7件，试点后为34件，是试点前的4.86倍。试点前获自治区科技成果奖为128项，试点后为186项；试点前在科技成果项目中获得的专利为159件，试点后为217件。试点后与试点前相比，所获省部级、自治区级科技成果奖和专利数分别提高了56项、58项和58件。试点前支出专利实施资金2418.1万元，试点后为14876.1万元，比试点前增长了515.2%。试点前，实施专利项目222项，产值38.68亿元，利润12.58亿元，缴纳税金11.83亿元。试点后，实施专利项目730项，产值336.85亿元，利润14.91亿元，缴纳税金17.1亿元，实施专利项目、产值、利润和缴纳税金比试点前分别增加了508项、298.17亿元、2.33亿和5.27亿元。

试点前专利转让4项，试点后为767项，是试点前的191.75倍；试点前专利转让收入为10万元，试点后为3996万元，是试点前的399.6倍。在专利引进和进行二次开发方面，试点期间，引进专利22件，实现产值131205万元，进行二次开发申请专利25件，转化实现产值1960万元。经过试点，试点单位的经济势力明显提升。试点前，试点单位产值为126.42亿元，试点后为348.61亿元，比试点前增加222.19亿元；试点前企业缴纳税金为4.07亿元，试点后为29.71亿元，比试点前多缴税25.64亿元；年盈利试点前为15.77亿元，试点后为28.70亿元，比试点前增加12.93亿元。

表 4-4 新疆知识产权试点企业试点前后数据对比表

项目	工作内容		试点前	试点后	增幅（%）
机构建立	建立知识产权管理机构的企业（家）		10	44	340.0
	企业建立知识产权内设工作机构（个）		35	63	80.0
人员配备	企业知识产权工作人员（人）		162	376	132.1
	其中	专职人员（人）	21	89	423.8
		兼职人员（人）	141	287	156.8
制度建设	建立知识产权制度的企业（家）		20	43	115.0
	制定知识产权制度（个）		72	217	210.4
信息利用	建立专利信息数据库的企业（家）		10	41	310.0
奖励工作	企业建立知识产权专项资金（万元）		15706.66	17486.59	11.3
	企业设立奖励资金（万元）		54.3	1332.98	2354.8
	企业奖励科技人员（人/次）		208	1254	502.9
	企业发放奖励资金（万元）		67.8	18790.7	276.2
	利用专利文献企业（家）		20	39	95.0
战略制定	企业制定知识产权战略（家）		6	44	633.3
宣传培训	支出知识产权宣传经费（万元）		50.65	403.16	696.0
	支出培训经费（万元）		50.31	322.31	540.7
	举办知识产权培训班和讲座（期/次）		173	693	311.4
	参加知识产权培训班和讲座（人/次）		3171	21335	576.1
知识产权	企业支出专利申请费（万元）		550.04	791.6	43.9
	企业专利申请量（件）		393	1361	246.3
	专利授权量（件）		257	869	238.1
	商标注册（件）		156	635	307.1
	著名商标（件）		7	34	385.7
	中国驰名商标（件）		0	2	200.0
	计算机软件登记（件）		0	7	700.0
专利实施	企业支出专利实施资金（万元）		2418.10	14876.1	515.2
	专利项目	数量（项）	222	730	228.8
		产值（亿元）	38.68	336.85	7731.2
		利润（亿元）	12.58	14.91	184.8
		缴纳税金（亿元）	11.83	17.1	44.5
	专利转让数量（件）		4	767	190.8
	产值（万元）		10	3996.0	398.6

续表

项目	工作内容		试点前	试点后	增幅（%）
专利实施	专利引进	数量（件）		22	
		产值（万元）		131205.0	
	二次开发申请专利	数量（件）		25	
		转化实现产值（万元）		1960.0	
	企业产值总额（亿元）		126.42	348.61	175.8
	应缴纳税金（亿元）		4.07	29.71	630.0
	企业年盈利额（亿元）		15.77	28.07	65.3

（五）加强专利运用，大力推进自主知识产权转化和产业化

在实施"自治区知识产权战略推进工程"中将自主知识产权技术的实施作为一项重要工作来抓。知识产权管理部门会同财政等部门，在对专利实施工作进行总结的基础上，将《新疆维吾尔自治区专利实施资助资金管理办法》进行了修订，创造性地提出并实施了知识产权制度导入工程，通过专利技术实施政策引导，促进实施主体知识产权制度的建立、完善和运用，将有关扶持拥有自主知识产权的高新技术及其产业化的政策落实到市场主体。对于拥有自主知识产权的核心技术和配套技术的中小型高新技术企业，加大扶持力度，促进拥有自主知识产权的技术转移和扩散。鼓励高校、科研机构与企业合作研究开发或引进国内外先进技术，共同进行二次开发和创新，其成果在取得知识产权并进行合理分享权益的基础上，由有关企业实施。拓展实施拥有自主知识产权的技术的投资渠道，探索风险投资机制，构建孵化、转移平台，大力推进拥有知识产权的技术产业化、商品化进程，形成一批有自主知识产权的产品和产业，使其迅速转化为现实生产力，成为自治区新的经济增长点。

实施"自治区知识产权战略推进工程"以来，新疆商标工作的重点不断向农村牧区延伸，把商标工作与服务"三农"和推进社会主义新农村建设紧密结合，以农产品商标和地理标志作为联系企业与农户的纽带，积极推广"企业+商标+农户"的经营方式，引导帮助农业生产和经营者使用农产品商标和地理标志，创新商标富农工作机制，提高了农民进入市场的组织化程度，实现了农业产业化、市场化、品牌化发展，使新疆的地理标志实现了很大的突破。以"伊力"牌白酒、"新特"牌变压器、"美克·美家"牌家具等驰名商标为依托发展起来的一批具有较强竞争实力的上市公司或大型企业集团已成为带动和促进自治区经济发展的中坚力量。2008年认定的63件著名商标企业，销售收入、利润、上缴税金分别达到230.77亿元、12146万元、15.44亿元，比3年前新认定时的159.18亿元、8031万元、96052万元，分别增长了44.97%、51.24%、60.73%，对自治区经济发展作出了积极贡献。

版权保护促进了新疆版权事业较快发展。2006—2008年，新疆译制维吾尔语、哈萨克语影视剧6715集，译制维吾尔语、哈语、蒙古语、柯尔克孜语四种语言影视剧8394集，天山电影制片厂拍摄的电影《美丽家园》等4部影视剧作在国内外展映。2007年完成了电视连续剧《大漠高墙》等54部集新作。2008年，天山电影制片厂制作的《买买提的2008》荣获第九届长春电影节"最受群众欢迎影片奖"；新疆音像出版社《中国维吾尔十二木卡姆》DVD精装版获首届中国政府出版奖音像制品提名奖。2006年，新疆人民广播电台制作广播剧242集，歌曲700首。新疆现有歌舞团、文工团等各类艺术表演团体2007年国内演出观众人次达到1183万余人次。2007年新疆音像产业实现营业利润24350万元，出版社2009年销售收入4.51亿元。期刊企业工业产值13.85亿元，实现利税8200万元。国有图书发行网点，销售额达到22.99亿元，实现利税7784.23万元。2009年，自治区共认定软件企业57家，软件产品169个，其中国家布局内重点软件企业2家。2007年软件业务收入达到7.5亿元，同比增长20.97%；企业软件业务收入2007年比2001年增长了5.4倍。

（六）以提升核心竞争和综合势力为目标，积极推进知识产权战略研究制定和软课题研究工作

一是基本完成了《战略纲要》和13个专题研究制定工作；二是圆满完成《新疆优势产业知识产权战略研究》课题研究，为新疆优势产业的知识产权发展提供了有力理论支撑，获得国家知识产权局软科学二等奖；三是组织实施了《新疆科技管理工作中知识产权问题研究》软课题研究。

（七）以增强知识产权意识为着力点，积极有效开展知识产权宣传培训工作

实施"自治区知识产权战略推进工程"的5年期间，在宣传方面，全区知识产权管理部门以提高知识产权意识为目标，以纪念"4·26世界知识产权日"为契机，充分发挥广播、电视、报刊等新闻媒体的作用，大力开展丰富多彩的保护知识产权宣传活动，并取得了显著成绩。据不完全统计，全区共出动工作人员1.29万人（次），出动宣传车0.28万车（次），印发宣传资料222.1万份，悬挂宣传条幅1.42万条，制作板报8251块，报纸出专刊134个，举办专题报告会501场，参加人数63.63万人（次），现场咨询199.7万人（次），发布宣传口号6420多条，举办座谈会、报告会、讲座、知识竞赛59场（次）。

在培训方面，全区认真落实国家知识产权局提出的"百千万知识产权人才"培训工程和"自治区知识产权战略推进工程"制订的"知识产权万人教育培训计划"，把知识产权人才队伍培养和建设作为一项战略性工程来抓，通过建立培训目标责任制，对培训任务进行层层分解，各级制订实施年度培训计划，建立培训专项资金，培训师资队伍，发挥各级党校、干部教育培训基地的作用，以及坚持"走出去、请进来"的方式举办培训班和承办培训班，年底总结培训工作，检查落实培训任务等措施，有计划有步骤地开展对党政领导干部，企事业单位负责人，科技人员，企业营销人员，知识产权管理、执法和中介服务人员，知识产权师资人员以及大中专学生等人员的知识产权培训，取得显著成绩。据统计，2004—2009年，在实施"自治区知识产权战略推进工程"期间，全区共举办各类知识产权培训班、专题报告会1588期（次），培训人数25.97万人（次），其中举办知识产权培训班1292期，培训人数近11.0万人（次），举办知识产权专题报告会和座谈会491次，参加人数13.83万人（次），共支出培训经费685.8万元，其中，自治区支出202.7万元，地州市支出284.8万元，国家知识产权局支出198.3万元，基本达到了预期目标，超额完成了原先制订的教育培训计划。

（八）以提升公共服务水平为宗旨，不断提高知识产权综合服务能力建设

1.不断完善知识产权信息公共服务体系建设

自治区专利、商标、版权等知识产权管理部门都结合其职能和专业特点，设计了网页，建立了网站和信息数据库，面向全区开展公共信息服务。自治区知识产权局与新疆大学合作，在新疆大学建立了"新疆专利信息服务中心"，配备了相关设备和专利数据库，培训了专业人员。

2.积极推进建立了专利技术交易平台建设

在国家知识产权局的支持下，自治区知识产权局与新疆科技开发中心联合成立了"国家专利技术（新疆）展示交易中心"，组织有关人员到内地进行了考察学习，支出开办经费10万元。

3.大力加强知识产权中介服务队伍建设

加强中介服务队伍建设。截至2009年年底，全区有专利代理机构6个，比2003年增加1个，具有专利代理人资格人员68名，比2003年增加13名，具有代理执业资格从事专利代理业务的专利代理人员25名。全区有商标代理机构58个，比2003年增加30个，商标代理人员150多人，比2003年翻了一番。

促进了自治区知识产权服务工作。据统计，2004—2009年，全区专利代理机构代理专利申请4342件，占全区同期专利申请总数的33.0%，同比增长14.1%。其中代理发明专利申请793件，同比增长23.6%；代理案件486件；经营收入502.1万元，同比增幅136.1%；上缴营业税27.3万元，同比增幅60.5%；缴纳个人所得税8万元，同比增幅69.7%。

（九）从合作机制建设入手，积极推进"局区"会商和知识产权对口合作援疆机制的建立

自治区人民政府认真贯彻落实国务院〔2007〕32号文件精神，积极推进"局区"会商制度和会商机制的建立。2008年7月17日，国家知识产权局印发《关于进一步促进新疆知识产权事业发展的若干意见》（国知发管字〔2008〕92号）。该意见从8个方面对自治区知识产权事业发展给予大力支持。同年8月12日，自治区人民政府与国家知识产权局签订了《国家知识产权局和新疆维吾尔自治区人民政府共同推进新疆知识产权事业发展建立工作合作会商制度议定书》。伊犁、塔城、阿勒泰、博州、昌吉州、吐鲁番、哈密、巴州、阿克苏、喀什、和田和克州12个地州政府分别与江苏、广东、浙江、湖南、山东、河南、河北、上海、北京、天津、辽宁、黑龙江、吉林、安徽、江西、湖北、福建、山西和深圳19个省市知识产权局签订对口支援合作协议，建立了知识产权对口合作援疆机制，有力地推动了新疆的知识产权工作。

第五章 工作体系

专利工作体系可分为专利法律体系、专利管理体系、专利中介服务体系和专利教育培训体系等。专利法律体系包括专利立法、执法和司法机构。

我国专利工作体系主要包括管理专利工作的部门和专利中介服务机构。建立完善专利工作体系是专利事业快速发展的需要和保障。

新疆专利工作体系主要是指自治区、地州市及县（市、区）等单位设立的管理专利工作的机构。

30年来，在自治区党委、政府的关怀和领导下，自治区的专利工作体系得到逐步建立，专利政策、法规、制度体系得到不断完善，在自治区专利创造、运用、保护、管理和服务工作中提供了重要的组织保障和制度保障。

第一节 专利管理体系

一、自治区专利管理体系

自1985年以来，自治区专利行政管理体系得到逐步建立健全，专利管理队伍不断发展壮大。

（一）自治区知识产权（专利）局机构沿革

1985年3月13日，自治区人民政府办公厅印发《对自治区科委、经委〈关于建立我区专利工作机构的请示报告〉的批复》（新政办〔1985〕42号）。自治区人民政府同意设置专利管理处，作为自治区的专利管理机关，列事业编制7人，受自治区科委领导。

1990年3月20日，自治区科委印发《关于转发国家科委、中国专利局〈关于加强专利管理工作的通知〉的通知》（新科专字〔1990〕043号）。该通知指出，专利管理机构具有专利执法和专利管理双重职能。自治区专利管理处成立初期，还承担自治区科技成果管理工作，直至1990年10月科技成果处成立。

1991年8月21日，根据自治区科委的申请报告，自治区机构编制委员会印发《关于自治区科委专利管理处更名为自治区专利管理局的通知》（新机编字〔1991〕186号），同意自治区专利管理处更名为自治区专利管理局，人员编制由7人增加为10人，内设信息部、实施部、法律部和办公室等机构。性质、级别和隶属关系不变。

1997年1月10日，根据国务院《关于进一步加强知识产权保护工作的决定》（国发〔1994〕38号），自治区专利管理局向自治区副主席米吉提·纳斯尔并转阿不来提·阿不都热西提主席上报《对自治区专利管理局升为副厅级的意见》（新专管字〔1997〕01号）。在该意见中指出，王乐泉书记在自治区科委关于自治区专利局升为副厅级的报告上批示："我总的倾向应逐步强化专利管理工作"。

2000年10月21日，根据《中共中央、国务院关于新疆维吾尔自治区党政机构改革方案的通知》（中委〔2000〕138号）精神，自治区人民政府印发《关于自治区专利局更名为自治区知识产权局的通知》（新政函〔2000〕226号），将自治区专利管理局更名为自治区知识产权局，由县处级升格为副厅级，为自治区人民政府直属事业单位，比照公务员管理，人员编制由10个增加到18个（2002年接受1名转业军人增加1个编制，达到19个），内设综合处、管理实施处、法律事务处。

2007年12月10日，自治区机构编制委员会办公室印发《关于下达行政编制用于置换自治区知识产权局事业编制的通知》（新机编办〔2007〕289号），将自治区知识产权局的编制由事业置换为行政，总编制为19名，其中17名行政编制，2名工勤人员编制。该通知进一步明确了自治区知识产权局的职能：为自治区人民政府主管专利工作和协调知识产权事宜的副厅级行政机构。

　　2008年6月20日，根据科技厅《关于设立自治区知识产权局规划发展处及增加人员编制的请示》（新科党组字〔2007〕23号），自治区机构编制委员会印发《关于自治区知识产权局设立规划发展处的批复》（新机编〔2008〕18号），同意在自治区知识产权局设立规划发展处，增加1名处级领导职数。

表5-1　新疆维吾尔自治区知识产权（专利管理）局机构沿革及人员情况一览表

机构	成立时间	性质	编制人数（人）	实有人数（人）	负责人	职务	任职期限	机构成立审批文号
自治区科委专利管理处	1985-3-13	行政	7	16	吕文良	处长	1985-3—1990-10	新政发〔1985〕42号
					刘立天	副处长	1985-5—1986-11	
					白志斌	未定	1985-5—1986-12	
						主任科员	1986-2—1990-10	
						副处长	1990-11—1991-8	
					刘永生	副处长	1986-12—1990-11	
						处长	1990-11—1991-8	
					李静	未定	1985-5—1986-12	
					聂曾祥	未定	1985-5—1986-12	
						科员	1986-2—1987-2	
					谭力	未定	1985-5—1986-12	
						副主任科员	1986-12—1988-12	
						主任科员	1989-1—1990-10	
					高峰	未定	1985-7—1986-12	
						科员	1986-12—1988-12	
						主任科员	1989-1—1990-10	
					梁新杰	未定	1986-7—1986-11	
					焦学军	未定	1986-7—1986-11	
					雷筱云	未定	1986-7—1986-12	
						科员	1986-11—1991-8	
					贺迎国	未定	1986-7—1986-11	
						科员	1986-11—1991-8	
					张华	主任科员	1990-12—1991-8	
					杨陆一	主任科员	1990-4—1990-10	
					翁文	未定	1990-7—1991-8	
					叶红珠	未定	1990-12—1991-8	

续表

机构	成立时间	性质	编制人数（人）	实有人数（人）	负责人	职务	任职期限	机构成立审批文号
自治区专利管理局（县级）	1991-8-27	事业	10	17	刘永生	局长	1991-8—2000-3	新机编发〔1991〕186号
					白志斌	副局长	1991-8—1994-1	
					田湘勇	副局长	1999-9—2000-10	
					史治勋	调研员	1999-3—2000-12	
					张 华	副处级调研员	1991-8—1993-12	
					李 静	助理调研员	1997-3—1999-3	
					叶红珠	未定 副主任科员 主任科员	1991-8—1991-10 1991-10—1993-9 1993-9—2000-10	
					雷筱云	科员 副主任科员 主任科员 助理调研员	1991-9—1993 1993—1995-4 1995-4—1996-9 1996-9—2000-10	
					贺迎国	科员 副主任科员 主任科员	1991-9—1995-4 1995-4—1996-10 1996-11—2000-10	
					热夏提·买买提	科员	1990-7—1995-10	
					翁文	科员	1991-9	
					梁新杰	副主任科员	1994-1—1995-12	
					谢北兰	副主任科员	1994-1—1995-6	
					巴哈古丽	科员 副主任科员 主任科员	1995-12—1996-10 1996-11—1998-12 1991-1—2000-10	
					哈洪江	主任科员	1996-11—2000-10	
					杨靖	未定 副主任科员	1996-1—1996-10 1996-11—2000-10	
					肖旭	未定 科员	1996-7—1996-8 1996-8—2000-10	
					郭秀华	会计（测试中心编制借用）		
					吕红梅	出纳	1996-9—2000-10	
					朱云涛	驾驶员	1997-4—2000-10	

机构	成立时间	性质	编制人数（人）	实有人数（人）	负责人	职务	任职期限	机构成立审批文号
自治区知识产权局（副厅级）	2000-10-21	事业行政	18（2007年12月增加1个编制人数）	37	姜万林	局长	2000-3—2008-5	新政函〔2000〕226号
					马庆云	局长	2008-4—2014-12	
					田湘勇	副局长	2000-10—2005-1	
						调研员	2005-1—2008-12	
					谭力	副局长	2005-1—2008-4	
						副厅级巡视员、副局长	2008-4—2014-12	
					多里坤·阿吾提	副局长（兼综合处处长）	2001-2—2013-9	
					孙东方	副局长	2011-1—2014-12	
					艾拉·吾买尔巴克	副局长	2013-7—2014-12	
					潘战钢	局长助理（挂职）	2011-1—2011-12	
					陈勇	综合处处长	2007-4—2008-11	
						规划发展处处长	2008-11—2014-12	
					常铖	综合处处长	2009-3—2012-10	
					夏黎	综合处处长	2012-10—2014-12	
					史治勋	综合处调研员	2000-3—2001-4	
						综合处副处长（正处级）	2001-4—2002-5	
						管理实施处调研员	2005-5—2010-5	
						管理实施处、综合处（返聘）	2010-5—2014-12	
					李怀军	综合处副处长	2001-4—2002-5	
						管理实施处副处长	2002-5—2003-5	
					董海军	综合处副调研员	2006-6—2007-6	
						法律事务处副处长	2007-7—2011-11	
					叶红珠	综合处助理调研员	2002-5—2014-11	
					雷筱云	管理实施处主任科员	2000-10—2001-4	
						管理实施处处长	2001-4—2007-10	
					薛卫东	管理实施处处长	2007-6—2013-9	
					成功	管理实施处处长	2013-7—2014-12	
					余英荣	管理实施处副处长（挂职）	2006-6—2007-5	
					沈联海	管理实施处副处长	2009-3—2014-12	
					黄晓珊	法律事务处处长	2001-4—2003-4	
					哈洪江	法律事务处副处长	2001-4—2006-6	
						法律事务处处长	2006-6—2014-12	
					李亚林	法律事务处副处长（挂职）	2014-7—2014-12	

机构	成立时间	性质	编制人数(人)	实有人数(人)	负责人	职务	任职期限	机构成立审批文号
自治区知识产权局(副厅级)	2000-10-21	事业行政	18(2007年12月增加1个编制人数)	37	刘山玖	综合处副处长	2004-7—2010-12	新政函〔2000〕226号
						专利代办处副处长	2010-12—2011-11	
						专利代办处处长	2011-11—2014-12	
					范志刚	综合处(未定)	2008-11—2010-6	
						综合处助理调研员	2010-6—2011-11	
						法律事务处副处长	2011-11—2014-12	
					贺迎国	管理实施处主任科员	2000-10—2001-4	
						综合处助理调研员	2001-4—2007-7	
						专利代办处副处长	2007-7—2010-7	
						法律事务处副调研员	2010-7—2014-12	
					王志明	管理实施处副主任科员	2004-7—2006-1	
						管理实施处主任科员	2006-1—2009-3	
					杨靖	管理实施处主任科员	2000-8—2004-7	
						综合处主任科员	2004-7—2010-3	
						法律事务处副调研员	2010-3—2014-12	
					肖旭	管理实施处副主任科员	2001-4—2006-4	
					巴哈古丽	法律事务处副主任科员	2000-10—2004-7	
						法律事务处主任科员		
						综合处主任科员	2004-7—2010-6	
					吕红梅	综合处科员	2001-1—2006-1	
						综合处副主任科员	2006-1—2009-11	
						综合处主任科员	2009-11—2014-12	
					朱云涛	综合处科员	2001-9—2006-1	
						综合处副主任科员	2006-1—2009-11	
						综合处主任科员	2009-11—2012-10	
					阿依努尔·阿不都如苏里	法律事务处(未定)	2002-12—2003-12	
						法律事务处科员	2003-12—2007-4	
						法律事务处副主任科员	2007-4—2010-7	
						法律事务处主任科员	2010-7—2014-12	
					赵斐斐	管理实施处副主任科员	2008-2—2011-6	
						管理实施处主任科员	2011-6—2014-12	
					李元	管理实施处未定	2003-12—2005-1	
						管理实施处科员	2005-1—2008-4	
						综合处副主任科员	2008-4—2011-6	
						综合处主任科员	2011-6—2014-12	
					张芳萍	综合处副主任科员	2011-9—2013-2	
						管理实施处副主任科员	2013-2—2014-12	
					崔志静	综合处办事员	2011-7—2014-12	
					梁亮	综合处驾驶员	2012-1—2014-12	
					谭小海	专利代办处副主任(挂职)	2012-2—2013-1	
					张华山	专利代办处副主任(挂职)	2013-11—2014-11	

机构	成立时间	性质	编制人数（人）	实有人数（人）	负责人	职务	任职期限	机构成立审批文号
自治区知识产权局（副厅级）	2000-10-21	事业行政	18（2007年12月增加1个编制人数）	37	刘红强	专利代办处专利审查员	2008-5—2014-12	
					古丽娜	专利代办处科员 法律事务处（援助维权中心）科员	2008-6—2013-10 2013-10—2014-12	

（二）自治区专利管理部门及内设机构职责

1.自治区专利管理处职责

制定全区的专利工作规划和计划；组织协调全区的专利工作并进行业务指导；处理全区的专利纠纷；管理全区的许可证贸易和技术引进中有关专利的工作；负责全区专利工作的宣传教育和干部培训；领导自治区的专利服务机构。此外，该处还受自治区科委的委托负责全区科技成果管理工作。

2.自治区专利管理局及内设机构职责

（1）自治区专利管理局职责。

贯彻落实《专利法》及实施细则，组织制定或草拟自治区专利工作的政策、法规；负责全区有关专利法律、法规的宣传普及工作；负责全区专利行政执法工作；负责全区专利纠纷案件调处工作；协调指导全区查处假冒专利行为社会监督网的工作；协调全区专利实施许可证贸易；负责自治区专利技术实施的组织工作和专利实施许可合同登记备案工作；指导全区企事业单位的专利工作；负责全区专利信息网络建设；负责全区专利文献开发利用工作；承办全区专利管理专业人才培训工作；指导全区以专利为主的无形资产的评估工作，组织本区专利技术评价工作；协调全区专利法律服务体系的建设工作，指导全区专利服务机构及专利代理人的工作；组织全区发明人参加国内外专利及新技术、新产品交流交易活动；负责自治区专利先进集体、先进个人和优秀发明人的表彰奖励工作；指导各地、各部门的专利工作；承办自治区科委领导交办的其他工作。

（2）自治区专利管理局内设机构及职责。

自治区专利管理局内设法律部、实施部、信息部、办公室和财务室5个机构。

法律部：负责全区专利法制建设的总体规划和实施管理；全区地方性专利法规和专利行政执法实施细则的拟定；组织进行全区专利执法政策的调研工作；受理并依法调处各类专利纠纷；依法查处假冒他人专利和冒充专利行为；配合海关做好查处侵权专利产品出境工作；负责全区并指导地、州、市的专利广告证工作；受理地、州、市专利管理机关行政复议案件；协调指导地、州、市专利执法工作，并进行监督检查；负责全区专利执法人员的培训工作；负责自治区查处冒充专利行为社会监督网的组织建设和管理工作。

实施部：负责全区专利实施工作发展规划的拟定；负责全区专利实施工作规章及管理办法的拟定；指导全区企业专利工作；负责自治区专利技术推广基金的筹集和管理；受理并管理自治区专利实施计划项目；受理、审查和办理专利合同的认定和登记；负责自治区优秀发明创造和专利技术开发者的奖励工作；负责自治区发明协会的日常工作和自治区知识产权研究会的日常工作。

信息部：负责全区专利宣传工作的规划部署及检查实施；负责全区专利工作人员的培训；负责全区专利文献工作的规划和管理；负责全区专利信息网络的规划和建设，面向全区提供各种形式的专利文献检索服务；负责全区专利代理机构的审核批准和管理；负责全区专利代理人的培训、考核和资格审查；承办《新疆专利工作》的编辑发行工作。

办公室：收集、整理、保管专利档案和文献；来文的登记和传阅，发文的编印、文字把关和登记；局内部管理制度和管理办法的拟定;职工考勤登记和劳动纪律的监督检查;车辆的管理和调度;印鉴的保管和使用登记;领导交办的其他工作。

财务室:负责专利事业费和专利技术推广费等专项经费的管理;承办专利执法罚款的回收和上缴;承办专利服务费、工本费的登记和回收;负责职工工资的审核、调级、发放和工资关系的结转;负责事业费的收支、记账和各种会计凭证的装订与保管;承办个人住房公积金、个人所得税、教育税等税费的扣缴;完成领导交办的其他工作。

3.自治区知识产权局及内设机构职责

(1)自治区知识产权局职责。

自治区知识产权局主要职责:贯彻执行国家有关专利的法律、法规、方针、政策,拟定地方性法规、规章和政策措施并组织实施;制定专利工作发展规划和专利信息网络规划并组织实施;承办自治区知识产权工作协调指导小组办公室的工作;负责协调全区涉外知识产权事宜;承办自治区知识产权战略实施领导小组办公室的工作;负责全区企事业单位和县市区知识产权试点示范工作的组织和指导;负责全区专利行政执法和知识产权维权援助工作;负责有关知识产权的宣传教育及培训工作;负责全区专利服务机构、专利代理人的监管和指导工作;负责全区专利实施管理及专利技术产业化工作;负责全区专利申请经费资助工作;负责新疆发明协会日常管理和专利技术及产品的交流交易活动的组织工作;负责全区专利申请的受理代办、专利实施许可合同备案等工作;负责新疆发明协会、新疆知识产权研究会及软科学研究项目管理工作;完成自治区人民政府交办的相关事宜。

(2)自治区知识产权局内设机构及职责。

自治区知识产权局内设综合处、规划发展处、管理实施处和法律事务处4个处室。

综合处:负责文秘、机要、信访、保密、档案管理、统计分析、财务及行政事务管理;负责政策研究和重要报告、文件的起草和会议组织、规章制度的制定;负责有关知识产权的宣传工作;负责专利文献的管理、检索服务及指导全区专利信息网络规划建设工作。

规划发展处:负责拟订自治区知识产权事业发展规划和计划并组织实施;研究提出促进自治区知识产权事业发展的政策措施;协调、指导知识产权保护和创新体系的建立;负责自治区知识产权战略研究计划的制订、指导与实施;负责制订自治区专利信息网络发展规划并组织实施;负责自治区专利实施资金及专利申请资助资金的监督与管理等。

管理实施处:负责拟订全区专利实施工作发展规划;负责制订专利实施工作规章制度及管理办法并组织实施;负责专利工作的对外合作与交流,协调涉外知识产权事宜;管理自治区专利技术推广基金,组织实施自治区专利实施计划项目;负责知识产权培训计划的制订及实施;负责全区专利服务机构、专利代理人的监管工作;负责新疆发明协会日常管理,组织开展新疆专利奖评审、专利技术及产品的交流交易等活动;承办自治区知识产权战略实施领导小组办公室、知识产权协调指导小组办公室及新疆知识产权研究会的日常业务工作。

法律事务处:负责制定自治区知识产权与专利法规建设的总体规划,起草地方性专利法规和专利行政执法实施细则;负责指导协调全区专利行政执法工作;依法处理专利纠纷和查处冒充专利行为;负责处理专利行政复议事宜;负责全区行政执法证件(专利类)的核发、年审工作。

(三)自治区知识产权局直属单位机构沿革

1.新疆无形资产评估所

1994年3月21日,在全国率先成立新疆无形资产评估所。该所隶属自治区专利管理局。1999年9月20日,经自治区科委党组的批准,新疆无形资产评估所实施并完成脱钩改制工作。

2.国家知识产权局专利局乌鲁木齐专利代办处

2005年12月18日和2006年4月7日,自治区机构编制委员会和国家知识产权局分别印发"新机编字

〔2005〕85号"批复和"国知发管函字〔2006〕63号"批复，同意设立国家知识产权局专利局乌鲁木齐专利代办处，正县级事业单位，编制5名，领导职数2名。2008年8月1日，国家知识产权局印发"国知发管函字〔2008〕227号"批复，同意设立"中国（新疆）知识产权维权援助中心"。2009年3月14日，经自治区分类推进事业单位改革工作领导小组办公室批准，在自治区知识产权维权援助中心内设"国家知识产权局专利局乌鲁木齐专利代办处"，规格相当县（处）级，核定事业编制6名，领导职数2名。2010年8月31日，自治区机构编制委员会办公室印发《关于调整国家知识产权局专利局乌鲁木齐代办处机构编制有关事宜的批复》（新机编办〔2010〕148号），同意在国家知识产权局专利局乌鲁木齐代办处增挂"新疆维吾尔自治区知识产权维权援助中心"牌子，增加3名全额预算管理事业编制，事业编制总额6名。

3.新疆维吾尔自治区专利信息中心

2010年5月27日，自治区机构编制委员会印发《关于调整新疆大学机构编制事宜的批复》（新机编〔2010〕86号）。在该批复第三款中指出："在新疆大学图书馆加挂'新疆维吾尔自治区专利信息中心'牌子，人员编制由新疆大学图书馆内部调整"。

截至2014年12月，自治区知识产权局内设处室有4个（综合处、法律事务处、管理实施处、规划发展处），直属事业单位2个（国家知识产权局专利局乌鲁木齐专利代办处"新疆维吾尔自治区知识产权维权援助中心"和新疆维吾尔自治区专利信息中心）；人员编制为25名（其中行政编制17名，工勤人员编制2名，事业编制6名）；局级领导职数3名，处级领导职数7名；实有人员30人（其中在编人员19人、聘用11人）。

（四）自治区知识产权局直属单位职能

1.国家知识产权局专利局乌鲁木齐专利代办处（自治区知识产权维权援助中心）职能

专利代办业务：承担国家知识产权局专利局授权或委托的专利业务及相关服务性工作，其主要业务包括：专利申请文件的受理、费用减缓请求的审批、专利费用的收缴、专利实施许可合同备案、办理专利登记簿副本及相关业务咨询服务。

维权援助业务：组织提供有关知识产权的法律法规、申请授权的程序与法律状态、纠纷处理和诉讼咨询及中介服务机构推荐等服务；组织提供知识产权侵权判定及赔偿额估算的参考意见；为具有较大影响的涉外知识产权纠纷及无能力支付纠纷处理和诉讼费用的中国当事人提供一定的经费资助；协调有关机构，研究制订促进重大涉外知识产权纠纷与争端合理解决的方案；对疑难知识产权案件、滥用知识产权和不侵权诉讼的案件，组织研讨论证并提供咨询意见；为重大的研发、经贸、投资和技术转移活动组织提供知识产权分析论证和知识产权预警服务；对大型体育赛事、文化活动、展会、博览会和海关知识产权保护事项，组织提供快捷的法律状态查询及侵权判定等服务；结合新疆经济社会发展状况和知识产权工作现状，根据实际需求，对中心的援助内容进行适当调整。

2.新疆维吾尔自治区专利信息中心职能

新疆维吾尔自治区专利信息中心受自治区知识产权局和新疆大学双重领导，其主要职能是：负责专利信息中心网络系统和网站的管理与维护；负责专利数据库的制作与专利数据的及时更新；负责专利信息中心网络系统技术支持，设备、仪器选型与采购等工作；组织开展专利信息中心管理人员和专利检索、咨询服务人员的培训；面向全区开展专利信息检索、查新、咨询服务。

二、自治区部门知识产权管理体系

自1985年以来，自治区政府各部门相继建立了负责知识产权管理和保护工作机构。

1985—1999年期间，自治区部门负责知识产权管理和保护的机构有：自治区专利管理局、自治区工商行政管理局商标监督管理处、自治区新闻出版局（版权局）版权监督管理处、自治区信息化工作领导小组办公室、自治区农业厅科技处、自治区林业厅科技处、自治区最高人民法院经济审判庭、乌鲁木齐市中级人民法院经济审判庭和乌鲁木齐海关法规处等。

2000—2014年，自治区部门负责知识产权管理和司法的机构有33个，即自治区政府办公厅秘书七处、自治区党委宣传部宣传教育处、自治区发展和改革委员会社会发展处、自治区经济与信息化委员会技术装备处、自治区国有资产监督管理委员会规划发展处、自治区科技厅政策法规处、自治区知识产权局、自治区农业厅科教处、自治区司法厅律师处、自治区财政厅经济建设处、自治区教育厅高教、自治区商务厅进出口公平贸易处、自治区公安厅经济犯罪侦查总队、自治区林业厅科教处、自治区畜牧厅科教处、自治区卫生厅科教处、自治区人力资源和社会保障厅政策研究处、自治区环境保护厅科教处、自治区工商行政管理局商标监督管理处、自治区新闻出版（版权局）版权监督管理处、自治区食品药品监督管理局药品注册处、自治区国家税务局所得税处、自治区地方税务局流转处、自治区质量技术监督局政策法规处、自治区广电局科技处、自治区统计局人口和社会科技处、自治区高级人民法院民三庭、自治区党委政策研究室综合处、自治区政府发展研究中心综合秘书处、乌鲁木齐海关法规处、自治区人民政府法制办公室行政法规处、自治区文化厅市场处、自治区机构编制委员会办公室等。

三、地州市专利管理体系

自治区地州市及县（市、区）专利管理体系建设是随着自治区专利事业的不断发展而逐步建立和完善起来的。

20世纪八九十年代，昌吉、哈密和阿勒泰3个地州建立了专利管理机构。

1996年10月16日，自治区专利管理局印发《关于自治区各地州市机构中专利管理机构设置问题的通知》（新专字〔1996〕016号）。要求各地州市科委在机构改革中明确专利管理职能，设置专利管理机构，配备专利管理人员，使全区各地州市能正常行使专利法赋予的执法和管理双重职能。

1998年1月7日，自治区科委印发《关于加强自治区地、州（市）科委专利管理与执法工作的通知》（新科办字〔1998〕001号）。该通知指出，在自治区机构改革办公室批复的各地州（市）"三定"方案中，已将专利管理与执法的职能明确赋予各地州（市）科委。各地州（市）科委在地州（市）机构改革之际，尽快成立专利管理机构，确有困难的，也要先挂出牌子。

进入21世纪，自治区知识产权局提出了"打基础，建机构，建队伍"的工作思路，并将地州市专利管理体系建设作为每年的重点工作积极推进。

2001年12月3日，自治区人民政府出台《新疆维吾尔自治区人民政府关于加强专利工作促进技术创新的意见》（新政发〔2001〕64号）。该意见在第二项"加强对全区专利工作的领导，建立健全专利工作体系"中指出，"原则上地州一级都应设立知识产权管理机构。各地、州、市人民政府（行署）要按事业单位机构、编制分级管理的原则，从经济发展水平和专利事业发展的实际出发，逐步健全和完善管理专利工作的机构"。

2002年1月，自治区人民政府召开自治区专利工作议会，对地州市建立专利体系提出了明确要求。

上述重要举措，对地州市专利管理体系建设起到了重要的推动作用。在各级政府的大力支持和自治区知识产权局的积极推动下，地州市及县（市、区）的知识产权（专利）管理体系建设得到了全面推进和发展。截至2014年12月底，全区15个地州市、63个县市（47个县、16个市）、11个市辖区（含乌鲁木齐高新技术开发区和经济技术开发）、2个开发区（库尔勒经济技术开发区和霍尔果斯经济开发区）成立知识产权局。全区知识产权局系统在编工作人员共计298人（其中专职168人、兼职130人）；专利执法人员278人；知识产权师资人员46人；知识产权通讯员116人。

表5-2　新疆维吾尔自治区地州市知识产权（专利）管理机构沿革及人员情况一览表

机构名称	成立时间	性质	编制人数（人）	实有人数（人）	人员	职务	任职期限	机构成立审批文号
伊犁哈萨克自治州知识产权局	2002-7-29	事业	8	8	努尔太	局长	2003-4—2008-1	伊州政办〔2002〕80号
					赛力克·马哈提	局长	2008-10—2012-9	
					叶尔波力·马奥	局长	2012-9—2014-12	
					余英荣	副局长	2003-4—2006-8	
					高慧东	副局长	2006-8—2014-12	
					王海波	副局长	2011-1—2014-12	
					艾克木哈孜·布拉提拜	法律处处长	2006-4—2014-12	
					付彦新	综合处处长	2008-2—2014-12	
					热西旦·沙比提	综合处副处长	2008-12—2014-12	
塔城地区知识产权局	2001-5-10	事业	7	5	王卫锋	局长	2007-9—2014-12	塔地机编办字〔2003〕18号
					陈春林	副局长	2003-6—2014-12	
					孙强国	副局长	2007-9—2014-12	
阿勒泰地区科委成果专利科	1999-9-1	行政	2	1	加玛丽汉	科长	1999-9—2000-12	阿行办发〔1999〕108号
阿勒泰地区知识产权局	2002-11-18	事业	8	8	陈琦	局长	2002-11—2005-10	阿地机编字〔2002〕23号
					聂书明	局长	2005-10—2006-12	
					丁均	局长	2006-12—2014-12	
					阿勒玛斯·哈布都哈力	副局长	2006-4—2008-10	
					阿扎提·毛吾提汗	副局长	2009-9—2014-12	
					郭峰	综合科科长 办公室主任	2008-72—2012-9 2013-4—2014-12	
					叶尔肯·斯玛胡力	法律科科长 专利管理科科长	2009-3—2013-4 2013-4—2014-12	
					范海龙	法律科副科长	2013-4—2014-12	
博尔塔拉蒙古自治州知识产权局	2002-8-20	事业	6	5	董海军	局长	2003-4—2007-2	博州政办发〔2002〕117号
					董晓旭	局长	2007-2—2014-12	
					游丽蓉	副局长	2003-3—2014-12	
					欧世龙	副局长	2013-10—2014-12	
					阿孜古丽·伊力木	副局长	2013-10—2014-12	
昌吉回族自治州专利管理局（科级）	1996-11-7	事业	5	5	王兴文	副局长	1997-7—2000-12	昌州编字〔1996〕49号
昌吉回族自治州知识产权局	2002-4-20	事业	9	9	杜白	局长	2002-1—2004-1	昌州党发〔2002〕29号
					伦金义	局长	2005-1—2013-3	
					夏志春	局长	2014-12—2014-12	
					吾斯曼·阿卜杜拉	书记、副局长	2011-9—2014-12	
					王兴文	副局长	2002-4—2013-9	

续表

机构名称	成立时间	性质	编制人数(人)	实有人数(人)	人员	职务	任职期限	机构成立审批文号
昌吉回族自治州知识产权局	2002-4-20	事业	9	9	洪启林	专利管理科科长	2002-4—2007-8	
					郭冀生	综合科科长	2002-4—2008-8	
					郭志刚	专利管理科科长	2007-9—2014-12	
					帕丽达	综合科科长	2008-9—2014-12	
吐鲁番地区知识产权局	2002-8-13	事业	6	6	时鉴	局长	2002-8—2011-3	吐地行办〔2002〕113号
					王海龙	局长	2011-3—2014-3	
					姚建军	局长	2014-3—2014-12	
					尹波	业务科科长	2006-4—2012-8	
						副局长	2012-8—2014-12	
					李文斌	综合科副科长	2007-5—2012-8	
						业务科科长	2012-8—2014-12	
					王焰烈	综合科科长	2012-8—2014-12	
哈密地区专利管理局（科级）	1998-2-12	事业	10	8	王龙霞	主任	1998-2—2001-6	哈地编字〔1998〕17号
					刘永峰	主任	2001-6—2002-5	
哈密地区知识产权局	2002-5-23	事业	9	9	卢东明	局长	2002-5—2014-11	哈地编办字〔2002〕26号
					狄英	综合科副科长	2005-12—2011-7	
						科长	2011-7—2013-5	
						副局长	2013-5—2014-12	
					孙俊春	综合科副科长	2003-8—2005-12	
						法规科副科长	2010-11—2012-5	
					章从平	协调管理科副科长	2003-8—2008-2	
						科长	2008-2—2011-1	
					买合莫提·依不拉英	协调管理科副科长	2011-1—2012-7	
						科长	2012-7—2014-12	
					杨复军	法规科科长	2013-5—2014-12	
					阿不都热依木·叶合牙	法规科副科长	2003-8—2013-5	
巴音郭楞蒙古自治州知识产权局	2002-9-18	事业	6	4	刘传启	局长	2004-2—2014-12	巴政办〔2002〕167号
					玛丽娅	副局长	2003-2—2014-12	
					宋永红	副局长	2006-10—2010-10	
					杨佃民	副局长	2010-10—2014-12	
					宋智军	副主任科员	2003-2—2014-12	
阿克苏地区知识产权局	2003-2-7	事业	8	7	贾新军	局长	2003-9—2014-12	阿地机编〔2003〕12号
					王志强	副局长	2015-4—2014-12	
					何凌	副局长	2005-8—2013-7	
克孜勒苏柯尔克孜自治州知识产权局	2006-3-20	事业	5	6	艾拉·吾买尔巴克	局长	2006-3—2007-9	克机编办字〔2006〕17号
					彭烈庆	局长	2006-3—2009-6	
					贺桥云	副局长	2009-6—2014-12	
					王成武	综合科科长	2007-10—2014-12	

机构名称	成立时间	性质	编制人数（人）	实有人数（人）	人员	职务	任职期限	机构成立审批文号
喀什地区知识产权局	2002-9-23	事业	9	8	玉麦尔江·亚合甫	局长	2002-9—2012-1	喀署发〔2002〕111号
					马胜军	副局长	2002-9—2014-12	
					帕尔哈提·艾白都拉	综合科副科长	2004-1—2014-12	
					巨春梅	法律事务科副主任科员	2015-1—2014-12	
					孙美辉	综合科副主任科员	2005-5—2014-12	
和田地区知识产权局	2002-1-14	事业	6	6	迪力夏提·库尔班	局长	2002-10—2008-4	和机编办〔2002〕7号
					阿布都拉·阿不都热合曼	局长	2008-4—2014-12	
					艾则孜江·买提沙力	办公室主任	2006-12—2013-12	
					张金甫	办公室副主任	2010-3—2014-12	
					管以辉	办公室主任	2013-3—2014-12	
					阿依努尔·买吐逊	办公室副主任	2004-2—2010-3	
乌鲁木齐市知识产权局	2002-9-18	事业	10	10	王晓江	局长	2002-11—2004-11	市党发〔2002〕8号市政办〔2002〕249号
					张静捷	局长	2004-12—2009-6	
					钟美文	局长	2010-8—2014-12	
					张东岩	党支部书记（专职）	2006-5—2014-12	
					张晴霞	副局长	2003-2—2006-5	
					郭春远	法律事务处处长副局长	2003-1—2006-5 2006-5—2008-5	
					齐满古丽·买买提	法律事务处副处长处长 协调管理处副处长处长	2006-5—2008-5 2008-5—2013-3 2003-2—2006-5 2013-3—2014-12	
					安景萍	协调管理处处长局长助理	2006-5—2008-5 2008-5—2014-1	市党发〔2002〕8号市政办〔2002〕249号
					史苏波	协调管理处处长法律事务处处长	2008-5—2013-3 2013-3—2014-12	
					张明国	协调管理处副处长	2014-4—2014-12	
克拉玛依市知识产权局	2007-5-16	事业	6	5	胡克	局长（兼）	2007-5—2012-4	新克党办〔2007〕74号
					孙凡	局长（兼）	2012-4—2014-12	
					吴建华	副局长	2007-10—2010-6	
					魏新	副局长	2010-6—2012-07	
					潘永庆	副局长	2012-7—2014-12	
					朱剑钊	副局长	2013-5—2014-12	

机构名称	成立时间	性质	编制人数（人）	实有人数（人）	人员	职务	任职期限	机构成立审批文号
克拉玛依市知识产权局	2007-5-16	事业	6	5	刘富强	办公室主任	2007-5—2012-6	
					杜鸿东	管理实施科副科长 科长	2008-5—2013-3 2013-3—2013-5	
					裴坤	副主任科员	2007-10—2014-12	
					沈艳彬	政策法规科副科长	2013-12—2014-12	
石河子市知识产权局	2002-11-27	事业	5	3	盛赞华	局长	2007-7—2014-1	师市编字〔2003〕129号
					赵图强	局长	2014-1—2015-6	
					李琦	局长	2015-6—2014-12	
					张新岗	副局长（分管）	1999-3—2013-12	
					殷继荣	办公室主任	2008-10—2010-11	
					王勇	办公室主任	2010-11—2014-12	
					王海庆	办公室副主任	2011-11—2014-12	

注：1. 未设立专利管理机构地区的专利（知识产权）管理工作由该地区的科技管理部门负责；

2. 上述在职人员任职下限时间为本书编写的下限时间（2014年12月）。

表5-3 新疆维吾尔自治区地州市知识产权局机构和人员编制情况一览表

（截至2014年12月底）

机构名称	性质	级别	形式	人员编制（人）	法人代表	成立时间、审批文号
伊犁哈萨克自治州知识产权局	事业、参公	处级	科技局二级局	12（专职）	叶尔波力·马奥	2002年7月29日 伊州党发〔2002〕15号
塔城地区知识产权局	事业、参公	副处级	科技局二级局	7（专职）	王卫锋	2002年7月2日 塔行办发〔2002〕98号
阿勒泰地区知识产权局	事业、参公	副处级	科技局二级局	8（专职）	丁均	2002年11月18日 阿地机编字〔2002〕23号
博尔塔拉蒙古自治州知识产权局	事业、参公	副县级	科技局二级局	6（专职）	董晓旭	2002年8月20日 博州政办发〔2002〕117号
昌吉回族自治州知识产权局	事业、参公	副处级	独立机构	9（专职）	伦金义	2002年4月25日 昌州政办发〔2002〕59号
吐鲁番地区知识产权局	事业、参公	副处级	科技局二级局	6（专职）	姚建军	2002年8月13日 吐地行办〔2002〕113号
哈密地区知识产权局	事业	副处级	独立机构	9（专职）	卢东明	2002年7月3日 哈地编办字〔2002〕26号

续表

机构名称	性质	级别	形式	人员编制（人）	法人代表	成立时间、审批文号
巴音郭楞蒙古自治州知识产权局	事业、参公	副处级	科技局二级局	6（专职）	刘传启	2002年9月18日 巴政办〔2002〕167号
喀什地区知识产权局	事业	副处级	科技局二级局	9（专职）	马胜军	2002年11月15日 喀署办发〔2002〕111号
阿克苏地区知识产权局	事业	副处级	科技局二级局	8（专职）	贾新军	2003年2月17日 阿地机编办〔2004〕98号
克孜勒苏柯尔克孜自治州知识产权局	事业、参公	副处级	科技局二级局	6（专职）	贺桥云	2003年8月13日 克机编办字〔2003〕31号
和田地区知识产权局	事业	副处级	科技局二级局	6（专职）	阿不都拉·阿不都热合曼	2002年1月14日 和机编办〔2002〕7号
乌鲁木齐市知识产权局	事业	副县级	科技局二级局	10（专职）	钟美文	2002年9月18日 市党发〔2002〕8号、乌政办〔2002〕249号
克拉玛依市知识产权局	事业	副处级	单独挂牌、合署办公	6（专职）	孙凡	2007.5月16日 克机改办〔2002〕17号
石河子市知识产权局	行政	处级	单独挂牌、合署办公	5（专职）	赵图强	2002年11月27日（挂牌）新机编办字〔2003〕129号
合计	1（行政）、14（事业）	2（处级）、13（副处级）	2（独立）2（合署）11（二级局）	113（专职）		2002年成立12个、2003年成立2个、2007年成立1个

表5-4　新疆维吾尔自治区县、市（市辖区）知识产权局机构一览表
（截至2014年12月底）

机构名称	性质	级别	形式	人员编制（人）	法人代表	成立文号
乌鲁木齐高新技术开发区（新市区）知识产权局	行政	副县级	单独挂牌、合署办公	1（兼职）	刘东伟	乌编委〔2010〕54号
乌鲁木齐经济（头屯河区）科学技术局（知识产权局）	行政	县级	单独挂牌、合署办公	2（兼职）	罗建光	乌党发〔2012〕6号
乌鲁木齐市天山区知识产权局	行政	科级	单独挂牌、合署办公	1（兼职）	张艳明	天编办〔2010〕44号
乌鲁木齐市沙依巴克区知识产权局	事业	副科	单独挂牌、合署办公	1（兼职）	胡卫东	沙编委〔2010〕7号

续表

机构名称	性质	级别	形式	人员编制（人）	法人代表	成立文号
乌鲁木齐水磨沟区知识产权局	行政	科级	单独挂牌、合署办公	1（兼职）	周芸	水政办〔2012〕42号
乌鲁木齐市米东区知识产权局	行政	科级	单独挂牌、合署办公	1（兼职）	刘永春	米政办〔2012〕50号
乌鲁木齐市达坂城区知识产权局	行政	科级	单独挂牌、合署办公	2（兼职）	谭宁	达政办〔2012〕72号
乌鲁木齐县知识产权局	行政	科级	单独挂牌、合署办公	2（兼职）	朱红兵	县政办〔2012〕112号
伊宁市知识产权局	行政	副科级	合署办公、未挂牌	4（兼职）	孙力	伊市政办〔2003〕4号
奎屯市知识产权局	行政	副科级	单独挂牌、合署办公	2（专职）1（兼职）	宋小冀	奎政办发〔2012〕119号
察布查尔县知识产权局	行政	科级	单独挂牌、合署办公	1（专职）4（兼职）	王泓	察机编字〔2004〕10号
巩留县知识产权局	行政	科级	单独挂牌、合署办公	1（兼职）	王海刚	巩机编字〔2003〕05号
霍尔果斯经济开发区社会服务管理局	行政	副处级	合署办公、未挂牌	3（兼职）	方修江	伊州党办发〔2002〕46号
霍城县知识产权局	行政	科级	单独挂牌、合署办公	2（兼职）	张秀军	霍政办〔2002〕65号
昭苏县知识产权局	行政	副科级	单独挂牌、合署办公	1（兼职）	唐建兵	昭机编字〔2004〕76号
特克斯县知识产权局	行政	副科级	合署办公、未挂牌	1（兼职）	林海泉	特政办〔2002〕96号
新源县知识产权局	行政	副科级	单独挂牌、合署办公	1（专职）	湛红亚	新机编办字〔2005〕26号
尼勒克县知识产权局	行政	副科级	单独挂牌、合署办公	2（专职）	李连斌	尼机编字〔2004〕15号
伊宁县知识产权局	行政	科级	单独挂牌、合署办公	1（兼职）	陈国强	伊县政办〔2002〕119号
塔城市知识产权局	行政	科级	单独挂牌、合署办公	2（兼职）	郑祥玲	塔市政办〔2012〕171号
乌苏市知识产权局	行政	科级	单独挂牌、合署办公	5（兼职）	李鸿	乌政办〔2012〕211号
托里县知识产权局	行政	科级	合署办公、未挂牌	2（兼职）	马战海	托机编办〔2003〕03号
额敏县知识产权局	行政	科级	单独挂牌、合署办公	3（兼职）	皇甫爱芝	额党发〔2011〕72号
和布克赛尔县知识产权局	行政	科级	单独挂牌、合署办公	1（兼职）	彭景臣	和政发〔2012〕98号

机构名称	性质	级别	形式	人员编制（人）	法人代表	成立文号
沙湾县知识产权局	行政	科级	单独挂牌、合署办公	3（兼职）	吴红宇	沙政办〔2012〕176号
裕民县知识产权局	行政	科级	单独挂牌、合署办公	2（兼职）	徐晓燕	裕机编字〔2004〕08号
阿勒泰市知识产权局	行政	科级	单独挂牌、合署办公	1（兼职）	徐海	阿市机编办字〔2006〕35号
布尔津县知识产权局	行政	科级	单独挂牌、合署办公	2（兼职）	吴晓冬	布机编字〔2006〕22号
哈巴河县知识产权局	行政	科级	单独挂牌、合署办公	1（专职）	赵杨	哈机编字〔2006〕9号
福海县知识产权局	行政	科级	单独挂牌、合署办公	1（兼职）	席金芝	福机编字〔2006〕4号
富蕴县知识产权局	行政	科级	单独挂牌、合署办公	1（兼职）	陶卫新	富机编字〔2006〕12号
吉木乃县知识产权局	行政	科级	单独挂牌、合署办公	1（兼职）	王乃祥	吉机编字〔2006〕17号
青河县知识产权局	行政	科级	单独挂牌、合署办公	1（兼职）	成誉陇	青机编字〔2006〕3号
博乐市知识产权局	事业	副科级	单独挂牌、合署办公	3（专职）	包德军	博市政办发〔2013〕78号
阿拉山口市科技局	事业	副科级	合署办公、未挂牌	2（兼职）	危成勇	阿市政办发〔2013〕89号
温泉县知识产权局	事业	副科级	合署办公、单独挂牌	1（专职）1（兼职）	刘志登	温泉政办发〔2013〕57号
精河县知识产权局	事业	副科级	单独挂牌、合署办公	1（专职）1（兼职）	许俊平	精政办〔2014〕2号
昌吉市知识产权局	行政	科级	单独挂牌、单独办公	3（专职）15（兼职）	张新立	昌市政办〔2009〕161号
阜康市知识产权局	行政	科级	单独挂牌、合署办公	1（专职）3（兼职）	李世成	阜机编字〔2003〕209号
玛纳斯县知识产权局	行政	科级	单独挂牌、合署办公	1（兼职）	张前山	玛编发〔2004〕20号
呼图壁县知识产权局	行政	科级	单独挂牌、合署办公	1（兼职）	王传江	呼县政办〔2008〕254号
吉木萨尔县知识产权局	事业	副科级	单独挂牌、合署办公	1（兼职）	徐生有	吉县编发〔2003〕100号
木垒县知识产权局	事业	副科级	单独挂牌、合署办公	1（兼职）	董福天	木编字〔2003〕139号
奇台县知识产权局	行政	科级	合署办公、未挂牌	1（兼职）	王晓东	奇编字〔2004〕1号

机构名称	性质	级别	形式	人员编制（人）	法人代表	成立文号
吐鲁番市知识产权局	事业、参公	副科级	科技局二级局	4（专职）	刘顺进	吐政办〔2002〕123号
鄯善县知识产权局	事业、参公	副科级	单独挂牌、合署办公	1（专职）1（兼职）	李逢明	鄯机编办〔2008〕53号
托克逊县知识产权局	事业、参公	副科级	合署办公、未挂牌	3（专职）	董大全	托政办〔2002〕126号
哈密市知识产权局	事业	副科级	单独挂牌、合署办公	3（兼职）	阿不都瓦依提·司马义	哈市科字〔2004〕06号
伊吾县知识产权局	事业	股级	独立机构	3（专职）1（兼职）	刁训录	伊机编字〔2010〕39号
巴里坤自治县知识产权局	行政	科级	单独挂牌、合署办公	1（兼职）	努尔波拉提	巴机编字〔2005〕2号
库尔勒经济技术开发区经济发展局	事业	副处级	合署办公、未挂牌	2（兼职）	侯先锋	库开发管发〔2004〕67号
库尔勒市知识产权局	行政	副科级	单独挂牌、合署办公	1（专职）2（兼职）	李忆	库编发〔2006〕041号
阿克苏市知识产权局	行政	科级	单独挂牌、合署办公	1（兼职）	艾克拜尔·艾合买提	阿市机编办〔2008〕25号
阿瓦提县知识产权局	行政	科级	单独挂牌、合署办公	1（兼职）	周军	瓦机编〔2008〕32号
拜城县知识产权局	事业	科级	单独挂牌、合署办公	2（兼职）	吐尔洪·司马依	拜机编办〔2008〕171号
柯坪县知识产权局	事业	科级	单独挂牌、合署办公	1（兼职）	陈婷	柯机编办〔2008〕24号
库车县知识产权局	行政	科级	单独挂牌、合署办公	1（兼职）	李勇江	库机编办〔2008〕33号
沙雅县知识产权局	行政	科级	单独挂牌、合署办公	2（兼职）	吴远国	沙机编〔2008〕34号
温宿县知识产权局	行政	科级	单独挂牌、合署办公	1（兼职）	吐鲁洪·吐逊	温机编〔2008〕50号
乌什县知识产权局	行政	科级	单独挂牌、合署办公	1（兼职）	奴容沙·买买提	乌机编〔2008〕38号
新和县知识产权局	行政	科级	单独挂牌、合署办公	1（兼职）	艾尼瓦尔·艾买尔	新河机编〔2008〕116号
喀什市知识产权局	行政	科级	单独挂牌、合署办公	1（兼职）	刘燕	喀市机编办字〔2010〕2号
泽普县知识产权局	行政	科级	单独挂牌、合署办公	2（兼职）	佐热姑丽·玉素甫	县常委会研究同意
阿图市知识产权局	事业	股级	单独挂牌、合署办公	2（专职）1（兼职）	张新运	阿机编办〔2014〕10号

机构名称	性质	级别	形式	人员编制（人）	法人代表	成立文号
和田市知识产权局	事业	科级	未挂牌、合署办公	6（兼职）	赵峰伟	和市机编〔2012〕24号
策勒县知识产权局	行政	科级	单独挂牌、合署办公	1（兼职）	查军	策机编〔2012〕6号
和田县知识产权局	行政	科级	未挂牌、合署办公	3（兼职）	张林	和县机编办〔2012〕18号
洛浦县知识产权局	行政	科级	单独挂牌、合署办公	1（兼职）	买木尔江·肉孜买买提	洛机编办〔2012〕4号
民丰县知识产权局	行政		单独挂牌、合署办公	1（兼职）	迪力夏提	民机编办〔2012〕18号
墨玉县知识产权局	事业	科级	单独挂牌、合署办公	1（兼职）	夏建华	墨机编〔2012〕04号
皮山县知识产权局	行政	科级	单独挂牌、合署办公	2（兼职）	赵建军	皮政办发〔2012〕110号
于田县知识产权局	事业	副科级	独立机构	4（专职）、1（兼职）	赵剑涛	于机编办〔2012〕2号
克拉玛依区知识产权局	行政	科级	单独挂牌、合署办公	1（兼职）	王炎	克机编发〔2012〕76号
白碱滩区知识产权局	行政	科级	单独挂牌、合署办公	1（兼职）	杜民	克机编发〔2012〕119号
乌尔禾区知识产权局	行政	科级	单独挂牌、合署办公	2（兼职）	张强	克机编发〔2012〕139号
独山子区知识产权局	行政	科级	单独挂牌、合署办公	3（兼职）	徐烽	新克党委字〔2007〕7号

注：全区有63个县市（47个县、16个县级市）、11个市辖区、2个开发区成立知识产权局；有工作人员164人，其中专职34人、兼职130人。

表5-5 新疆维吾尔自治区县（市、区）知识产权管理机构设置情况统计表
（截至2014年12月底）

地州市名称	设知识产权机构的县级市			设知识产权机构的县			设知识产权机构的市辖区（个）	设知识产权机构的开发区（个）	备注
	市总数（个）	成立数（个）	所占比例（%）	县总数（个）	成立数（个）	所占比例（%）			
乌鲁木齐市	0	0	0	1	1	100	7	0	乌鲁木齐高新区与新市区、乌鲁木齐经济技术开发区与头屯河区合并
伊犁哈萨克自治州	2	2	100	8	8	100	0	1	霍尔果斯经济开发区
塔城地区	2	2	100	5	5	100	0	0	
阿勒泰地区	1	1	100	6	6	100	0	0	

续表

地州市名称	设知识产权机构的县级市			设知识产权机构的县			设知识产权机构的市辖区（个）	设知识产权机构的开发区（个）	备注
	市总数（个）	成立数（个）	所占比例（%）	县总数（个）	成立数（个）	所占比例（%）			
博尔塔拉蒙古自治州	2	2	100	2	2	100	0	0	
昌吉回族自治州	2	2	100	5	5	100	0	0	
吐鲁番地区	1	1	100	2	2	100	0	0	
哈密地区	1	1	100	2	2	100	0	0	
巴音郭楞蒙古自治州	1	1	100	8	0	0	0	1	库尔勒经济技术开发区
阿克苏地区	1	1	100	8	8	100	0	0	
喀什地区	1	1	100	11	1	9.1	0	0	
克孜勒苏柯尔克孜自治州	1	1	100	3	0	0	0	0	
和田地区	1	1	100	8	8	100	0	0	
克拉玛依市	0	0	0	0	0	0	4	0	
石河子市	0	0	0	0	0	0	0	0	
合计	16	0	100	69	48	69.6	11	2	

第二节　专利服务体系

一、专利代理服务体系

（一）专利代理服务体系概述

专利代理机构是指接受委托人的委托，在委托权限范围内，办理专利申请或者办理其他专利事务的服务机构。

专利代理机构有三种类型：一是办理涉外专利事务的专利代理机构；二是办理国内专利事务的专利代理机构；三是办理国内专利事务的律师事务所。

申请成立办理国内专利事务的专利代理机构或律师事务所申请开办专利代理业务的，应当经过其主管机关同意后，报请省、自治区、直辖市专利管理机关审查；没有主管机关的，可以直接报请省、自治区、直辖市专利管理机关审查。审查同意的，由审查机关报中国专利局审批。

申请成立办理涉外专利事务的专利代理机构，应当依照《专利法》的有关规定办理。办理涉外专利事务的专利代理机构，经中国专利局批准的，可以办理国内专利事务。

专利代理机构自批准之日起成立，依法开展专利代理业务，享有民事权利，承担民事责任。

我国的专利代理机构是随着我国专利制度的建立而逐步建立和不断完善。1985—1999年成立的专利代理机构，基本上都是由科技管理部门成立的事业单位，有的在成立时与专利管理机构人员编制在一起，实行一套班子两块牌子，以后才逐步分开。1994年，国家知识产权局在印发的《关于代理机构设置及管理工作的若干意见》（国专发法字〔1994〕第37号）中提出：政府部门设立的专利代理机构要与行政机关脱钩，实现自主经营、独立核算并独立承担民事责任；应发展不占国家编制、不要国家经费的合作制专利代理机构；企业、科研机构、高等院校设立的专利代理机构，如果面向社会服务符合条件，要求在市场经济中发展完善；不符合条件的，鼓励逐步过渡为单位内部的专利工作部门。1999—2000年，国务院办公厅印发《关于清理整顿经济鉴证类社会中介机构的通知》（国办发〔1999〕92号）和《国务院清理整顿经济鉴证类社会中介机构领导小组关于经济鉴证类社会中介机构与政府部门实行脱钩改制的意见》（国办发〔2000〕51号）以及《关于进一步明确经济鉴证类社会中介机构清理整顿范围的通知》（国清〔2000〕1号）。2001年1月8日，国家知识产权局印发《国家知识产权局关于专利代理机构脱钩改制的实施意见》（国知发法函字〔2000〕第180号），要求专利代理机构施行脱钩改制。即由政府部门行政管理改为社会化管理，组织形式由一类变为两类，即合伙制和有限责任制。合伙制，由3名以上合伙人共同出资发起，职责是对该专利代理机构的债务承担无限连带责任。有限责任制，由5名以上股东共同出资发起，职责是以该机构的全部资产对其债务承担责任。

（二）新疆专利代理服务体系沿革

30多年来，自治区审时度势，积极推进专利服务体系建设。

1985年3月13日，自治区人民政府办公厅印发《对自治区科委、经委〈关于建立我区专利工作机构的请示报告〉的批复》（新政办〔1985〕42号），同意设立新疆专利服务中心，作为自治区专利服务机构，暂列事业编制10人，归科委领导。专利服务中心主要承担全区专利代理、专利文献服务、专利技术开发和专利咨询服务等工作。要积极创造条件，逐步实行自负盈亏，企业管理。专利服务中心的经费由自治区财政核拨。

新疆专利服务中心成立初期，与自治区专利管理处为一套班子，两块牌子，合署办公。1996年11月，该中心与自治区专利管理处正式分开，实行独立核算，独立开展业务工作。在事业费划拨和业务上隶属于自治区专利管理局的管理和指导。该中心于2004年完成脱钩改制后，成立乌鲁木齐新科联专利代理事务所有限公司，接收新疆专利服务中心以前所办的相关业务。2004年7月17日，国家知识产权局下发"法代准更字第04096"通知，"乌鲁木齐新科联专利代理事务所有限公司"变更为"乌鲁木齐新科联专利代理事务所（有限公司）"。

1985年2月16日，中国科学院新疆专利事务所成立，为新疆首家专利事务所。该所于2002年实施脱钩改制后，成立乌鲁木齐中科新兴专利事务所。2002年1月21日，国家知识产权局条法司专利代理管理处印发"法代准销字02128号"《关于注销中国科学院新疆专利事务所的通知》。同年4月3日，国家知识产权局印发《撤销中国科学院新疆专利事务所的公告》（第八十二号）。2003年1月27日，国家知识产权局印发"预批函字03'001号"预批通知，同意设立乌鲁木齐中科新兴专利事务所，接收中国科学院新疆专利事务所以前所办的相关业务。

1986年6月26日，根据自治区专利管理处"新专发〔86〕001号"批复，石河子市专利事务所正式成立，1987年正式挂牌，隶属新疆生产建设兵团第农八师和石河子市（简称"师市"）科委，编制2名，主要从事专利代理工作，兼"师市"专利行政管理职能。1991年，"师市"编委会批复，石河子市专利事务所定为乡级事业单位，列编3名。1996年，"师市"成立知识产权工作协调指导小组，下设办公室与石河子市专利事务所合办公。2003年9月2日，根据石河子市国有资产管理委员会办公室印发的"石国资字〔2003〕44号"文件精神，将石河子市专利事务所承担的知识产权管理、执法职能的部分剥离更名为"师市"知识产权办公室（2008

年"师市"编委正式批复,石河子市专利事务所更名为"师市"知识产权办公室,核定事业编制5人);将专利代理业务部分保留,名称仍为石河子市专利代理事务所。该所与"师市"脱钩,由事业性质改制为企业性质的合伙制专利代理机构。2005年3月1日,国家知识产权局印发《关于批准成立石河子联恒专利代理事务所的通知》(法代准字第05008号(专)),批准成立石河子联恒专利代理事务所。鉴于该所在成立时报批程序不规范,国家知识产权局建议撤销该机构。同年7月28日,自治区知识产权局印发《关于注销石河子联恒专利代理事务所机构的批复》(新知管字〔2005〕46号),批准注销石河子联恒专利代理事务所机构。与此同时,根据石河子市专利事务所的申请,自治区知识产权局印发《关于石河子市专利事务所更名的批复》(新知管字〔2005〕45号),同意将石河子市专利事务所更名为石河子恒智专利代理事务所。同年8月15日,国家知识产权局条法司专利代理管理处印发《关于批准石河子市恒智专利代理事务所变更注册事项的通知》(法代准更字第05116号),批准石河子市专利事务所更名为石河子恒智专利代理事务所,接收石河子市专利事务所和石河子联恒专利代理事务所的业务。

1987年9月17日,乌鲁木齐专利事务所成立。该所因人员变动,于2004年1月17日注销,该所以前办理的相关业务移交给乌鲁木齐合纵专利事务所。

1993年5月25日,克拉玛依市专利事务所成立。该所于2001年12月完成脱钩改制后,更名为克拉玛依深思专利事务所。2004年12月31日,该所因专利代理人员兼职等原因,经国家知识产权局批准,在同年12月18日停止代理业务。该机构随之自行撤销。

1994年2月18日和1996年9月,经自治区专利管理局批准,巴州专利事务所和伊犁专利事务所(主要承担专利宣传、咨询服务工作)先后成立。两所因不具备专利代理资格的法定人数,而未获国家知识产权局的批准和从事专利代理业务。

1997年1月2日,新疆生产建设兵团专利事务所成立。2002年该所因人员调离而停止业务。1月21日,国家知识产权局条法司专利代理管理处印发"法代准销字02127号"《关于注销新疆生产建设兵团专利事务所的通知》。4月3日,国家知识产权局在第八十二号公告中注销新疆生产建设兵团专利事务所。

1986年8月5日,昌吉市专利事务所成立。2002年该所因人员调离停办业务。3月4日,国家知识产权局条法司专利代理管理处印发"法代准销字02173号"《关于注销新疆昌吉市专利事务所的通知》。4月3日,国家知识产权局在第八十二号公告中,注销新疆昌吉市专利事务所。

2002年12月11日,国家知识产权局条法司专利代理管理处印发"法代准设字02048号"《关于批准成立乌鲁木齐合纵专利事务所的通知》。2005年10月9日,根据国家知识产权局"法代准更字第05145号"通知,乌鲁木齐合纵专利事务所变更为乌鲁木齐合纵专利商标事务所。

2004年4月18日,国家知识产权局专利代理处印发《关于批准成立乌鲁木齐市创佳专利事务所的通知》(法代准字第04015号(专)),批准成立乌鲁木齐市创佳专利事务所,4月28日,经国家知识产权局批准,更名为乌鲁木齐市禾工专利事务所。

2005年6月13日,根据国家知识产权局"国知发管函字〔2005〕115号"批复,同意成立北京中恒高博知识产权代理有限公司乌鲁木齐办事处。

截至2014年12月,新疆的专利代理机构有6个(含办事机构),具有两证(专利代理资格证和专利代理工作证)的从事专利代理业务的专职专利代理人员有39人,累计达到56人;全区持专利代理资格证的人员有141人。

表5-6　新疆专利代理机构沿革情况一览表

机构名称	成立时间	性质	备注
中国科学院新疆专利事务所	1985-2-16	事业	2003年1月17日改制为乌鲁木齐中科新兴专利事务所
新疆专利服务中心	1986-3-13	事业	2004年12月27日改制为乌鲁木齐新科联专利代理事务所有限公司
石河子市专利事务所	1986-6-30	事业	1986年成立，1987年挂牌，1996年与兵团第八师、石河子市知识产权工作协调指导小组办公室合署办公；2003年将其知识产权管理职能的部分剥离成立"师市"知识产权办公室；将专利代理业务部分保留，名称仍为石河子市专利代理事务所；2005年3月，成立石河子联恒专利代理事务所。同年7月因成立时报批程序不规范经批准注销；同年8月，石河子市专利事务所更名为石河子恒智专利代理事务所
昌吉市专利事务所	1986-8-5	事业	2002年3月4日撤销
乌鲁木齐专利事务所	1987-8-17	事业	2004年1月17日注销
新疆生产建设兵团专利事务所	1997-1-2	事业	2002年12月21日注销
克拉玛依市专利事务所	1993-5-25	事业	2001年12月完成脱钩改制
克拉玛依深思专利事务所	2001-12	合伙	2004年12月31日撤销
乌鲁木齐合纵专利事务所	2002-12-11	合伙	2006年更名为乌鲁木齐合纵专利商标事务所
乌鲁木齐中科新兴专利事务所	2003-1-17	合伙	中国科学院新疆专利事务所脱钩改制后成立
乌鲁木齐市禾工专利事务所	2004-4-28	合伙	
乌鲁木齐新科联专利代理事务所（有限公司）	2004-12-27	有限责任公司	新疆专利服务中心脱钩改制后成立
石河子恒智专利事务所	2005-7-28	合伙	石河子专利事务所脱钩改制后成立
北京中恒高博知识产权代理有限公司乌鲁木齐办事处	2008-3-12	有限责任公司	为北京中恒高博知识产权代理有限公司在新疆的派出机构

注：经自治区专利管理局批准，1994年2月18日，巴州专利事务所成立；1996年9月，伊犁专利事务所成立。两个所均未取得专利代理资格。

二、专利代办服务体系

（一）概述

国家知识产权局专利局乌鲁木齐专利代办处（简称乌鲁木齐专利代办处）是国家知识产权局专利局在新疆乌鲁木齐设立的专利业务派出机构，是隶属新疆维吾尔自治区知识产权局管理的县（处）级事业单位。该处于2005年12月和2006年4月，经自治区机构编制委员会和国家知识产权局批准成立。其主要职责是承担国家知识产权局专利局授权或委托的"专利申请文件的受理、费用减缓请求的审批、专利电子申请注册、专利费用的收缴、专利实施许可合同备案、办理专利登记簿副本及相关业务咨询服务"等业务工作。

（二）乌鲁木齐专利代办机构沿革

1997年1月16日，自治区专利管理局向中国专利局上报《关于申请中国专利局在新疆设立代办处的报告》（新专管字〔1997〕05号）。

2005年12月28日，自治区机构编制委员会印发《关于成立国家知识产权局乌鲁木齐专利代办处的批复》（新机编字〔2005〕85号），同意成立国家知识产权局乌鲁木齐专利代办处，为正县级，列事业编制5名，领导职数2名，全额预算，由自治区知识产权局管理。

2006年4月7日，国家知识产权局印发《关于设立国家知识产权局乌鲁木齐专利代办处的批复》（国知发管函字〔2006〕63号），同意设立国家知识产权局乌鲁木齐专利代办处。

2007年10月24日，自治区知识产权局在乌鲁木齐市举行"国家知识产权局专利局乌鲁木齐专利代办处揭牌仪式"。国家知识产权局专利局初审及流程管理部副部长顾晓莉宣读国家知识产权局关于成立乌鲁木齐专利代办处的批复；自治区主席助理靳诺与国家知识产权局协调管理司副司长曾武宗为乌鲁木齐专利代办处揭牌。

2008年8月1日，国家知识产权局印发《关于同意设立中国（新疆）知识产权维权援助中心的批复》（国知发管函字〔2008〕227号）。

2010年8月31日，自治区机构编制委员会根据自治区科技厅"新党组字〔2009〕25号文"印发《关于调整国家知识产权局专利局乌鲁木齐专利代办处机构编制有关事宜的批复》（新机编字〔2010〕148号），同意在国家知识产权局专利局乌鲁木齐专利代办处增挂"新疆维吾尔自治区知识产权维权援助中心"牌子，增加3名全额预算管理事业编制，调整后，其名称为国家知识产权局专利局乌鲁木齐专利代办处（自治区知识产权维权援助中心），事业编制总额为6名。

2014年3月14日，新疆维吾尔自治区分类推进事业单位改革工作领导小组办公室印发《关于印发〈新疆维吾尔自治区科学技术厅所属事业单位分类改革方案〉的通知》（新事改办〔2014〕84号），同意：新疆维吾尔自治区知识产权维权援助中心（国家知识产权局专利局乌鲁木齐专利代办处）为公益一类，规格相当县（处）级，核定事业编制6名，领导职数2名，专业技术人员比例80%以上，经费实行全额预算管理。

三、无形资产评估体系

1994年3月21日，根据中华人民共和国国务院《国有资产评估管理办法》（〔1991〕91号令）和自治区国有资产管理局《关于颁发重新修订的〈资产评估机构管理暂行办法〉的通知》精神，自治区专利管理局报请自治区国有资产管理局和自治区机构编制委员会批准，在全国率先成立了"新疆无形资产评估事务所"。该所为独立核算，自收自支，自负盈亏的事业单位，编制10个，隶属于自治区专利管理局管理。

1997年6月9日，自治区专利管理局印发《关于设立新疆无形资产评估事务所业务代办处的通知》（新专管字〔1997〕017号）。该通知指出，自治区专利管理局拟定在有条件的地州市科委设立新疆无形资产评估事务所业务代办处。

1999年9月16日，根据国家财政部"财评字〔1999〕119号"《关于资产评估机构脱钩改制的通知》和"财评字〔1999〕321号"《关于资产评估机构脱钩改制有关政策的补充通知》，新疆无形资产评估事务所向自治区专利管理局上报《新疆无形资产评估事务所脱钩改制申请报告》（新无综字〔1999〕第1号）。9月20日，根据中共中央办公厅、国务院办公厅《关于党政机关与所办经济实体和管理的直属企业脱钩有关问题的通知》（中办发〔1998〕27号）等文件要求，自治区专利管理局向自治区科委上报了《关于新疆无形资产评估事务所脱钩改制工作的请示》（新专管字〔1999〕023号），并提出改制实施方案。10月8日，自治区科委党组批示：同意自治区专利管理局的意见，对新疆无形资产评估事务所实行脱钩改制。按照自治区科委党组的批示精神，自治区专利管理局向新疆无形资产评估事务所下发了《关于新疆无形资产评估事务所脱钩改制申请报告的批复》（新专管字〔1999〕025号），并组织有关人员进行善后交接工作。10月9日，自治区专利管理局向自治区国有资产管理局上报《关于新疆无形资产评估事务所脱钩改制资产处理意见》（新专管字〔1999〕024号）。新疆无形资产评估事务所转制后与原新疆经纬会计事务所、新疆融信会计事务所等多家机构合并成立新疆信德有限责任会计师事务所。至此，新疆无形资产评估机构脱钩改制工作圆满完成。

四、专利信息服务体系

建立健全专利信息网站和专利信息服务平台体系，面向全社会开展专利信息查询和检索服务，对于促进和提升新疆专利创造、管理、保护、运用能力和服务水平具有重要意义。

1994年，自治区将"新疆专利信息系统网点"体系建设列入自治区重点科技发展计划。1995年10月，自治区匹配专项资金126万元。经过两年筹备，机房设备已筹备就绪。1997年12月，"新疆专利信息系统网点"被国家知识产权局列入第一批地方信息网点的建设规划。1998年5月，自治区专利管理局制订上报新疆网点的系统配置和实施方案。1999年8月，国家知识产权局规划发展司对新疆网点建设作出安排，并在设备方面给予了大力支持。同年9月下旬建成交付自治区专利管理局使用。新疆专利信息网站通过中国科技网新疆网络中心的10BASE-FL中速光纤局域网和128k卫星信道接入互联网，可以对外发布信息和提供专利信息网上浏览查询服务，初步实现了专利管理工作自动化。新疆专利信息网站作为中国专利信息工程的地方网点，既是自治区"数据采集中心"，也是"信息发布中心"，它覆盖全区经济、科技、贸易等部门以及大专院校、科研院所和企业。在1999年刚建成时，网上信息只有中国专利数据库，随后又增加了"新疆专利市场数据库""新疆专利管理数据库"，用户可以通过普通电话线拨号上网，检索起来十分方便。2002年10月23日，自治区知识产权局向国家知识产权局上报《关于新疆专利信息网点进行更新升级的请示》（新知综字〔2002〕38号），并提出了更新升级需要购置的设备。

2008年7月，国家知识产权局印发《关于进一步促进新疆知识产权事业发展的若干意见》，提出了推进新疆知识产权公共服务能力建设的意见。同年8月，国家知识产权局与新疆维吾尔自治区人民政府签订《工作会商制度议定书》。按照该文件的商定，国家知识产权局积极支持新疆专利信息公共服务平台建设，提供专利信息资源、检索分析软件，以及人员培训等支持；帮助新疆建立重点行业和骨干企业的专利数据库；建立知识产权服务中心和专利信息公共服务平台，提高专利信息检索服务能力。

2010年1月27日，自治区知识产权局根据新疆大学《关于申请在新疆大学成立新疆专利信息服务中心的请示》，同意在该校图书馆设立新疆维吾尔自治区专利信息服务中心，并将价值180多万元的全部领域专利数据库及相关设备移交该中心。5月27日，自治区机构编制委员会办公室印发《关于调整新疆大学机构编制事宜的批复》（新机编办〔2010〕86号），同意在新疆大学图书馆加挂"新疆维吾尔自治区专利信息中心"牌子，增加"面向全区开展专利信息检索、查新、咨询等服务"的职能。

新疆专利信息服务中心在国家知识产权局的大力支持下，配备专（兼）职工作人员10人，专用检索机35台，检索室面积100多平方米。配备电脑终端和其他设备设施。机房按照标准建设，满足7×24小时不间断运行。由国家知识产权出版社开发的"中外专利数据库服务平台"，主要提供对中国专利和国外（美国、日本、英国、德国、法国、欧洲专利局、WIPO、瑞士）专利检索。检索方式主要有表格检索、逻辑检索、IPC分类检索、每种检索。每种检索还提供辅助检索、二次检索、过滤检索、同义词检索。中外文专利数据库服务平台能做到每周至少更新一次。用户可通过电信网和教育网进行自助查询。2013年11月，"中外专利数据库服务平台"已经升级为"知识产权综合信息服务平台2.0"。2010—2013年，自治区知识产权局对新疆专利网站进行域名注册、网页充实等工作，不断完善网站功能，并多次组织新疆专利信息中心管理人员和专业人员到国家知识产权局及内地省市进行专业培训，考察学习，提高专利信息中心管理能力和专利信息检索分析能力。

五、知识产权培训体系

自治区历来重视知识产权培训体系建设。2003年7月1日，自治区知识产权局印发《关于对新疆科技干部培训中心关于申请建立自治区知识产权培训基地的报告的批复函》（新知管函字〔2003〕02号），同意在新疆科技干部培训中心挂牌成立首家"新疆知识产权培训基地"。2005年4月25日，经自治区知识产权局批准，在新疆大学团委设立"新疆知识产权教育培训基地"。2008年，在研究制定自治区知识产权战略时，将知识产权培训基地建设写入《战略纲要》目标和措施之中，并充分利用"局区"会商及知识产权对口援疆优势和机制，积极申请在新疆设立全国知识产权培训基地。2011年4月25日，国家知识产权局印发《关于同意设立国家知识产权培训（新疆）基地的批复》（国知发人函字〔2011〕62号），同意在新疆大学设立"全国知识产权培训（新疆）基地"。2012年12月至2013年1月20日，按照国家知识产权局《关于开展国家知识产权培训基地2012年度考核工作的通知》（国知发办字〔2012〕90号）的要求，自治区知识产权局对国家知识产权培训（新疆）基地——新疆大学2012年度的工作进行了考核。2014年7月31日，伊犁州人民政府、江苏省知识产权局联合在伊犁师范学院建立"伊犁哈萨克自治州知识产权培训基地"。2014年9月1日，自治区知识产权局印发《关于设立知识产权培训基地的批复》，同意在新特能源股份有限公司建立"新疆知识产权培训基地"。截至2014年12月，新疆设立的知识产权培训基地累计达到5个。

表5-7 新疆知识产权培训基地设立情况一览表

成立时间	批准单位	培训基地名称	所在单位
2003年7月1日	自治区知识产权局	自治区知识产权培训基地	新疆科技干部培训中心
2005年4月25日	自治区知识产权局	新疆大学大学生知识产权宣传教育基地	新疆大学团委
2011年4月25日	国家知识产权局	国家知识产权培训（新疆）基地	新疆大学法学院
2014年7月31日	伊犁哈萨克自治州人民政府、江苏省知识产权局	伊犁哈萨克自治州知识产权培训基地	伊犁师范学院
2014年9月1日	自治区知识产权局	新疆知识产权培训基地	新特能源股份有限公司

另外，自治区还将各级党校、干部培训中心和教育基地作为自治区知识产权培训体系的重要组成部分，通过各级党委、政府和组织部门发文联合举办党政领导干部培训班、专题讲座和培养知识产权师资和专项资金支持等方式，加强对各级领导干部进行知识产权培训。

第三节　社团服务体系

建立完善知识产权社会服务体系，对于全面加强知识产权服务工作，提升知识产权服务能力和服务水平，全面推进自治区知识产权创造、运用、保护、管理和服务等项工作具有重要意义。

一、新疆维吾尔自治区发明协会

（一）第一届新疆维吾尔自治区发明协会

为了充分调动新疆各族群众发明创造的积极性，引导和推动全区群众性的发明创造活动，激励技术创新，促进科技进步，使知识产权在自治区经济、科技和社会发展服务中发挥桥梁和纽带作用，维护发明者的正当权益，培植创业创新沃土，发掘和支持发明创造人才，聚众智、汇众力，为加快新疆建设作出贡献，1986年，自治区科委、经委、教委、总工会、科协、妇联、团委和新疆生产建设兵团联合组成"新疆维吾尔自治区发明协会成立筹委会"，并于同年12月20日召开"新疆发明协会成立大会"。会上通过了《新疆维吾尔自治区发明协会章程》，选举产生了第一届新疆维吾尔自治区发明协会会长、副会长、干事长和副干事长。会长由自治区科委主任杨逸民担任，干事长由自治区科委专利管理处处长吕文良担任。新疆维吾尔自治区发明协会有委员98名、会员516名。1988年4月，根据《中国发明协会关于发放会员证规定的通知》（中协字〔1987〕013号）要求，新疆维吾尔自治区发明协会为首批会员颁发了《会员证书》。

表5-8　第一届新疆维吾尔自治发明协会委员会成员名单

职务	姓名	工作单位及职务（职称）	备注
会长	杨逸民	自治区科委主任	
副会长	欧阳罕	自治区总工会副主席	
	文克孝	新疆生产建设兵团副司令	
	刘骧	自治区经委副主任	
	郭耀邦	自治区教委副主任	
	阿巴斯·包尔汉	自治区科协副主席	维吾尔族
	那吉米丁·尼扎木丁	自治区科委副主任	维吾尔族
	池重庆	自治区总工会副主席	
	吴焰	自治区团委副书记	女
	李果	自治区妇联副主席	女
	谢宏	新疆石油管理局副局长	
	白塔依	中科院新疆分院副院长	哈萨克族
	阿不都瓦依提·玛纳甫	新疆农科院副院长	维吾尔族
	刘文耀	新疆医学院副教授	
	林德佩	新疆八一农学院副教授	
	朱锦瞻	新疆大学副教授	
	田志坚	巴音郭楞蒙古自治州地震办公室干部	
	阿帕尔·克里木	自治区科委科管处处长	维吾尔族
干事长	吕文良	自治区科委专利管理处处长	
副干事长	王立新	自治区总工会生产保护部部长	
	耿升平	自治区经委科技处处长	
	马平	自治区科协学会部部长	
	刘继飞	自治区机械电子工业厅科技处处长	
	王保珠	新疆军区军务装备处装备科科长	

	姓名
委员	杨逸民、欧阳罕、阿巴斯·包尔汉（维吾尔族）、那吉米丁·尼扎木丁（维吾尔族）、文克孝、池重庆、刘骧、郭耀邦、吴焰、李果、谢宏、白塔依（哈萨克族）、解放、刘文耀、林德佩、阿不都瓦依提·玛纳甫（维吾尔族）、朱锦瞻、田志坚、阿帕尔·克里木（维吾尔族）、吕文良、王立新、耿升富、马平、刘继飞、王保珠、党伯农、徐龏慧、成培兰、张元新、杨昌云、陈俊斌、罗骥、乐德智、姜献德、陈之伟、董志礼、徐彰德、樊保康、刘桂芬（女）、赵立本、吕德合、徐乃一、邓华鸿、黄敏球、窦中英、牛树华、刘素兰（女）、周炳乾、杨宏荣、王淑元（女）、白慧聪、王建（女）、柳贺迪、袁国庆、王绍福、张念慈（女）、介国安、路胜国、兰习祥、马友仁、王义华、吴洪义、王树清、巩润恒、李民、郁士斌、韩光耀、徐光华、刘建猷、卢德均、周聿超、左天荣、张国隆、国兆强、王岚（女）、高志忠、马崇山、伊不拉音·哈里外（维吾尔族）、哈米提·哈凯莫长（塔塔尔族）、艾克木·艾里（维吾尔族）、巴图那生（蒙古族）、吾甫尔·买买提（维吾尔族）、巴哈特汉（哈萨克族）、玉素甫·吐尔迪（维吾尔族）、左拉米·尼扎木（乌孜别克族）、郑国光、赵宝贵、王昌成、黄敏晏、杨荣富、李彦镇、关振江、乌买尔江（维吾尔族）、张六顺、斯德克（维吾尔族）、吴宗舜、刘祖根、周俊林等98人

(二)第二届新疆维吾尔自治区发明协会

1994年7月,召开了新疆维吾尔自治区发明协会第二次会员代表大会。大会审议并通过了第一届新疆发明协会工作报告,修改了《新疆维吾尔自治区发明协会章程》,选举产生了第二届新疆维吾尔自治区发明协会委员、会长、副会长、秘书长和副秘书长。会长由自治区科委主任张曰知担任,秘书长由自治区专利管理局局长刘永生担任。第二届新疆维吾尔自治区发明协会委员73人。

表5-9　第二届新疆维吾尔自治区发明协会领导及委员名单

职务	姓名	工作单位及职务	备注
会长	张曰知	自治区科委主任	
副会长	那吉米丁·尼扎木丁	自治区科委副主任	维吾尔族
	池重庆	自治区总工会副主席	
	吕文良	自治区推广应用计算机领导小组办公室主任	
	魏柳根	自治区科协党组书记	
	马平	自治区科协秘书长	
	石月松	自治区经委副巡视员	
	景海燕	自治区妇联副主席	女
	宋爱荣	自治区团委副书记	女
	刘庆华	新疆药物研究所所长	
	阿不都瓦依提·玛纳甫	新疆农科院副院长	维吾尔族
	刘伯强	新疆希格玛集团总裁	
	叶良才	新疆电熔爆技术研究所所长	
	阿不都瓦依提·玛纳甫	新疆农科院副院长	维吾尔族
秘书长	刘永生	自治区专利管理局局长	
副秘书长	党伯农	自治区总工会计协办公室主任	
	郭军	自治区团委青工部部长	
	石晓群	自治区教委高教处副处长	
执行秘书	雷筱云	自治区专利管理局主任科员	女
委员	姓名		
	张曰知、那吉米丁·尼扎木丁、池重庆、吕文良、魏柳根、马平、石月松、景海燕、宋爱荣、刘庆华、阿不都瓦依提·玛纳甫、刘伯强、叶良才、刘永生、党伯农、郭军、石晓群、王维友、刘跃基、李光辉、刘良元、庄晓秋、唐民彦、颜可根、张小勇、谭振国、张宪光、李勇生、丁树峰、赵先春、高泉生、牛江宁、姜献德、王伟导、介国安、张志新、肖永贞、阎鸿建、杨恩慧、赵光荣、李伯勤、彭新华、熊丕礼、董贵来、张国贤、武新刚、高忠、蔡正平、袁宗顺、柳乃军、付天喜、孙建德、陶亮、张兰珍、王世国、刘洪斌、司马义·卡德尔、陈兴廷、陈永农、张安民、武继礼、夏耀德、徐羲慧、张厚军、黄玉鹏、李才珍、郭建成、秦阳、贺森林、孙受天、坎吉别克、吴闯、刘正等73人		

(三)第三届新疆维吾尔自治区发明协会

2001年4月17日,自治区专利管理局印发《关于自治区知识产权局局长姜万林同志兼任新疆发明协会领导职务的决定》(新知管字〔2001〕20号)。自治区知识产权局局委员会研究决定,由自治区知识产权局局长姜万林同志兼任新疆发明协会常务副理事长(法定代表人)职务。

2001年6月26日，在乌鲁木齐召开"新疆维吾尔自治区发明协会第三次会员代表大会"。大会审议并通过了第二届新疆维吾尔自治区发明协会工作报告；修改了《新疆维吾尔自治区发明协会章程》；选举产生了第三届新疆维吾尔自治区发明协会会长、副会长、理事。会长由自治区副主席刘怡担任，（常务）副会长由自治区知识产权局局长姜万林担任，秘书长由自治区知识产权局管理实施处处长雷筱云担任。第三届新疆发明协会委员47人。

表5-10　第三届新疆维吾尔自治区发明协会理事会人员名单

职务	姓名	工作单位及职务	备注
理事长	刘怡	自治区人民政府副主席	
副理事长（常务）	姜万林	自治区知识产权局局长	
副理事长	王立坪	自治区总工会副主席	
	刘永生	原自治区专利管理局局长	
	刘庆华	新疆药物研究所所长	
	吐尔逊·沙迪尔	自治区科学技术厅副厅长	维吾尔族
	周俊林	中国科学院新疆分院院长	
	宗坚	自治区团委党组书记	
	帕拉提·阿不都卡德尔	自治区经贸委副主任	维吾尔族
	铁木尔·吐尔逊	新疆农业科学院副院长	维吾尔族
	高彤山	新疆生产建设兵团科委副主任	
	景海燕	自治区妇联党组书记	女
	满苏尔·阿不里	自治区教育厅副厅长	维吾尔族
	魏生贵	自治区科协秘书长	
秘书长	雷筱云	自治区知识产权局管理实施处处长	女
副秘书长	冯毅	自治区团委青工部部长	
	阿孜古丽·马木提	自治区妇联城乡部部长	维吾尔族、女
	党伯农	自治区总工会职工技协主任	
	谢国政	自治区科协学会部部长	
	楼亚平	自治区经贸委科技处处长	
执行秘书	肖旭	自治区知识产权局管理实施处副主任科员	
委员	王力、王世亨、王立坪、王龙霞、王伟导、王兴文、王维友、冯毅、叶良才、玉山江、白志斌、刘怡、刘永生、刘庆华、刘良元、吐尔逊·沙迪尔、孙受天、安德祥、庄晓秋、汤建武、余经炎、余英荣、张小勇、张国勋、张莉、李伯勤、李林、杨佃民、杨恩慧、阿孜古丽·马木提、陈永农、周为华、周俊林、宗坚、帕尔哈特·亚森、帕拉提·阿布都卡迪尔、庞桂林、林东春、武新刚、罗仁全、范小明、姜万林、赵宝军、赵明安、党伯农、郭春远、铁木尔·吐尔逊、陶亮、高彤山、黄瑜、景海燕、谢国政、楼亚平、满苏尔·阿不里、雷筱云、颜树人、穆宏权、魏生贵等58人		

（四）第四届新疆维吾尔自治区发明协会

2011年1月19日，在乌鲁木齐市召开"第四届新疆维吾尔自治区发明协会会员代表大会"。自治区副主席靳诺、中国知识产权研究会秘书长张云才、自治区人民政府副秘书长刘华等领导出席。14个地州市、自治区有关部门、企事业单位、中介服务机构等单位的代表、新闻媒体记者共计130多人参加。第四届新疆维吾尔自治区发明协会理事长由自治区副主席靳诺担任，常务副理事长由自治区知识产权局局长马庆云担任，副理事长有

9人，秘书长由自治区知识产权局管理实施处处长薛卫东担任。新疆维吾尔自治区发明协会有理事64人，集体会员95个，个人会员533人。

表5-11　第四届新疆维吾尔自治区发明协会理事会组成人员名单

职务	姓名	工作单位及职务
理事长	靳诺	自治区副主席
常务副理事长	马庆云	自治区知识产权局局长
副理事长	王建玲	自治区妇联党组书记、副主席
	多里坤·阿吾提	自治区知识产权局副局长
	张建仁	自治区教育厅副厅长
	杜伟	新疆农科院副院长
	金恩思别克·朱马克	自治区团委副书记
	胡克林	自治区科技厅副厅长
	贾晓光	新疆中药民族药研究所所长
	黄斌	新疆生产建设兵团科技局副局长
	谭力	自治区科技厅副巡视员、知识产权局副局长
	魏生贵	自治区科协副主席
秘书长	薛卫东	自治区知识产权局管理实施处处长
副秘书长	牛常兴	自治区总工会经济技术劳动保护部部长
	玉山·吾斯曼	自治区教育厅高教处副处长
	谢国政	自治区科协秘书长
	亚力坤·吐尔逊	自治区团委学校部部长、自治区学联秘书长
	肖文英	自治区妇联妇女发展部部长
	韩晓琳	自治区科技厅法规处副处长
		姓名
理事		丁均、于胜存、于瑞红、马庆云、马胜军、伊波、方修江、王常兴、王炜、王志刚、王国平、王建玲、王铁军、卢东明、玉山·吾斯曼、乔同勋、亚力坤·吐尔逊、伦金义、刘永生、刘永春、多理坤·阿吾提、孙东方、孙国强、毕中华、汤建武、米广涛、何玉祥、张淳、张莉、张建仁、张盛忠、张新岗、时敬龙、李伯勤、杜伟、杨佃民、肖文英、阿不都拉·阿不都热合曼、陈勇（新疆农业大学科研处）、陈其钢、金恩思别克·朱马克、洪涛、胡克林、贺桥云、钟美文、唐鑫、唐育新、贾晓光、贾新军、郭辉、黄斌、黄新楠、黄晓旭、谢国政、韩晓琳、靳范、靳诺、靳全胜、谭力、赛力克·马哈提、德力夏提·依米提、薛卫东、魏新、魏生贵等64人
集体会员数（个）		95
个人会员数（人）		533

2013年4月8日，按照有关文件的要求，自治区知识产权局印发《关于新疆维吾尔自治区发明协会法定代表人更名的通报》（新知管字〔2013〕34号）。新疆维吾尔自治区发明协会常务副理事长（法定代表人）由自治区知识产权局局长马庆云担任，副理事长由自治区科技厅副巡视员、知识产权局副局长谭力担任。

二、新疆维吾尔自治区知识产权研究会

1996年3月31日，自治区民政厅印发《关于对新疆维吾尔自治区知识产权研究会成立登记的批复》（新民社登字〔1996〕13号）。根据该批复，新疆维吾尔自治区知识产权研究会为全区性独立社团法人，坚持"人员自聘、经费自理、活动自主"的"三自"方针，其业务和日常管理工作由自治区（专利）知识产权局负责。

（一）第一届新疆维吾尔自治区知识产权研究会

1996年3月28日，在乌鲁木齐召开"新疆维吾尔自治区知识产权研究会成立大会"，参加人数100多人。大会通过了《新疆维吾尔自治区知识产权研究会章程》，选举产生了新疆维吾尔自治区知识产权研究会第一届理事会理事等组成人员。第一届新疆维吾尔自治区知识产权研究会会员由自治区各委办厅局、地州市、科研院所、大专院校和企事业单位的人员组成，理事长由自治区科委副主任那吉米丁・尼扎木丁担任，副理事长由自治区专利管理局局长刘永生等7人担任，秘书长由自治区专利管理局局长刘永生兼任，理事有27人，团体会员有29个，个人会员有283人。

表5-12　第一届新疆维吾尔自治区知识产权研究会理事会领导成员及个人会员名单

职务	研究会领导成员及会员姓名
理事长	那吉米丁・尼扎木丁
副理事长	刘永生、李双平、胡家燕、陶世义、钱西夫、顾家骝、维力江・赛力木
秘书长	刘永生（兼）
副秘书长	巴哈古丽・阿不都热衣木、刘小平、刘建甫、严斌、曹新更、梁建平
理事	巴哈古丽・阿不都热衣木、王维友、卢守强、尕恒、那吉米丁・尼扎木丁、刘小平、刘永生、刘庆华、刘建甫、刘廷信、刘敬华、刘景奎、李双平、张中时、李立诚、陈重秋、周学文、胡家燕、哈德尔・伊布拉音、陶世义、钱西夫、顾家骝、维力江・赛力木、梁建平、常登靖、曹新更、谭力
执行秘书	由洁、雷筱云
个人会员	米吉提・纳斯尔、苏天虎、邵强、艾买提、钱西夫、李惠民、陈为祥、张兆祥、张良、托乎塔尔、何景柏、伊燕霞、托列吾汗、吕文良、司马义、何风银、那吉米丁・尼扎木丁、顾家骝、葛明耻、陶世义、刘永生、朱忠琪、张野、李双平、刘敬华、田湘勇、许金富、刘建甫、巴哈古丽・阿不都热衣木、刘廷信、谭力、丁宣、由洁、雷筱云、杨建新、孙琰、孙玉霞、李照坤、曹新庚、孙德生、常登靖、王银岐、雷欣、鲁东、李娅、亚森・肉孜、王开勋、张麒、黄睿彦、安德祥、孙美华、雒晓琴、余丁云、刘延年、张立祥、薛锐、匡健、冯俊红、周慧、宋新刚、宋冰、杨淑媛、王新国、顾健、石承军、常虹、于夫泉、韩燕梁、张秀萍、王权行、李英、许君、陈敏、涂柳青、周永生、单江、邹静、文锋、郑开萍、宾燕林、戴广来、邓智慧、崔慧丛、赵晓东、朱丽芝、付建国、李石新、董志新、塔依尔、王维友、梁建平、陈重秋、刘庆华、周学文、蔡龙康、哈德尔、刘克、严斌、沙依绕、刘新、马新友、蒋成玉、的力夏提、兰晋、郭有良、楚生恩、季玲、戚芫、邬人卫、童丽敏、周光明、张舒平、周强、张健、高慧东、加尔肯、逯盛护、孙兵、谭新兰、王芸、朱希金、许万成、李伯勤、叶飞、吴晓丽、王华英、李引泉、张疆、贾高才、邱江林、张京萍、包刘忠、郭全、阿里甫、龚守远、李莉、刘立新、刘元明、苏荣、张湘江、沈飞、刘智坚、付晓、韩俊才、穆宏权、王卫国、郭选政、唐耀萍、张立新、郭建成、达吾提、陈琪、张先光、黄玉鹏、庄晓秋、许培玲、刘荣军、朱鸿忠、高蜀齐、李武、吴军、袁倚文、高爽、牛江宁、伊利亚尔、董蕊、吐尔逊、胡尔西旦、阿迪里、周殿英、刘风娥、李娟、杨征、荣林、涂振东、孙安忠、李占君、徐志璜、郁贵花、王温合、韩凡、康华、伊景原、任志宏、哈德尔、张国华、陈耿、李来顺、汪宗祥、艾海提、张亨德、卡德尔、李文礼、宋自爱、关建南、郑玉君、张风兰、李建龙、刘光远、魏昕、邱兰香、欧芒、萧永东、朱黎、王延德、刘思业、余球根、张建忠、陈延扬、刘俊、谷新海、李晓谨、高振山、张斌、廖东梅、李海英、曹修贵、析元凯、梁聚文、万新华、朱国强、郭庆华、胡晓兵、阚国雄、王永光、刘建忠、孙永志、焦磊、员玺、张一鸣、陶海英、孔祥、崔秀梅、陈志远、朱锦璋、刘福成、汤玉芳、石晓琪、周俊林、王晓铭、藏冰、田效山、徐良江、杨赛友、杨晓琴、李安媛、寿永红、董海英、杨海文、陈悦娣、王力凡、关志强、王增柱、何玲、李笃娴、李瑛、王志忠、于明辉、王东方、黄军干、王力、陈力前、李建华、丁耀武、陈联胜、郑彭平、张晓雷、王烨、马路、赵桂萍、张莉、王新江、李萍、杜建新、王荣强、阿不都、迪里努尔、杨俊鹏、李满江、王龙霞、李章玲、阿不都拉、王晓村等283人

表5-13　第一届新疆维吾尔自治区知识产权研究会理事会团体会员名单

序号	团体会员单位名称	序号	团体会员单位名称
1	自治区科学技术委员会	16	自治区信息化工作领导小组办公室
2	自治区人民政府外事办公室	17	自治区人民政府法制局
3	自治区专利管理局	18	自治区医药管理局
4	自治区对外经济贸易厅	19	自治区知识产权工作协调指导小组办公室
5	中国贸易促进会新疆分会	20	新疆无形资产评估事务所
6	自治区高级人民法院	21	新疆人民出版社
7	自治区人民检察院	22	新疆药物研究所
8	自治区公安厅	23	新疆农业科学研究院科技管理处
9	自治区卫生厅	24	新疆技术市场与民营科技管理办公室
10	自治区农业厅	25	新疆商标事务所
11	自治区司法厅	26	新疆中药总厂
12	自治区广播电视厅	27	乌鲁木齐石化总厂
13	自治区化学工业局	28	新疆八一钢铁集团技术中心
14	乌鲁木齐海关	29	新疆公安司法管理干部学院
15	自治区商检局		

（二）第二届新疆维吾尔自治区知识产权研究会

2001年6月27日，在乌鲁木齐召开"第二届新疆维吾尔自治区知识产权研究会代表大会"。大会审议通过第一届新疆维吾尔自治区知识产权研究会理事会工作报告，修改《新疆维吾尔自治区知识产权研究会章程》；选举产生第二届新疆维吾尔自治区知识产权研究会理事长、副理事长、秘书长和理事。第二届新疆维吾尔自治区知识产权研究会理事长由自治区科技厅厅长顾家骝担任，秘书长由自治区知识产权局副局长田湘勇担任。第二届新疆维吾尔自治区知识产权研究会有理事39人。

表5-14　第二届新疆维吾尔自治区知识产权研究会理事会成员名单

职务	姓名	工作单位及职务	备注
理事长	顾家骝	自治区科技厅厅长	
副理事长	姜万林	自治区知识产权局局长	常务
	梁庚新	自治区工商行政管理局副局长	
	张新泰	自治区新闻出版局（版权局）副局长	
	陈江	自治区高级人民法院副院长	
	克依纳木·依马来提夏	乌鲁木齐海关副关长	维吾尔族
	张野	自治区外经贸厅副厅长	
秘书长	田湘勇	自治区知识产权局副局长	
副秘书长	雷筱云	自治区知识产权局管理实施处处长	女
	由洁	自治区科学技术厅政策法规处副处长	女
	巴哈古丽	自治区新闻出版局（版权局）版权监督管理处处长	维吾尔族、女
	白明	自治区工商行政管理局商标监督管理处副处长	

续表

职务	姓名	工作单位及职务	备注
理事	丁宗强	克孜勒苏柯尔克孜自治州科委副主任	
	巴哈古丽	自治区新闻出版局（版权局）版权监督管理处处长	维吾尔族、女
	王乐祥	自治区公安厅副厅长	
	王庭富	乌鲁木齐化工总厂副厂长	
	兰晋	新疆音像出版社副社长	
	田湘勇	自治区知识产权局副局长	
	由洁	自治区科学技术厅政策法规处副处长	女
	白明	自治区工商行政管理局商标监督管理处副处长	
	艾拉提·司马义	和田地委科委副主任	维吾尔族
	刘理才	新疆科技政策研究所所长	
	孙玉霞	自治区人民政府法制办公室副主任	女
	托乎提·肉孜	自治区党委宣传部副部长	维吾尔族
	克依纳木	乌鲁木齐海关副关长	维吾尔族
	吴宪	自治区人民政府外事办公室副主任	
	库都司·阿不都热扎克	乌鲁木齐市中级人民法院行政庭副庭长	维吾尔族
	张野	自治区外经贸厅副厅长	
	张国勋	吐鲁番地区科委副主任	
理事	张新泰	自治区新闻出版局（版权局）副局长	
	张歌平	伊犁哈萨克自治州科委副主任	女
	张黎明	喀什地区科委主任	
	李成	自治区农业厅副厅长	
	李岩	自治区人民政府外事办公室副处长	女
	李伯勤	石河子市专利事务所所长	
	李时新	中国石化乌鲁木齐分公司副总工程师	
	肖开提·依明	自治区广播电视局局长	维吾尔族
	苏小武	博尔塔拉蒙古自治州科委副主任	
	苏军民	哈密地区科委主任	
	阿不来提	新疆农业大学副校长	维吾尔族
	阿不都克里木·阿亚生	阿勒泰地区科委副主任	维吾尔族
	陈江	自治区高级人民法院副院长	
	陈庭忠	昌吉回族自治州科委主任	
	周俊林	中国科学院新疆分院院长	
	帕拉提·阿布都卡迪尔	自治区经济贸易委员会副主任	维吾尔族
	哈力木	塔城地区科委副主任	维吾尔族
	哈德尔·哈乌孜	新疆人民出版社总编室副主任	维吾尔族
	姜万林	自治区知识产权局局长	
	顾家骝	自治区科技厅厅长	
	梁庚新	自治区工商行政管理局副局长	
	雷筱云	自治区知识产权局管理实施处处长	

（三）第三届新疆维吾尔自治区知识产权研究会

2011年1月19日，在乌鲁木齐市召开"第三届新疆维吾尔自治区知识产权研究会会员代表大会"。自治区副主席靳诺、中国知识产权研究会秘书长张云才、自治区人民政府副秘书长刘华等领导出席。15个地州市、自治区有关部门、企事业单位、中介服务机构等单位的代表、新闻媒体记者共计130多人参加。大会选举产生"第三届新疆维吾尔自治区知识产权研究会"理事长、副理事长、秘书长、理事等。理事长由自治区知识产权局局长马庆云担任，常务副理事长由自治区科技厅副巡视员、知识产权局副局长谭力担任，副理事长由自治区文化厅副巡视员马迎胜等11人担任，秘书长由自治区知识产权局管理实施处处长薛卫东担任。第三届新疆维吾尔自治区知识产权研究会有理事67人，团体会员102个，个人会员450人。

表5-15　第三届新疆维吾尔自治区知识产权研究会理事会成员名单

职务	姓名	工作单位及职务
名誉理事长	顾家骥	自治区科技厅原厅长 第二届自治区知识产权研究会理事会理事长
理事长	马庆云	自治区知识产权局局长
常务副理事长	谭力	自治区科技厅副巡视员、知识产权局副局长
副理事长	马迎胜	自治区文化厅副巡视员
	古力先·吐拉洪	自治区新闻出版局（版权局）副局长
	吕建忠	乌鲁木齐海关副关长、缉私局局长
	张建仁	自治区教育厅副厅长
	李建军	自治区工商行政管理局副局长
	英胜	自治区林业厅副厅长
	迪力木拉提·阿不都热西提	自治区公安厅副厅长
	迪拉娜·艾山	自治区农业厅总农艺师
	金利珉	自治区高级人民法院副院长
	胡克林	自治区科技厅副厅长
	黄斌	新疆生产建设兵团科技局副局长
秘书长	薛卫东	自治区知识产权局管理实施处处长
副秘书长	玉山·吾斯曼	自治区教育厅高教处副处长
	白明	自治区工商行政管理局商标监督管理处处长
	乔同勋	新疆生产建设兵团知识产权局处长
	亚库甫江·吐尔逊	自治区农业厅科教处副处长
	施晓娟	自治区新闻出版局（版权局）版权监督管理处处长
	潘新剑	自治区林业厅科技处调研员
	韩晓琳	自治区科技厅法规处副处长
理事	丁均、于瑞红、马庆云、马迎胜、伊波、方智三、牛新民、王勇、王卫锋、王兴文、王志刚、王国平、王铁军、王新双、邓顺利、卢东明、古力先·吐拉洪、玉山·吾斯曼、玉麦尔江·亚库甫、白明、乔同勋、亚库甫江·吐尔逊、刘永生、刘传启、吕建忠、多理坤·阿吾提、孙东方、汤建武、汤建钢、何玉祥、吴良、张莉、张东岩、张军、张建仁、张淳、张新岗、时鉴、李伯勤、李建军、杨会国、玛丽娅·阿布拉、陈勇（新疆农业大学科研处）、孟军、英胜、迪力木拉提·阿不都热西提、迪拉娜·艾山、金利珉、姜德鑫、施晓娟、洪涛、胡克林、胡耀华、贺桥云、赵丽莉、钟美文、贾新军、高惠东、黄斌、黄新楠、游丽蓉、韩晓琳、谭力、赛力克·马哈提、潘新剑、薛卫东、魏新等67人	
团体会员（个）	102	
个人会员（人）	450	

2013年4月8日，自治区知识产权局印发《关于新疆维吾尔自治区知识产权研究会法定代表人更名的通报》（新知管字〔2013〕35号）。第三届新疆维吾尔自治区知识产权研究会理事长由自治区知识产权局局长马庆云担任，常务理事长（法定代表人）由自治区科技厅副巡视员、知识产权局副局长谭力担任。

第六章 专利创造

专利创造能力和水平是衡量一个单位乃至一个国家和地区技术创新能力、科技实力和市场核心竞争力的一个重要标志，也是一个国家综合实力的具体体现。在知识经济全球化时代，国与国、地区与地区、企业与企业之间的竞争说到底是专利等知识产权的竞争。充分地认识并通过专利等知识产权保护来维护其利益，已经成为贸易活动的热点。

自1985年我国颁布《专利法》，特别是进入21世纪以来，全区坚持以推进实施自治区知识产权战略、专利事业发展战略为主线，以完善专利政策法规，提升专利管理服务能力，强化专利执法保护，广泛开展专利宣传培训、专利项目实施引导、知识产权试点示范、"贯标"、帮扶、发明专利倍增、专利消零、专利奖励和专利申请资助等工作为抓手，以增强全区专利意识，建立并形成激励技术创新、专利创造机制为目标，大力提升新疆专利创造能力，使新疆专利数量及质量逐年提高。据2013年4月26日国家知识产权局知识产权发展研究中心发布的《2012年全国专利实力状况报告》，新疆2012年专利创造实力指数为44.30%，在全国31个省、直辖市和自治区排第24位，在西部12个省区排第6位。

第一节 专利申请

一、概述

专利有三层含义。其一是指国家依法在一定时期内授予发明创造者或者其权利继受者独占使用其发明创造的权利。其二是指受国家认可并在公开的基础上进行法律保护的专有技术。其三是指专利局颁发的确认申请人对其发明创造享有的专利权的专利证书或指记载发明创造内容的专利文献。

我国专利的类型有三种：一是发明、二是实用新型、三是外观设计。发明专利保护期为20年，实用新型和外观设计专利保护期均为10年。

专利申请人，是指就一项发明创造向专利局提出申请专利的人。

专利发明分为职务发明和非职务发明。职务发明是利用企事业单位的资源（设备、资金）完成的发明。职务发明人是企事业单位，有约定的除外。非职务发明是利用自身资源（设备、资金）完成的发明。非职务发明人为个人，有约定的除外。

专利申请是指从向国家知识产权局专利局递交专利申请文件并获得专利申请号，该申请或被驳回，或被授权，或被视为撤回的整个过程，是获得专利权的必要程序。

申请人可以直接面交，或通过邮寄及网络的方式向国家知识产权局递交专利申请，也可以通过设在地方的代办处递交专利申请。

申请发明或实用新型专利的，应当提交请求书、说明书及其摘要和权利要求书等文件。

一件发明或实用新型专利申请应当限于一项发明或实用新型。属于一个总的发明构思的两项以上的发明或实用新型，可以作为一件申请提出。一件外观设计专利申请应当限于一种产品所使用的一项外观设计。用于同一类别并且成套出售或者使用的产品的两项以上的外观设计，可以作为一件申请提出。

发明专利申请自申请日起三年内，专利局可以根据申请人随时提出的请求，对其申请进行实质审查；申请人无正当理由逾期不请求实质审查的，该申请即被视为撤回。专利局认为必要的时候，可以自行对发明专利申请进行实质审查。

发明专利的申请人请求实质审查的时候，应当提交在申请日前与其发明有关的参考资料。发明专利已经在外国提出过申请的，申请人请求实质审查的时候，应当提交该国为审查其申请进行检索的资料或审查结果的资料，无正当理由不提交的，该申请即被视为撤回。

专利申请授权了，申请人就是专利权人。

二、新疆专利申请状况

（一）新疆三种专利申请状况

在《专利法》实施开局之年的1985年，新疆三种专利申请只有36件，到2014年达到10210件，是1985年的283.6倍。截至2014年年底，新疆三种专利申请累计达到58861件，年均增长26.3%。

初创时期（1985—1999年），新疆三种专利申请为7046件，年均增长34.1%。成长时期（2000—2009年）为18041件，年均增长11.6%，是初创时期的2.6倍。发展时期（2010—2014年）为33774件，年均增长29.3%，分别是初创时期和成长时期的4.8倍和1.9倍。

"七五"（1985—1990年）新疆三种专利申请为917件，年均增长60.4%；"八五"（1991—1995年）为2763件，比"七五"增长201.3%，年均增长21.7%，是"七五"的3.0倍；"九五"（1996—2000年）为4454件，分别比"七五"和"八五"增长385.7%和61.2%，年均增长13.1%，分别是"七五"和"八五"的4.86倍和1.61倍；"十五"（2001—2005年）为7143件，分别比"七五""八五"和"九五"增长679.0%、158.5%和60.4%，年均增长11.6%，分别是"七五""八五"和"九五"的7.8倍、2.6倍和1.6倍；"十一五"（2006—2010年）为13370件，分别比"七五""八五""九五"和"十五"增长1358.0%、383.9%、200.2%和87.2%，年均增长14.4%，分别是"七五""八五""九五"和"十五"的14.6倍、4.8倍、3.0倍和1.9倍；"十二五"（2011—2014年）为30214件，分别比"七五""八五""九五""十五"和"十一五"增长3194.9%、993.5%、578.4%、323.0%和126.0%，年均增长30.7%，分别是"七五""八五""九五""十五"和"十一五"的32.9倍、10.9倍、6.8倍、4.2倍和2.3倍。

（二）新疆发明专利申请状况

1985年，新疆的发明专利申请为20件，2014年为2360件，是1985年的118倍，超过1985—1995年总和2089件的13.0%。截至2014年年底，新疆发明专利申请累计达到12939件，年均增长27.8%。

初创时期，新疆发明专利申请为1213件，年均增长34.3%，占新疆专利申请总数的17.2%。成长时期为3421件，年均增长为17.5%，是初创时期的2.8倍，占新疆专利申请总数的18.96%，比初创时期提高了1.8个百分点。发展时期为8305件，分别是初创时期和成长时期的6.9倍和2.4倍，年均增长29.3%，占新疆专利申请总数的24.6%，分别比初创时期和发展时期提高0.3个和7.1个百分点。

"七五"新疆发明专利申请为161件，年均增长55.9%；"八五"为495件，年均增长25.9%，是"七五"的3.1倍；"九五"为736件，年均增长15.5%，分别是"七五"和"八五"的4.8倍和1.5倍；"十五"为1214件，年均增长12.6%，分别是"七五""八五"和"九五"7.5倍、2.5倍和1.7倍；"十一五"为2913件，年均增长22.1%，分别是"七五""八五""九五"和"十五"的18.1倍、5.9倍、4.0倍和2.4倍；"十二五"为7393件，年均增长27.2%，分别是"七五""八五""九五""十五"和"十一五"的45.9倍、14.9倍、10.0倍、6.1倍和2.5倍。

（三）新疆实用新型专利申请状况

1985年，新疆实用新型专利申请为16件，2014年达到4935件，是1985年的308.4倍，是1985—1996年12年总和4393件的1.12倍。截至2014年，新疆实用新型专利申请累计达到33774件，年均增长30.5%。

初创时期，新疆实用新型专利申请为5048件，年均增长44.6%，占新疆专利申请总数的71.6%。成长时期为10790件，是初创时期的2.1倍，年均增长13.6%，占新疆专利申请总数的59.8%。发展时期为17934件，分别是初创时期和成长时期的3.55倍和1.66倍，年均增长21.9%，占新疆专利申请总数的53.1%。

"七五"新疆实用新型专利申请为737件，年均增长92.2%；"八五"为2089件，年均增长19.5%，比"七五"增长183.5%；"九五"为2921件，年均增长9.1%；"十五"为4397件，年均增长10.4%；"十一五"为7966件，年均增长15.7%；"十二五"为15662件，年均增长21.9%。

（四）新疆外观设计专利申请状况

1985年，新疆外观设计专利申请为0件，2014年为2915件，是1985—2005年21年总和2500件的1.17倍。截至2014年，新疆外观设计专利申请累计达到12150件，年均增长48.6%。

初创时期，新疆外观设计专利申请为785件，年均增长68.1%，占新疆专利申请总数的11.1%。成长时期为3830件，是初创时期的4.9倍，年均增长9.5%，占新疆专利申请总数的21.2%。发展时期为7535件，分别是初创时期和成长时期的9.6倍和1.97倍，年均增长68.7%，占新疆专利申请总数的22.3%，比成长时期提高1.1个百分点。

"七五"新疆外观设计专利申请为19件，年均增长74.2%；"八五"为179件，是"七五"的9.4倍，年均增长73.4%；"九五"为797件，分别是"七五"和"八五"的41.9倍和4.5倍，年均增长37.8%；"十五"为1505件，分别是"七五""八五"和"九五"的79.2倍、8.4倍和1.9倍，年均增长14.8%；"十一五"为2491件，分别是"七五""八五""九五"和"十五"的131.1倍、13.9倍、3.1倍和1.7倍，年均增长3.8%；"十二五"为7535件，分别是"七五""八五""九五""十五"和"十一五"的396.6倍、42.1倍、9.5倍、5.0倍和3.0倍，年均增长83.6%。

（五）新疆职务专利申请状况

1.新疆职务专利申请概况

1985年，新疆职务专利申请为14件，2014年为6227件，是1985年的444.8倍，是1985—2008年24年总和5363件的1.15倍。截至2014年，新疆职务专利申请累计达到26716件，年均增长29.8%。

初创时期，新疆职务专利申请为1418件，年均增长30.8%，占新疆同期专利申请总数的20.1%。成长时期为5136件，年均增长23.2%，是初创时期的3.6倍，占新疆同期专利申请总数的28.5%，比初创时期提高8.4个百分点。发展时期为20207件，分别是初创时期和成长时期的14.3倍和3.9倍，年均增长40.0%，占新疆同期专利申请总数的59.8%，分别比初创时期和成长时期提高39.7和31.3个百分点。

"七五"新疆职务专利申请为274件，年均增长60.8%，"八五"为490件，年均增长5.0%，是"七五"的1.8倍；"九五"为873件，年均增长20.9%，分别是"七五"和"八五"的3.19倍和1.78倍；"十五"为1610件，年均增长13.5%，分别是"七五""八五"和"九五"的5.88倍、3.29倍和1.84倍；"十一五"为5123件，年均增长37.1%，分别是"七五""八五""九五"和"十五"的18.7倍、10.46倍、5.87倍和3.18倍；"十二五"为18391件，年均增长36.9%，分别是"七五""八五""九五""十五"和"十一五"的67.12倍、37.53倍、21.07倍、11.42倍和3.59倍。

2.新疆大专院校专利申请状况

1985年，新疆大专院校专利申请为2件，2014年为488件，是1985年的244倍，是1985—2009年25年总和465件的1.05倍。截至2014年，新疆大专院校专利申请累计达到2071件，年均增长46.2%，占职务专利申请总数的7.7%。

初创时期，新疆大专院校专利申请为69件，年均增长40.4%，占新疆同期职务专利申请总数的4.9%。成长时期为396件，年均增长60.1%，占新疆同期职务专利申请总数的7.7%，比初创时期提高2.8个百分点，是初创时期的5.7倍。发展时期为1606件，年均增长33.8%，占新疆同期职务专利申请总数的7.9%，分别比初创时期和成长时期提高3.0和0.2个百分点，分别是初创时期和成长时期的23.3倍和4.1倍。

"七五"新疆大专院校专利申请为26件，年均增长82.0%，"八五"为24件，年均增长10.0%；"九五"为26件，年均增长41.7%，比"八五"增长8.3%；"十五"为108件，年均增长67.5%，分别是"七五""八五"和"九五"的4.15倍、4.5倍和4.15倍；"十一五"为472件，年均增长37.3%，分别是"七五""八五""九五"和"十五"的18.2倍、19.7倍、18.2倍和4.4倍；"十二五"为1415件，年均增长28.2%，分别是"七五""八五""九五""十五"和"十一五"的54.4倍、59.0倍、54.4倍、13.1倍和3.0倍。

3.新疆科研院所专利申请状况

新疆科研院所专利申请，1985年为8件，2014年为493件，是1985年的61.6倍，是1985—2002年18年总和485件的1.02倍。截至2014年，新疆科研院所专利申请累计达到3405件，占新疆职务专利申请总数的12.7%，年均增长22.3%。

在初创时期，新疆科研院所专利申请为381件，年均增长24.6%，占新疆同期职务专利申请总数的26.9%；成长时期为1174件，是初创时期的3.1倍，年均增长22.4%，占职务专利申请总数的22.9%，比初创时期降低4个百分点；发展时期为1850件，年均增长15.1%，分别是初创时期和成长时期的4.9倍和1.6倍，年均增长15.1%，占新疆同期职务专利申请总数的9.2%。

"七五"新疆科研院所专利申请为89件，年均增长43.4%；"八五"为115件，年均增长1.6%，是"七五"的1.3倍；"九五"为210件，年均增长14.5%，分别是"七五"和"八五"的2.4倍和1.8倍；"十五"为313件，年均增长32.5%，分别是"七五""八五"和"九五"的3.5倍、2.7倍和1.5倍；"十一五"为1070件，年均增长15.7%，分别是"七五""八五""九五"和"十五"的12.0倍、9.3倍、5.1倍和3.4倍；"十二五"为1608件，年均增长20.3%，分别是"七五""八五""九五""十五"和"十一五"的18.1倍、14.0倍、7.7倍、5.1倍和1.5倍。

4.新疆工矿企业专利申请状况

1985年，新疆工矿企业专利申请为0件，2014年为5020件，是1985—2010年26年总和4713件的1.07倍。截至2014年，新疆工矿企业专利申请累计超过2万件，达到20111件，年均增长34.4%。

在初创时期，新疆工矿企业专利申请为762件，年均增长35.4%，占新疆同期职务专利申请总数的53.7%。成长时期为3403件，年均增长26.3%，是初创时期的4.5倍，占新疆职务专利申请总数的66.3%，比初创时期提高12.6个百分点。发展时期为15946件，年均增长47.5%，分别是初创时期和成长时期的20.9倍和4.7倍，占新疆同期职务专利申请总数的78.9%，分别比初创时期和成长时期提高了25.2和12.6个百分点。

"七五"新疆工矿企业专利申请为111件，年均增长55.8%；"八五"为221件，年均增长6.9%；"九五"为599件，年均增长42.8%，分别是"七五"和"八五"的5.4倍和2.7倍；"十五"为1156件，年均增长9.0%，别是"七五""八五"和"九五"的10.4倍、5.2倍和1.9倍；"十一五"为3379件，年均增长47.4%，分别是"七五""八五""九五"和"十五"的30.4倍、15.3倍、5.6倍和2.9倍；"十二五"为14645件，年均增长41.6%，分别是"七五""八五""九五""十五"和"十一五"的131.9倍、66.3倍、24.5倍、12.7倍和4.3倍。

5.新疆机关团体专利申请状况

1985年，新疆机关团体专利申请为4件，2014年为226件，是1985年的56.5倍，是1985—2003年19年总和221件的1.02倍。截至2014年，新疆机关团体专利申请累计达到1174件，年均增长40.6%，占新疆职务专利申请总数的4.4%。

在初创时期，新疆机关团体专利申请为206件，年均增长16.2%，占新疆同期职务专利申请总数的14.5%。成长时期为163件，年均增长78.0%，占新疆职务专利申请总数的3.2%，比初创时期下降11.3个百分点。发展时期为805件，年均增长39.2%，分别是初创时期和成长时期的3.9倍和4.9倍，占新疆同期职务专利申请总数的4.0%，比成长时期提高0.8个百分点。

"七五"新疆机关团体专利申请为48件，年均增长36.4%；"八五"为130件，年均增长20.7%，是"七五"的2.7倍；"九五"为38件，年均增长-2.6%；"十五"为33件，年均增长16.2%；"十一五"为202件，年均增长137.4%，分别是"七五""八五""九五"和"十五"的4.2倍、1.6倍、5.3倍和6.1倍；"十二五"为723件，年均增长35.3%，分别是"七五""八五""九五""十五"和"十一五"的15.1倍、5.6倍、19.0倍、21.9倍和3.6倍。

（六）新疆非职务发明专利申请状况

1985年，新疆非职务专利申请为22件，2014年为3983件，是1985年的181倍，是1985—1966年11年总和3515件的1.13倍。截至2014年，新疆非职务专利申请累计超过3万件，达到32100件，年均增长25.3%。

初创时期，新疆非职务发明专利申请为5628件，年均增长37.7%，占新疆专利申请总数79.9%。成长时期为12905件，年均增长9.6%，占新疆专利申请总数71.5%，是初创时期的2.3倍。发展时期为13567件，年均增长20.0%，分别是初创时期和发展时期的2.4倍和1.1倍，占新疆专利申请总数40.2%，分别比初创时期和成长时期降低39.7和31.3个百分点。

"七五"新疆非职务发明专利申请为643件，年均增长64.5%；"八五"为2273件，年均增长27.9%，是"七五"的3.5倍；"九五"为3581件，年均增长11.0%，分别是"七五"和"八五"的5.6倍和1.6倍；"十五"为5533件，年均增长11.5%，分别是"七五""八五"和"九五"的6.0倍、2.4倍和1.6倍；"十一五"为8247件，年均增长3.9%，分别是"七五""八五""九五"和"十五"的12.8倍、3.6倍、2.3倍和1.5倍；"十二五"为11823件，年均增长24.0%，分别是"七五""八五""九五""十五"和"十一五"的18.4倍、5.2倍、3.3倍、2.1倍和1.4倍。

（七）新疆PCT专利申请状况

"PCT国际专利申请"是国内专利申请人为获得外国专利，通过《专利合作条约》提出的专利申请。

PCT是专利合作条约英文Patent Cooperation Treaty字母的缩写。我国是PCT成员国，单位或个人如果要向外国申请专利，直接通过国家知识产权局专利局提出PCT申请就可以了。

2009年，中央财政设立资助向国外申请专利专项资金，支持国内申请人积极向国外申请专利，保护自主创新成果，并制定出台了国家财政部《资助向国外申请专利专项资金管理暂行办法》（财建〔2009〕567号）和《资助向国外申请专利专项资金管理办法》（财建〔2012〕147号）。2009—2013年，在国家设立并实施"PCT国际专利申请"国家专项资助资金期间，新疆向国外共申请专利34件，获得国家专项资助资金176.0万元，新疆获得该项资金支持的企业有17家，其中，乌鲁木齐市13家，昌吉州1家，克拉玛依市2家，博州1家。

2003年，新疆有了PCT国际专利申请，截至2014年12月，新疆PCT国际专利申请累计达到127件。

三、新疆专利申请特点

（一）专利申请数量不断增长

专利申请数量成倍增长。30年间，新疆三种专利申请提高了283.6倍。

成长时期，新疆三种专利申请数是初创时期的1.6倍；发展时期是初创时期和成长时期的4.8倍和1.9倍。

"八五"新疆三种专利申请数是"七五"的3.0倍；"九五"是"七五"和"八五"的4.9倍和1.6倍；"十五"是"七五""八五"和"九五"的7.8倍、2.6倍和1.6倍；"十一五"是"七五""八五""九五"和"十五"的14.6倍、4.8倍、3.0倍和1.9倍；"十二五"是"七五""八五""九五""十五"和"十一五"的33.0倍、11.0倍、6.8倍、4.2倍和2.3倍。

专利申请规模不断扩大。2000年，新疆三种专利申请首次突破千件，达到1088件，为1985年的30.2倍；2006年首次突破2000件，达到2256件；2010年首次超过3000件，达到3560件；2011年首次超过4000件，达到4736件；2012年再上新台阶，超过7000件，达到7044件；2013年越过8000件关口，达到8224件；2014年实现新跨越，超过万件，达到10210件。2002年，新疆三种专利申请累计达到10461件，首次突破万件；2008年累计达到22215件，首次突破2万件；2011年累计达到33383件，越过3万件门槛；2014年累计达到58861

件，连续迈过4万件和5万件两个台阶，接近1985—2002年18年的总和。新疆三种专利申请第一个万件，用了18年，第二个万件用了不到6年；第三个万件用了不到4年，第四个、第五个万件用了2年。

(二) 专利申请质量不断提高

1.新疆发明专利申请数量成倍增长

1990年，新疆发明专利申请数量是1985年的1.9倍；1995年分别是1985年和1990年的4.6倍和2.4倍；2000年分别是1985年、1990年和1995年的9.0倍、4.7倍和2.0倍；2005年分别是1985年、1990年、1995年和2000年的16.0倍、8.4倍、3.4倍和1.8倍；2010年分别是1985年、1990年、1995年、2000年和2005年的45.6倍、24.0倍、9.91倍、5.1倍和2.9倍；2014年分别是1985年、1990年、1995年、2000年、2005年、2010年的118.0倍、62.1倍、25.7倍、13.2倍、7.4倍和2.6倍。

"八五"新疆发明专利申请数量是"七五"的3.1倍；"九五"分别是"七五""八五"的4.6倍和1.5倍；"十五"分别是"七五""八五"和"九五"的7.7倍、2.5倍和1.7倍；"十一五"分别是"七五""八五""九五"和"十五"的18.1倍、5.9倍、4.0倍和2.4倍；"十二五"分别是"七五""八五""九五""十五"和"十一五"的45.9倍、14.9倍、10.1倍、6.0倍和2.5倍。

2.新疆发明专利申请年平均数不断提高

初创时期，新疆发明专利申请年均为80.9件。成长时期年均为342.1件，比初创时期提高了251.2件。发展时期年均为1661件，比初创时期和成长时期分别提高了1580.1件和1318.9件。

"七五"新疆发明专利申请年均为26.8件。"八五"新疆发明专利申请年均为99件，是"七五"的3.69倍；"九五"新疆发明专利申请年均为147.2件，分别是"七五"和"八五"的5.49倍和1.49倍；"十五"新疆发明专利申请年均为248.2件，分别是"七五""八五"和"九五"的9.26倍、2.51倍和1.69倍；"十一五"新疆发明专利申请年均为586.2件，分别是"七五""八五""九五"和"十五"的21.87倍、5.92倍、3.98倍和2.36倍；"十二五"新疆发明专利申请年均为1661件，分别是"七五""八五""九五""十五"和"十一五"的61.98倍、16.78倍、11.28倍、6.69倍和2.83倍。

3.新疆发明专利申请增幅不断提升

"八五"新疆发明专利申请比"七五"增长207.5%；"九五"分别比"七五"和"八五"增长357.1%和48.7%；"十五"分别比"七五""八五"和"九五"增长670.8%、150.7%和68.6%；"十一五"分别比"七五""八五""九五"和"十五"增长1709.3%、488.5%、295.8%和134.7%；"十二五"分别比"七五""八五""九五""十五"和"十一五"增长4491.9%、1393.5%、904.5%、495.7%和153.8%。

"十二五"时期，新疆发明专利申请年均增幅比"八五""九五""十五"和"十一五"分别提高8.8、17.6、19.7和13.1个百分点。

"八五"新疆发明专利申请所占比例比"七五"提高0.3个百分点；"九五"比"八五"提高1.4个百分点；"十五"比"九五"提高0.9个百分点；"十一五"分别比"七五""八五""九五"和"十五"提高了4.2、3.9、5.3和4.4个百分点；"十二五"分别比"七五""八五""九五""十五"和"十一五"分别提高3.9、6.6、8.0、7.1和2.7个百分点。

初创时期，新疆发明专利申请年均增长为24.3%，成长时期为17.5%。发展时期为29.3%，分别比初创时期和成长时期提高5.0个和11.8个百分点。

4.新疆发明专利申请所占比例不断提高

成长时期，新疆发明专利申请所占比例比初创时期提高了1.74个百分点；发展时期比初创时期和成长时期分别提高了7.37和5.63个百分点。

(三) 职务发明创造数量不断提高

1.职务发明专利申请数量不断提高

新疆职务发明专利申请，2014年是1985年444.8倍。2014年，新疆职务发明专利申请所占比例分别比1985

年、1999年和2009年提高22.1、42.1和19.5个百分点。"九五"比"八五"提高1.9个百分点；"十五"分别比"八五"和"九五"提高4.8个和2.9个百分点；"十一五"分别比"七五""八五""九五"和"十五"提高3.3、15.5、13.6和10.7个百分点；"十二五"分别比"七五""八五""九五""十五"和"十一五"提高31.0、43.2、41.3、38.4和27.7个百分点。

2.企业成为专利申请的主力军

"七五"时期，新疆企业专利申请占职务专利申请总数的比例为40.5%，"八五"为45.1%，"九五"为68.6%，"十五"为71.8%，"十一五"为66.0%，"十二五"为49.6%。

（四）非职务专利申请数量逐年提高、所占比例逐年下降

2014年，新疆非职务专利申请所占比例，分别比1985年、1999年和2009年降低了22.1、42.1和19.5个百分点；成长时期与初创时期相比，降低了8.4个百分点；发展时期与初创时期和成长时期相比，分别降低39.7和31.3个百分点。这说明职务专利申请数量和所占比例都在提高，进而证明专利创造主体——企事业单位的专利意识在不断增强，技术创新和专利创造能力不断提高。

四、新疆专利申请措施

全区知识产权局系统采取各种有力措施促进自治区专利创造工作。

一是将专利申请与实施知识产权战略工作相结合。自治区知战办和自治区知识产权局在制订实施《自治区知识产权战略实施推进计划》和《自治区专利事业发展战略推进计划》时，将专利申请的数量和质量指标纳入战略实施指标进行统一部署。

二是通过政策引导，部门参与，积极推动全社会的发明创造活动。自治区建立了新疆专利奖专项资金，以自治区人民政府的名义，在全区组织开展"新疆专利奖"评选表彰活动；通过建立专利申请资助资金，制定出台了《新疆维吾尔自治区专利申请资助资金管理办法》，对专利申请进行资助；自治区知识产权局和教育厅等部门通过在新疆高校开展"新疆优秀大学生发明创造专利获得者"评选表彰活动，激发大学生技术创新和专利创造的积极性。

三是建立专利申请目标责任制。每年年初，自治区知识产权局与每一个地州市知识产权局及专利代理机构签订《专利申请目标责任书》，并将此作为年中检查、年终考核的指标之一。结合地州市考核工作，对专利申请工作进行目标考核，对完成和超额完成指标任务的先进单位进行表彰，对没有完成指标任务以及单纯追求任务指标、不重视专利质量的单位进行通报批评。

四是加强对专利申请的动态监管。针对专利申请工作出现的无费视撤现象（非正常专利申请），自治区知识产权局及时召开会议进行研究，并组成调研小组，深入地州市及企业进行专题调研。自治区知识产权局参照国家专利局审查业务管理部申请质量促进处提出的《全国专利事业发展战略推进计划第13条的基本要求》，建立专利申请预警机制，对专利申请工作进行动态管理和督促；对各地、各单位及个人专利申请数量和质量进行定期统计和分析，以防无费视撤等问题的出现。

五是积极组织开展向外国申请专利。自治区知识产权局通过印发文件等方式，引导企事业单位申报国家PCT专利申请资助资金，提高向国外申请专利的积极性。

六是通过建立专利技术实施计划资金，出台专利项目实施资助资金管理办法，建立专利创造能力导入机制，提升专利项目实施主体专利创造能力。

七是积极抓好专利代理服务工作。通过举办促进专利代理业务能力提升培训班，完善激励专利代理的政策措施，解决专利代理工作中存在的困难和问题，不断提升专利代理机构的服务能力和服务质量。

八是持续在高新区、经济开发区、工业园区、城市开展知识产权试点和示范创建工作；在企业开展知识产权试点示范、"消除零专利""专利托管"工作和"知识产权贯标"等工作；在大学开展发明专利倍增行动。

表6-1　新疆维吾尔自治区专利申请数量统计表

（1985年4月1日—2014年12月31日）　　　　　　　　　　　　（单位：件）

时间	历年累计	当年累计	三种专利申请			非职务发明专利申请	职务发明专利申请				
			发明	实用新型	外观设计		小计	大专院校	科研院所	工矿企业	机关团体
1985年	36	36	20	16	0	22	14	2	8	0	4
1986年	116	80	16	63	1	54	26	1	8	12	5
1987年	242	126	35	89	2	78	48	4	15	22	7
1988年	443	201	13	184	4	134	67	6	25	27	9
1989年	667	224	39	182	3	181	43	4	13	14	12
1990年	917	250	38	203	9	174	76	9	20	36	11
"七五"时期	917	250	161	737	19	643	274	26	89	111	48
1991年	1319	402	64	302	36	319	83	3	21	38	21
1992年	1821	502	91	374	37	416	86	3	25	36	22
1993年	2463	642	144	467	31	510	132	4	26	66	36
1994年	3071	608	104	479	25	502	106	6	22	44	34
1995年	3680	609	92	467	50	526	83	8	21	37	17
"八五"时期	3680	2763	495	2089	179	2273	490	24	115	221	130
1996年	4393	713	113	531	69	599	114	8	29	67	10
1997年	5192	799	139	544	116	653	146	2	45	92	7
1998年	6170	978	166	600	212	750	228	6	57	160	5
1999年	7046	876	139	547	190	710	166	3	46	111	6
1985—1999年	7046	7046	1213	5048	785	5628	1418	69	381	762	206
2000年	8134	1088	179	699	210	869	219	7	33	169	10
"九五"时期	8134	4454	736	2921	797	3581	873	26	210	599	38
2001年	9222	1088	179	693	216	882	206	19	34	145	8
2002年	10461	1239	216	779	244	949	290	12	37	238	3
2003年	11934	1473	254	938	281	1122	351	15	54	278	4
2004年	13426	1492	272	870	350	1121	371	17	67	277	10
2005年	15277	1851	320	1117	414	1459	392	45	121	218	8
"十五"时期	15277	7143	1241	4397	1505	5533	1610	108	313	1156	33
2006年	17533	2256	381	1166	709	1677	579	38	137	396	8
2007年	19803	2270	476	1255	539	1524	746	48	215	476	7
2008年	22215	2412	482	1408	522	1621	791	73	219	447	52
2009年	25087	2872	662	1865	345	1681	1191	122	257	759	53
2000—2009年	25087	18041	3421	10790	3830	12905	5136	396	1174	3403	163
2010年	28645	3560	912	2272	376	1744	1816	191	242	1301	82
"十一五"时期	28645		2913	7966	2491	8245	5123	472	1070	3379	202
2011年	33383	4736	1273	2732	731	1974	2762	204	286	2187	85

续表

时间	历年累计	当年累计	三种专利申请			非职务发明专利申请	职务发明专利申请				
			发明	实用新型	外观设计		小计	大专院校	科研院所	工矿企业	机关团体
2012年	40427	7044	1679	3375	1990	2878	4166	286	337	3365	178
2013年	48651	8224	2081	4620	1523	2988	5236	437	492	4073	234
2014年	58861	10210	2360	4935	2915	3983	6227	488	493	5020	226
"十二五"时期（4年）	58861	33774	8305	17934	7535	13567	20207	1606	1850	15946	805
1985—2014年	58861	58861	12939	33772	12150	32100	26761	2071	3405	20111	1174

注：以上数据含新疆生产建设兵团。

表6-2　新疆维吾尔自治区专利申请同比增幅（%）统计表

（1985年4月1日—2014年12月31日）

时间	历年累计增幅	当年累计增幅	三种专利申请增幅			非职务专利申请增幅	职务专利申请增幅				
			发明	实用新型	外观设计		小计	大专院校	科研院所	工矿企业	机关团体
1985年	100.0	100.0	100.0	100.0	0	100.0	100.0	100.0	100.0	0	100.0
1986年	222.2	122.2	−20.0	293.8	100.0	145.5	85.7	−50.0	0	120.0	25.0
1987年	108.6	57.5	118.8	41.3	100.0	44.4	86.6	300.0	87.5	83.3	40.0
1988年	83.1	59.5	−62.9	106.7	100.0	71.8	39.6	50.0	66.7	22.7	28.6
1989年	50.6	11.4	200.0	−0.1	−25.0	35.1	−23.8	−33.3	−48.0	−48.1	33.3
1990年	37.5	11.6	−0.3	11.5	200.0	−3.9	76.7	125.0	53.9	157.1	−8.3
"七五"时期	100.3	60.4	55.9	92.2	74.2	64.5	60.8	82.0	43.4	55.8	36.4
1991年	43.8	60.8	68.4	48.8	300.0	83.3	9.2	−66.7	5.0	5.6	90.9
1992年	38.1	24.9	42.2	23.8	2.8	30.4	3.6	0	19.1	−5.3	4.8
1993年	35.3	27.9	58.2	24.9	−16.2	22.6	53.5	33.3	4.0	83.3	63.6
1994年	24.7	−5.3	−27.8	2.6	−19.4	−1.6	−19.7	50.0	−15.4	−33.3	−5.6
1995年	19.8	0.2	−11.5	−2.5	100.0	4.8	−21.7	33.3	−4.6	−15.9	−50.0
"八五"时期	32.3	21.7	25.9	19.5	73.4	27.9	5.0	10.0	1.6	6.9	20.7
1996年	19.4	17.1	22.8	13.7	38.0	13.9	37.4	0	38.1	81.1	−41.1
1997年	18.2	12.1	23.0	2.5	68.1	9.0	28.1	−75.0	55.2	37.3	−30.0
1998年	18.8	22.4	19.4	10.3	82.8	14.9	56.2	200.0	26.7	73.9	−28.6
1999年	14.2	−10.4	−16.3	−8.8	−10.4	−5.3	−49.1	−50.0	−19.3	−30.6	20.0
1985—1999年	54.4	34.1	34.3	44.6	68.1	37.7	30.8	40.4	24.6	35.4	16.2
2000年	45.4	24.2	28.8	27.8	10.5	22.4	31.9	133.3	−28.3	52.3	66.7
"九五"时期	23.2	13.1	15.5	9.1	37.8	11.0	20.9	41.7	14.5	42.8	−2.6
2001年	13.4	0	0	0.9	2.9	1.5	−5.9	171.4	3.0	−14.2	−20.0
2002年	13.4	13.9	20.7	12.4	13.0	7.6	40.8	−36.8	8.8	64.1	−62.5
2003年	14.1	18.9	17.6	17.4	15.2	18.2	21.0	25.0	46.0	16.8	33.3

续表

时间	历年累计增幅	当年累计增幅	三种专利申请增幅			非职务专利申请增幅	职务专利申请增幅				
			发明	实用新型	外观设计		小计	大专院校	科研院所	工矿企业	机关团体
2004年	12.5	1.3	7.1	−7.2	24.6	−0.1	5.7	13.3	24.1	−0.4	150.0
2005年	13.8	24.1	17.7	28.4	18.3	30.2	5.7	164.7	80.6	−21.3	−20.0
"十五"时期	13.4	11.6	12.6	10.4	14.8	11.5	13.5	67.5	32.5	9.0	16.2
2006年	14.8	21.9	19.1	4.4	71.3	14.9	47.7	−15.6	13.2	81.7	0
2007年	13.0	0.6	24.9	7.6	−24.0	−9.1	28.8	26.3	56.9	20.2	−12.5
2008年	12.2	6.3	1.3	12.2	−3.2	6.4	6.0	52.1	1.9	−6.1	642.9
2009年	12.9	19.1	37.3	32.5	−33.9	3.7	50.6	67.1	17.4	69.8	1.9
2000—2009年	16.6	13.0	17.5	13.6	9.5	9.6	23.2	60.1	22.4	26.3	78.0
2010年	14.2	24.0	37.8	21.8	9.0	3.8	52.5	56.6	−5.8	71.4	54.7
"十一五"时期	13.4	14.4	22.1	15.7	3.8	3.9	37.1	37.3	15.7	47.4	137.4
2011年	16.5	33.0	39.6	20.3	94.4	13.2	52.1	6.8	18.2	68.1	3.7
2012年	21.1	48.7	31.9	23.5	172.2	45.8	50.8	40.2	17.8	53.9	109.4
2013年	20.3	16.8	23.9	36.9	−23.5	3.8	25.7	52.8	46.0	21.0	31.5
2014年	21.0	24.1	13.4	6.8	91.4	33.3	18.9	12.8	−0.8	23.3	−3.4
"十二五"时期（4年）	19.7	30.7	27.2	21.9	83.6	24.0	36.9	28.2	20.3	41.6	35.3
2010—2014年	18.6	29.3	29.3	21.9	68.7	20.0	40.0	33.8	15.1	47.5	39.2
1985—2014年	36.4	26.3	27.8	30.5	48.6	25.3	29.8	46.2	22.3	34.4	40.6

注：以上数据含新疆生产建设兵团；"七五"含1985年，"十二五"不含2015年。

表6-3　新疆有效发明专利统计表

（2006—2014年）

年份	人口（万人）	有效发明专利数（件）	万人专利数（件）	年同比增幅（%）
2006	2050	358	0.175	
2007	2095	361	0.172	0.08
2008	2130	407	0.191	12.7
2009	2158	483	0.224	18.7
2010	2181	665	0.305	37.7
2011	2208	902	0.408	35.6
2012	2232	1306	0.585	44.8
2013	2232	1756	0.786	34.5
2014	2264	2353	1.039	34.0
合计	2264	8591	1.039	27.3（均）

表6-4 新疆向国外申请专利（PCT）情况一览表

（2003—2014年）

序号	年份	PCT专利申请数（件）	资助PCT专利申请数（件）	资助金额（万元）	说明
1	2003	2	0	0	2003年前新疆PCT专利申请数为0
2	2004	3	0	0	
3	2005	3	0	0	
4	2006	4	0	0	
5	2007	8	0	0	
6	2008	5	0	0	
7	2009	7	5	24	2009年，中央财政设立资助向国外申请专利专项资金
8	2010	10	7	47	
9	2011	21	6	32	
10	2012	25	7	34	
11	2013	23	9	39	
12	2014	16	0	0	2014年中央财政停止支持
合计		127	49	176	

表6-5 新疆企业获得中央向国外申请专利专项资金情况表

（2009—2013年）

序号	资助年份	所属地州	单位	资助金额（万元）
1	2009	乌鲁木齐市	新疆特丰药业股份有限公司	3
2		克拉玛依市	克拉玛依市金牛信泰工业控制有限公司	24
3		昌吉回族自治州	新疆特变电工股份有限公司	2
4			新疆特变电工股份有限公司	2
5			新疆特变电工股份有限公司	2
6	2010	昌吉回族自治州	新疆特变电工股份有限公司	13
7			新疆特变电工股份有限公司	12
8			新疆特变电工股份有限公司	13
9		乌鲁木齐市	新疆阳光动力能源科技有限公司	1
10		克拉玛依市	中国石油集团西部钻探工程有限公司	1
11			中国石油集团西部钻探工程有限公司	1
12		乌鲁木齐市	新疆华世丹药物研究有限责任公司	6
13	2011	乌鲁木齐市	乌鲁木齐一枝好生物科技有限公司	27
14			中国科学院新疆理化技术研究所	1
15			新疆埃乐欣药业有限公司	1
16		昌吉回族自治州	新疆特变电工股份有限公司	1
17			新疆特变电工股份有限公司	1
18			新疆特变电工股份有限公司	1

续表

序号	资助年份	所属地州	单位	资助金额（万元）
19		昌吉回族自治州	新疆特变电工股份有限公司	3
20			新疆特变电工股份有限公司	4
21	2012		新疆特变电工股份有限公司	4
22		克拉玛依市	克拉玛依市金牛信泰石油设备有限公司	8
23			克拉玛依市金牛信泰石油设备有限公司	3
24		乌鲁木齐市	乌鲁木齐简力捷速工业技术有限公司	6
25			乌鲁木齐简力捷速工业技术有限公司	6
26		昌吉回族自治州	特变电工新疆新能源股份有限公司	3
27			乌鲁木齐生宇机电科技有限公司	4
28			新疆华世丹药物研究有限责任公司	5
29			乌鲁木齐龙鹏兴达科技开发有限公司	5
30	2013	乌鲁木齐市	新疆现代石油化工股份有限公司	4
31			新疆埃乐欣药业有限公司	3
32			乌鲁木齐斯潘古尔技术有限公司	5
33			新疆天地集团有限公司	5
34		博尔塔拉蒙古自治州	博尔塔拉蒙古自治州万力源科技开发有限责任公司	5
合计				176

注：为支持国内申请人积极向国外申请专利，保护自主创新成果，中央财政从2009年起设立资助向国外申请专利专项资金，并制定出台了《资助向国外申请专利专项资金管理暂行办法》（财建〔2009〕567号）。2012年4月，对《资助向国外申请专利专项资金管理暂行办法》做了修改，下发了《资助向国外申请专利专项资金管理办法》的通知（财建〔2012〕147号）。2014年，国家财政暂停下拨资助向国外申请专利专项资金。

第二节 专利授权

一、概述

在申请人递交的技术专利申请当中，并不是每个申请都能授权的。尤其是发明专利，审查特别严格。如果申请人递交的专利申请技术存在一些问题，国家知识产权局不会给予这个技术授权专利。

专利审查分为形式审查和实质审查。形式审查就是初步审查，简称初审，主要是对申请文件的格式与一些明显的书写错误，如标题、摘要字数、附图是不是清楚这一类不涉及发明主体内容的东西进行审查，初审员会发出补正通知书，初审过程是保密的，在初审通过后，专利申请进行公开。公开后可以申请进行实质审查，就是实审，主要是对文件中发明主体内容的三性（新颖性、创造性、实用性）和公开是否充分及单一性等进行审查，从而判断该专利是否可以获得专利权。

实质审查又分为即时审查制和延迟审查制。即时审查制，又称为一次性审查制，即专利局对申请案进行形式审查之后，无须申请人提实质审查请求，就随即对专利申请的内容进行新颖性、创造性和实用性审查，以确定是否授予专利权。即时审查制的优点是可以确保所授予专利权的专利质量，减少诉讼纠纷，这使审查程序得到一定的简化。其缺点是审批时间较长，且需要有庞大的专利审查机构。目前，美国等国家实行这种审查制度。

延迟审查制，又叫早期公开请求审查制，即专利局在对专利申请案进行形式审查之后，不立即进行实质审查，而是先将申请案公开，申请人可以自申请日起一段时间内的任一时间请求实质审查，待申请人提出实质审查请求之后，在已公开的情况下，专利局才进行实质审查。申请人在法定期限内不提出实质审查请求则被视为自动撤回申请。各国规定请求实质审查的法定期限不同，大致2～7年。我国则为3年。

专利授权是指国家知识产权局专利局对申请人递交的专利申请文件进行审查后，认为可以授权专利技术，就会先给申请人发一份授权通知书。申请人拿到了授权通知书就相当于这个技术已经成为专利了，收到专利证书后就可以说是正式授权了。反之，如果申请人递交的专利申请中存在技术问题，就不会给这个技术授权专利。

二、新疆专利授权状况

（一）新疆三种专利授权状况

1986年，新疆三种专利授权数量为4件，2014年为5238件。截至2014年年底，新疆三种专利授权数量累计达33342件，年均增长55.7%。

初创时期，新疆三种专利授权共计3818件，年均增长76.2%；成长时期共计10644件，年均增长6.5%，是初创时期的2.8倍。发展时期共计18880件，年均增长24.1%，分别是初创时期和成长时期4.95倍和1.77倍。

"七五"新疆三种专利授权共计352件，年均增幅为158.8%；"八五"为1445件，年均增幅为28.0%，是"七五"的4.1倍；"九五"为2728件，年均增幅为26.3%，分别是"七五"和"八五"的7.8倍和1.9倍；"十五"为3847件，年均增幅为2.5%，分别是"七五""八五"和"九五"的10.9倍、2.7倍和1.4倍；"十一五"为8642件，年均增幅为18.4%，分别是"七五""八五""九五"和"十五"的24.6倍、6.0倍、3.2倍和2.3倍；"十二五"（前4年）为16318件，年均增幅为20.9%，分别是"七五""八五""九五""十五"和"十一五"的46.4倍、11.3倍、6.0倍、4.2倍和1.9倍。

（二）新疆发明专利授权状况

截至2014年，新疆发明专利授权累计达到3084件，年均增长46.1%。初创时期，新疆发明专利授权为133件，年均增长65.8%，占同期专利申请总数的3.5%。成长时期，新疆发明专利授权为864件，是初创时期的6.5倍；年均增长19.8%；占同期专利授权总数的8.1%，比初创时期提高4.6个百分点。发展时期，新疆发明专利授权为2087件，年均增长39.7%，比成长时期提高19.9个百分点；分别是初创时期和成长时期的15.7倍和2.4倍；占同期专利授权总数的11.1%，分别比初创时期和发展时期提高了7.6和3.0个百分点。

"七五"新疆发明专利授权为16件，"八五"为50件，是"七五"的3.1倍；"九五"为133件，分别是"七五"和"八五"的8.3倍和2.7倍；"十五"为389件，分别是"七五""八五"和"九五"的24.3倍、7.8倍和2.9倍；"十一五"为598件，分别是"七五""八五""九五"和"十五"的37.4倍、12.0倍、5.0倍和1.5倍；"十二五"（前4年）为1898件，分别是"七五""八五""九五""十五"和"十一五"的118.6倍、38.0倍、14.3倍、4.9倍和3.2倍。

（三）新疆实用新型专利授权状况

1986年，新疆实用新型专利授权为3件，2014年为3850件，是1986年的1283.3倍。截至2014年，新疆实用新型专利授权累计达23815件，年均增长49.4%。

初创时期，新疆实用新型专利授权为3170件，年均增幅为83.7%，占同期专利授权总数的83.0%。成长时期，新疆实用新型专利授权为7182件，是初创时期的2.3倍，年均增幅为9.4%；占同期专利授权总数的67.5%。发展时期，新疆实用新型专利授权为13463件，年均增幅为26.7%，比成长时期提高17.3个百分点；分别是初创时期和成长时期的4.3倍和1.9倍；占同期专利授权总数的71.3%。

"七五"新疆实用新型专利授权为328件，"八五"为1313件，是"七五"的4倍；"九五"为2004件，分别是"七五"和"八五"的6.1倍和1.5倍；"十五"为2517件，分别是"七五""八五"和"九五"的7.7倍、

1.9倍和1.3倍；"十一五"为6202件，分别是"七五""八五""九五"和"十五"的18.9倍、4.7倍、3.1倍和2.5倍；"十二五"（前4年）为11451件，分别是"七五""八五""九五""十五"和"十一五"的34.9倍、8.7倍、5.7倍4.6倍和1.9倍。

（四）新疆外观设计专利授权状况

1986年，新疆外观设计专利授权为0件，2014年为783件，是1986年的783倍。截至2014年，新疆外观设计专利授权累计达到6443件，年均增长58.4%。

初创时期，新疆外观设计专利授权为515件，年均增长101.0%，占同期专利授权总数的13.5%。成长时期，新疆外观设计专利授权为2598件，年均增长13.2%，是初创时期的5.1倍；占同期专利授权总数的24.4%，比初创时期提高10.9个百分点。发展时期，新疆外观设计专利授权为3330件，年均增长21.2%，比成长时期提高8个百分点，是初创时期和成长时期的4.7倍和1.3倍；占同期专利授权总数的17.5%，分别是成长时期降低6.9个百分点。

"七五"新疆外观设计专利授权为8件，"八五"为92件，是"八五"的11.5倍；"九五"为591件，分别是"八五"和"九五"的73.9倍和6.4倍；"十五"为941件，分别是"七五""八五"和"九五"的117.6倍、10.2倍和1.6倍；"十一五"为1842件，分别是"七五""八五""九五"和"十五"的230.3倍、20.0倍、3.1倍和2.0倍；"十二五"（前4年）为2969件，分别是"七五""八五""九五""十五"和"十一五"的371.1倍、32.3倍、5.0倍、3.2倍和1.6倍。

（五）新疆职务专利授权状况

1.新疆职务专利授权概况

1986年，新疆职务专利授权为1件，2014年为3779件。截至2014年，新疆职务专利授权累计达到15716件，年均增长53.7%，占专利授权总数的47.1%。

在初创时期，新疆职务专利授权为852件，年均增长82.9%，占同期专利授权总数的22.3%。成长时期为3107件，是初创时期的3.7倍，年均增长14.3%，占同期专利授权总数的29.2%。发展时期为11757件，分别是初创时期和成长时期的13.8倍和3.8倍；年均增长44.7%，比成长时期提高30.4个百分点；占同期专利授权总数的62.3%，分别比初创时期和成长时期提高40.0和33.1个百分点。

"七五"新疆职务专利授权为101件，年均增长194.5%，占同期专利授权总数的28.7%；"八五"为301件，是"七五"的近3倍，年均增长14.2%，占同期专利授权总数的17.1%；"九五"为617件，是"七五"和"八五"的6.1倍和2.1倍，年均增长36.0%，占同期专利授权总数的22.6%；"十五"为1002件，年均增长12.2%，分别是"七五""八五"和"九五"的9.9倍、3.3倍和1.6倍，占同期专利授权总数的26.1%。"十一五"为3166件，年均增长38.6%，分别是"七五""八五""九五"和"十五"的31.4倍、10.5倍、5.1倍和3.2倍，占同期专利授权总数的36.6%。"十二五"（前4年）为10529件，年均增长44.7%，分别是"七五""八五""九五""十五"和"十一五"的104.3倍、35.0倍、17.1倍、10.5倍和3.3倍，占同期专利授权总数的64.5%。

2.新疆大专院校专利授权状况

1986年，新疆大专院校专利授权为0件，2014年为210件。截至2014年，新疆大专院校专利授权累计达到851件，占同期职务专利授权总数的5.4%，年均增长44.0%。

在初创时期，新疆大专院校专利授权为32件。成长时期为142件，是初创时期的4.3倍，年均增长57.8%。发展时期为677件，分别是初创时期和成长时期的21.2倍和4.8倍，年均增长39.1%。

"七五"新疆大专院校专利授权为7件，年均增长50.0%；"八五"为15件，是"七五"的2.1倍，年均增长5.0%；"九五"为18件，分别是"七五"和"八五"的2.6倍和1.2倍，年均增长88.7%；"十五"为32件，分别是"七五""八五"和"九五"的4.5倍、2.1倍和1.8倍，年均增长10.0%；"十一五"为173件，分别是

"七五""八五""九五"和"十五"的24.7倍、11.5倍、9.6倍和5.4倍，年均增长127.5%；"十二五"（前4年）为606件，分别是"七五""八五""九五""十五"和"十一五"的86.6倍、40.4倍、33.7倍、18.9倍和3.5倍，年均增长31.7%。

3.新疆科研院所专利授权状况

1986年，新疆科研院所专利授权为1件，2014年为304件。截至2014年，新疆科研院所专利授权累计达到2131件，年均增长44.0%，占职务专利授权总数的13.6%。

在初创时期，新疆科研院所专利授权为204件，年均增长70.1%，占同期职务专利授权总数的23.9%。成长时期为774件，是初创时期的3.8倍，年均增长16.3%，占同期职务专利授权总数的24.9%，比初创时期提高1个百分点。发展时期为1153件，分别是初创时期和成长时期的5.7倍和1.5倍，年均增长21.4%，比成长时期提高5.1个百分点。

"七五"新疆科研院所专利授权为40件，年均增长117.7%，占同期职务专利授权总数的39.6%；"八五"为72件，年均增长15.7%，占同期职务专利授权总数的23.9%；"九五"为126件，年均增长73.4%，占同期职务专利授权总数的20.4%；"十五"为220件，年均增长10.4%，占同期职务专利授权总数的22.0%；"十一五"为732件，年均增长38.1%，占同期职务专利授权总数的23.1%；"十二五"（前4年）为941件，年均增长11.0%，占同期职务专利授权总数的8.9%；分别是"七五""八五""九五""十五"和"十一五"的23.5倍、13.1倍、7.5倍、4.3倍和1.3倍。

4.新疆工矿企业专利授权状况

1986年，新疆工矿企业专利授权为0件，2014年为3150件。截至2014年，新疆工矿企业专利授权累计达到12112件，年均增长37.6%，占同期职务发明专利授权总数的77.1%。

在初创时期，新疆工矿企业专利授权为484件，占职务专利授权总数的56.8%，年均增长48.5%。成长时期为2096件，是初创时期的4.3倍，年均增长14.4%，占同期职务专利授权总数的67.5%，比初创时提高19个百分点。发展时期为9532件，分别是初创时期和成长时期，19.7倍和4.6倍，年均增长51.4%。

"七五"新疆工矿企业专利授权为41件，年均增长73.5%，占同期职务专利授权总数的40.6%；"八五"为140件，是"七五"的3.4倍，年均增长16.3%，占同期职务专利授权总数的46.5%；"九五"为421件，分别是"七五""八五"的10.3倍和3.0倍，年均增长51.3%，占同期职务专利授权总数的68.2%；"十五"为722件，分别是"七五""八五""九五"的17.6倍、5.2倍和1.7倍，年均增长15.3%，占同期职务专利授权总数的72.1%；"十一五"为2132件，分别是"七五""八五""九五""十五"的52倍、15.2倍、5.1倍和3.0倍，年均增长38.6%，占同期职务专利授权总数的67.3%；"十二五"（前4年）为8656件，分别是"七五""八五""九五""十五"和"十一五"的211.1倍、61.8倍、20.6倍、12.0倍和4.1倍，年均增长38.5%，占同期职务专利授权总数的82.2%。

5.新疆机关团体专利授权状况

1986年，新疆机关团体专利授权为0件，2014年为115件。截至2014年，新疆机关团体专利授权累计达到622件，年均增长42.8%，占同期职务专利授权总数的4.0%。

在初创时期，新疆机关团体专利授权为132件，年均增长16.4%，占同期职务专利授权总数的15.5%；成长时期为95件，年均增长89.7%，占同期职务专利授权总数的3.1%；发展时期为395件，占同期职务专利授权总数的3.4%，分别是初创时期和成长时期的3.0倍和4.2倍，年均增长28.4%。

"七五"新疆机关团体专利授权为13件，年均增长20.0%；"八五"为74件，年均增长28.5%，是"七五"的5.7倍；"九五"为52件，年均减少7.6%；"十五"为28件，年均增长92.9%；"十一五"为129件，年均增长108.5%；"十二五"（前4年）为326件，年均增长18.5%，分别是"七五""八五""九五""十五"和"十一五"的25.1倍、4.4倍、6.3倍、11.6倍和2.5倍。

6.新疆非职务发明专利授权状况

1986年，新疆非职务专利授权为3件，2014年为1459件，是1986年的486.3倍。截至2014年，新疆非职务专利授权累计达到17626件,占专利授权总数的52.99%,年均增长41.4%。

初创时期,新疆非职务发明专利授权为2966件,年均增长76.0%,占同期专利授权总数的77.7%。成长时期为7537件,是初创时期的2.5倍,年均增长7.7%,占同期专利授权总数的70.1%。发展时期为7123件,是初创时期的2.4倍,年均增长5.7%,占同期专利授权总数的37.7%。

"七五"新疆非职务发明专利授权为251件,年均增长164.5%,占同期专利授权总数的71.3%;"八五"为1154件,年均增长39.2%,是"七五"的4.6倍,占同期专利授权总数的82.9%,比"七五"提高11.6个百分点;"九五"为2111件,年均增长20.7%,分别是"七五"和"八五"的8.4倍和1.5倍,占同期专利授权总数的73.4%,分别比"七五"和"八五"提高2.1和-9.5个百分点;"十五"为2845件,年均增长4.1%,分别是"七五""八五"和"九五"的11.3倍、2倍和1.4倍,占同期专利授权总数的74.0%,与"七五""八五"和"九五"相比,分别提高2.7、-8.9、0.6个百分点;"十一五"为5476件,年均增长16.2%,分别是"七五""八五""九五"和"十五"的21.8倍、3.8倍、2.6倍和1.9倍,占同期专利授权总数的63.4%,与"七五""八五""九五"和"十五"相比,分别降低7.9、19.5、10.0、和10.6个百分点;"十二五"(前4年)为5789件,年均增长4.8%,分别是"七五""八五""九五""十五"和"十一五"的23.1倍、4.0倍、2.7倍、2.0倍和1.1倍,占同期专利授权总数的35.5%,与"七五""八五""九五""十五"和"十一五"相比,分别降低35.8、47.4、37.9、38.5和27.9个百分点。

从以上数据中可以看到,新疆非职务专利授权数量在逐年提高的同时,在专利授权总数所占比例在逐年下降。2014年,新疆非职务专利授权所占比例与1986年、1999年和2009年相比,分别降低了5.4、47.8和37.6个百分点。成长时期与初创时期相比,降低了6.9个百分点。发展时期与初创时期和成长时期相比,分别降低了47.0和40.1个百分点。非职务专利授权数量所占比例的逐年减少,说明职务发明主体——企事业单位的专利意识不断增强,技术创新和专利创造能力不断提高。

7.新疆有效发明专利状况

据国家知识产权网站统计,2006年为358件,2007年为361件,同比增长0.8%;2008年为407件,同比增长12.7%;2009年为483件,同比增长18.7%;2010年为665件,同比增长37.7%;2011年为902件,同比增长35.6%;2012年为1306件,同比增长44.8%;2013年为1756件,同比增长34.5%;2014年为2353件,同比增长34.0%。2006—2014年,新疆有效发明专利累计达到8891件,年均1111.4件,年均增长27.4%。

8.万人拥有有效发明专利状况

自2006年以来,国家知识产权局将有效发明专利、万人拥有发明专利和增长状况作为重要统计内容每年进行发布。按照新疆当年人口数和有效发明专利数计算,2006年,新疆万人拥有有效发明专利为0.175件,2007年为0.172件,同比减少0.03%;2008年为0.191件,同比增长12.7%;2009年为0.224件,同比增长18.7%;2010年为0.305件,同比增长37.7%;2011年为0.408件,同比增长35.6%;2012年为0.585件,同比增长44.8%;2013年为0.786件,同比增长34.5%;2014年为1.039件,同比增长34.0%。

三、新疆专利授权特点

(一)专利授权数量逐年增长

1985年,新疆专利授权量为0件。1986年新疆专利授权量由4件提高到1990年139件、1995年的312件、2000年的717件,2005的年921件、2010年的2562件、2014年的5238件。2010年新疆专利授权突破2000件,达到2562件;2012年超过3000件,达到3440件;2013年超过4000件,达到4998件;2014年再上新台阶,超过5000件,达到5238件。1993年,新疆专利授权累计超过千件,达到1137件;1996年超过2000件,达到2169件。1999—2006年,每年都实现千件跨越。1999年超过3000件,达到3818件;2000年超过4000件,达到4535件;2001年超过5000件,达到5292件;2003年超过6000件,达到6669件;2004年超过7000件,达到7461件;2005年超过8000件,达到8382件;2006年超过9000件,达到9569件。2007年超越万件大关,达到

11103件。2012年再上新台阶，超越2万件，累计达到23106件。2014年迈上3万件门槛，达到33342件。新疆专利授权千件用了7年多时间，2000件用了4年，3000件用了3年，4000～9000件各用了1年就实现。1万件用了23年，2万件用了6年，3万件用了3年。新疆"八五"的专利授权数是"七五"的5倍；"九五"是"八五"的1.6倍；"十五"是"九五"的1.4倍；"十一五"是"十五"的2.3倍；"十二五"（4年）是"十一五"的1.8倍。新疆成长时期的专利授权数是初创时期的2.7倍；发展时期分别是初创时期和成长时期的5.0倍和1.8倍。

（二）发明专利授权数成倍增长

1990年，新疆的发明专利授权量是1986年的3倍；1995年分别是1986和1990年的11倍和3.7倍；2000年分别是1986年、1990年和1995年的66倍、22倍和6倍；2005年分别是1986年、1990年、1995年和2000年的88倍、29.3倍、8倍和1.3倍；2010年分别是1986年、1990年、1995年、2000年和2005年的189倍、63倍、17.2倍、2.9倍和2.2倍；2014年分别是1986年、1990年、1995年、2000年、2005年、2010年的605.0倍、201.7倍、55.0倍、9.2倍、6.9倍和3.2倍。"八五"新疆的发明专利授权量是"七五"的3.1倍；"九五"分别是"七五""八五"的8.3倍和2.7倍；"十五"分别是"七五""八五"和"九五"的24.3倍、7.8倍和2.9倍；"十一五"分别是"七五""八五""九五"和"十五"的37.4倍、12.0倍、4.5倍和1.5倍；"十二五"（前4年）分别是"七五""八五""九五""十五"和"十一五"的118.6倍、38.0倍、14.3倍、4.9倍和3.2倍。

（三）发明专利授权年均增幅不断提高

"八五"新疆发明专利授权比"七五"增长212.5%；"九五"分别比"七五"和"八五"增长731.3%和166.0%；"十五"分别比"七五""八五"和"九五"增长2331.3%、678.0%和192.5%；"十一五"分别比"七五""八五""九五"和"十五"增长3637.5%、1096.0%、349.6%和53.7%；"十二五"（前4年）分别比"七五""八五""九五""十五"和"十一五"增长1176.3%、3696.0%、1327.1%、387.9%和217.4%。

（四）发明专利授权所占比例不断提高

新疆发明专利授权所占比例，发展时期分别比初创时期和成长时期提高21.1和16.5个百分点；"九五"比"八五"时期提高1.5个百分点；"十五"分别比"八五"和"九五"提高6.7和5.2个百分点；"十一五"分别比"八五""九五"提高了3.5和2.0个百分点；"十二五"（前4年）分别比"七五""八五""九五""十五"和"十一五"提高20.1、21.2、19.7、14.5和17.7个百分点。

（五）职务专利授权数量不断提高

新疆职务专利授权数，成长时期比初创时期增长了264.6%；发展时期比初创时期和成长时期分别增长了128.0%和278.4%。2014年是1986年的3779倍。"八五"新疆职务专利授权数是"七五"的3倍；"九五"分别是"七五"和"八五"的6.1倍和2.1倍；"十五"分别是"七五""八五"和"九五"的9.9倍、3.3倍和1.6倍；"十一五"分别是"七五""八五""九五"和"十五"的31.4倍、10.5倍、5.1倍和3.1倍；"十二五"（前4年）分别是"七五""八五""九五""十五"和"十一五"的104.3倍、35.0倍、17.1倍、10.5倍和3.3倍。

（六）企业成为专利授权的主力军

新疆企业专利授权，"八五"比"七五"提高241.5%；"九五"分别比"七五"和"八五"提高926.8%和200.7%；"十五"分别比"七五""八五"和"九五"提高166.1%、415.7%和71.5%；"十一五"比"七五""八五""九五"和"十五"分别提高5100.0%、1422.9%、406.4%和145.3%；"十二五"（前4年）分别比"七五""八五""九五""十五"和"十一五"提高21012.2%、6082.9%、1456.1%、1098.9%和306.0%。

新疆企业专利授权数在职务专利授权数中的比例，"七五"为40.1%，"八五"为46.5%，比"七五"提高6.4个百分点；"九五"为68.2%，比"七五"和"八五"分别提高28.1和21.7个百分点；"十五"为72.1%，比"七五""八五"和"九五"分别提高32.0、25.6和3.9个百分点；"十一五"为67.3%，比"七五""八五"提高

27.2和20.8个百分点;"十二五"(前4年)为82.2%,分别比"七五""八五""九五""十五"和"十一五"提高42.1、35.7、14.0、10.1和14.9个百分点。

(七)专利授权数量不断迈上新台阶

"七五"新疆专利授权达到352件,"八五"过千件,达到1455件;"九五"超过2000件,达到2728件;"十一五"连续越过8000件,达到8462件;"十二五"(前4年)再上新台阶,超过万件大关,达到16318件。截至2014年年底,新疆三种专利授权累计达到33342件,突破3万件大关。

(八)新疆专利授权质量不断提升

"八五"新疆发明专利授权量比"七五"提高212.5%,是"七五"的3.1倍;"九五"比"八五"提高55.3%,分别是"七五"和"八五"的8.3倍和2.7倍;"十五"分别比"七五""八五""九五"提高2331.3%、678.0%和192.5%,分别是"七五""八五"和"九五"的24.3倍、7.8倍和2.9倍;"十一五"分别比"七五""八五""九五"和"十五"提高3637.5%、1096.0%、349.6和53.7%,分别是"七五""八五""九五"和"十五"的37.4倍、12.0倍、4.5倍和1.5倍;"十二五"(前4年)分别比"七五""八五""九五""十五"和"十一五"提高11762.5%、3696.0%、1327.1%、387.9%和217.4%,分别是"七五""八五""九五""十五"和"十一五"的118.6倍、38.0倍、14.3倍、4.9倍和3.2倍。

"七五"时期,新疆发明专利授权在三种专利授权数的比例为4.5%;"八五"为3.4%;"九五"为4.9%,分别比"七五"和"八五"提高0.4和1.5个百分点;"十五"为10.1%,分别比"七五""八五"和"九五"提高5.6、6.7和5.2个百分点;"十一五"为7.1%,分别比"七五""八五"和"九五"提高2.6、3.7、2.2个百分点;"十二五"(前4年)为11.6%,分别比"七五""八五""九五""十五""十一五"提高7.1、8.2、6.7和1.5个百分点。

表6-6 新疆维吾尔自治区专利授权数量统计表

(1985年4月1日—2014年12月31日)　　　　　　　　　　　　　　　(单位:件)

时间	历年累计	当年累计	三种专利授权			非职务发明专利授权	职务发明专利授权				
			发明	实用新型	外观设计		小计	大专院校	科研院所	工矿企业	机关团体
1985年	0	0	0	0	0	0	0	0	0	0	0
1986年	4	4	1	3	0	3	1	0	1	0	0
1987年	26	22	0	22	0	15	7	1	2	3	1
1988年	93	67	2	63	2	51	16	1	6	9	0
1989年	213	120	10	105	5	79	41	2	20	13	6
1990年	352	139	3	135	1	103	36	3	11	16	6
"七五"时期	352	352	16	328	8	251	101	7	40	41	13
1991年	487	135	2	124	9	89	46	4	13	22	7
1992年	683	196	6	180	10	151	45	2	11	20	12
1993年	1137	454	22	398	34	364	90	4	28	41	17
1994年	1495	358	9	326	23	285	73	3	11	35	24
1995年	1807	312	11	285	16	265	47	2	9	22	14
"八五"时期	1807	1455	50	1313	92	1154	301	15	72	140	74
1996年	2169	362	9	316	37	292	70	3	16	36	15
1997年	2497	328	12	246	70	257	71	1	25	35	10
1998年	2959	462	14	337	111	362	100	1	10	81	8

时间	历年累计	当年累计	三种专利授权			非职务发明专利授权	职务发明专利授权				
			发明	实用新型	外观设计		小计	大专院校	科研院所	工矿企业	机关团体
1999年	3818	859	32	630	197	650	209	5	41	151	12
1985—1999年	3818	3818	133	3170	515	2966	852	32	204	484	132
2000年	4535	717	66	475	176	550	167	8	34	118	7
"九五"时期	4535	2728	133	2004	591	2111	617	18	126	421	52
2001年	5292	755	90	522	143	569	186	9	46	124	7
2002年	5917	627	61	407	159	484	143	6	39	91	7
2003年	6669	752	75	521	156	554	198	6	42	149	1
2004年	7461	792	75	530	187	585	207	8	41	156	2
2005年	8382	921	88	537	296	653	268	3	52	202	11
"十五"时期	8382	3847	389	2517	941	2845	1002	32	220	722	28
2006年	9569	1187	117	795	275	870	317	16	98	201	2
2007年	11103	1534	90	1035	409	1057	477	23	149	299	6
2008年	12596	1493	82	1100	311	993	500	21	143	325	11
2009年	14462	1866	120	1260	486	1222	644	42	130	431	41
2000—2009年	14462	10644	864	7182	2598	7537	3107	142	774	2096	95
2010年	17024	2562	189	2012	361	1334	1228	71	212	876	69
"十一五"时期	17024	8642	598	6202	1842	5476	3166	173	732	2132	129
2011年	19666	2642	302	1974	366	1168	1474	96	173	1158	47
2012年	23106	3440	451	2383	606	1325	2115	140	203	1701	71
2013年	28104	4998	540	3244	1214	1837	3161	160	261	2647	93
2014年	33342	5238	605	3850	783	1459	3779	210	304	3150	115
"十二五"时期（4年）	33342	18880	1898	11451	2969	5789	10529	606	941	8656	326
1986—2014年	33342	33342	3084	23815	6443	17626	15716	851	2131	12112	622

注：以上数据含新疆生产建设兵团；"十二五"时期不含2015年。

表6-7 新疆维吾尔自治区专利授权增幅（%）统计表

（1985年4月1日—2014年12月31日）

时间	历年累计增幅	当年累计增幅	三种专利授权增幅			非职务专利授权增幅	职务专利授权增幅				
			发明	实用新型	外观设计		小计	大专院校	科研院所	工矿企业	机关团体
1985年	0.0	0.0	0.0	0.0	0.0	0.0	0.0	0.0	0.0	0.0	0.0
1986年	100.0	100.0	100.0	100.0	0.0	100.0	100.0	0.0	100.0	0.0	0.0
1987年	550.0	450.0	−100.0	633.3	0.0	400.0	600.0	100.0	100.0	100.0	100.0
1988年	257.7	204.6	100.0	186.4	100.0	240.0	128.6	0.0	200.0	200.0	−100.0
1989年	129.0	23.7	400.0	66.7	150.0	54.9	156.3	100.0	233.3	44.4	100.0
1990年	65.3	15.8	−70.0	28.6	−80.0	30.4	−12.2	50.0	−45.0	23.1	0.0

续表

时间	历年累计增幅	当年累计增幅	三种专利授权增幅			非职务专利授权增幅	职务专利授权增幅				
			发明	实用新型	外观设计		小计	大专院校	科研院所	工矿企业	机关团体
"七五"时期	220.4	158.8	86.0	203.0	34.0	164.5	194.5	50.0	117.7	73.5	20.0
1991年	38.4	-2.9	-33.3	-8.2	800.0	-13.6	27.8	33.3	18.2	37.5	16.7
1992年	40.3	45.2	200.0	45.2	11.1	69.7	-2.2	-50.0	-15.4	-9.1	71.4
1993年	66.5	131.6	266.7	121.1	240.0	141.1	100.0	100.0	154.6	105.0	41.7
1994年	31.5	-21.2	-59.1	-18.1	-32.4	5.8	-18.9	-25.0	-60.7	-14.6	54.2
1995年	39.5	-12.9	22.2	-12.6	-30.4	-7.0	-35.6	-33.3	-18.2	-37.1	-41.7
"八五"时期	139.8	28.0	79.3	25.5	197.7	39.2	14.2	5.2	15.7	16.3	28.5
1996年	20.0	16.0	-18.2	10.9	131.3	10.2	48.9	50.0	77.8	63.6	7.1
1997年	15.1	-9.4	33.3	-22.2	89.2	-12.0	1.4	-66.7	56.3	-2.8	-33.3
1998年	18.5	40.9	16.7	37.0	58.6	40.9	40.9	0.0	-60.0	131.4	-20.0
1999年	29.0	85.9	128.6	86.9	77.5	79.6	109.0	400.0	310.0	86.4	50.0
1986—1999年	98.7	76.2	65.8	83.7	101.0	76.0	82.9	43.9	70.1	48.5	16.4
2000年	18.8	-1.7	106.3	-24.6	-10.7	-15.4	-20.1	60.0	-17.1	-21.9	-41.7
"九五"时期	20.3	26.3	53.3	17.6	69.2	20.7	36.0	88.7	73.4	51.3	-7.6
2001年	16.7	5.2	36.7	9.9	-18.8	3.5	11.4	12.5	35.3	5.1	0.0
2002年	11.8	-1.7	-32.2	-22.0	11.2	-14.9	-23.1	-33.3	-15.2	-26.6	0.0
2003年	12.8	2.0	23.0	28.0	-1.9	14.5	38.5	0.0	7.7	63.7	-85.7
2004年	11.9	5.3	0.0	1.7	19.9	5.6	4.6	33.3	-2.4	4.7	100.0
2005年	12.3	1.6	17.3	1.3	58.3	11.6	29.5	-62.5	26.8	29.5	450.0
"十五"时期	13.1	2.5	9.0	3.8	13.7	4.1	12.2	-10.0	10.4	15.3	92.9
2006年	14.2	2.9	33.0	48.1	-7.1	33.2	18.3	433.3	88.5	-0.5	-81.8
2007年	16.0	29.3	-23.1	30.2	48.7	21.5	50.5	43.8	52.0	48.8	200.0
2008年	13.5	-2.7	-8.9	6.3	-24.0	-6.1	4.8	-8.8	-4.0	8.7	83.3
2009年	14.8	25.0	46.3	14.6	56.3	23.1	28.8	100.0	-9.1	32.6	272.7
2000—2009年	14.3	6.5	19.8	9.4	13.2	7.7	14.3	57.8	16.3	14.4	89.7
2010年	17.7	37.3	57.5	59.7	-25.7	9.2	90.7	69.1	63.1	103.3	68.3
"十一五"时期	15.2	18.4	21.0	31.8	9.6	16.2	38.6	127.5	38.1	38.6	108.5
2011年	15.5	3.1	59.8	-1.9	1.4	-12.4	20.0	35.2	-18.4	32.2	-31.9
2012年	17.5	30.2	49.3	20.7	65.6	13.4	43.5	45.8	17.3	46.9	51.1
2013年	21.6	45.3	19.7	36.1	100.3	38.6	49.5	14.3	28.6	55.7	31.0
2014年	18.6	4.8	12.0	18.7	-35.5	-20.5	19.6	31.3	16.5	19.0	23.7
"十二五"时期（4年）	13.7	20.9	35.2	18.4	33.0	4.8	33.2	31.7	11.0	38.5	18.5
2001—2014年	18.2	24.1	39.7	26.7	21.2	5.7	22.0	39.1	21.4	51.4	28.4
1985—2014年	55.7	43.2	47.7	51.1	60.4	42.9	55.5	49.4	45.5	38.9	44.3

注：以上数据含新疆生产建设兵团。

第三节 地州市专利创造

一、地州市专利申请

（一）地州市专利申请概况

据国家知识产权局提供的专利数据，1985—2014年，新疆15个地州市专利申请共计58705件，其中发明专利为12838件，占专利申请总数的21.9%；实用新型专利为33783件，占专利申请总数的57.5%；外观设计专利为12084件，占专利申请总数的20.6%。非职务专利申请为32018件，占专利申请总数的54.5%；职务专利申请为26687件，占专利申请总数的45.5%。在职务专利申请中，大专院校为2095件，占职务专利申请数的7.9%；科研院所为3441件，占职务专利申请数的12.9%；工矿企业为19970件，占职务专利申请数的74.8%；机关团体为1181件，占职务专利申请数的4.4%。

表6-8　新疆维吾尔自治区地州市专利申请数量统计表

（1985—2014年）　　　　　　　　　　　　　　　（单位：件）

地州市名称	三种专利申请总数	专利申请类型			非职务发明专利申请	职务发明专利申请				
		发明	实用新型	外观设计		小计	大专院校	科研院所	工矿企业	机关团体
乌鲁木齐市	25703	6590	13916	5197	12054	13649	1111	2309	9699	530
昌吉回族自治州	5778	928	4010	840	3136	2642	9	23	2522	88
克拉玛依市	4299	909	3175	215	1507	2792	2	607	2122	61
石河子市	4041	1306	2462	273	1716	2325	637	375	1235	78
伊犁哈萨克自治州	3763	526	2102	1135	2845	918	16	18	834	50
巴音郭楞蒙古自治州	2706	547	1523	636	1678	1028	1	7	985	35
阿克苏地区	2105	416	1259	430	1391	714	295	6	380	33
吐鲁番地区	1825	213	876	736	1132	693	1	56	604	32
阿勒泰地区	1765	269	1061	435	1377	388	0	0	259	129
喀什地区	1646	149	597	900	1510	136	5	1	105	25
哈密地区	1563	329	827	407	1067	496	0	18	446	32
塔城地区	1383	265	864	254	981	402	0	17	357	28
博尔塔拉蒙古自治州	1169	216	679	274	901	268	3	0	214	51
和田地区	788	163	337	288	572	216	15	4	195	2
克孜勒苏柯尔克孜自治州	171	12	95	64	151	20	0	0	13	7
合计	58705	12838	33783	12084	32018	26687	2095	3441	19970	1181

表6-9　新疆维吾尔自治区地州市专利申请数量排序情况统计表

（1985—2014年）　　　　　　　　　　　　　　　（单位：件）

地州市名称	三种专利申请数量排序				非职务专利申请数量排序	职务专利申请数量排序				
	三种专利申请总数排序	发明专利申请数量排序	实用新型专利申请数量排序	外观设计专利申请数量排序		职务专利申请数量排序	大专院校专利申请数量排序	科研院所专利申请数量排序	工矿企业专利申请数量排序	机关团体专利申请数量排序
乌鲁木齐市	1	1	1	1	1	1	1	1	1	1

地州市名称	三种专利申请数量排序				非职务专利申请数量排序	职务专利申请数量排序				
	三种专利申请总数排序	发明专利申请数量排序	实用新型专利申请数量排序	外观设计专利申请数量排序		职务专利申请数量排序	大专院校专利申请数量排序	科研院所专利申请数量排序	工矿企业专利申请数量排序	机关团体专利申请数量排序
昌吉回族自治州	2	3	2	4	2	3	6	5	2	3
克拉玛依市	3	4	3	14	6	9	2	3	5
石河子市	4	2	4	12	4	4	2	3	4	4
伊犁哈萨克自治州	5	6	5	2	3	6	4	6（★）	6	7
巴音郭楞蒙古自治州	6	5	6	6	5	5	10	8	8	8
阿克苏地区	7	7	7	8	8	7	3	9	9	9
吐鲁番地区	8	12	9	5	10	8	10（★）	4	7	10（★）
阿勒泰地区	9	9	8	7	9	11	11（★）	12（★）	11	2
喀什地区	10	14	13	3	7	14	7	11	14	12
哈密地区	11	8	11	9	11	9	11（★）	6（★）	8	10（★）
塔城地区	12	10	10	13	12	10	11（★）	7	10	11
博尔塔拉蒙古自治州	13	11	12	11	13	12	8	12（★）	12	6
和田地区	14	13	14	10	14	13	5	10	13	14
克孜勒苏柯尔克孜自治州	15	15	15	15	15	15	11	12（★）	15	13

注：带（★）符号为并列。

表6-10　新疆维吾尔自治区地州市专利申请数量所占比例（%）统计表
（1985—2014年）

地州市名称	专利申请比例			非职务发明专利申请所占总数比例	职务发明专利申请所占总数比例	占职务专利申请总数比例			
	发明专利申请占总数比例	实用新型专利申请占总数比例	外观设计专利申请占总数比例			大专院校申请所占比例	科研院所申请所占比例	工矿企业申请所占比例	机关团体申请所占比例
乌鲁木齐市	25.6	54.1	20.2	46.9	53.1	8.1	16.9	71.1	3.9
昌吉回族自治州	16.1	69.4	14.5	54.3	45.7	0.3	0.9	95.5	3.3
克拉玛依市	21.1	73.9	5.0	35.1	64.9	0.7	21.7	76.0	2.2
石河子市	32.3	60.9	6.8	42.5	57.5	27.4	16.1	53.1	3.4
伊犁哈萨克自治州	14.0	55.9	41.1	75.6	24.4	2.8	2.0	90.8	5.4
巴音郭楞蒙古自治州	20.2	56.3	23.5	62.0	38.0	0.1	0.07	95.8	3.4
阿克苏地区	19.8	59.8	20.4	66.1	33.9	41.3	0.8	53.2	4.6
吐鲁番地区	11.7	48.0	40.3	62.0	38.0	0.1	8.1	87.2	4.6
阿勒泰地区	15.2	60.1	24.7	78.0	22.0	0	0	66.8	33.2
喀什地区	9.1	36.3	54.7	91.7	8.3	3.7	0.7	77.2	18.4
哈密地区	21.1	52.9	26.0	68.3	31.7	0	3.6	90.0	6.4
塔城地区	19.2	62.5	18.4	70.9	29.1	0	4.2	88.8	7.0

续表

地州市名称	专利申请比例			非职务发明专利申请所占总数比例	职务发明专利申请所占总数比例	占职务专利申请总数比例			
	发明专利申请占总数比例	实用新型专利申请占总数比例	外观设计专利申请占总数比例			大专院校申请所占比例	科研院所申请所占比例	工矿企业申请所占比例	机关团体申请所占比例
博尔塔拉蒙古自治州	18.5	58.1	23.4	77.1	22.9	1.1	0	80.0	19.0
和田地区	20.7	42.8	36.5	72.6	27.4	6.9	1.9	90.3	0.9
克孜勒苏柯尔克孜自治州	7.0	55.6	37.4	88.3	16.7	0	0	65.0	35.0
全区平均（%）	21.9	57.5	20.6	54.5	45.5	7.9	12.9	74.8	4.4

注：表中的比例是指专利申请所占各地总数比例。

在专利申请中，超过2万件的地州市有1个，占专利申请总数的43.78%；超过5000件的地州市有1个，占专利申请总数的9.84%；超过4000件的地州市有2个，占专利申请总数的14.2%，超过3000件的地州市有1个，占专利申请总数的6.41%；超过2000件的地州市有2个，占专利申请总数的8.2%；超过1000件的地州市有6个，占专利申请总数的13.57%；不到千件的地州市有2个，占专利申请总数的1.63%。乌鲁木齐、昌吉、石河子、克拉玛依和伊犁5个地州市的专利申请量达到43584件，占全区专利申请总数的74.23%。

（二）地州市三种专利申请状况

据对1985—2014年新疆地州市专利申请数据统计，乌鲁木齐市为25703件，占新疆专利申请总数的43.78%，在全区排第1位（以下地州市排名分别位2～15位）；昌吉州为5778件，占新疆三种专利申请总数的9.84%；克拉玛依市为4299件，占新疆专利申请总数的7.32%；石河子市为4041件，占新疆专利申请总数的6.88%；伊犁州为3763件，占新疆专利申请总数的6.41%；巴州为2706件，占新疆专利申请总数的4.61%；阿克苏地区为2105件，占新疆专利申请总数的3.59%；吐鲁番地区为1825件，占新疆专利申请总数的3.11%；阿勒泰地区为1765件，占新疆专利申请总数的3.01%；喀什地区为1646件，占新疆专利申请总数的2.80%；哈密地区为1563件，占新疆专利申请总数的2.66%；塔城地区为1383件，占新疆专利申请总数的2.36%；博州为1169件，占新疆专利申请总数的1.99%；和田地区为788件，占新疆专利申请总数的1.34%；克州为171件，占新疆专利申请总数的0.29%。

表6-11　新疆维吾尔自治区地州市专利申请数据统计表

表6-11-1　乌鲁木齐市专利申请数量统计表

（1985—2014年）　　　　　　　　　（单位：件）

年份	累计	当年	三种专利申请			非职务发明专利申请	职务发明专利申请				
			发明	实用新型	外观设计		小计	大专院校	科研院所	工矿企业	机关团体
1985	20	20	10	10	0	15	5	0	5	0	0
1986	68	48	8	40	0	36	12	0	6	4	2
1987	140	72	15	57	0	42	30	2	8	17	3
1988	266	126	8	118	0	96	30	6	14	5	5
1989	380	114	17	97	0	95	19	2	8	2	7
1990	503	123	14	104	5	83	40	6	15	12	7
1991	701	198	31	146	21	141	57	1	14	26	16
1992	938	237	38	184	15	197	40	1	12	17	10

年份	累计	当年	三种专利申请			非职务发明专利申请	职务发明专利申请				
			发明	实用新型	外观设计		小计	大专院校	科研院所	工矿企业	机关团体
1993	1178	240	54	174	12	198	42	4	10	14	14
1994	1421	243	44	187	12	205	38	5	14	13	6
1995	1670	249	53	167	29	203	46	8	12	23	3
1996	1951	281	72	180	29	219	62	5	27	24	6
1997	2277	326	78	187	61	248	78	2	37	37	2
1998	2726	449	95	255	99	304	145	7	44	91	3
1999	3139	413	65	221	127	332	81	1	23	55	2
2000	3593	454	78	270	106	343	111	1	21	83	6
2001	4105	512	96	294	122	407	105	10	22	72	1
2002	4641	536	101	306	129	414	122	10	18	93	1
2003	5313	672	134	384	154	513	159	13	31	113	2
2004	5974	661	144	362	155	478	165	14	48	112	9
2005	6700	726	161	387	178	533	187	31	67	94	1
2006	7488	788	171	405	212	561	163	20	58	145	4
2007	8382	894	240	418	236	550	329	26	109	207	2
2008	9353	971	213	500	258	606	392	38	117	196	14
2009	10630	1277	359	770	148	598	679	87	140	428	24
2010	12358	1728	541	1013	174	628	1100	127	180	757	36
2011	14483	2125	683	1227	215	647	1478	119	236	1079	44
2012	17456	2973	852	1404	717	848	2125	132	266	1648	79
2013	21158	3702	1075	2105	522	801	2901	240	371	2172	118
2014	25703	4545	1140	1944	1461	1713	2832	193	376	2160	103
合计	25703	25703	6590	13916	5197	12054	13649	1111	2309	9699	530

表6-11-2　昌吉回族自治州专利申请数量统计表

（1985—2014年）　　　　　　　　　　　　（单位：件）

年份	累计	当年	三种专利申请			非职务发明专利申请	职务发明专利申请				
			发明	实用新型	外观设计		小计	大专院校	科研院所	工矿企业	机关团体
1985	1	1	1	0	0	1	0	0	0	0	0
1986	7	6	0	5	1	5	1	0	0	1	0
1987	15	8	2	6	0	6	2	1	0	1	0
1988	30	15	0	15	0	13	2	0	0	1	1
1989	50	20	3	17	0	18	2	0	1	1	0
1990	69	19	3	13	3	14	5	0	0	4	1

年份	累计	当年	三种专利申请			非职务发明专利申请	职务发明专利申请				
			发明	实用新型	外观设计		小计	大专院校	科研院所	工矿企业	机关团体
1991	86	17	0	15	2	16	1	0	0	1	0
1992	128	42	2	34	6	36	6	0	1	5	0
1993	191	63	7	54	2	57	6	0	1	5	0
1994	247	56	15	40	1	50	6	0	0	2	4
1995	350	103	7	90	6	97	6	0	0	4	2
1996	434	84	7	67	10	74	10	0	2	8	0
1997	540	106	4	95	7	93	13	0	1	12	0
1998	649	109	13	75	21	85	24	0	1	22	1
1999	713	64	7	42	15	53	11	0	0	11	0
2000	826	113	12	86	15	98	15	0	0	14	1
2001	946	120	14	77	29	90	30	0	1	29	0
2002	1147	201	27	145	29	131	70	0	1	69	0
2003	1339	192	20	141	31	107	85	0	0	85	0
2004	1520	181	27	138	16	142	39	0	0	39	0
2005	1701	181	28	129	24	153	28	0	0	28	0
2006	1896	195	45	129	21	127	68	1	0	67	0
2007	2118	222	46	139	37	119	103	2	0	96	5
2008	2282	164	49	88	27	128	36	0	0	36	0
2009	2456	174	35	106	33	101	73	3	0	60	10
2010	2708	252	37	186	29	156	96	0	0	87	9
2011	3075	367	75	222	70	170	197	0	0	187	10
2012	3879	804	128	470	206	399	405	2	7	369	27
2013	4678	799	145	564	90	295	504	0	6	494	4
2014	5778	1100	169	822	109	302	798	0	1	784	13
合计	5778	5778	928	4010	840	3136	2642	9	23	2522	88

表6-11-3 克拉玛依市专利申请数量统计表

（1985—2014年）　　　　　　　　　　　　　　　　　（单位：件）

年份	累计	当年	三种专利申请			非职务发明专利申请	职务发明专利申请				
			发明	实用新型	外观设计		小计	大专院校	科研院所	工矿企业	机关团体
1985	1	1	0	1	0	1	0	0	0	0	0
1986	3	2	0	2	0	0	2	0	1	0	1

续表

年份	累计	当年	三种专利申请			非职务发明专利申请	职务发明专利申请				
			发明	实用新型	外观设计		小计	大专院校	科研院所	工矿企业	机关团体
1987	16	13	2	11	0	9	4	0	3	1	0
1988	27	11	0	11	0	7	4	0	4	0	0
1989	37	10	1	9	0	4	6	0	3	2	1
1990	51	14	4	10	0	8	6	0	5	0	1
1991	89	38	4	33	1	23	15	1	9	3	2
1992	134	45	12	31	2	29	16	0	9	4	3
1993	224	90	12	72	6	53	37	0	12	16	9
1994	298	74	8	64	2	55	19	0	6	4	9
1995	359	61	12	49	0	38	23	0	5	9	9
1996	405	46	1	34	11	35	11	1	4	6	0
1997	446	41	7	28	6	27	14	0	4	10	0
1998	520	74	2	32	40	61	13	0	5	8	0
1999	562	42	4	36	2	31	11	0	5	6	0
2000	621	59	8	49	2	33	26	0	9	17	0
2001	687	66	10	54	2	37	29	0	10	19	0
2002	756	69	7	59	3	35	34	0	12	22	0
2003	838	82	19	62	1	41	41	0	16	25	0
2004	964	126	13	98	15	69	57	0	34	22	1
2005	1097	133	22	107	4	52	81	0	45	36	0
2006	1282	185	25	158	2	50	135	0	99	36	0
2007	1481	199	22	160	17	60	139	0	85	54	0
2008	1696	215	37	153	25	74	141	0	68	58	15
2009	1976	280	58	218	4	85	195	0	80	113	2
2010	2308	332	68	245	19	98	234	0	40	194	0
2011	2721	413	107	301	5	70	343	0	6	337	0
2012	3171	450	128	314	8	114	336	0	14	322	0
2013	3648	477	127	335	15	171	306	0	13	287	6
2014	4299	651	189	439	23	137	514	0	1	511	2
合计	4299	4299	909	3175	215	1507	2792	2	607	2122	61

表6-11-4 石河子市专利申请数量统计表

（1985—2014年）　　　　　　　　　　　　　　　　（单位：件）

年份	累计	当年	三种专利申请			非职务发明专利申请	职务发明专利申请				
			发明	实用新型	外观设计		小计	大专院校	科研院所	工矿企业	机关团体
1985	3	3	1	2	0	2	1	0	0	0	1
1986	6	3	3	0	0	2	1	1	0	0	0
1987	16	10	3	7	0	3	7	2	1	2	2
1988	33	17	0	17	0	16	1	0	0	1	0
1989	53	20	6	14	0	17	3	0	0	3	0
1990	85	32	4	28	0	27	5	1	0	3	1
1991	132	47	8	38	1	34	13	1	0	8	4
1992	197	65	10	53	2	60	5	0	1	3	1
1993	261	64	8	56	0	44	20	3	1	8	8
1994	313	52	6	45	1	39	13	1	2	8	2
1995	370	57	4	47	6	51	6	1	0	3	2
1996	448	78	1	73	4	66	12	1	1	7	3
1997	511	63	3	48	12	54	9	0	0	9	0
1998	590	79	8	62	9	61	18	0	2	15	1
1999	674	84	8	57	19	53	31	1	5	25	0
2000	764	90	13	69	8	70	20	5	1	12	2
2001	840	76	16	50	10	45	31	7	3	17	4
2002	932	92	16	58	18	52	40	3	1	36	0
2003	1035	103	11	74	18	73	30	2	3	23	2
2004	1095	60	11	37	12	42	18	3	3	12	0
2005	1202	107	24	76	7	57	50	15	8	22	5
2006	1321	119	29	76	14	57	62	14	3	40	5
2007	1432	111	33	67	11	52	59	21	8	30	0
2008	1619	187	57	122	8	59	128	36	18	71	3
2009	1790	171	56	106	9	59	112	31	23	54	4
2010	2051	261	104	148	9	114	147	52	16	75	4
2011	2405	354	144	200	10	110	244	55	44	141	4
2012	2898	493	205	258	30	127	366	105	49	206	6
2013	3434	536	238	267	31	149	387	94	82	205	6
2014	4041	607	276	307	24	121	486	182	100	196	8
合计	4041	4041	1306	2462	273	1716	2325	637	375	1235	78

表6-11-5　伊犁哈萨克自治州专利申请数量统计表

（1985—2014年）　　　　　　　　　　　　　　　　　　　　　（单位：件）

年份	累计	当年	三种专利申请			非职务发明专利申请	职务发明专利申请				
			发明	实用新型	外观设计		小计	大专院校	科研院所	工矿企业	机关团体
1985	0	0	0	0	0	0	0	0	0	0	0
1986	1	1	0	1	0	0	1	0	0	1	0
1987	2	1	0	1	0	0	1	0	0	0	1
1988	6	4	1	3	0	4	0	0	0	0	0
1989	14	8	2	6	0	4	4	0	2	1	1
1990	27	13	0	12	1	11	2	2	0	0	0
1991	57	30	5	18	7	28	2	2	0	0	0
1992	92	35	6	28	1	35	0	0	0	0	0
1993	139	47	12	34	1	45	2	0	0	2	0
1994	159	20	3	17	0	19	1	0	0	0	1
1995	195	36	2	28	6	31	5	0	0	5	0
1996	231	36	3	25	8	27	9	0	9	0	0
1997	297	66	7	34	25	54	12	0	0	12	0
1998	369	72	14	37	21	64	8	0	0	8	0
1999	432	63	16	39	8	59	4	0	0	4	0
2000	515	83	15	60	8	69	14	0	0	14	0
2001	612	97	20	59	18	96	1	0	0	1	0
2002	689	77	11	55	11	76	1	0	0	1	0
2003	815	126	18	73	35	107	19	0	0	19	0
2004	944	129	12	52	65	85	44	0	0	44	0
2005	1112	168	18	108	42	141	27	0	0	27	0
2006	1256	144	12	93	39	125	19	0	0	18	1
2007	1422	166	19	110	37	146	20	0	0	17	3
2008	1556	134	12	106	16	128	6	0	1	5	0
2009	1734	178	25	131	22	164	14	0	0	12	2
2010	1913	179	24	111	44	145	34	0	0	27	7
2011	2116	203	39	140	24	157	46	0	0	43	3
2012	2625	509	60	183	266	304	205	4	1	190	10
2013	3125	500	77	241	182	321	179	7	1	159	12
2014	3763	638	93	297	248	400	238	1	4	224	9
合计	3763	3763	526	2102	1135	2845	918	16	18	834	50

表6-11-6 巴音郭楞蒙古自治州专利申请数量统计表

（1985—2014年）

（单位：件）

年份	累计	当年	三种专利申请			非职务发明专利申请	职务发明专利申请				
			发明	实用新型	外观设计		小计	大专院校	科研院所	工矿企业	机关团体
1985	1	1	0	1	0	0	0	0	0	0	0
1986	3	2	0	2	0	0	1	0	0	1	0
1987	5	2	2	0	0	0	0	0	0	0	0
1988	8	3	0	3	0	0	1	0	1	0	0
1989	22	14	2	12	0	0	0	0	0	0	0
1990	38	16	1	15	0	0	3	0	0	3	0
1991	56	18	2	16	0	0	2	0	0	0	2
1992	81	25	2	22	1	22	4	0	0	3	1
1993	129	48	9	38	1	46	1	0	0	0	1
1994	175	46	6	39	1	44	1	0	0	1	0
1995	207	32	4	28	0	31	0	0	0	0	0
1996	246	39	5	32	2	36	3	0	1	2	0
1997	293	47	11	35	1	44	4	0	0	3	1
1998	325	32	7	24	1	29	3	0	2	1	0
1999	367	42	5	32	5	40	1	0	0	1	0
2000	427	60	8	36	16	57	4	0	0	3	1
2001	481	54	3	39	12	52	2	0	0	2	0
2002	530	49	8	35	6	46	3	0	0	2	1
2003	587	57	14	37	6	52	5	0	0	5	0
2004	640	53	11	29	13	46	7	0	0	7	0
2005	702	62	14	27	21	54	6	0	0	6	2
2006	774	72	16	50	6	52	20	0	0	18	2
2007	855	81	21	37	23	68	13	0	0	13	0
2008	955	100	17	55	28	80	20	0	0	20	0
2009	1070	115	26	70	19	98	17	0	1	13	3
2010	1215	145	32	101	12	92	53	1	2	48	2
2011	1453	238	54	121	63	98	140	0	0	140	0
2012	1790	337	62	155	120	133	204	0	0	197	7
2013	2196	406	110	203	93	245	161	0	0	155	6
2014	2706	510	95	229	186	162	348	0	1	341	6
合计	2706	2706	547	1523	636	1678	1028	1	7	985	35

表6-11-7　阿克苏地区专利申请数量统计表

（1985—2014年）　　　　　　　　　　　　　　（单位：件）

年份	累计	当年	三种专利申请			非职务发明专利申请	职务发明专利申请				
			发明	实用新型	外观设计		小计	大专院校	科研院所	工矿企业	机关团体
1985	1	1	1	0	0	1	0	0	0	0	0
1986	1	0	0	0	0	0	0	0	0	0	0
1987	3	2	0	2	0	2	0	0	0	0	0
1988	5	2	0	2	0	2	0	0	0	0	0
1989	9	4	1	3	0	2	2	0	1	1	0
1990	10	1	0	1	0	1	0	0	0	0	0
1991	17	7	1	4	2	3	4	0	1	2	1
1992	30	13	3	10	0	10	3	0	0	2	1
1993	50	20	4	16	0	12	8	0	1	5	2
1994	75	25	5	20	0	19	6	0	1	5	0
1995	89	14	2	12	0	13	1	0	0	1	0
1996	116	27	5	21	1	25	2	0	0	2	0
1997	158	42	6	33	3	35	7	0	0	6	1
1998	176	18	3	13	2	17	1	0	0	1	0
1999	198	22	2	15	5	22	0	0	0	0	0
2000	227	29	4	16	9	28	1	1	0	0	0
2001	248	21	3	17	1	17	4	2	0	2	0
2002	288	40	6	30	4	39	1	0	0	1	0
2003	338	50	14	35	1	48	2	0	1	1	0
2004	372	34	7	22	5	32	2	0	0	2	0
2005	452	80	11	54	15	79	1	0	0	1	0
2006	545	93	3	45	45	89	4	3	0	0	1
2007	611	66	8	46	12	55	11	0	0	11	0
2008	693	82	13	44	25	66	16	2	0	14	0
2009	769	76	13	51	12	71	5	1	0	4	0
2010	893	124	25	93	6	84	40	11	0	28	1
2011	1060	167	38	96	33	87	80	28	0	51	1
2012	1304	244	47	122	75	84	160	42	0	108	10
2013	1653	349	78	215	56	170	179	92	1	83	3
2014	2105	452	113	221	118	278	174	113	0	49	12
合计	2105	2105	416	1259	430	1391	714	295	6	380	33

表6-11-8 吐鲁番地区专利申请数量统计表
(1985—2014年)
(单位：件)

年份	累计	当年	三种专利申请			非职务发明专利申请	职务发明专利申请				
			发明	实用新型	外观设计		小计	大专院校	科研院所	工矿企业	机关团体
1985	0	0	0	0	0	0	0	0	0	0	0
1986	2	2	2	0	0	0	0	0	0	0	0
1987	2	0	0	0	0	0	0	0	0	0	0
1988	2	0	0	0	0	0	0	0	0	0	0
1989	4	2	0	2	0	2	0	0	0	0	0
1990	5	1	0	1	0	1	0	0	0	0	0
1991	16	11	4	6	1	11	0	0	0	0	0
1992	22	6	0	4	2	6	0	0	0	0	0
1993	33	11	3	7	1	10	1	0	0	1	0
1994	51	18	1	13	4	11	7	0	0	3	4
1995	59	8	1	5	2	6	2	0	1	0	1
1996	78	19	5	10	4	14	5	0	1	4	0
1997	103	25	5	16	4	22	3	0	0	3	0
1998	114	11	1	8	2	9	2	0	0	2	0
1999	129	15	2	9	4	14	1	0	0	1	0
2000	143	14	3	5	6	10	4	0	0	4	0
2001	170	27	3	23	1	26	1	0	0	1	0
2002	212	42	4	31	7	40	2	0	0	2	0
2003	252	40	3	29	8	38	2	0	1	1	0
2004	279	27	0	24	3	24	3	0	0	3	0
2005	342	63	5	47	11	50	13	0	0	13	0
2006	396	54	4	47	3	39	15	0	6	9	0
2007	464	68	14	49	5	36	32	0	13	18	1
2008	534	70	8	58	4	34	36	0	17	17	2
2009	644	110	16	83	11	58	52	0	9	39	4
2010	769	125	16	100	9	58	67	0	4	58	5
2011	955	186	34	85	67	89	97	0	0	93	4
2012	1218	263	26	61	176	191	72	0	0	72	0
2013	1501	283	22	89	172	163	120	1	2	111	6
2014	1825	324	31	64	229	170	154	0	2	147	5
合计	1825	1825	213	876	736	1132	693	1	56	604	32

表6-11-9　阿勒泰地区专利申请数量统计表

（1985—2014年）　　　　　　　　　　　　　　　　　　　　　（单位：件）

年份	累计	当年	三种专利申请			非职务发明专利申请	职务发明专利申请				
			发明	实用新型	外观设计		小计	大专院校	科研院所	工矿企业	机关团体
1985	0	0	0	0	0	0	0	0	0	0	0
1986	1	1	1	0	0	1	0	0	0	0	0
1987	6	5	1	4	0	4	1	0	0	1	0
1988	6	0	0	0	0	0	0	0	0	0	0
1989	6	0	0	0	0	0	0	0	0	0	0
1990	9	3	1	2	0	3	0	0	0	0	0
1991	15	6	1	5	0	6	0	0	0	0	0
1992	21	6	2	4	0	4	2	0	0	2	0
1993	27	6	0	6	0	5	1	0	0	1	0
1994	32	5	4	1	0	3	2	0	0	1	1
1995	39	7	2	5	0	5	2	0	0	2	0
1996	54	15	2	13	0	15	0	0	0	0	0
1997	68	14	4	9	1	8	6	0	0	2	4
1998	89	21	4	14	3	21	0	0	0	0	0
1999	112	23	7	14	2	18	5	0	0	2	3
2000	120	8	0	8	0	8	0	0	0	0	0
2001	139	19	4	12	3	16	3	0	0	0	3
2002	149	10	2	8	0	10	0	0	0	0	0
2003	172	23	2	19	2	23	0	0	0	0	0
2004	199	27	10	13	4	27	0	0	0	0	0
2005	240	41	3	23	15	41	0	0	0	0	0
2006	269	29	5	21	3	27	2	0	0	1	1
2007	372	103	14	49	40	102	1	0	0	1	0
2008	539	167	23	124	20	147	20	0	0	9	11
2009	699	160	21	123	16	152	8	0	0	7	1
2010	801	102	10	81	11	85	17	0	0	8	9
2011	964	163	20	90	53	105	58	0	0	48	10
2012	1182	218	41	99	78	157	61	0	0	46	15
2013	1465	283	35	154	94	178	105	0	0	73	32
2014	1765	300	50	160	90	206	94	0	0	55	39
合计	1765	1765	269	1061	435	1377	388	0	0	259	129

表6-11-10 喀什地区专利申请数量统计表

（1985—2014年） （单位：件）

年份	累计	当年	三种专利申请			非职务发明专利申请	职务发明专利申请				
			发明	实用新型	外观设计		小计	大专院校	科研院所	工矿企业	机关团体
1985	0	0	0	0	0	0	0	0	0	0	0
1986	3	3	0	3	0	3	0	0	0	0	0
1987	4	1	1	0	0	1	0	0	0	0	0
1988	8	4	1	3	0	4	0	0	0	0	0
1989	17	9	1	7	1	8	1	0	0	0	1
1990	21	4	0	4	0	3	1	0	1	0	0
1991	31	10	1	5	4	10	0	0	0	0	0
1992	49	18	5	8	5	14	4	0	0	0	4
1993	55	6	0	5	1	6	1	0	0	1	0
1994	63	8	1	7	0	6	2	0	0	1	1
1995	76	13	1	12	0	12	1	0	0	1	0
1996	96	20	1	19	0	19	0	0	0	0	0
1997	108	12	2	9	1	12	0	0	0	0	0
1998	121	13	2	8	3	13	0	0	0	0	0
1999	133	12	1	6	5	12	0	0	0	0	0
2000	154	21	3	9	9	21	0	0	0	0	0
2001	169	15	1	7	7	15	0	0	0	0	0
2002	196	27	1	8	18	27	0	0	0	0	0
2003	228	32	1	26	5	32	0	0	0	0	0
2004	281	53	2	27	24	53	0	0	0	0	0
2005	361	80	4	15	61	79	1	0	0	1	0
2006	674	313	3	28	282	312	1	0	0	1	0
2007	752	78	9	32	37	76	2	0	0	2	0
2008	865	113	13	34	66	110	3	0	0	3	0
2009	947	82	12	49	21	81	1	0	0	1	0
2010	1042	95	10	54	31	93	2	0	0	2	0
2011	1201	159	24	69	66	148	11	2	0	9	0
2012	1342	141	8	44	89	107	34	1	0	33	0
2013	1532	190	26	47	117	146	44	2	0	26	16
2014	1646	114	15	52	47	87	27	0	0	24	3
合计	1646	1646	149	597	900	1510	136	5	1	105	25

表6-11-11　哈密地区专利申请数量统计表

（1985—2014年）

（单位：件）

年份	累计	当年	三种专利申请			非职务发明专利申请	职务发明专利申请				
			发明	实用新型	外观设计		小计	大专院校	科研院所	工矿企业	机关团体
1985	0	0	0	0	0	0	0	0	0	0	0
1986	1	1	0	1	0	1	0	0	0	0	0
1987	6	5	4	1	0	5	0	0	0	0	0
1988	14	8	0	8	0	7	1	0	0	0	1
1989	26	12	3	9	0	12	0	0	0	0	0
1990	38	12	1	11	0	11	1	0	0	0	1
1991	50	12	5	7	0	12	0	0	0	0	0
1992	63	13	6	7	0	13	0	0	0	0	0
1993	71	8	2	6	0	8	0	0	0	0	0
1994	83	12	1	7	4	10	2	0	0	2	0
1995	93	10	2	8	0	10	0	0	0	0	0
1996	121	28	6	21	1	27	1	0	0	0	1
1997	146	25	5	18	2	21	4	0	0	4	0
1998	176	30	7	21	2	27	3	0	0	3	0
1999	203	27	6	18	3	15	12	0	3	9	0
2000	238	35	7	21	7	29	6	0	0	6	0
2001	260	22	9	13	0	18	4	0	0	4	0
2002	305	45	13	24	8	36	9	0	2	7	0
2003	345	40	7	21	12	35	5	0	2	3	0
2004	366	21	3	10	8	18	3	0	1	2	0
2005	390	24	3	19	2	18	6	0	2	4	0
2006	407	17	1	15	1	15	2	0	0	2	0
2007	461	54	19	34	1	42	12	0	2	10	0
2008	513	52	12	36	4	42	10	0	0	7	3
2009	588	75	16	55	4	61	14	0	4	10	0
2010	635	47	8	36	3	37	10	0	0	5	5
2011	791	156	24	60	72	145	11	0	0	9	2
2012	1014	223	35	79	109	185	38	0	0	34	4
2013	1262	248	51	146	51	122	126	0	2	120	4
2014	1563	301	73	115	113	85	216	0	0	205	11
合计	1563	1563	329	827	407	1067	496	0	18	446	32

表6-11-12　塔城地区专利申请数量统计表

（1985—2014年）　　　　　　　　　　　　　　（单位：件）

年份	累计	当年	三种专利申请			非职务发明专利申请	职务发明专利申请				
			发明	实用新型	外观设计		小计	大专院校	科研院所	工矿企业	机关团体
1985	2	2	1	1	0	2	0	0	0	0	0
1986	4	2	0	2	0	2	0	0	0	0	0
1987	13	9	3	6	0	9	0	0	0	0	0
1988	19	6	1	5	0	2	4	0	2	0	2
1989	24	5	0	5	0	5	0	0	0	0	0
1990	29	5	2	3	0	4	1	0	0	1	0
1991	47	18	11	7	0	17	1	0	1	0	0
1992	57	10	3	7	0	8	2	0	0	0	2
1993	76	19	3	13	3	18	1	0	0	1	0
1994	99	23	9	14	0	23	0	0	0	0	0
1995	133	34	6	28	0	32	2	0	0	1	1
1996	152	19	3	16	0	18	1	0	0	1	0
1997	180	28	6	22	0	28	0	0	0	0	0
1998	211	31	3	26	2	31	0	0	0	0	0
1999	250	39	2	27	10	39	0	0	0	0	0
2000	292	42	7	32	3	42	0	0	0	0	0
2001	321	29	14	14	1	29	0	0	0	0	0
2002	342	21	4	15	2	19	2	0	0	2	0
2003	368	26	3	23	0	25	1	0	0	1	0
2004	406	38	4	26	8	34	4	0	0	4	0
2005	436	30	4	24	2	30	0	0	0	0	0
2006	479	43	15	22	6	43	0	0	0	0	0
2007	570	91	11	37	43	89	2	0	0	2	0
2008	620	50	7	39	4	40	10	0	0	6	4
2009	682	62	7	45	10	55	7	0	0	7	0
2010	740	58	14	34	10	47	11	0	0	11	0
2011	810	70	11	55	4	41	29	0	0	24	5
2012	956	146	24	70	52	54	92	0	0	92	0
2013	1123	167	35	119	13	69	98	0	14	77	7
2014	1383	260	52	127	81	126	134	0	0	127	7
合计	1383	1383	265	864	254	981	402	0	17	357	28

表6-11-13　博尔塔拉蒙古自治州专利申请数量统计表

(1985—2014年)

（单位：件）

年份	累计	当年	三种专利申请			非职务发明	职务发明专利申请				
			发明	实用新型	外观设计		小计	大专院校	科研院所	工矿企业	机关团体
1985	0	0	0	0	0	0	0	0	0	0	0
1986	0	0	0	0	0	0	0	0	0	0	0
1987	3	3	3	0	0	3	0	0	0	0	0
1988	6	3	0	3	0	3	0	0	0	0	0
1989	11	5	0	5	0	5	0	0	0	0	0
1990	15	4	2	2	0	3	1	0	0	1	0
1991	18	3	0	2	1	3	0	0	0	0	0
1992	22	4	0	3	1	4	0	0	0	0	0
1993	30	8	1	7	0	7	1	0	0	1	0
1994	37	7	0	7	0	6	1	0	0	0	1
1995	45	8	0	8	0	8	0	0	0	0	0
1996	54	9	1	8	0	9	0	0	0	0	0
1997	66	12	5	6	1	12	0	0	0	0	0
1998	71	5	1	4	0	5	0	0	0	0	0
1999	86	15	5	9	1	13	2	0	0	2	0
2000	112	26	7	14	5	26	0	0	0	0	0
2001	132	20	3	12	5	20	0	0	0	0	0
2002	151	19	5	11	3	19	0	0	0	0	0
2003	167	16	2	9	5	15	1	0	0	1	0
2004	185	18	2	13	3	18	0	0	0	0	0
2005	245	60	6	42	12	58	2	0	0	1	1
2006	285	40	8	28	4	34	6	0	0	2	4
2007	348	63	5	48	10	62	1	0	0	1	0
2008	389	41	9	23	9	37	4	0	0	3	1
2009	466	77	15	48	14	66	11	0	0	9	2
2010	530	64	10	41	13	62	2	0	0	1	1
2011	604	74	13	45	16	64	10	0	0	8	2
2012	757	153	42	82	29	101	52	0	0	32	20
2013	939	182	35	91	56	91	91	0	0	80	11
2014	1169	230	36	108	86	147	83	3	0	72	8
合计	1169	1169	216	679	274	901	268	3	0	214	51

表6-11-14 和田地区专利申请数量统计表

（1985—2014年）

（单位：件）

年份	累计	当年	三种专利申请			非职务发明专利申请	职务发明专利申请				
			发明	实用新型	外观设计		小计	大专院校	科研院所	工矿企业	机关团体
1985	0	0	0	0	0	0	0	0	0	0	0
1986	1	1	0	1	0	1	0	0	0	0	0
1987	2	1	0	1	0	1	0	0	0	0	0
1988	2	0	0	0	0	0	0	0	0	0	0
1989	3	1	0	1	0	1	0	0	0	0	0
1990	3	0	0	0	0	0	0	0	0	0	0
1991	6	3	0	3	0	3	0	0	0	0	0
1992	8	2	0	2	0	2	0	0	0	0	0
1993	12	4	2	2	0	4	0	0	0	0	0
1994	17	5	3	2	0	5	0	0	0	0	0
1995	21	4	1	3	0	4	0	0	0	0	0
1996	33	12	2	10	0	11	1	0	0	0	1
1997	47	14	0	11	3	13	1	0	1	0	0
1998	59	12	3	4	5	10	2	0	0	2	0
1999	75	16	4	9	3	13	3	0	0	3	0
2000	99	24	5	17	2	22	2	0	0	1	1
2001	123	24	1	14	9	15	9	0	0	9	0
2002	140	17	1	16	0	17	0	0	0	0	0
2003	150	10	4	6	0	10	0	0	0	0	0
2004	177	27	6	17	4	27	0	0	0	0	0
2005	255	78	11	45	22	78	0	0	0	0	0
2006	346	91	23	32	36	86	5	0	0	5	0
2007	359	13	2	7	4	11	2	0	0	2	0
2008	376	17	2	7	8	15	2	0	0	2	0
2009	393	17	3	4	10	15	2	0	0	2	0
2010	430	37	13	19	5	34	3	0	0	3	0
2011	473	43	5	13	25	25	18	0	0	18	0
2012	555	82	20	30	32	68	14	14	0	0	0
2013	634	79	24	30	25	47	32	0	0	32	0
2014	788	154	28	31	95	34	120	1	3	116	0
合计	788	788	163	337	288	572	216	15	4	195	2

表6-11-15 克孜勒苏柯尔克孜自治州专利申请数量统计表

(1985—2014年) (单位：件)

年份	累计	当年	三种专利申请			非职务发明专利申请	职务发明专利申请				
			发明	实用新型	外观设计		小计	大专院校	科研院所	工矿企业	机关团体
1985	1	1	0	1	0	1	0	0	0	0	0
1986	2	1	0	1	0	1	0	0	0	0	0
1987	2	0	0	0	0	0	0	0	0	0	0
1988	3	1	0	1	0	1	0	0	0	0	0
1989	4	1	1	0	0	0	1	0	0	1	0
1990	4	0	0	0	0	0	0	0	0	0	0
1991	4	0	0	0	0	0	0	0	0	0	0
1992	6	2	0	2	0	2	0	0	0	0	0
1993	7	1	0	1	0	0	1	0	0	1	0
1994	7	0	0	0	0	0	0	0	0	0	0
1995	7	0	0	0	0	0	0	0	0	0	0
1996	7	0	0	0	0	0	0	0	0	0	0
1997	7	0	0	0	0	0	0	0	0	0	0
1998	10	3	0	3	0	2	1	0	0	1	0
1999	12	2	0	2	0	2	0	0	0	0	0
2000	12	0	0	0	0	0	0	0	0	0	0
2001	12	0	0	0	0	0	0	0	0	0	0
2002	15	3	0	2	1	3	0	0	0	0	0
2003	18	3	1	1	1	2	1	0	0	1	0
2004	20	2	1	1	0	2	0	0	0	0	0
2005	28	8	0	8	0	8	0	0	0	0	0
2006	31	3	2	1	0	3	0	0	0	0	0
2007	44	13	0	4	9	13	0	0	0	0	0
2008	69	25	1	6	18	25	0	0	0	0	0
2009	87	18	0	6	12	17	1	0	0	0	1
2010	98	11	0	10	1	8	3	0	0	0	3
2011	116	18	2	8	8	18	0	0	0	0	0
2012	124	8	1	4	3	8	0	0	0	0	0
2013	147	23	3	14	6	20	3	0	0	0	3
2014	171	24	0	19	5	15	9	0	0	9	0
合计	171	171	12	95	64	151	20	0	0	13	7

（三）地州市发明专利申请状况

据对1985—2014年新疆地州市发明专利申请数据统计，乌鲁木齐市为6590件，在全区排第1位（以下地州市排名分别为2～15位），占该市专利申请总数的25.6%，占新疆发明专利申请总数的51.33%；石河子市为1306件，占该市专利申请数的32.3%，占新疆发明专利申请总数的10.17%；昌吉州为928件，占该州专利申请总数的16.1%，占新疆发明专利申请总数的7.23%；克拉玛依市为909件，占该市专利申请总数的21.1%，占新疆发明专利申请总数的7.10%；巴州为547件，占该州专利申请总数的20.2%，占新疆发明专利申请总数的4.26%；伊犁州为526件，占该州市专利申请总数的14.0%，占新疆发明专利申请总数的4.10%；阿克苏地区为416件，占该地区专利申请总数的19.8%，占新疆发明专利申请总数的3.24%；哈密地区为329件，占该地区专利申请总数的21.1%，占新疆发明专利申请总数的2.56%；阿勒泰地区为269件，占该地区专利申请总数的15.2%，占新疆发明专利申请总数的2.10%；塔城地区为265件，占该地区专利申请总数的19.2%，占新疆发明专利申请总数的2.06%；博州为216件，占该州专利申请总数的18.5%，占新疆发明专利申请总数的1.68%；吐鲁番地区为213件，占该地区专利申请总数的11.7%，占新疆发明专利申请总数的1.66%；喀什地区为149件，占该地区专利申请总数的9.1%，占新疆发明专利申请总数的1.16%；和田地区为163件，占该地区专利申请总数的20.7%，占新疆发明专利申请总数的1.27%；克州为12件，占该州专利申请总数的7.0%，占新疆发明专利申请总数的0.09%。

（四）地州市实用新型专利申请状况

据对1985—2014年新疆地州市实用新型专利申请数据统计，乌鲁木齐市为13916件，在全区排第1位（以下地州市排名分别为2~15位），占该市专利申请总数的54.1%，占新疆实用新型专利申请总数的41.12%；昌吉州为4010件，占该州专利申请总数的69.4%，占新疆实用新型专利申请总数的11.87%；克拉玛依市为3175件，占该市专利申请总数的73.9%，占新疆实用新型专利申请总数的9.40%；石河子市为2462件，占该市专利申请总数的60.9%，占新疆实用新型专利申请总数的7.29%；伊犁州为2102件，占该州专利申请总数的55.9%，占新疆实用新型专利申请总数的6.22%；巴州为1523件，占该州专利申请总数的56.3%，占新疆实用新型专利申请总数的4.51%；阿克苏地区为1259件，占该地区专利申请总数的59.8%，占新疆实用新型专利申请总数的3.73%；阿勒泰地区为1061件，占该地区专利申请总数的60.1%，占新疆实用新型专利申请总数的3.14%；吐鲁番地区为976件，占该地区专利申请总数的48.0%，占新疆实用新型专利申请总数的2.59%；塔城地区为864件，占该地区专利申请总数的62.5%，占新疆实用新型专利申请总数的2.56%；哈密地区为827件，占该地区专利申请总数的52.9%，占新疆实用新型专利申请总数的2.45%；博州为679件，占该州专利申请总数的58.1%，占新疆实用新型专利申请总数的2.01%；喀什地区为597件，占该地区专利申请总数的36.3%，占新疆实用新型专利申请总数的1.77%；和田地区为337件，占该地区专利申请总数的42.8%，占新疆实用新型专利申请总数的1.00%；克州为95件，占该州专利申请总数的55.6%，占新疆实用新型专利申请总数的0.28%。

（五）地州市外观设计专利申请状况

据对1985—2014年新疆地州市外观设计专利申请数据统计，乌鲁木齐市为5197件，在全区排第1位（以下地州市排名分别为2~15位），占该市专利申请总数的20.2%，占新疆外观设计专利申请总数的43.01%；伊犁州为1135件，占该州专利申请总数的41.1%，占新疆外观设计专利申请总数的9.39%；喀什地区为900件，占该地区专利申请总数的54.7%，占新疆外观设计专利申请总数的7.45%；昌吉州为840件，占该州专利申请总数的14.5%，占新疆外观设计专利申请总数的6.95%；吐鲁番地区为736件，占该地区专利申请总数的40.3%，占新疆外观设计专利申请总数的6.09%；巴州为636件，占该州专利申请总数的23.5%，占新疆外观设计专利申请总数的5.26%；阿勒泰地区为435件，占该地区专利申请总数的24.7%，占新疆外观设计专利申请总数的3.60%；阿克苏地区为430件，占该地区专利申请总数的20.4%，占新疆外观设计专利申请总数的3.56%；哈密地区为407件，占该地区专利申请总数的26.0%，占新疆外观设计专利申请总数的3.37%；和田地区为288件，占该地区专利申请总数的36.5%，占新疆外观设计专利申请总数的2.38%；博州为274件，占该州专利申请总数的23.4%，占新疆外观设计专利申请总数的2.27%；石河子市为273件，占该市专利申请总数的6.8%，占新疆外观设计专利申请总数的2.26%；塔城地区为245件，占该地区专利申请总数的18.4%，占新疆外观设计专利申请总数的2.10%；克拉玛依市为215件，占该市专利申请总数的5.0%，占新疆外观设计专利申请总数的1.78%；克州为64件，占该州专利申请总数的37.4%，占新疆外观设计专利申请总数的0.53%。

（六）地州市非职务专利申请状况

据对1985—2014年新疆地州市非职务专利申请数据统计，乌鲁木齐市为12054件，在全区排第1位（以下地州市排名分别为2～15位），占该市专利申请总数的46.9%，占新疆非职务专利申请总数的37.65%；昌吉州为3136件，占该州专利申请总数的54.3%，占新疆非职务专利申请总数的9.79%；伊犁州为2845件，占该州专利申请总数的75.6%，占新疆非职务专利申请总数的8.89%；石河子市为1716件，占该市专利申请总数的42.5%，占新疆非职务专利申请总数的5.36%；巴州为1678件，占该州专利申请总数的62.0%，占新疆非职务专利申请总数的5.24%；克拉玛依市为1507件，占该市专利申请总数的35.1%，占新疆非职务专利申请总数的4.71%；喀什地区为1510件，占该地区专利申请总数的91.7%，占新疆非职务专利申请总数的4.72%；阿克苏地区为1391件，占该地区专利申请总数的66.1%，占新疆非职务专利申请总数的4.34%；阿勒泰地区为1377件，占该地区专利申请总数的78.0%，占新疆非职务专利申请总数的6.55%；吐鲁番地区为1132件，占该地区专利申请总数的62.0%，占新疆非职务专利申请总数的3.54%；哈密地区为1067件，占该地区专利申请总数的68.3%，占新疆非职务专利申请总数的3.33%；塔城地区为981件，占该地区专利申请总数的70.9%，占新疆非职务专利申请总数的3.06%；博州为901件，占该州专利申请总数的77.1%，占新疆非职务专利申请总数的2.81%；和田地区为572件，占该地区专利申请总数的72.6%，占新疆非职务专利申请总数的1.79%；克州为151件，占该州专利申请总数的88.3%，占新疆非职务专利申请总数的0.47%。

（七）地州市职务专利申请状况

据对1985—2014年新疆地州市职务专利申请数据统计，乌鲁木齐市为13649件，在全区排第1位（以下地州市排名分别为2～15位），占该市专利申请总数的53.1%，占新疆职务专利申请总数的51.14%；克拉玛依市为2792件，占该市专利申请总数的64.9%，占新疆职务专利申请总数的10.46%；昌吉州为2642件，占该州专利申请总数的45.7%，占新疆职务专利申请总数的9.90%；石河子市为2325件，占该市专利申请总数的57.5%，占新疆职务专利申请总数的8.71%；巴州为1028件，占该州专利申请总数的38.0%，占新疆职务专利申请总数的3.85%；伊犁州为918件，占该州专利申请总数的24.4%，占新疆职务专利申请总数的3.44%；阿克苏地区为714件，占该地区专利申请总数的33.9%，占新疆职务专利申请总数的2.68%；吐鲁番地区为693件，占该地区专利申请总数的38.0%，占新疆职务专利申请总数的2.60%；哈密地区为496件，占该地区专利申请总数的31.7%，占新疆职务专利申请总数的1.86%；塔城地区为402件，占该地区专利申请总数的29.1%，占新疆职务专利申请总数的1.51%；阿勒泰地区为388件，占该地区专利申请总数的22.0%，占新疆职务专利申请总数的1.45%；博州为268件，占该州专利申请总数的22.9%，占新疆职务专利申请总数的1.00%；和田地区为216件，占该地区专利申请总数的27.4%，占新疆职务专利申请总数的0.81%；喀什地区为136件，占该地区专利申请总数的8.3%，占新疆职务专利申请总数的0.51%；克州为20件，占该州专利申请总数的16.7%，占新疆职务专利申请总数的0.08%。

（八）新疆地州市大专院校专利申请状况

据对1985—2014年新疆地州市大专院校专利申请数据统计，乌鲁木齐市为1111件，在全区排第1位（以下地州市排名分别为2～11位），占该市职务专利申请总数的8.1%，占新疆大专院校专利申请总数的53.03%；石河子市为637件，占该市职务专利申请总数的27.4%，占新疆大专院校专利申请总数的30.41%；阿克苏地区为295件，占该地区职务专利申请总数的41.3%，占新疆大专院校专利申请总数的14.10%；伊犁州为16件，占该州职务专利申请总数的2.8%，占新疆大专院校专利申请总数的0.08%；和田地区为15件，占该地区职务专利申请总数的6.9%，占新疆大专院校专利申请总数的7.16%；昌吉州为9件，占该州职务专利申请总数的0.3%，占新疆大专院校专利申请总数的0.43%；喀什地区为5件，占该地区职务专利申请总数的3.7%，占新疆大专院校专利申请总数的2.39%；博州为3件，占该州职务专利申请总数的1.1%，占新疆大专院校专利申请总数的

1.43%；克拉玛依市为2件，占该市职务专利申请总数的0.07%，占新疆大专院校专利申请总数的0.10%；巴州和吐鲁番地区大专院校专利申请均为1件，各占该地区职务专利申请总数的0.1%，各占新疆大专院校专利申请总数的0.05%；阿勒泰地区、哈密地区、塔城地区和克州大专院校专利申请均为0件。

（九）地州市科研院所专利申请状况

据对1985—2014年新疆地州市科研院所专利申请数据统计，乌鲁木齐市为2309件，在全区排第1位（以下地州市排名分别为2～12位），占该市职务专利申请总数的16.9%，占新疆科研院所专利申请总数的67.10%；克拉玛依市为607件，占该市职务专利申请总数的21.7%，占新疆科研院所专利申请总数的17.64%；石河子市为375件，占该市职务专利申请总数的16.1%，占新疆科研院所专利申请总数的11.00%；吐鲁番地区为56件，占该地区职务专利申请总数的8.1%，占新疆科研院所专利申请总数的1.63%；昌吉州为23件，占该州职务专利申请总数的0.9%，占新疆科研院所专利申请总数的0.67%；伊犁州和哈密地区科研院所专利申请均为18件，各占当地职务专利申请总数的2.0%和3.0%，各占新疆科研院所专利申请总数的0.52%；塔城地区为17件，占该地区职务专利申请总数的4.2%，占新疆科研院所专利申请总数的0.49%；巴州为7件，占该州职务专利申请总数的0.7%，占新疆科研院所专利申请总数的0.20%；阿克苏地区为6件，占该地区职务专利申请总数的0.8%，占新疆科研院所专利申请总数的0.17%；和田地区为4件，占该地区职务专利申请总数的1.9%，占新疆科研院所专利申请总数的0.12%；喀什地区为1件，占该地区职务专利申请总数的0.7%，占新疆科研院所专利申请总数的0.03%；博州、阿勒泰地区和克州科研院所专利申请均为0件。

（十）新疆地州市工矿企业专利申请状况

据对1985—2014年新疆地州市工矿企业专利申请数据统计，乌鲁木齐市为9699件，在全区排第1位（以下地州市排名分别为2～15位），占该市职务专利申请总数的71.9%，占新疆工矿企业专利申请总数的48.57%；昌吉州为2522件，占该州职务专利申请总数的95.5%，占新疆工矿企业专利申请总数的12.63%；克拉玛依市为2122件，占该市职务专利申请总数的76.0%，占新疆工矿企业专利申请总数的10.63%；石河子市为1235件，占该市职务专利申请总数的53.1%，占新疆工矿企业专利申请总数的6.18%；巴州为985件，占该州职务专利申请总数的95.8%，占新疆工矿企业专利申请总数的4.93%；伊犁州为834件，占该州职务专利申请总数的90.8%，占新疆工矿企业专利申请总数的4.18%；吐鲁番地区为604件，占该地区职务专利申请总数的87.2%，占新疆工矿企业专利申请总数的3.02%；哈密地区为446件，占该地区职务专利申请总数的90.0%，占新疆工矿企业专利申请总数的2.23%；阿克苏地区为380件，占该地区职务专利申请总数的53.2%，占新疆工矿企业专利申请总数的1.90%；塔城地区为357件，占该地区职务专利申请总数的88.8%，占新疆工矿企业专利申请总数的1.79%；阿勒泰地区为259件，占该地区职务专利申请总数的66.8%，占新疆工矿企业专利申请总数的1.30%；博州为214件，占该州职务专利申请总数的80.0%，占新疆工矿企业专利申请总数的1.07%；和田地区为195件，占该地区职务专利申请总数的90.3%，占新疆工矿企业专利申请总数的1.00%；喀什地区为105件，占该地区职务专利申请总数的77.2%，占新疆工矿企业专利申请总数的0.53%；克州为13件，占该州职务专利申请总数的65.0%，占新疆工矿企业专利申请总数的0.07%。

（十一）地州市机关团体专利申请状况

据对1985—2014年新疆地州市机关团体专利申请数据统计，乌鲁木齐市为530件，在全区排第1位（以下地州市排名分别为2～14位），占该市职务专利申请总数的3.9%，占新疆机关团体专利申请总数的44.88%；阿勒泰地区为129件，占该地区职务专利申请总数的33.2%，占新疆机关团体专利申请总数的10.92%；昌吉州为88件，占该州职务专利申请总数的3.3%，占新疆机关团体专利申请总数的7.45%；石河子市为78件，占该市职务专利申请总数的3.4%，占新疆机关团体专利申请总数的6.60%；克拉玛依市为61件，占该市职务专利申请总数的2.2%，占新疆机关团体专利申请总数的5.17%；博州为51件，占该州职务专利申请总数的19.0%，占新疆机关团体专利申请总数的4.32%；伊犁州为50件，占该州职务专利申请总数的5.4%，占新疆机关团体专利申请总数的4.23%；巴州为35件，占该州职务专利申请总数的3.4%，占新疆机关团体专利申请总数的2.96%；阿克苏地区为33件，占该地区职务专利申请总数的4.6%，占新疆机关团体专利申请总数的2.79%；吐鲁番地区和哈密地区均为32件，各占当地职务专利申请总数的4.6%和6.4%，各占新疆机关团体专利申请总数的2.71%；塔城地区为28件，占该地区职务专利申请总数的7.0%，占新疆机关团体专利申请总数的2.37%；喀什地区为25件，占该地区职务专利申请总数的18.4%，占新疆机关团体专利申请总数的2.12%；克州为7件，占该州职务专利申请总数的35.0%，占新疆机关团体专利申请总数的0.59%；和田地区为2件，占该地区职务专利申请总数的0.9%，占新疆机关团体专利申请总数的0.17%。

二、地州市专利授权

（一）地州市专利授权概况

据国家知识产权局提供的专利授权数据统计，1986—2014年，新疆15个地州市三种专利授权共计33591件，其中发明专利为3111件，占专利授权总数的9.3%；实用新型专利为24059件，占专利授权总数的71.6%；外观设计专利为6421件，占专利授权总数的19.1%。非职务专利授权为17703件，占专利授权总数的52.7%；职务专利授权为15888件，占专利授权总数的47.3%。在职务专利授权中，大专院校为855件，占职务专利授权数的5.4%；科研院所为2149件，占职务专利授权数的13.5%；工矿企业为12239件，占职务专利授权数的77.0%；机关团体为645件，占职务专利授权数的4.1%。

在专利授权中，超过万件的地州市有1个，占专利授权总数的44.32%；超过3000件的地州市有1个，占专利授权总数的9.82%；超过2000件的地州市有3个，占专利授权总数的21.82%；超过1000件的地州市有2个，占专利授权总数的7.36%；不到千件的地州市有8个，占专利授权总数的16.72%。乌鲁木齐、昌吉、石河子、克拉玛依和伊犁5个地州市的专利授权量共计25528件，占专利授权总数的75.96%。

（二）地州市三种专利授权状况

据对1986—2014年新疆15个地州市三种专利授权数据统计，乌鲁木齐市为14861件，占新疆专利授权总数的44.32%，在全区排第1位（以下地州市在全区排名分别为2～15位）；昌吉州为3293件，占新疆专利授权总数的9.82%；克拉玛依市为2791件，占新疆专利授权总数的8.32%；石河子市为2368件，占新疆专利授权总数的7.06%；伊犁州为2159件，占新疆专利授权总数的6.44%；巴州为1339件，占新疆专利授权总数的3.99%；阿克苏地区为1129件，占新疆专利授权总数的3.37%；哈密地区为994件，占新疆专利授权总数的3.00%；喀什地区为968件，占新疆专利授权总数的2.89%；吐鲁番地区为930件，占新疆专利授权总数的2.77%；阿勒泰地区为855件，占新疆专利授权总数的2.55%；塔城地区为733件，占新疆专利授权总数的2.19%；博州为615件，占新疆专利授权总数的1.83%；和田地区为375件，占新疆专利授权总数的1.12%；克州为125件，占新疆专利授权总数的0.37%。

表6-12　新疆维吾尔自治区地州市专利授权数量统计表

（1986—2014年）　　　　　　　　　　　　（单位：件）

地州市名称	专利授权总数	专利授权类型			非职务发明专利授权	职务发明专利授权				
		发明	实用新型	外观设计		小计	大专院校	科研院所	工矿企业	机关团体
乌鲁木齐市	14861	1841	10129	2891	6787	8074	389	1324	6062	299
昌吉回族自治州	3349	164	2668	517	1804	1545	4	11	1506	24
克拉玛依市	2791	212	2414	165	884	1907	0	514	1348	45
石河子市	2368	305	1861	202	1043	1325	286	225	759	55
伊犁哈萨克自治州	2159	101	1503	555	1630	529	7	0	504	18

地州市名称	专利授权总数	专利授权类型			非职务发明专利授权	职务发明专利授权					
		发明	实用新型	外观设计		小计	大专院校	科研院所	工矿企业	机关团体
巴音郭楞蒙古自治州	1339	95	977	267	871	468	0	1	451	16
阿克苏地区	1129	74	816	239	651	478	165	5	295	13
哈密地区	994	94	701	199	649	345	2	12	311	20
喀什地区	968	25	393	550	888	80	0	1	67	12
吐鲁番地区	930	57	652	221	490	440	0	50	370	20
阿勒泰地区	855	40	667	148	676	179	0	0	107	72
塔城地区	733	40	584	109	518	215	0	5	192	18
博尔塔拉蒙古自治州	615	31	448	136	450	165	2	0	135	28
和田地区	375	25	180	170	255	120	0	1	119	0
克孜勒苏柯尔克孜自治州	125	7	66	52	107	18	0	0	13	5
合计	33591	3111	24059	6421	17703	15888	855	2149	12239	645

表6-13　新疆维吾尔自治区地州市专利授权数量排序情况统计表

（1986—2014年）　　　　　　　　　　　　　（单位：件）

地州市名称	三种专利授权数量排序				职务、非职务专利授权数量排序					
	三种专利授权总数排序	发明专利授权数量排序	实用新型专利授权数量排序	外观设计专利授权数量排序	非职务专利授权数量排序	职务专利授权数量排序	大专院校专利授权数量排序	科研院所专利授权数量排序	工矿企业专利授权数量排序	机关团体专利授权数量排序
乌鲁木齐市	1	1	1	1	1	1	1	1	1	1
昌吉回族自治州	2	4	2	4	2	3	5	6	2	5（★）
克拉玛依市	3	3	3	11	6	2	7（★）	2	3	4
石河子市	4	2	4	8	4	4	2	3	4	3
伊犁哈萨克自治州	5	5	5	2	3	5	4	9（★）	5	7（★）
巴音郭楞蒙古自治州	6	6	6	5	7	7	7（★）	8（★）	6	8
阿克苏地区	7	8	7	6	9	6	3	7（★）	9	9
喀什地区	9	12（★）	13	3	5	14	7（★）	8（★）	14	10
哈密地区	8	7	8	9	10	9	6（★）	5	8	6（★）
吐鲁番地区	10	9	10	7	12	8	7（★）	4	7	6（★）
阿勒泰地区	11	10（★）	9	12	8	11	7（★）	9（★）	13	2
塔城地区	12	10（★）	11	14	11	10	7（★）	7（★）	10	7（★）
博尔塔拉蒙古自治州	13	11	12	13	13	12	6（★）	9（★）	11	5（★）

地州市名称	三种专利授权数量排序				职务、非职务专利授权数量排序					
	三种专利授权总数排序	发明专利授权数量排序	实用新型专利授权数量排序	外观设计专利授权数量排序	非职务专利授权数量排序	职务专利授权数量排序	大专院校专利授权数量排序	科研院所专利授权数量排序	工矿企业专利授权数量排序	机关团体专利授权数量排序
和田地区	14	12（★）	14	10	14	13	7（★）	8（★）	12	12
克孜勒苏柯尔克孜自治州	15	13	15	15	15	15	7（★）	9（★）	15	11

注：带（★）符号为并列。

表6-14 新疆维吾尔自治区地州市专利授权数量所占比例（%）统计表

（1986—2014年）

地州市名称	占专利授权总数比例			非职务发明专利授权所占总数	职务发明专利授权所占总数比例	占职务发明专利授权数比例			
	发明专利授权所占总数比例	实用新型专利授权所占总数比例	外观设计专利授权所占总数比例			大专院校授权所占比例	科研院所授权所占比例	工矿企业授权所占比例	机关团体授权所占比例
乌鲁木齐市	12.4	68.2	19.5	45.7	54.3	4.8	16.4	75.1	3.7
昌吉回族自治州	4.9	79.7	15.4	53.9	46.1	0.3	0.7	97.5	1.6
克拉玛依市	7.6	86.4	6.0	31.7	68.3	0	27.0	70.7	2.3
石河子市	12.9	78.6	8.5	44.0	56.0	21.6	17.0	57.3	4.2
伊犁哈萨克自治州	4.7	69.6	25.7	75.5	24.5	1.3	0	95.3	3.4
巴音郭楞蒙古自治州	7.1	73.0	19.9	65.1	34.9	0	0.2	96.4	3.4
阿克苏地区	6.6	72.3	21.2	57.7	42.3	34.5	1.1	61.7	2.7
哈密地区	9.5	70.5	20.0	65.3	34.7	1.6	3.5	90.1	5.8
喀什地区	2.6	40.6	56.8	91.7	8.3	0	1.2	83.8	15.0
吐鲁番地区	6.1	70.1	23.8	52.7	47.3	0	11.4	84.1	4.5
阿勒泰地区	4.7	78.0	17.3	79.1	20.9	0	0	59.8	40.2
塔城地区	5.5	79.7	14.9	70.7	29.3	0	2.3	89.3	8.4
博尔塔拉蒙古自治州	5.0	72.9	22.1	73.2	29.8	1.2	0	81.8	17.0
和田地区	6.7	48.0	45.3	68.0	32.0	0	0.8	99.2	0
克孜勒苏柯尔克孜自治州	5.6	52.8	41.6	85.6	14.4	0	0	72.2	27.8
全区平均比例数	9.3	71.6	19.1	52.7	47.3	5.4	13.5	77.0	4.1

表6-15 新疆维吾尔自治区地州市专利授权数据统计表

表6-15-1 乌鲁木齐市专利授权数量统计表

（1986—2014年）　　　　　　　　　　　　　　　　　　　（单位：件）

年份	累计	当年	三种专利授权			非职务发明专利授权	职务发明专利授权				
			发明	实用新型	外观设计		小计	大专院校	科研院所	工矿企业	机关团体
1986	3	3	0	3	0	3	0	0	0	0	0
1987	22	19	0	19	0	17	2	0	0	1	1
1988	86	64	5	59	0	42	22	0	11	10	1
1989	173	87	7	80	0	63	24	3	12	5	4

续表

年份	累计	当年	三种专利授权			非职务发明专利授权	职务发明专利授权				
			发明	实用新型	外观设计		小计	大专院校	科研院所	工矿企业	机关团体
1990	244	71	1	70	0	61	10	1	5	2	2
1991	353	109	2	101	6	74	35	4	11	11	9
1992	490	137	4	117	16	97	40	1	8	17	14
1993	641	151	4	136	11	124	27	0	5	16	6
1994	767	126	5	113	8	105	21	1	6	8	6
1995	893	126	6	113	7	107	19	3	5	8	3
1996	1029	136	6	109	21	113	23	1	7	12	3
1997	1153	124	11	93	20	93	31	1	13	15	2
1998	1347	194	6	128	60	153	41	1	4	32	4
1999	1687	340	20	225	95	232	108	4	27	73	4
2000	2018	331	38	194	99	250	81	8	21	49	3
2001	2336	318	62	185	71	216	102	5	36	56	5
2002	2632	296	37	173	86	214	82	2	31	48	1
2003	2964	332	52	200	80	243	89	1	25	63	0
2004	3363	399	45	250	104	286	113	5	26	75	7
2005	3779	416	47	230	139	267	149	1	35	106	7
2006	4271	492	65	290	137	344	148	7	50	91	0
2007	4807	536	47	335	154	356	180	6	47	127	0
2008	5426	619	49	394	176	402	217	10	57	144	6
2009	6193	767	78	456	233	459	308	20	51	223	14
2010	7383	1190	126	899	165	491	699	43	97	541	18
2011	8652	1269	197	915	157	423	846	44	145	639	18
2012	10259	1607	276	1112	219	427	1180	67	150	920	43
2013	12499	2240	283	1418	539	628	1612	61	205	1287	59
2014	14861	2362	362	1712	288	497	1865	89	234	1483	59
合计	14861	14861	1841	10129	2891	6787	8074	389	1324	6062	299

表6-15-2 昌吉回族自治州专利授权数量统计表

（1986—2014年） （单位：件）

年份	累计	当年	三种专利授权			非职务发明专利授权	职务发明专利授权				
			发明	实用新型	外观设计		小计	大专院校	科研院所	工矿企业	机关团体
1986	0	0	0	0	0	0	0	0	0	0	0
1987	3	3	0	2	1	3	0	0	0	0	0
1988	8	5	0	5	0	4	1	1	0	0	0
1989	23	15	0	14	1	12	3	0	0	2	1
1990	37	14	0	14	0	12	2	0	0	2	0
1991	51	14	1	10	3	12	2	0	0	2	0
1992	70	19	0	18	1	17	2	0	0	2	0

年份	累计	当年	三种专利授权			非职务发明专利授权	职务发明专利授权				
			发明	实用新型	外观设计		小计	大专院校	科研院所	工矿企业	机关团体
1993	108	38	1	33	4	32	6	0	1	5	0
1994	149	41	0	39	2	35	6	0	1	5	0
1995	181	32	0	32	0	30	2	0	0	1	1
1996	243	62	1	58	3	55	7	0	1	4	2
1997	288	45	0	40	5	39	6	0	0	6	0
1998	344	56	1	50	5	47	9	0	1	7	1
1999	446	102	2	83	17	79	23	0	1	20	2
2000	500	54	4	40	10	42	12	0	1	11	0
2001	570	70	2	56	12	62	8	0	0	7	1
2002	646	76	1	47	28	52	24	0	1	23	0
2003	756	110	5	90	15	62	48	0	0	48	0
2004	856	100	1	75	24	51	49	0	0	49	0
2005	938	82	2	67	13	53	29	0	0	29	0
2006	1063	125	6	105	14	100	25	0	0	24	1
2007	1229	166	12	138	16	107	59	1	0	57	1
2008	1395	166	12	138	16	107	59	1	0	57	1
2009	1541	146	7	111	28	95	51	0	0	50	1
2010	1715	174	9	129	36	105	69	0	0	68	1
2011	1892	177	15	143	19	84	93	0	0	86	7
2012	2164	272	21	208	43	95	177	1	0	172	4
2013	2732	568	31	394	143	239	329	0	1	328	0
2014	3349	617	30	529	58	173	444	0	3	441	0
合计	3349	3349	164	2668	517	1804	1545	4	11	1506	24

表6-15-3 克拉玛依市专利授权数量统计表

(1986—2014年)　　　　　　　　　　　　　　　　　　(单位：件)

年份	累计	当年	三种专利授权			非职务发明专利授权	职务发明专利授权				
			发明	实用新型	外观设计		小计	大专院校	科研院所	工矿企业	机关团体
1986	0	0	0	0	0	0	0	0	0	0	0
1987	0	0	0	0	0	0	0	0	0	0	0
1988	5	5	0	5	0	5	0	0	0	0	0
1989	16	11	0	11	0	6	5	0	4	1	0
1990	26	10	0	10	0	4	6	0	4	2	0
1991	34	8	0	8	0	3	5	0	5	0	0
1992	57	23	0	23	0	12	11	0	6	3	2
1993	102	45	2	42	1	21	24	0	14	7	3
1994	155	53	0	47	6	31	22	0	3	10	9
1995	201	46	1	44	1	33	13	0	3	4	6

续表

年份	累计	当年	三种专利授权			非职务发明专利授权	职务发明专利授权				
			发明	实用新型	外观设计		小计	大专院校	科研院所	工矿企业	机关团体
1996	233	32	1	31	0	16	16	0	6	4	6
1997	261	28	1	19	8	24	4	0	2	2	0
1998	287	26	0	23	3	15	11	0	4	7	0
1999	365	78	4	42	32	58	20	0	9	11	0
2000	391	26	1	23	2	15	11	0	4	7	0
2001	441	50	5	44	1	22	28	0	15	13	0
2002	478	37	5	32	0	20	17	0	3	14	0
2003	524	46	1	44	1	20	26	0	15	11	0
2004	582	58	4	50	4	25	33	0	14	19	0
2005	651	69	5	60	4	33	36	0	19	17	0
2006	770	119	5	102	12	41	78	0	51	27	0
2007	942	172	5	166	1	44	128	0	89	39	0
2008	1121	179	7	159	13	50	129	0	73	56	0
2009	1328	207	5	178	24	62	145	0	60	70	15
2010	1609	281	14	256	11	85	196	0	83	113	0
2011	1863	254	15	223	16	70	184	0	8	175	1
2012	2100	237	34	200	3	42	195	0	12	183	0
2013	2428	328	56	260	12	53	275	0	7	267	1
2014	2791	363	41	312	10	74	289	0	1	286	2
合计	2791	2791	212	2414	165	884	1907	0	514	1348	45

表6-15-4　石河子市专利授权数量统计表

（1986—2014年）

（单位：件）

年份	累计	当年	三种专利授权			非职务发明专利授权	职务发明专利授权				
			发明	实用新型	外观设计		小计	大专院校	科研院所	工矿企业	机关团体
1986	2	2	0	2	0	2	0	0	0	0	0
1987	2	0	0	0	0	0	0	0	0	0	0
1988	7	5	0	5	0	3	2	0	1	1	0
1989	22	15	1	14	0	12	3	0	0	2	1
1990	38	16	2	14	0	14	2	1	0	0	1
1991	60	22	0	22	0	18	4	1	0	2	1
1992	95	35	1	34	0	26	9	1	0	4	4
1993	157	62	1	59	2	56	6	1	0	3	2
1994	191	34	0	34	0	24	10	1	1	4	4
1995	224	33	0	32	1	29	4	0	1	3	0
1996	262	38	1	34	3	34	4	1	0	2	1
1997	302	40	1	37	2	36	4	0	0	3	1
1998	355	53	1	40	12	42	11	0	0	10	1

年份	累计	当年	三种专利授权			非职务发明专利授权	职务发明专利授权				
			发明	实用新型	外观设计		小计	大专院校	科研院所	工矿企业	机关团体
1999	436	81	0	65	16	60	21	0	2	17	2
2000	504	68	6	51	11	47	21	1	2	18	0
2001	573	69	3	58	8	51	18	3	2	11	2
2002	615	42	4	32	6	22	20	5	0	11	4
2003	672	57	4	37	16	35	22	5	1	16	0
2004	731	59	5	43	11	39	20	0	5	14	1
2005	782	51	10	34	7	30	21	2	3	13	3
2006	853	71	7	59	5	32	39	9	3	23	4
2007	935	82	6	67	9	27	55	14	6	32	3
2008	1016	81	7	67	7	44	37	10	2	24	1
2009	1129	113	7	97	9	43	70	21	9	37	3
2010	1271	142	16	111	15	48	94	25	24	43	2
2011	1447	176	38	130	8	56	120	34	16	68	2
2012	1723	276	51	203	22	69	207	46	41	116	4
2013	2029	306	67	230	9	85	221	44	44	130	3
2014	2368	339	66	250	23	59	280	61	62	152	5
合计	2368	2368	305	1861	202	1043	1325	286	225	759	55

表6-15-5　伊犁哈萨克自治州专利授权数量统计表

（1986—2014年）　　　　　　　　　　　　　　　　　　　（单位：件）

年份	累计	当年	三种专利授权			非职务发明专利授权	职务发明专利授权				
			发明	实用新型	外观设计		小计	大专院校	科研院所	工矿企业	机关团体
1986	0	0	0	0	0	0	0	0	0	0	0
1987	1	1	0	1	0	0	1	0	0	1	0
1988	2	1	0	1	0	0	1	0	0	0	1
1989	3	1	0	1	0	1	0	0	0	0	0
1990	7	4	0	4	0	2	2	0	0	1	1
1991	17	10	0	9	1	7	3	3	0	0	0
1992	36	19	0	13	6	18	1	1	0	0	0
1993	58	22	0	1	21	22	0	0	0	0	0
1994	87	29	0	28	1	27	2	0	0	1	1
1995	103	16	0	14	2	14	2	0	0	2	0
1996	123	20	0	12	8	12	8	0	0	8	0
1997	140	17	1	13	3	16	1	0	0	1	0
1998	170	30	1	13	16	19	11	0	0	11	0
1999	225	55	1	48	6	48	7	0	0	7	0
2000	273	48	1	39	8	42	6	0	0	6	0
2001	323	50	2	45	3	41	9	0	0	9	0

年份	累计	当年	三种专利授权			非职务发明专利授权	职务发明专利授权				
			发明	实用新型	外观设计		小计	大专院校	科研院所	工矿企业	机关团体
2002	377	54	2	38	14	52	2	0	0	2	0
2003	435	58	4	37	17	57	1	0	0	1	0
2004	488	53	10	32	11	50	3	0	0	3	0
2005	557	69	5	38	26	55	14	0	0	14	0
2006	662	105	3	68	34	84	21	0	0	21	0
2007	776	114	3	82	29	107	7	0	0	7	0
2008	894	118	2	90	26	109	9	0	0	8	1
2009	1013	119	7	93	19	109	10	1	0	8	1
2010	1172	159	3	127	29	137	22	0	0	18	4
2011	1326	154	5	117	33	136	18	0	0	15	3
2012	1493	167	17	109	41	112	55	0	0	53	2
2013	1833	340	18	197	125	189	151	2	0	149	0
2014	2159	326	17	233	76	164	162	0	0	158	4
合计	2159	2159	101	1503	555	1630	529	7	0	504	18

表6-15-6　巴音郭楞蒙古自治州专利授权数量统计表

（1986—2014年）　　　　　　　　　　　　　　　　　　（单位：件）

年份	累计	当年	三种专利授权			非职务发明专利授权	职务发明专利授权				
			发明	实用新型	外观设计		小计	大专院校	科研院所	工矿企业	机关团体
1986	0	0	0	0	0	0	0	0	0	0	0
1987	1	1	0	1	0	0	0	0	0	0	0
1988	4	3	0	3	0	0	1	0	0	1	0
1989	5	1	0	1	0	0	0	0	0	0	0
1990	13	8	0	8	0	0	1	0	1	0	0
1991	25	12	0	12	0	0	1	0	0	1	0
1992	32	7	0	7	0	0	1	0	0	1	0
1993	44	12	0	11	1	0	1	0	0	1	0
1994	64	20	2	18	0	0	1	0	0	0	1
1995	86	22	0	22	0	0	1	0	0	0	1
1996	104	18	0	17	1	0	2	0	0	1	1
1997	114	10	0	1	9	0	1	0	0	0	1
1998	133	19	1	18	1	0	2	0	0	2	0
1999	156	23	0	20	3	0	0	0	0	0	0
2000	180	24	1	23	0	0	2	0	0	2	0
2001	208	28	2	23	3	0	1	0	0	0	1
2002	232	24	0	21	3	0	1	0	0	1	0
2003	261	29	1	23	5	0	3	0	0	3	0
2004	286	25	2	16	7	0	1	0	0	1	0

续表

年份	累计	当年	三种专利授权			非职务发明专利授权	职务发明专利授权				
			发明	实用新型	外观设计		小计	大专院校	科研院所	工矿企业	机关团体
2005	325	39	5	15	19	0	7	0	0	4	3
2006	364	39	2	25	12	33	6	0	0	6	0
2007	432	68	6	32	31	52	16	0	0	14	2
2008	484	52	2	38	12	48	4	0	0	4	0
2009	574	90	6	57	27	70	20	0	0	20	0
2010	665	91	4	70	17	63	28	0	1	25	2
2011	757	92	3	77	12	52	40	0	0	40	0
2012	891	134	12	104	18	61	73	0	0	73	0
2013	1121	230	23	154	53	113	117	0	0	116	1
2014	1339	218	25	160	33	78	140	0	0	137	3
合计	1339	1339	95	977	267	871	468	0	1	451	16

表6-15-7　阿克苏地区专利授权数量统计表

（1986—2014年）　　　　　　　　　　　　　　　　（单位：件）

年份	累计	当年	三种专利授权			非职务发明专利授权	职务发明专利授权				
			发明	实用新型	外观设计		小计	大专院校	科研院所	工矿企业	机关团体
1986	0	0	0	0	0	0	0	0	0	0	0
1987	0	0	0	0	0	0	0	0	0	0	0
1988	1	1	0	1	0	1	0	0	0	0	0
1989	4	3	0	3	0	3	0	0	0	0	0
1990	5	1	0	1	0	0	1	0	0	1	0
1991	7	2	0	2	0	2	0	0	0	0	0
1992	11	4	1	1	2	1	3	0	2	1	0
1993	18	7	0	7	0	2	5	0	0	3	2
1994	28	10	0	10	0	5	5	0	0	3	2
1995	34	6	0	6	0	0	6	0	1	5	0
1996	37	3	0	3	0	2	1	0	0	1	0
1997	44	7	0	7	0	6	1	0	0	1	0
1998	58	14	1	11	2	13	1	0	0	1	0
1999	82	24	0	19	5	17	7	0	0	7	0
2000	101	19	1	11	7	18	1	0	0	1	0
2001	118	17	2	12	3	17	0	0	0	0	0
2002	133	15	0	14	1	14	1	1	0	0	0
2003	160	27	2	22	3	26	1	0	0	0	1
2004	180	20	1	19	0	20	0	0	0	0	0
2005	205	25	3	13	9	20	5	0	1	4	0
2006	267	62	2	38	22	50	12	2	0	8	2
2007	325	58	1	39	18	42	16	5	0	8	3

年份	累计	当年	三种专利授权			非职务发明专利授权	职务发明专利授权				
			发明	实用新型	外观设计		小计	大专院校	科研院所	工矿企业	机关团体
2008	374	49	0	38	11	27	22	1	0	20	1
2009	435	61	0	45	16	60	1	0	0	1	0
2010	510	75	3	62	10	61	14	3	0	11	0
2011	601	91	3	79	9	55	36	16	0	19	1
2012	728	127	16	93	18	62	65	26	0	39	0
2013	960	232	15	136	81	59	173	53	1	118	1
2014	1129	169	23	124	22	68	101	58	0	43	0
合计	1129	1129	74	816	239	651	478	165	5	295	13

表6-15-8　哈密地区专利授权数量统计表

（1986—2014年）　　　　　　　　　　　　　　　　　　（单位：件）

年份	累计	当年	三种专利授权			非职务发明专利授权	职务发明专利授权				
			发明	实用新型	外观设计		小计	大专院校	科研院所	工矿企业	机关团体
1986	0	0	0	0	0	0	0	0	0	0	0
1987	0	0	0	0	0	0	0	0	0	0	0
1988	1	1	0	1	0	1	0	0	0	0	0
1989	7	6	0	6	0	5	1	0	0	0	1
1990	13	6	0	6	0	6	0	0	0	0	0
1991	22	9	0	9	0	9	0	0	0	0	0
1992	31	9	0	9	0	8	1	0	0	0	1
1993	38	7	1	6	0	7	0	0	0	0	0
1994	39	1	0	1	0	1	0	0	0	0	0
1995	44	5	0	3	2	5	0	0	0	0	0
1996	48	4	0	4	0	4	0	0	0	0	0
1997	60	12	0	9	3	12	0	0	0	0	0
1998	71	11	0	10	1	10	1	0	0	0	1
1999	93	22	0	21	1	20	2	0	0	2	0
2000	120	27	2	21	4	17	10	0	3	7	0
2001	140	20	2	17	1	18	2	0	0	2	0
2002	150	10	0	6	4	9	1	0	0	1	0
2003	173	23	1	17	5	18	5	0	1	4	0
2004	194	21	3	10	8	18	3	0	1	2	0
2005	218	24	3	19	2	18	6	0	2	4	0
2006	235	17	1	15	1	15	2	0	0	2	0
2007	270	35	3	29	3	23	12	0	2	10	0
2008	297	27	3	23	1	17	10	1	0	8	1
2009	338	41	3	34	4	32	9	0	0	9	0
2010	388	50	5	40	5	38	12	1	0	8	3

续表

年份	累计	当年	三种专利授权			非职务发明专利授权	职务发明专利授权				
			发明	实用新型	外观设计		小计	大专院校	科研院所	工矿企业	机关团体
2011	424	36	4	21	10	30	6	0	0	3	3
2012	573	149	4	90	55	130	19	0	0	17	2
2013	821	248	51	146	51	122	126	0	2	120	4
2014	994	173	8	127	38	56	117	0	1	112	4
合计	994	994	94	701	199	649	345	2	12	311	20

表6-15-9 喀什地区专利授权数量统计表

(1986—2014年) (单位:件)

年份	累计	当年	三种专利授权			非职务发明专利授权	职务发明专利授权				
			发明	实用新型	外观设计		小计	大专院校	科研院所	工矿企业	机关团体
1986	0	0	0	0	0	0	0	0	0	0	0
1987	0	0	0	0	0	0	0	0	0	0	0
1988	2	2	0	2	0	2	0	0	0	0	0
1989	4	2	0	2	0	2	0	0	0	0	0
1990	8	4	1	3	1	3	1	0	0	0	1
1991	13	5	0	5	0	4	1	0	1	0	0
1992	19	6	0	3	3	6	0	0	0	0	0
1993	28	9	0	6	3	8	1	0	0	0	1
1994	32	4	0	2	1	4	0	0	0	0	0
1995	36	4	0	4	0	4	0	0	0	0	0
1996	42	6	0	6	0	5	1	0	0	1	0
1997	50	8	0	8	0	7	1	0	0	1	0
1998	53	3	0	3	0	3	0	0	0	0	0
1999	62	9	0	7	2	9	0	0	0	0	0
2000	74	12	1	7	4	12	0	0	0	0	0
2001	90	16	1	7	8	16	0	0	0	0	0
2002	101	11	0	4	7	11	0	0	0	0	0
2003	111	10	1	4	5	10	0	0	0	0	0
2004	133	22	0	16	6	22	0	0	0	0	0
2005	196	63	0	16	47	63	0	0	0	0	0
2006	331	35	2	14	19	34	1	0	0	1	0
2007	383	152	0	24	128	151	1	0	0	1	0
2008	419	36	1	24	11	34	2	0	0	2	0
2009	508	89	0	33	56	87	2	0	0	2	0
2010	567	59	2	37	20	57	2	0	0	2	0
2011	656	89	3	41	45	86	3	0	0	3	0
2012	750	94	3	40	51	80	14	0	0	14	0
2013	869	119	6	26	87	101	18	0	0	18	0

年份	累计	当年	三种专利授权			非职务发明专利授权	职务发明专利授权				
			发明	实用新型	外观设计		小计	大专院校	科研院所	工矿企业	机关团体
2014	968	99	4	49	46	67	32	0	0	22	10
合计	968	968	25	393	550	888	80	0	1	67	12

表6-15-10 吐鲁番地区专利授权数量统计表

（1986—2014年）　　　　　　　　　　　　　　　　　（单位：件）

年份	累计	当年	三种专利授权			非职务发明专利授权	职务发明专利授权				
			发明	实用新型	外观设计		小计	大专院校	科研院所	工矿企业	机关团体
1986	0	0	0	0	0	0	0	0	0	0	0
1987	0	0	0	0	0	0	0	0	0	0	0
1988	0	0	0	0	0	0	0	0	0	0	0
1989	0	0	0	0	0	0	0	0	0	0	0
1990	0	0	0	0	0	0	0	0	0	0	0
1991	3	3	1	2	0	3	0	0	0	0	0
1992	8	5	0	5	0	5	0	0	0	0	0
1993	15	7	0	4	3	7	0	0	0	0	0
1994	22	7	0	6	1	7	0	0	0	0	0
1995	33	11	1	4	6	7	4	0	0	3	1
1996	41	8	0	6	2	4	4	0	1	0	3
1997	48	7	1	2	4	3	4	0	0	4	0
1998	58	10	0	6	4	8	2	0	0	2	0
1999	76	18	1	14	3	15	3	0	0	3	0
2000	89	13	1	7	5	11	2	0	0	2	0
2001	100	11	1	8	2	11	0	0	0	0	0
2002	118	18	0	12	6	18	0	0	0	0	0
2003	141	23	0	20	3	22	1	0	0	1	0
2004	169	28	1	23	4	27	1	0	0	1	0
2005	187	18	2	9	7	14	4	0	0	4	0
2006	233	46	2	38	6	34	12	0	0	11	1
2007	275	42	1	41	0	26	16	0	7	9	0
2008	324	49	0	44	5	20	29	0	11	17	1
2009	395	71	3	65	3	25	46	0	18	28	0
2010	474	79	3	65	11	44	35	0	7	22	6
2011	597	123	8	96	19	46	77	0	4	70	3
2012	719	122	9	55	58	42	80	0	0	76	4
2013	825	106	13	52	41	63	43	0	0	43	0
2014	930	105	9	68	28	28	77	0	2	74	1
合计	930	930	57	652	221	490	440	0	50	370	20

表6-15-11　阿勒泰地区专利授权数量统计表

（1986—2014年）　　　　　　　　　　　　　　　　　　（单位：件）

年份	累计	当年	三种专利授权			非职务发明专利授权	职务发明专利授权				
			发明	实用新型	外观设计		小计	大专院校	科研院所	工矿企业	机关团体
1986	0	0	0	0	0	0	0	0	0	0	0
1987	0	0	0	0	0	0	0	0	0	0	0
1988	3	3	0	3	0	3	0	0	0	0	0
1989	6	3	2	1	0	2	1	0	0	1	0
1990	6	0	0	0	0	0	0	0	0	0	0
1991	7	1	0	1	0	1	0	0	0	0	0
1992	13	6	0	6	0	6	0	0	0	0	0
1993	14	1	1	0	0	1	0	0	0	0	0
1994	16	2	0	2	0	2	0	0	0	0	0
1995	18	2	0	2	0	2	0	0	0	0	0
1996	23	5	0	5	0	4	1	0	0	1	0
1997	27	4	0	4	0	4	0	0	0	0	0
1998	35	8	0	7	1	6	2	0	0	0	2
1999	52	17	1	14	2	14	3	0	0	1	2
2000	69	17	1	15	1	13	4	0	0	1	3
2001	76	7	3	4	0	7	0	0	0	0	0
2002	93	17	5	9	3	13	4	0	0	1	3
2003	98	5	0	4	1	5	0	0	0	0	0
2004	111	13	0	10	3	13	0	0	0	0	0
2005	121	10	0	9	1	10	0	0	0	0	0
2006	147	26	7	15	4	26	0	0	0	0	0
2007	165	18	1	16	1	16	1	0	0	1	0
2008	221	56	3	49	4	56	0	0	0	0	0
2009	299	78	0	74	4	77	1	0	0	0	1
2010	415	116	0	107	9	88	28	0	0	9	19
2011	477	62	5	45	12	51	11	0	0	8	3
2012	575	98	0	71	27	84	14	0	0	7	7
2013	715	140	10	107	23	97	43	0	0	30	13
2014	855	140	1	87	52	74	66	0	0	47	19
合计	855	855	40	667	148	676	179	0	0	107	72

表6-15-12　塔城地区专利授权数量统计表

（1986—2014年）　　　　　　　　　　　　　　　　（单位：件）

年份	累计	当年	三种专利授权			非职务发明专利授权	职务发明专利授权				
			发明	实用新型	外观设计		小计	大专院校	科研院所	工矿企业	机关团体
1986	0	0	0	0	0	0	0	0	0	0	0
1987	2	2	0	2	0	2	0	0	0	0	0
1988	6	4	0	4	0	4	0	0	0	0	0
1989	14	8	0	8	0	5	1	0	1	0	2
1990	17	3	0	3	0	2	1	0	1	0	0
1991	22	5	0	5	0	4	1	0	0	1	0
1992	29	7	0	7	0	5	2	0	1	0	1
1993	36	7	0	5	2	6	1	0	0	0	1
1994	48	12	0	10	2	11	1	0	0	1	0
1995	59	11	0	11	0	11	0	0	0	0	0
1996	74	15	0	15	0	14	1	0	0	1	0
1997	84	10	0	10	0	10	0	0	0	0	0
1998	100	16	0	16	0	15	1	0	0	1	0
1999	126	26	2	21	3	26	0	0	0	0	0
2000	155	29	3	17	9	29	0	0	0	0	0
2001	179	24	5	17	2	24	0	0	0	0	0
2002	189	10	0	9	1	10	0	0	0	0	0
2003	197	8	0	6	2	7	1	0	0	1	0
2004	212	15	2	12	1	15	0	0	0	0	0
2005	234	22	3	13	6	18	4	0	0	4	0
2006	252	18	1	15	2	18	0	0	0	0	0
2007	280	28	1	20	7	28	0	0	0	0	0
2008	307	27	0	22	5	25	2	0	0	2	0
2009	358	51	1	26	24	42	9	0	0	8	1
2010	404	46	1	42	3	37	9	0	0	4	5
2011	453	49	5	36	8	24	25	0	0	20	5
2012	494	41	3	37	1	25	16	0	0	16	0
2013	626	132	3	115	14	59	71	0	2	69	2
2014	733	107	10	80	17	42	65	0	0	64	1
合计	733	733	40	584	109	518	215	0	5	192	18

表6-15-13 博尔塔拉蒙古自治州专利授权数量统计表

（1986—2014年） （单位：件）

年份	累计	当年	三种专利授权			非职务发明专利授权	职务发明专利授权				
			发明	实用新型	外观设计		小计	大专院校	科研院所	工矿企业	机关团体
1986	0	0	0	0	0	0	0	0	0	0	0
1987	0	0	0	0	0	0	0	0	0	0	0
1988	0	0	0	0	0	0	0	0	0	0	0
1989	2	2	0	2	0	2	0	0	0	0	0
1990	4	2	0	2	0	2	0	0	0	0	0
1991	7	3	0	3	0	3	0	0	0	0	0
1992	12	5	0	4	1	5	0	0	0	0	0
1993	16	4	0	3	1	4	0	0	0	0	0
1994	22	6	0	6	0	5	1	0	0	1	0
1995	28	6	0	6	0	5	1	0	0	0	1
1996	35	7	0	7	0	7	0	0	0	0	0
1997	40	5	0	5	0	5	0	0	0	0	0
1998	46	6	0	5	1	6	0	0	0	0	0
1999	52	6	0	6	0	6	0	0	0	0	0
2000	65	13	1	9	3	12	1	0	0	1	0
2001	81	16	5	9	2	16	0	0	0	0	0
2002	92	11	2	7	2	11	0	0	0	0	0
2003	100	8	2	5	1	8	0	0	0	0	0
2004	112	12	1	7	4	12	0	0	0	0	0
2005	121	9	1	5	3	9	0	0	0	0	0
2006	144	23	2	17	4	23	0	0	0	0	0
2007	187	43	0	34	9	41	2	0	0	2	0
2008	224	37	0	33	4	36	1	0	0	1	0
2009	253	29	0	19	10	26	3	0	0	2	1
2010	308	55	2	40	13	43	12	0	0	7	5
2011	340	32	1	26	5	30	2	0	0	1	1
2012	394	54	1	42	11	42	12	0	0	7	5
2013	491	97	7	73	17	44	53	0	0	44	9
2014	615	124	6	73	45	47	77	2	0	69	6
合计	615	615	31	448	136	450	165	2	0	135	28

表6-15-14　和田地区专利授权数量统计表
（1986—2014年）
（单位：件）

年份	累计	当年	三种专利授权			非职务发明专利授权	职务发明专利授权				
			发明	实用新型	外观设计		小计	大专院校	科研院所	工矿企业	机关团体
1986	0	0	0	0	0	0	0	0	0	0	0
1987	0	0	0	0	0	0	0	0	0	0	0
1988	0	0	0	0	0	0	0	0	0	0	0
1989	0	0	0	0	0	0	0	0	0	0	0
1990	0	0	0	0	0	0	0	0	0	0	0
1991	0	0	0	0	0	0	0	0	0	0	0
1992	0	0	0	0	0	0	0	0	0	0	0
1993	3	3	0	3	0	3	0	0	0	0	0
1994	7	4	0	4	0	4	0	0	0	0	0
1995	8	1	0	1	0	1	0	0	0	0	0
1996	9	1	0	1	0	1	0	0	0	0	0
1997	10	1	0	1	0	1	0	0	0	0	0
1998	23	13	1	5	7	11	2	0	0	2	0
1999	34	11	0	8	3	8	3	0	0	3	0
2000	41	7	0	6	1	7	0	0	0	0	0
2001	60	19	0	12	7	12	7	0	0	7	0
2002	72	12	0	10	2	10	2	0	0	2	0
2003	84	12	2	9	1	11	1	0	0	1	0
2004	89	5	1	2	2	5	0	0	0	0	0
2005	97	8	1	5	2	8	0	0	0	0	0
2006	101	4	0	3	1	4	0	0	0	0	0
2007	108	7	0	5	2	7	0	0	0	0	0
2008	114	6	0	4	2	6	0	0	0	0	0
2009	135	21	1	6	14	18	3	0	0	3	0
2010	157	22	2	10	10	19	3	0	0	3	0
2011	200	43	5	13	25	25	18	0	0	18	0
2012	253	53	4	16	33	46	7	0	0	7	0
2013	298	45	5	22	18	32	13	0	0	13	0
2014	375	77	3	34	40	16	61	0	1	60	0
合计	375	375	25	180	170	255	120	0	1	119	0

表6-15-15 克孜勒苏柯尔克孜自治州专利授权数量统计表

(1986—2014年)   (单位:件)

年份	累计	当年	三种专利授权			非职务发明专利授权	职务发明专利授权				
			发明	实用新型	外观设计		小计	大专院校	科研院所	工矿企业	机关团体
1986	0	0	0	0	0	0	0	0	0	0	0
1987	0	0	0	0	0	0	0	0	0	0	0
1988	1	1	0	0	1	1	0	0	0	0	0
1989	1	0	0	0	0	0	0	0	0	0	0
1990	1	0	0	0	0	0	0	0	0	0	0
1991	1	0	0	0	0	0	0	0	0	0	0
1992	1	0	0	0	0	0	0	0	0	0	0
1993	3	2	1	0	1	1	1	0	0	1	0
1994	4	1	1	0	0	0	1	0	0	1	0
1995	4	0	0	0	0	0	0	0	0	0	0
1996	4	0	0	0	0	0	0	0	0	0	0
1997	4	0	0	0	0	0	0	0	0	0	0
1998	4	0	0	0	0	0	0	0	0	0	0
1999	5	1	1	0	0	0	1	0	0	1	0
2000	6	1	1	0	0	1	0	0	0	0	0
2001	6	0	0	0	0	0	0	0	0	0	0
2002	6	0	0	0	0	0	0	0	0	0	0
2003	9	3	2	1	0	3	0	0	0	0	0
2004	9	0	0	0	0	0	0	0	0	0	0
2005	10	1	0	1	0	1	0	0	0	0	0
2006	20	10	1	9	0	9	1	0	0	1	0
2007	23	3	0	2	1	3	0	0	0	0	0
2008	33	10	0	4	6	10	0	0	0	0	0
2009	52	19	0	5	14	19	0	0	0	0	0
2010	75	23	0	9	14	19	4	0	0	0	4
2011	87	12	0	8	4	12	0	0	0	0	0
2012	96	9	0	4	5	9	0	0	0	0	0
2013	101	5	0	4	1	4	1	0	0	0	1
2014	125	24	0	19	5	15	9	0	0	9	0
合计	125	125	7	66	52	107	18	0	0	13	5

（三）地州市发明专利授权状况

据对1986—2014年新疆15个地州市发明专利授权数据统计，乌鲁木齐市为1841件，在全区排第1位（以下地州市在全区排名分别为2～13位），占该市专利授权总数的12.4%，占新疆发明专利授权总数的59.23%；石河子市为305件，占该市专利授权总数的12.9%，占新疆发明专利授权总数的9.81%；克拉玛依市为212件，占该市专利授权总数的7.6%，占新疆发明专利授权总数的6.82%；昌吉州为161件，占该州专利授权总数的4.9%，占新疆发明专利授权总数的5.18%；伊犁州为101件，占该州专利授权总数的4.7%，占新疆发明专利授权总数的3.25%；巴州为95件，占该州专利授权总数的7.1%，占新疆发明专利授权总数的3.06%；哈密地区为94件，占该地区专利授权总数的9.5%，占新疆发明专利授权总数的3.02%；阿克苏地区为74件，占该地区专利授权总数的6.6%，占新疆发明专利授权总数的2.38%；吐鲁番地区为57件，占该地区专利授权总数的6.1%，占新疆发明专利授权总数的1.83%；阿勒泰地区和塔城地区发明专利授权均为40件，各占当地专利授权总数的4.67%和5.46%，各占新疆发明专利授权总数的1.29%；博州为31件，占该州专利授权总数的5.0%，占新疆发明专利授权总数的1.00%；喀什地区和和田地区均为25件，各占当地专利授权总数的2.6%和6.7%，各占新疆发明专利授权总数的0.80%；克州为7件，占该州专利授权总数的5.6%，占新疆发明专利授权总数的0.23%。

（四）地州市实用新型专利授权状况

据对1986—2014年新疆15个地州市实用新型专利授权数据统计，乌鲁木齐市为10129件，在全区排第1位（以下地州市在全区排名分别为2～15位），占该市专利授权总数的68.2%，占新疆实用新型专利授权总数的42.22%；昌吉州为2602件，占该州专利授权总数的79.7%，占新疆实用新型专利授权总数的10.84%；克拉玛依市为2414件，占该市专利授权总数的86.4%，占新疆实用新型专利授权总数的10.06%；石河子市为1861件，占该市专利授权总数的78.6%，占新疆实用新型专利授权总数的7.76%；伊犁州为1503件，占该州专利授权总数的69.6%，占新疆实用新型专利授权总数的6.26%；巴州为977件，占该州专利授权总数的73.0%，占新疆实用新型专利授权总数的4.07%；阿克苏地区为816件，占该地区专利授权总数的72.3%，占新疆实用新型专利授权总数的3.40%；哈密地区为701件，占该地区专利授权总数的70.5%，占新疆实用新型专利授权总数的2.92%；阿勒泰地区为667件，占该地区专利授权总数的78.0%，占新疆实用新型专利授权总数的2.78%；吐鲁番地区为652件，占该地区专利授权总数的70.1%，占新疆实用新型专利授权总数的2.72%；塔城地区为584件，占该地区专利授权总数的79.9%，占新疆实用新型专利授权总数的2.43%；博州为448件，占该州专利授权总数的72.9%，占新疆实用新型专利授权总数的1.87%；喀什地区为393件，占该地区专利授权总数的40.1%，占新疆实用新型专利授权总数的1.64%；和田地区为180件，占该地区专利授权总数的48.0%，占新疆实用新型专利授权总数的0.75%；克州为66件，占该州专利授权总数的52.8%，占新疆实用新型专利授权总数的0.28%。

（五）地州市外观设计专利授权状况

据对1986—2014年新疆15个地州市外观设计专利授权数据统计，乌鲁木齐市为2891件，在全区排第1位（以下地州市在全区排名分别为2～15位），占该市专利授权总数的19.5%，占新疆外观设计专利授权总数的44.93%；伊犁州为555件，占该州专利授权总数的25.7%，占新疆外观设计专利授权总数的8.63%；喀什地区为550件，占该地区专利授权总数的56.8%，占新疆外观设计专利授权总数的8.55%；昌吉州为530件，占该州专利授权总数的15.4%，占新疆外观设计专利授权总数的8.24%；巴州为267件，占该州专利授权总数的19.9%，占新疆外观设计专利授权总数的4.15%；阿克苏地区为239件，占该地区专利授权总数的21.2%，占新疆外观设计专利授权总数的3.71%；吐鲁番地区为221件，占该地区专利授权总数的23.8%，占新疆外观设计专利授权总数的3.44%；石河子市为202件，占该市专利授权总数的8.5%，占新疆外观设计专利授权总数的3.14%；哈密地区为199件，占该地区专利授权总数的21.1%，占新疆外观设计专利授权总数的3.09%；和田地区为170件，占该地区专利授权总数的45.3%，占新疆外观设计专利授权总数的2.64%；克拉玛依市为165件，占该市专利授权总数的6.0%，占新疆外观设计专利授权总数的2.56%；阿勒泰地区为148件，占该地区专利授权总数的17.3%，占新疆外观设计专利授权总数的2.30%；博州为136件，占该州专利授权总数的22.1%，占新疆外观设计专利授权总数的2.11%；塔城地区为109件，占该地区专利授权总数的14.9%，占新疆外观设计专利授权总数的1.69%；克州为52件，占该州专利授权总数的41.6%，占新疆外观设计专利授权总数的0.81%。

（六）地州市非职务专利授权状况

据对1986—2014年新疆15个地州市非职务专利授权数据统计，乌鲁木齐市为6787件，在全区排第1位（以下地州市在全区排名分别为2～15位），占该市专利授权总数的45.7%，占新疆非职务专利授权总数的

38.39%；昌吉州为1782件，占该州专利授权总数的53.9%，占新疆非职务专利授权总数的10.08%；伊犁州为1630件，占该州专利授权总数的75.5%，占新疆非职务专利授权总数的9.22%；石河子市为1043件，占该市专利授权总数的44.0%，占新疆非职务专利授权总数的5.90%；喀什地区为888件，占该地区专利授权总数的91.7%，占新疆非职务专利授权总数的5.02%；克拉玛依市为884件，占该市专利授权总数的31.7%，占新疆非职务专利授权总数的5.00%；巴州为871件，占该州专利授权总数的65.1%，占新疆非职务专利授权总数的4.93%；阿勒泰地区为676件，占该地区专利授权总数的79.1%，占新疆非职务专利授权总数的3.82%；阿克苏地区为651件，占该地区专利授权总数的57.7%，占新疆非职务专利授权总数的3.68%；哈密地区为649件，占该地区专利授权总数的65.3%，占新疆非职务专利授权总数的3.67%；塔城地区为518件，占该地区专利授权总数的70.7%，占新疆非职务专利授权总数的2.93%；吐鲁番地区为490件，占该地区专利授权总数的52.7%，占新疆非职务专利授权总数的2.77%；博州为450件，占该州专利授权总数的73.2%，占新疆非职务专利授权总数的2.55%；和田地区为255件，占该地区专利授权总数的68.0%，占新疆非职务专利授权总数的1.44%；克州为107件，占该州专利授权总数的85.6%，占新疆非职务专利授权总数的0.61%。

（七）地州市职务专利授权状况

据对1986—2014年新疆15个地州市职务专利授权数据统计，乌鲁木齐市为8074件，在全区排第1位（以下地州市在全区排名分别为2～15位），占该市专利授权总数的54.3%，占新疆职务专利授权总数的50.93%；克拉玛依市为1907件，占该市专利授权总数的68.3%，占新疆职务专利授权总数的12.03%；昌吉州为1511件，占该州专利授权总数的46.1%，占新疆职务专利授权总数的9.53%；石河子市为1325件，占该市专利授权总数的56.0%，占新疆职务专利授权总数的8.36%；伊犁州为529件，占该州专利授权总数的24.5%，占新疆职务专利授权总数的3.34%；阿克苏地区为478件，占该地区专利授权总数的42.3%，占新疆职务专利授权总数的3.02%；巴州为468件，占该州专利授权总数的34.9%，占新疆职务专利授权总数的2.95%；吐鲁番地区为440件，占该地区专利授权总数的47.3%，占新疆职务专利授权总数的2.78%；哈密地区为345件，占该地区专利授权总数的34.7%，占新疆职务专利授权总数的2.18%；塔城地区为215件，占该地区专利授权总数的29.3%，占新疆职务专利授权总数的1.36%；阿勒泰地区为179件，占该地区专利授权总数的20.9%，占新疆职务专利授权总数的1.13%；博州为165件，占该州专利授权总数的29.8%，占新疆职务专利授权总数的1.04%；和田地区为120件，占该地区专利授权总数的32.0%，占新疆职务专利授权总数的0.76%；喀什地区为80件，占该地区专利授权总数的8.3%，占新疆职务专利授权总数的0.51%；克州为18件，占该州专利授权总数的14.4%，占新疆职务专利授权总数的0.11%。

（八）地州市大专院校专利授权状况

据对1986—2014年新疆15个地州市大专院校专利授权数据统计，乌鲁木齐市为389件，在全区排第1位，占该市职务专利授权总数的4.8%，占新疆大专院校专利授权总数的45.50%；石河子市为286件，在全区排第2位，占该市职务专利授权总数的21.6%，占新疆大专院校专利授权总数的33.45%；阿克苏地区为165件，在全区排第3位，占该地区职务专利授权总数的34.5%，占新疆大专院校专利授权总数的19.30%；伊犁州为7件，在全区排第4位，占该州职务专利授权总数的1.3%，占新疆大专院校专利授权总数的0.82%；昌吉州为4件，在全区排第5位，占该州职务专利授权总数的0.3%，占新疆大专院校专利授权总数的0.47%；哈密地区和博州均为2件，在全区并列第6位，分别占该地职务专利授权总数的1.6%和1.2%，各占新疆大专院校专利授权总数的0.23%；克拉玛依市、巴州、喀什地区、吐鲁番地区、阿勒泰地区、塔城地区、和田地区和克州8个地州市均为0件，在全区并列第7位。

（九）地州市科研院所专利授权状况

据对1986—2014年新疆15个地州市科研院所专利授权数据统计，乌鲁木齐市为1314件，在全区排第1位，占该市职务专利授权总数的16.4%，占新疆科研院所专利授权总数的60.35%；克拉玛依市为514件，在全区排第2位，占该市职务专利授权总数的27.0%，占新疆科研院所专利授权总数的23.92%；石河子市为225件，在全区排第3位，占该市职务专利授权总数的17.0%，占新疆科研院所专利授权总数的10.47%；吐鲁番地区为50件，在全区排第4位，占该地区职务专利授权总数的11.4%，占新疆科研院所专利授权总数的2.33%；哈密地区为12件，在全区排第5位，占该地区职务专利授权总数的3.5%，占新疆科研院所专利授权总数的0.56%；昌吉州为11件，在全区排第6位，占该州职务专利授权总数的0.7%，占新疆科研院所专利授权总数的0.51%；阿克苏地区和塔城地区均为5件，在全区排第7位，各占当地职务专利授权总数的1.1%和2.3%，各占新疆科研院所专利授权总数的0.23%；巴州和喀什地区为1件，在全区并列第8位，分别占该地和地区职务专利授权总数的0.2%和1.2%，各占新疆科研院所专利授权总数的0.47%；伊犁州、阿勒泰地区、博州和克州科研院所专利授权均为0件，在全区并列第9位。

（十）地州市工矿企业专利授权状况

据对1986—2014年新疆15个地州市工矿企业专利授权数据统计，乌鲁木齐市为6062件，在全区排第1位（以下地州市在全区排名分别为2～15位），占该市职务专利授权总数的75.1%，占新疆工矿企业专利授权总数的49.68%；昌吉州为1468件，占该州职务专利授权总数的97.5%，占新疆工矿企业专利授权总数的12.03%；克拉玛依市为1348件，占该市职务专利授权总数的70.7%，占新疆工矿企业专利授权总数的11.05%；石河子市为759件，占该市职务专利授权总数的57.3%，占新疆工矿企业专利授权总数的6.22%；伊犁州为504件，占该州职务专利授权总数的95.3%，占新疆工矿企业专利授权总数的4.13%；巴州为451件，占该州职务专利授权总数的96.4%，占新疆工矿企业专利授权总数的3.70%；吐鲁番地区为370件，占该地区职务专利授权总数的84.1%，占新疆工矿企业专利授权总数的3.03%；哈密地区为311件，占该地区职务专利授权总数的90.1%，占新疆工矿企业专利授权总数的2.55%；阿克苏地区为295件，占该地区职务专利授权总数的61.7%，占新疆工矿企业专利授权总数的2.42%；塔城地区为192件，占该地区职务专利授权总数的89.3%，占新疆工矿企业专利授权总数的1.57%；博州为135件，占该州职务专利授权总数的81.8%，占新疆工矿企业专利授权总数的1.11%；和田地区为119件，占该地区职务专利授权总数的99.2%，占新疆工矿企业专利授权总数的1.00%；阿勒泰地区为107件，占该地区职务专利授权总数的59.8%，占新疆工矿企业专利授权总数的0.88%；喀什地区为67件，占该地区职务专利授权总数的83.8%，占新疆工矿企业专利授权总数的0.55%；克州为13件，占该州职务专利授权总数的72.2%，占新疆工矿企业专利授权总数的0.11%。

（十一）新疆地州市机关团体专利授权状况

据对1986—2014年新疆15个地州市机关团体专利授权数据统计，乌鲁木齐市为299件，在全区排第1位，占该市职务专利授权总数的3.7%，占新疆机关团体专利授权总数的46.07%；阿勒泰地区为72件，在全区排第2位，占该地区职务专利授权总数的40.2%，占新疆机关团体专利授权总数的11.10%；石河子市为55件，在全区排第3位，占该市职务专利授权总数的4.2%，占新疆机关团体专利授权总数的8.47%；克拉玛依市为45件，在全区排第4位，占该市职务专利授权总数的2.3%，占新疆机关团体专利授权总数的6.93%；昌吉州为28件，在全区排第5位，占该州职务专利授权总数的1.6%，占新疆机关团体专利授权总数的4.31%；博州为28件，在全区排第6位，占该州职务专利授权总数的17.0%，占新疆机关团体专利授权总数的4.31%；哈密地区及吐鲁番地区均为20件，在全区并列第7位，分别占该地区职务专利授权总数的5.8%和4.5%，各占新疆机关团体专利授权总数的3.08%；伊犁州和塔城地区均为18件，在全区并列第8位，各占当地职务专利授权总数的3.4%和8.4%，各占新疆机关团体专利授权总数的2.77%；巴州为16件，在全区排第9位，占该州职务专利授权总数的3.4%，占新疆机关团体专利授权总数的2.47%；阿克苏地区为13件，在全区排第10位，占该地区职务专利授权总数的2.7%，占新疆机关团体专利授权总数的2.00%；喀什地区为12件，在全区排第11位，占该地区职务专利授权总数的15.0%，占新疆机关团体专利授权总数的1.85%；克州为5件，在全区排第12位，占该州职务专利授权总数的27.8%，占新疆机关团体专利授权总数的0.08%；和田地区为0件，在全区排第13位。

第七章 专利运用

专利运用主要是指专利制度、专利激励机制的建立与运用，专利许可、专利技术实施转化和产业化，专利技术、专利产品的推广，专利文献、专利信息的利用以及专利战略、策略的制定与实施等。

第一节 专利技术转化

30年来，自治区高度重视专利技术的开发和利用，通过制定出台相关政策、法规和制度，创新管理，提升专利管理能力，制订实施专利项目实施计划，组织举办专利技术展览会，搭建专利技术和产品展示平台，组织企业、发明人和专利项目参加国内外各类展览会，宣传专利成果等措施，促进专利技术的实施转化。

一、搭建展示交易平台，促进专利技术转化

（一）成立"新疆专利技术孵化中心"

2004年年初，经自治区知识产权局批准，在乌鲁木齐高新技术开发区创业园成立"新疆专利技术孵化中心"。该中心自成立至2004年11月，共孵化科技企业88家，孵化完成企业7家，孵化企业实现年度营业收入4.69亿元，获得国家创新基金300万元的资助。

（二）建立"新疆专利技术展示交流中心"

积极推进专利技术展示交流平台建设。1999年3月2日，自治区人才服务中心、自治区专利管理局联合印发《关于在自治区人才市场开展专利技术转让、推广的通知》（新人才综字〔1999〕4号）。自治区人才服务中心、自治区专利管理局共同商议决定，在自治区人才市场长期开设专利技术转让、推广服务窗口。具体形式：通过召开专利信息与人才信息发布专场会，举办专利技术与产品展示洽谈会、专利技术培训与人才招聘交流会等形式，为专利权人进入人才市场转让专利技术、推广高新技术产品搭建平台。

2009年5月21日，经自治区知识产权局申请并报国家知识产权局批准，依托新疆科学技术开发交流中心成立"国家专利技术（新疆）展示交易中心"，为专利技术转移转化搭建了一个很好的平台。通过该中心的信息发布、项目交易、价值评估、投融资服务四大平台，把专利技术转移做强做大。中心拥有专门用于专利产品展示交易的公益性专利技术展示大厅，功能齐全的专利技术网上展示系统，对区内外开展各种专利技术的展示、推介和交易活动；同时，提供专业的专利信息服务及专利技术投融资、评估、咨询、培训等服务，并积极与内地知识产权机构及资本市场合作，实现专利技术与资本市场对接，促进专利技术的商品化、产业化。

2011年3月15日，根据国家知识产权局《关于开展2011年度国家专利技术展示交易中心考核验收的通知》（国知管发〔2011〕14号）要求，自治区知识产权局于6月完成了对国家专利技术（新疆）展示交易中心的工作考核验收。

（三）成立"吐鲁番地区专利技术成果转化综合信息服务中心"

2012年4月23日，根据吐鲁番地区知识产权局的申请，自治区知识产权局印发《关于成立吐鲁番地区专利技术成果转化综合信息服务中心的批复》（新知管字〔2012〕31号），同意成立吐鲁番地区专利技术成果转化综合信息服务中心。

二、组织举办和参加展会，促进专利技术转化

（一）举办自治区发明与新技术展览会

1986年12月，新疆发明协会在自治区科技馆举办了自治区"首届发明与新技术展览会"，共展出发明与新技术项目308项，评出获奖项目87项，参展人数1.1万人（次）。

1988年4月15—25日，由自治区科委和自治区发明协会在自治区展览馆联合举办了"第二届发明与新技术成果展览会"，共参展发明与新技术项目500多项，其中工业类项目349项，医药卫生类项目125项，青少年发明项目24项，共评出金、银、铜牌获奖项目201项；参展人数2.25万人（次）；签订技术转让合同90余份，合同金额200万元，签订新产品订货合同交易额30万元。

1990年5月，由自治区科委和自治区发明协会在自治区展览馆联合举办了"丝路专利技术博览会暨自治区发明与新技术成果展览会"。新疆投资少、见效快的专利技术项目和自治区的发明创造与新技术成果参加了展览。

1992年5月20—30日，国家科委和新疆维吾尔自治区人民政府在自治区展览馆联合举办了"全国星火计划暨专利技术乌鲁木齐展销洽谈会"。此次参展项目有4000多项，参观人数达17万多人（次），签订正式合同457份，合同金额达7.9亿元，签订意向合同813份，合同金额达1.35亿元。

1993年3月11—13日，自治区专利管理局在乌鲁木齐举办首次"企业开发专利新产品座谈会暨专利技术拍卖会"，有6项专利技术参加拍卖，其中有4项成交，成交额为75万元。4月，在"第84届巴黎国际发明博览会"上，新疆"黛妹"牌奥斯曼植物生眉笔产品一举夺得金奖。6月20—30日，自治区科委与自治区发明协会在自治区展览馆举办了"93专利技术、新产品乌鲁木齐博览会"。共展出专利技术及新产品项目1000余项，签订正式合同和意向合同241份，合同金额为1676万元，新产品销售额1060万元，评选出最高金奖4项、金杯奖35项、金奖91项、银奖4项，参观人数达1.6万人次。此次博览会参展项目的技术含量较高，其中专利技术占70%，新疆的项目占60%。

1993年8月初，自治区专利管理局在承办九省一市专利实施经验交流会期间组织内蒙古、山东、陕西、甘肃、宁夏、新疆、西安等省（区）市与会代表赴哈萨克斯坦共和国和吉尔吉斯斯坦共和国进行为期5～7天的专利技术市场考察活动。

1994年8月5—11日，自治区人民政府在乌鲁木齐中国新疆国际博览中心举办了"94全国发明与专利博览会暨'百强县'与新疆交流协作会"。此次参展单位381家，参展专利项目和新技术项目2000多项。参展人数超过10万多人（次）。新疆与内地省区签订技术贸易合同186项，合同额达5140.38万元，产品销售额2390.1万元，大会评选出发明与新技术、新产品金杯奖78项，发明与新技术、新产品金牌奖41项，最佳组团奖19个。

1998年8月1—6日，由国家科委、中华全国总工会、中国专利局和中国发明协会联合主办、新疆维吾尔自治区人民政府在乌鲁木齐市承办"第十一届全国发明创造展览会"，来自全国28个省、市、自治区的1799项发明专利和科技成果参展，展览会共设摊位383个，其中内省区110个，新疆273个。展览会签订技术合同44份，合同金额23634.65万元，签订意向合同659份，合同金额40296万元，产品销售额1416.8万元。评出金奖94项、银奖148项、铜奖182项、专项奖41项。

2005年6月28日，国家知识产权局、自治区人民政府和乌鲁木齐市人民政府在北京人民大会堂联合举行"发挥知识产权制度作用，促进新疆经济社会和谐发展"——引进人才、技术、资金新闻发布会。驻北京高等学校、科研院所、国内外相关企业的代表170余人参加。

2011年9月—2012年9月，自治区专利管理局、自治区知识产权局多次组织专利技术和产品参加"乌鲁木齐对外经济贸易洽谈会""乌鲁木齐亚欧博览会"，许多项目在会上得到转让或者找到合作者。

2014年11月5日，在克拉玛依市举办"2014年克拉玛依石油石化科技成果及专利技术交易会"。钻井工程等12个石油石化领域、26家国内科研院所和企业的333项最新科技成果和专利技术参展，其中117项科技成果和专利技术达成对接意向。

据统计，截至2014年年底，自治区共举办和承办各类发明展9次，新疆参展项目10676项，获金银铜奖1441个，签订正式合同1140份，合同金额为108556.03万元，签订意向合同3265份，合同金额为40296万元，销售金额4880.4万元，参展人数达34.7万人（次）。

表7-1　新疆维吾尔自治区主办、承办发明与新技术展览会统计表

（1986—2014年）

时间	地点	展览会名称	参展项目（项）	最高奖/金奖/银奖/铜奖/优秀奖（枚、个）	签订正式合同/意向合同（份）	正式合同金额/意向合同金额（万元）	销售额（万元）	参展人数（万人）
1986-12	自治区科技馆	新疆首届发明与新技术展览会	308	0/0/0/0/87				1.1
1988-4	自治区展览馆	新疆第二届发明与新技术成果展览会	500余	金、银、铜共201	90/0	30/0		2.5
1990-5	自治区展览馆	丝路专利技术博览会及自治区第三届发明与新技术成果展览会	736	0/93/153/166/0	100/0	1000/0		2.5
1992-5	新疆国际博览中心	全国"星火计划"暨专利技术乌鲁木齐展览洽谈会	4000余		475/813	79000/0	13.5	17
1993-3	乌鲁木齐市准噶尔宾馆	新疆首次"企业开发专利新产品座谈会暨专利技术拍卖会			4/0	75/0		
1993-6	新疆国际博览中心	专利技术、新产品乌鲁木齐博览会	1000余	4/35/94/4/0	241/1676	1676/0	1060	1.6
1994-8	新疆国际博览中心	全国发明与专利技术博览会暨百强县与新疆交流协作会	2000	0/78/41/0/19	186/0	5140.38/0	2390.1	10余
1998-8	新疆国际博览中心	第十一届全国发明展	1799	0/94/148/182/41	44/659	23634.65/40296	1416.8	
合计		8届	10343	1441	1140/3148	108556.03/40296	4880.4	34.7

（二）组织参加国际、国内发明展

30年来，自治区专利管理部门通过组织企业和发明人参加了国内外专利技术和专利产品展览会，促进专利技术转让和转化。

据不完全统计，1989—2014年，新疆组织参加国际和国内发明展共计53次，参展项目484项，获国际国内奖共221个，获金奖86个，获银奖58个，获铜奖54个，获单项奖和优秀奖25个，签订合同218份，合同金额为1198.0万元，国际展销售额3833美元。

1.组织参加国外发明展

1988年10月5—13日，自治区专利管理处组织参加了由中国专利局在北京举行的"国际发明展览会"，参展项目30项。

1989年3月18—24日，自治区发明协会组织企业参加了由国家科委和中国科学院联合在新加坡莱佛士大厦展览中心首次举办的"中国科技适用成果展览会"。自治区参展的专利技术项目有18项，签订意向合同3份，与50多家客商进行了交流和洽谈。

1991年，自治区发明协会组织参加了4月27日—5月9日在法国巴黎举办的"第81届国际发明展览会"，新疆参展项目8项，签订意向合同3份，合同金额为384.7万元。获展览会银奖1项，获巴黎市政府专项奖4项，占展览会获奖率的30%，属获奖率较高的单位；于6月7日组织参加了由联合国世界知识产权组织在保加利亚普罗夫迪夫市举办的"第二届世界青年发明家成果展览会"。新疆参展项目15项（青少年项目3项）。其中获银奖1项、铜奖5项，并获先进展团称号。

1992年10月，自治区发明协会组织参加在北京举办的"国际发明展览会"，新疆参展项目22项，签订合同1份、合同金额660万元。

1993年4月24日，自治区发明协会组织参加在法国举办的"第84届巴黎国际发明博览会"，参展项目2项，获金、银奖各1项，签订合同1份，合同金额28万元。

1995年4月，自治区发明协会组织在瑞士日内瓦举办的"第22届日内瓦国际发明博览会"，参展项目——"黛妹"牌奥斯曼植物生眉笔产品荣获银奖。

1996年，自治区发明协会组织参加在法国举办的"第87届巴黎国际发明博览会"。

1999年8月，自治区发明协会组织参加在法国举办的"巴黎国际发明博览会"。

2000年11月，自治区发明协会组织参加了由国家发明协会和香港生产力促进局在香港主办的"2000年香港国际发明展览会"，新疆参展项目28项，获奖21项（金奖3项、银奖6项、铜奖12项）。

2001年4月，自治区发明协会组织参加了在法国举办的"第九届巴黎国际发明展"，新疆参展项目4项，获银奖和铜奖各1项。

2002年，自治区发明协会组织参加了4月底在法国巴黎举办的"第93届巴黎国际发明展览会"，参展项目6项，获金、银奖各1项，获铜奖2项。5月23—28日组织新疆企业参加了在北京中国国际贸易中心举办的"第五届中国北京高新技术产业国际周暨中国北京国际科技博览会"，参展项目11项，其中获金奖项目2项，技术交易项目8项。

2004年4月27日—5月8日，自治区发明协会组织参加了在法国巴黎举办的"第94届巴黎国际发明展览会"，参展项目4项，获银奖2项、列宾竞赛奖1项。

2005年5月12日，自治区知识产权局局长姜万林带队参加了在法国巴黎举办的"第96届国际发明博览会"。

2006年6月26日，自治区发明协会组织参加在大连举办的"2006年中国国际专利技术与产品交易会"，参展项目2项。

2008年10月16—19日，自治区发明协会组织参加在苏州市举办的"第六届国际发明展览会"，参展项目1项，并获铜牌奖。

2012年11月9日，自治区发明协会组织参加在江苏省昆山市举办的"第七届国际发明展览会"，克拉玛依市8家企业的10项专利技术参展。其中获得金奖6个、银奖3个、铜奖1个。

2012年11月16—21日，自治区组织参加在深圳举办的"第十四届中国国际高新技术成果交易会"。

据不完全统计，1989—2014年，新疆组织参加国际发明展19次，参展项目156项，获奖79个，其中金奖43个、银奖13个、铜奖21个、单项奖2项；签订合同13份，合同金额为688万元，销售额3833美元。

表7-2　新疆参加国际发明博览会情况统计表

（1988—2014年）

时间	展览会名称	送展项目数（项）	金奖/银奖/铜奖（奖牌数）（枚、个）	签订合同/合同金额（万元）	销售额（美元）
1988-10	1988北京国际发明展	36		3/0	3000
1989-12	新加坡中国科技适用成果展览会	18			
1991-4	第81届巴黎国际发明博览会	8	5/1/4		
1991-6	第二届世界青年发明家成果展览会	15	1/0/5		
1992-10	北京国际发明展	7	5/1/0	1/660	833
1993-4	第84届巴黎国际发明博览会	2	1/1/0	1/28	
1995-4	第22届日内瓦国际发明博览会	1	1/0/1		
1996-10	1996北京国际发明展	1			
1999-8	巴黎国际发明博览会	1			
2000-11	2000香港国际发明展	29	21/3/6		
2001-4	第九届巴黎国际发明展	4	0/1/1		
2002-4	巴黎国际发明博览会	6	1/1/2		
2002-5	第五届中国北京高新技术产业国际周暨中国北京国际科技博览会	11	2/0/0	8/0	
2004-4	巴黎国际发明博览会	4	0/2/0/列宾竞赛奖一项		
2005-5	第96届巴黎国际发明博览会				
2006-6	2006中国国际专利技术与产品交易会	2			
2008-10	苏州市第六届国际发明展	1	0/0/1		
2012-11	第七届国际发明展览会暨国际教学新仪器和新设备展览会	10	6/3/1		获专项奖和奖金
2012-11	第十四届中国国际高新技术成果交易会				
合计	19	156	43/13/21	13/688	3833

2.组织参加国内发明展

1986年10月12—21日，自治区发明协会组织参加了由中国发明协会在武汉举办的"全国第二届发明展览会"。

1987年9月5—14日，自治区专利管理处组织参加了由中国专利局组织在长春市举办的"第三届全国发明展览会"，展出6项专利技术，其中3项获铜奖。签订合同1份，合同金额为30万元。

1989年11月3—11日，自治区发明协会组织参加了由中国发明协会在四川省成都市举办的"第四届全国发明展览会"，参展9个项目，其中有8项进行了技术转让，签订意向合同金额达86万元，签订正式合同额为10万元。新疆有6个项目获奖，其中1项获银奖，5项获铜奖，获奖率达67%。

1990年10月11—20日，自治区发明协会组织参加在天津举办的"第五届全国发明展"。

1992年4月4—12日，自治区专利管理局组团精选12项新技术、新产品参加在北京举办的"中国新产品、新技术博览会"，获金奖5枚、银奖1枚，是本届博览会获金奖最多的展团，并获优秀组团奖。9月8—11日，自治区发明协会组织参加在西安举办的"第十九届全国发明展览会"。8月10—14日，自治区发明协会组织参加在西安市举办的"第九届中国专利新技术新产品博览会"，参展项目7项。12月25日—1993年1月8日，自治区发明协会组织参加在北京举办的"新技术、新产品展销会"，参展项目12项，获金奖5项、银奖1项。

1993年3月11—13日，自治区专利管理局在乌鲁木齐市召开首次"企业开发专利新产品座谈会"。会上发布一批（100多条）实用的专利技术信息，企业可选择洽谈项目和举办技术拍卖活动。10月22—30日，自治区发明协会组织参加在石家庄举办的"第七届全国发明展"。

1994年3月17—22日，自治区发明协会组织参加了由中国专利局在北京举办的"全国专利十年成就展"。9月8—17日组织参加在青岛举办的"第八届全国发明展"，参展项目1项。

1995年8月13—18日，自治区发明协会组织在北京举办的"第三届中国专利技术博览会暨中国专利产品订货会"。9月13—17日组织参加在哈尔滨市举办的"95哈尔滨全国专利技术展览交易会"。10月16—22日组织参加了在北京举行的"全国十年发明成果暨第九届发明展览会"，新疆有3项获优秀发明成果奖，7项获优秀项目奖。

1996年，自治区发明协会组织参加"第四届中国专利技术暨中国专利产品订货会""第五届中国专利新技术新产品博览会"和"全国专利与发明新产品展示会"，参展项目57个，获得各种奖杯（牌）37个（枚），签订合同35份，合同金额为500余万元。

1997年9月8—23日，自治区发明协会组织参加由中国专利局在广州市举办的"第十届全国发明展览会"。

1998年4月2—6日，自治区发明协会组织参加了由中国专利局在北京举办的"第六届中国专利技术博览会暨中国专利产品订货会"。6月10—14日组织新疆企业专利技术和专利产品参加了在天津国际贸易展览中心举办的"第七届中国专利新技术新产品博览会"。

1999年4月1—5日，自治区专利管理局组织参加了由国家知识产权局在北京主办的"第七届中国专利技术博览会"。新疆参展摊位4个、项目15项，获金奖3枚、银奖2枚，并获优秀组团奖。8月8—12日，自治区发明协会组织参加了在兰州举办的"第八届全国专利技术新产品博览会"，参展项目9项，获金奖2枚、银奖2枚，并获优秀组团奖。9月16—21日组织参加了在宁波举办的"第十二届全国发明展览会"，参展的项目30个，获金奖2项、银奖4项、铜奖9项。11月11—16日组织参加了在重庆市举办的"'99重庆高新技术成果展示交易会"，参展项目3个。

2000年4月1—5日，自治区发明协会组织参加了由国家知识产权局在北京举办的"中国专利十五周年成就展"，参展项目20项，签订技术合作协议1项，金额达3.8亿元；销售专利产品1.8万元。获优秀组团奖。8月10—14日组织参加了由国家知识产权局在西安主办的"第九届专利技术与新产品博览会"，参展项目9项，获金奖1项。

2001年9月21—23日，自治区发明协会组织参加了在济宁市举办的"2001中国专利高新技术产品博览会"。9月24日组织参加在昆明市举办的"第13届全国发明展览会"，参展项目16项，其中获金奖、银奖各4项、铜奖1项、优秀奖1项。11月5日组织参加了在陕西杨凌举办的"第八届中国杨凌农业高新科技成果博览会"，参展项目5项。

2002年5月，自治区发明协会组织参加了在北京举办的"第五届中国北京新技术产业国际周暨中国北京国际科技博览会"，参展项目28个，获得金奖2枚。6月8—12日组织参加了在兰州市由国家知识产权局与甘肃省人民政府联合举办的"第八届中国专利技术博览会"，参展项目9项，获金奖2枚、银奖2枚，并获优秀组织奖。11月5日组织参加了在陕西杨凌举办的"第九届中国杨凌农业高新科技成果博览会"。

2003年10月22—28日，自治区发明协会组织参加了在厦门举办的"第十四届全国发明展览会"，参展项目25个，获得金奖3枚、银奖6枚、铜奖5枚、优秀奖2枚。

2004年9月16日，自治区发明协会组织有关企业单位参加了在上海举办的"全国第五届发明展览会"，参展项目18个，获得金奖3枚、银奖和铜奖各4枚。

2005年9月12—15日，自治区发明协会组织参加在北京举办的"第十五届全国发明展览会"，共获得金奖2个、银奖6个、铜奖4个。

2007年10月12—17日，自治区科技厅、经贸委和知识产权局联合组织自治区有关科技企业参加了在深圳会举办的"第九届中国国际高新技术成果交易会"。

2009年3月9日，自治区组织参加在福州举办的2009年"第七届海峡两岸职工成果展"，获得金奖、银奖和铜奖各6个。

2010年11月16—21日，自治区科技厅、知识产权局、商务厅、教育厅共组织自治区高新技术成果参加了在深圳举办的"第十二届中国国际高新技术成果交易会"。

2011年8月19—22日，自治区发明协会和自治区知识产权局组织参加在威海市举办的"第二十届全国发明展览会"，参展项目获得了2金5银3铜及最佳发明奖的佳绩。

2012年11月16—21日，自治区及部分地、州、市知识产权局局长及专利信息中心、培训中心相关人员参加了在深圳举办的"第十四届中国国际高新技术成果交易会"。

据不完全统计，1986—2014年，组织参加国内各类展会36次，参展项目339项，获奖146个，其中金奖37个、银奖45个、铜奖40个、优秀等单项奖24个，签订正式合同48份，合同金额为510.0万元，签订意向合同165份。

表7-3　新疆参加全国专利技术、新产品博览会统计表
（1986—2014年）

时间	举办城市	博览会名称	参展项目数（项）	金奖/银奖/铜奖/优秀奖（枚、个）	签订合同/意向合同/合同金额（万元）	销售额（万元）
1986-10	武汉	第二届全国发明展				参展项目不详
1987-9	长春	第三届全国发明展	7	0/0/3/0	1/30/0	
1989-11	成都	第四届全国发明展	9	0/1/5/0	0/96/10	
1990-10	天津	第五届全国发明展				参展项目不详
1992-8	西安	第九届中国专利新技术新产品博览会	7			
1992-12	北京	新技术、新产品展销会	12	5/1/0/0		
1993-10	石家庄	第七届全国发明展				参展项目不详
1994-3	北京	全国专利十年成就展				
1994-9	青岛	第八届全国发明展	1			
1995-8	北京	第三届中国专利技术博览会暨中国专利产品订货会				参展项目不详
1995-10	北京	全国十年优秀发明成果暨第九届发明展览会	18	0/0/0/10		3项优秀发明成果奖、7项优秀奖
1996		第四届中国专利技术暨中国专利产品订货会、第五届中国专利新技术新产品博览会、全国专利与发明新产品展示会	57		35/0/500	获奖57个
1997-9	广州	第十届全国发明展				参展项目不详
1998-4	北京	第六届中国专利技术博览会暨中国专利产品订货会				
1998-6	天津	第七届中国专利新技术新产品博览会				
1999-4	北京	第七届中国专利技术博览会	15	3/2/0/1		
1999-8	兰州	第八届全国专利技术新产品博览会	9	2/0/0/1		
1999-9	宁波	第十二届全国发明展	30	2/4/9/0		
1999-11	重庆	重庆高新技术成果展示会	3			参展项目不详
2000-4	北京	中国专利十五年成就展	20	0/0/0/8	4/20/0	1.8

续表

时间	举办城市	博览会名称	参展项目数（项）	金奖/银奖/铜奖/优秀奖（枚、个）	签订合同/意向合同/合同金额（万元）	销售额（万元）
2000-8	西安	第九届专利技术与新产品展览会	9	1/0/0/0		
2001-5	北京	第五届中国北京新技术产业国际周暨中国北京国际科技博览会				参展项目不详
2001-9	昆明	第十三届全国发明展览会	16	4/4/1/1		0.2
2001-9	济宁	2001中国专利高新技术产品博览会				参展项目不详
2001-11	杨凌	第八届中国杨凌农业高新技术成果展览会	5			
2002-5	北京	北京第五届新技术产业国际周	28	2/0/0/0	8/0/0	
2002-6	兰州	第八届中国专利技术博览会	9	2/2/0/1		
2002-11	杨凌	中国杨凌第九届农业高新科技成果博览会				参展项目不详
2003-10	厦门	第十四届全国发明展览会	25	3/6/5/2		多项交易
2004-9	上海	全国第五届发明展	19	3/8/4/0		
2005-9	北京	第十五届全国发明展	12	2/6/4/0	0/19/0	
2007-10	深圳	第九届中国国际新技术成果交易会				参展项目不详
2009-3	福州	第七届"海峡两岸职工成果展"	18	6/6/6/0		
2010-10	深圳	第十二届中国国际高新技术成果交易会				
2011-8	威海	第二十届全国发明展览会	10	2/5/3/0		
2012	深圳	第十四届中国国际高新技术成果交易会				
合计		36届	339	37/45/40/24	48/165/510	2.0

三、采取多种措施，促进专利技术转化和产业化

（一）通过企业引进专利技术进行开发和转化

1992年，自治区专利局向乌鲁木齐市铝制品厂推荐"快速熔铝炉"专利技术，该厂实施后，油耗由原来的135kg/吨铝，下降为60kg/吨铝，铝的烧损由原来的5%下降到2%以下，全年可节约资金60.7万元。

吐鲁番瓜果实业公司引进新疆机械研究所研制的"哈密瓜脱皮机"专利技术，人工由原来的140人减少到3~4人，脱皮率达98%以上，每年减少浪费10多万元，新增产值912.6万元，新创利税166.7万元。

1993年，阜康市在"乌鲁木齐星火洽谈会"上引进、吸收列入国家"星火计划"的专利技术——"JKH-89型焦化煤工艺"，并请该项专利技术的单位到现场具体指导，经过努力，使4万吨改良焦化煤项目建成投产，产品质量达到国家标准，年创产值306.5万元，实现纯利42.19万元。

1996年，新疆第三机床厂坚持走"引进—开发—输出"的路子，通过引进节能抽油机技术，进而开发研制10型、12型异形游梁抽油机，使之成为该厂1996—1998年的主导产品，产值达3000多万元，实现利税400多万元，产生了较大的经济效益和社会效益，使企业起死回生。该产品1999年被自治区人民政府授予科技进步一等奖。1998—2000年该厂共生产各种调径变矩节能抽油机1200多台，实现产值1.5亿元，利税5770万元，产销率100%，同时为油田增收节支1.1亿元。2000年该厂又开发出调径变矩16型以及偏置平衡抽油机，并获得了专利授权。2004年该厂已拥有调径变矩、下偏杠铃和偏置平衡三大系列节能抽油机共17种产品，产品在新

疆的市场占有率为70%，产品技术占有率100%，在国内市场占有率为9%。

2001年，经国家知识产权局批准，新疆第三机床厂的"调径变距节能抽油机"专利技术等3个项目列入《国家促进专利技术产业化示范工程》第一批项目。

新疆威仕达生物工程股份有限公司坚持走"吸收—开发—应用"的路子，自行研究开发和消化吸收专利技术、实用技术158项，各类专利技术、科技成果57项，申请三类专利10项，在全国各类科技专利博览会、新产品展交会上获金奖、银奖、优质产品奖等21项，累计为社会创造经济效益逾10亿元。

新疆新能源股份有限公司引进的清华大学《太阳能扬水照明综合应用系统》等两项专利技术，成功进入太阳能领域，解决了新疆皮山地区无电居民的饮水照明问题，该项技术不但产生了良好的社会效益，而且也产生了巨大的经济效益。2004年上半年就实现利润近千万元，累计订单达6亿多元。

2006年，克拉玛依康佳公司引进一项专利技术建设"高品质食品级萃取油"厂，产品质量达到国内领先水平，可实现年产值2亿元。

2010年，新疆星塔矿业有限公司引进"一种提高含砷金银贵液置换回收率的方法"发明专利技术，2010—2012年累计实现销售收入13.62亿元，实现利税7091万元。

（二）通过专利实施计划促进专利技术转化及产业化

多年来，自治区专利管理局和知识产权局通过建立自治区专利实施计划和专利实施资金，实施自治区知识产权战略工程和知识产权试点示范工作等措施，促进专利技术实施转化和产业化。

1988年，自治区实施专利技术30项，实现经济效益2603.88万元，利税637.35万元。

1989年，自治区实施专利技术21项，新增产值1327.5万元，创利税298.1万元。

1999—2000年，自治区实施的国家专利示范工程项目3项，并取得了3200万元的显著经济效益（其中，石河子华农500万元，新疆第三机床厂1200万元，新疆众和股份有限公司1500万元）。

2001年，自治区专利实施计划项目年销售收入达1亿多元，年上缴税金1000多万元，利润1200万元。

2003年，实施自治区专利项目累计实现产值10.39亿元，利润1.169亿元，税金1.32亿元。

2004年，实施自治区专利实施计划项目11个，实现产值25229.74万元，上缴税金4911.8万元，实现利润5054.9万元。

2008年，实施自治区专利计划项目21项，实现产值将达到7.5亿元。

2004—2009年，在推进实施"自治区知识产权战略推进工程"期间，44家企业实施专利项目730项，投入实施资金14876.1万元，产值336.851亿元，利润35.83亿元，缴纳税金17.10亿元。专利转让767项，产值3996万元。

2013年，实施自治区专利计划项目产值达到13.7亿元，利润2.3亿元，纳税7763万元，节能折算达到6054万元，安置就业人数1337人。

四、专利实施案例

自专利法实施以来，在专利实施转化工作中出现了许多典型案例。

案例1

1988年，乌鲁木齐红雁水产开发公司使用高产、稳产的高效益新型鱼池专利技术，建成鱼池13.3亩，年平均亩产59.96吨，单池最大载鱼量12.09吨，折合亩产89.94吨。该项专利技术获自治区发明协会金奖、全国星火科技交易展览会金奖、自治区科技进步二等奖、国家星火科技二等奖。该项专利技术还向甘肃等省和自治区天山南北广大地区辐射，并向独联体有关国家转让。

案例2

1989年11月，新疆联合收割机厂开发研制的"联接沙漠营房组走廊接口"专利产品当年创产值2000多万元。

案例3

新疆立达卫星电视设备总公司生产的1.5米、2米和3米复合材料微波天线、馈源及配套产品获"丝路专利技术博览会"和"自治区第三届新技术发明展览会"金奖。

案例4

1992年，新疆生产建设兵团农八师147团实施的"沟纹压溃机""喷放搅拌洗浆池"两项专利技术，不仅提高了棉秆造纸的产量和质量，而且年增产值67.5万元，新增利税17.5万元。

案例5

1992年，新疆石河子八一糖厂研制的"方块糖包装机"专利技术，每年可节约2.25万个劳动日，创产值273.33万元。

案例6

乌鲁木齐市瓷厂的"民族装饰边花图案陶瓷"的外观设计专利，年创产值达138万元，利润29万元。

案例7

乌鲁木齐市天山钢窗厂研制开发的"安全防盗门"和"长臂双铰旋转附纱翻擦窗"专利，实现产值达58万元，获利润19万元，在"自治区丝路专利技术博览会"上获银奖。

案例8

1992年，新疆石油钻井工艺研究所研制的"泡沫发生器"专利技术，在钻井生产中，使面临报废的油井复活，加快了钻井速度，节约钻井成本100多万元。该专利技术转让二连、长庆、新疆、滇、黔、桂等油田，获专利转让费14万元。

案例9

1993年，新疆西亚生物制品开发公司研制生产的"活性乳酸菌奶片"专利产品，年创利税400多万元。仅乳酸菌系列产品一项就形成年产1000万元产值生产能力。1990年实施20项专利技术项目，新增产值1434.13万元，创利税427.39万元，节约资金1057.5万元。

案例10

1994年，新疆联合收割机厂研制出"沙漠营房组走廊"和"同程集中制冷制热空调"专利产品，在1993年新增产值2376万元，利税238万元，成为拳头产品。

案例11

1995年，乌鲁木齐电熔爆技术研究所发明的"电熔爆技术"专利技术通过省级和国家级鉴定，并获中国、美国、德国等国专利，已在我国15个省市推广应用，经济效益十分显著。

案例12

2002年7月1日，第九届全国政协委员、新疆电熔爆技术研究所所长兼总工程师叶良才发明的"电熔爆数控机床"从宁波港发运到"美国通用电气公司"。这是我国拥有完全自主知识产权的高科技机床第一次走出国门。这对我国原创性技术及高技术产业化和装备制造业走向世界将产生重大影响。

案例13

新疆雪莲集团乌鲁木齐太阳能电子工程公司研制的"一体化太阳能专用蓄能电视机"专利产品，耗能低，重量轻，体积小，效果好，不需要任何电解液，只要有太阳，就能收看到电视。

案例14

阿克苏农民秦阳发明的"谷物种籽分粒滚削脱皮机"和"卧式分级筛"两项专利技术，该技术引起粮食加工业的一场革命，与传统制粉机比较，可提高出粉率5%～10%。

案例15

2000年4月，新疆四产公司的"装配整套体式钢筋混凝土抗震'三剪'建筑结构"项目在北京举办的"中国专利十五周年成就展"上签订的技术合作协议金额达3.8亿元。

案例16

2002年7月，新疆奥斯曼化妆品有限公司在股份制改造中将"奥斯曼生眉笔"专利技术作价300万元入股，其中70%的股权分配给了此项专利的6位发明人。以股权奖励职务发明人，在自治区属首次。以股权奖励发明人的举动极大地激发了发明人的创新积极性，技术人员随后又开发了包括雪莲护肤系列等22个新产品。新产品上市仅3个月，就实现销售收入近800万元，2002年企业又申报5项发明专利。

案例17

2006年，克拉玛依康佳公司的"沥青钢桶"和"沥青软包装"两项专利产业化后实现年产值5600万元。

案例18

国投新疆罗布泊钾盐有限责任公司运用"用含钾硫酸镁亚型卤水制取硫酸钾的方法"发明专利技术，截至2012年年底，已累计生产硫酸钾476万吨，实现销售收入119.00亿元，利润54.68亿元，缴税24.77亿元。

案例19

特变电工的"一种电抗器线圈的出线装置及含有该出线装置的铁心电抗器"发明专利技术，截至2012年年底，该专利产品实现销售收入约2.32亿元，实现利税5624万元。

案例20

新疆机械研究院股份有限公司的"辣椒采摘机"发明专利，截至2012年年底，已累计生产自走式辣椒收获机35台，实现销售收入2583.3万元，新增利润629.0万元。

案例21

特变电工新疆新能源股份有限公司的"一种并网逆变器及其交流输出滤波方法"发明专利，截至2012年年底，使用该专利技术上产的产品已累计实现销售收入2亿元，实现利润3355.13万元。

案例22

新疆瑞源乳业有限公司的"一种乳清营养酒的制备方法"发明专利技术，截至2012年年底，累计生产乳清酒150吨，实现产值2250万元；完成销售73吨，实现销售收入1095万元，实现利润340万元，缴税120.48万元。

案例23

新疆绿色使者空气环境技术有限公司的"间接蒸发冷水机组和传统机械制冷机组复合的空调系统"发明专利技术，截至2012年年底，已累计实现销售收入1680万元，净利润134万元，利税42万元。

案例24

新疆金风科技股份有限公司的"一种风力发电机"发明专利技术，截至2012年，已累计生产风电机组3200台，实现销售收入191.69亿元，实现利润6.42亿元。

案例25

新疆石油管理局工程技术公司的"高干度油田注汽锅炉和高干度蒸汽生产方法"发明专利技术，截至2012年年底，已累计生产原油94.5万吨，累计制造出高干度注汽锅炉42台，实现销售收入1.45亿元。

案例26

塔里木油田分公司的"一种逐点刻度电成像测井资料计算视地层水电阻率谱及参数的方法"发明专利技术，3年为塔里木油田累计提交地质储量：黑油3.45亿吨、天然气6794.76亿方；实现产值655亿元。

案例27

新疆宏展特色农业科技开发有限公司的"一种从红花中提取精制黄色素的方法"发明专利技术，截至2012年年底，已累计生产专利产品30吨，实现销售收入3200万元，实现利润380万元。

案例28

新疆现代石油化工有限公司的"蜡油非临氢降凝生产工艺"发明专利技术，截至2012年年底，已生产各类油品12.022亿吨，新增销售额25113.5万元，新增利润1039.66万元。

案例29

新疆农业科学院农业机械化研究所的"籽用瓜捡拾脱籽联合作业机"实用新型专利技术，截至2012年年底，获专利技术转让收入300万元；受让企业新增销售额4799万元，利税1327.75万元；为农民节本增效2.20亿元，农机户累计新增作业收益3.08亿元。

案例30

新疆蓝山屯河聚酯有限公司的"耐低压聚对苯二甲酸乙二醇树脂及其生产方法"发明专利技术，截至2012年年底，已累计生产产品49325吨，实现销售收入4.95亿元。

案例31

阿克苏精准农机制造有限责任公司的"田间膜片扎收清理机"发明专利技术，截至2012年年底，新增销售额341万元，利税39万元。

案例32

石河子市华农种子机械制造有限公司的"棉种加工酸溶液处理设备"发明专利，截至2012年年底，新增销售额2070万元，缴税350万元，实现利润410万元。

案例33

新疆磐基实业有限公司的"温室保温被流水生产工艺"发明专利技术，截至2012年年底，累计实现销售额7313万元，实现利润808万元，缴税460万元。

案例34

西部钻探工程有限公司的"欠平衡井下套管阀"实用新型专利实施后，2010—2012年生产欠平衡井下套管阀52套，新增销售额4836万元，新增利润1209万元。

案例35

新疆中收农牧机械公司的"自走式秸秆收割揉搓粉碎打捆裹包机"实用新型专利实施后，2010—2012年生产自走式秸秆收割揉搓粉碎打捆裹包机82台，新增销售额2122.82万元，新增利润318.42万元。

案例36

克拉玛依胜利高原机械有限公司的"大流道偏心反馈泵"外观设计专利实施后，2010—2012年生产大流道反馈抽油泵2450台，新增销售额2135万元，新增利润204万元。

案例37

新疆西域牧歌农业科技有限公司的"寒冷地区沼气池增保温方法"发明专利技术，2011—2012年产沼气11030立方米，新增销售额1654.75万元，新增利润490.75万元。

案例38

新疆庄子实业有限公司的"红花醋口服液及其制备方法"发明专利技术，2010—2012年累计生产红花醋口服液1866.4吨，新增销售额1.72亿元，新增利润3805.26万元。

案例39

新疆阿布丹食品开发有限公司的"核桃玛仁糖及其制作方法"发明专利技术，2010—2012年累计生产核桃玛仁糖1850吨，新增销售额8494.6万元，新增利润1455.75万元。

案例40

博尔塔拉蒙古自治州兴旺科技有限责任公司的"垂吊反喷式喷头"实用新型专利实施后，2008—2012年累计新增销售额2371万元，缴税346.78万元。

案例41

乌鲁木齐磁封节能环保科技有限公司的"双磁体磁力密封器"发明专利技术，2012年实现销售额76万元，利润6万元，缴税3万元。

案例42

石河子开发区神内食品有限公司、新疆生产建设兵团特色果蔬研究工程中心（有限公司）的"天然红枣加工处理方法"发明专利技术，2010—2012年共生产红枣果肉产品634.98吨，新增销售额1028.28万元，新增利润48.57万元。

案例43

石河子天佐种子机械有限责任公司的"棉种脱绒酸搅拌烘干一体机"发明专利，2011—2012年生产棉种脱绒酸搅拌烘干一体机10台，新增销售额180万元，利润14.7万元，缴税3.2万元，创汇5万元。

案例44

新疆蓝山屯河型材有限公司、四川大学和新疆豪普塑料有限公司的"聚氯乙烯用单组分水性紫外光防护涂层材料及其制备方法"发明专利技术，2010—2012年已累计生产节能、耐污、耐紫外型材1860万吨，新增销售额1822.8万元，新增利润232.7万元，新增税额70.6万元。

案例45

新疆蓝天伟业科技开发有限公司的"石棉尾矿综合利用的方法"发明专利技术，2012年新增销售额3700万元，利润1200万元，纳税1000万元。

案例46

新疆山川秀丽生物有限公司的"一种棉秆微生物肥料的生产方法"发明专利技术，2012年年底，已累计生产腐熟剂217.5万袋、腐熟转化有机肥217.5万吨，增加销售额3.639亿元，新增利润7904.03万元。

案例47

新疆天海腾惠科技股份有限公司的"一种风化煤生物有机肥及其生产方法"发明专利技术，2010—2012年累计生产生物有机肥1.27万吨，新增销售额1.54亿元，新增利润6324万元。

案例48

新疆雪峰科技（集团）股份有限公司的"岩石膨化硝铵炸药专用添加剂及其炸药和生产方法"发明专利技术，2012年年底已生产岩石膨化硝铵炸药专用添加剂9万吨，新增销售额5.6亿元，新增利润1.48亿元，缴税3000万元。

案例49

新疆希望电子有限公司的"三相异步电动机相控智能节电控制器"实用新型专利实施后，2012年累计新增销售额9339万元，新增销售额4060万元，缴税484万元。

案例50

新疆乌苏市北方新科有限公司的"大轴径集装式焊接金属波纹管迷宫组合密封装置"实用新型专利实施转化后，每年可节省各种油费达1.15亿元。

案例51

新疆哈巴河县雅居床服有限责任公司的"睡袋"实用新型专利实施后，2012年生产睡袋2.5万条，新增销售额2771万元，新增利润418万元，新增出口额500万元。

案例52

新疆中亚食品研发中心（有限公司）的"调味品图标（330克番茄沙司）"外观设计专利实施后，2012年生产调味品862.1吨，销售额达到7266万元，利润300万元，出口创汇1252万美元。

案例53

美克美家家具连锁有限公司的"组合书柜（90-0023）"外观设计专利实施后，2011—2012年销售额累计达1446万元，新增利润138万元。

第二节 专利信息利用

一、专利信息服务

（一）开展专利信息服务

面向社会开展专利信息服务。1996年，自治区专利管理局开始使用中国专利文摘光盘检索法律状态的检索服务工作，为社会提供专利信息查询服务。服务的内容主要有：1976—1996年期间，日本特许公开文摘、权利要求和附图，对外开展PAJ光盘（日本特许公开）等。同时开展了中国专利局公开的专利查询服务。2009年4月9日，自治区知识产权局对原有的"中外专利数据库服务平台"进行了扩容升级。在"七国两组织"（中国、美国、日本、英国、法国、德国、瑞士以及世界知识产权组织、欧洲知识产权组织）专利文献信息基础上，新增韩国、俄罗斯（含苏联时期）、东南亚、阿拉伯的专利文献以及中国台湾和香港特区的专利文献共300余万件，使该平台的专利文献总数接近3000万件。升级后的"中外专利数据库服务平台"采用代码和图形相结合，具有检索、浏览、下载、打印等功能。平台扩容升级后，最新的专利信息资源可以通过互联网及时传递给全区社会公众，将有力推动政府的科技管理，企业的创新研发和知识产权保护，使企事业单位能有效利用专利信息技术提升自主创新能力，应对知识产权纠纷提供帮助。2010年7月6日，根据国家知识产权局《关于开展专利信息利用帮扶活动的通知》（国知办办字〔2010〕88号）要求，结合新疆实际，制订并上报自治区帮扶计划。

加强专利信息人才培养和培训工作。2009年6月8—10日，在乌鲁木齐市举办"自治区知识产权宣传信息培训班"。自治区知识产权工作协调小组成员单位联络员，地、县知识产权局负责人及宣传信息骨干，知识产权试点示范企事业单位宣传与信息骨干等80多人参加。

2010年9月15—16日，由国家知识产权局选派师资，自治区知识产权局在新疆大学组织举办"新疆专利信息运用实务培训班"。自治区企事业单位专利信息人员55人参加。

2011年5月25日，由中国知识产权局主办，自治区知识产权局在乌鲁木齐市承办"2011年新疆专利信息利用实务培训班"，新疆15个地州市知识产权局及专利代理机构共100多人参加。12月13—15日，国家知识产权局在重庆市举办"促进西部地区企业利用专利信息能力中级培训班"，自治区知识产权局组织新疆专利信息中心专业人员参加。

2012年9月10日，国家知识产权局印发《关于公布2012年全国专利信息领军人才和师资人才的通知》（国知办法〔2012〕81号），特变电工新疆硅业有限公司李西良被评为2012年全国专利信息领军人才，入选全国专利信息专家库；乌鲁木齐合纵专利商标事务所汤建武、特变电工王艳辉被评为2012年全国专利信息师资人才，入选全国专利信息师资库。6月11—14日，国家知识产权局在西安市举办"西北地区专利信息利用中级培训班"。新疆有5名专利信息专业人员参加。11月15日，自治区知识产权局局长马庆云局长带领巴州、和田、阿勒泰、乌鲁木齐、伊犁、昌吉、哈密等地州市知识产权局局长及新疆大学法学院、新疆大学图书馆负责人到上海、江苏、广东考察信息中心建设。

2013年1月23日，自治区知识产权局印发《关于表彰2012年度自治区知识产权宣传信息工作先进集体和先进个人的通报》（新知综字〔2013〕10号），表彰奖励自治区知识产权宣传信息工作先进集体和先进个人。7月22—24日，自治区知识产权局在乌鲁木齐市召开"自治区知识产权宣传与政务信息工作会议"。各地州市及县市区知识产权局负责宣传与政务信息的工作人员100多人参加。会议总结和部署了自治区知识产权宣传与政务信息工作；交流了宣传与政务信息工作经验；举办了提高宣传与政务信息工作能力专题讲座。11月6—8日，国家知识产权局办公室在福建省厦门市举办"国家知识产权战略信息和宣传工作研讨班"。自治区知识产权局管理实施处派员参加。

（二）加强专利信息平台建设

自治区历来高度重视专利信息平台建设。1996年2月12日，根据中国专利局通过德国政府13年低息贷款来筹建设备和培训人员，决定对新疆等11个省、市、自治区作为第一批建设对象，但需要相关省、市、自治区落实配套资金的这一情况，自治区专利管理局向主管专利工作的自治区副主席米吉提·纳斯尔呈报《关于利用德国贷款建立新疆专利信息系统立项的报告》。12月，自治区专利管理局又向时任常务副主席的王乐泉报告并得到批准。

为全面推进实施国家及自治区知识产权战略，落实"局区"会商协议，加强自治区专利信息工作，利用专利信息资源，提升技术创新和专利创造、运用、保护、管理能力和水平，2010年2月9日，自治区知识产权局局长马庆云与新疆大学副校长贾殿增就建立新疆专利信息中心进行了座谈交流。经双方认真讨论决定，在新疆大学图书馆建立新疆维吾尔自治区专利信息中心（简称：新疆专利信息中心），为全区开展专利信息服务搭建一个公共服务平台。

2010年5月27日，自治区机构编制委员会根据新疆大学的申请印发《关于调整新疆大学机构编制事宜的批复》（新机编〔2010〕86号），批准："在新疆大学图书馆加挂'新疆维吾尔自治区专利信息中心'牌子"，相应增加"面向全区开展专利信息检索、查新、咨询服务"职能。

国家知识产权局对新疆专利信息中心的建设给予了极大的支持。国家知识产权局按照与自治区人民政府签订的《国家知识产权局与新疆维吾尔自治区人民政府工作会商制度议定书》，向新疆专利信息中心支持了35台电脑终端和其他设备设施；提供了中外文专利数据库〔中国和国外（美国、日本、英国、德国、法国、欧洲专利局、WIPO、瑞士专利数据库）〕，并保障专利信息数据及时更新，使新疆专利信息中心服务平台数据更新与国家知识产权局数据更新保持同步；为新疆专利信息中心培训了专利数据更新、信息检索、设备维护等专业管理和技术人员。

自治区知识产权局为新疆专利信息中心建设作了大量工作。一是为新疆专利信息中心的建立向自治区编委和国家知识产权局提出申请。二是与国家及有关省知识产权局协调对新疆专利信息中心管理人员和技术人员进行了专门培训，开展了考察学习。例如，2012年11月20—23日，自治区知识产权局马庆云局长率新疆专利信息中心管理人员到广州华南理工大学、上海同济大学、广东省知识产权研究与发展中心和上海市知识产权信息服务中心就如何加强专利信息服务平台建设进行了专题考察学习。12月19—21日，国家知识产权局在江苏省南京市召开"2012年全国专利信息传播与利用工作会议"，负责专利信息工作的自治区知识产权局马庆云局长和综合处领导参加。三是对操作系统进行更新换代，对专利数据库及时更新。四是与新疆专利信息中心签订了相关协议，并指导建立了中心内部管理制度。五是从资金上对信息中心的支持。自治区知识产权局每年向新疆专利信息中心拨款5万元，支持其开展工作。

新疆大学对新疆专利信息中心建设给予了大力支持。配备了9名专（兼）职工作人员，更新了35台专用检索机，提供了100多平方米的检索场地以及机房设备，并保障7×24小时不间断运行。用户可通过电信网和教育网进行自助查询。

2011年4月，新疆专利信息中心"在线专利信息分析系统"完成安装调试。面向用户免费提供专利查新服务。同时利用自身优势，面向全疆有专利信息服务需求的用户开展各类培训和分析评估工作。

（三）专利信息中心业务开展情况

新疆专利信息中心自成立以来，充分利用专利信息数据库以及新疆大学图书馆的文献资源平台（国内外科技期刊数据库、国内外学位论文数据库、中国期刊全文数据库等），为自治区多家企事业单位及个人提供专利信息服务。

新疆专利信息中心自成立以来开展的服务活动主要有：

一是充分利用专利信息数据库，为企业发展服务。截至2014年12月，新疆专利信息中心已累计为企事业单位提供专利信息检索服务450余项,专利文献检索600余篇,出具专利项目检索报告550余项。

二是对外开展的专利信息服务。服务内容主要包括一般检索服务、定题服务、专利统计分析、专利信息咨询等。

三是完成国家及自治区知识产权局下达的任务。①对自治区专利实施资助项目专利信息的检索工作,截至2014年12月底,新疆专利信息中心共完成专利信息检索500余项。②承担全疆专利文献信息利用实务培训工作。2010年9月15—17日,新疆专利信息中心承办了"2010年新疆专利信息运用实务培训班"。③新疆专利信息中心承担了相关知识产权事务咨询及信息分析、专利法律状态认定工作。④新疆专利信息中心承办了专利信息传播与利用人才培养活动。2011年、2012年,在"4·26"自治区知识产权宣传周期间,分别承办了第七届、第八届"新疆知识产权杯"大学生知识竞赛和优秀发明创造大学生颁奖活动。⑤新疆专利信息中心多次参与国家知识产权局举办的业务培训的组织活动,参与了"自治区专利信息服务平台"的网站维护以及专利数据库的建设。2013年6月,新疆专利信息中心组织了国家知识产权局专利审查部一行14人的"专利审查调研座谈会"。

新疆专利信息中心的成立,对于提升全区专利信息利用水平,加快新疆专利信息人才队伍培养将发挥重要的促进作用。

二、专利代理信息服务

新疆专利代理机构重视专利信息化建设和专利信息利用工作,结合专利代理工作面向客户开展多种形式的专利申请咨询、专利文献检索、查询服务工作。2010年4月19日,在国家知识产权局召开的"中国专利审查信息化系统建设表彰大会"上,乌鲁木齐合纵专利商标事务所获中国专利审查信息化三大系统推广应用奖。

三、企事业单位专利信息利用

自治区通过制定实施专利计划项目申报、检查、验收等项目管理办法,研究制定印发《企业专利制度制定指南》,组织开展企事业单位知识产权试点示范、贯标、帮扶、建立专利站和专业专利数据,以及通过举办企业进行专利信息利用实务培训班等措施,积极引导企事业单位的专利信息利用工作。一是通过专利实施项目资金支持和专业技术指导,引导项目实施主体建立专业专利数据库。二是在有关专家的帮助下针对企业需求和专业情况建立专利数据库。例如,2002年,在国家知识产权局的支持下,为特变电工等10家企业建立了专业专利数据库。三是通过专利项目立项、资金资助和专家参与等形式,组织开发企事业单位知识产权管理软件,提升企事业单位知识产权创造、运用、保护和管理的能力。四是充分发挥"局区"会商和知识产权对口援疆机制,建立专利数据库,建立专利信息平台,实现信息共享。上海市、广东等省市知识产权局为对口的阿克苏地区和伊犁州建立4个专利数据库;2010年山西省知识产权局建立的山西省煤电煤化工产业信息库,为阜康市搭建了专利信息资源共享平台。

第八章 专利保护

专利是专利权的简称。它是指一项发明创造，即发明、实用新型或外观设计向国务院专利行政部门提出专利申请，经依法审查合格后，在规定的时间内该项发明创造所享有的专有权即专利权。要使专利权不受侵犯，得到维护，就需要专利执法部门和司法机关对侵权行为依法进行打击，使之停止侵权行为。因此可以说，加强专利保护是专利法的核心要求，也是专利管理执法部门的重要职责。

在我国专利保护有两个手段或途径，即行政保护的手段或途径和司法保护的手段或途径。我国《专利法》第一章总则第三条规定："省、自治区、直辖市人民政府管理专利工作的部门负责本行政区域内的专利管理工作。"我国《专利法》第七章专利的保护第六十条规定："未经专利权人许可，实施其专利，即侵犯其专利权，引起纠纷的，由当事人协商解决；不愿协商或者协商不成的，专利权人或者利害关系人可以向人民法院起诉，也可以请求管理专利工作的部门处理。管理专利工作的部门处理时，认定侵权行为成立的，可以责令侵权人立即停止侵权行为，当事人不服的，可以自收到处理通知之日起十五日内依照《中华人民共和国行政诉讼法》向人民法院起诉；侵权人期满不起诉又不停止侵权行为的，管理专利工作的部门可以申请人民法院强制执行。"

第一节 专利执法保护体系

依法加强专利保护，是自治区专利管理部门的重要职责之一。自我国《专利法》颁布实施以来，自治区的专利保护工作从无到有，执法队伍从小到大，专利执法体系不断健全；专利政策法规制度日臻完善，执法保护工作不断科学规范，执法保护能力不断提升；专利执法保护协调机制已经形成，专利保护工作的核心地位日益凸显。依法开展调处专利纠纷，严厉打击各类侵权、假冒专利行为，坚持多种形式的专利法知识宣传活动，大力营造"尊重知识、崇尚创造、尊重知识产权"的良好的市场秩序，为促进自治区经济、社会和科技又好又快发展起到坚强有力的保驾护航作用。

一、自治区专利行政保护体系

1985年5月13日，经自治区人民政府办公厅批准，在自治区科委设置专利管理处，自治区建立了首个专利执法部门，人员编制7人，具有执法和管理双重职责。

1991年7月31日，自治区编委印发《关于自治区专利管理处更名为自治区专利管理局的通知》（新机编〔1991〕186号），批准自治区专利管理处更名为自治区专利管理局，人员编制由7人增加到10人，其职责之一是贯彻执行专利法，调解处理专利侵权、专利转让和专利申请权，专利实施许可合同等纠纷。

1997年3月，自治区专利管理局在内部设立法律部，配备专职专利执法人员3人，建立了专利行政执法程序，面向全区开展专利行政执法工作。与此同时，昌吉、哈密和阿勒泰地区相继建立专利管理机构。

1998年3月，根据自治区人民政府《关于颁发行政执法证件有关问题的紧急通知》（74号令），自治区专利管理局给昌吉、哈密等6个地州市的专利行政执法人员颁发了《行政执法证》，建立了自治区首批专利行政执法队伍，专利行政执法人员达到36人。

进入21世纪后，自治区的专利执法体系得到不断完善，专利执法队伍不断得到壮大。

2000年2月21日，自治区专利管理局印发《关于2000年〈行政执法证〉年审换证工作的通知》（新专管字〔2000〕03号）。此次年审换证的人员有18人。10月21日，经自治区人民政府批准，自治区专利管理局更名为自治区知识产权局，由处级升格为副厅级，专利管理局法律部升格为法律事务处。

2001年3月12日，根据自治区党委、自治区人民政府《关于贯彻〈中共中央、国务院关于加强技术创新，发展高科技，实现产业化〉的决定》中"强化知识产权保护的执法手段""组建有关知识产权保护技术专家委员会"的要求，自治区知识产权局、自治区高级人民法院联合印发《关于成立新疆维吾尔自治区专利保护技术鉴定委员会的通知》（新知综字〔2001〕15号），决定建立"自治区专利保护技术鉴定委员会"。该专家委员会的成立，对于规范专利技术鉴定工作，确保专利执法中有关技术鉴定的客观性、科学性和公正性，正确实施专利保护，维护公民法人和其他组织的合法权益具有重要意义。12月3日，自治区人民政府出台《新疆维吾尔自治区人民政府关于加强专利工作促进技术创新的意见》，对地州市建立专利执法体系提出了要求。

2002年1月，在自治区人民政府召开自治区专利工作会议以后，地州市及县（市、区）的专利执法体系建设得到迅速发展。截至2002年年底，全区有12个地州市建立专利执法机构，配备专职执法人员。专利执法队伍达到108名，是1998年的2.8倍。

为全面推进自治区知识产权（专利）保护体系建设，2002年7月12日，自治区知识产权局、自治区依法治区领导小组办公室联合制订印发《新疆维吾尔自治区"四五"普法专利法宣传教育规划》（新知法字〔2002〕31号），就"四五"普法期间，开展专利法宣传教育的组织领导和保障措施提出明确要求。2004年4月3日，自治区人民政府办公厅印发《转发自治区知识产权局等部门关于自治区实施知识产权战略推进工程的意见的通知》（新政办发〔2004〕53号）。《意见》提出的措施第（六）条要求，"切实加强知识产权保护，建立健全自治区知识产权行政执法工作体系和政府、行业协会、企业三位一体的知识产权保护机制。"

随着《意见》的全面贯彻落实，自治区专利执法体系得到迅速发展。到2004年12月底，全区15个地州市和33个县（市、区）已建立专利执法机构，专利执法人员达到172人。2007年，全区专利执法队伍进一步壮大，执法人员增加到251人。2008年，专利执法人员又发展到258人。2009年年底，自治区专利执法保护体系进一步向县市区扩展，全区有15个地州市、68个县（市、区）、2个国级开发区建立了专利执法机构，专利执法人员达到246人。2010年4月，自治区颁布实施知识产权战略和专利事业发展战略后，自治区专利管理和执法队伍得到进一步壮大。截至2014年年底，自治区15个地州市、70个县（市、区）建立了专利执法机构，专利执法人员达到278人。与此同时，自治区知识产权执法、司法保护机关以及新疆生产建设兵团也建立了专利执法、司法队伍。至此全区专利执法、司法保护体系已基本形成。

二、自治区知识产权行政保护体系

30年来，自治区积极推进知识产权保护体系建设。

（一）成立自治区知识产权执法检查小组

为加大自治区知识产权执法力度，便于群众依法实施监督和被侵权当事人举报，1995年6月16日，自治区知识产权工作协调指导小办公室成立自治区知识产权执法检查小组，并印发《关于公布自治区知识产权执法检查小组负责人和举报电话的通知》（新知权办字〔1995〕01号），向社会公布自治区知识产权执法检查小组负责人、联系人、办公地点和举报电话。

附件1.自治区知识产权执法检查协调组、专利法执法检查组、商标法执法检查组、著作权法执法检查组成员、办公地点及联系方式

1.自治区知识产权执法检查协调组成员、办公地点及联系方式

负责人：王小铭（自治区知识产权工作协调指导小组办公室常务副主任）；

联系人：由洁（自治区知识产权工作协调指导小组办公室执行秘书）；

办公地点：乌鲁木齐市北京南路40号；

举报电话：0991-3824401。

2.自治区专利法执法检查组成员、办公地点及联系方式

负责人：刘永生（自治区专利管理局局长）；

联系人：梁新杰（自治区专利管理局主任科员）；

办公地点：乌鲁木齐市北京南路40号附8号五楼；

举报电话：0991-3836558。

3.自治区商标法执法检查组成员、办公地点及联系方式

负责人：李照坤（自治区工商行政管理局商标广告处处长）；

联系人：吴青（自治区工商行政管理局商标广告处副处长）；

办公地点：乌鲁木齐市人民路56号四楼；

举报电话：099-12811401。

4.自治区著作权法执法检查组成员、办公地点及联系方式

负责人：陶世义（自治区新闻出版局（版权局）副局长）；

联系人：汪嘉伦（自治区新闻出版局（版权局）版权处处长）；

办公地点：乌鲁木齐市东风路14号后二楼；

举报电话：0991-2815713。

附件2.自治区计算机软件保护执法检查组成员、办公地点及联系方式

负责人：吕文良（自治区推广应用计算机领导小组办公室主任）；

联系人：甘文（自治区推广应用计算机领导小组办公室计划处处长）；

办公地点：乌鲁木齐市北京南路40号附1号二楼；

举报电话：0991-3836419。

（二）成立自治区保护知识产权工作组

2004年10月25日，自治区人民政府办公厅印发《关于印发自治区保护知识产权专项行动方案的通知》（新政办发〔2004〕151号，以下简称《通知》），决定在自治区整顿和规范市场经济秩序工作领导小组统一领导下成立自治区保护知识产权工作组，负责统筹协调，督办重大案件。通知要求，各地州市也要设立保护知识产权工作组织领导机构，加强对这项工作领导和组织协调。

自治区保护知识产权工作组组织架构：组长1人，由自治区人民政府主席助理、自治区经济贸易委员会主任、自治区整顿和规范市场经济秩序工作办公室主任担任；副组长有4人，由自治区经贸委、知识产权局、工商行政管理局、新闻出版（版权）局领导担任；成员由自治区公安厅、质监局、科技厅、新疆出入境检验检疫局、乌鲁木齐海关、文化厅、卫生厅、食品药品监督管理局、自治区人民检察院、自治区最高人民法院、政府法制办公室领导担任。

表8-1　新疆维吾尔自治区保护知识产权工作组成员名单

职务	姓名	工作单位及职务
组长	王永明	自治区人民政府主席助理、自治区经济贸易委员会主任
副组长	买买提·乌斯满	自治区经济贸易委员会副主任
	姜万林	自治区知识产权局局长
	梁庚新	自治区工商行政管理局副书记
	张新泰	自治区新闻出版（版权）局副局长

职务	姓名	工作单位及职务
成员	王乐祥	自治区公安厅副厅长
	郑宗诚	自治区质量技术监督局助理巡视员
	吐尔逊·沙迪尔	自治区科学技术厅副厅长
	邱栋久	新疆出入境检验检疫局党组书记、副局长
	克依纳木·依马来提夏	乌鲁木齐海关副关长
	逯新华	自治区文化厅纪检组长
	张斌	自治区卫生厅副厅长
	付辉生	自治区食品药品监督管理局副局长
	阿不都热合曼·买买提	自治区人民检察院副检察长
	陈江	自治区最高人民法院副院长
	热西提·热扎克	自治区人民政府法制办公室副主任

三、自治区知识产权司法保护体系

（一）知识产权刑事保护体系

自治区知识产权刑事保护体系由自治区公安厅经济犯罪侦查总队、地州市经济犯罪侦查支队和县市经济犯罪侦查大队组成。其主要职责是：负责收集、分析辖区经济领域犯罪活动的情况，制定预防和打击经济犯罪的对策和措施；指导、协调、组织、监督辖区经济犯罪案件的侦查工作；协调、侦办部分跨区域重特大、疑难经济犯罪案件和上级交办的经济犯罪案件。

（二）知识产权司法保护体系

新疆维吾尔自治区人民法院是自治区知识产权司法保护机关，主要有新疆维吾尔自治区高级人民法院、新疆维吾尔自治区高级人民法院伊犁哈萨克自治州分院、乌鲁木齐市中级人民法院、昌吉州中级人民法院、克拉玛依市中级人民法院、吐鲁番地区中级人民法院和哈密地区中级人民法院7个法院设立的知识产权法厅，共有知识产权法官45名。中级人民法院主要职责：一是管辖诉讼标的额在500万元以下的第一审一般知识产权民事案件，以及诉讼标的额在500万元以上1000万元以下且当事人住所地均在其所属高级或中级人民法院辖区的第一审一般知识产权民事案件；二是对专利、植物新品种、集成电路布图设计纠纷案件和涉及驰名商标认定的纠纷案件以及垄断纠纷案件等第一审知识产权民事案件。高级人民法院主要职责是：审理对自治区基层人民法院作出的第一审著作权、商标、技术合同、不正当竞争等知识产权民事和行政判决、裁定提起的上诉案件，管辖诉讼标的额在2亿元以上的第一审知识产权民事案件，以及诉讼标的额在1亿元以上且当事人一方住所地不在其辖区或者涉外、涉港澳台的第一审知识产权民事案件。

四、自治区知识产权维权援助体系

（一）自治区知识产权维权援助体系

2008年6月18日，自治区知识产权局向国家知识产权局提出《关于请求设立新疆维吾尔自治区知识产权维权援助中心的请示》（新知法字〔2008〕46号）。8月1日，国家知识产权局印发《关于同意设立中国（新疆）知识产权维权援助中心的批复》（国知发管函字〔2008〕227号）。

2010年8月31日，自治区机构编制委员会办公室印发"新机编办〔2010〕148号"批文，同意在自治区知识产权局设立"中国（新疆）知识产权维权援助中心"。3月19日，经自治区知识产权局批准，在喀什地区、巴州、伊犁州、昌吉州设立中国（新疆）知识产权维权援助分中心，并在当地开通了"12330"知识产权维权援助服务电话。

2011年8月5日，根据乌鲁木齐市知识产权局的申请，自治区知识产权局印发《关于同意设立中国（新疆）知识产权维权援助中心乌鲁木齐工作站的批复》（新知法字〔2011〕54号），同意在该局设立中国（新疆）知识产权维权援助中心乌鲁木齐工作站，配备了专职人员，开设了"维权援助中心"网页，开发了举报投诉服务系统，开通了"12330"知识产权维权援助服务电话，面向社会开展24小时语音服务。

（二）中国（新疆）知识产权维权援助中心

1.中国（新疆）知识产权维权援助中心的职能

中国（新疆）知识产权维权援助中心归口自治区知识产权局管理，在国家知识产权局的指导和自治区知识产权局的领导下在全区开展知识产权维权援助工作，其职责是：制定并完善知识产权维权援助方面的规章制度；对受援人申请的知识产权维权援助事项进行审查；对维权援助资金进行有效的管理和使用；对维权合作单位及维权援助、咨询专家承担的援助事项进行指导；跟踪督办和做好维权合作单位与受援人之间的协调工作。

2.中国（新疆）知识产权维权援助中心接受举报投诉的范围

接受范围主要有：专利权；商标专用权；著作权；商业秘密；地理标志；植物新品种权；集成电路布图设计专有权；其他知识产权的举报投诉。

3.中国（新疆）知识产权维权援助中心接受举报投诉的条件

（1）有明确的被举报投诉对象及具体的事实；

（2）举报投诉的事实属于接收的范围，并能提供相应的证据材料；

（3）举报投诉的对象属于当地受案知识产权行政管理部门的受案和管辖范围；

（4）举报投诉人应提供本人的真实情况，即必要的身份证明、单位、住址、联系方式等材料；

（5）举报投诉人不愿提供本人的真实情况的，则应有理由足以证明侵犯知识产权等违法行为存在；

（6）委托代理人进行举报投诉的，应提交授权委托书。

4.中国（新疆）知识产权维权援助中心接受举报投诉注意事项

（1）已经由其他行政执法机关或司法机关接收的，不予接收；

（2）举报投诉人不得使用人身攻击性或侮辱性的语言，不得虚报诬告他人。

5.中国（新疆）知识产权维权援助中心接受举报投诉的方式

（1）电话举报投诉方式：可以拨打中国（新疆）知识产权维权援助与举报投诉电话"0991-12330"；

（2）会晤举报投诉方式：直接到中国（新疆）知识产权维权援助中心投诉；

（3）信函举报投诉方式：邮寄至830002新疆维吾尔自治区乌鲁木齐市光明路140号机械行办一楼中国（新疆）知识产权维权援助中心；

（4）E-mail举报投诉方式：可通过xj12330@sohu.com向中国（新疆）知识产权维权援助中心投诉。

第二节　专利保护制度

一、建立专利法规制度

30年来，自治区制定出台了一系列专利执法保护法规制度。

1986年4月15日，自治区科委制定《关于调处专利纠纷有关问题的暂行规定》。6月5日，自治区人民政府印发《关于新疆维吾尔自治区实施专利法若干问题的暂行规定》（新政发〔1986〕54号）。7月12日，自治区科委制定出台了《新疆维吾尔自治区关于调处专利纠纷有关问题的暂行规定》（新科专字〔1986〕097号）。

1989年8月23日，自治区科委、财政厅、物价局联合制定出台了《新疆维吾尔自治区调解处理专利纠纷收费暂行规定》（新科专字〔1989〕157号）。12月21日，自治区科委制定出台了《新疆维吾尔自治区关于在押服刑人员申请专利的暂行规定》（新科专字〔1989〕238号）。

1997年3月5日，自治区科委制定《新疆维吾尔自治区专利管理机关调处专利纠纷办法》和《新疆维吾尔自治区查处冒充专利行为暂行规定》（新科办字〔1997〕049号）。7月22日，自治区专利管理局向自治区人民政府上报《关于以自治区人民政府令的形式颁布〈新疆维吾尔自治区查处冒充专利行为暂行规定〉的报告》（新专管字〔1997〕019号）。11月27日，自治区人民政府颁布《新疆维吾尔自治区行政执法监督办法》（73号令）和《新疆维吾尔自治区行政执法证件管理办法》（74号令）。

2003年2月18日，自治区知识产权局制定了《新疆维吾尔自治区知识产权局行政执法责任考核试行办法》（新知法字〔2003〕10号）、《新疆维吾尔自治区专利行政执法监督检查实施办法》（新知法字〔2003〕11号）、《新疆维吾尔自治区专利行政执法人员管理办法》（新知法字〔2003〕12号）。

2004年7月23日，新疆维吾尔自治区第十届人民代表大会常务委员会第十一次会议通过了自治区第一部关于专利保护的地方性法规——《专利保护条例》。该条例对地方人民政府加强对专利保护工作的支持和领导、会展中的专利管理、纠纷处理中的证据保全等内容作出了明确规定。

2005年9月8日，自治区知识产权局制定出台《新疆维吾尔自治区管理专利工作的部门采取封存或者暂扣措施细则》（新知法字〔2005〕62号）。9月12日，自治区知识产权局制定《新疆维吾尔自治区专利行政执法规程》（新知法字〔2005〕63号）。

2006年11月1日，自治区人民政府办公厅印发《新疆维吾尔自治区加强知识产权保护工作方案（2006-2007年）》（新政办发〔2006〕167号）。

2007年2月16日，自治区知识产权局印发《新疆维吾尔自治区专利保护条例释义》（新知法字〔2007〕12号）。3月6日，自治区知识产权局、自治区经贸委、自治区食品药品监督管理局联合印发《新疆维吾尔自治区商业企业开展专利保护试点工作的意见》（新知综字〔2007〕15号）。

2010年11月1日，自治区人民政府印发《新疆维吾尔自治区人民政府关于加强专利行政保护的意见》（新政办发〔2010〕230号）。

2011年8月，受中国-亚欧博览会执委会的委托，自治区知识产权局与自治区国际事务博览局共同制定出台了《中国-亚欧博览会保护知识产权管理办法》。

2012年9月28日，新疆维吾尔自治区第十一届人民代表大会常务委员会第三十八次会议修订通过《促进与保护条例》，并于11月29日在新疆人民会堂举行《促进与保护条例》颁布实施新闻发布会。

2013年，自治区知识产权局制定《新疆维吾尔自治区专利行政执法人员管理办法》（新知法字〔2013〕46号）、《新疆维吾尔自治区知识产权局专利行政执法督导与检查工作制度》（新知法字〔2013〕47号）、《新疆维吾尔自治区商业流通领域标注专利标记商品的管理办法》（新知法字〔2013〕50号）、《新疆维吾尔自治区专利行政执法责任制考核办法》（新知法字〔2013〕52号）、《新疆维吾尔自治区知识产权举报投诉奖励办法》（新知法字〔2013〕62号）、《新疆维吾尔自治区知识产权局假冒专利行为行政处罚自由裁量基准》（新知综字〔2013〕65号）、《新疆维吾尔自治区专利行政执法案卷评查制度》（新知法字〔2013〕68号）、《新疆维吾尔自治区知识产权局系统专利行政执法案件督办工作制度》（新知法字〔2013〕71号）和《新疆维吾尔自治区知识产权局系统跨地区（州、市）专利行政执法协作协议》。

2014年，自治区知识产权局制定印发了《新疆维吾尔自治区加强专业市场知识产权保护工作的意见》（新知法字〔2014〕27号）、《中国（新疆）知识产权维权援助中心管理办法（暂行）》（新知法字〔2014〕12号）、《中国（新疆）知识产权维权援助中心章程（修订）》《中国（新疆）知识产权维权援助中心工作人员守则》《中国（新疆）知识产权维权援助中心接待工作流程及规范用语》《中国（新疆）知识产权维权援助中心电话接听流程及规范用语》《新疆维吾尔自治区加强专业市场知识产权保护工作的意见》（新知法字〔2014〕27号）。

据不完全统计，30年来，自治区制定出台的专利执法保护政策法规和管理办法有36个。

二、完善专利法规制度

自治区高度重视并不断完善专利法规制度建设。1999年，自治区专利管理部门启动《专利保护条例》的制定工作。2000年10月，自治区知识产权局成立以后，将《专利保护条例》制定作为重要工作，摆在重要议事日程。经过两年多的努力，在广泛调查收集资料，借鉴兄弟省（区）经验，多次召开会议讨论的基础上，于2002年11月形成《专利保护条例（草案）》初稿。随后，又将《专利保护条例（草案）》初稿以书面和座谈会等多种形式向15个地州市、自治区有关厅局、科研机构、各大院校、中介服务机构和专家、学者征求意见。2003年8月和11月，自治区知识产权局配合自治区人大和政府法制办深入乌鲁木齐、石河子等地区的科研机构、大专院校、企业进行深入调研，与自治区政府法制办从立法技术、文字等方面多次召开座谈会，对《保护条例（草案）》进行修改完善。2004年7月23日，新疆维吾尔自治区第十届人民代表大会常务委员会第十一次会议通过《专利保护条例》，于2004年9月1日施行。该条例对地方人民政府加强对专利保护工作的支持和领导、会展中的专利管理、纠纷处理中的证据保全等内容作出了明确规定。《专利保护条例》颁布实施后，为配合《专利保护条例》宣传学习，2007年2月16日，自治区知识产权局印发《关于下发〈新疆维吾尔自治区专利保护条例释义〉的通知》（新知法字〔2007〕12号），对《专利保护条例》进行了具体解释。在2004—2009年期间组织开展了多种形式的《专利保护条例》执行督导检查和宣传活动。

《专利保护条例》的颁布实施对全区专利工作起到了积极的促进作用，各级领导和社会公众的专利意识不断提高，全区专利申请量和授权量逐年增长，专利实施转化产生的经济和社会效益不断提升，专利行政执法得到加强，专利促进与保护工作取得了一定成绩。但是，由于全社会的专利意识不强，专利工作投入不足，发明创造激励机制尚未形成，假冒专利、专利侵权案件大幅增加，专利促进与保护任务仍然十分艰巨和繁重。旧条例缺乏对激励创造与运用、管理与服务的调整与规范，而且保护的力度也较弱，无法满足自治区专利事业发展的需要。为此，2009年9月9日，自治区知识产权局向自治区人民政府上报《关于2010年度政府立法计划项目的建议》（新知法字〔2009〕55号），建议将《专利保护条例》的修改列为2010年度自治区人民政府立法计划项目。2010年，为了配合第三次专利法修改，自治区启动《专利保护条例》的修订工作，通过对《专利保护条例》进行立法后评估，对其实施绩效、存在问题等方面有了全面了解和掌握。以此为基础，通过对上位法、外省市的相关立法资料进行系统整理和分析，以及深入相关知识产权部门、高校、企事业单位、中介服务机构调查研究，广泛听取有关部门及专家的意见，2010年9月形成了向自治区人民政府报送的《促进与保护条例（修订送审稿）》。《促进与保护条例》在自治区专利保护条例原有专利管理和专利保护等内容基础上，增加了专利创造、专利运用、专利服务等方面的规定，体现了新疆实际和专利事业发展需要。2010年10月21日，自治区知识产权局向自治区人民政府法制办公室上报《关于2011年度政府立法计划项目的建议》（新知法字〔2010〕56号），建议将《促进与保护条例》列为自治区人民政府2011年立法计划项目。

2012年2月，自治区人民政府法制办按照立法程序，对送审稿进行审修，将送审稿发往各地、州、市政府和自治区各有关部门及相关企业分别征求了意见，组成立法调研组先后赴乌鲁木齐、巴州、塔城、克拉玛依、石河子等地州市进行实地调研，听取了各级政府、各有关部门、专利权人代表、企事业单位代表的意见和建议，反复修改形成《促进与保护条例（修订草案）》，于2012年7月报送了自治区人大常委会审议。2012年9月28日，新疆维吾尔自治区第十一届人民代表大会常务委员会第三十八次会议审议通过《促进与保护条例》。11月29日，自治区人大常委会在新疆人民会堂举行《促进与保护条例》颁布实施新闻发布会。《促进与保护条例》在鼓励专利创造、运用、保护、管理、服务、法律责任等多个方面都有所创新。《促进与保护条例》的颁布实施，对于推动专利促进与保护，鼓励发明创造，提高自主创新能力，促进科技进步和经济社会发展，建设创新型国家和区域创新体系，加快新疆跨越式发展和创新型新疆建设步伐，具有十分重要的意义。为保证《促进与保护条例》与以往的相关专利行政执法文件相一致，自治区知识产权局组织人员对往年制定印发的专利行政执法文件进行整理和分析，并于2013年5月14日印发《关于〈废止新疆维吾尔自治区管理专利工作的部门采取封存或者暂扣措施细则〉等文件的通知》（新知法字〔2013〕45号）。该通知宣布废止《新疆维吾尔自治区管理专利工作的部门采取封存或者暂扣措施细则》（新知法字〔2005〕62号）、《新疆维吾尔自治区专利行政执法规程》（新知法字〔2005〕63号）、《新疆维吾尔自治区专利保护条例释义》（新知法字〔2007〕12号）。

建立完善的专利法规制度，为自治区的专利执法工作提供了科学规范的法律依据，提升了专利执法能力和执法水平，有效地打击了各类侵犯专利权行为，依法保护了专利权人的合法权益，维护了良好的市场秩序。

第三节　专利执法保护机制

30年来，自治区专利执法部门积极推进并不断完善专利执法保护机制。

一、专利行政执法联动机制

自治区知识产权局在昌吉州、巴州、吐鲁番地区和石河子市等地州市知识产权局设立专利行政执法案件巡回审理庭，并根据地州市缺少办案人员或审理有难度等情况，自治区知识产权局及时派执法人员参与指导案件审理，以保证全区专利侵权案件审理工作顺利开展。各地按照自治区知识产权局的要求，对辖区内的专利行政诉讼和行政复议案件一案一报，自治区知识产权局对地州市专利行政诉讼和行政复议案件进行跟踪指导，并根据需要"自治区知识产权系统公职律师管理办公室"及时调配知识产权公职律师参加专利行政诉讼应诉。

二、专利行政执法与司法保护协作机制

2001年9月，自治区知识产权局和自治区高级人民法院联合成立了"自治区专利保护技术鉴定委员会"，由40人、5个专业鉴定组组成。为确保专利执法中有关技术鉴定的客观性、科学性和公正性，正确实施专利保护，维护公民法人和其他组织的合法权益提供技术法律保证。

2002年5月17日，根据自治区高级人民法院要求和国家最高人民法院《关于人民法院对外委托司法鉴定管理规定》公告，自治区知识产权局向自治区高级人民法院报送了《关于将新疆维吾尔自治区专利保护技术鉴定委员会纳入自治区高级人民法院对外委托司法鉴定统一管理的申请》，建议将自治区专利保护技术鉴定委员会列入人民法院统一管理。7月17日，自治区依法治区领导小组、知识产权局联合印发《关于印发〈新疆维吾尔自治区"四五"普法专利法宣传教育规划〉的通知》（新知法字〔2002〕31号）。《自治区"四五"普法专利法宣传教育规划》提出了指导思想、目标任务、工作要求、方法步骤、组织领导和保障措施，成立了由姜万林局长任组长，田湘勇、多里坤·阿吾提副局长任副组长的自治区知识产权局普法依法治理领导小组。

2004年4月与2005年4月，为加强对"4·26"世界知识产权纪念日宣传周活动的领导，自治区人民政府决定，由自治区整顿和规范市场经济秩序工作领导小组牵头成立了"2004年保护知识产权宣传周活动组委会"和"2005年保护知识产权宣传周活动工作协调组委会"。该委员会同有关部门建立自治区保护知识产权专项行动联席会议制度，定期通报有关情况，听取意见和建议，及时解决工作中出现的问题，加强执法协作与执法信息交流。

2006年2月15日，自治区知识产权局印发《关于建立执法信息上报责任制度的通知》（新知法字〔2006〕14号），要求在全区建立执法信息上报机制。3月16日，自治区知识产权局印发《关于2006年保护知识产权宣传周期间开展联合执法活动的通知》（新知法字〔2006〕20号），对跨地区跨部门联合协作执法工作进行部署和要求。

2007年1月23日，由自治区人民检察院、自治区整顿和规范市场经济秩序工作办公室、自治区人民政府法制办公室召集，自治区公安厅、国土资源厅、建设厅、农业厅、林业厅、卫生厅、地方税务局、环境保护局、工商行政管理局、新闻出版局（版权局）、技术质量监督局、食品药品监督管理局、国家税务局、乌鲁木齐海

关、烟草专卖局、银监局和知识产权局等20个部门参加，在乌鲁木齐召开自治区行政执法与刑事司法相衔接工作第二次联席会议。与会人员认真学习《关于在行政执法中及时移送涉嫌犯罪案件的意见》，总结交流了两年来行政执法机关与司法机关在整顿和规范市场经济秩序工作中密切合作、增强打击合力的经验和做法，分析了存在的问题，进一步健全了行政执法与刑事司法相衔接工作机制，强化了移送涉嫌犯罪案件工作。3月6日，自治区知识产权局、经贸委、食品药品监督管理局联合印发《关于印发新疆维吾尔自治区商业企业开展专利保护试点工作的意见》（新知综字〔2007〕15号）。3月21日，自治区知识产权局向自治区人大常委会上报《〈自治区专利保护条例〉实施以来执行情况的汇报》（新知法字〔2006〕23号），以推进《专利保护条例》的全面贯彻执行。3月26日，自治区"整规办"、公安厅、文化厅、工商行政管理局、技术质量监督局、新闻出版局（版权局）、食品药品监督管理局、知识产权局、新疆出入境检验检疫局、高级人民法院、检察院等部门联合印发《关于建立自治区保护知识产权举报投诉服务中心工作机制的意见（暂行）》（新整规办〔2007〕7号）。

2008年10月22日，自治区知识产权局、经贸委、食品药品监督管理局联合印发《关于自治区第一批商业企业专利保护试点工作通过验收的通知》（新知法字〔2008〕79号）。按照该通知的要求，对新疆新特药民族药业有限公司等8家商业企业专利保护试点工作进行了考核验收，有4家试点企业受到好评。

2009年6月11日，自治区及新疆生产建设兵团知识产权局、乌鲁木齐市中级人民法院、新疆律师协会在乌鲁木齐召开《专利法》第三次修改（新疆）宣讲会，共同开展对新修订《专利法》的宣传普及活动。

2010年3月17日，自治区知识产权局、公安厅、工商行政管理局、新闻出版局（版权局）、乌鲁木齐海关、检察院、中国国际贸易促进委员会新疆分会、自治区人民政府新闻办公室等部门联合印发《关于2010年世博会期间开展知识产权保护专项行动的通知》（新知综字〔2010〕15号），对专项活动提出了明确的指导思想、工作目标、工作重点、工作分工、工作进度和工作要求；同日，自治区知识产权局会同公安厅联合印发《关于建立协作配合机制共同加强知识产权保护工作的通知》（新知综字〔2010〕16号），从提高认识、加强知识产权保护工作、建立协调会商机制、加强行政执法与刑事司法的衔接配合、加强案件线索移交与联合执法、加强重大案件督办、开展调查研究和内部培训、强化基层工作、共同开展宣传教育、营造保护知识产权的良好氛围、加强指导检查和督导落实等方面作出具体部署和要求。同年，在广州亚运会期间，自治区知识产权局与自治区党委宣传部等4部门联合印发《关于加强2010年广州亚运会知识产权保护工作的通知》，该通知提出，4部门配合2010年广州亚运会在全区共同组织开展保护亚运会标志专项行动。

2012年4月1日，自治区知识产权局举行"自治区知识产权执法维权'护航'专项行动启动仪式"，自治区商务厅、新闻出版局（版权局）、乌鲁木齐市知识产权局领导和执法人员参加。

2013年1月16日，由自治区环境保护厅牵头，自治区知识产权局等14个部门联合印发《关于转发做好知识产权和假冒伪劣商品环境无害销毁工作的通知》（新环防发〔2013〕19号）。此文的签发对于加强政府相关部门间的协作配合，防止收缴的侵犯知识产权和假冒伪劣商品再次流入市场，防止侵犯知识产权和假冒伪劣商品销毁过程的二次污染具有重要意义。9月25日，国家知识产权局专利管理司执法管理处赵梅生处长一行来疆调研专利执法工作并出席座谈会，新疆等4省区及新疆生产建设兵团知识产权局的代表近20人参加。9月25—28日，国家知识产权局专利复审委员会在乌鲁木齐市举办"新疆专利侵权判定培训班"。部分省区市和新疆15个地州市知识产权局、司法机关的代表130余人参加。10月28日，由国家知识产权局在乌鲁木齐举办"东中西部知识产权对口援疆研讨班"，来自10个对口援疆省市和新疆部分地州市知识产权局的50名代表参加。培训班和研讨会的举办，既为学员教授了专利执法知识，又加强了省市及地州市之间专利执法人员相互协作和交流经验。

三、跨地区知识产权执法保护机制

自治区知识产权局与国家知识产权局和兄弟省区建立专利执法协作配合机制。2012年10月12日，自治区知识产权局承办由国家知识产权局委托的"西部地区知识产权系统执法案例与实务研讨交流会"。在此次研讨会上，就建立健全西部省区专利执法协调机制，相互配合，相互交流，共同开展专利执法工作等内容进行了研讨。

四、专利举报投诉和侵权判定咨询机制

自2005年以来，自治区建立了新疆专利举报投诉中心，开通了"12330"举报投诉电话，搭建了执法机关和举报投诉服务中心之间的信息互通平台；建立了中国（新疆）知识产权维权援助中心专利侵权判定咨询专家库，制定了中国（新疆）知识产权维权援助中心专利侵权判定咨询工作办法，完善了专利侵权判定咨询机制。

五、知识产权社会监督网络保护机制

1995年4月11日，自治区专利管理局召开了"查处假冒专利行为社会监督网成立大会"，通过《新疆维吾尔自治区查处假冒专利行为社会监督网章程》；建立了"自治区查处假冒专利行为社会监督网"，并为19人颁发了《执法网员证》。自治区专利管理机关多次配合区人大组织开展执法大检查活动，加强对专利执法的监督。

2006年9月21日，在乌鲁木齐七一酱园综合购物有限公司广场上举行由新疆友好百盛商业发展有限公司等12家企业自发组织的"沙依巴克区知识产权保护联盟"成立仪式，共同签署《沙依巴克区知识产权保护联盟承诺书》。

2013年9月1—7日，自治区知识产权局建立知识产权维权志愿者队伍，在"中国-亚欧博览会"期间，专利执法人员和知识产权维权志愿者在会展期间相互配合，共同开展知识产权维权咨询服务活动。

六、地州市知识产权协调执法保护机制

各地州市按照自治区的统一要求，设立了相应的保护知识产权工作组织领导机构，加强对本地区保护知识产权专项行动的领导和组织协调。

2012年10月17日，喀什、阿克苏、和田和克州等南疆4地州在喀什市召开会议并共同签署《南疆四地州知识产权保护区域合作协议》，建立了南疆4地州知识产权保护合作机制。

2013年9月6日，在和田召开"第二届南疆5地州知识产权保护合作交流工作会议"。会议交流工作经验，共商联合执法措施。

第四节　开展联合执法活动

30年来，自治区知识产权（专利）执法部门与工商、版权等部门以纪念日为契机，相互配合，密切协作，坚持不懈地开展了形式多样的联合执法活动。

1999年，自治区专利管理局以纪念"3·15"消费者权益保护日为契机，与自治区党委宣传部和自治区消费者协会以"安全、健康消费"宣传主题，深入乌鲁木齐市商场开展打击假冒专利活动和抽查活动。通过此抽查活动发现，具有专利标记的商品中的假冒专利行为由1996年的67%下降到1999年的40%。

2002年3月5日，自治区知识产权局印发《关于在"3·15"消费者权益日期间开展专利行政执法活动的通知》（新知法字〔2002〕07号）。通知对全区"3·15"消费者权益日期间开展专利行政执法活动作出了部署。3月15日，自治区知识产权局会同自治区工商行政管理局、新闻出版局（版权局）、公安厅、乌鲁木齐高新技术产业开发区管委会和百花村软件园等单位，以乌鲁木齐文化市场为重点，开展了打击假冒、冒充专利及盗版等违法活动。

2003年，在"4·26"宣传周期间，全区知识产权局系统，根据自治区知识产权工作协调指导小组办公室4月14日下发的《关于印发〈2003年"4·26"世界知识产权日执法活动的通知〉》（新知协办字〔2003〕06

号）部署和要求，深入各地商店开展打击假冒和冒充专利行为的行政执法活动。

2004年，在纪念"3·15"消费者权益保护日期间，自治区知识产权局与工商行政管理局、新闻出版局（版权局）、消费者权益保护协会等部门到乌鲁木齐市广场、高新区开展知识产权法律宣传咨询服务活动；自治区知识产权局专利执法人员到乌鲁木齐市亚新、中兴等批发市场和药品批发零售点对70多种标有专利标识的药品进行了执法检查。4月24日，自治区知识产权局会同工商行政管理局、新闻出版局（版权局）和质量技术监督局等部门深入商店进行打假和行政执法检查活动。4月26日，自治区知识产权局等5部门20多名执法人员，到乌鲁木齐市红旗路电脑城、月明楼、友好医药市场等文化市场和小商品批发市场联合组织开展打击假冒专利，以及进出口侵权货物等侵犯知识产权、扰乱市场秩序的违法犯罪行为的专项整治执法活动；自治区知识产权局与乌鲁木齐市知识产权局专利执法人员首次对涉嫌侵权的317件T-恤衫采取暂扣封存措施。9月1—6日，在第13届"乌洽会"期间，自治区知识产权局与工商行政管理局、质量技术监督局、乌鲁木齐海关、新疆出入境检验检疫局、药品监督管理局、测绘局、边贸协会等8家进入会展开展联合执法行动。

2005年1月5日，自治区知识产权局印发《关于在两节期间开展专利行政执法活动的通知》（新知法字〔2005〕03号）。该通知要求，从1月10日—2月25日，全区专利管理部门在古尔邦节和春节期间开展专利行政执法活动。2月23日，自治区知识产权局印发《关于在"3·15"期间开展联合执法活动的通知》（新知法字〔2005〕19号），并在"3·15"期间，会同自治区消协、质监、药监等部门在乌鲁木齐市人民广场、百花村软件园等大型商场产品集散地开展了以"健康·维权"为主题的投诉、查假活动。3月24日，自治区知识产权局印发《关于印发2005年"4·26"世界知识产权日专利联合执法活动实施方案的通知》（新知法字〔2005〕24号）。在"4·26"宣传周期间，全区知识产权局系统在各地组织开展查处假冒、冒充、侵权专利联合执法行动。9月1—6日，在第14届"乌洽会"期间，自治区知识产权局与自治区工商行政管理局、乌鲁木齐市知识产权局等部门执法人员深入展会开展联合执法活动。

2006年1月5日，自治区知识产权局印发《关于在两节期间开展专利执法活动的通知》（新知法字〔2006〕02号）。该通知要求，在1月8日—2月25日古尔邦节和春节期间，全区专利执法部门开展专利执法活动。4月26日，自治区知识产权局与公安厅、乌鲁木齐市知识产权局、自治区农机局、自治区"整规办"及相关媒体记者联合对乌鲁木齐市北站1号和24号的"青贮揉草机"等3件涉嫌冒充专利产品进行现场调查、询问制作笔录。9月1—6日，在第15届"乌洽会"上，自治区知识产权局和乌鲁木齐市知识产权局联合工商、技术监督局、海关、出入境检验检疫局、测绘局等8部门联合开展执法活动。

2007年4月26日，自治区知识产权局参加了由自治区"整规办"牵头在乌鲁木齐市爱家超市铁路局㓐业店组织开展的联合执法检查活动。在此次执法检查活动中，自治区知识产权局的执法人员以涉嫌冒充专利的商品为例，向在场的其他部门的执法人员、新闻媒体记者和商场工作人员解释了《专利法》及其实施细则有关冒充专利行为的规定，介绍了识别冒充专利商品的简要方法及冒充专利商品对消费者产生的不利影响。9月20日，自治区知识产权局印发《关于在全区范围内开展〈新疆维吾尔自治区专利保护条例〉执行情况调研工作的通知》（新知法字〔2007〕28号），并于9月20日—11月30日，由自治区人大教科文卫工作委员会和自治区知识产权局组成执法调研组，对全区执行《新疆维吾尔自治区专利保护条例》情况开展了实地调研和咨询活动。9月1—6日，在第16届"乌洽会"上，自治区知识产权局和乌鲁木齐市知识产权局联合工商、技术监督局、海关、出入境检验检疫局、测绘局等8部门联合开展执法活动。2月，伊犁、阿勒泰等地州市知识产权局与相关执法部门在"三节"（古尔邦节、元旦和春节）期间，开展保护专利专项执法检查活动。

2008年4月20日，自治区知识产权局与自治区"整规办"、新闻出版局（版权局）等单位在乌鲁木齐市举办了"2008年全国集中销毁侵权盗版及非法出版物新疆分会场销毁活动"。9月1—6日，在第17届"乌洽会"上，自治区知识产权局和乌鲁木齐市知识产权局联合工商、技术监督局、海关、出入境检验检疫局、测绘局等8部门联合开展执法活动。

2009年3月15日，自治区知识产权局等单位在乌鲁木齐市人民广场举办的纪念"3·15"大型现场咨询服务活动，向前来咨询的群众提供了咨询服务，并发放了《专利法》《专利法实施细则》及《专利保护条例》等十几种宣传资料2000余份。在"4·26"宣传周期间，自治区专利、商标等7个部门的执法人员组成执法组，深入乌鲁木齐市大型超市、商场开展联合执法活动。9月1—6日，在第18届"乌洽会"上，自治区知识产权局和乌鲁木齐市知识产权局联合工商、技术监督局、海关、出入境检验检疫局、测绘局等8部门联合开展执法活动。

2010年9月1—6日，在第19届"乌洽会"上，自治区知识产权局和乌鲁木齐市知识产权局联合工商、技术监督局、海关、出入境检验检疫局、测绘局等8部门联合开展执法活动。2010年全区专利行政管理部门与其他部门共同协作执法187次，出动执法人员2432人（次），检查商业场所1371个，检查商品34.9万件。

2011年4月26日，自治区知识产权局牵头，自治区公安厅、工商行政管理局、新闻出版局（版权局）、新疆生产建设兵团知识产权局、乌鲁木齐市知识产权局、新疆生产建设兵团公安局等部门参加联合开展了知识产权联合执法活动。9月1—5日，自治区知识产权局与自治区工商行政管理局和乌鲁木齐市知识产权局专利执法人员联合在首届"中国—亚欧博览会"开展知识产权执法监督检查和咨询活动。

2012年9月2—7日，自治区知识产权局与工商行政管理局等执法人员组成举报投诉组，入驻2012年第二届"中国—亚欧博览会"，开展知识产权举报投诉与咨询活动。12月5日，由自治区知识产权局、乌鲁木齐市、高新技术产业开发区（新市区）和沙依巴克区知识产权局7名执法人员组成联合执法队，在铁路局商圈开展了三级联动专利行政执法检查行动。为《专利法》第60条、第64条以及《专利法实施细则》第79条的修改做前期准备。自治区知识产权局于2月17日印发《关于开展立法调研工作的通知》（新知法字〔2012〕12号），对全区组织开展立法调研工作进行安排部署。

2013年，在"3·15"消费者日和"4·26"知识产权宣传周等活动期间，各地由政府牵头，知识产权执法部门参加，组成联合执法检查组，到商场联合开展知识产权执法检查和宣传活动；自治区知识产权局与工商、版权、公安以及新疆生产建设兵团知识产权局等单位在"4·26"宣传周和第三届"中国—亚欧博览会"和"科洽会"等期间联合开展执法活动。2013年，自治区知识产权局向其他部门移交案件86件，与其他部门协作执法15次。另外，自治区知识产权局还与兄弟省区、新疆生产建设兵团之间、自治区地州市之间、地州市与县（市、区）之间建立专利执法协作机制，开展跨地域专利协作执法活动。4月25日，自治区知识产权局与乌鲁木齐市知识产权局专利执法人员组成执法组，联合在华凌贸易城开展执法活动。6月23日，自治区知识产权局与伊犁州知识产权局伊宁市商场联合开展专利执法活动。11月18日，乌鲁木齐市、新疆生产建设兵团知识产权局在兵团十二师104团联合开展专利行政执法活动。

2014年3月5日，乌鲁木齐市知识产权局召开2014年"双打"（即打击侵犯知识产权和制售假冒伪劣商品）工作会议，乌鲁木齐市知识产权战略实施领导小组成员单位代表参加。4月25日，自治区知识产权局会在华凌综合市场举行"知识产权保护规范化培育工作启动仪式"。在"4·26"期间，阿克苏地区知识产权局与工商等部门到阿克苏市农机市场开展联合执法活动。4月26日，塔城地区知识产权局与工商等部门深入市场开展联合执法检查活动。5月10日，哈密地区、哈密市知识产权局在哈密市唐人文化书店开展联合执法检查活动。7月3日，吐鲁番地区知识产权局在吐鲁番市举行"区、地专利行政执法联动机制启动仪式"，自治区知识产权局副局长谭力一行4人到吐鲁番地区，与地区知识产权局等6部门组成联合执法组，开展专利行政执法活动，7月20日，在昌吉州召开"自治区、昌吉州及其5县2市三级知识产权局联合专利执法会议"，部署筹划在昌吉市大型商超、药店开展为期一周的专利联合执法检查活动。自治区知识产权局副局长谭力带领联合执法组，在昌吉大型商场开展专利联合执法检查活动。8月3日，自治区知识产权局副局长孙东方一行到阿拉山口出入境检验检疫局调研、交流知识产权保护工作。8月28日，自治区、巴州知识产权局与工商等部门在尉犁、焉耆等地商场、超市、药店开展联合专利执法活动。9月1—6日，自治区知识产权局与工商行政管理局等部门和机构派驻的工作人员组成知识产权举报投诉工作组，进驻第四届"中国—亚欧博览会"现场开展知识产权保护工作。9月6日，在和田市召开"第二届南疆五地州知识产权保护合作交流会议"，进一步落实南疆专利联合执法机制的推进实施。9月25日，自治区、乌鲁木齐市知识产权局在华凌玉器城开展全国"质量月"联合执法活动。9月25日，乌鲁木齐市知识产权局、工商行政管理局等部门在华凌玉器城开展全国"质量月"联合执法活动。11月18日，自治区知识产权局与乌鲁木齐市知识产权局等单位在乌鲁木齐经济技术开发区（头屯河区）召开了"企业专利维权服务座谈会"。11月19日，伊犁州知识产权局联合霍尔果斯知识产权局对霍尔果斯中哈国际合作中心开展专利执法检查；与此同时，吐鲁番地区知识产权局等执法人员先后对托克逊县家乐富超市、新华书店、阿凡提药品超市等多家商场、药店销售商品的专利标识标注情况及假冒专利情况进行检查，共检查20余类近200件商品。11月20日，自治区知识产权局联合乌鲁木齐市知识产权局，在华凌建材市场开展了专利联合执法活动，并组织市场管理方及相关商户代表召开了知识产权保护座谈会。

第五节　提升专利执法能力

一、加强培训学习，提升专利执法能力

按照自治区人民政府法制办公室的要求，自治区专利管理局和知识产权局多次举办全区性专利执法人员培训班和选派人员参加全国专利执法培训班。针对地州市专利执法工作需求进行业务指导或通过跟班观摩实习，提高专利执法人员的业务素质和办案能力。例如，1996年9月25—26日，自治区专利管理局举办"专利侵权判断及专利复审与无效"培训班，参加人员120多人。

1997年4月26—28日，自治区举办了"新疆维吾尔自治区专利执法监督培训班"，对来自8个地、州、市科委、专利管理部门等单位30多人进行了培训并颁发了《执法网员证》和《执法工作证》。

2000年5月22—26日，自治区专利管理局举办"专利行政执法人员培训班"，昌吉州等5个地州市专利局和科委人员43人参加。

2002年8月10日，自治区知识产权局在乌鲁木齐承办"全国专利行政执法工作会议"，与会80多名会议代表就"如何加强专利执法工作"进行了广泛的研讨和交流。

2004年8月24—28日，自治区知识产权局组织哈密地区知识产权局等6地州市共6名专利执法人员，参加由国家知识产权局在湖北宜昌举办的"专利行政执法人员培训班"。11月3—5日举办"自治区专利执法培训班"，地州市及县（市、区）110多人参加。

2005年1月5日，自治区知识产权局对《新疆维吾尔自治区专利行政执法规程》进行修改，并于9月12日，印发新修订的《新疆维吾尔自治区专利行政执法规程》。9月1日，哈密地区行署法制办会同地区全面推进行政执法责任制和评议考核制工作领导小组，对哈密地区知识产权局建立和落实行政执法责任制、评议考核制工作的实施情况以及学习贯彻实施《行政许可法》情况进行检查。7月28日，自治区知识产权局印发《关于转发国家知识产权局〈关于近期知识产权执法工作若干事项〉的通知》。9月13日，克拉玛依市知识产权局提出并实施了定期专利执法与不定期协作专利执法同行并举的措施，取得了显著的效果。

2006年7月10—17日，自治区知识产权局在昌吉市承办"全国专利执法培训班"，来自全国各省、市、自治区和新疆15个地州市知识产权局共计145名专利执法人员参加。9月4日，自治区知识产权局法律事务处1人到北京清华大学参加由国家知识产权局举办的"全国知识产权法律高级培训班"。

2007年2月12日，自治区知识产权局印发《关于组织地州市知识产权局专利行政执法人员来自治区知识产权局培训的通知》（新知法字〔2007〕1号），在当年5月14日—9月1日，分批次，每期15天，组织15个地州市知识产权局专利执法人员到自治区知识产权局进行了跟班培训。6月25—29日，自治区知识产权局在库尔勒市举办"新疆维吾尔自治区专利执法培训班"，乌鲁木齐市等7地州市知识产权局、"法制办""整规办"的领导及执法人员共计75人参加。9月11日，国家知识产权局在伊宁市举办"2007年全国边贸口岸知识产权保护培训班"，来自北京等12个省、市、区的外贸企事业单位的工作人员，口岸、海关管理人员，口岸城市知识产

权管理人员共计144人参加。6月25—29日与11月13—17日，自治区人民政府法制办、自治区整顿和规范市场经济秩序领导小组办公室和自治区知识产权局在库尔勒市和乌鲁木齐市联合举办"南疆片"和"北疆片"专利行政执法培训班，对全区100多名专利执法人员进行了培训。

2008年7月22—23日，国家知识产权局专利复审委员会针对新疆专利无效和复审案件，在自治区知识产权局进行口审，自治区15个地州市知识产权局专利执法人员参加了现场观摩学习。9月8—9日，国家知识产权局在兰州市举办"西北省区知识产权执法研讨班"，新疆19名专利执法人员参加。9月12—22日，在福州市举办"全国专利执法培训班"，自治区12名专利执法人员参加。12月15—20日，在海南省海口市召开"全国知识产权执法工作会议暨第二届知识产权执法论坛"，自治区知识产权局和法律事务处负责人参加。

2009年5月15—17日，中国知识产权培训中心在杭州市举办"外观设计专利申请审查与侵权判定事务培训班"，自治区知识产权局及法律事务处领导参加。6月11日，自治区知识产权局等单位在乌鲁木齐市承办的《专利法》第三次修改（新疆）宣讲会，自治区及新疆生产建设兵团知识产权局系统、法院系统和律师事务所、专利代办机构以及企业、科研院所的300余人参加。8月24—27日，自治区知识产权局承办由中国知识产权培训中心主办的"新疆专利行政执法培训班"，各地州市及县市区知识产权局执法人员100人参加。8月24—28日，中国知识产权培训中心在贵阳市举办"企业知识产权侵权诉讼及涉外贸易知识产权培训班"，自治区知识产权局组织专利执法人员及企业人员参加。8月30日—9月19日，自治区知识产权局法律事务处副处长董海军到德国参加由国家知识产权局组织的高层次人才知识产权法律培训班。9月14—17日，在阿勒泰市举办"自治区专利行政执法培训班"，地州市专利执法人员共65人参加。9月26—30日，自治区知识产权局在喀什市承办"全国边贸口岸知识产权保护培训班"，来自全国11个省市区的知识产权执法人员近120人参加了培训。10月27—30日，国家知识产权局在江苏省南京市举办"国家知识产权专利复审委员会与地方知识产权局业务研讨会"，自治区知识产权局及法律事务处负责人参加。

2010年6月1—4日，国家知识产权局在长沙市举办"2010年第一期全国专利行政执法培训班"，自治区知识产权局副局长谭力等3人参加。8月4—7日，国家知识产权局在东营市举办"第四期全国知识产权维权援助培训班"，自治区、巴州和伊犁州知识产权局3名专利行政执法人员参加了培训。9月14—17日，由自治区知识产权局主办、阿勒泰地区知识产权局承办"新疆维吾尔自治区专利行政执法培训班"，对地州市专利执法人员65人进行了培训。10月11—14日，国家知识产权局在西安市举办"全国专利行政执法培训班"，自治区知识产权局组织专利执法人员参加。10月18—22日，由自治区知识产权局牵头组织，自治区公安厅、工商行政管理局、新闻出版局（版权局）、乌鲁木齐海关、检察院和自治区人民政府新闻办公室等单位负责人参加赴上海"世博会"考察学习知识产权保护工作。

2011年3月21—24日，中国知识产权培训中心在长春市举办"绿色农业知识产权保护专题培训班"，自治区知识产权局组织农业厅科技处执法人员参加。4月14—17日，中国知识产权培训中心、华科医药知识产权咨询中心在成都市联合举办"医药行业知识产权保护事务培训班"，自治区知识产权局组织新疆医药企业、药研所和科技开发公司科技人员参加。6月14日，根据自治区人民政府法制办公室《转发国务院法制办〈关于进一步加强依法行政理论学习的通知〉的通知》（新政法函〔2011〕83号）要求，自治区知识产权局组织专利执法人员认真学习了胡锦涛总书记2011年3月28日在中共中央政治局第二十七次集体学习时发表的重要讲话和2010年8月20日国务院总理温家宝在国务院召开的全国依法行政工作会议上的讲话，以及2011年8月，国务院发布的《关于加强法治政府建设的意见》和中国法制出版编写的《行政执法培训教材》等内容。通过学习，使执法人员对依法行政和弘扬社会主义法治的精神有了进一步认识。6月20—23日，国家知识产权局专利复审委员会在昌吉市举办"专利确权与侵权判定专题培训班"，自治区和地州市专利执法人员共70余人参加了培训。7月13—17日，由国家知识产权局主办，自治区知识产权局在乌鲁木齐承办"2011年第一期全国专利行政执法培训班"，全国31个省、自治区、直辖市及进入"'5·26'专利执法推进工程"的城市以及新疆15个地州市的知识产权局专利执法人员100多人参加。

2012年11月29日，自治区人大常委会在乌鲁木齐举行《促进与保护条例》颁布实施新闻发布会，自治区知识产权局等单位250多人参加。

2013年3月19—23日，国家知识产权局在西安市举办"科技机构知识产权保护培训班"，自治区知识产权局组织新疆大学、农科院、林科院和畜科院有关领导参加。4月16日，喀什地区知识产权局在喀什市举办《促进与保护条例》专题宣讲会，喀什地区及克州200余人参加。6月27—28日，国家知识产权局分别在北京和西安市召开"2013年专业市场知识产权保护工作研讨会"和"中国（西北地区）专利侵权判定咨询工作会议"，自治区知识产权局副局长谭力等3人参加。9月23—28日，由国家知识产权局在乌鲁木齐市举办"2013年专利行政执法提高培训班"，来自陕西、宁夏、甘肃、四川、云南和新疆知识产权局及法院、中介机构、律师协会共122人参加了培训。9月25—28日，国家知识产权局专利复审委员会在乌鲁木齐举办"新疆专利侵权判定培训班"，全国部分省区市和新疆地州市及县市知识产权局、司法机关及中介机构的代表130余人参加。

2014年2月28日，自治区公安厅举办以"知识产权与创新发展"为主题的知识产权知识讲座，公安厅机关等124人参加，自治区知识产权局副局长谭力作专题报告。10月20—22日，自治区知识产权局在新疆阿克苏地区举办"全区专利行政执法案例与实务研讨班"，来自全区各地、州、市、县的科技局（知识产权局）专利行政执法人员50余人参加培训。11月18日，自治区知识产权局在乌鲁木齐经济技术开发区（头屯河区）召开了"企业专利维权服务座谈会"。

二、实施两个"工程"，提高专利执法能力

2009—2014年，以提高全区专利行政执法人员业务能力和改善执法条件为目标，自治区知识产权局在全区实施了"新疆维吾尔自治区'5·26'工程"和"自治区专利行政执法能力提升工程"。

（一）制定实施"新疆维吾尔自治区'5·26'工程"

2009年5月26日，自治区知识产权局制订印发《新疆维吾尔自治区"5·26"工程实施方案》。该实施方案是为了落实《国家知识产权战略纲要》和国家知识产权局《关于近期知识产权系统执法工作安排的通知》（国知发管字〔2009〕80号）以及全国知识产权局执法工作会议精神，进入国家知识产权局提出的"5·26"工程而制定的。该实施方案就自治区"5·26"工程的期限、指导思想、工作原则、工作基础条件、任务目标和保障措施等方面作出具体说明。成立了由自治区知识产权局局长、副局长为组长，各处处长和地州市知识产权局局长为成员的自治区实施"5·26"工程领导小组。

自治区"5·26"工程实施的期限为2009—2011年。

其指导思想：围绕建设创新型新疆为总目标，坚持以科学发展观为指导，以实施《国家知识产权战略纲要》为契机，深入开展自治区知识产权系统执法工作，进一步完善专利行政执法制度建设，加大专利行政执法保护力度，优化创新环境，提升知识产权创造、管理、保护、运用能力，把自治区知识产权保护工作推上一个新阶段。

工作原则：以保护知识产权权利人合法权益为中心，坚持"六个结合"，即坚持加大执法条件建设与提高执法能力相结合；强化执法手段与完善执法机制相结合；打击侵权行为与宣传教育相结合；开展日常执法与专项行动相结合；提高执法水平与提高执法效率相结合；明确职责与加强协作相结合。

任务目标如下。①总的目标：建立起执法条件完备，执法机制健全，执法制度完善，执法队伍素质良好，执法水平明显提高，执法作用充分发挥的知识产权执法保护体系，完成国家知识产权局"雷雨""天网"知识产权专项行动任务。专利纠纷的行政调处率与人民法院相比不低于60%，结案率不低于85%，查处假冒专利结案率不低于95%，专利诈骗查处率达到90%以上，会展执法活动率达到85%以上，独立执法人数不少于1000人（次），与其他省（区）、直辖市之间协作执法不少于10次，检查商业场所不少于200次。②具体任务：一是加强执法制度建设，完善行政执法保护机制；二是完善执法机构建设，加大行政执法保护力度；三是加大执法经费投入，改善行政执法条件；四是加强执法队伍建设，提高执法人员素质；五是发挥企事业单位在知识产权工作中的积极作用。

（二）实施"自治区专利行政执法能力提升工程"

1.制定了"自治区专利行政执法能力提升工程"实施方案

2013年，自治区知识产权局制定下发了《新疆维吾尔自治区专利行政执法能力提升工程实施方案》。在该方案中明确了完善专利行政执法维权工作制度建设、加强专利行政执法队伍建设、提高知识产权维权服务能力及改善专利行政执法办案条件等四个方面近20项工作任务，并确定了每项工作的目标、进度和措施。2013年3月下旬，根据国家知识产权局印发《专利行政执法能力提升工程方案》，对《新疆维吾尔自治区专利行政执法能力提升工程实施方案》进行了修改和完善。

2.自治区专利行政执法能力提升工程领导小组

2013年，自治区知识产权局建立了由局长、副局长任正、副组长，各处处长和15个地州市知识产权局局长为成员的自治区专利行政执法能力提升工程领导小组。

表8-2　新疆维吾尔自治区专利行政执法能力提升工程
领导小组成员名单

职务	姓名	工作单位及职务
组长	马庆云	自治区知识产权局长
副组长	谭力	自治区科技厅副巡视员、知识产权局副局长
	多里坤·阿吾提	自治区知识产权局副局长
	孙东方	自治区知识产权局副局长
组员	哈洪江	自治区知识产权局法律事务处长
	夏黎	自治区知识产权局综合处长
	薛卫东	自治区知识产权局管理实施处长
	陈勇	自治区知识产权局规划发展处长
	刘山玖	国家知识产权局专利局乌鲁木齐代办处长
	钟美文	乌鲁木齐市知识产权局长
	伦金义	昌吉回族自治州知识产权局长
	张新岗	石河子市知识产权局长
	潘永庆	克拉玛依市知识产权局长
	王卫锋	塔城地区知识产权局长
	丁钧	阿勒泰地区知识产权局长
	叶尔波力·马奥	伊犁哈萨克自治州知识产权局长
	董晓旭	博尔塔拉蒙古自治州知识产权局长
	王海龙	吐鲁番地区知识产权局长
	卢东明	哈密地区知识产权局长
	刘传启	巴音郭楞蒙古自治州知识产权局长
	贾新军	阿克苏地区知识产权局长
	贺桥云	克孜勒苏柯尔克孜自治州知识产权局长
	马胜军	喀什地区知识产权局副局长
	阿布都拉·阿不都热合曼	和田地区知识产权局长

3.对专利执法文件进行了清理和规范

2013年，自治区知识产权局对专利执法文件进行了清理和规范，废止了《新疆维吾尔自治区管理专利工作的部门采取封存或者暂扣措施细则》等3个专利执法办法；对《新疆维吾尔自治区专利行政执法人员管理办法》等3个办法进行了修订；新制定了《新疆维吾尔自治区知识产权局专利行政执法督导与检查工作制度》等3个制度。

4.组织开展了知识产权执法维权工作

自治区知识产权局制订并印发了《新疆维吾尔自治区2013年知识产权执法维权"护航"专项行动实施方案》。各地州市知识产权局按要求及时结合本地执法维权工作实际，制订了"护航"专项行动工作计划，并陆续开展"护航"专项行动。

5.采取有力措施，全面提升专利执法能力建设

一是强化专利执法能力实务培训。2013年举办了"专利行政执法提高培训班"和"新疆专利法侵权判定培训班"，对全区知识产权系统执法人员120人进行了强化培训。为较快提高地州市专利执法人员执法办案能力，同年5月24日，自治区知识产权局印发《关于组织地州市知识产权局执法人员跟班培训的通知》（新知法字〔2013〕49号），并按照该通知要求组织地州市知识产权局专利执法人员到自治区知识产权局法律事务处进行跟班学习。全年共组织6批（次），每批（次）6人，时间1个月。2014年3月4—6日，自治区知识产权局在乌鲁木齐市举办"全区专利行政执法实务研讨与案例分析会"。15个地州市知识产权局专利执法人员共计50多人参加。

二是努力改善执法办案条件。2013年，自治区知识产区局给各地州市发放办案补贴20万元，配备执法箱等设备。2014年向13个地州市知识产权局拨付执法办案补贴33.7万元，向15个地州配备笔记本电脑、照相机、对讲机、录音笔等执法设备；给乌鲁木齐、哈密、巴州、阿克苏、喀什、塔城和石河子7个地州市知识产权局配置专利行政执法设备箱。

三是加强执法督导工作力度。自治区知识产权局对地州市专利执法工作采取分片区督导，责任到人，开展督导检查工作，提高地州市知识产权局执法办案工作量、办案水平与效率。

四是建立专利执法办案报送制度。为提高执法办案信息资源的汇总、报送及电子档案的归案效率。自治区知识产权局要求地州市知识产权局对辖区内的专利行政诉讼和行政复议案件一案一报，对地州市专利行政诉讼和行政复议案件进行跟踪指导，并根据需要调配自治区知识产权公职律师参加专利行政诉讼应诉。

五是建立完善执法体系机制。2013年在昌吉等4地州设立中国（新疆）知识产权维权援助分中心，开通当地知识产权维权援助服务电话"12330"。3月—10月，按照国家知识产权局《全国知识产权系统公职律师试点工作方案》（国知办发法字〔2013〕28号）的要求，全面启动自治区知识产权系统公职律师试点工作。经自治区司法厅批准，在自治区知识产权局设立"自治区知识产权系统公职律师管理办公室"，在对全区摸底调查、岗前培训和办理律师资格证等手续的基础上建立了自治区知识产权系统公职律师队伍。2014年，自治区知识产权局在吐鲁番等4地州市知识产权局设立了专利行政执法案件巡回审理庭，并及时派执法人员到地州市指导案件审理工作，或调配知识产权公职律师参加专利行政诉讼应诉活动；在石河子市启动专利行政执法联动机制；在4月、7月和11月期间，自治区知识产权局与吐鲁番地区知识产权局联合审理3起专利侵权案。9月，指导博州知识产权局调解1起专利侵权案。

六是建立专利侵权判定咨询机制。2014年，制定了中国（新疆）知识产权维权援助中心专利侵权判定咨询工作办法；建立了中国（新疆）知识产权维权援助中心专利侵权判定咨询专家库。

七是建立专利纠纷快速调处机制。自治区知识产权局制定并印发《新疆维吾尔自治区专利侵权纠纷快速调处工作办法》，确定了快速调处的案件范围及程序，筹划设计了配套的执法表格，成立自治区专利侵权纠纷快速调处工作委员会。从知识产权局系统、中介服务机构、司法机关、企业等单位调选34名专家建立了专家库。此机制的建立，对充分发挥专利权行政保护快捷高效的优势，快速制止各类明显侵犯专利权的行为，有效降低专利权人维权时间成本和资金成本具有重要意义。

八是建立执法办案信息公开与报送制度。根据国家知识产权局及自治区"双打"办的要求，从2014年6月

1日起，对全区知识产权局系统办理的专利案件信息，在各地网站上进行公开，并及时、规范、完整向国家局报送案件信息。以此发挥社会监督作用，震慑违法者，提升创新主体与专利权人信心，推动社会信用体系建设。

九是开展执法督导检查与案卷评查工作。制定执法督导与案卷评查工作方案，从2014年6月起对全区知识产权局系统开展了执法督导工作与案卷评查工作，根据各地州市执法工作汇报及案卷评查自查报告情况，重点选择喀什等6地州开展了实地专利执法工作检查及执法案卷评查，下发了执法案卷评查通报。

十是编印《专利行政执法工作法规政策及制度文件汇编》。自治区知识产权局将历年来国家局及自治区关于专利行政执法工作的相关政策和制度收集整理，编印成书，发放给地州局执法人员学习，作为开展执法工作的依据。

第六节　专利行政执法保护工作

一、专利行政保护专项行动

2004—2014年，全区知识产权局系统按照全国的统一部署组织开展了专利保护专项行动，取得了显著成绩。

（一）开展的知识产权保护行政执法行动

为遏制各种侵犯知识产权行为，增强全社会知识产权保护意识，促进自治区经济社会协调发展。1995年，根据《国务院关于进一步加强知识产权保护工作的决定》，自治区专利管理局印发通知，开展知识产权重点执法活动。通知要求，在全区开展加强知识产权保护工作的宣传教育和法律实施，推动全社会树立尊重知识和保护知识产权的良好风尚，为专利技术、发明创造、文学艺术创作以及对外科技、经济、文化的合作与交流创造良好的环境。

2002年3月11日，自治区知识产权局转发国家知识产权局《关于适应入世需要加大知识产权打假工作力度的通知》（新知法字〔2002〕13号）。要求结合实际，适应入世形势需要，加强学习，提高认识，加大知识产权打假、协作工作力度；突出重点，狠抓大案、要案；充分利用现代手段，提高执法工作效率；加强知识产权协调指导机构与社会公众的联系；着力开展专项行动。

2004年8月27日，自治区组织参加"全国保护知识产权专项行动电视电话会议"。8月30日，自治区知识产权局制订印发了《关于印发〈关于加强我区专利行政执法开展专项执法行动的计划〉的通知》（新知法字〔2004〕59号），成立了自治区保护知识产权专项行动领导小组，从2004年8月—2005年8月，用1年的时间，在全区范围内组织开展了"打击专利侵权、冒充专利、假冒他人专利行为的专项行动"，取得阶段性成果。在此次专项行动期间，全区专利管理机关共组织实施联合执法活动39次，出动专利执法人员1200余人（次），检查大型批发市场700余家，检查食品、药品19万多种、机电商品3000多种，检索有专利标记的商品近8000种，立案查处涉嫌冒充和假冒他人专利行为的有200件。

（二）开展保护知识产权专项行动

2006年11月1日，按照《国务院办公厅关于印发保护知识产权专项行动方案的通知》（国发办〔2004〕67号）、《保护知识产权行动纲要（2006—2007年）》精神和国务院保知办、国家知识产权局的统一部署及要求，自治区人民政府办公厅印发《关于印发新疆维吾尔自治区加强知识产权保护工作方案的通知》（新政办发〔2006〕67号），制订出台了《新疆维吾尔自治区加强知识产权保护工作方案（2006—2007年）》，对自治区知识产权保护工作的指导思想、工作目标、工作要求、工作安排等方面作出了部署。按照国务院和自治区的部署及要求，自治区各级人民政府坚持"政府统筹、协调高效、适应区情、保护有力"的工作方针，在全区范围内开展了以围绕提高知识产权意识，查处假冒、冒充、侵犯他人专利权等违法行为为重点的新一轮保护知识产权专项行动，并取得了显著成绩。据不完全统计，2006年，全区共出动执法人员10.1万人（次），出动执法车辆6000多台（次），检查各类场所近8000个，检查商品10.65万件，查处各类侵犯知识产权案件3400件，案值3133.9万元。

在2007年保护知识产权专项行动中，各级专利管理部门坚持"四个结合"（即坚持平时与重大节日、纪念日及会展期间开展专项执法相结合，专利执法部门与公安、工商、"整规办"等部门联合执法相结合，自治区与各地专利管理部门执法相结合，各部门各地坚持宣传教育与严厉打击相结合），一个衔接（即行政执法与刑事司法相衔接）和部门互动与上下联动相协调的执法机制，扎实推进知识产权保护工作。据统计，在2007年专项行动中，全区知识产权执法机关共出动执法人员11.3万人（次），出动执法车辆5812台（次），检查各类场所近1万余个，检查商品21.37万件，查处各类侵犯知识产权案件3600件，案值3376.9万元；自治区知识产权举办投诉服务中心开展公众咨询1856人（次），受理举报投诉案件7件，审查批转4件，结案3件，举报投诉案件转交率达到60%，举报投诉办案率达到75%。

（三）开展"雷雨""天网"执法专项行动

2008年，自治区各级专利管理执法部门开展了"雷雨""天网"执法专项行动。2008年2月20日，自治区知识产权局印发《关于印发〈"雷雨""天网"知识产权执法专项行动实施方案〉的通知》（新知法字〔2008〕11号）。该方案对"雷雨""天网"知识产权执法专项行动的主要任务、活动时间作出了明确的部署和安排。全区各地知识产权局按照自治区的安排部署，在"4·26世界知识产权日"等纪念日、元旦、春节、古尔邦等节日，以及"乌洽会"期间，与商标、公安等执法人员联合开展执法活动。在日常执法活动中，各地专利执法部门之间，相互协作配合，共同打击各类侵犯专利权行为，积极维护专利权人的合法权益。据统计，2008年，全区专利执法部门在"雷雨""天网"执法专项行动中共出动执法车辆192台（次），出动执法人员965人（次），检查商业场所532个，检查商品19.98万件，受理专利侵权纠纷案件63件，结案49件，查处冒充他人专利案件50起，查处假冒专利案件1起，接受其他部门移交案件1件，与其他部门协作执法43次，地州之间协作执法7次，与区外协作执法1次。

2009年，自治区各级专利管理执法部门继续组织"雷雨""天网"等专项执法行动。一是坚决打击假冒专利和侵犯他人专利权行为；二是强化执法协作机制，与公安、法院等部门联合开展执法检查工作，促进专利行政保护与司法保护相协调；三是以"4·26"知识产权宣传周为契机，发布2008年专利典型案例；四是按照国家统一部署，在新疆开通了5部"12330"知识产权维权援助公益服务电话，启动了受理举报投诉活动；五是积极推进商业企业试点工作，促使商业流通领域相关人员专利保护意识进一步提升；六是加强大型会展中的专利保护工作，专利执法人员深入"乌洽会"、中国新疆喀什·中亚南亚商品交易会（简称"喀交会"）等会展进行检查，为会展营造良好的环境；七是加强对地州市专利执法工作指导，使各地专利保护取得成效。例如，巴州专利执法人员积极开展查处专利欺诈行为；克拉玛依市知识产权局构建了刑事、司法、行政执法协作体系；阿克苏地区知识产权局建立了每周专利执法日。在全区专利管理部门的通力协作下，自治区的专利保护工作取得了显著成效。

2010年组织开展自治区知识产权局系统执法专项行动。2010年11月5日，国务院召开"全国知识产权保护与执法工作电视电话会议"，对在全国开展打击侵犯知识产权和制售假冒伪劣商品专项行动进行了部署和安排。自治区知识产权局系统高度重视，加强组织领导，成立了自治区知识产权局专项行动领导小组。制订印发了《自治区知识产权局系统执法专项行动实施方案》《关于进行全区知识产权局系统打击侵犯知识产权和制售假冒伪劣商品专项行动督导检查工作的通知》《关于全区知识产权局系统专项行动延期阶段继续深入开展执法专项行动的通知》等文件；向地州市转发了国家知识产权局《关于进一步抓紧贯彻落实专项行动工作部署的通知》和2011年3月31日自治区人民政府办公厅《关于整顿打击侵犯知识产权和制售假冒伪劣商品专项行动结束时间的通知》（新政办明电〔2011〕123号）等文件；适时对全区知识产权局系统执法专项行动作出部署和时间安排。提出了全区知识产权局系统专项行动工作目标、工作任务、工作要求、具体措施，建立了联络员制度和信息上报制度，保障专项行动各项工作有序开展。各地州市知识产权局按照自治区的统一部署和安排及时制定本行政区域专项行动实施方案，成立领导小组，按要求认真落实和完成各阶段的工作任务。

在专项行动工作中，全区知识产权局系统在认真受理专利侵权案件的同时，集中力量以流通领域违法行为查处为重点，加大监管力度，采取重点对象反复查、消费市场全面查、可疑目标突击查的方式，提高打击流通领域假冒专利行为的效率和力度，切实保护专利权人和消费者合法权益，积极营造良好市场环境，不断增强全社会知识产权保护意识和对知识产权保护工作的信心。

为积极有效推进专项行动，2011年1月10日，自治区知识产权局印发《关于进行全区知识产权局系统打击侵犯知识产权和制售假冒伪劣商品专项行动督导检查工作的通知》（新知法字〔2011〕3号），成立了督导检查小组，制订了实施方案。1月19日，召开全区知识产权局局长会议。会后，督导检查组先后对伊犁、喀什、阿克苏、石河子和克拉玛依等地州市进行了实地督导检查。及时发现了专项行动存在的"工作量大、难度大、执法人员少、执法业务知识更新不够；专项行动无专项经费支持；专项行动宣传力度不够"等问题，针对存在的问题提出了三点改进措施和建议。

经全区知识产权局专利执法人员的不懈努力，自治区打击侵犯知识产权和制售假冒伪劣商品专项行动取得了显著成绩。据不完全统计，2010年10月—2011年10月，全区各级知识产权局受理专利纠纷案件38件，结案42件（含2010年结转案件），查处假冒专利案件60件，出动执法人员4696人（次），检查商业场所2161个，检查商品552574件，向其他部门移交案件2件，接受其他部门移交的案件4件，与其他部门协作执法197次，自治区范围内各级知识产权局协作执法33次，与外省区知识产权局协作执法3次。案件受理量及结案量都超过了往年同期数量。

（四）开展知识产权执法维权专项行动

2010年10月—2011年12月，根据全国知识产权保护与执法工作电视电话会议精神和国务院办公厅《关于打击侵犯知识产权和制售假冒伪劣商品专项行动的通知》（国办发〔2010〕50号）精神，自治区人民政府办公厅印发《关于印发〈新疆维吾尔自治区打击侵犯知识产权和制售假冒伪劣商品专项行动实施方案〉的通知》（新政办发〔2010〕253号）及国家知识产权局《关于印发国家知识产权局系统执法专项行动方案的通知》（国知发管字〔2010〕140号）的要求，全区知识产权局系统高度重视，严密组织，齐心配合，大力开展打击侵犯知识产权和制售假冒伪劣商品专项行动，成效显著。

1. 加强对专项行动组织领导

2010年11月5日，国务院召开全国知识产权保护与执法工作电视电话会议，自治区及地州市政府及知识产权局领导参加了收看。另外，自治区知识产权局成立了自治区知识产权执法维权专项行动领导小组。

2. 制定了实施方案，印发了文件

2010年10月25日，自治区知识产权局制定印发《关于印发〈自治区知识产权局系统执法专项行动实施方案〉的通知》（新知法字〔2010〕60号），11月16日转发国家知识产权局《关于进一步抓紧贯彻落实专项行动工作部署的通知》（新知法字〔2010〕64号），并按照国家知识产权局的部署和要求，在全区知识产权局系统组织开展了打击侵犯知识产权和制售假冒伪劣商品专项行动。

3. 突出重点，讲求实效

全区知识产权局系统以流通领域、重点商品物流集散地（如"中国-亚欧博览会""科洽会"等会展和华凌市场等大型物流集散地、大型超市等）作为查处重点，加大监管力度，做到对重点对象反复查、对消费市场全面查、对可疑目标突击查，以提高打击流通领域假冒专利行为的效率和力度，切实保护专利权人和消费者合法权益，积极营造良好市场环境，不断增强全社会知识产权保护意识和对知识产权保护工作的信心。

4. 加强对专项行动进行督导检查

为保证专项行动的有效开展，2011年1月10日，自治区知识产权局印发《关于进行全区知识产权局系统打击侵犯知识产权和制售假冒伪劣商品专项行动督导检查工作的通知》（新知法字〔2011〕3号），按照2010年制定的《新疆维吾尔自治区知识产权局系统执法专项行动实施方案》（新知法字〔2010〕60号），组成专项行动督导检查组，多次深入地州市对执法专项行动工作进行检查，通过召开工作汇报会，听取汇报，查阅相关档案资料，及时发现问题，以确保专项行动各项工作的落实。与此同时，在专项行动中，重视强化舆论宣传和良好氛围的营造。全区知识产权局系统在专项行动中，充分发挥新闻媒体作用，大力宣传专项行动的成效及知识产权维权援助工作，努力营造良好的知识产权保护氛围。

5. 积极推进专业市场知识产权保护工作

2014年2月，经自治区推荐并报国家知识产权局批准，霍尔果斯江源国际购物广场被列为第一批全国专业市场知识产权保护试点单位。经过试点，建立了规范的知识产权管理制度和工作人员队伍，开展了各类培训，增强了知识产权保护意识。

（五）开展知识产权执法维权"护航"专项行动

2012—2014年，组织开展了知识产权执法维权"护航"专项行动。2012年3月14日，自治区知识产权局印发《关于印发〈新疆维吾尔自治区2012年知识产权执法维权"护航"专项行动实施方案〉的通知》（新知法字〔2012〕18号），"方案"提出，2012年3—11月，分三个阶段（部署、实施、总结上报）在全区组织开展知识产权维权"护航"专项行动。4月1日，自治区知识产权局在乌鲁木齐举行"自治区知识产权执法维权'护航'专项行动启动仪式"。14个地州市根据自治区的安排部署制订了各地"护航"专项行动实施方案，并结合本地情况启动专利执法保护专项行动。为确保2012年知识产权执法维权"护航"专项行动的有效推进，5月25日，自治区知识产权局印发《关于拨付地州市专利行政执法办案补贴的通知》（新知法函字〔2012〕1号），向15个地州市知识产权局拨付专利行政执法办案补贴8.26万元。10月，由自治区知识产权局领导带队赴喀什、克拉玛依和塔城等地州市对专利执法维权工作进行了督导检查。同年10月29日，国家知识产权局办公室印发《关于专利执法维权工作绩效考核评价结果的通报》（国知办函管字〔2012〕394号），新疆专利执法维权工作绩效考核评价成绩在全国30个省（市、自治区）中排第16位、在西部12省区排第8位、在西北五省区排第一位；在"5·26"专利执法推进工程单位专利行政执法工作绩效考核成绩在全国22个参评中排第13位、在西部12省区排第3位、在西北五省区排第一位；在知识产权维权援助举报投诉工作绩效考核中在西部排第9位；在知识产权维权援助举报投诉工作绩效考核的成绩在全国72个参评单位中总排名为第57位。

2013年，自治区继续开展知识产权执法维权"护航"和"双打"专项行动。确定全区15个地州市"护航"专项行动举报投诉电话，同时在局网站等有关媒体进行公布。在"4·26"宣传周期间，自治区知识产权局会同自治区法院等5部门，发布了《2012年新疆维吾尔自治区知识产权典型案例》；联合乌鲁木齐市打击侵犯知识产权和制售假冒伪劣商品专项行动领导小组办公室在乌市华凌市场开展了打击侵犯知识产权和制售假冒伪劣商品联合执法活动；15个地州市知识产权局按要求结合本地执法维权工作实际，制定了"护航"专项行动工作计划，开展专业市场知识产权保护工作；自治区知识产权局向国家知识产权局申报了专业市场知识产权保护试点工作项目，根据新疆边贸市场特点，启动霍尔果斯口岸江源市场知识产权保护试点工作，探索对外贸易市场知识产权保护工作模式，总结经验加以推广；确定新疆16家重点专业市场名录，开展调研，撰写调查报告，为全面开展新疆专业市场知识产权保护工作奠定基础。同年，全区知识产权局系统继续深入开展知识产权执法维权"护航"专项行动。专利行政执法保护力度进一步加强，执法工作取得了显著成效。一是开展《条例》的宣传贯彻实施工作，提升专利工作部门、企事业单位依法保护和管理知识产权的能力和水平，推动自治区知识产权工作的全面开展。印制了4000本《条例》汉文和维吾尔文单行本下发地州市，在全区组织安排了10场《条例》宣讲会。各地、州、市知识产权局也组织开展了形式多样的宣传贯彻活动。二是实施"专利行政执法能力提升工程"。完善专利行政执法维权工作制度建设，修订了《专利行政执法人员管理办法》《新疆维吾尔自治区商业流通领域标注专利标记商品的管理办法》和《新疆维吾尔自治区专利行政执法责任制考核办法》；制定印发了《新疆维吾尔自治区知识产权局专利行政执法督导与检查工作制度》《新疆维吾尔自治区知识产权局专利行政执法案卷评查制度》《新疆维吾尔自治区知识产权举报投诉奖励办法》。进驻"科洽会""中国-亚欧博览会",设立知识产权投诉组,开展执法检查、宣传咨询、接受举报投诉并现场检查处理等工作。举办了专利行政执法提高培训班和新疆专利法侵权判定培训班,培训专利行政执法人员和知识产权中介服务机构人员120余人。

2014年,全区知识产权局系统继续推进执法维权"护航"专项行动。一是制订印发《新疆维吾尔自治区2014年知识产权系统执法维权"护航"专项行动工作方案》,对全区知识产权系统执法维权"护航"专项行动进行了部署安排,提出了4个目标任务、4个工作重点及6点工作要求。二是以纪念"4·26"世界知识产权日为契机,组织开展执法宣传活动。4月25日,自治区知识产权局与乌鲁木齐市知识产权局在华凌市场联合举办了"华凌综合市场知识产权保护规范化培育工作"启动仪式。4月26日,自治区知识产权局会同自治区高级人民法院、公安厅、工商行政管理局、新闻出版局(版权局)、乌鲁木齐海关等部门,通过《新疆日报》《新疆科技报》《新疆法制报》、新疆广播电台等媒体发布了《2013年新疆维吾尔自治区知识产权典型案例》。三是组织开展了"质量月"专利执法活动。9月,自治区知识产权局下发了"新疆维吾尔自治区知识产权局系统开展2014年全国'质量月'活动方案",在全区开展"质量月"专利执法活动,自治区知识产权局与乌鲁木齐市"双打"办成员单位联合对华凌玉器市场开展了执法检查。四是组织开展了中国专利周执法宣传活动。11月专利周期间,自治区知识产权局围绕第八届中国专利周的主题"聚焦企业需求,服务创新发展",在乌鲁木齐市8000多辆出租车顶灯LED上,连续3天发布知识产权公益广告,以崇尚创新精神、尊重知识产权、专利保护创新、创新驱动发展、知识产权维权援助热线"12330"等字幕滚动播放的形式,着重宣传推介了中国(新疆)知识产权维权援助中心服务平台以及知识产权维权援助公益服务电话"12330"。11月18日,自治区知识产权局在乌鲁木齐经济技术开发区(头屯河区)召开了"企业专利维权服务座谈会",向企业介绍了有关知识产权保护方面的法律法规,对近年来自治区发生的专利侵权典型案例进行了剖析,并着重说明了企业开展专利维权的途径,同时向企业推介了中国(新疆)知识产权维权援助中心服务平台以及维权热线电话"12330",并有针对性地为企业专利维权提供专业的咨询服务。11月20日,自治区知识产权局联合乌鲁木齐市知识产权局,针对近年来建材领域专利侵权案件高发的趋势,对华凌建材市场开展了执法宣传活动,同时组织市场管理方及行业协会、商户代表座谈,了解市场知识产权保护需求,介绍专业市场知识产权保护工作的内容,与市场管理方建立了对接,设立了联络点,更好地为商业企业提供专利保护及维权服务。12月17日,自治区知识产权局印发《关于开展2014年度专利行政执法绩效考核评价工作的通知》(新知法字〔2014〕51号),对2014年度专利行政执法绩效考核评价工作的范围、考评方式、考评组织、考评流程、结果运用、材料报送等方面作出了部署,提出了要求。

二、专利行政执法工作

30年来,自治区专利管理机关认真履行专利执法职责,积极开展专利行政执法,依法受理调处专利纠纷案件,严厉查处假冒专利行为,有力地维护了专利权人和消费者的合法权益。

1991年10月29日,中国专利局法律部印发的《专利纠纷调处情况统计报告》中,公布了1985年4月1日—1991年12月31日各省、自治区、直辖市、计划单列市专利纠纷调处统计情况。1985—1991年,新疆维吾尔自治区专利案件受理为8件,结案为7件。在全国54个单位中专利案件受理排第36位,结案排35位。

2013年6月24日,国家知识产权局印发《关于专利执法维权工作绩效考核评价结果的通知》(国知办函管字〔2013〕218号)。2011年自治区专利执法维权工作绩效考核在全国89个单位中排第16位,2012年在全国排第9位,乌鲁木齐市在全国排第60位;在维权援助举报投诉工作绩效考核中,2011年自治区在全国89个单位中排第57位,2012年排第70位。据统计,1986—2014年,全区共受理专利案件2504件,其中受理专利权纠纷案件965件,受理专利假冒案件1539件。共结案2317件,其中专利纠纷案件结案778件,查处假冒专利案件1539件。2004—2014年,出动专利执法人员21995人(次),检查商场12823场(次),检查商品5415469件,向其他部门移交案件19件，接收其他部门移交案件35件，与其他部门协作执法1040次，全区内知识产权局系统协作执法115次，与外省区协作执法12次。

表8-3 新疆维吾尔自治区专利管理部门专利执法工作统计表

（1986—2014年）

时间	受理案件			结案			其他有关专利执法数据								专利执法人员数量（人）
	合计（件）	专利纠纷案件（件）	假冒专利案件（件）	合计（件）	调处专利纠纷案件（件）	查处假冒专利案件（件）	出动执法人次（人次）	检查商业场所次数（次）	检查商品件数（件）	向其他部门移交案件数（件）	接受其他部门移交案件数（件）	与其他部门协作执法次数（次）	本区知识产权局间协作执法次数（次）	与外省区协作执法次数（次）	
1986—1989年	11	11	0	11	11	0	0	0	0	0	0	0	0	0	0
1990年	1	1	0	2	2	0	0	0	0	0	0	0	0	0	0
1991年	4	4	0	2	1	0	0	0	0	0	0	0	0	0	0
1992年	0	0	0	0	0	0	0	0	0	0	0	0	0	0	0
1993年	1	1	0	1	1	0	0	0	0	0	0	0	0	0	0
1994年	3	3	0	2	2	0	0	0	0	0	0	0	0	0	0
1995年	6	6	0	5	5	0	0	0	0	0	0	0	0	0	0
1996年	27	15	12	24	12	12	0	0	0	0	0	0	0	0	0
1997年	30	15	15	22	10	12	0	0	0	0	0	0	0	0	300
1998年	40	22	18	29	13	16	0	0	0	0	0	0	0	0	0
1999年	49	45	4	16	12	4	0	0	0	0	0	0	0	0	0
2000年	22	18	4	19	15	4	0	0	0	0	0	0	0	0	30
2001年	20	19	1	16	15	1	0	0	0	0	0	0	0	0	38
2002年	12	7	5	12	7	5	0	0	0	0	0	0	0	0	37
2003年	70	45	25	48	23	25	0	0	0	0	0	0	0	0	0
2004年	303	39	264	296	32	264	1201	682	188618	7	2	91	0	0	136
2005年	437	52	385	427	42	385	2693	1823	660415	0	6	91	0	3	0
2006年	157	57	100	139	39	100	1439	1317	106520	0	4	10	0	3	0
2007年	92	44	48	92	44	48	599	406	135903	1	2	30	0	0	0
2008年	113	63	50	99	49	50	965	532	199762	1	4	43	7	2	0
2009年	54	47	7	61	54	7	1648	684	181518	4	3	92	9	0	0
2010年	70	48	22	65	43	22	2342	1371	348847	3	10	187	25	0	0
2011年	121	56	65	118	53	65	5051	2345	593733	2	4	205	34	3	0
2012年	228	113	115	188	73	115	2326	1288	2425505	1	0	126	16	0	0
2013年	323	142	181	328	147	181	1880	908	255818	0	0	86	15	0	283
2014年	310	92	218	289	71	218	1851	1467	318830	0	0	79	9	1	278
1986—2014年	2504	965	1539	2317	778	1539	21995	12823	5415469	19	35	1040	115	12	278

表8-4　新疆维吾尔自治区专利案件立案结案情况统计表

（1985—2014年）

（单位：件）

时间	侵权		其他纠纷		查处假冒专利案件		查处冒充专利案件	
	立案	结案	立案	结案	立案	结案	立案	结案
1985—1999年	92	49	0	0	49	49	0	0
2000年	18	22	0	0	49	3	0	0
2001年	19	15	0	0	1	1	0	0
2002年	7	7	2	2	0	0	5	5
2003年	45	23	0	0	25	25	0	0
2004年	39	32	1	1	260	206	4	2
2005年	52	42	1	1	383	251	2	2
2006年	57	39	7	7	89	89	53	53
2007年	44	44	0	0	49	49	0	0
2008年	63	49	0	0	1	1	50	50
2009年	47	54	0	0	0	22	7	7
2010年	48	43	0	0	22	0	0	0
2011年	56	53	1	1	65	65	0	0
2012年	113	73	0	0	115	115	0	0
2013年	142	145	0	0	181	181	0	0
2014年	310	289	0	0	218	218	0	0
合计	1152	979	12	12	1507	1275	119	119

　　1986—2000年，在初创时期，自治区专利管理局在专利行政执法活动中共受理专利案件194件，其中受理专利纠纷案件141件、假冒专利案件53件。共结案139件，其中调处专利纠纷案86件，查处假冒专利案件53件。乌鲁木齐海关委托作专利侵权判定4件，为专利广告发布出证8件，处罚金35.1万元，为专利权人挽回经济损失500多万元。

　　2001—2009年，在成长时期，全区知识产权局系统在专利行政执法活动中共受理专利案件2310件，其中受理专利权纠纷案件824件、假冒专利案件1486件。共结案2178件，其中调结专利纠纷案件692件，查处假冒专利案件1486件。2004—2009年，出动专利执法人员21995人（次），检查商场12823场（次），检查商品541569件，向其他部门移交案件19件，接收其他部门移交案件35件，与其他部门协作执法1040次，全区内知识产权局系统协作执法115次，与外省协作执法12次。

　　2010—2014年，在发展时期，全区知识产权局系统在专利行政执法活动中共受理专利案件1152件，其中受理专利权纠纷案件451件、假冒专利案件601件。共结案988件，其中调结专利纠纷案件387件，查处假冒专利案件601件。出动专利执法人员13540人（次），检查商场7379场（次），检查商品3942733件，向其他部门移交案件6件，接收其他部门移交案件14件，与其他部门协作执法683次，全区内知识产权局系统协作执法99次，与外省区协作执法4次。

三、专利典型案例

　　30年来，在新疆专利权保护过程中，出现了许多专利典型案例。经收集整理，现将有代表性的专利典型案例记载如下。

案例1　校领导专利意识淡薄出具证明，新农大哑巴吃黄连痛失专利权

新疆农业大学（简称新农大）在长达3年之久的专利纠纷官司中，因该校没有建立专利管理制度，管理人员缺乏专利保护意识，轻率出具了一份"非职务发明"证明，从而导致了官司败诉而痛失专利申请权。官司的败诉，不但使该校遭受40万元的直接经济损失，而且还造成了该校葡萄保鲜后续研究停止、保鲜剂厂停产和在社会上产生了较大负面影响的后果。

案例2　1997年新疆"药磁保健鞋"冒充专利案

必青神乌鲁木齐专卖店在其销售的"药磁保健鞋"上标有"国家专利产品"字样和专利号93245953.6的事实，新疆维吾尔自治区专利管理局认为构成冒充专利行为，作出了责令其立即停止冒充专利行为、公开更正和罚款6万元人民币的行政处罚决定。

案例3　2000年石河子"联合整地作业机"实用新型群起专利侵权纠纷案

请求人诉称：自1998年以来，9家被请求人未经专利权人许可，仿造、销售请求人的专利产品，给请求人造成了严重的经济损失，要求责令被请求人停止制造和销售该专利产品，将库存产品交请求人处理；按照实施侵权行为所获利润赔偿请求人的经济损失共合计：197.23万元；向请求人公开赔礼道歉。

经自治区知识产权局查明：被请求人自1998年以来未经专利权人许可，制造、销售包含了请求人专利的全部必要技术特征的联合整地作业机，售价每台3.1万元，共合计93万元。

自治区知识产权局合议组认为：请求人的专利产品是一项组合式的发明，而被请求人制造、销售的联合整地作业机虽然增加了一组"星型耙片组"，但包含了请求人专利的全部必要技术特征，认定侵权事实成立。

经自治区知识产权局先后两次开庭调解，双方当事人未能达成和解协议。在此情况下，自治区知识产权局对该案作出处理决定：一是被请求人立即停止制造、销售请求人的"联合整地作业机"实用新型专利产品。二是被请求人向请求人赔偿人民币102463.62元。三是本案立案费、办案费由被请求人承担。

案例4　2002年新疆"果蔬的复合保鲜纸"实用新型专利侵权纠纷案

新疆大学研制开发了葡萄保鲜技术，1994年6月向国家专利局申请发明专利，1998年2月获得国家发明专利权。1998年农十三师红星中学化学教师陈华松，对现有保鲜纸进行了改进，即在现有葡萄保鲜纸上再覆盖一层覆膜，可有效防止保鲜剂脱落。1998年9月27日向国家专利局申报专利，2000年4月16日"果蔬的复合保鲜纸"被国家专利局授予实用新型专利权。

2001年2月21日，陈某与哈密长运果蔬保鲜纸材料厂的法定代表人钱某签订"葡萄等果蔬保鲜纸的设备、果蔬的复合保鲜纸专利独家许可合同。合同规定：许可钱某在新疆范围内独家实施，使用期为3年，每年使用费为3万元整，钱某必须在2001年2月底前首付1万元，剩余2万元须2001年12月31日前付清。在使用期内，钱某如不能按时付予陈某专利许可费，双方将自动解除合同。使用期满，陈某应优先考虑钱某继续使用。

2002年6月11日，专利权人陈某以被请求人钱某没有按合同要求支付专利使用费，并在火箭农场"十团驻军管区"内继续组织生产侵权葡萄保鲜纸为由，向哈密地区知识产权局提出请求。哈密地区知识产权局受理后和现场调查、取证后建议双方和解，而请求人陈某不同意与被请求人钱某进行和解，要求哈密地区知识产权局依法进行处理。由于哈密地区知识产权局没有专利纠纷处理权。同年8月15日将调查情况写成书面材料，上报新疆维吾尔自治区知识产权局。同年8月28日，自治区知识产权局和哈密地区知识产权局共同组成合议组，对"果蔬的复合保鲜纸"实用新型专利侵权纠纷案进行了口头审理，并作出处理决定：一是被请求人按合同约定支付剩余的使用费5000元，并给请求人补偿费5000元，共计1万元；二是被请求人继续销售该积压产品至2002年11月10日，此后，被请求人如再出现生产、销售该专利产品，则以侵权处理；三是本案立案、办案费1000元，由被请求人承担；四是本调解协议书于2002年8月28日起生效。

案例5　2003年乌鲁木齐"履带式保温管壳"外观设计及其专用设备专利侵权纠纷案

请求人乌鲁木齐某材料厂认为独山子志鑫防腐保温公司和独山子科益化工有限公司未经专利权人许可就大量生产和销售的保温管壳与请求人的外观设计专利产品相近似，其行为严重侵犯了其合法权益。自治区知识产权局审理查明：请求人和被请求人的保温管壳都呈圆柱形，无法显现其外观设计的主要特征。请求人的"保温板削槽机"实用新型专利是一种保温板削槽机，属保温板专用机加工设备。被请求人使用的保温板削槽机与请求人的实用新型专利相比，有一定的区别。

自治区知识产权局在口头审理结束后进行了补充调查。经调查认为：请求人为"履带式保温管壳"外观设计专利和"保温板削槽机"实用新型专利的专利权人。被请求人使用的保温板削槽机与请求人的实用新型专利相比，有一定的区别：（1）请求人专利权利要求书权利要求1中的"手轮、上压盖、止推轴承、螺母、左右滚筒、上下滚筒、小滚筒和平板状的上滚筒架"等技术特征，被请求人的削槽设备中只有上、下两个滚筒，没有其他技术特征；（2）请求人的专利中的切割刀盘设置在上、下、左、右四个主动滚筒的中间，而被请求人的削槽设备中的切割刀盘与滚筒间的设置位置是前后设置，因而被请求人的削槽设备缺少专利保护的必要技术特征。

自治区知识产权局认为请求人为"履带式保温管壳"外观设计专利和"保温板削槽机"实用新型专利的专利权人，其专利合法有效，应该予以保护，但由于请求人所提出的证据与事实不足以证明被请求人侵犯其专利权，即证据不充分，故请求人提出的被请求人侵犯其专利权的主张不能成立，被请求人生产、销售履带式保温管壳的行为不构成侵权行为。根据《专利行政执法办法》第十三条第一款第四项的规定，作出处理决定：驳回请求人的专利侵权纠纷处理请求。

请求人不服，向乌鲁木齐市中级人民法院提起行政诉讼。乌鲁木齐市中级人民法院审理后维持自治区知识产权局的处理决定。请求人不服一审判决，又向自治区高级人民法院提起上诉；自治区高级人民作出撤销一审判决及自治区知识产权局的处理决定的判决，自治区知识产权局又向自治区高级人民提起申诉，自治区高级人民法院审判监督庭最终撤销其行政判决，作出了维持自治区知识产权局处理决定的判决。

案例6　2004年石河子"饮料瓶"外观设计专利侵权纠纷案

请求人称，被请求人用与其外观设计专利产品相同或者相近似的瓶子侵犯其专利权，在案件审理中提交证据：①"瓶（三）"外观设计专利证书复印件、附图；②从市场购买的由被请求人生产、销售的使用与请求人涉案专利相同或相近似的瓶子包装的产品3个。

被请求人认为其使用的瓶子与请求人的不同，这些瓶子不是自己制造，是从废品回收站购买的，并出示证据：①从市场上回收的与涉案专利产品相同或相近似的二手瓶子；②2003年7月25日与乌鲁木齐市头屯河区昌盛洗水瓶签订的供销合同1份，以证明自己使用的是有合法来源的二手瓶子；③自己2001年的产品1个，以证明其使用涉案专利产品行为已过诉讼时效；④由神内生物制品公司的赵斌签字的领条一份，以证明请求人的利害关系人很早就得知被请求人使用与其专利相近似的瓶子。

请求人对证据2无法证明该合同就是关于涉案瓶子的合同；对证据4的真实性和证明力都有异议。

自治区知识产权局对请求人提交的证据1和证据2都予以认定，对请求人的主张予以支持；对被请求人提交的证据2、证据4请求人都提出了异议，故不予认定。

基于上述情况，自治区知识产权局合议组认为：被请求人对回收的专利产品进行加工后用于装自己产品出售的行为再现了"瓶（三）"外观设计专利产品，侵犯了请求人的专利权，应立即停止侵权行为，并销毁未投放市场的侵权产品。

案例7　2003—2004年新疆"货车气压淋水装置"实用新型群起专利侵权纠纷案

请求人王某是"货车气压淋水装置"实用新型专利在新疆的独占实施许可权人，其与专利权人邵一刚于2003年4月15日签订了为期3年的专利实施许可合同，支付了专利使用费4万元。请求人回新疆准备实施该项专利时，发现被请求人正在给过往车辆安装与其专利技术相等同的货车气压淋水装置。请求人认为被请求人的此种行为严重侵犯了其合法权益，就向自治区知识产权局提出了专利侵权纠纷处理请求。

自治区知识产权局合议组审理查明，请求人王某享有专利实施权的"货车气压淋水装置"实用新型专利是合法有效的专利。被请求人制造、安装的货车气压淋水装置由减压阀、冷却水管、冷却水箱、控水阀以及三通、四通构成，利用汽车自身贮气筒中的气压推动冷却水，使水箱、刹车和轮胎在需要降温时及时得到冷却，这落入到了请求人专利权的保护范围。自治区知识产权局对被请求人辩称的几点理由不予支持，并作出处理决定：被请求人立即停止生产、安装与请求人专利产品相同的货车气压淋水装置；侵权赔偿部分双方难以达成和解，请求人在处理决定生效之后，向乌鲁木齐市中级人民法院提起诉讼，要求被请求人赔偿实施侵权行为以来给请求人和专利权造成的经济损失4万元。乌鲁木齐市中级人民法院没有完全支持请求人的侵权赔偿主张，认为请求人只能对其获得实施权后的侵权行为要求赔偿，作出了被请求人赔偿请求人经济损失4000元的判决。

案例8 2002—2004年新疆"长效接地防腐降阻剂"发明专利侵权纠纷案

请求人龚某其称为"长效接地防腐降阻剂"的发明专利的专利权人。2001年3月，请求人发现被请求人托克逊县某有限责任公司未经许可，就生产、销售与其专利产品相同的产品"雷电牌高效降阻剂"，向自治区知识产权局提出专利侵权纠纷处理请求。

自治区知识产权局通过对被请求人的产品进行检测和聘请专家鉴定等，查明被请求人销售的"雷电牌高效降阻剂"与请求人的"长效接地防腐降阻剂"的专利技术方案的主要共同的特征是原材料均是钠基膨润土，有所区别的是氯化钾含量，氯化钾低于专利权利要求保护的范围；但是，氯化钠与氯化钾的含量之和就达到了专利权利要求的保护范围之内，氯化钾、氯化钠同为碱金属盐类材料，属于等同的技术方案。因此，2002年4月，自治区知识产权局作出了被请求人的行为构成侵权的处理决定。被请求人不服，向乌鲁木齐市中级人民法院提起了行政诉讼，乌鲁木齐市中级人民法院于2002年9月作出了撤销自治区知识产权局新知法字〔2001〕第06号处理决定的判决；请求人不服，向自治区高级人民法院提起上诉，自治区高级人民法院于2003年4月作出了〔2002〕新行终字第10号行政判决，撤销一审法院〔2002〕乌中行初字第4号行政判决和知识产权局新知法字〔2001〕第06号处理决定，并判决自治区知识产权局重新作出具体行政行为。自治区知识产权局于2004年6月重新作出了认定被请求人侵权行为成立的处理决定；被请求人不服，再次向乌鲁木齐市中级人民法院提起行政诉讼；乌鲁木齐市中级人民法院于2004年12月作出了撤销知识产权局新知法字〔2004〕第06号处理决定的行政判决，请求人对此判决不服，又向自治区高级人民法院提起了上诉。自治区高级人民法院作出判决撤销了乌鲁木齐市中级人民法院的判决，维持自治区知识产权局的处理决定。

案例9 2004年江西仁和药业有限公司假冒专利案

2004年3—4月期间，伊犁州知识产权局（简称伊犁州局）在执法检查中发现专利药品243种，确定54种药品为假冒、冒充专利药品。对销售了上述假冒、冒充专利产品的42家医药销售企业进行了立案，在自治区知识产权局的大力帮助下，经过10天的调查，确认专利号为ZL99312602.2的专利是发明人金谷正和的外观设计专利，即"带光磁盘记录机的电视摄像机"的外观设计专利，且该专利是有效专利。

在伊犁医药销售市场，有14家药店销售了该产品，有2家批发公司批发了该产品，而且货均由该公司设在伊犁州的代理处统一供货。在伊犁州市场已销售160盒，经营额为2400元。

伊犁州局认定：江西仁和药业有限公司制造和销售的，在外包装上标有"中华人民共和国专利号：ZL99312602"字样产品"妇炎洁栓（新型高效（鸭嘴型）栓剂）2.8克型"的行为，违反了《专利法》第十一条第二款之规定，其行为已构成《专利法实施细则》第八十四条第一款规定的假冒他人专利行为。

根据专利法第五十八条：假冒他人专利的，除依法承担民事责任外，由管理专利工作的部门责令改正并予公告，没收违法所得，可以并处违法所得3倍以下的罚款，没有违法所得的，可以处5万元以下的罚款；构成犯罪的，依法追究刑事责任。

自治区知识产权局对江西仁和药业有限公司设在伊犁州的代理处给予行政处罚，责令其立即停止销售该产品，并在一周内回收该假冒专利产品，同时消除该产品上的专利标记和专利号，另外给予其1000元行政罚款，并予以公告。

案例10　2004年新疆"棉种直热干燥脱绒设备"发明专利侵权纠纷案

2004年9月25日，"棉种直热干燥脱绒设备"发明专利的专利权人向乌鲁木齐市中级人民法院提出专利侵权民事诉讼，要求被告王某立即停止其所有侵权行为，并赔偿专利权人的各种经济损失合计50万元。

一审法庭在厅审后经过合议支持了原告的上述指定的辩论意见，并判决被告王某赔偿原告各种经济损失合计人民币37.9万元。

王某与原告单位在1985年从美国进口了两套酸法棉籽脱绒成套设备，并于1992—1996年组织人员将该套设备的所有零件进行反测绘（仿制）；1996年，原告就该套设备提出了发明专利申请，并于2001年5月被中国专利局授予发明专利权。

王某代理人认为原告在申请发明专利时，在专利说明书中的背景技术部分中没有提进口和仿制美国设备的情况是故意隐瞒了实情，其行为属于恶意取得专利权；原告为了达到非法垄断市场的目的提起侵权诉讼，其行为属于滥用专利权。

被告王某代理人认为制造、使用和销售的被控侵权产品完全是对1985年通过公开招标从美国进口的酸法棉籽脱绒成套设备的原样仿制，所以认为被告王某制造、使用和销售的被控侵权产品是对现有公知技术的合法利用，其行为不侵犯原告的专利权。

被告代理人认为除原告发明专利的独立权利要求1必要技术特征"螺旋除尘器通过废绒输送管与热风炉相联"之外，其他所有的技术特征均与1985年从美国进口的酸法棉籽脱绒成套设备完全一样，如果原告指定的意见成立，则其独立权利要求1就与现有公知技术完全一样。

经过法庭辩论和质证，最后在自治区高级人民法院法官的调解之下，原告与被告达成和解协议，本案最终以庭外和解而告终。

案例11　2004年昌吉市药品冒充专利案

2004年9月14日，自治区知识产权局在"专利行政执法专项检查"中查出，昌吉市×××大药房目前正在销售的5种含专利标识的药品为："咽康含片（咽特佳含片）"标注为"专利号:ZL93103246.6"，"脚汗灵"标注为"专利号98324821.4"，"哮喘一次灵"标注为"已申请国家发明专利（专利号：02104852.5号）"，"八宝惊风散"标注为"外观设计专利号：92302347.X"，经检查确定其专利权均已终止，"二维葡磷钙"标注为"中国专利:03313878.8"，属于外观设计专利。经初步检查确定属于冒充专利行为，决定予以立案查处，作出行政处理决定：昌吉市×××大药房立即消除上述所列5种药品的专利标记和专利号，并罚款5000元。

案例12　2005年新疆一起历时长达六年的群体专利侵权纠纷案

1999年10月，请求人赵某，称被请求人仙某等侵犯其名称为"污水积渣排渣器"实用新型专利。自治区专利管理部门依法受理后，组成合议组依法进行了审理。但是，由于当年在该案审理过程中数名被请求人共同向国家知识产权局专利复审委员会提出宣告该专利权无效的请求，因此，自治区专利管理部依法中止了对该案的处理。2005年9月，在中国专利复审委员会作出维持该专利权有效的审查决定后，再次恢复了对该案的审理。经对请求人的委托代理人、被请求人仙某及其委托代理人的口头审理，该案于2005年12月26日终结。

自治区专利管理部门合议组审理查明：请求人赵某是"污水积渣排渣器"实用新型专利的专利权人，其专利权合法有效。1999年，被请求人未经专利权人许可，销售了与涉案专利的技术方案相同的"污水积渣排渣器"。请求人发现并向自治区专利管理部门提出请求后，被请求人对涉案专利的新颖性有异议并向国家知识产权局专利复审委员会提出了宣告该专利权无效的请求，国家知识产权局经过审查，作出了维持该专利权有效的决定。

2005年9月，自治区专利管理部门执法人员发现被请求人的工厂内仍有与涉案专利技术方案相同的"污水积渣排渣器"。同年11月，自治区专利管理部门进行补充调查，作出处理决定。双方均服从自治区专利管理部门的处理决定而没有提起行政诉讼，该案的行政处理程序至此圆满告终。

案例13 2007年"钢筋砼用空心管及其制作方法、专用模具"和"空心管成型工具"发明专利侵权案

2006年、2007年在乌鲁木齐、阿克苏、巴州等地州市发生了"钢筋砼用空心管及其制作方法、专用模具"和"空心管成型工具"两项发明专利群体侵权案件。自治区知识产权局对此案件进行受理和处理后，有效遏制了群体侵权、恶意侵权行为的发生。

2007年7月，请求人的委托代理人称：请求人是专利权人授权在新疆的独占实施许可人。2007年5月，请求人陆续发现被请求人在使用请求人的"空心管成型工具"发明专利技术，制造大量的成品薄壁管，并向伊犁尼勒克县国土资源局、伊宁县国土资源局的办公楼施工方进行销售，侵犯了请求人的合法权益。因此，请求自治区知识产权局责令被请求人立即停止制造、销售侵权产品行为，封存侵权产品和模具，赔偿因侵权所造成的经济损失。

自治区知识产权局开庭审理并出示在被请求人生产现场抽样取证的涉嫌侵权的专用模具和在被请求人生产现场拍摄的涉嫌侵权产品及模具照片。经当庭质证，双方当事人均未对上述证据提出异议。在此情况下，自治区知识产权局作出了认定被请求人侵权行为成立的处理决定，责令被请求人停止侵权行为。

案例14 2008年乌鲁木齐"床头（1）"外观设计专利侵权纠纷

2008年7月23日，请求人李振东向乌鲁木齐市知识产权局提交请求书，称被请求人张建中、张永占未经专利权人许可，擅自销售涉嫌侵犯请求人外观设计专利权的床头产品，其行为侵犯了专利权人的外观设计专利权。

乌鲁木齐市知识产权局受理此案，于2008年7月24日，派执法人员会同公安部门对被请求人的经营场所进行了现场勘查，对涉嫌侵权的2件床头进行了封存暂扣，暂扣物品案值约2000元。同年8月27日，乌鲁木齐市知识产权局依法组成合议组对该案进行开庭审理，并认定被请求人未经请求人许可，销售了大量与请求人的专利相近似的产品，构成专利侵权，作出处理决定：①被请求人的专利侵权行为成立；②责令被请求人立即停止侵权行为，销毁侵权产品，并且不得销售未售出的侵权产品或者以任何其他形式将其投放市场；③由被请求人承担本案的立案费500元。

案例15 2008年新疆"紫比补"饮料包装外观设计专利侵权案

2006年1月11日，请求人亚生江·艾沙经申请并依法获得"紫比补"饮料的包装箱、包装瓶、标贴和包装4项外观设计专利权，并将4项外观设计用于自建的库车县果汁饮料厂生产的"紫比补"牌果汁、饮料、补酒产品的外包装上。

2006年2月1日，请求人发现被请求人未经其许可生产的"紫比补"果汁、饮料、补酒产品，使用了请求人已获得的"紫比补"饮料包装箱、包装瓶、标贴、包装盒4项外观设计专利，并将"紫比补"果汁、饮料、补酒产品销售至喀什、和田等地。因此，请求人亚生江·艾沙于2008年1月8日，依法向阿克苏地区知识产权局递交了专利侵权纠纷处理请求书。

2008年4月1日，阿克苏地区知识产权局立案受理。经调查取证，开庭审理和调解，请求人与被请求人双方友好协商达成和解协议。

案例16 2009年"空心管成型工具"等2项发明专利侵权纠纷案

请求人巨星公司是"空心管成型工具"及"钢筋砼用空心管及其制作方法、专用模具"2项发明专利在新疆的独占实施被许可人。请求人认为被请求人——（石油公司）未经许可，使用了另一侵权人——（和荣公司）制造、销售的与其"钢筋砼用空心管"相同的侵权空心管，认为被请求人（石油公司）侵犯了其专利权，请求自治区知识产权局依法认定其侵权行为，并责令停止侵权行为。被请求人则认为：自己的工程分包商——新泽公司使用和荣公司的"现浇空心楼板用芯管"建筑材料是供货商——和荣公司使用的另外一个专利权人王瑾的"现浇空心楼板用芯管的制造方法"发明专利技术制造出来的产品，并非本案请求人的专利产品，自己并未侵犯请求人的专利权，请求驳回请求人的专利侵权纠纷处理请求。自治区知识产权局经过调查分析，认为侵权成立，作出处理决定：责令被请求人停止使用与涉案发明专利技术方案相同的空心管的专利侵权行为。

案例17　2010年新疆"小油缸式芦苇液压打包机"实用新型专利侵权案

从河北退休来疆探亲的田振江、高璞玉夫妇发现一些个人、农机修理铺、企业在未经允许的情况下擅自仿造、销售和使用同他们的"附小油缸式芦苇液压打包机"几乎一样专利产品，其中就有某苇业公司。老田夫妇要求对方停止侵权，但对方却置之不理。于是在2007年12月，老田夫妇就向巴州知识产权局提出了处理请求。经调查取证，证实被请求人——某苇业公司涉嫌侵权并立案。随后，巴州知识产权局按照程序依法进行调解。在调解未成的情况下作出侵权处理决定。

被请求人——某苇业公司不服处理决定，向乌鲁木齐市中级人民法院提出行政诉讼。经乌鲁木齐市中级人民法院审理，维护巴州知识产权局的处理决定。被请求人——某苇业公司不服又向自治区高级人民法院提出行政诉讼，自治区高院进行调解处理，维持了巴州知识产权局的处理决定，要求该公司向专利权人老田夫妇赔偿7.5万元经济损失，责令销毁5台侵权打包机，价值10万多元。

被请求人——某苇业公司不服处理决定，在一次性赔偿老田夫妇经济损失7.5万元后，拒不执行销毁侵权产品。2010年3月，巴州知识产权局向又向乌鲁木齐市中人民法院提出强制执行申请并被受理。

案例18　2012年新疆"玉雕"系列产品外观设计专利侵权案

某和田玉文化传播中心有限公司是名称为"玉雕（龙生九子-睚眦）"等12项外观设计专利的专利权独占实施被许可人。2012年12月，该公司就个体工商户徐某未经专利人许可而加工销售外观与其"玉雕（龙生九子-睚眦）"等12项外观设计专利相同的玉雕产品一案向自治区知识产权局提出了处理请求，知识产权局依法受理并组成合议组对该案件进行调处。经查，徐某制造、销售了外观与涉案专利相同的"玉雕"产品，其行为构成专利侵权行为。双方当事人在自治区知识产权局的主持下，达成和解协议。侵权人徐某承诺不再制造、销售与涉案外观设计专利相同或相近似的玉雕产品，销毁产品数据加工文件、图文资料，下架回收所有涉案产品，公开赔礼道歉，并支付赔偿金8万元。

案例19　2012年新疆"黑卡6小时"饮料外观设计专利群体侵权案

2012年12月，哈密地区"黑卡6小时"饮料总经销商朱某受专利权人委托，就冯某、松某等多人涉嫌侵犯其"饮料瓶（黑卡6小时）"外观设计专利一案向哈密地区知识产权局提出了处理请求，哈密地区知识产权局依法受理并组成合议组对该案件进行调处。经查，冯某等人销售了外观与涉案专利相同的饮料，其行为构成专利侵权行为。双方当事人在哈密地区知识产权局的主持下，达成和解协议，侵权人立即停止了侵权行为。

案例20　2013年新疆"农田灌溉用液力调压阀"发明专利侵权案

2013年8月，请求人王宏林对被请求人新疆某公司侵犯其"农田灌溉用液力调压阀"发明专利权，向自治区知识产权局提出处理请求。自治区知识产权局审理查明，被请求人在"科洽会"上许诺销售该涉案专利，并将涉案产品作为滴灌系统的部件销往农七师125团，涉案金额达20万元。其涉案产品技术方案包含了与本案专利的权利要求1记载的全部技术特征相同的技术特征，落入了该专利权的保护范围。因此，自治区知识产权局认定被请求人的行为构成侵权，责令被请求人新疆某公司立即停止侵权行为。

案例21　2013年新疆"智能环保生态垃圾房"实用新型专利群体侵权案

请求人乌鲁木齐华普永辉工贸有限公司是"一种智能环保生态垃圾房"实用新型专利的专利权人。2013年5月起，请求人陆续发现上海某环保科技有限公司、新疆某保温有限公司、乌鲁木齐某环保机械设备制造有限公司制造、销售、许诺销售与请求人涉案实用新型专利的结构、功能等一致的环保垃圾房，侵犯了其专利权，遂向自治区知识产权局提出专利侵权处理请求。经查明，三家被请求人均制造、销售了涉嫌侵权产品，且都分别参与了乌鲁木齐天山区、水磨沟区、新市区政府采购办公室组织的智能环保垃圾房公开招标活动并中标。三家被请求人制造、销售的智能环保垃圾房的主要技术特征覆盖了请求人涉案实用新型专利独立权利要求所记载的全部技术特征，其行为侵犯了请求人的专利权。知识产权局下达了责令被请求人停止侵权行为的处理决定。

案例22　2014年新疆"带集草箱的饲草、秸秆收获机"专利侵权案

2014年2月，专利权人郭某就其"带集草箱的饲草、秸秆收获机"实用新型专利与新疆某农牧机械有限公司的专利侵权纠纷向知识产权局提出处理请求，要求认定并责令停止侵权行为，赔偿经济损失73.6万元。自治区知识产权局在查明事实认定侵权的基础上，促使双方当事人达成和解，侵权人赔偿郭某8万元经济损失。

案例23　2014年新疆"自卸式棉花运输挂车"专利侵权损害赔偿纠纷案

专利权人新疆某通用机械有限责任公司就其"自卸式棉花运输挂车"实用新型专利与乌鲁木齐某机械制造有限公司的专利侵权纠纷向自治区知识产权局提出处理请求。自治区知识产权局作出认定侵权成立的处理决定书后，双方当事人对该处理决定均未提出异议。专利权人又向法院起诉，要求侵权人赔偿经济损失。法院依法判决侵权人赔偿专利侵权损害30万元。

第九章　专　利　管　理

专利管理是专利管理部门的一项重要职能。

专利管理是专利战略的制定、制度设计、流程监控、运用实施、人员培训、创新整合等一系列管理行为的总称。

专利管理不仅与专利创造、专利保护和专利运用一起构成了我国专利制度及其运作的主要内容，而且还贯穿于专利创造、保护和运用的各个环节之中。

第一节　专利管理工作

30年来，各级专利管理部门，在自治区党委、政府的领导和国家知识产权局的指导下，认真履行职能，站在战略的高度，从全局出发，进行顶层设计。根据不同阶段、不同时期的形势发展和工作需要，提出不同的工作思路、工作目标、工作任务、工作重点和保障措施。在专利管理工作中，认真学习、深刻领会、全面贯彻落实国家和自治区有关专利工作的方针、政策、法律和法规，积极执行国家的专利战略规划、重大工程和专项行动。以全面提升专利管理能力为目标，不断解放思想，创新管理手段和管理方式，积极推进自治区专利管理工作体系、制度体系建设，建立完善专利管理、协调机制，确保各项专利管理工作目标的实现，为自治区专利创造、运用、保护能力的不断提升和各项工作的顺利实施，提供了强有力的组织、制度和机制保证。

一、加强对专利工作的领导

（一）通过召开会议、印发文件等形式，对自治区专利工作进行顶层设计和筹划

1987年6月8—10日，自治区人民政府在乌鲁木齐召开"自治区首次专利工作会议"。自治区党委常委、自治区副主席黄宝璋、自治区人大常委会副主任胡赛音·斯牙巴也夫及自治区经委副主任祁述山、自治区最高人民法院副院长阿不列孜·哈斯木等领导出席会议并讲话，自治区科委副主任那吉米丁·尼扎木丁传达全国第二次专利工作会议精神并作大会总结讲话，自治区科委主任杨逸民作工作报告。会议对《专利法》颁布以来的自治区专利工作进行总结，并对今后工作进行了筹划和部署。

1991年6月12日，自治区科委、司法厅、人事厅、经委联合印发《关于在全区广泛开展〈专利法〉普及教育活动的通知》（新科专字〔1991〕119号），通过以政府部门印发文件，充分发挥职能部门的作用，大力推进《专利法》的宣传普及教育活动。6月20日，自治区科委、经委、计委、经济体制改革委、财政厅、税务局联合印发《关于开展企业专利试点工作的通知》（新科专字〔1991〕118号）。该通知首次对企业专利试点工作提出具体部署和要求：一是把贯彻执行《专利法》作为推动企业技术进步的重要内容；二是有计划、有步骤、分期分批地把企业专利试点工作扎扎实实地开展起来；三是企业建立健全专利管理工作制度的具体要求；四是企业专利试点工作的具体实施意见。

1996年3月26—27日，自治区科委在乌鲁木齐召开"自治区专利工作会议"。14个地州市科委领导和分管专利工作的业务人员参加，对全区科技部门如何抓好专利工作进行了总结和部署。

1998年1月7日，自治区科委印发《关于加强自治区地、州（市）科委专利管理与执法工作的通知》（新科办字〔1998〕001号）。该通知要求：一是各地、州（市）科委领导把专利工作放到事关科技、经济、外贸以及对外开放的一个重要的战略高度来考虑，增强紧迫感，切实提高对专利工作的认识。二是专利工作是科技管理

工作的一项重要内容。在自治区机构改革办公室批复的各地州（市）"三定"方案中，已将专利管理与执法的职能明确赋予各地州（市）科委。各地州（市）科委在地州（市）机构改革之际，尽快成立专利管理机构，确有困难的，也要先挂出牌子。三是要从《专利法》的宣传和培训、专利项目实施及专利行政执法三个关键环节入手，推动各地州（市）的专利工作。

2001年5月22日，自治区主席阿不来提·阿不都热西提主持召开九届政府第70次主席办公会议，听取了自治区知识产权局工作汇报。会议原则同意知识产权局提出的自治区专利工作的安排意见，要求各地各部门高度重视，加强专利工作领导，加大宣传、培训、教育力度，提高全社会的专利意识，促进自治区专利事业健康发展。会议研究决定：原则同意在地州一级设立知识产权管理机构，从各地州市经济发展水平和专利事业发展需要的实际出发，逐步设立；加强对专利工作的资金投入，自治区专利推广资金可恢复到1996年的水平，每年安排100万元。根据实际需要，适当安排专项经费；年底召开自治区专利工作会议，安排部署全区专利工作。7月17日，自治区知识产权工作协调指导小组召开会议，研究部署2001年下半年自治区知识产权工作任务。

2002年1月30—31日，自治区人民政府在乌鲁木齐市召开"自治区首次专利工作会议"。会上，自治区党委常委努尔·白克力和自治区人民政府副主席刘怡分别代表自治区党委和人民政府作了《以"三个代表"重要思想为指导，全面开创自治区专利工作新局面》和《认清形势，应对挑战，全面推动新时期的专利工作》的重要讲话，自治区知识产权局局长姜万林作了《抓住机遇，迎接挑战，努力开创自治区专利工作的新局面》的工作报告。会议以《新疆维吾尔自治区人民政府关于加强专利工作促进技术创新的意见》和全国专利工作会议精神为指导，认真总结自治区实施专利制度取得的主要成绩和基本经验，对"十五"期间自治区专利工作进行全面部署。2月23日，自治区知识产权局召开"全区知识产权局局长会议"，对2001年自治区专利工作进行了总结；自治区知识产权局局长姜万林作工作报告；对地州市知识产权局工作进行了绩效考核；对2002年度工作作出了具体的部署和安排。3月22—23日，自治区知识产权局与自治区知识产权研究会在乌鲁木齐联合召开"新疆企事业单位知识产权保护工作经验交流会"。会上，通过了"关于加强知识产权保护工作，促进经济社会健康发展的倡议书"。3月29日，自治区知识产权局向自治区人民政府报送《贯彻〈新疆维吾尔自治区人民政府关于加强专利工作促进技术创新的意见〉有关问题的请示》（新知综字〔2002〕19号）。请示提出：由政府召开有关厅局领导会议，汇报落实该意见的措施和拟出台的各部门的政策；在"4·26"世界知识产权日，由阿不来提·阿不都热西提主席接受专题电视采访；调整自治区知识产权工作协调指导小组，由刘怡副主席任组长，有关部门领导为成员。

2003年1月16日，自治区知识产权工作协调指导小组办公室召开"办公室扩大会议"，对2002年自治区知识产权工作协调指导小组成员单位的工作总结和2003年工作计划的制订进行了研究部署。9月1日，根据国家知识产权局《关于召开全国专利工作会议若干事项的通知》（国知发管字〔2003〕130号）精神，针对自治区专利工作存在的问题，自治区知识产权局向国家知识产权局上报了《关于对新疆专利工作存在的问题及建议》。

2004年2月24—26日，自治区知识产权局在乌鲁木齐召开"2004年全区知识产权局局长会议"。会议上，自治区知识产权局局长姜万林传达了全国专利工作会议精神；15个地州市知识产权局局长汇报2003年的工作和2004年的工作思路和工作重点；讨论了《新疆维吾尔自治区地州市知识产权局考评指标》和《新疆维吾尔自治区知识产权万人教育培训计划》；下发了《新疆维吾尔自治区地州市知识产权工作指南》和《新疆维吾尔自治区县市区知识产权试点方案》。4月12—16日，自治区知识产权局承办"全国企事业专利试点单位工作会议"，自治区党委副书记努尔·白克力等领导出席。会上，国家知识产权局对新疆专利试点工作所取得成绩给予了充分肯定，第一批全国专利试点单位——特变电工的代表在大会上介绍了经验，为自治区专利试点工作树立了标杆。8月27日，自治区知识产权工作协调指导小组办公室召开扩大会议。会议就贯彻执行《新疆维吾尔自治区人民政府办公厅〈关于转发自治区知识产权局等部门关于自治区实施知识产权战略推进工程的意见〉的通知》提出的总体目标和任务进行了充分讨论，对2004—2009年全面推进"自治区实施知识产权战略推进工

政府在乌鲁木齐共同举行"国家知识产权局、自治区政府工作会商制度议定书签字仪式"。会上，国家知识产权局与自治区人民政府签订《国家知识产权局与新疆维吾尔自治区人民政府工作会商制度议定书》，建立了"局区"会商机制，启动了加强国家知识产权局与自治区人民政府的合作，共同推进知识产权援疆工作。

2009年3月10日，自治区知识产权局在库尔勒市召开"全区知识产权局局长会议"，对2008年度工作进行了总结、表彰，对2009年度工作进行了安排部署。4月9日，自治区知识产权工作协调指导小组在自治区人民政府召开会议，自治区知识产权工作协调指导小组成员参加，会议就2009年自治区知识产权宣传周活动进行了研究部署。12月11—12日，自治区人民政府在乌鲁木齐市召开"自治区科学技术大会"，中共中央政治局委员、自治区党委书记王乐泉在大会讲话中强调指出，要立足自主创新，抢占高新技术制高点，取得一批自主知识产权的核心技术。要大力发展知识产权服务机构，加强社会化、网络化科技服务体系建设，为创新发展提供必要条件。

2010年3月9—10日，自治区知识产权局在昌吉市召开"全区知识产权局局长会议"。会上，传达贯彻全国知识产权局局长会议精神；对2009年自治区知识产权工作进行了总结和经验交流。4月21日，自治区人大常委会等单位在乌鲁木齐市举行"纪念《专利法》实施二十五周年暨自治区专利保护条例实施五周年座谈会"。自治区知识产权局局长马庆云作主题发言。自治区人大常委会副主任杜秦瑞出席会议并作重要讲话。

2011年1月20日，自治区知识产权局在乌鲁木齐市召开"2011年工作务虚会"。全区知识产权局局长及自治区知识产权局全体人员及新闻媒体参加。与会人员就2011年全区知识产权局系统的工作进行献言献策。4月15日，自治区人民政府召开"自治区知识产权工作会议"。会议对"十一五"自治区知识产权工作进行了总结，表彰奖励了优秀发明创造者；对"十二五"自治区知识产权战略重点及2011年重点任务进行了部署。自治区知识产权战略实施领导小组成员单位、各地州市及新疆生产建设兵团知识产权局和新疆企事业单位代表160多人参加。国家知识产权局顾问、原局长王景川、自治区人民政府副秘书长刘华出席会议并分别致辞和讲话。8月3日，根据实际变化，自治区知识产权局与财政厅联合印发《关于调整下达2010年度自治区专利实施项目计划的通知》（新知管字〔2011〕56号），对实施项目进行了适时调整。7月8日，自治区知识产权局在乌鲁木齐召开"全区知识产权局局长会议"，15个地州市知识产权局副处长以上干部参加。会上，通报了全区知识产权工作情况；地州市介绍工作，交流经验；自治区知识产权局各处结合其职责通报了新一年的工作打算；自治区知识产权局局长马庆云局长作工作报告。9月23日和11月21日，根据各地专利申请任务指标完成情况，自治区知识产权局先后印发《关于1—8月全区及各地州市专利申请任务完成情况的通报》（新知综字〔2011〕61号）和《关于1—10月全区及各地州市专利申请任务完成情况的通报》（新知综字〔2011〕65号），及时通报并督促地州市及时抓好专利申请管理工作，以确保专利申请任务指标的实现。12月12日，国家知识产权局与新疆维吾尔自治区人民政府在北京召开"全国知识产权局系统对口援疆工作会议暨国家知识产权局与新疆维吾尔自治区人民政府第二次合作会商会议"，国家知识产权局局长田力普、自治区党委常委尔肯江·吐拉洪出席会议并发表讲话，双方共同签署国家知识产权局援疆工作协议。

2012年2月22日上午，自治区人民政府在乌鲁木齐召开"自治区知识产权工作会议"。国家知识产权局党组成员、纪检组组长肖兴威，自治区人大常委会副主任杜秦瑞、自治区副主席靳诺、自治区政协副主席约尔古丽·加帕尔、自治区人民政府副秘书长刘华等领导出席会议。自治区知识产权战略实施领导小组成员单位负责人，地州市知识产权局局长，自治区知识产权试点单位、高校、科研机构、国家级开发园区负责人等160余人参加。肖兴威、靳诺分别致辞、讲话。会议总结了2011年以来的自治区知识产权工作；表彰奖励了知识产权工作先进单位和先进个人；对下一阶段的工作进行了安排部署。2月22日下午，自治区知识产权局在乌鲁木齐召开"全区知识产权局局长会议"，传达贯彻全国知识产权局局长会议精神，总结2011年工作，交流经验，部署2012年工作，自治区知识产权局领导作工作报告。7月26日，国家知识产权局与自治区人民政府在乌鲁木齐市联合召开"第二次全国知识产权系统对口援疆工作会议暨国家知识产权局与新疆维吾尔自治区人民政府第三次合作会商会议"。会上，自治区副主席靳诺作了《国家知识产权局与新疆维吾尔自治区人民政府第三次合作会商会议工作报告》；国家知识产权局局长田力普、自治区党委常委尔肯江·吐拉洪发表重要讲话。上海等5省市知识产权局分别与新疆喀什等4地州签订《知识产权对口支援合作协议书》。此次会议的召开，实现了19个援疆省市与12个地州市知识产权对口合作的全覆盖。

2013年2月1日，自治区知识产权局召开"全区知识产权局局长视频会议"，全区知识产权局系统干部职工分别在各地分会场参加，自治区知识产权局局长马庆云在会议上作工作报告，总结2012年度工作，提出2013年的工作任务。5月23日，自治区知识产权局在印发《关于在"自治区高层次紧缺人才引进工程"实施中建立知识产权工作机制的报告》（新知规字〔2013〕48号）中提出"激励创造、依法保护知识产权高层次紧缺人才；开展人才引进知识产权评议工作；对人才引进知识产权评议基本流程"等方面提出意见和建议。8月30日，国务院召开全国知识产权战略实施工作电视电话会议，自治区党委常委、自治区常务副主席黄卫在乌鲁木齐出席电视电话视频会，并就进一步深化自治区知识产权战略实施工作做重要讲话。11月29日，自治区知识产权局印发《关于2013年度地州市专利申请量考核结果的通知》（新知管字〔2013〕94号），对10月底完成专利申请指标任务的乌鲁木齐等11个地州市和4个未完成专利申请指标任务的地州市进行了通报。

2014年1月21—22日，自治区知识产权局召开"2014年全区知识产权局局长座谈会"，15个地州市知识产权局局长参加。会上，对2013年工作进行了总结；对2014年工作进行了部署。11月24日，自治区知识产权局在学习贯彻国务院常务会议精神的过程中提出了自治区贯彻落实的10项措施。12月18日，国家知识产权局、自治区人民政府及新疆生产建设兵团在北京联合召开"全国知识产权系统援疆专家研讨会"，就国家知识产权局与自治区人民政府和新疆生产建设兵团第二轮合作会商有关内容进行了研讨。

（二）从制度入手，制定并不断完善专利政策法规，为自治区专利工作提供法律制度保证

1.自治区专利方针政策制定情况

1995年4月28日，自治区知识产权工作协调指导小组印发《贯彻〈国务院关于加强知识产权保护工作的决定〉的若干意见》（新知权字〔1995〕03号），加强对全区知识产权保护工作的协调指导。

1996年4月，自治区制定出台了《新疆维吾尔自治区专利工作"九五"计划和2010年远景目标》，首次提出了"科教兴新，专利先行"的专利工作方针。

2001年12月3日，自治区人民政府印发《新疆维吾尔自治区人民政府关于加强专利工作促进技术创新的意见》（新政发〔2001〕64号），就如何发挥专利制度的功能和作用，促进技术创新，加强对全区专利工作的领导，建立健全专利工作体系等9方面提出了明确要求。

2004年4月3日，自治区人民政府办公厅转发《自治区知识产权局等部门关于自治区实施知识产权战略推进工程意见的通知》（新政办发〔2004〕53号），出台了一系列激励创新，鼓励获取知识产权的政策规定。

2005年3月3日，自治区知识产权局与自治区教育厅共同转发教育部 国家知识产权局《关于进一步加强高等学校知识产权工作的若干意见》（新教高〔2005〕12号），对加强新疆高校知识产权工作指明了方向，提出了具体要求。

2007年3月6日，自治区知识产权局、自治区经贸委、自治区食品药品监督管理局联合印发《新疆维吾尔自治区商业企业开展专利保护试点工作的意见》（新知综字〔2007〕15号）。3月26日，自治区整顿和规范市场经济秩序工作领导小组办公室等11个部门联合印发《关于建立自治区保护知识产权举报投入服务中心工作机制的意见（暂行）》（新整规办〔2007〕7号）。

2007年3月26日，自治区整顿和规范市场经济秩序工作领导小组办公室等11个部门联合印发《关于建立自治区保护知识产权举报投入服务中心工作机制的意见（暂行）》（新整规办〔2007〕7号）。

2008年7月17日，国家知识产权局印发《关于进一步促进新疆知识产权事业发展的若干意见》（国知发管字〔2008〕92号），提出了国家知识产权局加强新疆知识产权工作，促进新疆知识产权事业发展的8条举措。

2009年9月7日，自治区科技厅、自治区知识产权局联合制定《关于加强科技创新知识产权管理的若干意见》。

2010年1月10日，自治区知识产权局制定《关于贯彻自治区人民政府〈关于促进中小企业发展的实施意见〉细则》。4月19日，自治区人民政府印发《战略纲要》。11月1日，自治区人民政府印发《新疆维吾尔自治区人民政府关于加强专利行政保护的意见》（新政办发〔2010〕230号）。

2011年1月12日，国家知识产权局印发《关于实施知识产权战略，促进中西部地区知识产权事业快速发展的意见》（国知发协字〔2011〕1号）。5月23日，自治区科技厅、知识产权局联合制定印发《关于在自治区科技创新和科技管理中加强知识产权工作的意见》。

2012年10月10日，自治区知识产权局、自治区经信委联合出台了《关于开展自治区规模以上工业企业消除"零专利"专项行动的意见》（新知发〔2012〕64号），提出自2013年1月开始在全区范围内开展为期三年（2013—2015年）的规模以上工业企业消除"零专利"工作专项行动和开展消除"零专利"专项行动的工作思路、工作目标和6项工作任务。

2013年3月27日，中国银监会新疆监管局、自治区知识产权局、工商行政管理、新闻出版局（版权局）联合转发《中国银监会、国家知识产权局、国家工商行政管理总局、国家版权局〈关于商业银行知识产权质押贷款业务的指导意见〉》（新银监发〔2013〕25号）。

2014年1月26日，中国人民银行乌鲁木齐中心支行、自治区科技厅、中国银行业监督管理委员会新疆监管局、中国证券监督管理委员会新疆监管局、中国保险监管委员会新疆监管局、自治区知识产权局联合转发《关于大力推进体制机制创新扎实做好科技金融服务意见》（银发〔2014〕9号）。4月18日，自治区知识产权局印发《新疆维吾尔自治区加强专业市场知识产权保护工作的意见》（新知法字〔2014〕27号）。5月27日，自治区知识产权局代自治区人民政府拟定《关于开展重大经济科技活动知识产权评议工作的意见》（新知规字〔2014〕33号），并上报自治区人民政府。

表9-1　新疆维吾尔自治区知识产权（专利）方针政策一览表

发文日期	发文机关	发文号	发文名称或内容
1995-4-28	自治区知识产权工作协调指导小组	新知权字〔1995〕03号	《贯彻〈国务院关于加强知识产权保护工作的决定〉的若干意见》
1996-4	自治区科委	自治区专利工作"九五"计划和2010年远景目标	"科教兴新，专利先行"工作方针
2001-12-3	自治区人民政府	新政发〔2001〕64号	《新疆维吾尔自治区人民政府关于加强专利工作，促进技术创新的意见》
2004-4-3	自治区人民政府办公厅	新政办发〔2004〕53号	自治区知识产权局等部门关于自治区实施知识产权战略推进工程意见
2005-3-3	自治区知识产权局 自治区教育厅	新教高〔2005〕12号	转发教育部、国家知识产权局《关于进一步加强高等学校知识产权工作的若干意见》
2007-3-6	自治区知识产权局、自治区经贸委、自治区食品药品监督管理局	新知综字〔2007〕15号	《新疆维吾尔自治区商业企业开展专利保护试点工作的意见》
2007-3-26	自治区整顿和规范市场经济秩序工作领导小组办公室等11个部门	新整规办〔2007〕7号	《关于建立自治区保护知识产权举报投入服务中心工作机制的意见（暂行）》
2008-7-17	国家知识产权局	国知发管字〔2008〕92号	《关于进一步促进新疆知识产权事业发展的若干意见》
2009-9-7	自治区科技厅 自治区知识产权局		《关于加强科技创新知识产权管理的若干意见》
2010-1-10	自治区知识产权局		《关于贯彻自治区人民政府〈关于促进中小企业发展的实施意见〉细则》

续表

发文日期	发文机关	发文号	发文名称或内容
2010-4-19	自治区人民政府	新政发〔2010〕40号	《新疆维吾尔自治区知识产权战略纲要》
2010-11-1	自治区人民政府	新政办发〔2010〕230号	《新疆维吾尔自治区人民政府关于加强专利行政保护的意见》
2010-1-12	国家知识产权局	国知发协字〔2011〕1号	《关于实施知识产权战略，促进中西部地区知识产权事业快速发展的意见》
2011-5-23	自治区科技厅 自治区知识产权局		《在自治区科技创新和科技管理中加强知识产权工作的意见》
2012-10-10	自治区知识产权局 自治区经信委	新知发〔2012〕64号	《关于开展自治区规模以上工业企业消除"零专利"专项行动的意见》
2013-3-27	中国银监会新疆监管局、自治区知识产权局、工商行政管理、新闻出版局（版权局）	新银监发〔2013〕25号	《中国银监会、国家知识产权局、国家工商行政管理总局、国家版权局〈关于商业银行知识产权质押贷款业务的指导意见〉》
2014-1-26	中国人民银行乌鲁木齐中心支行、自治区科技厅、中国银行业监督管理委员会新疆监管局、中国证券监督管理委员会新疆监管局、中国保险监管委员会新疆监管局、自治区知识产权局	银发〔2014〕9号	《关于大力推进体制机制创新扎实做好科技金融服务意见》
2014-4-18	自治区知识产权局	新知法字〔2014〕27号	《新疆维吾尔自治区加强专业市场知识产权保护工作的意见》
2014-5-27	自治区知识产权局	新知法字〔2014〕27号	《关于开展重大经济科技活动知识产权评议工作的意见》

2. 自治区专利法规制度制定情况

自1986年以来，自治区制定出台了一系列专利法规、制度，主要有《关于贯彻执行有关专利代理工作的几项暂行规定》（新科专字〔1985〕110号）、《关于技术引进中有关专利等若干问题的管理办法（试行）》（新科专字〔1985〕153号）、《新疆维吾尔自治区关于调处专利纠纷有关问题的暂行规定》（新科专字〔1986〕97号）、《关于新疆维吾尔自治区实施〈中华人民共和国专利法〉若干问题的暂行规定》（新政发〔1986〕54号）、《新疆维吾尔自治区专利代理工作暂行规定》（新科专字〔1987〕101号）、《新疆维吾尔自治区专利代理收费标准的暂行规定》（新科专字〔1988〕037号）、《新疆维吾尔自治区专利新产品的确认及申请减免税的暂行规定》（新科专字〔1989〕098号）、《新疆维吾尔自治区调解处理专利纠纷收费暂行规定》（新科专字〔1989〕157号）、《关于在押服刑人员申请专利的暂行规定》（新科专字〔1989〕238号）、《新疆维吾尔自治区专利项目可行性评价管理暂行办法》（新专管字〔1995〕020号）、《新疆维吾尔自治区专利技术推广基金管理暂行办法（试行）》（新财工字〔1996〕125号）、《新疆维吾尔自治区专利管理机关调处专利纠纷办法》（新科办字〔1997〕049号）、《新疆维吾尔自治区查处冒充专利行为暂行规定》（新科办字〔1997〕049号）、《新疆维吾尔自治区奖励"优秀发明创造专利技术开发者"暂行办法》（新政办字〔1997〕59号）、《新疆维吾尔自治区企业专利管理办法（试行）》（新知综字〔2001〕038号）、《新疆维吾尔自治区企事业单位专利工作管理制度制定指南》（新知综字〔2003〕27号）、《新疆维吾尔自治区专利纠纷调解处理收费管理规定》（新计价费〔2003〕850号）、《新疆维吾尔自治区专利申请资助资金管理办法》（新财建〔2003〕102号，2011年修订）、《新疆维吾尔自治区专利实施资金管理办法》（新财建〔2003〕103号，2011年修订）、《专利保护条例》（2012年9月修订）、《新疆维吾尔自治区地州市知识产权局工作指南》(新知管字〔2004〕12号)、《新疆维吾尔自治区管理专利工作的部门采取封存或者暂扣措施细则》(新知法字〔2005〕62号)、《新疆维吾尔自治区专利行政执法规程》(新知法字〔2005〕63号)、《关于印发新疆维吾尔自治区加强知识产权保护工作方案的通知》(新政办发〔2006〕167号)、《新疆维吾尔自治区专利保护条例释义》(新知法字〔2007〕12号)、《新疆维吾尔自治区优秀专利代理机构和优秀专利代理人评选办法(试行)》《新疆维吾尔自治区知识产权试点示范企事业单位专利工作服务交流试行办法》《新疆维吾尔自治区专利申请工作奖励办法(试行)》(新知管字〔2011〕69号)、《新疆维吾尔自治区专利实施资金和项目管理办法》(新财建〔2011〕167号)、《新疆维吾尔自治区专利申请资助专项资金管理办法》(新财建〔2011〕168号)、《中国-亚欧博览会保护知识产权管理办法》《新疆维吾尔自治区专利保护与促进条例》(新疆维吾尔自治区第十一届人民代表大会常务委员会公告第55号)、《新疆维吾尔自治区专利权质押贷款管理办法(试行)》(新知管字〔2012〕63号)、《新疆知识产权优势企业培育工程管理办法》《新疆维吾尔自治区知识产权托管工作指南》《2012年度新疆维吾尔自治区专利奖评审办法(试行)》(新知管字〔2012〕64号)、《新疆维吾尔自治区专利行政执法人员管理办法》(新知法字〔2013〕46号)、《新疆维吾尔自治区知识产权局专利行政执法督导与检查工作制度》(新知法字〔2013〕47号)、《新疆维吾尔自治区商业流通领域标注专利标记商品的管理办法》(新知法字〔2013〕50号)、《新疆维吾尔自治区专利行政执法责任制考核办法》(新知法字〔2013〕52号)、《新疆维吾尔自治区知识产权举报投诉奖励办法》(新知法字〔2013〕62号)、《新疆维吾尔自治区知识产权局关于假冒专利行为行政处罚自由裁量基准》(新知综字〔2013〕65号)、《新疆维吾尔自治区知识产权局系统跨地区(州、市)专利行政执法协作协议》《新疆维吾尔自治区专利行政执法案卷评查制度》(新知法字〔2013〕68号)、《新疆维吾尔自治区知识产权局系统专利行政执法案件督办工作制度》(新知法字〔2013〕71号)、《新疆维吾尔自治区知识产权软科学研究项目管理办法》(新知规字〔2013〕69号)、《新疆维吾尔自治区知识产权局局领导联系基层制度》(新知综字〔2014〕25号)、《中国(新疆)知识产权维权援助中心管理办法(暂行)》(新知法字〔2014〕12号)、《中国(新疆)知识产权维权援助中心章程(修订)》《中国(新疆)知识产权维权援助中心工作人员守则》《中国(新疆)知识产权维权援助中心接待工作流程及规范用语》《中国(新疆)知识产权维权援助中心电话接听流程及规范用语》《新疆维吾尔自治区知识产权局基层调研工作管理办法》(新知综字〔2014〕26号)等管理制度。

据统计,1985年至2014年12月,自治区制定出台的知识产权(专利)制度累计达53项。

表9-2 新疆维吾尔自治区专利法规制度一览表

发文日期	发文机关	发文字号	发文名称或内容
1985-9-5	自治区科委	新科专字〔85〕110号	《关于贯彻执行有关专利代理工作的几项暂行规定》
1985-12-12	自治区科委、自治区经委、自制取对外经济贸易厅	新科专字〔1985〕153号	《关于技术引进中有关专利等若干问题的管理办法(试行)》
1986-4-15	自治区科委	新科专字〔1986〕97号	《关于调处专利纠纷有关问题的暂行规定(被新知法字〔2005〕63号文件替代,2010年废止)》
1986-6-5	自治区人民政府	新政发〔1986〕54号	《关于新疆维吾尔自治区实施〈专利法〉若干问题的暂行规定》
1987-7-13	自治区科委	新科专字〔1987〕101号	《新疆维吾尔自治区专利代理工作暂行规定》
1988-3-3	自治区科委、自治区物价局	新科专字〔1988〕037号	《关于新疆维吾尔自治区专利代理收费标准的暂行规定》
1989-6-1	自治区科委	新科专字〔1989〕098号	《新疆维吾尔自治区专利新产品的确认及申请减免税的暂行规定》

发文日期	发文机关	发文字号	发文名称或内容
1989-8-23	自治区科委、财政厅、物价局	新科专字〔1989〕157号	《新疆维吾尔自治区调解处理专利纠纷收费暂行规定》（被"新计价费〔2003〕850号文"替代）
1989-12-21	自治区科委、自治区司法厅劳改工作管理局	新科专字〔1989〕238号	《关于在押服刑人员申请专利的暂行规定》
1995-11-22	自治区专利管理局	新专管字〔1995〕020号	《新疆维吾尔自治区专利项目可行性评价管理暂行办法》
1996-10-16	自治区财政厅、自治区科委	新财工字〔1996〕125号	《新疆维吾尔自治区专利技术推广基金管理暂行办法（试行）》
1997-3-5	自治区科委	新科办字〔1997〕049号	《新疆维吾尔自治区专利管理机关调处专利纠纷办法》
1997-5-7	自治区科委	新科办字〔1997〕049号	《新疆维吾尔自治区查处冒充专利行为暂行规定》（2010年废止）
1997-5-7	自治区人民政府办公厅	新政办发〔1997〕59号	《新疆维吾尔自治区奖励优秀发明创造专利技术开发者暂行办法》
2001-11-17	自治区知识产权局、自治区经贸委	新知综字〔2001〕038号	《新疆维吾尔自治区企业专利工作管理办法（试行）》
2003-3-26	自治区知识产权局	新知管字〔2003〕27号	《新疆维吾尔自治区企事业单位专利工作管理制度制定指南》
2003-5-17	自治区发展计划委员会、自治区财政厅、自治区科技厅	新计价费〔2003〕850号	《新疆维吾尔自治区专利纠纷调解处理收费管理规定》
2003-6-11	自治区财政厅、知识产权局	新财建〔2003〕102号	《新疆维吾尔自治区专利申请资助资金管理办法》（2011年修订）
2003-6-11	自治区财政厅、知识产权局	新财建〔2003〕103号	《新疆维吾尔自治区专利实施资金管理办法》（2011年修订）
2004-7-23	自治区第十届人民代表大会常务委员会	自治区第十届人民代表大会常务委员会公告第12号	《新疆维吾尔自治区专利保护条例》（2012年9月修订）
2004-2-19	自治区知识产权局	新知管字〔2004〕12号	《新疆维吾尔自治区地州市知识产权局工作指南》
2005-9-8	自治区知识产权局	新知法字〔2005〕62号	《新疆维吾尔自治区管理专利工作的部门采取封存或者暂扣措施细则》（2013年5月14日废止）
2005-9-12	自治区知识产权局	新知法字〔2005〕63号	《新疆维吾尔自治区专利行政执法规程》（2013年5月14日废止）
2006-11-1	自治区人民政府办公厅	新政办发〔2006〕167号	《关于印发新疆维吾尔自治区加强知识产权保护工作方案的通知》
2007-2-16	自治区知识产权局	新知法字〔2007〕12号	《新疆维吾尔自治区专利保护条例释义》（2013年5月14日废止）
2010-2-20	自治区知识产权局		《新疆维吾尔自治区优秀专利代理机构和优秀专利代理人评选办法（试行）》
2010-4-24	自治区知识产权局		《新疆维吾尔自治区知识产权试点示范企事业单位专利工作服务交流试行办法》

发文日期	发文机关	发文字号	发文名称或内容
2011	自治区知识产权局	新知管字〔2011〕69号	《新疆维吾尔自治区专利申请工作奖励办法（试行）》
2011-5-6	自治区财政厅、知识产权局	新财建〔2011〕167号	《新疆维吾尔自治区专利实施资金和项目管理办法》
2011-5-6	自治区财政厅、自治区知识产权局	新财建〔2011〕168号	《新疆维吾尔自治区专利申请资助专项资金管理办法》
2011-8	自治区知识产权局、自治区国际事务博览局		《中国-亚欧博览会保护知识产权管理办法》
2012-9-28	自治区十一届人大常委会第三十八次会议第三次全体会议审议修订	新疆维吾尔自治区第十一届人民代表大会常务委员会公告第55号	《新疆维吾尔自治区专利保护与促进条例》
2012-10-9	自治区知识产权局、中国人民银行乌鲁木齐中心支行、自治区银监局	新知管字〔2012〕63号	《新疆维吾尔自治区专利权质押贷款管理办法（试行）》
2012	自治区知识产权局		《新疆知识产权优势企业培育工程管理办法》
2012	自治区知识产权局		《新疆维吾尔自治区知识产权托管工作指南》
2012	自治区知识产权局	知管字〔2012〕63号	《2012年度新疆维吾尔自治区专利奖评审办法（试行）》
2013-5-22	自治区知识产权局	新知法字〔2013〕46号	《新疆维吾尔自治区专利行政执法人员管理办法》
2013-5-23	自治区知识产权局	新知法字〔2013〕47号	《新疆维吾尔自治区知识产权局专利行政执法督导与检查工作制度》
2013-5-28	自治区知识产权局	新知法字〔2013〕50号	《新疆维吾尔自治区商业流通领域标注专利标记商品的管理办法》
2013-5-29	自治区知识产权局	新知法字〔2013〕52号	《新疆维吾尔自治区专利行政执法责任制考核办法》
2013-7-12	自治区知识产权局	新知法字〔2013〕62号	《新疆维吾尔自治区知识产权举报投诉奖励办法》
2013-7-15	自治区知识产权局	新知综字〔2013〕65号	《新疆维吾尔自治区知识产权局假冒专利行为行政处罚自由裁量基准》
2013-8-1	自治区知识产权局		《新疆维吾尔自治区知识产权局系统跨地区（州、市）专利行政执法协作协议》
2013.-8-12	自治区知识产权局	新知法字〔2013〕68号	《新疆维吾尔自治区专利行政执法案卷评查制度》
2013-8-23	自治区知识产权局	新知法字〔2013〕71号	《新疆维吾尔自治区知识产权局系统专利行政执法案件督办工作制度》
2013-8-14	自治区知识产权局	新知规字〔2013〕69号	《新疆维吾尔自治区知识产权软科学研究项目管理办法》
2014-5-5	自治区知识产权局	新知综字〔2014〕25号	《新疆维吾尔自治区知识产权局局领导联系基层制度》
2014-2-22	自治区知识产权局	新知法字〔2014〕12号	《中国（新疆）知识产权维权援助中心管理办法（暂行）》

续表

发文日期	发文机关	发文字号	发文名称或内容
2014-2-22	自治区知识产权局		《中国（新疆）知识产权维权援助中心章程（修订）》
2014-2-22	自治区知识产权局		《中国（新疆）知识产权维权援助中心工作人员守则》
2014-2-22	自治区知识产权局		《中国（新疆）知识产权维权援助中心接待工作流程及规范用语》
2014-2-22	自治区知识产权局		《中国（新疆）知识产权维权援助中心电话接听流程及规范用语》
2014-5-5	自治区知识产权局	新知综字〔2014〕26号	《新疆维吾尔自治区知识产权局基层调研工作管理办法》

（三）从规划、计划入手，制订不同时期、不同阶段专利工作规划和工作计划

在工作规划和年度计划的制订工作中，自治区知识产权局通过印发文件、召开座谈会等形式，在广泛征求各方面意见，充分发扬民主，集思广益的基础上形成不同时期、不同阶段专利工作规划和工作计划。

1995年4月，根据《中共新疆维吾尔自治区委员会关于国民经济和社会发展"九五"计划和2010年远景目标的建议》，自治区专利管理部门制订印发了《新疆维吾尔自治区专利工作"九五"计划》。

2001年3月11日，自治区制订印发了《新疆维吾尔自治区专利工作"十五"计划》。

2002年7月12日，自治区知识产权局会同自治区人民政府法制办公室制订印发了《新疆维吾尔自治区"四五"普法专利宣传教育规划》（新知法字〔2002〕31号）。

2004年4月3日，《自治区人民政府办公厅转发自治区知识产权局等部门关于自治区实施知识产权战略推进工程的意见的通知》（新政办发〔2004〕53号）。该通知指出，2004—2009年在全区组织实施知识产权战略推进工程，提出了自治区知识产权万人培训计划等4项任务。

2007年3月17日，自治区知识产权局制订印发了《2007年自治区知识产权宣传工作计划》（新知综字〔2007〕19号）。

2009年3月31日，自治区知识产权局印发《关于组织验收2007年度自治区专利实施计划项目的通知》（新知管字〔2009〕23号），提出了自治区专利实施计划项目验收实施年进度工作计划。

2011年8月7日，自治区人民政府办公厅印发《推进计划》（新政办发〔2011〕14号），提出了自治区知识产权战略实施（2011—2015年）的指导思想、重点工作和目标任务。

2011—2014年，自治区知识产权战略实施领导小组办公室制订印发《2011年新疆维吾尔自治区知识产权战略实施推进计划》（新知战办〔2011〕4号）、《2012年新疆维吾尔自治区知识产权战略实施推进计划》（新知战办〔2012〕1号）、《2013年新疆维吾尔自治区知识产权战略实施推进计划》（新知战办〔2013〕1号）和《2014年新疆维吾尔自治区知识产权战略实施推进计划》（新知办〔2014〕1号），将《战略纲要》和《推进计划》提出的目标任务进行逐年分解落实到各成员单位。

二、专利管理工作

（一）专利实施计划项目管理工作

加强专利实施项目管理，促进专利运用、实现专利技术实施转化及产业化，是专利管理部门的一项重要工作职责。为此，自治区专利管理部门在专利实施项目管理工作实践中，积极与自治区财政等部门一起，通过建立自治区专利项目实施计划、实施专项资金，制定完善自治区专利实施项目、资金管理办法等管理制度以及建立专利实施项目申报→审查立项→中期检查→结题验收等全程监管体系，不断探索并形成将专利制度运用融入项目监管体系的导入机制，引导项目实施主体建立健全专利管理体系、制度和激励机制。通过项目实施资金的支持和专利管理部门的业务指导培训，以及专利战略的制定、专利数据库和预警机制的建立，促进项目实施主体学会运用专利制度的激励机制，促进技术创新、专利创造、保护、管理、技术实施转化和产业化的能力。

在自治区专利项目实施管理工作中，如何提升专利制度运用能力，经历了三个阶段，即"建立专利实施项目管理制度起步阶段、完善专利实施项目管理制度阶段和提升专利实施项目管理能力阶段"。

第一阶段：建立专利实施项目管理制度起步阶段（1995—2000年）。

1995年12月，自治区专利管理局制定出台了《新疆专利实施项目可行性评价管理暂行办法》（新科专管字〔1995〕020号），标志着自治区专利实施项目评价制度的建立。

1996年10月16日，自治区率先在全国建立专利实施专项资金，自治区专利管理局与财政厅共同制定印发《新疆维吾尔自治区专利技术推广基金管理办法（试行）》（新财字〔1996〕125号），并在当年实施专利计划项目6项，划拨专利实施项目资金100万元。

1997年，批准实施自治区专利计划项目7项，拨付专利实施项目资助资金80万元。

1998年，由于自治区财政经费紧张，自治区财政停拨专利实施项目经费。

1999年和2000年，专利实施项目资助资金虽然到位，但只有60万元（1999年和2000年分别为30万元），支持的专利实施计划项目5项（其中1999年4项、2000年1项）。

第二阶段：完善专利实施项目管理制度阶段（2001—2004年）。

2001年5月22日，在由自治区主席阿不来提·阿不都热西提主持召开的第九届自治区人民政府第70次主席办公会议上，自治区知识产权局在工作汇报中反映了专利实施经费不到位和数量减少等情况，引起领导的重视。会后经与自治区财政厅的沟通和协调，从而确保2001年度100万专利实施计划项目资金的落实到位，当年实施专利项目6项。另外，自治区还向国家知识产权局申请并争取到3项"国家第二批示范工程"项目。

2003年6月11日，在对专利实施计划项目管理实践总结的基础上，自治区财政厅、知识产权局对《新疆维吾尔自治区专利技术推广基金管理办法（试行）》（新财字〔1996〕125号）进行了修订和完善，并出台了《新疆维吾尔自治区专利实施资金管理办法》（新财建〔2003〕103号）。此次修改对"自治区专利实施计划项目申请、审批及验收程序、项目的管理和资金的使用等方面进行了进一步的完善和规范。

2002年7月17日，自治区财政厅印发《关于拨付自治区知识产权局2002年专项经费的通知》（新财建〔2002〕223号），向自治区知识产权局拨付专项经费160万元，其中专利实施计划项目经费100万元。10月14日，自治区知识产权局印发《关于下达2002自治区专利实施项目计划的通知》（新知管字〔2002〕37号）。安排2002年自治区专利实施计划项目11项，划拨专利实施经费100万元，带动其他投入9000多万元，实现产值3亿元。累计实现产值10.39亿元，利润1.169亿元，税金1.32亿元。

2003年，在专利实施计划项目的管理工作中，自治区知识产权局坚持与时俱进，探索创新，提出了追踪问效、动态管理的措施，实现了"三个结合"：一是将专利实施计划项目管理与试点工作相结合，将专利实施资助资金向试点区域和试点企业倾斜，通过项目管理，使项目承担单位和项目所在区域知识产权管理工作具体化、目标化；二是将专利实施计划项目与知识产权战略运用相结合，将专利战略的运用导入项目实施的全过程，通过专利实施计划项目促项目所属领域专利战略的研究、实施和运用，以带动全区知识产权战略推进工程的强化实施；三是将实施计划项目管理与推动地州、企业专利专项经费投入相结合，实现实施资助资金的引导作用，带动地州市专利实施项目配套经费落实，使全区知识产权资金投入保持持续增长的态势。

2004年，批准自治区专利实施计划项目11项，划拨项目实施经费100万元，项目实现产值25229.74万元，带动各方投资1.2亿元。

第三阶段：提升专利实施项目管理能力阶段（2005—2014年）。

2005年，自治区创新专利实施项目管理，提出并推进"专利实施资助项目知识产权战略导入工程"，即在专利实施项目立项、检查、验收的过程中，既强化项目承担单位所实施项目的效益统计分析，更强化项目实施主体知识产权工作体系、制度和奖励机制的建立健全、人员队伍的建立和培训和项目专业领域专利信息研究分析等方面。将专利文献检索、分析贯穿项目立项前、立项中和验收时的全过程。通过专利项目实施，达到促进项目承担单位知识产权运用能力提升的目的。

2005年，按照"专利实施资助项目知识产权战略导入工程"要求，批准自治区专利实施计划项目13项，划拨项目实施经费140万元。

2006年，对2005年和2006年立项的专利实施项目进行了验收和管理。在此基础上，在全国率先编印了《2005年度新疆专利实施计划项目专利信息研究分析报告集》。8月18日，自治区财政厅、知识产权局联合印发《关于下达2006年度自治区专利实施项目计划的通知》（新知管字〔2006〕46号），批准自治区专利实施计划项目18项，划拨专利实施经费200万元。

2007年，自治区知识产权局对"专利实施资助项目知识产权战略导入工程"进行了全面总结。其成功的经验和做法，在2007年4月召开的"全国知识产权局局长工作会议"上进行了交流和推广，受到国家知识产权局的肯定和与会代表的好评。2007年，批准自治区专利实施计划项目26项，划拨专利实施经费300万元，同比增长50.0%。在专利实施项目管理工作中将资金的投向、使用范围、项目申报、资金管理等内容进一步明确，强化了项目及资金的管理力度。此外，对实施项目合同进行了进一步修改，对承担单位项目执行期间的知识产权人员培训及培训内容、知识产权制度建设、项目所属领域专利数据库建设、项目所属领域专利分析研究等予以了具体细化，探索形成了推进拥有自主知识产权的技术和产品做大做强的长效机制。

2008年，在项目的管理工作中又有新的改进，并采取了几项新做法：一是在立项前深入基层进行调研。为保证立项的质量，立项前，自治区知识产权局领导和项目管理人员先后深入乌鲁木齐等4地州市的14个企业进行调研；二是项目申报严格按照规定和申报程序进行，以充分调动地州市知识产权局参与项目管理的积极性和创造性；三是在项目评审中组织专家逐项进行打分和可行性论证，以保证立项的科学性。当年实施项目重点扶持的是自治区高新技术和优势产业领域，资金支持项目额度高于往年。2008年，自治区财政厅、知识产权局联合下达2008年度自治区专利实施计划项目21项，划拨实施经费300万元，带动其他投入25033万元。

2009年，自治区在推进国家专利实施与产业化工程中，组织申报国家专利产业化推进工程项目16个。当年，自治区科技厅、知识产权局批准实施自治区专利实施计划项目22项，划拨专利实施经费300万元。

2010年4月，自治区发布实施《战略纲要》，迎来了专利管理工作的春天。自治区财政加大对专利实施的投入，自治区专利实施计划项目经费由上年度的300万元增加到1000万元，同比增长233.3%，是上年度的3.3倍。在专利实施项目管理工作中，经过申报—初审—专家评审，最终确定2010年自治区专利实施计划项目32项，划拨专利实施经费1000万元。支持的专利项目不但数量上提高，同比增长45.5%，而且项目支持的额度明显提升。以往一个项目最多不超过30万元，2010年出现了70万元的项目。

2011年，自治区对专利实施项目管理制度进一步修改完善，在认真总结的基础上，对2003年修订的《新疆维吾尔自治区专利实施资助资金管理办法》（新财建〔2003〕103号）进行了修订和完善，并形成《新疆维吾尔自治区专利实施资金和项目管理办法》。2011年，批准自治区专利实施计划项目35项，划拨实施经费1000万元，带动企业累计投入达1.84亿元。

2012年，批准自治区专利实施计划项目65项，其中新列项目32项，结转上年度项目33项，划拨专利实施经费1100万元，同比增长10.0%。

自治区专利实施资金随着自治区的经济发展而不断增长，并形成增长机制。

2013年6月4日，自治区知识产权局、财政厅联合印发"新知管字〔2013〕57号"通知，下达2013年度自治区专利实施计划项目91项（新上项目51项，结转项目40项），项目总经费达到47686万元；自治区财政划拨经费1500万元，比上年增长50%。

2014年，自治区知识产权局、财政厅联合下达自治区专利实施计划项目152项，其中新上项目69项，共划拨专利实施经费2000万元，同比增长33.3%。

截至2014年12月，自治区实施专利计划项目累计达到376项，自治区财政划拨专利实施项目经费累计达到8380万元。

表9-3 新疆维吾尔自治区专利实施计划项目统计表
（1996—2014年）

年份	实施项目数（项）	项目经费（万元）	财政划拨经费（万元）
1996	6	100	100
1997	7	80	80
1998	0	0	0
1999	4	30	30
2000	1	30	30
2001	7	100	100
2002	10	100	100
2003	11	100	100
2004	11	100	100
2005	13	140	140
2006	18	200	200
2007	26	200	200
2008	21	300	300
2009	22	300	300
2010	32	1000	1000
2011	35	1000	1000
2012	32	1100	1100
2013	51	1500	1500
2014	69	2000	2000
合计	376	8380	8380

总之，30年来，自治区重视专利实施计划项目管理的创新和能力的提升。一是以专利项目申报为突破口，对《新疆维吾尔自治区专利实施资助资金管理办法》和《新疆维吾尔自治区专利项目申报书》进行多次修改和完善，将专利管理机构、队伍、制度、档案和奖励机制的建立和人员培训、专利信息的利用等指标体系融入专利项目申报体系之中。通过项目申报，使项目管理部门了解和掌握项目申报主体的专利工作现状，促使项目申报主体增强专利意识，建立完善的专利工作体系、队伍、制度和机制；二是在专利项目管理工作中建立知识产权运用导入机制。通过专利项目立项的专家论证、项目中期的检查和项目结题的验收等环节，指导专利项目实施主体专利工作体系、制度和激励机制的建立和完善，引导项目实施单位建立专利数据库、开展专利信息等人员培训，提升专利信息利用能力。帮助指导项目实施主体建立预警机制，制定专利战略，提升专利保护能力和产品市场竞争力。通过专利项目实施，促进专利项目实施单位技术创新，增强专利等知识产权创造、转化和产业化能力，促进了企业专利产出的快速增长。例如，2014年自治区企业的专利申请受理量达到5020件，是2009年的6.6倍，同比增长561.4%，是1996年设立专利实施资金当年企业专利申请的74.9倍。

（二）专利申请工作管理

1.宣传推广专利申请工作先进典型

自治区专利管理局宣传推广乌鲁木齐石油化工总厂和中科院新疆分院建立专利申请奖励机制，鼓励发明创造，促进专利实施转化的经验和做法。乌鲁木齐石油化工总厂对职务发明专利申请人或者设计人，在专利申请后，对每1件专利奖励1000元，授权后再奖励1000元；在专利实施后，从每年的效益中提取10%作为奖金。1996年该厂兑现专利申请奖金2万元。中科院新疆分院每年拨出一定的专利事业费资助专利工作，对研究所申请职务发明每一项补助申请和代理费40%，并对发明人、设计人给予物质奖励；获得授权的专利可与获得省部级科技成果进步二等、三等奖同等对待，而且在专利技术转让或许可在企业生产应用之后，从转让费中支取50%作为奖金发给发明人、设计人，还在科研人员评职称、业绩考核中加重了专利分量。

2.建立自治区专利申请资助资金

2002年，经自治区政府批准设立自治区专利申请资助资金。该资金主要用于资助自治区境内的企事业单位、国家机关、社会团体和个人申请国内外专利，以职务发明和发明专利为资助重点，以提高自治区专利申请数量、质量和增强全区广大公众的知识产权意识，激发发明人的创造热情为目标。

3.建立完善专利申请管理制度

2003年3月12日，自治区财政厅、知识产权局联合出台《新疆维尔自治区专利申请资助资金管理办法》（新财建〔2003〕102号），出台了自治区专利申请资助管理制度。2011年，自治区财政厅、知识产权局联合修订出台了《新疆维吾尔自治区专利申请资助资金管理办法》。优化专利申请资助经费使用结构，引导专利申请由提高数量转到提高质量，重点资助获权的发明专利和向国外申请的专利。与此同时，不断加大对专利申请资助力度。在自治区人民政府的支持下，自治区专利申请资助资金逐步得到增加，由2002年的40万元、2008年的100万元，增加至2011的200万元。截至2014年12月，累计落实自治区专利申请资助资金1275万元，支持的专利申请达17648件。

采取积极措施，支持企事业单位向国外申请专利。2011年12月7日，自治区财政厅、知识产权局联合印发《关于下达2011年资助向国外申请专利中央财政专项资金预算的通知》（新财建〔2011〕763号），资助专利申请6件，划拨资助资金32万元。根据国家财政部《关于印发〈资助向国外申请专利专项资金管理办法〉的通知》（财建〔2012〕147号）、国家知识产权局《关于印发〈资助向国外申请专利专项资金申报管理暂行办法〉的通知》（国知发管字〔2012〕65号）和《关于印发〈资助向国外申请专利专项资金申报细则（暂行）〉的通知》（国知发管字〔2012〕67号）的文件要求，2012年8月10日，自治区知识产权局、财政厅联合印发《关于申报自治区2012年度资助向国外申请专利专项资金的通知》（新知综字〔2012〕52号）。在全区组织开展2012年度资助向国外申请专利专项资金申报工作。

表9-4　新疆维吾尔自治区专利申请资助情况统计表（2002—2014年）

序号	年份	资助专利申请（件）	发放资助金额（万元）	拨款总额（万元）
1	2002	128	8.207	40.0
2	2003	751	54.728	40.0
3	2004	1200	83.393	40.0
4	2005	672	48.486	40.0
5	2006	618	51.169	40.0
6	2007	973	51.13	25.0
7	2008	387	101.9945	100.0
8	2009	469	35.1335	50.0
9	2010	852	74.046	100.0

续表

序号	年份	资助专利申请（件）	发放资助金额（万元）	拨款总额（万元）
10	2011	1396	186.9126	200.0
11	2012	1764	178.92	200.0
12	2013	3440	181.42	200.0
13	2014	4998	200.0	200.0
	合计	17648	1255.5396	1275.0

表9-5　新疆企业获得中央向国外申请专利专项资金情况表（2009—2013年）

序号	资助年份	所属地州市	单位	资助金额（万元）
1	2009	乌鲁木齐	新疆特丰药业股份有限公司	3
2		克拉玛依	克拉玛依市金牛信泰工业控制有限公司	24
3		昌吉回族自治州	新疆特变电工股份有限公司	6
4	2010	昌吉回族自治州	新疆特变电工股份有限公司	38
5		克拉玛依市	中国石油集团西部钻探工程有限公司	2
6		乌鲁木齐市	新疆阳光动力能源科技有限公司	1
7			新疆华世丹药物研究有限责任公司	6
8	2011	乌鲁木齐市	乌鲁木齐一枝好生物科技有限公司	27
			中国科学院新疆理化技术研究所	1
			新疆埃乐欣药业有限公司	1
9		昌吉回族自治州	新疆特变电工股份有限公司	3
10	2012	昌吉回族自治州	新疆特变电工股份有限公司	11
11		克拉玛依市	克拉玛依市金牛信泰石油设备有限公司	11
12		乌鲁木齐市	乌鲁木齐简力捷速工业技术有限公司	12
13	2013	乌鲁木齐市	特变电工新疆新能源股份有限公司	3
14			乌鲁木齐生宇机电科技有限公司	4
15			新疆华世丹药物研究有限责任公司	5
16			乌鲁木齐龙鹏兴达科技开发有限公司	5
17			新疆现代石油化工股份有限公司	4
18			新疆埃乐欣药业有限公司	3
19	2013		乌鲁木齐斯潘古尔技术有限公司	5
20			新疆天地集团有限公司	5
21		博尔塔拉蒙古自治州	博尔塔拉蒙古自治洲万力源科技开发有限责任公司	5
	合计			185

4.建立专利申请目标责任制

　　为确保专利创造指标的实现，2011—2014年，自治区在制订实施年度《新疆维吾尔自治区知识产权战略实施计划》《自治区专利事业发展战略实施计划》和在战略实施评价考核工作中，都将专利数量和质量作为重要指标纳入战略实施目标和战略考核评价体系。每年年初，自治区知识产权局在对上年度专利申请状况统计分析的基础上，制定地州市和专利代理机构的专利申请和专利代理指标，与各地州市知识产权局和专利代理机构签订《专利申请目标责任书》，将专利申请和专利代理的数量和质量作为年终工作考核评优的重要指标。2011年4月10日，自治区知识产权局印发《关于奖励2010年年度完成专利申请指标任务单位的通报》（新知管字〔2011〕30号），按照规定对完成和超额完成专利申请和专利代理指标任务的5个地州市知识产权局和2个专利代理机构进行了奖励，发放奖励资金48580元。2013年11月29日，自治区知识产权局印发《关于2013年度地州市专利申请量考核结果的通知》（新知管字〔2013〕94号），对11个完成和4个未完成2013年度专利申请指标任务的地州市进行了通报。

5.加强对专利申请工作的检查指导

为提高自治区专利申请质量，2008年2月2日，根据国家知识产权局印发的《当前我国专利申请中出现的若干值得注意的情况》中提到的新疆在专利申请中存在着非正常专利申请现象，自治区知识产权局及时召开专题会议进行研究，并指定专人负责进行调查，要求找明原因，提出对策。2013年7月，根据国家知识产权局《关于进一步提升专利申请质量的若干意见》，自治区知识产权局结合一些地区和单位在专利申请工作出现的非正常专利申请等现象，及时召开会议进行分析研究，并于7月12日印发《关于2012年度自治区专利申请无费视撤情况的通知》（新知综字〔2013〕64号），组成由局领导担任组长的3个专题调研小组，深入乌鲁木齐、昌吉、伊犁、塔城、吐鲁番、哈密等地州市及企业进行了有针对性的专项调研，找出了问题存在的原因，提出了对策措施。要求地州市知识产权局加强对专利申请的动态监管；要求乌鲁木齐专利代办处和新疆专利代理机构对专利申请单位和人员适时提醒缴费；要求自治区知识产权局规划发展处加强对新疆各地、各单位及个人专利申请状况进行适时跟踪，对专利申请数量和质量进行定期统计和分析，针对存在的问题提出对策，并通过印发《新疆专利动态》加强对全区专利申请工作的指导。

积极加强对专利申请资助资金的监管。2014年4月27—29日，自治区知识产权局在乌鲁木齐市召开"自治区专利申请资助工作会"。15个地州市知识产权局领导、专利申请资助部门负责人和项目专管员参加。会议对2013年专利申请资助工作进行总结和经验交流；对2014年专利申请资助工作进行了研究部署。

大力推进专利电子申请工作。2010年8月16日，自治区知识产权局印发《关于推广普及专利电子申请工作的通知》（新知综字〔2010〕45号），并于8月31日举办自治区专利电子申请培训班，对新疆大专院校、科研院所、试点示范企业及专利代理机构知识产权专业管理人员进行了培训。

（三）软科学项目管理

软科学研究是以实现决策科学化、民主化和管理现代化为宗旨，以推动经济、科技、社会的持续协调发展为目标，针对决策和管理实践中提出的复杂性、系统性课题，综合运用自然科学、社会科学和工程技术的多门学科知识，运用定性和定量相结合的系统和论证手段而进行的跨学科、多层次的科研活动。该项研究是为人们解决各类复杂社会问题提出可供选择的各类途径、方案、措施和决策。它的主要目标是为各级管理决策部门提供咨询服务。同时，也为推进社会咨询业的发展提供服务。

新疆知识产权（专利）软科学研究始于1995年，研究专题包括专利实施及市场、专利资产评估、专利保护、专利制度与技术创新、企业专利战略、一奖两酬、专利文献与利用、专利纠纷调处等方面。1995—1997年，共发表论文38篇，调研报告1篇。其中，在《专利研究》（1996）刊登1篇，《知识产权》（1997）刊登2篇，《中国知识产权报》刊登35篇。

2004年，根据国家知识产权战略的总体设想，制定、实施新疆知识产权战略推进工程；围绕新疆的优势产业，完成《新疆知识产权战略研究》《新疆棉花产业专利战略研究》和《新疆红色产业专利战略》等研究课题。

1.软科学研究项目管理工作

2013年自治区知识产权局归口管理自治区知识产权软科学研究计划项目。

2013年9月10日，自治区知识产权局制定出台《新疆维吾尔自治区知识产权软科学研究项目管理办法》

（新知规字〔2013〕69号），并首次发布《2013—2014年自治区知识产权局软科学研究项目指南》。

2013年11月4日，自治区知识产权局印发《关于转发〈国家知识产权局办公室关于申报2014年度软科学研究计划和专利战略推进工程项目的通知〉的通知》，在全区组织开展了2014年度软科学研究计划和专利战略推进工程项目申报工作。

2014年11月21日，自治区知识产权局印发《关于组织申报2015年国家知识产权局软科学研究项目的通知》，对申报2015年软课题研究项目工作进行了部署和要求。

2.新疆软学研究项目

据不完全统计，自治区专利管理部门和新疆发明协会主持和参与的软科学研究项目有16项：

（1）新疆知识产权战略研究；

（2）新疆棉花产业专利战略研究；

（3）新疆红色产业专利战略；

（4）新疆优势产业知识产权战略研究；

（5）在科技管理工作中建立知识产权运用导入机制的对策研究；

（6）新疆优势产业知识产权状况调查分析与对策研究；

（7）新疆科技成果项目知识产权现状调查分析研究及对策；

（8）新疆技术转移及其专利实施许可现状和对策研究；

（9）新疆专利战略上下联动推进的实施模式、重点任务及支持条件研究；

（10）中亚五国和俄罗斯专利保护环境及合作对策研究；

（11）新疆特色农产品精加工专利战略研究；

（12）新疆知识产权战略实施情况评估研究；

（13）新疆区域知识产权（专利）资源分析；

（14）提升新疆中小企业知识产权运用能力研究；

（15）新疆丝绸之路经济带核心区知识产权促进项目；

（16）新疆专利密集型企业的产业创新支撑能力分析。

表9-6　新疆维吾尔自治区知识产权软课题研究项目统计表

年度	项目名称	组织单位	承担单位及人员	项目联系人
2004	新疆知识产权战略研究	自治区知识产权局	自治区知识产权局、新疆发明协会	雷筱云
	新疆棉花产业专利战略研究			
	新疆红色产业专利战略			
2005	新疆优势产业知识产权战略研究	国家知识产权局	自治区知识产权局、新疆发明协会	雷筱云
2011	在科技管理工作中建立知识产权运用导入机制的对策研究	科技厅	自治区知识产权局、新疆发明协会	薛卫东
	新疆优势产业知识产权状况调查分析与对策研究	科技厅支疆办公室	新疆发明协会等	史治勋
	新疆科技成果项目知识产权现状调查分析研究及对策	科技厅	新疆发明协会等	史治勋
2012	新疆技术转移及其专利实施许可现状和对策研究	国家知识产权局	乌鲁木齐专利代办处、生产力促进中心	刘山玖

年度	项目名称	组织单位	承担单位及人员	项目联系人
2012	新疆专利战略上下联动推进的实施模式、重点任务及支持条件研究	国家知识产权局	自治区党委政策研究室	宋增科
2013	中亚五国和俄罗斯知识产权保护环境及合作对策研究	国家知识产权局	新疆科技发展战略研究院	牛新民
	新疆特色农产品精加工专利战略研究	国家知识产权局	新疆农科院	房世杰
	新疆知识产权战略实施情况评估研究	国家知识产权局	自治区知识产权局、新疆发明协会	薛卫东
2014	新疆区域知识产权(专利)资源分析	国家知识产权局	张华山	郝治国
	提升新疆中小企业知识产权运用能力研究	国家知识产权局	中恒高博	林美玉
2015	新疆丝绸之路经济带核心区知识产权促进项目	国家知识产权局	新疆科技发展战略研究院	王强
	新疆专利密集型企业的产业创新支撑能力分析	国家知识产权局	国家知识产权局	郝治国

3.新疆软课题研究成果

(1)《新疆优势产业知识产权战略研究》课题研究成果。

由自治区知识产权局等单位承担的国家知识产权软科学研究课题——《新疆优势产业知识产权战略研究》，经过两年多的研究，于2005年10月通过国家知识产权局验收。该课题对新疆优势产业的发展现状和技术创新进行了全面深入的剖析，并借鉴国外实施知识产权战略和国内其他省区市知识产权工作的做法和经验，提出了新疆优势产业知识产权的战略定位、指导思想、战略目标、战略布局和实施措施，对自治区优势产业在知识产权的保护和促进下做大做强，提高核心竞争力和市场竞争力有十分重要的指导意义。该项研究获国家知识产权局2005年软课题研究二等奖。

(2)《新疆科技成果项目知识产权现状调查分析研究及对策》课题研究成果。

为实施科教兴国战略和国家知识产权战略，进一步提升新疆科技创新、知识产权创造、运用、保护和管理水平，根据国家知识产权局2012年《软科学研究项目合同书》的要求，新疆发明协会于2010—2011年组织开展了《新疆科技成果项目知识产权现状调查分析研究及对策》软课题研究。经过2年多时间，完成了对新疆2001—2010年科技成果项目中的知识产权状况进行了全面的调查和系统的研究分析，在摸清自治区科技成果项目知识产权状况及存在的问题的同时，针对长期在科技管理工作存在的科技管理人员知识产权意识不强，知识产权专业知识普及不够；在科技管理工作中重科技立项、轻知识产权运用；重资金投入，轻知识产权产出；重技术创新、成果创造，轻专利产出、保护，以及在科技创新主体、市场主体的知识产权体系、队伍、制度、机制不健全，科技成果项目管理工作与知识产权工作"两张皮"现象，提出了将知识产权制度运用导入科技项目管理工作之中的融入机制和切入点。该课题研究获得成果已在自治区专利项目实施工作中得到运用，并收到良好效果。该课题研究对于实施国家及自治区知识产权战略，加快经济发展方式转变，促进自治区科技管理法规、政策、制度的进一步完善，促进市场主体和创新主体知识产权体系、知识产权管理制度、奖励机制的不断完善，全面提升科技管理工作中的知识产权运用水平，实现新疆跨越式发展目标具有重要意义。

(3)《新疆优势产业知识产权状况调查分析与对策研究》课题研究成果。

2011年6月，新疆维吾尔自治区发明协会申报了自治区科技援疆计划项目——《新疆优势产业知识产权状况调查分析与对策研究》项目。经过2年多的调查研究，2003年12月完成了项目申报规定的任务，达到了预期考核目标和技术指标。2014年4月，该课题通过专家论证。该课题主要任务是：开展对新疆优势产业知识产权状况的调查和专利信息检索分析，进一步了解和掌握新疆优势产业知识产权体系、法规、政策、制度、机制和知识产权创造、运用、保护和管理等方面取得的成绩和存在的问题。针对存在的问题，运用知识产权制度的功能进行分析研究，提出知识产权制度融入新疆优势产业主体的机制以及结合点、切入点；提出提升新疆优势产业知识产权运用能力的对策、措施。根据新疆优势产业的实际和需要开展相关人才培训，加强知识产权人才队伍建设，建立完善新疆优势产业知识产权数据库，搭建专利信息服务平台；形成激励技术创新、提升知识产权创造、运用、保护、管理能力和水平，为新疆优势产业又好又快发展提供有力支撑。

（4）《中亚五国和俄罗斯专利保护环境及合作对策研究》课题研究成果。

2013—2014年，自治区知识产权局组织新疆科技发展战略研究院承担的由国家知识产权局下达的《中亚五国和俄罗斯专利保护环境及合作对策研究》课题研究工作。2014年12月，该研究项目通过专家评估验收。

该项目研究通过对俄罗斯联邦及中亚五国立法特点、法律法规和专利法律环境的发展及变化的分析研究，从而为我国政府、企业拓展俄罗斯和中亚市场以及未来发展提供重要的参考意见。

①首次对俄罗斯联邦及中亚五国专利法律保护环境的发展和变化，进行了比较系统的研究，加深了学术界对中亚地区知识产权的了解，为中国加强同俄罗斯及中亚五国开展知识产权合作，建立知识产权双边、多边合作机制，提供了重要的理论依据。

②首次将中国与俄罗斯及中亚五国知识产权法律法规进行比较，为进一步加强中国企业同俄罗斯及中亚国家的经贸合作提供较为切实可行的路线途径，对丝绸之路经济带战略的实施及新疆核心区的建设具有重要的理论意义和现实意义。

③首次研究俄罗斯及中亚五国专利法的立法特点、法律规定及实施路径，通过与中国专利法律实践的对比，探讨俄罗斯及中亚五国专利法律保护环境评价，为今后进一步深入开展俄罗斯及中亚五国知识产权保护环境研究做了一些基础性工作。

④该项目已发表学术论文1篇，待发表论文5篇，初步形成可供参考的相关报告6份：俄罗斯专利法律环境及中国企业应对研究、中国企业在哈专利保护战略路线研究、乌兹别克斯坦知识产权问题研究、塔吉克斯坦知识产权问题研究、土库曼斯坦的专利制度、吉尔吉斯共和国的专利制度。

上述课题的研究，为推进商贸、海关、外向型企业等知识产权保护，探索促进中亚合作交流、加强知识产权保护政策的制定、机制的建立和工作的开展提供了依据。

（四）专利代理监督管理

专利代理监督管理的目的是完善专利代理制度，维护专利代理行业的正常秩序，保障专利代理机构和专利代理人依法执业。

国家知识产权局和各省、自治区、直辖市知识产权局依照我国的《专利法》《专利代理条例》和《专利代理管理办法》对专利代理机构、专利代理人进行监督和管理。

中华全国专利代理人协会和新疆维吾尔自治区发明协会，按照有关章程，对专利代理机构和专利代理人进行组织和引导，使其模范执行《专利法》《专利代理条例》和《专利代理管理办法》，规范执业行为，严格行业自律，不断提高行业服务水平。

在市场条件下，建立完善专利代理服务体系、制度和机制，加强对专利代理服务机构和专利代理人员的监管，强化业务培训，提高专利代理业务能力和服务水平，是专利管理部门管理工作重要工作职责之一。对于提升专利创造、运用、保护和管理能力具有重要的促进和保障作用。

1.建立专利代理监管制度

1985年以来，自治区先后制定和转发专利代理监管制度多个。1985年9月5日，自治区科委制定印发《关于贯彻执行"有关专利代理工作的几项暂行规定"的通知》（新科专字〔85〕110号）。1987年7月13日，自治区科委制定了《新疆维吾尔自治区专利代理工作暂行规定》（新科专字〔1987〕101号）。1988年3月3日，自治区科委、物价局联合印发《新疆维吾尔自治区专利代理收费标准的暂行规定》（新科专字〔1988〕037号）。1999年1月25日，自治区专利管理局印发《关于专利申请代理收费的补充规定》（新专管字〔1999〕03号）。

2003年7月15日，自治区知识产权局印发《关于转发〈专利代理管理办法〉和〈专利代理惩戒规则〉（试行）的通知》（新知管字〔2003〕41号）。2010年2月20日，自治区知识产权局制定印发《新疆维吾尔自治区优秀专利代理机构和优秀专利代理人评选办法（试行）》。

2.建立专利代理惩戒委员会

2003年6月20日，根据国家知识产权局《专利代理惩戒委员会工作章程（试行）》的规定，自治区知识产权局印发"新知管字〔2003〕37号"通知，决定成立"新疆维吾尔自治区专利代理惩戒委员会"（简称"惩戒委员会"）。"惩戒委员会"由主任1人、委员4人组成。主任由自治区知识产权局领导担任；委员由自治区知识产权局负责专利代理监管工作的相关人员和专利代理机构的代表组成。"惩戒委员会"的主要职责是：在自治区知识产权局领导下，依法对违规专利代理机构和专利代理人进行惩戒。

2008年6月2日，印发《关于调整新疆维吾尔自治区专利代理惩戒委员会成员的通知》，根据人员变化，自治区知识产权局对自治区专利代理惩戒委员会成员进行了调整。

表9-7　新疆维吾尔自治区专利代理惩戒委员会成员名单

成立、改选时间	委员会职务	姓名	工作单位及职务
2003-6-20	主任	田湘勇	自治区知识产权局副局长
	委员	雷筱云	自治区知识产权局管理实施处处长
		史治勋	自治区知识产权局管理实施处调研员
		白志斌	乌鲁木齐新科联专利事务所（有限公司）所长
		张莉	乌鲁木齐中科新兴专利事务所所长
2008-8-2	主任	马庆云	自治区知识产权局局长
	副主任	谭力	自治区科技厅副巡视员、知识产权局局长
	委员	薛卫东	自治区知识产权局管理实施处处长
		史治勋	自治区知识产权局管理实施处调研员
		白志斌	乌鲁木齐新科联专利事务所（有限公司）所长
		张莉	乌鲁木齐中科新兴专利事务所所长

3.加强对专利代理机构的监管

（1）将专利代理管理作为重要工作来抓。

自治区知识产权（专利）局通过组织召开专利代理机构负责人会议，传达学习贯彻全国专利代理管理工作会议精神；签订专利代理申请任务协议；开展年度代理业务工作总结和评优；每年定期组织开展专利代理机构和专利代理人年检工作等措施，加强对专利代理机构和专利代理人的管理。例如，2006年4月18日，自治区召开了专利代理机构负责人会议，传达2006年全国专利代理管理工作会议精神，局领导讲话，对改制后自治区专利代理工作面临的新情况、新问题进行了座谈，针对存在的恶意压价不正当竞争等问题，达成了行业自律共识。会后，由专利代理机构自行制定出台《新疆专利代理机构自律公约》。

（2）加强监管，规范专利代理服务工作。

按照国家知识产权局的委托授权，依照专利代理管理法规对专利代理机构的成立、更名、撤销、发证、收证和年检等工作进行监管。

1986年6月26日，自治区专利管理处"新专发〔86〕001号"批复，批准石河子市专利事务所成立。

1997年10月23日，自治区专利管理局印发《关于进行专利代理人普查的通知》（新专管字〔1997〕020号），自治区专利管理局在全区组织开展了专利代理队伍普查。

2003年1月6日，为贯彻实施国家知识产权局印发的《专利代理人代码标准》（第十四号令）和《专利代理人代码标准实施方案》，推行专利申请代理的标准化和专利申请文件的规范化，自治区知识产权局向自治区各地州市知识产权局和专利中介服务机构转发了《关于转发国家知识产权局〈关于印发专利代理人代码标准实施方案的通知〉的通知》。7月15日,自治区知识产权局印发"新知管字〔2003〕41号"通知,向新疆6个专利代理机构转发了国家知识产权局印发的《专利代理管理办法》和《专利代理惩戒规则》。9月,根据国家知识产权局和中华全国专利代理协会《关于换发专利代理人资格证和专利代理执业证的通知》要求,自治区知识产权局在全区组织开展了换发《专利代理资格证》和《专利代理工作证》工作。

2004年1月29日,根据国家知识产权局条法司专利代理管理处印发的《关于乌鲁木齐专利事务所年检不合格的通知》(法代准检字04002号)和乌鲁木齐专利事务所在注销前对所代理的案件清理不彻底等问题,自治区知识产权局要求乌鲁木齐市知识产权局对乌鲁木齐专利事务所专利申请案件清查工作进行督办。3月11日,乌鲁木齐科技局(知识产权局)按照自治区的要求上报了《关于注销乌鲁木齐专利事务所专利代理机构的请示》(乌科发〔2004〕11号)和该所注销前对有关专利代理案件处理的资料。3月12日,自治区知识产权局对乌鲁木齐市知识产权局的报告作出"新知管字〔2004〕17号"批复,并于3月15日向国家知识产权局条法司专利代理管理处上报《关于注销乌鲁木齐专利事务所专利代理机构及处理善后工作情况的报告》(新知管字〔2004〕20号),在4月29日与乌鲁木齐市知识产权局协商有关乌鲁木齐专利事务所注销后处理善后事宜,并形成五点处理意见:一是将受理但没有授权的专利申请案件移交乌鲁木齐合纵专利事务所。二是对自成立以来所接收的专利申请案件进行全面彻底清理。三是对没有失效的案件与申请人或权利人签订中止协议,办理相关手续,并将有关协议报自治区知识产权局和国家知识产权局专利代理管理处。四是在新疆日报和新疆专利信息网站上刊登公告。五是与国家知识产权局专利审查部综合处核对案件。4月30日,在新疆专利信息网站上全文刊登《乌鲁木齐专利事务所注销公告》。2005年1月27日,自治区知识产权局印发并向国家知识产权局上报《关于注销新疆专利服务中心专利代理机构的决定》(新知管字〔2005〕10号)。该机构于2005年1月1日正式注销。

2004年3月8日,按照中华全国专利代理人协会的要求,完成新疆专利代理人登记换证工作。新换专利代理人资格证的人员41人,新换专利代理执业证书的人员18人。

2004年4月5日,根据国家知识产权局专利代理管理处的电话要求和请求人提出的《关于撤销克拉玛依市深思专利事务所专利代理资格的请求》纸质文件及其有关证明材料,自治区知识产权局于4月19日通过电话与其主管部门——克拉玛依市知识产权局局长胡克通话并将"克拉玛依市深思专利事务所存在的人员假脱钩(该所专利代理人员是企业的兼职人员,而不是无单位的专职人员)弄虚作假等情况"与他进行了通报,并要求提出处理意见。经过认真的调查落实后,自治区知识产权局于6月18日印发"新知管字〔2004〕33号"处理通知,对该所作出了停业3—6个月业务的处理决定。2015年1月27日,自治区知识产权局作出并印发《关于撤销克拉玛依市深思专利事务所专利代理机构的决定》(新知管字〔2005〕11号),决定该机构从2005年1月1日起正式撤销。

2005年3月1日,国家知识产权局批准成立石河子联恒专利代理事务所,但鉴于该所在成立时报批程序不规范,国家知识产权局建议撤销该机构。为此,7月28日,自治区知识产权局印发《关于注销石河子联恒专利代理事务所机构的批复》(新知管字〔2005〕46号),批准注销石河子联恒专利代理事务所机构。与此同时,根据石河子市专利事务所的申请,自治区知识产权局印发《关于石河子市专利事务所更名的批复》(新知管字〔2005〕45号),同意将石河子市专利事务所更名为石河子恒智专利代理事务所。8月15日,根据自治区知识产权局的报告,国家知识产权局条法司专利代理管理处印发《关于批准石河子恒智专利代理事务所变更注册事项的通知》(法代准更字第05116号),批准石河子市专利事务所更名为石河子恒智专利代理事务所,接收石河子市专利事务所和石河子联恒专利代理事务所的业务。

2012年7月2日,鉴于北京中恒高博知识产权代理有限公司2011年度年检不合格等情况,自治区知识产权局印发"新知管字〔2011〕42号"处理通知书,对北京中恒高博知识产权代理有限公司乌鲁木齐办事处作出撤销2011年度优秀专利代理机构称号的处理决定。

根据国家知识产权局的安排和要求,从2003至2014年,在每年的9月1日—10月31日,依照《专利代理管理条例》和《专利代理管理办法》等规定对新疆区域的专利代理机构和专利代理人进行年检。根据社会群众举报，对不具有专利代理资质的违规代理机构和代理人进行执法检查并作出处理意见。截至2014年年底，发现和处理的违规专利代理机构有4个，违规人员有6人。

4. 积极参与全国专利代理协会工作

2010年2月21日，按照国家知识产权局办公室《关于推选中华全国专利代理人协会第八届全国会员代表大会代表和理事候选人的通知》（办法〔2010〕8号）要求，自治区知识产权局在全区组织开展了推选中华全国专利代理人协会第八届全国会员代表大会代表和理事候选人活动。经过推选和自治区知识产权局研究决定，同意推荐乌鲁木齐新科联专利代理事务所（有限公司）所长白志斌和乌鲁木齐合纵专利商标事务所长汤建武为中华全国专利代理人协会第八届全国会员代表大会代表和理事候选人；石河子恒智专利代理事务所所长李伯勤为中华全国专利代理人协会第八届全国会员代表大会代表候选人。2013年7月24—25日，中华全国专利代理人协会在北京召开"第九届全国代表大会"。乌鲁木齐合纵专利商标事务所所长汤建武、石河子恒智专利事务所所长李伯勤参加，分别被选为常务理事和理事。

5. 积极推进专利代理机构改制工作

2000年，国务院办公厅转发国务院清理整顿经济鉴证类社会中介机构领导小组《关于经济鉴证类社会中介机构和政府部门实行脱钩改制意见的通知》（国办发〔2000〕51号）对经济鉴证类社会中介服务机构范围的定义，专利代理机构不属于该文件所称的经济鉴证类社会中介服务机构的范围。同年8月4日，国家知识产权局印发《关于社会中介机构清理整顿工作进展情况的通报》（国知发法字〔2000〕第116号）。该通报指出，根据国务院清理整顿经济鉴证类社会服务机构领导小组办公室的调查认为：专利代理机构就其性质来说，属于法律类社会中介服务机构。2001年1月17日，国家知识产权局印发《关于专利代理机构脱钩改制实施意见有关部门问题和具体要求的说明的通知》（国知发法字〔2001〕第12号）。认为专利代理行业情况特殊，专业性、法律性较强，应根据实际情况制订具体的脱钩改制政策。

自治区认真落实上述文件精神，积极推进新疆专利代理机构脱钩改制工作。2001年1月17日，自治区知识产权局召开职工大会，传达"全国专利代理机构脱钩改制会议"精神。1月19日，自治区知识产权局召开局务会，研究自治区专利代理机构的脱钩改制工作。会议决定成立由自治区知识产权局局长姜万林为组长，自治区科技厅人事教育处处长杨军、知识产权局副局长田湘勇为副组长，自治区知识产权局史治勋和贺迎国为成员的"自治区专利代理机构脱钩改制工作领导小组"。会后，制订并上报了"自治区专利代理机构脱钩改制方案"。1月20日，自治区知识产权局召开"自治区专利代理机构代表座谈会"。新疆专利服务中心等3个代理机构的代表参加。会上传达了有关专利代理机构脱钩改制的会议、文件精神，与会人员就如何做好新疆专利代理机构的脱钩改制工作进行了认真座谈。2月6日，自治区专利代理机构脱钩改制领导小组召开第一次成员会议，专题讨论新疆专利服务中心脱钩改制的相关问题。会后，向国家知识产权局和自治区清理整顿经济鉴证类社会中介机构领导小组上报了《关于请求审批〈自治区专利代理机构脱钩改制的实施意见〉的请示》（新知综字〔2001〕07号），该请示建议适当推迟新疆专利代理机构脱钩改制的时间。2月19日，自治区清理整顿经济鉴证类社会中介机构领导小组印发《关于自治区知识产权局〈关于请求审批自治区专利代理机构脱钩改制的实施意见的请示〉的批复》（新清字〔2001〕2号），同意自治区知识产权局提出的意见。国家知识产权局根据自治区知识产权局及其他各省、市、自治区的反映，向国务院清理整顿经济鉴证类社会中介机构领导小组提出了鉴于"专利代理行业由于情况特殊，应根据实际情况制定具体的脱钩改制政策"的建议。3月22日，自治区知识产权局向新疆各专利代理机构转发了"国务院清理整顿经济鉴证类社会中介机构领导小组办公室《关于审批〈自治区专利代理机构脱钩改制的实施意见〉的请示》的批复的通知"（新知综字〔2001〕12号文），要求其在脱钩改制过程中，应及时向挂靠单位反映问题，随时与财政、人事、劳动等部门配合，妥善安排脱钩改制人员和工作，并将相关情况书面报自治区知识产权局。9月5日，国务院清理整顿经济鉴证类社会中介机构领导小组印发《关于开展经济鉴证类社会中介机构脱钩改制检查工作的通知》（国清

〔2001〕3号）。该通知指出："专利代理行业由于情况特殊，正在根据实际情况制定具体的脱钩改制政策，对其检查验收工作按照即将下发的专利代理机构脱钩改制的有关要求进行"。2002年，国务院清理整顿经济鉴证类社会中介机构领导小办公室印发《关于同意部分地区专利代理机构延长脱钩改制期限的复函》（清办函〔2002〕1号）。

为配合新疆专利代理机构脱钩改制工作。2001年3月22日，根据新疆专利服务中心的申请，自治区知识产权局向自治区财政厅提出了《关于申请专利服务中心脱钩改制专项经费的请示》（新知综字〔2001〕018号文），提出将原属新疆专利服务中心的19万元代理费返还该中心。7月30日，自治区知识产权局召开局务会研究制订了《新疆专利服务中心脱钩改制方案》，并报科技厅党组审查批准。11月30日，根据克拉玛依市"深思专利事务所"上报的《专利代理机构脱钩改制的请示》，自治区知识产权局印发了《关于同意克拉玛依市深思专利事务所改制的批复》（新知综字〔2001〕45号）。

根据自治区知识产权局的报告，2002年1月21日，国家知识产权局条法司印发了《关于注销中国科学院新疆专利事务所的通知》（法代准销字02128号）和《关于注销新疆生产建设兵团专利事务所的通知》（法代准销字02127号）。3月4日，国家知识产权局条法司印发了《关于批准成立乌鲁木齐合纵专利事务所的通知》（法代准设字02048号）。12月11日，国家知识产权局条法司印发了《关于注销中国科学院新疆专利事务所的通知》（法代准销字02128号）。

2003年，隶属于新疆生产建设兵团第农八师和石河子市（简称"师市"）科委的石河子市专利事务所在脱钩改制中，根据石河子市国有资产管理委员会办公室印发的"石国资字〔2003〕44号"文件精神，将承担的知识产权管理职能的部分剥离后变更为"师市"知识产权办公室；将专利代理业务部分保留，名称仍为：石河子市专利代理事务所。该所与"师市科委"脱钩，由事业性质改制为企业性质的合伙制专利代理机构。2005年8月15日，石河子市专利代理事务所更名为石河子恒智专利代理事务所。另外，3月1日，经国家知识产权局批准，成立石河子联恒专利代理事务所。由于该所在成立时报批程序不规范，于同年7月28日批准注销。

2004年12月10日，自治区人民政府组织召开了新疆专利服务中心脱钩改制会议。会议由自治区人民政府副秘书长玉素甫·伊不拉音主持。自治区政府办公厅、科技厅、知识产权局、财政厅、编委、劳动和社会保障厅等单位有关领导参加，就新疆专利服务中心脱钩改制一事进行了专题研究，并形成《关于新疆专利服务中心实施脱钩改制的意见》（新科人字〔2004〕161号）。3月15日，根据国家知识产权局《关于注销乌鲁木齐专利事务所的通知》（法代准销字04005号）和2004年第96号公告，自治区知识产权局印发《关于对乌鲁木齐市科技局〈关于注销乌鲁木齐专利事务所专利代理机构的请示〉的批复》（新知管字〔2004〕17号），同意注销乌鲁木齐专利事务所。

2005年1月1日，经国家知识产权局批准，撤销新疆专利服务中心和克拉玛依市深思专利事务所。1月27日，自治区知识产权局向国家知识产权局上报《关于注销新疆专利服务中心专利代理机构的决定》（新知管字〔2005〕10号）和《关于撤销克拉玛依市深思专利事务所专利代理机构的决定》（新知管字〔2005〕11号）。至此，标志着新疆专利代理机构脱钩改制工作圆满完成。

6.加强培训，提升专利代理业务能力

1993年9月24—29日，自治区专利管理局在乌鲁木齐市举办"专利代理人提高班"。各地、州、市专利代理人、企业专利工作者参加。邀请中国专利局专利审查四部副部长张清奎、业务协调处处长宋小逸授课。

1994年9月12—22日，自治区专利管理局举办"94全国专利代理人资格考试前培训班"，并向37名学员颁发了《自治区企业专利工作者证书》。

1996年4月11—18日，自治区专利管理局在乌鲁木齐承办"全国专利代人培训班"，新疆专利代理人员全部参加了培训。

1997年1月24日，自治区专利管理局在乌鲁木齐市召开"自治区专利服务机构负责人座谈会"，就如何提高专利代理服务水平进行了座谈交流。

2004年7月18—25日，自治区知识产权局在石河子大学举办"2004年自治区专利代理实务培训班"。8月23日—9月2日，在乌鲁木齐承办"全国专利代理人资格考前培训班"。

2009年5月21日，根据国家知识产权局《关于规范专利代理机构设立办事机构有关工作的通知》（国知发法函字〔2009〕166号）精神，于2009年5月21日完成新疆专利代理机构设立办事机构有关规范工作。

2010年8月31日，国家知识产权局专利局乌鲁木齐代办处举办"专利电子申请培训班"，新疆6家专利代理机构的30多名专利代理人参加。

2012年8月15—16日，国家知识产权局在南宁市召开"2012年全国专利代理人资格考试工作会议暨考务培训班"。8月20—24日和9月3—7日，由自治区及新疆生产建设兵团知识产权局分别在乌鲁木齐和伊宁市举办两期"新疆专利代理机构业务能力促进工作培训班"。新疆被列为国家知识产权局2012年《专利代理机构业务能力促进工作实施方案》的专利代理机构和代理人员、专利代办人员共60多人参加了培训。10月13日，自治区知识产权局乌鲁木齐举办了"全国专利代理人资格考试（乌鲁木齐考点）考前培训班开班"，有89名专利代理人报考人员参加了强化培训。

2013年5月13—16日，自治区知识产权局在乌鲁木齐举办"新疆专利代理机构业务能力促进工作培训班"。5月20—21日，国家知识产权局办公室在北京举办"全国专利代理人资格考试网上考务管理信息系统培训班"，自治区知识产权局管理实施处负责专利代理人考试工作的姜晓璐参加。8月14—15日，国家知识产权局办公室在贵阳市举办"2013年全国专利代理人资格考试考务培训班"。自治区知识产权局管理实施处副处长沈联海参加。8月27—29日，国家知识产权局办公室在北京举办"全国专利代理人管理工作业务培训班"，自治区知识产权局管理实施处姜晓璐参加。

2014年7月21日，协作北京中心在北京举办"2014年新疆知识产权培训班开班仪式"，为期3个月，为新疆培训专利代理专业人员22人。

第二节　企事业单位专利管理工作

企事业单位的专利管理是专利管理部门的重点工作。对企事业单位的专利管理实际上是政府部门面向企事业单位所开展的多种服务活动，它包括：专利法规、政策的引导，专利体系、制度和机制的建立，专利信息的利用，专利项目、资金和设备等条件的支持，专利意识的增强，专利智力的支持和人才的培养培训等。

自《专利法》实施以来，自治区专利管理部门始终坚持把企事业单位的专利工作摆在突出地位来抓，以提升专利创造、运用、保护和管理能力为目标，以建立健全专利法规、政策和奖励机制为引领，以专利项目实施、资金支持为导向，以专利试点、示范、贯标、帮扶、专利"消零"、发明专利倍增等工作为手段，加强对企业的宣传培训，指导帮助企事业单位建立健全专利体系、制度和机制，推动新产品研发，加强自主知识产权保护，提高产品的市场占有率和竞争力。

一、加强对企事业单位专利工作的指导

1990年，自治区科委会同有关部门下发了《关于加强企业专利工作的决定》。该决定要求国有大中型企业都要建立专利工作机构。同年5月和1997年3月，自治区专利管理处先后召开两次"自治区企业专利工作座谈会"，传达贯彻全国企业专利工作会议精神，总结交流《专利法》实施以来自治区企业专利工作的经验，对自治区企业专利工作进行了研究部署。

1991年，自治区科委会同自治区经委、计委、体改委、财政厅和税务局等部门联合印发《关于开展企业专利试点工作的通知》。该通知要求企业把贯彻执行《专利法》作为推动企业技术进步和职工普法教育的重要内

容，应有1名副厂长（经理）或总工程师主管全厂的专利工作，设立专门工作机构或指定的归口管理部门，配备经过专利业务培训的专职或兼职专利工作人员，把企业专利工作纳入企业管理的轨道。该通知还出台了有关的优惠政策。

1993年3月，自治区科委、经委、财政厅和专利管理局联合召开了"企业开发专利新产品座谈会"，围绕企业如何利用专利文献开发新产品和企业开发专利新产品的成功经验等进行了研讨和交流。

1995年3月2日，自治区专利管理局印发《关于转发"石河子八一糖厂专利奖酬金兑现报告"的通知》（新专管字〔1995〕04号），向全区宣传推广该厂建立激励机制的做法。该通知指出，1994年石河子八一糖厂给2位发明人兑现3000元奖之后，1995年又兑现8万余元酬金。

1999年3月22—23日，在乌鲁木齐市召开"自治区企、事业单位知识产权保护工作经验交流会"。乌鲁木齐石化总厂等9个单位的代表在大会上介绍了经验；会议讨论通过了向全区企业发出的"关于加强知识产权保护工作，促进经济社会健康发展的倡议书"。

2001年9月，自治区知识产权局与经贸委共同制定出台《新疆维吾尔自治区企业专利管理办法》（新知综字〔2001〕038号），对企业专利工作任务、工作机构及工作人员设置、专利权管理、专利信息利用、考核评价、扶持措施、利益分配与奖励以及责任与处罚等方面作了规定。4月26日，在特变电工举行"全国专利试点示范企业"揭牌仪式并启动专利示范工作。

2002年3月11日，自治区知识产权局制订印发《新疆维吾尔自治区专利工作"十五"计划》（新知管字〔2002〕09号），将"全面提高企事业单位运用专利制度参与国内外市场竞争的能力和水平"列为《新疆维吾尔自治区专利工作"十五"计划》的指导思想；将"职务发明所占比例，由2000年的20%提高到2005年的40%；大幅度提升与优势产业相关的关键技术和高新技术领域的发明专利申请量，形成一批拥有自主知识产权的大中型企业、企业集团和高新技术产业"，作为自治区"十五"期间专利工作重点；将"推动和引导企事业单位建立健全专利管理制度和管理机构"作为加强企事业单位专利管理工作的具体措施。12月27日，自治区知识产权局在特变电工召开"自治区专利试点企业经验交流会"。自治区的10个专利试点企业的代表分别介绍了经验。

2003年3月，自治区知识产权局在全国率先制定了《新疆维吾尔自治区企事业单位专利工作管理制度制定指南》（新知管字〔2003〕27号），该指南的制定，有力地促进了企事业单位的知识产权管理机构、管理制度和工作队伍的建立。

2004年2月18日，自治区知识产权局与经贸委联合印发《关于转发特变电工股份有限公司专利试点工作经验的通知》（新知管字〔2004〕11号），向全区推广特变电工专利试点工作经验。3月31日，自治区知识产权局批准，在乌鲁木齐高新技术开发区高新技术创业服务中心成立"新疆专利技术孵化中心"，并在4月22日举行"新疆专利技术孵化中心"挂牌仪式。4月12—16日，由国家知识产权局主办、自治区知识产权局在乌鲁木齐承办"全国企事业专利试点单位工作会议"，自治区党委副书记努尔·白克力出席并讲话，国家知识产权局副局长张勤作工作报告，全国专利试点单位——特变电工的代表在大会上介绍经验。7月8日，自治区知识产权局与科技厅联合组织了"自治区科技中小企业创新成果展及投融资洽谈会"。

2007年4月16日，自治区知识产权局印发《关于印发自治区知识产权试点示范服务行动计划实施方案（2007—2008年）的通知》（新知管字〔2007〕25号）。该方案就自治区知识产权试点示范服务行动计划的指导思想、工作目标、组织机构、服务内容和服务方法等方面作出了部署，提出了明确要求。

2008年9月8—12日和9月22—25日，自治区知识产权局分别在昌吉市和乌鲁木齐承办"西部企事业单位知识产权培训班"和"全国企事业单位知识产权培训班"，对新疆企事业等单位350多名人员进行了专项培训。

2009年1月16日，自治区知识产权局在乌鲁木齐高新技术开发区举办"企业知识产权战略专题"讲座会，邀请中兴公司知识产权部负责人王海波作专题报告。5月，根据国家知识产权局的要求，自治区知识产权局组织新疆华易石油工程技术有限公司和克拉玛依市石油化工有限责任公司知识产权工作人员到国家知识产权局参加专利审查人员专业培训班。

2010年4月20日，自治区知识产权局、自治区经信委联合印发《关于转发〈关于中小企业知识产权战略推进工程首批试点申报若干事项的通知〉的通知》（新知管字〔2010〕24号），在全区组织开展全国首批实施工程评选申报工作。6月7日，向国家知识产权局报送《推荐乌鲁木齐市和昌吉市申报首批中小企业知识产权战略推进工程试点单位》申报材料。8月26日，国家知识产权局、工业和信息化部联合印发《关于确定"中小企业知识产权战略推进工程首批实施单位"的通知》（国知发管字〔2010〕106号）。乌鲁木齐市榜上有名。4月23日，由自治区知识产权局和乌鲁木齐高新技术开发区在高新区联合举办"知识产权进企业活动"。邀请上海秦璋高级工程师等专家为企业讲课。5月14日，自治区知识产权局与相关单位协调，组织党校培训班人员到高新区新能源公司等企业进行实地考察。同年5月18—21日、6月22—25日、7月6—9日，国家知识产权局在专利局专利文献馆分别举办了三期"国家知识产权强县工程工作研讨会及专利信息技能培训班"。自治区、地州市及强县工程县市知识产权局管理人员18人参加。7月7日，根据国家知识产权局《关于举办第三、四期全国企业实务培训班的通知》（国知办办字〔2010〕85号）要求，自治区知识产权局组织8个专利交流站单位参加了全国企业实务培训班。

2012年4月25日，新疆发明协会和新疆知识产权研究会在乌鲁木齐高新区（新市区）举行以"企业知识产权运营"为主题的首次新疆知识产权沙龙活动。沙龙邀请了内地专家授课，开展了座谈交流，并通过了新疆知识产权沙龙章程。5月，按照国家知识产权局要求，在全区组织开展了2012年全国专利信息领军人才和师资人才推选活动。7月15—20日，国家知识产权局专利管理司在北京举办《企业知识产权管理规范试点工作培训班》，在此次培训班上，启动我国企业的知识产权管理规范工作。

二、企事业单位知识产权试点示范工作

为提高企事业单位知识产权创造、保护、管理和运用能力，自20世纪90年代以来，在国家知识产权局的指导下，自治区在企事业单位组织开展了多批次知识产权（专利）试点示范、示范创建等工作。

（一）全国企业知识产权试点示范工作

20世纪90年代，全国企业专利试点工作启动。1997年1月18日，国家经贸委、中国专利局联合印发《关于印发〈企业专利工作试点方案（试行）〉的通知》（国专发管字〔1997〕第203号）。该通知提出，在全国推进实施企业专利试点工作计划，全国企业专利试点工作从1998年1月1日启动，2年为一期，分期进行。

1.全国企业知识产权（专利）试点工作

1998年5月19日，国家知识产权局、国家经贸委联合印发《关于确定专利工作试点企业名单的通知》（国知发管字〔1998〕第72号），在全国正式实施企业专利试点工作。根据该通知，中石化乌鲁木齐石油化工总厂等2家企业被确定为国家专利工作试点企业，试点期限为1998年5月—2000年5月。

2000年5月，企业专利试点工作结束。受国家知识产权局委托，自治区专利管理局对2家试点企业进行了专利试点验收。

2003年9月22日，国家知识产权局印发《关于第一批全国企事业专利试点单位总结验收的通知》（国知发管字〔2003〕97号）。在该文件附件验收企业名单中，特变电工被列为第一批全国企业专利试点验收单位（新疆被列为"全国专利试点企业"的为3家）。2003年5月，自治区知识产权局受国家知识产权局的委托，对列为第一批全国企业专利试点单位的特变电工进行了验收和上报。

2003年12月，根据国家知识产权局印发的《关于开展第二批全国企事业专利试点单位专利试点工作的通知》要求，自治区知识产权局在全区组织开展了第二批全国企业专利试点企业申报推荐活动。

2004年2月6日，国家知识产权局印发《关于确定第二批全国企事业专利工作试点单位的通知》（国知发管

字〔2004〕12号),第二批全国企业专利试点期限为2004年4月至2006年4月。新疆新能源股份有限公司等3家企业榜上有名。4月12—15日,由国家知识产权局主办、自治区知识产权局在乌鲁木齐承办召开"第二批全国企事业专利试点工作会议"。会上,对第一批全国专利试点工作进行总结和表彰,正式启动第二批全国企事业专利试点工作。

为进一步加强和规范知识产权试点、示范工作,更加深入地推进知识产权制度在企事业单位的建立、完善和实施。2004年11月12日,国家知识产权局印发《关于知识产权试点示范工作的指导意见》,对知识产权试点示范工作的主要目的、指导方针、基本思路、工作原则和总体要求作出了具体规定。

2006年1月,按照国家知识产权局印发的《关于开展第三批全国企事业单位知识产权试点工作的通知》(国知发管字〔2005〕94号)的要求,自治区知识产权局在全区组织开展了第三批全国企业专利试点企业申报推荐工作。2月21日,国家知识产权局印发《国家知识产权局关于确定第三批全国企事业知识产权试点单位的通知》。新疆独山子天利高新技术股份有限公司等5家企业被列为第三批全国企事业知识产权试点单位。第三批全国企事业知识产权试点工作于2006年上半年正式启动,试点工作为期3年。

2009年2月8日,自治区知识产权局印发"新知管〔2009〕37号"通知,按照《第三批全国企事业单位知识产权试点工作试点方案》《新疆维吾尔自治区企事业单位专利工作管理制度制定指南》和《第三批全国企事业单位知识产权试点工作考核评价表》的要求,全面、认真地对列为第三批全国知识产权试点工作的5家企业进行了总结验收。12月3日,国家知识产权局印发《关于启动第四批全国企事业单位知识产权试点工作的通知》(国知发管字〔2009〕110号)。根据该通知,新疆金风科技股份有限公司等11家企业被评为第四批全国企事业知识产权试点单位。

2010年1月,第四批全国企事业知识产权试点(以下简称"第四批试点")工作正式启动,为期2年。"第四批试点"工作在国家知识产权局的统一组织、部署、指导、检查和监督下,采取"适度委托"方式委托各地方知识产权局按照试点方案,具体组织开展本地区的第四批试点工作的实施。7月14日,根据国家知识产权局印发的《关于公布第二批全国企事业知识产权示范创建单位名单的通知》(国知发管字〔2010〕79号)。新疆众和股份有限公司等6家企业榜上有名。

2012年11月,国家知识产权局对第四批全国企事业知识产权试点工作进行了考评,并于11月14日印发《关于公布第四批全国企事业知识产权试点工作合格单位名单的通知》(国知发管字〔2012〕109号),新疆金风科技股份有限公司等新疆10家企业被评为第四批全国企事业知识产权试点工作合格单位。

2014年,经国家知识产权局批准,新疆第三机床厂等14家企业被列为第五批全国知识产权试点企业。

2.全国企事业知识产权示范工作

2005年11月30日,国家知识产权局印发《关于开展企事业知识产权示范单位评选工作的通知》。2006年上半年,按照《企事业知识产权示范单位的评选管理办法》有关要求,在充分酝酿的基础上进行了企事业知识产权示范单位评选推荐工作。2009年12月3日,国家知识产权局印发《关于确定"全国企事业知识产权示范单位"的通知》。该通知指出,按照《关于开展第一批全国企事业知识产权示范创建单位示范创建总结验收工作的通知》(国知发管字〔2009〕152号),特变电工被列为全国企事业知识产权示范单位。

2013年9月,按照国家知识产权局印发《关于开展国家级知识产权优秀企业和示范企业的通知》(国知发管函字〔2013〕36号),自治区知识产权局在全区组织开展了国家级知识产权示范企业推荐活动。11月21日,国家知识产权局印发《关于确立第一批国家级知识产权示范企业和优秀企业的通知》(国知发管函字〔2013〕181号),特变电工、新疆众和股份有限公司和新疆天业(集团)有限公司3家企业被列为第一批国家级知识产权示范企业;新疆独山子天利高新技术股份有限公司等18家企业被列为第一批国家级知识产权优势企业。

3.全国企业知识产权示范创建工作

2007年4月29日，国家知识产权局印发《关于印发〈全国企事业知识产权示范创建单位创建工作方案〉的通知》（国知发管字〔2007〕72号）。该通知指出，为适应建设创新型国家的需要，配合国家知识产权战略制定和实施，在全国企事业单位知识产权（专利）试点工作的基础上，培育一批知识产权管理优秀的企事业单位，在全国行业领域和区域范围发挥引领示范作用，有力带动全国企事业单位知识产权工作，加快提升我国企事业单位知识产权能力和水平。工作目标是：全面提升创建单位的知识产权创造、运用、保护和管理能力。通过两年的创建工作，力争成为全国企事业知识产权示范单位。示范单位的工作应做到：一是进一步建立健全和完善知识产权制度；二是进一步强化知识产权管理能力建设；三是制定实施知识产权战略；四是进一步加强专利信息化建设和专利信息的利用；五是进一步加大知识产权培训力度；六是进一步提升知识产权创造和运用能力；七是进一步加强知识产权保护能力建设；八是加强知识产权无形资产管理工作。

2009年9月15日，根据国家知识产权局印发的《关于开展第一批全国企事业知识产权示范创建单位示范创建总结验收工作的通知》（国知发管字〔2009〕152号），被列为第一批全国企事业知识产权示范创建单位的特变电工的知识产权示范创建工作通过验收。

据统计，截至2014年年底，新疆列为全国知识产权（专利）试点的企事业单位共6批（含20世纪1批、21世纪5批）36家（特变电工先后被列为第一批和第二批专利试点单位）、国家级知识产权示范企事业单位2批4家、全国企事业知识产权示范创建单位2批7家、国家级知识产权优秀企业18家、国家专利导航试点工程培育单位1家。

表9-8　新疆列为全国知识产权试点示范企事业单位名单

年份	试点示范工作名称	试点示范单位名称
1998	第一批全国企业专利试点单位	新疆中石化乌鲁木齐石油化工总厂 新疆联合机械（集团）有限责任公司
2002		新疆特变电工股份有限公司
2004	第二批全国企事业专利工作试点单位（共3家，其中自治区2家、兵团1家）	新疆新能源股份有限公司 新疆特变电工股份有限公司 新疆天业（集团）股份有限公司
2006	第三批全国企事业知识产权试点单位（共5家，其中自治区3家、兵团2家）	新疆独山子天利高新技术股份有限公司 新疆众和股份有限公司 新疆特殊环境微生物工程技术研究中心 新疆塔里木农业综合开发股份有限公司 石河子开发区福顺安防器材科技有限责任公司
2007	首批全国企事业知识产权示范创建单位	新疆特变电工股份有限公司
2009	首批全国企事业知识产权示范单位	新疆特变电工股份有限公司
2010	第二批全国企事业知识产权示范创建单位（共6家，其中自治区5家、兵团1家）	新疆众和股份有限公司 新疆华易石油工程技术有限公司 新疆第三机床厂 特变电工新疆新能源股份有限公司 克拉玛依地威诺节能有限责任公司 新疆天业（集团）有限公司

续表

年份	试点示范工作名称	试点示范单位名称
2012	第四批全国企事业单位知识产权试点工作合格单位（共11家）	新疆第三机床厂 新疆金风科技股份有限公司 新疆绿色使者空气环境技术有限公司 华世丹药业有限公司 新疆康佳头投资（集团）有限责任公司 克拉玛依地威诺节能有限责任公司 克拉玛依依广陆有限公司 新疆华易石油工程技术有限公司 巴州万盛科技有限责任公司 新疆蓝山屯河型材有限公司 新疆蓝山屯河聚酯有限公司
2013	第二批国家级知识产权示范企业（共3家，其中自治区2家、兵团1家）	新疆特变电工股份有限公司 新疆众和股份有限公司 新疆天业（集团）有限公司
2013	国家专利导航试点工程培育单位	新疆特变电工股份有限公司
2014	第五批全国知识产权试点企业（共14家，其中自治区12家、兵团2家）	新疆第三机床厂 新疆金风科技股份有限公司 新疆绿色使者空气环境技术有限公司 新疆华世丹药业有限公司 新疆特变电工股份有限公司 新疆屯河型材有限公司 新疆屯河聚酯有限责任公司 新疆康佳投资（集团）有限责任公司 克拉玛依地威诺节能有限责任公司 克拉玛依广陆有限公司 新疆华易石油工程技术有限公司 巴州万盛科技有限责任公司 新疆天业集团有限公司 石河子福顺安防电器科技有限责任公司

（二）自治区企事业知识产权试点工作

1. 第一阶段，自治区企业专利试点工作起步阶段

1991年6月20日，自治区科委、经委、计委、经济体制改革委、财政厅、税务局联合印发《关于开展企业专利试点工作的通知》（新科专字〔1991〕118号），对企业专利试点工作提出具体部署和要求。该通知的印发，标志着自治区企业专利试点工作的启动。

该通知指出，在思想认识上，要把贯彻执行《专利法》作为推动企业技术进步的重要内容。在组织管理上，要按照自治区科委、经委、计委、经济体制改革委联合下发的"关于转发《企业专利工作办法（试行）》的通知"精神，在1991年年底前，有计划、有步骤、分期分批地把企业专利试点工作扎扎实实地开展起来。自治区的企业专利工作的试点，由有关厅、局、公司科技处负责；地州市的企业专利工作试点，由各地州市科委会同经委负责管理。各有关厅、局、公司和各地州市科委会同经委确定建立试点企业专利管理工作制度的具

体实施方案，并将方案抄送自治区科委专利管理处备案。自治区科委、经委将分期、分批地举办企业厂长（经理）、总工程师参加的学习班和企业专利工作者学习班；各级科委、经委要加强对企业专利工作的业务指导、检查、督促，推动企业将专利工作开展起来。

该通知指出，企业在专利试点工作中，要把加强专利工作作为深化企业改革、推动企业技术进步的一项重要内容来抓。企业应把《专利法》作为职工普法教育的重要内容，采取多种形式，进行《专利法》的宣传，分层次加强对企业管理干部、工程技术人员和技术工人的学习培训；试点企业应有1名副厂长（经理）或总工程师主管全厂的专利工作；企业应设立或指定负责专利工作的归口管理部门；配备经过专利业务培训的专管或兼管专利工作的人员；要把企业专利工作纳入企业管理轨道，并制定相应的规章制度和具体措施。

该通知指出，政府对专利试点企业要进行政策引导和工作扶持。一是试点企业获得专利权的产品或引进他人的专利产品，在自治区首次实施后开发的新产品，对符合税法规定的新产品减免税的范围和条件的，按照税法的有关规定，可享受新产品减免税的待遇；二是试点企业已获得发明或实用新型专利权的发明创造实施后，取得显著的社会效益和经济效益的，由实施单位提供有关证明的，经自治区科委审查批准的，可办理科技成果视同鉴定手续；三是对试点企业开发的技术水平高，市场前景好，社会、经济效益潜力大的专利技术项目，可争取优先分别纳入国家和地方的新产品试制计划、攻关计划、推广计划、星火计划和火炬计划。自治区科委和经济部门从资金上、政策上对专利实施给予必要的扶持，帮助企业解决专利实施难的困难；四是试点企业的领导和专利工作者可优先获得专利培训学习的机会；五是根据试点企业需要，自治区科委将免费提供专利技术信息；六是自治区专利服务机构可面向试点企业提供专利咨询、专利申请、引进专利技术和专利文献等方面的优惠服务。

积极推进企业专利试点工作。1993年6月9日，自治区专利管理局印发《转发新疆天山锅炉厂"关于将我厂定为专利试点企业的请示"》（新专管字〔1993〕08号），向全区推广其做法。该厂对专利工作做到了"领导、机构、业务人员"落实；开展《专利法》的宣传普及工作，对本企业干部、技术人员进行了专利知识的培训；落实资金购买了有关锅炉、铆焊、设备等方面的专利文献；制定了专利规章制度；引进专利技术并实施等。

2. 第二阶段，新世纪自治区企事业单位专利试点工作

（1）第一批自治区企事业专利试点工作。

2001年11月30日，自治区知识产权局、经贸委联合印发《关于确定自治区第一批专利试点企业的通知》（新知综字〔2001〕46号）。按照自治区知识产权局、经贸委联合印发《关于申报自治区第一批专利试点企业的通知》（新知综字〔2001〕039号）要求，经研究确定特变电工等10家企业为自治区第一批专利试点企业。试点周期为2年，自2001年12月—2003年12月。4月26日，自治区知识产权局和经贸委等单位在特变电工举行"全国专利试点示范企业"揭牌仪式，召开"自治区首批专利试点企业座谈会"。12月27日，自治区在特变电工召开"自治区专利试点企业经验交流会"。自治区首批10个专利试点企业的代表在会上介绍了经验。

表9-9　新疆维吾尔自治区（第一批）企事业专利工作试点单位名单
（2002—2004年）

所属地州市	序号	单位名称
乌鲁木齐市	1	新疆第三机床厂
	2	新疆众合股份有限公司
	3	新疆威仕达生物工程股份有限公司
	4	新疆奥斯曼生物科技有限公司
	5	新疆特丰药业股份有限公司
	6	新疆天康畜牧生物技术股份有限公司
	7	新疆八一钢铁集团有限公司
	8	新疆德隆集团有限公司

所属地州市	序号	单位名称
克拉玛依市	9	新疆独山子天利高新技术股份有限公司
昌吉回族自治州	10	新疆特变电工股份有限公司

（2）第二批自治区企事业专利试点工作。

2004年5月30日，自治区知识产权局与经贸委印发《关于确定第二批自治区企事业专利试点单位的通知》（新知管字〔2004〕35号），新疆新能源股份有限公司等20家被确定为自治区第二批企事业单位专利试点单位，试点期限为2年。6月7日，在新疆新能源股份有限公司举行自治区第二批企事业单位专利试点工作启动大会。

表9-10　新疆维吾尔自治区（第二批）企事业专利工作试点单位名单
（2004—2006年）

所属地州市	序号	单位名称
乌鲁木齐市	1	新疆新能源股份有限公司
	2	新疆机械研究院
	3	新疆金风科技股份有限公司
	4	新疆绿色使者空气环境技术有限公司
	5	乌鲁木齐盛瑞达节能材料有限公司
	6	新疆华世丹药业有限公司
	7	新疆西域药业有限公司
	8	乌鲁木齐海阳霞油脂科技有限公司
	9	新疆新工建材有限责任公司
	10	新疆乌鲁木齐矿业（集团）有限责任公司
克拉玛依市	11	新疆克拉玛依博瑞科技发展有限公司
	12	克拉玛依新科澳化工有限责任公司
昌吉回族自治州	13	新疆吉瑞祥投资（集团）有限公司
石河子市	14	新疆沙驼有限公司
	15	新疆科赛生物工程有限公司
	16	石河子大学
	17	新疆石河子天露节水设备股份有限公司
	18	新疆天业集团有限公司
巴音郭楞蒙古自治州	19	巴州万盛科技有限责任公司
和田地区	20	新疆和阗玫瑰酒业有限责任公司

（3）第三批自治区企事业单位知识产权试点工作。

2007年2月2日，自治区知识产权局印发《关于确定第三批自治区企事业知识产权工作试点单位的通知》（新知管字〔2007〕17号）。同年3月21—22日，自治区人民政府在乌鲁木齐市召开"自治区知识产权试点示范工作会议"。会上，启动了第三批自治区企事业知识产权试点工作，试点企业为26家。4月16日，自治区知识产权局制订印发《自治区知识产权试点示范服务行动计划实施方案（2007—2008年）》（新知管字〔2007〕25号），提出了《自治区知识产权试点示范服务行动计划》的指导思想、工作目标、服务内容、服务方式和工作要求。建立了由自治区知识产权局、整顿和规范经济秩序工作领导小组办公室、工商行政管理局、新闻出版局（版权局）、海关等部门和部分地州市知识产权局领导参加的"自治区知识产权试点示范服务行动计划工作领导小组";在有关地州市成立了知识产权试点示范服务行动小组。制定了自治区知识产权试点示范服务行动计划工作领导小组职责和办公室职责、地州市知识产权试点示范服务行动小组职责。

表9-11　新疆维吾尔自治区知识产权试点示范服务
行动计划工作领导小组成员名单

领导小组职务	姓名	工作单位及职务
组长	姜万林	自治区知识产权局局长
副组长	杨晓华	自治区整顿和规范经济秩序工作领导小组办公室处长
	谭力	自治区知识产权局副局长
组员	史治勋	自治区知识产权局管理实施处调研员
	哈洪江	自治区知识产权局法律事务处处长
	刘山玖	自治区知识产权局综合处副处长
	白明	自治区工商行政管理局商标监督管理处处长
	巴哈古丽	自治区新闻出版局（版权局）版权监督管理处处长
	冯希瑞	乌鲁木齐海关法规处处长
	张东岩	乌鲁木齐市知识产权局专职书记
	努尔泰	伊犁哈萨克自治州知识产权局局长
	胡克	克拉玛依市知识产权局局长
	伦金义	昌吉回族自治州知识产权局局长
	张新岗	石河子市知识产权局副局长
	卢东明	哈密地区知识产权局局长
	时鉴	吐鲁番地区知识产权局局长
	陈春林	塔城地区知识产权局副局长
	董晓旭	博尔塔拉蒙古自治州知识产权局局长
	刘传启	巴音郭楞蒙古自治州知识产权局局长
	贾新军	阿克苏地区知识产权局局长

表9-12　新疆维吾尔自治区知识产权试点区域对口服务行动小组名单

序号	试点区域		服务行动小组		
	名称	联系人	名称	负责人	联系人
1	乌鲁木齐市	张静捷	自治区服务行动小组	姜万林	史治勋
2	昌吉回族自治州	郭志刚			哈洪江
3	乌鲁木齐高新技术产业开发区	唐育新			刘山玖
		石玉玲			
4	乌鲁木齐市沙依巴克区	方健	乌鲁木齐市服务行动小组	张东岩	郭春远
5	乌鲁木齐市米东区	许湛			齐满古丽
6	昌吉市	郭志刚	昌吉回族自治州服务行动小组	伦金义	郭志刚
7	伊宁市	张英芬	伊犁哈萨克自治州服务行动小组	努尔泰	高慧东
8	奎屯市	朱江红			艾克木哈孜
9	霍尔果斯口岸	石磊			孙凌洁
10	霍城县	马红梅			黄河
11	克拉玛依市克拉玛依区	王美通	克拉玛依市服务行动小组	胡克	刘富强

序号	试点区域		服务行动小组		
	名称	联系人	名称	负责人	联系人
12	克拉玛依市大农业开发区	简茂			杜鸿东
13	哈密市	孙俊春	哈密地区服务行动小组	卢东明	孙俊春
14	博乐市	齐新伟	博尔塔拉蒙古自治州服务行动小组	董晓旭	游丽蓉
15	鄯善县	娄杰	吐鲁番地区服务行动小组	时鉴	王伟东
16	吐鲁番沈宏化工工业园	刘立忠			
17	库尔勒经济技术开发区	宋智军	巴音郭楞蒙古自治州服务行动小组	刘传启	宋智军
18	阿克苏市	何凌	阿克苏地区地区服务行动小组	贾新军	贾新军

表9-13 新疆维吾尔自治区企事业知识产权试点示范单位对口服务行动小组名单

序号	试点企业单位		服务行动小组			中介机构	
	名称	联系人	地区	地州市特派员	联系方式	名称	联系人
1	新疆第三机床厂	姚晓平	乌鲁木齐市	史治勋	0991-6123918	乌鲁木齐合纵专利商标事务所	汤建武
2	新疆特殊环境微生物工程技术研究中心	龙宣杞		邢倩	0991-4507971	乌鲁木齐新科联专利事务所（有限公司）	白志斌
3	新疆奥斯曼生物科技有限公司	张新辉		史治勋	0991-6123918	乌鲁木齐合纵专利商标事务所	汤建武
4	新疆众合股份有限公司	黄文松					
5	新疆特丰药业股份有限公司	刘耕		哈洪江	0991-6123906	乌鲁木齐新科联专利事务所（有限公司）	白志斌
6	新疆新能源股份有限公司	向朝玉					
7	新疆机械研究院	王玲		张明国	0991-4547268	乌鲁木齐合纵专利商标事务所	汤建武
8	新疆金凤科技股份有限公司	袁新斌		刘山玖	0991-6123909	乌鲁木齐新科联专利事务所（有限公司）	白志斌
9	新疆绿色使者空气环境技术有限公司	陈亚男					
10	新疆乌鲁木齐盛瑞达节能材料有限公司	杜玲		徐蕾	0991-4547268	乌鲁木齐合纵专利商标事务所	汤建武
11	乌鲁木齐矿业（集团）有限责任公司	梁翠云		张明国	0991-4547268	乌鲁木齐新科联专利事务所（有限公司）	白志斌
12	华世丹药业有限公司	杨杰		邢倩	0991-4507971		
13	新疆西域药业有限公司	沈红卫		徐蕾	0991-4547268	乌鲁木齐合纵专利商标事务所	汤建武
14	乌鲁木齐海洋霞油脂科技有限公司	万玲		安景萍	0991-4511021	乌鲁木齐中科新兴专利事务所	张莉

续表

序号	试点企业单位		服务行动小组			中介机构	
	名称	联系人	地区	地州市特派员	联系方式	名称	联系人
15	新疆天地（集团）有限公司	王天斌	乌鲁木齐市	张静捷	0991-4533856	乌鲁木齐市禾工专利事务所	何玉祥
16	乌鲁木齐轻工国际投资有限公司	张梅		刘山玖	0991-6123909		
17	新疆奇康哈博维药有限公司	王战凯		哈洪江	0991-6123906	乌鲁木齐新科联专利事务所（有限公司）	白志斌
18	新疆医科大学	庄建志		史治勋	0991-6123918	乌鲁木齐合纵专利商标事务所	汤建武
19	新疆农科院农业机械化研究所	马月虹		邢倩	0991-4507971	乌鲁木齐市禾工专利事务所	何玉祥
20	新疆康尤美粮油有限公司	乔元明					
21	伊犁百信草原蜂业有限责任公司	王刚	伊犁哈萨克自治州	孙凌洁	0999-7820099	乌鲁木齐新科联专利事务所（有限公司）	白志斌
22	伊犁师范学院	武金峰				乌鲁木齐合纵专利商标事务所	汤建武
23	新疆特变电工股份有限公司	李西良	昌吉回族自治州	郭志刚	0994-2343612	北京天昊联合知识产权有限公司	罗建民
24	新疆吉瑞祥投资（集团）有限公司	赵丕生				乌鲁木齐新科联专利事务所（有限公司）	白志斌
25	新疆沙驼有限公司	甘新华					
26	新疆绿旗（集团）有限公司	刘洪国				乌鲁木齐合纵专利商标事务所	汤建武
27	新疆永昌复合材料股份有限公司	徐军					
28	新疆屯河型材有限公司	符鑫					
29	新疆屯河聚酯有限责任公司	李希龙					张先光
30	新疆协力新能源有限责任公司	赵霞					

续表

序号	试点企业单位		服务行动小组			中介机构	
	名称	联系人	地区	地州市特派员	联系方式	名称	联系人
31	新疆独山子天利高新技术股份有限公司	张斌	克拉玛依市	王美通	0990-6229788	乌鲁木齐合纵专利商标事务所	汤建武
32	新疆克拉玛依博瑞科技发展有限公司	陈铁斌					
33	克拉玛依新科澳化工有限责任公司	龚朝国					
34	新疆康佳投资(集团)有限责任公司	卢爽					
35	克拉玛依地威诺节能有限责任公司	郑金华					
36	克拉玛依广陆有限公司	杨梅					
37	新疆华易石油工程技术有限公司	史敬龙					
38	石河子大学	王铁军	石河子市	殷继荣	0993-2069108	石河子恒智专利代理事务所	李伯勤
39	新疆石河子天露节水设备股份有限公司	张聪祥					
40	新疆天业(集团)有限公司	贾卫军					
41	石河子开发区福顺安防电器科技有限责任公司	张均林					
42	石河子华农种子机械制造有限公司	唐军红					
43	新疆鄯善泰牛锅炉厂	王伟东	吐鲁番地区	时鉴	0995-8529069	乌鲁木齐新科联专利事务所(有限公司)	白志斌
44	巴州万盛科技有限责任公司	田开银	巴音郭楞蒙古自治州	宋智军	0996-2027652		
45	新疆托普农产品有限公司	向开洪					
46	新疆博湖苇业股份有限公司	赵富强					
47	阿克苏天海绿洲农业科技有限公司	冉萍	阿克苏地区	何凌	0997-2136253		
48	新疆恒丰糖业有限公司	张刚					
49	博州万力源科技有限责任公司	杨永顺	博尔塔拉蒙古自治州	柳国岩	0909-2318711		

续表

序号	试点企业单位		服务行动小组			中介机构	
	名称	联系人	地区	地州市特派员	联系方式	名称	联系人
50	新疆乌苏市北方新科有限公司	李君芳	塔城地区	陈春林	0901-6239687	乌鲁木齐中科新兴专利事务所	张莉
51	新疆塔城市星河生物工程有限责任公司	孔玉萍					
52	新疆和阗玫瑰酒业有限责任公司	日沙来提	和田地区	张金甫	0903-2036877	乌鲁木齐合纵专利商标事务所	汤建武

2009年4月，第三批自治区企事业知识产权工作试点工作历时2年，试点工作结束。6月9日，自治区知识产权局印发《关于组织验收第三批新疆维吾尔自治区企事业知识产权试点单位的通知》（新知管字〔2009〕37号），委托各地州市知识产权局对各地州市对新疆天地集团有限公司等26家第三批试点单位进行验收。自治区知识产权局制订了验收方案，成立了由马庆云局长为组长的验收小组，设计了工作验收评价表，按照七大项36小项试点工作内容逐项进行了考核评价验收，对每个试点单位作出了验收结论。

表9-14　新疆维吾尔自治区（第三批）企事业知识产权工作试点单位名单（2007—2009年）

所属地州市	序号	单位名称
乌鲁木齐市	1	新疆天地集团有限公司
	2	乌鲁木齐轻工国际投资有限公司
	3	新疆奇康哈博维药有限公司
	4	新疆医科大学
	5	新疆农科院农业机械化研究所
伊犁哈萨克自治州	6	新疆康尤美粮油有限公司
	7	伊犁百信草原蜂业有限责任公司
克拉玛依市	8	新疆康佳投资（集团）有限责任公司
	9	克拉玛依地威诺节能有限责任公司
	10	克拉玛依广陆有限公司
	11	新疆华易石油工程技术有限公司
昌吉州	12	新疆绿旗（集团）有限公司
	13	新疆永昌复合材料股份有限公司
	14	新疆屯河型材有限公司
	15	新疆屯河聚酯有限责任公司
	16	新疆协力新能源有限责任公司
吐鲁番地区	17	新疆鄯善泰牛锅炉厂
石河子	18	石河子开发区福顺安防电器科技有限责任公司
	19	石河子华农种子机械制造有限公司
塔城地区	20	新疆乌苏市北方新科有限公司
	21	新疆塔城市星河生物工程有限责任公司
博州	22	博州万力源科技开发有限责任公司
巴州	23	新疆托普农产品有限公司
	24	新疆博湖苇业股份有限公司
阿克苏地区	25	阿克苏天海绿洲农业科技有限公司
	26	新疆恒丰糖业有限公司

（4）第四批自治区企事业单位知识产权试点工作

2012年2月13日，自治区知识产权局、经信委联合印发《关于确定第四批自治区企事业知识产权工作试点单位的通知》（新知管字〔2012〕6号），确定乌鲁木齐华佳成医药包装有限公司等20家企业为第四批自治区企事业知识产权工作试点单位。试点期限为2年，试点时间为2012年2月1日—2014年2月1日。

自2002年开展实施知识产权试点工作以来至2014年，自治区共开展实施知识产权试点示范工作四批次，确定自治区知识产权试点单位75家。另外，各地州市也选择168家企事业单位作为地州市一级试点。

表9-15　新疆维吾尔自治区第四批企事业知识产权工作试点单位名单
（2012—2014年）

所属地州市	序号	单位名称
乌鲁木齐市	1	乌鲁木齐华佳成医药包装有限公司
	2	新疆福克油品股份有限公司
	3	新疆泓科节水设备制造有限公司
	4	特变电工新疆硅业有限公司
伊犁哈萨克自治州	5	新疆蓝山屯河新材料有限公司
	6	伊犁紫苏丽人生物科技有限公司
阿勒泰地区	7	阿勒泰公路管理局
昌吉回族自治州	8	新疆新鑫矿业股份有限公司阜康冶炼厂
	9	新疆金鑫生物科技发展有限公司
巴音郭楞蒙古自治州	10	新疆惠森生物技术有限公司
	11	新疆瑞源乳业有限公司
阿克苏地区	12	新疆天河化工有限公司
喀什地区	13	新疆雅戈尔棉纺织有限公司
哈密地区	14	新疆汇通旱地龙腐殖酸有限责任公司
和田地区	15	新疆阿布丹食品开发有限公司
克拉玛依市	16	新疆威奥科技股份有限公司
	17	新疆贝肯能源工程股份有限公司
	18	克拉玛依胜利高原机械有限公司
石河子市	19	新疆科神农业装备科技开发有限公司
	20	新疆惠利灌溉科技有限公司

（三）自治区企事业单位知识产权示范工作

2004年6月7日，自治区知识产权局、科技厅和经贸委组成验收小组，对特变电工等10家第一批专利试点工作进行验收。与此同时，将验收合格的7家专利试点单位列为自治区首批知识产权示范企业，在全区启动实施自治区首次企业知识产权示范工作。6月7日，在新疆新能源股份有限公司举行"自治区第一批专利示范工作启动大会"，为7家专利示范单位授《自治区专利工作示范单位》牌匾。

2009年6月30日，自治区知识产权局印发《关于确定第二批自治区知识产权示范单位的通知》（新知管字〔2009〕40号）。新疆金风科技股份有限公司等10家企业列为第二批自治区知识产权示范单位。

表9-16　新疆维吾尔自治区（第1～2批）知识产权示范单位名单

知识产权示范名称及批次	自治区知识产权示范单位名称
第一批自治区知识产权示范单位（7家）	新疆特变电工股份有限公司
	新疆第三机床厂
	新疆众合股份有限公司
	新疆威仕达生物工程股份有限公司
	新疆奥斯曼生物科技有限公司
	新疆特丰药业股份有限公司
	新疆独山子天利高新技术股份有限公司
第二批自治区知识产权示范单位（10家）	新疆金风科技股份有限公司
	新疆农科院农业机械化研究所
	乌鲁木齐轻工国际有限公司
	新疆天地（集团）有限公司
	新疆蓝天屯河型材有限公司
	新疆蓝山屯河聚酯有限公司
	新疆华易石油工程技术有限公司
	克拉玛依地威诺节能有限责任公司
	伊犁百信草原蜂业有限责任公司
	新疆博湖苇业股份有限公司

（四）商业企业专利保护试点工作

2007年，自治区知识产权局会同自治区整顿和规范市场经济秩序工作办公室及自治区食品药品监督管理局在全区范围内开展了商业企业知识产权（专利）保护试点工作，确定新疆新特药民族药业有限责任公司等8家单位为第一批商业企业专利保护试点单位，并指导这些商业企业建立了知识产权工作制度。

表9-17　新疆维吾尔自治区首批商业企业专利保护试点单位名单

序号	专利保护试点单位名称
1	新疆新特药民族药业有限责任公司
2	新疆康泰东方医药连锁有限公司
3	新疆好家乡超市有限公司
4	新疆友好（集团）股份有限公司友好商场
5	新疆友好百盛商业发展有限公司
6	新疆汇嘉百货（集团）有限公司
7	新疆红山新世纪购物广场有限公司
8	新疆家乐福超市有限公司

2008年8月18日，自治区知识产权局印发《关于验收自治区第一批商业企业专利保护试点单位的通知》（新知法字〔2008〕56号）。9月17日与自治区经贸委等单位组成验收组对专利保护试点工作（包括：建立健全商业专利保护工作机构；建立和完善商业企业专利工作保护规章制度；开展专利知识的宣传普及和培训工作；对标注专利标记的商品进行登记、造册的档案和对标注专利标记各类商品的经销进行动态监管的档案等情况）进行了考评验收。10月22日，自治区知识产权局、经贸委、食品药品监督管理局联合印发《关于自治区第一批商业企业专利保护试点工作通过验收的通报》（新知法字）〔2008〕79号），"通报"了新疆新特药民族药业有限公司等8家商业企业专利保护试点工作通过验收。

（五）企事业单位知识产权试点示范工作的做法

1．以制度建设为重点，加强对试点示范单位的指导

2002年4月25日，自治区知识产权局、乌鲁木齐经济技术开发区、乌鲁木齐高新技术产业开发区在高新区召开"企业知识产权座谈会"，两个开发区管委会负责人和有关企业代表参加。4月26日，在特变电工联合召开"全国专利试点企业"揭牌仪式暨自治区首批专利试点企业专利工作座谈会。

2003年3月26日，自治区知识产权局制订并向企事业单位印发《新疆维吾尔自治区企事业单位专利工作管理制度制定指南》的通知（新知管字〔2003〕27号）。该项做法得到国家知识产权局的肯定。4月8日，国家知识产权局向各省、自治区、直辖市、计划单列市、新疆生产建设兵团、各试点城市知识产权局和各有关企事业单位下发《关于转发〈新疆维吾尔自治区企事业单位专利工作管理制度制定指南〉的通知》（国发管字〔2003〕25号），并在《中国知识产权报》头版进行宣传。

2．从创新手段入手，不断提高知识产权试点示范水平

2004年2月18日，自治区知识产权局与自治区经贸委联合向各地州市知识产权局印发《关于转发特变电工股份有限公司专利试点工作经验的通知》（新知管字〔2004〕11号），向全区推广特变电工专利试点工作经验。4月12—16日，在召开的"全国企事业专利试点单位工作会议"，特变电工在大会上介绍经验；同年，自治区知识产权局创新专利试点工作，将企业专利试点向知识产权试点示范工作延伸。

2006年6月12日，自治区知识产权局印发《关于同意霍城县为自治区知识产权试点县市的批复》（新知管字〔2006〕41号）。

2007年1月14日，国家知识产权局印发《关于公布"全国企事业知识产权示范创建单位"名单》（国知发管字〔2007〕25号）中，特变电工被确定为首批"全国企事业知识产权示范创建单位"。2月2日，自治区人民政府在乌鲁木齐市召开"自治区知识产权试点示范工作会议"。会上，对15家自治区知识产权区试点示范先进集体和26名先进个人进行了表彰奖励，3个试点企事业单位介绍经验。4月16日，自治区知识产权局制定印发《自治区知识产权试点示范服务行动计划实施方案（2007—2008年）》（新知管字〔2007〕25号）。该方案进一步深化了自治区知识产权试点示范工作，对全区知识产权管理服务资源进行了整合，成立了由自治区"整规办"、知识产权局等5部门参加的自治区知识产权试点示范服务行动计划工作领导小组，建立自治区知识产权管理部门和中介服务机构与试点区域、试点单位服务结对子，开展对口服务，提升试点区域和试点单位知识产权制度运用能力，使自治区知识产权试点管理部门和服务机构职责细化，便于操作，试点效果得到新的提高。8月6日，国家知识产权局协调管理司司长马维野等来疆调研自治区第三批企事业试点单位专利工作。

2009年3月31日，受国家知识产权局委托，自治区知识产权局组织专家验收组，对第三批全国企事业知识产权试点工作单位的知识产权试点工作进行了验收。6月18日，自治区知识产权局有关人员对自治区第三批企事业单位知识产权试点工作进行验收。新疆天地集团等6家企业通过验收。6月26日，自治区知识产权局印发《关于召开自治区企事业单位知识产权试点示范工作交流会议的通知》（新知管字〔2009〕39号）。新疆众和股份有限公司等8家企业为自治区第一批专利工作交流站，新疆农科院农业机械化研究所等10家企事业单位为自治区第二批知识产权示范单位，新疆天地集团有限公司罗凌等16人为自治区第三批企事业知识产权试点工作先进人。7月8—10日，自治区知识产权局在昌吉市召开"自治区企事业单位知识产权试点示范工作交流会议"。

三、区域知识产权试点示范工作

（一）积极申报并开展国家知识产权试点示范城市工作

2003年5月28日，根据国家知识产权局的有关首府城市专利试点的要求，自治区知识产权局向乌鲁木齐市人民政府印发《关于建议乌鲁木齐市申报国家专利工作试点城市的函》（新知管字〔2003〕30号）。根据此建议，乌鲁木齐市人民政府向自治区知识产权局印发了《乌鲁木齐市人民政府关于申报全国专利试点城市的函》

（乌政函〔2003〕31号）。6月27日，自治区知识产权局将（乌政函〔2003〕31号）和《新疆维吾尔自治区知识产权局关于推荐乌鲁木齐市申报全国专利试点城市的函》（新知管字〔2003〕36号）上报国家知识产权局。2004年12月28日，国家知识产权局印发《关于同意乌鲁木齐市为国家专利试点城市的复函》（国知发管函字〔2004〕1217号），同意乌鲁木齐市为国家专利试点城市。

2005年10月，国家知识产权局批准，新疆霍尔果斯口岸为首个国家知识产权兴贸工程试点基地。11月11日，国家知识产权局、自治区人民政府在新疆霍尔果斯口岸联合举行"霍尔果斯口岸国家知识产权兴贸工程试点基地启动仪式"。国家知识产权局副局长邢胜才、自治区人民政府主席刘怡副、自治区知识产权局局长姜万林以及伊犁州党委、政府书记张国良等领导出席。它标志着新疆区域知识产权试点工作的扩展和深化。

2007年2月2日，受国家知识产权局委托，由自治区知识产权局牵头，自治区科技厅、工商行政管理局、新闻出版局（版权局）、自治区高级人民法院、经贸委和乌鲁木齐海关等部门组成专家考核验收组，对乌鲁木齐市国家知识产权试点城市工作进行了考核验收。

2007年8月6日，国家知识产权局协调管理司司长马维野到昌吉州创建国家知识产权试点城市工作进行调研，对新疆区域试点工作取得的成绩给予肯定。9月11日，中国知识产权培训中心在伊宁市举办"全国边贸口岸知识产权保护培训班"，对新疆区口岸、海关知识产权管理人员进行了培训。10月10日，国家知识产权局印发了《关于同意昌吉回族自治州为国家知识产权试点城市的复函》（国知发管字〔2007〕285号），批准昌吉州为国家知识产权试点城市。

2008年2月29日，自治区知识产权局印发《关于表彰2007年度自治区知识产权工作先进县市区的决定》（新知综字〔2008〕19号）。3月10日，全区知识产权局局长会议在库尔勒市召开，自治区首批列入国家知识产权强县市工程的5个县市及乌鲁木齐高新技术产业开发区的知识产权局局长及有关工作人员共72人参加了会议。3月11日，自治区知识产权局局长马庆云一行4人到申报自治区知识产权试点园区的托克逊能源重化工园区进行调研。4月1日，经国家知识产权局批准，克拉玛依市为全国知识产权试点城市。4月8日，昌吉市、库尔勒市、奎屯市、吐鲁番市和哈密市被国家知识产权局列为国家知识产权强县工程。7月15日，自治区知识产权局向自治区人民政府上报《推荐乌鲁木齐高新技术开发区申报国家知识产权试点园区的请示》（新知管字〔2008〕57号）。7月8—10日，自治区知识产权局在昌吉市召开"自治区企事业单位知识产权试点示范工作交流会议"。自治区列为"国家知识产权强县工程"的县市、知识产权试点示范园区的知识产权工作人员共112人参加。8月13日，在乌鲁木齐高新技术开发区举行"国家知识产权试点园区"授牌仪式。8月26日，经自治区人民政府推荐，国家知识产权局印发《关于同意乌鲁木齐市为国家知识产权示范创建城市的复函》（国知发管函字〔2008〕275号），批准乌鲁木齐市为国家知识产权示范创建城市。

2010年3月12日，国家知识产权局印发《关于同意包头市、新余市、东莞市、银川市、昌吉州、常熟市、张家港市、义乌市为国家知识产权示范创建市的复函》（国知发管函字〔2010〕63号）。经自治区申请和国家知识产权局批准，从2010年3月15日起，昌吉州被列为国家知识产权示范创建市。3月16日，根据国家知识产权局《关于做好2010年国家知识产权示范城市评定工作的通知》（国知发管函字〔2010〕72号）和《关于做好国家知识产权试点城市试点期满考核验收工作的通知》（国知发管函字〔2010〕73号）部署和要求，在5月和8月，由国家知识产权局牵头、自治区知识产权局参加组成验收组对克拉玛依市国家知识产权城市试点工作和乌鲁木齐市国家知识产权示范城市工作进行了验收。5月31日，在乌鲁木齐市召开"国家知识产权试点城市试点期满考核验收会"，由自治区知识产权局代表国家知识产权局成立专家组对克拉玛依市试点城市工作进行验收。7月26—28日，自治区知识产权局在昌吉市召开"全国城市、园区知识产权试点示范工作会议"。来自全国31个省、自治区、直辖市和新疆生产建设兵团知识产权局、试点示范城市和园区的200多名代表参加了会议。乌鲁木齐高新区管委会等单位在会上作了典型经验交流发言。9月26—30日，在喀什市举办"全国边贸口岸知识产权管理保护培训班"，来自全国11个省、直辖市和自治区口岸知识产权管理、执法人员近120人参加了培训。9月28—29日，根据国家知识产权局《关于做好国家知识产权示范城市评定准备工作的函》（国知发管函字〔2010〕28号）要求，由国家知识产权局牵头、自治区知识产权局、乌鲁木齐市人民政府及相关部门领导、有关专家和重点企业代表参加，组成考评验收领导小组，对乌鲁木齐市国家知识产权示范创建城市工作进行了实地考察和考核验收。12月25日，国家知识产权局印发《关于同意乌鲁木齐高新技术产业开发区为国家知识产权试点园区的复函》（国知发管函字〔2010〕293号）。经乌鲁木齐市人民政府推荐和国家知识产权局审核批准，乌鲁木齐高新技术开发区为国家知识产权试点园区，试点工作从2010年11月1日算起，为期3年。

2011年4月15日上午，在昆仑宾馆召开"自治区知识产权工作会议"。自治区知识产权试点示范区域的企事业单位代表160多人参加。4月15日下午，国家知识产权局在乌鲁木齐经济技术开发区举行"国家知识产权试点园区"授牌仪式。国家知识产权局顾问、原局长王景川向乌鲁木齐经济技术开发区授"国家知识产权试点园区"牌匾。

2012年1月20日，按照国家知识产权局印发的《关于开展知识产权示范城市评定工作的通知》（国知发管字〔2012〕16号）要求，乌鲁木齐市进行了申报工作。4月25日，在乌鲁木齐高新区（新市区）举行首次新疆知识产权沙龙活动。11月19日，自治区知识产权局组织乌鲁木齐高新技术产业开发区和乌鲁木齐经济技术开发区知识产权管理部门领导到深圳华为技术有限公司、深圳中兴通讯股份有限公司考察学习。

2013年2月18日，国家知识产权局印发的《关于2013年度国家知识产权示范城市评定工作的通知》中指出，新疆的乌鲁木齐市和昌吉州具备申报2013年度国家知识产权示范城市条件。经自治区知识产权局推荐并报向国家知识产权局批准，巴州被列为2013年度国家知识产权试点城市。5月13日，由国家知识产权局和自治区知识产权局组成考核验收组对乌鲁木齐高新技术产业开发区国家知识产权试点工作进行考核验收。6月，昌吉州"国家知识产权示范城市"创建工作通过国家知识产权局考评验收。6月18日，自治区知识产权局在霍尔果斯经济开发区举行"对外贸易专业市场知识产权试点工作启动仪式"。8月13—14日，自治区科学技术厅副巡视员、知识产权局副局长谭力到申报国家知识产权试点园区的库尔勒经济技术开发区作知识产权专题报告。11月15日，国家知识产权局党组成员、纪检组长肖兴威代表国家知识产权局向昌吉州授"国家知识产权示范城市"牌匾。

在2013年度国家知识产权试点示范城市工作绩效考评中，新疆维吾尔自治区知识产权局得分为68.4分；乌鲁木齐市等3地州市被评为2013年度地级优秀知识产权示范城市；吐鲁番市等4个县级市被评为2013年度县级优秀知识产权示范城市。

2014年1月27日，由国家知识产权局和自治区知识产权局组成验收评定组对乌鲁木齐经济技术开发区（头屯河区）国家知识产权试点园区工作进行了考核验收。2014年，克拉玛依市、奎屯市、吐鲁番市被列为国家级知识产权示范培育城市。5月16日，国家知识产权局发布《2013年度各省（区、市）试点城市考核结果》，乌鲁木齐、克拉玛依、巴州和石河子市在试点城市考核成绩为优秀；吐鲁番、哈密、奎屯和库尔勒4个市的试点城市考核成绩为合格。同日，国家知识产权局发布《2013年度各省区市知识产权局试点示范城市工作考核结果》，新疆维吾尔自治区知识产权局榜上有名。同日，国家知识产权局发布《2013年度国家知识产权示范城市工作考核结果》，昌吉州榜上有名。

2015年7月9日，国家知识产权局发布《2014年度国家知识产权试点示范城市工作考核结果》，昌吉州榜上有名；同日，国家知识产权局发布《2014年度省（区、市）知识产权局城市试点示范工作考核结果》，新疆维吾尔自治区知识产权局、新疆生产建设兵团知识产权局榜上有名；同日，国家知识产权局发布《2014年度国家知识产权试点城市工作考核结果》，克拉玛依市和奎屯市、石河子市为优秀；乌鲁木齐、巴州和吐鲁番市为合格。

截至2014年年底，新疆被国家知识产权局列为国家知识产权试点城市有3个，国家知识产权示范创建城市有2个，国家优秀知识产权示范城市有7个，国家知识产权示范培育城市有3个，地级优秀知识产权示范城市有4个，县级优秀知识产权示范城市有4个，国家知识产权试点园区有3个，国家知识产权强县工程市有5个，国家知识产权兴贸工程试点基地有1个。

表9-18 新疆列为国家知识产权试点示范城市统计表
(2004—2014年)

年份	项目名称	地区
2004	国家专利试点城市	乌鲁木齐市
2005	国家知识产权兴贸工程试点基地	霍尔果斯口岸
	国家知识产权试点城市	乌鲁木齐市
2007	国家知识产权试点城市	昌吉回族自治州
2009	国家知识产权强县工程县（市）	昌吉市、库尔勒市、奎屯市、吐鲁番市、哈密市
2010	国家知识产权示范创建城市	乌鲁木齐市、昌吉回族自治州
2011	国家知识产权试点园区	乌鲁木齐经济技术产业开发区、乌鲁木齐高新技术产业开发区
2012	国家知识产权试点城市	石河子市
2013	地级优秀知识产权示范城市	乌鲁木齐市、克拉玛依市、巴音郭楞蒙古自治州
	县级优秀知识产权示范城市	吐鲁番市、哈密市、奎屯市、库尔勒市
2014	国家知识产权示范培育城市	克拉玛依市、奎屯市、吐鲁番市
	国家知识产权试点园区	库尔勒经济技术开发区

（二）积极推进自治区知识产权试点区域工作

2004年5月26日，自治区知识产权局印发《关于确定第一批自治区知识产权试点地州市、县市区和开发区的通知》（新知管字〔2004〕36号），确定乌鲁木齐市、昌吉州和克拉玛依市克拉玛依区、昌吉市、哈密市、博乐市、奎屯市、巴州库尔勒经济技术开发区等为第一批自治区知识产权试点区域。试点工作从2004年6月1日启动，为期3年。10月21—27日，自治区知识产权局局长姜万林到巴州和阿克苏地区检查工作并启动自治区知识产权区域试点工作。

表9-19 新疆维吾尔自治区知识产权试点区域情况统计表

年份	项目名称	地区
2004	自治区知识产权试点地区	乌鲁木齐市、昌吉回族自治州、克拉玛依市克拉玛依区、巴州库尔勒经济技术开发区
	自治区知识产权试点市	昌吉市、哈密市、博乐市、奎屯市
	自治区知识产权试点开发区	库尔勒经济技术开发区
2007	自治区知识产权试点城市	乌鲁木齐市、昌吉回族自治州、克拉玛依市
	自治区第二批知识产权试点区域	乌鲁木齐高新技术开发区、沙依巴克区、米东新区、伊宁市、克拉玛依市大农业开发区、鄯善县、吐鲁番市沈宏化工工业园区、阿克苏市

2007年3月20日，自治区知识产权局印发《关于开展第二批自治区知识产权区域试点工作的通知》（新知管字〔2007〕18号）。确定乌鲁木齐高新技术开发区等8个区域为第二批自治区知识产权区域试点区域。制订和印发了区域时点实施方案，区域试点工作从2007年3月启动，期限3年。3月21—22日，自治区人民政府在乌鲁木齐市召开"自治区知识产权试点示范工作会议"，对自治区知识产权试点示范工作进行了总结，昌吉州等3个试点单位在会上介绍了经验；对乌鲁木齐市等5个试点区域先进集体进行了表彰；启动了自治区第二批知识产权区域试点工作。

四、中小学校知识产权教育试点示范工作

2005年，在自治区知识产权局的协调下，哈密地区率先在中小学开展知识产权教育试点工作。借助广东省援哈机制，哈密地区知识产权局带领地区教育局选派1名专职干部和2名试点学校教师专程赴广东省中小学知

识产权教育试点地区——佛山市南海区考察学习，为哈密地区中小学知识产权教育试点工作的顺利开展提供了有益的借鉴。同时，哈密地区知识产权局与广东省南海区知识产权局初步达成了以加强中小学知识产权教育、人才培训、专利行政执法、企业知识产权等为主要内容的合作协议。

2006年自治区知识产权局对哈密地区与广东省充分发挥两地的比较优势和互补优势，开展中小学知识产权教育活动经验进行了通报。全区各地结合实际，开展了多种形式的中小学知识产权教育活动。3月24—25日，伊犁州在伊宁市八中开展了知识产权进校园宣传活动，该市知识产权局为同学们送去了24块知识产权法律、法规、政策宣传展板，并邀请州知识产权局举办了"保护知识产权专题讲座"，600多位同学参加。8月4日，广东省知识产权局局长一行到哈密知识产权局考察并会签对口支援协议，加强广东与哈密地区的中小学知识产权教育交流与合作。广东省佛山市南海区知识产权局为哈密的区培训知识产权教育师资，派出工作人员为哈密试点学校指导工作，派出资深专家为哈密现场授课。10月12日，广东省知识产权局为哈密地区知识产权局赠送中小学知识产权教育读本2350本。10月12日，根据中国知识产权培训中心《关于举办第二期全国中小学知识产权教育专题研讨及师资培训班的通知》（中知培发教字〔2006〕23号），自治区知识产权局组织哈密地区、吐鲁番地区和乌鲁木齐沙区知识产权局有关人员参加"第二期全国中小学知识产权教育专题研讨及师资培训班"。9月11—18日，托克逊县知识产权局与教育局联合举办知识产权巡回讲座，在全县范围内巡回对5个乡镇的360多名中小学教师进行了培训。10月16日，喀什地区知识产权局在喀什市第一中学举办了"知识产权基本知识讲座"，该校不同年级的200多名高中生和部分教师参加。10月25日，乌鲁木齐市知识产权局会同天山区科技局，共同在乌鲁木齐市第八中学开展了题为《尊重知识、学习知识、创造知识、培养中国的爱迪生》的知识产权专题讲座，第八中学近千名高中二年级学生聆听了讲座。

为全面推进自治区中小学知识产权教育试点示范工作，2008年3月25日，自治区知识产权局印发《关于确定哈密市吐哈石油第二学校（后更名为初级中学）、第四小学为自治区中小学知识产权教育示范单位的通知》（新知管字〔2008〕29号）。2010年4月，自治区知识产权局、自治区教育厅决定在全区开展中小学知识产权教育试点示范工作。4月18日，自治区知识产权局、自治区教育厅联合制订《新疆维吾尔自治区中小学知识产权教育试点示范工作方案（试行）》。4月22日，自治区知识产权局、教育厅、乌鲁木齐教育局、乌鲁木齐市知识产权局在乌鲁木齐市第一小学联合举办"中小学知识产权试点启动仪式"，向130名小学生发放了由自治区知识产权局主编的《走近知识产权——初级版》课本和相关宣传资料，哈密地区知识产权局章从平为学生讲授了知识产权知识。自治区知识产权局局长马庆云出席启动仪式并讲话。10月15日，自治区知识产权局、教育厅联合签发《关于确定第一批自治区中小学知识产权教育试点学校的通知》（新知管字〔2010〕54号），确定乌鲁木齐市第50中学等25所中小学为第一批自治区中小学知识产权教育试点学校。它标志着自治区中小学知识产权教育活动在全区全面启动。

2012年4月23日，自治区知识产权局、教育厅联合印发《关于表彰中小学知识产权试点工作先进单位的决定》（新知管字〔2012〕25号），对获得2012年度中小学知识产权试点工作先进单位的乌鲁木齐市第一小学等7所中小学进行通报表彰。4月27日，自治区知识产权局乌鲁木齐市召开"全疆中小学知识产权教育试点工作交流暨表彰会议"。自治区知识产权局、教育厅、地州市知识产权局、教育局及全疆25所试点学校的代表60余人参加。会上，对自治区第一批中小学知识产权试点工作进行了总结，哈密市第一中学等7家试点先进单位介绍了试点经验和做法。4月27日，自治区知识产权局组织全疆首批25家试点学校在乌鲁木齐市第一小学举办了"自治区中小学知识产权创意大赛"。5月3日，自治区知识产权局、教育厅联合印发《关于全区中小学创意大赛获奖作品的通报》（新知管字〔2012〕29号），对获得中小学创意大赛作品（一等奖5名、二等奖8名、三等奖10名）进行通报表彰。

新疆地州市也相继在中小学开展知识产权试点工作。2006年，哈密地区率先在中小学开展知识产权试点后，2013年11月6日，巴州举办了中小学知识产权教育试点工作启动仪式，有12所中小学校列入该州中小学知识产权教育试点。

截至2014年12月，全区知识产权试点学校25所、示范学校9所。

新疆的中小学知识产权教育试点示范工作受到国家知识产权局领导的表扬和肯定。2012年11月21—22日，国家知识产权局副局长甘绍宁在全国知识产权人才工作交流会上的讲话中，对新疆知识产权局在大学生中组织开展的"2012年度新疆优秀发明创造专利获得者"评选和在全区中小学开展的"知识产权创意大赛"评选活动，以及"在全区25所中小学推进的知识产权教育试点示范工作"给予表扬和肯定。

表9-20　新疆维吾尔自治区（第一批）中小学知识产权教育试点学校名单

地州市名称	序号	试点学校名称	示范学校名称
乌鲁木齐市	1	乌鲁木齐市第五十中学	乌鲁木齐市第一小学
	2	乌鲁木齐市第二十七小学	
	3	乌鲁木齐市第七十六中学	
	4	乌鲁木齐市第八十中学	
	5	乌鲁木齐市第一小学	
伊犁哈萨克自治州	6	伊宁市第一小学	伊宁市第一小学
	7	伊宁市第十五小学	
塔城地区	8	塔城市第三小学	
阿勒泰地区	9	阿勒泰市实验小学	
博尔塔拉蒙古自治州	10	博乐市第一小学	
	11	博乐市第二小学	
昌吉回族自治州	12	昌吉州实验小学	
	13	昌吉市第七中学	
吐鲁番地区	14	吐鲁番第三小学	
哈密地区	15	哈密市第一小学	吐哈石油第二学校（初级中学）、哈密市第四小学
	16	哈密市第八小学	哈密市第一中学
巴音郭楞蒙古自治州	17	库尔勒市第五中学	库尔勒市第五中学
	18	库尔勒市第一小学	
阿克苏地区	19	阿克苏市第二小学	
	20	阿克苏市第十一小学	阿克苏市第十一小学
克孜勒苏柯尔克孜自治州	21	克州实验小学	
喀什地区	22	喀什市第九小学	
	23	喀什市第二十八中学	喀什市第二十八中学
和田地区	24	和田市第一小学	
克拉玛依市	25	克拉玛依市第一小学	克拉玛依市第一小学

注：1.2008年3月25日，经自治区知识产权局批准，吐哈石油第二学校（初级中学）和哈密市第四小学被列为自治区第一批知识产权示范学校；

2.2012年4月23日，经自治区知识产权局和教育厅批准，乌鲁木齐市第一小学、伊宁市第一小学、哈密市第一中学、库尔勒市第五中学、阿克苏市第十一小学、喀什市第二十八中学和克拉玛依市第一小学被列为自治区第二批知识产权示范学校。

五、企业知识产权贯标工作

（一）企业知识产权贯标概述

企业知识产权"贯标"就是贯彻《企业知识产权管理规范》国家标准。企业知识产权管理规范的国家标准由国家知识产权局制定，由国家质量监督检验检疫总局、国家标准化管理委员会批准颁布，于2013年3月1日起实施，标准号是GB/T29490-2013。

2012年7月15—20日，国家知识产权局专利管理司召集北京等6个省市的知识产权管理部门和部分专利代理机构以及企业，在北京开展了《企业知识产权管理规范试点工作培训班》，标志着我国企业的知识产权管理规范工作正式开始。在此之前，江苏省受国家知识产权局委托，在本省已开展了两年多的企业知识产权管理标准的贯彻工作，并取得了良好的效果。

（二）企业知识产权贯标的意义

在企业实施知识产权贯标工作，是为了贯彻落实国家和自治区知识产权战略纲要，建立企业知识产权工作的规范体系，加强对企业知识产权工作的引导，指导和帮助企业进一步强化知识产权创造、运用、管理和保护，增强自主创新能力，实现对知识产权的科学管理和战略运用，提高国际、国内市场竞争能力。

（三）企业知识产权贯标的作用

一是规范企业知识产权管理的基础条件；二是规范知识产权的资源管理；三是规范企业生产经营各个环节的知识产权管理；四是规范企业知识产权的运行控制；五是规范企业生产经营活动中的文件管理和合同管理；六是明确规定企业应建立知识产权动态管理机制。

（四）企业知识产权贯标的工作流程

一是确定知识产权贯标试点单位。在广泛宣传和摸底调查的基础上，选择知识产权工作基础好的企业作为知识产权贯标试点单位。二是推荐服务机构，签订服务协议。自治区知识产权管理部门与服务机构签订服务协议。三是制订实施方案，建立领导小组。制订2013年《新疆企业知识产权标准推广工作实施方案》；联合自治区科技、工商、版权等相关部门成立自治区国家标准推行实施工作小组。

（五）企业知识产权贯标服务流程

一是协助企业成立贯标项目小组，制订贯标实施计划；二是进行贯标知识学习培训；三是辅导企业编写知识产权管理文件与试运行；四是指导企业进行知识产权工作自我评价；五是协助企业提出贯标验收申请。

（六）新疆企业知识产权贯标工作开展情况

2013年，按照国家知识产权局的统一部署，自治区知识产权局在企业开展知识产权贯标工作。自治区知识产权局制订了《新疆维吾尔自治区企业知识产权管理标准推行工作方案》，提出了目标任务、工作计划和措施，并选定14家知识产权试点示范单位开展首批知识产权贯标工作。4月，召开了新疆知识产权贯标工作启动大会。5月24日，自治区知识产权局在乌鲁木齐高新技术开发区举办"第三届企业知识产权沙龙暨知识产权贯标启动仪式"，新疆企业知识产权沙龙会员及贯标企业共百余人参加。8月，自治区知识产权局组织相关企业、服务机构赴江苏大学就《企业知识产权管理规范》进行基础性普及学习。9月4日，自治区知识产权局召开"企业知识产权贯标工作会议暨知识产权贯标签约仪式"，列入第一批14家知识产权贯标企业及中介服务机构代表共计40多人参加。10月21日，自治区知识产权局在昌吉市举办"自治区企业知识产权管理规范内审员培训班"，对知识产权贯标企业有关人员近100人进行了专业培训。11月，自治区知识产权局组织首批14家知识产权贯标单位与指导服务机构签订协议，落实贯标工作。

表9-21　2013年新疆首批企业知识产权贯标单位名单

序号	企业名称	序号	企业名称
1	新疆众合股份有限公司	8	克拉玛依广陆有限责任公司
2	新疆第三机床厂	9	克拉玛依胜利高原机械有限公司
3	新疆轻工国际投资有限公司	10	特变电工新疆新能源股份有限公司
4	新特新能源股份有限公司	11	新疆特变电工股份有限公司
5	新疆农科院农机化研究所	12	企业名称
6	乌鲁木齐市华泰隆化学助剂有限公司	13	蓝山屯河型材有限公司
7	新疆华易石油工程技术有限公司	14	石河子开发区神内食品有限公司

2014年，自治区企业知识产权贯标工作持续推进。一是扩大企业知识产权贯标试点工作。新确定第二批知识产权贯标试点企业22家，累计达到36家。二是加强对知识产权贯标企业的培训。9月15—20日，自治区知识产权局在新特能源股份有限公司举行了为期一周的"新疆企业知识产权管理规范培训班"，培训知识产权贯标企业22家。10月31日—11月3日，自治区知识产权局在乌鲁木齐市举办"2014年自治区企业知识产权贯标培训班"，地州市知识产权局管理人员、试点示范单位知识产权管理及工作人员200人参加。三是加强对知识产权贯标企业的指导。在自治区知识产权局的指导下，知识产权贯标企业与中介服务机构签订了服务协议书。四是召开了"自治区企业知识产权贯标试点座谈会"，两批知识产权贯标试点单位的负责人和中介服务机构人员进行了座谈和交流。五是召开知识产权贯标启动大会。8月26日、11月4日和12月4日，自治区知识产权局等单位分别在特变电工、克拉玛依市和新疆华油油气工程有限公司召开"2014年企业知识产权贯标工作启动会"。

表9-22　2014年新疆第二批企业知识产权贯标单位名单

序号	企业名称	序号	企业名称
1	新疆绿色使者空气环境技术有限公司	12	新疆华油油气工程有限公司
2	新疆福克油品股份有限公司	13	新疆惠森生物技术有限公司
3	新疆旭日环保股份有限公司	14	新疆宇鑫混凝土有限公司
4	新疆溢达纺织有限公司	15	乌苏市鹏程植保机械有限责任公司
5	新疆新轴轴承有限公司	16	沙湾县鑫驰复合材料制品有限公司
6	新疆未来型材有限公司	17	塔城市星河生物工程有限责任公司
7	新疆特变电工自控设备有限公司	18	克拉玛依市三达新技术开发有限责任公司
8	新疆睿智新材料有限公司	19	克拉玛依市金鑫科技有限公司
9	新疆新路标光伏材料有限公司	20	中船重工新疆海源能源装备有限公司
10	石河子市华农种子机械制造有限公司	21	贝肯石油科技开发有限责任公司
11	新疆天富阳光生物科技有限公司	22	克拉玛依市金牛工程建设有限责任公司

六、发明专利倍增计划

2013年5月，自治区知识产权局、科技厅、教育厅联合在高校、科研院所启动"发明专利倍增计划"，印发《关于印发〈自治区高校、科研院所发明专利倍增计划实施方案〉的通知》（新知管字〔2013〕43号）。旨在使已拥有发明专利的高等院校、科研院所建立健全知识产权体系、制度，进一步提升知识产权创造、运用能力，发明专利申请量在2013年较2012年翻一番，到2015年发明专利申请量较2013年再翻一番；力争用三年时间，实现全区高等院校、科研院所发明专利申请量翻两番；使未申请过发明专利的高等院校、科研院所，消除"零发明专利"现状。同年4月19日和5月30日，自治区知识产权局等部门分别在新疆国家大学科技园和新疆农业大学举行"新疆发明专利倍增行动"启动仪式。

七、知识产权分析评议试点工作

（一）概述

重大经济科技活动知识产权评议，是针对以使用财政及以国有资金投入、涉及资产数额巨大的或对经济科技社会发展影响较大的重大经济科技政策和项目，进行知识产权综合分析与深入研究，形成咨询意见，帮助项目管理单位和实施单位掌握知识产权状况，把握技术研发重点和路线，选择突破方向，为项目规划、决策制定和技术研发提供参考依据的重要工作。

2012年1月10日，国家知识产权局印发《关于重大经济科技活动知识产权评议试点2012年若干意见工作安排的通知》(知协函〔2012〕4号)。8月23日,国家知识产权局印发《重大经济科技活动知识产权评议试点工作管理办法》(国知发协字〔2012〕88号)。

（二）新疆知识产权分析评议试点工作情况

2012年3月31日,国家知识产权局印发《关于国家2012年重大经济科技活动知识产权评议试点若干工作安排的通知》(国知办协字〔2012〕32号),新疆维吾尔自治区知识产权局被确定为2012年重大经济科技活动知识产权评议试点培育单位。4月18—20日,自治区知识产权局局长马庆云、规划发展处处长陈勇参加国家知识产权局在北京召开2012年"全国重大经济科技活动知识产权评议试点工作会议"。回疆后召开专门会议进行研究贯彻。

为积极推动重大经济科技活动知识产权评议制度的建设,2014年,自治区知识产权局制定《关于开展重大经济科技活动知识产权评议工作的意见》,已报请自治区政府发布实施。"意见"要求围绕自治区经济发展重点产业、科学技术重大项目,针对关键技术领域开展知识产权评议、专利动态分析和预警。2014年,通过与有关重大经济活动主管部门进行沟通协作,在自治区优势特色产业和战略性新兴产业领域有关项目中,将"废旧润滑油再生技术"和"新疆准东煤开发关键技术及示范"列为知识产权评议能力提升项目,旨在解决企业发展过程中遇到的知识产权方面困难和问题,破解企业发展难题,为企业指导研发方向、技术路径,提升企业创造运用和保护知识产权能力,促进企业又快又好发展。

第十章 专利服务

专利服务是知识产权服务活动的组成部分。专利服务主要包括：一是专利信息服务，如专利查询、检索分析、专利数据库建设；二是专利代理服务与法律服务，如专利申请代理、专利维权诉讼代理；三是专利运用转化服务，如专利评估、交易、专利质押融资、托管、帮扶、消除、"零专利"、第三方服务等；四是专利咨询服务，如预警分析、管理咨询、战略制定；五是专利申请代办、专利许可备案登记服务；六是专利培训服务；七是知识产权服务品牌机构培育等工作。

专利服务的专业化是促进企业创新的一个重要因素。企业通过与专业专利服务机构合作，可以加快专利申请工作，使自主创新成果尽快产权化；可以建立健全知识产权制度，加快知识产权贯标步伐；可以掌握相关领域的专利信息，制定合理的专利战略，从而绕过其他公司设置的专利网，并在权利受到侵害时获得更为及时和有效的保护。

第一节 专利代理服务

一、概述

专利代理属经济鉴证类社会中介服务。它是指专利代理机构以委托人的名义，在代理权限范围内，办理专利申请或者办理其他专利事务。

二、专利代理服务范围

专利代理的业务范围主要是以委托人的名义，在代理权限范围内，承办国内外专利申请、专利案件代理、专利申请咨询、专利信息查询等专利代理事务。

三、专利代理服务工作

30年来，新疆专利代理机构在专职代理人员少，特别是少数民族专利代理人少、年龄大等困难条件下，面向全区开展专利申请代理、专利案件代理、专利咨询、专利检索查询、企业知识产权贯标和为企业培训等服务活动。另外，每年还积极配合自治区知识产权、科技等部门组织开展"3·15""4·26""科技下乡"等宣传活动，为全社会公众增强专利意识，促进企业专利运用能力及全区专利创造数量和质量的提升等方面做出了应有的贡献。例如，1993年，乌鲁木齐市专利事务所为13个企业上门服务，提供专利信息1818项，为企业引进专利项目，并取得实效。其中，提供22项专利信息项目，创产值7656.25万元、利税额997.26万元。

据不完全统计，2000—2014年，新疆专利代理机构共代理三种专利申请为20675件，其中代理发明专利申请4446件，占专利代理量的21.5%；代理实用新型专利申请12116件，占专利代理量的58.6%；代理外观设计专利申请4105件，占专利代理量的19.9%；共代理PCT专利申请12件。同期，新疆专利代理机构代理三种专利申请量占同期新疆专利申请总数51815件的39.9%；代理的发明专利申请占同期新疆发明专利申请总数11726件的37.9%；代理的实用新型专利申请占新疆同期实用新型专利申请总数28724件的42.2%；代理的外观设计专利申请占新疆同期外观设计专利申请总数11365件的36.1%。同期，新疆专利代理机构共代理专利案件514件，其中代理无效专利案件27件、复审专利案件38件、调处专利案件9件、转让专利案件96件、撤销专利案件344件。

2000—2014年，新疆专利代理机构经营收入共计2464.99万元，上缴营业税124.24万元，缴个人所得税68.9万元，职工收入1228.22万元。2014年，有固定资产86.72万元、流动资产416.67万元。在自治区颁布实施知识产权战略后的2010—2014年，经营收入为1941.64万元，年均增幅35.23%。经营收入比前5年（2005—2009年）的472.28万元增加了1469.36万元，年均增幅比前5年的22.83%提高了12.83个百分点。

2010—2014年，在实施《战略纲要》期间，新疆专利代理机构共代理专利14393件，是《战略纲要》颁布实施前5年专利代理量4313件的3.34倍。

表10-1-1　新疆专利代理机构代理业务情况统计表

（单位：件）

代理机构名称及成立年代	代理三种专利申请数					代理案件数					
	小计	代理发明专利申请	代理实用新型专利申请	代理外观设计专利申请	代理PCT专利申请	无效	复审	复议	调处	转让	撤销
乌鲁木齐新科联专利事务所（有限公司）（2000—2014年）	6663	844	4355	1464	0	11	18	0	4	10	0
石河子恒智专利事务所（2000—2014年）	2796	614	1872	310	0	8	5	0	2	0	10
乌鲁木齐合纵专利商标事务所（2003—2014年）	5578	1125	3022	1431	9	8	6	0	0	0	394
乌鲁木齐中科新兴专利事务所（2000—2014年）	1100	858	213	29	0	0	9	0	16	0	0
乌鲁木齐市禾工专利代理事务所（2000—2014年）	2611	416	1688	507	0	0	0	0	0	0	0
北京中恒高博知识产权代理有限公司乌鲁木齐办事处（2006—2014年）	1927	589	966	372	3	0	0	0	0	0	0
合计	20675	4446	12116	4113	12	27	38	0	22	10	404

表10-1-2　新疆专利代理机构代理业务年度情况统计表

（2000—2014年）

年份	代理专利申请情况								代理专利案件情况						
	小计（件）	占新疆当年三种专利申请总数（%）	代理发明专利申请（件）	占新疆当年发明专利申请总数（%）	代理实用新型专利申请（件）	占新疆当年实用新型专利申请总数（%）	代理外观设计专利申请（件）	占新疆当年外观设计专利申请总数（%）	代理PCT专利申请（件）	无效（件）	复审（件）	复议（件）	调处（件）	转让（件）	撤销（件）
2000	485	44.6	63	13.0	310	44.4	112	23.1	0	0	0	0	0	0	0
2001	339	31.2	55	16.2	197	58.1	87	25.7	0	0	0	0	0	0	0
2002	302	24.4	30	9.9	200	66.2	72	23.8	0	0	0	0	0	0	0
2003	324	22.0	58	17.9	165	50.9	101	31.2	0	0	0	0	0	0	0
2004	455	30.5	83	18.2	262	57.6	110	24.2	0	0	3	0	0	0	1
2005	626	33.8	84	13.4	379	60.5	163	26.0	0	0	3	0	0	0	0
2006	720	31.9	86	11.9	422	58.6	212	29.4	1	0	0	0	2	1	0

年份	代理专利申请情况									代理专利案件情况					
	小计（件）	占新疆当年三种专利申请总数（%）	代理发明专利申请（件）	占新疆当年发明专利申请总数（%）	代理实用新型专利申请（件）	占新疆当年实用新型专利申请总数（%）	代理外观设计专利申请（件）	占新疆当年外观设计专利申请总数（%）	代理PCT专利申请（件）	无效（件）	复审（件）	复议（件）	调处（件）	转让（件）	撤销（件）
2007	829	36.5	186	22.4	445	53.7	190	22.9	0	2	0	0	0	0	0
2008	1010	41.9	178	17.6	554	54.9	278	27.5	0	0	0	0	0	0	82
2009	1129	39.3	295	26.1	737	65.3	97	8.6	0	5	0	0	0	0	54
2010	1581	44.4	380	24.1	1080	68.3	121	7.7	2	2	0	0	2	4	24
2011	2131	45.0	522	24.5	1410	66.2	199	9.3	4	3	5	0	0	7	48
2012	3108	44.1	693	22.3	1696	54.6	719	23.1	1	3	9	0	9	0	37
2013	3371	41.0	859	25.5	2110	62.6	402	11.9	4	2	12	0	2	32	47
2014	4265	41.7	874	20.1	2149	50.4	1242	29.1	0	4	12	0	7	51	52
合计	20675	36.8	4446	21.5	12116	58.6	4105	19.9	12	27	38	0	9	96	344

表10-2 新疆专利代理事务所经营情况统计汇总表
（2004—2014年）

年份	经营收入（万元）	缴营业税（万元）	缴个人所得税（万元）	流动资产总额（万元）	同比增幅（%）	职工收入（万元）	负债（万元）	盈余公积金（万元）
2004	51.07	1.32	1.18	34.26	—	39.75	30.72	0
2005	57.42	24.90	1.22	28.98	−83.37	44.08	25.26	1.20
2006	67.25	3.06	1.51	34.27	157.15	51.34	53.83	1.50
2007	84.17	4.53	2.01	47.75	21.31	66.07	71.73	2.10
2008	122.81	6.50	2.08	64.34	2.20	84.66	72.49	2.50
2009	140.63	6.98	4.28	72.04	17.88	94.07	82.54	3.20
2010	172.63	9.00	4.31	96.06	38.26	101.09	100.33	5.4
2011	236.32	13.40	6.89	129.16	7.00	118.66	101.91	5.6
2012	359.73	16.77	9.05	176.55	38.10	171.37	129.26	7.80
2013	569.19	17.46	11.33	400.55	−10.39	206.98	147.16	8.5
2014	603.77	20.32	25.04	416.67	−4.58	250.15	259.91	12.2
合计	2464.99	124.24	68.90	1500.63	—	1228.22	1075.14	50.00

表 10-3　新疆各专利代理机构经营情况统计表　　　　　　　　　　　　　　（单位：万元）

代理机构名称	经营收入	缴营业税	缴个人所得税	流动资产总额	固定资产总额	职工收入	负债	盈余公积金	备注
石河子恒智专利事务所	444.3	19.03	4.39	46.70	23.64	224.58	32.69	0.00	2004—2014年
乌鲁木齐新科联专利事务所（有限公司）	531.08	33.31	12.25	298.04	123.9	363.90	126.43	0.00	2004—2014年
乌鲁木齐中科新兴专利事务所	253.54	3.47	6.65	22.94	0.00	118.66	41.53	0.00	2004—2014年
乌鲁木齐市禾工专利代理事务所	261.84	13.74	13.88	85.7	13.00	107.46	26.60	0.00	2006—2014年
乌鲁木齐合纵专利商标事务所	549.65	27.47	32.89	38.01	28.10	334.84	473.12	50.0	2004—2014年
北京中恒高博知识产权代理有限公司乌鲁木齐办事处	426.07	5.63	0.94	143.68	2.21	82.78	153.76	0.00	2006—2014年
合计	2466.43	102.65	70.89	635.07	190.85	1232.22	854.13	50.00	

表 10-4　新疆专利代理机构经营增幅情况统计表

年份	经营收入		缴营业税		缴个人所得税		流动资产总额		固定资产总额		职工收入		负债（万元）	盈余公积金（万元）
	金额（万元）	同比增幅（%）	金额（万元）	同比增幅（%）	金额（万元）	同比增幅（%）	金额（万元）	同比增幅（%）	金额（万元）	同比增幅（%）	金额（万元）	同比增幅（%）		
2004	51.1	—	1.3	—	1.2	—	34.3	—	79.4	—	39.8	—	30.7	0
2005	57.4	11.4	24.9	1786.4	1.2	3.4	29.0	−15.4	13.2	−83.4	44.1	10.9	25.3	1.2
2006	67.3	17.1	3.1	−87.8	1.5	23.8	34.3	18.3	34.0	157.2	51.3	16.5	53.8	1.5
2007	84.2	25.2	4.5	36.2	2.0	33.1	47.8	39.3	41.2	21.3	66.1	28.7	71.7	2.1
2008	122.8	45.9	6.5	43.5	2.1	3.5	64.3	34.7	42.1	2.2	84.7	28.1	72.5	2.5
2009	140.6	14.5	7.0	7.4	4.3	105.8	72.0	12.0	49.7	17.9	94.1	11.1	82.5	3.2
2010	172.6	22.8	9.0	28.9	4.3	0.7	96.1	33.3	68.7	38.3	101.1	7.5	100.3	5.4
2011	236.3	36.9	13.4	48.9	6.9	59.9	129.2	34.5	73.5	7.0	118.7	17.4	101.9	5.6
2012	359.7	52.2	16.8	25.2	9.1	31.4	176.6	36.7	101.4	38.1	171.4	44.4	129.3	7.8
2013	569.2	58.2	17.5	4.1	11.3	25.2	400.6	126.9	90.9	−10.4	207.0	20.8	147.2	8.5
2014	603.8	6.1	20.3	16.4	25.0	121.0	416.7	4.0	86.7	−4.6	250.2	20.9	259.9	12.2
合计	2465.0	—	124.2	—	68.9	—	1500.6	—	680.7	—	1228.2	—	1075.1	50.0

第二节 无形资产评估服务

一、概述

随着知识经济时代的到来，无形资产在企业所占的比例明显增加，无形资产的交易也日益活跃。

无形资产是指特定的主体所拥有或者控制的，不具有实物形态，能持续发挥作用且能带来经济利益的资产，具体包括专利权、专有技术、商标权等。其特点是：非实体性、价值形成的积累性、开发成本界定复杂性、价值较大的不确定性，能带来超额收益或追加收益特性等。

二、无形资产评估工作

新疆无形资产评估事务所从1994年成立至1999年改制的5年时间内，共完成评估项目150项，评估值达到3亿元，创收近百万元。由于该所工作成绩突出，1997—1999年连续3年被自治区国有资产管理局评为先进集体。

第三节 专利代办服务

一、概述

专利代办处是国家知识产权局专利局在各省、自治区、直辖市知识产权局设立的专利业务派出机构，主要承担中国专利局授权或委托的专利业务工作及相关的服务性工作，工作职能属于执行专利法的公务行为，其业务主要包括：专利申请文件的受理、费用减缓请求的审批、专利费用的收缴、专利实施许可合同备案、办理专利登记簿副本及相关业务咨询服务。

1985—2014年12月，全国已设立的专利代办处有31个。由代办处受理的专利申请占全国专利申请量的2/3以上，收缴专利费用笔数占1/2以上。遍布全国各地的数百名高素质的代办处工作人员，以良好的信誉、贴心的服务、过硬的质量，为申请人和发明人及社会公众提供了方便、快捷、优质的服务，赢得社会公众的赞誉，创建了一流的文明服务窗口，取得了可喜的成绩。代办处在专利业务中发挥着越来越重要的作用，已成为我国专利工作系统的重要组成部分，是专利事业发展中一支不可或缺的重要力量。

二、乌鲁木齐专利代办处概况

乌鲁木齐专利代办处于2007年10月正式挂牌设立，为国家和自治区知识产权局共同的对外服务窗口，在自治区知识产权局的直接领导下，严格按照国家知识产权局专利局有关规定和要求，认真执行法律规定，严格依法行政，积极宣传专利知识，认真探索研究、提炼、总结专利代办业务特点，树立一丝不苟认真负责为客户满意的服务理念，充分发挥了连接政府和公众的桥梁纽带作用。乌鲁木齐专利代办处通过制定与完善内部管理制度（建立制度20个，详见表10-5），加强对专业人员的教育培训，努力做到"内练素质、外树形象"，以确保专利申请受理、各种费用收缴、专利许可合同备案和制作各种证明文件等项业务工作的圆满完成，为自治区知识产权宏观管理提供了有力支持，为自治区知识产权事业的发展做出了贡献。

表10-5 乌鲁木齐专利代处内部管理制度统计表

序号	目录	序号	目录
1	乌鲁木齐专利代办处管理办法	3	乌鲁木齐专利代办处受理员岗位职责
2	乌鲁木齐专利代办处窗口工作服务规范	4	乌鲁木齐专利代办处服务承诺制度

续表

序号	目录	序号	目录
5	乌鲁木齐专利代办处首问责任制度	13	乌鲁木齐专利代办处收费员岗位职责
6	乌鲁木齐专利代办处联系人制度	14	乌鲁木齐专利代办处业务管理办法
7	乌鲁木齐专利代办处受理专利申请双采双核三校工作制度	15	乌鲁木齐专利代办处业务限时办结制度
8	乌鲁木齐专利代办处工作人员文明服务规范	16	乌鲁木齐专利代办处保密规定
9	乌鲁木齐专利代办处主任岗位职责	17	乌鲁木齐专利代办处非正常申请监控工作办法
10	乌鲁木齐专利代办处综合岗位职责	18	乌鲁木齐专利代办处质量考核奖惩暂行办法
11	乌鲁木齐专利代办处考勤管理办法	19	乌鲁木齐专利代办处学习制度
12	乌鲁木齐专利代办处窗口服务人员工作纪律	20	乌鲁木齐专利代办处自动化系统管理办法

三、乌鲁木齐专利代办服务工作

（一）代办专利申请和收缴费工作

据对2008—2014年统计，乌鲁木齐专利代办处共受理三种专利申请23510件，占新疆同期三种专利申请总数（39058件）的60.15%。其中受理发明专利申请6368件，占新疆同期发明专利申请总数（9449件）的67.39%，受理实用新型专利申请13426件，占新疆同期实用新型专利申请总数（21207件）的63.31%，受理外观设计专利申请3427件，占新疆同期外观设计专利申请总数（8402件）的40.79%。注册电子申请户789户，实行电子申请14746件，占同期专利代办专利申请数的58.9%。

2008—2014年，办理各种收费业务127402笔，收缴各类费用3351.46万元。制作各类证明文件454件。

表10-6　乌鲁木齐专利代办处办理专利申请及缴费等情况统计表

（2008—2014年）

年份	代办三种专利申请（件）					代办各种专利费		制作证明文件等（件）
	总数	占新疆当年专利申请数比例	发明	实用新型	外观设计	笔数	额数（万元）	
2008	1245	51.6	246	699	165	3560	148.56	—
2009	1694	59.0	439	1068	133	7265	252.83	24
2010	2976	83.6	730	1837	309	15926	302.0	—
2011	2612	60.0	780	1487	345	18941	428.1	133
2012	4213	59.8	1160	2079	974	22364	563.7	70
2013	5395	65.6	1510	3173	712	30613	766.0	126
2014	5375	52.6	1503	3083	789	32293	890.27	101
合计	23510	60.2	6368	13426	3427	130962	3351.46	454

（二）专利许可合同备案工作

1.专利许可合同备案工作概述

2002年1月1日，国家知识产权局发布第十八号局长令，开始施行《专利实施许可合同备案管理办法》。1月24日，国家知识产权局印发《关于专利实施许可合同备案有关事项的通知》（国知发管字〔2002〕9号），对专利实施许可合同备案作出明确规定：一是由国家知识产权局协调管理司主管专利实施许可合同备案工作，并授权各省、自治区、直辖市管理专利工作的部门为专利实施许可合同备案部门。二是当事人应当自合同生效之日起3个月内向合同备案部门提交备案文件，办理备案手续。三是地方备案部门受理备案申请后在2个工作日内，通过传真或电子邮件向国家知识产权局协调管理司确认有关专利权、专利申请权的法律状态。四是国家知识产权局协调管理司在收到确认文件后2个工作日内，对法律状态属于《专利法》第十五条（专利申请权和专利权为共有人的）情况的，以传真或电子件形式通知地方备案部门不予以备案。未收到有关通知的，地方备案部门继续进行审核程序。五是备案符合要求的，在受理备案申请7个工作日内向当事人出具准予备案证明；不符合要求的，向当事人发出不予备案通知。六是在办完3日内将备案审核意见、合同副本报送国家知识产权局协调管理司。七是当事人办理合同延期、提前解除、备案注销等手续时，应填写专利实施许可合同备案变更申请表、专利实施许可合同备案注销申请表，按照《管理办法》有关规定办理。八是地方备案部门在前款备案手续办理完毕后，3个工作日内将审核意见以及当事人提交的有关文件报送国家知识局协调管理司。九是国家知识局协调管理司将合同备案的有关内容通知国家专利局初审及流程管理部，在专利登记簿上登记，并在专利公报上公告。十是国家知识局协调管理司负责对地方备案部门进行培训、检查考核。

2. 自治区开展专利实施许可合同备案工作

自2002年以来，自治区（专利）知识产权管理部门依据国家知识产权局《关于专利实施许可合同备案有关事项的通知》（国知发管字〔2002〕9号）和《专利实施许可合同备案管理办法》，组织开展了自治区专利实施许可合同备案工作。据统计，2009—2014年，新疆专利许可合同备案共计202个，年均增幅30.33%，备案专利390件。

表10-7 乌鲁木齐专利代办处办理专利许可合同备案情况统计表
（2009—2014年）

年份	备案专利许可合同（份）	年增幅（%）	备案许可专利数（件）
2009	25	100.00	—
2010	19	−24.00	29
2011	31	63.15	67
2012	33	6.45	66
2013	47	42.42	128
2014	47	0.00	100
合计	202	31.33	390

（三）专利电子申请工作

一是积极推进专利电子申请工作。乌鲁木齐代办处在受理专利申请工作中向专利申请客户面对面进行宣传，提高对电子申请工作的认识，普及电子申请知识。2011年6月17日，自治区知识产权局印发《关于在全区做好专利电子申请推广工作的通知》（新知综字〔2011〕49号）；7月26日，自治区知识产权局印发《关于在自治区高校和科研院所开展专利电子申请推广工作的通知》（新知综字〔2011〕50号）。

二是加强对电子申请业务培训和指导。2011年9月14日，自治区知识产权局召开"专利电子申请普及推广工作交流座谈会"，首府6所高等院校和30余家科研院所及6家代理机构参加。2013年，根据《国家知识产权局办公室关于2013年持续开展专利电子申请推广工作的通知》（国知办字〔2013〕56号）要求，乌鲁木齐专利代办处制订了《2013年新疆专利电子申请帮扶行动实施方案》。

三是深入地州市和企事业单位进行帮扶工作。自2013年3月份开始，乌鲁木齐代办处深入各地州市，通过召开各种类型的座谈会，开展培训授课等形式，普及专利电子申请的相关知识等帮扶行动，推动专利电子申请工作，提升专利申请及专利电子申请工作能力。截至2013年年底，乌鲁木齐专利代办处人员已深入吐鲁番等5个地州市、30多家企事业单位开展培训指导。2014年11月20日，乌鲁木齐专利代办处与石河子市知识产权局在石河子联合召开"专利电子申请帮扶座谈会"。2010年9月2日，国家知识产权局印发《关于2010年7月全国各省市电子申请情况的通报》（专审函〔2010〕72号），新疆电子申请率达到20.7%，在全国排第11位。

四是积极做好电子专利申请业务。2011年乌鲁木齐专利代办处共注册电子申请用户89个，月电子申请率达到75%。2013年，电子申请注册225户，同比增长77.2%。2014年，乌鲁木齐专利代办处全年受理专利电子申请用户注册329户，共受理专利电子申请5497件，电子申请率达到98.86%。同年5月26日，乌鲁木齐代办处前4个月实现"零纸件"。在2014年度全国专利代办工作会议上，乌鲁木齐专利代办处的电子申请工作受到国家知识产权局的表扬。

表10-8　乌鲁木齐专利代办处办理电子专利申请业务统计表

年份	电子申请（件）	占代办专利申请比例（%）	电子申请注册户数（户）
2008	—	—	—
2009	—	—	—
2010	337	11.30	19
2011	1696	35.81	89
2012	2592	61.52	127
2013	4792	87.01	225
2014	5329	98.99	329
合计	14746	58.93	789

第四节　专利信息服务

一、概述

专利信息服务主要是通过建立专利信息服务平台为用户提供专利信息服务。我国的专利信息服务平台的专利数据库涵盖90多个国家与组织近7000万条技术最新进展信息。通过该平台可以检索到最新发布的权威的中国专利文献信息，可以及时了解到及时更新的全球外文文献信息；可以预测相关发展趋势，跟踪竞争对手的活动，发现和避免专利侵权行为，充分利用失效专利经济和技术价值，减少重复研发的浪费，企事业单位可根据自身业务需求量身打造自己的专利数据平台。

二、专利信息服务工作

自治区专利管理部门历来重视专利信息服务工作。一是通过加强专利代理服务机构和服务队伍建设，充分发挥专利代理中介服务机构的作用，面向用户提供专利信息检索查询服务活动。二是通过建立新疆专利信息网站，面向社会开展专利知识宣传、专利法规普及、专利工作展示、专利数据查询等信息服务活动。三是通过建立专利信息中心，面向社会开展专利信息服务。例如，2010年8月16日，建立新疆专利信息服务中心，以企事业单位为重点，面向全区开展了多种专利信息服务活动。该信息中心服务的内容主要包括一般检索服务、定题服务、专利统计分析、专利信息咨询等。还根据不同专利信息服务需求，为用户提供各类培训和专利信息分析评估工作。截至2014年年底，该信息中心已累计为企事业单位提供专利信息检索服务350余项；出具专利项目检索报400余项；承担自治区知识产权局专利资助项目的专利信息检索工作以及各类专利检索工作，完成300余项检索和知识产权咨询、信息分析、专利法律状态认定工作。四是专利管理部门通过指导帮助企业建立专利数据库、提供失效专利光盘和根据需求面对面开展咨询服务等形式，开展专利信息服务活动。例如，1999年和2000年，每年向企业和发明人提供200个失效专利光盘。乌鲁木齐石化总厂在1999年利用自治区专利管理局提供的专利文献光盘检索发现了中国科学院的"AMC"专利技术，以425万元的价格取得专利实施许可权，通过该项专利技术的引进，减少该厂向空气中排放二氧化硫污染物60%以上，同时形成了变废为宝的综合利用环保项目。同年年底，该厂又通过专利光盘检索发现了日本将要失效乙烯制酸专利技术，以同行业中最优惠的价格引进了这项技术。

第五节　知识产权帮扶

随着自治区各行各业创造能力快速提升，企业知识产权意识不断增强，专利申请数量和质量不断快速提升，企业对知识产权服务的需求也越来越迫切。

为顺应企业呼声，解决企业在创新发展中遇到的知识产权问题，2010年7月6日，根据国家知识产权局《关于开展专利信息利用帮扶活动的通知》（国知办办字〔2010〕88号）要求，自治区知识产权局结合新疆实际，制订印发《专利信息利用帮扶计划》，并于2014年7月9日和8月27日，分别在克拉玛依市和巴州建立"新疆知识产权帮扶工作站"，还从律师事务所聘请专利代理人，作为知识产权特派员进驻工作站开展知识产权帮扶工作。

自治区知识产权帮扶工作内容主要有：开展知识产权宣传普及和培训；协助企业开展知识产权的申请、运用、管理；为企业申报各类科技、知识产权计划项目提供咨询服务；帮助企业建立和完善知识产权工作制度，制定知识产权战略；帮助企业开展知识产权文献、信息的收集和检索利用工作；协助企业应对知识产权诉讼，开展知识产权维权等。

第六节　知识产权托管等服务

为推进实施自治区知识产权战略和专利事业发展战略，进一步提升自治区知识产权创造、运用、保护、管理和服务能力，2011年3月28日，自治区知识产权局印发《关于在自治区开展知识产权托管工作的通知》（新知管〔2011〕21号）和《新疆维吾尔自治区知识产权托管工作方案（试行）》，决定2011—2013年在全区开展知识产权托管工作。

一、知识产权托管服务的含义

知识产权托管工作是在专利管理部门的指导下，将企事业单位对知识产权管理的需求与专利代理等知识产权服务机构的专业化服务相结合，在严格保守企业商业秘密的前提下，企业委托的服务机构管理全部或部分知识产权相关业务，为托管企业量身定制一揽子服务。

二、知识产权托管服务的方式

由于企业的规模和性质、知识产权事务的工作量、知识产权工作的整体水平等差异很大，服务机构的规模和水平也各不相同，因而知识产权托管的方式可以多种多样，广义的知识产权托管方式包括以下三种：完全式托管、顾问式托管和专项式托管。

三、知识产权托管服务的内容

企业知识产权事务的内容十分广泛，涉及知识产权创造、运用、保护和管理多个方面。按工作类别可分为以下8类：战略规划与制度建设事务；信息提供与信息利用事务；研发支撑与研发管理事务；权利获得与权利维持事务；知识产权实施与经营事务；权利维护与风险控制事务；品牌宣传与品牌建设事务；教育培训与考核奖惩事务。

四、自治区知识产权托管服务试点工作

自治区稳步推进知识产权托管服务试点工作。自治区知识产权局首先从建立托管服务体系制度入手，制订了知识产权托管工作规划，编制托管年度工作计划，组织监管托管工作的实施，制订出台了《地州市知识产权

（专利）帮扶工作站实施方案》和托管工作配套政策，建立托管资助资金，逐步建立并形成"政府牵头、部门配合、企业参与、代理运作、综合帮扶"的知识产权帮扶工作机制，提出了被帮扶企事业单位的专利申请数量和质量明显提升，实现了帮扶企事业单位专利申请数量在3年内翻番的目标要求。在克拉玛依市、巴州、昌吉州建立了"知识产权帮扶工作站"。由托管试点区域的地州市政府或园区管委会负责对本区域托管工作整体运行进行管理和监督。

2011年4月26日和5月13日，自治区知识产权局等在乌鲁木齐高新区（新市区）和在乌鲁木齐经济技术开发区（头屯河区）分别举行"自治区知识产权托管工作试点启动仪式"。4月19日，自治区知识产权局印发《关于乌鲁木齐高新技术开发区（新市区）开展知识产权托管试点工作的批复》（新知管字〔2011〕31号）。5月9日，自治区知识产权局印发《关于乌鲁木齐经济技术开发区（头屯河区）开展知识产权托管试点工作的批复》（新知管字〔2011〕37号），批准乌鲁木齐两个开发区为自治区知识产权托管试点区域，正式全面启动知识产权托管试点工作。12月2日，自治区知识产权局在乌鲁木齐市召开"自治区知识产权托管试点工作会议"，对开展知识产权托管试点工作以来的情况进行了总结。

2013年3月26日，自治区知识产权局副局长多里坤·阿吾提一行5人到吉木萨尔县参加企业专利托管仪式。4月27日，自治区知识产权局局长马庆云到奎屯市参加知识产权托管启动会议并讲话。5月9日，自治区知识产权局副局长孙东方到石河子市参加塔城地区知识产权局与北京中恒高博知识产权代理有限公司知识产权托管服务协议签字仪式。

2013年，自治区知识产权局在乌鲁木齐市等3个地区组织开展了企业知识产权托管活动。在乌鲁木齐高新技术产业开发区（新市区）、乌鲁木齐经济技术开发区（头屯河区）和水磨沟区开展知识产权托管工作。

在托管试点工作届满后，由自治区知识产权组织，按照试点指标（一是企业托管率；二是专利申请增长率；三是专利侵权率；四是企业知识产权增长率；五是工业企业专利"消零"率等）进行检查和验收。

第七节　消除"零专利"行动

一、消除"零专利"专项行动的背景

为了全面实施国家和自治区知识产权战略纲要，贯彻落实自治区《推进计划》和《2011年新疆维吾尔自治区知识产权战略实施推进计划》，加快建设创新型新疆，积极推进自治区科技型企业知识产权工作，提高企业专利申请数量、质量和知识产权的运用、管理能力，提升企业核心竞争力，2011年8月2日，自治区科技厅、知识产权局联合下发通知，决定在全区组织开展为期3年（2011—2013年）的科技型企业消除"零专利"工作专项行动。

二、消除"零专利"专项行动的目的

通过科技型企业消除"零专利"工作专项行动，使新疆"零专利"科技型企业的年度消除率在10%以上；使乌鲁木齐高新技术产业开发区（新市区）等6个园区"零专利"科技型企业的年度消除率在20%以上；使"零专利"科技型企业建立健全科技型企业知识产权工作体系，做到制度、领导、资金、人员"四落实"；引导企业大力开展知识产权知识宣传普及和培训服务工作；开展知识产权战略制定与应用工作，加强知识产权保护，建立知识产权信息平台等。

三、消除"零专利"专项行动开展情况

自治区科技厅、知识产权局领导高度重视并积极推进消除"零专利"专项行动。

（一）建立组织，加强领导

2011年8月2日，自治区科技厅、知识产权局联合印发《关于在全区科技型企业开展消除"零专利"工作

的通知》（新科高字〔2011〕95号），成立了由自治区科技厅厅长张小雷任工作领导小组组长，科技厅副厅长陈旗和科技厅副巡视员、知识产权局副局长谭力任副组长的新疆维吾尔自治区科技型企业消除"零专利"专项行动工作领导小组。该领导小组下设办公室（以下简称"领导小组办公室"）。

15个地州市按照"新科高字〔2011〕95号"通知要求，先后成立了科技型企业消除"零专利"专项行动领导小组，指定专人负责专项行动及组织协调工作。

表10-9　新疆维吾尔自治区科技型企业消除"零专利"专项行动工作领导小组成员名单

职务	姓名	工作单位及职务
组长	张小雷	自治区科学技术厅厅长
副组长	陈旗	自治区科学技术厅副厅长
	谭力	自治区科学技术厅副巡视员、知识产权局副局长
组员	多里坤·阿吾提	自治区知识产权局副局长
	杨易承	自治区科学技术厅高新处处长
	陈勇	自治区知识产权局规划发展处处长
	艾合买提江·木沙	乌鲁木齐市科学技术局副局长
	朱瑞琪	新疆生产力促进中心主任
	肖永东	乌鲁木齐高新技术开发区产业发展局局长
	肖志荣	乌鲁木齐经济技术开发区科学技术局局长
领导小组工作办公室人员		
主任	多里坤·阿吾提	自治区知识产权局副局长
副主任	杨易承	自治区科学技术厅高新处处长
	陈勇	自治区知识产权局规划发展处处长
	朱瑞琪	新疆生产力促进中心主任
成员	随欣	自治区科学技术厅高新处科员
	戴毅	新疆生产力促进中心高级工程师
	封传发	新疆生产力促进中心科技评估中心主任

（二）制定方案，周密计划

该领导小组印发《全区科技型企业消除"零专利"工作专项行动方案》，提出消除"零专利"专项行动的总体思路、工作目标、主要任务、保障措施和鼓励政策。该方案对工作任务进行了分工，对工作步骤进行了分解，提出了调查方案，设计了《自治区科技型企业知识产权工作情况调查表》《自治区高新技术企业知识产权工作情况调查表》《自治区及地州市科技型企业知识产权工作情况调查一览表》等相关调查表格。

按照自治区的统一部署，15个地州市科技局和知识产权局制订了适合本地区的《消除"零专利"专项行动方案》和《县市科技型企业知识产权工作情况调查表》，并下发至各县（市、区）科技局和知识产权局及科技型企业。

（三）加强宣传培训，指导消除"零专利"行动

为了确保消除"零专利"行动顺利推进，自治区知识产权局成立3个督导小组，分别由知识产权局谭力、多里坤·阿吾提和孙东方三个副局长带队深入阿克苏等12个地州市120家高新技术企业和科技型企业，各地科技局、知识产权局深入248家科技型企业开展消除"零专利"专项行动的宣传、培训、调研、督导、咨询、服务活动。宣传培训人数达500多人（次）。

（四）深入企业，开展知识产权工作情况调查摸底

1.调查工作概况

此次调查的对象主要为高新技术企业和十大行业、六个主要开发区、天山北坡高新技术产业带的科技型企业。通过调查，基本摸清113家高新技术企业和1372家科技型企业现状（包括企业全体员工、技术人员和中级以上职称技术人员情况；高新技术企业知识产权工作机构设置、管理体系建设情况；研发活动及研发资金投入比例；2011年前及2011年专利申报情况、2011年前专利和商标授权情况；对知识产权工作方面的意见和建议以及存在的主要问题等。

2.调查取得的成果

（1）摸清了企业情况和知识产权状况。经过对1372家科技型企业调查统计，企业员工人数为232753人，技术人员56382人，中级以上职称技术人员21684人，占技术人员总数的38.4%。调查结果显示，25.1%的企业设立知识产权管理机构（大多数挂靠在其他部门，而非专门的机构）；28.1%的企业建立知识产权管理制度；24.8%的企业与专利中介机构进行合作；53.0%（726家）的企业有科技研发活动及其经费投入；35.2%（483家）的企业申请过专利；56.3%（772家）的企业取得注册商标。调研（2011年，下同）之前，平均每家企业拥有授权专利2.1件；万人拥有授权专利125.8件。调研之前，百名技术人员专利授权5.2件，百名中级以上专业技术人员专利授权13.7件。

（2）摸清了高新技术企业知识产权状况。经过调查分析，在高新技术企业中：91.1%的企业设立知识产权管理机构；85.8%的企业建立知识产权管理制度；69.9%的企业与专利中介机构进行合作；100%的企业有科技研发活动及其经费投入；92.9%的企业申请过专利。调研企业2011年前万人拥有授权专利309.4件，平均每家企业拥有授权专利13件；百名技术人员专利授权7.8件；百名中级以上专业技术人员专利授权35.1件。

（3）摸清了开发区企业知识产权状况。自治区6个主要开发区〔乌鲁木齐高新技术开发区（新市区）、乌鲁木齐经济开发区（头屯河区）、乌鲁木齐市米东区、克拉玛依市克拉玛依区、昌吉高新技术开发区、库尔勒经济开发区〕中，41.5%的企业设立知识产权管理机构；44.4%的企业建立知识产权管理制度；42.2%的企业与专利中介机构进行合作；66.1%的企业有科技研发活动及其经费投入；64.3%的企业申请过专利。开发区企业2011年前万人拥有授权专利219.7件，平均每家企业拥有授权专利6.2件；百名技术人员专利授权7.4件，百名中级以上专业技术人员专利授权28.7件。

（4）摸清了天山北坡产业带企业知识产权状况。在天山北坡产业带，32.3%的企业设立知识产权管理机构；44.4%的企业建立知识产权管理制度；33%的企业与专利中介机构进行合作；34.4%的企业有科技研发活动及其经费投入；44%的企业申请过专利。天山北坡产业带企业2011年前万人拥有授权专利154.5件，平均每家企业拥有授权专利3.4件；百名技术人员专利授权6件，百名中级以上专业技术人员专利授权21件。

（5）摸清了有关行业知识产权状况。在被调查的生物与新医药、机械电子、新能源和石油化工等行业中，30%以上的企业设立知识产权机构，建立知识产权制度，与专利服务机构建立合作关系；在生物与新医药、高技术服务、机械电子和石油化工等行业中，40%的企业申请了专利；在机械电子、高技术服务、轻工和建筑材料4个行业中，2011年前授权专利数占全区总数的82.0%；高技术服务、机械电子、生物与新医药和轻工4个行业平均万人授权专利达到186.1件；在高技术服务、机械电子、新能源和石油化工4个行业中，2011年前平均专利申请均值为7.3件；在机械电子、生物与新医药、轻工和建筑材料及高技术服务5个行业中，2011年前平均百名技术人员申请专利达10.0件；在机械电子、高技术服务、现代农业和建筑材料4个行业中，2011年前平均百名中级以上职称技术人员申请专利达31.9件。

（6）掌握了新疆科技型企业知识产权工作存在的问题。①企业领导层知识产权意识薄弱、认识不足，缺乏知识产权工作的战略思考和制度设计。具体表现在：有47.0%的企业没有研发活动，64.8%的企业从未申请过专利。②企业知识产权管理机构、管理制度不健全。具体表现在：有74.9%的企业没有设立知识产权管理机构，71.9%的企业没有建立知识产权管理制度；即使有专利机构、有制度的企业，多数是挂靠在其他部门且不健全。③企业缺乏知识产权管理人才，研发人员知识产权知识严重匮乏。调查企业平均申请专利仅有3.1件，拥有授权专利仅有2.1件。④专利代理人太少，远不能满足企业的需求。调查企业中高达75.2%的企业没有与专利代理机构建立委托合作关系。

（7）有针对性地提出了新疆科技型企业专利"消零"工作对策。①继续深入地州市县，深化科技型企业消除"零专利"工作。不断扩大全区调查企业的数量和范围，调查企业数争取达到2000家；指导企业尽快建立健全知识产权管理制度和知识产权管理机构，为深入开展企业消除"零专利"工作提供制度和组织保障；指导企业尽快建立健全知识产权人才队伍，保证企业开展知识产权工作有较为充足的人力资源；指导地州市和县（市、区）做好企业消除"零专利"工作。②有重点、分期、分批指导科技型企业建立知识产权管理制度。各地根据调研掌握的情况，有重点地针对天山北坡高新技术产业带、重点行业、六个主要开发区和高新技术企业深入开展科技型企业消除"零专利"工作，快速提升专利申请的数量和质量，率先建立健全知识产权队伍和管理制度，尽快掌握和提高运用知识产权制度的能力和水平，在全区产生示范和带动作用，从而推进全区企业消除"零专利"专项行动的持续、深入开展。③提高企业知识产权创造和运用能力。积极指导已建立知识产权制度的企业在研发活动过程中，广泛开展专利检索分析，有效避免重复的研发和防止侵权；积极指导有研发活动的企业尽快申请专利，创造更多的知识产权，寻求知识产权保护；采取对策措施提高对没有研发活动企业在科技创新和知识产权工作上的认识；通过对企业知识产权进行评估，确定知识产权价值，促进知识产权转化为现实生产力；逐步建立起以科技型中小企业拥有的知识产权质押、信用担保的融资通道，解决中小企业融资难的难题。④加大对企业知识产权宣传和培训。重点加大对企业负责人和相关人员知识产权宣传和培训力度，切实提高企业领导层和广大科技人员的知识产权意识和知识产权运用和管理能力。⑤深入开展知识产权试点示范、企业知识产权托管试点工作。在全区范围内深入开展企事业单位知识产权试点示范工作，并根据各地州市科技型企业知识产权工作情况，有针对性地选择知识产权服务机构，分期、分批、有重点地开展企业知识产权托管试点工作。⑥提高知识产权公共服务和中介机构服务能力。加快搭建全区知识产权公共服务平台，提供企业与主管部门、企业与企业间的沟通平台和交流机会，实现信息共享及时沟通。提供专利申请服务、专利检索分析、专利技术交易、行业专利数据库的快速链接，充分发挥网络的作用，为企业实际需要建立知识产权信息利用机制。

第八节　专利交流站

一、专利交流站背景

为促进全国企事业单位知识产权试点示范工作的全面开展，有计划地组织专利专业人员赴企业进行专利工作交流，2007年5月，国家知识产权局发布了《企业专利工作交流试行办法》和《企业专利工作交流站试行办法》。

《企业专利工作交流试行办法》的制定，为有序开展专利专业人员包括专利审查员、专利代理人、专利律师、其他相关资深专利专业人员等赴企业进行专利工作交流提供了条件。以企业专利交流来推动全国企事业知识产权试点示范工作的深入开展；为全国企事业知识产权试点示范单位以外的企业提供服务；促进专利审查工作与技术创新工作的有机结合，加强专利审查工作与企业专利申请的技术性沟通交流；推动企业知识产权战略的制定和实施。交流活动计划的具体实施应按照国家知识产权局的统一要求开展。具体组织专利交流活动时，由所在区域地方知识产权局组织活动方案的落实，指派专人负责，并委派人员随同国家知识产权局赴企业专利交流工作组参加企业专利交流活动。专利交流活动结束后，具体组织实施交流活动的企业或专利工作站应对国家知识产权局赴企业交流工作组的交流活动状况进行评价并及时报国家知识产权局。

国家知识产权局建立"企业专利交流工作站"制度，依托企业专利交流工作站有序组织企业专利交流。根据全国企业专利工作的需要，特别是全国企事业知识产权试点示范工作的需求，选择若干企业，设立以两年为周期的动态管理的专利工作站。专利工作站在国家知识产权局、各地方知识产权局的统一指导下，实施落实企业专利交流计划。《企业专利工作交流站试行办法》主要对企业专利工作交流站的任务、功能，以及如何申报、认定、管理工作站进行了详细的说明。

二、自治区"企业专利交流工作站"开展情况

按照国家知识产权局的要求，自治区知识产权局组织开展了专利交流站的选定和申报工作。2007年8月14日，国家知识产权局印发《关于设立第一批专利工作交流站的通知》（国知发管字〔2007〕26号）。根据该通知，特变电工、新疆独山子天利高新技术股份有限公司榜上有名。2009年6月30日，自治区知识产权局印发《关于确定首批自治区专利工作交流站的通知》（新知管字〔2009〕41号），确定新疆众和股份有限公司等8家企业为首批自治区专利工作交流站。交流站工作从2009年7月1日启动，为期2年。

截至2014年12月，新疆被列国家级专利交流站的企业有2家，列为自治区级专利交流站的企业有8家。

表10-10　新疆专利工作交流站单位名单

级别	序号	专利工作交流站单位名称	所在地州市
国家级	1	新疆特变电工股份有限公司	昌吉回族自治州
	2	新疆独山子天利高新技术股份有限公司	克拉玛依市
自治区级	3	新疆众和股份有限公司	乌鲁木齐市
	4	新疆新能源股份有限公司	乌鲁木齐市
	5	新疆蓝山屯河型材有限公司	昌吉回族自治州
	6	新疆新华开关有限公司	昌吉回族自治州
	7	克拉玛依广陆有限公司	克拉玛依市
	8	克拉玛依地威诺节能有限责任公司	克拉玛依市
	9	新疆华易石油工程技术有限公司	克拉玛依市
	10	新疆博湖苇业股份有限公司	巴音郭楞蒙古自治州

第九节　调查统计服务

30年来，为配合国家和自治区知识产权战略、规划、计划的制订，建立完善专利管理体系、制度和机制，提升知识产权宣传、培训、管理、执法、课题研究等工作能力，按照国家知识产权局和自治区人民政府的相关要求，结合实际，自治区知识产权局组织开展了大量的专利统计调查服务工作。

一是通过对知识产权体系的调查、统计和分析，有力地促进了全区专利管理、执法保护、知识产权协调指导体系的建立。进入21世纪后，为落实自治区专利工作会议精神，自治区知识产权局提出了"打基础，建机构，建队伍"的工作思路，将地州市专利管理体系建设作为每年的重点工作积极推进。2001—2006年，自治区知识产权局每年坚持对各地专利管理、知识产权协调指导体系设立状况进行统计调查和分析，对存在的问题及时提出改进措施，促使全区15个地州市和63个县（市）、11个市辖区的知识产权局和知识产权协调指导小组很快得到建立和知识产权协调指导体系的不断完善。

二是通过对知识产权宣传、培训、执法、管理等工作的统计、调查、分析工作，促进了知识产权创造、运用、保护、管理和服务工作。自治区知识产权全局每年坚持对国家"百千万知识产权培训规划"和"自治区万人知识产权培训计划"实施情况进行调查统计、分析和总结上报，为以后提出年度知识产权培训指标，制订年度培训计划提供了依据。每年通过对专利行政执法工作的调查统计分析，为专利执法指标任务的提出

和专利执法机制的建立，不断提升专利执法能力和水平提供了参考数据。通过对专利申请、实施等工作的调查统计和分析，为专利管理制度的制定、完善和激励机制的建立提供了依据，促进了专利申请和实施的管理工作。

三是积极配合国家和自治区重点工作，开展多种形式、多项内容的知识产权调查统计工作。

2001年7月，为加强对"国家促进专利技术产业化示范工程项目"的管理，自治区知识产权局实施管理处指定专人到承担"国家促进专利技术产业化示范工程项目"的新疆众和股份有限公司等3个企业，对项目的产业化问题进行了实地调查统计和分析，并协助企业制订了项目管理计划。

2005年11月23日—12月30日，根据国家知识产权局《关于在全国知识产权局系统开展机构设置和有关情况调查的通知》（办发〔2005〕80号）要求，对全区15个地州市和99个县市区的知识产权机构及对知识产权管理工作的意见和建议进行调查、收集、整理后，上报国家知识产权局。12月30日，根据自治区科技厅的通知要求，自治区知识产权局对2005年度全区实施知识产权万人教育培训计划情况进行了调查统计，并将培训调查统计情况和培训总结报科技厅人事处。同年，为制定《自治区知识产权十五规划》和《专利保护条例》需要，由自治区知识产权局牵头，面向全区组织实施了知识产权工作统计调查活动。

2007年、2008年，为做好自治区知识产权战略研究制订工作，由自治区知识产权局牵头组织了面向有关省、市、自治区开展的知识产权战略制定情况和面向自治区各部门和地、州、市及企事业单位知识产权现状的摸底统计调查。

2004年4月—2009年4月，由自治区知识产权局等9部门在全区实施了自治区知识产权战略推进工程，取得显著成效。2009年年底，由自治区知识产权工作协调指导小组办公室牵头，对全区推进实施自治区知识产权战略推进工程情况进行广泛深入的统计、调查、分析，并形成了调查分析总结材料。此次调查统计和分析工作对于以后的自治区知识产权战略研究制定和自治区发明协会牵头组织的多个知识产权软课题研究提供了可靠依据。

2004—2014年，为编发《新疆维吾尔自治区知识产权保护状况》（白皮书）的需要，在每年年初，由自治区知识产权工作协调指导小组办公室牵头组织，对工商、专利、版权、农业、林业、海关等行政执法部门和公安、法院等司法机关司法保护工作进行调查、统计和分析，编辑印发白皮书定期向社会发布。

2008年7月5日—8月8日，按照国家知识产权局的要求，自治区知识产权局印发"新知管字〔2008〕49号"通知，制定实施方案，分3个阶段，对全区2006年、2007年有专利申请的企事业单位实施专利等情况进行调查分析活动。

2012年，为贯彻落实《国务院办公厅关于加快发展高新技术服务业的指导意见》（国办发〔2011〕58号）、《国务院办公厅转发统计局关于加强和完善服务业统计工作意见的通知》（国办发〔2011〕42号）和国家知识产权局办公室《关于开展2012年度知识产权服务业统计调查工作的通知》（国知办发规字〔2012〕85号），自治区知识产权工作协调指导小组办公室印发《关于组织开展2012年度知识产权服务业统计调查工作的通知》（新知协办字〔2012〕2号），并在2012年10月10日—12月10日，对自治区知识产权局、工商行政管理局、新闻出版局（版权局）、工信委、科技厅、农业厅、林业厅、商务厅、质量技术监督局、乌鲁木齐海关等部门的服务业进行了调查统计工作。10月18日，为配合相关软课题研究，自治区知识产权局印发《关于开展新疆清真食品产业知识产权现状调查的通知》（新知管字〔2012〕62号）。由自治区知识产权局组织，15个地州市知识产权局按照分配的指标任务对所辖区清真食品产业的知识产权现状进行一次问卷调查。12月6日，为提升自治区专利实施计划项目管理水平，自治区知识产权局印发《关于开展自治区专利实施计划项目绩效评价调查工作的通知》（新知管字〔2012〕68号），委托新疆生产力促进中心以《自治区专利实施计划项目绩效评价调查问卷》的形式，在地州市知识产权局的配合下，对2006—2011年期间的专利实施项目开展绩效评价调查工作。

2013年6月17日，根据《国家知识产权局2013年度专利调查工作的通知》（国知办发规字〔2013〕43号）要求，自治区知识产权局印发《关于开展2013年度专利调查工作的通知》（新知法字〔2013〕55号），于6月

20日—7月30日对全区2013年度专利现状进行了问卷调查。

四是为编印《新疆知识产权（专利）三十年》《新疆维吾尔自治区知识产权局年报》和《新疆专利统计年报》的需要，有侧重地开展专利工作调查统计工作。

为摸清新疆专利执法、管理、代理和咨询服务专业技术人员的现状，2013年5月，自治区知识产权局制订方案，印发通知，对全区15个地州市部分企业、科研院所及中介机构从事专利执法、管理、代理和咨询服务工作的专业技术人员的现状进行了调查统计。12月24日，自治区知识产权局印发《关于对全区知识产权局机构建设情况进行调查的通知》（新知综字〔2013〕94号），对全区15个地州市知识产权局机构、人员编制和现有人员等情况进行了摸底调查统计。

2014年5月19日，自治区知识产权局印发《关于开展2014年度知识产权服务业务统计调查工作的通知》（新知规字〔2014〕32号），并于5—6月在全区对知识产权服务业务组织实施了统计调查工作。6月26日，自治区知识产权局印发《关于开展2014年度专利调查工作的通知》（新知规字〔2014〕35号），对11个地州市（除博州、克州、阿勒泰、和田4地州）165个拥有有效专利的专利权人进行了调查。

第十节　质押融资服务

一、概述

知识产权质押融资是一种相对新型的融资方式，区别于传统的以不动产作为抵押物向金融机构申请贷款的方式，是指企业或个人以合法拥有的专利权、商标权、著作权中的财产权经评估后作为质押物，向银行申请融资。

知识产权质押融资在欧美发达国家已十分普遍，在我国则处于起步阶段，目前尚需完善的机制包括：一是建立促进知识产权质押融资的协同推进机制；二是创新知识产权质押融资的服务机制；三是建立完善知识产权质押融资风险管理机制；四是完善知识产权质押融资评估管理体系；五是建立有利于知识产权流转的管理机制。

二、自治区知识产权质押融资工作

自治区坚持以担保公司为依托，按照"政策性资金、法人化治理、市场化运作"的原则，积极开展知识产权质押融资工作。截至2013年，乌鲁木齐高新区（新市区）担保公司共质押知识产权111项，平均每年质押28项。经济开发区（头屯河区）重视加强与招商银行、农业发展银行等金融机构合作，启动知识产权质押融资贷款业务，提高担保机构对中小企业的融资担保能力，协调多家银行为区内中小企业融资20亿元，担保贷款10.5亿元。

另外，自治区知识产权局还积极参与推进科技型企业的融资服务工作。2014年1月26日，中国人民银行乌鲁木齐中心支行、自治区科技厅、中国银行业监督管理委员会新疆监管局、中国证券监督管理委员会新疆监管局、中国保险监管委员会新疆监管局、自治区知识产权局联合转发央行等6部门《关于大力推进体制机制创新扎实做好科技金融服务意见的通知》（银发〔2014〕9号）。该意见提出，为贯彻落实党的十八届三中全会精神和《中共中央国务院关于深化科技体制改革加快国家创新体系建设的意见》（中发〔2012〕6号）等中央文件要求，大力推动体制机制创新，促进科技和金融的深层次结合，支持国家创新体系建设，提出7点意见：一是大力培育和发展服务科技创新的金融组织体系；二是加快推进科技信贷产品和服务模式创新；三是拓宽适合科技创新发展规律的多元化融资渠道；四是探索构建符合科技创新特点的保险产品和服务；五是加快建立健全促进科技创新的信用增进机制；六是进一步深化科技和金融结合试点；七是创新政策协调和组织实施机制。

第十一节　专利代理第三方服务

随着我国市场经济的不断完善和行业的逐步细分，第三方服务正在飞速发展。第三方服务最早运用于物流运输业，形成第三方物流，首先被物业管理业、IT业等模仿运用，之后被各行各业所接受。第三方服务的前景无限。第三方服务以契约为载体为客户提供专业性服务，同时使客户的价值增值。因此，第三方服务在具有专业性和独立性的同时也具有契约性和增值性。

为推进自治区专利代理第三方服务，2014年，自治区知识产权局选择新疆国家大学科技园（简称"大学科技园"）作为专利代理第三方服务进行试点。同年12月16日，自治区知识产权局印发《关于建立首批专利代办业务联系人制度的通知》（新知综字〔2014〕52号）。确定首批专利代办业务联系单位112家，其中企业50家、机关团体5个、高校11所、科研院所40个、专利代理机构6个。2014年年底，完成新疆大学科技园前期调研和摸底工作。

第十二节　知识产权服务品牌机构培育工作

一、概述

品牌化是服务业做大做强的必由之路。为贯彻国务院《服务业发展"十二五"规划》，落实国务院办公厅《关于加快发展高技术服务业的指导意见》和9部委《关于加快培育和发展知识产权服务业的指导意见》的要求，打造具有国际影响力的知识产权服务业和品牌，2012年6月，国家知识产权局遴选公布了首批全国知识产权服务品牌机构培育单位，在全国启动品牌服务业培育工作。经过两年培育，2014年8月发布首批全国知识产权服务机构培育单位公告。与此同时，2014年2月启动第二批全国知识产权服务机构培育工作。

二、新疆开展知识产权品牌服务机构培育工作情况

自治区的知识产权品牌服务机构培育工作，在国家知识产权局的指导下，坚持以"政府引导、市场驱动"为原则，通过"营造政策环境、开展高端培训、组织对接交流、加强规范管理"等多种培育措施，确保培育工作的顺利进行，取得显著效果。2012年6月7日，乌鲁木齐爱思特专利转让服务有限责任公司被评为首批"全国知识产权服务品牌机构培育单位"。2014年8月1日，中国知识产权研究会、中华全国专利代理人协会、中华商标协会和《中国知识产权》杂志社联合印发《关于公布首批"全国知识产权服务品牌机构"名单的通告》，乌鲁木齐爱思特专利转让服务有限责任公司榜上有名。同年8月16日，由自治区知识产权局主办，乌鲁木齐市科技局、知识产权局、水磨沟区人民政府、新疆生产力促进中心和新疆上海科技合作基地在乌鲁木齐市新疆上海科技合作基地承办"专利实施项目申报实操解析会暨国家首批'全国知识产权服务品牌机构培育单位'揭牌仪式"。会上，为获得国家首批"全国知识产权服务品牌机构培育单位"的乌鲁木齐爱思特专利转让服务有限责任公司揭牌。2013年5月，自治区知识产权局与国家局续签了《知识产权服务品牌机构培育合同》，并获得企业类服务机构引导经费5万元。2014年2月18日，乌鲁木齐合纵专利商标事务所被列为全国知识产权服务品牌机构培育单位。截至2014年年底，新疆被列为全国知识产权品牌服务机构培育单位有2家，其中一家已完成培育工作，一家正在实施之中。

表10-11　新疆列为全国知识产权品牌服务机构培育单位名单

审批时间	审批单位	品牌服务机构培育单位名称	备注
2012-6-7	国家知识产权局	乌鲁木齐爱思特专利转让服务有限责任公司	2014年6月完成
2014-2-18		乌鲁木齐合纵专利商标事务所	2014年12月正在培育实施之中

第十一章 宣传培训

宣传培训是一项先导性工作，也是各级知识产权管理部门的重要职责和任务。开展有效的知识产权宣传培训工作，对于扩大知识产权的社会影响，增强公众的知识产权意识，培育构建知识产权文化，营造"尊重知识、崇尚创造、保护知识产权"的市场环境和良好的社会环境具有重要意义。

知识产权宣传与培训目标一致，互为促进。宣传侧重于广度普及，培训侧重于深度的专业教育。知识产权宣传与培训的内容主要有：一是开展世贸规则、知识产权法律、法规和政策等知识的普及与教育；二是进行知识产权创造、运用、保护、管理、服务能力的实务培训与训练；三是知识产权成果及工作业绩的宣扬与展示；四是知识产权战略、策略制订和运用知识的学习与掌握；五是知识产权面临机遇与挑战形势的宣讲，等等。

知识产权宣传与培训工作的有效开展，一是需要管理部门的高层周密筹划、严密组织、强力推进和政策激励与引导；二是需要政府的坚强领导、支持和人力、物力、财力和设备的大力投入；三是需要广播、电视、报刊、网络等媒体媒介的积极参加；四是需要社会各界的热心关怀和积极参与；五是需要针对不同对象创新有效的宣传培训手段和形式；六是需要及时检查、指导和善于总结、完善与提高。

第一节 宣传培训工作

一、加强对知识产权宣传培训工作的领导

30年来，自治区党委、政府高度重视知识产权宣传培训工作，积极加强对知识产权宣传培训工作的领导。

1986年6月5日，自治区人民政府印发《新疆维吾尔自治区实施专利法若干问题的暂行规定》（新政发〔1986〕54号），对全区各地积极抓好《专利法》宣传实施工作提出具体要求。

1987年6月8—10日，自治区人民政府在乌鲁木齐召开"自治区首次专利工作会议"，自治区党委常委、自治区副主席黄宝璋、自治区人大常委会副主任胡赛音·斯牙巴也夫等领导出席会议并在讲话中强调要抓好专利宣传培训工作。此次会议，在对实施《专利法》以来自治区专利宣传培训工作总结的基础上，对以后全区专利法宣传培训工作作出了新的部署。

1990年5月，自治区科委在乌鲁木齐召开"自治区企业专利工作座谈会"，自治区副主席毛德华出席会议，他在讲话中强调要重视企业专利宣传培训工作。

1992年5月，自治区人大常委会召开第26次会议，对自治区人民政府《关于自治区〈专利法〉〈技术合同法〉（简称"两法）执行情况的报告》进行了审议。为确保审议成效，自治区人大常委会在会前，组织部分委员对全区特别是乌鲁木齐和石河子两市"两法"宣传执行情况进行了全面调查和了解。在此基础上，就自治区进一步加强"两法"宣传执行情况提出具体建议。

1996年3月26—27日，自治区人民政府在乌鲁木齐召开"自治区第二次专利工作会议"。此次会议提出了"九五"时期要坚持"以专利法宣传普及为先导"的专利工作口号和"九五""十五"时期专利宣传培训工作的重点和目标。

1997年8月13日，自治区人民政府在乌鲁木齐举办"知识产权报告会"。自治区人民政府邀请中国专利局局长高卢麟为自治区各委办厅局，大专院校、科研院所的代表200余人作了《国内外知识产权保护现状及发展

趋势》的专题报告。

1999年7月12日，自治区专利管理局向国家知识产权局上报《关于邀请国家知识产权局宣传部门协助我区对部分优秀专利产品加大宣传力度扩大影响的宣传活动的报告》（新专管字〔1999〕017号）。该报告请示国家知识产权局，对奥斯曼生眉笔等6项专利，采取文字报道与现场录像相结合的形式，在国家有关报刊、广播、电台刊登、广播和演示。

2001年12月3日，自治区人民政府印发《新疆维吾尔自治区人民政府关于加强专利工作促进技术创新的意见》（新政发〔2001〕64号）。该意见要求"各级政府应加强对专利宣传工作的领导，要把《专利法》列入年度普法计划，保证计划、组织、资金和人员四落实；各级宣传部门和新闻机构要把专利宣传作为宣传重点之一，以各种形式宣传普及专利知识，尽快提高领导、科技人员和全社会的专利意识"。同年，在召开的自治区九届政府第20次会议上决定：建立专利宣传培训专项资金，自治区财政每年拨20万元专利宣传培训经费，支持专利宣传培训工作的开展。

2002年1月31日，自治区人民政府在乌鲁木齐召开进入新世纪后的首次"自治区专利工作会议"，自治区党委常委努尔·白克力、自治区副主席刘怡分别代表自治区党委和自治区人民政府作了重要讲话。努尔·白克力在讲话中要求，"各级党委宣传部门要结合当前形势，积极组织开展以专利为重要内容的知识产权宣传，把《专利法》的宣传纳入自治区依法治区工作的第4个五年规划，在全社会形成尊重知识、崇尚创新、保护知识产权的良好风尚"。刘怡在讲话中强调"要营造良好的舆论环境。要使全社会正确认识专利工作的重要性，提高全社会的专利意识，就应重视专利及其相关知识的宣传普及工作，这是全面推进自治区专利事业发展的一项基础性工作"。自治区知识产权局局长姜万林在会议上所作的工作报告中要求，"各级政府要加强对知识产权宣传工作的组织领导，在全区开展新一轮大规模宣传活动，形成一个知识产权工作管理部门和各厅局齐抓共管，企业单位积极参与，自治区总工会、团委、妇联、科协等社会团体通力协作，新闻媒体大力配合的局面，在自治区掀起宣传专利法和普及知识产权知识的新高潮"。2月22日，自治区知识产权局制订并向国家知识产权局上报和向全区印发《2002年自治区知识产权宣传工作方案》（新知综字〔2002〕04号）。3月29日，自治区知识产权局向自治区人民政府报送《贯彻〈新疆维吾尔自治区人民政府加强专利工作促进技术创新的意见〉有关问题的请示》（新知综字〔2002〕19号）。根据该请示提出的建议，阿不来提·阿不都热西提主席在4月26日接受了新疆电视台的专题电视采访。

2003年3月20日，自治区知识产权工作协调指导小组办公室召开专题会议，就自治区知识产权宣传工作进行专题研究。会上，研究通过《2003年自治区"4·26"知识产权宣传周活动安排》和《2003年自治区知识产权宣传工作计划》。3月20日，自治区知识产权工作协调指导小组办公室召开扩大会议，提出并向全区印发了《2003年新疆维吾尔自治区知识产权工作协调指导小组办公室工作要点》（新知协办字〔2003〕04号）和《关于组织报送新疆"知识产权杯"稿件的通知》（新知协字〔2003〕05号），在全区首次组织开展了新疆"知识产权杯"评选活动。4月14日，自治区知识产权工作协调指导小组办公室印发《2003年"4·26"世界知识产权日执法活动的通知》（新知协办字〔2003〕06号），要求各成员单位在宣传周期间结合执法开展专利法规知识宣传活动。4月18日，自治区知识产权工作协调指导小组办公室召开会议，专门研究自治区知识产权讲师团队伍建设。4月26日成立"自治区知识产权讲师团"，并举行新闻发布会。5月26日，自治区知识产权工作协调指导小组办公室印发《关于建立自治区知识产权工作联络员兼通讯员队伍的通知》（新知协办字〔2003〕09号）。根据该通知精神，在由下而上推荐的基础上，建立了由38人组成的自治区知识产权工作联络员兼通讯员队伍。

2004年4月3日，《自治区人民政府转发自治区知识产权局等部门关于自治区实施知识产权战略推进工程意见的通知》（新政发〔2004〕53号）。该意见在提出的第4项任务中要求：在全区要进一步加强宣传和培训，实施"自治区知识产权万人教育培训计划"，并对该计划的指导思想、目的、目标、任务和组织实施等方面作出规划。4月26日，自治区知识产权工作协调指导小组办公室向地州市印发《关于下达自治区知识产权万人教育培训计划及年度任务指标的通知》（新知协办字〔2004〕1号），将"自治区知识产权万人培训计划"的任务指标分解到各地州市，并要求各地根据年度任务指标和具体情况，制订并上报年度实施方案，年终进行总结并上报贯彻执行情况，以确保自治区知识产权万人培训任务指标的实现。4月，自治区主席助理靳诺主持召开自治区知识产权工作协调指导小组会议，研究2004年度自治区知识产权宣传周实施方案，加强对全区知识产权宣传周活动的部署和领导。4月19日，自治区人民政府在乌鲁木齐举行"'4·26'世界知识产权日新闻发布会"，向全社会公布自治区知识产权宣传周活动方案。4月26日，自治区主席司马义·铁力瓦尔地在新疆电视台发表《实施知识产权战略推进工程，加强知识产权保护，促进我区经济发展》的专题讲话。8月27日，自治区知识产权工作协调指导小组召开扩大会议，讨论研究各成员单位落实自治区知识产权万人教育培训计划指标任务事项，并于9月13日印发《关于印发自治区知识产权万人教育培训计划及成员单位年度教育培训任务指标的通知》（新知协办字〔2004〕4号）。11月18日，自治区知识产权工作协调指导小组办公室向各地各成员单位印发《关于上报2004年自治区知识产权万人教育培训计划完成情况的通知》（新知协办字〔2004〕6号），就自治区知识产权万人教育培训计划完成情况进行总结，作出具体安排部署。

2005年3月3日，根据全国整顿和规范市场经济秩序领导小组办公室的安排部署，由自治区"整规办"牵头，自治区党委宣传部、公安厅、文化厅、乌鲁木齐海关、工商行政管理局、质量技术监督局、新疆出入境检验检疫局、新闻出版局（版权局）、知识产权局、科技厅、高级人民法院和新疆生产建设兵团"整规办"等部门参加，联合制定签发《关于开展2005年保护知识产权宣传周活动的通知》（新整规办法〔2005〕2号），对全国首个、自治区第5个"知识产权宣传周"活动的时间、主题、内容作了规定，对参与部门的任务进行了明确分工，对全区的组织活动提出了具体要求。6月28日，由国家知识产权局、自治区人民政府和乌鲁木齐市人民政府联合在北京人民大会堂举办了"'发挥知识产权制度作用，促进新疆经济和谐发展'的新闻发布会"。中央电视台、新华社以及凤凰卫视等70余家新闻单位、有关国家和地区驻京机构、高等学校、科研院所、国内外相关企业的代表170余人参加。此次新闻发布会，向国内外宣传了新疆，让世界了解新疆、认识新疆、走进新疆，展示了新疆知识产权工作所取得的成就。

2006年4月20日，由自治区"整规办"牵头，自治区知识产权行政执法部门和司法保护机关参加，在乌鲁木齐联合举行"自治区保护知识产权与自主创新大会"暨"2006年自治区知识产权宣传周新闻发布会"，自治区副主席胡伟出席会议并发表重要讲话。

2007年3月21—22日，自治区人民政府召开"自治区知识产权试点示范工作会议"。自治区知识产权局局长姜万林在会议上所作的工作报告中指出，要"继续加强知识产权宣传普及和培训工作。探索行之有效的宣传方式，因地制宜，注重效果，普及与提高并重，实现宣传工作的长期化，逐步形成知识产权宣传培训的长效机制"。4月17日，自治区人民政府在乌鲁木齐市举行"2007年知识产权宣传周新闻发布会"，自治区副主席胡伟出席会议并发表重要讲话。

2008年8月13日，国家知识产权局与自治区人民政府建立会商机制并签订《工作会商制度议定书》（简称《议定书》）。在该议定书中提出：国家知识产权局将加大对新疆知识产权人才培训力度，在提供教学大纲、师资、教材及培训经费等方面予以支持。双方互派挂职干部，共同推进高层次专业人才培养。在新疆选择2~3所高等院校和培训中心，建立知识产权人才培养基地。

2009年5月13日，自治区知识产权工作协调指导小组办公室印发《关于做好2009年自治区知识产权宣传周活动总结的通知》（新知协办字〔2009〕1号），对做好2009年自治区知识产权宣传周活动总结进行布置和安排。

2010年4月21日，由自治区人大常委会主办，自治区知识产权局、自治区人民政府法制办公室联合在乌鲁木齐承办"纪念《专利法》实施二十五周年暨自治区专利保护条例实施五周年座谈会"，自治区、乌鲁木齐市有关部门代表及新闻媒体记者等共60余人参加。自治区人大常委会副主任杜秦瑞出席座谈会并作重要讲话，他强调，各级政府及其有关部门要积极探索建立政府、企业、学校、科研单位、新闻媒体和社会公众踊跃参与的宣传工作体系，进一步加强宣传普及工作，提高全社会的知识产权意识。自治区人民政府副秘书长刘华、自治区人大教科文卫委主任阿不都萨拉木·吾买尔出席座谈会，自治区知识产权局局长马庆云作主题发言。4月19日，自治区人民政府印发《关于印发新疆维吾尔自治区知识产权战略纲要的通知》（新政发〔2010〕40号）。在《战略纲要》在战略目标中提出：到2020年，社会公众知识产权意识普遍增强，知识产权法治环境进一步改善；培养一支结构合理、适应经济社会发展需要的知识产权人才队伍，培养100人以上的知识产权高级人才队伍，形成一支2000人以上的知识产权管理、服务、司法人才队伍。在战略重点中提出，要加强知识产权宣传教育，要加强知识产权培训。在战略保障措施中提出：要优化知识产权人才发展环境，要加快知识产权人才培养。

2011年4月18日，自治区人民政府办公厅印发《关于开展2011年自治区知识产权宣传周活动的通知》，对第11个"自治区知识产权宣传周"活动的宗旨、时间、内容等方面提出要求。8月7日，自治区人民政府办公厅印发《关于印发新疆维吾尔自治区知识产权战略实施推进计划（2011—2015年）的通知》（新政办发〔2011〕14号）。该"五年推进计划"将"加快知识产权人才培养"和"逐步推进知识产权学历教育和素质教育"写入"政策措施"之中：一是加快知识产权人才培养；二是逐步推进知识产权学历教育和素质教育，在高校开设知识产权课程。9月7日，由自治区知识产权战略实施领导小组办公室牵头制订印发《2011年新疆维吾尔自治区知识产权战略实施推进计划》（新知战办〔2011〕4号），其中对2011年自治区知识产权宣传培训工作提出了8项要求。

2012年2月20日，由自治区知识产权战略实施领导小组办公室牵头制订印发《2012年新疆维吾尔自治区知识产权战略实施推进计划》（新知战办〔2012〕1号），对2012年自治区知识产权宣传培训工作作出部署，提出3项要求。4月1日，自治区人民政府办公厅印发《关于开展2012年自治区知识产权宣传周活动的通知》（新政办发〔2012〕43号），对2012年自治区知识产权宣传周活动作出了周密部署。11月29日，自治区人大常委会在新疆人民会堂举行《促进与保护条例》颁布新闻发布会，自治区人大常委会主任艾力更·依明巴海、自治区副主席靳诺出席发布会并发表重要讲话。艾力更·伊力巴海主任和靳诺副主席在讲话中，对全区各级政府组织开展《促进与保护条例》的宣传实施活动提出要求。

2013年1月23日，由自治区知识产权战略实施领导小组办公室牵头制订印发《2013年新疆维吾尔自治区知识产权战略实施推进计划》（新知战办〔2013〕1号），对2013年自治区知识产权宣传培训提出了12项要求。1月31日，自治区知识产权局印发《关于做好〈新疆维吾尔自治区专利促进与保护条例〉宣传贯彻落实工作的通知》（新知法字〔2013〕17号），要求全区知识产权局系统制订实施方案，全面推进《促进与保护条例》的宣传实施工作。10月31日，自治区副主席田文到自治区知识产权局调研，在听取汇报的过程中，对进一步做好知识产权宣传培训等工作提出要求。

2014年2月26日，由自治区知识产权战略实施领导小组办公室牵头制订印发《2014年新疆维吾尔自治区知识产权战略实施推进计划》（新知战办〔2014〕1号），对2014年自治区知识产权宣传培训工作提出14项具体指标任务。

二、积极推进知识产权宣传培训工作

自治区各部门通过召开会议，印发文件，相互配合，密切协作，不断创新管理手段、协作方式和宣传形式，充分调动各方力量，建立宣传培训激励机制，不断扩展宣传领域，丰富宣传内容，提升宣传培训工作实效，广泛持久地推进知识产权宣传培训工作。

1991年1月4日，自治区专利管理局印发《关于举办专利培训班的通知》（新专管字〔1992〕01号），将《专利法》的普及教育列为自治区第二个普法计划，建立与培训一支宣传专利法的骨干队伍，分批举办南疆、伊犁、乌鲁木齐、阿勒泰、石河子、昌吉、克拉玛依和哈密等片区的专利法宣传员培训班和企业工作者培训班。6月12日，自治区科委、司法厅、人事厅和经委联合印发《关于在全区开展〈专利法〉宣传、普及教育活动的通知》（新科专字〔1991〕119号），要求在全区范围内开展《专利法》宣传、普及教育活动。9月30日，自治区专利管理局向自治区人民政府呈报《关于加强知识产权保护，进一步宣传普及〈专利法〉的报告》（新专管字〔1992〕268号）。该报告提出，为配合"科技兴新"战略方针的实施，提高全社会的专利意识，促进自治区经济发展，应在全区"加大《专利法》的宣传力度，提高专利意识"。

1993年3月18日，为做好专利法第一次修订后的宣传工作，自治区专利管理局印发《关于加强新〈专利法〉宣传培训的通知》（新专管字〔1993〕04号），要求各有关单位要进一步开展新《专利法》的学习宣传工作，通过多种形式学习、宣传、普及新专利法，增强专利意识，使更多的人，尤其是科技、企业界的领导了解专利制度，懂得专利知识，要使科研单位和广大企业都能自觉运用《专利法》维护自己的合法权益，推动科技与经济的发展；各单位可根据实际情况作出计划，举办专利知识讲座和新专利法学习班，自治区专利管理局将在教材供应和师资方面给予协助，专利管理局及各专利服务机构将配合各地方、各有关单位做好新专利法的宣传培训工作。

1997年1月28日，自治区专利管理局向中国知识产权培训中心上报《关于为新疆培训一批知识产权专业研究生的请示》（新专管字〔1997〕06号），建议由自治区专利管理局在乌鲁木齐承办知识产权专业研究生培训班，培训知识产权专业研究生60人。

2000年2月，自治区专利管理局在乌鲁木齐组织召开"全区专利宣传通联工作会议"。会上，通报了1999年自治区专利宣传工作情况，对2000年专利宣传工作进行了部署。10月12日，根据同年8月25日九届全国人大常委会第十七次会议通过了第二次修改的《专利法》和我国入世后专利工作面临的机遇与挑战，自治区专利管理局向自治区党委宣传部报送了《关于开展专利宣传周的请示报告》（新专管字〔2000〕25号）。在该报告中建议：11月用一周时间宣传《专利法》及其相关知识；宣传专利在促进技术创新、国有企业改革和企业发展中的重要作用；宣传《专利法》第二次修改的背景、目的、意义及对科技进步和创新的重大作用和深远影响；宣传依靠专利技术促进西部大开发的典型；宣传专利纠纷典型案例；宣传一些重大发明项目及其发明人的先进事迹；宣传企业专利保护的经验和教训。

2001年4月10日，自治区党委宣传部、科技厅、知识产权局联合召开"自治区新闻媒体负责人和记者座谈会"，专门讨论宣传工作。在此次座谈会上，首次提出了从2001年开始，在每年的4月26日，以纪念"4·26"世界知识产权日为契机，在全区开展知识产权宣传周活动和新疆知识产权好新闻评选活动。

2002年3月5日，自治区知识产权局印发《关于在"3·15"消费者权益日期间开展专利行政执法活动的通知》（新知法字〔2002〕07号）。该通知要求各地州市知识产权局在"3·15"期间，结合实际，明确主题，与工商、版权、质监、贸易、商业、消协等部门联合开展专利等宣传活动。3月11日，自治区知识产权局制订印发《新疆维吾尔自治区专利工作"十五"计划》（新知管字〔2002〕09号），要求各级政府要加强对宣传工作的组织领导，各部门齐抓共管，企业积极参与，各社会团体通力协作，新闻体大力配合。要把对《专利法》的普及教育列入自治区"四五"普法计划中，各宣传部门和新闻机构要把知识产权作为宣传的重点之一。4月5日，自治区知识产权局印发《关于给地州市下拨专利宣传培训经费的通知》（新知综字〔2002〕06号），自治区知识产权局研究决定给地州市拨5.9万元专利宣传培训费，以确保知识产权宣传培训工作的顺利开展。7月19日，自治区知识产权局会同自治区人民政府法制办公室联合下发《新疆维吾尔自治区"四五"普法专利宣传教育规划》，就"四五"普法期间开展专利法宣传教育的指导思想、目标任务、工作要求、步骤方法、组织领导和保障措施等方面提出明确要求。

2005年3月25日，自治区知识产权局、教育厅、团委联合印发《关于开展"知识产权走进大学"活动的通知》（新知管字〔2005〕20号），就4月25日、26日在新疆大学和新疆医科大学联合开展"知识产权走进大学"活动作出部署。4月8日，自治区知识产权局印发《关于举办知识产权知识竞赛活动的通知》（新知管字

〔2005〕30号），于4月20日会同昌吉州知识产权局在特变电工举办了"'特变电工'杯知识产权知识竞赛活动"。4月19—26日，自治区党委宣传部会同知识产权局、工商行政管理局和新闻出版局（版权局）在新闻媒体上联合开展了以"保护知识产权，促进创新发展"为主题的征文活动。

2007年6月1日，自治区知识产权研究会、知识产权局联合印发《关于转发国家知识产权局〈关于举办知识产权文化论坛征文活动的通知〉的通知》（新知研字〔2007〕1号），对全区组织开展知识产权文化论坛征文活动进行安排部署。

2008年8月25日，自治区知识产权局印发"新知综字〔2008〕69号"通知，就9月8—12日，组织自治区试点中小学教师到天津市参加全国中小学知识产权教育专题研讨暨师资培训班提出实施方案。

2009年5月27日，自治区知识产权局印发《2009年自治区知识产权宣传工作计划》。在该宣传计划中提出，要深入开展知识产权战略实施宣传工作，落实国家知识产权局实施"知识产权彩虹工程"提出的8项任务。

2011年2月23日，自治区知识产权局印发《关于印发2011年自治区知识产权宣传及信息工作要点的通知》（新知综字〔2011〕8号），对2011年自治区知识产权宣传及信息工作的指导思想、宣传重点提出总体要求。

2012年8月13日，自治区知识产权局印发《关于组建知识产权通讯员（信息员）队伍的通知》（新知综字〔2012〕50号），并根据该通知在全区知识产权局系统建立了知识产权通讯员（信息员）队伍。

2013年2月1日，自治区知识产权局组织召开全区知识产权局局长视频会议，对深入宣传实施《战略纲要》《促进与保护条例》《五年推进计划》，积极营造良好的知识产权环境等方面作出安排部署。3月5日，自治区知识产权局印发《关于开展2013年知识产权宣传周活动的通知》（新知综字〔2013〕22号）和《关于举办2013年第七届中国专利周的通知》，对2013年宣传周和专利周活动作出具体安排和部署。

2014年2月10日，自治区知识产权局印发《2014年自治区知识产权宣传工作要点》（新知综字〔2014〕11号）。该文件提出，全区知识产权局系统2014年在宣传工作中重点抓好"新疆专利奖评选表彰专题报道""自治区知识产权宣传周""自治区有效发明专利专题宣传"和"第八届中国专利周"4大宣传活动。主动做好自治区知识产权局网站、《新疆知识产权》刊物、《中国知识产权报》等网络报刊媒体，以及自治区知识产权战略推进计划实施、《促进与保护条例》等日常宣传工作。3月31日，自治区知识产权局印发《关于开展2014年知识产权宣传周活动的通知》，对全区知识产权局系统开展2014年自治区知识产权宣传周活动进行了周密安排和部署。

第二节　宣传工作

一、概述

知识产权宣传工作是引导宣传对象了解并自觉贯彻执行知识产权法律、法规和政策，实现知识产权工作目标的基本途径。这是因为，要使知识产权法律、法规、政策在实践中得到贯彻执行，必须具备两个条件：一是使其宣传对象真正了解知识产权的法律、法规和政策的内容后才知道去做什么、不做什么；二是使宣传对象懂得贯彻执行知识产权法律、法规和政策的重要性才能激发其积极性和创造性。知识产权的法律、法规和政策虽然可以通过国家意志表现出来，使之对公民带有法律的约束性，公民必须去遵照执行，然而，知识产权制度不能靠强制来实现，而要靠广大人民群众真正了解其内容和执行意义，才能变为自觉的行动。否则，即使主观上再努力，也不能取得好的效果。

二、自治区知识产权宣传工作概况

自我国颁布知识产权法律法规，建立知识产权制度以来，自治区各级党委、政府就始终坚持把知识产权法律法规宣传摆在首要位置来抓，通过制订实施知识产权普法规划、知识产权战略实施推进工程和自治区知识产权战略推进计划，出台知识产权工作方针、政策、措施，召开各种会议等形式，加强对知识产权宣传工作的领导。通过不断提高各级领导的知识产权意识，充分认清知识产权宣传工作重要意义，增强抓好知识产权宣传工作的积极性、主动性、创造性、紧迫感和责任感。通过充分发挥自治区及地州市知识产权工作协调指导小组的作用，建立并形成以党委宣传部门和知识产权部门为龙头、其他成员单位积极参与、密切配合，共同推进知识产权宣传工作广泛持久有效开展的工作机制。通过坚持以"3·15"消费者权益保护日、"4·26"世界知识产权日和庆祝"元旦""春节""古尔邦节"等重大纪念日、节日为契机，以"亚欧博览会""科洽会"等大型活动为平台，以宣传普及知识产权法律知识、增强知识产权意识为目标，精心筹划，周密组织，积极开展多种形式的丰富多彩的知识产权宣传活动。通过结合知识产权实施管理、代理服务、执法保护等工作开展知识产权宣传活动。通过不断拓宽宣传渠道，丰富宣传内容，建立宣传资金，增加宣传设备，创新宣传手段和宣传方式，利用各种宣传资源，加大宣传力度，扩大知识产权的社会影响力，帮助企业解读世贸规则，提高其知识产权意识和参与国际竞争能力。

三、精心组织筹划知识产权宣传活动

（一）精心筹划，周密组织

按照国家知识产权局有关知识产权宣传活动的统一部署和要求，由自治区知识产权工作协调指导小组办公室或者自治区"整规办"牵头，自治区宣传、知识产权、科技、教育、经贸、工商、版权、海关、公安、法院等部门和单位参加，研究制订知识产权宣传活动方案，提出宣传活动的宗旨、时限、主题、内容和要求，并以自治区人民政府的名义在全区组织实施。自治区各地各部门按照宣传活动方案提出的任务、分工和要求，加强对本地区本部门宣传活动的组织、检查与指导。宣传活动结束后，由知识产权管理部门牵头组织，对宣传活动进行总结、表彰和上报。

（二）以纪念日为契机，组织开展知识产权宣传活动

1.以纪念"3·15"国际消费者权益日为契机开展专利宣传活动

30年来，全区专利管理部门在每年的3月15日前后，以纪念"3·15"国际消费者权益保护日为契机，开展多种形式的专利等知识的宣传活动。

1999年3月15日，自治区专利管理局以纪念"3·15"消费者权益保护日为契机，以自治区党委宣传部和自治区消费者协会提出的"安全、健康消费"宣传主题和《专利法》为主要内容，深入乌鲁木齐市街道开展专利宣传活动。

2000年3月13日，自治区专利管理局在"3·15"消费者权益保护日前夕，走上街头，深入商店，开展专利执法和专利宣传活动。

2001年"3·15"期间，自治区知识产权局与工商行政管理局等单位，以乌鲁木齐文化市场为重点，开展了知识产权法规知识宣传活动。

2002年3月15日，自治区知识产权局、工商行政管理局、新闻出版局（版权局）、公安厅、乌鲁木齐高新技术产业开发区管委会和百花村软件园等单位，以乌鲁木齐文化市场为重点，开展了宣传知识产权法规，宣传识别盗版制品及假冒、冒充专利方法的咨询活动。

2004年"3·15"期间，15个地州市按照自治区的统一部署，组织开展了形式多样的宣传活动。塔城地区知识产权局联合药监等3部门，对药品、保健品、日用品及批发零售领域开展了为期3天的联合执法宣传活

动。哈密地区知识产权局等4部门在全地区组织开展小发明、小创造评选活动。库车县知识产权局和县工商行政管理局、卫生、药监等部门联合，组织开展了形式多样的咨询活动和宣传活动。伊犁州知识产权局等部门在伊宁市广场、大型商场前等繁华地段举行大型"'3·15'——以人为本·健康维权"宣传活动；奎屯市知识产权局与工商行政管理局等3部门在全市范围内开展了"加强专利权保护，打击侵权、冒充专利行为"等内容的联合执法和宣传活动。

2009年3月15日，由自治区知识产权局牵头组织，新疆生产建设兵团和乌鲁木齐市知识产权局以及2个专利事务所人员参加，在乌鲁木齐市人民广场联合举行了纪念"3·15"大型现场咨询服务活动，向前来咨询的群众提供了咨询服务，并发放了《专利法》《专利法实施细则》及《专利保护条例》等十几种宣传资料2000余份。

2010年3月15日，自治区、乌鲁木齐市知识产权局在友好路的一家商场和一家药店联合对涉嫌假冒专利行为的2种商品进行了登记保存，并向有关负责人介绍了新《专利法》相关知识。

2013年3月15日，自治区知识产权局等单位参加了在乌鲁木齐市人民广场由新疆生产建设兵团组织的保护知识产权宣传咨询活动，向往来市民散发保护知识产权宣传彩页，宣传保护知识产权知识，解答群众在知识产权方面的问题。

2. 以纪念"4·26"世界知识产权日为契机组织开展宣传周活动

自2001年起，自治区在每年的4月26日前后，以纪念世界知识产权日为契机，由自治区人民政府主导，各部门联合组织，社会各界参与，在全区范围内开展丰富多彩的"4·26"知识产权宣传周活动。截至2014年，自治区已连续组织开展14次知识产权宣传周活动。

2001年4月26日，为庆祝第一个"世界知识产权日"，自治区知识产权工作协调指导办公室研究决定：在4月20—26日期间，在全区范围内组织开展以"今天创造未来"为主题的首个自治区知识产权宣传周活动。期间，由自治区知识产权局牵头组织，在新疆电视台、新疆有线电视台、新疆生产建设兵团电视台，以及各地州市电视台播放了由国家知识产权局和中央电视台拍摄的《知识产权在西部》12集电视片和自治区电视台采编的"专访"和企事业专利工作调查等专题节目；在新疆日报等报刊上刊载宣传稿件24篇；在自治区知识产权局网页上登载宣传第一个世界知识产权日和加强知识产权保护的稿件；新疆日报、新疆经济日报、新疆科技报以及地州市的报纸也出了纪念第一个世界知识产权日宣传专版。4月10日，自治区党委宣传部、科技厅、知识产权局在自治区党委宣传部联合召开"自治区新闻媒体负责人和记者座谈会"，讨论通过由自治区知识产权局提出的设立"新疆知识产权好新闻奖"的提议。4月25日，自治区知识产权局与自治区科协在乌鲁木齐市第29中学，联合组织开展了"尊重知识产权——全国青少年科技传播行动日"活动。4月26日，自治区科协在其会议室举行"纪念第一个世界知识产权日活动"座谈会，乌鲁木齐市第29中学生参加，进行了知识产权相关知识问卷调查和对话互动，自治区科协副主席出席座谈会并讲话。4月25—26日，乌鲁木齐市知识产权局举办企事业领导知识产权培训班，自治区知识产权局副局长田湘勇为培训班讲课。4月26日，自治区知识产权局与自治区团委在全区青年中组织开展了由国家知识产权局主办的"知识产权百题竞赛"活动，并获全国"优秀组织奖"。6月15日，自治区党委宣传部、科技厅、知识产权局联合印发"新知综字〔2001〕27号"通知，在全区开展知识产权宣传周好新闻评奖活动，并于11月29日，三家联合印发"新知综字〔2001〕41号"通报，对获得知识产权最佳组织奖的伊犁州科委等8个单位，以及获得知识产权好新闻奖的31名个人进行通报表彰。

2002年4月20—26日，自治区党委宣传部、科技厅、知识产权局、工商行政管理局和新闻出版局（版权局）等5部门在全区组织开展了以"鼓励创新"为主题的第2个自治区知识产权宣传周活动。期间，自治区主席阿不来提·阿不都热西提发表了纪念"'4·26'世界知识产权日"的电视讲话；在新疆电视台播放了自治区知识产权局、工商行政管理局和新闻出版局（版权局）3部门局长的电视访谈和专利试点企业的专题报道；在《新疆日报》等4家报纸开辟了知识产权专版；在新疆和乌鲁木齐市两级报纸、电台、电视台报道了企业知识产权工作的先进典型。自治区知识产权局等部门举办了一系列知识产权报告会和专题讲座；向社会发放《中国知识产权报》5000份，发放《图解知识产权ABC》等读物2000册；在乌鲁木齐高新技术产业开发区、经济技术开发区召开了"企业知识产权工作座谈会"。自治区知识产权局组织《新疆日报》等10家新闻媒体对6家试点企业进行了采访报道；在乌鲁木齐市电台、电视台播放了60多篇专题宣传报道；在新疆电视台的"科技世界"维吾尔文专题节目中宣传知识产权法律知识。自治区知识产权局与自治区党委宣传部联合在自治区党委宣传部召开"自治区知识产权宣传工作座谈会暨2001年度知识产权好新闻颁奖会"；与经贸委等单位在特变电工举行了"全国专利试点示范企业揭牌仪式暨自治区首批专利试点企业座谈会"；与新闻出版局（版权局）和工商行政管理局联合组织开展了"世界知识产权日系列电视、报纸采访宣传活动"。

在2002年宣传周期间，新疆各地按照自治区的统一部署，组织开展了丰富多彩的宣传活动。乌鲁木齐市科技、公安、文化稽查等部门，在该市邮政音像连锁中心、新疆电子出版批发销售中心、红旗路音像超市组织开展了执法检查和宣传活动；在乌鲁木齐经济技术开发区举办了"知识经济、创新与入世后国际知识产权保护"培训班和专题讲座。伊犁州副州长铁力瓦尔迪在该州电视台发表了电视专题讲话；伊犁州知识产权局组织电台、电视台、报社记者对伊犁师范学院、伊犁御极鹿苑生物制品有限公司及其发明人进行了联合采访报道；在《伊犁日报》等报刊登载宣传稿件10余篇；在伊宁市主要街道悬挂宣传横幅28条；出动宣传车24台（次）；设立咨询点20多个，发放宣传材料6000余份，接待咨询人数万余人（次）；在奎屯市广播电台《奎屯新闻》节目中以广播专题现场直播形式，制作了"科技发明与知识产权"特别节目；在奎屯市区散发有关知识产权传单1000多份。博尔塔拉蒙古自治州（简称博州）党委宣传部、科委和工商行政管理局等部门共同组织开展了知识产权宣传周活动；博州科委主任张振生发表了"加强专利市场监管，强化知识产权意识"的电视讲话；博州宣传部等7家单位举行了一次大规模的知识产权宣传和咨询活动，制作黑板报7块，横幅6条，印发宣传材料5000余份，咨询200多人（次）；博州电视台制作播放了知识产权专题片；《博州报》出了知识产权专版。塔城地区召开了知识产权宣传周活动协调会议，对宣传周活动进行了安排部署；沙湾县委副书记木拉提江发表了"关于加强保护知识产权"电视讲话；《塔城报》刊登了知识产权基本知识和世界知识产权组织的相关知识；在塔城市举办了知识产权宣传展览，参展单位20多个，展出21块展板；在塔城市街道悬挂条幅5条，发宣传单3350份。哈密地区在电视台播放宣传知识产权知识；在街道以板报展示、悬挂横幅、散发宣传资料等形式宣传知识产权知识。吐鲁番地委宣传部等8个部门在吐鲁番市组织开展了知识产权宣传展示活动，发放宣传资料4500份。阿克苏地区开辟了电视专栏，设立宣传咨询点，发放10种宣传资料万余份，现场咨询百余人。喀什地区行署副专员买买提明·皮尔多斯发表了"4·26"电视讲话；电视讲话稿在地区机关报《喀什日报》上刊登；在街道设置板报、悬挂横幅，向社会散发宣传材料1000余份。

2003年4月20—26日，由自治区党委宣传部等5个部门在全区组织开展了以"知识产权与我们息息相关"为主题的第3个自治区知识产权宣传周活动。4月18日，自治区知识产权局在自治区科技厅召开了"首次自治区企事业知识产权工作供需对接会暨自治区知识产权讲师团新闻发布会"，新疆专利、商标、版权等管理部门和中介服务机构，高新技术、专利试点和著名商标等企业，高校和科研院所等事业单位的代表，以及新闻媒体的人员共计76人参加。4月24日，中国知识产权报在《为企事业运用专利制度擦亮眼睛》一文中宣传《新疆维吾尔自治区企事业单位专利工作管理制度制定指南》。

在2003年宣传周期间，新疆各地各部门按照自治区的统一部署和要求，召开会议，制订实施方案，组织开展了丰富多彩的宣传活动。据统计，在2003年"知识产权宣传周"活动期间，全区共出动工作人员1303人（次），出动车辆158台（次），组织举办大型活动106次，参加人员9.02万人（次）；支出经费13.7万元；咨询服务1200多人（次）；印发宣传资料42.2万份，制作悬挂横幅733条，出专版17个，板报756块，办刊网络刊登宣传稿件667篇。

2004年4月19—26日，由自治区"整规办"牵头13个部门参加在全区组织开展了以"保护知识产权"为主题的第4个自治区知识产权宣传周活动。4月19日，自治区"整规办"等11个部门在乌鲁木齐市举行"4·26"世界知识产权日新闻发布会；自治区主席司马义·铁力瓦尔地在新疆电视台发表了"实施知识产权战略推进工程，加强知识产权保护，促进自治区经济发展"的专题讲话；自治区知识产权局发布新疆10大专利典型案例。4月21日，自治区知识产权局会同科技、工商等部门在新疆干部培训中心和乌鲁木齐高新技术开发区技术服务中心分别举办了"科研院所科技创新与知识产权保护座谈会"和"企业知识产权保护与发展座谈会"。4月23日，自治区知识产权局会同自治区团委和新疆大学联合举办了"自治区高校'我与知识产权'沙龙"。4月19—26日，自治区党委宣传部、知识产权局联合在《新疆日报》等媒体上开展"尊重知识产权，维护市场秩序"为主题的征文活动。4月25日，自治区知识产权局等5部门在乌鲁木齐市人民广场举办了"'4·26'尊重知识产权，维护市场秩序"大型现场咨询、展览等宣传活动。4月26日，自治区知识产权局等5部门执法人员，到乌鲁木齐市红旗路电脑城等商场开展联合执法宣传活动。

在2004年宣传周期间，全区各地按照自治区的统一部署和要求，组织开展了第4个自治区知识产权宣传周活动。哈密地区"整规办"与地区知识产权局牵头，联合地委宣传部等部门召开会议，部署知识产权宣传周活动。哈密地区行署领导发表了纪念"4·26"世界知识产权日电视讲话；在时代广场举办了大型宣传、咨询活动；在哈密市举办了知识产权集市和联合执法宣传活动。克拉玛依市召开了"2004年保护知识产权工作座谈会"。昌吉州在新疆天彩等公司举办了"4·26"纪念活动；在特变电工举办了知识产权知识竞赛活动；昌吉州知识产权局召开专利申请资助资金兑现会，向9个单位和个人发放9000元专利申请资助资金。4月28日，博州举行知识产权局揭牌仪式，自治区知识产权局局长姜万林和博州副州长程鹏分别在揭牌仪式上发表讲话并揭牌。

2005年4月19—26日，自治区"整规办"等11个部门联合部署在全区组织开展了以"保护知识产权，促进创新发展"为主题的第5个自治区知识产权宣传周活动。4月19日，自治区知识产权局与新疆医科大学举办了知识产权讲座，自治区知识产权局局长姜万林作专题报告。4月20日，自治区"整规办"等11个部门在乌鲁木齐市举行"2005保护知识产权，促进创新发展"为主题的新闻发布会。会上，自治区专利、商标、版权、法院等部门联合发布了保护知识产权专项活动期间的典型案例；颁布了2005年度知识产权好新闻奖；在人民广场举行了知识产权试点企业知识产权成果展示活动；自治区副主席张舟在新疆电视台发表了"实施知识产权战略推进工程，加强知识产权保护，促进我区经济发展"的专题讲话；自治区知识产权局等单位举办了"新疆'特变电工'杯知识产权知识竞赛活动"。4月19—26日，自治区党委宣传部、知识产权局等5部门联合在新闻媒体上组织开展了以"保护知识产权，促进创新发展"为主题的征文活动。4月20—26日，由自治区知识产权局牵头，工商、公安等单位参加，在乌鲁木齐商场组织开展了专利联合执法宣传活动。4月23—24日，自治区"整规办"等11个部门联合在乌鲁木齐市人民广场举行了万人宣传签名、现场咨询、产品展览等宣传活动。4月25—26日，自治区知识产权局等单位在新疆医科大学和新疆大学举办了"知识产权走进大学"沙龙等活动。

2005年宣传周期间，自治区各地按组织开展了多种形式的宣传周活动。4月19日，伊犁州师范学院举办"知识产权走进大学"活动；4月20日，伊犁州人民政府举行知识产权周新闻发布会，发布了伊犁州知识产权保护状况和知识产权典型案例，该州副州长古丽孜拉·努尔阿地力出席新闻发布会并讲话。4月21日，吐鲁番地区"整规办"等11个部门召开了知识产权座谈会，成立了"2005年吐鲁番地区保护知识产权宣传周活动组委会"，制订了活动方案，在该地区组织开展知识产权宣传周活动。哈密地区行署领导为无假冒、冒充专利产品的流通企业授牌，哈密地区知识产权局在网发布专利典型案例，公布假冒、冒充专利产品名单和专利打假投诉电话。博州召开了知识产权协调领导小组会议，研究部署宣传周活动。4月21日，和田地区印发《关于认真开展"4·26"世界知识产权日宣传周活动的通知》，对宣传周活动进行了安排部署；由和田地区知识产权局牵头，联合地区工商行政管理局等部门对7县1市开展了为期一周的知识产权培训班，有2795人参加；4月24日，在和田市举办"'4·26'保护知识产权，促进创新发展"大型现场咨询、展览等宣传活动；4月26日，和田地区行署领导发表保护知识产权专题电视讲话；和田地区知识产权局等部门在和田市、和田县联合开展了执法宣传活动；4月20—26日，和田电视台在黄金时段连续播放《专利法》等知识产权法律法规知识。

2006年4月19—26日，自治区"整规办"等11个部门联合在全区组织开展了以"保护知识产权，促进创新发展"为主题的第6个自治区知识产权宣传周活动。4月20日，自治区人民政府在乌鲁木齐举行"2006年自治区知识产权宣传周新闻发布会"。自治区副主席胡伟出席新闻发布会并发表重要讲话。新闻发布会上，自治区工商业联合会、企业联合会、高新技术企业发展促进会向全区企业和企业家发出了开展增强知识产权保护意识活动倡议，发布了《企业保护知识产权倡议书》；特变电工等单位积极响应并派代表在大会发言。4月21日，由自治区知识产权局牵头，自治区工商、版权等部门参加，在新疆农业大学举办"知识产权走进大学"沙龙。克拉玛依市在独山子举行知识产权报告会。4月24日，自治区、昌吉州知识产权局在昌吉市联合举办第二届"新疆知识产权杯知识竞赛活动"；由自治区知识产权工作协调指导小组办公室牵头，专利、商标、版权、农业、林业、海关、公安、法院等部门参加，召开新闻发布会，向社会发布《2005年新疆维吾尔自治区知识产权保护状况》（白皮书）；自治区知识产权局等7部门和法院向社会发布"2005年自治区保护知识产权十大典型案例"。4月，知识产权局与自治区党委宣传部、科技厅共组织开展了2006年度知识产权好新闻评选、表彰活动。

2007年4月18—26日，由自治区"整规办"等30个部门在全区组织开展了以"保护知识产权"为主题的第7个自治区知识产权宣传周活动。4月17日，自治区人民政府在乌鲁木齐举行"2007年自治区保护知识产权宣传周新闻发布会"。自治区副主席胡伟出席新闻发布并讲话。发布会上，向自治区第一批商业企业专利保护试点单位新疆汇嘉百货（集团）有限公司等9家单位进行授牌，启动自治区商业企业专利保护试点工作；由自治区知识产权工作协调指导小组办公室牵头，专利等8部门参加，向社会发布《2006年新疆维吾尔自治区知识产权保护状况》（白皮书）；自治区知识产权局等8部门向社会发布"2006年自治区保护知识产权十大典型案例"。4月18日，乌鲁木齐高新技术开发区在数码港举行专题讲座，自治区科技厅厅长顾家骕作了"国际科技竞争态势及知识产权保护"的专题讲座。4月24日，由自治区"整规办"和知识产权局主办，在昌吉市举办了"2007年新疆知识产权杯知识产权知识竞赛活动"。4月，自治区党委宣传部、知识产权局和科技厅在全区组织开展了2007年度"知识产权好新闻评选活动"。4月25日，自治区政协经济科技委员会举行知识产权专题报告会，自治区知识产权局局长姜万林应邀向自治区驻乌鲁木齐市的政协委员做"知识产权工作所面临的形势和挑战"专题讲座。4月26日，由自治区"整规办"牵头，自治区知识产权局、新闻出版局（版权局）、公安厅参加，在乌鲁木齐市爱家超市铁路局劝业店开展联合执法宣传活动；乌鲁木齐市在该市广播电台"市民热线"栏目中举办知识产权特别节目，自治区、乌鲁木齐知识产权局、商标协会、乌鲁木齐文化稽查大队3中队代表做客直播间，就专利、商标、版权等相关问题和听众进行互动；在米泉新区举办知识产权讲座，自治区知识产权局局长姜万林为科以上干部和企业人员100人作专题报告。

在2007年宣传周活动期间，各地州市按照自治区的统一部署，结合实际，组织开展了形式多样的宣传活动。巴州领导发表了纪念"'4·26'世界知识产权日"的电视讲话；举行巴州保护知识产权新闻发布会，发布保护知识产权工作成果及典型案件；开展知识产权知识有奖答卷活动；举办保护知识产权座谈会；在学校开展青少年科技创新作品展示宣传和知识产权知识系列宣传活动；举办知识产权主题演讲活动；在库尔勒市人民广场举行纪念"'4·26'世界知识产权日"大型宣传咨询活动；在巴州广播电台举办《知识产权专栏》节目；由巴州知识产权局牵头组织开展查处专利侵权和假冒、冒充专利执法活动。哈密地区知识产权局在哈密市第4小学举办了纪念"4·26"知识产权讲座等活动。乌鲁木齐市知识产权局在水磨沟区举办了知识产权专题报告会；乌鲁木齐市"整规办"等部门在国际大巴扎联合组织执法宣传活动。奎屯市知识产权局在该市电视台举办了2007年保护知识产权宣传周电视访谈节目，奎屯市副市长冉海霞应邀出席并讲话。石河子市"整规办"等7部门在石河子市步行街举办了大型知识产权宣传咨询活动。和田地区知识产权局等6部门执法人员开展知识产权联合执法宣传活动。

2008年4月19—26日，由自治区"整规办"牵头，自治区党委宣传部等15个部门参加，在全区组织开展了以"建设创新型国家、实施知识产权战略"为主题的第8个自治区知识产权宣传周活动。4月20日，自治区相关部门在乌鲁木齐联合举办2008年全国集中销毁侵权盗版及非法出版物新疆分会场销毁活动，自治区主席司马义·铁力瓦尔地出席销毁活动并讲话。4月24日，由自治区"整规办"和知识产权局主办，昌吉州知识产权局在昌吉市承办了"新疆知识产权杯知识竞赛活动"。自治区党委组织部、科技厅联合举办了处级干部知识产权培训班。自治区知识产权局在昌吉学院举办专题讲座，自治区知识产权局原局长姜万林为200多名教职员工和学生作专题报告。4月25日，自治区人民政府在乌鲁木齐市举行"2008年新疆维吾尔自治区知识产权宣传周新闻发布会"，自治区副主席胡伟出席新闻发布会并发表重要讲话。4月26日上午，自治区知识产权局等单位在乌鲁木齐高新技术开发区举办首次"2008年知识产权等知识竞赛活动"；4月26日下午，在乌鲁木齐高新技术开发区广场举行纪念第8个"世界知识产权日"咨询宣传活动。在2008年宣传周期间，自治区15个地州市按照自治区的统一部署和安排，也组织开展了形式多样的宣传活动。

2009年4月19—26日，自治区"整规办"等11个部门联合在全区组织开展了以"文化、战略、发展"为主题的第9个自治区知识产权宣传周活动。4月19日，自治区人民政府在乌鲁木齐举办"2009年度自治区知识产权宣传周新闻发布会"。自治区副主席靳诺、自治区政协副主席柯丽、自治区人民政府副秘书长刘华等领导出席新闻发布会，会上发布了《2008年新疆维吾尔自治区知识产权保护状况》（白皮书）、《2008年自治区保护知识产权十大典型案例》《自治区推进企业商标战略发展措施》和《2009年重点商标培育发展计划》；颁发了2008年度自治区"知识产权好新闻"奖；在乌鲁木齐人民广场组织开展了大型宣传、咨询、展示、交易、文艺演出等形式多样的广场活动。新闻发布会后，由自治区知识产权工作协调指导小组办公室牵头，在乌鲁木齐人民广场举行了"2009年新疆维吾尔自治区知识产权宣传周活动启动仪式"。自治区知名品牌和专利试点示范企业代表发言，乌鲁木齐市副市长董兆玲同志讲话；自治区副主席靳诺宣布"2009年新疆维吾尔自治区知识产权宣传周活动开始！"最后，自治区领导参加知识产权宣传周万人签名等活动。4月21日，自治区科技厅副巡视员、知识产权局副局长谭力在木垒县党校作知识产权专题报告。4月22日，自治区知识产权局在新疆大学举办了"2009年知识产权走进大学沙龙"，自治区科技厅副巡视员、知识产权副局长谭力作专题报告。4月24日，乌鲁木齐市知识产权局在华凌老贸易城门前举办以"文化、战略、发展"为主题的大型宣传咨询活动。4月27日，自治区知识产权局、教育厅和团委等单位在新疆农业大学举行第五届"新疆知识产权杯知识竞赛"活动；在新疆财经大学举办"青春·创新——与知识产权同行的演讲比赛"活动。宣传周期间，自治区工商、知识产权、版权、公安等系统，在全区组织开展了联合执法宣传活动。在2009年宣传周期间，新疆各地各部门结合实际组织开展了形式多样的宣传活动。

2010年4月20—26日，全区按照自治区人民政府办公厅印发的《关于开展自治区知识产权宣传周活动的通知》（新政办发〔2010〕87号）的部署和要求组织开展了以"创造、保护、发展"为主题的第10个自治区知识产权宣传周活动。4月19日，自治区人民政府印发《关于印发新疆维吾尔自治区知识产权战略纲要的通知》（新政发〔2010〕40号），正式发布《战略纲要》。4月21日，由自治区人大常委会主办，自治区知识产权局和政府法制办公室在乌鲁木齐承办"纪念专利法实施二十五周年暨自治区专利保护条例实施五周年座谈会"，自治区人大常委会副主任杜秦瑞作重要讲话，自治区科技厅党组成员、自治区知识产权局局长马庆云作主题发言。4月22日，自治区知识产权局、教育厅、乌鲁木齐市知识产权局、教育局和乌鲁木齐市天山区政府在乌鲁木齐市第一小学共同举办"中小学知识产权试点启动仪式"。自治区知识产权局局长马庆云出席并讲话。4月23日，自治区知识产权局等7个部门在乌鲁木齐大型超市、商场等商业流通领域开展知识产权联合执法宣传活动；自治区知识产权局等单位还在乌鲁木齐高新区举办企业知识产权专题讲座、企业知识产权沙龙等活动。4月24日，由自治区知识产权工作协调指导小组办公室牵头，专利等8部门参加，向社会发布《2009年新疆维吾尔自治区知识产权保护状况》（白皮书）；自治区知识产权局等7部门和法院向社会发布"2009年自治区保护知识产权十大典型案例"。4月28日，自治区知识产权局、教育厅等单位在新疆大学举行"第六届'新疆知识产权杯'大学生知识产权知识竞赛"。

在2010年宣传周期间，各地按照自治区的部署，组织开展了丰富多彩的宣传活动。乌鲁木齐市知识产权局在该市广播电台的《首府行风热线》举办知识产权专题节目，开展知识产权宣传工作。昌吉州组织开展"4·26"保护世博会知识产权专项执法宣传活动；举行"'庄子杯'公众知识产权有奖知识竞赛"；在昌吉市电视二台集中放映《危险的短板》知识产权专题片；在西部庭州网举办网上法律知识竞赛活动；昌吉市召开庆祝第十个"4·26"世界知识产权日座谈会；举办庆祝第十个"4·26"知识产权日宣传咨询活动；奇台县召开2010年"4·26"保护知识产权宣传月新闻发布会；玛纳斯县在包家店镇赶集日开展知识产权宣传下乡活动；呼图壁县在曙光商场开展知识产权宣传活动；昌吉州知识产权局与库尔勒市工商行政管理局在库尔勒市汇嘉等大型超市进行联合执法宣传活动。阿克苏地区召开知识产权宣传周暨科技活动周座谈会，行署分管领导马义林副专员出席座谈会并讲话；阿克苏地区行署出台《名牌产品驰名（著名）商标奖励办法》；在世纪广场举办大型的宣传咨询活动。阿克苏地区知识产权局等6部门组织开展了知识产权专项联合执法宣传活动；在阿克苏市机关和企事业单位干部职工中组织实施了知识产权知识普法测试活动；在阿克苏市三中举办了知识产权讲座；在柯坪县开展了知识产权"进巴扎"活动。巴州在库尔勒市人民广场联合举行了以"拒绝盗版，从我做起"为主题的板报展和"绿书签2010"签名仪式等系列活动。活动设展板40余块，销毁了价值12.3万元的盗版出版物16050份；巴州知识产权局等单位在库尔勒经济技术开发区举办自治州第一届"创新杯"知识产权知识竞赛活动。伊犁州知识产权局在伊宁市大世界广场举办了知识产权宣传咨询活动，举办知识产权专题讲座；与6个部门在伊宁市和霍尔果斯口岸进行了执法检查宣传活动；在伊宁市公交车上以TV传媒形式宣传知识产权知识。奎屯市知识产权局组织1.2万名干部参加知识产权法律法规考试；在三洋广场举行了"2010年度'4·26'保护知识产权宣传周新闻发布会"；在奎屯市主流媒体开设知识产权专栏。巩留县、尼勒克县和霍尔果斯口岸都举办了以"创造、保护、发展"为主题的保护知识产权大型宣传活动。尼勒克县在农资市场开展专利执法宣传活动。塔城地区知识产权局等18个部门在塔城市新华路举行了"4·26"世界知识产权日大型宣传咨询活动。阿勒泰地区知识产权局会同地区工商行政管理局等单位，对阿勒泰市商场、超市、专卖店开展知识产权联合执法宣传活动。博州举办了知识产权宣传咨询活动。和田地委委员吾提库尔·阿里木在宣传周期间发表"4·26"电视讲话；和田地区知识产权局举办医药保护知识产权培训班，对医药药材公司职工及各大药品超市经理共60余人进行了培训；在和田县委党校举办了知识产权形势报告会。石河子召开了2010年知识产权宣传周新闻发布会。巴州召开保护知识产权座谈会。克州知识产权局等25个单位在阿图什市人民广场开展了"4·26"保护知识产权宣传活动。克拉玛依市举行了"2009年全国集中销毁侵权盗版及非法出版物克拉玛依分会场销毁活动"；由克拉玛依市委宣传部牵头组成联合检查组，对全市文化出版物市场进行了专项执法检查宣传活动。吐鲁番地区8个部门对各大超市、药店、新华书店等进行了联合执法检查宣传活动。吐鲁番市知识产权局在旅游文化广场组织开展了知识产权宣传咨询以及专利产品展示活动。喀什地区在喀什市全民健身广场举办了"4·26"世界知识产权日大型宣传咨询活动。

2011年4月19—26日，自治区人民政府在全区组织开展了以"知识产权助推经济转型"为主题的第11个自治区知识产权宣传周活动。4月19日，自治区知识产权局与新疆人民广播电台联办知识产权专题节目，利用《首府行风热线》开展知识产权宣传活动。4月20日，由自治区知识产权工作协调指导小组办公室、"双打"专项行动领导小组办公室和乌鲁木齐市"整规办"共同牵头，自治区知识产权局等6部门参加，对乌鲁木齐市大型商场、超市、文化市场开展了联合执法宣传活动。4月21日，自治区知识产权局邀请国家知识产权局专利管理司马维野司长，在自治区党校为地厅级干部进修班、中青年干部进修班等6个培训班的300多名领导干部在校教师作《知识产权——转变经济发展方式的助推器》主旨演讲。4月22—23日，自治区知识产权局联合新疆电视台在新闻频道黄金时段，滚动播放知识产权公益宣传片。4月22日，自治区知识产权局、教育厅等单位在新疆大学联合举办"第七届新疆知识产权杯大学生知识产权知识竞赛"暨第一届"大学生优秀发明创造颁奖"活动。4月24日，由自治区知识产权工作协调指导小组办公室向社会发布《2010年新疆维吾尔自治区知识产权保护状况》（白皮书）；自治区知识产权局等7部门和法院向社会发布"2010年自治区保护知识产权十大典型案例"。4月26日，由自治区知识产权局牵头，在乌鲁木齐高新区（新市区）举行自治区知识产权托管工作试点启动仪式；在乌鲁木齐市商场联合开展知识产权执法宣传活动。据不完全统计，宣传周期间，全区共组织宣传活动200多次，共发放《专利法》宣传手册3万多份，宣传彩页等材料2.3万多份，接受群众咨询5000余人（次）；举办知识产权讲座15期，培训3000多人（次）。

2012年4月19—27日，由自治区人民政府组织，全区各地各部门组织开展了以"培育知识产权文化，促进社会创新发展"为主题的第12个自治区知识产权宣传周活动。4月24—26日，自治区知识产权局、教育厅与新疆生产建设兵团知识产权局和兵团教育局在石河子大学和新疆大学分别举办了"2012年大学生主题演讲比赛活动"和"第八届新疆知识产权杯大学生知识竞赛活动"；在新疆高校联合组织开展了2012年度新疆优秀大学生发明创造专利获得者评选表彰活动；自治区知识产权局在全区开展了优秀专利产品征集活动。4月25日，自治区知识产权局等单位在乌鲁木齐高新技术产业开发区（新市区）举行了首次"新疆知识产权沙龙活动"和"新疆知识产权沙龙揭牌仪式"，邀请同济大学知识产权学院副院长、教授张伟君等专家学者作知识产权专题报告；由自治区知识产权工作协调指导小组办公室向社会发布《2011年新疆维吾尔自治区知识产权保护状况（白皮书）》；自治区知识产权局等7部门和法院向社会发布"2011年自治区保护知识产权十大典型案例"。4月27日，自治区知识产权局、教育厅与新疆生产建设兵团知识产权局和兵团教育局联合组织开展"第二届新疆大学生知识产权主题演讲比赛"和"第八届新疆知识产权杯大学生知识产权知识竞赛"活动；自治区知识产权局组织全区首批25家试点学校在乌鲁木齐市第一小学明德学堂举办了"自治区中小学知识产权创意大赛"。在2012年宣传周期间，自治区15个地州市都组织开展了知识产权进企业、进机关、进学校、进社区、进街道、进军营等形式多样的丰富多彩的知识产权宣传活动。

2013年4月19—26日，由自治区人民政府在全区组织开展了以"实施知识产权战略，支撑创新驱动发展"为主题的第13个自治区知识产权宣传周活动。4月19日，自治区知识产权局局长马庆云在和田地委党校为400多学员作《实施知识产权战略，促进经济发展方式转变》专题报告；自治区知识产权局等单位在新疆国家大学科技园举行"首站新疆发明专利倍增行动"启动仪式，40余家科技型企业负责人及技术骨干参加。4月23日，自治区知识产权局在乌鲁木齐市举办"2013年新疆知识产权宣传周企业大讲堂"，自治区及乌鲁木齐市企事业单位120多人参加；自治区科技厅副巡视员、知识产权局副局长谭力一行4人深入石河子开展专利电子申请帮扶行动；由自治区知识产权工作协调指导小组办公室向社会发布《2012年新疆维吾尔自治区知识产权保护状况》（白皮书）。4月24日，自治区知识产权局会同自治区高级人民法院等6部门联合发布《2012年新疆维吾尔自治区知识产权典型案例》；自治区知识产权局和教育厅与新疆生产建设兵团知识产权局、兵团教育局在新疆农业大学联合举办第九届"新疆知识产权杯"大学生知识产权知识竞赛活动和"2013年度新疆发明创造优秀大学生颁奖仪式"。4月25日，自治区、新疆生产建设兵团知识产权局联合在石河子大学联合举办新疆知识产权企业大讲堂活动；自治区知识产权局等单位在新疆大学举办大学生知识产权专题报告会，自治区科技厅副巡视员、知识产权局副局长谭力为200名学生作专题报告；自治区知识产权局、教育厅联合印发《关于第九届"新疆知识产权杯"大学生知识产权知识竞赛情况的通报》（新知管字〔2013〕37号）和《关于表彰2013年度新疆发明创造优秀大学生的决定》（新知管字〔2013〕38号），对第九届"新疆知识产权杯"大学生知识产权知识竞赛获奖单位和人员及17名获得2013年度新疆发明创造优秀大学生进行通报表彰奖励。4月26日，为提高社会公众的知识产权保护意识，扩大知识产权宣传影响面，自治区知识产权局公开审理一起实用新型专利侵权纠纷案件；自治区知识产权局联合乌鲁木齐市打击侵犯知识产权和制售假冒伪劣商品专项行动领导小组办公室在乌市华凌市场开展打击侵犯知识产权和制售假冒伪劣商品联合执法宣传活动。4月27日，自治区知识产权局在奎屯市召开了知识产权托管启动会议，局长马庆云出席并讲话。在宣传周期间，自治区知识产权局在《中国知识产权报》《新疆日报》、新疆电视台、自治区政府网、自治区党建网、新疆人民广播电台、《新疆科技报》《新疆法制报》《新疆都市报》、天山网、《乌鲁木齐晚报》上刊登了"宣传周活动"的专刊报道。自治区各地在中小学开展了知识产权进校园活动。

2014年4月19—26日，由自治区人民政府在全区组织开展了以"保护、运用、发展"为主题的第14个自治区知识产权宣传周活动。4月23日，自治区知识产权局与石河子市知识产权局举行了专利行政执法联动机制启动仪式和联合执法宣传活动。4月24日，自治区知识产权局等7部门联合发布《2013年度新疆保护知识产权十大典型案例》。4月25日，自治区知识产权局、教育厅等单位在新疆大学联合举办"第三届新疆知识产权杯大学生知识产权主题演讲比赛暨新疆发明创造优秀大学生颁奖仪式"和专题讲座；自治区、乌鲁木齐市知识产权局在华凌综合市场联合举办"知识产权保护规范化培育工作启动仪式"；自治区、阜康市知识产权局在阜康市中学举办"2014年'4·26'知识产权宣传周首场大型宣传讲座活动"。4月26日，自治区知识产权局在《中国知识产权报》《新疆日报》、新疆电视台、自治区政府网、自治区党建网、新疆人民广播电台、《新疆科技报》《新疆法制报》《新疆都市报》、天山网、乌鲁木齐晚报上刊登开展了"宣传周活动"的专刊报道。国家知识产权局专利局乌鲁木齐代办处在新疆大学组织开展了以《知识产权与自主创新》《专利申请与分析》为主题的知识产权讲座；自治区、乌鲁木齐市知识产权局在乌鲁木齐市华凌市场联合举办了"知识产权规范化市场培育工作启动仪式"。在宣传周期间，自治区各地都组织开展了系列宣传活动。乌鲁木齐等9个地州市知识产权局在所在城市组织开展了大型广场咨询活动，通过悬挂宣传横幅、主题展板介绍、大屏幕滚动标语、发放宣传手册、播放宣传片等方式营造宣传氛围；通过设置宣传和咨询服务台，解答市民提出专利申请、商标注册、正版软件及书籍鉴别、知识产权诉讼等相关问题。巴州组织举办了知识产权校园咨询、宣传讲座等系列活动；巴州知识产权局联合兵团第二师科技局及该州工商等部门举行了"纪念第十四个世界知识产权日和2014年知识产权宣传周宣传咨询活动。伊犁州开展了"知识产权系统执法维权护航专项行动"。阜康市知识产权局在阜康市中等职业专科学校举办了"知识产权进校园"活动。和田地区知识产权局会同11个知识产权协调领导小组成员单位在和田市团结广场开展了"4·26"世界知识产权宣传日活动。博州知识产权局联合五师知识产权局在博乐市体育中心举办2014年知识产权宣传周现场咨询活动。吐鲁番地区会同地区工商行政管理局等6部门开展了打击假冒、冒充专利等侵犯知识产权的联合专项执法宣传行动。

3.以专利周为契机，开展多种形式的知识产权宣传活动

（1）专利周概述。

2007年11月，为贯彻胡锦涛总书记关于促进创新成果知识产权化、商品化和产业化重要讲话精神，适应建设创新型国家需要，由国家知识产权局发起创立了首届中国专利周。中国专利周与"4·26"知识产权宣传周一样，是一项致力于推进专利技术转化应用的全国性活动。其目标是为了建立并形成"促进我国知识产权创造、运用、保护、管理等各环节整体良性运行的加速机制""显示我国专利制度和专利工作系统整体运行绩效的宣传机制"和"推动国家知识产权战略实施和创新型国家建设的落实机制"。

（2）自治区专利周活动开展概况。

自2007年第一届中国专利周以来，按照国家知识产权局的安排部署，自治区组织开展了八届中国专利周活动。

加强对专利周的领导。一是健全组织。成立了由自治区知识产权局局长、副局为组长和副组长、各处长为成员的自治区专利周活动领导小组和办公室，其成员进行了分工，明确职责任务；二是制订方案。按照国家知识产权局的安排部署，在每年专利周前，结合新疆实际制订印发专利周活动方案，提出专利周活动主题、时间、举办单位、活动内容和保障措施；三是加强指导。在专利周活动期间，自治区知识产权局派出检查督导组

深入地州市开展检查指导；专利周活动结束后，要求各地进行总结上报。

2007年11月16日和2008年11月18日，为第一届和第二届中国专利周。前两届中国专利周国家知识产权局虽然没有将新疆列入其中，但自治区知识产权局均按照国家知识产权的安排部署，以"组织方便、资源节约、便利参与、切实有效、服务社会"为原则，组织开展了多种形式的专利周活动。

2009年11月，按照国家知识产权局的安排部署，自治区以"应对金融危机，服务企业创新，推进知识产权战略，建设创新型国家"为主题，在全区组织开展了第三届中国专利周活动。在第三届专利周期间，自治区知识产权战略实施领导小组办公室召开"自治区知识产权战略纲要"专家咨询研讨会；喀什地区知识产权局和喀什日报社联合举办了以"文化、战略、发展"为主题的首届知识产权知识有奖竞赛抽奖仪式；乌鲁木齐市知识产权局对"新疆奥克亚商标专利事务有限公司"违规成立专利代理机构和从事专利代理业务一事进行了执法检查；轮台县知识产权局、工商行政管理局联合举办了知识产权培训班。

2010年10月25日，自治区知识产权局印发《关于开展2010·第四届中国专利周活动的通知》（新知综字〔2010〕58号），要求全区知识产权局系统在11月7—13日结合实际组织开展以"运用专利制度，推动发展方式转变，促进创新型新疆建设"为主题的2010年第四届中国专利周活动。11月8日，克拉玛依市知识产权局组织9家企业16个专利项目参加第十九届全国发明展览会，获得3金3银5铜。11月10日，自治区知识产权局与教育厅等部门在乌鲁木齐市举行"2010·第四届中国专利周经验交流会"和"全区中小学知识产权教育试点学校授牌仪式暨师资培训班开班仪式"，对25所学校共计50人进行了培训。自治区人民政府副秘书刘华出席会议讲话，并为试点学校授牌。阿勒泰、塔城、哈密、吐鲁番、阿克苏等地州市知识产权局制订印发《专利周专利行政执法专项行动实施方案》。11月11日，巴州知识产权局召集专利申请人，召开专利申请资助资金发放座谈会，发放资助资金近1.4万元。11月15日，巴州等3个地州、吐鲁番市等3个县市知识产权局组织开展了查处假冒、冒充专利的专项执法检查宣传活动。11月16日，吐鲁番市知识产权局在旅游文化广场举办了吐鲁番市2010年第四届中国专利周宣传咨询展示活动；阿克苏、吐鲁番市组织了"我与专利"有奖征文活动；吉木萨尔县知识产权局免费为10家企业发放《中国知识产权报》；阿克苏地区知识产权局在商品流通企业开展"无假冒专利产品诚信单位"创建活动；阿克苏市知识产权局在市政府、知识产权领导小组各成员等单位醒目位置悬挂知识产权保护宣传挂图；玛纳斯县举办青少年科技创新发明培训班。

2011年8月17日，自治区知识产权局印发《关于在全区开展第五届中国专利周——新疆维吾尔自治区各地区活动的通知》，对第五届中国专利周活动的时间、内容、要求提出具体规定，于11月9—15日，全区组织开展了以"实施专利战略、推动创新发展"为主题的第五届中国专利周活动。11月5日，自治区和地州市分别举行了专利周活动启动仪式。一是在自治区层面，自治区知识产权局与相关单位联合组织开展了系列宣传活动。①与教育厅在新疆农业大学开展了"知识产权进校园"活动；在乌鲁木齐联合举行了"新疆2011年度中小学知识产权试点工作总结表彰大会"。②与交管部门联合，利用出租车移动媒体，开展了以专利周主题为内容的广告语宣传，受众达百万人（次）。③与科技管理部门联合，召开了自治区科研院所专利战略宣传及实施座谈会。④与公安等机关开展了专利执法保护专项活动和维权援助活动。⑤与昌吉州知识产权局联合，在昌吉国家级工业园区开展了以"实施专利战略，推动创新发展"的主题宣讲，与41家企业、100多名企业代表开展互动交流，解疑答惑；在昌吉工业园举办"专利托管对接会"。⑥与乌鲁木齐市知识产权局联合，深入5家"零专利"高新技术企业和6家科技型企业，开展企业消除"零专利"现场指导与咨询服务；开展了知识产权进街道、进社区、进学校、进企业活动；在乌鲁木齐经济技术开发区举办"知识产权运用大讲堂"和"专利周座谈会"，自治区企业及相关人员200人参加。⑦与国家知识产权培训（新疆）基地和新疆专利信息服务中心联合，举办了"专利信息利用实务培训班"，对地州市和县（市、区）专利管理部门、企业、高校、中介服务机构相关人员100人进行了专利信息利用实务培训。二是在地州市层面：伊犁州知识产权局等开展了专利法规政策及专利实务咨询、企业专利实务讲座、"保护专利产品，倡导诚信创新"联合执法宣传活动；巴州、博州等在商业流通企业中开展执法检查和宣传活动，在检查中注重宣传指导，解决疑难问题，同时发放《专利法》等宣传资料，并宣传讲解专利申请、专利检索、辨别专利真伪等基本知识；阿克苏、哈密和吐鲁番地区组织开展"六进"（即进企业、进商场、进街道、进社区、进学校、进军营）活动；和田地区、克州和克拉玛依市等地州市知识产权局深入企业开展宣传咨询活动，以专利法和专利申请知识为重点，解答群众问题，发放宣传单；塔城、阿勒泰等地区知识产权局向专利权利人发放专利申请资助资金，激励企事业单位和个人发明创造的积极性。据统计，在2010年专利周活动期间，全区发放专利宣传材料2800多份，印发宣传刊物150册，参加专题讲座和培训人员2000多人（次）。

2012年11月5日，根据国家知识产权局办公室印发《关于举办2012·第六届中国专利周的通知》（国知发管字〔2012〕108号），自治区知识产权局印发《2012年专利周自治区宣传工作方案》和《关于做好2012·第六届中国专利周活动的通知》（新知综字〔2012〕66号），要求在11月29日—12月5日期间，按照国家知识产权局的部署和要求，以"专利保护创新、智慧改变生活"为主题，在全区组织开展2012年第六届中国专利周组织开展宣传活动。在专利周活动中，自治区结合实际，提出了"实施专利战略，推动创新发展，促进创新型新疆建设"的宣传主题，成立了以自治区知识产权局局长马庆云为组长，自治区党委宣传部新闻出版处处长任澄为副组长，自治区知识产权局综合处处长常铖、新疆日报新闻部副主任李桦、新疆科技报社社长贾博文、新疆人民广播电台专题部主任曾晔为成员的自治区2012年第六届中国专利周宣传工作领导小组。新疆"专利周"活动分三个层次，一是由自治区知识产权局主办的活动。例如，自治区知识产权局举行了《促进与保护条例》颁布实施新闻发布会及巡回宣讲活动；召开了专利质押贷款座谈会，对《新疆维吾尔自治区专利权质押贷款管理办法（试行）》（简称《办法》）进行论证解读，为推动《办法》修订出台创造条件；在天山网举办了自治区知识产权局局长专题访谈直播节目。二是各地州市结合实际举办各类宣传活动。阿克苏地区拜城县知识产权局开展了"保护知识产权，加强专利执法"宣传活动；克拉玛依市知识产权局组织9家企业16个项目参加在西安曲江国际会展中心第十九届全国发明展览会；巴里坤县知识产权局人员走上街头开展专利现场宣传活动。据统计，全区在专利周期间共组织活动有68项，内容主要包括专利电子申请开放日、专利成就图片展览、新闻发布会等。利用出租车、公交车等移动媒体广告宣传，持续一周，受众达上百万人（次）。全区参加的企业有300多家，中介机构6家，制作张贴标语海报、发放宣传材料1.2万份，举办知识产权培训班、讲座、论坛、研讨会、咨询会31场（次），开展执法与维权援助活动18次，参与报道的地方媒体52家，报道宣传稿件380篇，电视新闻片及专题片58集（次）。

2013年10月21日，自治区知识产权局印发《关于转发〈国家知识产权局关于举办2013年第七届中国专利周的通知〉的通知》，于11月21—27日，在全区组织开展以"专利导航产业发展，服务聚焦企业创新"为主题的2013年第七届中国专利周活动。11月15日，自治区知识产权局协办、昌吉州知识产权局在该州政务中心承办国家知识产权示范城市工作座谈会和"昌吉州高标准建设国家知识产权示范城市推进会及知识产权专题报告会"。报告会设1个主场、7个分场3000多人参加。11月18日，乌鲁木齐专利代办处在新疆农业大学举办"专利电子申请进校园"活动；塔城地区知识产权局举办专利行政执法人员业务巡回宣传培训活动，共培训行政执法人员29人（次）。11月25日，自治区知识产权局组织全区系统参加了由中国知识产权报组织的"中国公众知识产权知识竞赛"活动。11月26日，由新疆发明协会和新疆知识产权研究会主办，新疆华易石油工程技术有限公司在克拉玛依市承办第四届新疆企业沙龙活动。

2014年10月16日，自治区知识产权局印发《关于举办2014年第八届中国专利周的通知》，于11月17—24日，全区知识产权局系统组织开展了以"聚焦企业需求，服务创新发展"为主题的形式多样的第八届中国专利周活动。在自治区层面：11月5—9日，自治区科技厅副巡视员、知识产权局副局长谭力带领专利代理人，深入到新疆英派生物科技开发有限公司等19家高新技术企业进行现场调研和指导工作；11月8日，自治区知识产权局组织企业参加在江苏省昆山市举办的第七届国际发明展览会暨国际教学新仪器和新设备展览会；11月17—19日，自治区知识产权局在乌鲁木齐市8000多辆出租车顶灯LED上，连续3天发布了"崇尚创新精神、尊重知识产权、积极申请专利、专利保护创新、创新驱动发展、知识产权维权援助、维权热线12330"等内容的知识产权公益广告；11月18日，自治区知识产权局在乌鲁木齐经济技术开发区（头屯河区）召开了企业专利维权服务座谈会；11月20日，自治区知识产权局与乌鲁木齐市知识产权局在华凌建材市场开展联合执法宣传活动。在地州市层面：和田地区及所属县市知识产权局在专利周期间组织开展了多种形式的宣传活动，共出动工作人员9人，接待群众咨询500余人（次），印发宣传册2种500余份、宣传单4种1300余份，出板报3期，投入经费7800元。11月19日，伊犁州知识产权局联合霍尔果斯知识产权局的专利执法人员到霍尔果斯中哈国际合作中心开展专利执法宣传活动。在专利周期间，伊犁州在电视、电信传媒发布知识产权宣传广告30条，录制广播节目3期，开设讲座2场，开展大型宣传活动3次，咨询单位120多家，咨询人员300余人（次），悬挂横幅300余条，制作板报、展板120余块，发放宣传品5000余份，开展执法活动8次，出动人员40人（次），车辆12台（次）。博州知识产权局在博乐市组织开展了《促进与保护条例》宣传活动。昌吉州开展了多项活动：举行了知识产权帮扶工作站揭牌仪式；开展了联合专利保护执法宣传行动；深入企业开展第四轮专利申请指导工作；赴各县市重点企业开展以专利基础知识、专利运用和保护为内容的调研指导活动；在昌吉市第八小学开展"知识产权进校园"活动。吐鲁番地区与托克逊县知识产权局等部门在托克逊县商场结合执法进行检查进行宣传活动。11月20日，石河子知识产权局组织召开了首批企业知识产权贯标试点工作评估交流会；对重点大型超市、药店结合专利行政执法检查，开展专利知识宣传活动。克拉玛依市知识产权局在专利周期间组织召开2014年克拉玛依市企业知识产权贯标工作启动会。

四、积极做好日常知识产权宣传工作

全区知识产权（专利）局系统重视日常知识产权宣传工作。

1985年，创刊发行《新疆专利工作》，到2000年年底累计编印106期。2001年，创刊《新疆知识产权》，每年6期，截至2014年已累计发行93期。

1987年，编发《新疆专利工作》10期、2.7万字。

1988年4月1日，以纪念《专利法》实施3周年为契机，自治区专利管理处先后组织召开"实施专利法3周年总结表彰大会"；组织人员深入博州等4地州市宣讲《专利法》，发放《自治区授予专利权和已公开（公告）的专利技术汇编》2000册。7月，自治区科委、专利管理处及有关部门在配合"科技兴新"战略方针贯彻实施中，提出了要进一步增强全区公民的专利意识，将《专利法》的宣传工作纳入自治区5年普法规划的建议。

1989年，自治区专利管理处领导和执法人员深入石河子市17家企业宣传《专利法》，指导企业建立专利管理制度；自治区专利管理处人员深入南疆4地州及自治区有色金属工业公司、农科院等单位开展专利法知识宣传普及活动。同年，自治区专利管理处通过在《新疆日报》、新疆广播电台、《新疆信息报》和《新疆专利工作》等报刊上登载《专利法》知识等形式，向社会公众开展专利宣传活动。全年，自治区专利管理处在《专利报》《新疆日报》《新疆信息》报刊刊登宣传稿件6篇，编发《新疆专利工作》10期。

1990年1月，自治区专利管理处编印《新疆专利申请、实施项目汇编》（之一），并向全区发放。5月，自治区专利管理处以纪念《专利法》实施5周年为契机，通过有关单位及新闻部门向社会发放新编印的《新疆专利技术实施汇编》和《新疆公开、公告专利技术汇编》；石河子市科委通过编发《石河子信息》等专利知识专刊进行宣传。

1991年3月5日—5月4日，自治区专利管理处与新疆人民广播电台联合举办"专利知识讲座"。每周3次，共播放27讲，收到良好效果；在《新疆经济报》《新疆科技报》和《中国专利报》等报纸上刊登宣传新疆专利实施成果和专利工作成绩的宣传稿件。3月，自治区专利管理局组织7个地州市和部分科研院所等200多个单位、13696人参加了由《中国技术市场报》、中国专利局、《经济日报》和《中国技术市场报》举办的"人寿杯全国专利知识竞赛"活动和"滑行杯专利技术知识问卷"调查活动。6月12日，自治区科委、司法厅、人事厅、经委联合印发《关于在全区广泛开展专利法普及教育活动的通知》（新科专字〔1991〕119号），对编印维吾尔文、汉文两种文字的普及专利法教材，建立宣传专利法的骨干队伍，举办宣传专利法的骨干队伍学习班，从1992年起在全区范围内开展专利法普及教育活动等方面的工作作出具体部署和安排。1991年，自治区专利管理部门向新疆科技报推荐专利技术150多项，刊登31项；将1991年公开的专利申请和筛选全国成熟的、经济效益好的专利技术200多项汇编成册，向社会发放。

1992年，自治区专利管理局在组织开展专利宣传活动中印发专利法和专利知识学习资料1.4万余册，其中维文4000册。

1993年1月8—9日，自治区专利管理局在乌鲁木齐组织召开"自治区专利工作座谈会"，邀请中国专利局副局长明廷华、中国专利局法律部副部长吴伯明为地州市科委、科研院所、大专院校等单位的代表70多人作专题报告。6月5日，自治区专利管理局编发了《新疆维吾尔自治区专利（公告、公开）技术汇编》，该汇编收集了我国1993年公告、公开的新疆专利（申请）293件。6月22日，在举办的"'93专利技术、新产品乌鲁木齐博览会"期间，自治区人民政府举办"知识产权报告会"，邀请中国专利局副局长姜颖作《知识产权与关贸总协定》专题报告，370多人参加。

1994年7月，根据自治区专利管理局的安排部署，乌鲁木齐专利事务所组成专门服务组，带着专利文献光盘到企业面对面宣传服务，并为10家企业订了《中国专利报》，为企业发送《普及专利法读本》3500多册。

1995年3月11日，在《专利法》实施十周年前夕，自治区专利管理局组织举办了"纪念《专利法》实施十周年座谈会"，自治区有关部门的领导、专家、发明人、企业家和新闻工作者40多人参加，自治区人大常委会副主任胡吉汉·哈吉莫夫、自治区人民政府副秘书长苏天虎、自治区人大常委杨逸民等领导出席，自治区科委主任张曰知讲话。

1996年3月27日，自治区专利管理局、人事厅和总工会等联合召开首届"自治区优秀发明家和实施专利技术企业家颁奖大会"，对经自治区人民政府批准的5名优秀发明家、36名优秀发明者、5名优秀专利企业家和7名优秀实施发明与专利企业家进行了颁奖和表彰。8月，自治区专利管理局编写出版了《新疆发明大观》。本书集中介绍了1985—1996年间新疆涌现的52名优秀发明家、优秀专利工作者、优秀发明企业家和优秀实施发明企业家的优秀事迹。同年，自治区专利管理局开展专利咨询服务项目85项，接待咨询服务424人（次）。

1997年，自治区专利管理局与新疆经济广播电视台在经济新干线节目联合举办每周一次30分钟的"专利方圆"专题讲座，共举办了23周；与新疆电视台"今日访谈"摄制组联合制作一期"查处假冒专利产品"专题节目，多次播放；全年编发《新疆专利工作》4期、600份。向中国专利报投稿21篇，采用12篇，全年咨询服务250人（次）。

1998年，自治区专利管理局与新疆人民广播电台"生活大世界"栏目、乌鲁木齐人民广播电台"天山农家"栏目共同录制播放专利侵权案例分析，播放了我国知识产权保护现状及发展趋势等节目；与新疆电视台"经济时空"栏目、"今日访谈"栏目共同制作了"专利离我们有多远""一起冒充专利行为引发的行政诉讼案的启示""保护知识产权，维护市场秩序"等电视专题片；在《新疆日报》《新疆经济报》上发表了"国家专利法能维护你的权力""同是发明人相煎何太急""'丑小鸭'被'克隆'"等署名文章。全年编印《新疆专利工作》刊物4期，每期150册。全年向《中国专利报》投稿11篇、采用8篇。全年接待各类专利信息检索查询服务80件（次），咨询服务近百人次。向自治区四大班子的有关部门领导和部门赠送了《中国专利报》。

1997—1998年，自治区各部门共组织举办大型专利宣传活动3次，出动工作人员19人（次），出动车辆5台（次），参加人员500人（次），印发专利宣传资料2000份。

1999年3月22—23日，自治区专利管理局、自治区知识产权研究会，在乌鲁木齐市联合召开"自治区企事业单位知识产权保护工作经验交流会"，大会向全区企业发出《关于加强知识产权保护工作，促进经济社会健康发展的倡议书》。9月16日，自治区专利管理局建立并开通"中国专利信息网络工程—新疆专利网站"。该网站的建立和开通运行，对全区利用网络开展专利信息的交流和专利宣传等活动具有重要的意义。12月5—6日，自治区团委、专利管理局、经贸委和科协联合在克拉玛依市召开"自治区企业青年职工创新创效现场启动大会"，会议向企业青年职工发出《加强专利知识学习，增强专利保护意识的倡议》。

1985—1999年，自治区专利管理部门共编印《新疆专利工作》刊物105期；编印维汉文专利法宣传材料和培训教材3.95万册（份），印发宣传资料30多万份（册）；派出宣传人员600多人（次），宣传人数达到25万人（次）以上。

2000年，自治区专利管理局与新疆经济电视台联合到新疆第三机床厂等单位实地采访，制作节目，并从6月30日起在新疆电视台播放。4月，自治区专利管理局配合自治区人大，先后到中国科学院新疆分院等6个企事业单位和石河子市有关单位对专利法规知识普及宣传工作进行检查；自治区专利管理局在乌鲁木齐组织召开了"庆祝专利法颁布实施十五周年座谈会"，来自全疆国有大中型企业、科研院所和高等学校15个单位的科技主管及发明人代表参加。全年向中国专利报投稿23篇，被采用13篇。9月，自治区专利管理局积极配合国家知识产权局和中央电视台拍摄《西部开发话专利》电视片中有关新疆部分。

2001年3月1—16日，按照国家知识产权局的统一部署，自治区知识产权局、自治区团委联合在全区组织开展了"青年知识产权百题知识竞赛活动"，参加人数达2000多人。5月21日，由自治区知识产权局主办，昌吉州科委局在昌吉市承办知识产权报告会，昌吉州直属机关、院校、企事业负责人近500人参加，自治区科技厅党组书记顾家骝作《提高认识，增强知识，提高知识产权保护观念》的专题报告。8月13日，乌鲁木齐市党校举办知识产权讲座，自治区知识产权局局长姜万林应作专题演讲。2001年，自治区知识产权局将《新疆专利工作》刊物更名为《新疆知识产权》，并利用该刊物进行宣传，当年编印《新疆知识产权》3期600份；全年自治区知识产权局向《中国知识产权报》投稿20篇；在局内指定专人负责日常接待专利咨询工作，全年接待咨询人员达600多人（次）。全年自治区专利网站查询人数累计达到1.8万多人（次）。

2002年3月8日，自治区知识产权局、自治区妇联在全区联合组织开展了"新世纪巾帼发明家"评选活动。2002年，自治区知识产权局编印《新疆知识产权》6期、1200份，印发宣传品38650份，开展文献查询服务277人（次），开展网上服务1.3万人（次）；制作宣传横幅253条，出板报308块，出宣传车47台（次）；举办知识产权专题讲座或报告会20次，参加人数3410人（次）；文献查询服务277人（次）。

2003年4月1日，自治区知识产权局在新疆日报上开辟《知识产权杯》题头征文栏目。同年8月25—31日，自治区知识产权局在昆仑宾馆承办"2003《中国知识产权报》全国通联发行工作年会"。新疆通联站被评为全国先进单位。

2004年7月27日，自治区知识产权局印发《关于播放〈知识产权在中国〉专题片的通知》（新知综字〔2004〕54号），全区15个地州市知识产权局按要求商请电视台向社会公众播放了〈知识产权在中国〉专题片。据统计，2004年，全区在宣传工作中共出动工作人员2163人（次），出动车辆236台（次），印发宣传书刊24期、宣传资料20.9万份，制作悬挂横幅1037条，出板报466块，咨询服务8.1万人（次），举办专题报告会、讲座39次，参加人数9245人（次）。

2005年5月14日，奎屯市知识产权局以举办科技活动周开幕仪式为契机，在市政府广场组织开展多种形式的专利宣传活动。8月20—22日，自治区知识产权局在乌鲁木齐承办"全国专利审查指南宣讲会"；博州和博乐市知识产权局在博乐市建材市场进行了为期3天的专利行政执法检查和宣传活动。8月25日，乌鲁木齐市知识产权局向乌鲁木齐市图书馆捐赠《发明专利公报》《实用新型专利公报》《外观设计专利公报》等文献资料共计1900余册，捐赠1989—1995年的《中国专利报》。8月10日—10月25日，自治区知识产权局在全区组织开展了评审全国杰出专利工程技术及展示活动。此次活动对营造尊重知识和人才，培育自主创新、自主品牌、自主知识产权的良好社会氛围具有重要意义。11月8日，新疆农科院举办知识产权讲座，自治区知识产权局局长姜万林出席并作专题报告。11月17日，乌鲁木齐市知识产权局在市政府礼堂举办县级领导干部法制讲座，乌鲁木齐市各部门干部500余人参加。自治区知识产权局局长姜万林应邀作"加强知识产权工作，提高城市综合竞争力"的专题讲座。据统计，2005年，全区在宣传工作中出动工作人员700人（次），出动车辆505台（次），发布公益广告440多条（次），展示商标成果130件，印发宣传书刊24期、宣传资料1.5万份（册），制作悬挂横幅1138条，出板报1092块，举办大型现场咨询会10次，咨询服务4万多人（次），举办专题报告会和讲座70次，参加人数1.2万人（次）。编译发放《2004年新疆维吾尔自治区知识产权保护状况》（白皮书）700份；《新疆知识产权》刊物6期，刊登知识产权保护文稿127篇，给国家知识产权局网站供稿174篇。

2006年3月24日，自治区知识产权局印发《关于做好2006年全区知识产权宣传工作的通知》（新知综字〔2006〕24号），对全区知识产权宣传工作进行了部署，提出了具体要求。据不完全统计，2006年，全区知识产权局系统在宣传活动中共出动工作人员1366人（次），出动车辆102台（次），组织举办大型活动38次，参加人员11.15万人（次）；印发知识产权相关知识材料33万余份，制作展板1900多块，在市区主要街道悬横幅620条，发布宣传口号5420多条，现场接待咨询1.4万人（次），知识产权专题报告、讲座70次，参加人数0.9万人（次）。编印《新疆知识产权》刊物7期，刊登稿件448篇。编译发放《2005年新疆维吾尔自治区知识产权保护状况》（白皮书）700份。新疆在国家知识产权局网站的点击次数为10711735次，占全国总数的0.49%；在新疆知识产权局网站的点击次数为255242次，在全国排第10位；新疆知识产权局网站发信息153条，全国排第16位。

2007年，全区知识产权局系统在宣传活动中共出动人数1900人（次），出动宣传车辆720台（次），悬挂宣传条幅2620条，制作大型户外宣传牌3块，印发"12312"保护知识产权举报投诉电话报刊夹页、保护知识产权手提袋等宣传资料40多万份，现场咨询3.5万人（次），出宣传板报2910多块，举办座谈会、报告会、讲座、知识竞赛59场（次），参加人数1.8万人（次），编印宣传刊物15期，印发《2006年新疆维吾尔自治区知识产权保护状况》（白皮书）700份。

2008年3月11日和4月8日，自治区党委宣传部、科技厅、知识产权局联合印发通知，组织开展了新疆知识产权好新闻评选表彰活动（自2001年以来这样的活动每年都组织一次，截至2008年已连续组织实施了8次）。全年全区知识产权局系统在宣传活动中共出动人数1700人（次），印发知识产权相关宣传材料27.3万余份，悬挂横幅2620多条，出动宣传车辆157台（次），现场接待咨询2万多人（次），知识产权专题讲座100次，参加人数1.9万人（次），印发宣传资料48.6万份，电视、广播开展宣传活动170次，报纸刊登专版37个，出板报2900多块，举办专题报告和讲座100场（次），参加人数1.97万人（次），支出宣传经费35.1万元；在自治区知识产权局网刊登宣传稿件333篇；编印《新疆知识产权》刊物6期、1200份；编译发放《2007年新疆维吾尔自治区知识产权保护状况》（白皮书）700份。

2009年9月，自治区知识产权局配合国家知识产权局、中央电视台在新疆拍摄并在中央和新疆各地电视台播放了《西部开发话专利》电视片。据统计，2009年，在知识产权宣传活动中，全区共出动宣传车185台（次）；举办知识产权讲座72次，参加人数8400人（次）；接待咨询2.5万多人（次）；悬挂宣传标语、横幅1100多条；制作宣传栏、宣传展板865块，视频公益广告、流动车载公益广告25块；网络答题活动2次；发放宣传资料28.66万份；发送知识产权宣传手机短信13万余条；被国家知识产权局"动态信息"和"要闻"采用稿件为29篇，在全国排第21位；在新疆知识产权网刊登宣传稿件417篇；编印《新疆知识产权》6期1200份；编译发放《2008年新疆维吾尔自治区知识产权保护状况》（白皮书）600份。

2010年6月22—28日，自治区知识产权局、自治区党委宣传部联合中国知识产权报等区内外7家新闻媒体，在乌鲁木齐市等6地州市开展了以"实施知识产权战略，促进新疆跨越式发展"为主题的"知识产权天山行"大型采访报道活动。据统计，全年全区知识产权宣传活动中，共出动宣传车35台（次）；开展咨询服务1万余人（次）；印发宣传资料18.7万余份，制作悬挂横幅480余条，制作宣传栏、宣传板595块，视频及流动车载宣传广告25块；在新疆知识产权网刊登宣传稿件619篇；编印《新疆知识产权》6期；编译发放《2009年新疆维吾尔自治区知识产权保护状况》（白皮书）600份。2010年，新疆在国家知识产权局网站访问的人数达2705336人（次），在全国排第26位；新疆上传国家知识产权局网站信息为94篇，在全国排第7位；新疆被国家知识产权局《知识产权信息》和《专利工作动态》采用政务信息稿件9篇，受到国家知识产权局的表扬；在新疆知识产权局网站访问量达104.57万人（次），在全国地方网站排第16位。

2011年9月14日，自治区知识产权局在乌鲁木齐市召开"专利电子申请普及推广工作交流座谈会"，自治区首府6所高等院校和30余家科研院所及6家代理机构参加。2011年，自治区知识产权局编印《新疆知识产权》6期；编译发放《2010年新疆维吾尔自治区知识产权保护状况》（白皮书）》600份；印发《东中西部知识产权对口援疆工作简报》200份。全区在宣传活动共出动工作人员1705人（次），出动车辆231台（次），组织举办大型活动94次，参加人员5.33万人（次），接待咨询1万多人（次）；印发宣传资料14.1万份，制作悬挂横幅986条，出专版20个，板报1403块；在新疆知识产权网刊登宣传稿件1009篇，在出租车上滚动播放知识产权公益宣传广告864.5万次；在手机发布知识产权宣传信息300万余条；新疆各类人员在国家知识产权局网站访问的人数达1485093人（次），在全国排第17位；在新疆知识产权局网站发布信息140篇，在全国66个网站中排第53位；新疆上传国家知识产权局网站信息为76篇，在全国排第7位；新疆被国家知识产权局《知识产权信息》和《专利工作动态》采用政务信息稿件7篇，在全国47个参评单位中排第23位。

2012年3月9日，自治区知识产权局印发《2012年自治区知识产权宣传及信息工作要点》。3月20日，自治区知识产权局印发《关于组织开展全区"中小学知识产权创意大赛"暨"中小学知识产权试点工作交流会"的通知》，并于4月27日，在乌鲁木齐市第一小学举行"中小学知识产权创意大赛"。12月14日，自治区知识产权局局长马庆云做客天山网，向网友们解读《促进与保护条例》等相关内容。全年编印《新疆知识产权》6期，印发《东中西部知识产权对口援疆工作简报》200份；编译发放《2011年新疆维吾尔自治区知识产权保护状况》（白皮书）600份；在新疆知识产权网刊登宣传稿件1237篇。2012年，新疆浏览国家网站页面的人数为118.43万人（次），在全国排第26位。在自治区知识产权局网站发布信息203篇，在全国排第7位。被国家知识产权局"动态信息"和"要闻"采用稿件26篇，在全国47个网站中排第24位。

2013年5月24日，自治区知识产权局在乌鲁木齐高新技术产业开发区举办"第三届企业知识产权沙龙暨贯标启动仪式"，对将实施知识产权贯标企业进行了《企业知识产权管理规范》国家标准的宣传培训。6月27日，按照国家知识产权局"国知办发协字〔2013〕51号"的要求，自治区知识产权局制订印发《配合开展国家知识产权战略实施五周年宣传活动方案》，并在全区组织开展了相关宣传活动。8月13日，自治区科技厅副巡视员、知识产权局副局长谭力在库尔勒经济技术开发区为管委会机关干部、园区企业领导、知识产权工作人员作知识产权形势报告。9月1—7日，自治区知识产权局组建"知识产权维权志愿者服务队"，在"中国–亚欧博览会"开展知识产权宣传咨询服务活动。

2013年，全区各地在日常开展了多种形式专利宣传活动。同年5月16日，博州党校为新型工业化主体班40名学员举办"博州经济发展与知识产权"讲座。5月19日，吐鲁番地区知识产权局在吐鲁番市举行以"设计、创新、应用"为主题的第一届吐鲁番创新设计大赛。9月14日，喀什地区知识产权局在科普宣传周期间组织开展知识产权知识宣传活动。9月14—16日，阿勒泰地区知识产权局在该地区首次农牧产品展销会上开展知识产权执法宣传服务活动。10月21日，阿克苏市委党校为"2013年科级干部进修班及中青年后备干部培训班"学员举办知识产权专题讲座。

2013年是《促进与保护条例》宣传实施年。自治区知识产权局专门印发文件，制订宣传实施方案，对全区《促进与保护条例》宣传实施年作出具体部署。15个地州市知识产权局按照自治区的统一部署安排组织开展了多种形式的宣传活动。3月18日、4月16日和6月19日，伊犁、博州和喀什等地州知识产权局分别在当地组织举办了《促进与保护条例》专题报告会，自治区科技厅副巡视员、知识产权局副局长谭力出席并作《促进与保护条例》宣讲报告。3月27日，阿勒泰地委党校在春季主体班学员中开展《促进与保护条例》培训与测试活动。据统计，2013年地州市组织举办《促进与保护条例》宣讲报告会10场次，参加人数达2000多人（次）；全区知识产权局系统在知识产权宣传活动中共出动工作人员1484人（次），出动车辆259台（次），组织举办大型活动75次，参加人员4.068万人（次）；印发宣传资料16.1万份，制作悬挂横幅884条，出专版20个，板报873块，报刊网络刊登宣传稿件1045篇。全年编印《新疆知识产权》6期；编译发放《2012年新疆维吾尔自治区知识产权保护状况》（白皮书）600份；印发《东中西部知识产权对口援疆工作简报》200份；在新疆知识产权网刊登宣传稿件1600篇。

2014年2月28日，公安厅举办以"知识产权与创新发展"为主题的知识产权知识讲座，自治区科技厅副巡视员、自治区知识产权局副局长谭力应邀作专题报告，公安厅机关，西北研究所，警察学院负责信息化工作的民警共计124人参加。5月，自治区专利等6部门联合编译发放《2013年新疆维吾尔自治区知识产权保护状况》（白皮书）500份；自治区知识产权局编印《新疆知识产权》（内部刊物）6期。2014年，全区在宣传活动中共出动工作人员1554人（次），出动车辆249台（次），组织举办大型宣传活动73次，参加人员3.85万人（次）；印发宣传资料16.21万份，制作悬挂横幅699条，出专版17个，板报668块，网络刊登宣传稿件682篇。

第三节　培训工作

一、自治区知识产权培训工作概况

自治区高度重视知识产权培训工作，并将知识产权培训和人才队伍培养纳入"局区"会商、对口援疆、战略、规划和战略推进计划制订实施之中。自治区知识产权工作协调指导小组办公室充分发挥协调指导职能，加强对知识产权培训工作的指导，将万人培训指标任务分解到各地州市和政府相关部门，建立知识产权培训工作的目标责任制。全区知识产权局系统认真贯彻实施国家知识产权局提出的"百千万知识产权人才培训工程"和"自治区知识产权万人教育培训计划"，将知识产权培训工作纳入地州市知识产权管理部门工作目标考核和专利项目申报、检查和验收管理体系之中。通过建立知识产权培训基地、师资队伍和培训资金，发挥各级党校、干部教育培训中心的作用，采取请进来、走出去、与区内外合作和将知识产权培训与专利实施、执法保护、知识产权试点示范、知识产权"贯标"、专利"消零"等工作相结合等措施，确保"自治区知识产权万人培训计划"目标的顺利实现。

（一）以增强知识产权意识为目标，加强对各级领导的培训

30年来，自治区通过各级党校、培训基地和干部培训中心举办培训班和邀请区内有关专家学者在党校作专题报告等形式，加强对各级领导干部的知识产权培训。据统计，2004—2014年，全区培训党政干部超过8.4万人（次）。

1.将知识产权培训内容纳入自治区公务员培训计划

2011—2014年，自治区知识产权战略实施领导小组办公室在制订实施《新疆维吾尔自治区知识产权战略实施推进计划》时，将知识产权基础培训纳入公务员任职培训内容，列入自治区"十二五"公务员培训计划之中。

2.将知识产权培训内容纳入自治区党政领导干部培训计划

2000年8月28日，自治区专利管理局向自治区党委组织部培训处呈报《关于在自治区党校增设"知识产权保护"专题讲座的请示》（新专管字〔2000〕22号）。该请示提出，在自治区党校每1期安排1次2个小时左右的专利知识和知识产权保护专题讲座。

2002年4月11日，自治区知识产权局向自治区科技兴新领导小组报送《关于给自治区党政领导开办"知识产权讲座"的请示》（新知综字〔2002〕20号），得到自治区科技兴新领导小组的批准。

2010年12月，自治区知识产权局在向自治区党委呈报的《关于全国知识产权局系统对口援疆工作会议暨局区会商第二次会议情况的报告》中提出"将知识产权培训内容纳入自治区党政领导干部和专业技术人员培训计划"建议，并得到中央政治局委员、自治区党委书记张春贤和自治区党委副书记韩勇等领导的批示。

2011年1月24日，根据自治区党委领导的批示精神，自治区知识产权局向自治区党委宣传部上报《关于贯彻落实张春贤书记的批示，将知识产权培训内容纳入自治区党政领导干部和专业技术人员培训计划的请示》（新知管字〔2011〕5号），建议将自治区党政领导干部和专业技术人员培训计划，作为各级党校（行政学院）

的常规培训内容。

3.以党政领导干部为对象，开展知识产权培训

1993年6月22日，自治区人民政府举办"知识产权报告会"，邀请中国专利局副局长姜颖为自治区政府各部门领导作"知识产权与关贸总协定"专题报告。4月，由自治区党校主办、自治区专利管理局承办"公务员知识产权培训班"，对自治区厅局、处级干部52人进行了集中培训。

2000年10月，在自治区党校举办"西部大开发与知识产权工作"专题讲座，党校学员300多人参加。

2002年9月，自治区知识产权局与自治区党委组织部和科技兴新领导小组办公室共同举办"县级领导干部知识产权培训班"，培训4天，培训党政领导100人。据统计，2002年，自治区共培训科级以上干部428人（次）、县处级干部390人（次）、地厅级干部136人（次）。

2003年9月，自治区知识产权局局长姜万林应邀在自治区党校为地厅主要负责人作知识产权讲座，有200多人参加。

2004年4月，在自治区党校举办"党校学员知识产权专题讲座"，自治区地厅级领导干部550人参加。8月11日，自治区知识产权局局长姜万林到哈密为该地区县处级领导干部理论夜校和哈密市科级干部600多人作知识产权讲座。9月15—20日，自治区人民政府邀请国家知识产权局副局长李玉光在自治区党校为在校学员和委、办、厅（局）领导干部及企事业单位负责人共600多人作了"实施知识产权战略，促进地方经济发展"的专题报告。据统计，2004年全区培训党政干部3398人（次）。

2005年11月17日，乌鲁木齐市在市政府礼堂举办县级领导干部法制讲座，自治区知识产权局局长姜万林应邀为该市四套班子、各区（县）、乡和街道办事处干部500余人作了"加强知识产权工作，提高城市综合竞争力"的专题讲座。据统计2005年全区培训党政干部4568人（次）。

2006年6月6日，自治区知识产权局局长姜万林到吐鲁番地区调研并为四套班子及政府部门负责人共320余人作知识产权形势报告。据统计，2006年全区培训党政干部6883人（次）。

2007年3月28日，自治区知识产权局局长姜万林到阿勒泰地区作知识产权专题报告，该地区科以上干部300人参加。3月30日，自治区知识产权局局长姜万林为塔城地区作知识产权专题报告，科以上干部400多人参加。4月3日，自治区知识产权局局长姜万林到吐鲁番地区作知识产权专题报告，科以上干部人员400多人参加。4月19日，自治区知识产权局局长姜万林到乌鲁木齐市水磨沟区作专题报告，科以上干部和企业共250余人参加。4月26日，自治区知识产权局姜万林局长到乌鲁木齐市米东新区作专题报告，科以上干部和企业人员200多人参加。据统计，2007年全区培训党政干部3959人（次）。

2008年8月12日，应自治区人民政府邀请，国家知识产权局局长田力普在自治区党校礼堂作"实施知识产权战略，建设创新型国家"的专题报告。自治区、新疆生产建设兵团及乌鲁木齐市地厅级领导干部和大中型企业及科研院所负责人600多人参加。据统计2008年全区培训党政干部9238人（次）。

2009年10月15—19日和12月15—19日，由自治区知识产权局和自治区党校在自治区党校联合举办两期县处级干部知识产权培训班。每期80人，两期共160人。据统计，2009年全区培训党政干部首次超过万人，达到18219人（次）。

2010年4月15日，在自治区党校，自治区知识产权局局长马庆云为自治区党校主体班和地厅班260多人作《实施知识产权战略促进经济发展方式转变》专题报告。4月16日，自治区科技厅副巡视员、知识产权局副局长谭力到克拉玛依市为克拉玛依区政府机关领导干部作专题讲座。5月和9月，自治区知识产权局与自治区党校联合举办"自治区实施知识产权战略专题研修班"两期，每期培训县级党政干部40人，每期15天。据统计，2010年全区培训党政干部18587人（次），培训党政干部人数为历年最多年份。

2011年10月24—27日，由国家知识产权局主办、自治区知识产权局和自治区党委宣传部组织协办，中国知识产权培训中心承办"党政机关县处级干部知识产权培训班"，对100名新疆县处级党政领导和知识产权管理人员进行了培训。据统计，2011年全区共培训党政干部3904人（次）。

2012年6月26—29日，国家知识产权局联合人力资源和社会保障部在北京举办"2012年度国家知识产权强县工程县处级领导干部培训班"，新疆有6名县处级领导参加。8月16—19日，由国家知识产权局主办，自治区知识产权局在乌鲁木齐承办"新疆县市长知识产权培训班"，新疆60名县市知识产权分管领导参加了培训。11月12—15日，由国家知识产权局主办，自治区知识产权局在乌鲁木齐承办"2012年新疆知识产权战略实施推进计划实务研讨班"，自治区知识产权战略实施领导小组成员单位及地州市相关领导干部和知识产权局管理人员80人参加。据统计，2012年全区培训党政干部2068人（次）。

2013年4月19日，自治区知识产权局局长马庆云到和田地委党校为其学员作《实施知识产权战略 促进经济发展方式转变》专题报告。7月22—28日，由国家知识产权局主办，自治区知识产权局和自治区党委宣传部组织协办，中国知识产权培训中心承办"党政机关县处级干部知识产权培训班"，新疆50名县处级领导干部参加了培训。11月15日，昌吉州人民政府在该州政务中心举行"昌吉州高标准建设国家知识产权示范城市推进会及知识产权专题报告会"，国家知识产权局专利管理司司长马维野应邀作专题报告，该州及各县市四大班子领导和企事业等单位负责人在主会场及7个分会场共3000多人参加。据统计，2013年全区培训党政干部8301人（次）。

2014年6月11日，富蕴县举办"知识产权形势报告会"，自治区知识产权局马庆云局长作专题报告，该县四套班子及县直各部门领导共200余人参加。6月13日，自治区知识产权局马庆云局长为吉木乃县党政领导干部作知识产权形势报告。6月15日，自治区知识产权局马庆云局长为福海县党政领导干部作知识产权专题报告。8月5—8日，在克拉玛依市举办"2014年度知识产权管理实务培训班"，克拉玛依市知识产权工作领导小组成员单位和企业的知识产权管理人员38人参加。10月31日，在和田地委党校举办知识产权形势报告会，自治区知识产权局管理实施处副处长沈联海为秋季班200余名学员作"科技创新与知识产权"形势报告。据统计，2014年全区培训党政干部5761人（次）。

（二）以提高管理能力为目标，加强对专利管理人员的培训

1987年6月，在自治区专利工作会议后，巴州科委、新疆军区科委、林业厅等单位先后举办了专利知识学习班。全年，自治区专利管理部门培训专利工作者210人（次）。

1988年，自治区专利管理处分别在博州、昌吉州和哈密地区、石河子市等地州市举办专利法知识讲座，对400余人进行了专业培训。

1991年6月25日—7月5日，自治区专利管理局举办了"新疆专利工作者学习班"，自治区各厅、局和地、州、市、县科委，以及科研院所等单位，共计37人参加，学习班结束时对学员进行了考试，由自治区科委给考试合格学员颁发《新疆专利工作者证书》。据统计，全年全区共举办"专利工作者培训班"和"专利法学习班"10期、"专利知识讲座"1次，培训人员590人（次）。

1992年，自治区专利管理部门举办各类知识产权培训班和专题讲座70余期（次），培训各类人员4340人（次）。

1993年，全区共举办专利知识专题报告会2次，参加专利管理人员370余人（次）。

1996年7月13—15日，自治区专利管理局与人事厅联合举办了"知识产权暨机构改革研讨班"，各地、州、市科委的领导、业务人员和机构改革的人员70多人参加，就加强自治区知识产权保护工作和加强机构建设工作等方面进行了研讨。

1997年8月，由中国专利局与中国知识产权培训中心共同主办，自治区专利管理局在库尔勒市承办为期3天的"新疆地州领导知识产权培训班"，新疆地州市、科委、各厅局主管知识产权工作的领导参加。

2003年8月5—8日，自治区知识产权局在乌鲁木齐市举办"自治区地州市及部分县（市、区）知识产权工作人员上岗培训班，培训人数91人。

2004年3月29日—4月2日，由国家知识产权局主办，自治区知识产权局在乌鲁木齐市承办"第二届地方知识产权局办公自动化系统培训班"，来自全国17个省、市、区的知识产权局的人员55人参加。12月18—26

日，由自治区知识产权协调指导小组办公室牵头组织在香港举办首次"自治区知识产权工作协调指导小组成员单位工作人员培训班"，11个成员单位的14名知识产权管理人员参加，培训期间，与香港知识产权署官员进行座谈交流。

2005年9月16—21日，自治区知识产权局在伊宁市举办"全区知识产权管理工作实务研讨班"，全区15个地州市知识产权局130人参加。

2008年12月2日，在乌鲁木齐市举办"自治区知识产权战略制定工作培训班"，对参与自治区知识产权战略研究制定的13个专题的专家学者共计90多人进行了培训。

2009年6月8—10日，自治区知识产权局在乌鲁木齐博格达宾馆举办"自治区知识产权宣传信息培训班"，自治区知识产权工作协调指导小组成员单位联络员，地、县知识产权局负责人及宣传信息骨干等80多人参加。

2011年6月9—10日，国家知识产权局在内蒙古满洲里市举办"2011年度地方知识产权战略实施工作培训班"，自治区知识产权局管理实施处处长薛卫东和克拉玛依市知识产权局领导参加。6月13—17日，国家知识产权局在湖北省宜昌市举办全国交通运输领域知识产权战略高级研修班，自治区交通厅科技处人员参加。6月14—15日，国家知识产权局在北京国家行政学院举办"全国专利代理人资格考试网上考务管理信息系统培训班"，自治区知识产权局管理实施处调研员史治勋参加。7月26—28日，国家知识产权局在甘肃省兰州市举办"全国知识产权系统保密与公文培训班"，自治区知识产权局综合处处长常铖等2人参加。8月3—4日，国家知识产权局在哈尔滨市召开"全国知识产权信息应用与服务工作会议"，自治区知识产权局副局长孙东方参加。8月15—19日，国家知识产权局在山东省烟台市举办"全国知识产权局长研讨班"，自治区知识产权局副局长谭力参加。8月24—26日，国家知识产权局在昆明市举办"全国知识产权政务信息和政府网络工作会议"，自治区知识产权局副局长多里坤·阿吾提等人参加。8月24—26日，国家知识产权局在哈尔滨市举办"全国专利代理人资格考试工作暨考务工作培训班"，自治区知识产权局管理实施处调研员史治勋参加。

2012年6月13—15日，国家知识产权局在重庆市召开"计算机、通信领域实用新型专利申请与审查研讨会"，自治区知识产权局领导参加。6月5—30日，国家知识产权局在厦门市举办"全国知识产权统计人才培训班"，自治区知识产权局派员参加。9月11—14日，自治区知识产权局在奎屯市举办"2012年新疆北疆片区知识产权培训班"。9月15日，自治区科技厅农村处在伊宁县举办"特派员科技知识产权培训班"，自治区知识产权局局长马庆云专程为学员讲课。

2013年5月6—17日，在上海同济大学举办"高层次人才知识产权培训班"，自治区知识产权局局长马庆云参加。5月8—10日，国家知识产权局在昆明市举办"全国知识产权统计培训班"，自治区知识产权局规划发展处处长陈勇参加。5月19—25日，安徽省知识产权局在合肥市举办"和田地区组织知识产权管理人员培训班"，和田地区知识产权工作协调领导小组有关成员单位和县市知识产权管理人员24人参加。5月21—23日，自治区知识产权局副局长多里坤·阿吾提参加在北京举办"全国知识产权领军人才研讨班"。7月3—6日，国家知识产权局在武汉市举办"国家知识产权培训基地研讨班"，全国知识产权培训（新疆）基地负责人皮勇等3人参加。7月15—17日，自治区知识产权局、全国知识产权（新疆）培训基地在乌鲁木齐市联合举办"新疆知识产权管理能力提升培训班"，自治区地州市知识产权管理部门、企业、科研院所知识产权管理人员近90人参加。7月19日，在中国知识产权培训中心举办"中日韩国际知识产权研讨会"，自治区知识产权局局长马庆云参加。8月26—28日，国家知识产权局在吉林省长春市举办"2013年度地方知识产权战略实施工作培训班"，自治区及昌吉州和乌鲁木齐市知识产权局4名人员参加。8月27—29日，国家知识产权局在北京举办"2013年全国知识产权外事工作会议和外事工作培训班"，自治区知识产权局副局长艾拉·吾买尔巴克等2人参加。8月28—31日，国家知识产权局在哈尔滨举办"全国知识产权局长培训班"，自治区知识产权局组织乌鲁木齐市、塔城地区和伊犁州知识产权局3位局长参加。10月28日，由国家知识产权局主办、自治区知识产权局承办，在乌鲁木齐召开"东中西部知识产权对口援疆研讨班"，新疆部分地州市知识产权局的50人参加。11月19—21日，自治区知识产权局在乌鲁木齐市举办"2013年自治区知识产权管理培训班"，15个地州市及县（市、区）

知识产权局60多名管理人员参加。

2014年10月27日，在阿克苏市举办"2014年知识产权对口援疆培训班"。阿克苏地区知识产权战略实施领导小组成员单位和8县一市的知识产权局及各企业负责人、技术人员共计255人参加。

（三）以提升知识产权运用能力为目标，积极开展对企事业单位人员的培训

30年来，以企事业单位为对象，举办了各种类型的知识产权培训班。

1987年6月，在自治区专利工作会议后，许多厂矿企业开始重视专利工作，配备了专职工作人员，并举办专利学习班。

1993年，全区共举办企业专利学习班4期，参加400多人（次），为其中96名企业人员颁发了《企业专利工作者工作证》。

1997年5月19—23日，自治区专利管理局在乌鲁木齐市，举办了"自治区企业专利工作者学习班"，来自全疆的21家企业的30名技术管理人员参加了培训。培训后，给学员颁发了《企业专利工作者工作证》。

2000年5月，自治区专利管理局在乌鲁木齐举办"企事业单位领导干部知识产权培训班"，全疆企事业单位负责人和专利工作人员40多人参加。9月，在新疆干部经济管理学院举办"企业管理干部专利培训班"，企事业单位负责人100多人参加。9月5—7日，由国家知识产权局主办，中国知识产权培训中心承办，陕西省专利管理局协办"西北地区企事业单位领导人知识产权培训班"，自治区经贸委、专利管理局联合组织新疆25家企事业单位负责人参加。

2001年8月6—10日和24—28日，自治区知识产权局分别在库尔勒市和奎屯市举办"自治区企事业单位领导人及管理人员知识产权培训班"，新疆企业、科研院所分管科研或开发的领导人员及科技（研）管理人员参加。8月11—15日，自治区知识产权局在石河子市举办"自治区地州市及高等院校知识产权管理培训班"，地州市科委、专利管理局、教育局和高等院校分管科研或开发的领导人及科技（研）管理人员参加。2001年，全区举办企业培训班及讲座25期（次），培训人数3800多人（次）。

2002年7月2日，自治区知识产权局、企业工作委员会、经贸委、科技厅联合印发《关于举办自治区企业领导知识产权培训研讨班暨自治区企业专利工作者培训班的通知》（新知管字〔2002〕30号），并于8月11—12日和8月12—15日在乌鲁木齐分别举办"自治区企业领导知识产权培训研讨班"和"自治区企业专利工作者培训班"，研讨班有60人参加；培训班有76人参加。12月25—26日，国家知识产权局在特变电工举办"企事业知识产权培训班"，自治区10个专利试点企业、部分科研院所和企业的管理人员和工作人员共250多人参加。2002年，全区知识产权局系统培训企事业单位人员4318人（次）；专利试点企业自行培训4710人（次）。

2003年9月7—8日，自治区知识产权局在乌鲁木齐承办"全国高新技术开发区知识产权培训班"，乌鲁木齐高新区管委会和部分企业的代表共计70多人参加。

2004年8月，由自治区党委组织部和科技厅主办，自治区知识产权局在乌鲁木齐承办"科技人员知识产权培训班"，50名科技人员参加；另由自治区经贸委举办"中小企业管理干部知识产权培训班"，350名中小企业管理人员参加。9月，由中国知识产权培训中心主办，自治区知识产权局在乌鲁木齐承办"全国专利信息与企业科技创新培训班"，自治区试点区域、试点企事业单位人员220人参加培训；由新疆石油学院和自治区知识产权局联合举办"油田企业单位科技培训班"，石油企业科技管理人员、知识产权工作人员50人参加。10月10—13日，自治区知识产权局在乌鲁木齐承办"全国专利信息与企业科技创新培训班"，自治区企事业单位、科研院所相关人员223人参加了培训。12月，由自治区科技厅主办，自治区知识产权局在乌鲁木齐承办"新疆民营科技企业高层培训班"，自治区民营企业50名管理人员参加。

2005年10月22—27日，自治区知识产权局在克拉玛依市协办"全国企事业单位知识产权实务培训班"，155名企业人员参加了培训。

2006年7月28日，自治区知识产权局与科技厅联合在乌鲁木齐联合举办"知识产权专题讲座"，自治区科研院所、工程技术研究中心、重点实验室负责人及科技人员80多人参加。9月18—21日，国家知识产权局在库

尔勒市举办"2006年西部地区企事业单位知识产权培训班",自治区企事业单位的知识产权管理和工作人员近150名人员参加。

2008年7月4—8日,自治区知识产权局在乌鲁木齐举办"2008新疆知识产权试点示范实务培训班",自治区及地州市两级试点区域、企事业试点单位的领导和工作人员共90人参加。8月25—28日,由国家知识产权局主办,自治区知识产权局在乌鲁木齐承办"2008新疆专利信息检索与服务培训班",地州市和县市区知识产权骨干、网络工作人员,大学科研人员,科研院所学术带头人,企业知识产权工作人员100人参加。9月8—12日,自治区知识产权局在昌吉市承办"西部企事业单位知识产权培训班",自治区企业管理和知识产权工作人员170人参加。9月22—25日,自治区知识产权局在乌鲁木齐承办"全国企事业单位知识产权培训班",自治区企事业单位知识产权管理和工作人员221人参加。

2009年6月16日,自治区知识产权局在乌鲁木齐承办"中医药传统知识与遗传资源保护研讨会",新疆中医药研究机构、制造企业和专利代理机构代表50人参加。10月26—30日,自治区知识产权局在昌吉市举办"新疆企事业单位知识产权试点示范培训班",14个地州市试点示范企事业单位知识产权工作人员和知识产权局的领导共计130人参加。12月14—18日,自治区知识产权局在乌鲁木齐举办"新疆企事业单位知识产权培训班",自治区企事业单位人员300多人参加。

2010年8月31日,国家知识产权局专利局与乌鲁木齐代办处联合举办"专利电子申请培训班",自治区知识产权试点示范企事业及大专院校等单位150余人参加培训。

2011年5月3日—6月3日,国家知识产权局在西安市举办"第四期全国企事业知识产权试点单位专利管理人员培训班",自治区企事业知识产权试点单位专利管理人员参加。6月13—15日,国家知识产权局在泰州市举办"全国专利信息利用与企业竞争力研讨班",自治区知识产权局及示范企业单位2人参加。8月18—19日,国家知识产权局在乌鲁木齐召开"全国实用新型制度与提高创新能力研讨会",来自全国各省、市、自治区知识产权局管理人员90人参加,其中新疆有30人。2011年,全区共举办各类知识产权培训班、专题讲座218期(次),培训企事业单位各类人员29346人(次)。

2012年9月25日,自治区知识产权局在新疆医科大学举办"新疆医药企事业单位知识产权运用专题讲座",有70名医药企业相关工作人参加。据统计,2012年全区共培训企事业单位各类人员2039人(次)。

2013年4月8—9日,河南省知识产权局在哈密举行中小企业知识产权培训班,哈密地区有70多家中小企业的管理人员及技术人员70多人参加。4月23日,自治区知识产权局在乌鲁木齐举办"2013年新疆知识产权宣传周企业大讲堂",自治区及乌鲁木齐市企事业单位120多人参加。8月6—10日,江苏大学在江苏省知识产权研究中心举办"2013年新疆企业知识产权管理贯标培训班",新疆企业知识产权管理人员62人参加。9月17日,自治区知识产权局在乌鲁木齐甘泉堡经济技术开发区举办"新疆专利信息应用高层次人才研修班",乌鲁木齐企业60多位科研开发人员参加。10月21日,自治区知识产权局在昌吉市举办"自治区企业知识产权管理规范培训班",自治区企业近100人参加。11月25日,自治区知识产权局在乌鲁木齐举办"专利申请审查意见通知书答复策略暨专利电子申请培训班",企业、大专院校、科研院所和专利代理机构共140余人参加。据统计,2013年,全区共培训企事业单位各类人员11414人(次)。

2014年5月19日,自治区知识产权局在克拉玛依市举办"2014年知识产权与自主创新培训班",克拉玛依市企业的知识产权管理人员、技术骨干近280余人参加。8月25日,国家知识产权局专利复审委员会为新疆申请人举办"专利复审和无效宣告电子请求培训班",乌鲁木齐企业、大专院校、科研院所及专利代理机构50余人参加。9月15日,在新特能源股份有限公司举办"2014年新疆《企业知识产权管理规范》培训班",有60人参加。据统计,2014年,全区共培训企事业单位各类人员5761人(次)。

(四)以提升专利代理服务能力为目标,加强对专利中介服务人员的培训

30年来,自治区专利管理部门重视专利代理服务能力的提升,采取各种措施加强对专利代理人员的培训。

1996年4月11—18日，自治区专利管理局在乌鲁木齐举办"专利代理人资格考前培训班"，参加人员37人。

1997年5月19—22日，自治区专利管理局在乌鲁木齐举办"自治区专利代理人提高班"，全区共有30人参加了培训。

2000年8月，自治区专利管理局在乌鲁木齐举办"专利代理人资格考前培训班"，新疆专利代理资格考生40人参加。

2004年7月18—25日，自治区知识产权局在石河子大学举办"2004年新疆专利代理人资格考试培训班"，有115名人员参加。

2006年8月20—22日，在乌鲁木齐举办了由国家知识产权局专利局审查业务管理部主办，自治区知识产权局承办的"全国专利审查指南宣讲会"，来自全国17个省、自治区、直辖市的知识产权管理人员、专利代理人员、企事业单位的190多人参加。

2007年8月23日—9月2日，自治区知识产权局在乌鲁木齐举办"2007年全国专利代理人资格考试考前强化培训班（新疆班）"，来自全疆近120名学员参加了培训。

2012年8月20—24日，自治区知识产权局在乌鲁木齐举办"第一期新疆专利代理机构业务能力促进工作培训班"，新疆专利代理机构及有关企业专利管理人员30多人参加了培训。10月13日，在乌鲁木齐市举办全国专利代理人资格考试（乌鲁木齐考点）考前培训班开班。

2013年5月13—16日，自治区知识产权局在乌鲁木齐举办"新疆专利代理机构业务能力促进工作培训班"，有70人参加。

2014年7—10月，自治区知识产权局与协作北京中心联合在北京举办一期为时3个月的"新疆专利代理人资格考前培训班"，为新疆培训专利代理等相关人员22名。

二、自治区知识产权培训工作取得成绩

在知识产权培训工作中，始终坚持以各级领导和企事业单位、知识产权管理、执法部门和服务机构管理服务人员为主要培训对象，以提升知识产权创造、运用、保护、管理和服务水平为目标，加强对各类人员的知识产权培训，并取得了显著成绩。据不完全统计，30多年来，全区知识产权局共举办知识产权培训班、专题讲座3093期（次），参加人数41.76万人（次）。其中，举办知识产权培训班2062期，培训人数17.15万人（次）；举办各类专题讲座1031场（次），参加人数24.61万人（次）；争取国家知识产权局培训经费共计475.34万元。

1985—1999年，全区举办专利培训班近百期，培训人数4000多人（次）；举办专题报告会43次，举办专利知识讲座80次，参加人数1万多人（次）。

2001年，全区共举办知识产权培训班、专题报告会25期（次），参加人数3800人（次）。

2002年，全区举办知识产权培训班、专题讲座70期（次），培训人数7580人（次）。其中举办培训班50期，培训人数4178人（次）；举办专题讲座20次，参加人数3410人（次）。全年投入培训费36.2万元。

2003年，全区举办知识产权培训班、专题讲座176期（次），培训人数15993人（次）。其中举办培训班101期，培训人数8493人（次）；举办专题讲座75场（次），参加人数7500人（次）。

2004年，全区举办各类知识产权培训班、专题报告会215期（次），培训人数24201人（次）。其中举办知识产权培训班176期，培训人数14956人（次），举办知识产权专题报告和座谈会39次，参加人数9245人（次）。全年培训企事业单位人员3286人（次），各级党政干部3398人（次），知识产权管理人员2238人（次），科技管理人员等2656人（次），学生11670人（次）。

2005年，全区举办各类知识产权培训班、专题报告会322期（次），培训人数38119人（次）。其中举办各类知识产权培训班254期，培训人数1541人（次）；举行专题报告会68次，参加人数22668人（次）。全年培训

党政干部4568人（次），知识产权管理人员2772人（次），企事业单位人员7403人（次），科技人员3593人（次），各类学生11580人（次），农牧民7826人（次），其他人员377人（次）。组织参加区外培训班4期，培训人数20人（次），参加国外培训班3期3人（次）。

2006年，全区举办各类知识产权培训班、专题报告会322期（次），培训人数38119人（次）。其中举办各类知识产权培训班254期，培训人数1541人（次）；举行专题报告会68次，参加人数22668人（次）。全年培训党政干部6883人（次），知识产权管理人员3735人（次），企业人员3194人（次），科技人员645人（次），执法人员195人（次），中介服务人员46人（次），农牧民4414人（次），大、中、小学生14819人（次），其他人员992人（次）。承办国家知识产权局委托的培训班6期，培训人数875人（次）。全年投入培训经费175.51万元。其中，争取国家知识产权局培训经费63.4万元。

2007年，全区举办各类知识产权培训班、专题报告会302期（次），参加人数62412人次。其中举办知识产权培训班199期，培训人数20873人（次）；举办专题报告会103次，培训人数41575人（次）。全年共培训党政干部3959人（次），知识产权管理人员4596人（次），师资人员6人（次），企事业单位管理人员2327人（次），科技人员8111人（次），专利执法人员502人（次），中介服务人员90人（次），农牧民等9062人（次），大中专学生31906人（次），其他人员2380人（次）。承办国家知识产权局委托培训班5个，培训人数524人（次）。全年投入培训经费134.5万元。其中，争取国家知识产权局培训经费53.32万元。

2008年，全区举办各类知识产权培训班、专题讲座244期（次），参加人数27799人（次）。全年培训党政干部9238人（次），知识产权管理人员596人（次），企事业人员16550人（次），中介机构人员25人（次），农牧民、中学生等其他人员1390人（次），国内培训人数27796人（次），国外培训3人（次）。全年投入培训经费128.52万元。其中争取国家知识产权局培训经费52.3万元。

2009年，全区举办各类知识产权培训班、专题报告会212期（次），参加人数45860人（次）。其中，举办知识产权培训班140期，培训人数12883人（次）；举办专题报告会72次，参加人数32977人（次）。承办、委托的培训班9个，培训人数1040人（次）。全年培训党政干部18219人（次），知识产权管理人员1091人（次），知识产权师资人员3人（次），企事业单位管理人员8590人（次），科技管理人员4711人（次），专利执法人员100人（次），中介服务人员2人（次），农村干部、城市居民等434人（次），大中专学生5050人（次）。全年投入培训经费156.98万元，其中争取国家知识产权局培训经费50.0万元。

2010年，全区举办知识产权培训班、专题报告会265期（次），培训人数45707人（次）。其中举办培训班158期，培训人数12827人（次）；举办专题讲座107场（次），参加人数32880人（次）。全年培训党政干部18587人（次），知识产权管理人员657人（次），知识产权师资人员3人（次），企事业单位人员7565人次，科技管理及科研人员1660人（次），执法司法人员175人（次），中介服务人员20人（次），农牧民600人（次），学生16440人（次）。全年投入培训经费234万元，其中争取国家知识产权局经费55.73万元。

2011年来，全区举办知识产权培训班、专题讲座共计218期（次），参加人数28806人（次）。其中，举办培训班157期，培训人数14821人（次）；举办专题报告会61场（次），参加人数1.4525万人（次）。全年培训党政干部3904人（次），知识产权管理人员1104人（次），企业人员4621人（次），科技人员991人（次），执法人员1153人（次），专利中介服务人员54人（次），知识产权师资人员224人（次），农牧居民1035人（次），其他人员359人（次）。承办、委托举办培训班9个，培训人数935人（次）。投入知识产权培训经费337.38万元，其中争取国家知识产权局培训经费108.62万元。

2012年，全区举办知识产权培训班和专题讲座共计231期（次），参加人数32321人（次）。其中举办培训班162期，培训人数20741人（次）；举办专题报告会69场（次），参加人数1.158万人（次）。全年培训党政干部2068人（次），知识产权管理人员1233人（次），企业人员2039人（次），科技人员1182人（次），执法人员403人（次），专利中介服务人员99人（次），知识产权师资人员428人（次），农牧居民10014人（次），其他人员3275人（次）。承办、委托举办培训班9个，培训人数739人（次）。共投入培训经费319.35万元，其中争取国家知识产权局培训经费100.7万元。

2013年，全区举办各类知识产权培训班和专题讲座共计229期（次），参加人数29137人（次）。其中举办培训班156期，培训人数13048人（次），举办专题报告会73场（次），参加人数16089人（次）。全年培训党政干部8301人次，企事业单位人员11414人（次），中介服务人员88人（次），知识产权管理、执法等人员1748人（次），农牧民及学生7586人（次）。争取国家知识产权局培训经费33.0万元。

2014年，全区举办知识产权培训班、专题报告会共计180期（次）。其中举办培训班72期，举办专题报告会108场（次），参加培训班和报告会人数25271人（次）。其中培训党政干部5761人（次），企事业单位人员9103人（次），中介服务人员223人（次），知识产权管理、执法等人员2853人（次），农牧民等人员3276人（次），学生6258人（次）。争取国家知识产权局培训经费15.0万元。

表11-1 新疆维吾尔自治区举办各类知识产权培训班、讲座统计表
（1985—2014年）

时间	培训班及专题讲座数（期、次）	培训人数（人）
1985—1999年	143	14000
2000年	4	143
2001年	25	3800
2002年	70	7588
2003年	176	15993
2004年	215	24201
2005年	322	43236
2006年	264	27223
2007年	302	62448
2008年	237	11354
2009年	212	45860
2010年	265	45707
2011年	218	29346
2012年	231	32324
2013年	229	29137
2014年	180	25271
合计	3093	417631

三、培训基地开展的主要工作

自治区"知识产权培训基地"，在自治区知识产权局的指导下，按照国家知识产权局的有关要求和《国家知识产权培训基地管理办法》（试行）的要求，制订了培训基地建设规划和实施方案，充分发挥既有的资源优势，加强培训基地管理，完善培训基地设施，强化师资队伍建设，积极完成国家和自治区知识产权局下达的培训计划。2013年、2014年，全国知识产权培训（新疆）基地举办3期知识产权培训班（新疆农业特色林果业深加工专利数据库运用实务培训班、新疆知识产权战略实施推进计划实务研讨班、新疆企业贯标培训班），并配合2013年、2014年自治区知识产权宣传周，承担了乌鲁木齐和石河子市企业知识产权大讲堂的授课任务。培

训基地的设立和培训班的举办，对自治区企事业单位知识产权管理能力的提升工作起到了有力的促进作用。截至2014年12月底，全区知识产权培训基地共举办知识产权培训班72期，举办讲座108场（次），参加培训人数25271人（次）。2013年4月26日和2014年5月14日，国家知识产权局分别印发《关于公布2012年国家知识产权培训基地年度考核结果的通知》（国知办函办字〔2013〕133号）和《关于公布2013年国家知识产权培训基地总结考核结果的通知》（国知办函人字〔2014〕169号），根据两个通知公布考核结果，国家知识产权培训（新疆）基地——新疆大学在2012年、2013年度培训基地考核工作中成绩均为合格单位。

第十二章 合作交流

新疆是我国重要的能源资源战略基地，是西部地区经济增长的重要支点，是向西开放的重要门户和西北边疆的战略屏障。新疆在我国发展和稳定大局中具有特殊重要的战略地位。全面推动新疆经济社会发展，提高新疆各族人民生活水平，实现全面建设小康社会，是深入推进西部大开发，促进区域协调发展的重大举措；是培育新的经济增长点，拓展我国经济发展空间的战略选择；是促进东中西互动，发展全方位对外开放格局的重要部署；是加强民族团结、维护国家统一、保障边疆安全的迫切需要。促进新疆发展，保持新疆长期稳定，是一项重大而紧迫的任务，事关我国现代化建设大局，不仅具有重大的经济意义和社会意义，而且具有重大的政治意义。

新中国成立以来特别是改革开放以来，在中央和全国各地大力支持下，新疆各族干部群众艰苦奋斗、锐意进取，使天山南北发生了翻天覆地的变化。新疆进入了经济社会快速发展、综合实力明显增强、各族群众得到实惠最多的时期。但由于历史、自然等多方面原因，新疆发展和稳定仍然面临许多特殊困难和严峻挑战，新疆处在发展和稳定的关键时期。

党中央、国务院十分重视新疆工作。据统计，自2010年以来，中央两次召开新疆工作座谈会，五次召开全国对口支援新疆工作会议，专门研究新疆工作，为加快新疆发展、维护新疆稳定作出了一系列重要决策和部署。2007年9月12日，国务院召开常务会议，专门研究加快新疆经济社会发展工作，并印发《关于进一步促进新疆经济社会发展的若干意见》（国发〔2007〕32号）。

自治区知识产权局认真学习贯彻国务院"国发〔2007〕32号"文件精神和中央新疆工作座谈会精神，紧紧抓住这一千载难逢的历史性大机遇，大胆谋划，以2011年3月29—30日全国对口支援新疆工作会议提出的国内19个省市对口支援新疆12个地州的82个县（市）以及新疆生产建设兵团的12个师的支疆框架为基础，以国家知识产权局、自治区人民政府和19个援疆省市知识产权局及12个地州市行署、人民政府为主导，以提升新疆知识产权创造、运用、保护、管理能力为目标，以项目合作、引进、实施、转化、人员学习培训、资金设备援助为内容，以局区会商、互访、考察、学习、交流、签订援助合作协议等为纽带和桥梁，积极组织、筹划、大力推进，逐步建立并形成19个援疆省市知识产权局与对口的新疆12个地州行署、人民政府以及援疆省市所辖市与新疆对口地区所辖县（市）建立知识产权对口援疆合作长效机制，开展多种形式的知识产权对口援疆合作活动，并取得了显著成效，受到国家知识产权局、自治区人民政府的好评及受援地州政府的点赞。

表12-1 全国19个省市对口援疆一览表

援疆省/直辖市	支援地区	援疆省/直辖市	支援地区
北京	和田市、墨玉县、和田县、洛浦县和兵团农十四师	山西	昌吉州的阜康市、兵团的农六师五家渠市
广东	喀什地区疏附县、喀什市、伽师县、塔什库尔干县、兵团农三师图木舒克市	福建	昌吉州的昌吉、玛纳斯、呼图壁、奇台、吉木萨尔、木垒6个县市
江苏	克州的阿图什市、阿合奇县、乌恰县、伊犁哈萨克自治州10个县和兵团农四师、农七师	湖南	吐鲁番地区
上海	喀什地区的巴楚、莎车、泽普、叶城4个县	湖北	博州的博乐市、精河县、温泉县和兵团农五师
山东	喀什地区的疏勒、英吉沙、麦盖提、岳普湖4个县	安徽	和田地区的皮山县

援疆省/直辖市	支援地区	援疆省/直辖市	支援地区
浙江	阿克苏地区的1市8县和新疆生产建设兵团农一师的阿拉尔市	天津	和田地区的策勒、于田、民丰3个县
辽宁	塔城地区	黑龙江	阿勒泰地区的福海、富蕴、青河3个县和兵团农十师
河南	哈密地区、兵团农十三师	江西	克州的阿克陶县
河北	巴州、兵团农二师	吉林	阿勒泰地区的阿勒泰、哈巴河、布尔津、吉木乃4个县市
深圳	喀什市、塔什库尔干县		

第一节 "局区"会商

一、概述

会商顾名思义就是开会协商。"局区"会商是指国家知识产权局与新疆维吾尔自治区人民政府通过协商而建立的共同促进新疆知识产权事业快速发展的协商制度和协商机制。

"局区"会商提出的背景是，2003年9月1日，根据国家知识产权局《关于召开全国专利工作会议若干事项的通知》（国知发管字〔2003〕130号）精神，针对自治区专利工作存在的问题，自治区知识产权局向国家知识产权局上报了《关于对新疆专利工作存在的问题及建议》。该文件提出：一是西部特别是新疆需要国家给予更多的关注和支持；二是建议国家知识产权局重视边远地区专利代理机构建设和专利代理人员培训工作；三是应根据新疆的实际下放专利执法权限，以便发挥地州市知识产权管理部门的作用，加强新疆的专利保护工作。2005年3月10日，国家知识产权局召开"关于研究支持新疆知识产权工作会议"。国家知识产权局局长王景川、自治区副主席刘怡、国家知识产权局党组成员邢胜才、国家知识产权局办公室、协调管理司、规划发展司等司局负责人和自治区知识产权局长姜万林等领导出席。会上，刘怡副主席介绍了新疆发展总体情况；姜万林局长就贯彻中央关于稳定与发展新疆有关文件精神，支持新疆知识产权工作有关事业的建议作了汇报。会议最后形成"国家知识产权局支持新疆知识产权工作的8条措施"等内容的会议纪要。同年6月28日，由国家知识产权局、新疆维吾尔自治区人民政府、乌鲁木齐市人民政府共同在北京人民大会堂重庆厅举办了"发挥知识产权制度作用，促进新疆经济社会和谐发展"——引进人才、技术、资金新闻发布会。国家知识产权局局长田力普、副局长张勤，自治区副主席刘怡，自治区知识产权局局长姜万林等出席，中央电视台、新华社以及凤凰卫视等70余家新闻单位、有关国家和地区驻京机构、高等学校、科研院所、国内外相关企业的代表170余人参加。

2007年10月，自治区知识产权局在学习贯彻党的十七大和国务院《关于进一步促进新疆经济社会发展的若干意见》（国发〔2007〕32号）和中共中央政治局常委、国务院总理温家宝在新疆考察工作时的重要讲话精神的学习活动中提出贯彻落实的6条措施，并于11月15日向自治区人民政府办公厅上报《关于上报自治区知识产权局贯彻党的十七大和国务院32号文件精神的工作措施》（新知综字〔2007〕65号）。

2008年3月17日，为落实上述6条措施，按照自治区人民政府办公厅的安排，自治区知识产权局局长姜万林、副局长谭力陪同自治区副主席靳诺到国家知识产权局拜会田力普局长，共同协商贯彻落实国务院（国发〔2007〕32号）文件精神，建立"局区"会商机制等事项。经过双方的充分协商交流就建立"局区"会商机制达成共识。7月17日，国家知识产权局印发《关于进一步促进新疆知识产权事业发展的若干意见》），该意见提出，从"加强新疆知识产权工作的重大意义；加强新疆知识产权工作的总体要求；建立国家知识产权局与新疆维吾尔自治区人民政府知识产权合作会商机制；大力支持新疆实施知识产权优势企业培育工程和知识产权强县（市、区）工程；促进东中西联合，构建互利共赢的知识产权新格局；扩大对外开放，推进与中亚国家的知识产权合作；加强新疆知识产权人才队伍建设和推进新疆知识产权公共服务能力建设"8个方面支持新疆知识产权事业发展。该意见的出台，为"局区"会商指明了方向，也为"局区"会商机制的建立创造了条件。8月12日，国家知识产权局与新疆维吾尔自治区人民政府在乌鲁木齐市举行"工作会商制度议定书签字仪式"。国家知识产权局局长田力普、自治区党委副书记、常务副主席杨刚出席并分别代表双方在议定书上签字。此次会议的召开和议定书的签订，标志着"局区"会商机制的建立和"局区"会商工作的正式启动。

2010年7月2日，国家知识产权局与新疆维吾尔自治区人民政府在北京举行"第二次合作会商筹备工作座谈会"，商讨第二次合作会商事宜。

2012年7月26日，在乌鲁木齐市召开"第二次全国知识产权系统对口援疆工作会议暨国家知识产权局与新疆维吾尔自治区人民政府第三次合作会商会议"。

2014年5月14日，自治区人民政府副主席田文一行拜会国家知识产权局局长申长雨并进行了座谈。双方就新一轮国家知识产权局支持新疆知识产权事业发展、知识产权对口援疆工作等事项进行了交流。8月14日，国家知识产权局、新疆维吾尔自治区人民政府在乌鲁木齐举行新一轮合作会商。12月18日，在北京召开"全国知识产权系统援疆专家研讨会"，就国家知识产权局与新疆维吾尔自治区人民政府和新疆生产建设兵团第二轮合作会商有关内容进行了研讨。

二、"局区"会商的目的和意义

"局区"会商的目的是：深入贯彻党的十七大、中央新疆工作会议和国务院《关于进一步促进新疆经济社会发展若干问题的意见》（国发〔2007〕32号）精神，全面加强国家知识产权局与新疆维吾尔自治区人民政府之间的合作，全面推进实施国家知识产权战略和新疆维吾尔自治区知识产权战略，全面提升新疆知识产权创造、运用、保护和管理能力。

"局区"会商对于全面推进全国知识产权局系统对口援疆部署和贯彻落实自治区党委书记张春贤同志在科技奖励大会上提出的"要大力实施自治区知识产权战略纲要，提升知识产权创造、保护、管理和运用水平，推进专利技术产业化进程，努力实现科技与经济结合的新突破"的要求，进一步推进知识产权援疆工作，充分发挥双方的资源和人才优势，共同推进新疆知识产权事业又好又快发展具有重要意义。

三、"局区"会商的任务

《国家知识产权局和新疆维吾尔自治区人民政府共同推进新疆知识产权事业发展建立工作合作会商制度议定书》提出了"局区"会商的7项任务。

一是共同推进新疆制定和实施知识产权战略。新疆维吾尔自治区人民政府把知识产权工作纳入重要议事日程，根据国家知识产权战略的总体部署，组织制定和实施具有新疆特色的知识产权战略，积极开展重点城市、重点行业和重点企业知识产权战略研究，大力培育知识产权优势企业。国家知识产权局把新疆作为西部地区实施和推进知识产权战略的重点，利用知识产权信息资源与专业人才优势，组织和选派有关专家和资深审查员，指导和帮助新疆制定和实施知识产权战略，全面提升新疆知识产权工作水平。

二是共同推进新疆知识产权人才队伍建设。国家知识产权局加大对新疆知识产权人才培训工作力度，采取举办知识产权形势报告会、国内与国外培训相结合、长期与短期培训相结合等多种形式和多种措施，帮助新疆培养各类知识产权专业人才。新疆选择2~3家高等院校和培训中心，建立知识产权人才培养基地；国家知识产权局为该基地提供教学大纲、师资、教材等支持。双方互派挂职干部，共同推进高层次专业人才培养。

三是共同推进新疆完善知识产权管理体制和工作机制。新疆进一步完善知识产权地方性政策法规和管理体制，提升各级政府知识产权宏观调控和行政管理能力；加大对知识产权工作的政策扶持力度，建立健全政策激励机制；加大知识产权工作的资金投入，创造有利于自主知识产权产出、运用和产业化发展的环境；加强知识产权行政与司法保护，营造良好的市场经济秩序和有效保护知识产权的法治环境；加强宣传教育，形成尊重和保护知识产权的社会氛围。国家知识产权局积极支持和指导新疆知识产权综合管理能力建设和知识产权各项工作的有效开展。

四是共同推进新疆知识产权优势企业培育工程和专利技术产业化试点基地建设，深化知识产权试点示范工作。国家知识产权局将新疆优势产业中的重点企业，纳入国家优势企业培育工程计划给予重点指导和支持；支持新疆开展专利产业化工作，选择新疆优势产业开展国家专利产业化工程试点工作。新疆将在地州市、园区和企事业单位三个层面上深入开展知识产权试点示范工作；国家知识产权局指导乌鲁木齐市、克拉玛依市、昌吉州创建国家知识产权示范城市，指导乌鲁木齐高新技术开发区开展国家知识产权试点示范工作，并选择有条件、发展较快的县（市、区）实施国家知识产权强县（市、区）工程。

五是共同促进东、中、西部区域知识产权合作。国家知识产权局将积极支持新疆与东、中部发达省市建立知识产权合作关系，实现智力、技术、资本和资源优势互补，促进东、中部发达省市专利技术在新疆实现产业化。鼓励和支持东、中部省市积极开展与新疆对口支援地州市的知识产权合作，鼓励和支持新疆知识产权管理人员到东、中部省市挂职学习。

六是共同推进新疆知识产权公共服务能力建设。新疆加大对知识产权公共服务能力建设的投入，建立知识产权服务中心和专利信息公共服务平台；培育和发展知识产权中介服务机构，提高专利信息检索和知识产权法律咨询、评估等中介服务能力。国家知识产权局积极支持新疆专利信息公共服务平台建设，提供专利信息资源、检索分析软件以及人员培训等支持；支持新疆建设重点行业和骨干企业的专题专利数据库；支持新疆建立知识产权维权援助中心；支持新疆大力发展知识产权中介服务业；指导和帮助新疆建设专利技术展示交易平台。

七是共同推进开展对中亚国家的知识产权合作交流。新疆在我国构筑西部陆路开放和东部沿海开放并进的对外开放新格局中，地位举足轻重。国家知识产权局根据我国对周边国家外交政策，推进新疆开展对中亚国家的知识产权合作与交流，促进新疆向西开放和对外贸易的发展。新疆充分利用口岸多、边贸活跃的特点，组织宣传、海关、商检、工商、版权等相关部门，加强边贸口岸知识产权保护工作，突出对外宣传与合作交流，提高我国知识产权保护的国际形象。

四、"局区"会商的方式

"局区"会商采取例会方式，原则上每年会商一次（具体时间、地点由双方商定）。具体议题由国家知识产权局协调管理司与新疆维吾尔自治区知识产权局共同提出。

五、"局区"会商的期限

工作会商制度实施期限第一轮暂定为五年（2008—2012年），以后根据情况另行商定。

六、"局区"会商的内容

工作商定的内容主要是：主要重大合作事项，总结上年度的工作，研究部署当年的工作任务，提出实施方案和贯彻落实措施，形成会议纪要，双方共同落实。

七、"局区"会商开展的工作与成效

国家知识产权局、自治区人民政府高度重视"局区"会商工作，将"局区"会商作为一项重要工作摆在重要位置落实。国家知识产权局党组书记、局长田力普、自治区党委常委尔肯江·吐拉洪、自治区副主席靳诺等领导高度重视，多次主持会议，听取工作汇报，共商"局区"会商工作，解决工作中出现的困难和问题。国家知识产权局各司、局等部门与自治区人民政府办公厅秘书七处和自治区知识产权局等单位密切配合，按照"局区"会商的总体部署和安排，紧密结合工作特点和新疆实际，认真落实议定书提出的任务。

（一）共同推进新疆维吾尔自治区知识产权战略制定和实施工作

"局区"会商推进了新疆维吾尔自治区知识产权战略制定和实施工作。自治区人民政府把战略制定和实施工作纳入重要议事日程，加强对战略制定和实施工作的领导，及时成立了自治区知识产权战略制定工作领导小组和战略实施领导小组，积极组织协调各部门参与战略研究制定工作和实施工作，并划拨200万战略制定专项经费和增加700万元工作经费，为《战略纲要》的研究制定、及时发布和推进实施创造了条件。国家知识产权局充分发挥知识产权信息资源与专业人才优势，组织和选派有关专家和资深审查员，指导和帮助自治区知识产权战略制定和实施。

（二）共同推进新疆知识产权专业人才培养工作

加强新疆知识产权人才队伍建设，是第一次"局区"会商提出的重要任务之一。为此，在双方的共同努力下，在新疆大学建立了"国家知识产权培训（新疆）基地"。国家知识产权局为新疆培训基地培训了师资，每年由国家知识产权局出资，为新疆举办2期县处级领导干部和高层次专业人才培训班（每期40人左右）。国家知识产权局将加强新疆知识产权人才培养，促进新疆知识产权人才队伍建设与实施全国"百千万知识产权人才工程"相结合，在制订知识产权培训规划和年度计划、下拨培训经费时，都尽量给新疆适当倾斜和安排，并通过委托新疆举办各类知识产权培训班、研讨班，组织相关部门和领导举办专题报告会、专利法修改宣讲会，以及通过中国知识产权培训中心与新疆联合办班等有效形式和手段，加大对新疆各类知识产权人员的培训。例如，在专利法修改出台后，为宣传新修订的专利法，2009年6月11日，由国家知识产权局牵头会同国务院法制办等部门，在乌鲁木齐举办了《专利法》第三次修改（新疆）宣讲会；为推进国家知识产权战略实施，国家知识产权局局长田力普于2008年8月12日在新疆党校作了"实施知识产权战略，建设创新型国家"的专题报告。2010年9月28日，国家知识产权局原局长王景川、专利保护司司长马维野专程到新疆喀什为培训班授课。2008—2014年，新疆由国家知识产权局出资举办的培训共51期、拨款337.85万元，培训人数3569人（次）。通过培训，使党政领导干部的知识产权意识有了明显增强；使知识产权管理、执法、服务人员的管理、执法、服务水平有新的提高；使企事业单位负责人、科技人员、营销人员和知识产权工作人员的知识产权运用、管理、保护能力不断提升，有力地促进了自治区知识产权工作。据不完全统计，2008—2014年，新疆共举办知识产权培训班、讲座1572期（次），参加人数219119人（次），其中举办培训班1037期，培训人数80832人（次），举办讲座535场（次），参加人数138287人（次）。2009年、2010年度新疆维吾尔自治区知识产权局被评为全国知识产权培训工作先进集体，受到国家知识产权局的表彰。

（三）共同推进知识产权试点示范工作

在"局区"会商工作中，开展多种形式的知识产权试点示范工作。一是积极推进园区知识产权试点工作。2011年，国家知识产权局把乌鲁木齐高新技术产业开发区（新市区）和乌鲁木齐经济技术开发区（头屯河区）列入国家知识产权试点园区，加强对园区知识产权工作的指导和支持。2013年5月13日，由国家知识产权局和自治区知识产权局组成考核验收组对乌鲁木齐高新技术产业开发区（新市区）国家知识产权试点工作进行考核验收。2014年1月27日，由国家知识产权局和自治区知识产权局组成验收评定组对乌鲁木齐经济技术开发区（头屯河区）国家知识产权试点园区工作进行了考核验收。知识产权试点工作有效地提升了园区的知识产权创造、运用、管理和保护能力。二是不断推进企业、城市的知识产权试点示范工作。自2008年以来，经国家知识产权局批准，新疆有3个开发区被列为国家知识产权试点园区；有25家企业被列为国家知识产权试点单位；有10家企业被列为国家知识产权示范创建单位；有2个城市被列为国家知识产权试点示范创建城市；有6个城市1个州被列为国家优秀知识产权示范城市（其中地级3个、县级4个）；有3个城市（其中1个地级市、2个县级市）被列为国家知识产权示范培育城市；有2个城市被列为国家知识产权试点城市。在国家知识产权局的指导帮助下，新疆园区、企业和城市知识产权试点示范工作取得了可喜成绩。试点示范有力地带动了新疆企业知识产权工作体系、管理制度、激励机制的建立和完善，实现了企业知识产权管理与现代企业制度建设有机结合，使企业的知识产权创造、运用、保护、管理能力和核心竞争力得到明显提升。

（四）共同推进东、中、西部开展知识产权合作与对口支援工作

双方认真落实中央关于新疆工作的战略思想和方针政策，共同推进全国知识产权局系统援疆工作，建立了东中西部知识产权对口援疆领导小组，开展了人才培训、项目引进、经费支持等项目的援疆合作活动，并取得显著成效。

（五）共同推进新疆知识产权综合能力建设

国家知识产权局在落实会商任务时，将新疆知识产权综合能力建设作为重要工作来支持。

1.支持新疆专利技术交易平台建设

2009年5月21日，经国家知识产权局批准，在乌鲁木齐成立国家专利技术展示交易（新疆）中心。

2.双方共同促进新疆加快专利信息公共服务平台建设

2010年5月27日，国家知识产权局支持新疆成立了专利信息中心，并为该中心提供了专利信息服务平台设备、专利数据库及35台电脑，派出专业技术人员对新疆专利信息中心的设备进行了调试，对专利数据库进行了更新和对专利信息人员和网管人员进行了培训。专利信息中心的建立，为全区专利信息人员培训、专利数据检索、分析、利用等工作的开展创造了条件。2010年9月，国家知识产权局派出了师资，利用该中心设备、数据库举办了新疆专利信息运用实务培训班，对全区50多名专利信息人员进行了专利信息利用实务培训。国家知识产权局在支持新疆建设全领域专利数据库的基础上，每年定期对新疆专利信息中心专利数据库进行更新，并支持新疆围绕优势产业、重点行业和骨干企业建立专题专利数据库。自治区人民政府机构编制部门为新疆专利信息中心机构设置等方面印发批文，新疆大学图书馆指定专人负责新疆专利信息中心工作；自治区知识产权每年拨出专项经费给予保障。在双方的共同努力下，2010年1月27日，在新疆大学建立了"新疆专利信息中心"，面向全区开展了专利信息查询、专利信息实务培训、专利项目管理服务等项服务活动。

3.积极支持乌鲁木齐专利代办工作

国家知识产权局对乌鲁木齐专利代办处在设备、经费等条件上给予支持，在业务上给予指导帮助，每年坚持对相关人员进行培训。

4.通过项目实施和引导，促进新疆知识产权管理综合运用能力提升

据统计，2008年以来，国家知识产权局批准新疆的专利产业化推进工程项目9项，企业专利交流工作委托项目4项，园区知识产权试点示范重点工作项目5项，软科学研究计划项目4项，国家知识产权局支持新疆各类项目的经费达247万元。

5.支持新疆加强专利代理队伍建设

国家知识产权局在专利代理人资格考试录取时，给新疆予以倾斜，2008—2014年新疆享受该政策的人员有45人，享受国家倾斜政策的人员累计达到53人，占全区专利代理人总数141人的37.6%。

2014年4月，协作北京中心与自治区知识产权局签订《2014—2016年度合作框架性协议》。7—10月，由协作北京中心出资为新疆举办为期3个月的"新疆知识产权培训班"，对22名从事专利代理及相关人员进行了培训。5月12—21日，协作北京中心五名资深审查员赴新疆开展了为期10天的知识产权梯度培训活动。

（六）共同建设知识产权维权援助中心

国家知识产权局支持新疆建立了专利维权援助中心，全额支持新疆开通5部"12330"维权援助与举报投诉电话。自治区人民政府为中国（新疆）知识产权维权援助中心的成立提供场地、设备和人员，国家知识产权局在人员培训、业务指导等方面给予大力支持。

2008年8月1日，国家知识产权局印发《关于同意设立中国（新疆）知识产权维权援助中心的批复》（国知

发管函字〔2008〕227号),同意设立"中国(新疆)知识产权维权援助中心"。

2014年3月14日,自治区分类推进事业单位改革工作领导小组办公室印发"新事改办〔2014〕84号"通知,同意成立新疆维吾尔自治区知识产权维权援助中心,承担全区知识产权维权援助和举报投诉等工作。

在国家知识产权局和自治区人民政府的大力支持下,新疆知识产权维权援助中心为有困难的知识产权权利人、涉外知识产权纠纷、疑难知识产权案件的有关当事人提供知识产权维权援助服务,帮助新疆企业积极应对国外知识产权纠纷。

第二节　对口援疆

一、建立知识产权对口援疆体系

知识产权对口援疆体系和机制的建立有其历史背景。一是自治区知识产权局在学习贯彻中央新疆工作座谈会、全国对口支援新疆工作会议和国务院《关于进一步促进新疆经济社会发展的若干意见》(国发〔2007〕32号)以及自治区党委、人民政府有关文件精神的过程中提出的;二是在19个省市人民政府对口援疆的框架基础上形成的19个省市知识产权局对口新疆12个地州政府、行署的知识产权对口援疆体系。

另外,还有一个因素,就是当时自治区知识产权局了解到广东省根据《中央政治局常委会关于维护新疆稳定的会议纪要》(中发〔1996〕7号)和《中共中央组织部关于做好新疆选派干部工作的通知》(组通字〔1996〕44号)精神,与新疆哈密地区建立对口合作关系,对哈密地区在人才、智力、项目、资金等方面给予了大力的支援,为哈密地区的经济振兴、科技发展和社会进步作出了重要的贡献,特别是广东省知识产权局在中小学开展知识产权教育方面有独到的做法和成功的经验,自治区知识产权局于2005年10月向哈密地区知识产权局提出以中小学开展知识产权试点为切入点,与广东省知识产权局进行商谈,建立知识产权合作援哈关系的建议。这样既可以为全区中小学知识产权试点工作的开展先行实践,提供一些经验,同时又解决了哈密地区企业小而少、知识产权试点工作不好开展的困难。

根据以上情况,2005年11月5日,自治区知识产权局向广东省知识产权局印发了《关于商请广东省知识产权局与新疆哈密地区知识产权局建立对口协作关系的函》,倡议广东省知识产权局与哈密地区建立知识产权对口协作关系,在中小学知识产权教育、知识产权人才培训、专利行政执法、企业知识产权等方面开展交流与合作,发挥广东省知识产权的优势,促进哈密地区知识产权事业发展。此函得到广东省知识产权局的积极响应,并于同年12月13日给自治区知识产权局复函,同意与哈密地区行署签订协议,建立知识产权对口援哈合作关系,开展知识产权对口援哈合作活动。

2006年年初,哈密地区知识产权局根据广东省知识产权局的复函,与哈密地区教育局共同选派1名专职干部和2名试点学校教师专程赴广东省南海区知识产权局考察中小学知识产权教育试点工作,并就中小学知识产权教育工作等方面的交流合作达成了初步协议。

在自治区知识产权局的积极协调下,哈密地区行署与广东省知识产权局确立了对口合作关系,并初步达成了以加强中小学知识产权教育等内容的合作协议。2006年8月,广东省知识产权局局长李中铎一行8人,专程赴哈密地区进行了为期10天的考察、调研活动,并与地区行署进行了座谈。同年8月4日,哈密地区行署与广东省知识产权局签署了以加强中小学知识产权教育交流与合作、人才交流与培训、专利技术转移与产业化、互通执法信息、加强专利信息交流等内容为主的协议书,制订了《对口协作实施方案》,为推动粤哈两地建立长期的交流合作机制奠定了基础。

为进一步加强"粤哈"两地知识产权工作的交流与合作,2006年10月27日,由哈密地区行署副专员玉素甫·牙合甫、行署专员助理高毅率地区知识产权考察团一行7人赴粤对广东省知识产权保护等工作进行考察学习。2007年6月12日,广东省知识产权局副局长朱万昌一行来哈密考察,并与地区行署领导进行了座谈,双方就进一步加强粤哈知识产权工作的交流与合作，实现资源互补、共同发展，增进了共识。2007年，根据《广东省知识产权局与哈密地区行署签订对口协作协议书》的具体要求，广东省知识产权局为哈密地区援助经费20万元，捐赠2000本中小学知识产权教育读本，用于中小学知识产权教育试点、网络建设等工作。广东省知识产权局实施的援疆项目极大地改善了哈密地区知识产权局办公条件，推动了哈密地区中小学知识产权教育的开展，为加快哈密地区知识产权事业的快速发展注入了新的活力。

2007年5月24日，自治区知识产权工作协调指导小组办公室在对"粤哈"知识产权对口合作工作进行全面总结的基础上，向全区印发了《关于哈密地区与广东省知识产权局开展知识产权合作与交流的情况通报》（新知协办字〔2007〕03号），将哈密地区的做法和经验向全区宣传和推广，在全区掀开了知识产权对口援疆合作工作的新篇章。

2008年6月19日，自治区知识产权局指定专人与吐鲁番、喀什、阿克苏和伊犁等地州知识产权局进行电话联系，并通过信函与湖南、山东、江苏等省知识产权局协商沟通。8月12日，广东省知识产权局与哈密地区行署、上海市知识产权局与阿克苏地区行署、湖南省知识产权局与吐鲁番地区行署、江苏省知识产权局与伊犁州人民政府、山东省知识产权局与喀什地区行署分别签订（第一轮）知识产权对口支援合作协议。8月12日，国家知识产权局、自治区人民政府在乌鲁木齐市举行"国家知识产权局、自治区政府人民工作会商制度议定书签字仪式"和"东中西知识产权对口支援合作协议签约仪式"。会上，广东省知识产权局局长陶凯元与哈密地区行署领导、上海市知识产权局局长陈志兴与阿克苏地区行署领导、湖南省知识产权局局长龚世益与吐鲁番地区行署领导、江苏省知识产权局局长朱宇与伊犁州行署领导、山东省知识产权局局长李爱民与喀什地区行署领导分别签订（第二轮）知识产权对口支援合作协议。

2009年11月，河北省知识产权局与巴州政府签订（第一轮）知识产权对口支援合作协议。

2010年6月，浙江省知识产权局与阿克苏地区知识产权局签订（第二轮）知识产权对口支援合作协议。8月4日，黑龙江省知识产权局与阿勒泰地区行署签订（第二轮）知识产权对口支援协议。12月，河南省知识产权局与哈密地区行署、辽宁省知识产权局与塔城地区行署、安徽省知识产权局与和田地区行署、江西省知识产权局与克州人民政府、福建省知识产权局与昌吉州人民政府分别签订（第二轮）知识产权对口支援合作协议。

2011年5月，深圳市市场监督管理局与喀什地区行署签订（第二轮）知识产权对口支援合作协议。2012年7月26日，在乌鲁木齐市召开"第二次全国知识产权系统对口援疆工作会议"，广东省知识产权局与喀什地区行署，浙江、北京和天津知识产权局与和田地区行署，吉林省知识产权局与阿勒泰行署分别签订（第二轮）知识产权对口支援合作协议。

2011年7月28日，为加强对全区知识产权对口援疆工作的统一协调和指导，自治区知识产权局印发了《关于自治区知识产权局归口协调管理与19个省市知识产权局对口援疆工作的通知》（新知管字〔2011〕51号）。

2012年7月，湖北省知识产权局与博州人民政府签订（第二轮）知识产权对口支援合作协议。另外，东中部省市17个市（区）知识产权局与新疆4个地州市和14个县（市、区）知识产权局签订知识产权对口支援协议。截至2012年年底，19个省市及17个市（区）知识产权局与新疆12个地州行署、14个县（市）人民政府和知识产权局签订知识产权对口支援合作协议，建立并形成了东中西部知识产权对口合作体系。

表12-2 东中部省市知识产权局与新疆地州市政府行署对接情况表

序号	援疆省市知识产权局名称	对口新疆地州市单位名称	签订协议及对接时间	援疆轮次（次）
1	北京市知识产权局	阿克苏地区行署	2007年9月	1
		和田地区行署	2012年7月	2
2	广东省知识产权局	哈密地区行署	2006年8月	1
		喀什地区行署	2012年7月	2
3	江苏省知识产权局	克孜勒苏柯尔克孜自治州人民政府	2012年7月	2
		伊犁哈萨克自治州人民政府	2008年8月	1、2

续表

序号	援疆省市知识产权局名称	对口新疆地州市单位名称	签订协议及对接时间	援疆轮次(次)
4	上海市知识产权局	喀什地区行署	2012-7	2
5	山东省知识产权局	喀什地区行署	2008-8	1、2
6	浙江省知识产权局	和田地区行署	2010-6	1
		阿克苏地区行署	2012-7	2
7	辽宁省知识产权局	塔城地区行署	2010-12	1、2
8	河南省知识产权局	哈密地区行署	2010-12	2
9	河北省知识产权局	巴音郭楞蒙古自治州人民政府	2009-11	1、2
10	山西省知识产权局	阜康市人民政府	2011-3	1、2
11	福建省知识产权局	昌吉回族自治州人民政府	2010-12	1、2
12	湖南省知识产权局	吐鲁番地区行署	2008-8	1、2
13	湖北省知识产权局	博尔塔拉蒙古自治州人民政府	2012-7	1、2
14	安徽省知识产权局	和田地区行署	2010-12	1、2
15	天津市知识产权局	和田地区行署	2012-7	1、2
16	黑龙江省知识产权局	阿勒泰地区行署	2010-8	1、2
17	江西省知识产权局	克孜勒苏柯尔克孜自治州人民政府	2010-12	1、2
18	吉林省知识产权局	阿勒泰地区行署	2012-7	1、2
19	深圳市知识产权局	喀什地区行署	2011-5	1、2

表12-3 东中部省市有关县(市、区)知识产权局与新疆地州及县(市)知识产权局对接统计表

序号	东中省市知识产权局名称	对口新疆地州市及县市知识产权局名称
1	青岛市知识产权局	喀什地区知识产权局
		阿勒泰地区知识产权局
2	东营市知识产权局	克拉玛依市知识产权局
3	郑州市知识产权局	哈密地区知识产权局
4	郑州市二七区知识产权局	哈密市知识产权局
5	新乡市红旗区知识产权局	伊吾县知识产权局
6	长葛市知识产权局	巴里坤县知识产权局
7	南京市知识产权局	伊宁市知识产权局
8	南京市江宁区知识产权局	尼勒克县知识产权局
9	常州市武进区知识产权局	特克斯县知识产权局
10	扬州市知识产权局	新源县知识产权局
11	徐州市知识产权局	奎屯市知识产权局
12	江阴市知识产权局	霍城县知识产权局
13	南通市知识产权局	伊宁县知识产权局
14	泰州市知识产权局	昭苏县知识产权局
15	张家港市知识产权局	巩留县知识产权局
16	盐城市知识产权局	察布查尔县
17	苏州市和连云港市知识产权局	霍尔果斯经济技术开发区知识产权局

二、加强对知识产权对口援疆工作的领导

（一）从组织入手，建立"东中西部知识产权合作与对口援疆工作领导小组"

为贯彻落实中央新疆工作座谈会和全国对口援疆工作会议精神，全面推进实施国家知识产权战略和西部大开发战略，2009年9月6日，国家知识产权局与新疆维吾尔自治区政府决定共同牵头成立"东中西部知识产权合作与对口援疆工作领导小组"。

"对口援疆领导小组"的组长由国家知识产权局局长田力普和新疆维吾尔自治区党委副书记、常务副主席杨刚担任。副组长由国家知识产权局副局长甘绍宁和自治区副主席靳诺担任。成员由国家知识产权局办公室、专利管理司，北京、天津、上海、河北、山西、辽宁、吉林、黑龙江、江苏、浙江、安徽、福建、江西、山东、河南、湖北、湖南、广东等18个省市知识产权局和深圳市市场监督管理局以及新疆维吾尔自治区知识产权局、新疆生产建设兵团科技（知识产权）局领导组成。

表12-4 东中西部知识产权合作与对口援疆工作领导小组名单

职务	姓名	工作单位及职务
组长	田力普	国家知识产权局局长
	杨刚	新疆维吾尔自治区党委副书记、常务副主席
副组长	甘绍宁	国家知识产权局副局长
	靳诺	新疆维吾尔自治区政府副主席
组员	廖涛	国家知识产权局办公室主任
	马维野	国家知识产权局专利管理司司长
	刘振刚	北京市知识产权局局长
	何志敏	天津市知识产权局局长
	刘纪雷	河北省知识产权局局长
	闫毅	山西省知识产权局局长
	胡权林	辽宁省知识产权局局长
	郭振兴	吉林省知识产权局局长
	常城	黑龙江省知识产权局局长
	吕国强	上海市知识产权局局长
	朱宇	江苏省知识产权局局长
	陈志军	浙江省知识产权局局长
	刘栋	安徽省知识产权局副局长
	罗旋	福建省知识产权局局长
	赖光松	江西省知识产权局局长
	李爱民	山东省知识产权局局长
	郭民生	河南省知识产权局局长
	王东风	湖北省知识产权局局长
	龚世益	湖南省知识产权局局长
	陶凯元	广东省知识产权局局长
	徐友军	深圳市市场监督管理局党组书记
	马庆云	新疆维吾尔自治区知识产权局局长
	黄斌	新疆生产建设兵团科技局（知识产权局）副局长

该领导小组下设办公室。办公室设在国家知识产权局专利管理司和新疆维吾尔自治区知识产权局，办公室主任由国家知识产权局专利管理司司长马维野和自治区知识产权局局长马庆云同志兼任。

（二）召开会议，加强对知识产权对口援疆工作的研究部署

2010年12月12日，国家知识产权局与新疆维吾尔自治区人民政府联合在北京召开"全国知识产权局系统对口援疆工作会议暨国家知识产权局与新疆维吾尔自治区人民政府第二次合作会商会议"，对全国知识产权局系统知识产权对口援疆工作进行了部署。

2012年5月31日，国家知识产权局与新疆维吾尔自治区人民政府联合在乌鲁木齐市召开"知识产权合作与对口援疆工作预备会议"，新疆14个地州市知识产权局局长和新疆生产建设兵团、石河子市相关人员近30人参加。会上各地汇报了开展知识产权合作与对口援疆工作情况、取得的成绩、存在的问题与建议，以及项目需求和下步打算。7月26日，在乌鲁木齐召开"第二次全国知识产权系统对口援疆工作会议暨国家知识产权局与新疆维吾尔自治区人民政府第三次合作会商会议"，对全国知识产权局系统对口援疆工作进行了认真总结，提出了对口援疆工作目标、任务和措施。会上，国家知识产权局、新疆维吾尔自治区人民政府签订了"2012—2013年度知识产权援疆工作协议"，就加快新疆知识产权事业发展进行全面部署。

2013年10月28日，由国家知识产权局主办、自治区知识产权局在乌鲁木齐承办"东中西部知识产权对口援疆研讨班"，来自10个对口援疆省市知识产权局、新疆部分地州市知识产权局的50人参加，就全面推进深化知识产权对口援疆合作交流进行了研讨交流。

2014年5月14日，自治区政府副主席田文与国家知识产权局局长申长雨座谈，双方就新疆知识产权事业发展、知识产权对口援疆工作等进行了交流和探讨。8月14日，在乌鲁木齐举行了国家知识产权局与新疆维吾尔自治区人民政府新一轮合作会商，对开展新一轮局区会商合作的主题、目标、内容及相关机制进行了讨论交流。12月18日，在北京召开"全国知识产权系统援疆专家研讨会"，就国家知识产权局与新疆维吾尔自治区人民政府、新疆生产建设兵团第二轮合作会商有关内容进行了研讨。

三、完善知识产权对口援疆工作机制

国家知识产权局充分发挥"东中西部知识产权合作与对口援疆工作领导小组"的作用，加强组织协调力度，定期召开联席会议，总结推广经验，部署落实工作任务，凝聚力量推动知识产权援疆工作。从新疆各地州市发展需要出发，积极推动东中西部省市知识产权局发挥优势，与相关地州市建立"优势互补、互利共赢"的合作关系。注重加强日常沟通联系机制，推动对口援疆省市知识产权局与新疆地州深化对口合作关系，推广"N＋1"合作模式，推动新疆地州、县市知识产权事业发展。

四、明确知识产权对口援疆工作思路

明确一个目标。明确援疆工作总体目标和阶段性目标，分阶段、分层次地推进知识产权援疆工作，把"输血"与"造血"、硬件建设与软件建设有机结合起来，最终实现新疆知识产权事业的自立繁荣。

加强两项指导。加强对援疆项目实施分类指导和对不同地区进行重点指导。

做到三个结合。把对口支援省市的知识产权人才优势、财力优势和项目优势与新疆资源优势、产业发展和工作需求相结合，形成互补、互利、共赢的新局面。

坚持4项原则。一是坚持把促进经济发展方式转变作为知识产权援疆的首要任务；二是坚持把增强新疆知识产权综合能力作为知识产权援疆的根本途径；三是坚持把优化知识产权保护环境作为知识产权援疆的关键环节；四是坚持把创新援疆机制作为知识产权援疆的重要措施。

五、助推知识产权对口援疆合作活动

2007年9月12日，上海市知识产权局领导来疆考察并与阿克苏地区知识产权局签订合作项目拟定书。

2011年3月2日，山西省知识产权局局长闫毅一行来到阜康市，参加晋阜共享"煤化工专利专题数据库"启用仪式。8月19—20日，国家知识产权局专利局实用新型审查部部长刘志会、副部长雷春海等一行3人到伊犁考察指导工作。10月19—23日，国家知识产权局专利管理司执法处处长赵梅生和王志超组成专利执法维权调研组，到新疆调研指导专利执法保护工作。

2012年4月10日，巴州知识产权局局长刘传启到河北省知识产权优势企业——冀凯集团考察学习信息化管理工作。同年7月22日，吉林省科技厅（知识产权局）张保国副厅长一行4人到阿勒泰地区开展考察调研活动。9月19日，江苏省江阴市知识产权局陈万新副局长一行到霍城县调研企业知识产权工作。9月5—8日，和田地区知识产权局局长阿不都拉·阿不都热合曼一行4人赴安徽省考察学习。11月19日，自治区知识产权局马庆云局长率部分地、州、市知识产权局局长前往广州、上海、武汉三地知识产权局进行了学习考察，达成了合作与交流协议。11月26日，巴州人民政府副秘书长肖玲代表巴州人民政府回访河北省知识产权局并赠送了锦旗。

2013年3月3—7日，自治区科技厅副巡视员、自治区知识产权局副局长谭力一行5人到湖南省知识产权局商谈知识产权对口援疆合作事宜。3月11日，自治区知识产权局副局长孙东方带领伊犁州及县（市）知识产权局领导赴南京参加"江苏省—伊犁州知识产权局系统第二次对口支援工作座谈会"。

2014年5月22—23日，自治区知识产权局马庆云局长带领综合处处长夏黎和吐鲁番地区知识产权局有关人员赴湖南省知识产权局，就知识产权对口援疆工作进行了接洽。8月1日，邀请江苏省知识产权局张春平副局长在伊宁市为伊犁州领导干部和大专院校师生作知识产权报告会。9月15日，湖南郴州市知识产权局局长陈善俊一行6人组成的调研组到鄯善县开展调研，商谈筹建技术转移平台工作事宜。

六、深化知识产权对口援疆合作工作

一是不断提升知识产权运用能力。援疆省市加大对新疆知识产权战略实施的支持力度，服务新疆跨越发展大局，增进知识产权对科技创新、经济转型的融入度，提升知识产权事业对整个社会发展的影响力。围绕提高企业知识产权能力建设，着力引导企业从创造、运用相分离的管理模式向制定企业专利战略实现以运用为目的的创造、运用、保护、管理全流程管理模式转变。

二是加大知识产权人才培养力度。各省市知识产权局发挥自身优势，在加强知识产权人才培养、提升企业知识产权运用能力、开发专利信息资源、创新援疆机制等方面开展了大量工作。通过举办各类知识产权培训班等形式为新疆培养多元化的知识产权人才。例如，江苏省知识产权局对伊犁州知识产权局工作人员进行全额的岗位实习和专业培训；哈密地区知识产权管理人员及中小学教师多批次到对口的广东省学习培训；阿克苏地区专利信息工作人员到对口的上海市考察学习；喀什地区知识产权管理人员到山东省知识产权局参加为期1个月的学习；浙江省知识产权局为和田地区举办培训班1个，培训人数40多人；上海市知识产权局派专家为阿克苏地区知识产权培训和专题讲座进行授课，受训人数达400多人次。

三是开展多种形式的援疆活动。广东省、哈密地区的对口合作从中小学知识产权试点教育入手，分批为哈密地区培训中小学老师，组织相关人员到广东考察学习，派人到哈密地区介绍情况，传授做法和经验，并免费为哈密提供《中小学知识产权读本》5000册。湖南省知识产权局从建立专利信息检索平台入手，为吐鲁番地区提供葡萄信息检索软件。江苏省、山东省、上海、浙江等省市知识产权局从智力支援入手，采取"请进来、走出去"，委培、代培、跟班学习等形式，对受援方的管理人员进行专业培训，提高其知识产权综合管理运用能力。

七、提升知识产权对口援疆合作效果

开展智力和信息援疆。援疆省市知识产权局充分发挥人才资源和信息资源优势，通过举办各类培训班，开展挂职、岗位实习锻炼、考察学习、经验交流、建立专题数据库等形式，为受援方培养培训人才，提供信息服务。据不完全统计，举办知识产权培训班累计达到44期，培训人数累计达到3816人（次），岗位代培40多人（次），互访考察242人（次）。援疆省市为新疆对口地州市建立专利专题数据库4个。

开展项目合作援疆。2012年7月26日，在乌鲁木齐昆仑宾馆召开"第二次全国知识产权系统对口援疆工作会议"，北京、河北、黑龙江、江苏等省市及新疆维吾尔自治区知识产权局的代表与企业的代表签订《专利技术合作项目框架服务协议》。在项目援疆活动中，援疆省市知识产权部门针对受援方发展需求，牵线搭桥，引导本地企业、高校、科研机构与新疆开展专利项目合作，推动专利技术实施转化。一些高新技术企业进驻新疆工业园区，实现优势互补、互利共赢。据不完全统计，自2012年以来，援疆省市与新疆各地合作的专利项目达37项，项目资金420万元，实现产值32.3亿元，利润4.44亿元，税收0.96亿元。

开展基础建设援疆。各援疆省市知识产权局克服管理体制上的局限，积极协调内部资源，或者通过节约挖潜，把省下来的资金、资源用到对口支援新疆上来，使受援地州市知识产权局的基础建设和工作条件得到巨大改善。例如山东省知识产权局自2008年以来，每年为喀什地区知识产权局援助20万元，使该局在全疆率先购买了专利行政执法车，购买了办公设备，改善了办公条件；上海市在与阿克苏地区的合作中，从项目支持入手，为阿克苏地区提供20万专项资金和相关设备，帮助建立了专利信息检索工作站。据统计，自开展对口援疆来，援疆省市支持新疆地州（县）知识产权局的工作经费有1549万元，援助设备12套，价值76.65万元，从而有效改善了新疆受援地州知识产权管理部门的工作条件，提升了知识产权管理能力和服务功能。

表12-5　新疆地州市对口受援情况统计表
（2010—2014年）

地州市	落实援疆经费（万元）	实施援疆项目（个）	接收援疆设备（台、套）	建立专利数据库（个）	举办援疆培训班（期）	培训人员（人次）
阿克苏地区	70	2	4	1	8	5600
喀什地区	70	0	0	0	0	0
塔城地区	0	0	0	0	0	0
哈密地区	95	0	0	0	16	1209
昌吉回族自治州	0	0	0	0	0	0
伊犁哈萨克自治州	431	28	0	3	0	0
和田地区	70	0	4	0	2	34
吐鲁番市	30	0	0	0	0	0
博尔塔拉蒙古自治州	20	0	0	0	0	0
合计	786	30	8	4	26	6843

第三节　合作交流

一、对外交流

30年来，自治区知识产权管理部门对外组织开展了大量交流活动。

1989年12月，自治区专利管理局组织企业参加了在新加坡莱佛士大厦展览中心举办的"中国科技适用成果展览会"。

1991年4月27日—5月9日，自治区专利管理处组织企业参加了在法国巴黎举办的"第81届巴黎国际发明展览会"。

1993年4月，经自治区专利管理局组织参加了在法国举办的"第84届巴黎国际发明博览会"。8月1日，自治区专利管理局组织内蒙古、山东、陕西、甘肃、宁夏、新疆、西安等省（区）市与会代表赴哈萨克斯坦和吉尔吉斯坦共和国进行为期5~7天的专利技术市场考察活动。

1995年4月，自治区专利管理局组织有关企业参加了在瑞士举办的"第22届日内瓦国际发明博览会"。

1997年6月，自治区专利管理局、自治区知识产权研究会联合组织"赴德国知识产权培训班"。自治区知识产权研究人员、决策管理人员、专利代理机构人员、知识产权经济法规的执法人员和律师参加，到德国、法国等5国考察学习培训。

2004年3月27日—4月5日，自治区知识产权局雷筱云等人作为中国代表团成员，对俄罗斯进行了为期10天的考察访问。4月27日—5月8日，自治区知识产权局3名工作人员参加了在法国巴黎举办的"第95届国际发明展览会"。8月，香港知识产权署署长谢肃方再次来新疆考察，与自治区知识产权局等部门的有关人员进行了座谈和交流。12月18—26日，"自治区知识产权工作协调指导小组成员单位工作人员培训班"14名学员到香港知识产权署考察并与之座谈和交流。

2005年5月，自治区知识产权局局长姜万林等人员参加了在法国巴黎举办的"第96届国际发明展览会"。11月9—30日，自治区知识产权局管理实施处雷筱云处长到日本东京研究中心参加"中国实务工作人员研修班"。

2006年11月20日—12月3日，自治区知识产权局组织知识产权试点区域、新疆生产建设兵团知识产权局长及分管领导共18人赴德、法、比利时、荷兰等国考察学习。

2007年8月23日—9月6日，自治区知识产权局组织地州市知识产权局局长共9人到澳大利亚和新西兰进行培训。期间与澳大利亚等国知识产权署官员进行了座谈交流。

2008年12月1—10日，自治区知识产权局局长马庆云赴瑞士和英国参加"WTO世界学院高级研讨班"并访问英国知识产权局。

2012年12月，由自治区知识产权局副局长孙东方带队，昌吉州知识产权局局长伦金义、阿克苏地区知识产权局局长贾新军和自治区知识产权局综合处原处长常铖等一行6人到韩国进行为期6天的考察交流活动。

2014年11月21—26日，以自治区知识产权局局长马庆云为团长一行6人的"自治区知识产权局赴哈代表团"，对哈萨克斯坦进行了为期5天的考察访问。12月1—21日，自治区知识产权局法律事务处副调研员杨靖赴美国参加由商务部组织的打击侵权假冒的立法和执法学习任务。

二、对内交流

（一）国家知识产权局与自治区知识产权局双方通过互派挂职干部等形式，开展交流学习活动

2000年，自治区专利管理局在乌鲁木齐承办"西北6省6市专利协作会"，我国西北6省（市）专利管理局代表参加，交流专利工作情况。

2005年5月31日—6月2日，自治区知识产权局组织乌鲁木齐市等单位9名人员参加由世界知识产权组织、国家知识产权局与甘肃省政府共同举办的知识产权高级研讨会。

2007年，自治区知识产权局副局长谭力到国家知识产权局挂职1年。

2008年，自治区知识产权局局长马庆云到国家知识产权局挂职半年。

2009年7—9月，自治区知识产权局法律事务处处长哈洪江到国家知识产权局专利复审委员会挂职学习。

2011年1—12月，国家知识产权局专利局潘战刚到自治区知识产权局挂职，任局长助理，时间1年。同年7—8月，乌鲁木齐专利代办处专利审查员刘红强到国家专利局初审及流程管理部挂职，任受理处处长助理，时间2个月。同年，自治区知识产权局马庆云局长到环保部挂职1年。同年2月—2012年1月，自治区知识产权局法律事务处副调研员杨靖到国家知识产权局专利管理司市场管理处挂职，时间1年。

2012年4—5月，国家知识产权局专利局乌鲁木齐代办处古丽娜到国家专利局初审流程管理部挂职学习2个月。同年2月—2013年1月，国家知识产权局谭小海到乌鲁木齐专利代办处挂职，任副主任。

2013年11月—2014年11月，国家知识产权局专利局张华山到自治区知识产权局挂职，任乌鲁木齐代办处

副主任。

2014年7—12月，国家知识产权局李亚林到自治区治区知识产权局挂职，任法律事务处处长（当时哈洪江处长参加访惠聚工作）。

2014年11月—2015年12月，协作北京中心的曾宇昕到国家知识产权局专利局乌鲁木齐代办处挂职任副主任。

截至2014年12月，自治区知识产权局到国家知识产权局挂职的人员有6人，国家知识产权局到自治区知识产权局挂职的人员有5人。

（二）自治区与国家知识产权局及内地省区开展交流活动

1997年5月28日—6月20日，自治区专利管理局组织"自治区专利考察团"，各地州市科委主管专利的领导、专利代理事务负责人参加，到四川省、湖南省、湖北省、山东省和北京市考察专利管理、专利代理、企业专利试点等工作。

2000年，自治区发明协会、自治区专利管理局与中国发明协会联合在乌鲁木齐召开了"西部大开发与知识产权保护研讨会"，来自全国各地的专利管理机关、专利代理机构、工商、版权及企业的代表106人参加。

2004年7月22日，国家知识产权局专利局文献部部长李建蓉到新疆新能源股份有限公司、特变电工对专利试点企业专利信息资源利用等情况进行专项调研。8月5—13日，国家专利局专利审查协作中心10名专利审查员到中国科学院新疆理化研究所、特变电工等10家企事业单位调研，并与新疆专利代理机构代表进行了座谈。9月10—13日，自治区知识产权局组织地州市知识产权局及知识产权试点企事业单位的代表一行8人到江苏、上海等省市进行调研学习和交流。9月13—16日，自治区知识产权局组织特变电工和新疆天业（集团）股份有限公司的代表参加由国家知识产权局在宁夏召开的"全国企事业专利试点单位经验交流会"。会上，特变电工作大会交流发言。9月20—22日，国家知识产权局监察局局长唐大立及监察处处长孙军等人员到新疆考察知识产权工作。

2011年9月6—8日，自治区知识产权局在乌鲁木齐市承办"西北、华北、东北地区知识产权协作会议"，我国"三北"地区的13个省、市和自治区知识产权局负责人参加。重点介绍了本省市区"十二五"知识产权事业发展规划制定、知识产权试点示范工作、专利实施转化等工作开展情况；研讨交流了知识产权宣传及知识产权文化建设情况；研讨了开展知识产权专项执法省际合作事项。6月22—23日，在北京召开"中国知识产权研究会第五届四次常务理事会"，自治区知识产权局马庆云参加，并被补选为理事会理事。6月30日—7月1日，国家知识产权局在北京召开挂职干部交流工作研讨会，自治区知识产权局挂职干部潘战刚参加研讨交流。7月21—22日，国家知识产权局在北京召开"地方专利信息服务中心设立研讨会"，自治区知识产权局管理实施处处长薛卫东参加研讨交流活动。11月15日，自治区知识产权局副局长多里坤·阿吾提被国家知识产权局聘请为特邀监督员。11月8—9日，中国知识产权研究会在成都市召开"全国知识产权研究会创新发展工作交流会"，自治区知识产权局管理实施处副处长沈联海参加会议。12月20—22日，国家知识产权局在长沙市召开"全国知识产权系统执法工作会议暨第五届中国知识产权执法论坛"，自治区知识产权局法律事务处处长哈洪江参加并发言。

2012年7月17—18日，辽宁省知识产权局牵头组织，在辽宁省沈阳市召开"三北地区知识产权协作会议"，自治区知识产权局局长马庆云出席并与"三北"地区知识产权局与会代表进行了交流。9月12日，协作北京中心夏国红副主任一行4人到新疆调研。11月26—27日，自治区知识产权局领导参加国家知识产权局在江苏省苏州市召开"2012年全国知识产权服务工作研讨会"，与兄弟省区参会代表进行了交流。11月28—29日，国家知识产权局在江苏省南京市召开"全国知识产权战略实施工作会"，自治区知识产权局领导和管理实施处负责人参加。

2013年3月28—29日，自治区科技厅副巡视员、知识产权局副局长谭力、国家知识产权局专利局乌鲁木齐代办处处长刘山玖参加国家知识产权局办公室在广州市召开的"2013年代办工作会议"。会上，与参会代办处交流了经验。4月24日，中国知识产权研究会在北京召开"中国知识产权研究会会员大会"，自治区知识产权局马庆云局长参加，与参会代表进行交流。4月8—10日，国家知识产权局专利复审查委员会在河南省郑州市召开"2013年度巡回审理庭工作会议"，自治区知识产权局法律事务处副处长范志刚参加学习交流。4月16—18日，国家知识产权局办公室在广州市召开"2013年全国知识产权系统党建工作交流工作会议"，自治区知识产权局副局长多里坤·阿吾提参加。5月22—24日，国家知识产权局办公室在山东省潍坊市召开"全国知识产权系统党风廉政建设工作会议"，自治区知识产权局马庆云局长参加，与参会代表进行学习交流。

（三）自治区知识产权局与地州市开展干部挂职交流活动

2005年5月—2007年5月，自治区知识产权局贺迎国到霍城县挂职，任科技副县长。

2006年6月—2007年5月，伊犁州知识产权局副局长余英荣到自治区知识产权局挂职，任管理实施处副处长。

2006年12月—2008年12月自治区知识产权局副局长多里坤·阿吾提到喀什地区伽师县挂职，任副县长。

2010年12月—2012年12月，自治区知识产权局主任科员李元到喀什地区疏附县吾克萨克乡挂职、任副乡长。

2013年，克拉玛依市知识产权局科长杜鸿东到自治区知识产权局管理实施处挂职，时间半年。

第十三章　协调指导

知识产权涉及专利、商标、著作、商业秘密、植物新品种、集成电路布图设计、地理标志、奥林匹克标志、遗传资源、传统知识、民间文艺等领域。知识产权类型的多样性决定了知识产权管理的多行业、多部门。因此，建立健全知识产权协调指导制度和机制，对于加强部门、行业间的合作配合，融合资源，共享信息，全面提升知识产权创造、保护、运用、管理能力和水平具有重要意义。

第一节　协调指导体系

一、概述

为充分发挥各个知识产权管理部门的职能作用，积极开展知识产权国际合作与交流，健全和完善我国的知识产权管理制度，加强知识产权工作的宏观管理和统筹协调，1994年7月11日，国务院办公厅印发《关于建立国务院知识产权办公制度及有关部门职责分工问题的通知》（国办发〔1994〕82号），建立国务院知识产权办公会议制度。按照该通知的要求，国务院知识产权办公会议由国务委员宋健主持，其主要任务是：研究、领导、协调全国知识产权有关工作；负责研究确定知识产权管理的重大政策和对策；协调跨部门、跨地区的综合性知识产权管理工作，推动知识产权制度成为我国实施科学技术发展战略和建立新型科技、经济、文化体制的组成部分；有关特别重大的问题，由"办公会议"提交国务院决定。"办公会议"下设办公室，设在国家科委，协助宋健同志处理日常工作。

二、协调指导体系

（一）自治区知识产权工作协调指导体系

1.自治区知识产权工作协调指导机构

为贯彻落实国务院"国办发〔1994〕82号"精神，1994年12月12日，自治区人民政府办公厅印发《关于成立自治区知识产权工作协调指导小组的通知》（新政办〔1994〕146号），正式成立"自治区知识产权工作协调指导小组"。

自治区"协调指导小组"的组织架构是：组长1人，由自治区副主席担任，副组长3人，由自治区科委、新闻出版局（版权局）和工商行政管理局领导担任。成员19个，由自治区党委、政府有关部门的领导担任。自治区"协调指导小组"下设办公室。办公室设主任1人，副主任1人，成员若干人，执行秘书1人。办公室主任由自治区科委领导担任，副主任由自治区人民政府办公厅科技处（或秘书处）领导担任。办公室成员由自治区工商行政管理局商标监督管理处、新闻出版局（版权局）版权处、科技厅政策法规处、乌鲁木齐海关法规处和知识产权局管理实施处等单位负责人组成。执行秘书由自治区科委法规处（知识产权局管理实施处）工作人员担任。

表13-1　新疆维吾尔自治区知识产权工作协调指导小组成员名单

（1994—2002年）

职务	姓名	工作单位及职务
组长	米吉提·纳斯尔	自治区副主席

职务	姓名	工作单位及职务
副组长	苏天虎	自治区人民政府副秘书长
	那吉米·丁尼扎木丁	自治区科委副主任
	艾买提·毛拉吐尔地	自治区新闻出版局（版权局）局长
	钱西夫	自治区工商行政管理局副局长
组员	邵强	自治区党委宣传部副部长
	魏建国	自治区经贸委主任
	顾家骝	自治区科委副主任
	李惠民	自治区卫生厅副厅长
	陈为祥	自治区农业厅副厅长
	王成文	自治区文化厅厅长
	张兆祥	自治区公安厅副厅长
	张良	自治区司法厅副厅长
	托乎塔尔别克	自治区广播电视厅副厅长
	何景柏	自治区化工局总工程师
	伊燕震	乌鲁木齐海关关长
	托列吾汗	自治区人民检察院副检察长
	许金富	自治区高级人民法院民事审判庭庭长
	吕文良	自治区推广应用计算机办公室主任
	司马义·依不拉音	自治区人民政府法制办公室副主任
	刘永生	自治区专利管理局局长
	何凤银	自治区医药管理局副局长

注：自治区"协调指导小组"办公室设在自治区科委，办公室主任由顾家骝同志兼任。执行秘书由自治区科委政策法规处由洁担任。

表13-2　新疆维吾尔自治区知识产权工作协调指导小组成员名单

（2002—2008年）

职务	姓名	工作单位及职务
组长	刘怡	自治区副主席
副组长	阿依甫·铁依甫	自治区人民政府秘书长
	顾家骝	自治区科技厅厅长
	姜万林	自治区知识产权局局长
	梁庚新	自治区工商行政管理局副书记
	张新泰	自治区新闻出版局（版权局）副局长
	刘光宇	新疆生产建设兵团副秘书长
组员	呼赛音·瓦力夏	自治区党委宣传部副部长
	李伟	自治区人民政府法制办公室副主任
	帕拉提·阿布都卡迪尔	自治区经贸委副主任
	哈拜·马泰	自治区外经贸厅副厅长
	杨德禄	自治区公安厅副厅长
	张兆祥	自治区司法厅党组书记、副厅长

续表

职务	姓名	工作单位及职务
组员	谢亚涛	自治区财政厅副厅长
	郑强	自治区人事厅副厅长
	肖开提·依明	自治区广播电视局局长
	李成	自治区农业厅副厅长
	严效寿	自治区林业局党组书记
	朱新安	自治区卫生厅副厅长
	克依纳木	乌鲁木齐海关副关长
	陈江	自治区高级人民法院副院长
	聂增祥	自治区信息化办公室主任
	韩子勇	自治区文化厅副厅长
	刘孟全	自治区国家税务局副局长
	方文景	自治区地方税务局副局长
	斯拉米别克·艾力甫哈孜	自治区质量技术监督局副局长
	蒋新华	乌鲁木齐市中级人民法院副院长
	陈德平	自治区人民政府办公厅秘书五处处长
	田湘勇	自治区知识产权局副局长

注：自治区"协调指导小组"办公室设在自治区知识产权局，办公室主任由姜万林同志兼任。执行秘书由自治区知识产权局管理实施处杨靖、史治勋担任。

表13-3　新疆维吾尔自治区知识产权工作协调指导小组成员名单
（2008—2014年）

职务	姓名	工作单位及职务
组长	靳诺	自治区副主席
副组长	艾拉提·艾山	自治区人民政府秘书长
	张小雷	自治区科学技术厅厅长
	马庆云	自治区知识产权局局长
	梁庚新	自治区工商行政管理局巡视员
	张新泰	自治区新闻出版局（版权局）副局长
	黄斌	新疆生产建设兵团科技局（知识产权局）副局长
组员	马木提·托依木利	自治区党委宣传部副部长
	李伟	自治区人民政府法制办公室副主任
	任光华	自治区经济贸易委员会副主任
	尼加提·司马义	自治区外经贸厅副厅长
	孙也刚	自治区教育厅副厅长（正厅级）
	王乐祥	自治区公安厅副厅长
	阿不力孜·吾守尔	自治区司法厅厅长
	王彦楼	自治区财政厅 副厅长
	韩成	自治区人事厅外国专家局局长
	依德力希·哈依沙	自治区广播电影电视局副局长

续表

职务	姓名	工作单位及职务
	李洪运	自治区农业厅副厅长
	英胜	自治区林业厅副厅长
	买买提·牙森	自治区卫生厅厅长
	严楠	乌鲁木齐海关副关长
	金利岷	自治区最高人民法院副院长
	苏国平	自治区信息产业厅厅长
组员	韩子勇	自治区文化厅 党组书记
	刘建新	自治区国家税局副局长
	方章荣	自治区地方税局 党组成员、总会计师
	徐望澄	自治区质量技术监督局副巡视员
	蒋新华	乌鲁木齐市中级人民法院副院长
	张晓宁	自治区人民政府办公厅秘书七处 处长
	谭力	自治区科技厅副巡视员、知识产权局副局长

注：自治区"协调指导小组"办公室设在自治区知识产权局，办公室主任由马庆云同志兼任。执行秘书由自治区知识产权局管理实施处史治勋担任。

2.建立自治区知识产权协调工作联络员兼通讯员队伍

为加强自治区"协调指导小组"成员单位和知识产权管理部门之间的工作联系及信息交流，推动知识产权宣传和新闻报道工作，2003年5月26日，自治区"协调指导小组"办公室印发《关于组建自治区知识产权工作联络员兼通讯员队伍的通知》（新知协办字〔2003〕09号），决定组建自治区知识产权工作联络员兼通讯员队伍。

表13-4　自治区知识产权协调工作联络员兼通讯员队伍名单

（2003年）

序号	姓名	工作单位及职务
1	马胜军	喀什地区知识产权局副局长
2	王志明	克拉玛依市知识产权局办公室副主任
3	王秀玲	自治区对外贸易经济合作厅政策法规信息处主任科员
4	古丽巴哈尔	阿克苏地区科技局科长
5	古丽娜	自治区司法厅法制宣传处主任科员
6	史治勋	自治区知识产权局管理实施处调研员
7	叶尔肯	阿勒泰地区知识产权局科员
8	由洁	自治区科技厅政策法规处副处长
9	范蕾	自治区工商行政管理局商标协会副主任科员
10	朱延国	自治区文化厅市场处主任科员
11	纪蓓	自治区卫生厅教科处科员
12	吴绩敏	自治区国税局留转处主任科员
13	宋巧歌	自治区广播电影电视局法规处科员
14	宋智军	巴音郭楞蒙古自治州知识产权局副主任科员
15	张勇	自治区经济贸易委员会技术进步与装备处主任科员

续表

序号	姓名	工作单位及职务
16	张冬蕾	自治区信息化办公室行政处副主任科员
17	张咏梅	自治区人民政府法制办公室执法监督处主任科员
18	张晓宁	自治区人民政府办公厅五处助理调研员
19	张晴霞	乌鲁木齐市知识产权局副局长
20	时鉴	吐鲁番地区知识产权局局长
21	李昕	乌鲁木齐市中级人民法院民三庭副庭长
22	李娟	新疆生产建设兵团科委成果处主任科员
23	李渭红	自治区高级人民法院民三庭助理审判员
24	杨靖	自治区知识产权局管理实施处副主任科员
25	狄英	哈密地区知识产权局干部
26	肖开提	自治区技术监督局计划财务科技处副处长
27	邱建民	自治区农业厅科教处副主任科员
28	阿地力	自治区新闻出版（版权）局副主任科员
29	陈春林	塔城地区知识产权局干部
30	依马木·阿吉	克孜勒苏克尔克孜自治州科技局
31	周萍	自治区地税局法规处干部
32	范蕾	自治区工商行政管理局商标协会副主任科员
33	郑勇	自治区财政厅经济建设处副处长
34	殷继明	自治区人事厅政治法规处主任科员
35	殷继荣	石河子市科技局计算机应用中心副主任
36	郭冀生	昌吉回族自治州知识产权局综合科科长
37	顾远达	自治区公安厅经济犯罪侦察处科长
38	黄河	伊犁哈萨克自治州知识产权局主任科员
39	黄睿彦	自治区教育厅高教处副主任科员
40	游丽蓉	博尔塔拉蒙古自治州知识产权局副局长
41	荆朝平	自治区党委宣传部宣传教育处主任科员
42	管以辉	和田地区知识产权局干部
43	暴钰	乌鲁木齐海关法规处科长
44	潘新剑	自治区林业局科技管理处副处长

（二）地州市知识产权工作协调指导体系

自治区"协调指导小组"成立后，积极推进地州市知识产权工作协调指导机构的建立。

表13-5 新疆地州市知识产权工作协调指导机构一览表

序号	成立时间	机构名称	成员单位数（个）
1	2002-8-14	塔城地区知识产权工作协调指导小组	20
2	2002-9-10	哈密地区知识产权工作协调指导小组	22
3	2002-12-18	和田地区知识产权工作协调指导领导小组	21
4	2002-12-20	喀什地区知识产权工作协调指导小组	23

续表

序号	成立时间	机构名称	成员单位数（个）
5	2003-4-2	吐鲁番地区知识产权工作协调领导小组	21
6	2003-7-9	昌吉回族自治州知识产权工作协调指导小组	24
7	2003-7-21	伊犁哈萨克自治州知识产权工作协调指导小组	25
8	2004-1-6	巴音郭楞蒙古自治州知识产权工作协调指导小组	24
9	2004-11-1	乌鲁木齐市知识产权工作协调指导小组	26
10	2004-12-29	博尔塔拉蒙古自治州知识产权工作领导小组	27
11	2005-9-29	克拉玛依市知识产权工作协调指导小组	13
12	2006-2-8	阿勒泰地区知识产权工作领导小组	27
13	2006-6-28	阿克苏地区知识产权工作协调领导小组	25
14	2007-4-20	克孜勒苏柯尔克孜自治州知识产权工作协调指导小组	29
15	2007-6-12	石河子市知识产权工作协调指导小组	21

1995—1996年，克拉玛依市、石河子市、哈密地区、昌吉州等地州市相继建立了知识产权工作协调指导机构。

2002年8月14日，塔城地区知识产权工作协调指导小组成立。9月10日，哈密地区知识产权工作协调指导小组成立。12月18日，和田地区知识产权工作协调指导小组成立。12月20日，喀什地区知识产权工作协调指导小组成立。

2003年4月2日，吐鲁番地区知识产权工作协调指导小组成立。7月9日，昌吉州知识产权工作协调指导小组成立。7月21日，伊犁州知识产权工作协调指导小组成立。

2004年1月6日，巴州知识产权工作协调指导小组成立。11月1日，乌鲁木齐市知识产权工作协调指导小组成立。12月29日，博州知识产权工作领导小组成立。

2005年9月29日，克拉玛依市知识产权工作协调指导小组成立。

2006年2月8日，阿勒泰地区知识产权工作领导小组成立。同年6月28日，阿克苏地区知识产权工作协调领导小组成立。

2007年4月20日，克州知识产权工作协调指导小组成立。6月12日，石河子市知识产权工作协调指导小组成立。至此，全区15个地州市全部建立知识产权工作协调指导机构。

三、协调指导工作职责

（一）自治区"协调指导小组"职责

自治区"协调指导小组"职责主要有：一是组织、协调、指导全区知识产权工作；二是贯彻执行国家有关知识产权的法律法规和方针政策；研究制定自治区有关知识产权的法规、重大政策、措施和规划，并组织实施；三是协调解决自治区经济、科技和文化发展中有关知识产权的重大问题，并提出政策性意见和建议；四是建立知识产权执法保护协调机制，组织开展知识产权联合执法行动；五是组织大型知识产权宣传活动，普及和提高社会各界知识产权意识；六是建立各成员单位信息交换、情况通报制度，定期发布自治区知识产权保护状况。

（二）自治区"协调指导小组"办公室职责

自治区"协调指导小组"办公室在自治区"协调指导小组"领导下，一是开展跨地区、跨部门的综合性的知识产权管理日常工作；二是研究全区知识产权工作的主要问题，汇总各部门知识产权工作情况，并向自治区"协调指导小组"提出报告和对策建议；三是指导全区知识产权法律服务体系的建立；四是协调全区知识产权法律实施的检查监督工作；五是部署全区知识产权宣传、培训工作；六是编发自治区知识产权工作信息交流刊物，办理有关文件；七是承担自治区知识产权工作协调指导小组相关会议的筹备工作；八是负责与各省、自治区、直辖市知识产权协调指导机构的工作联系；九是承办自治区"协调指导小组"交办的其他工作。

（三）自治区"协调指导小组"成员单位工作职责

2003年5月，自治区"协调指导小组"提出成员单位工作职责，其内容如下。

自治区党委宣传部：加强对知识产权宣传工作的领导，密切配合知识产权部门，为增强各级领导及全体公民的知识产权意识，充分发挥宣传部门的职能作用。

自治区人民政府法制办公室：重视自治区有关知识产权法规建设，积极支持和参与自治区知识产权保护的立法工作；加强自治区知识产权法规知识的宣传普及工作，将知识产权法律、法规的普及纳入自治区普法规划和检查活动的重要内容；有计划地开展知识产权执法检查活动，促进知识产权执法保护能力提升。

自治区科技厅：一是加强与科技有关的知识产权保护和管理工作，积极实施专利战略，将知识产权工作贯穿科技创新的全过程，并纳入全区技术创新体系；二是将知识产权纳入科技评价体系之中，把知识产权工作与科技计划立项、成果评定验收、高新技术企业和产品认定、科技企业孵化器、科技型中小企业技术创新基金、科技奖励、科技人员的继续教育和科技管理干部的培训等科技管理工作结合起来；三是制定有关鼓励发明创造、保护知识产权的政策；在科技经费安排上，重点扶持拥有自主知识产权的项目；四是指导区属科技管理机构和科研单位的知识产权宣传、管理和保护工作，在科研院所建立专利奖励制度。

自治区知识产权局：一是负责自治区知识产权工作协调指导小组办公室的日常工作，协调指导全区知识产权工作；二是会同有关部门制定与知识产权相关的科技、经济、贸易等政策；积极指导有关部门和单位开展与之相关的知识产权管理和保护工作；三是统筹协调全区涉外知识产权工作事宜，负责知识产权国际交流与合作工作；四是负责全区的专利行政执法工作，组织有关知识产权管理部门开展知识产权联合执法活动；五是指导企事业单位知识产权管理与保护工作，帮助企事业开展专利信息利用和知识产权战略研究工作；六是组织重大专利技术实施；管理自治区专利技术资助资金；指导列入全区有关计划的研究与开发项目的专利管理工作；七是加强知识产权的宣传培训，会同有关部门开展知识产权宣传教育工作；八是指导各地、州、市的知识产权工作；督促各地、州、市建立知识产权管理机构；拟定自治区有关专利保护的管理法规；指导自治区各行业协会建立知识产权自律制度；按照国家知识产权局《专利代理管理办法（试行）》加强对专利中介机构的监督管理，规范专利中介服务市场；指导自治区发明协会和知识产权研究会的工作。

自治区工商行政管理局：一是组织商标管理工作和商标印制行业的管理，加强驰名商标保护，查处商标侵权行为；二是监督检查涉及专利广告的经营活动，并出证证明；三是与知识产权管理部门配合，加强知识产权合同监管、电子商务以及会展业务中的知识产权管理与保护工作；四是查处侵犯商业秘密等不正当竞争行为，把保护知识产权作为规范市场经济秩序的一项重要工作；五是围绕全区实施的名牌战略，指导企业开展商标战略研究，将实施名牌战略与申报中国驰名商标等工作结合起来；六是抓好商标的管理工作，在各类专利中介服务机构的注册登记工作中，要求提供知识产权局的审核意见，以规范专利中介服务市场；七是加强执法协作，提高行政执法成效。将本部门负责的行政执法工作负责人、联系人、办公地点、举报电话报小组办公室予以公布。

自治区新闻出版（版权）局：一是协调管理全区著作权（含计算机软件著作权）工作，负责著作权侵权案件的查处和投诉，处理或协助国家和自治区著作权行政管理机构处理涉外著作权事宜；二是审核、申报建立著作权集体管理、代理、合同仲裁等机构；三是负责全区作品、计算机软件著作权的登记、审核、申报工作。

自治区经贸委：一是指导企业把知识产权工作融入技术创新全过程，将知识产权作为企业技术创新、技术改造立项的重要内容，列为考核企业技术创新能力的重要指标和评价企业技术进步的规定之中，将拥有以专利为主的知识产权数量与质量作为建立与管理专利试点企业的重要条件和考核内容；二是协助区知识产权部门抓好工业企业专利试点工作及指导工业企业建立知识产权管理机构和知识产权自律制度；三是协助区知识产权部门做好工业企业知识产权宣传教育培训工作，将知识产权列入企业经理、员工培训内容。

自治区外经贸厅：一是指导外资企业和各类从事外经贸业的企业，学习"TRIPS协议"及有关知识产权国际公约，提高其保护自主知识产权的自觉性。采取多种措施，鼓励出口企业对专利产品、专有技术、商标等开展国外申请、注册、认证等工作，维护企业在对外贸易中的合法权益；二是在技术引进、设备进口和国际招标中，引导企业严格执行国家有关对外贸易的法规、条例，避免引进国家限制、禁止进口的技术、设备；引导企业利用多种渠道，开展相关技术、设备、产品的专利检查，提高引进质量；三是加强对出口商品、技术状况的调研及国际知识产权保护趋势的分析研究，根据有关国际公约及最新规则，适时提出促进出口产品、技术和知识产权保护方面的政策措施；四是协助做好自治区会展中的知识产权保护工作；五是联合起草自治区加强技术及产品进出口中知识产权保护办法。

自治区教育厅：一是将知识产权列入教育系统的科研、科普工作内容，指导广大教育工作者、学生树立知识产权意识；二是在学生素质教育中，培养青少年创新思维，对学生专利发明人给予奖励；三是加强区属院校与科技有关的知识产权管理与保护工作；指导区属院校开设知识产权选修课程，为教师开办知识产权讲座。

自治区公安厅：一是严格贯彻执行公安部、国家工商行政管理总局、国家知识产权局《关于查处侵犯知识产权违法犯罪案件工作中加强协作配合的通知》（公通〔2002〕88号）精神，主动配合知识产权主管部门依法查处侵犯知识产权违法犯罪案件；二是积极配合、协助有关职能部门对侵犯知识产权违法犯罪活动开展集中打击行动，及时查处阻碍知识产权管理部门行政公务的案件；三是加强与知识产权管理部门的联系、沟通，共同建立侵犯知识产权违法犯罪案件的移送机制。

自治区司法厅：督促、检查知识产权管理部门做好普法中知识产权法律法规知识的普及工作。

自治区财政厅：保证"专利技术推广资金"和"专利申请资助资金"的投入。

自治区人事厅：一是将知识产权培训纳入全区专业技术人员继续教育计划并组织实施；二是将获得专利并取得效益作为有关技术职称、政府有突出贡献专家和享受政府特殊津贴人员的评定的重要条件，纳入相关评定办法；在相关人员的培训中，加入知识产权的内容；三是配合知识产权部门做好知识产权先进集体和先进个人的表彰工作。

自治区广播电影电视局：制定广播电视中的知识产权管理和保护工作制度，注意保护自身的知识产权，不侵犯他人的著作权及其邻接权等知识产权。

自治区农业厅：一是管理全区推广使用的农作物新品种的知识产权保护工作；二是充分利用专利信息，积极实施专利战略，提高农业技术发展开发和产业化水平。

自治区林业局：一是管理全区推广使用的植物新品种的知识产权保护工作；二是充分利用专利信息，积极实施专利战略，提高林业技术发展开发和产业化水平；三是宣传林业方面与知识产权有关的国家法律、法规。

自治区卫生厅：一是负责自治区医疗单位与知识产权管理与保护工作；二是加强对全区医务人员的知识产权宣传与培训，增强医务人员的知识产权保护意识。

乌鲁木齐海关：一是加大海关知识产权保护宣传力度，提高企业知识产权保护意识；二是加强与企业、行业协会及相关部门的交流与合作；三是认真贯彻落实《中华人民共和国知识产权海关保护条例》和《中华人民共和国海关关于知识产权保护的实施办法》等法规，建立和完善乌鲁木齐海关知识产权保护法规；四是依法查处侵权案件，加强知识产权海关边境保护工作。

信息化办公室：一是加强信息产业中的知识产权管理与保护工作；二是将知识产权与专利信息网络发展计划纳入自治区信息化建设发展规划，支持知识产权与专利信息网络建设；三是加强国际互联网中的域名管理和邮电、电信与移动通信中的知识产权保护工作。

自治区文化厅：一是加强对全区文化系统的知识产权宣传培训工作，增强其知识产权保护意识；二是积极开展《中华人民共和国著作权法》等相关法律、法规宣传培训活动，增强其知识产权保护意识；三是加强文化系统的知识产权保护工作。

自治区国税局、自治区地税局：关心支持和积极参与知识产权工作，认真贯彻落实自治区有关知识产权税收政策和规定，保证涉及专利技术转让的税收优惠政策落实到位。

自治区技术监督局：一是在对生产领域产品质量实行监督管理的过程中发现涉及知识产权的问题，及时与知识产权管理部门联系配合处理；二是在标准化管理工作中，引导企业把专利战略与标准战略结合起来。

四、协调指导工作制度

（一）会议制度

每年定期召开小组全体成员会议。会议研究的主要问题是：协调解决全区知识产权工作的重大事项；听取有关工作汇报和重要对策建议，研究部署工作任务；审议小组办公室年度工作计划和重大行动计划；协调各地、各部门知识产权工作；决定小组成员调整事项。

（二）报告制度

各知识产权管理部门每年按职责范围总结全区知识产权管理和保护情况并书面报小组，如遇重大问题或典型案件应及时报告；所报告的情况应真实、准确。

（三）通报制度

国家或自治区有关知识产权工作的重要信息和小组成员单位的工作进展情况，在非例会期间要以书面形式定期通报协调指导小组成员。相关情况必要时可在新闻媒体上予以宣传报道。

（四）成员变更报批制度

各成员单位若需变更小组成员，须以书面形式提出申请，经协调指导小组会议通过后，正式行文生效。

第二节　协调指导工作

自治区"协调指导小组"成立以来，在知识产权宣传、培训、执法、保护、战略制定实施等方面大力加强部门之间的协调，取得了明显的成绩。

一、宣传活动的协调指导

自治区"协调指导小组"在知识产权宣传知识产权法规知识普及等方面做了大量协调工作。

1994年，为了在青少年中普及知识产权知识，在自治区教委组织编写的全区地方中学法制教材中，增加了知识产权法律法规的章节；在自治区党委宣传部、自治区司法厅、自治区普法办举办的《社会主义市场经济法律法规》电视讲座中，列入了知识产权保护主要法律法规的宣讲内容，并用维汉两种文字录制播放。

1995年12月21日，根据国务院知识产权办公会议办公室、司法部《关于在全国开展知识产权法制培训班教育活动的安排意见》，自治区"协调指导小组"办公室与司法厅联合印发《关于在全区开展知识产权法制教育活动的通知》（新知权办字〔1995〕08号），就进一步加强知识产权保护，促进自治区科学技术进步、文化繁荣和经济发展，在全区深入开展知识产权法制培训教育活动，提高全社会的知识产权保护意识，以及开展知识产权教育活动的对象、指标、内容及实施步骤作出了具体部署。

1996年8月27日，自治区"协调指导小组"办公室制订印发《1996年自治区知识产权协调工作计划》。该计划提出：要大力开展知识产权法律法规的宣传教育，把知识产权法律法规作为"二五"普法的重要内容。要以各级政府知识产权执法、管理部门的领导等人员为对象，以提高知识产权意识为目标，举办或组织参加各类知识产权工作培训班。要积极支持有关部门建立知识产权咨询服务机构或咨询点。

进入新世纪后，自治区"协调指导小组"办公室牵头，各成员单位参加，坚持每年以纪念"4·26"世界知识产权日为契机，组织开展知识产权宣传活动。每次在宣传周活动前，自治区"协调指导小组"按照上级的有关要求，召开办公室会议或成员扩大会，讨论制订宣传周活动计划，制订活动实施方案，通过印发活动通知，向全区提出宣传周指导思想、活动主题、活动时间、宣传重点、活动内容和活动要求。在活动期间，自治区"协调指导小组"成员，按照分工，积极筹划，周密组织并开展了"知识产权工作供需对接会""科技创新与知识产权座谈会""知识产权沙龙""广场万人签名和知识产权知识咨询""深入街道商场联合执法宣传"、知识产权六进（进机关、进企业、进校院、进街道、进商店、进社区）等形式多样的宣传活动。例如，2003年3月25日，自治区"协调指导小组"办公室印发《关于组织"知识产权杯"稿件的通知》（新知协办字〔2003〕05号）。按照该通知要求，由自治区"协调指导小组"办公室牵头，从2003年4月1日—12月底，在新疆日报头版开设"知识产权杯"征文活动，并在通知中提出了此次活动实施方案和成员单位稿件数量和指标要求。2009年4月19日，由自治区人民政府主办、自治区知识产权工作协调指导小组承办在乌鲁木齐召开"自治区知识产权宣传周新闻发布会"。自治区副主席、"协调指导小组"组长靳诺、自治区人民政府副秘书长、自治区"协调指导小组"副组长刘华等领导参加并讲话。会上，自治区"协调指导小组"主要成员单位领导发布了《2008年新疆维吾尔自治区知识产权保护状况》《2008年自治区保护知识产权十大典型案例》《自治区推进企业商标战略发展措施》《2009年重点商标培育发展计划》《新疆第六届图书奖暨第三届音像制品电子出版物奖获奖名单》《2008年度自治区"知识产权好新闻"奖》。

自2001年4月以来，自治区"协调指导小组"参与组织的自治区知识产权宣传周活动已有14次。自治区知识产权宣传周活动的开展，广泛深入地宣传普及了知识产权法律法规知识，极大地增强了全社会知识产权意识，逐步形成了"尊重知识、尊重劳动、崇尚发明、尊重知识产权"的良好社会氛围。

二、培训工作的协调指导

（一）从师资入手，加强自治区知识产权讲师队伍建设

1996年8月，自治区"协调指导小组"成立了知识产权讲师团。2002年4月18日，自治区"协调指导小组"办公室对知识产权讲师团成员进行了调整和补充，人员由8名增加到38名。自治区知识产权讲师团自成立以后，多次应邀为自治区党校、大专院校和乌鲁木齐市、巴州、阿勒泰地区等地、州、市及有关石油企业举办专题讲座。1994年1月—2001年3月，自治区知识产权讲师团举办各类讲座90多次，参加人员6000多人（次）；编写了汉文、维文两种文字的《知识产权普及读本》1.15万册，印发《知识产权法律法规文件汇编》和有关宣传资料3000余份（册）；举办专题报告会6场，参加人数450多人（次）；编写宣传资料3万余字；举办骨干学习班3期，培训117人；组织为期一年的"全国知识产权专业函授"班1期，参加70余人；会同有关专家，开展法律咨询50多项、120多人（次）。

（二）以实施知识产权战略推进工程为主线，积极推进知识产权培训工作

2004年4月3日，《自治区人民政府办公厅转发自治区知识产权局等部门关于自治区实施知识产权战略推进工程的意见的通知》（新政办发〔2004〕53号）。8月27日，在新疆科技干部培训中心召开自治区"协调指导小组"办公室扩大会，就如何贯彻执行自治区人民政府办公厅（新政办发〔2004〕53号）通知提出的总体目标和任务进行了研究。会议研究讨论了各成员单位实施《自治区知识产权万人教育培训计划》的指标任务。会后，向各成员单位和各地区分别印发了《关于下达自治区知识产权万人教育培训计划及地州市年度任务指标的通知》（新知协办字〔2004〕1号）和《关于印发自治区知识产权万人教育培训计划及成员单位年度教育培训任务指标的通知》（新知协办字〔2004〕4号），对各地州、各单位知识产权教育培训指标、培训对象、培训时间、培训内容和采取的措施等方面提出明确的要求。到年底，又按照教育培训指标和要求，对各单位落实培训情况进行了检查，从而保证当年教育培训指标的顺利完成。据统计，在实施知识产权战略推进工程的第一年（2004年），全区共举办培训班176期，培训人数114956人（次），超过了万人培训计划提出的指标任务。2004年以后，各地州市知识产权工作协调指导小组办公室根据自治区下达的教育培训指标，结合实际，制订实施本地的

"千人教育培训计划"，进行落实。协调指导小组办公室年中进行检查，年终进行统计、总结、考核、表彰。在此基础上，提出了下年度万人知识产权教育培训计划指标，使知识产权教育培训工作做到"有计划、有目标、有措施、有检查、有落实（落实人数、时间、内容、效果）"。

（三）通过多种方式和渠道，大力加强对各级领导的知识产权教育培训

自治区"协调指导小组"采取多种措施，加强对各级领导的知识产权培训活动。1993年6月22日，邀请中国专利局副局长姜颖为自治区政府各部门领导作《知识产权与关贸总协定的报告》。1997年8月13日，邀请国家专利局局长高卢麟为自治区各委、办、厅、局、大专院校和科研院所的领导200余人作《国内外知识产权保护现状及发展趋势》的专题报告。2004年9月15—20日，邀请国家知识产权局副局长李玉光在自治区党校为自治区各委、办厅局、企事业单位负责人和党校在校学生600多人作《实施知识产权战略，促进地方经济发展》的专题报告。2006年6月23日，自治区"协调指导小组"办公室组织11个成员单位的15位领导，传达胡锦涛同志"5·26"关于加强知识产权工作的重要讲话。2006年9月，邀请国家知识产权局局长田力普为自治区厅以上领导干部作专题报告。2008年8月12日，邀请国家知识产权局局长田力普在自治区党校礼堂为自治区、新疆生产建设兵团及乌鲁木齐市地厅级领导干部和企事业单位负责人600多人做"实施知识产权战略，建设创新型国家"的专题报告。

三、执法保护工作的协调指导

以知识产权保护为目标，积极推进全区知识产权执法保护协调指导机制的建立。

1995年4月28日，根据国务院知识产权办公会议办公室《关于进一步加强知识产权保护工作的决定》和《有效保护及实施知识产权的行动计划》，自治区知识产权工作协调指导小组向全区印发《关于新疆维吾尔自治区贯彻〈国务院关于加强知识产权保护工作的决定〉的若干意见的通知》（新知权字〔1995〕03号）。该通知就"加强对知识产权工作的领导""加强知识产权的行政和司法保护""加强知识产权法律法规的宣传教育""加强知识产权法律法规实施的监督和检查""抓好知识产权保护工作队伍建设""加强新技术、新产品进出口中的知识产权保护工作""加强对经营性宣传中的知识产权保护的监督管理工作"和"加强各行业、各企事业单位的知识产权保护工作"等8个方面提出要求。

1996年8月27日，自治区"协调指导小组"办公室制订印发《1996年自治区知识产权协调工作计划》。该计划提出：一是督促自治区各知识产权执法部门建立知识产权执法队或执法小组，公布负责人及联系方式；二是以各级政府知识产权执法等人员为对象，举办知识产权执法培训班；三是建立全区知识产权保护工作网络。

1997年，根据国务院《关于加强当前知识产权保护工作实施要点》的通知（国科知发〔1997〕006号），自治区"协调指导小组"办公室提出自治区1997年度知识产权保护工作10个要点：一是正确认识保护知识产权的长期性和艰巨性，把工作重心转移到强化司法、行政执法和法律实施监督环节上来。二是充分发挥司法机关、行政执法机关有机结合的执法机制和知识产权协调指导机构的积极作用，加大执法力度，提高执法水平。三是认真查处侵犯知识产权的违法行为，进一步优化知识产权保护的社会环境和秩序。四是协助和配合审判机关开展知识产权审判工作，严格查处侵权、盗版和走私的大案要案，严厉打击违法犯罪活动。五是切实抓好知识产权宣传培训工作，提高全社会知识产权法律意识。六是提高自治区科研院所、大中型企业和有关单位知识产权管理水平和保护能力，加快技术创新。七是加强对新药、基因工程和植物新品种知识产权保护，扶植自治区自主知识产权产业的发展。八是认真研究知识产权领域的新情况、新问题，提高运用知识产权制度的能力。九是进一步放活知识产权中介机构，充分发挥行业协会和区域协会的积极作用，提高知识产权保护的社会管理、社会服务水平。十是把健全知识产权制度纳入自治区市场经济体制总框架。

1998年4月22日，自治区"协调指导小组"办公室印发《关于贯彻落实国务院〈关于加强当前知识产权保护工作实施要点的通知〉的通知》（新知权办字〔1998〕04号），结合自治区实际，就加强知识产权保护作出了详细部署，提出具体要求。一是广泛深入开展知识产权法律法规宣传教育活动，提高全民的知识产权法律意识，是加强和完善知识产权法制建设的基础性工作。二是加强经济体制、科技体制改革过程中的知识产权保护

工作。三是要进一步加强知识产权保护工作的综合协调和检查指导工作。

2004年8月27日自治区"协调指导小组"办公室召开扩大会。会议研究决定，每年编译发布《新疆维吾尔自治区知识产权保护状况》（白皮书）。

2005年5月18日，召开自治区"协调指导小组"部分成员单位会议，对《新疆维吾尔自治区知识产权保护状况》（白皮书）的撰写方案和时间安排等方面进行了协商讨论。自此以后，由自治区"协调指导小组"办公室牵头协调，专利、商标、版权、植物新品种权行政保护部门和海关保护、司法保护机关（公安、法院）等部门参加，联合编译发布《新疆维吾尔自治区知识产权保护状况》（白皮书）和《新疆维吾尔自治区知识产权典型案例》。截至2014年，以连续12年发布《新疆维吾尔自治区知识产权保护状况》（白皮书）和《新疆维吾尔自治区知识产权典型案例》。4月20—26日，自治区"协调指导小组"成员单位召开会议，建立融合执法资源、共享执法信息、相互配合的知识产权执法协作机制，并在全区组织开展了查处假冒、侵权专利联合执法专项行动；打击制售假冒商标商品和标识联合执法行动；查处盗版侵权联合执法活动。5月12日，为贯彻国家知识产权局《关于加强对遗传资源和传统知识保护的通知》（国知发管函字〔2005〕73号），加强新疆遗传资源和传统知识保护，自治区知识产权局、新闻出版局（版权局）等自治区"协调指导小组"成员单位联合印发《关于加强对新疆涉及遗传资源和传统医药知识保护通知》，并在全区对涉及遗传资源和传统医药知识保护现状开展了一次摸底调查。

2006年5月，自治区"协调指导小组"办公室印发"新知协办字〔2006〕1号"通知，召开办公室成员会议，研究制订全区知识产权保护工作方案。

2008年8月7日，自治区知识产权工作协调指导小组召开会议，主要研究了保护知识产权执法中的协调严格执法问题。

自1994年以来，特别是进入21世纪以来，自治区专利、商标、版权、公安、法院、海关等"协调指导小组"成员单位之间，以及与新疆生产建设兵团和各地州市之间，在"3·15"消费者权益保护日、"4·26"知识产权宣传周、"专利周""中国—欧亚博览会""科洽会"等活动期间，形成了跨部门、跨地区、部门配合、兵地协作的知识产权联合执法机制，组织开展了形式多样的联合执法活动。

推进地州市之间知识产权执法协调机制建设。2012年10月17日，南疆4地州知识产权局在喀什市召开会议并共同签署《南疆四地州知识产权保护区域合作协议》，建立了南疆4地州知识产权保护合作机制。2013年9月6日，南疆5地州知识产权局在和田召开"第二届南疆5地州知识产权保护合作交流工作会议"。会议交流工作经验，共商联合执法措施。

四、战略制定工作的协调指导

2006年6月23日，自治区"协调指导小组"办公室召开座谈会，自治区"协调指导小组"11个成员单位的代表共15人参加，就做好自治区知识产权战略纲要制定的准备工作进行了座谈。

2007年6月8日，自治区"协调指导小组"办公室印发《关于召开自治区知识产权工作协调指导小组成员单位会议的通知》（新知协办字〔2007〕04号）。6月13日，自治区"协调指导小组"办公室印发《关于确定自治区知识产权战略制定工作领导小组成员的函》，同日，召开自治区"协调指导小组"成员单位专题会议，自治区"协调指导小组"19个成员单位的代表参加，与会代表围绕自治区知识产权战略制定工作进行了认真讨论。会议决定成立自治区知识产权战略研究制定工作领导小组。12月13日，自治区"协调指导小组"办公室研究提出并印发《关于上报自治区知识产权战略制定工作领导小组办公室成员名单的通知》（新知协办字〔2007〕7号）。

第三节　加强协调指导小组建设

一、加强组织建设，提升协调指导能力

为加强自治区知识产权协调指导工作，1995年4月28日，自治区人民政府办公厅印发（新政办函〔1995〕

46号），增补自治区人民政府副秘书长苏天虎同志为自治区知识产权工作协调指导小组第一副组长。在自治区及部门领导发生变化后，自治区人民政府召开会议，及时进行换届和调整。2002年5月9日，自治区人民政府对自治区"协调指导小组"成员进行了第一次调整补充，自治区"协调指导小组"成员单位由19个增加到26个。2008年7月16日，自治区人民政府对自治区知识产权工作协调指导小组成员进行了第二次调整，成员单位由26个增加到27个。为提升知识产权协调指导能力，2003年4月28日，自治区"协调指导小组"办公室建立了首批联络员兼通讯员队伍。

自治区"协调指导小组"重视自身建设。一是制定印发工作职责和制度。2002年7月17日，自治区"协调指导小组"召开第一次会议。研究讨论自治区"协调指导小组"工作制度和办公室职责，并于8月6日，向自治区知识产权工作协调指导小组成员单位印发《关于印发自治区知识产权工作协调指导小组办公室职责、人员组成和工作制度的通知》（新知字〔2002〕01号）。二是积极做好工作规划和计划制订工作。2003年1月16日，召开"自治区知识产权工作协调指导小组办公室扩大会议"，对2002年自治区"协调指导小组"成员单位做好工作总结进行了安排部署，对2003年自治区"协调指导小组"工作计划进行了讨论研究。12月22日，自治区"协调指导小组"办公室印发《关于做好2003年知识产权工作总结的通知》（新知协办〔2003〕11号），对全区2003年工作总结提出了要求。2004年11月26日，财政厅印发《关于下达自治区知识产权工作协调指导小组办公室工作经费的通知》（新财建〔2004〕301号），解决办公经费13万元。

积极推进地州市知识产权工作协调指导体系建设。通过印发文件、召开会议等措施，积极推进地州市知识产权协调指导机构的建立。2005年7月19日，针对8个地州市没有建立知识产权工作协调指导机构现状，自治区"协调指导小组"办公室印发《关于进一步加强地州市知识产权工作协调指导机构建设及相关工作的通知》（新知协办字〔2005〕01号）。截至2007年6月底，全区15个地州市均建立了知识产权工作协调指导机构，全区上下建立并形成了知识产权工作协调指导体系和机制。

另外，1994年，自治区机械电子工业厅、乌鲁木齐石化总厂等单位也相继建立了知识产权工作协调指导小组。乌鲁木齐海关及所属各单位也成立了知识产权协调管理机构。

二、加强培训学习，提升协调指导水平

为提升自治区知识产权工作协调指导水平，2004年8月27日，自治区"协调指导小组"办公室专门召开办公室扩大会议就对自治区"协调指导小组"成员培训进行了专题研究。同年12月18—26日，由自治区"协调指导小组"办公室牵头组织，与广东省人民政府知识产权办公会议办公室协调，在广州市和香港举办了"首次自治区协调指导小组成员单位工作人员培训班"，自治区"协调指导小组"11个成员单位的14人参加了考察学习。另外，还有计划地对自治区"协调指导小组"办公室工作人员和知识产权讲师团成员进行培训。

三、根据情况变化，适时调整工作思路

进入21世纪以来，面对我国对外开放的新形势，自治区"协调指导小组"办公室适时调整工作思路，积极开展跨地域的知识产权协调指导工作。

一是积极组织跨地区知识产权交流学习活动。2003年5月和2004年8月，香港知识产权署署长谢肃方两次来新疆考察，自治区知识产权工作协调指导小组办公室积极组织有关人员参加座谈和交流；2003年和2014年间，自治区"协调指导小组"成员单位的工作人员先后到欧洲六国、澳大利亚、新西兰等国家，香港及广东、北京、四川、湖北、黑龙江、吉林、辽宁等10多个省市进行考察学习。

二是积极参加局区会商组织筹划的活动。2008年8月4日，自治区"协调指导小组"办公室印发《关于参加国家知识产权局新疆维吾尔自治区人民政府工作会商制度议定书签字仪式的通知》（新知协办字〔2008〕2号），积极推进"局区"会商和"知识产权对口援疆"机制的建立。

第十四章 人才队伍

人才兴则民族兴，人才强则国家强。历史和现实表明，人才是社会文明进步、人民富裕幸福、国家繁荣发展的重要推动力量，是我国经济社会发展的第一资源。在深入贯彻落实科学发展观，大力推动国家知识产权战略实施，加快知识产权事业发展的新形势下，必须把人才工作摆在更加重要的位置，积极推动知识产权人才工作体制机制改革和政策创新，统筹推动各级各类知识产权人才队伍建设，为建设创新型新疆建设、促进自治区知识产权事业发展提供更加有力的人才保证和智力支持。

加强知识产权人才队伍建设事关知识产权事业的长远发展。在经济、贸易、科技全球化背景下，高素质知识产权人才，对于提高自治区自主创新能力，推进自治区知识产权战略和专利事业发展战略，提升知识产权创造、运用、保护、管理能力，促进转变经济增长方式将发挥巨大的作用，将成为自治区经济、科技和社会发展的有力支撑。

第一节 知识产权人才队伍

自治区高度重视知识产权人才工作。2010年4月19日，自治区人民政府颁布《战略纲要》，将"加强知识产权人才队伍建设"的内容写入保障措施中，明确指出要"加快知识产权人才培养，制订知识产权人才培养计划，建立知识产权人才培养机制，加快培训力度，搞好知识产权培训基地建设。将知识产权培训全面纳入党政领导干部和专业技术人员继续教育内容"，为加强自治区知识产权人才队伍建设提供了依据和保障。

一、制订知识产权人才队伍建设推进计划

2011年，自治区知识产权局制订出台了《新疆维吾尔自治区知识产权人才队伍建设和宣传普及工作专项工程推进计划（2011—2015年）》。该计划提出了（2011—2015年）自治区知识产权人才队伍建设的指导思想、战略目标、发展思路、推进计划和推进任务。

二、建立知识产权人才库与信息平台

2011年10月26日，自治区知识产权局制订印发《新疆维吾尔自治区知识产权人才库和人才信息网络平台建设工作实施方案》（新知综字〔2011〕63号），提出了自治区知识产权人才库和人才信息网络平台建设的目标任务。自治区还通过对各类知识产权人才信息的摸底调查，分级分类建立自治区知识产权人才库；通过对知识产权人才培训培养、使用、管理等信息资源的统计、分析和利用，为自治区知识产权事业发展提供人才保证和智力支持。

在自治区人才工程"推进计划"中提出，"十二五"期间，在全区范围内选聘一批具有较高理论造诣和较丰富知识产权实践经验的100名知识产权专家，组成自治区知识产权专家库；结合国家知识产权局"百千万知识产权人才工程"实施，建立自治区知识产权百名高层次人才库，使自治区知识产权人才队伍达到200人以上；通过对知识产权人才库相关信息的采集、录入，应用信息化手段，对各类知识产权人才进行分级分类管理，搭建自治区知识产权人才信息网络平台，实现以自治区知识产权局数据为中心的各地各部门分级分类管理的网络平台。

三、加强知识产权人才队伍建设

进入新世纪和实施知识产权战略以来，自治区的知识产权人才队伍建设进入一个新的发展时期。

（一）完成了自治区知识产权援疆专家顾问委员会的筹建工作

2013年，在国家知识产权局和自治区人民政府的关怀支持下，自治区知识产权局从全国范围内抽选出19名知识产权专家组成新疆维吾尔自治区知识产权援疆专家顾问委员会。

（二）组织开展了知识产权人才体系和队伍现状调查

2013年建立了自治区知识产权人才库，首批选入自治区知识产权人才库的专家学者有53人。2014年7月10日，根据国家知识产权局办公室《关于报送〈关于加强知识产权人才体系建设的意见〉的落实情况的通知》（国知办函人字〔2014〕230号）要求，自治区知识产权局在对全区知识产权人才体系现状进行摸底调查的基础上，于同年7月10日向国家知识产权局上报《关于落实国家知识产权局〈关于加强知识产权人才体系的建设意见〉的落实情况的自查报告》。同年年底，自治区知识产权局印发通知，对全区知识产权局系统专利管理体系和人员队伍状况进行了全面摸底调查和统计。

（三）积极加强知识产权人才后备队伍建设

自治区通过在高校建立知识产权培训基地和专利信息中心，组织开展"知识产权三进"（进校园、进课本、进课堂）活动，开设知识产权课程，建立知识产权学分制，设立知识产权学科和专业等措施，以及在大学举办知识产权专题报告会，组织开展知识竞赛、演讲比赛、优秀发明创造大学生专利获得者评选和中小学知识产权试点示范和创造发明创意大赛等活动，极大地促进了在校学生知识产权知识的普及、保护意识的增长和发明创造热情的激发，有效地促进了自治区知识产权后备人才队伍的建设。

（四）建立完善知识产权人才培养长效机制

自治区重视知识产权人才培养长效机制建设。一是通过制订实施自治区"知识产权人才培养规划""知识产权万人培训计划""知识产权战略"和"专利事业发展战略实施推进计划"，提出知识产权人才培训培养的指标任务；二是通过专利项目实施、知识产权试点示范、知识产权"贯标"、干部挂职交流、跟班实习锻炼等活动，将知识产权人才培训培养融入专利执法、项目实施和软课题研究等项工作管理的各个环节之中；三是通过充分发挥各级党校、干部培训中心、知识产权培训基地的功能和"局区"会商、知识产权对口援疆机制，融合各方培训资源，加强自治区知识产权人才培养工作；四是通过组织参加由国家知识产权局举办的国内外知识产权高层次人才培训班，加强自治区高层次知识产权人才队伍建设。

（五）积极推进技术职务管理工作

自治区知识产权局多次与自治区人力资源和社会保障厅相关部门协调，共同协商大力推进知识产权技术职务管理工作。2013年起草了《新疆维吾尔自治区知识产权（专利）工程师资格评审办法》，为全区专利工作者解决技术职务晋升问题创造条件。2014年9月1日，自治区知识产权局印发《关于召开知识产权（专利）专业技术职务任职资格评审条件研讨会的通知》（新知综字〔2014〕48号），于9月25—26日在乌鲁木齐市召开"知识产权（专利）专业技术职务任职资格评审条件研讨会"。15个地州市知识产权局领导、试点示范单位部门及专利代理机构负责人参加。

第二节　高层次知识产权人才队伍

自2007年国家知识产权局启动百千万知识产权人才工程以来，全国共选拔百名高层次知识产权人才培养人选206名。4年来，国家知识产权局通过人才工程的实施，采用参加培训、挂职交流、软课题研究等方式，培养了一大批在知识产权行政管理和执法、知识产权中介服务等领域具有专业先进水平和学术优势的高素质专门人才以及从事企事业单位知识产权工作的专业人才，初步形成了多层次、多渠道的知识产权人才培养体系，扩大了知识产权人才规模，提高了人才素质，有力地推动了全国高层次知识产权人才队伍建设，在全社会营造了重视知识产权人才培养的良好氛围。

一、新疆知识产权高层次人才队伍现状

2007年9月12日，根据国家知识产权局《关于印发〈2007—2010年"百千万知识产权人才工程"实施方案〉的通知》（国知发人字〔2007〕39号）精神，自治区知识产权局在全区组织开展了2007年"百千万知识产权人才工程"（以下简称"人才工程"）百名高层次人才推荐活动。经推荐并报全国"人才工程"高层次人才评审委员会评审，国家知识产权局印发《关于公布第一批"百千万知识产权人才工程"百名高层次人才培养人选的通知》（国知发人字〔2007〕135号），自治区知识产权局法律事务处处长哈洪江、国家知识产权局专利局乌鲁木齐专利代办处主任刘山玖、自治区知识产权局管理实施处主任科员王志明和特变电工科技部高级工程师李西良、新疆生产建设兵团科技局（知识产权局）知识产权处处长乔同勋5人入选国家首批高层次人才队伍。

表14-1　新疆"国家知识产权高层次人才队伍"人员名单

时间	称号	姓名	工作单位及职务
2007-12-20	首批"百千万知识产权人才工程"百名高层次人才	哈洪江	自治区知识产权局法律事务处处长
		刘山玖	国家知识产权局专利局乌鲁木齐专利代办处主任
		王志明	自治区知识产权局管理实施处主任科员
		李西良	特变电工科技部高级工程师
		乔同勋	新疆生产建设兵团知识产权局处长
2009-6-8	第二批"百千万知识产权人才工程"百名高层次人才	马庆云	自治区知识产权局局长
		薛卫东	自治区知识产权局管理实施处处长
		盛赞华	石河子市知识产权局局长
2011-12-31-	第三批"百千万知识产权人才工程"百名高层次人才	祝宏辉	石河子大学经济与管理学院
2011-12-31	国家知识产权专家库入选专家	李西良	特变电工科技部高级工程师
		乔同勋	新疆生产建设兵团知识产权局处长
2012-9-10	全国专利信息领军人才	李西良	特变电工新疆硅业有限公司高级工程师
	国家专利信息师资人才	汤建武	乌鲁木齐合纵专利商标事务所所长
		王艳辉	特变电工新能源事业部专利、标准主管
2013-1-5	第一批全国专利代理行业高层次人才	汤建武	乌鲁木齐合纵专利商标事务所所长

2009年6月8日，国家知识产权局印发《关于公布第二批"百千万知识产权人才工程"百名高层次人才培养人选的通知》（国知发人字〔2009〕112号）。自治区知识产权局局长马庆云、自治区知识产权局管理实施处处长薛卫东和石河子市知识产权局局长盛赞华3人入选国家第二批高层次人才队伍。2011年12月31日，国家知识产权局印发《关于公布第三批"百千万知识产权人才工程"百名高层次人才培养人选的通知》（国知发人字〔2009〕174号），石河子大学经济与管理学院的祝宏辉入选国家第三批高层次人才队伍。

2011年12月31日，根据国家知识产权局印发《关于公布国家知识产权专家库入选专家的通知》（国知发人字〔2011〕173号），特变电工科技部高级工程师李西良、新疆生产建设兵团科技局（知识产权局）知识产权处

处长乔同勋入选首批国家知识产权专家库。

2012年9月10日,国家知识产权局印发《关于公布2012年全国专利信息领军人才和师资人才名单的通知》(国知办发办字〔2012〕81号)。特变电工新疆硅业有限公司李西良被国家知识产权局选定为2012年全国专利信息领军人才;乌鲁木齐合纵专利商标事务所所长汤建武和特变电工王燕辉被国家知识产权局选定为2012年全国专利信息师资人才。

2012年12月27日,国家知识产权局办公室印发《关于公布首批全国知识产权领军人才的通知》(国知办人字〔2012〕103号)。新疆生产建设兵团知识产权局乔同勋榜上有名。

2013年1月5日,乌鲁木齐合纵专利商标事务所所长汤建武入选全国专利代理行业第一批高层次(教学类型)人才;经过中华全国专利代理人协会推荐委员会审核推荐,汤建武被评为全国最高人民法院确认的专利诉讼代理人。7月,汤建武被选为中华全国专利代理人协会第九届理事会常务理事。

据统计,截至2014年12月,新疆选入国家"百千万知识产权人才工程"百名高层次人才四批10名;国家知识产权专家库入选专家2名;全国专利信息领军人才2名;国家专利信息师资人才5名;第一批全国专利代理行业高层次人才5名。

二、加强高层次知识产权人才培养培训

积极参加由国家知识产权局组织实施的知识产权高层次人才培训活动。

国家"百千万知识产权人才工程"百名高层次人才、自治区知识产权局局长马庆云,于2008年12月1—10日到瑞士和英国参加了由国家知识产权局组织的WTO世界学院高级研讨班,2010年到美国参加了由国家知识产权局组织的高层次人才培训班学习,2013年6月24—28日到山东省烟台参加了由国家知识产权局组织的"全国知识产权局局长高级研修班",2013年9月8—28日应汉堡-中国知识产权培训中心的邀请,到德国参加了由国家知识产权局组织的高层次人才知识产权法律培训班。

2008年,国家"百千万知识产权人才工程"百名高层次人才、国家知识产权局专利局乌鲁木齐专利代办处主任刘山玖到美国参加由国家知识产权局组织的高层次人才培训班学习。

2011年,自治区知识产权局副局长多里坤·阿吾提到德国参加由国家知识产权局组织的高层次人才培训班。10月,国家"百千万知识产权人才工程"百名高层次人才、自治区知识产权局管理实施处处长薛卫东到美国参加由国家知识产权局组织的高层次人才培训班学习。

2012年10月15—17日,国家"百千万知识产权人才工程"百名高层次人才、全国专利信息领军人才、特变电工新疆硅业有限公司李西良到山东济南市参加了由国家知识产权局举办的"2012年全国专利信息领军人才高级培训班"。11月12—14日,"全国专利信息师资人才"、乌鲁木齐合纵专利商标事务所所长汤建武和特变电工王燕辉到四川省成都市参加由国家知识产权局举办的"2012年全国专利信息师资人才研修班"。

2013年5月21—22日,自治区知识产权局副局长多里坤·阿吾提副局长参加由国家知识产权局办公室在北京中国知识产权培训中心举办的"2013年全国知识产权领军人才研讨班"。

第三节　知识产权专家队伍

2013年,在各地各部门推荐的基础上,自治区知识产权局从全区范围内选出53名知识产权优秀人才,组建了自治区知识产权专家库。

表14-2　新疆维吾尔自治区知识产权专家库专家名单

序号	姓名	性别	民族	学历	工作单位及职务	技术职称
1	周俊林	男	汉族	博士研究生	中科院新疆分院研究员	教授
2	张小雷	男	汉族	博士研究生	自治区科技厅厅长兼中科院新疆分院院长	

续表

序号	姓名	性别	民族	学历	工作单位及职务	技术职称
3	马庆云	男	汉族	博士研究生	自治区知识产权局局长	
4	谭力	男	汉族	大学本科	自治区科技厅副巡视员、知识产权局副局长	
5	多里坤·阿吾提	男	维吾尔族	大学本科	自治区科技兴新办公室副主任	
6	孙东方	男	汉族	大学本科	自治区知识产权局副局长	
7	艾拉·吾买尔巴克	男	维吾尔族	大学本科	自治区知识产权局副局长	
8	黄斌	男	汉族	硕士研究生	新疆生产建设兵团科技局（知识产权局）局长	副教授
9	张鹏程	男	汉族	大学本科	自治区发展研究中心副主任	
10	樊晓林	男	汉族	大学本科	自治区党委政策研究室副主任	
11	朱立	男	汉族	硕士研究生	自治区经济和信息委员会副主任	教授级高工
12	皮勇	男	汉族	博士研究生	新疆大学法学院院长	教授
13	郗健	男	汉族	大学本科	新疆社会科学联合会副主席	教授
14	唐立久	男	汉族	大学本科	东西部（中国）经济研究院院长	
15	李洪波	男	汉族	大学本科	自治区发展改革委员会巡视员（自治区专家顾问）	
16	赵德儒	男	汉族	大学本科	自治区政府发展研究中心主任（自治区专家顾问）	研究员
17	阿不都热扎克·铁木尔	男	维吾尔族	大学本科	新疆社科院党委书记（自治区专家顾问）	研究员
18	杨苏民	男	汉族	大学本科	自治区发改委经济研究院研究员（自治区专家顾问）	高级经济师
19	李周为	男	汉族	大学本科	自治区政府发展研究中心研究员（自治区专家顾问）	研究员
20	应旭东	男	汉族	大学本科	自治区商务厅调研员（自治区专家顾问）	高级经济师
21	李伟	男	汉族	硕士研究生	自治区人民政府法制办公室主任	
22	王忆东	女	汉族	大学本科	新疆金色在线知识产权事务所负责人	
23	吕新	男	汉族	博士研究生	石河子大学科技处处长	教授
24	坎杂	男	蒙古族	大学本科	石河子大学机械电气工程学院副院长	教授
25	唐育新	男	汉族	硕士研究生	乌鲁木齐高新区企业服务中心主任	高级工程师
26	姜万林	男	汉族	大学本科	北京中恒高博知识产权代理有限公司乌鲁木齐分公司总经理（自治区专家顾问）	工程师
27	韩复兴	男	汉族	大专	新疆中大企业集团公司董事长总经理	工程师
28	石炜	女	汉族	硕士研究生	自治区高级法院民三庭庭长	
29	汤建武	男	汉族	大学本科	乌鲁木齐合纵专利商标事务所所长	副研究员
30	李伯勤	男	汉族	大学本科	石河子恒智专利事务所所长	副研究员
31	李西良	男	汉族	大学本科	特变电工新疆硅业有限公司科技管理部部长	高级工程师
32	李晓斌	男	汉族	大学本科	自治区财政厅经济建设处副处长	
33	阿扎提·皮尔多斯	男	维吾尔族	大学本科	自治区质量技术监督局标准化处处长	高级工程师
34	张茂疆	男	汉族	大学本科	自治区标准化研究院院长副书记	高级工程师
35	潘新	男	汉族	大学本科	自治区科技厅政策法规处处长	
36	李荣	女	汉族	大学本科	新疆科技政策所副所长	研究员
37	陈其钢	男	汉族	博士研究生	新疆中亚食品研发中心总工程师	高级工程师

序号	姓名	性别	民族	学历	工作单位及职务	技术职称
38	童文红	女	汉族	大学本科	新疆鸿华律师事务所国际经贸风险管理师	
39	蒋海军	男	汉族	博士研究生	新疆大学图书馆馆长兼新疆专利信息中心主任	
40	万锡涛	男	汉族	大学本科	新疆天业集团有限公司技术中心设备研发部部长	高级工程师
41	赵丽莉	女	汉族	博士研究生	新疆财经大学法学院	副教授
42	夏黎	男	汉族	大学本科	自治区知识产权局综合处处长	
43	薛卫东	男	汉族	大学本科	自治区知识产权局管理实施处处长	
44	哈洪江	男	回族	大学本科	自治区知识产权局法律事务处处长	
45	陈勇	男	汉族	大学本科	自治区知识产权局规划发展处处长	
46	刘山玖	男	汉族	研究生	国家知识产权局专利局乌鲁木齐专利代办处主任	高级讲师
47	史治勋	男	汉族	大学专科	自治区知识产权局综合处调研员	
48	乔同勋	男	汉族	硕士研究生	新疆建设兵团知识产权局知识产权处处长	副研究员
49	钟美文	男	汉族	硕士研究生	乌鲁木齐市知识产权局局长	律师
50	王卫锋	男	汉族	硕士研究生	塔城地区知识产权局局长	
51	贾新军	男	汉族	大学本科	阿克苏地区知识产权局局长	助理农艺师
52	伦金义	男	汉族	硕士研究生	昌吉州知识产权局局长	
53	刘传启	男	汉族	大学本科	巴音郭楞蒙古自治州知识产权局局长	

第四节　知识产权师资队伍

一、知识产权讲师团队伍

1996年，由自治区知识产权工作协调指导小组牵头，首次成立自治区知识产权讲师团。

2003年4月18日，根据形势发展和工作的需要，自治区知识产权工作协调指导小组办公室对自治区知识产权讲师团成员进行调整，制定出台了《自治区知识产权讲师团管理办法》，向每位讲师团成员颁发了聘书。调整后的自治区知识产权讲师团成员由8人增加到38人。

表14-3　新疆维吾尔自治区知识产权讲师团成员名单
（2003年）

职务	姓名	工作单位及职务
团长	顾家骦	自治区科技厅厅长、自治区知识产权工作协调指导小组副组长
副团长	姜万林	自治区知识产权局局长、自治区知识产权工作协调指导小组副组长兼办公室主任
成员	丁宣	自治区工商行政管理局副处长
	井明霞	石河子大学教研处科长
	巴哈古丽	新疆新闻出版局出版处处长
	巴哈尔姑丽·尤力瓦斯	喀什地委党校教务科副科长
	牛耀光	自治区版权局版权处处长、自治区知识产权工作协调指导小组办公室成员
	王月玲	乌鲁木齐市党校法学教研室主任、副教授
	史治勋	自治区知识产权局管理实施处调研员、自治区知识产权工作协调指导小组办公室成员
	田湘勇	自治区知识产权局副局长

续表

职务	姓名	工作单位及职务
成员	由洁	自治区科技厅法规处副处长、自治区知识产权工作协调指导小组办公室成员
	白明	自治区工商管理局商标管理处副处长、自治区知识产权工作协调指导小组办公室成员
	石佳	昌吉回族自治州党校教师
	乔同勋	新疆生产建设兵团常设技术市场办公室副主任
	刘涛	石河子党校讲师
	刘庆华	新疆医药学会会长
	多里坤·阿吾提	自治区知识产权局副局长
	孙琰	自治区工商行政管理局商标处副主任科员
	孙强国	塔城地区知识产权局科员
	达吾提	巴音郭楞蒙古自治州知识产权局主任科员
	宋家荣	哈密地区党校讲师
	张琴	乌鲁木齐市党校法学教研室讲师
	杨开新	自治区对外贸易经济合作厅决策处调研员
	沈晓红	塔城地区党校讲师
	肖旭	自治区知识产权局管理实施处副主任科员
	帕丽丹	伊犁哈萨克自治州党校行政管理法学科技教研室讲师
	哈洪江	自治区知识产权局法律事务处副处长
	柏洁	哈密师范学校教师
	贺迎国	自治区知识产权局管理实施处助理调研员
	郗健	自治区党校科技教研室副教授
	徐剑文	自治区经贸委中小企业服务中心主任
	耿金海	伊犁哈萨克自治州知识产权局
	郭蓓	新疆社科院法学研究所助理研究员
	崔培毅	新疆林业科学院院长
	程立新	喀什地区函大办公室副主任
	甄敬霞	伊犁哈萨克自治州党校行政管理法学科技教研室讲师
	雷筱云	自治区知识产权局管理实施处处长
	戴军	乌鲁木齐市职业大学人文学院法律教研室主任

二、知识产权师资队伍

30年来，经过不懈努力，自治区知识产权师资队伍得到不断发展和壮大。截至2014年年底，新疆知识产权师资人员达到140多人。

（一）通过组织参加区内外各类知识产权师资培训班等活动，提高知识产权师资人员的专业知识和授课水平

2001年5月25日—6月2日，由自治区知识产权工作协调指导小组办公室牵头组织，选派自治区知识产权局法律事务处长黄晓珊和自治区党校科技教研室副教授郗健到北京参加由国家知识产权局举办的"全国知识产权师资培训班"。

2004年6月8日，由自治区知识产权局组织，从全区知识产权局系统选定19名知识产权管理骨干参加了由国家知识产权局举办的"全国第三批知识产权师资培训班"。

2005年6月13—20日,自治区及新疆生产建设兵团知识产权局的10名人员参加了由中国知识产权培训中心举办的知识产权师资培训班。

2006年,自治区知识产权局共组织29人参加了区外和国外知识产权师资培训班。

2007年7月9日,自治区知识产权局组织6个地州市的6名知识产权师资人员参加了由国家知识产权局在山东烟台市主办的"全国知识产权师资培训班"。

2013年8月13—17日,自治区知识产权局选派2名师资人员参加了由国家知识产权局在青岛举办的"全国知识产权局师资培训班"。8月13—17日,自治区知识产权局副局长艾拉·吾买尔巴克、管理实施处处长成功参加了由国家知识产权局办公室在青海省西宁市举办的"第十二期全国知识产权局师资培训班"。8月27—31日,伊犁州知识产权局局长叶尔波力·马奥和塔城地区知识产权局局长王卫锋局长参加了由国家知识产权局办公室在黑龙江省哈尔滨市举办的"第十五期全国知识产权局师资培训班"。

(二)通过组织师资人员授课、评讲等形式提高知识产权师资队伍的授课水平

30年来,自治区每年在各级党校、培训基地、干部培训中心组织举办的各类知识产权培训班、报告会、专题讲座、大讲堂以及大型宣传活动中,都及时安排知识产权师资人员进行授课和开展评讲活动。

第五节 专利管理人才队伍

专利管理人才队伍是由热爱专利事业,安心本职工作,履行岗位职责,经过专利专业培训,熟练掌握专利知识,具备一定的文化水平、语言表达能力、文字撰写能力、组织协调能力和工作管理能力的人员组成。加强专利管理队伍建设,对于确保各项专利工作目标的实现和任务的顺利完成具有重要意义。

30年来,自治区始终将专利管理队伍建设放在首要位置来抓。通过干部选配、业务培训、学习考察、挂职交流、跟班实习和绩效考核等措施,加强对专利管理人员的培养培训,不断提升专利管理能力和专业水平。

在各级政府的亲切关怀和专利管理部门的不懈努力下,自治区的专利管理队伍由小到大不断发展。截至2014年年底,全区知识产权局系统从事知识产权(专利)工作的实有人员(含挂职、返聘和聘用人员)为314人,其中专职178人、兼职136人。

表14-4 新疆维吾尔自治区专利管理人数统计表

(截至2014年12月底)

(单位:人)

序号	地区、单位名称	知识产权工作人员			
		小计	地级工作人员	县级工作人员	
			专职	专职	兼职
1	自治区知识产权局	35	35	0	0
2	伊犁哈萨克自治州	38	12	5	21
3	塔城地区	24	7	0	17
4	阿勒泰地区	16	8	1	7
5	博尔塔拉蒙古自治州	12	6	5	1
6	昌吉回族自治州	36	9	4	23
7	吐鲁番地区	15	6	4	5
8	哈密地区	17	9	3	5
9	巴音郭楞蒙古自治州	17	6	1	10
10	阿克苏地区	21	8	0	13
11	喀什地区	10	9	0	1

序号	地区、单位名称	知识产权工作人员			
		小计	地级工作人员	县级工作人员	
			专职	专职	兼职
12	克孜勒苏柯尔克孜自治州	8	6	0	2
13	和田地区	26	6	4	16
14	乌鲁木齐市	21	10	0	11
15	克拉玛依市	13	6	3	4
16	石河子市	5	5	0	0
合计		314	148	30	136
说明		在自治区知识产权局35人中，在编人员22人，挂职、聘用和返聘等人员为13人			

第六节　专利执法人才队伍

专利执法队伍是自治区知识产权人才队伍的重要组成部分。

专利行政执法人员是指代表自治区或各地州（市）、县（市、区）管理专利工作的部门执行专利行政执法任务的工作人员。

专利行政执法队伍是由自治区、地州（市）及县（市、区）管理专利工作部门的执行专利行政执法任务的工作人员组成。

专利执法人员应当具备的基本条件：一是拥护中国共产党，执行党的路线、方针、政策，遵纪守法，忠于职守，秉公执法；二是身体健康，具有大专以上学历；三是属于管理专利工作的部门在编在岗干部，各年度考核称职以上；四是熟悉专利行政执法相关法律、法规、规章，具备必要的专业理论知识；五是通过国家或自治区、各地州市相关部门组织的法律、法规培训和执法资格考试，并获得自治区人民政府法制办公室颁发的专利行政执法证件。

30年来，自治区坚持将专利执法队伍建设作为重要工作来抓。通过多种手段和措施发展壮大专利执法队伍。1998年3月，自治区专利管理局给昌吉等6个地州市的36名专利行政执法人员颁发《行政执法证》，建立自治区首批专利行政执法队伍。2002年，随着自治区知识产权局的成立，全区有12个地州市建立知识产权局，全区专利行政执法人员增加到108名，是1998年的2.8倍。2003年，全区专利行政执法人员达到172人，比上年增长55.3%。2009年，全区有15个地州市、68个县（市、区）、2个国家级开发区成立了知识产权局，全区专利执法人员上升至246人。2013年，全区专利执法队伍又有新的发展，人数达到283人（其中少数民族为86人，占30.39%），创历史新高，分别是1998年的7.86倍、2002年的2.6倍和2009年的1.15倍。截至2014年年底，新疆专利执法人员虽由于人员调动比上年人数有所减少但仍达到278人。

表14-5　新疆维吾尔自治区专利行政执法人数统计表　　　　　　（单位：人）

序号	地区名称	1998年	2013年	2014年
1	自治区知识产权局	5	20	19
2	伊犁哈萨克自治州	6	58	58
3	塔城地区	0	19	19
4	阿勒泰地区	1	25	25
5	博尔塔拉蒙古自治州	0	14	13
6	昌吉回族自治州	4	25	24

序号	地区名称	1998年	2013年	2014年
7	吐鲁番地区	2	9	9
8	哈密地区	4	17	17
9	巴音郭楞蒙古自治州	7	10	10
10	阿克苏地区	1	43	43
11	喀什地区	0	7	7
12	克孜勒苏柯尔克孜自治州	0	5	5
13	和田地区	0	3	3
14	乌鲁木齐市	3	18	18
15	克拉玛依市	0	5	3
16	石河子市	3	5	5
合计		36	283	278

表14-6　新疆维吾尔自治区专利执法人员情况统计表
（2013年12月）

序号	姓名	性别	民族	工作单位及职务
1	马庆云	男	汉族	自治区知识产权局 局长
2	谭力	男	汉族	自治区科技厅 副巡视员、知识产权局 副局长
3	孙东方	男	汉族	自治区知识产权局 副局长
4	艾拉·吾买尔巴克	男	维吾尔族	自治区知识产权局 副局长
5	哈洪江	男	回族	自治区知识产权局法律事务处 处长
6	杨靖	女	汉族	自治区知识产权局法律事务处 副调研员
7	贺迎国	男	汉族	自治区知识产权局法律事务处 副调研员
8	阿依努尔·阿不都如苏里	女	维吾尔族	自治区知识产权局法律事务处主任 科员
9	古丽娜	女	维吾尔族	自治区知识产权局法律事务处 科员
10	夏黎	男	汉族	自治区知识产权局综合处 处长
11	范志刚	男	汉族	自治区知识产权局综合处 副处长
12	陈勇	男	汉族	自治区知识产权局规划发展处 处长
13	刘山玖	男	汉族	国家知识产权局专利局乌鲁木齐专利代办处 处长
14	成功	男	汉族	自治区知识产权局管理实施处 处长
15	沈联海	男	汉族	自治区知识产权局管理实施处 副处长
16	史治勋	男	汉族	自治区知识产权局管理实施处 调研员
17	赵斐斐	女	汉族	自治区知识产权局管理实施处 主任科员
18	梁亮	男	汉族	自治区知识产权局 驾驶员
19	马超	男	汉族	自治区知识产权局 驾驶员
20	陈磊	男	汉族	自治区知识产权局 驾驶员
21	叶尔波力·马奥	男	哈萨克族	伊犁哈萨自治州知识产权局 局长
22	高慧东	男	汉族	伊犁哈萨自治州知识产权局 副局长
23	王海波	女	汉族	伊犁哈萨自治州知识产权局 副局长
24	艾克木哈孜·布拉提拜	男	哈萨克族	伊犁哈萨自治州知识产权局 处长

续表

序号	姓名	性别	民族	工作单位及职务
25	付彦新	男	回族	伊犁哈萨自治州知识产权局 处长
26	热西旦·沙比提	女	维吾尔族	伊犁哈萨自治州知识产权局 副处长
27	林艳鹏	女	汉族	伊犁哈萨自治州知识产权局 科员
28	黄河	男	汉族	伊犁哈萨自治州知识产权局 副主任科员
29	孙凌洁	男	汉族	伊犁哈萨自治州知识产权局 副主任科员
30	林奕	女	汉族	伊犁哈萨自治州知识产权局 副主任科员
31	努尔太·卡斯木	男	哈萨克族	伊犁哈萨自治州知识产权局 科员
32	盛若冰	女	汉族	伊犁哈萨自治州知识产权局 科员
33	阿孜古丽·阿克木江	女	维吾尔族	伊犁哈萨自治州知识产权局 科员
34	孙力	男	汉族	伊宁市知识产权局 局长
35	何英	男	锡伯族	伊宁市知识产权局 科长
36	杨殿祥	男	汉族	伊宁市知识产权局 科长
37	艾比布拉·马力克	男	维吾尔族	伊宁市知识产权局 科员
38	刘霖	女	汉族	伊宁市知识产权局 科员
39	白娟	女	回族	伊宁市知识产权局 科员
40	宋小冀	女	汉族	奎屯市知识产权局 局长
41	祝蕾	女	汉族	奎屯市知识产权局 主任
42	戴丽丽	女	汉族	奎屯市知识产权局 科员
43	姜绍华	男	汉族	奎屯市知识产权局 科员
44	吴海军	男	汉族	奎屯市知识产权局 科员
45	秦绍华	男	汉族	奎屯市知识产权局 科员
46	阿依古丽·哈依尔别克	女	哈萨克族	伊宁县知识产权局 纪检书记
47	雷磊	男	回族	伊宁县知识产权局 科员
48	张红霞	女	汉族	察布查尔县知识产权局 局长
49	孙小燕	女	汉族	察布查尔县知识产权局 副局长
50	韩艳丽	女	锡伯族	察布查尔县知识产权局 科员
51	韩川江	男	锡伯族	察布查尔县知识产权局 科员
52	马忠海	男	回族	霍城县知识产权局 副局长
53	都丽都丽·玉素甫	女	哈萨克族	霍城县知识产权局办公室 主任
54	王海刚	男	汉族	巩留县知识产权局 局长
55	王向平	女	汉族	巩留县知识产权局 科员
56	徐东梅	女	汉族	巩留县知识产权局 科员
57	张建荣	男	汉族	新源县知识产权局 党组书记
58	湛红亚	女	汉族	新源县知识产权局 副局长
59	阿力哈孜·那斯力别克	男	哈萨克族	新源县知识产权局 副局长
60	谢冰	女	汉族	新源县知识产权局 干部
61	王永琴	女	汉族	新源县知识产权局 干部
62	杜曼	男	哈萨克族	新源县知识产权局 科员

续表

序号	姓名	性别	民族	工作单位及职务
63	唐建兵	男	汉族	昭苏县知识产权局 局长
64	古丽·沙德克江	女	柯尔克孜族	昭苏县知识产权局 副局长
65	王昭军	男	汉族	昭苏县知识产权局 副局长
66	李民强	男	汉族	昭苏县知识产权局 科员
67	仲崇玲	女	汉族	昭苏县知识产权局 科员
68	林海泉	男	汉族	特克斯县知识产权局 书记
69	张晓毅	男	汉族	特克斯县知识产权局 科员
70	封剑明	男	汉族	特克斯县知识产权局 科员
71	董健	女	汉族	特克斯县知识产权局 科员
72	杨智忠	男	汉族	尼勒克县知识产权局 书记
73	沙尔山·阿力	男	哈萨克族	尼勒克县知识产权局 科员
74	徐成林	男	汉族	尼勒克县知识产权局 科员
75	何生成	男	回族	尼勒克县知识产权局 科员
76	方修江	男	汉族	霍尔果斯经济开发区知识产权局 局长
77	侯方林	男	汉族	霍尔果斯经济开发区知识产权局 科员
78	刘娟	女	汉族	霍尔果斯经济开发区知识产权局 科员
79	王卫锋	男	汉族	塔城地区知识产权局 局长
80	陈春林	女	汉族	塔城地区知识产权局 副局长
81	孙强国	男	汉族	塔城地区知识产权局 副局长
82	维那拉·焦力达斯	女	哈萨克族	城地区知识产权局 科员
83	巴依尔才次克	女	蒙古族	塔城地区知识产权局 科员
84	王炳栋	男	汉族	塔城地区知识产权局 科员
85	唐霞	女	汉族	塔城市知识产权局 科员
86	皇甫爱芝	女	汉族	额敏县知识产权局 局长
87	闫庆	女	汉族	额敏县知识产权局办公室 主任
88	李军南	男	汉族	裕民县知识产权局 副局长
89	叶斯哈提·特洛汗	男	哈萨克族	裕民县知识产权局 副局长
90	王颖梅	女	汉族	裕民县知识产权局办公室 主任
91	杨忠彦	男	汉族	裕民县知识产权局 科员
92	阿扎提·托热别克	女	哈萨克族	托里县知识产权局 副局长
93	白春莲	女	汉族	托里县知识产权局办公室 主任
94	李新	女	汉族	和布克赛尔县知识产权局 干部
95	王建胜	男	汉族	沙湾县知识产权局 主任科员
96	孙峰	男	汉族	乌苏市知识产权局 书记
97	任光幸	男	汉族	乌苏市知识产权局 科员
98	丁均	男	汉族	阿勒泰地区知识产权局 局长
99	阿扎提·毛吾提汗	男	汉族	阿勒泰地区知识产权局 副局长
100	郭峰	男	汉族	阿勒泰地区知识产权局办公室 主任

序号	姓名	性别	民族	工作单位及职务
101	叶尔肯·斯马胡力	男	哈萨克族	阿勒泰地区知识产权局专利科 科长
102	范海龙	男	汉族	阿勒泰地区知识产权局法律科 副科长
103	皮静	女	回族	阿勒泰地区知识产权局 副主任科员
104	古丽尼沙·多力达西	女	哈萨克族	阿勒泰地区知识产权局 科员
105	熊建勇	男	汉族	阿勒泰地区知识产权局 科员
106	徐海	男	汉族	阿勒泰市知识产权局 局长
107	王鲲	男	汉族	阿勒泰市知识产权局 副局长
108	波拉提·胡马尔别克	男	哈萨克族	阿勒泰市知识产权局 科员
109	姚昕和	男	汉族	吉木乃县知识产权局 副局长
110	吴晓冬	男	汉族	布尔津县知识产权局 局长
111	韩洁	女	汉族	布尔津县知识产权局 干部
112	赵扬	男	汉族	哈巴河县知识产权局 局长
113	臧菲菲	女	汉族	哈巴河县知识产权局 科员
114	赵邦绪	男	汉族	福海县知识产权局 副局长
115	张洪莉	女	汉族	福海县知识产权局办公室 主任
116	胡世萍	女	汉族	福海县科技兴县办公室 干部
117	曲世元	男	汉族	青河县知识产权局 局长
118	吾木尔·坦太	男	哈萨克族	青河县知识产权局 书记
119	加尔斯古丽·开米力亚	女	哈萨克族	青河县知识产权局 会计
120	齐慧梅	女	汉族	青河县知识产权局 出纳
121	哈吾兰·祖力布哈	男	哈萨克族	富蕴县知识产权局 副局长
122	徐莉萍	女	汉族	富蕴县知识产权局办公室 主任
123	董晓旭	男	汉族	博尔塔拉自治州知识产权局 局长
124	游丽蓉	女	汉族	博尔塔拉自治州知识产权局 副局长
125	阿孜古丽·伊力木	女	维吾尔族	博尔塔拉自治州知识产权局 副局长
126	欧世龙	男	汉族	博尔塔拉自治州知识产权局 副局长
127	热沙来提·亚森	女	维吾尔族	博尔塔拉自治州知识产权局 科员
128	吴宝平	男	汉族	博乐市知识产权局 局长
129	肉先古丽	女	哈萨克族	博乐市知识产权局 科员
130	黄付江	男	汉族	博乐市知识产权局 科员
131	巴特宝力德	男	蒙古族	阿拉山口市知识产权局 局长
132	渠新华	女	汉族	阿拉山口市知识产权局 科员
133	翁海涛	男	汉族	精河县知识产权局 科员
134	伊强	男	汉族	精河县知识产权局 科员
135	刘志登	男	汉族	温泉县知识产权局 局长
136	巴音特克斯	男	蒙古族	温泉县知识产权局 科员
137	伦金义	男	汉族	昌吉回族自治州知识产权局 局长
138	吾斯曼·阿不都拉	男	维吾尔族	昌吉回族自治州知识产权局 书记、副局长

续表

序号	姓名	性别	民族	工作单位及职务
139	王兴文	男	汉族	昌吉回族自治州知识产权局 调研员
140	郭志刚	男	汉族	昌吉回族自治州知识产权局专利管理科 科长
141	帕丽达	女	哈萨克族	昌吉回族自治州知识产权局综合科 科长
142	洪启林	男	汉族	昌吉回族自治州知识产权局综合科主任 科员
143	郭冀生	男	汉族	昌吉回族自治州知识产权局综合科主任 科员
144	魏乐	女	汉族	昌吉回族自治州知识产权局专利管理科 科员
145	周泽荣	女	汉族	昌吉市知识产权局 副局长
146	段生莲	女	汉族	昌吉市知识产权局 干部
147	王传江	男	汉族	呼图壁县教科局 书记、知识产权局 副局长
148	王保忠	男	汉族	呼图壁县知识产权局 干部
149	马婷婷	女	回族	呼图壁县知识产权局 干部
150	赵玉森	男	汉族	玛纳斯县知识产权 副局长
151	孙丽	女	汉族	玛纳斯县知识产权局 干部
152	马永红	女	汉族	阜康市知识产权局 副局长
153	齐建国	男	汉族	阜康市知识产权局 干部
154	路华	女	汉族	阜康市知识产权局 干部
155	林少军	男	汉族	吉木萨尔县知识产权局办公室 主任
156	卜明惠	女	汉族	吉木萨尔县知识产权局 副局长
157	贾美古丽	女	哈萨克族	吉木萨尔县知识产区局 干部
158	马维民	男	汉族	奇台县知识产权局办公室 主任
159	赵红荣	女	汉族	奇台县知识产权局 干部
160	赛热可汗·哈力牙克巴尔	男	哈萨克族	木垒县知识产权局 副局长
161	赵陆美	女	汉族	木垒县知识产权局 干部
162	王海龙	男	汉族	吐鲁番地区知识产权局 局长
163	尹波	男	汉族	吐鲁番地区知识产权局 副局长
164	李文斌	男	汉族	吐鲁番地区知识产权局业务科 科长
165	王焰烈	女	汉族	吐鲁番地区知识产权局综合科 科长
166	哈丽旦·尼亚孜	女	维吾尔族	吐鲁番地区知识产权局 主任科员
167	夏热帕·巴哈衣丁	女	维吾尔族	吐鲁番市知识产权局 科员
168	杨冬梅	女	汉族	鄯善县知识产权局 科员
169	再日帕·布苏克	女	维吾尔族	托克逊县知识产权局 科员
170	努斯莱提·艾米尔丁	女	维吾尔族	托克逊县知识产权局 科员
171	卢东明	男	汉族	哈密地区知识产权局 局长
172	狄英	女	汉族	哈密地区知识产权局 副局长
173	杨复军	男	汉族	哈密地区知识产权局法规科 科长
174	阿布都热依木·叶合牙	男	维吾尔族	哈密地区知识产权局法规科 副科长
175	尼亚孜汗·马木提	女	维吾尔族	哈密地区知识产权局综合科 主任科员
176	莫合买提·依布拉英	男	维吾尔族	哈密地区知识产权局协调管理科 科长

续表

序号	姓名	性别	民族	工作单位及职务
177	周怀兵	男	汉族	哈密地区知识产权局 工勤人员
178	沙尼亚·托乎提	女	维吾尔族	哈密地区知识产权局综合科 科员
179	陈浩	男	汉族	哈密地区知识产权局协调管理科 科员
180	阿不都瓦依提·司马义	男	维吾尔族	哈密市知识产权局 局长
181	吴铭德	男	汉族	哈密市知识产权局办公室 主任
182	吾甫尔·阿不列孜	男	维吾尔族	哈密市知识产权局 工程师
183	帕丽达·帕塔尔	女	维吾尔族	哈密市知识产权局 经济师
184	王丽娟	女	汉族	巴里坤县知识产权局 科员
185	周萍	女	汉族	巴里坤县知识产权局 科员
186	刁训录	男	汉族	伊吾县知识产权局 局长
187	李小曼	女	汉族	伊吾县知识产权局 科员
188	刘传启	男	汉族	巴音郭楞蒙古自治州知识产权局 局长
189	玛丽娅·阿布拉	女	维吾尔族	巴音郭楞蒙古自治州知识产权局 局长
190	杨佃民	男	汉族	巴音郭楞蒙古自治州知识产权局 局长
191	宋智军	男	汉族	巴音郭楞蒙古自治州知识产权局 副主任科员
192	李忆	男	汉族	库尔勒市知识产权局 局长
193	孙华	女	汉族	库尔勒市科技局 科员
194	郝叶红	女	汉族	和静县教育和科技局 副局长
195	王全年	男	汉族	和静县教育和科技局科技股 主任
196	乔桂兰	女	蒙古族	和静县教育和科技局 科员
197	尼木格尔才仁	男	蒙古族	和静县教育和科技局 科员
198	贾新军	男	汉族	阿克苏地区知识产权局 局长
199	王一军	男	汉族	阿克苏地区知识产权局 科员
200	张靖林	女	汉族	阿克苏地区知识产权局 科员
201	张莺莺	女	汉族	阿克苏地区知识产权局 科员
202	黄玉珍	女	汉族	库车县知识产权局 专职副主任
203	热孜万古丽·吾休尔	女	维吾尔族	库车县知识产权局主任 科员
204	邓明	男	汉族	库车县知识产权局 科员
205	阿斯古丽·尼牙孜	女	维吾尔族	库车县知识产权局 干部
206	库尔班·阿不都热合曼	男	维吾尔族	阿瓦提县知识产权局 科员
207	刘向云	男	汉族	阿瓦提县知识产权局办公室 主任
208	玛依拉·艾沙	女	维吾尔族	阿瓦提县知识产权局 科员
209	吐尔洪·司马依	男	维吾尔族	拜城县知识产权局 局长
210	李德山	男	汉族	拜城县知识产权局 支部书记、副局长
211	秦士荣	男	汉族	拜城县知识产权局 副局长
212	热汗古·衣米尔	女	维吾尔族	拜城县知识产权局 主任科员
213	于国华	男	汉族	拜城县知识产权局 副主任科员
214	永莲荣	女	锡伯族	拜城县知识产权局 科员

续表

序号	姓名	性别	民族	工作单位及职务
215	李引峰	女	汉族	拜城县知识产权局 科员
216	赵海涛	男	汉族	拜城县知识产权局 科员
217	陈霞	女	汉族	沙雅县知识产权局 副主任科员
218	赛买提·热合曼	男	维吾尔族	沙雅县知识产权局 科员
219	林芳	女	汉族	沙雅县知识产权局 干部
220	陈婷	女	回族	柯坪县知识产权局 局长
221	贠杰伦	男	回族	柯坪县知识产权局 干部
222	杜九林	男	汉族	新和县知识产权局 副局长
223	管吉庆	男	汉族	新和县知识产权局 副局长
224	康远维	女	汉族	新和县知识产权局 科员
225	夏春丽	女	汉族	新和县知识产权局 干部
226	斯热吉丁·尼亚孜	男	维吾尔族	新和县知识产权局 科员
227	奴容沙·买买提	女	维吾尔族	乌什县知识产权局 局长
228	李新勇	男	汉族	乌什县知识产权局 副局长
229	何晓玲	女	回族	乌什县知识产权局 干部
230	王玲	女	汉族	乌什县知识产权局 干部
231	阿米娜木·依斯热依力	女	维吾尔族	乌什县知识产权局 干部
232	赵友伟	男	汉族	温宿县知识产权局 科员
233	刘恒振	男	汉族	温宿县知识产权局 科员
234	艾尼瓦尔·阿不拉	男	维吾尔族	温宿县知识产权局 科员
235	艾克拜尔·艾合麦提	男	维吾尔族	阿克苏市知识产权局 局长
236	康志华	女	汉族	阿克苏市科技兴市办公室专职 副主任
237	韩彩霞	女	汉族	阿克苏市知识产权局综合 科员
238	多力坤·买木提力	男	维吾尔族	阿克苏市知识产权局 科员
239	古扎丽努尔·阿布力米提	女	维吾尔族	阿克苏市知识产权局 科员
240	党雯婷	女	汉族	阿克苏市知识产权局 科员
241	马胜军	男	汉族	喀什地区知识产权局 副局长
242	帕尔哈提·艾白都拉	男	维吾尔族	喀什地区知识产权局 副科长
243	孙美辉	女	汉族	喀什地区知识产权局 副主任科员
244	陈波	男	汉族	喀什地区知识产权局 科员
245	巨春梅	女	汉族	喀什地区知识产权局 科员
246	王文松	男	汉族	喀什地区知识产权局 科员
247	米尔阿迪力江·阿不都肉苏力	男	维吾尔族	喀什地区知识产权局 科员
248	王成武	男	汉族	克孜勒苏柯尔克孜自治州知识产权局综合科 科长
249	张静妮	女	汉族	克孜勒苏柯尔克孜自治州知识产权局办公室 副主任
250	金祖强	男	汉族	克孜勒苏柯尔克孜自治州知识产权局 科员
251	阿米娜·买海提	女	维吾尔族	克孜勒苏柯尔克孜自治州知识产权局 科员
252	布海丽且姆·阿不都克力木	女	维吾尔族	克孜勒苏柯尔克孜自治州知识产权局 科员

序号	姓名	性别	民族	工作单位及职务
253	阿不都拉·阿不都热合曼	男	维吾尔族	和田地区知识产权局 局长
254	张金甫	男	汉族	和田地区知识产权局办公室 主任科员
255	阿布都哈力克·买提尼亚孜	男	维吾尔族	和田地区知识产权局业务科 副科长
256	张东岩	男	汉族	乌鲁木齐市知识产权局党支部 书记
257	钟美文	男	汉族	乌鲁木齐市知识产权局 局长
258	史苏波	男	汉族	乌鲁木齐市知识产权局法律事务处 处长
259	齐满古丽·买买提	女	维吾尔族	乌鲁木齐市知识产权局协调管理处 处长
260	张明国	男	汉族	乌鲁木齐市知识产权局协调管理处 副处长
261	徐蕾	女	汉族	乌鲁木齐市知识产权局法律事务处 副主任科员
262	刘杰	男	汉族	乌鲁木齐市知识产权局协调管理处 科员
263	邢倩	女	汉族	乌鲁木齐市知识产权局协调管理处 科员
264	刘建林	男	汉族	乌鲁木齐市知识产权局协调管理处 科员
265	朱红兵	男	汉族	乌鲁木齐县科技局 局长
266	李帮	男	汉族	乌鲁木齐县科技局办公室 主任
267	刘永春	男	汉族	乌鲁木齐市米东区科技局 局长
268	马耀洲	男	汉族	乌鲁木齐市米东区科技局 副局长
269	潘花琴	女	汉族	乌鲁木齐市米东区科技局 副局长
270	洪梅花	女	汉族	乌鲁木齐市米东区科技局 科员
271	向秀芝	女	回族	乌鲁木齐市米东区科技局 科员
272	周建	男	汉族	乌鲁木齐市米东区科技局 科员
273	刘志国	男	汉族	乌鲁木齐市米东区科技局 干部
274	潘永庆	男	汉族	克拉玛依市知识产权局 局长
275	朱剑钊	男	汉族	克拉玛依市知识产权局 副局长
276	卢承信	男	壮族	克拉玛依市知识产权局 科员
277	裴坤	男	汉族	克拉玛依市知识产权局 副主任科员
278	龚小茜	女	汉族	克拉玛依市知识产权局 科员
279	赵图强	男	汉族	石河子市知识产权局 局长、书记
280	盛赞华	女	汉族	石河子市科协 主席
281	王勇	男	汉族	石河子市知识产权办公室 主任
282	王海庆	男	汉族	石河子市知识产权办公室副 主任
283	刘涛	男	汉族	石河子市知识产权办公室 科员

第七节　专利服务人才队伍

专利代理行业是伴随着专利制度的诞生而形成并发展的。专利代理是一项法律性和专业性很强的工作，只有通过专业知识培训和严格的考试才能获得专利代理资质，才准许从事专利代理服务工作。专利代理人必须具备3种能力。一是文字撰写能力。撰写权利要求书、答复审查意见、修改说明书都需要具备相当强的文字表达能力。二是语言沟通能力。专利代理人作为申请人和审查员之间的桥梁，在专利代理过程中需要不断地与审查员和申请人沟通。三是专业知识能力。专利代理人除了要懂各种法律知识外,还要能掌握机械、电子、医药、计算机等诸多领域的知识和外语知识。

一、专利代理人才队伍

(一)具有专利代理资格的人才队伍

30年来,自治区通过积极申请并严密组织专利代理人资格考试活动,不断壮大专利代理队伍。

根据国家知识产权局(专利局)两年一次和必须经申请获得批准方有权举办专利代理人资格考试活动的相关制度,自治区专利管理部门在1994和1996年,两次向国家知识产权局(专利局)申请并得到批准,在新疆组织实施了两次全国专利代理人资格考试(乌鲁木齐考点)考务活动。1994年9月24—25日,自治区专利管理局与国家专利局在乌鲁木齐共同组织实施了"'94全国专利代理人资格考试考务活动",全区报考人数96人。1996年6月8—9日,自治区专利管理局在乌鲁木齐组织了全国专利代理人考试活动,新疆参加考试人数35人。

2007年,国家知识产权局对专利代理人资格考试工作进行了改革,考试科目由原来的4个改为3个。考试时间由2年一考改为1年一考,设考点须面向全国并经国家知识产权局审批。11月3—4日,经申请并经国家知识产权局批准,自治区知识产权局组织实施全国专利代理人资格考试(乌鲁木齐考点)考务活动。此次考试报名人数79人,参加考生44人。

2008年11月1—2日,由自治区知识产权局组织新疆申报人员参加了在兰州举办的全国专利代理人资格考试。

2009年12月5—6日,自治区知识产权局在乌鲁木齐市组织实施了全国专利代理人资格考试(乌鲁木齐考点)考务活动。此次报名人数46人,参加考试人员33名。

2010年11月6—7日,由自治区知识产权局组织新疆申报人员参加了在兰州举办的全国专利代理人资格考试。

2011年11月5—6日,自治区知识产权局在乌鲁木齐市组织实施了全国专利代理人资格考试(乌鲁木齐考点)考务活动,报名人数达到208人,其中,专利代理人资格证考试的考生101人,专利管理人员的考生107人。参加考试的考生为101人,其中考证人员71人,有2人通过考试获得全国专利代理人资格。

2012年11月2—3日,自治区知识产权局在乌鲁木齐市组织2012年全国专利代理人资格考试(乌鲁木齐考点)考务活动。此次活动报考人数86名,参考人员63名,其中有4人获得专利代理人资格。

2013年11月2—3日,自治区知识产权局在乌鲁木齐市组织实施全国专利代理人资格考试(乌鲁木齐考点)考务活动。2013年报考人数99名,参考57名。通过考试获证的有14名,占参考人数的24.56%,为历年最好。

2014年11月1—2日,自治区知识产权局在新疆医科大学组织实施2014年度全国专利代理人资格考试(乌鲁木齐考点)考务活动。此次活动报考人数183人,参加考试87人,其中有13人过分数线获全国专利代理人资格证。

自2007年以来,新疆通过专利代理人资格考试直接获《全国专利代理人资格证》的考生累计达到33人。另外,自2001年以来,自治区知识产权局通过积极向国家知识产权局申请,争取国家降低录取分数线获得专利代理人资格倾斜政策的支持。新疆因享受国家知识产权局倾斜政策支持而获得《专利代理资格证》(该证只准许在新疆使用)的人员累计达到53人,占新疆专利代理资格人员总数的37.59%。截至2014年12月,新疆具有专利代理人资格的人员累计达到141人。

(二)从事专利代理业务的人才队伍

从事专利代理的人员,除获得专利代理人资格外,还必须获得专利代理的工作资格,即按照国家知识产权局《关于办理专利代理人工作证有关问题的通知》要求,提出申请,提供相关材料,参加有关的培训、考试和一年期的实习，经国家知识产权局批准，获得《专利代理人工作证》和专利代理机构的聘书后，方能从事专利代理业务。

为不断提升专利代理水平，自治区专利管理部门根据国家知识产权局制订的专利代理人能力提升计划，坚持不断地组织举办和组织参加区外专利代理人实务培训班和提高专利代理人能力培训班，大力加强对从事专利代理工作的专职人员尤其是上岗人员的实务培训。

2014年12月，新疆持有《专利代理人资格证》和《专利代理人工作证》的专利执业代理人员为39人，累计达到56人。

表14-7 新疆专利代理机构专利执业代理人员名单
（2014年12月）

机构名称	序号	姓名	资格证号	执业证号
石河子恒智专利代理事务所	1	李伯勤	6501957	6510201957.3
	2	王勇	6504535	6510204535.9
	3	朱永慧	6507972	6510207972.2
	4	姜绍华	6508816T	6510208816.9
	5	陈范燕	6212759	6510212759.9
	6	李靖	6817808	6510217808.8
乌鲁木齐合纵专利商标事务所	7	汤建武	6503864	6510503864.3
	8	周星莹	6507989T	6510507989.8
	9	汤洁	6507971T	6510507971.7
	10	程云山	6507383	6510507384.9
	11	张先光	6506131	6510506131.0
	12	张莉	6509491T	6510509491.0
	13	杨涵	6517801	6510517801.8
	14	蒙海云	6526487	6510526487.8
	15	褚志武	6517807	6510517807.2
	16	陈亮	6517806T	6510517806.3
	17	骆玉	6517802T	6510517802.7
	18	王乐乐	6521430	6510521430.1
	19	董燕	6526484	6510526484.0
乌鲁木齐中科新兴专利代理事务所	20	张莉	6505972	6510605972.8
	21	李静	6502088	6510602088.6
	22	孟伟	6503143	6510603143.1
乌鲁木齐新科联知识产权代理有限公司	23	白志斌	6500048	6510700048.5
	24	祖里非亚	6510349T	6510710349.1
	25	祁磊	6510243T	6510710243.0
	26	李西良	6509492T	6510709492.8
	27	李振中	6507953T	6510707953.8
	28	欧咏	6503238	6510703238.0
	29	张连贵	6505986	6510705986.7
	30	范秉健	6500835	6510709492.8
	31	王志刚	6509489T	6511009489.5

续表

机构名称	序号	姓名	资格证号	执业证号
乌鲁木齐市禾工专利代理事务所	32	何玉祥	6501377	6510801377.3
	33	何冰	6510242T	6510810242.5
	34	刘永生	6507346	6510807346.8
	35	金纪元	6501821	6510801821.4
	36	李向丹	6514574	6510814574.5
北京中恒高博知识产权代理有限公司乌鲁木齐分公司	37	姜万林	6508838	1124908838.0
	38	夏晏平	1104910	1124904910.3
	39	刘洪京	1102631	1124902631.4

注：截至2014年12月，新疆专利执业代理人员累计达到56人，包括上述的39人和专利代理机构脱钩改制前的17人（原乌鲁木齐市专利代理事务的高泉生、张晴霞、郭春远；克拉玛依市深思专利事务所的王芸、贾久波、赵京敏；新疆专利事务所的刘立天、焦学军、梁新杰、关新梅；昌吉专利事务所的王兴文、胡明、杜启刚；新疆生产建设兵团专利事务所的林东春、乔同勋、赵新林；中国科学院新疆专利事务所的刘震等）。

二、专利代办服务人才队伍

自2007年10月以来，国家知识产权局专利局乌鲁木齐专利代办处7年间先后有8人参加过由国家知识产权局专利局组织的相关业务培训并承担专利代办业务，是新疆一支从事专利代办服务的专业人才队伍，为提升新疆专利申请数量和质量特别是电子申请工作作出了贡献。

表14-8 新疆专利代办服务人才队伍名单
（2007年10月—2014年12月）

序号	姓名	性别	民族	职务
1	刘山玖	男	汉族	处长
2	贺迎国	男	汉族	副处长
3	刘红强	女	汉族	专利审查员
4	古丽娜	女	维吾尔族	专利审查员
5	胡晓婷	女	汉族	专利审查员
6	阿娜尔古丽	女	维吾尔族	专利审查员
7	艾拉努尔	女	维吾尔族	专利审查员
8	张丝雨	女	汉族	专利审查员

第八节　新疆发明家队伍

发明家是指创造新装置、新设计或新方法者，能更好地提高和影响人类生活水平，对人类社会未来发展有着巨大帮助，在人类发明史上做出伟大奉献或在发明界有一定影响力的人物。

发明创造是社会进步的动力，社会生产的高效率取决于对人的发明创造能力的开发。在当代世界经济科技竞争中，发明创造的作用表现得越来越重要。因此，在当前形势下，组织开展宣传优秀发明家活动，对于建立激励发明创造的制度和机制，调动发明者的积极性和创造性，促进更多发明家的出现，推动社会进步，在全社会营造"尊重知识、崇尚发明、尊重保护知识产权"的良好社会氛围具有重要意义。

自1985年实施《专利法》以来，新疆涌现出一大批发明家。根据以往自治区有关资料记载和各地的推荐，现将有关新疆发明家的材料汇编如下。

（1）丁丛礼，男，汉族，教授，新疆西域红斑狼疮研究所所长。其研制的"抗狼疮散"是国际医药市场第一个由国家级医药法规部门批准的系统性红斑狼疮治疗药物，并获得中国发明专利。1999年3月，获"新疆维吾尔自治区优秀发明创造和优秀专利技术开发者"一等奖。

（2）于江波，男，汉族，大专学历，阿勒泰公路总段北屯公路段段长。拥有多件发明专利，2011年3月，获"新疆维吾尔自治区优秀专利技术开发者"三等奖。

（3）于向阳，男，汉族，新疆绿色使者空气环境技术有限公司董事长，高级工程师。累计申请专利45件，其中发明专利16件，实用新型专利29件。先后获得"国家科学技术发明二等奖""中国制冷学会科学技术发明一等奖""乌鲁木齐市科学技术进步一等奖"、2011年"新疆维吾尔自治区优秀专利技术开发者"一等奖、2012年"新疆维吾尔自治区专利奖"一等奖和"中国专利优秀奖"；荣获"新疆维吾尔自治区机电行办标准化工作先进个人""新疆维吾尔自治区第十批有突出贡献优秀专家""新疆维吾尔自治区科技兴新贡献奖""讲理想、比贡献"活动科技标兵、"十一五"国家科技计划执行突出贡献奖等光荣称号。

（4）于胜存，男，汉族，研究生学历，高级工程师，享受国务院政府津贴。新疆第三机床厂经理。长期从事石油机械行业钻采设备——抽油机节能理论的研究和开发。在抽油机节能领域共获得28项专利，其中2项美国专利、23项国家实用新型专利和3项发明专利。先后获国家级科协奖励2项，自治区级科协奖励10项，乌鲁木齐市级科技进步奖4项。《用"换向功"理论分析抽油机结构参数对节能的影响》2009年获得自治区第十届自然科学优秀学术论文一等奖。2010年被评为"全国优秀科技工作者"。2011年3月，获"新疆维吾尔自治区优秀专利技术开发者"二等奖。

（5）卫时俊，男，汉族，江苏泰安人，1959年由江苏支边到石河子八一糖厂工作，曾任车间机械技术员、车间副主任、主任、副厂长等职。在任副厂长期间，组织参与了"制糖清净GP系统的微机控制""流洗沉淀池的微机自控""蒸发罐液位自动显示控制"及"德国切丝机"等引进项目的开发工作。他设计的"磁控管的环流保护器"获中国实用新型专利。1994年荣获自治区优秀设备工作者和科技先进工作者荣誉称号。1996年，荣获"新疆维吾尔自治区优秀实施发明与专利企业家"称号，被收录于《新疆发明大观》一书中。

（6）马俊，男，新疆马俊金属制品有限公司总经理，2003年被中国管理科学研究院学术委员会聘为特约研究员。他被称为农民发明家，经过勤奋学习、刻苦钻研，进行80余项技术革新，拥有20多件发明专利。他研制的新型大棚用热风炉，不但环保节能，解决了种植大棚温度不均匀的问题，具有供暖、杀菌、除湿的功能，还可以供养殖业使用。该发明被自治区农机局列为农业设施推广项目。产品已远销全国10多个省市，并出口哈萨克斯坦。马俊把自己的发明专利无偿提供给昌吉、博州、伊犁等地贫困县乡的企业使用，两次被当地政府评为非公经济光彩之星。2011年3月，获"新疆维吾尔自治区优秀发明创造者"三等奖。

（7）马凤云，女，汉族，新疆大学化学系教授，博士生导师，自治区人民政府专家顾问团专家，享受国务院特殊津贴。拥有多件发明专利。1999年3月，获"新疆维吾尔自治区优秀发明创造和优秀专利技术开发者"三等奖。

（8）马明銮，男，汉族，1934年出生，1966年毕业于东北工学院农业机械制造专业，高级工程师。从事农业机械研究近30年。1992年完成"5XF-5风筛式种子清选机"和"5XZ-3重力式种子清选机"的研制。两台设备的机械性能和使用性能不亚于进口设备。作为专利技术的首席发明人，主持研制的各类农业机械新产品70多项，其中60多项申报国家专利。获2011年"新疆维吾尔自治区优秀发明创造者"二等奖。1996年，荣获"新疆维吾尔自治区优秀发明与专利企业家"称号；2011年3月，获"新疆维吾尔自治区优秀发明创造者"二等奖；2012年12月，与他人研究发明的"棉种加工酸溶液处理设备"发明专利，获"新疆维吾尔自治区专利奖"二等奖，被收录于《新疆发明大观》一书中。

（9）王力，男，汉族，1978年毕业于乌鲁木齐新疆中医学校。1982年到新疆医学院药学专业深造，1985年毕业，大学学历，中美合资东方奥斯曼化妆品有限公司总经理。1989年，他在新疆药物研究所工作期间，参加了《维吾尔民间生发生眉药作用机理》研究课题，参与并成功研发出"奥斯曼植物生眉笔"等专利产品。

1993年10月产值达300多万元；同年5月，"奥斯曼植物生眉笔"等专利产品获得第八十四届巴黎国际发明博览会特别荣誉金杯奖；1994年4月荣获第十二届日内瓦国家发明博览会银奖。1996年3月，获"新疆维吾尔自治区优秀实施发明与专利企业家"称号，被收录于《新疆发明大观》一书中。

（10）王健，男，满族，本科学历，教授级高工，总工程师。在特变电工工作。其主持研发的"SFP—720000/500变压器产品"获中国机械联合会一等奖；"超高压直流换流变系列产品"获国务院科技进步一等奖。2011年3月，获"新疆维吾尔自治区优秀发明创造者"一等奖。

（11）王长宁，男，汉族，新疆联合收割机集团公司高级工程师。1999年3月，获自治区"优秀发明创造和优秀专利技术开发者"二等奖。

（12）王永刚，男，汉族，大学学历，高级工程师，新疆蓝山屯河能源有限公司常务副总经理。获2011年"新疆维吾尔自治区优秀发明创造者"三等奖。2012年12月，以王永刚为第二发明人的"耐低压聚对苯二甲酸乙二醇酯树脂及其生产方法"发明专利，获"新疆维吾尔自治区专利奖"二等奖。

（13）王吉奎，男，汉族，石河子大学教授，博士，硕士研究生导师，国家自然科学基金项目评审专家，《农业工程学报》审稿人。主要从事农业机械及机械设计制造方面的教学、科研工作，主要研究精密播种技术、残膜回收、加工番茄分批次采摘和滴灌带回收等方面机械装备的研究，主持国家自然科学基金3项，申请发明专利11项，实用新型专利10项，专利成果转化一项，发表论文30余篇，获兵团科技进步三等奖一次。2011年3月，获"新疆维吾尔自治区优秀发明创造者"二等奖。

（14）王松涛，男，汉族，库尔勒中发自控公司总经理。2006—2014年，共获得中国专利14件。2011年3月，获"新疆维吾尔自治区优秀专利技术开发者"三等奖。2014年被库尔勒市评选为"创业领军人才"。

（15）王国峰，男，1979年8月15日出生，大学本科学历，现任石河子开发区天佐种子机械有限责任公司总经理、兵团种子加工机械工程技术研究中心主任。主持和承担国家科技项目6项，自治区、兵团科技项目10项。2012年被评为农八师（石河子市）知识产权工作先进个人，2013年被评为兵团第四届青年科技奖。作为专利第一发明人，申请专利25件，授权发明专利2件，授权实用新型专利14件，软件登记1个。2012年12月，获"新疆维吾尔自治区专利奖"三等奖。授权的专利已全部运用于生产之中，为企业创造产值近2000万元。

（16）王能勇，男，汉族，上海人。1964年毕业于新疆生产建设兵团奎屯农机专业。自1965年，他研制出"2BMG-8膜上灌打埂铺膜播种机试验样机，1990年在兵团一三四团4.5万亩棉田推广节约并增加产值630万元。1991年，他研制推广SMJ-2收膜集条机20台，4年在一三四团作业18万亩，共收回残膜300多吨，回收棉秆2万多吨，创经济效益320.5万元；同年获农业部丰收杯一等奖、兵团科技进步三等奖、农八师和石河子市科技进步一等奖。1993年，他带领科研组研制出4TSM-4悬挂式收膜机，收膜率达75%以上，伤苗率小于1%，功效高，性能可靠，获得国家专利。1996年3月，荣获"新疆维吾尔自治区优秀发明与专利企业家"称号，被收录于《新疆发明大观》一书中。

（17）孔利明，男，汉族，大学学历，宝钢集团八一钢铁股份有限公司轧钢厂轧钢主任工程师。2011年3月，获"新疆维吾尔自治区优秀发明创造者"三等奖。

（18）巴吐尔·达尼，男，维吾尔族，大专文化程度，原新疆阿瓦提县林管站工程师。发明的"塔形鸟巢"带来较好的经济和社会效益。1996年3月，荣获"新疆维吾尔自治区优秀发明工作者"称号。

（19）石文利，男，汉族，1951年出生，乌鲁木齐人，中专学历，工程师，新疆昌吉州昌峰低压锅炉制造公司董事长。1992年他设计的"CSLRS常压立式双胆热管双层炉排热水锅炉"专利产品，1993—1995年获利80多万元。1996年又研制了"煤气旋风炉""燃气炉""燃油炉"等产品，拥有多件专利发明。1996年3月，荣获"新疆维吾尔自治区优秀实施发明与专利企业家"称号，被收录于《新疆发明大观》一书中。

（20）占财兴，男，汉族，1969年1月出生，大专学历，1986年工作，乌鲁木齐爱斯特专利转让服务有限责任公司经理。他主持发明"组装式建筑管口支模片"专利产品每年为企业创产值50万元，创利润15万元。

2011年3月，获"新疆维吾尔自治区优秀发明创造者"三等奖。

（21）叶良才，男，汉族，1938年7月出生，四川省资中市人。曾任全国政协委员、高级工程师、新疆发明家协会副会长等职务。拥有电熔爆技术等多项发明专利，曾获1992年北京国际博览会发明金奖、美国匹兹堡国际博览会金奖及多次国内大奖。荣获1996年"新疆维吾尔自治区优秀发明创造家"称号，享有政府有突出贡献的特殊津贴。叶良才经过30多年的潜心研究发明电容爆技术及电熔爆系列机床，解决了机电技术领域的超硬、特脆、热敏感等特殊材料加工难题和机加工高速切削，强力切削不精度损坏严重、使用寿命短及机床能耗大、昂贵材料耗量大、造价成本高的世界性难题，开创了世界机电技术的一场重大变革，取得了26项重大成果，产生了良好的经济效益和社会效益，被称为"电熔爆之父"。1996年3月，荣获"新疆维吾尔自治区优秀发明家"称号，被收录于《新疆发明大观》一书中。

（22）叶邦华，男，汉族，1935年生，浙江省宁波人，1954年毕业于徐州斯高工艺学院，大专文化程度，曾任新疆天山锅炉厂厂长兼总工程师。20世纪80年代，他主持开发的"SZL天山型风燃尽室式水管锅炉4~6t/h"六个品种，平均热效率比部颁标准高出10%；节煤率达10%，排烟环保水平高于国家一类保护区标准。SZL型快装锅炉的开发成功，使新疆天山锅炉厂从中国锅炉行业的排名由100多名前提到前10位。他也成为中国工业锅炉行业和新疆的知名人物。1996年3月，荣获"新疆维吾尔自治区优秀实施发明与专利企业家"称号，被收录于《新疆发明大观》一书中。

（23）卢春生，男，汉族，新疆农科院园艺所研究员，新疆农科院园艺所所长。曾任新疆农科院学术委员会委员等职，享受国务院特殊津贴。在从事科研工作的25年中，先后参加国家、自治区特色果树栽培、育种、加工及推广项目20余项。共发表论文10余篇，获各级科技进步奖8项，研制出新产品4个。1984年主持的"葡萄冷浸快速制干技术推广"项目，获1989年省级科技进步二等奖和1991年国家星火科技四等奖；主持的"葡萄促干剂的研制及应用"项目，获1994年自治区科技进步二等奖和1996年国家发明四等奖。葡萄促干剂新产品1992年获国家发明专利。主持的"南疆三地州特色林果业优质丰产技术集成及示范推广"项目获2004年自治区科技进步三等奖。1996年3月，荣获"新疆维吾尔自治区优秀实施发明与专利企业家"称号。

（24）田文广，男，汉族，1957年出生，中国地质大学（北京）本科学历，高级工程师，现任新疆广陆能源科技股份有限公司董事长兼总经理，授权有效专利9件，其中发明专利1件、实用新型专利8件。主持研发的科技成果"录井气相色谱技术的开发与应用"项目荣获自治区科技进步二等奖。他还获得克拉玛依市科技进步一等奖、"十一五"期间技术创新先进个人、克拉玛依市科技突出贡献奖。2011年3月，获"新疆维吾尔自治区优秀发明创造者"二等奖。

（25）冯跃平，男，汉族，大专学历，高级工程师，宝钢集团新疆八一钢铁有限公司技术中心副主任。2011年3月，获"新疆维吾尔自治区优秀专利技术开发者"三等奖。

（26）冯明昭，男，汉族，九三学社成员，大学文化程度，中科院新疆化学所研究员，享受政府特殊津贴。1999年3月，获"新疆维吾尔自治区优秀发明创造和优秀专利技术开发者"二等奖。

（27）肉孜·木沙，男，维吾尔族，1958年5月出生，新疆轮台县人。1980年毕业于新疆工学院机械系，大学学历，在自治区第三机床厂从事技术工作，工程师。1989年5月，被自治区团委授予"科学研究新星"；1994年被评为自治区青年技术骨干。他先后发明了"自动婴儿摇床""自动报警输液器""铁路客车上送饭的一种新型的手推车""自动报警电熨斗安全底座架""自动报警的暖瓶保温装置""少数民族自动倒水洗手装置""农作物株间深土施肥农具"创新产品，其中5件获得国家专利。有三项发明成果分别在全国第四届、第五届和第九届发明展览会上获得三等奖；在自治区第二届丝路专利技术博览会和93全国专利技术博览会上获得优秀专利技术奖。1996年3月，获"新疆维吾尔自治区优秀发明工作者"称号，被收录于《新疆发明大观》一书中。

（28）朱兵，男，汉族，安徽合肥人，1984年毕业于安徽大学生物系，1991年在上海华东师大生物系就读研究生，毕业后志愿到新疆工作，在新疆师范大学任教，1993年创办新疆药业有限公司，任经理。他负责研制开发的"雪莲药垫"先后获国内外十多项大奖。1995年"妇得乐"雪莲药垫产品出口泰国等4国。1986年3月，获"新疆维吾尔自治区优秀发明工作者"称号，被收录于《新疆发明大观》一书中。

（29）朱京琳，女，汉族，1935年11月出生，江西南康（今南康市）人。1958年毕业于西北农学院林业经营专业，大学文化程度，先后在新疆农林畜牧科学研究院、新疆农业科学院林业科学研究所、新疆林业科学研究院林业治沙科学研究所从事科学研究工作。副研究员，九三学社主任委员，享受政府特殊津贴。取得多项专利成果，其中，"新疆巴旦杏资源及丰产栽培技术""巴旦杏种质资源基因库建园"获自治区科学大会奖和科技进步四等奖；"新疆巴旦杏新品种选种研究""新疆巴旦杏资源考察和加工利用研究"获国家林业部科技进步三等奖。参加编写《核桃》等4部专著，发表论文46篇。1989—1995年创造的经济林新品种、新技术、新产品科研成果，取得显著经济效益。1996年3月，获"新疆维吾尔自治区优秀发明工作者"称号，被收录于《新疆发明大观》一书中。

（30）刘大雄，男，汉族，1951年9月出生，上海市人。1982年毕业于塔里木农垦大学农业机械化专业，大学学历。1982年工作，在塔里木农垦大学任教。1985年3月，在阿克苏地区科委科技开发中心工作，同年12月调到阿克苏地区农牧机械化研究所任副所长。1988年评为计算机工程师。1993年被农业部评为全国农机优秀科技工作者。1994年被评聘为农业机械高级工程师。他有多项发明，其中"膜孔渗灌施肥播种机""宽幅膜铺膜播种机""改进的宽幅膜播种机"获国家专利。"改进的宽幅膜播种机"生产1000台，创产值350万元、利税89万元；"膜孔渗灌施肥播种机"专利技术推广，可平均节水48%，每亩棉花可增产11%。1992年获全国星火计划暨专利技术乌鲁木齐展销洽谈会银奖，1993—1995年获阿克苏地区科技进步三等奖。1996年3月，获"新疆维吾尔自治区优秀发明工作者"称号，被收录于《新疆发明大观》一书中。

（31）刘广成，男，汉族，1963年8月25日出生，山东宁津县人，大专学历，农艺师职称。新疆汇通旱地龙腐殖酸有限责任公司技术部主任。"十二五"期间，主要主持国家"十二五"863"FZ-多功能生物抗蒸腾剂研究与开发"项目和自治区2012年"抗棉花枯黄萎病土壤修复剂专利推广项目"。期间，获得2010年国家科技进步奖、2011年哈密地区科技进步奖二等奖。发表论文2篇，2014年获得水利部昆仑二等奖。获得国家发明专利5件。2012年2月，获"新疆维吾尔自治区专利奖（优秀发明创造者）"二等奖。

（32）刘军林，男，大学双学历，食品发酵工程专业，高级工程师。多年从事食品化工工程及微生物发酵领域的研究和技术工作。主要参与的国家级科技项目有4项、兵团科技项目3项、石河子大学科技项目3项，制定企业标准2项。主要从事生物质发酵的技术创新研究，拥有实用新型专利9件，发明专利1件，发表论文3篇。获得新疆兵团科技进步三等奖1项，克拉玛依市科技进步二等奖1项。2012年12月，获"新疆维吾尔自治区专利奖"三等奖。

（33）刘庆华，男，汉族，1960年毕业于沈阳药学院，大学文化程度，研究员，国家特贴专家，新疆药物研究所所长，新疆药学会理事长，自治区专家顾问团成员。刘庆华将乌斯玛草汁用科学方法提纯，由天然成分制成奥斯曼高级生眉笔，兼有生眉、化妆两种功效。该专利产品一上市就受到用户青睐，十分畅销。1993年5月参加巴黎国家发明展览会获得特别荣誉金杯奖。随后获得国内外11项大奖。1993年获自治区科技进步二等奖；1994年获国家第七届发明金奖和人类保健杯奖；1995年获国家科技进步三等奖；1996年3月，获"新疆维吾尔自治区优秀发明工作者"称号；1999年3月，获"新疆维吾尔自治区优秀发明创造和优秀专利技术开发者"一等奖，被收录于《新疆发明大观》一书中。

（34）刘伟增，男，汉族，博士，特变电工新疆新能源股份有限公司副总经理，高级工程师。作为新疆光伏行业重要研发带头人，先后被评为乌鲁木齐市科技进步一等奖、自治区科技进步二等奖和中国机械工业科技进步二等奖。累计申请专利28项，其中发明专利11项，发表科技论文12篇，参与制定自治区地方标准2项，参与制定国家能源行业标准2项。2012年2月，主持研发的"一种光伏逆变器用安装柜"专利，获"新疆维吾尔自治区专利奖（优秀发明创造者）"二等奖；2012年12月，主持研发的"一种并网逆变器及其交流输出滤波方法"发明专利获"新疆维吾尔自治区专利奖"一等奖。

（35）刘伯强，男，汉，1945年11月生，河南省尉氏县人，大专文化程度，副研究员，1991年创办新疆希格玛集团，任总裁。他主持研究了"希格玛YDZ-100型荧光灯电子镇流器""希格玛SGK-100型声光双控全自动电子节能开关"等多项专利发明。1992年5月，"电子镇流器""自动电子节能开关"分获国家科委颁发的"全国星火计划暨专利技术展览会"金奖和银奖。同年获"92北京国际发明展览会"铜奖。1994年2月推出了第四代、第五代"荧光灯电子镇流器"，申请并获得国家专利授权。该专利产品畅销全国23个省市区56个大中城市。1994年"阿尔法"获"中国名牌"。1995年5月，"希格玛"牌（第二代）太空棉获"92全国星火计划暨专利洽谈会"金奖。1996年希格玛"太阳棉"获中国专利。1995年9月，"阿尔法"单衬衫被中国质协评为"95中国精品衬衫"。1996年3月，荣获"新疆维吾尔自治区优秀实施发明与专利企业家"称号，被收录于《新疆发明大观》一书中。

（36）刘家驹，男，汉族，1928年10月生，湖北省建始县人。硕士研究生导师，新疆农科院研究员，自治区优秀专家，享受政府特殊津贴。1954年毕业于武汉农学院园艺专业。1955年调到新疆农林畜牧科学研究所从事科研工作。他从事葡萄栽培和加工技术研究四十余年。他主持研制成功的葡萄促干剂，先后获92北京国际发明展览会铜奖、92全国星火计划成果及专利技术乌鲁木齐展销洽谈会银质奖、94乌鲁木齐全国发明专利技术新产品博览会"发明与新技术金杯奖"。1992年被授予"新疆维吾尔自治区优秀专家"称号。1994年获"国家级新产品"，同年获得中国发明专利。1992—1995年，葡萄促干剂专利产品创产值7000多万元，创税400余万元，利润150万元。1995年获自治区科技进步二等奖和中国专利优秀奖。1996年3月，获"新疆维吾尔自治区优秀发明工作者"称号，被收录于《新疆发明大观》一书中。

（37）刘新峰，男，汉族，1963年2月8日出生，毕业于西南交通大学经济管理系，学历大专，在乌鲁木齐磁封节能环保科技有限公司工作。乌鲁木齐市新市区政协常委。爱好钻研，特别是机电自动化，自主研发并获多项专利。其中研发的"双磁体磁力密封器"专利，2012年12月获"新疆维吾尔自治区专利奖"三等奖。

（38）毕可显，男，汉族，1937年2月出生，山东人，1956年毕业于山东泰安林校，大专学历，高级工程师，享受政府特殊津贴。在阿克苏地区林业处任处长，先后担任过实验林场技术员、科长、站长、副场长、场长等职。1977年，他所在的实验林场被确定为国家自治区联营的核桃良种基地，承担新疆核桃良种实验、生产任务。以他为第一主持人完成了"和上01号、15号、20号""和春06号""和跃04号""阿浑02号""库三02号"和"乌火06号"8个核桃优良品种的嫁接繁殖，推广2000亩，取得了良好经济和社会效益。1988年、1995年被评为自治区优秀专家。1996年3月，获"新疆维吾尔自治区优秀发明工作者"称号，被收录于《新疆发明大观》一书中。

（39）关桂兰，女，满族，1937年1月出生，1962年毕业于北京农业大学，大学学历，1962年9月分配到中科院新疆分院生物土壤沙漠所工作，任微生物室主任。主要从事干旱地区微生物资源及其资源开发利用研究。她先后主持"新疆干旱地区共生固氮资源"等三项国家自然科学基金项目。承担了国家关于固氮方面的攀登项目中的子课题和自治区农业方面的PC微生物制剂推广应用项目。曾获全国科学大会奖（参加）、自治区科学大会奖（主持之一）、中国科学院科技进步三等奖（主持）、自治区科技进步二等奖、四等奖各一项（参加、主持）；获"PC微生物制剂"等2项中国发明专利。该专利产品在30多万亩实施并取得良好经济效益。获94乌鲁木齐全国发明与专利新技术新产品博览会金奖。1992开始享受政府特殊津贴。1995年被选为自治区先进工作者。1996年3月，获"新疆维吾尔自治区优秀发明工作者"称号，被收录于《新疆发明大观》一书中。

（40）许邵群，男，汉族，湖北随州人，1955年毕业于天津大学硅酸盐专业，大学学历，高级工程师，新疆大地墙体材料开发公司总经理。他长期从事水泥、砖瓦、陶瓷、新型建材的科研和生产。他开发的工业废渣砌块，获乌鲁木齐市科技成果三等奖；开发的页岩陶粒新产品95年产值达238万元，利润51万元。1983年7月，荣获中国科协、国家劳动人事部、国家民族委员会授予在少数民族地区从事科技工作一等奖。1983—1985年，荣获自治区优秀科技工作者。1985年10月，获自治区党委和自治区人民政府授予的新疆工作30年优秀科技奖。1996年，获自治区"全内燃黏土砖"优秀信产品成果金马奖；同年3月，荣获"新疆维吾尔自治区优秀实施发明与专利企业家"称号,被收录于《新疆发明大观》一书中。

(41) 许树谦,男,1957年2月出生,1982年毕业于西南石油学院开发系钻井工程专业,工学博士学位,博士研究生学历,教授级高级工程师,中国石油集团西部钻探工程有限公司副总工程师。他主持完成研究的"超低比重油井水泥固井技术"在克拉玛依油田应用后在全国油田推广;他主研究的"泡沫水泥固井技术"在30多口油井应用,节约资金1787万元,有效地解决了更低压力油田的固井漏油问题。自1981年以来,他主持完成和参加完成的科研攻关项目有11项。其中获奖9项。1996年3月,获"新疆维吾尔自治区优秀发明工作者"称号,被收录于《新疆发明大观》一书中。

(42) 孙燕,女,汉族,1953年8月出生,1969年入伍,1990年毕业于新疆医学院药学专业,文化程度大学专科。兰州军区乌鲁木齐总医院药制科主管药师。她先后研制了10余种新制剂、新剂型。在全国医学刊物上发表论文10余篇。她负责研制的酮康唑霜获得国家卫生部四类新药证书及生产批文。与CT室杨进等研制的"口服低度CT造影剂"不仅取得了自治区生产批文,还申请并获国家发明专利,在1995年10月北京举办的全国第九届发明展览会上获发明金奖。1996年3月,获"新疆维吾尔自治区优秀发明工作者"称号,被收录于《新疆发明大观》一书中。

(43) 孙文成,男,汉族,大学学历,新疆三叶管道技术有限责任公司总经理。2011年3月,获"新疆维吾尔自治区优秀专利技术开发者"二等奖。

(44) 孙殿甲,男,汉族,1935年出生,吉林省双辽县(今双辽市)人。1960年毕业于沈阳药学院。1986年任新疆医科大学药剂学教授,药剂教研室主任,新疆药学会常务理事,新疆科协四届委员,博士生导师,享受政府特殊津贴专家。他长期从事药剂学教学及新剂型新制剂研究工作。主持完成"扑热息痛泡腾冲剂"等7种新药,均获生产批准文号,转让给乌鲁木齐制药厂等3个单位生产并用于临床,收到较好的经济效益和社会效益。他主持完成的"去氢骆驼蓬碱脂质体研究"等6项药剂学应用基础研究课题,获自治区科技进步二等奖2项。1996年3月,获"新疆维吾尔自治区优秀发明工作者"者称号,被收录于《新疆发明大观》一书中。

(45) 杨青山,男,汉族,1938年出生,哈密市科技副市长兼新疆黄腐殖酸科技开发总公司董事长、自治区政协委员、民建会员,享受政府特殊津贴。1955年毕业于东北军大电训班。他主持多项科研项目,并取得成功,多次获奖。1986年,被评为自治区优秀科技工作者。1992年被评为有突出贡献的优秀科技工作者。1993年获新疆高技术、专利新产品金奖。1995年获全国农林牧副渔新技术新产品金奖、第五届"信息杯"全国科技发明成果金奖。1996年3月,获"新疆维吾尔自治区优秀发明工作者"称号,被收录于《新疆发明大观》一书中。

(46) 杨永顺,男,汉族,大学学历,博州万力源科技开发有限责任公司总经理。拥有数十件发明专利。2011年3月,获"新疆维吾尔自治区优秀发明创造者"三等奖。

(47) 杨建湘,男,汉族,大专文化程度,高级工程师。主持研发的30项技术申请并获得中国专利。荣获国家科学技术进步一等奖。1996年3月,获"新疆维吾尔自治区优秀发明工作者"称号。

(48) 李浩,男,汉族,研究生学历,博士学位。新疆罗布泊钾盐有限责任公司党委书记、总经理。2011年3月,获"新疆维吾尔自治区优秀专利技术开发者"一等奖;2012年12月,主持研发的"用含钾硫酸镁亚型卤水制取硫酸钾的方法"发明专利,获首届"新疆维吾尔自治区专利奖"一等奖。

(49) 李岭群,男,汉族,1956年8月出生,黑龙江省伊春市人,先后毕业于长春地质学院、北京地质管理学院,大学学历。曾任新疆地质一大队副队长、乌鲁木齐佳能电子公司董事长兼总经理、新疆四产科技有限公司董事长、新疆民营科技企业家协会常务副会长,现任大连磁谷科技研究所有限公司党支部书记、董事长、首席科学家。1998年先后开发出"钢筋混凝土三剪结构建造技术""多元复合材料台球杆""球壳高强隔音楼板""多功能硬质包装箱"等专利技术并获得专利,共获国内外授权发明专利62件,其中中国专利46件、德国专利6件、美国专利10件。1996年3月,荣获"新疆维吾尔自治区优秀发明家"称号,被收录于《新疆发明大观》一书中。

（50）李春杰，男，汉族，大学学历，新疆医科大学医学院研究员。他参与研制的抗骨质增生丸、接骨1号、青兰油胶囊等新药都在临床上取得显著的疗效，并获得专利，在国内外多次获奖。他研发的"益智宝"补钙健脑口服液，1993年通过新药评审委员会评审认可，获得卫生部新药生产批文。1995年申报国家专利，荣获全国第九届发明博览会科技新产品金奖、展览会银奖。1986年3月，获"新疆维吾尔自治区优秀发明工作者"称号，被收录于《新疆发明大观》一书中。

（51）时敬龙，男，汉族，大学学历，新疆华易石油工程技术有限公司技术总监，工程师。2011年3月，获"新疆维吾尔自治区优秀专利技术开发者"三等奖。

（52）邵家骏，男，汉族，1938年6月出生，上海嘉定人，1956年支边来疆，在石河子八一制糖厂工作，任厂长，高级经济师。他参与研制的FT40-型方糖包装机，提高功效十几倍，年创效益100多万元。1983年，获新疆生产建设兵团科技进步二等奖。1989年获得国家发明专利，创经济效益1879.2万元；同年获自治区第一届优秀企业家称号。1993年享受政府特殊津贴。1994年获全国食品工业优秀企业家称号。1996年3月，获"新疆维吾尔自治区优秀发明工作者"称号，被收录于《新疆发明大观》一书中。

（53）甫拉提·玉素甫，男，维吾尔族，1956年4月出生，乌鲁木齐人，1986年1月毕业于新疆大学业余大学物理专业，大专学历。1994年5月为新疆帕米尔实业开发总公司总经理。他将斯亚旦油与沙枣胶结合起来，研发出新的美发、护发新产品——伊丽萌摩丝；同年10月申请并获国家发明专利。1995年4月荣获86届巴黎国际发明展览会特别荣誉奖；同年5月获美国第十一届95国际发明展览会银奖；同年10月获全国十年优秀发明成果暨第九届发明展览会金杯奖。1986年3月，荣获"新疆维吾尔自治区优秀发明与专利企业家"称号，被收录于《新疆发明大观》一书中。

（54）余经炎，男，汉族，1955年1月出生，陕西平利县人，工程师。曾任新疆伊犁地区专利技术研究开发有限责任公司、伊犁双火锅炉有限责任公司总经理兼总工程师。从业多年，他一直潜心研究自学了热力学、工程力学等多门学科，通过不懈的努力，他主持研究的"军用快燃节煤灶""便炊式节柴节煤多用炉""方便多用活接头""往复式储热节能锅炉""节能多用热水箱""锅炉消烟除尘脱硫固氧新方法""高效快燃消烟积温节煤炉""脱硫固氮的逆向排烟锅炉技术""水利反作用力发电技术""余热发电技术""石灰清洁煅烧技术"等10余项技术获得国家专利，被收录于1992年《当代中国发明》《最新实用专利技术选编》《中国专利信息》等国家级书刊。获得全国新技术新产品乌鲁木齐博览会金杯奖、乌鲁木齐新技术新产品博览会金杯奖、中国专利十五年成就展优秀项目奖、香港国际新技术新产品博览会银奖。1996年3月，荣获"新疆维吾尔自治区优秀发明家"称号，被收录于《新疆发明大观》一书中。

（55）张小勇，男，汉族，1962年1月出生，1983年毕业于新疆大学生物系，1988年毕业于西北大学生物系，研究生学历，硕士学位。在新疆农科院微生物研究所工作期间，先后主持了"新疆玉米联合固氮菌开发利用研究""新疆主要作物微生物复合肥料的研制与应用"自治区科委重点项目。"玉米联合固氮菌肥"推广115万亩，"植物健壮剂"推广10万亩，"多复合全肥"推广40万亩，共创社会经济效益1.14亿元。1996年3月，获"新疆维吾尔自治区优秀发明工作者"称号，被收录于《新疆发明大观》一书中。

（56）张友新，男，汉族，本科学历，正高级工程师，中国塑料加工工业行业专家、新疆塑料行业专家委员会专家、新疆维吾尔自治区节能减排专家。现任新疆天业集团技术中心主任助理。主持研发并获得专利34项，其中获发明1项、实用新型29项、外观设计4项。发表科技论文32篇，其中核心期刊6篇，获奖论文11篇。获得各级奖项14项。获部级科学技术进步一等奖1项、兵团三等奖1项、八师石河子二等奖2项。2011年3月，获"新疆维吾尔自治区优秀专利技术开发者"三等奖。

（57）张巨煌，男，汉族，新疆旭日环保股份有限公司董事长，高级工程师。被中国环境保护产业协会评为"中国环境保护产业优秀企业家"，是中国环境保护产业协会认定的"中国环境保护产业骨干企业"和"企业信用评价AAA级信用企业"负责人，"中国环境保护产业协会"常务理事，"中国环境保护产业协会水污染治理委员会"成员，自治区环保产业协会秘书长，乌鲁木齐市环保产业联盟理事长。拥有实用新型专利15

件，外观专利2件。由他主持研发的"旋流液体除污器"专利，2012年2月，获"新疆维吾尔自治区专利奖（优秀发明创造者）"二等奖。

（58）张红田，男，汉族，大学本科学历，新疆八钢金属制品公司工程师。2011年3月，获"新疆维吾尔自治区优秀发明创造者"三等奖。

（59）张志远，男，汉族，新疆伊犁师范学院讲师。获1999年"新疆维吾尔自治区优秀发明创造者"三等奖。

（60）张春辉，男，汉族，八钢第二炼钢厂转炉冶炼工程师。2011年3月，获"新疆维吾尔自治区优秀发明创造者"三等奖。

（61）张朝书，男，汉族，1969年出生，经济管理专业，本科学历，阿克苏精准农机制造有限责任公司董事长。自1998年以来，长期从事农产品研发和生产制造管理工作，先后申请国家实用新型专利40件。由其主持研发的精量穴播器，获得全国工商会2009年"科技进步奖"二等奖。主持完成的"2MBJ系列夹持机械式精量播种机的研发推广"获2010年阿拉尔市科学技术进步二等奖。2011年3月，获"新疆维吾尔自治区优秀专利技术开发者"三等奖。2012年12月，获"新疆维吾尔自治区专利奖"二等奖。

（62）张茂建，男，汉族，1953年2月出生，山东省曹县人。1969年5月参加工作，1977年毕业于新疆生产建设兵团化工总厂工大化工机械专业，大专学历。1978—1990年，在天山锅炉厂工作，高级工程师，自治区机械工程学会生产工程专业委员会理事。1986年研制的SZL-8t/h水管快装系列II型锅炉获机械部科技成果二等奖，1992年获国家科技进步二等奖。1992年研制的SZL10-20t/h组装系列锅炉获自治区科技进步二等奖。上述两项发明分别获国家专利。张茂建本人及其发明已被编入专利发明家名人词典和中国当代发明人才库。1996年3月，获"新疆维吾尔自治区优秀发明工作者"称号，被收录于《新疆发明大观》一书中。

（63）张建华，男，汉族，1952年10月出生于伊宁市，祖籍河北省任丘县（今任丘市）。1977年毕业于西安建筑科技大学冶金系炼钢专业，大学学历。在新疆钢铁公司炼钢厂工作，高级工程师。1989年，他作为工程设计和负责人与重庆钢铁设计院合作进行300吨混铁炉除尘工业性试验，获得成功，该系统捕集部分申报国家专利2件。1992年承担自治区重点工程12吨转炉改造污水处理部分设计，取得良好效果，节水98.5%，年节约资金133.52万元，获得国家专利。1993年在一炼钢改造中，其优化设计，获自治区第八次优秀设计一等奖。1995年获中国发明协会铜奖、自治区科技进步三等奖、被列为"国家1995环保最佳使用B类技术推广"项目。1996年3月，获"新疆维吾尔自治区优秀发明工作者"称号，被收录于《新疆发明大观》一书中。

（64）张树信，男，汉族，1938年9月出生，河南开封县人，1959年毕业于河南省洛阳林校林业专业，文化程度大学专科。新疆林科院工作，副研究员。1979年参加的"核桃选优、集、嫁接及面积建园"项目获自治区科技进步三等奖。1989—1990年在他繁育的9个核桃新产品中，有2个分获部级科技进步一等奖和二等奖、有2个分获部级科技进步三等奖。"九五"期间，繁殖的良种核桃产值达7.0497亿元。1996年3月，获"新疆维吾尔自治区优秀发明工作者"称号，被收录于《新疆发明大观》一书中。

（65）张祥德，男，汉族，1947年2月出生，河南省温县人，1981年毕业于中国人民解放军第一军医大学中医系，大学学历，兰州军区乌鲁木齐总医院中医科副主任医师。曾先后在国家和省级学术刊物上发表研究论文30余篇。他创拟的"补脾通用方""蠲痹通络汤""硝石片"等处方分别被《中国中医秘方大全》《当代中国名医高效验方1000首》《中西医结合治疗难治病》等书收载；他研制的胆石清片、歌星咽喉宝、首乌长春宝、龙珠复明片、一洗舒、奇效康肤片等新药（中药），并获得国家专利。1996年3月，荣获"新疆维吾尔自治区优秀发明创造家"称号。他的名字载入《中国当代名人录》和《新疆发明大观》书中。

（66）陈仁贵，男，汉族，1946年出生，江苏扬中人，1970年毕业于南京工学院机械工程系，大学学历，高级工程师，1970年分配到新疆石油管理局工作，曾先后担任塔西南勘探开发公司技术员、副主任、副厂长、厂长、处长、副总机械师等职。多年来，获得局级以上各种荣誉称号10多次；获自治区科技成果一等奖一次；获国家发明专利7件，产生了良好的经济效益。1992年起享受政府特殊津贴。1986年3月，获"新疆维吾尔自治区优秀发明工作者"称号，被收录于《新疆发明大观》一书中。

（67）陈其钢，男，汉族，1970年4月出生，管理学博士，高级工程师，主要负责企业的科技研发、工艺创新、设备改造、新品种引进，通过与国内外科研院所的交流及合作，开发具有自主知识产权的配方和工艺，研制生产"新康"牌调味番茄酱、调味辣椒酱、果酱及各类果蔬罐头等产品，在中亚国家享有较高的知名度，市场占有率达25%。主持的罐藏黄瓜品种引进、生产及产业化技术集成项目，获自治区科技进步奖三等奖，拥有2件发明专利，2件实用新型专利。曾获第七届中国发明创业奖、第五届新疆青年科技奖。2011年3月，获"新疆维吾尔自治区优秀发明和优秀专利技术开发者"一等奖。2012年2月，独立研发的"酸黄瓜罐头生产方法"发明专利获"新疆维吾尔自治区专利奖（优秀发明创造者）一等奖"。

（68）陈振声，男，汉族，1940年出生，河南省开封县人，1963年毕业于北京地质学院物探系，大学文化程度，工程师，长期从事石油地震勘探技术工作。他多次主持和参加了大型地震勘探技术攻关项目，为新疆现代石油地震勘探技术跨入国内先进行列，为新疆石油气田的勘探开发做出了重要贡献。他参加的"沙漠区获取静校正资料的新方法"，截至1995年年底累计节约资金1500万元。1990年荣获自治区劳动模范称号。1991年获自治区科技进步二等奖。"七五"至"八五"期间，获省（自治区）部（总公司）级科技进步奖2项、三等奖1项。1996年3月，获"新疆维吾尔自治区优秀发明工作者"称号，被收录于《新疆发明大观》一书中。

（69）张耀峰，男，汉族，高级工程师。现任新疆中石油管业工程有限公司副经理。在玻璃钢管道、塑料管道等研发工作方面有专长，曾主持完成了塑料合金-玻璃钢复合管、电缆用玻璃钢保护管、高压玻璃纤维管线管、高压玻璃钢井下管、PE管等多项产品项目的研究开发工作，主持多项技术改造工程并达产达效，为新疆塑料管道技术进步作出了突出贡献，在行业期刊上也发表了多篇专业技术论文。累计申请专利22项，组织完成了22项企业标准的编制工作。2009年荣获"质量管理活动卓越领导者"荣誉称号。研发的产品先后获得"凯盛杯"全国建材行业技术革新奖三等奖、"北新建材杯"全国建材行业技术革新奖、"中国工业防腐蚀技术协会科学技术进步突出贡献三等奖""自治区优秀新产品一等奖""乌鲁木齐市科技进步奖二等奖"等奖励。累计申请获得专利22件。2011年3月，获"新疆维吾尔自治区优秀专利技术开发者"三等奖。

（70）武继礼，男，汉族，大学，1953年12月出生，1979年毕业于新疆工学院机械制造工艺及设备专业，高级工程师，享受政府特殊津贴专家。额敏县科技副县长，曾任自治区粮油科研所中试厂厂长、新疆发明协会委员等职。发表论文30余篇。他获得专利3件，其中"CHGXY250循环移动式谷物烘干机组"专利产品，一台机组总收益可达463万元；"FDMW32×125卧式打麦机"专利产品可节约外汇80万美元；"预制装配式溜管"专利产品为十几个厂家创产值200万元、利润12万元。1996年3月，获"新疆维吾尔自治区优秀发明工作者"称号，被收录于《新疆发明大观》一书中。

（71）罗仁全，男，汉族，教授级高级工程师。新疆第三机床厂厂长兼高级工程师，共有发明37项，32项获得专利权，其中两项获得美国专利权。他的发明却涉及机械、电子、体育、日常生活用品等七个领域。其中，他研究的抽油杆扶正器、抽油机光杆卡瓦获国家专利和布鲁塞尔世界发明博览会金奖，经济效益超过172亿元。经自治区知识产权局核准，罗仁全是自治区获专利权最多的发明人，也是专利实施率最高的发明人。1999年3月，获"新疆维吾尔自治区优秀发明创造和优秀专利技术开发者"三等奖。荣获2004年度新疆科技进步奖特等奖及50万元奖金。

（72）罗四海，男，汉族，1944年出生，1966年毕业于北京石油学院开发系采油专业，大学学历，1966—1987年在新疆石油管理局采油一厂工作，任技术员、工程师。1987—1996年在新疆石油管理局油田工艺研究所从事科研工作，任工程师、高级工程师。他共获的"永磁脱水器""外卡式磁化器""人工地震机移动专用车""热动力阀"和"一种温控封隔器"5项专利（第1-4项为第一发明人，第5项为独立发明人）。"外卡式磁化器"专利每年可获经济效益9.6万元；"热动力阀"专利在100口井推广节约费用100多万元。1996年3月，获"新疆维吾尔自治区优秀发工作者"称号，被收录于《新疆发明大观》一书中。

（73）季军，男，汉族，1976年9月出生，1998年7月毕业于新疆师范大学物理系，大学本科学历。现任鄯善华恒实业有限责任公司总经理助理,兼任生产技术部长、研发中心副主任。2009年起多次被鄯善县总工会评为"先进工作者"。2010年所被吐鲁番地区总工会评为"劳动模范"。2011年被自治区团委评为"两新组织"优秀工作者。2012年被中共鄯善县委、鄯善县人民政府命名为"第二批优秀拔尖人才"。2011年,参与完成并获"海绵铁隧道窑生产用的工业窑车""海绵铁隧道窑卸料吸灰装置"和"一种工业窑炉冷却及余热循环利用系统"3件专利。2012年2月,获"新疆维吾尔自治区专利奖(优秀发明创造者)"二等奖。

(74)范世峰,男,汉族,新疆坎儿井灌溉技术有限责任公司高级工程师。他多年来致力于农业节水技术研发,使新疆滴灌技术在"辅管轮灌"基础上实现升级换代,推广面积达2000万亩以上,产生了巨大的社会效益。共获得国家专利23项,其中发明专利4项。2项专利产品通过自治区新产品鉴定、科技成果鉴定和自治区高新技术产品认定;2项专利产品获得国家重点新产品证书。2003年获得乌鲁木齐市科技进步二等奖。2011年3月,获"新疆维吾尔自治区优秀发明创造奖"三等奖。

(75)范建军,男,汉族,新疆乌苏市人,大专学历,机械专业。1989年参加工作,1999年组建乌苏市广丰密封有限责任公司,任总经理。2000年组建乌苏市北方新科有限公司,主持研制新型节能焊接波纹管机械密封新产品,轻烃泵用机械密封装置,大轴径集装式焊接金属波纹管迷宫组合密封装置,并获得专利。2011年3月,获"新疆维吾尔自治区优秀专利技术开发者"二等奖。

(76)周著,男,土家族,毕业于新疆八一农学院水利系。新疆农业大学教授、博士生导师。曾任四川大学兼职教授,IAHR会员,中国水利学会水力学专业委员会委员,自治区有突出贡献的优秀专家。获得多项发明专利,其中具有代表性的是攻克了世界性的工程泥沙治理难题,发明的"漏斗式全沙排沙技术"专利成果及其设施达到国际先进水平,该成果已经在全国6省区推广应用,取得了很好的经济效益和社会效益。荣获2004年度新疆科技进步奖特等奖及50万元奖金。

(77)周卫华,男,汉族,大学本科学历,新疆机械研究院股份有限公司董事长、总经理,研究员,享受国务院政府特殊津贴,自治区发明协会理事。主持并参与49项专利技术的发明工作,1999年3月,获"新疆维吾尔自治区优秀发明创造和优秀专利技术开发者"三等奖。2012年12月,为第一发明人的"辣椒采摘器"发明专利,获"新疆维吾尔自治区专利奖"一等奖。

(78)周华峰,男,汉族,1995年毕业于新疆师范大学成人教育学院,大专学历。2002年2月在乌苏市北方新科有限公司从事机泵轴封系统研发。2007年,主持的"轻烃泵用机械密封示范与应用"项目获得自治区科技进步三等奖。2008年,主持研发的"大轴径集装式波纹管组合密封装置"专利技术,获得自治区优秀高新产品三等奖、地区科学技术进步一等奖。2009年,独立完成的"集装式双端面机械密封泄漏检测设备"研制,获得公司记大功奖励。2011年,申请"抗风拖曳式伸缩隔离带""釜用串联式轴封系统组合装置""改进的锅炉给水泵轴封结构""剖分式固体粉尘机械轴封系统"等多项发明专利。2011年3月,获"新疆维吾尔自治区优秀发明创造者"二等奖。

(79)周晓明,男,汉族,1966年11月出生,浙江人,大专学历。1977年至2015年,在新疆枫润环保设备有限公司工作。他是公司风机塔架的技术领头人、创始人。他主持的"3MW风机塔架"获乌鲁木齐科技进步三等奖。他主持开发的"辊箍式塔架组对装置"和"塔架组对装置",获得两项新型实用专利,并应用于公司的塔架生产线。另外他还获得"水平电机式转轴底轨旋转焊接对口工装台""多电机底轨式旋转焊接对口工装台""法兰焊接工装台""立装电机式转轴底轨旋转焊台装置""多电机托转焊台装置"等5项实用新型专利。2011年3月,获"新疆维吾尔自治区优秀发明创造者"三等奖。

(80)周新国,男,1954年出生,乌鲁木齐人,1988年毕业于新疆联合职业专科学校,中专文化程度,助理工程师。周新国是锅炉改造技术推广应用项目主持人之一。1990年,与周世霞工程师共同完成旧式链条炉排锅炉改造技术方案,实施成功并获得国家发明专利。本项发明针对中小型旧式链条炉排锅炉普遍存在的缺陷,提出了四项技术措施,使炉膛温度比一般锅炉高出300℃左右,可控在1000—1300℃,实现了炉内消烟,提高热效率10%。该项目实施6年,完成KAL系列、SZL系列和SHL等11种型号和规格,达65台,收到了良好的经济效益和社会效益。1996年3月，荣获"新疆维吾尔自治区优秀实施发明与专利企业家"称号，被收录于《新疆发明大观》一书中。

（81）周绪国，男，汉族，1959年11月生，湖北嘉鱼人，1980年6月毕业于江汉石油地质学校地球物理测井专业，大学学历，在新疆石油管理局测井公司工作，职称工程师。1993—1995年完成科研、技改项目8项。其中两项获公司科技成果二等奖。"XSS-II水平井射孔器研制和应用"，创产值100万元。"JC73磁性定值器"，在克拉玛依油田、东部油田、塔里木油田和青海油田推广应用，每年创产值50多万元，杜绝了因定位器原因造成井下落物的事故，每年减少经济损失近百万元。1996年3月，荣获"新疆维吾尔自治区优秀发明与专利企业家"称号，被收录于《新疆发明大观》一书中。

（82）郑明禹，男，汉族，1958年5月出生，新疆哈密人，1982年毕业于新疆工学院无机化工专业，大学学历，在中国石油天然气股份有限公司乌鲁木齐石化分公司工作，历任总工程师、厂长、总经理等职。他参与研发十八项攻关课题，其中，1993年实施的"尿素装置增设新的钝化装置""合成空分装置程控系统均压伐失控的非停车处理"两项技术改造，提高经济效益297.94万元，荣获总厂级技术改进一等奖。"4115-C4塔内爆炸后塔盘改造""无辅助激冷水泵的情况下气化炉投料技术"等四项技术攻关，创造经济效益1547.4万元，获总厂技术改造二等奖。1996年3月，荣获"新疆维吾尔自治区优秀发明与专利企业家"称号，被收录于《新疆发明大观》一书中。

（83）郑炎甫，男，汉族，1939年1月出生，江苏省海安人，1958年毕业于新疆林业学校，中专学历。自治区林业厅原副厅级调研员、高级工程师。郑炎普等专家经6—8年的细致观测和技术鉴定，从核桃树中选出30个优系，按照提出的核桃新品种技术方案进行布点试验，繁育出"新丰""新光""新露"三个品种。在完成的11个品种中有7个品种和科学研究达到国内先进水平，有4个达到自治区先进水平。新丰、新光和新露三个品种创产值557.9万元。1996年3月，获"新疆维吾尔自治区优秀发明工作者"称号，被收录于《新疆发明大观》一书中。

（84）单汝亮，男，汉族，大学文化程度，乌鲁木齐铁路局科研所所长、高级工程师。1999年3月，获"新疆维吾尔自治区优秀创造和优秀专利技术开发者"三等奖。

（85）赵兵，男，汉族，新疆畜牧科学研究院兽医研究所高级工程师。1999年3月，获"新疆维吾尔自治区优秀发明创造和优秀专利开发者"三等奖。

（86）洪涛，男，汉族，大学学历，新疆众和股份有限公司副总工程师。2011年3月，获"新疆维吾尔自治区优秀专利技术开发者"三等奖。

（87）姜震，男，汉族，1938年1月生，江西南昌县人，大专文化程度，1953年分到独山子炼油厂工作，任工程师及工程指挥部副指挥。1975年4月调到乌鲁木齐石油化工总厂工作，先后任炼油厂、化肥厂和总厂副厂长。1985年，他主持的"用高温抗氧化钢对四型催化双动滑阀部件进行改造"项目，年创经济效益65.3万元，获中石化总公司科技进步三等奖并获得专利。1986年被评为自治区优秀科技工作者；1992年被评为国家有突出贡献专家，享受政府特殊津贴。1996年3月，荣获"新疆维吾尔自治区优秀发明与专利企业家"称号，被收录于《新疆发明大观》一书中。

（88）贺大炳，男，汉族，1936年出生，四川重庆市人，1958年毕业于第二机械工程部第214技校，中专学历，1988年前，一直在兵工企业工作。1989年调到新疆天山锅炉厂工作，任高级技师。他发明的"滚弯机""锅筒封头入空加强圈自动焊机"和"快装可调套孔钻夹"等获中国专利。1996年3月，获"新疆维吾尔自治区优秀发明工作者"称号，被收录于《新疆发明大观》一书中。

（89）徐克新，男，汉族，新疆机械电子技校实习工程师。1999年3月，获"新疆维吾尔自治区优秀创造和优秀专利技术开发者"三等奖。

（90）秦阳，男，新疆阿克苏市人，1961年毕业于重庆市西南农业机械学校；粮油机械工程师，长期从事农业机械研制和粮油加工机械研究工作。1986年研制的"谷物种子滚削脱皮机"和"卧式分机筛"及1988年研制的"无机抗水建筑涂料"，1993年7月荣获"乌鲁木齐专利新产品博览会"金奖，1994年分获中国实用新型专利和发明专利。1994年被评为自治区"优秀民营科技企业家"。1996年3月，荣获"新疆维吾尔自治区优秀发明家"称号，被收录于《新疆发明大观》一书中。

（91）袁宗顺，男，汉族，1969年毕业于江苏省日佳宁农机校，中专学历，1965年在呼图壁种牛场工作。1977年，他承担场内机井的遥控、电机断相保护、深井泵断轴保护、落泵防水淹保护的综合性设计、安装任务。经过4个多月努力，使种牛场35眼电机井实现了遥控化管理，节约了大量的劳动力和维修经费，1987年获农六师科技进步奖。1992年，他研制的93ZF-650型多功能粉碎机获中国专利，1994年进行系列化生产，产品销往伊犁、和田、昌吉8县市，之后，在内蒙古等8省区推广应用，1994年、1995年生产系列产品4500台，实现销售收入800万元。1996年3月，荣获"新疆维吾尔自治区优秀发明与专利企业家"称号，被收录于《新疆发明大观》一书中。

（92）袁新生，男，汉族，大学学历，中石油新疆油田公司采油工艺研究院总工程师。2011年3月，获"新疆维吾尔自治区优秀专利技术开发者"二等奖。

（93）常永福，男，乌鲁木齐新星实业开发总公司经理。1991年，该公司研制的"XJT-901新型排油烟气道"，获中国专利，1993年、1994年在常德全国星火计划成果展销会上获金奖。1995年被自治区消费者协会评为信得过产品。该专利产品新增产值300万元、利润100多万元。该公司开发的ST-901型新型建筑黏合剂，收到良好效果。1995年，常永福获"全国优秀企业管理工作者"荣誉称号。1996年3月，荣获"新疆维吾尔自治区优秀发明与专利企业家"称号，被收录于《新疆发明大观》一书中。

（94）热西提·江色热克，男，哈萨克族，1962年出生，新疆人，大专学历。先后发明并获得了"粉笔套""突语系民族文字书法书写自动水笔""一种开口器""吸附性炸药包的方案"等多件专利。被人们称为"发明家热西提""粉笔套热西提""开口器热西提""多用笔热西提"。1996年3月，获"新疆维吾尔自治区优秀发明工作者"称号，被收录于《新疆发明大观》一书中。

（95）顾政一，男，汉族，研究员，博士生导师，新疆药物研究所所长，享受政府特殊津贴专家，自治区有突出贡献优秀专家。2011年3月，获"新疆维吾尔自治区优秀专利技术开发者"二等奖。

（96）倪红霞，女，汉族，硕士，工程师。克拉玛依市奥泽工贸有限公司总经理。2011年3月，获"新疆维吾尔自治区优秀发明创造者"二等奖。

（97）郭庆人，男，汉族，大专学历，1943年生，大学本科，1964年5月从上海晋安区来到原农七师下野地工作，新疆天业（集团）有限公司前董事长。曾荣获"新疆维吾尔自治区劳动模范、兵团科技突出贡献奖、石油和化学工业节能先进个人"称号。2011年3月，获"新疆维吾尔自治区优秀专利技术开发者"一等奖，2012年2月，获"新疆维吾尔自治区专利奖（优秀发明创造者）一等奖。

（98）唐任宏，男，汉族，1951年12月出生，江苏淮阴县（今淮安市淮阴区）人，1969年工作，克孜勒苏帕米尔果品股份有限公司董事长兼工程师。1986年，承担国家级"星火计划"无花果系列产品开发项目，获自治区科技进步三等奖（排名第二）。1989年该厂发明的"杏脯的加工方法"获中国专利，专利实施增产值85万元，安排就业74人。1992年获全国星火计划成果暨专利技术展销洽谈会金奖。1996年3月，荣获"新疆维吾尔自治区优秀实施发明与专利企业家"称号，收录于《新疆发明大观》一书中。

（99）陶亮，男，汉族，1955年生，江苏泗阳县人，1980年毕业于新疆中医学校，大学学历，新疆特丰药业股份有限公司董事长，副主任药师，新疆民营科技实业家协会理事长。1987—1993年先后研制出"小儿退烧泡腾冲剂""抗关节炎药酒""治疗过敏性鼻炎滴剂""速效抗感冒滴剂""佳加钙口服液"等八种新药、新配方和两种化妆品，于1994年4月投产，创利税431万元。"佳加钙口服液"1995年8月为中国优生优育协会妇女儿童钙代谢专题委员会推荐产品。1996年3月，荣获"新疆维吾尔自治区优秀发明与专利企业家"称号，被收录于《新疆发明大观》一书中。

（100）黄磊，男，汉族，1956年出生，甘肃兰州人，1982年毕业于新疆大学生物系，大学学历。在新疆农科院微生物所工作，任副所长，自治区有突出贡献的专家，其发明成果被录入《中国实用科技成果大辞典》及《实用科技成果数据库》。获北京市科学技术进步奖1项、自治区农科院开发成果二等、三等奖各1项。1993年、1994年获自治区农科院科技发展成果一等奖2项。发表论文40余篇。1996年3月，荣获"新疆维吾尔自治区优秀发明与专利企业家"称号，被收录于《新疆发明大观》一书中。

（101）黄子蔚，男，汉族，1943年出生，四川省大竹县人。1964年毕业于西南农业大学土壤农化系。1982年毕业于中国农业科学院生物物理专业，获硕士学位。研究生毕业后进入新疆生土所，主攻同位素在资源环境领域的基础和开发应用研究。1984—1985年以中国科学院访问学者的身份赴日本国理化学研究所核化学研究室进修和合作。1990—1992年主持新疆"八五"重点农业技术推广项目——"多元微量元素长效尿素的研制与推广"。1992年"多元微量元素长效尿素及其制造方法"获中国发明专利，同年获北京国家发明展览会铜奖。1993年获全国当代专利科技成果博览会金奖。1994年获全国发明与专利博览会金奖。1996年3月，获"新疆维吾尔自治区优秀发明工作者"称号，被收录于《新疆发明大观》一书中。

（102）黄晓东，男，汉族，新疆油田公司工程技术研究院采油机械研究所党支部书记、高级工程师。他获得有效国家专利29项，其中实用新型28项，发明专利1项，获自治区级二等奖1项。2011年3月，获"新疆维吾尔自治区优秀发明创造和优秀专利技术开发者"三等奖。2014年"稠油水平井防脱抽油杆柱"专利在第八届发明展览会上荣获"发明创业项目奖"金奖。

（103）崔付德，男，汉族，1959年10月出生，1980年毕业于阿克苏地区职业技术学院农机化管理专业，大专学历。新疆利农机械制造有限责任公司董事长、工程师。长期从事农机技术、生产管理及农机具研发工作，2000年9月牵头组建新疆利农机械制造有限责任公司（股份公司），2004年，由他主持研发的"辊轮式棉花机械精量播种机"的核心技术"一种滚筒式精量穴播器"获得国家专利，有效解决了以往棉籽下种量大、浪费严重、人工间苗等问题，亩均节种达2千克以上，亩节本增效176.7元。2011年3月，获"新疆维吾尔自治区优秀专利工作者"二等奖。

（104）梁肇基，男，汉族，大学学历，新疆石油学院教授，享受政府特殊津贴专家，拥有多件发明专利。他主持参加的"G级水泥及主要外加剂研究与应用技术"使自治区油井水泥进一步标准化并达到国际水平，配套的水泥外加剂全部国产化，每年为国家节约了大量外汇。1996年3月，获"新疆维吾尔自治区优秀发明工作者"称号，被收录于《新疆发明大观》一书中。

（105）彭顺龙，男，汉族，新疆石油局采油工艺研究所高级工程师。拥有多件发明专利。1999年3月，获"新疆维吾尔自治区优秀发明创造和优秀专利技术开发者"二等奖。

（106）程卫东，男，汉族，石河子大学食品学院院长，研究生学历，主持完成国家农产品深加工项目1项，国家星火计划项目5项，农业部制标项目2项，新疆生产建设兵团科研课题7项。累计获得新疆生产建设兵团科学技术进步二等奖、三等奖7项，主持发明专利3件。主持研发的"天然红枣加工处理方法"专利项目，2012年12月，获"新疆维吾尔自治区专利奖"三等奖。

（107）谢斌，男，汉族，工程硕士学位，高级工程师，新疆油田公司采油工程技术研究院总工程师。2011年3月，获"新疆维吾尔自治区优秀专利技术开发者"二等奖。

（108）蔡新国，男，汉族，1964年4月出生，大专学历、高级工程师，1984参加工作，先后从事质量管理、设备管理和技术管理。曾担任技术科长，研发部经理，公司副总工，总工等职。喜欢钻研，独立设计过十余台套的生产设备和生产线，获得7项国家专利，并取得显著的经济效益与社会效益。多次被评为先进工作者和先进技术管理者。2011年3月，获"新疆维吾尔自治区优秀发明创造者"一等奖。

（109）漆涛，男，汉族，大学学历，神华新疆能源有限责任公司技术中心主任。2011年3月，获"新疆维吾尔自治区优秀发明创造者"二等奖。

（110）熊元君，男，汉族，大学学历，新疆中药民族药研究所高级工程师。2011年3月，获"新疆维吾尔自治区优秀发明创造者"一等奖。

（111）黎克芬，女，汉族，1962年8月出生，四川万县人，1986年毕业于天津河北工学院石油炼制专业，大学学历。新疆石油管理局独山子炼化研究院工程师。她负责研制的"HGA、HOB内燃机油达标"课题，1988年获新疆石油管理局科技进步成果二等奖。负责的"LEQC30汽油机油研制（环烷酸钙符合配方）"。1991年获自治区科技进步成果三等奖。负责的"DSZR3008船用柴油机油研制"，1994年获新疆石油管理局科技进步成果一等奖。负责的L-EQClOW/30汽油机油研制，1994年获新疆石油管理局科技进步成果二等奖。1996年3月，获"新疆维吾尔自治区优秀专利工作者"称号，被收录于《新疆发明大观》一书中。

（112）颜可根，男，汉族，1933年6月出生，浙江省温岭县人，1961年毕业于新疆医学院医疗系，大学学历。中科院新疆分院从事生物化学、环境地球化学等研究。曾任新疆环境保护科研所室主任、副研究员，荣获自治区科技进步三等奖，聘为世界发明家协会理事。发表论文40余篇。获得专利4件，其中，"一种消光装置""催化电解法处理染色污水"和"多功能淡化器"专利获金奖3枚；"多功能旋转过滤器"专利产品用于新疆水泥厂扩建工程、苇湖梁煤矿和新疆制药厂污水站均受到良好效果。1996年3月，获"新疆维吾尔自治区优秀专利工作者"称号，被收录于《新疆发明大观》一书中。

（113）戴伟，男，汉族，大学本科学历，高级工程师。新疆希望电子有限公司总经理，目前拥有专利98件，自治区专家顾问团专家成员，享受政府津贴。2011年3月，获"新疆维吾尔自治区优秀专利技术开发者"二等奖。2012年2月，独立完成的"一种风能光能发电系统"实用新型专利获"自治区专利奖（优秀发明创造者）"二等奖；同年12月，独立完成的"三相异步电动机相控智能节电控制器"实用新型专利获"新疆维吾尔自治区专利奖"三等奖。

第十五章 专利奖励

本章包括两节。第一节是在专利管理工作中为调动单位和个人的积极性、创造性而建立并实施的"专利工作奖"。第二节是为激励技术创新，鼓舞相关技术研发人员技术创新、专利创造和实施转化积极性而设立并实施的"专利奖"。

第一节 专利工作奖

一、专利管理工作奖

全区知识产权局系统，在自治区专利管理、执法保护、宣传培训、代理监管、代办服务等项工作中严格要求自己，认真履行职责，不断开拓创新，密切配合协作，圆满完成上级交给的任务，积极开展争先创优活动，涌现出一大批先进集体和先进个人。

（一）获得国家级专利工作奖情况

全区知识产权局系统干部职工积极实施知识产权战略，在知识产权试点示范、宣传培训、执法保护、专利代理、代办服务等项工作中，圆满完成了任务，取得了优异成绩，受到国家知识产权局等部门的表彰奖励。

1991年10月5日，中国专利局印发《关于表彰全国专利系统先进个人的决定》（国专发管字〔1991〕185号），自治区专利管理处副处长白志斌被评为全国专利系统先进个人。

1995年，中国专利局、人事部联合印发《关于表彰全国专利系统先进集体和先进工作者的决定》，自治区专利管理局被评为全国专利系统先进集体，刘永生被评为全国专利系统先进工作者。

2000年1月13日，国家知识产权局、人事部联合印发《关于表彰全国专利系统先进集体和先进工作者的决定》，自治区知识产权局被评为全国专利系统先进集体。

2002年4月23日，国家知识产权局印发《关于表彰全国专利工作先进单位的决定》（国知发管字〔2002〕47号），自治区知识产权局和石河子市专利事务管理被评为全国专利工作先进单位。

2003年6月12日，国家知识产权局印发《关于对参加世界知识产权领导人会议产业及非政府部门论坛报名组织工作单位及个人表彰的通知》（国知管字〔2003〕58号），自治区知识产权局被国家知识产权局评为世界知识产权领导人会议产业及非政府部门论坛报名组织工作先进单位，自治区知识产权局管理实施处处长雷筱云被评为世界知识产权领导人会议产业及非政府部门论坛报名组织工作先进个人。11月27日，经人事部、国家知识产权局评选表彰领导小组批准，自治区知识产权局管理实施处被评为全国专利系统先进集体。

2004年1月7日，人事部、国家知识产权局联合印发《关于表彰全国专利系统先进集体和先进个人的决定》（国人部发〔2004〕5号），自治区知识产权局管理实施处和新疆天业（集团）有限公司知识产权管理办公室获全国专利系统先进集体称号。2月11日，国家知识产权局印发《关于表扬第一批全国企事业专利试点工作先进集体和先进个人的决定》（国知发管字〔2004〕15号），特变电工被评为第一批全国企事业专利试点工作先进集体，肖旭、李泓被评为第一批全国企事业专利试点工作先进个人。

2006年1月12日，由自治区知识产权局牵头组织完成的国家知识产权局软课题——《新疆优势产业知识产权战略研究》，获国家知识产权局软课题研究二等奖。2月21日，国家知识产权局印发《关于表彰第二批全国企事业专利试点工作先进单位和先进个人的决定》（国知发管字〔2006〕123号），特变电工、新疆天业（集团)有限公司被评为全国企事业专利试点工作先进集体，王志明、肖志、武春秀、林东升、邸红5人被评为全国企事业专利试点工作先进个人。

2008年1月12日，人事部和国家知识产权局联合印发《关于表彰全国专利系统先进集体和先进工作者的决定》，昌吉州、哈密地区、克拉玛依市和石河子市知识产权局被评为先进集体，王志明同志被评为先进工作者。同年，国家知识产权局印发《关于表彰全国知识产权试点示范工作先进集体和先进工作者的决定》，昌吉州知识产权局被评为全国知识产权试点示范工作先进集体，帕丽达被评为全国知识产权试点示范先进工作者。

2010年7月6日，国家知识产权局印发《关于表彰全国城市和园区知识产权试点示范工作先进集体和先进个人的通知》(国知发管字〔2010〕76号)，乌鲁木齐高新技术产业开发区管委会被评为全国城市和园区知识产权试点示范工作先进集体，赵斐斐被评为全国城市和园区知识产权试点示范工作先进个人。7月14日，根据国家知识产权局印发的《关于公布第二批全国企事业知识产权示范创建单位名单的通知》(国知发管字〔2010〕79号)，新疆众和股份有限公司等6家企业榜上有名。12月29日，国家知识产权局印发《关于表彰全国企事业知识产权管理工作先进个人的决定》(国知发管字〔2010〕156号)，赵斐斐、蒋文君、殷雪峰、周永梅、邸红等5名同志被评为全国企事业知识产权管理工作先进个人。

2011年12月29日，人力资源和社会保障部、国家知识产权局联合印发《关于表彰全国专利系统先进集体和先进工作者的决定》(人社部发〔2011〕135号)，昌吉州、克拉玛依市、乌鲁木齐市和石河子市4个知识产权局被评为全国专利系统先进集体，薛卫东、刘立忠被评为全国专利系统先进工作者。同年，国家知识产权局印发《关于表彰全国知识产权试点示范城市工作先进集体和先进个人的决定》，王勇被评为全国知识产权试点示范城市工作先进个人。同年，国家知识产权局专利局印发《关于表彰国家知识产权局专利局专利代办处先进个人的决定》，国家知识产权局专利局乌鲁木齐专利代办处胡晓婷被评为代办处先进个人。

2013年8月27日，根据人力资源和社会保障部、国家知识产权战略实施工作部际联席会议办公室联合印发《关于表彰国家知识产权战略实施工作先进集体和先进工作者的决定》(人社部发〔2013〕63号)，新疆星塔矿业有限公司被评为国家知识产权战略实施工作先进集体，李西良被评为国家知识产权战略实施工作先进工作者。11月21日，根据国家知识产权局印发的《关于确立第一批国家级知识产权示范企业和优秀企业的通知》(国知发管函字〔2013〕181号)，新疆独山子天利高新技术股份有限公司等18家企业被评为第一批国家级知识产权优秀企业。2014年8月8日，国家知识产权局印发《关于表扬2013年度国家知识产权试点示范城市工作先进集体和先进个人的通知》(国知办函管字〔2014〕324号)，乌鲁木齐市被评为2013年度国家知识产权试点示范城市（地级）工作先进集体；石河子市被评为2013年度国家知识产权试点示范城市（县级）工作先进集体，邢倩、王勇被评为2013年度国家知识产权试点示范城市工作先进个人。

2015年6月10日，国家知识产权局公布2014年度知识产权试点示范城市的考核结果，克拉玛依市、石河子市和奎屯市知识产权局被评为国家知识产权试点示范城市工作先进集体，宋小冀被评为国家知识产权试点示范城市工作先进个人。

表15-1　新疆获全国专利工作先进集体及先进个人情况统计表

(1991—2014年)

年份	授奖单位	获奖名称	获奖单位及人员
1991	中国专利局	全国专利系统先进个人	自治区专利管理处副处长 白志斌
1995	人事部、中国专利局	全国专利工作先进单位	自治区专利管理局
		全国专利系统先进工作者	自治区专利管理局局长 刘永生
2000	人事部、国家知识产权局	全国知识产权系统先进单位	自治区知识产权局
2002	国家知识产权局	全国知识产权系统先进单位	自治区知识产权局 石河子市专利事务所

年份	授奖单位	获奖名称	获奖单位及人员
2003	国家知识产权局	全国知识产权系统先进集体	自治区知识产权局管理实施处
		世界知识产权领导人会议产业及非政府部门论坛报名组织工作先进单位	自治区知识产权局
		世界知识产权领导人会议产业及非政府部门论坛报名组织工作先进个人	自治区知识产权局 雷筱云
	人事部、国家知识产权局	全国专利系统先进集体	自治区知识产权局管理实施处
2004	人事部、国家知识产权局	全国专利系统先进集体	自治区知识产权局管理实施处 新疆天业（集团）有限公司知识产权管理办公室
	国家知识产权局	第一批全国企事业专利试点工作先进集体	新疆特变电工股份有限公司
		第一批全国企事业专利试点工作先进个人	自治区知识产权局 肖旭 新疆特变电工股份有限公司科技部长 李泓
2006	国家知识产权局	《新疆优势产业知识产权战略研究》获国家知识产权局软课题研究二等奖	姜万林、雷筱云、刘健、王志明、莫三正、史治勋、李西良、贺迎国
		第二批全国企事业专利试点工作先进集体	新疆特变电工股份有限公司 新疆天业（集团）有限公司
		第二批全国企事业专利试点工作先进个人	自治区知识产权局 王志明 新疆特变电工有限公司 肖志 新疆新能源股份有限公司 武春秀 新疆生产建设兵团知识产权局 林东升新疆天业（集团）有限公司的邸红
2008	人事部、国家知识产权局	全国专利系统先进集体	昌吉回族自治州知识产权局 哈密地区知识产权局 克拉玛依市知识产权局 石河子市知识产权局
		全国专利系统先进工作者	自治区知识产权局 王志明
	国家知识产权局	全国知识产权试点示范工作先进集体	昌吉回族自治州知识产权局
		全国知识产权试点示范先进工作者	昌吉回族自治州知识产权局 帕丽达
2010	国家知识产权局	全国城市和园区知识产权试点示范工作先进集体	乌鲁木齐高新技术产业开发区管理委员会
		全国城市和园区知识产权试点示范工作先进个人	自治区知识产权局 赵斐斐
		全国企事业知识产权管理工作先进个人	自治区知识产权局 赵斐斐 新疆蓝山屯河有限公司 蒋文君 特变电工新疆新能源股份有限公司 殷雪峰 新疆生产建设兵团知识产权局 周永梅 新疆天业（集团）有限公司 邸红
2011	人力资源和社会保障部、国家知识产权局	全国专利系统先进集体	昌吉回族自治州知识产权局 克拉玛依市知识产权局 乌鲁木齐市知识产权局 石河子市知识产权局
		全国专利系统先进工作者	自治区知识产权局 薛卫东 吐鲁番市知识产权局 刘立忠

续表

年份	授奖单位	获奖名称	获奖单位及人员
2011	国家知识产权局	国家知识产权试点示范城市工作先进个人	石河子市知识产权局 王勇
	国家知识产权局专利局	国家知识产权局代办处先进个人	国家知识产权局专利局乌鲁木齐专利代办处 胡晓婷
2013	人力资源和社会保障部、国家知识产权战略实施工作部际联席会议办公室	国家知识产权战略实施工作先进集体	新疆星塔矿业有限公司
		国家知识产权战略实施工作先进工作者	特变电工新疆硅业有限公司 李西良
	国家知识产权局	第一批国家级知识产权优秀企业	新疆独山子天利高新技术股份有限公司、新疆特殊环境微生物工程技术研究中心、新疆绿色使者空气环境技术有限公司、新疆华世丹药业有限公司、新疆康佳投资（集团）有限责任公司、克拉玛依广陆有限公司、新疆屯河型材有限公司、新疆屯河聚酯有限公司、新疆华易石油工程技术有限公司、新疆第三机床厂、特变电工新疆新能源股份有限公司、克拉玛依地威诺节能有限责任公司、新疆塔里木农业综合开发股份有限公司、石河子贵航农机装备有限公司、石河子华农种子机械制造有限公司、新疆绿翔糖业有限责任公司、
2014	国家知识产权局	国家知识产权试点示范城市工作先进集体	乌鲁木齐市、石河子市、奎屯市
		国家知识产权试点示范城市工作先进个人	乌鲁木齐市知识产权局 邢倩 石河子市知识产权局 王勇

（二）获得自治区级专利工作奖情况

1988年4月1日，自治区科委在乌鲁木齐召开"自治区实施专利法3周年总结表彰大会"。对6个先进单位、9名先进个人进行表彰奖励。

1996年12月，自治区专利管理局印发《关于表彰1996年度自治区专利系统先进工作者的通报》，蔡龙康等20人被评为1996年度自治区专利系统先进工作者。

2005年，自治区知识产权局印发《关于表彰2005年度自治区专利系统先集体的通报》，哈密地区知识产权局被评为2005年度自治区知识产权工作先进集体。

2007年3月20日，自治区知识产权工作协调指导小组印发《关于表彰自治区知识产权试点示范工作先进集体和先进个人的决定》（新知协字〔2007〕1号），乌鲁木齐市、昌吉回族自治州、昌吉市、克拉玛依市克拉玛依区和奎屯市人民政府5个单位为自治区知识产权试点区域先进集体；特变电工、新疆独山子天利高新技术股份有限公司、新疆第三机床厂、新疆特殊环境生物工程技术研究中心、新疆新能源股份有限公司、新疆特丰药业股份有限公司、新疆天业（集团）有限公司、新疆绿色使者空气环境技术有限公司、新疆众和股份有限公司、新疆金风科技股份有限公司等10个单位为自治区企事业知识产权试点示范先进集体；乌鲁木齐市副市长马文德等25人被评为自治区知识产权试点示范工作先进个人。

2008年3月5日，自治区知识产权局印发《关于表彰2007年度自治区县市区先进知识产权局（办公室）的决定》（新知综字〔2008〕19号），授予伊宁市、特克斯县、奎屯市、昌吉市、玛纳斯县、博乐市、库尔勒市、乌苏市、清河县、吐鲁番市、哈密市、乌鲁木齐高新技术产业开发区、乌鲁木齐市米东区、克拉玛依市克拉玛依区、克拉玛依市白碱滩区知识产权局和库尔勒经济技术开发区知识产权办公室为2007年度自治区知识产权工作先进单位。3月11日，自治区知识产权局印发《关于2007年度自治区知识产权考评工作的通知》（新知综字〔2008〕20号），伊犁州、阿克苏地区、吐鲁番地区、石河子市、阿勒泰地区、和田地区、喀什地区、塔城地区、克孜勒苏柯尔克孜自治州等9地州市知识产权局被评为2007年度自治区知识产权工作先进单位。

2009年3月4日，自治区知识产权局印发《关于表彰2008年度知识产权工作先进集体和先进个人的决定》（新知综字〔2009〕11号），乌鲁木齐市、巴音郭楞蒙古自治州、昌吉回族自治州、哈密地区和克拉玛依市知识产权局被评为2008年度自治区知识产权工作先进集体，阿不都拉·阿不都热合曼、陈春林、林艳鹏、郭峰、周育民、邢倩、郭志刚、买合莫提·依不拉英、沈艳彬、哈丽旦·尼亚孜、玛丽娅·阿布拉、张靖琳、帕尔哈提·艾白都拉、王成武、王海庆等15名同志被评为2008年度自治区知识产权工作先进个人。

2009年6月30日，自治区知识产权局印发《关于表扬奖励第三批自治区企事业单位知识产权工作先进单位和先进个人的决定》（新知管字〔2009〕42号），乌鲁木齐轻工国际投资有限公司等6家企事业单位被评为第三批自治区事业单位知识产权工作先进单位，新疆天地集团有限公司的罗凌等17名知识产权工作人员被评为第三批自治区企事业单位知识产权工作先进个人。

2010年3月4日，自治区知识产权局印发《关于表彰2009年度自治区专利申请目标管理工作先进集体的通报》（新知管字〔2010〕13号），乌鲁木齐市知识产权局等6个地州市知识产权局被评为2009年度自治区专利申请目标管理工作先进集体。3月5日，自治区知识产权局印发《关于表彰2009年度自治区知识产权工作先进集体和先进个人的决定》（新知综字〔2010〕10号），乌鲁木齐市知识产权局等5个单位被评为2009年度自治区知识产权工作先进集体，塔城地区知识产权局陈春林等15人被评为2009年度自治区知识产权工作先进个人。

2011年4月15日，自治区知识产权局印发《关于表彰2010年度自治区知识产权工作先进集体和先进个人的决定》（新知管字〔2011〕28号），乌鲁木齐市等5个知识产权局被评为2010年度自治区知识产权工作先进集体，塔城地区知识产权局王卫锋等16人被评为2010年度自治区知识产权工作先进个人。

2012年2月21日，自治区知识产权局印发《关于表彰2011年度自治区知识产权局系统先进单位和先进个人的决定》（新知管字〔2012〕7号），巴州知识产权局等6个单位被评为2011年自治区知识产权工作先进单位；乌鲁木齐市知识产权局史苏波等15名同志被评为2011年度自治区知识产权工作先进个人。同日，自治区知识产权局印发《关于表彰2011年度自治区专利申请工作先单位的通报》（新知管字〔2012〕8号），喀什地区、巴音郭楞蒙古自治州、吐鲁番地区、石河子市、阿勒泰地区、哈密地区和昌吉回族自治州等8个知识产权局被评为2011年度自治区专利申请工作先进单位。

2013年1月23日，自治区知识产权局印发《关于表彰2012年度自治区知识产权系统先进集体和先进个人的决定》（新知管字〔2013〕11号），阿勒泰地区、哈密地区、吐鲁番地区和伊犁哈萨克自治州等4个地州市知识产权局被评为2012年度自治区知识产权工作先进集体，阿克苏地区知识产权局 贾新军等7人被评为2012年度自治区知识产权工作先进个人。

2014年1月14日，自治区知识产权局印发《关于表彰2013年度自治区知识产权工作先进集体和先进个人的通报》（新知管字〔2014〕4号），昌吉回族自治州、伊犁哈萨克自治州、巴音郭楞蒙古自治州、阿勒泰地区、阿克苏地区和哈密地区等6个地州市知识产权局被评为2013年度自治区知识产权工作先进集体，塔城地区知识产权局王卫锋等15人被评为2013年度自治区知识产权工作先进个人。

2015年1月27日，自治区知识产权局印发《关于表彰2014年度自治区知识产权战略实施绩效考核先进集体和先进个人的通报》（新知管字〔2015〕6号），伊犁哈萨克自治州、昌吉回族自治州、博尔塔拉蒙古自治州、阿勒泰地区、阿克苏地区、哈密地区、吐鲁番地区、和田地区、乌鲁木齐市、克拉玛依市和石河子市等11个地州市知识产权局被评为2014年度自治区知识产权战略实施绩效考核先进集体，乌鲁木齐市知识产权局齐满古丽·买买提等15人被评为2014年度自治区知识产权战略实施绩效考核先进个人。

表15-2　获得自治区知识产权工作先进集体和先进个人情况统计表

（1996—2014年）

年份	获奖名称	获奖单位及人员
1996	自治区专利系统先进工作者	蔡龙康、李顺、庄晓秋、张厚军、汤建武、焦学军、赵光荣、孙德生、张晴霞、李才珍、邢连生、高玉山、唐代伟、贾殿湘、李华凯、邓琪、夏耀德、王龙霞、阿布都·克里木、阿里莆·叶尔逊

续表

年份	获奖名称	获奖单位及人员
2005	自治区知识产权工作先进集体	哈密地区知识产权局
2006	自治区知识产权工作先进集体	哈密地区知识产权局
2007	自治区知识产权试点区域先进集体	乌鲁木齐市 昌吉回族自治州 昌吉市 克拉玛依市克拉玛依区 奎屯市
	自治区企事业知识产权试点示范工作先进集体	新疆特变电工股份有限公司 新疆独山子天利高新技术股份有限公司 新疆第三机床厂 新疆特殊环境生物工程技术研究中心 新疆新能源股份有限公司 新疆特丰药业股份有限公司 新疆天业（集团）有限公司 新疆绿色使者空气环境技术有限公司 新疆众和股份有限公司 新疆金风科技股份有限公司
	自治区知识产权试点示范工作先进个人	乌鲁木齐市副市长 马文德 昌吉州知识产权局 王兴文 昌吉市党委组织部部长 陈春雷 伊犁哈萨克自治州知识产权局 孙凌洁 霍尔果斯口岸管委会 努尔江 奎屯市人民政府 冉海霞 库尔勒经济技术开发区管委会主任 鲜智 博州知识产权局副局长 游丽蓉 博乐市人民政府 赛佰·巴依铁流 哈密地区知识产权局局长 卢东明 哈密市人民政府 么春华 克拉玛依市知识产权局 刘富强 自治区经贸委 张勇 自治区知识产权局主任科员 王志明 新疆特丰药业股份有限公司 高晓黎 新疆华世丹药业有限公司 郭新霞 新疆金风科技股份有限公司 袁新斌 新疆众和股份有限公司 黄文松 新疆新能源股份有限公司 张海兰 克拉玛依市瑞博科技发展有限公司 张汉 新疆独山子天利高新技术股份有限公司 陈科 新疆特变电工股份有限公司 李西良 新疆沙驼股份有限公司 甘新华 伊犁师范学院纪检书记 杨军 新疆和阗玫瑰酒业有限公司 汪建军

年份	获奖名称	获奖单位及人员
2007	自治区知识产权工作先进单位（县、市、区）	伊宁市知识产权局
		特克斯县知识产权局
		奎屯市知识产权局
		昌吉市知识产权局
		玛纳斯县知识产权局
		博乐市知识产权局
		库尔勒市知识产权局
		库尔勒经济技术开发区知识产权局
		乌苏市知识产权局
		清河县知识产权局
		吐鲁番市知识产权局
		哈密市知识产权局
		乌鲁木齐高新技术开发区知识产权局
		乌鲁木齐市米东新区知识产权局
		克拉玛依市克拉玛依区知识产权局
		克拉玛依市白碱滩区知识产权局
	自治区知识产权工作先进单位（地、州、市）	伊犁哈萨克自治州知识产权局
		阿克苏地区知识产权局
		吐鲁番地区知识产权局
		石河子市知识产权局
		阿勒泰地区知识产权局
		和田地区知识产权局
		喀什地区知识产权局
		塔城地区知识产权局
		克孜勒苏柯尔克孜自治州知识产权局
2008	自治区知识产权工作先进集体	乌鲁木齐市知识产权局
		巴音郭楞蒙古自治州知识产权局
		昌吉回族自治州知识产权局
		哈密地区知识产权局
		克拉玛依市知识产权局
	自治区知识产权工作先进个人	和田地区知识产权局 阿不都拉·阿不都热合曼
		塔城地区知识产权局 陈春林
		伊犁哈萨克自治州知识产权局 林艳鹏
		阿勒泰地区知识产权局 郭峰
		博尔塔拉蒙古自治州知识产权局 周育民
		乌鲁木齐市知识产权局 邢倩
		昌吉回族自治州知识产权局 郭志刚
		哈密地区知识产权局 买合莫提·依不拉英
		克拉玛依市知识产权局 沈艳彬
		吐鲁番地区知识产权局 哈丽旦·尼亚孜
		巴音郭楞蒙古自治州知识产权局 玛丽娅·阿布拉
		阿克苏地区知识产权局 张靖琳
		喀什地区知识产权局 帕尔哈提·艾白都拉
		克孜勒苏柯尔克孜自治州知识产权局 王成武
		石河子市知识产权局 王海庆

年份	获奖名称	获奖单位及人员
2009	自治区知识产权工作先进集体	乌鲁木齐市知识产权局
		克拉玛依市知识产权局
		伊犁哈萨克自治州知识产权局
		哈密地区知识产权局
		昌吉回族自治州知识产权局
	自治区知识产权工作先进个人	乌鲁木齐市知识产权局 邢倩
		昌吉回族自治州知识产权局 郭志刚
		伊犁哈萨克自治州知识产权局 林艳鹏
		塔城地区知识产权局 陈春林
		阿勒泰地区知识产权局 郭峰
		克拉玛依市知识产权局 沈艳彬
		博乐市知识产权局 周育民
		哈密地区知识产权局 买合莫提·依不拉英
		吐鲁番地区知识产权局 哈丽旦·尼亚孜
		巴音郭楞蒙古自治州知识产权局 玛丽娅·阿布拉
		阿克苏地区知识产权局 张靖林
		喀什地区知识产权局 帕尔哈提·艾白都拉
		克孜勒苏柯尔克孜自治州知识产权局 王成武
	第三批自治区企事业知识产权工作先进单位	新疆轻工国际有限公司
		新疆天地集团有限公司
		新疆农业科学研究院农业机械研究所
		新疆屯河型材有限公司
		新疆华易石油工程技术有限公司
		克拉玛依地威诺节能有限公司
	第三批自治区企事业知识产权工作先进个人	新疆天地集团有限公司 罗凌
		新疆轻工国际有限公司 彭云
		新疆奇康哈博维药有限公司 王战凯
		新疆农业科学研究院农业机械研究所 马月虹
		新疆屯河型材有限公司 蒋文君
		新疆屯河聚酯有限责任公司 丁建萍
		克拉玛依地威诺节能有限责任公司 高春芹
		新疆华易石油工程技术有限公司 赵刚
		克拉玛依广陆有限公司 蔺学华
		新疆托普农产品有限公司 楚元新
		新疆博湖苇业有限公司 杨明生
		新疆恒丰糖业有限公司 张刚
		新疆乌苏北方新科有限公司 周广民
		石河子福顺安防电器科技有限责任公司 黄军干
		石河子华农种子机械制造有限公司 唐军红
		博州万力源科技开发有限公司 杨永顺
		伊犁百信蜂业有限公司 王谊荣

续表

年份	获奖名称	获奖单位及人员
2009	自治区专利申请目标管理工作先进集体	乌鲁木齐市知识产权局 克拉玛依市知识产权局 伊犁哈萨克自治州知识产权局 哈密地区知识产权局 吐鲁番地区知识产权局 博尔塔拉蒙古自治州知识产权局
2010	自治区知识产权工作先进集体	乌鲁木齐市知识产权局 昌吉回族自治州知识产权局 阿勒泰地区知识产权局 和田地区知识产权局 克拉玛依市知识产权局
2010	自治区知识产权工作先进个人	塔城地区知识产权局 王卫锋 伊犁哈萨克自治州知识产权局 艾克木哈孜·布拉提拜 阿勒泰地区知识产权局 阿扎提·毛吾提汗阿勒 博尔塔拉蒙古自治州知识产权局 牟晋山 昌吉回族自治州知识产权局 郭志刚 吐鲁番地区知识产权局 王焰烈 哈密地区知识产权局 买合莫提·依不拉英 巴音郭楞蒙古自治州知识产权局 玛丽娅·阿布拉 阿克苏地区知识产权局 张靖琳 喀什地区知识产权局 玉麦尔江·亚合普 克孜勒苏柯尔克孜自治州知识产权局 贺桥云 和田地区知识产权局 阿不都拉·阿不都热合曼 克拉玛依市知识产权局 裴坤 乌鲁木齐市知识产权局 邢倩 乌鲁木齐高新技术产业开发区知识产权局 石玉玲 石河子市知识产权局 张新岗
2011	自治区知识产权工作先进集体	巴音郭楞蒙古自治州知识产权局 哈密地区知识产权局 阿克苏地区知识产权局 阿勒泰地区知识产权局 吐鲁番地区知识产权局 石河子市知识产权局

续表

年份	获奖名称	获奖单位及人员
2011	自治区知识产权工作先进个人	乌鲁木齐市知识产权局 史苏波 伊犁哈萨克自治州知识产权局 盛若冰 塔城地区知识产权局 维那拉·焦力达斯 阿克苏地区知识产权局 何凌 阿勒泰地区知识产权局 郭峰 克拉玛依市知识产权局 沈艳彬 昌吉回族自治州知识产权局 帕丽达 博尔塔拉蒙古自治州知识产权局 翁海涛 哈密地区知识产权局 买合莫提·依不拉英 吐鲁番地区知识产权局 尹波 巴音郭楞蒙古自治州知识产权局 宋智军 克孜勒苏柯尔克孜自治州知识产权局 贺桥云 喀什地区知识产权局 马胜军 和田地区知识产权局 阿不都拉·阿不都热合曼 石河子市知识产权局 王勇
	自治区专利申请工作先进单位	喀什地区知识产权局 巴音郭楞蒙古自治州知识产权局 吐鲁番地区知识产权局 石河子市知识产权局 阿勒泰地区知识产权局 哈密地区知识产权局 昌吉回族自治州知识产权局 阿克苏地区知识产权局
2012	自治区知识产权工作先进集体	阿勒泰地区知识产权局 哈密地区知识产权局 吐鲁番地区知识产权局 伊犁哈萨克自治州知识产权局
	自治区知识产权工作先进个人	阿克苏地区知识产权局 贾新军 巴音郭楞蒙古自治州知识产权局 宋智军 哈密地区知识产权局 狄英 克孜勒苏柯尔克孜自治州知识产权局 张静妮 吐鲁番地区知识产权局 伊波 乌鲁木齐市知识产权局 史苏波 伊犁哈萨克自治州知识产权局 林奕
2013	自治区知识产权工作先进集体	昌吉回族自治州知识产权局 伊犁哈萨克自治州知识产权局 巴音郭楞蒙古自治州知识产权局 阿勒泰地区知识产权局 阿克苏地区知识产权局 哈密地区知识产权局

续表

年份	获奖名称	获奖单位及人员
2013	自治区知识产权工作先进个人	塔城地区知识产权局 王卫锋
		巴音郭楞蒙古自治州知识产权局 刘传启
		阿克苏地区知识产权局 贾新军
		和田地区知识产权局 阿不都拉·阿不都热合曼
		哈密地区知识产权局 狄英
		吐鲁番地区知识产权局 尹波
		昌吉回族自治州知识产权局 帕丽达
		阿勒泰地区知识产权局 叶尔肯·斯玛胡力
		喀什地区知识产权局 帕尔哈提·艾白都拉
		伊犁哈萨克自治州知识产权局 盛若冰
		乌鲁木齐市知识产权局 刘杰
		克拉玛依市知识产权局 卢承信
		克孜勒苏柯尔克孜自治州知识产权局 阿米娜·买海提
		博尔塔拉蒙古自治州精河县知识产权局 伊强
		石河子市知识产权局 王勇
2014	自治区知识产权战略实施工作先进集体	伊犁哈萨克自治州知识产权局
		昌吉回族自治州知识产权局
		博尔塔拉蒙古自治州知识产权局
		阿勒泰地区知识产权局
		阿克苏地区知识产权局
		哈密地区知识产权局
		吐鲁番地区知识产权局
		和田地区知识产权局
		乌鲁木齐市知识产权局
		克拉玛依市知识产权局
		石河子市知识产权局
	自治区知识产权战略实施工作先进个人	乌鲁木齐市知识产权局 齐满古丽·买买提
		伊犁哈萨克自治州知识产权局 林艳鹏
		塔城地区知识产权局 陈春林
		阿勒泰地区知识产权局 郭峰
		昌吉回族自治州知识产权局 魏乐
		克拉玛依市知识产权局 龚小茜
		博尔塔拉蒙古自治州知识产权局 阿孜古丽·伊力木
		哈密地区知识产权局 狄英
		吐鲁番地区知识产权局 李文斌
		巴音郭楞蒙古自治州知识产权局 宋智军
		阿克苏地区知识产权局 张靖琳
		克孜勒苏柯尔克孜自治州知识产权局 金祖强
		喀什地区知识产权局 马胜军
		和田地区知识产权局 阿不都拉·阿不都热合曼
		石河子市知识产权局 王勇

（三）获得自治区知识产权局机关工作奖情况

30年来，自治区知识产权（专利）局通过建立健全内部管理制度和奖励机制，加强党的建设，开展政治思想教育和职业道德教育，结合年终工作总结进行绩效考核，不断激发全体干部职工的工作积极性、创造性，增强责任意识，树立集体荣誉感，积极引导干部职工参加多种形式的争先创优活动。

2002年1月15日，自治区知识产权局印发《关于表彰史治勋等四位同志的通报》（新知综字〔2002〕01号），自治区知识产权局综合处调研员史治勋、管理实施处科员肖旭被评为2001年度优秀公务员，管理实施处处长雷筱云被评为2001年度优秀党员，综合处助理调研员叶红珠被评为精神文明先进个人。

2003年3月18日，自治区知识产权局印发《关于表彰2003年度先进集体和先进个人的通报》（新知综字〔2003〕25号），根据该通报，管理实施处被评为先进集体；自治区知识产权局副局长田湘勇、管理实施处处长雷晓云被评为优秀公务员，调研员史治勋被评为优秀共产党员，助理调研员叶红珠被评为精神文明工作先进个人。

2005年1月18日，自治区知识产权局印发《关于表彰2004年度考核优秀人员的通报》（新知综字〔2004〕09号），管理实施处处长雷筱云、副主任科员王志明被评为2004年度优秀公务人员，综合处助理调研员叶红珠被评为精神文明工作先进个人。

2005年12月18日，自治区知识产权局印发《关于表彰2005年度考核优秀人员的通报》（新知综字〔2005〕2号），管理实施处处长雷筱云、副主任科员王志明被评为2005年度优秀公务人员，综合处助理调研员叶红珠被评为2005年度精神文明工作先进个人。

2006年12月25日，根据自治区财政厅《关于2005年度自治区本级政府采购信息统计报表工作情况的通报》（新财购〔2006〕26号），自治区知识产权局被评为2005年度先进单位。

2007年3月18日，自治区知识产权局印发《关于表彰2006年度考核优秀人员的通报》（新知综字〔2006〕33号），自治区知识产权局副局长谭力、管理实施处调研员史治勋、副主任科员王志明被评为优秀公务人员，王志明被评为优秀党员，综合处副处长刘山玖被评为精神文明工作先进个人。

2007年12月，自治区科技厅印发《关于表彰科技厅系统先进集体和先进个人的通知》，自治区知识产权局法律事务处被评为科技厅系统先进处室。12月29日，自治区知识产权局印发《关于表彰知识产权局2007年度精神文明工作先进个人的决定》（新知综字〔2007〕71号），综合处主任科员巴哈古丽、朱云涛被评为精神文明工作先进个人。

2008年12月29日，自治区知识产权局印发《关于表彰知识产权局2008年度先进集体和先进个人的决定》（新知综字〔2008〕85号），管理实施处被评为2008年度自治区知识产权局先进处室，管理实施处处长薛卫东、主任科员王志明、综合处副处调研员董海军、主任科员吕红梅被评为2008年度先进个人，主任科员巴哈古丽被评为精神文明工作先进个人。

2010年1月8日，自治区知识产权局印发《关于表彰知识产权局2009年度自治区知识产权局系统先进处室和先进个人的通报》（新知综字〔2010〕1号），管理实施处被评为2009年度科技厅系统先进文明处室；自治区知识产权局副局长多里坤·阿吾提、管理实施处处长薛卫东、副主任科员李元被评为2009年度科技厅系统优秀公务员；主任科员吕红梅被评为2009年度科技厅系统精神文明建设工作先进个人；主任科员朱云涛、副主任科员赵斐斐和专利审查员古丽娜被评为自治区知识产权局系统优秀工作者；调研员史治勋、办事员郑伊民被评为自治区知识产权局系统信息工作先进个人。

2011年1月5日，自治区知识产权局印发《关于表彰知识产权局2010年度先进集体和先进个人的通知》（新知综字〔2010〕1号）。综合处被评为2010年度科技厅系统先进文明处室；管理实施处处长薛卫东、主任科员吕红梅、副主任科员赵斐斐被评为2010年度科技厅系统优秀公务员；综合处助理调研员范志刚被评为2010年度科技厅系统精神文明工作先进个人；法律事务处副处长董海军、副主任科员李元、专利审查员古丽娜被评为2010年度自治区知识产权局系统先进工作者；主任科员朱云涛被评为2010年度自治区知识产权局系统精神文明工作先进个人；主任科员阿依努尔·阿不都如苏里被评为2010年度自治区知识产权局系统民族团结先进个人。

2011年5月3日，自治区科技厅印发《关于表彰2010年度自治区科技政务信息工作先进单位和先进个人的通知》（新科办字〔2011〕50号），自治区知识产权局被评为2010年度自治区科技政务信息工作先进单位；自治区知识产权局管理实施处调研员史治勋被评为2010年度自治区科技政务信息工作先进个人。5月6日，自治区科技厅印发《关于表彰科技厅系统民族团结进步先进个人的决定》（新科党组字〔2011〕7号），自治区知识产权局法律事务处主任科员阿依努尔·阿不都如苏里获科技厅系统民族团结进步先进个人称号。

表15-3　新疆维吾尔自治区知识产权局机关及直属单位先进集体及个人获奖情况统计表
（2001—2014年）

年份	授奖单位	获奖名称	获奖单位及个人
2001	自治区知识产权局	优秀公务员	史治勋、肖旭
		优秀共产党员	雷筱云
		精神文明先进个人	叶红珠
2003	自治区知识产权局	先进集体	管理实施处
		优秀公务员	田湘勇、雷晓云
		优秀共产党员	史治勋
		精神文明工作先进个人	叶红珠
2004	自治区知识产权局	优秀公务人员	雷筱云、王志明
		精神文明工作先进个人	叶红珠
2005	自治区知识产权局	优秀公务人员	雷筱云、王志明
		精神文明工作先进个人	叶红珠
2006	自治区财政厅	2005年度自治区本级政府采购信息统计报表工作先进集体	自治区知识产权局
	自治区知识产权局	优秀公务员	谭力、史治勋、王志明
		优秀党员	王志明
		精神文明工作先进个人	刘山玖
	自治区知识产权局	优秀公务员	谭力、史治勋、王志明
		优秀党员	王志明
		精神文明工作先进个人	刘山玖
2007	自治区科技厅	科技厅系统先进处室	法律事务处
	自治区知识产权局	精神文明工作先进个人	巴哈古丽、朱云涛
2008	自治区知识产权局	先进集体	管理实施处
		先进个人	薛卫东、王志明、董海军、吕红梅
		精神文明工作先进个人	巴哈古丽
2009	自治区科技厅	科技厅系统先进文明处室	管理实施处
		科技厅系统优秀公务员	多里坤·阿吾提、薛卫东、李元
		科技厅系统精神文明建设工作先进个人	吕红梅
	自治区知识产权局	自治区知识产权局系统优秀工作者	朱云涛、古丽娜
		自治区知识产权局系统信息工作先进个人	史治勋、郑伊民

续表

年份	授奖单位	获奖名称	获奖单位及个人
2010	自治区知识产权局	自治区知识产权局系统优秀工作者	朱云涛、赵斐斐、古丽娜
		自治区知识产权局系统信息工作先进个人	史治勋、郑伊民
	自治区科技厅	科技厅系统先进文明处室	综合处
		科技厅系统优秀公务员	薛卫东、吕红梅、赵斐斐
		科技厅系统精神文明工作先进个人	范志刚
		自治区科技政务信息工作先进单位	自治区知识产权局
		自治区科技政务信息工作先进个人	史治勋
	自治区知识产权局	自治区知识产权局系统先进工作者	董海军、李元、古丽娜
		自治区知识产权局系统精神文明工作先进个人	朱云涛
		自治区知识产权局系统民族团结先进个人	阿依努尔·阿不都如苏里
	自治区科技厅	科技厅系统民族团结进步先进个人	阿依努尔·阿不都如苏里

二、专利执法工作奖

（一）全国专利法工作奖

2004年1月13日，在召开的全国专利行政执法专项行动工作会议上，伊犁州知识产权局被评为2004年度全国专利行政执法工作先进集体；自治区知识产权局法律事务处处长哈洪江被评为2004年度全国专利行政执法工作先进个人。

2006年1月17日，国家知识产权局印发《关于表彰专利行政执法工作先进集体和先进个人的通知》，自治区知识产权局法律事务处被评为2005年度全国专利行政执法工作先进集体，乌鲁木齐市知识产权局郭春远被评为2005年度全国专利行政执法工作先进个人。

2007年，国家知识产权局印发《关于表彰专利行政执法工作先进集体和先进个人的通知》，自治区知识产权局法律事务处被评为2007年度全国专利行政执法工作先进集体。

2008年9月19日，根据国家知识产权局印发《关于表彰全国专利执法先进集体和先进个人的通知》（国知发管字〔2008〕143号），自治区知识产权局法律事务处、乌鲁木齐市知识产权局和阿克苏地区知识产权局被评为2008年度全国专利行政执法工作先进集体，自治区知识产权局哈洪江等3人被评为2008年度全国专利行政执法工作先进个人。

2010年2月4日，国家知识产权局、公安部联合印发《关于对2009年全国知识产权部门和公安机关知识产权执法保护先进集体和先进个人予以表扬的通报》（国知发管字〔2010〕13号），自治区知识产权局法律事务处等3个单位被评为2009年全国知识产权部门和公安机关知识产权执法保护先进集体；自治区知识产权局局长马庆云等6人被2009年全国知识产权部门和公安机关知识产权执法保护先进个人。

2010年12月21日，国家知识产权局、公安部、海关总署、工商总局、版权局、最高人民检察院、贸易促进会、国务院新闻办公室联合印发《关于表彰世博会知识产权保护专项行动先进集体和先进个人的决定》（国知发协字〔2010〕153号），自治区知识产权局法律事务处、乌鲁木齐市公安局经侦队四大队、自治区新闻出版局（版权局）版权监督管理处3个单位被评为世博会知识产权保护专项行动先进集体；自治区知识产权局法律事务处杨靖等4人被评为世博会知识产权保护专项行动先进个人。

2011年2月15日，国家知识产权局印发《关于表扬2010年度全国知识产权部门和公安机关知识产权执法保护先进集体和先进个人的决定》（国知发管字〔2011〕22号），自治区知识产权局法律事务处和巴州、伊犁州、博尔塔拉蒙古自治州知识产权局及伊犁州公安局经侦支队、新疆生产建设兵团农四师公安局经侦支队等5

个单位被评为2010年度全国知识产权部门和公安机关知识产权执法保护先进集体；自治区知识产权局的杨靖等5人被评为2010年度全国知识产权部门和公安机关知识产权执法保护先进个人。

2012年12月10日，根据国家知识产权局、公安部联合印发的《关于对2012年度全国知识产权系统和公安机关知识产权执法保护先进集体和先进个人予以表扬的通知》（国知发管字〔2012〕127号），自治区知识产权局法律事务处等3个单位被评为2012年度全国知识产权系统知识产权执法保护先进集体；自治区知识产权局谭力等7人被评为2012年度全国知识产权系统知识产权执法保护先进个人；乌鲁木齐市公安局经侦支队王英豪等3人被评为2012年度全国公安机关知识产权执法保护先进个人。

表15-4　新疆获全国专利执法先进集体及先进个人奖情况统计表
（2004—2014年）

年份	获奖名称	获奖单位及个人
2004	全国专利行政执法工作先进集体	伊犁哈萨克自治州知识产权局
	全国专利行政执法工作先进个人	自治区知识产权局法律事务处 哈洪江
2005	全国专利行政执法工作先进集体	伊犁哈萨克自治州知识产权局
	全国专利行政执法工作先进个人	乌鲁木齐市知识产权局 郭春远
2006	全国专利行政执法工作先进集体	自治区知识产权局法律事务处
	全国专利行政执法工作先进个人	乌鲁木齐市知识产权局 郭春远
2007	全国专利行政执法工作先进集体	自治区知识产权局法律事务处
2008	全国专利行政执法工作先进集体	自治区知识产权局法律事务处 乌鲁木齐市知识产权局 阿克苏地区知识产权局
	全国专利行政执法工作先进个人	自治区知识产权局法律事务处 哈洪江 巴音郭楞蒙古自治州知识产权局 玛丽娅·阿布拉 博尔塔拉蒙古自治州知识产权局 游丽蓉
	全国知识产权部门和公安机关知识产权执法保护先进集体	自治区知识产权局法律事务处 巴音郭楞蒙古自治州知识产权局 伊犁哈萨克自治州知识产权局 喀什地区公安局经侦支队
	全国知识产权部门和公安机关知识产权执法保护先进个人	自治区知识产权局 马庆云、哈洪江 乌鲁木齐市知识产权局 张明国 喀什地区知识产权局 马胜军 博尔塔拉蒙古自治州公安局经侦科 张万国 农四师公安局经侦支队 苏克勤
2009	2009年全国知识产权部门和公安机关知识产权执法保护先进集体	自治区知识产权局法律事务处 巴音郭楞蒙古自治州知识产权局 伊犁哈萨克自治州知识产权局
	2009年全国知识产权部门和公安机关知识产权执法保护先进个人	自治区知识产权局 马庆云、哈洪江 乌鲁木齐市知识产权局 张明国 喀什地区知识产权局 马胜军 博尔塔拉蒙古自治州公安局经侦科 张万国 新疆生产建设兵团农四师公安局经侦支队 苏克勤

续表

年份	获奖名称	获奖单位及个人
2010	全国知识产权部门和公安机关知识产权执法保护先进集体	自治区知识产权局法律事务处 巴音郭楞蒙古自治州知识产权局 伊犁哈萨克自治州知识产权局 博尔塔拉蒙古自治州知识产权局 伊犁哈萨克自治州公安局经侦支队 新疆生产建设兵团农四师公安局经侦支队
	全国知识产权部门和公安机关知识产权执法保护先进个人	自治区知识产权局 杨靖 喀什地区知识产权局 马胜军 阿克苏地区知识产权局 贾新军 自治区公安厅经侦支队 阿迪力·叶了汗 新疆生产建设兵团农四师公安局经侦支队 苏克勤
	世博会知识产权保护专项行动先进集体	自治区知识产权局法律事务处 乌鲁木齐市公安局经侦队四大队 自治区新闻出版局(版权局)版权监督管理处
	世博会知识产权保护专项行动先进个人	自治区知识产权局法律事务处 杨靖 新疆建设兵团科技局局长 黄斌 自治区新闻出版局(版权局)版权监督管理处 郭庆龙 自治区人民政府新闻办公室 苏清霞
2011	全国知识产权系统"打击侵犯知识产权和制售假冒伪劣商品专项行动"先进集体	乌鲁木齐市知识产权局 伊犁哈萨克自治州知识产权局
	全国打击侵犯知识产权和制售假冒伪劣商品专项行动先进个人	阿克苏地区知识产权局 黄琳 喀什地区知识产权局 马胜军 塔城地区知识产权局 王卫锋 乌鲁木齐市知识产权局 张明国 巴音郭楞蒙古自治州知识产权局 玛丽娅·阿布拉
2012	全国知识产权系统和公安系统知识产权执法保护先进集体	新疆维吾尔自治区知识产权局法律事务处 喀什地区知识产权局 巴音郭楞蒙古自治州知识产权局
	全国知识产权系统和公安机关知识产权执法保护先进个人	自治区知识产权局 谭力 乌鲁木齐市知识产权局 齐满古丽·买买提 昌吉回族自治州知识产权局 郭志刚 博尔塔拉蒙古自治州知识产权局 游丽蓉 阿勒泰地区知识产权局 叶尔肯·斯玛胡力 乌鲁木齐市公安局经侦支队 王英豪 福海县公安局经侦大队 高帅 新疆生产建设兵团知识产权局 杨晓辉 兵团农四师公安局经侦支队 苏克勤

（二）自治区专利法工作奖

2010年3月1日，自治区知识产权局印发《关于表彰2009年度全区知识产权局系统专利行政执法工作先进集体和先进个人的通知》（新知法字〔2010〕8号），喀什地区、阿克苏地区知识产权局被评为2009年度自治区专利行政执法工作先进集体，宋智军、马胜军、黄琳3人被评为2009年度自治区专利行政执法工作先进个人。

2011年4月1日，自治区知识产权局印发《关于表彰2010年度全区知识产权局系统专利行政执法工作先进集体和先进个人的通报》（新知法字〔2011〕18号），伊犁州、博尔塔拉蒙古自治州、巴音郭楞蒙古自治州、喀什地区等4地州市知识产权局被评为2010年度自治区专利行政执法工作先进集体，杨佃民、马胜军、贾新军、张明国、林燕鹏、柳国岩、帕丽达等7人被评为2010年度自治区专利行政执法工作先进个人。

2012年2月17日，自治区知识产权局印发《关于表彰2011年度全区知识产权局系统专利行政执法工作先进集体和先进个人的通报》（新知法字〔2012〕10号），伊犁州、巴音郭楞蒙古自治州、阿克苏地区、喀什地区、和田地区等5地州知识产权局被评为2011年度自治区专利行政执法工作先进集体，黄河、张明国、玛丽娅·阿布拉、黄琳、张金甫、王文松、郭志强、王卫锋、叶尔肯·斯玛胡力等9人被评为2011年度自治区专利行政执法工作先进个人。

2013年1月23日，自治区知识产权局印发《关于表彰2012年度全区知识产权局系统专利行政执法工作先进集体和先进个人的通报》（新知法字〔2013〕9号），伊犁州、乌鲁木齐市、巴音郭楞蒙古自治州、喀什地区和塔城地区5个地州市知识产权局被评为2012年度自治区专利行政执法工作先进集体，黄河、齐满古丽·买买提、玛丽娅·阿布拉、阿不都热依木·叶合牙、哈丽旦·尼亚孜、帕丽达、游丽蓉、王文松和维那拉·焦力达斯等9人被评为2012年度自治区专利行政执法工作先进个人。

2014年1月15日，自治区知识产权局印发《关于表彰2013年度专利行政执法工作先进集体和先进个人的通报》（新知法字〔2014〕6号），乌鲁木齐市、巴音郭楞蒙古自治州、阿克苏地区、喀什地区、哈密地区和塔城地区等6地州市知识产权局被评为2013年度自治区专利行政执法工作先进集体，史苏波、维那拉·焦力达斯、宋智军、王一军、杨复军、郭志刚、巨春梅、游丽蓉、王海庆等9人被评为2013年度自治区专利行政执法工作先进个人。

2015年1月27日，自治区知识产权局印发《关于表彰2014年度专利行政执法工作先进集体和先进个人的通报》（新知法字〔2015〕5号），吐鲁番市、伊犁州、巴音郭楞蒙古自治州、阿克苏地区、石河子市、阿勒泰地区等6地州市知识产权局被评为2014年度自治区专利行政执法工作先进集体，哈丽旦·尼亚孜、黄河、玛丽娅·阿布拉、王一军、古丽尼沙·多力达西、徐蕾、卢承信、王海庆等8人被评为2014年度自治区专利行政执法工作先进个人。

表15-5　获自治区专利执法先进集体和先进个人情况统计表
（2009—2014年）

年份	获奖名称	获奖单位及人员
2009	自治区专利行政执法工作先进集体	喀什地区知识产权局 阿克苏地区知识产权局
	自治区专利行政执法工作先进个人	巴音郭楞蒙古自治州知识产权局 宋智军 喀什地区知识产权局 马胜军 阿克苏地区知识产权局 黄琳

年份	获奖名称	获奖单位及人员
2010	自治区专利行政执法工作先进集体	伊犁哈萨克自治州知识产权局 博尔塔拉蒙古自治州知识产权局 巴音郭楞蒙古自治州知识产权局 喀什地区知识产权局
	自治区专利行政执法工作先进个人	巴音郭楞蒙古自治州知识产权局 杨佃民 喀什地区知识产权局 马胜军 阿克苏地区知识产权局 贾新军 乌鲁木齐市知识产权局 张明国 伊犁哈萨克自治州知识产权局 林燕鹏 博尔塔拉蒙古自治州知识产权局 柳国岩 昌吉回族自治州知识产权局 帕丽达
2011	自治区知识产权执法工作先进集体	阿克苏地区知识产权局 巴音郭楞蒙古自治州知识产权局 和田地区知识产权局 喀什地区知识产权局 伊犁哈萨克自治州知识产权局
	自治区专利行政执法工作先进个人	伊犁哈萨克自治州知识产权局 黄河 乌鲁木齐市知识产权局 张明国 巴音郭楞蒙古自治州知识产权局 玛丽娅·阿布拉 阿克苏地区知识产权局 黄琳 和田地区知识产权局 张金甫 喀什地区知识产权局 王文松 昌吉回族自治州知识产权局 郭志刚 塔城地区知识产权局 王卫锋 阿勒泰地区知识产权局 叶尔肯·斯玛胡力
2012	自治区专利行政执法工作先进集体	伊犁哈萨克自治州知识产权局 乌鲁木齐市知识产权局 巴音郭楞蒙古自治州知识产权局 喀什地区知识产权局 塔城地区知识产权局
	自治区专利行政执法工作先进个人	伊犁哈萨克自治州知识产权局 黄河 乌鲁木齐市知识产权局 齐满古丽·买买提 巴音郭楞蒙古自治州知识产权局 玛丽娅·阿布拉 哈密地区知识产权局 阿不都热依木·叶合牙 吐鲁番地区知识产权局 哈丽旦·尼亚孜 昌吉回族自治州知识产权局 帕丽达 博尔塔拉蒙古自治州知识产权局 游丽蓉 喀什地区知识产权局 王文松 塔城地区知识产权局 维那拉·焦力达斯

续表

年份	获奖名称	获奖单位及人员
2013	自治区专利行政执法工作先进集体	乌鲁木齐市知识产权局 巴音郭楞蒙古自治州知识产权局 阿克苏地区知识产权局 喀什地区知识产权局 哈密地区知识产权局 塔城地区知识产权局
	自治区专利行政执法工作先进个人	乌鲁木齐市知识产权局 史苏波 塔城地区知识产权局 维那拉·焦力达斯 巴音郭楞蒙古自治州知识产权局 宋智军 阿克苏地区知识产权局 王一军 哈密地区知识产权局 杨复军 昌吉回族自治州知识产权局 郭志刚 喀什地区知识产权局 巨春梅 博尔塔拉蒙古自治州知识产权局 游丽蓉 石河子市知识产权局 王海庆
2014	自治区专利行政执法工作先进集体	吐鲁番地区知识产权局 伊犁哈萨克自治州知识产权局 巴音郭楞蒙古自治州知识产权局 阿克苏地区知识产权局 石河子市知识产权局 阿勒泰地区知识产权局
	自治区专利行政执法工作先进个人	吐鲁番地区知识产权局 哈丽旦·尼亚孜 伊犁哈萨克自治州知识产权局 黄河 巴音郭楞蒙古自治州知识产权局 玛丽娅·阿布拉 阿克苏地区知识产权局 王一军 阿勒泰地区知识产权局 古丽尼沙·多力达西 乌鲁木齐市知识产权局 徐蕾 克拉玛依市知识产权局 卢承信 石河子市知识产权局 王海庆

三、专利培训工作奖

2007年4月2日，国家知识产权局印发《关于表彰全国知识产权系统知识产权培训工作先进集体和先进个人的决定》，自治区知识产权局管理实施处及克拉玛依市、奎屯市、石河子市知识产权局4个单位被评为2007年度全国知识产权局系统知识产权培训工作先进集体，史治勋、刘富强、朱江红和林东春4人被评为2007年度全国知识产权局系统知识产权培训工作先进个人。

2009年10月25日，国家知识产权局印发《关于表彰全国知识产权局系统知识产权培训工作先进集体和先进个人的决定》（国知发人字〔2009〕211号），自治区、克拉玛依市、巴州知识产权局3个单位被评为2009年度全国知识产权系统知识产权培训工作先进集体，史治勋、吴建华、刘传启3人被评为2009年度全国知识产权系统知识产权培训工作先进个人。

2010年12月27日，国家知识产权局印发《关于表彰全国知识产权局系统知识产权培训工作先进集体和先进个人的决定》（国知发人字〔2010〕128号），自治区、阿勒泰地区、昌吉回族自治州、石河子市知识产权局4个单位被评为2010年度全国知识产权局系统知识产权培训工作先进集体，薛卫东、郭志刚、叶尔肯·斯马胡力、王海庆、张延安5人被评为2010年度全国知识产权局系统知识产权培训工作先进个人。

2011年11月17日，国家知识产权局印发《关于表扬全国知识产权系统知识产权培训工作先进集体和先进个人的决定》（国知发人字〔2011〕145号），自治区知识产权局管理实施处及和田地区、乌鲁木齐市知识产权局等4个单位被评为2011年度全国知识产权局系统知识产权培训工作先进集体，沈联海、张金甫、安景文3人被评为2011年度全国知识产权局系统知识产权培训工作先进个人。

2012年11月5日，国家知识产权局办公室人事司印发《关于表扬2012年全国知识产权系统人才工作先进集体和先进个人的决定》，自治区、昌吉回族自治州、乌鲁木齐市、新疆生产建设兵团、石河子市知识产权局和新疆生产建设兵团知识产权信息中心等6个单位被评为2012年全国知识产权系统人才工作先进集体，范志刚、宋智军、杜鸿东、狄英、乔同勋、王勇、曲金丽等7人被评为2012年全国知识产权系统人才工作先进个人。

2013年10月11日，国家知识产权局办公室印发《关于表扬全国知识产权系统人才工作先进集体和先进个人的通知》（国知办发人字〔2013〕62号），自治区、阿克苏地区、昌吉回族自治州知识产权局等3个单位被评为2013年全国知识产权系统人才工作先进集体，狄英、邢倩、张靖林、王海庆4人被评为2013年度全国知识产权系统人才工作先进个人。

2014年11月13日，国家知识产权局人事司印发《关于表扬2014年全国知识产权系统人才工作先进集体和先进个人的通知》（国知办函人字〔2014〕452号），自治区及克拉玛依市、和田地区、石河子市4个知识产权局被评为2014年全国知识产权系统人才工作先进集体，李元、张芳萍、阿不都拉·阿不都热合曼、王勇4人被评为2014年全国知识产权系统人才工作先进个人。

表15-6　新疆获全国知识产权培训工作先进集体及先进个人奖情况统计表

（2007—2014年）

年份	获奖名称	获奖单位及人员
2007	全国知识产权局系统知识产权培训工作先进集体	自治区知识产权局管理实施处 克拉玛依市知识产权局 奎屯市知识产权局 石河子市知识产权局
	全国知识产权局系统知识产权培训工作先进个人	自治区知识产权局 史治勋 克拉玛依市知识产权局 刘富强 奎屯市知识产权局 朱江红 新疆生产建设兵团知识产权局 林东春
2009	全国知识产权局系统知识产权培训工作先进集体	自治区知识产权局 克拉玛依市知识产权局 巴音郭楞蒙古自治州知识产权局
	全国知识产权局系统知识产权培训工作先进个人	自治区知识产权局 史治勋 克拉玛依市知识产权局 吴建华 巴音郭楞蒙古自治州知识产权局 刘传启

续表

年份	获奖名称	获奖单位及人员
2010	全国知识产权局系统知识产权培训工作先进集体	自治区知识产权局
		阿勒泰地区知识产权局
		昌吉回族自治州知识产权局
		石河子市知识产权局
	全国知识产权局系统知识产权培训工作先进个人	自治区知识产权局 薛卫东
		昌吉回族自治州知识产权局 郭志刚
		阿勒泰地区知识产权局 叶尔肯·斯马胡力
		石河子市知识产权局 王海庆
		新疆生产建设兵团知识产权局 张延安
2011	全国知识产权局系统知识产权培训工作先进集体	自治区知识产权局管理实施处
		和田地区知识产权局
		乌鲁木齐市知识产权局
	全国知识产权局系统知识产权培训工作先进个人	自治区知识产权局 沈联海
		和田地区知识产权局 张金甫
		乌鲁木齐市知识产权局 安景文
2012	全国知识产权系统人才工作先进集体	自治区知识产权局
		昌吉回族自治州知识产权局
		乌鲁木齐市知识产权局
		新疆生产建设兵团知识产权局
		石河子市知识产权局
		新疆生产建设兵团知识产权信息中心
	全国知识产权系统人才工作先进个人	自治区知识产权局 范志刚
		巴音郭楞蒙古自治州知识产权局 宋智军
		克拉玛依市知识产权局 杜鸿东
		哈密地区知识产权局 狄英
		新疆生产建设兵团知识产权局 乔同勋
		石河子知识产权局 王勇
		新疆生产建设兵团知识产权信息中心 曲金丽
2013	全国知识产权局系统人才工作先进集体	自治区知识产权局
		阿克苏地区知识产权局
		昌吉回族自治州知识产权局
	全国知识产权局系统人才工作先进个人	哈密地区知识产权局 狄英
		乌鲁木齐市知识产权局 邢倩
		阿克苏地区知识产权局 张靖林
		石河子市知识产权局 王海庆
2014	全国知识产权局系统人才工作先进集体	自治区知识产权局
		克拉玛依市知识产权局
		和田地区知识产权局
		石河子市知识产权局

续表

年份	获奖名称	获奖单位及人员
2014	全国知识产权局系统人才工作先进个人	自治区知识产权局 李元、张芳萍 和田地区知识产权局 阿不都拉·阿不都热合曼 石河子市知识产权局 王勇

四、专利宣传信息工作奖

(一)专利宣传工作奖

2001年11月29日,自治区知识产权局、党委宣传部、科技厅联合印发《关于表彰奖励知识产权宣传周最佳组织奖和新疆知识产权好新闻奖的通报》(新知综字〔2001〕41号),对获得知识产权宣传周最佳组织奖的伊犁州科委等8个单位和获得2001年度新疆知识产权好新闻奖的31名个人进行通报表彰。

2003年4月5日,自治区知识产权局、党委宣传部、科技厅联合印发《关于表扬2002年度新疆知识产权好新闻奖的通报》,对获2002年度最佳组织奖的乌鲁木齐市等7个单位和获得新疆知识产权好新闻奖的30件作品进行了通报表扬。8月25—31日,由国家知识产权局主办、自治区知识产权局在乌鲁木齐市承办的"2003《中国知识产权报》全国通联发行工作年会"上,自治区知识产权局通联站被评为全国知识产权报发行先进单位和2003年度先进通联站,新疆维吾尔自治区知识产权局通讯站站长多里坤·阿吾提被评为全国先进通联站先进站长;自治区知识产权局管理实施处调研员史治勋被评为2003年度全国优秀通讯员。

2004年7月14日,自治区知识产权局印发《关于表扬奖励2003、2004年度自治区知识产权宣传周最佳组织奖的通报》(新知管字〔2004〕52号),对获得2003度自治区知识产权宣传周最佳组织奖的9个单位和获得2004年度自治区知识产权宣传周最佳组织奖的6个单位进行了通报表彰。

2005年4月12日,自治区知识产权局、党委宣传部、科技厅联合印发《关于表彰2004年度新疆知识产权好新闻的通报》(新知综字〔2005〕25号),对获得2004年度新疆知识产权好新闻奖的30件作品进行通报表彰。

2006年4月18日,自治区知识产权局、党委宣传部、科技厅联合印发《关于表彰奖励2005年度新疆知识产权好新闻的通报》(新知综字〔2006〕29号),对获得2006年度新疆知识产权好新闻奖的30件作品和5个优秀组织单位进行了通报表彰。

2007年4月14日,自治区知识产权局、党委宣传部、科技厅联合印发《关于表彰奖励2006年度新疆知识产权好新闻的通报》(新知综字〔2007〕31号),对获得2006年度新疆知识产权好新闻奖的35个作品和5个优秀组织单位进行了通报表彰。

2008年4月8日,自治区知识产权局、党委宣传部、科技厅联合印发《关于表扬2007年度新疆知识产权好新闻的通报》(新知综字〔2008〕21号),对获得2007年度新疆知识产权好新闻奖的32篇优秀作品和5个优秀组奖的单位进行通报表扬。

2009年4月19日,自治区知识产权局、党委宣传部、科技厅联合印发《关于表彰2008年度新疆知识产权好新闻的通报》(新知综字〔2009〕24号),对获得2008年度新疆知识产权好新闻奖的29个作品和5个优秀组织奖的单位进行了通报表彰。

2013年4月25日,自治区知识产权局、教育厅联合印发《关于第九届"新疆知识产权杯"大学生知识产权知识竞赛情况的通报》(新知管字〔2013〕37号),对获得第九届"新疆知识产权杯"大学生知识产权知识竞赛的选手及优秀组织单位进行通报表彰。9月12日,中国知识产权报社印发《关于表扬2013年度先进站的决定》(中知报记〔2013〕5号)。新疆维吾尔自治区知识产权局通讯站站长多里坤·阿吾提被评为2013年度优秀站长;乌鲁木齐市知识产权局张明国被评为2013年度最佳新人。

2014年7月1—3日,国家知识产权局举办以"立足岗位做贡献 服务知识产权事业科学发展"为主题的全国知识产权系统征文暨演讲比赛活动,自治区知识产权局的代表丁奇德获得参赛征文及演讲比赛三等奖。

（二）专利信息工作奖

2008年12月29日，自治区知识产权局印发《关于表彰2008年度自治区知识产权局政府网站信息报送先进单位的通报》（新知综字〔2008〕85号），阿克苏地区、昌吉州、乌鲁木齐市知识产权局3个单位被评为2008年度自治区知识产权局政府网站信息报送先进单位。

2010年3月4日，自治区知识产权局印发《关于表彰2009年度自治区知识产权宣传信息工作先进集体和先进个人的通报》（新知综字〔2010〕11号），巴州、博尔塔拉蒙古自治州知识产权局被评为2009年度自治区知识产权工作宣传信息先进集体，张金甫、宋永红、朱江红3人被评为2009年度自治区知识产权宣传信息工作先进个人。

2010年，国家知识产权局办公室印发通报，自治区知识产权局史治勋撰写的《〈新疆维吾尔自治区知识产权战略纲要〉发布》信息获2010年知识产权政务信息三等奖。

2011年4月11日，自治区知识产权局印发《关于表彰2010年度自治区知识产权政务信息工作先进集体和先进个人的通报》（新知综字〔2011〕27号）。对获得2010年度自治区知识产权政务信息工作先进集体的昌吉州、阿克苏地区、伊犁州、巴州等4地州市知识产权局被评为2010年度自治区知识产权政务信息工作先进集体，郭冀生、何凌、付彦新、宋智军和帕尔哈提·艾白都拉等5人被评为2010年度自治区知识产权政务信息工作先进个人。5月3日，自治区科技厅印发《关于表彰2010年度自治区科技政务信息工作先进单位和先进个人的通知》（新科办字〔2011〕50号），自治区知识产权局被评为2010年度自治区科技政务信息工作先进单位，史治勋被评为2010年度自治区科技政务信息工作先进个人。

2011年，新疆维吾尔自治区知识产权局通联站在中国知识产权报社组织开展的2011年"社会公众知识产权认知程度调查活动"中获组织纪念奖。

2011年11月27日，自治区科技厅印发《关于表彰2011年度自治区科技政务信息工作先进单位和先进个人的通知》（新科办字〔2011〕158号），自治区知识产权局被评为2011年度自治区科技政务信息工作先进单位。

2011年，在"4·26"宣传周期间，在自治区知识产权局等单位组织开展的"我与专利"征文优秀作品活动中，共评出"我与专利"征文奖14个（其中一等奖、二等奖各4个，三等奖6个），吐鲁番地区、巴州和克拉玛依市3个知识产权局被评为"我与专利"征文先进集体。

2012年2月16日，自治区知识产权局印发《关于表彰2011年度自治区知识产权宣传信息工作先进集体和先进个人的决定》（新知综字〔2012〕13号），昌吉州、阿克苏地区、巴州、伊犁州和塔城地区等5个地州市知识产权局被评为2011年度自治区知识产权宣传信息工作先进集体，郭冀生、张靖琳、杨佃民、付彦新、陈春林、杨复军、帕尔哈提·艾白都拉、刘杰和范海龙等9名同志被评2011年度自治区知识产权宣传信息工作先进个人。

2012年2月16日，自治区知识产权局印发《2013年1月23日，自治区知识产权局印发《关于表彰2012年度自治区知识产权宣传信息工作先进集体和先进个人的通报》（新知综字〔2013〕10号），巴州等4个地州市知识产权局被评为先进集体，巴州知识产权局杨佃民等7人被评为先进个人。

2013年9月12日，中国知识产权报社印发《关于表彰2013年度先进站的决定》（中知报记字〔2013〕4号）。新疆维吾尔自治区通讯站被评为2013年度全国先进站。同日，中国知识产权报社印发《关于表扬2013年度先进站的决定》（中知报记〔2013〕5号），自治区知识产权局原副局长多里坤·阿吾提被评为2013年度优秀站长，乌鲁木齐市知识产权局张明国被评为2013年度最佳新人。

2014年1月13日，自治区知识产权局印发《关于表彰2013年度知识产权宣传信息工作先进集体和先进个人的通报》（新知综字〔2014〕3号），昌吉州、巴州、伊犁州、塔城地区、阿勒泰地区和喀什地区等6个地州知识产权局被评为2013年度知识产权宣传信息工作先进集体，游丽蓉、宋智军、帕尔哈提·艾白都拉、郭峰、张金甫、巴依尔才次克、林少军、杨桃、刘应忠等9人被评为2013年度知识产权宣传信息工作先进个人。

表15-7　获自治区知识产权宣传信息工作先进单位和先进个人情况统计表

(2001—2010年)

年份	获奖名称	获奖单位及人员
2001	新疆知识产权好新闻获奖	一等奖5个 二等奖8个 三等奖18个
	新疆宣传周最佳组织奖单位	乌鲁木齐市科委 巴音郭楞蒙古自治州科委 奎屯市科委 伊犁哈萨克自治州科委 和田地区科委 哈密地区科委 新疆日报 新疆科技报
2002	新疆知识产权好新闻奖	一等奖5个 二等奖10个 三等奖15个
	新疆宣传周最佳组织奖单位	伊犁哈萨克自治州科技局 昌吉回族自治州知识产权局 乌鲁木齐市科技局 石河子市科技局 奎屯市科技局 新疆日报社 新疆经济报社
2003	新疆宣传周最佳组织奖单位	乌鲁木齐市知识产权局 昌吉回族自治州知识产权局 克拉玛依市知识产权局 伊犁哈萨克自治州知识产权局 克孜勒苏柯尔克孜自治州知识产权局 哈密地区知识产权局 吐鲁番地区知识产权局 和田地区知识产权局 新疆日报社
	全国知识产权报发行先进单位	自治区知识产权局
	全国先进通联站	
	全国先进通联站先进站长	新疆维吾尔自治区知识产权局通讯站站长 多里坤·阿吾提
	全国优秀通信员	自治区知识产权局 史治勋
2004	新疆知识产权好新闻奖	一等奖5个 二等奖10个 三等奖15个

续表

年份	获奖名称	获奖单位及人员
2004	新疆宣传周最佳组织奖单位	乌鲁木齐市知识产权局 伊犁哈萨克自治州知识产权局 博尔塔拉蒙古自治州知识产权局 巴音郭楞蒙古自治州知识产权局 塔城地区知识产权局 新疆日报社
2005	新疆知识产权好新闻奖获	一等奖5个 二等奖10个 三等奖15个
2005	新疆宣传周最佳组织奖单位	新疆经济报社 新疆日报社 昌吉回族自治州知识产权局 博尔塔拉蒙古自治州知识产权局 和田地区知识产权局
2006	新疆知识产权好新闻奖	一等奖5个 二等奖10个 三等奖20个
2006	新疆宣传周最佳组织奖单位	新疆科技报社 新疆日报社 博尔塔拉蒙古自治州知识产权局 巴音郭楞蒙古自治州知识产权局 阿克苏地区知识产权局
2007	新疆知识产权好新闻奖	一等奖5个 二等奖10个 三等奖17个
2007	新疆宣传周最佳组织奖单位	阿克苏地区知识产权局 博尔塔拉蒙古自治州知识产权局 阿勒泰地区知识产权局 新疆科技报社 新疆经济报社
2008	新疆知识产权好新闻奖	一等奖5个 二等奖10个 三等奖14个
2008	新疆宣传周最佳组织奖单位	新疆日报社 伊犁哈萨克自治州知识产权局 巴音郭楞蒙古自治州知识产权局 阿克苏地区知识产权局 吐鲁番地区知识产权局
2008	自治区知识产权局政府网站信息报送先进单位	阿克苏地区知识产权局 昌吉回族自治州知识产权局 乌鲁木齐市知识产权局

新疆知识产权(专利)三十年

续表

年份	获奖名称	获奖单位及人员
2009	自治区知识产权宣传信息工作先进集体	巴音郭楞蒙古自治州知识产权局 博尔塔拉蒙古自治州知识产权局
	自治区知识产权宣传信息工作先进个人	和田地区知识产权局 张金甫 巴音郭楞蒙古自治州知识产权局 宋永红 奎屯市知识产权局 朱江红
2010	自治区政务信息工作先进单位	昌吉回族自治州知识产权局 阿克苏地区知识产权局 伊犁哈萨克自治州知识产权局 巴音郭楞蒙古自治州知识产权局
	自治区知识产权信息工作先进个人	昌吉回族自治州知识产权局 郭冀生 阿克苏地区知识产权局 何凌 伊犁哈萨克自治州知识产权局 付彦新 巴音郭楞蒙古自治州知识产权局 宋智军 喀什地区知识产权局 帕尔哈提·艾白都拉 阿勒泰地区知识产权局 郭峰
	《〈新疆维吾尔自治区知识产权战略纲要〉发布》获2010年知识产权政务信息评选三等奖	自治区知识产权局 史治勋
2011	自治区科技政务信息工作先进单位	自治区知识产权局
	自治区科技政务信息工作先进个人	自治区知识产权局 史治勋
	2011年"社会公众知识产权认知程度调查活动"组织纪念奖	新疆维吾尔自治区知识产权局通联站
	自治区科技政务信息工作先进单位	自治区知识产权局
	自治区知识产权宣传信息工作先进集体	昌吉回族自治州知识产权局 阿克苏地区知识产权局 巴音郭楞蒙古自治州知识产权局 伊犁哈萨克自治州知识产权局 塔城地区知识产权局
	自治区知识产权宣传信息工作先进个人	昌吉回族自治州知识产权局 郭冀生 阿克苏地区知识产权局 张靖林 巴音郭楞蒙古自治州知识产权局 杨佃民 伊犁哈萨克自治州知识产权局 付彦新 塔城地区知识产权局 陈春林 哈密地区知识产权局 杨复军 喀什地区知识产权局 帕尔哈提·艾白都拉 乌鲁木齐市知识产权局 刘杰 阿勒泰地区知识产权局 范海龙

年份	获奖名称	获奖单位及人员
2011	"我与专利"征文优秀作品	一等奖4个 二等奖4个 三等奖6个
	"我与专利"征文先进集体	吐鲁番地区知识产权局 巴音郭楞蒙古自治州知识产权局 克拉玛依市知识产权局
2013	全国先进站	新疆维吾尔自治区知识产权局通讯站
	优秀站长	新疆维吾尔自治区知识产权局通讯站站长 多里坤·阿吾提
	最佳新人奖	乌鲁木齐市知识产权局 张明国
	自治区知识产权宣传信息工作先进集体	昌吉回族自治州知识产权局 巴音郭楞蒙古自治州知识产权局 伊犁哈萨克自治州知识产权局 塔城地区知识产权局 阿勒泰地区知识产权局 喀什地区知识产权局
	自治区知识产权宣传信息工作先进个人	博尔塔拉蒙古自治州知识产权局 游丽蓉 巴音郭楞蒙古自治州知识产权局 宋智军 喀什地区知识产权局 帕尔哈提·艾白都拉 阿勒泰地区知识产权局 郭峰 和田地区知识产权局 张金甫 塔城地区知识产权局 巴依尔才次克 吉木萨尔县知识产权局 林少军 奇台县知识产权局 杨桃、刘应忠
2014	自治区知识产权宣传信息工作先进集体	伊犁哈萨克自治州知识产权局 昌吉回族自治州知识产权局 巴音郭楞蒙古自治州知识产权局 吐鲁番地区知识产权局 塔城地区知识产权局 和田地区知识产权局
	自治区知识产权宣传信息工作先进个人	伊犁哈萨克自治州知识产权局 付彦新 哈密地区知识产权局 买合莫提·依不拉英 喀什地区知识产权局 帕尔哈提·艾白都拉 和田地区知识产权局 艾力·依明 阜康市知识产权局 路华 吐鲁番市知识产权局 戚海燕 鄯善县知识产权局 杨冬梅
	全国知识产权系统征文暨演讲比赛三等奖	自治区知识产权局 丁奇德
	2014年度全国优秀通联站	新疆维吾尔自治区知识产权局通联站
	全国优秀通联站优秀站长	新疆维吾尔自治区知识产权局通联站站长艾拉·吾买尔巴克

五、专利代理服务奖

30年来，新疆专利代理机构和专利代理人不断提升专利代理能力和服务水平，在努力完成专利代理本职工作的同时，还积极参加国家和自治区知识产权局组织开展的专利宣传培训、专利消零、帮扶、知识产权贯标等项活动，取得了可喜的成绩，受到了上级的表彰和奖励。

1991年10月5日，中国专利局、国家人事部联合印发《关于表彰全国专利系统先进集体和先进工作者的决定》（国专发管字〔1991〕184号），石河子市专利事务所被评为"全国专利系统先进集体"，乌鲁木齐专利事务所副所长高泉生被评为"全国专利系统先进工作者"。

1995年，石河子专利代理事务所李伯勤开发的《专利代理事务微机管理系统》获新疆生产建设兵团农八师、石河子市科技进步三等奖（名列第一）。

1998年，石河子专利代理事务所李伯勤被国家科学技术委员会、司法部评为"全国知识产权工作先进个人"。

1999年，石河子专利代理事务所被国家人事部、国家知识产权局评为全国专利系统先进集体。

2000年，石河子专利代理事务所李伯勤撰写的《实施技术创新，须加强知识产权保护》论文获西部大开发与知识产权保护研讨会优秀论文奖。

2002年，石河子专利代理事务所被国家人事部、国家知识产权局评为"全国专利系统先进集体"。

2003年，石河子专利代理事务所李伯勤等撰写的《天晨侵权，华农获赔》稿件获2003年新疆知识产权好新闻三等奖。

2008年，石河子恒智专利代理事务所所长李伯勤被中华全国专利代理人协会授予"全国专利系统重要贡献"称号。

2009年，乌鲁木齐合纵专利商标事务所被自治区知识产权局评为"2009年度新疆优秀专利代理机构"，李振中、何冰2人被自治区知识产权局评为"2009年度新疆优秀专利代理人"。

2010年，石河子恒智专利事务所所长李伯勤被国家知识产权局授予"全国专利工作和知识产权事业贡献"称号；石河子恒智专利事务所王勇被国家知识产权局授予"全国专利工作和知识产权事业贡献"称号；乌鲁木齐合纵专利商标事务所获国家知识产权局"中国专利审查信息化三大系统建设推广应用奖"；乌鲁木齐新科联专利代理事务所（有限公司）被自治区知识产权局评为"2010年度新疆优秀专利代理机构"；汤建武、李伯勤被评为"2010年度新疆优秀专利代理人"。

2011年4月13日，国家知识产权局印发《关于表彰中国专利审查三个专利信息化系统建设先进集体及先进个人的决定》（知发办字〔2011〕33号），乌鲁木齐合纵专利商标事务所被评为"2011年度中国专利审查三个专利信息化系统建设先进集体"；乌鲁木齐新科联专利代理事务所（有限公司）被自治区知识产权局评为2011年度自治区优秀专利代理机构；李伯勤、何冰被评为自治区优秀专利代理人。

2012年2月21日，自治区知识产权局印发《关于表彰2011年度自治区专利代理申请工作先进单位的通报》（新知管字〔2012〕9号），北京中恒高博知识产权代理有限公司乌鲁木齐办事处为2011年度自治区专利申请代理工作先进单位。

2012年，乌鲁木齐合纵专利商标事务所所长汤建武被中国知识产权报社评为"2012年度全国优秀专利代理人"。

2014年，乌鲁木齐合纵专利商标事务所所长汤建武被中国知识产权报社评为"2014年度三星专利代理人"。

表15-8 新疆专利代理机构和专利代理人获奖情况一览表

（1991—2014年）

年份	授奖部门	获奖项目及名称	获奖单位和个人
1991	中国专利局 国家人事部	全国专利系统先进集体	石河子专利代理事务所
		全国专利系统先进个人	乌鲁木齐专利事务所副所长 高泉生

续表

年份	授奖部门	获奖项目及名称	获奖单位和个人
1995	新疆生产建设兵团农八师、石河子市科委	《专利代理事务微机管理系统》获兵团农八师、石河子市科技进步三等奖（名列第一）	石河子专利代理事务所 李伯勤
1998	国家科学技术委员会、国家司法部	全国知识产权工作先进个人	石河子专利代理事务所 李伯勤
1999	国家人事部 国家知识产权局	全国专利系统先进集体	石河子专利代理事务所
2000	中国知识产权研究会	《实施技术创新，须加强知识产权保护》论文在西部大开发与知识产权保护研讨会获优秀论文奖	石河子专利代理事务所 李伯勤
2002	国家人事部 国家知识产权局	全国专利系统先进集体	石河子专利代理事务所
2003	自治区党委宣传部 自治区科技厅 自治区知识产权局	《天晨侵权，华农获赔》稿件获2003年新疆知识产权好新闻三等奖（与李秀共同完成）	石河子恒智专利代理事务所 李伯勤
2008	中华全国专利代理人协会	全国专利系统重要贡献	石河子恒智专利代理事务所 李伯勤
2009	自治区知识产权局	新疆优秀专利代理机构	乌鲁木齐合纵专利商标事务所
		新疆优秀专利代理人	乌鲁木齐新科联专利代理事务所（有限公司）李振中、乌鲁木齐市禾工专利代理事务所 何冰
2010	国家知识产权局	全国专利工作和知识产权事业贡献	石河子恒智专利事务所 李伯勤
		中国专利审查信息化三大系统建设推广应用奖	乌鲁木齐合纵专利商标事务所
		全国专利工作和知识产权事业贡献	石河子恒智专利事务所 王勇
	自治区知识产权局	新疆优秀专利代理机构	乌鲁木齐新科联专利代理事务所（有限公司）
		新疆优秀专利代理人	乌鲁木齐合纵专利商标代理事务所汤建武、石河子恒智专利事务所李伯勤
2011	国家知识产权局	中国专利审查三个专利信息化系统建设先进集体	乌鲁木齐合纵专利商标事务所
	自治区知识产权局	新疆优秀专利代理人	石河子恒智专利事务所李伯勤、乌鲁木齐市禾工专利代理事务所 何冰
		新疆优秀专利代理机构	乌鲁木齐新科联专利代理事务所（有限公司）
	自治区知识产权局	2011年度自治区专利代理申请工作先进单位	北京中恒高博知识产权代理有限公司乌鲁木齐办事处

续表

年份	授奖部门	获奖项目及名称	获奖单位和个人
2012	中国知识产权报社	全国优秀专利代理人	乌鲁木齐合纵专利商标事务所 汤建武
2014	中国知识产权报社	2014年度三星专利代理人	乌鲁木齐合纵专利商标事务所 汤建武

第二节 专 利 奖

建立专利奖励制度和激励机制，组织开展专利奖励活动，是专利管理工作的重要内容，是运用专利制度激励功能提升专利创造、运用、保护、管理能力的有效手段。

本节由自治区设立实施的"新疆维吾尔自治区专利奖"和新疆获得的"中国专利奖"两个内容组成。

一、新疆专利奖工作概况

自1985年建立实施专利制度以来，自治区的专利奖励工作经历了三个阶段。

第一个阶段（1996—2000年）新疆专利奖励工作起步阶段。

为激励发明创造，促进专利实施转化，1996年3月，自治区专利管理部门克服经费不足等困难，协调自治区科委、人事厅、总工会，以自治区发明协会的名义在全区组织开展了首届"新疆维吾尔自治区优秀发明家和实施专利技术企业家"评选奖励活动。3月27日，自治区人民政府召开颁奖大会，对5名优秀发明家，36名优秀发明者，16名优秀发明与专利企业家，7名优秀实施发明与专利企业家进行了奖励。

为规范"新疆维吾尔自治区优秀发明家和实施专利技术企业家"奖评审活动，1997年5月7日，自治区人民政府制定出台了《新疆维吾尔自治区奖励"优秀发明创造专利技术开发者"暂行办法》（新政办〔1997〕59号）。1999年3月，按照（新政办〔1997〕59号）的规定，在全区组织开展了自治区第二届优秀发明创造、专利技术开发者评奖活动，并于3月23日，自治区人民政府召开奖励颁奖大会。此次奖励活动，共评出优秀发明创造者一等奖2名、二等奖5名、三等奖11名、优秀专利技术开发者一等奖2名。

第二个阶段（2001-2010年）为新疆专利奖评审停止阶段。

由于缺乏奖励经费保障机制，以及（新政办〔1997〕59号）文件失效等原因，"优秀发明创造者"和"优秀专利技术开发者"评选表彰活动在2001—2007年一度停止。从2007年起，自治区知识产权局就通过多种努力恢复（新政办〔1997〕59号）的实效，但由于种种原因直到2010年仍没有实现。

第三个阶段（2011—2014年）为新疆专利奖恢复实施阶段。

2011年3月，在（新政办〔1997〕59号）没有恢复实效的情况下，由自治区知识产权局自筹近35万元奖励资金，以自治区发明协会的名义在全区组织开展了"十一五"期间"优秀发明创造者"和"优秀专利技术开发者"评选表彰活动。经过评审，获得自治区"优秀发明创造者"和"优秀专利技术开发者"荣誉称号的企业管理人员和技术人员共42名。

2012年2月，自治区发明协会组织开展了2011年度新疆专利奖获得者（优秀发明创造者）评选活动。经过由下而上推荐、专家评审，共评出特等奖1名、一等奖5名、二等奖10名。2月21日，自治区发明协会印发《关于表彰2011年度新疆专利奖获得者（优秀发明创造者）的通报》（新发协字〔2012〕2号），对2011年度新疆专利奖获得者（优秀发明创造者）通报表彰。与此同时，自治区知识产权局积极与自治区评比达标表彰工作协调小组协调，积极推进（新政办〔1997〕59号）的恢复工作。

2013年自治区评比达标表彰工作协调小组同意将"新疆维吾尔自治区优秀发明创造和专利技术开发者评选表彰项目"变更为新疆维吾尔自治区专利奖（简称"新疆专利奖"），并向全国评比达标表彰工作协调小组提出请示。自治区知识产权局协调相关部门成立2012年度"新疆专利奖评奖委员会"，制定《2012年度新疆专利奖评奖办法》，协调自治区财政设立了新疆专利奖励专项资金，在全区组织开展了2012年度新疆专利奖评奖活动。经过由下而上申报、专家评审、实地调研、综合评审和报请自治区人民政府审核批准，评出2012年度新疆专利奖37项，其中一等奖7项、二等奖10项、三等奖20项。

2014年3月11日，全国评比达标表彰工作协调小组印发"国评组函〔2014〕32号"函，同意将"新疆维吾尔自治区优秀发明创造和专利技术开发者评选表彰项目"变更为"新疆专利奖"。3月31日，自治区人民政府办公厅印发《关于表彰2012年度自治区专利奖获奖项目的通报》（新政办发〔2014〕39号）。

2015年2月27日，自治区人民政府在乌鲁木齐市召开2012年度"新疆专利奖"颁奖大会，对获2012年度自治区专利奖项目进行表彰奖励。

二、新疆专利奖工作的组织与实施

（一）建立专利奖评审组织

2013年1月15日，根据《新疆维吾尔自治区奖励优秀发明创造者和专利技术开发者暂行办法》（新政办〔1997〕59号）和《2012年新疆维吾尔自治区专利奖评选暂行办法》有关规定和部门推荐，由自治区人民政府办公厅、科学技术厅、经济和信息化委员会、人力资源和社会保障厅、财政厅、知识产权局、总工会、发明协会和科学技术协会等单位组成2012年新疆维吾尔自治区专利奖评审委员会。

新疆专利奖评审委员会由主任1人、常务副主任1人、副主任7人和委员8人组成。

表15-9 新疆维吾尔自治区专利奖评审委员会成员名单

姓名	工作单位及职务
靳诺	自治区副主席
刘华	自治区人民政府办公厅副秘书长
陈旗	自治区科技厅副厅长
朱立	自治区经济和信息化委员会副主任
文学	自治区人力资源和社会保障厅副厅长
马庆云	自治区知识产权局局长
包振洋	自治区财政厅副巡视员
史志昌	自治区总工会副主席
魏生贵	自治区科学技术协会副主席
道然·加马勒	自治区人民政府办公厅秘书七处处长
张振龙	自治区人民政府办公厅秘书七处秘书
杨易承	自治区科学技术厅高新处处长
王耘歌	自治区人力资源和社会保障厅专业技术处处长
丁兴本	自治区经济和信息化委员会技术装备处处长
李晓斌	自治区财政厅经建处副处长
杨伟峰	自治区总工会经济技术部副部长
薛卫东	自治区知识产权局管理实施处处长兼新疆发明协会秘书长

（二）组织开展专利奖评选奖励活动

1.新疆维吾尔自治区首届"优秀发明创造者、优秀专利技术开发者和优秀实施发明与专利企业家"评选活动

1996年3月，经由下而上的推荐、专家评审和自治区人民政府批准，叶良才等5人获优秀发明家称号，董兆德等36人被评为优秀发明者，叶邦华等16人被评为优秀发明与专利企业家，刘伯强等7人被评为优秀实施发明与专利企业家，其名单如下：

自治区优秀发明家名单：叶良才、秦阳、李岭群、张祥德、余经炎。

自治区优秀发明工作者名单：董兆德、程树华、陈仁贵、马国栋、刘庆华、朱京琳、刘家驹、武继礼、黄子蔚、罗四海、杨建湘、颜可根、张茂建、张建华、孙殿甲、黎克芬、孙燕、张树信、关桂兰、郑炎甫、潘仁杰、毕可显、朱兵、刘大雄、李春杰、张洪生、贺大炳、邵家骏、热西提·江色热克、别肉孜·木沙、杨青山、张小勇、梁肇基、许树谦、巴吐尔·达尼、陈振生。

自治区优秀发明与专利企业家名单：叶邦华、王玉水、姜震、王能勇、王力、郑明禹、陶亮、石文利、马达、周绪国、黄磊、常永福、卫时俊、马明銮、甫拉提·玉素甫、袁宗顺。

自治区优秀实施发明与专利企业家名单：刘伯强、张基德、卢春生、周新国、苏尚锋、许邵群、唐任宏。

2.新疆维吾尔自治区第二届"优秀发明创造者和优秀专利技术开发者"评选活动

1999年3月，经由下而上的推荐、专家评审和自治区人民政府批准刘庆华等2人获自治区"优秀发明创造者和优秀专利技术开发者"一等奖，彭顺龙等5人获二等奖，徐克新等10名获三等奖。

表15-10　新疆维吾尔自治区第二届"优秀发明创造者和优秀专利技术开发者"获奖人员名单

奖项名称	奖励等次	获奖者姓名	获奖者工作单位及职务、职称
优秀发明创造者和优秀专利技术开发者	一等奖	刘庆华	新疆药物研究所所长
		丁丛礼	新疆西域红斑狼疮研究所所长
	二等奖	彭顺龙	新疆石油局采油工艺研究所高级工程师
		冯明昭	中国科学院新疆化学研究所研究员
		刘国华	塔里木石油勘探开发指挥部副总工程师
		王长宁	新疆联合收割机集团公司高级工程师
		陈长明	新疆生产建设兵团农一师农业科学研究所副研究员
	三等奖	徐克新	新疆机械电子技校实习工程师
		赵兵	新疆畜牧科学研究院兽医研究所高级工程师
		杨俊鹏	新疆军区总医院主任医师
		马凤云	新疆工学院化学系副教授
		罗仁全	新疆第三机床厂副厂长
		苏志刚	新疆石河子二轻局高级工程师
		周卫华	新疆机械研究所所长
		单汝亮	乌鲁木齐铁路局科学研究所所长
		沈志强	库尔勒市勒南强责任公司董事长
		张志远	新疆伊犁师范学院

3.新疆维吾尔自治区第三届"优秀发明创造者和优秀专利技术开发者"评选活动

2011年3月，新疆维吾尔自治区发明协会印发《关于在全区组织开展"优秀发明创造者"和"优秀专利技术开发者"评选活的通知》，在全区组织开展了"十一五"期间"优秀发明创造者"和"优秀专利技术开发者"评选活动。经过由下而上推荐、专家评审，共评出新疆维吾尔自治区"优秀发明创造者"和"优秀专利技术开发者"的人员42名。

表15-11　新疆维吾尔自治区第三届"优秀发明创造者和
优秀专利技术开发者"获奖人员名单

获奖名称	奖励等次	获奖人姓名	获奖人单位
优秀发明创造者	一等奖	王健	新疆特变电工股份有限公司
		蔡新国	新疆国统管道股份有限公司
		熊元君	新疆中药民族药研究所

获奖名称	奖励等次	获奖人姓名	获奖人单位
优秀发明创造者	二等奖	马明銮	石河子华农种子机械制造有限公司
		王吉奎	石河子大学机械电子气工程学院
		田文广	克拉玛依广陆有限公司
		陈森	新疆未来型材有限公司
		倪红霞	克拉玛依市奥泽工贸有限公司
		漆涛	神华新疆能源有限责任公司
	三等奖	马俊	新疆马俊金属制品有限公司
		王永刚	新疆蓝山屯河聚酯有限公司
		孔利明	宝钢集团八一钢铁股份有限公司轧钢厂棒线分厂
		占财兴	爱思特专利转让服务有限责任公司
		张红田	新疆八钢金属制品有限公司
		张春辉	宝钢集团八钢股份有限公司
		张朝书	阿克苏精准农机制造有限责任公司
		陈其钢	新疆中亚食品研发中心（有限公司）
		杨永顺	博州万力科技开发有限责任公司
		范世峰	新疆坎儿井灌溉技术有限责任公司
		周晓明	新能钢结构有限责任公司
优秀专利技术开发者	一等奖	于向阳	新疆绿色使者空气环境技术公司
		李浩	国投新疆罗布泊钾盐有限责任公司
		郭庆人	新疆天业（集团）有限公司
	二等奖	于胜存	新疆第三机床厂
		孙文成	新疆三叶管道技术有限责任公司
		范建军	乌苏市北方新科有限公司
		顾政一	新疆西部加斯特药业有限公司
		袁新生	中石油新疆油田公司采油工艺研究院
		崔付德	新疆利农机械制造有限责任公司
		谢斌	新疆油田公司采油工艺研究院
		戴伟	乌鲁木齐希望电子有限公司
	三等奖	于江波	阿勒泰公路总段北屯公路段
		王松涛	库尔勒中发自控工程技术有限公司
		冯跃平	宝钢集团新疆八一钢铁有限公司
		张琥	光正钢结构股份有限公司
		张友新	新疆天业集团有限公司
		张巨煌	新疆旭日环保股份有限公司
		张耀峰	新疆中石油管业工程有限公司
		时敬龙	新疆华易石油工程技术有限公司
		洪涛	新疆众和股份有限公司
		黄晓东	新疆油田公司采油工艺研究院
		蒋文君	新疆蓝山屯河型材有限公司

新疆知识产权(专利)三十年

4.第四届"新疆专利奖(优秀发明创造者)"评选活动

2012年2月1日,新疆维吾尔自治区发明协会印发《关于组织开展2011年新疆专利奖(优秀发明创造者)评选活动的通知》(新发协〔2012〕1号),在全区组织开展推选了新疆专利奖"优秀发明创造者"评选活动。经由下而上的推荐、专家评审及社会公示,最后评选出2011年度新疆维吾尔自治区专利奖(优秀发明创造者)获奖人员16名,其中特等奖1名、一等奖2名,二等奖10名。2月21日,自治区发明协会印发《关于表彰2011年度新疆专利奖获得者(优秀发明创造者)的通报》(新发协字〔2012〕2号),对2011年度新疆专利奖获得者(优秀发明创造者)通报表彰奖励,特等奖奖励5万元,一等奖每项奖励2万元,二等奖每项奖励1万元。

表15-12 第四届"新疆维吾尔自治区专利奖(优秀发明创造者)"获奖人员名单
(2011年度)

奖励等级	专利号	专利名称	专利权人	发明人	获奖者
特等奖 (1名)	200820209675.7	一种大功率永磁同步电机	北京金风科创风电设备有限公司	武钢、崔新维、赵祥、张世福	武钢
一等奖 (5名)	200810179365.X	一种铁路牵引变压器的器身结构	新疆特变电工股份有限公司	高德满、孙建新、徐寨新	孙建新
	200710169613.8	水稻直播膜下滴灌旱作栽培方法	新疆天业(集团)有限公司、石河子中亚干旱农业环境研究所	郭庆人、李治远、王培武	郭庆人
	200710180034.3	酸黄瓜罐头生产方法	新疆中亚食品研发中心(有限公司)	陈其钢	陈其钢
	201010195798.1	一种多晶硅生产中汽化尾气中氯化氢的方法及其装置	特变电工新疆硅业有限公司	陈朝霞	陈朝霞
	200810132287.8	一种以芦苇为原料制备纸浆板的方法	新疆博湖苇业股份有限公司	徐林、刘玉栋、李红菊	徐林
二等奖 (10名)	201020187677.8	有轨省料家禽喂料机	董昆书、熊良超	董昆书、熊良超	董昆书
	201020110813.3	马鞍式焊接设备焊枪升降摆动装置	新疆威奥科技股份有限公司	薛瑞雷	薛瑞雷
	200910300615.5	抗棉花枯黄萎病土壤修复剂及其制备方法	新疆汇通旱地龙腐殖酸有限责任公司	刘广成、罗勇、张伟、徐万里、葛春辉	刘广成
	201120045373.2	海绵铁隧道窑卸料吸灰装置	鄯善华恒实业有限责任公司	段正勇、刘荣幸、季军	季军
	201020564164.4	剖分式固体粉尘机械轴封系统	新疆乌苏市北方新科有限公司	周华锋、刘立进、朱烨斌、左泽军、严荣波、柳浩、王义虎、贺方斌、刘凯、王向东、周广民、杨华春	周华锋
	201020221191.1	内镶式圆柱滴灌管专用双工位打孔机	新疆泓科节水设备制造有限公司	丁苏疆	丁苏疆

续表

奖励等级	专利号	专利名称	专利权人	发明人	获奖者
二等奖 （10名）	201120033913.5	一种风能光能发电系统	乌鲁木齐希望电子有限公司	戴伟	戴伟
	201020630542.4	旋流液体除污器	新疆旭日环保股份有限公司	张巨煌、何建生	何建生
	201020241527.0	一种光伏逆变器用安装柜	特变电工新疆新能源股份有限公司	刘伟增、陈若奇、梁欢迎	刘伟增
	201120231724.9	撬装式聚合物干粉溶解熟化工艺装置	新疆科力新技术发展有限公司	赵波	赵波

5.首届"新疆专利奖"评选活动

2012年12月8日，自治区知识产权局印发通知，在全区组织开展了2012年度首届"新疆维吾尔自治区专利奖"评选活动。经过由下而上申报、专家评审、实地调研、综合评审和自治区人民政府审核批准，共评出2012年度首届"新疆专利奖"37项。2014年3月31日，自治区人民政府办公厅印发《关于表彰2012年度自治区专利奖获奖项目的通报》（新政办发〔2014〕39号）。2015年2月27日，自治区人民政府在乌鲁木齐市召开"2012年度首届'新疆专利奖'颁奖大会"，对获奖项目进行了表彰奖励。对获得2012年首届"新疆专利奖"一等奖的项目每项奖励5万元、二等奖每项奖励1万元、三等奖每项奖励5000元。

表15-13　首届新疆维吾尔自治区专利奖获奖项目名单

（2012年度）

（一）"新疆专利奖"一等奖项目名单

序号	专利名称	专利号	完成单位	主要发明人	推荐部门
1	用含钾硫酸镁亚型卤水制取硫酸钾的方法	ZL02143641.X	国投新疆罗布泊钾盐有限责任公司、化工部长沙设计研究院	李浩、唐中凡、尹新斌、雷光元、汤建良、贺其华	哈密地区行政公署
2	一种电抗器线圈的出线装置及含有该出线装置的铁心电抗器	ZL200710138790.X	新疆特变电工股份有限公司	任玉民、孟杰、孙树波、罗青林	昌吉回族自治州人民政府
3	辣椒采摘器	ZL201010045515.5	新疆机械研究院股份有限公司	周卫华、孙国生、靳范、尹建江、罗军、王玲	乌鲁木齐市人民政府
4	一种并网逆变器及其交流输出滤波方法	ZL201010553722.1	特变电工新疆新能源股份有限公司、特变电工西安电气科技有限公司	刘伟增、张新涛、阮少华	乌鲁木齐市人民政府
5	一种乳清营养酒的制备方法	ZL200910071399.1	新疆瑞源乳业有限公司	陈成、于瑞红、程涛、韩建春	巴音郭楞蒙古自治州人民政府
6	间接蒸发冷水机组和传统机械制冷机组复合的空调系统	ZL201010577006.7	新疆绿色使者空气环境技术有限公司	于向阳	乌鲁木齐市人民政府

续表

序号	专利名称	专利号	完成单位	主要发明人	推荐部门
7	一种风力发电机	ZL201010605123.X	新疆金风科技股份有限公司	庞云亭、王菲菲、张黎杰、杜志伟	乌鲁木齐市人民政府

(二)"新疆专利奖"二等奖项目名单

序号	专利名称	专利号	完成单位	主要发明人	推荐部门
1	高干度油田注汽锅炉和高干度蒸汽生产方法	ZL200810304134.7	新疆石油管理局工程技术公司	周建平、贡军民、郝卫国	克拉玛依市人民政府
2	一种提高含砷金银贵液置换回收率的方法	ZL200910017613.5	新疆星塔矿业有限公司	李学强、崔秋华、毕凤琳、冯金敏、路良山、李雪林	塔城地区行政公署
3	一种逐点刻度电成像资料计算视地层水电阻率谱及参数的方法	ZL201010522233.X	中国石油天然气股份有限公司塔里木油田分公司	肖承文、刘瑞林、杨海军、李宁、刘兴礼、张承森、吴兴能、冯周信毅、郭秀丽	中国石油天然气股份有限公司塔里木油田分公司
4	一种从红花中提取精制黄色素的方法	ZL200910113223.8	新疆宏展特色农业科技开发有限公司	王来忠	塔城地区行政公署
5	蜡油非临氢降凝生产工艺	ZL200910137090.8	新疆现代石油化工股份有限公司	刘锦升、胡建和、李建伟、王新龙、包继敏	乌鲁木齐市人民政府
6	籽用瓜捡拾脱籽联合作业机	ZL200720183527.8	新疆农业科学院农业机械化研究所	王学农、陈发、牛长河、蒋永新、张佳喜、王庆惠	新疆农业科学院
7	耐低压聚对苯二甲酸乙二醇酯树脂及其生产方法	ZL200610200671.8	新疆蓝山屯河聚酯有限公司	潘哆吉、王永刚、徐东、郭志诚	昌吉回族自治州人民政府
8	田间膜片扎收清理机	ZL201010243778.7	阿克苏精准农机制造有限责任公司	张朝书、郭笑非	阿克苏地区行政公署
9	棉种加工酸溶液处理设备	ZL200910113375.8	石河子市华农种子机械制造有限公司	马明銮、马仁杰	石河子市人民政府
10	温室保温被流水生产工艺	ZL201010216275.0	新疆磐基实业有限公司	张永飞	乌鲁木齐市人民政府

(三)"新疆专利奖"三等奖项目名单

序号	专利名称	专利号	完成单位	主要发明人	推荐部门
1	欠平衡井下套管阀	ZL200420050321.4	西部钻探工程有限公司	高本文、李晓军、侯玉琦、宋朝晖	克拉玛依市人民政府

续表

序号	专利名称	专利号	完成单位	主要发明人	推荐部门
2	自走式秸秆收割揉搓粉碎打捆裹包机	ZL201120283878.2	新疆中收农牧机械公司	丁健、依马木玉、安向旗	乌鲁木齐市人民政府
3	大流道偏心反馈泵	ZL201130223207.2	克拉玛依胜利高原机械有限公司	吕向升、刘晓、吕俊峰	克拉玛依市人民政府
4	寒冷地区沼气池增保温方法	ZL200810072878.0	新疆西域牧歌农业科技有限公司	刘军林	石河子市人民政府
5	红花醋口服液及其制备方法	ZL200710181404.5	新疆庄子实业有限公司	庄彦斌、绪建荣	昌吉回族自治州人民政府
6	核桃玛仁糖及其制作方法	ZL200810072937.4	新疆阿布丹食品开发有限公司	刘帅	和田地区行政公署
7	垂吊反喷式喷头	ZL200920140328.8	博尔塔拉蒙古自治州兴旺科技有限责任公司	许兴旺	博尔塔拉蒙古自治州人民政府
8	双磁体磁力密封器	ZL200410002357.X	乌鲁木齐磁封节能环保科技有限公司	刘新峰	乌鲁木齐市人民政府
9	组合书柜（90-0023）	ZL200830143369.3	美克美家家具连锁有限公司	冯东明	乌鲁木齐市人民政府
10	三相异步电动机相控智能节电控制器	ZL200820178669.X	新疆希望电子有限公司	戴伟	乌鲁木齐市人民政府
11	天然红枣加工处理方法	ZL201010195444.7	石河子开发区神内食品有限公司；新疆生产建设兵团特色果蔬研究工程中心（有限公司）	程卫东、李琳、代绍娟、李娟	石河子市人民政府
12	棉种脱绒酸搅拌烘干一体机	ZL201010254214.3	石河子开发区天佐种子机械有限责任公司	王国峰、王天佐	石河子市人民政府
13	聚氯乙烯用单组分水性紫外光防护涂层材料及其制备方法	ZL201010135043.2	新疆蓝山屯河型材有限公司；四川大学；新疆豪普塑料有限公司	皮红、蒋文君、张军、王廷举叶先科、郭少云；	昌吉回族自治州人民政府
14	大轴径集装式焊接金属波纹管迷宫组合密封装置	ZL200820228843.7	新疆乌苏市北方新科有限公司	刘龙毅、周广民、柳浩、潘鹏、李鹏程、刘立进、周华锋	塔城地区行政公署
15	石棉尾矿综合利用的方法	ZL201010045522.5	新疆蓝天伟业科技开发有限公司	杨刚	吐鲁番地区行政公署
16	一种棉秆微生物肥料的生产方法	ZL200810072936.X	新疆山川秀丽生物有限公司	唐天成、吴祖银、王晓桦、张亚平、徐佩妍、李恒	乌鲁木齐市人民政府

续表

序号	专利名称	专利号	完成单位	主要发明人	推荐部门
17	睡袋	ZL201120365026.8	新疆哈巴河县雅居床服有限责任公司	李玉梅	阿勒泰地区行政公署
18	一种风化煤生物有机肥及其生产方法	ZL201010251249.1	新疆天海腾惠科技股份有限公司	李志民、袁红莉	阿克苏地区行政公署
19	调味品的图标（330克番茄沙司）	ZL201230062561.6	新疆中亚食品研发中心（有限公司）	孙莉	乌鲁木齐市人民政府
20	岩石膨化硝铵炸药专用添加剂及其炸药和生产方法	ZL201010170153.2	新疆雪峰科技（集团）股份有限公司	李长青、王剑、谭浩波、陈福林、李维国	自治区国资委

三、新疆获中国专利奖情况

1989年，中国专利局设立"中国专利奖"，每两年评选一次。

自1989年设立中国专利奖以来，自治区知识产权（专利）管理部门就积极开展中国专利奖申报推荐活动。据对国家知识产权局网站数据库检索和自治区专利文献记载，截至2014年12月，新疆获中国专利优秀奖累计达到27项。

1993年，新疆石河子植保机械厂的"一种多功能悬挂式喷雾器"专利获第三届中国专利优秀奖。

1995年9月，新疆农业科学院园艺作物研究所的"葡萄促干剂及其制备方法"获第四届中国专利优秀奖；乌鲁木齐市地毯总厂的"礼拜毯"外观设计专利获第四届中国外观设计专利优秀奖。

1999年5月，乌鲁木齐电熔爆技术研究所的"电熔爆技术"专利和新疆奥斯曼生物科技有限公司的"奥斯曼生眉笔"专利获第六届中国专利优秀奖。

2000年12月14日，根据国家知识产权局印发的《关于授予中国专利金奖和中国专利优秀奖的决定》（国知发办字〔2000〕第5号），由自治区专利管理局推荐的新疆药物研究所申请的"菘蓝眼部化妆品及其制备方法"（专利号：92114808.9）获中国专利优秀奖。

2001年12月，新疆众合股份有限公司的"高压电解电容器铝箔的高效冷轧生产工艺"和第三机床厂的"游梁平衡调径变矩节能抽油机"专利获第七届中国专利优秀奖。

2008年1月3日，新疆众和股份有限公司的"中、高电子铝箔成品在真空炉中的退火方法"专利获第十届中国专利优秀奖。

2009年12月29日，新疆金风科技股份有限公司的"风力发电机组解缆方法"获得第十一届中国专利优秀奖。

2010年11月29日，清华大学、新疆绿色使者空气环境技术有限公司的"一种基于间接蒸发冷却技术的空调系统"专利获第十二届中国专利优秀奖。

2011年11月22日，北京金风科创风电设备有限公司的《一种大功率永磁同步电机》和新疆天业节水灌溉股份有限公司申报的"纳米材料改性滴灌带"专利获第十三届中国专利优秀奖。

2012年11月15日，新疆美克美家家具连锁有限公司的"组合书柜（90-0023）"获第十四届中国外观设计专利优秀奖；新疆天业（集团）有限公司和新疆天源滴灌水稻研究院的"水稻直播膜下滴灌旱作栽培方法"、特变电工的"一种铁路牵引变压器的器身结构"、新疆石油管理局采油工艺研究院的"同心管射流清砂器"、乌鲁木齐希望电子有限公司的"三相异步电动机相控智能节电控制器"4件专利获第十四届中国专利优秀奖。

2013年10月29日，北京天诚同创电气有限公司的"一种风力发电机"、新疆福克油品股份有限公司的"废润滑油的再生加工装置"、于向阳的"间接蒸发冷水机组和传统机械制冷机组复合的空调系统"、新疆星塔矿业有限公司的"含砷锑金精矿预处理除锑装置"、新特能源股份有限公司的"一种多晶硅生产中还原尾气热能回收利用的方法和装置"、新疆兵团现代绿色氯碱化工工程研究中心（有限公司）和新疆天业（集团）有限公司的"乙炔氢氯化固汞催化剂"6件专利获第十五届中国专利优秀奖。

2014年11月6日，特变电工新疆新能源股份有限公司的"一种并网逆变器及其交流输出滤波方法"，特变电工的"一种变压器的试验方法"和四川大学、新疆蓝山屯河型材有限公司、新疆豪普塑胶有限公司的"聚氯乙烯用单组分水性紫外光防护涂层材料及其制备方法"专利获第十六届中国专利优秀奖。

表15-14　新疆获中国专利优秀奖单位及专利名称

获奖名称	序号	获奖单位	获奖项目	备注
第三届中国专利优秀奖	1	新疆石河子植保机械厂	一种多功能悬挂式喷雾器	1—7项国知局数据库未记载
第四届中国专利优秀奖	2	新疆农科院园艺作物研究所	葡萄促干剂及其生产使用方法	
第四届中国外观设计优秀奖	3	乌鲁木齐市地毯总厂	提花拜毯	
第六届中国外观设计优秀奖	4	乌鲁木齐电熔爆技术研究所	电熔爆技术	
	5	新疆奥斯曼生物科技有限公司	奥斯曼生眉笔	
第七届中国专利优秀奖	6	新疆众合股份有限公司	高压电解电容器铝箔的高效冷轧生产工艺	
	7	第三机床厂	游梁平衡调径变矩节能抽油机	
中国专利优秀奖	8	新疆药物研究所	菘蓝眼部化妆品及其制备方法	2000年12月4日国知发办字〔2000〕第5号
第十届中国专利优秀奖	9	新疆众和股份有限公司	中、高电子铝箔成品在真空炉中的退火方法	
第十一届中国专利优秀奖	10	新疆金风科技股份有限公司	风力发电机组解缆方法	
第十二届中国专利优秀奖	11	清华大学、新疆绿色使者空气环境技术有限公司	一种基于间接蒸发冷却技术的空调系统	
第十三届中国专利优秀奖	12	北京金风科创风电设备有限公司	一种大功率永磁同步电机	
	13	新疆天业节水灌溉股份有限公司	纳米材料改性滴灌带	
第十四届中国外观设计优秀奖	14	美克美家家具连锁有限公司	组合书柜（90-0023）	
第十四届中国专利优秀奖	15	新疆天业（集团）有限公司、新疆天源滴灌水稻研究院	水稻直播膜下滴灌旱作栽培方法	
	16	新疆特变电工股份有限公司	一种铁路牵引变压器的器身结构	
	17	新疆石油管理局采油工艺研究院	同心管射流清砂器	
	18	乌鲁木齐希望电子有限公司	三相异步电动机相控智能节电控制器	

获奖名称	序号	获奖单位	获奖项目	备注
第十五届中国专利优秀奖	19	北京天诚同创电气有限公司	一种风力发电机	
	20	新疆福克油品股份有限公司	废润滑油的再生加工装置	
	21	于向阳	间接蒸发冷水机组和传统机械制冷机组复合的空调系统	
	22	新疆星塔矿业有限公司	含砷锑金精矿预处理除锑装置	
	23	新特能源股份有限公司	一种多晶硅生产中还原尾气热能回收利用的方法和装置	
	24	新疆生产建设兵团现代绿色氯碱化工工程研究中心(有限公司)、新疆天业(集团)有限公司	乙炔氢氯化固汞催化剂	
第十六届中国专利优秀奖	25	特变电工新疆新能源股份有限公司、特变电工西安电气科技有限公司	一种并网逆变器及其交流输出滤波方法	
	26	特变电工股份有限公司	一种变压器的试验方法	
	27	新四川大学、新疆蓝山屯河型材有限公司、新疆豪普塑胶有限公司	聚氯乙烯用单组分水性紫外光防护涂层材料及其制备方法	

四、企事业单位专利奖工作

我国的专利法实施细则规定:"被授予专利权的国有企事业单位应当自专利权公告之日起3个月内发该发明人或者设计人奖金。一项发明专利的奖金最低不少于2000元;一项实用新型专利或者外观设计专利的奖金最低不少于500元"。"实施发明创造专利后,每年应当从实施该项发明或者实用新型专利所得利润纳税后提取的低于2%或者从实施该项外观设计专利所得利润纳税后提取不低于0.2%,作为报酬支付给发明人或者设计人"。独山子石油化工总厂在修订的《专利管理办法》中,将原先规定的职务发明专利在授权后的奖励标准由800元提高到2000元;将实用新型专利的奖励标准由300元提高到1000元,同时规定,将外观设计专利的奖励标准定为500元。实施的专利在取得经济效益后,每年都从税后利润中提取2%,销售专利产品后,从税后利润中提取20%作为酬金。中国科学院新疆分院为落实"一奖两酬"规定,制定了《科学分院关于专利管理工作的补充规定》。按照该规定,研究所许可他人实施所取得的经济效益,扣除利税后,可提成15%—20%作为酬金发给发明人或设计人。本单位实施取得的经济效益,扣除利税后,个人提成不少15%。这些规定的落实,极大地调动了科研人员的创新积极性,专利申请量逐年增加,专利的实施和转化速度加快,1995年新疆分院专利申请仅有5件,1996年为22件,1997年31件,1998年32件,2003年46件。

1993年6月24日,石河子八一糖厂给"方糖包装机"发明人奖金3000元,并在专利有效期内每年从实施专利所得利润纳税后提取1.5%的酬金给发明人。

2000年,新疆奥斯曼化妆品有限公司,在股份制改造中,根据职务发明人的贡献,给予相应的报酬和股份权益。他们将"奥斯曼生眉笔"系列专利技术评估作价为300万元以股份的形式入股,其中70%的股权分配给该项专利的6位发明人,从而使发明人受到很大鼓舞,激发其开发新技术新产品研发的动力,2000年又开发出新产品22个。

2005年3月5日,在昌吉市2010年经济工作会议上,昌吉市政府对获得2009年度专利成果转化及优秀专利等企业和专利权人进行了奖励,奖励金额50万元。

五、学生发明创造奖励活动

（一）新疆大中专学生发明创造奖励活动

2010年4月，自治区知识产权局、教育厅联合组织开展了"首届新疆优秀大学生发明创造专利获得者"推选表彰活动。经8所高校推荐和专家评审，有9名大学生获得"首届新疆优秀大学生发明创造专利获得者"称号，受到表彰奖励。

2011年4月，自治区知识产权局、教育厅联合组织开展了"第二届新疆优秀大学生发明创造专利获得者"推选表彰活动。经9所高校推荐和专家评审，新疆大学的陈鹏飞等10名大学生获得"第二届新疆优秀大学生发明创造专利获得者"称号，受到表彰奖励。

2012年4月，自治区知识产权局、教育厅和新疆生产建设兵团知识产权局及教育局在新疆大学生中联合组织开展了"第三届新疆优秀大学生发明创造专利获得者"推选表彰活动。新疆大学的古丽祖热·佐努尼等7名大学生获得"第三届新疆优秀大学生发明创造专利获得者"称号，受到表彰奖励。

2013年4月，自治区知识产权局、教育厅和新疆生产建设兵团知识产权局及教育局在新疆大学生中联合组织开展了"第四届新疆优秀大学生发明创造专利获得者"推选表彰活动。石河子大学的王升等18名同学获得"第四届新疆优秀大学生发明创造专利获得者"称号，受到表彰奖励。

2014年4月25日，自治区知识产权局、教育厅和新疆生产建设兵团知识产权局及教育局在新疆大学生中联合组织开展了"第五届新疆优秀大学生发明创造专利获得者"推选表彰活动。石河子大学的许超等17位同学获得"第五届新疆优秀大学生发明创造专利获得者"称号，受到通报表彰奖励。

表15-15 "新疆优秀大学生发明创造专利获得者"名单

（2010—2014年）

年份	获奖名称	获奖等级	获奖大学生姓名	所在大学
2010	2010年度"新疆优秀大学生发明创造专利获得者"	一等奖	木尼尔厅·买卖提名	塔里木大学
		二等奖	祁世雄	新疆工业高等专科学院
			江玉	
		三等奖	朱文彪	
			张海彪	石河子大学
			王鲁香	新疆大学
		优秀奖	安红磊	石河子大学
			斯马伊力·克热木	新疆大学
			郝明明	
2011	2011年度"新疆优秀大学生发明创造专利获得者"	三等奖	陈鹏飞、曹亚丽	新疆大学
			姚贺盛	
			阿明古丽·赛提艾合买提	新疆工业高等专科学院
		三等奖	郝明明	新疆大学
			卡力比努尔·阿力普	昌吉工学院
		优秀奖	李肖枝	新疆工业高等专科学院
			杨东	
			伊力哈木江·巴图尔	新疆农业大学
			艾力江·如苏力	

年份	获奖名称	获奖等级	获奖大学生姓名	所在大学
2012	2012年度"新疆优秀大学生发明创造专利获得者"	一等奖	古丽祖热·佐努尼	新疆大学
		二等奖	杨林钰	
			邹华	
			李诚志	
			如则·艾合麦提	新疆农业大学
			黄培龙	石河子大学
		三等奖	刘蒙	新疆工业高等专科学院
2013	2013年度"新疆优秀大学生发明创造专利获得者"	一等奖	王升	石河子大学
			唐馨	新疆大学
			陈小龙	
		二等奖	孙雨	石河子大学
			李卫民	
			刘景梅	新疆大学
			范少丽	
			张瑶	塔里木大学
		三等奖	何荣	石河子大学
			冯玉磊	
			吴金林	
			李海兵	
			刘建超	
			彭炫	
			马鹏波	塔里木大学
			库丽恰西·哈力木别克	新疆财经大学
			艾麦尔·麦米提力	新疆农业大学
			唐凯	新疆工程学院
2014	2014年度"新疆优秀大学生发明创造专利获得者"	一等奖	许超	石河子大学
			丁龙朋	
		二等奖	刘东亮	新疆大学
			白建国	塔里木大学
			王阳	
			张风旗	
		三等奖	陈玉	石河子大学
			王子龙	塔里木大学
			冯姝	
			何相燕	
			张泽	石河子大学

年份	获奖名称	获奖等级	获奖大学生姓名	所在大学
2014	2014年度"新疆优秀大学生发明创造专利获得者"	三等奖	韩朝芳	新疆大学
			阿尔帕提·依马木	
			冷帅	
			马燕	
			柳成宾	塔里木大学
			孙盼盼	

（二）新疆中小学生发明创造奖励活动

2001年12月21日，在北京人民大会堂举行全国"第一届宋庆龄少年发明奖"颁奖仪式。由自治区知识产权局和自治区科协推荐的3项少年发明项目中有一项获铜奖。

2002年8月，乌鲁木齐市科委、乌鲁木齐市团委和乌鲁木齐专利事务所，联合举办了"乌鲁木齐启明星少年小制作、小发明活动"和"发明创造巡回讲活动"。此次活动评出一等奖10名，二等奖20名。

2005年3月18日，哈密地区知识产权局、地区团委、地区教育局、地区科协在全地区开展小发明、小创造评选活动，于4月26日举办小发明、小创造活动颁奖仪式和优秀作品展示。

2006年4月27日—5月18日，根据中国发明协会宋庆龄少年儿童发明奖组委会办公室的通知，在全区组织开展了推荐宋庆龄少年儿童发明奖活动。经由下而上申报，自治区科协和自治区知识产权局推荐，新疆教育学院实验小学王毅诚、阿克苏市三中的张岳、新疆大学附中的朱榕、奎屯市一中张帅、伊宁市十七小学的靳玉振和巴州三中的肖思静6名学生参加宋庆龄少年儿童发明奖评奖活动。

2012年4月27日，自治区知识产权局、教育厅和乌鲁木齐市知识产权局在乌鲁木齐市第一小学联合举办"全区中小学知识产权创意大赛"，参赛的"螺旋型地漏装置"等23项小发明分获一、二、三等奖，受到表彰奖励。

第十六章　地州市工作

新疆地州市的专利工作是随着自治区知识产权（专利）体系的建立逐步开展起来的。从发展历程来看，大致可分为三个时期，一是1985—1999年的"初创时期"；二是2000—2009年的"成长时期"；三是2010—2014年的"发展时期"。

"初创时期"（1985—1999年），新疆地州市专利工作处于起步阶段。这个时期只有昌吉、哈密、阿勒泰等少数地州建立了专利管理机构，大部分地州市还没有建立专利管理机构，地州市的专利管理工作由地州市的科技部门负责，专利工作受到机构、编制、经费等条件限制，工作难以开展。

"成长时期"（2000—2009年），新疆地州市的专利工作得到全面发展。2000年10月，自治区知识产权局成立后，积极推进地州市知识产权体系建设。2001年12月，自治区人民政府在出台的《新疆维吾尔人民政府关于加强专利工作促进技术创新的意见》中提出"地州一级都应设立知识产权管理机构"。2002年1月，自治区人民政府在召开的"自治区专利工作会议"上和同年3月出台的《新疆维吾尔自治区专利工作"十五"计划》中都明确提出："地州市一级知识产权局应尽快建立起来。有条件的县市（区）可率先成立知识产权局"。在各级党委、政府的大力支持和知识产权管理部门的大力推动下，截至2003年11月，全区15个地州市全部成立知识产权局，地州市专利工作步入规范化管理轨道。与此同时，部分县、市、区也成了知识产权局。

"发展时期"（2010—2014年），新疆地州市专利工作得到快速发展。随着地州市及大部分县（市、区）和开发区专利管理体系的建立和完善，特别是自治区知识产权战略和专利事业发展战略的颁布实施以及专利执法、管理工作的不断创新深化，新疆地州市的专利创造、运用、保护、管理等综合能力得到全面快速提升。

第一节　伊犁哈萨克自治州知识产权（专利）工作

在伊犁州党委、政府的正确领导下，在自治区知识产权局的指导和江苏省知识产权局大力支持下（2008年以后对口援伊），伊犁州在知识产权（专利）工作中，以提升知识产权创造、运用、保护、管理能力为目标，积极推进知识产权战略实施，不断强化专利执法，广泛深入开展知识产权宣传培训，大力推进企事业单位知识产权试点示范、"贯标""专利消零"和"帮扶"等项工作，并取得了显著成绩。

一、建立健全知识产权工作体系

2002年7月，经伊犁州人民政府批准，成立伊犁州知识产权局。该局是隶属伊犁州科技局的二级局，正处级事业单位，参照公务员管理，主管专利工作、统筹协调知识产权事宜。内设综合处和法律事务处2个机构，人员编制8个，领导职数2个。

2002—2003年，伊犁州8县2市1开发区相继成立知识产权局。2003年9月，成立伊犁州知识产权工作协调指导小组。

伊犁州高校、科研院所和部分大中型企业和民营高新技术企业也相继成了知识产权管理机构，配备了专（兼）职工作人员。

截至2014年，伊犁州已初步形成了较为健全的知识产权工作组织体系和协调机制，为全州知识产权工作的有效开展提供了有力的组织保障。

二、专利申请和授权量稳中有增

伊犁州重视专利创造工作。通过采取专利申请资助政策引导、开展专利宣传培训增强专利意识、以企业为目标开展管理服务工作等措施，促进专利创造的数量和质量不断提升。1985年，伊犁州专利申请为0件。1986年专利申请只有1件。"七五"为27件，"八五"为168件，比"七五"提高522.2%，是"七五"的6.2倍；"九五"达到320件，比"八五"提高90.5%，分别是"七五""八五"的11.9倍和1.9倍；"十五"为597件，比"九五"提高86.6%，分别是"七五""八五"和"九五"的22倍、3.6倍和1.9倍；"十一五"为801件，比"十五"提高34.2%，分别是"七五""八五""九五"和"十五"的29.7倍、4.8倍、2.5倍和1.3倍；"十二五"（前4年）为1850件，比"十一五"提高131.0%，分别是"七五""八五""九五""十五"和"十一五"的68.5倍、11.0倍、5.8倍、3.1倍和2.3倍。截至2014年12月，伊犁州三种专利申请累计达到3763件，在全区排第5位。发明专利申请为526件，占该州专利申请总数的14.0%，在全区排第6位；实用新型专利申请为2102件，占该州专利申请总数的55.9%，在全区排第5位；外观设计专利申请为1135件，占该州专利申请总数的30.2%，在全区排第2位。

1985—1986年，伊犁州专利授权均为零件。1987年为1件，2014年为326件。截至2014年年底，伊犁州专利授权累计达到2159件。"七五"伊犁州专利授权为7件，"八五"为96件，是"七五"的13.7倍，比"七五"提高1271.4%；"九五"为170件，是"八五"的1.8倍，比"八五"提高77.1%；"十五"为284件，是"九五"的1.6倍，比"九五"提高67.1%；"十一五"为615件，是"十五"的2.2倍，比"十五"提高116.5%；"十二五"（前4年）为987件，是"十一五"的1.6倍，比"十一五"提高60.4%。伊犁州专利授权总数及发明、实用新型专利授权数、职务专利授权数和工矿企业专利授权数在全区均排第5位。

三、地方政策、规章制度不断完善

为切实贯彻专利法、自治区专利促进与保护条例，强化政府对专利工作的导向作用，伊犁州政府印发了《关于加强知识产权工作的通知》；先后制定出台了《伊犁哈萨克自治州贯彻知识产权战略纲要实施意见》《伊犁哈萨克自治州知识产权战略实施推进计划（2012—2015年）》《伊犁哈萨克自治州专利申请资金管理办法》《伊犁哈萨克自治州专利奖励办法》《伊犁哈萨克自治州中小企业知识产权工作指引》《伊犁哈萨克自治州商业企业专利商品经营管理办法》等政府规章，不断建立和完善伊犁州政策规章体系，提高政府依法管理专利工作的能力和水平，特别是《伊犁哈萨克自治州贯彻知识产权战略纲要实施意见》的出台，有效推动了知识产权工作和科技、经济、贸易管理工作的融合发展。

四、知识产权宣传培训广泛开展

（一）广泛开展知识产权宣传工作

伊犁州高度重视知识产权宣传工作。每年坚持以纪念"3·15"消费者权益日、"4·26"知识产权宣传周、"5月科技宣传周""12·4"宪法宣传日等纪念日为契机，伊犁州知识产权局和党委宣传部等部门联合开展形式多样的知识产权宣传活动。

一是加强对宣传活动的领导。在每年的宣传周前，伊犁州政府都成立知识产权宣传周活动领导小组和办公室，加强对宣传活动的部署安排和检查指导，使宣传周等活动做到有组织、有重点、有措施、有实效。

二是紧密结合伊犁州情实际，制订周密的宣传周等活动方案。

三是采取有力措施，充分发挥各部门和新闻媒体的作用，积极开展内容丰富、形式多样的宣传活动。在每年的宣传周期间，伊犁州知识产权职能部门都在伊宁市红旗人民广场、友好百盛广场等人流量多的地段设立宣传咨询点，开展知识产权宣传咨询活动。采取专利产品展示、电视台、户外电子大屏幕、楼宇广告电子屏、公交车和出租车电子屏滚动播放宣传标语等多种形式，全方位开展宣传，取得良好的宣传效果。据统计，在宣传活动中伊犁州共投入宣传经费42万元,出动宣传工作人员2945人(次),出动车辆245台(次);组织大型活动32场(次),参加活动人数8510多人(次),咨询人数14万多人(次);举办专题报告会16场(次),参加人数6540人(次);举办网络、校园知识竞赛4次,参加人数2200多人(次);印发宣传资料20万份、刊物2万份,报纸出专版5个,出宣传板报4640块,悬挂宣传横幅3200条,向伊犁州各单位和12个县市赠送《中国知识产权报》10010份;发送知识产权公益性手机短信200万条;向各级网站报送新闻信息900余条,采编650条。

(二)大力加强知识产权培训工作

以推进实施伊犁州"十百千知识产权人才培训工程"和"知识产权文化推进工程"为抓手,认真落实自治区万人和伊犁州千人知识产权培训计划,与伊犁州党校等部门共同合作,以党政领导干部、专业技术人员、科技管理人员、知识产权管理人员、企业高管人员和业务骨干为对象,举办各类知识产权培训班和专题讲座;面向企业和中等专业学校、中小学及农牧民开展知识产权培训和讲座。据统计,截至2014年,伊犁州共举办各类知识产权培训班和专题讲座104期(次),培训各类人员22750人(次),其中,党政领导干部6890人(次),企事业单位工作人员和科技管理人员3320人(次),知识产权管理和执法人员1240人(次),各类学生1.13万人(次)。

五、知识产权执法保护得到强化

伊犁州在专利行政执法工作中,坚持以营造招商引资与技术创新环境,规范市场经济秩序为指导,积极开展打击侵犯知识产权和假冒专利商品等违法行为,努力营造"尊重知识、崇尚发明、保护知识产权"的市场环境。据统计,截至2014年年底,伊犁州共出动执法人员5440人(次),检查商业场所1230次,检查商品58960件,捣毁制售假冒伪劣专利产品窝点8处,查处侵权产品7560件,查处标有专利权人单位名称的假冒标识3220个,销毁各类制假模具108套,制作执法展板30块,发放各类宣传资料3.2万余份(册),接受咨询近1.2万人(次),受理投诉电话109次,联合执法36次,与区内外协作执法3次,受理调处各类专利案件86起,涉案金额360万元,参与行政诉讼2起。伊犁州专利执法工作得到了上级的好评,2009年、2010年、2011年连续3年被国家知识产权局和公安部评为全国知识产权系统和公安机关知识产权执法保护先进集体,多次被评为自治区专利执法工作先进集体。

六、知识产权管理工作取得新进展

伊犁州积极申请参加国家、自治区知识产权试点工作,大力推进本级试点,以点带面,起到辐射带动作用。到2014年12月,伊犁州有国家级知识产权试点单位1个——霍尔果斯经济开发区;国家知识产权强县(市)工程1个——奎屯市;有自治区级知识产权试点企业8家;自治州工业领域试点企业16家;自治州商业企业专利保护试点单位18家;自治区级知识产权试点中小学2家,自治州级知识产权试点中小学12家。在141家规模以上的工业企业中,已设立知识产权机构的企业有26家,建立知识产权制度的企业有20家,设立专项资金开展自主研发活动的企业有17家;在98家科技型企业中,有59家企业拥有专利。在知识产权管理工作中,坚持以自治区知识产权战略实施绩效考评为契机,积极开展《企业知识产权管理规范》贯标工作,深入试点企业指导逐项对照落实,规范和提高了企业知识产权科学化管理水平。

七、县(市)知识产权工作取得明显进步

一是以国家和自治区颁布、修订《专利法》《促进与保护条例》,颁布实施国家和自治区知识产权战略纲要为契机,及时组织县(市)知识产权系统进行认真学习,充分认识知识产权工作的重要性和紧迫性,增强责任感和使命感。二是通过每年召开伊犁州直属县(市)知识产权局局长会议,传达全区知识产权局局长会议精神,总结上年度工作,安排部署当年的工作,表彰先进集体和个人,推进知识产权工作不断上新台阶。三是实

行县市知识产权工作年度考核制度，制定落实《伊犁州直属县（市）知识产权工作考核指标》，提升县（市）知识产权工作。四是加强专利申请工作管理，签订《伊犁州直年度专利申请目标管理责任书》，将专利申请目标任务分解到每个县（市），力保专利申请量的稳步增长。五是积极贯彻落实《自治区人民政府关于加强专利行政保护的意见》等文件精神，指导县（市）加强知识产权机构、人员编制及工作经费的设立和增加。六是积极与江苏省知识产权局协调，大力推进伊犁州县（市）知识产权局与江苏省市（县）知识产权局建立对口支援关系，借助江苏省的力量提升伊犁州县（市）知识产权工作。

由于采取了以上措施，有效调动了伊犁州县（市）知识产权局的积极性，各县市在人员编制少、工作头绪多、工作经费紧的情况下，有效地促进了知识产权工作的开展。

八、知识产权对口援伊工作得到深化

自2008年8月伊犁州人民政府与江苏省知识产权局签订《苏伊知识产权对口支援合作协议书》以来，苏-伊知识产权对口支援工作不断得到推进和深化，并取得显著成绩。在江苏-伊犁知识产权对口支援合作工作中，坚持做到了"五个结合"，即江苏知识产权援伊工作与江苏省援疆总体规划相结合、与人才培养相结合、与培育优势企业相结合、与援疆项目相结合、与伊犁州情况相结合。制订了切合伊犁州实际的对口支援和合作交流工作计划。江苏省知识产权局系统从资金、人才、科技等方面对伊犁州给予了全力支持。2008年以来，江苏省知识产权局系统对伊犁州对口援建项目28个，项目涉及人才培养、服务体系建设、专利申请资助、基础设施建设、专利行政执法、信息平台建设、专利项目转化实施等方面，援助资金达415万元，其中伊犁州知识产权局的受援资金就达215万元。项目和资金全面覆盖了8县2市1开发区，实现了"签订协议"与落实"项目资金"两个全覆盖。知识产权援助资金极大地推进了伊犁州知识产权管理部门的硬件建设和能力建设，保障了伊犁州知识产权各项工作的顺利开展，促进了伊犁州知识产权创造、运用、保护和管理能力明显提升。

第二节　塔城地区知识产权（专利）工作

一、知识产权工作体系基本形成

2001年5月10日，经塔城机构编制委员会办公室批准，在塔城地区科学技术委员会加挂塔城地区知识产权局牌子。2003年4月28日，塔城地区机构编制委员会办公室印发"塔地机编办字〔2003〕18号"通知，塔城地区知识产权局隶属地区科技局，为副县级全额预算事业单位，依照公务员管理，人员编制3名，领导职数1名。2002年8月14日，塔城地区知识产权工作协调指导小组成立，成员单位20个。2003—2012年，塔城地区5县2市在科技管理部门均加挂了知识产权局牌子，兼职工作人员17名。截至2014年12月，塔城地区有县级知识产权管理机构1个，科级知识产权管理机构7个，知识产权专（兼）职工作人员24人，专利执法人员19名，工作体系已基本形成。

二、专利创造能力逐步提升

塔城地区知识产权局围绕地区重点工作，大力实施知识产权创造工程，专利创造能力逐步提升。1985年，塔城地区专利申请为2件，2014年达到260件，是1985年的130倍。"七五"为29件，"八五"为104件，是"七五"的3.5倍，提高258.6%；"九五"为188件，是"八五"的1.8倍，提高80.8%；"十五"为144件；"十一五"为304件，是"十五"的2.1倍，比"十五"提高1.1%；"十二五"（前4年）为643件，是"十一五"的2.12倍，比"十一五"提高111.5%。截至2014年，塔城地区三种专利申请量累计达到1383件，其中发明专利为265件，实用新型专利为864件；外观设计专利为254件。

1985年、1986年，塔城地区专利授权均为0件。1987年专利授权为2件，2014年达到107件。"七五"专利授权为17件,"八五"为42件,是"七五"的2.5倍,比"七五"提高147.1%;"九五"专利授权为96件,是"八五"的2.3倍,比"八五"提高128.6%;"十五"专利授权为79件,比"九五"减少17.7%;"十一五"为170件,是"十五"的2.2倍,比"十五"提高115.2%;"十二五"(前4年)专利授权为329件,比"十一五"提高93.5%。截至2014年,塔城地区三种专利授权量累计达到733件,其中发明专利为40件,实用新型专利为584件,外观设计专利为109件。

三、积极开展宣传培训

以纪念"4·26"世界知识产权日为契机,大力开展知识产权宣传活动。自2001年4月以来,塔城地区按照自治区的统一部署,紧密结合实际,每年广泛深入开展知识产权宣传周活动。一是组织开展了"4·26"知识产权日现场咨询活动,着力增强全社会知识产权意识,提升知识产权创造、运用、保护和管理能力。二是充分发挥党校优势,加强对各级领导的知识产权培训。三是积极开展知识产权"进校园"活动,不断提高中小学生科技素质和知识产权意识。四是积极推进中小学知识产权教育试点工作。在自治区知识产权教育试点学校——塔城市第三小学,每年坚持举办知识产权进校园专题讲座,每次参加的学生有300余人(次)。五是利用各种新闻媒体开展知识产权宣传报道工作。2008—2014年,塔城地区被自治区知识产权局网站采用的宣传稿件共计505件,扩大了地区知识产权工作的影响力。六是宣传活动取得显著效果。自2008年以来,塔城地区在宣传周活动中,共出动宣传车300台(次),展出专利产品258件(次),悬挂宣传横幅1500条,制作墙报、展板457块,设立咨询台398张,发放宣传资料20余种6万余份,参加现场咨询的人数达20万余人(次)。

四、强化专利行政执法保护

不断强化塔城地区知识产权保护工作。一是根据自治区的有关要求,结合塔城实际,制订实施《塔城地区知识产权执法维权"护航"专项行动实施方案》,组织开展知识产权执法维权"护航"专项行动。二是在"3·15"消费者权益保护日、"4·26"世界知识产权日、专利周等纪念日和元旦、古尔邦节、春节等节日期间,组织专利执法人员深入商场开展专利执法活动。三是积极开展专利纠纷案件和冒充专利案件的受理和调处工作。据统计,2009—2014年,塔城地区共开展执法检查72次,联合执法18次,出动执法人员1190人(次),开展专利执法咨询530余人(次);检查场所453个,检查标有专利标记的商品310余种,检查各类商品45643件。2010—2014年,共受理专利侵权纠纷案件16起,结案13起,受理查处假冒案件61件。

五、提升知识产权管理工作

(一)着力推进专利技术实施转化

通过由下而上的程序开展专利项目申报和筛选组织工作,加强对自主知识产权、成长性好、市场预期好的专利项目的支持。2012—2014年,共争取和拨付专利实施资金400万元。专利实施计划资金的扶持和引导,有效地促进了专利技术的实施和转化。

(二)深化企事业单位知识产权试点工作

积极推进塔城地区的企事业单位知识产权试点工作。通过总结推广知识产权试点单位的经验和做法,发挥试点工作的示范带头作用,指导、帮助企事业单位建立健全知识产权管理和保护制度,提高知识产权管理、运用能力和水平,推进塔城地区知识产权试点示范工作的不断提升和深化。在塔城地区知识产权局的推荐和指导下,乌苏北方新科有限责任公司和塔城市星河生物工程有限责任公司被列为自治区知识产权试点(示范)企业。

(三)认真做好专利申请资助管理工作

按照《新疆维吾尔自治区专利申请资助资金管理办法》(新财建〔2011〕168号)中的"资助重点和条件"

以及"资助范围、标准"开展专利申请资助资金项目的申报工作。通过受理、审核、上报，并经自治区知识产权局审核批准，2010—2014年，共争取自治区专利申请资助资金23.5万元。专利申请资助工作的开展，极大地促进了企事业单位、机关团体和个人发明创造的积极性的提升和专利申请数量和质量的提高。

六、积极做好知识产权对口援疆工作

塔城地区知识产权局重视知识产权对口援疆工作，主动与辽宁省知识产权局沟通，辽宁省知识产权局与塔城地区行政公署签订了知识产权对口支援合作协议，建立了对口支援合作机制，制订了对口援疆工作计划。在工作交流、基础条件建设、干部培训、知识产权企业合作、专利技术转化和专利项目引进等方面开展广泛的合作交流活动，并取得可喜成绩。一是塔城地区知识产权局组织新疆宏展特色农业科技开发有限公司等3家公司5名技术骨干参加了在辽宁举办的专利信息服务高级培训班。二是塔城地区知识产权局2名人员参加了2012年在辽宁召开的"三北"地区知识产权协作会议。双方对前期知识产权对口援疆工作进行了总结，对后期工作进行了研究。

第三节　阿勒泰地区知识产权（专利）工作

30年来，在各级党委、政府的正确领导和自治区知识产权局的大力支持下，阿勒泰地区的知识产权创造、运用、保护、管理能力不断提升，各项工作取得了可喜成绩。2010—2014年度，阿勒泰地区知识产权局多次被评为国家知识产权培训先进集体、自治区知识产权工作先进集体、自治区知识产权战略实施绩效考核先进集体、自治区专利行政执法工作先进集体、自治区知识产权宣传信息工作先进集体；5名工作人员多次被评为国家知识产权系统专利行政执法工作先进个人、自治区知识产权工作先进个人、自治区知识产权信息工作先进个人、自治区专利行政执法先进个人、自治区知识产权战略实施绩效考核先进个人。

一、知识产权工作体系建设情况

2002年11月，阿勒泰地区编制委员会印发"阿地机编字〔2002〕23号"文件，阿勒泰地区知识产权局在地区科技局挂牌成立。2006年2月，阿勒泰地区编制委员会印发"阿地机编字〔2006〕8号"文件，阿勒泰地区知识产权局为地区行署主管专利工作和协调知识产权事业的全额预算管理的副县级事业单位，核定事业编制7名，领导职数2名，内设机构2个（办公室、专利管理科），科级干部职数2名。2007年5月，阿勒泰地区编制委员会印发《阿勒泰地区知识产权局职能配置内设机构和人员编制方案》（阿地编字〔2007〕34号）批复，内设机构2个（综合业务科、法律事务科），核定事业编制7名，领导职数2名（副县级、科级各1名），工勤编制1名。2008年6月，阿勒泰地区人事局印发"阿地人发〔2008〕194号"文件，阿勒泰地区知识产权局被列入参照公务员法管理单位。2012年，阿勒泰地区知识产权局内设机构调整为"办公室、专利管理科、法律事务科"。截至2014年12月，阿勒泰地区知识产权局实有人员8人（含工勤人员1人）。2007年，地区及6县1市成立知识产权工作协调领导小组。2009年，地区及6县1市成立知识产权战略实施领导小组。2010年成立了地区打击侵犯知识产权和制售假冒伪劣商品专项行动领导小组。至此，阿勒泰地区形成了地、县（市）政府主导、部门协调共管、全社会积极参与的知识产权工作体系。

二、知识产权创造情况

1985—2014年，阿勒泰地区共申请专利1765件，其中申请发明专利269件，占专利申请总数的15.2%；实用新型专利为1061件，占专利申请总数的60.1%；外观设计专利为435件，占专利申请总数的24.7%；非职务发明专利申请为1377件，占专利申请总数的78.0%；职务发明专利申请为388件，占专利申请总数的22.0%；工矿企业专利申请为259件，占职务发明专利申请总数的66.8%；机关团体专利申请为129件，占职务发明专

利申请总数的33.2%，在全区排第2位。

"七五"阿勒泰地区专利申请为9件，"八五"为30件，比"七五"提高233.3%；"九五"为81件，比"八五"提高170.0%；"十五"为120件，比"九五"提高48.1%；"十一五"为561件，比"十五"提高367.5%；"十二五"（前4年）为964件，比"十一五"提高71.8%。

1985—2014年，阿勒泰地区专利授权共855件，其中，发明专利授权为40件，占专利授权总数的4.7%；实用新型专利为667件，占专利授权总数的78.0%；外观设计专利为148件，占专利授权总数的17.3%；非职务发明为676件，占专利授权总数的79.1%；职务发明为179件，占专利授权总数的20.9%；工矿企业为107件，占职务发明专利授权总数的59.8%；机关团体为72件，占职务发明专利授权总数的40.2%，在全区排第2位。

"七五"阿勒泰地区专利授权为6件，"八五"为12件，比"七五"提高100.0%；"九五"为51件，比"八五"提高325.0%；"十五"为52件，比"九五"提高2.0%；"十一五"为294件，比"十五"提高465.4%；"十二五"（前4年）为440件，比"十一五"提高49.7%。

三、专利管理与实施转化情况

（一）专利申请实施资助情况

为全面推进实施国家、自治区知识产权战略纲要，促进创新型阿勒泰建设，提升地区知识产权创造、运用、保护和管理能力，阿勒泰地区知识产权局提出了加强和推进阿勒泰地区知识产权工作的意见和措施，得到了阿勒泰地委行署的高度重视和支持。2006年，阿勒泰地区行署办公室印发《关于〈转发地区知识产权局关于加强地区知识产权工作的意见〉的通知》（阿行办发〔2006〕21号），对全区贯彻执行该意见提出要求。同年，阿勒泰地区知识产权局与财政局联合下发《阿勒泰地区专利申请资助资金暂行管理办法》（阿地财教〔2006〕33号）、《阿勒泰地区专利实施资金暂行管理办法》（阿地财教〔2006〕34号）。自2006年起，阿勒泰地区财政建立并每年落实专利申请实施资助资金10万元，各县（市）也将专利申请实施资助专项资金列入财政预算，每年安排专项资金5万元。2012年阿勒泰地区专利申请资助新增10万元，总额达到20万元，为进一步加快专利申请和转化实施提供了资金支持。

2006—2014年，阿勒泰地区发放专利申请资助资金累计达到55万元，资助专利申请626件，其中争取自治区专利申请资助资金42.56万元，资助专利申请556件。发放专利实施资助资金累计达到467万元，资助专利实施项目44项，其中争取自治区专利实施资助资金410万元，资助专利实施项目17项。

（二）企事业单位知识产权试点工作

在知识产权试点（示范）工作中，阿勒泰地区按照自治区的统一部署和要求，以"试点先行、逐步深入、一点带面，指导全局"为指导，结合本地实际，组织开展了企事业单位知识产权试点（示范）工程。2008—2014年，阿勒泰地区已连续启动了5批企事业单位知识产权试点（示范）工程，有1家企业被列为自治区知识产权试点单位；有2家企业被列为自治区专利保护示范单位；有3所学校被列为自治区知识产权教育试点示范学校。有23家企业被地区列为知识产权示范单位，有9家企业被列为地区知识产权试点单位。通过试点（示范）工程的实施，试点（示范）单位知识产权机构得到建立，制度、机制的不断完善，有效地促进和带动了企事业单位知识产权工作开展和管理水平的提高，全地区知识产权创造量出现了快速增长的态势，专利申请量、授权量连续4年保持20%以上的增长速度。

四、知识产权宣传培训教育情况

（一）知识产权培训工作

积极推进自治区"知识产权万人教育培训计划"，培训工作成效显著。在地委行署的高度重视和县（市）知识产权管理部门的通力配合下，2004年阿勒泰地区制订并实施"知识产权千人教育培训计划"，将知识产权培训工作作为知识产权战略推进工程的重要任务来抓，充分发挥党校、电大、师范、职业技校、干部培训中心等主阵地作用，坚持有计划、有重点地对各级党政领导干部、企业事业单位负责人、知识产权管理人员以及中小学生开展培训。2008年7月，阿勒泰地区知识产权局联合地委宣传部、地委党校联合印发"阿地知字〔2008〕14号"通知，在阿勒泰地区各级党校主体班次中增设知识产权专题课程，使之成为地县（市）领导干部培训的必修课内容之一。截至2014年年底，阿勒泰地区共举办知识产权培训班、专题讲座105期（次），培训各类人员1.76万人（次），其中，党政领导干部7465人（次），科技及企事业单位人员1631人（次），知识产权管理人员548人（次），大中学生8105人（次），其他人员418人（次）。

（二）知识产权宣传工作

阿勒泰地区坚持以"3·15消费者权益日""4·26世界知识产权日"等纪念日为契机，通过举办大型宣传活动、召开专题座谈会、设立服务咨询台、悬挂横幅标语、板报展和利用电视广播报纸媒体等形式，面向社会开展多种形式的知识产权宣传活动。据统计，阿勒泰地区共组织各类大型知识产权宣传活动11次，出动宣传车辆10台（次），参加宣传活动人员841人（次），投入宣传经费15万元，咨询服务2万余人（次），悬挂宣传横幅百余幅，展出宣传板报140余块，发放宣传资料4万余份。组织企事业单位和人员收看新疆电视台三套、八套播放的与专利有关的专题片7部；收看新疆广播电台采访专利权人的5个专题节目；在阿勒泰电视台制作并播放与专利权人有关的专题片15部；在阿勒泰日报开设《阿勒泰地区知识产权保护状况》专栏8期。

五、专利执法保护情况

在专利执法保护工作中，按照国家和自治区的安排部署，先后组织开展了"雷雨""天网""打击侵犯知识产权及制售假冒伪劣商品"和"知识产权执法维权'护航'"等专项行动。在专利执法保护工作中，做到了"三个"坚持，即坚持"政府统筹、协调高效、适应区情、保护有力"的工作方针；坚持以保护专利权人合法权益为中心；坚持日常执法与专项执法相结合，重点领域与重点阶段执法相结合。在"3·15""4·26"等纪念日和元旦、春节、古尔邦节等节日期间，阿勒泰地区知识产权局会同工商、公安、质监局、新闻出版局等部门开展联合执法活动。积极受理调处专利纠纷案件，打击假冒专利等侵犯专利权行为，维护专利权人合法权益，并取得了成效。2008—2014年，阿勒泰地区立案查处各类假冒专利案件92件，结案率100%；调处各类专利侵权纠纷案件14件。

六、关于知识产权对口支援合作工作情况

认真贯彻落实中央新疆工作座谈会精神和全国知识产权对口支援工作会议精神，2009年，在自治区知识产权局大力支持和地委行署的高度重视下，阿勒泰地区先后与黑龙江省知识产权局、吉林省科技（知识产权）局、青岛市知识产权局建立了对口支援和互助共建合作关系，签订了知识产权对口支援和合作交流协议，开展了知识产权对口交流活动。2010年，黑龙江省知识产权局援助资金20万元，2010—2012年，青岛市知识产权局连续三年捐赠资金共计35万元，支持阿勒泰地区的知识产权师资培训、干部轮训和知识产权局自身建设。2011年2月，阿勒泰地区哈医医院与吉林省中医药科学院，就共同研发哈萨克医药院内制剂及院内制剂提升国字号药达成合作意向，2012年项目首批援助资金100万元到位。2013年，在吉林省科技厅（知识产权局）的大力支持下，双方就"阿勒泰地区知识产权公共服务平台建设项目"签订对口支援协议，项目总投资60万元，其中对口援助资金50万元，项目分三期实施，一期（2014年）到位援助资金20万元。截至2014年，阿勒泰地区共计落实知识产权对口援助资金175万元。

第四节　博尔塔拉蒙古自治州知识产权（专利）工作

自博州知识产权局成立以来，在博州政府的领导和自治区知识产权局的指导下，坚持"激励创造、有效运

用、依法保护、科学管理"的工作方针,以加强人才队伍建设为根本,以提升知识产权创造和运用为目标,以企业知识产权服务为对象,积极开展知识产权宣传和培训,不断加大知识产权保护力度,圆满完成了各项工作任务。

一、知识产权工作体系建立健全

2002年8月20日,博州知识产权局成立,是博州人民政府主管专利工作和协调知识产权工作的副县级事业单位,隶属于科技局,参照公务员管理,人员编制6名,实有6人。截至2014年年底,博州有专利管理执法人员18名。2004年以来,博州两县一市(精河县、温泉县和博乐市)相继成立知识产权局,与县(市)科技局实行两块牌子、一套人马;阿拉山口配有专人负责知识产权工作。2004年,博州成立了由副州长任组长,党委宣传部等25个部门领导为成员的博州知识产权协调领导小组和博州行政执法责任领导小组,博州及县(市)基本形成知识产权(专利)工作体系。

二、知识产权队伍培训得到强化

博州认真落实自治区"万人知识产权培训计划",组织开展了各种形式的知识产权培训活动。一是将知识产权培训纳入博州党校干部培训内容。由博州知识产权局工作人员和党校知识产权兼职讲师分别授课,重点对中青干部、公务员和试点企业负责人进行培训。二是结合试点示范工作开展培训。在试点示范服务过程中,组织专利等知识产权中介服务机构上门开展培训和咨询服务活动。三是在科技、文化和卫生三下乡活动中,加强对农牧民的知识产权培训。据统计,2003—2014年,博州累计举办各类知识产权培训167期、讲座24场(次),共计培训人数21556人(次),其中培训党政领导干部5682人(次),企事业工作人员、科技人员2708人(次),知识产权管理、执法等人员590人(次),学生5145人(次),农牧民及其他人员7101人(次),圆满完成了自治区下达的培训指标任务。

三、知识产权管理、创造能力得到提升

一是加强专利项目管理工作。博州知识产权局经常深入企业进行调查,筛选并向自治区申报专利实施计划项目。截至2014年年底,博州共申请并实施自治区专利实施项目14项,获得自治区专利实施资助资金365万元。通过专利实施,有效地促进了博州项目实施主体专利工作体系、制度、机制的建立、完善和专利技术的转化和产业化。

二是重视专利创造能力的提升。为调动博州企事业单位、机关团体和个人发明创造的积极性,提高专利申请数量和质量,博州在积极争取自治区专利申请资助资金的同时,2014年首次设立博州专利申请资助专项资金16.5万元,加大对企业专利申请和实施的扶持力度,专门用于资助博州境内的企事业单位、机关团体和个人申请的国内外专利。截至2014年年底,博州三种专利申请累计达到1169件,其中发明专利216件、实用新型专利679件、外观设计专利274件。机关团体专利申请量51件,数量在全区排第6位,所占比例在全区排第3位;三种专利授权累计达到615件。其中,发明专利31件,实用新型专利为448件,外观设计专利为136件。

四、专利执法保护工作成效显著

自博州知识产权局成立以来,始终将加强专利执法工作,依法保护专利权人的合法权益,维护社会主义市场经济秩序,作为重要职责。按照自治区的统一安排部署,结合实际,积极开展知识产权执法维权"护航"专项行动。以"3·15"消费者权益保护日、"4·26"知识产权日等纪念日为契机,联合公安、工商等部门开展联合执法。通过采取设立博州"知识产权保护咨询举报"和"知识产权违法投诉"电话及电子信箱,自主开发博州专利行政执法管理系统和冒充专利商品查询系统网络软件,对重大侵权案件采取新闻媒体跟踪报道等措施,积极营造良好的知识产权保护社会环境。在博州商业领域企业开展专利保护试点工作,建立了一批专利保

护试点企业，进行上门服务，指导试点企业经营人员掌握上网查询专利商品法律状态、识别假冒专利商品，利用专利制度防止冒充专利商品进入商店的途径和方法。2003—2014年，博州知识产权局共开展专利行政执法300次，其中开展"雷雨"与"天网"等知识产权保护专项执法行动9次，联合执法71次，出动专利执法人员1351人（次），出动车辆300台（次），检查商品117340种，罚款5.6万元。

五、知识产权宣传广泛开展

在每年的4月份宣传周期间，由博州知识产权工作协调领导小组办公室局牵头，组织博州和博乐市知识产权协调领导小组各成员单位联合开展"知识产权宣传周"活动；在每年11月，组织开展"专利周"活动。在宣传活动期间，博州及两县（市）知识产权局结合中小学试点，大力开展知识产权进校园活动。在博乐市第一小学、第二小学先后多次开展了"走近知识产权"的手抄报比赛、主题班会、科技作品和科幻画比赛、"商标我收集，商标我模仿，商标我设计""创意笔设计"等系列活动，使学生萌发了发明创造的意识，培养了学生的动手能力和创新精神。在宣传工作中，博州知识产权局充分利用广播、电视、网络和报刊等新闻媒体开展宣传。2013年和2014年，由博州知识产权局和党委宣传部主办、中国移动通信集团博州分公司协办，博州电子政务办、工商管理局和新闻出版局承办了2次知识产权知识网络竞赛。据不完全统计，2003—2014年，博州知识产权局组织大型活动35次，出动人数2440人（次），出动车辆215台（次），悬挂横幅345条，出板报1071块，出专版8个，印发宣传资料38.8万份（册），受教育人数达50.6万人（次）。

六、知识产权对口援博逐步深化

为全面落实中央新疆工作座谈会议精神，博州知识产权局多次主动与湖北省知识产权局加强沟通联系，就援助工作进行协商。2011年12月26日，湖北省知识产权局与博州人民政府签订《湖北省知识产权局与新疆博尔塔拉蒙古自治州人民政府对口支援合作协议书》，全面开启了湖北省知识产权局援助博州知识产权工作。2012年7月12日，召开了湖北—博州知识产权对口支援座谈会，就专利信息公共服务平台建设、枸杞和碳酸钙产业专利专题数据库建设、知识产权交流培训等合作事宜进行了交流沟通。2012—2014年，湖北省知识产权局每年给博州立知识产权项目1项，拨付项目资金15万元，有力地推动了博州知识产权局相关工作的开展。

第五节 昌吉回族自治州知识产权（专利）工作

在昌吉州党委、政府的领导和自治区知识产权局的关心和支持下，昌吉州以增强知识产权保护能力为抓手，以提高知识产权创造能力为基础，以提升知识产权运用能力为核心，以提升知识产权管理能力为目标，以企业知识产权服务为对象，大力开展知识产权宣传和培训、试点示范、"贯标"和专利执法保护等各项工作。知识产权创造、运用、保护、管理能力不断提升，各项工作任务圆满完成，并取得了显著成绩。2010年昌吉州知识产权局被国家知识产权局评为"全国知识产权局系统知识产权培训工作先进集体"。2011年昌吉州知识产权局被国家人力资源和社会保障部、国家知识产权局评为"全国专利系统先进集体"。2013年，昌吉州被国家知识产权局确定为国家知识产权示范城市。

一、专利管理体系建设基本建立

1996年11月，经昌吉州人民政府批准，在昌吉州科委设立专利局（科级），主管全州专利工作。2002年4月，昌吉州知识产权局成立，为隶属昌吉州政府、主管专利工作和统筹协调知识产权事宜的直属事业单位。内设科室2个，编制8人，参照公务员管理。5县2市也全部成立了知识产权局。除昌吉市在科技局挂牌外其他县市均在各县市教育科技局挂牌。一些高校、科研院所、大中型企业和部分民营高新技术企业也都相继成立了管理知识产权工作的部门，配备了专（兼）职工作人员。截至2002年，昌吉州已初步形成了知识产权工作组织体系和统筹协调机制, 有效地推进了全州知识产权工作的开展。

二、地方政策规章体系建设不断完善

为切实贯彻国家《专利法》和《促进与保护条例》, 强化政府对专利工作的导向作用, 昌吉州先后制定了《昌吉州百强企业与企业之星表彰奖励办法》《昌吉州企业自主创新和实施品牌战略奖励办法》《昌吉州人民政府关于加强知识产权工作的意见》《昌吉州关于加强企业专利工作、促进技术创新的意见》《关于在昌吉州对外贸易活动中加强知识产权保护与管理的意见》《昌吉州关于加强国家科技计划知识产权管理工作的规定》《关于在昌吉州"六五"普法中开展〈专利法〉普及宣传教育的实施意见》等规章制度。昌吉州知识产权政策规章体系得到进一步完善, 为提升政府依法管理专利工作能力和水平提供了制度保障。特别是昌吉州《关于鼓励创新 扩大消费 促进经济社会加快发展的若干奖励政策》等政策的出台, 有效推动了知识产权工作和科技、经济、贸易管理工作相融合发展。

三、专利创造数量和质量不断提高

自1985年以来, 昌吉州通过大力开展知识产权宣传, 普及专利知识, 增强专利意识, 加强专利申请资助、专利实施转化管理, 开展知识产权试点示范、"贯标""帮扶"和专利执法保护等工作, 以及全面推进专利申请激励机制的建立, 使昌吉州专利创造能力得到不断提升。1985—2014年, 昌吉州三种专利申请累计达到5778件, 专利授权累计达到3293件。1985年, 昌吉州专利申请只有1件, 2014年达到1100件; "七五"专利申请为69件, "八五"为281件, 是"七五"的4.1倍; "九五"为476件, 是"八五"的1.7倍; "十五"为875件, 为"九五"的1.8倍; "十一五"为1007件, 为"十五"的1.2倍; "十二五"(前4年)为3073件, 为"十一五"的3.1倍。1985年、1986年, 昌吉州专利授权均为0件, 1987年为3件, 2014年达到617件; "七五"专利授权为37件, "八五"为144件, 为"七五"的3.9倍; "九五"为319件, 为"八五"的2.2倍; "十五"为438件, 为"九五"的1.4倍; "十一五"为777件, 为"十五"的1.8倍; "十二五"(前4年)为1634件, 为"十一五"的2.1倍。昌吉州专利申请、授权总数及实用新型、非职务和工矿企业专利申请、授权数在全区排第二位; 发明专利申请数、职务和机关团体专利申请数在全区排第3位。

四、知识产权宣传培训成绩斐然

(一)知识产权宣传工作

昌吉州始终把知识产权知识宣传工作作为开展各项专利工作的基础。每年结合"3·15""4·26"及"专利周"活动, 由专利、版权、工商等相关管理部门, 采取楼宇电视、微信短信平台和媒体见面会, 组织开展"青年发明创造竞赛""青少年科技创新大赛", 知识产权进社区、进企业、进学校, 邀请国家、自治区有关专家做专场报告会等多种形式开展知识产权宣传活动。为增强各级领导的知识产权意识, 曾两次邀请国家知识产权局马维野司长到昌吉州作专题报告, 全州近千名领导干部参加。2002—2014年, 昌吉州共开展大型宣传活动36次, 出动人数2505人(次), 出动车辆186台(次), 参加宣传活动人数达到34300人(次), 印发宣传材料3万余份, 悬挂各类条幅240条, 在各级各类宣传媒体上刊登稿件1081篇。

(二)知识产权培训工作

自2002年以来, 昌吉州制订并实施知识产权人才战略和千人培训计划, 整合培训资源, 全面加强知识产权人才培养工作: 一是组织举办了以技术人员为对象的"专利知识普及培训班"; 二是组织举办了以科技管理人员为对象的"专利工作者培训班"; 三是组织专业管理人员参加了自治区举办的"专利代理人考前培训班"; 四是组织全州各级专利管理人员和业务骨干参加专业培训和业务交流; 六是组织全州200余人次参加国家知识产权局主办的专题研讨会和高级论坛; 七是承办了全国专利行政执法人员培训班、西部地区企事业单位知识产权培训班、第十四期全国知识产权局局长培训班等多个国家级培训班；八是承办了全国城市和园区知识产权试点示范工作会议和自治区企事业单位知识产权试点示范经验交流会等全国性会议。通过形式多样的知识产权培训活动，进一步凸显了知识产权在全州经济、科技和社会发展中的地位和作用，提高了社会公众特别是企事业单位的知识产权意识，在全州形成了尊重和保护知识产权的良好氛围，为昌吉州知识产权事业快速发展奠定了基础。据统计，2002—2014年，昌吉州共举办知识产权培训班167期，举办各类大型讲座24次，培训各类人员21556人（次），其中党政领导干部5682人（次），企事业工作人员、科技人员2708人（次），知识产权管理、专利执法人员590人（次），在校学生5145人（次），其他人员7101人（次）。

五、知识产权管理能力不断提升

采取积极的政策和措施，鼓励和引导科技创新成果及时申请国内外专利，促进自主知识产权数量和质量的提高，以及专利技术的实施。一是推进专利申请资助和专利实施项目资金落实。2006—2014年，昌吉州共申报自治区企业专利实施计划项目46个，争取项目资金1245余万元。争取自治区专利申请资助资金70余万元，资助专利申请830余件。开展企业知识产权贯标8家，落实"贯标"资金110万元。二是积极开展企业知识产权试点示范工作。截至2014年年底，昌吉州已创建国家知识产权示范企业1家，示范创建企业2家。自治区知识产权示范企业3家，试点企业10家。自治州知识产权试点企业34家。三是将知识产权纳入高新技术等企业申报的重要条件。把知识产权拥有、运用、管理及保护作为申报高新技术企业、创新型试点企业、工程技术研究中心等资格认定、评审的重要条件之一。四是积极搭建专利转化平台。昌吉州知识产权局积极组织专利技术项目参加国家发明展等专利技术交易会。五是为专利转化积极争取资金。协调昌吉州科技项目计划、产业化专项资金重点向具有自主知识产权的项目倾斜，同时积极争取自治区专利技术产业化资金的支持。这些政策和措施的有效实施，对引导全州科技创新、知识产权创造能力的提升，加速专利技术的实施及产业化，起到重要的促进作用。

六、专利执法保护得到强化

一是将平时检查与节假日检查有机结合，主动出击防患于未然。维护市场经济秩序，规范专利行政执法行为，抓好专利行政执法和联合执法工作，公平、合理、有效、及时地处理专利纠纷案件，开通了12330知识产权维权援助及举报投诉公益服务电话，面向社会提供知识产权维权援助咨询服务。二是在全区率先建立了乌、石、昌三地州执法协同机制。三是规范流通领域专利商品经营行为。实施专利商品进货登记台账等五项制度，加强对县市专利行政执法、案件审理工作的现场指导。四是组织实施了"雷雨""天网""打击侵犯知识产权和制售假冒伪劣商品"和"专利护航"等专项行动。截至2014年年底，昌吉州共开展各类专利执法38次，出动专利执法人员300余人（次），检查超市、药店400家，检查各类商品30万多件，并对标注专利标记的商品进行了登记、检索和确认。查处假冒专利案件325件，有效地遏制了假冒专利商品进入流通领域的势头。受理调处专利侵权纠纷案件76起，结案率达100%。通过严厉查处知识产权侵权违法案件，使全州知识产权保护环境明显改善，发案率明显下降，对全州经济和社会发展起到了积极的保驾护航作用。

第六节　吐鲁番地区知识产权（专利）工作

在吐鲁番地委、行署和地区科技局党组的正确领导和自治区知识产权局的支持、帮助及湖南省知识产权局大力援助下，吐鲁番地区在专利工作中，坚持"激励创造、有效运用、依法保护、科学管理"的工作方针，大力营造良好的知识产权法制环境、市场环境、文化环境和发展环境，努力提升知识产权创造、运用、保护和管理能力。通过加强各职能部门的联系与沟通，加强地区知识产权工作的宏观管理和统筹协调，充分发挥各有关部门的作用，明确职责，协同配合，形成合力，逐步形成了政府牵头，齐抓共管，全社会积极参与的知识产权工作机制。从而确保了知识产权宣传培训、专利执法保护、知识产权试点示范、企业知识产权帮扶、专利信息利用等项工作的有效开展，并取得了可喜的成绩。2003年，吐鲁番地区知识产权局被评为新疆宣传周最佳组织奖单位；2008年被评为新疆宣传周最佳组织奖单位；2009年和2011年，被评为自治区专利申请目标管理工作先进集体和自治区专利申请工作先进单位；2012年被评为自治区知识产权工作先进集体；2011年被自治区知识产权局评为"我与专利"征文先进集体；2014年被评为自治区专利行政执法工作先进集体、自治区知识产权宣传信息工作先进集体和自治区知识产权战略实施工作先进集体。2007年吐鲁番市知识产权局被评为自治区知识产权工作先进集体；2011年12月，吐鲁番市知识产权局局长刘立忠局长被国家人社部和国家知识产权局评为全国专利系统先进工作者。2009—2014年吐鲁番市知识产权局有5人分别获得自治区专利管理、专利执法、战略实施等项工作先进个人荣誉。

一、建立健全知识产权工作体系

2002年以前，吐鲁番地区专利工作由地区科委代管。2002年成立吐鲁番地区知识产权局，为行署主管专利工作和协调知识产权事宜的副县级事业单位，隶属于科技局，参照公务员法管理，设事业编制6名，经费列入地区财政预算。2003年4月，成立了由主管副专员任组长、21个部门和单位负责人为成员的地区知识产权工作协调指导小组，办公室设在地区知识产权局。两县（鄯善、托克逊县）和1市（吐鲁番市）相继成立知识产权工作协调指导小组。2012年5月成立了由地委委员、行署常务副专员张文强任组长、33个部门和单位负责人为成员的吐鲁番地区知识产权战略实施工作领导小组，办公室设在地区知识产权局，办公室主任由局长担任。

二、专利创造能力不断提升

随着自治区知识产权战略、专利事业发展战略的推进实施和知识产权宣传、培训、试点示范、"贯标""帮扶"、专利实施特别是专利申请资助工作有效开展，极大地增强社会公众的专利保护意识，激发了市场主体和创新主体的技术创新、专利创造能力，促进了吐鲁番地区专利创造能力的不断提升。吐鲁番地区科研院所专利申请数在全区排第4位；工矿企业专利申请数在全区排第7位；专利申请总数和职务专利申请数在全区排第8位。吐鲁番地区科研院所专利授权数在全区排第4位；机关团体专利授权数在全区排第6位；工矿企业专利授权数和外观设计专利授权数在全区排第7位。

2014年，吐鲁番地区三种专利申请为324件，是1986年的162倍。截至2014年年底，吐鲁番地区三种专利申请累计达到1825件。"七五"吐鲁番地区专利申请为5件，"八五"为54件，比"七五"提高980.0%；"九五"专利申请为84件，比"八五"提高55.6%；"十五"专利申请为199件，比"九五"提高136.9%；"十一五"专利申请为427件，比"十五"提高114.6%；"十二五"（前4年）专利申请为1056件，比"十一五"提高147.3%。1985—1990年，吐鲁番地区专利授权均为0件，1991年为3件。2014年为105件，为1991年的35倍。截至2014年年底，吐鲁番地区专利授权累计达到930件。"七五"吐鲁番地区专利授权为0件，"八五"为33件；"九五"专利授权为56件，比"八五"提高70%；"十五"专利授权为98件，比"九五"提高75%；"十一五"专利授权为287件，比"十五"提高192.9%；"十二五"（前4年）专利授权为456件，比"十一五"提高58.9%。

三、知识产权战略实施工作扎实推进

吐鲁番地区加强对自治区知识产权战略实施工作的领导。按照《战略纲要》和《推进计划》的要求，成立了吐鲁番地区知识产权战略实施工作领导小组，制定印发了《吐鲁番地区贯彻落实〈新疆维吾尔自治区知识产权战略纲要〉实施意见》。2011—2014年，根据《新疆维吾尔自治区知识产权战略实施推进计划》，由吐鲁番地区知识产权战略实施工作领导小组办公室牵头，各成员单位参加，每年制订《吐鲁番地区知识产权战略实施推进计划》，将知识产权战略实施的目标任务进行了分解，细化到各成员单位，明确其职责和任务。在各成员单位的密切配合下，吐鲁番地区的知识产权战略实施工作得到不断推进和深化，并取得显著成效。

四、知识产权执法维权工作不断加强

吐鲁番地区全面实施"专利行政执法能力提升工程"，认真贯彻执行《自治区专利行政执法能力提升工程实施方案》，组织开展多种形式的专利执法专项行动，不断完善专利行政执法工作制度，加强专利执法培训，不断提高执法人员业务素质和专利执法能力。整合行政执法资源，设立专利行政执法案件巡回审理庭，建立地区、部门之间跨地区、跨部门的专利行政执法协作联动机制，不断提高专利行政执法办案能力和办案水平。

在专利执法专项行动中，吐鲁番地区知识产权局与地区工商局、文广局（版权局）、质监局、食药监局和公安局等部门及吐鲁番市知识产权局对各类大型超市开展联合执法活动。对各种食品日用品、药品、各种音像制品进行认真检查，对带有专利标识的日用品、药品进行逐一登记。据统计，在执法活动中，吐鲁番地区共出动执法人员300余人（次），检查商业场所50余次，检查商品6万余件。受理调处专利纠纷案件19件，查处假冒专利案件38件。

五、宣传培训工作广泛开展

吐鲁番地区在知识产权宣传工作中，以纪念"3·15"国际消费者权益保护日、"4·26"世界知识产权日和"12·4"全国法制宣传日等重要纪念日和元旦、春节、古尔邦节等节日以及"中国专利周"为契机，以广播、电视、报纸、杂志、互联网络等媒体为载体，面向公众开展宣传《专利法》《促进与保护条例》等专利法律法规知识的普及宣传，不断增强社会公众特别是企事业单位的知识产权意识，努力营造良好的知识产权发展环境。据统计，吐鲁番地区知识产权局自成立以来，共举办了大型活动44次，举办知识产权专题讲座23次，发放宣传资料3万余份，向企业发放《企业专利工作手册》《知识产权基础知识简明读本》2000余册。

在培训工作中，以提升知识产权能力为目标，以知识产权试点园区、企业负责人、技术骨干为重点，以实施专利项目和知识产权试点示范为抓手，通过采取请进来、走出区等方式，邀请区内外知识产权专家、学者、资深专利代理人到吐鲁番地区授课、作专题报告，充分发挥地委党校、干部培训中心的作用，融合地区各部门、各单位、各行业的培训资源，积极推进知识产权人才培养和培训工作。据统计，2002年以来，吐鲁番地区先后举办知识产权专题讲座、报告会和各类培训班54期（次），培训人数达7000多人（次）。

六、知识产权运用能力进一步提升

一是以知识产权试点为抓手，提升知识产权运用能力。在自治区知识产权局的大力支持下，吐鲁番地区积极推进知识产权试点工作，使高新技术园区、经济技术开发区和企事业单位的知识产权运用能力得到不断提升。2007年3月，吐鲁番沈宏化工工业园区被自治区命为知识产权试点园区。2009年4月，吐鲁番市被国家知识产权局确定为知识产权试点市县。2010年，吐鲁番市第三小学被自治区知识产权局列为第一批知识产权试点学校。截至2014年，列入吐鲁番地区知识产权试点（示范）企业达到15家。试点示范企业专利实施率平均达80%以上，培育并形成了一批在区内外有一定影响力的专利产品。

二是以专利实施项目为引导，促进项目实施主体知识产权运用能力的提升。通过动员和帮助企业申报实施专利项目，引导项目实施单位建立健全知识产权体系、制度和激励机制；建立专利数据库，学会并利用专利文献信息；开展知识产权培训，制定运用企业专利战略；建立预警机制，开展维权和防止侵权等工作。截至2014年年底，吐鲁番地区共组织申报实施自治区专利实施计划项目8项，争取项目实施资助资金265万元，其中一个项目获得新疆专利奖。

七、知识产权对口援疆工作成效显著

2008年8月，湖南省知识产权局与吐鲁番地区签订了《知识产权对口支援合作协议书》，建立湘-吐知识产权对口合作机制，开展湖南知识产权援吐活动，取得了显著成绩。自开展知识产权对口合作工作以来，湖南省知识产权局先后为吐鲁番地区赠送了价值5.74万元的笔记本电脑、台式机和投影仪等办公设备，支持援疆资金114万元。

第七节　哈密地区知识产权（专利）工作

在哈密地委、行署的正确领导和自治区知识产权局的指导支持下，哈密地区在知识产权工作中坚持以邓小平理论和"三个代表"重要思想为指导，以全面提高知识产权创造、运用、保护和管理能力为目标，求真务实、开拓进取，各项工作取得实效和新进展。2006—2014年，哈密地区知识产权局连续被自治区知识产权局评为知识产权工作先进单位。2007年被哈密地直机关文明办授予"文明机关"称号；2009年被地区文明办评为地区级文明单位；2008年被国家人事部、国家知识产权局授予全国专利系统先进单位荣誉称号。

一、知识产权管理体系逐步完善

（一）加强地（县）市知识产权管理机构建设

1998年4月，哈密地区专利局成立。2002年5月，在原哈密地区专利局基础上成立哈密地区知识产权局，是哈密地区行署负责专利管理、执法保护及知识产权工作协调指导办公室工作的副县级事业单位（2006年，经地区编委批准，哈密地区知识产权局列入地区行署直属事业单位管理，参照公务员制度管理），人员编制10名，局领导职数2名，科级领导职数4名，设立3个科室（2007年，地区编委对哈密地区知识产权局内设机构和科级领导职数进行调整，内设综合、协调管理和法规3个科）。截至2014年年底，实有人员9人，其中，局长、副局长各1名，科级领导2名，职工5名。

2004年4月和2005年4月，哈密市和巴里坤县成立知识产权局。2010年9月，伊吾县成立了知识产权局。2002—2014年，哈密地区共有知识产权专（兼）职管理人员17名。哈密市把知识产权工作向乡（镇）延伸，全市有14个乡（镇）、4个街道办事处成立了知识产权办公室。地、县、乡三级知识产权工作体系基本完善，为地区知识产权工作的开展打下了坚实的基础。

（二）健全完善知识产权协调管理体系建设

1998年7月，哈密地区成立知识产权工作协调指导小组；2002年3月，对哈密地区知识产权工作协调指导小组成员单位进行了调整，制定工作制度，明确工作职责，确定办事机构，加强了对专利、商标、版权等知识产权工作的协调管理。2县1（市）均成立了知识产权工作协调指导小组。2012年12月，成立哈密地区知识产权战略实施领导小组，由28个成员单位组成。

二、知识产权政策法规建设

2002—2012年，先后出台了《哈密地区关于加强专利工作促进技术创新的意见》《哈密地区关于实施自治区知识产权战略推进工程的意见》《哈密地区专利申请资助资金管理办法》《哈密地区专利推广实施资助资金管理办法》《哈密地区知识产权战略纲要实施意见》等知识产权政策法规，并配套制定了《哈密地区知识产权战略实施推进计划（2011—2015年）》。一系列激励措施的出台和实施，极大地激发了企事业单位及个人发明创造的活力，知识产权创造意识和能力显著增强。

三、知识产权宣传培训工作

（一）大力开展知识产权宣传工作

自《专利法》实施以来，哈密地区坚持以知识产权宣传为先导，大力开展知识产权法律法规的宣传普及工作，社会公众的知识产权意识不断增强。2000—2014年，哈密地区共举办"保护知识产权宣传周"活动14次，组织各类宣传活动40次，印发维汉两种文字的宣传资料40440余份，悬挂横幅153余条，展示黑板报271块，参加宣传咨询服务人员达881余人（次）。

一是借助各种纪念日开展宣传。以纪念"4·26"世界知识产权宣传日、"3·15"消费者权益日、科技活动周、"12·4"全国法制宣传日等纪念日为契机，通过现场咨询、发放宣传资料、举办专利商标产品展示会、编发知识产权保护典型案例，举办专题报告会，制作展板、板报等多种形式，开展知识产权宣传活动。

二是借助各类新闻媒体开展宣传。充分利用报纸、电视、电台等新闻媒体，开展"哈密地区知识产权认识程度有奖征答"活动；举办企业知识产权专刊，开辟"专利知识访谈"，播放《知识产权在西部》《知识产权在中国》等专题片，宣传知识产权日常工作动态，营造"尊重知识、崇尚发明、保护知识产权"的社会环境。2001—2014年，在新疆知识产权好新闻评比活动中，哈密地区推荐33篇稿件，获奖作品21件，并获得2001年、2003年度新疆知识产权好新闻评比优秀组织奖。

三是借助网络、政务信息开展宣传。2003年6月，哈密地区在全疆率先建立知识产权信息网，借助网络传递了更多、更新、更快的知识产权信息。指定专职政务信息员，开辟多种多样的政务信息公开渠道，加大对政务信息的报送力度。2000—2014年，累计报送各类信息835条，采用739条。

（二）加大知识产权培训力度

根据《自治区知识产权万人教育培训计划》，哈密地区知识产权局制订了《哈密地区知识产权教育培训计划》，将知识产权培训纳入党政领导和专业技术干部继续教育内容之中，充分利用各级党校、行政学校和大中专学校的教学资源和办学优势，联合哈密地、县（市）组织、人事、司法、教育等部门，开展对各级领导干部、专业技术人员、企业管理人员和中小学生的知识产权培训活动。2003年5月，正式将知识产权纳入党政领导干部培训内容。2004年开始，将知识产权纳入专业技术干部继续教育内容，还借助"科技之冬""科技三下乡"活动，开展基层农业技术人员和农牧民知识产权培训。2000—2014年，哈密地区共举办知识产权培训班241期，培训人员19370人（次）。参加国家及内地知识产权业务培训36人（次），9人取得国家知识产权远程教育培训结业证书。通过各种形式的知识产权培训，有力地加强了知识产权人才队伍建设，提升了知识产权管理、运用能力。

四、知识产权行政执法工作不断强化

在专利行政执法工作中，哈密地区以保护知识产权权利人的合法权益为中心，坚持日常执法与专项整治相结合、提高执法水平与提高执法效率相结合、明确职责与强化协作相结合，扎实有效地开展知识产权行政执法保护工作。

（一）加强执法制度建设

哈密地区知识产权局结合工作实际，先后制定《哈密地区知识产权局行政执法责任制考核试行办法》《哈密地区知识产权局行政执法过错责任追究规定》《哈密地区知识产权局行政处罚重大案件备案制度》等13个行政执法管理办法，为切实推进依法行政提供制度保障。

（二）深入有效开展专项执法活动

自2011年以来，哈密地区扎实开展了"雷雨""天网""护航""双打"等专项执法活动。一是加强了领

导。制定专项行动实施方案，成立专项行动领导小组。二是建立了联合执法机制。哈密地区知识产权局积极联合工商局、文化体育广播影视局、公安局、质量技术监督局、食品药品监督管理局及哈密市知识产权局等部门，组织全地区专利行政执法人员就息息相关百姓生活的药品、家电、食品领域的产品开展重点拉网式检查。三是进行了登记。对标注专利标记的商品进行登记、检索、查询，对查出的假冒和冒充专利进行现场登记取证。四是打击了侵权违法行为。针对恶意、重复、群体专利侵权案件，积极争取公安部门的配合，共同进行调查取证、现场勘验，严厉打击故意侵权、冒充专利行为。五是开展"无冒充专利商业企业"评比活动。有6家商业企业获得2005—2006年度"无假冒冒充专利商业企业"称号。六是执法工作取得了显著成绩。2002—2014年，开展专利执法检查活动383次，出动执法人员1310人（次），检查各类经营主体395户，登记专利产品3400余件，查处冒充专利案件21起，调处专利侵权纠纷案件58件。

五、知识产权创造运用能力不断提升

哈密地区坚持以企业为主体开展全方位知识产权服务，积极引导企业提升知识产权运用能力。一是组织召开企业领导及专利权人座谈会和经验交流会，宣传推广先进单位的经验；二是通过专利申请资助，专利申请工作指导，建立激励机制，鼓励发明创造，提升企业专利数量和质量；三是开展企业专利工作调研，积极为企业提供知识产权咨询服务；四是积极促进企业专利转化和产业化。选择市场前景好的专利技术申报自治区专利实施计划项目，设立"哈密地区专利申请及专利技术推广实施专项资金"，促进专利技术及时转化和产业化。2002—2014年，哈密地区共申报自治区专利实施计划项目20项，立项的有11项，落实项目资金218万元。

六、知识产权管理水平不断提高

（一）积极开展企业知识产权试点工作

2004年，哈密地区知识产权局确认新疆金双猫化工有限公司、新疆顺天酒业发展有限公司两家企业作为地区首批知识产权试点企业，并及时指导试点企业建立完善《企业知识产权管理制度》《企业与员工保密协议》等企业知识产权管理制度，帮助企业培养知识产权工作者，指导做好专利技术、商业秘密的保护工作，不断提高试点企业管理人员的知识产权管理、运用能力。

（二）积极推进知识产权区域试点工作

2004年，经哈密地区知识产权局推荐，哈密市被批准为自治区首批知识产权区域试点城市。将区域知识产权试点工作与实施自治区知识产权战略推进工程相结合，按照《自治区知识产权区域试点工作方案》，指导试点区域加强知识产权工作体系和法规政策体系建设，广泛开展知识产权宣传培训工作，积极培养知识产权管理、服务人才，有力推进技术创新和科技成果知识产权化及专利技术产业化，有效促进了地区经济社会的快速发展。2007年，哈密市区域试点工作被评为自治区先进单位。2009年，哈密被批准实施首批国家知识产权强县工程。

（三）积极参加新疆专利奖评选工作

经哈密地区推荐，2011年，新疆汇通旱地龙腐殖酸有限责任公司刘广成荣获自治区"优秀发明创造者"二等奖；2012年，国投新疆罗布泊钾盐有限责任公司的"用含钾硫酸镁亚型卤水制取硫酸钾的方法"专利项目获得首届"新疆专利奖"一等奖；国投新疆罗布泊钾盐有限责任公司总经理李浩荣获自治区"优秀发明创造者"一等奖，受到自治区人民政府的表彰奖励。

（四）积极开展企业专利消零工作

根据自治区《关于在全区科技型企业、中小企业、规模以上企业、国有企业开展消除"零专利"工作的通知》精神，地区知识产权局会同地区经信委、科技局和国资委等部门联合制定《哈密地区科技型企业、中小企业、规模以上企业、国有企业开展消除"零专利"工作实施方案》，成立专项工作领导小组，邀请国家、自治区、河南省及知识产权代理机构有关专家深入企业开展调查摸底和宣传咨询服务活动，对企业的规模、生产状况、技术研发、生产前景以及知识产权创造、运用、保护、管理等方面的情况进行全面摸底调查。通过调研督导，企业知识产权意识不断增强，自主创新、专利创造能力明显提升。

七、加强管理提升专利创造工作

（一）专利申请授权数量和质量不断提高

自《专利法》实施以来，哈密地区专利申请、授权量呈逐年上升趋势。1985年，哈密地区专利申请为0件，1986年为1件，1987年为6件，1988年为14件。"七五"为38件，"八五"为55件，"九五"为145件，"十五"为152件，"十一五"为245件，"十二五"（前4年）为928件。科技含量较高的发明专利申请，哈密地区"七五"为7件，"八五"为16件，"九五"为31件，"十五"为35件，"十一五"为56件，"十二五"（前4年）为183件。企业专利申请，1985—1993年均为0件，1994年为2件，2000年为9件，2012年为34件，2013年为120件，2014年为205件。截至2014年年底，哈密地区专利申请累计达到1563件，在全区排第11位，发明专利申请和企业专利申请数在全区均排第8位，职务专利申请数在全区排第9位，科研院所专利申请数排第6位。

1985—1987年，哈密地区专利授权均为0件，1988年为1件，1989年为7件；"七五"为13件，"八五"为31件，"九五"为76件，"十五"为98件，"十一五"为170件，"十二五"（前4年）为606件。科技含量较高的发明专利授权，"七五"哈密地区为0件，"八五"为1件，"九五"为2件，"十五"为11件，"十一五"为15件，"十二五"（前4年）为72件。企业专利授权，1985—1998年均为0件，1999年为2件，2007年为10件，2012年为17件，2013年为120件，2014年为112件。截至2014年，哈密地区专利授权累计达到994件，在全区排第8位，科研院所专利授权数在全区排第5位，发明、实用新型专利授权数在全区分别排第7位和第8位，职务专利授权数在全区排第9位，大专院校专利授权数在全区排第6位。

（二）加强专利申请资助资金管理工作

2008年，哈密地区财政将专利实施资助、专利资助资金列入本级财政预算，2012年，经地委、行署批准，地区专利申请资助及实施资金以每年20%增长，以鼓励发明创造、促进专利技术及时转化为现实生产力。为激励专利权人发明创造的积极性，促进地区专利申请量，哈密地区知识产权局按照《自治区专利申请资助资金管理办法》及《哈密地区专利申请资助资金管理办法》，加大专利申请资助力度。2002—2014年，共发放专利申请资助资金59.7万元。

八、中小学知识产权教育试点工作

2005年，在全疆率先组织开展中小学知识产权教育试点工作。2009年5月，哈密地区知识产权局等单位在广东知识产权局主编的《知识产权教育读本（初级版）》基础上，结合知识产权教育试点的实践经验，2010年编写出新疆知识产权教育学生用书——《知识产权教育读本——初级版》。2012年4月，正式启动地区中小学知识产权教育推广工作，中国知识产权培训中心、自治区知识产权局领导专程来到宣传周活动现场，为哈密地区城镇、乡镇87所中小学赠送1000套"中小学发明创造与知识产权"动画光盘课程。2012年7月，中国知识产权培训中心在哈密地区举办中小学知识产权师资培训班。有69所学校主管领导、教师及地、县（市）教育和知识产权系统工作人员193人参加了培训。

哈密地区知识产权局积极推进学校知识产权试点工作。一是组织试点学校的骨干教师赴广东省佛山市南海区、广西桂林等地考察学习培训，为中小学知识产权教育试点工作的开展提供了强有力的师资保证；二是组织召开中小学知识产权教育试点工作会议，在全地区部署中小学知识产权教育试点工作；三是各试点学校结合其特点，制定实施方案；四是组织开展了动员会、家校联系会、知识产权讲座、科技小作品制作、知识产权小报制作、科技多媒体展示、小小广播员、知识产权小记者等活动。五是试点工作通过了自治区的验收。2010年4月，经过三年的试点，哈密石油第二学校和哈密市第四小学被授予"自治区知识产权教育示范学校"。

九、知识产权对口合作交流成效显著

（一）粤哈知识产权对口合作交流活动

2006年8月，哈密地区行署与广东省知识产权局签订《广东省知识产权局与新疆哈密地区行政公署对口协作协议》。2007年10月，哈密地区知识产权局与广东省东莞市知识产权局签订《新疆哈密地区知识产权局与广东省东莞市科技局（知识产权局）建立友好地市知识产权局合作协议》。2009年，哈密地区与广东省续签第二轮《广东省知识产权局与新疆哈密地区行政公署对口协作协议》。2006—2011年，粤哈两地人员互访共10批50人（次），援助经费152万元，受赠中小学知识产权教育读本5000本。东莞市知识产权局为哈密地区知识产权局捐赠工作车一辆。粤哈知识产权交流与合作工作得到了自治区知识产权局的充分肯定，并作为典型经验向全区推广。

（二）豫哈知识产权对口合作交流活动

2010年12月，哈密地区行政公署与河南省知识产权局签订《河南省知识产权局与新疆哈密地区行政公署对口协作协议书》。河南省知识产权局将哈密地区列入"18+1"地市。2011年3月，河南省知识产权局召开工作会议，专门邀请哈密地区及县市知识产权局局长参加。会上，郑州市知识产权局与哈密地区知识产权局、郑州市二七区知识产权局与哈密市知识产权局、新乡市红旗区知识产权局与伊吾县知识产权局、长葛市知识产权局与巴里坤县知识产权局分别签订对口援助、交流与合作协议书。河南省知识产权局选派优秀专利代理人指导哈密地区开展企业知识产权工作，帮助企业挖掘专利，指导企业撰写专利申请材料，提交高质量专利申请材料，大幅度提升哈密区知识产权管理与运用能力。2012年5月，在河南省知识产权局的大力支持下，引进SOD酶技术，在4亩瓜地使用SOD酶技术，进行增加哈密瓜含糖量测试试验，并获得成功。在同样栽培条件下增加哈密瓜含糖量0.8%—1%，SOD酶的活性达到了32.08U/g。2010—2014年，豫哈两地互访人员共8批30人（次），落实援助经费95万元。通过对口交流等活动，拓展了工作新思路，促进了豫哈两地特别是哈密地区知识产权事业的发展。

第八节 巴音郭楞蒙古自治州知识产权（专利）工作

巴州知识产权工作在州党委、政府的正确指导和大力支持下，坚持以宣传培训为先导，积极推进知识产权创造、运用、保护、管理能力的不断提升，确保了知识产权宣传培训、试点示范、专利实施、专利执法等项工作的较好完成。巴州知识产权局的工作多次受到上级好评，5次被评为全国知识产权系统先进集体，12次被评为自治区知识产权工作先进集体，4人（次）被评为全国知识产权系统先进个人，19人（次）获得自治区知识产权系统先进个人荣誉称号。

一、大力推进专利管理体系建设

2002年9月，成立巴州知识产权局，是依照《公务员法》管理的副县级事业单位。2004年，经巴州人事局和巴州编办批准列入参照公务员管理的事业单位。2014年，编制6名，未设立科室。2006年，库尔勒市成立了知识产权局。巴州8县1市共配备兼职知识产权工作管理人员10人。

二、积极开展各项知识产权工作

（一）营造良好的政策法治环境，促进知识产权事业发展

巴州各级党政高度重视知识产权工作，坚持把知识产权工作摆在重要议事日程，纳入自治州绩效考核指标。《战略纲要》颁布实施后，结合实际，制定印发了巴州《关于贯彻自治区知识产权战略纲要的实施意见》

和《关于加强专利行政保护工作的通知》。坚持将知识产权纳入科技特派员的工作重点内容，制定下发了巴州《关于开展企业科技特派员专项行动的实施意见》，对科技创新获得知识产权保护、专利技术转化实施、专利权属约定等提出具体要求，突出创新特色。

（二）加强宣传培训，全社会知识产权意识普遍提高

在宣传工作中，充分发挥广播、电视、报纸等新闻媒体作用，以纪念"3·15"国际消费者权益日、"4·26"知识产权宣传周、11月"专利周""12·4"法制宣传日等纪念日为契机，广泛深入开展知识产权法律法规宣传普及活动，发放各类知识产权宣传资料达5.8万册（份）。2004年年底—2005年2月，举办了巴州"十大科研成果、十大发明"评选活动。2007年、2008年的4月，巴州知识产权局联合巴州党委宣传部和科技局举办了巴州知识产权好新闻评选活动和知识产权进校园活动。2010—2014年，在知识产权宣传周、专利周期间，举办了6届巴州"创新杯"知识产权知识竞赛；在巴州广播电台开辟知识产权专栏；巴州和库尔勒市知识产权有关部门及新疆生产建设兵团第二师科技局等单位开展广场咨询服务活动等。巴州知识产权局深入大中专院校举办《专利法》讲座、形势报告会、板报展。

在培训工作中，根据《自治区知识产权万人教育培训计划》，结合巴州实际，制订实施了《巴州知识产权千人教育培训计划》。以党政领导、知识产权管理人员、专利执法人员和企事业单位管理人员、营销人员和科技人员为对象，举办了各种类型知识产权培训班。据不完全统计，截至2014年年底，巴州共举办知识产权培训班45期、专题讲座66次，培训各类人员达3.5万人（次）。

（三）加强知识产权管理，促进专利技术转化和产业化

自2003年以来，巴州组织企业申报自治区专利实施计划项目18项，争取项目实施资金493万元，转化专利技术80余项，实现产值4.45亿元，利税7500多万元。

（四）深化试点示范工程，培育知识产权优势企业

一是积极推进区域知识产权试点工作。经推荐，2004年，库尔勒经济技术开发区被列为自治区知识产权试点区域。二是积极开展企事业单位知识产权试点工作。巴州有3家企业被列为自治区试点企业；分三批、40家企事业单位被确定为巴州知识产权试点单位。根据知识产权试点企业需求，组织有关人员深入企业开展帮扶指导工作。三是在商业流通企业开展专利保护试点工作。巴州有6家商业流通企业被列为自治区知识产权保护试点单位。通过专业培训和指导，商业流通企业专利保护意识和商品管理、维权能力得到加强和提高。四是积极开展企业知识产权贯标工作。巴州有4家企业被确定为知识产权贯标单位。按照《企业知识产权管理规范》要求，把知识产权管理纳入到企业整个经营、管理过程，通过建章立制，完善管理体系，加强人员培训等措施，提高企业知识产权管理能力和运用水平。

（五）加强专利行政执法，维护市场经济秩序

2003年以来，巴州知识产权局共开展专利行政执法检查176次，其中联合执法112次，出动执法人员1056人（次），登记标有专利标志的产品640余种，查处假冒专利违法案件71起，调处专利侵权纠纷案件70起。

（六）激励发明创造，专利申请数量和质量不断提高

自《专利法》颁布，特别是"十一五"以来，巴州的专利申请量每年呈上升趋势。1985年，巴州专利申请只有1件，1990年为16件，1995年为32件，2000年为60件，2010年为145件，2014年为510件。"七五"巴州专利申请为38件，"八五"达到169件，"九五""十五""十一五"分别为220件、275件、513件，每年都上新台阶。"十二五"（前4年）专利申请过千件，达到1491件，为"七五""八五""九五""十五"和"十一五"专利申请量的34.2倍、9.4倍、6.5倍、5.4倍和2.4倍。截至2014年，巴州专利申请量累计达到2706件。巴州三种专利申请总数、实用新型、外观设计专利申请数，均在全区排第6位；发明、非职务、职务和企业专利申请数均在全区排第5位；科研院所和机关团体专利申请数在全区排第8位。

巴州专利授权数量逐年提高。1985年、1986年均为0件，1987年为1件，1990年为8件，2000年为22件，2010年为91件，2014年达到件218件。"七五"巴州专利授权为13件，"八五"为73件，"九五"为94件，"十五"为145件，"十一五"为340件，"十二五"（前4年）为674件。截至2014年年底，巴州专利授权累计达到1339件。巴州三种专利授权总数、发明、实用新型和企业专利授权数均在全区排第6位；外观设计专利授权数在全区排第5位；职务、非职务及大专院校专利授权数在全区排第7位；机关团体专利授权数在全区排第8位。

（七）加强"一法一条例"检查，推动《专利法》的贯彻实施

2006年8月，巴州人大常委会组织有关部门对巴州贯彻《专利法》《专利保护条例》情况进行了检查；2008年6月，自治区人大常委会组织有关部门对巴州贯彻《专利法》及《专利保护条例》情况进行检查，对"一法一条例"贯彻执行情况给予充分肯定。2014年9月，巴州人大常委会组织有关部门对巴州贯彻《专利法》情况进行调研检查，有力地推动了《专利法》的贯彻实施。

（八）建立深化合作机制，知识产权对口支援合作取得实效

2009年11月，巴州人民政府与河北省知识产权局签订了知识产权对口支援合作协议，库尔勒市人民政府与石家庄市签订了对口支援合作协议，建立并形成了知识产权对口支援合作机制。几年来，双方组织开展了大量的互访、交流，考察调研，学习培训等活动。围绕巴州"六大产业"，开展了专利技术项目对接，由河北省知识产权局牵头组织，河北企业落户巴州进行专利技术转化和产业化。河北省知识产权局积极支持巴州知识产权局建设，支援工作经费达126万元。

第九节　阿克苏地区知识产权（专利）工作

阿克苏地区知识产权工作在地委、行署的正确指导和大力支持下，以实施自治区知识产权战略为契机，以宣传培训为先导，以试点示范为载体，以实施和保护为核心，以提高地区知识产权拥有量和转化率为出发点和落脚点，努力提升知识产权创造、运用、保护和管理水平。

一、完善工作体系，为工作开展打下良好基础

充实知识产权管理机构。地委、行署高度重视知识产权工作，2003年成立了阿克苏地区知识产权局，副县级单位，依照公务员制度管理，编制5个。2010年，阿克苏地区知识产权局增加编制3个，总编制数达到8个。2012年，在阿克苏地区知识产权局内设综合科、执法科两个科室，设立科级职数2个，进一步完善了知识产权工作体系。2008年8月，8县1市科技局均挂牌成立了知识产权局，为县（市）知识产权工作的正常开展奠定了基础。截至2014年年底，阿克苏地区有9个县市成立知识产权管理机构，配备专兼职工作人员9人，地区级管理机构1个、编制数8个、实际在岗7人，建立知识产权信息网站1个、专利信息平台1个。

加强知识产权宏观管理和协调工作。阿克苏地区行署成立了知识产权工作协调领导小组和知识产权战略实施领导小组，在地区知识产权局设立办公室，成员单位25个，地区出台了贯彻落实自治区知识产权战略实施意见，将年度战略实施目标任务分解到各成员单位，将成员单位的职责和县（市）专利申请目标落实情况纳入《阿克苏地区党政领导科技进步目标责任制》考核体系，为整体推动自治区知识产权战略实施向纵深开展起到了积极的促进作用。

二、加大培训力度，提高知识产权管理水平

为提高知识产权管理水平，阿克苏地区知识产权局多次邀请区内外知识产权界的领导和专家，以及自治区专利代理机构专业人员对地、县及企业知识产权管理人员进行培训；积极协调组织人事部门将知识产权培训纳入党校和科技人员继续教育课程，使知识产权培训与党校干部培训、科技人员的培训有机结合起来；工商、经

贸、教育、科协、阿克苏工业园区管委会等知识产权相关部门对工商户、企业负责人、学校师生等不同对象进行具有针对性和实效性的知识产权专题宣讲和培训。针对领导干部将知识产权战略内容列为党校主体班次必设课程；针对流通领域的负责人和销售人员进行辨别真假专利商品、销售假冒专利产品的法律责任等方面的培训；针对生产企业的管理人员和技术人员进行企业知识产权战略方面的培训。截至2014年年底，阿克苏地区共举办各类知识产权培训班254期，培训各类人员26151人（次）。举办各类知识产权专题讲座26场（次），参加人员25592人次。其中党政领导干部7029人（次）、执法司法人员68人（次）、知识产权管理人员1841人（次）、企事业单位人员7887人（次）、中学生和农牧民6719人（次）、工商户等人员2408人（次）。

三、广泛开展宣传，不断提高公众知识产权意识

以知识产权宣传周、专利活动周为主，同时借助"3·15"、科技活动周、青少年科技创新大赛、科技下乡等平台，加大对公众的宣传力度。通过开展知识产权宣传"五进"，即"进机关、进社区、进企业、进校园、进乡村"，在城市主要街道设置知识产权固定公益广告牌、宣传栏，召开知识产权新闻发布会、座谈会、形势报告会，组织大型宣传咨询、真假专利产品展示，在阿克苏日报、阿克苏电视台、阿克苏零距离微信平台等媒体设置专栏，在公交传媒播放专题片，给手机用户发送公益短信，组织知识产权好新闻评选、有奖知识竞赛、普法考试、万人签名等活动，丰富宣传内容，强化宣传效果，提高全社会知识产权意识。据不完全统计，阿克苏地区共举办知识产权重大宣传活动51次，参加人员59500人（次），出动车辆241台（次），出动3207人（次），印发宣传资料11700份，悬挂宣传标语1412条，出专版24期，展出宣传板报、展板1690块，网络报刊刊登稿件1358篇，借助电台、电视台宣传16次，开展知识产权"五进"活动17次，在出租车电子显示屏等媒体开展宣传12次、1142条，发送知识产权收集短信6.2万条。

四、鼓励自主创新，知识产权数量和质量稳步提升

围绕地区"两个率先"工作目标，大力实施企业专利消零工程，激发知识产权创造力。通过定期深入企业调研，邀请专利申报专家现场挖掘等方式，帮助企业分析挖掘专利技术申报线索。据统计，调研企业帮扶152家，其中帮助36家没有专利的企业新申报专利67项。借助上海市知识产权局援建的专利信息查询站，帮助企业开展同类产业专利技术检索。围绕重点发展的优势林果业——红枣、核桃等进行了专题检索和分析，形成了《有关红枣、核桃加工技术中国专利情况的分析报告》，为地区发展特色林果业起到了决策参考作用。同时，主动与专利权人联系，使专利申请资助政策和资助经费落实到人，大力提高政策受益面，激发发明人的创造热情。地区先后资助专利申请409件，发放专利申请资助资金31.16万元。在资助政策的激励下，地区专利申请量和授权量快速增长，截至2014年，阿克苏地区专利申请量超过两千件，达到2105件，其中发明专利416件、实用新型1259件、外观设计430件；专利授权累计达到1129件，其中发明专利74件、实用新型816件、外观设计239件。阿克苏地区专利申请和授权总数、发明专利申请数、实用新型专利申请数和授权数、职务发明专利申请数、科研院所专利授权数在全区排第7位；大专院校专利申请和授权数在全区排第3位；外观设计和职务发明专利授权数在全区排第6位；发明专利授权数和外观设计、非职务发明专利申请数在全区排第8位；科研院所、工矿企业和机关团体专利申请数、非职务发明、科研院所和机关团体专利授权数在全区排第9位。

五、强化管理服务，专利实施转化成效显著

知识产权试点示范工作取得成效。阿克苏市十一校、二校被确定为自治区级知识产权试点教育学校，十一校在2012年全区"中小学生知识产权创意大赛"中获得先进单位；共有4家企业被列为自治区企事业知识产权试点单位。2012年，鹏远管业等18家企事业被列为第二批阿克苏地区专利试点企业；阿克苏市八中等5所学校被列为阿克苏地区中小学知识产权试点单位；库车县第三中学被列为阿克苏地区知识产权示范单位。知识产权

试点企业——库车天河化工有限责任公司由试点前的1件专利增加到试点后的9件；拜城县众泰煤焦化公司在试点工作中为发明人按照每件专利5000元进行奖励，专利转化后按照带来的利润给予重奖，三年来新增专利申请15件；利农机械制造有限公司的"辊轮式棉花精量点播机"获自治区科技进步二等奖；阿克苏精准农机制造有限责任公司的"田间膜片扎收清理机"专利、新疆天海腾惠科技股份有限公司的"一种风化煤生物有机肥及其生产方法"专利，分别获自治区专利奖二等奖和三等奖。

专利实施工作取得明显的经济和社会效益。阿克苏地区先后投入415万元专利实施资金，促进49项专利技术转化，实现经济效益5300万元，产生利润490万元，缴税230万元；为项目实施主体培训人员835人（次）；推动产生新专利58件；解决就业607人，为地区推进新型工业化进程起到积极推动作用。阿克苏利农农机制造公司将其专利技术许可多个农机制造企业，专利许可费达到200多万元。沙雅县一杆旗公司授权专利由实施前的4项增长到10项，企业的全部利润均来自于专利产品。新疆天河化工有限责任公司仅工业废油膨化硝铵炸药一项专利的实施，就使制造炸药的原材料由5120元/吨降至4455元/吨，年节约原材料成本5346万元。恒丰糖业对引进的制糖结晶系统改造专利技术生产线进行改造，不但使生产成本每吨降低了1度电，而且糖品合格率由68%提升至98%，产品在南疆三地州的市场占有率达到100%。

六、加大执法力度，维护知识产权市场秩序

阿克苏地区探索形成了横向联合、纵向联动的联合执法机制，组织工商、文化、质检等成员单位和各县市通力合作。在专利执法活动中，采取日常执法、重点节日与专项执法相结合的方式，加大执法力度，在维护知识产权权利人合法权益和整顿市场经济秩序方面发挥了积极作用；与全国同步开展了"雷雨""天网""双打""护航"等一系列专项行动；在商业企业开展专利保护试点和"无假冒专利产品诚信单位"创建活动；在流通企业推行专利商品台账登记、索证、验证等管理制度，联合工商、药监、质检等部门采取日常执法、重点节日与专项行动相结合的方式，对商场、超市、药店、建材市场、农资农机销售市场进行了重点整治。同时，积极探索专利执法工作向县市延伸的有效途径，对县市考核新增假冒专利案件执法工作情况目标考核指标，指派专人赴县市就执法工作中的具体问题开展专题讲座，根据地区知识产权局执法安排抽调县市执法人员参与假冒案件的现场检查、抽样调取等工作，对县市自办案件进行全程跟踪指导，抽调案卷进行评查确保办案质量。专利执法出动执法人员1453人（次），检查商业场所1232家（次），检查商品15.3万件，立案查处专利假冒违法案件70件，结案70件。同时，积极开展专利侵权案件调处工作，受理专利侵权纠纷案件40起，结案40起，按照管理权限，移送自治区知识产权局9起，移交巴州知识产权局6起，配合喀什地区知识产权局开展执法1次。

七、深化交流合作，推动援疆工作向纵深发展

地区行署积极与对口支援的上海市、浙江省对接，签订了《知识产权对口支援合作协议书》。从建立知识产权交流工作机制、培养知识产权人才队伍等5个方面入手，组织到上海、浙江等援疆省市考察学习6次，为阿克苏地区培训各类人员178人（次），接受援助资金90万元。同时，搭建了县市层面对口合作平台，由地区行署分管副专员带队，组织5个县市知识产权局局长组成考察团，深入宁波市、嘉兴市、温州市、丽水市就县市知识产权工作如何有效开展进行了深入的交流座谈和学习，并实地考察了知识产权服务中心和知识产权援助中心等，促成了库车、沙雅、拜城、新和、乌什5个县与对口支援市建立了合作交流关系，分别签订了《知识产权对口支援协议书》，明确了知识产权对口支援合作具体事宜，实现了知识产权对口援助向县市层面的延伸。

第十节　喀什地区知识产权（专利）工作

在喀什地委、行署的正确领导和自治区、援喀省市知识产权局的大力支持和本地区各部门的密切配合下，喀什地区的专利工作以增强全社会知识产权意识，提升知识产权创造、运用能力为目标，积极开展知识产权宣

传培训、专利执法保护、知识产权试点示范、企业知识产权帮扶、专利信息利用等项工作并取得可喜成绩。

一、建立健全知识产权工作体系

2002年以前，专利工作由原地区科委代管。2002年9月，成立喀什地区知识产权局，为行署主管专利工作和协调知识产权事宜的参照公务员法管理的全额拨款的副县级事业单位，人员编制9人，内设综合科和法律事务科2个科室。2010年5月，成立喀什市知识产权局。

2002年12月，成立喀什地区知识产权工作协调指导小组，建立知识产权联络员队伍。2006年9月，喀什地区知识产权工作协调指导小组名称变更为"喀什地区知识产权工作领导小组"。2008年4月，对地区知识产权工作领导小组成员进行补充和调整，完善了领导小组工作制度，明确了领导小组各成员单位的工作职责。2010年8月，成立喀什地区知识产权战略实施领导小组。喀什地委委员、行署常务副专员叶林任组长，行署副专员木太力甫·托合提和行署专员助理杨小林任副组长，成员由行署秘书长、副秘书长和有关部门的领导32人组成。2014年2月20日，成立喀什地区行政公署打击侵犯知识产权和制售假冒伪劣商品工作领导小组。喀什地区行署副专员王勇智任组长，成员单位由地区公安局等12个部门组成。

二、专利创造的数量和质量不断提升

1985年，喀什地区专利申请为0件，1986年为3件，2014年年为114件。截至2014年年底，喀什地区三种专利申请累计达到1646件。"七五"喀什地区专利申请为21件，"八五"为55件，比"七五"提高161.9%；"九五"为78件，比"八五"提高41.8%；"十五"为207件，比"九五"提高165.4%；"十一五"为681件，比"十五"提高229.0%；"十二五"（前4年）为604件，比"七五""八五""九五"和"十五"分别提高2776.2%、998.2%、674.4%和191.8%。

1986—1987年，喀什地区专利授权均为0件，1988年为2件，2014年为99件。截至2014年12月，喀什地区专利授权累计达到968件。"七五"喀什地区专利授权为8件，"八五"为28件，比"七五"提高250.0%；"九五"为38件，比"八五"提高35.7%；"十五"为122件，比"九五"提高221.1%；"十一五"为371件，比"十五"提高204.1%；"十二五"（前4年）为401件，比"七五""八五""九五""十五"和"十一五"分别提高4912.5%、1332.1%、955.3%、228.7%和8.1%。

三、知识产权管理不断创新

一是重视加强知识产权政策制度建设。结合喀什地区实际，先后制定出台了《关于喀什地区实施知识产权战略推进工程的意见》《喀什地区贯彻自治区知识产权战略纲要实施意见》《喀什地区展会专利保护办法》《喀什地区知识产权战略实施推进计划（2012—2016年）》和《喀什地区销售专利产品管理办法（修订版）》等政策制度。

二是积极推进知识产权协调机制的建立。2012年9月26日，在喀什行政公署召开了南疆四地州知识产权保护区域合作座谈会，并共同签署了《南疆四地州知识产权保护区域合作协议》，建立并实施了"南疆四地州知识产权保护区域合作机制"。2014年2月，喀什地区与新疆生产建设兵团第三师科技局建立并实施了"喀什地区与新疆生产建设兵团第三师知识产权保护合作机制"。

四、知识产权执法保护得到强化

喀什地区在专利行政执法工作中，以严厉打击侵犯知识产权和假冒专利等违法行为，规范市场经济秩序为目标，努力营造"尊重知识、崇尚发明、保护知识产权"的市场环境，为招商引资与技术创新创造有利条件。据统计，截至2014年年底，喀什地区共出动执法人员2220人（次），检查商业场所336次，检查商品36463件，捣毁摧制售假冒伪劣专利产品窝点14处，查处侵权产品6685件，查处假冒专利标识2880个，销毁各类制假模具8套，收缴侵权产品操作系统软盘1个，制作悬挂宣传横幅60余条，制作执法展板14块，发放各类宣传资料16810余份，接受咨询近7000多人（次），受理"12330"及内部投诉电话41次，受理投诉电话109次，联合执法16次，与区内外协作执法4次，受理调处各类专利案件86起，涉案金额151.9万元，参与行政诉讼2起。喀什地区专利执法工作得到了上级的好评。2011年、2012年连续两年被国家知识产权局和公安部评为全国知识产权系统和公安系统知识产权执法保护先进集体。有3次被评为自治区专利执法工作年度先进集体；有5人（次）被评为自治区专利执法工作年度先进个人。2013年在副省级城市及地级市绩效考核评价活动中喀什地区位居第8位。

五、知识产权宣传培训广泛开展

（一）知识产权宣传工作

喀什地区高度重视知识产权宣传工作。每年坚持以"3·15"消费者权益日、"4·26"世界知识产权日、"5月科技宣传周""12·4"、宪法宣传日等纪念日和节日为契机，地委宣传部等部门联合开展形式多样的知识产权宣传活动。一是加强对宣传活动的领导。在每次宣传周前，地区都建立保护知识产权宣传周活动领导小组和办公室，加强对宣传活动的部署安排和检查指导，使宣传周等活动做到有组织、有重点、有措施、有实效。二是紧密结合地区实际，制订周密的宣传周等宣传活动方案。三是采取有力措施，充分发挥各部门和新闻媒体的作用，积极开展内容丰富、形式多样的宣传活动。在每年的宣传周期间，喀什地区知识产权局等知识产权相关职能部门都在喀什市人民广场、艾提尕尔广场、新世纪百货广场和健身广场等四大广场和街头设立宣传咨询点，开展知识产权宣传咨询活动，取得良好的宣传效果。据统计，喀什地区共投入宣传经费6.8万元，出动宣传工作人员574人（次），出动车辆180台（次），组织大型活动63场（次），参加活动人数3.5万人（次），咨询人数1.2万人（次），印发宣传资料5.86万份、刊物2400份，报纸出专版76个，出宣板报117块，悬挂横幅780条，举办专题报告会23次，参加人5200人（次），举办知识产权网络、校园知识竞赛2次，参加人员800多人（次）；向各单位和12个县市赠送"中国知识产权报"8380份；发送知识产权公益性手机短信98万条；向各级网站报送新闻信息700余条，采纳590条。

（二）知识产权培训工作

认真落实自治区和喀什地区知识产权培训计划，喀什地区知识产权局协调地委党校等部门，以党政领导干部、专业技术人员、科技管理人员、知识产权管理人员、企业高级管理人员和业务骨干为对象，举办各类知识产权培训班和专题讲座。据统计，截至2014年年底，喀什地区共举办各类知识产权培训班和专题讲座55期（次），培训人数10080人（次），其中，党政领导干部920人（次），企事业单位工作人员和科技管理人员840人（次），知识产权管理和执法人员108人（次），中学生8212人（次）。

六、知识产权管理、运用工作取得成效

一是积极推进专利技术实施转化工作。2003年以来，经地区知识产权局推荐报自治区知识产权局批准，实施自治区专利计划项目8项、资金120万元，有力地促进了专利技术的实施转化。

二是大力开展专利申请资助工作。自2003年以来，喀什地区争取并发放自治区专利申请资助资金40多万元，资助专利申请250多件，极大地激发了发明创造的积极性，促进了喀什地区专利申请数量和质量的不断提升。

三是开展科技型企业消除"零专利"专项行动。在企业消除零专利专项行动中，喀什地区知识产权局深入12个县市的工业园区147家企业进行摸底调研，向基层企业厂长经理和科技人员开展面对面咨询服务，指导企业解决专利申请工作中遇到的困难和问题。

四是狠抓企事业单位知识产权试点工作。经申报和自治区知识产权局批准，新疆雅戈尔棉纺织有限公司被

列为自治区知识产权试点企业。该试点企业在地区和市知识产权局的支持指导下，知识产权管理体系得到完善，建立企业知识产权制度和奖励机制，加大了专利产品的开发和资金投入，保持每年总收入的2%以上投入研发，专利产品产值达332万元，利润41万元。

五是积极开展中小学知识产权试点工作。经地区知识产权局、教育局的申报和自治区知识产权局与教育厅批准，喀什市第二十八中等七所学校被列为自治区第一批中小学知识产权教育试点学校。在地区知识产权局的指导下，试点学校开展了丰富多彩宣传培训活动。为确保试点学校知识产权教学工作，地区知识产权局给喀什市第二十八中学和喀什市第九小学赠送价值4万多元的投影仪、电脑、数码照相机等电教设备。2011年，在自治区中小学知识产权试点工作考核活动中，喀什市第二十八中被评为自治区知识产权宣传教育先进试点学校。

七、知识产权对口援疆活动成效显著

2008年8月、2010年12月、2011年5月和2012年7月，山东省、广东省知识产权局，深圳市场监督管理局和上海市知识产权局先后与喀什地区行署签署知识产权对口支援合作协议，建立知识产权对口援助合作关系（与上海市知识产权局签订的是意向对口援疆合作协议）。

自2008年以来，对口援疆省市知识产权局通过资金、项目、培训等多种形式的知识产权援喀活动。一是山东省、广东省和深圳市等知识产权局通过资金援助，为喀什地区知识产权局购置了台式计算机、笔记本电脑、打印机、复印机、传真机、数码相机、文件柜、办公桌椅、档案柜等办公设备和执法装备，加强自身能力建设，保证了各项工作的顺利完成，有力地促进了喀什地区知识产权事业发展。据统计，喀什地区共接收专项资金150万元。二是加强了合作交流。2008年以来，喀什地区先后派出45人（次）到山东、广东、深圳和上海等地挂职、考察学习。同时，山东省等4省市知识产权局有40多人（次）来喀什调研。通过相互学习交流，既加强了相互了解，扩大了共识，增加了友谊，又开阔了视野，更新了理念，提高了业务。

第十一节　克孜勒苏柯尔克孜自治州知识产权（专利）工作

在克州党委、人民政府的正确领导和自治区知识产权局的指导、帮助下，克州知识产权（专利）工作坚持以服务经济建设为中心，以提升知识产权创造、运用、保护和管理能力为目标，积极加强知识产权体系、队伍建设，努力营造良好的知识产权氛围，在战略实施、执法保护、管理服务、宣传培训等方面取得了可喜的成绩。

一、工作体系与队伍建设

2003年5月27日，根据克州11届政府第二次州长办公会议决定和克州编办"克机编办字〔2003〕31号"文，克州知识产权局正式挂牌。2006年3月20日，克州编委办公室印发"克机编办字〔2006〕17号"文件，同意成立克州知识产权局，副县级，内设综合科，事业编制5名，局、科领导职数各1名。

2007年4月20日，经克州人民政府批准，成立"克孜勒苏柯尔克孜自治州知识产权协调指导小组"。副州长鲍广图任组长，政府秘书长候全义等任副组长，29个政府部门的领导为成员。

二、专利创造工作

自专利法实施以来，克州通过开展专利法宣传，开展企业知识产权试点、专利申请资助、专利"消零"和知识产权托管服务等活动，不断提高社会公众尤其是市场主体技术创新、专利创造的积极性。

1985—2002年，在克州知识产权局成立前的18年间，克州的专利申请累计15件，年均为0.83件，还不到1件；没有专利申请的年份有9个，占年份总数的一半。2002年，克州专利申请为3件，在当时属最多的年份。2014年，克州专利申请为24件，是2002年的12倍和1985—2003年专利申请总数的1.26倍。截至2014年

年底，克州专利申请累计达到171件，其中发明专利12件、实用新型专利95件、外观设计专利64件。

1985—2002年，克州专利授权为6件，年均0.33件；没有专利授权的年份有13个。2003年，克州专利授权为3件，属当时最高的年份。2014年，克州专利授权为24件，是2003年的8倍、1985—2002年专利授权总数的4倍。截至2014年年底，克州专利授权累计达到125件，其中发明专利7件、实用新型专利66件、外观设计专利52件。

三、专利保护工作

克州知识产权局重视专利行政执法工作。一是充分发挥知识产权工作协调指导小组办公室的职能，积极牵头组织工商、公安、文体、质监等部门对商场、超市、药店及医疗器械、图书、音像制品、电子软件、建材等经营场所和企业开展联合执法检查活动；二是以"知识产权宣传周"为契机，与阿图什市知识产权局组成专利执法检查组，深入阿图什市市场开展打击违法侵权、假冒专利等检查执法行动；三是充分发挥专利执法职能，依法打击专利侵权和假冒、冒充专利行为，努力营造尊重知识、崇尚发明、保护知识产权的市场环境。在2009年4月宣传周期间，克州及阿图什市知识产权局建立联合检查组，对万兴药店等5个商业场所的300多个品种、2000多件药品，1200余种商品，500多个食品，200多个体育用品和300多种音像制品进行了抽查。2010年，克州知识产权局组织开展了打击侵犯知识产权和制售假冒伪劣商品专项行动。全年共进行执法15次，出动执法人员70余人（次），出动执法车12辆（次），检查企业、个体工商户共500余户。2011年，按照《自治区知识产权系统执法专项行动实施方案》和要求，克州成立了领导小组，制定了实施方案，开展专项行动宣传，加强了协作执法，打击了反复、群体、恶意专利侵权行为及假冒专利等行为。在专项行动中共出动执法人员70余人（次），检查企业、个体工商户共300余户。2012年，克州知识产权局开展了打击侵犯知识产权和制售假冒伪劣商品专项行动。全年共进行执法10次，出动执法人员50余人（次），出动执法车15台（次），检查企业、个体工商户共300余户。2014年，以纪念"3·15""4·26""12·4"等为契机，组织开展了"打击侵犯知识产权和制售假冒伪劣商品专项行动"。在专利执法工作中，积极推动长效执法工作机制的建立，大力营造尊重和保护知识产权的良好氛围。

据统计，2006—2014年，克州共开展专项专利行政执法和联合执法检查45次，出动执法人员270人（次），检查各类经营场所45家，检查商品种类1800余种，检查商品数量3万余件。立案受理调处专利侵权纠纷案件6件，结案6件。

四、知识产权宣传培训工作

（一）知识产权宣传工作

自1985年以来，尤其是克州知识产权局成立以来，克州按照国家和自治区的部署及要求，每年以纪念"3·15"保护消费者权益日、"4·26"知识产权宣传周、科技活动周、科普日和"12·4"法制宣传日等纪念日为契机，以提高社会公众知识产权意识为目标，充分发挥协调小组成员单位的作用，制定活动实施方案，在主要街道悬挂横幅、张贴标语；向市民发放宣传材料、接待咨询；在克州政府网页开辟专栏；深入机关、学校、企业、单位宣传《专利法》等知识产权法律法规；利用广播电视、报刊等新闻媒体媒介开展多种形式的宣传活动。2009—2014年，克州共开展各类知识产权宣传活动50余场（次），制作展板1200多块，接待咨询者2.3万人（次），印发宣传材料10万余份。

2009年4月21日，克州人民政府召开了知识产权宣传周活动协调会，对2009年知识产权宣传周活动进行研究部署。同年4月20—21日，克州知识产权局在克州师范、一中、二中、三中等学校进行了试点授课等宣传活动；4月23日，克州知识产权局在伊尔克什坦口岸同海关组织开展知识产权宣传活动；4月24日，克州委常委、政府常务副州长、党委秘书长刘军海在克州电视台发表了"增强知识产权意识促进克州社会经济又好又快发展"的电视讲话。

2010年4月19日，克州知识产权局人员到克州师范进行宣传，悬挂横幅2条，制作展板30块，印发宣传资料300余份；4月20日，克州和阿图什市知识产权局人员到克州二中进行宣传，悬挂横幅1条，制作展板30块，发放宣传资料300余份；4月21日，到克州一中进行宣传，悬挂横幅1条，制作知识展板30块，发放宣传资料200余份；4月26日，克州知识产权宣传周组委会25个成员单位近300名人员在阿图什市人民广场举办了大型知识产权宣传活动。

2011年4月26日，在克州知识产权宣传周组委会的协调下，25个成员单位的主要领导挂帅，在阿图什市人民广场举办了大型知识产权宣传活动。

（二）知识产权培训工作

克州知识产权局采取多种方式、多渠道、多形式开展知识产权教育培训工作。一是以知识产权与创新发展、推进实施知识产权战略、知识产权促进发展方式转变等专题为内容，依托党校、干部培训基地开展对各级领导和中青干部的培训；二是以提升企事业单位知识产权创造、运用、保护、管理能力为目标，面向企事业负责人和管理人员开展知识产权管理、信息利用、预警机制建立等实务培训；三是以提高知识产权管理能力、运用能力和执法水平为目标，利用各种机会，采用专业人员轮流讲课等措施，组织举办各类培训、专题讲座，召开座谈会和开展知识产权试卷答题比赛等方式，提升知识产权管理、专利执法人员的专业知识和管理、执法能力；四是积极加强知识产权后备人才队伍建设。2011年4月，克州知识产权局推荐克州实验小学列为自治区首批知识产权试点学校，每年利用宣传周开展多种形式的知识产权知识普及教育。

五、知识产权对口援疆工作

2010年6月，克州政府与江西省知识产权局签订协议，建立知识产权对口合作关系，结合实际，组织开展了知识产权培训、资金设备支援等援助合作活动，并取得了明显成效。截至2014年年底，克州知识产权局的干部全部到江西进行了1次培训学习。江西省知识产权局赞助克州专利执法车1台，资助工作经费10万元。

第十二节　和田地区知识产权（专利）工作

在和田地委、行署的领导下，在自治区知识产权局的关心支持下，和田地区知识产权创造、运用、保护、管理等综合能力得到不断提升，为加快创新型和田建设步伐，促进发展方式转变，实现地区跨越式发展目标提供了有力支撑。

一、知识产权管理体系日益完善

2001年12月，和田地区知识产权局挂牌成立，内设办公室，定编6名，县级领导职数1名、科级1名。2010年6月，增设业务科，增加1名科级领导职数。2012年6月，和田地区编办下文在县市科技局增挂知识产权局牌子，成立知识产权局，并配备知识产权局长。至此，和田地区基本形成以地、县两级为重点的知识产权管理体系。2002年12月，和田地区成立了知识产权工作协调领导小组。2006年、2009年、2014年对地区知识产权工作协调领导小组进一步充实调整。2014年8月，和田地区及各县（市）成立了知识产权战略实施领导小组，建立并形成了政府统一领导、部门配合、行业协会协同、社会公众参与的知识产权战略推进协调机制。

二、知识产权战略实施工作成效显著

随着《战略纲要》的颁布实施，和田地区的知识产权战略实施工作得到全面推进，取得显著成效。

（一）制定出台和田地区贯彻《战略纲要》实施意见

按照自治区《战略纲要》的安排部署，为做好和田地区知识产权工作，确保自治区《战略纲要》在和田地区顺利实施，地区在征求相关部门意见的基础上研究出台了《和田地区关于贯彻〈新疆维吾尔自治区知识产权战略纲要〉实施意见》，明确了工作目标、工作重点和保障措施。该意见提出，"十二五"期间，大力促进优势资源转换中的技术创新，努力提高专利申请量、授权量及专利质量和效益，全地区专利申请量、授权量力争年均增长15%以上，在林果园艺、现代畜牧、民族医药和矿产开发等和田特色产业中掌握一批核心专利技术，促进专利技术产业化；确保商标注册申请量年均增长10%以上，围绕和田特色产业申请商标注册，力争培育和扶持15个以上新疆著名商标，注册5个以上农产品地理标志证明商标；支持企业研发新产品，对新创建的中国名牌产品的企业或组织奖励20万元，对新创建的新疆名牌产品的企业或组织奖励10万元，对新创建的地理标志保护产品所在的地方政府奖励10万元。

（二）制订出台和田地区知识产权战略实施推进计划

为实施自治区《战略纲要》及《意见》，创新机制，形成合力，推进和田地区知识产权工作又好又快发展，制订出台了《和田地区知识产权战略实施推进计划（2014—2018年）》，提出了"提升知识产权创造能力、促进知识产权转化运用、强化知识产权保护"三项目标任务及政策措施，并将任务指标分解到各成员单位，确保任务目标的实现。

三、知识产权创造和运用能力明显提升

（一）专利申请量以15%的速度递增

和田地区通过开展科技型企业消除"零专利"专项行动、专利申请资助、专利托管、专利项目引导等措施，使企业技术创新、专利创造和保护能力不断提升，进而带动地区专利创造数量和质量的逐年提高。截至2014年年底，和田专利申请累计达到788件，其中发明专利申请163件、实用新型专利337件、外观设计专利288件；非职务专利申请572件、职务专利申请216件；大专院校专利申请15件，在全区排第5位；科研院所专利申请4件、工矿企业195件、机关团体2件。三种专利授权累计达到375件，其中，发明专利授权25件，实用新型专利授权180件，外观设计专利授权170件；非职务发明专利授权255件；职务发明专利授权120件，其中科研院所专利授权1件、工矿企业119件。

（二）做好专利转化项目的申请和实施

截至2014年年底，积极组织企业共申报自治区专利实施转化计划项目20多项，获准12立项，争取项目资金327万元。项目实施后有效带动了地区特色优势产业的健康发展，产生了良好的经济和社会效益，对于促进和田农业产业化结构的调整，改善农民的生活质量，加快农牧民脱贫致富步伐，实现"富民强区固边"战略目标具有重要的现实意义。

四、知识产权保护能力和服务水平不断提高

和田地区在专利执法工作中，大力推行依法行政，完善执法监督机制，提高行政执法水平。根据自治区知识产权局统一部署，深入开展知识产权执法维权"护航"专项行动，加强知识产权执法力度，严厉打击各类专利侵权行为，努力保护专利权人的合法权益，大力营造"尊重知识、崇尚创造、保护知识产权"的良好的市场环境。截至2014年年底，和田地区共检查商品20多万件，查处假冒专利产品9种456件，涉案金额17万元。共受理调处专利案件15起，涉案金额83.19万元。通过专利侵权纠纷调解保护了专利权人的合法权益，提高了执法人员执法水平，锻炼了队伍，产生了良好的经济和社会效果。

和田地区知识产权局积极倡议并推进南疆5地州知识产权保护合作交流机制的建立，在承办南疆5地州知识产权保护合作交流会议期间，组织和田等5地州公安局行政执法骨干在和田市开展跨区域联合执法检查活动。

五、知识产权保护意识明显提高

为了进一步宣传普及知识产权知识，增强全社会的知识产权保护意识，提高企业运用知识产权制度参与竞争的能力和水平，和田地区每年在4·26"知识产权宣传周""科技活动周""专利周""科技下乡"等活动期间，开展多种形式的知识产权的宣传活动。通过知识产权专题讲座、知识产权专题座谈会、发放知识产权宣传材料等手段，增强全社会的知识产权意识。同时，积极开展知识产权"五进"活动，即知识产权进机关、进企业、进学校、进乡村、进社区等，扩展了知识产权普及的广度和深度。截至2014年年底，在组织举办知识产权宣传周、专利周等宣传活动中，出动宣传车辆409台，出动宣传工作人员1284人（次），参加人数9133人（次），悬挂宣传标语、横幅1144条，印发宣传资料435041份，发送知识产权宣传手机短信600多万条。

六、强化知识产权培训工作

和田地区认真落实自治区知识产权人才规划和万人培训计划，结合实际，制订实施了《和田地区知识产权千人培训计划》，借助地县两级党校和知识产权对口援疆机制，以及国家知识产权局和内地省区举办培训班等机会，加强对各级党政领导干部、企事业单位主管负责人、知识产权管理、执法人员、科技人员、营销人员的培训。每年坚持在地委党校的县处级班、公务员任职培训班、中青班、组工干部培训班、双语班开设知识产权课程，利用自治区知识产权局领导和区内外专家来和田调研的机会，邀请其为党校学员作知识产权专题报告。据统计，通过党校及援疆机制培训的各级党政领导和各类干部达7012人（次）；举办的企业知识产权培训班7期，培训企业负责人、营销人员、技术人员等302人（次）。

七、认真开展科技型企业消除"零专利"专项行动

为进一步推进和田地区科技型企业知识产权工作，提升企业核心竞争力，和田地区知识产权局在64家科技型企业组织开展了消除"零专利"专项行动。该行动的开展实施，有力地促进了企业专利创造工作。2011年被调查的企业申请专利35件；2012年申请专利10件，授权专利19件；2013年申请专利29件，比上年同时增长190%，授权专利5件。

八、做好知识产权试点示范工作

根据自治区知识产权试点示范工作安排部署，按照"试点先行，逐步深入，以点带面，指导全局"的方针，深入开展知识产权试点示范工作。和阗玫瑰酒业有限责任公司和新疆阿布丹食品开发有限公司被列为自治区知识产权试点企业，和田市一小被列为自治区第一批知识产权试点学校。

通过开展知识产权试点示范工作，和阗玫瑰酒业有限责任公司和新疆阿布丹食品开发有限公司成立知识产权管理机构，建立健全了企业专利、商标、技术秘密等相关知识产权制度，企业知识产权创造、管理、保护和运用能力明显得到提高。

在中小学试点工作中，地区知识产权局向知识产权试点学校和田市第一小学赠送一批由国家知识产权出版社最新发行的《学会发明创造（小学版）》《轻松发明——中小学发明创造课读本》等知识产权书籍，受到学校老师和同学们的欢迎。

为提高小学生的科技发明兴趣，培养学生的创新精神和实践能力，和田地区知识产权局联合和田市一小举办了以"体验、创新、快乐成长"为主题的科学幻想绘画和科学小发明、小制作比赛活动，对优胜者给予了表彰奖励。

九、做好知识产权对口援疆工作

和田行署与北京、天津、安徽、浙江等省市知识产权局签订了知识产权对口支援合作协议，建立知识产权对口支援协作机制；组织开展了相关的对口合作交流活动，并取得显著成效。一是支持和田地区知识产权宣传培训等项工作。安徽省、浙江知识产权局投入28万元为和田地区举办培训班2期，培训人员34名；安徽、浙江、天津为和田支持宣传培训等工作费35万元。二是适时组织专家到和田调研考察，帮助和田制定知识产权发展规划。三是支持帮助和田建立了专利文献检索信息平台。四是发挥产业优势，促进和田特色产业专利技术实施转化工作，提高和田特色产品附加值。五是改善和田地区专利执法条件。2014年安徽省知识产权局给和田地区赠送专利执法车2辆（地区及皮山县知识产权局各一辆）和执法设备1套。六是支持和田地区维吾尔医药产业快速健康发展。天津市知识产权局帮助和田制定了《和田地区维吾尔医药产业发展规划》。

第十三节　乌鲁木齐市知识产权（专利）工作

"全国专利执法先进集体""全国知识产权系统打击侵犯知识产权和制售假冒伪劣商品专项行动先进集体""全国知识产权培训工作先进集体""全国专利系统先进集体""全国知识产权人才工作先进集体""国家知识产权工作示范城市"，一个个闪亮的荣誉、一项项光辉的业绩，凝结着乌鲁木齐市知识产权系统全体干部职工的聪明智慧和艰辛的汗水，彰显着乌鲁木齐市知识产权事业快速发展所走过的艰难历程和光荣历史。

一、加强领导，积极推进工作体系与队伍建设

2002年9月18日，乌鲁木齐市知识产权局正式挂牌成立，标志着乌鲁木齐市政府专利工作职能管理体系的确立。2004年11月1日，成立了乌鲁木齐市知识产权工作协调指导小组。组长由分管副市长担任，办公室设在市知识产权局。2005年，乌鲁木齐高新区率先成立了知识产权局。至2012年，乌鲁木齐市各区（县）均成立了知识产权局，设立了知识产权协调指导小组，并配备相应的工作人员和经费。2012年7月23日，成立了乌鲁木齐市实施知识产权战略工作领导小组。组长由分管市委常委担任，办公室设在市知识产权局。2014年7月25日，成立了乌鲁木齐市打击侵犯知识产权和制售假冒伪劣商品领导小组。组长由分管副市长担任，办公室设在市知识产权局。

二、采取措施，不断提升专利创造能力和水平

自《专利法》颁布以来，尤其是进入新世纪，实施国家和自治区知识产权战略以来，乌鲁木齐市的专利创造能力不断提升，专利数量和质量成倍增长。

专利申请数量不断增长。1985年，乌鲁木齐市专利申请量为20件，2014年达到4545件，是1985年的227.3倍。"七五"乌鲁木齐专利申请为503件，"八五"为1167件，是"七五"的2.1倍；"九五"为1923件，是"八五"的1.6倍；"十五"为3107件，是"九五"的1.6倍；"十一五"为5658件，是"十五"的1.8倍；"十二五"（前4年）为13345件，是"十一五"的2.4倍。截至2014年年底，乌鲁木齐专利申请累计达到25703件，占新疆专利申请总量的43.8%。

专利授权数量和质量不断提升。1985年，乌鲁木齐专利授权为0件，1986年为3件，1991年过百件达到109件，1999年超过300件达到340件，2005年迈上新台阶达到416件，2010年过千件达到1190件，2013年、2014年实现新跨越，分别达到2240件和2362件。"七五"乌鲁木齐专利授权为244件，"八五"为649件，为"七五"的2.7倍；"九五"为1125件，为"八五"的1.7倍；"十五"为1761件，为"九五"时期的1.6倍；"十一五"为3604件，为"十五"的2倍；"十二五"（前4年）为7478件，为"十一五"的2.1倍。截至2014年年底，乌鲁木齐专利授权量累计达到14861件，占新疆专利授权总量的44.2%。

三、创新管理，不断提升专利管理服务能力

（一）加强指导，扎实开展知识产权试点示范工作

1.积极开展企业知识产权试点示范工作

以"走访企业促提升，实干创新强服务"为主题，采取"一企一策"，进行分类指导，先后制定了《乌鲁木齐市企事业单位知识产权工作试点工作方案》《乌鲁木齐市高等院校知识产权试点工作方案》《乌鲁木齐市工业企业知识产权工作管理办法》和《乌鲁木齐市流通领域知识产权相关商品经营管理暂行规定》。截至2014年年底，乌鲁木齐市共有国家级知识产权试点示范单位7家，自治区级知识产权试点示范单位21家，乌鲁木齐市知识产权试点单位47家。

2.积极推进城市知识产权试点示范创建工作

2004年12月28日，国家知识产权局印发《关于同意乌鲁木齐市为国家专利试点城市的复函》（国知发管函字〔2004〕1217号），同意乌鲁木齐市为国家专利试点城市。2005年6月28日，在北京人民大会堂举办的"发挥知识产权制度作用，促进新疆经济社会和谐发展"新闻发布会上，乌鲁木齐市市长向全国发出了"加强自主创新和知识产权保护，推动乌鲁木齐市社会经济全面发展"的郑重承诺。2007年2月2日，受国家知识产权局委托，由自治区知识产权局牵头，自治区科技厅、工商行政管理局、新闻出版局（版权局）、自治区高级人民法院、经贸委和乌鲁木齐海关等部门组成专家考核验收组，对乌鲁木齐市国家知识产权试点城市工作进行了考核验收。2008年8月26日，经自治区人民政府推荐，国家知识产权局印发《关于同意乌鲁木齐市为国家知识产权示范创建城市的复函》（国知发管函字〔2008〕275号），批准乌鲁木齐市为国家知识产权示范创建城市。2010年8月，由国家知识产权局牵头、自治区知识产权局参加组成验收组对乌鲁木齐市国家知识产权示范城市工作进行了验收。

3.大力推进园区知识产权试点工作

2010年，乌鲁木齐高新区被国家知识产权局评为"全国知识产权试点示范工作先进集体"。园区正逐步成为全疆重要的专利技术创新平台和产业化基地。通过知识产权试点工作，该园区2011年、2012年知识产权投入为1.1亿元，占公共财政预算支出的3.25%。共有234个项目获本级创新基金、孵化专项资金、知识产权专项立项支持6066万元，共有445个项目获国家、自治区、乌鲁木齐市科技和知识产权立项扶持2.35亿元。2013年5月13日，顺利通过国家知识产权试点园区考核验收。

2014年1月，乌鲁木齐经济开发区（头屯河区）顺利通过国家知识产权试点园区考核验收。该区集多种体制和功能为一体。区内先后入驻18家"世界500强"、37家"中国500强"投资项目。2011—2012年，组织实施自主创新资金项目90余项，安排自主创新资金1.3亿元，吸引社会投入超过10亿元。2011年，本级科学技术支出5924万元，占本级财政一般预算支出的2.7%，用于专利实施转化自主创新项目和知识产权奖励资金1198万元，占本级财政一般预算支出的0.55%；2012年，本级科学技术支出7319万元，占本级财政一般预算支出的2.5%，用于专利实施转化自主创新项目和知识产权奖励资金1666万元，占本级财政一般预算支出的0.58%。

4.加强专项资金管理，不断提升专利管理运用水平

乌鲁木齐市重视对知识产权工作的资金投入和管理。乌鲁木齐市委、市政府制定出台了《乌鲁木齐市科技计划项目知识产权管理规定（试行）》，向拥有自主知识产权的项目倾斜。乌鲁木齐市本级知识产权工作经费逐年增长，从2003年的17.18万元到2014年达136.8万元。专利执法经费从无到有，并逐步增加，从2008年的2万元到2014年的5万元。乌鲁木齐市各区（县）用于知识产权工作的经费也在逐年增加，先后设立专利申请资助、奖励、实施转化的专项资金600余万元，为知识产权工作顺利开展提供了保证。与此同时，加强对知识产权专项资金的管理，不断提高专项资金的利用率。2004—2014年，乌鲁木齐市共实施自治区专利计划项目134项，获得自治区专利实施计划项目资金2735万元。通过专利项目实施，不但促进了专利技术的转化和产业

化，而且有力促进了项目实施主体知识产权体系、制度和机制的建立健全；有效地提升项目实施单位的知识产权管理能力，为其培训各类人员4090人（次）。另外还取得了社会效益，为项目实施单位新增就业223人。2002—2014年，乌鲁木齐市发放专利申请资助资金572万元，资助专利4332件。专利申请资助，有效地促进了乌鲁木齐市专利数量和质量的提升。

5.从机制入手，积极开展专利奖励活动

对获得中国专利奖、自治区专利奖或专利工作突出的企事业单位进行奖励，共奖励12家单位25万元。新疆绿色使者空气环境技术有限公司的"间接蒸发冷水机"技术，荣获2009年"中国科学技术发明二等奖"。2013年，乌鲁木齐市的新疆福克油品股份有限公司的"废润滑油的再生加工装置"、新疆金风科技股份有限公司的"一种风力发电机"、新疆绿色使者环境技术有限公司的"间接蒸发冷水机组和传统机械制冷机组复合的空调系统"、新特能源股份有限公司的"一种使用可变容压缩机的空调器及其控制方法" 4项专利，荣获第十五届中国专利优秀奖。另外，乌鲁木齐市各区（县）也结合自身实际，先后制定出台各项奖励办法及措施，鼓励发明人大胆发明创造，勇于创新。

（二）积极推动知识产权质押融资等服务

乌鲁木齐高新区（新市区）以区担保公司为依托，坚持按照"政策性资金、法人化治理、市场化运作"的原则，积极开展知识产权质押融资工作。截至2013年年底，担保公司共质押知识产权111项，平均每年质押28项。经济开发区（头屯河区）不断加强与招商银行、农业发展银行等金融机构合作，启动知识产权质押融资贷款业务，提高担保机构对中小企业的融资担保能力，截至2013年年底，协调多家银行为区内中小企业融资20亿元，担保贷款10.5亿元。

（三）组织企业参加专利技术及新产品展示

组织企业参加专利技术及新产品展会，为专利技术转化搭建平台。2014年，乌鲁木齐市知识产权局组织中国彩棉（集团）股份有限公司等26家企业参加专利产品成果展示。

四、强化保护，为创新型城市建设保驾护航

积极开展专利执法保护专项行动。

1.积极开展打击侵犯知识产权和制售假冒伪劣商品专项行动

2011—2015年，乌鲁木齐市打击侵犯知识产权和制售假冒伪劣商品专项行动领导小组办公室全力推进专项行动。一是及时向社会公布相关执法部门的举报电话；二是每年由专项行动办公室牵头组织相关执法部门开展"双打"联合执法行动；三是联合自治区及各区（县）执法部门开展区、市、县三级联合执法行动；四是全面协助版权部门做好政府机关和企业使用正版软件工作；五是加强收缴的侵犯知识产权和假冒伪劣商品销毁工作，向各执法部门通报了乌鲁木齐市环境无害化销毁能力单位；六是确定市人民检察院作为牵头单位，会同知识产权局等单位会签了《关于建立行政执法与刑事司法相衔接的工作意见》。同时，建立了12个相关部门参加的"打击经济犯罪会商协调联席会议制度"，设立知识产权与公安联合执法的"工作联络室"。专项行动取得了突出成绩。据统计，全市累计出动执法人员7万余人（次），检查各类企业（单位、批零市场）8万余个，立案查处3000余起，罚没款项3000余万元。

2.深入开展"雷雨""天网"及"护航"等专项行动

成立了以乌鲁木齐市知识产权局党支部书记为组长的专项行动小组，制定了《知识产权执法维权"护航"专项行动工作计划》。通过新疆都市报等主流媒体公布了"护航"专项行动的目标、行动重点及举报投诉电话0991-12330。2009年4月30日，销毁专利侵权产品1.1万余套件，案值7.8万余元。同时，加大跨省市、跨地区知识产权保护工作力度，先后与上海市、河南省南阳市、四川省巴中市及新疆喀什地区共同协作查处专利侵权纠纷案件。

3.积极开展市场知识产权保护规范培育工作

为提升市场主体保护意识和管理能力，选择了"华凌综合市场"作为首家知识产权保护规范化培育工作单位，举行了"知识产权保护规范化培育工作启动仪式"。截至2014年年底，在华凌市场设立了知识产权保护办公室，有针对性地举办了3次知识产权培训讲座。帮助华凌市场建立知识产权审查等各种制度，培育工作进展顺利。

4.积极参加展会知识产权执法维权活动

乌鲁木齐市知识产权局作为"中国－亚欧博览会"知识产权投诉组成员，在第二届博览会上处理专利侵权案件1起，在第三届博览会上成功调解了亚博会首例展台设计纠纷，在第四届博览会上查处1起假冒专利案件，为营造良好的展会氛围和提升展会良好外部形象发挥了重要作用。

5.严厉打击网络领域知识产权侵权违法活动

为严厉打击互联网领域侵犯知识产权和制售假冒伪劣商品违法活动，2013年，受理了2起涉及在淘宝上销售侵犯外观设计专利侵权案件。这是全疆知识产权系统首例涉及互联网电子商务专利侵权案件。

6.积极做好专利案件受理和调处工作

自2004年以来，共出动专利行政执法人员1147人（次），检查场所581余个，联合检查90次，检查商品件数近25万件。立案处理专利侵权纠纷104件，查处假冒专利案件107件。

五、强化宣传培训，不断增强全社会知识产权保护意识

（一）宣传工作

1.在青少年中开展知识产权宣传教育

为提高青少年的知识产权意识，乌鲁木齐市知识产权局先后举办了两届"尚德电力杯"中国青少年创意大赛新疆赛区暨知识产权进校园活动。2010年4月22日，在第一小学举行"中小学知识产权教育试点活动"启动仪式，为120余名小学生赠送《走进知识产权——初级版》试点教材。2012年4月27日，乌鲁木齐市知识产权局积极配合自治区在乌鲁木齐市举办"中小学知识产权创意大赛"暨"中小学知识产权试点工作交流表彰会"。2013年4月23日，乌鲁木齐市知识产权局和教育局联合召开第一批市级中小学知识产权教育试点会议。会上，为已确定的8所试点中小学校授牌，并向5家自治区级试点示范学校和8家市级试点学校发放知识产权试点教育经费5.4万元。

2.开展形式多样的知识产权宣传活动

领导重视，积极组织开展多种形式的知识产权宣传活动。一是领导高度重视知识产权宣传工作。在首府人民广场举办"知识产权新闻发布会"和"知识产权宣传周"启动仪式等活动时，乌鲁木齐市领导积极出席。二是积极配合自治区知识产权宣传活动。自治区在首府举办"知识产权进大学""企业知识产权沙龙""广场专利产品展示、尊重知识产权从我做起万人签名"等活动时，乌鲁木齐市及所属知识产权局密切配合，派出专人参与活动的筹备工作，并组织市企业和单位参加；积极参加由乌鲁木齐市委宣传部等32个部门与单位联合组织开展的"科技三下乡"活动，并将知识产权宣传融入活动内容之中。三是组织开展知识产权宣传周等活动。在每年"4·26世界知识产权日"期间，由乌鲁木齐市知识产权局牵头，按照自治区的部署，组织开展知识产权宣传周活动；在11月份期间，组织开展"专利周"宣传活动。四是利用各种新闻媒体媒介开展知识产权宣传活动。在该市人民广播电台"首府行风热线"栏目和新疆电视台"实话实说""法制与百姓"等栏目中，开展知识产权访谈，向各族群众普及知识产权知识。在"五五普法"及"六五普法"教育活动中，将知识产权法律知识的普及作为重要内容，联合市依法治市办在"乌鲁木齐司法在线"举办知识产权网络法律知识竞赛。同时，在市区8条主干道、150辆公共汽车及6000辆出租车上张贴知识产权宣传广告，通过发送知识产权宣传短信，利用街道、社区宣传栏张贴知识产权宣传挂图，使知识产权宣传延伸到千家万户。为大力营造"尊重知识、崇尚发明、尊重知识产权"的良好社会环境，自2002年来，乌鲁木齐市共组织知识产权

大型宣传活动92次，发放宣传材料35万余份。

（二）培训工作

一是重视公务员知识产权意识的提升。自2006年起，在乌鲁木齐市、区（县）两级党校开展知识产权培训，将相关内容纳入县级、中青班等主体班课程之中。2011年7月15日，乌鲁木齐市举办第16期机关大讲堂，特邀国家知识产权局专利管理司马维野司长做了《知识产权——转变经济发展方式的助推器》专题讲座。2009—2014年，乌鲁木齐市知识产权局在"乌鲁木齐人力资源远程培训网"网站上，开设了《知识产权保护的现状、政策与措施》等课程，对全市10522名科级及科级以下公务员、新招聘的2031名事业单位工作人员和2582名专业技术人员中开展知识产权培训，并将知识产权内容纳入全市公务员和事业单位聘用人员初任、任职必修培训课程。

二是以企业为对象，开展多种形式的知识产权培训。2008年9月，乌鲁木齐市知识产权局承办了"全国企事业单位知识产权培训班"。2010年4月27日，在乌鲁木齐高新区举办"知识产权专家讲座"。2012年4月25日，在乌鲁木齐举行了首次新疆企业知识产权沙龙活动。2013年7月15日，在乌鲁木齐举办了新疆知识产权管理能力提升培训班。2014年5月12日，在乌鲁木齐市知识产权局举办了知识产权实务培训班。截至2014年，乌鲁木齐市共举办培训班120期，组织讲座、报告会117场，培训人数达13万余人（次）。

第十四节　克拉玛依市知识产权（专利）工作

在克拉玛依市委、市政府的正确领导和自治区知识产权局的大力支持下，克拉玛依市的专利工作以全面提高知识产权创造、运用、保护和管理能力为目标，积极开展知识产权宣传培训、专利执法保护、知识产权试点示范、企业知识产权帮扶、专利信息利用等各项工作。

一、建立健全知识产权管理体系

（一）知识产权管理机构建设

2002年之前，克拉玛依市知识产权工作依托市科学技术局。2002年成立克拉玛依市知识产权局，为市科技局下设的二级局，与市科技局合署办公。2004年，市机构编制委员会印发《关于克拉玛依市知识产权局增加编制等有关问题的通知》，增加行政编制2名，专职从事知识产权管理工作。2005年，成立"克拉玛依市知识产权工作协调指导小组"，负责克拉玛依市贯彻执行国家有关知识产权法律法规和政策，研究确定克拉玛依市知识产权工作的相关政策，协调指导全市重大的知识产权工作。2007年，根据市委办公室印发的《克拉玛依市科学技术局职能配置、内设机构和人员编制规定的通知》，克拉玛依市知识产权局为市科学技术局副处级机构，内设政策法规、管理实施2个职能科室，事业编制6名，内设领导职数2名，局长由克拉玛依市科学技术局副局长兼任，副局长1名。2007年11月，克拉玛依市知识产权局为参照公务员法管理单位。2009年，撤销"克拉玛依市知识产权工作协调指导小组"，成立"克拉玛依市知识产权工作领导小组"。

（二）知识产权管理制度建设

加强克拉玛依市知识产权制度建设。2004年出台《克拉玛依市应用技术研究与开发资金暂行管理办法》。2005年制定《克拉玛依市知识产权工作协调指导小组工作制度》。2007年制订定印发了《克拉玛依市知识产权局工作及岗位职责》《克拉玛依市专利申请资助资金管理办法》《克拉玛依市专利实施项目及专项资助资金管理办法》（试行）。2009年制定印发《克拉玛依市各区知识产权任务分解表及工作考核标准》，正式启动全市4个区的年度绩效考核工作。2014年，克拉玛依市知识产权局出台《克拉玛依市在校学生专利申请资助办法（试行）》，鼓励全市青少年参与科技创新和发明创造的积极性。

二、专利创造数量和质量不断提升

（一）专利数量成倍增长

1985年，克拉玛依市专利申请只有1件，2014年提高到651件，是1985—2002年18年专利申请数的总和。截至2014年年底，克拉玛依市专利申请累计达到4299件，占全区总数的7.3%，专利申请量在全区排第3位。其中，发明专利为909件，在全区排第4位；实用新型专利为3175件，在全区排第3位；外观设计专利为215件，在全区排第14位；非职务发明为1507件，在全区排第6位；职务发明为2792件，在全区排第2位；大专院校为2件，在全区排第9位；科研院所为607件，在全区排第2位；工矿企业为2122件，在全区排第3位；机关团体为61件，在全区排第5位。

1988年以前，克拉玛依市专利授权为0件，1988年为5件，2014年为363件，是1988年的72.6倍，接近1988—1999年12年的总数（265件）。截至2014年年底，克拉玛依市专利授权累计达到2791件，占全区总数的8.4%，专利授权量在全区排第3位。其中，发明专利为212件，在全区排第3位；实用新型专利为2414件，在全区排第3位；外观设计专利165件，在全区排第11位；非职务发明为884件，在全区排第6位；职务发明为1907件，在全区排第2位；科研院所514件，在全区排第2位；工矿企业为1348件，在全区排第3位；机关团体45件，在全区排第4位。

（二）专利质量不断提高

一是发明专利申请数量不断提高。1985年，发明专利申请为0件，1987年为2件，1992年为12件，2003年为19件，2006年为25件，2008年为37件，2009年为58件，2010年为68件，2011年过百件达到107件，2014年达到189件。

二是发明专利申请所占比例不断提高。2002年，克拉玛依市发明专利申请所占专利申请数的比例为10.1%，2008年为20.7%，比2002年提高10.6个百分点；2014年为29.0%，比2002年、2008年分别提高18.9和8.3个百分点。

三是科技含量较高发明、实用新型专利申请所占比例较高。30年中，克拉玛依市专利申请授权中有7年没有外观设计专利。1987年克拉玛依市发明专利申请所占比例为15.4%，1995年为19.7%，2010年为21.1%，2013年为19.9%。1985—2014年，发明和实用新型专利申请所占比例为95.0%，其中发明专利申请所占比例为21.1%，在全区排第3位；实用新型专利申请所占比例为73.9%，在全区排第1位；外观设计专利申请所占比例为5.0%，在全区排第15位。

三、知识产权宣传培训工作广泛开展

（一）宣传工作

克拉玛依市知识产权局重视宣传工作。每年以纪念"世界知识产权日""3·15"消费者权益日等纪念日为契机，在全市组织开展形式多样的知识产权宣传活动。

1.开展知识产权宣传周活动

在每年"4·26"和11月份期间，克拉玛依市知识产权局按照自治区的统一部署，在全市组织开展知识产权宣传周和专利周活动。如2003年有近10家新闻单位，刊播知识产权宣传稿件30多篇。2007年，在《新疆都市报》《新疆石油报》和《克拉玛依日报》上刊登克拉玛依市的知识产权工作报道有30多篇。2009年，克拉玛依市30余家直属单位的300余名职工参加了"华易·电气杯"知识产权进机关网络知识竞赛。2010年在知识产权宣传周和专利周活动期间，举办企事业单位知识产权专题报告会2次，举办中小学知识产权宣传活动2次，举办企业知识产权培训9期；发放知识产权书籍1300册，印发知识产权宣传资料3500余份，悬挂横幅20条，参加的企业、学校、社区的各类代表近3000人（次）。2013年，在第13个世界知识产权日期间，克拉玛依市组织开展"宪法法律咨询宣传"活动，发放法律宣传材料200余份。

2. 开展了知识产权"四进"活动

知识产权宣传进企业、进机关、进社区、进街道取得明显成效。在进企业活动中，举办企业知识产权专题报告会；在进机关活动中，围绕科技创新组织开展了知识产权现场宣传咨询活动；在进街道、进社区活动中，组织开展"知识产权公益宣传广告语有奖征集"，在街道张贴知识产权宣传标语、悬挂横幅、摆放知识产权板报等。

3. 在中小学开展"知识产权进校园活动"

克拉玛依市以中小学校为宣传重点，在青少年中组织开展"知识产权讲座"等系列活动。一是组织开展了克拉玛依青少年"创新发明大赛"系列宣传活动，鼓励广大青少年从小树立小发明、小创造的意识；二是对小学申报专利的学生和辅导老师进行表彰，向学校赠送知识产权教育的书籍和光盘，并进行知识产权知识讲座。

4. 在电台、网站中设立知识产权保护专题宣传栏目

利用政府网站平台，开展《促进与保护条例》等知识产权法律法规知识学习宣传活动。在"3·15"消费者权益保护日、"4·26"世界知识产权日期间，市领导在报纸、电视台、电台、互联网等新闻媒体上发表讲话和纪念文章。

（二）培训工作

在培训工作中，一是从计划入手，2004年，克拉玛依市知识产权局制订了《克拉玛依市知识产权千人教育培训计划》；二是加强对各级领导、企业负责人、知识产权管理、执法及企业营销、科技等人员的培训。2005年10月23—27日，克拉玛依市知识产权局承办了"2005年全国企事业单位知识产权实务培训班"，参加培训的学员近160人。2006年，组织高新技术企业、重点民营科技企业等单位的技术研发人员，科技、知识产权管理人员参加国家、自治区组织的培训活动，培训人数达300多人（次）；组织流通领域商业企业管理、营销人员50人进行专利法律法规及专利基础知识培训。2012年，克拉玛依市开展社区知识产权培训3次，企业知识产权培训5期130课时；发放知识产权书籍和宣传资料2300余册（份），参加知识产权培训的企业、学校、社区等人员1545人（次）。2013年，举办了专利实务培训班。2014年，举办知识产权培训班7期，培训知识产权管理人员、技术骨干近900多人（次）。三是结合实际，突出重点。对64家重点企业的280多名技术人员和管理人员进行了专题培训；对市知识产权领导小组成员单位38名业务骨干进行了"知识产权实务管理"培训；对全疆11个地州知识产权管理人员和克拉玛依26家地方企业95名技术人员进行了实务培训；组织了4期知识产权基本知识培训班，对500名各类管理人员进行了基本知识培训。

四、知识产权行政执法工作不断强化

2004年，克拉玛依市知识产权局印发《克拉玛依市加强专利行政执法开展专项执法行动的工作计划》，要求克拉玛依市及市辖区知识产权工作部门要尽快建立起跨部门的联合执法机制，制定工作制度，积极组织和参与自治区整顿和规范市场经济秩序工作领导小组开展的各项活动，加强部门间的执法协作与信息交流，依法开展案件移送工作；要不断完善相关工作制度，严格按照行政执法程序规范行政执法行为。之后每年的"3·15""4·26"期间，克拉玛依市知识产权局会同市整规办、工商、公安、质量技术监督、版权等有关部门，开展跨部门联合执法检查与集中整治专项行动。

2006年，克拉玛依市知识产权局受理一起专利侵权案件，经调解，双方当事人签署专利许可协议，请求人主动提交撤案申请书。同年，克拉玛依市知识产权局与各有关部门展开了一系列工作交流：与克拉玛依市质量技术监督局就如何推进企业申请专利和制定产品标准进行了交流；协助市工商管理局处理了伊犁某白酒生产企业在克拉玛依市假冒他人产品包装外观设计专利的违法行为，并就提高克拉玛依市注册商标申请量等事宜进行了交流。

2007年，至少每两周进行一次专利执法检查，至11月，共检查21次，出动执法人员51人（次），检查商

品流通企业27家，查处假冒专利商品7种，对2家违法企业依法给予了行政处罚。

2009年，为进一步加强知识产权专项保护，克拉玛依市知识产权局印发了《克拉玛依市"雷雨""天网"知识产权执法专项行动实施方案》，建立完善市区及各区之间的执法信息、数据共享机制。

2010年，克拉玛依市开展流通领域专利行政执法活动2次，参加协作执法10次，组织常规执法25次，共计出动执法人员77人（次），检查商业场所43次，检查各类商品1875件。

2011年，克拉玛依市重点对中心城区流通领域市场开展执法宣传活动，共开展专利行政协作执法9次，组织常规执法31次，检查商业场所64次，检查各类商品3157件，受理结案"玻璃门牢固拉手"实用新型专利侵权1起。

2012年，克拉玛依市开展流通领域专利行政执法自检自查活动1次，参加协作执法5次，组织常规执法17次，共计出动执法人员105人（次），检查商业场所39次，检查各类商品3550余件。

2013年，克拉玛依市组织开展流通领域专利行政执法检查活动2次，参加协作执法1次，组织常规执法11次，共计出动执法人员131人（次），检查商业场所49次，检查各类商品4110余件，立案查处假冒专利4件。加强展会知识产权保护工作，为石油装备展保驾"护航"。在展会服务区设立了法律服务咨询台，开展法律咨询、维权和执法检查工作。

2014年，克拉玛依市组织开展流通领域专利行政执法检查活动2次，参加协作执法1次，组织常规执法11次，出动执法人员88人（次），检查62家商业场所，共检查商品5470件，检索专利药品326件，立案查处34件假冒专利案件，同时立案受理专利侵权案件1起。

五、知识产权管理能力不断提升

（一）知识产权试点示范工作持续推进

1.积极推进企业、区域知识产权试点工作

2001年11月30日，根据自治区知识产权局、经贸委联合印发的"新知综字〔2001〕46号"通知，新疆独山子天利高新技术股份有限公司被列为自治区第一批专利试点企业。

2004年5月26日，根据自治区知识产权局印发的"新知管字〔2004〕36号"通知，克拉玛依市克拉玛依区被确定为第一批自治区知识产权试点区域。5月30日，根据自治区知识产权局、经贸委联合印发的"新知管字〔2004〕35号"通知，克拉玛依博瑞科技发展有限公司和新科澳化工有限责任公司被列为自治区第二批专利试点企业。6月7日，新疆独山子天利高新技术股份有限公司被列为自治区首批知识产权示范企业。

2006年2月21日，国家知识产权局印发《关于确定第三批全国企事业知识产权试点单位的通知》，新疆独山子天利高新技术股份有限公司被确定为第三批全国企事业专利工作试点单位。

2007年2月2日，根据自治区知识产权局印发的"新知管字〔2007〕17号"通知，新疆康佳投资（集团）有限责任公司、克拉玛依地威诺节能有限责任公司、克拉玛依广陆有限公司和新疆华易石油工程技术有限公司被列为自治区第三批专利试点企业。3月20日，根据自治区知识产权局印发的"新知管字〔2007〕18号"通知，克拉玛依市大农业开发区被确定为第二批自治区知识产权区域试点区域。8月14日，国家知识产权局印发《关于设立第一批专利工作交流站的通知》（国知发管字〔2007〕26号），克拉玛依广陆有限公司、克拉玛依地威诺节能有限责任公司和新疆华易石油工程技术有限公司被确定为国家第一批专利工作交流站。

2008年4月1日，经国家知识产权局批准，克拉玛依市为全国知识产权试点城市。

2009年6月30日，经自治区知识产权局批准，新疆华易石油工程技术有限公司和克拉玛依地威诺节能有限责任公司被列为自治区第二批知识产权示范企业。

2010年7月14日，根据国家知识产权局印发的《关于公布第二批全国企事业知识产权示范创建单位名单的通知》（国知发管字〔2010〕79号），新疆华易石油工程技术有限公司和克拉玛依地威诺节能有限公司被确定为第二批全国企事业知识产权示范创建单位。

2012年2月13日，根据自治区知识产权局、经信委联合印发的"新知管字〔2012〕6号"通知，新疆威奥科技股份有限公司、新疆贝肯能源工程股份有限公司和克拉玛依胜利高原机械有限公司被列为自治区第四批专利试点企业。11月14日，国家知识产权局印发《关于公布第四批全国企事业知识产权试点工作合格单位名单的通知》（国知发管字〔2012〕109号），克拉玛依地威诺节能有限责任公司、克拉玛依广陆有限公司和新疆华易石油工程技术有限公司被评为第四批全国企事业知识产权试点工作合格单位。

2013年，经自治区知识产权局批准，新疆华易石油工程技术有限公司、克拉玛依广陆有限责任公司和克拉玛依胜利高原机械有限公司被列为自治区首批企业知识产权贯标单位。

2014年，经国家知识产权局批准，克拉玛依市被列为国家级知识产权示范培育城市；克拉玛依地威诺节能有限责任公司、克拉玛依广陆有限公司和新疆华易石油工程技术有限公司被列为第五批全国知识产权试点企业；同年，经自治区知识产权局批准，克拉玛依市的新疆华油油气工程有限公司被确定为自治区第二批企业知识产权贯标单位。

截至2014年年底，克拉玛依市被列全国专利工作试点企业1家（2次）；全国知识产权试点企业3家；全国知识产权示范创建企业2家；全国知识产权试点工作合格企业3家；国家专利工作交流站1个。自治区知识产权（专利）试点企业10家；自治区知识产权示范企业3家；自治区知识产权试点区域2个；自治区知识产权贯标企业4家；自治区专利交流站3个。另外，克拉玛依市先后被列为国家知识产权试点城市和知识产权示范创建城市。

2015年7月9日，国家知识产权局发布《2014年度国家知识产权试点城市工作考核结果》，克拉玛依市在2014年度国家知识产权试点城市工作考核中取得优秀成绩。

2. 积极推进学校知识产权教育试点工作

2010年10月15日，经自治区知识产权局、教育厅批准，克拉玛依市第一小学被确定为第一批自治区中小学知识产权教育试点学校。2012年4月23日，经自治区知识产权局、教育厅批准，克拉玛依市第一小学被确定为第一批自治区中小学知识产权教育示范学校。2014年，克拉玛依市知识产权局出台了《克拉玛依市在校学生专利申请资助办法（试行）》，与市教育局共同将克拉玛依职业技术学院等6所学校列为克拉玛依市知识产权试点学校。5月下旬，克拉玛依市知识产权局通过与白碱滩区生产力促进中心签订《克拉玛依市在校学生专利申请技术服务》合同，正式启动面向全市在校学生开展知识产权服务工作。从6月起，先后在克拉玛依职业技术学院等4所学校开展了8次"小发明、小创造"知识培训活动，培训在校学生1500人（次）。通过培训，激励开拓学生们的创新思维。截至2015年6月，全市在校学生共申请专利61件，授权60件。

（二）在科技型企业开展消除"零专利"工作

2011—2013年，根据自治区科技厅、自治区知识产权局联合下发《关于在全区科技型企业开展消除"零专利"工作的通知》，克拉玛依市知识产权局在全市组织开展为期3年的科技型企业消除"零专利"工作专项行动。

（三）积极促进专利实施转化并取得显著成效

2003年，克拉玛依市实施自治区专利实施计划项目1项，资金10万元，年实现产值80万元。2005年年初，克拉玛依市实施专利项目7个，其中配套自治区项目2个，共落实项目实施资金50万元。2006年实施专利项目10项（其中自治区和克拉玛依市的项目各5项），落实项目资金120万元。2007年，实施专利项目3个，落实项目资金120万元。2008年，分两批实施专利项目11项，资助资金达340万元；争取自治区专利实施项目4个，资金65万元。2009年，实施专利项目5个，资金105万元，其中自治区专利项目2个，资金32万元。2010年，分两批共下达专利实施计划项目10项，拨资金445万元，其中争取自治区专利实施项目3项，资金125万元。2011年，下达市级专利实施项目4个，安排专项资金277万元；争取自治区专利实施项目3个、资金13.361万元。2012年，分两批共计下达专利计划项目9个（其中市级项目6个，2011年度自治区专利实施项目

3个），累计拨付资金270万元；争取2012年自治区专利项目2个、资金65万元。2013年，两批下达9个市级专利实施计划项目，安排资金共计446.5万元；获得自治区专利实施项目4项、资金170万元。2014年，两次组织共确定6个专利实施项目，下达市级专利实施资助资金278万元；获得自治区专利实施项目6项、245万元。

（四）积极为企业专利转化搭建展示平台

2014年11月5日，在克拉玛依区举办了首届克拉玛依石油石化科技成果及专利技术交易会。新疆油田公司等4家驻市中央企业、70余家地方企业、8家科研院所和4家中介机构的代表700余人参加。此次交易会有钻井工程等12个石油石化领域333项最新科技成果和专利技术，还有贝肯能源公司等7家地方企业进行了科技成果和专利技术实物产品展示。有35家企业、科研院所和院校就117项科技成果和专利技术达成对接意向。有15家企业签订89项科技成果与专利技术合作协议。本次交易会为石油石化科技成果和专利技术转化、产业化搭建了平台。

第十五节　石河子市知识产权（专利）工作

在新疆生产建设兵团（简称兵团）农八师及石河子市（简称石河子市）党委、政府的正确领导和自治区、兵团知识产权局的指导、帮助下，"师市"知识产权工作以服务经济建设为中心，以推进"三化"建设为重点，按照自治区、兵团推进计划的安排和部署，积极营造良好的知识产权氛围，在战略实施、保障水平、基层服务、宣传培训等方面均取得了显著成效。2013年度石河子市被国家知识产权局评为国家知识产权试点示范城市先进单位。"十二五"期间，石河子市知识产权局2次荣获"全国专利系统先进集体"，3次获"全国知识产权人才工作先进单位"，2次获"自治区知识产权局系统先进单位"荣誉称号。

一、领导重视，积极推进专利管理体系建设

1986年6月，为贯彻实施《专利法》和《专利法实施细则》，石河子成立了全疆第一家专利事务所，隶属石河子市科委。1987年，石河子专利事务所正式挂牌开展业务。石河子市科委设置2名工作人员专门从事专利代理及组织专利工作培训和专利法宣传教育工作。1991年，石河子市编委会正式下达批复，石河子专利事务所定为乡级事业单位，列编3名。1996年，石河子市成立专利工作协调指导小组，办公室设在科委，2003年更名为石河子市知识产权工作协调指导小组。2006年7月，石河子市成立知识产权局，与石河子市科技局、科学技术协会合署办公，一个机构三块牌子。2008年，根据石河子市编委批复，石河子专利事务所更名为石河子市知识产权办公室，核事业编制5人，主要从事贯彻执行国家、自治区及兵团关于知识产权工作的方针、政策和法律法规；会同有关部门组织制定石河子市知识产权工作的政策、措施、办法、发展规划和年度工作计划；开展知识产权宣传、教育培训；按照知识产权行政部门的授权，负责石河子市专利行政执法，调节和处理专利纠纷，依法查处假冒专利行为等工作。2012年，为加强对石河子市知识产权工作的组织领导和管理，经"师市"研究决定，成立了石河子市知识产权工作领导小组。同年，石河子市知识产权办公室被列为参照公务员法管理的事业单位。至2014年年底，石河子市知识产权办公室在编人员3人。

二、建立激励机制，促进专利创造能力不断提升

石河子市重视专利申请工作，为鼓励和保护专利发明者的创造性和积极性，石河子市知识产权局在广泛开展专利宣传、培训、专利帮扶、"消除零专利"等措施，不断增强社会公众和创新主体专利意识的同时，还与财政局共同制定出台了《石河子市专利资助金管理办法》等政策，对石河子市范围内的企事业单位、社会团体及个人申请专利及专利技术转化给予经费资助。随着各项措施的有效实施和不断推进，极大地提升了专利创造能力，促进了专利申请和授权数量及质量的提升。专利申请由1985年3件，提高到2014年的607件，是1985年的202.3倍。截至2014年年底，石河子市申请专利累计达到4041件，其中发明专利1306件，实用新型专利

2462件,外观设计专利273件。在新疆石河子市发明专利及大专院校专利申请量排第2位;科研院所专利申请排第3位;三种专利申请总量、实用新型、职务、非职务、工矿企业及机关团体专利申请量排第4位;外观设计专利申请排第12位。

石河子市专利授权由1986年的2件提高到2014年的339件,比1986年提高了169.5倍。截至2014年年底,石河子专利授权累计达到2368件,其中发明专利305件,实用新型专利1861件,外观设计专利202件。石河子市发明和大专院校专利授权量在新疆排第2位;科研院所专利授权排第3位;三种专利授权总量、实用新型、非职务、职务、工矿企业及机关团体专利授权量排第4位。

三、提升执法能力,不断强化专利执法保护工作

2006年,石河子市知识产权局开始从事专利行政执法工作。10年来,按照国家、自治区、兵团知识产权局关于开展"雷雨""天网"专项行动的部署,认真制定各类实施方案,扎实开展专利行政执法检查工作。会同上级知识产权主管部门和石河子市宣传部、新闻出版局、工商局、公安局、商务局、文体局、质监局等石河子市知识产权工作协调小组成员单位对市内商场、超市、药店及医疗器械、图书、音像制品、电子软件、建材等经营场所和企业进行联合执法检查和专项专利执法检查共计115次,出动执法人员508人(次);检查大型商场、药店256家,检查食品、药品和小家电等商品数量8万余件,对300多件专利产品进行了核查;销毁盗版音像制品15330盘、盗版印刷品2000余册;查处专利标识不规范的商品药品1800余种;制止农药种子经营单位虚假专利宣传非法经营行为1起;配合自治区知识产权局对专利侵权纠纷案件进行调查取证2起;立案受理调处专利侵权纠纷10件,结案10件。立案查处假冒专利案件56件,结案率100%,所查问题都得到了及时地解决。

四、加强能力建设,提升知识产权管理服务水平

(一)以企业为主体,开展知识产权试点示范工作

积极推进企业知识产权试点示范工作。2004年,新疆天业(集团)有限公司被国家知识产权局列为第二批全国专利试点企业。通过试点,专利申请量试点后比试点前增长85%,其中发明专利10余项,实用新型50余项,外观设计8项,专利技术实施率98%以上。同年,新疆天业(集团)有限公司、石河子大学、石河子天露节水设备有限责任公司、石河子科赛生物工程有限公司被列为第二批自治区企事业专利试点单位。2006年2月,新疆天业(集团)有限公司被国家知识产权局授予第二批全国企事业专利试点工作先进单位。石河子开发区福顺安防电器科技有限公司被国家知识产权局列为第三批全国企事业知识产权试点单位;石河子华农种子机械制造有限公司、石河子开发区福顺安防电器科技有限公司被列为第三批自治区企事业知识产权试点单位。2006年12月,石河子开发区福顺安防电器科技有限公司在第三批全国企事业知识产权试点工作考核中获得优秀;石河子贵航农机装备有限责任公司、石河子华农种子机械制造有限公司、石河子天露节水设备制造有限公司、新疆天振农牧机械制造厂、新疆西域牧歌农业科技有限公司被国家知识产权局列为第四批全国企事业知识产权试点企业。

不断推进知识产权试点城市工作。自2009年石河子市被确定为首批国家知识产权试点城市以来,知识产权工作步入了全面发展的新时期,知识产权的创造、运用、保护、管理能力进一步加强。2013年5月,石河子试点城市通过验收,并积极申报示范培育城市。2014年6月,示范培育期1年届满,通过国家知识产权局的综合测评,在全国县级城市综合实力排名第4位,具备申报示范城市资格并进行了正式申报,为创建全国知识产权示范城市创造条件。

(二)完善制度机制,提升知识产权管理服务水平

2010年石河子市出台了《石河子市专利申请资助金管理办法》。2012年5月,为全面贯彻实施自治区、兵团知识产权战略纲要,石河子市党委政府下发了《石河子市贯彻自治区、兵团知识产权战略纲要实施意见》和

《石河子市实施知识产权战略纲要任务分解方案》（市党发〔2012〕10号），并将知识产权工作协调指导小组调整为知识产权工作领导小组，成员单位增加到30家，为知识产权工作的顺利开展提供了强有力的组织保障。2013年，出台了《石河子市发明专利奖励办法》和《石河子市创建国家示范城市培育阶段工作方案》，石河子市知识产权试点城市通过国家验收进入示范培育阶段，并从2013年开始还列出40万元专项经费对发明专利奖的获得者进行奖励。石河子市第十中学和第一小学被兵团列为兵团知识产权示范学校。2013年11月21日，天业（集团）有限公司被列为第一批国家级知识产权示范企业，石河子贵航农机装备有限责任公司、石河子市华农种子机械制造有限公司、石河子天露节水设备有限责任公司、新疆西域牧歌农业科技有限公司4家企业被列为第一批国家级知识产权优势企业。2014年，为更好地服务企业，出台了《石河子市〈企业知识产权管理规范〉标准试点工作实施方案》，鼓励中介服务机构帮助企业开展贯标辅导工作，6家企业与石河子科技交流中心签订了贯标辅导协议。认真落实《石河子市发明专利奖励办法（试行）》，在疆内首次组织评审发明专利奖，共评出二等奖1项，三等奖3项，向发明人奖励14万元。"乙炔氢氯化固汞催化剂"获第十五届中国专利优秀奖。天业集团的全废渣低温煅烧水泥方法获中国专利优秀奖，华农公司的棉种加工酸溶液处理设备获自治区专利奖二等奖，天佐、西域牧歌、神内3个单位的项目获自治区专利奖三等奖。截至2014年年底，石河子市有1家企业被列为国家知识产权示范企业，4家企业被列为国家知识产权优势企业。1991年、1999年和2002年，石河子专利事务所积极为企业的知识产权工作服务，先后三次获得国家人事部、知识产权局联合授予的"全国专利系统先进集体"称号。1998年，石河子专利事务所被国家科委和司法部联合授予"全国知识产权工作先进集体"的称号。通过深入企业开展专利"消零"与知识产权托管服务，极大地提升了企业知识产权创造、管理、保护、运用水平，增强了企业自主创新能力和市场竞争力。

（三）不断创新管理，积极促进专利转化和产业化

2013年，石河子市被国家知识产权局列入首批国家知识产权强县（市）工程单位。2011年天业集团实施的"干电石渣干法制水泥工艺的开发与应用"发明专利产业化项目，年产值4亿。研究开发的"纳米材料改性滴灌带"发明专利技术，打破了国外垄断，填补了国内空白，生产出性能优异的纳米滴灌带产品，为大面积推广节水滴灌技术奠定了坚实的基础，获得第十三届中国专利优秀奖，是兵团首次获此奖项。郭庆人、张友新分别荣获自治区"优秀专利技术开发者"一等奖和三等奖。靠专利技术起家的华农种子机械制造有限公司的自主知识产权产品产值占比达到100%，总经理马明銮获2011年度自治区"优秀发明创造者"二等奖。为促进专利技术及时转化，石河子市知识产权局积极组织企业申报上级各类专利项目支持，通过邀请专家对申报材料辅导和审核把关，石河子开发区神内食品有限公司等近10家企业获上级立项，仅2014年就争取上级经费198万元。天业集团的全废渣低温煅烧水泥方法获中国专利优秀奖，华农公司的棉种加工酸溶液处理设备获自治区专利奖二等奖，天佐、西域牧歌、神内3个单位的项目获自治区专利奖三等奖。2013—2014年累计为企业办理专利费用减缓600余件，向企业发放专利申请资助金80余元，为企业专利转化投入专项资金35万元。

五、从增强意识出发，有效开展知识产权宣传培训

（一）广泛开展宣传，增强知识产权意识

1986—2014年，石河子市知识产权局按照上级的要求，以提高全社会知识产权意识为重点，广泛开展知识产权宣传，增强公众的知识产权意识。在每年的"3·15"保护消费者权益日、知识产权宣传周、科技活动周、科普日和"12·4"法制宣传日等活动期间，通过在主要街道悬挂横幅标语，向市民发放知识产权宣传材料、接待专利咨询、举办知识产权题材文艺演出，以及深入机关、社区、团场、学校、企业宣传《专利法》等相关知识产权法律法规知识在石河子日报、石河子电视台等新闻媒体开辟专栏等形式，广泛开展知识产权宣传活动。2001年4月25—28日，在庆祝世界第一个知识产权日期间，石河子市科委会同宣传部、广电局、报社等单位共同组织了系列知识产权宣传活动。石河子电视台、电台、日报对企事业单位专利侵权纠纷典型案例进行

了专访报道。2007年4月，石河子市知识产权局与组织部电教室联系，播放了国家知识产权局局长田力普主讲的《自主创新与知识产权》电视片，石河子市1000多名机关干部到场观看。2010年，建立了知识产权网站，设置了通知公告、工作动态、宣传培训、专利执法、政策法规、试点工作、案例分析、数据下载7个栏目。在石河子政府网、新疆法制网、自治区知识产权信息网、兵团科技信息网、石河子日报等新闻媒体上广泛宣传知识产权。2011年"4·26知识产权宣传周"和"专利周"期间，开展多种形式的知识产权宣传活动，努力推进知识产权文化建设。通过召开新闻发布会，举办宣传周启动仪式暨机关干部知识产权专题讲座，召开专利工作经验交流会，开展知识产权"进校园、进军营、进社区"，启动知识产权托管工作和组织"媒体企业行"等系列活动，大力营造尊重知识产权的社会氛围。2012年知识产权宣传周期间，举办了行政与司法诉讼实务培训班；组织企事业知识产权管理人员和商户80余人在农八师中级人民法院旁听了知识产权案件审理；组织新闻媒体对宣传周的系列活动进行跟踪采访报道；组织石河子电视台制作了两期知识产权专题节目并在《非常关注》栏目播出；与石河子大学协办了新疆第二届大学生知识产权主题演讲比赛；组织石河子市一小、十中两所学校参加自治区举办的中小学知识产权教育试点、教学观摩活动。两所学校还结合自身情况开展了知识产权知识竞赛、主题黑板报、手抄报比赛等活动。2014年，召开了企业知识产权贯标试点启动会，首批6家贯标试点单位的主要领导在启动会上签署了一把手承诺。据统计，1986—2014年，石河子市共开展各类知识产权宣传活动380余场（次），展示300多块展板，拍摄制作专题电视片两部，发放宣传材料20万余份。通过宣传教育培训，全社会知识产权创造、运用、保护、管理水平有了极大提高。

（二）采取积极措施，提高知识产权培训工作

1986—2014年，石河子市知识产权局为提高机关、企事业单位知识产权意识和管理水平，充分发挥石河子大学、党校、试点学校等教育基地的作用，采取点面结合的方式，开展多渠道、多形式的知识产权教育培训工作。针对机关干部、企事业单位的管理人员、中小学生，围绕知识产权与创新发展、知识产权管理实务、专利标识、知识产权基本知识等专题，先后举办了专利法学习班、科技管理学习班（专利知识讲座）、青少年发明创造学习班、发明创造与专利权保护专题讲座、中外企业保护知识产权座谈会、知识产权行政执法培训班等17期知识产权相关培训班。同时依托市党校在中青年干部培训班、工商管理班、团（处）级岗位培训班、团干部和连职干部培训班上，讲授专利法、商标法、著作权法、反不正当竞争等方面的知识，极大地提升了企事业单位、专业技术人员的知识产权挖掘与保护能力，使机关、企事业单位的知识产权意识明显增强，知识产权创造、运用、保护、管理水平有了全面的提高，使知识产权能够更好地服务企事业单位和专利权人，有效规避风险。截至2014年年底，石河子市共举办各类知识产权培训180余期，培训各类人员近3万人（次）。2007年、2010年，石河子市知识产权局先后两次被国家知识产权局授予"全国知识产权培训工作先进集体"荣誉称号。

—— 文献篇 ——

相关国家法规

中华人民共和国专利法

中华人民共和国主席令（十一届第八号）

《全国人民代表大会常务委员会关于修改〈中华人民共和国专利法〉的决定》已由中华人民共和国第十一届全国人民代表大会常务委员会第六次会议于 2008 年 12 月 27 日通过，现予公布，自 2009 年 10 月 1 日起施行。

中华人民共和国主席

胡锦涛

2008 年 12 月 27 日

中华人民共和国专利法（修正）

（1984 年 3 月 12 日第六届全国人民代表大会常务委员会第四次会议通过　根据 1992 年 9 月 4 日第七届全国人民代表大会常务委员会第二十七次会议《关于修改〈中华人民共和国专利法〉的决定》第一次修正　根据 2000 年 8 月 25 日第九届全国人民代表大会常务委员会第十七次会议《关于修改〈中华人民共和国专利法〉的决定》第二次修正　根据 2008 年 12 月 27 日第十一届全国人民代表大会常务委员会第六次会议《关于修改〈中华人民共和国专利法〉的决定》第三次修正）

第一章　总　则

第一条　为了保护专利权人的合法权益，鼓励发明创造，推动发明创造的应用，提高创新能力，促进科学技术进步和经济社会发展，制定本法。

第二条　本法所称的发明创造是指发明、实用新型和外观设计。

发明，是指对产品、方法或者其改进所提出的新的技术方案。

实用新型，是指对产品的形状、构造或者其结合所提出的适于实用的新的技术方案。

外观设计，是指对产品的形状、图案或者其结合以及色彩与形状、图案的结合所作出的富有美感并适于工业应用的新设计。

第三条　国务院专利行政部门负责管理全国的专利工作；统一受理和审查专利申请，依法授予专利权。

省、自治区、直辖市人民政府管理专利工作的部门负责本行政区域内的专利管理工作。

第四条　申请专利的发明创造涉及国家安全或者重大利益需要保密的，按照国家有关规定办理。

第五条对违反法律、社会公德或者妨害公共利益的发明创造，不授予专利权。

对违反法律、行政法规的规定获取或者利用遗传资源，并依赖该遗传资源完成的发明创造，不授予专利权。

第六条　执行本单位的任务或者主要是利用本单位的物质技术条件所完成的发明创造为职务发明创造。职务发明创造申请专利的权利属于该单位；申请被批准后，该单位为专利权人。

非职务发明创造，申请专利的权利属于发明人或者设计人；申请被批准后，该发明人或者设计人为专利权人。

利用本单位的物质技术条件所完成的发明创造，单位与发明人或者设计人订有合同，对申请专利的权利和专利权的归属作出约定的，从其约定。

第七条　对发明人或者设计人的非职务发明创造专利申请，任何单位或者个人不得压制。

第八条　两个以上单位或者个人合作完成的发明创造、一个单位或者个人接受其他单位或者个人委托所完成的发明创造，除另有协议的以外，申请专利的权利属于完成或者共同完成的单位或者个人；申请被批准后，申请的单位或者个人为专利权人。

第九条　同样的发明创造只能授予一项专利权。但是，同一申请人同日对同样的发明创造既申请实用新型专利又申请发明专利，先获得的实用新型专利权尚未终止，且申请人声明放弃该实用新型专利权的，可以授予发明专利权。

两个以上的申请人分别就同样的发明创造申请专利的，专利权授予最先申请的人。

第十条　专利申请权和专利权可以转让。

中国单位或者个人向外国人、外国企业或外国其他组织转让专利申请权或者专利权的，应当依照有关法律、行政法规的规定办理手续。

转让专利申请权或者专利权的，当事人应当订立书面合同，并向国务院专利行政部门登记，由国务院专利行政部门予以公告。专利申请权或者专利权的转让自登记之日起生效。

第十一条　发明和实用新型专利权被授予后，除本法另有规定的以外，任何单位或者个人未经专利权人许可，都不得实施其专利，即不得为生产经营目的制造、使用、许诺销售、销售、进口其专利产品，或者使用其专利方法以及使用、许诺销售、销售、进口依照该专利方法直接获得的产品。

外观设计专利权被授予后，任何单位或者个人未经专利权人许可，都不得实施其专利，即不得为生产经营目的制造、许诺销售、销售、进口其外观设计专利产品。

第十二条　任何单位或者个人实施他人专利的，应当与专利权人订立实施许可合同，向专利权人支付专利使用费。被许可人无权允许合同规定以外的任何单位或者个人实施该专利。

第十三条　发明专利申请公布后，申请人可以要求实施其发明的单位或者个人支付适当的费用。

第十四条　国有企业事业单位的发明专利，对国家利益或者公共利益具有重大意义的，国务院有关主管部门和省、自治区、直辖市人民政府报经国务院批准，可以决定在批准的范围内推广应用，允许指定的单位实施，由实施单位按照国家规定向专利权人支付使用费。

第十五条　专利申请权或者专利权的共有人对权利的行使有约定的，从其约定。没有约定的，共有人可以单独实施或者以普通许可方式许可他人实施该专利；许可他人实施该专利的，收取的使用费应当在共有人之间分配。

除前款规定的情形外，行使共有的专利申请权或者专利权应当取得全体共有人的同意。

第十六条　被授予专利权的单位应当对职务发明创造的发明人或者设计人给予奖励；发明创造专利实施后，根据其推广应用的范围和取得的经济效益，对发明人或者设计人给予合理的报酬。

第十七条　发明人或者设计人有权在专利文件中写明自己是发明人或者设计人。

专利权人有权在其专利产品或者该产品的包装上标明专利标识。

第十八条　在中国没有经常居所或者营业所的外国人、外国企业或者外国其他组织在中国申请专利的，依照其所属国同中国签订的协议或者共同参加的国际条约，或者依照互惠原则，根据本法办理。

第十九条　在中国没有经常居所或者营业所的外国人、外国企业或者外国其他组织在中国申请专利和办理其他专利事务的，应当委托依法设立的专利代理机构办理。

中国单位或者个人在国内申请专利和办理其他专利事务的，可以委托依法设立的专利代理机构办理。

专利代理机构应当遵守法律、行政法规，按照被代理人的委托办理专利申请或者其他专利事务；对被代理人发明创造的内容，除专利申请已经公布或者公告的以外，负有保密责任。专利代理机构的具体管理办法由国务院规定。

第二十条　任何单位或者个人将在中国完成的发明或者实用新型向外国申请专利的，应当事先报经国务院专利行政部门进行保密审查。保密审查的程序、期限等按照国务院的规定执行。

中国单位或者个人可以根据中华人民共和国参加的有关国际条约提出专利国际申请。申请人提出专利国际申请的，应当遵守前款规定。

国务院专利行政部门依照中华人民共和国参加的有关国际条约、本法和国务院有关规定处理专利国际申请。

对违反本条第一款规定向外国申请专利的发明或者实用新型，在中国申请专利的，不授予专利权。

第二十一条　国务院专利行政部门及其专利复审委员会应当按照客观、公正、准确、及时的要求，依法处理有关专利的申请和请求。

国务院专利行政部门应当完整、准确、及时发布专利信息，定期出版专利公报。

在专利申请公布或者公告前，国务院专利行政部门的工作人员及有关人员对其内容负有保密责任。

第二章　授予专利权的条件

第二十二条　授予专利权的发明和实用新型，应当具备新颖性、创造性和实用性。

新颖性，是指该发明或者实用新型不属于现有技术；也没有任何单位或者个人就同样的发明或者实用新型在申请日以前向国务院专利行政部门提出过申请，并记载在申请日以后公布的专利申请文件或者公告的专利文件中。

创造性，是指与现有技术相比，该发明具有突出的实质性特点和显著的进步，该实用新型具有实质性特点和进步。

实用性，是指该发明或者实用新型能够制造或者使用，并且能够产生积极效果。

本法所称现有技术，是指申请日以前在国内外为公众所知的技术。

第二十三条　授予专利权的外观设计，应当不属于现有设计；也没有任何单位或者个人就同样的外观设计在申请日以前向国务院专利行政部门提出过申请，并记载在申请日以后公告的专利文件中。

授予专利权的外观设计与现有设计或者现有设计特征的组合相比，应当具有明显区别。

授予专利权的外观设计不得与他人在申请日以前已经取得的合法权利相冲突。

本法所称现有设计，是指申请日以前在国内外为公众所知的设计。

第二十四条　申请专利的发明创造在申请日以前六个月内，有下列情形之一的，不丧失新颖性：

（一）在中国政府主办或者承认的国际展览会上首次展出的；

（二）在规定的学术会议或者技术会议上首次发表的；

（三）他人未经申请人同意而泄露其内容的。

第二十五条　对下列各项，不授予专利权：

（一）科学发现；

（二）智力活动的规则和方法；

（三）疾病的诊断和治疗方法；

（四）动物和植物品种；

（五）用原子核变换方法获得的物质；

（六）对平面印刷品的图案、色彩或者二者的结合作出的主要起标识作用的设计。

对前款第（四）项所列产品的生产方法，可以依照本法规定授予专利权。

第三章 专利的申请

第二十六条 申请发明或者实用新型专利的，应当提交请求书、说明书及其摘要和权利要求书等文件。

请求书应当写明发明或者实用新型的名称，发明人的姓名，申请人姓名或者名称、地址，以及其他事项。

说明书应当对发明或者实用新型作出清楚、完整的说明，以所属技术领域的技术人员能够实现为准；必要的时候，应当有附图。摘要应当简要说明发明或者实用新型的技术要点。

权利要求书应当以说明书为依据，清楚、简要地限定要求专利保护的范围。

依赖遗传资源完成的发明创造，申请人应当在专利申请文件中说明该遗传资源的直接来源和原始来源；申请人无法说明原始来源的，应当陈述理由。

第二十七条 申请外观设计专利的，应当提交请求书、该外观设计的图片或者照片以及对该外观设计的简要说明等文件。

申请人提交的有关图片或者照片应当清楚地显示要求专利保护的产品的外观设计。

第二十八条 国务院专利行政部门收到专利申请文件之日为申请日。如果申请文件是邮寄的，以寄出的邮戳日为申请日。

第二十九条 申请人自发明或者实用新型在外国第一次提出专利申请之日起十二个月内，或者自外观设计在外国第一次提出专利申请之日起六个月内，又在中国就相同主题提出专利申请的，依照该外国同中国签订的协议或者共同参加的国际条约，或者依照相互承认优先权的原则，可以享有优先权。

申请人自发明或者实用新型在中国第一次提出专利申请之日起十二个月内，又向国务院专利行政部门就相同主题提出专利申请的，可以享有优先权。

第三十条 申请人要求优先权的，应当在申请的时候提出书面声明，并且在三个月内提交第一次提出的专利申请文件的副本；未提出书面声明或者逾期未提交专利申请文件副本的，视为未要求优先权。

第三十一条 一件发明或者实用新型专利申请应当限于一项发明或者实用新型。属于一个总的发明构思的两项以上的发明或者实用新型，可以作为一件申请提出。

一件外观设计专利申请应当限于一项外观设计。同一产品两项以上的相似外观设计，或者用于同一类别并且成套出售或者使用的产品的两项以上外观设计，可以作为一件申请提出。

第三十二条 申请人可以在被授予专利权之前随时撤回其专利申请。

第三十三条 申请人可以对其专利申请文件进行修改，但是，对发明和实用新型专利申请文件的修改不得超出原说明书和权利要求书记载的范围，对外观设计专利申请文件的修改不得超出原图片或者照片表示的范围。

第四章 专利申请的审查和批准

第三十四条 国务院专利行政部门收到发明专利申请后，经初步审查认为符合本法要求的，自申请日起满十八个月，即行公布。国务院专利行政部门可以根据申请人的请求早日公布其申请。

第三十五条 发明专利申请自申请日起三年内，国务院专利行政部门可以根据申请人随时提出的请求，对其申请进行实质审查；申请人无正当理由逾期不请求实质审查的，该申请即被视为撤回。

国务院专利行政部门认为必要的时候，可以自行对发明专利申请进行实质审查。

第三十六条 发明专利的申请人请求实质审查的时候，应当提交在申请日前与其发明有关的参考资料。

发明专利已经在外国提出过申请的，国务院专利行政部门可以要求申请人在指定期限内提交该国为审查其申请进行检索的资料或者审查结果的资料；无正当理由逾期不提交的，该申请即被视为撤回。

第三十七条　国务院专利行政部门对发明专利申请进行实质审查后，认为不符合本法规定的，应当通知申请人，要求其在指定的期限内陈述意见，或者对其申请进行修改；无正当理由逾期不答复的，该申请即被视为撤回。

第三十八条　发明专利申请经申请人陈述意见或者进行修改后，国务院专利行政部门仍然认为不符合本法规定的，应当予以驳回。

第三十九条　发明专利申请经实质审查没有发现驳回理由的，由国务院专利行政部门作出授予发明专利权的决定，发给发明专利证书，同时予以登记和公告。发明专利权自公告之日起生效。

第四十条　实用新型和外观设计专利申请经初步审查没有发现驳回理由的，由国务院专利行政部门作出授予实用新型专利权或者外观设计专利权的决定，发给相应的专利证书，同时予以登记和公告。实用新型专利权和外观设计专利权自公告之日起生效。

第四十一条　国务院专利行政部门设立专利复审委员会。专利申请人对国务院专利行政部门驳回申请的决定不服的，可以自收到通知之日起三个月内，向专利复审委员会请求复审。专利复审委员会复审后，作出决定，并通知专利申请人。

专利申请人对专利复审委员会的复审决定不服的，可以自收到通知之日起三个月内向人民法院起诉。

第五章　专利权的期限、终止和无效

第四十二条　发明专利权的期限为二十年，实用新型专利权和外观设计专利权的期限为十年，均自申请日起计算。

第四十三条　专利权人应当自被授予专利权的当年开始缴纳年费。

第四十四条　有下列情形之一的，专利权在期限届满前终止：

（一）没有按照规定缴纳年费的；

（二）专利权人以书面声明放弃其专利权的。

专利权在期限届满前终止的，由国务院专利行政部门登记和公告。

第四十五条　自国务院专利行政部门公告授予专利权之日起，任何单位或者个人认为该专利权的授予不符合本法有关规定的，可以请求专利复审委员会宣告该专利权无效。

第四十六条　专利复审委员会对宣告专利权无效的请求应当及时审查和作出决定，并通知请求人和专利权人。宣告专利权无效的决定，由国务院专利行政部门登记和公告。

对专利复审委员会宣告专利权无效或者维持专利权的决定不服的，可以自收到通知之日起三个月内向人民法院起诉。人民法院应当通知无效宣告请求程序的对方当事人作为第三人参加诉讼。

第四十七条　宣告无效的专利权视为自始即不存在。

宣告专利权无效的决定，对在宣告专利权无效前人民法院作出并已执行的专利侵权的判决、调解书，已经履行或者强制执行的专利侵权纠纷处理决定，以及已经履行的专利实施许可合同和专利权转让合同，不具有追溯力。但是因专利权人的恶意给他人造成的损失，应当给予赔偿。

依照前款规定不返还专利侵权赔偿金、专利使用费、专利权转让费，明显违反公平原则的，应当全部或者部分返还。

第六章　专利实施的强制许可

第四十八条　有下列情形之一的，国务院专利行政部门根据具备实施条件的单位或者个人的申请，可以给予实施发明专利或者实用新型专利的强制许可：

（一）专利权人自专利权被授予之日起满三年，且自提出专利申请之日起满四年，无正当理由未实施或者未充分实施其专利的；

（二）专利权人行使专利权的行为被依法认定为垄断行为，为消除或者减少该行为对竞争产生的不利影响的。

第四十九条 在国家出现紧急状态或者非常情况时，或者为了公共利益的目的，国务院专利行政部门可以给予实施发明专利或者实用新型专利的强制许可。

第五十条 为了公共健康目的，对取得专利权的药品，国务院专利行政部门可以给予制造并将其出口到符合中华人民共和国参加的有关国际条约规定的国家或者地区的强制许可。

第五十一条 一项取得专利权的发明或者实用新型比前已经取得专利权的发明或者实用新型具有显著经济意义的重大技术进步，其实施又有赖于前一发明或者实用新型的实施的，国务院专利行政部门根据后一专利权人的申请，可以给予实施前一发明或者实用新型的强制许可。

在依照前款规定给予实施强制许可的情形下，国务院专利行政部门根据前一专利权人的申请，也可以给予实施后一发明或者实用新型的强制许可。

第五十二条 强制许可涉及的发明创造为半导体技术的，其实施限于公共利益的目的和本法第四十八条第（二）项规定的情形。

第五十三条 除依照本法第四十八条第（二）项、第五十条规定给予的强制许可外，强制许可的实施应当主要为了供应国内市场。

第五十四条 依照本法第四十八条第（一）项、第五十一条规定申请强制许可的单位或者个人应当提供证据，证明其以合理的条件请求专利权人许可其实施专利，但未能在合理的时间内获得许可。

第五十五条 国务院专利行政部门作出的给予实施强制许可的决定，应当及时通知专利权人，并予以登记和公告。

给予实施强制许可的决定，应当根据强制许可的理由规定实施的范围和时间。强制许可的理由消除并不再发生时，国务院专利行政部门应当根据专利权人的请求，经审查后作出终止实施强制许可的决定。

第五十六条 取得实施强制许可的单位或者个人不享有独占的实施权，并且无权允许他人实施。

第五十七条 取得实施强制许可的单位或者个人应当付给专利权人合理的使用费，或者依照中华人民共和国参加的有关国际条约的规定处理使用费问题。付给使用费的，其数额由双方协商；双方不能达成协议的，由国务院专利行政部门裁决。

第五十八条 专利权人对国务院专利行政部门关于实施强制许可的决定不服的，专利权人和取得实施强制许可的单位或者个人对国务院专利行政部门关于实施强制许可的使用费的裁决不服的，可以自收到通知之日起三个月内向人民法院起诉。

第七章 专利权的保护

第五十九条 发明或者实用新型专利权的保护范围以其权利要求的内容为准，说明书及附图可以用于解释权利要求的内容。

外观设计专利权的保护范围以表示在图片或者照片中的该产品的外观设计为准，简要说明可以用于解释图片或者照片所表示的该产品的外观设计。

第六十条 未经专利权人许可，实施其专利，即侵犯其专利权，引起纠纷的，由当事人协商解决；不愿协商或者协商不成的，专利权人或者利害关系人可以向人民法院起诉，也可以请求管理专利工作的部门处理。管理专利工作的部门处理时，认定侵权行为成立的，可以责令侵权人立即停止侵权行为，当事人不服的，可以自收到处理通知之日起十五日内依照《中华人民共和国行政诉讼法》向人民法院起诉；侵权人期满不起诉又不停止侵权行为的，管理专利工作的部门可以申请人民法院强制执行。进行处理的管理专利工作的部门应当事人的请求，可以就侵犯专利权的赔偿数额进行调解；调解不成的，当事人可以依照《中华人民共和国民事诉讼法》向人民法院起诉。

第六十一条 专利侵权纠纷涉及新产品制造方法的发明专利的，制造同样产品的单位或者个人应当提供其产品制造方法不同于专利方法的证明。

专利侵权纠纷涉及实用新型专利或者外观设计专利的，人民法院或者管理专利工作的部门可以要求专利权人或者利害关系人出具由国务院专利行政部门对相关实用新型或者外观设计进行检索、分析和评价后作出的专利权评价报告，作为审理、处理专利侵权纠纷的证据。

第六十二条　在专利侵权纠纷中，被控侵权人有证据证明其实施的技术或者设计属于现有技术或者现有设计的，不构成侵犯专利权。

第六十三条　假冒专利的，除依法承担民事责任外，由管理专利工作的部门责令改正并予公告，没收违法所得，可以并处违法所得四倍以下的罚款；没有违法所得的，可以处二十万元以下的罚款；构成犯罪的，依法追究刑事责任。

第六十四条　管理专利工作的部门根据已经取得的证据，对涉嫌假冒专利行为进行查处时，可以询问有关当事人，调查与涉嫌违法行为有关的情况；对当事人涉嫌违法行为的场所实施现场检查；查阅、复制与涉嫌违法行为有关的合同、发票、账簿以及其他有关资料；检查与涉嫌违法行为有关的产品，对有证据证明是假冒专利的产品，可以查封或者扣押。

管理专利工作的部门依法行使前款规定的职权时，当事人应当予以协助、配合，不得拒绝、阻挠。

第六十五条　侵犯专利权的赔偿数额按照权利人因被侵权所受到的实际损失确定；实际损失难以确定的，可以按照侵权人因侵权所获得的利益确定。权利人的损失或者侵权人获得的利益难以确定的，参照该专利许可使用费的倍数合理确定。赔偿数额还应当包括权利人为制止侵权行为所支付的合理开支。

权利人的损失、侵权人获得的利益和专利许可使用费均难以确定的，人民法院可以根据专利权的类型、侵权行为的性质和情节等因素，确定给予一万元以上一百万元以下的赔偿。

第六十六条　专利权人或者利害关系人有证据证明他人正在实施或者即将实施侵犯专利权的行为，如不及时制止将会使其合法权益受到难以弥补的损害的，可以在起诉前向人民法院申请采取责令停止有关行为的措施。

申请人提出申请时，应当提供担保；不提供担保的，驳回申请。

人民法院应当自接受申请之时起四十八小时内作出裁定；有特殊情况需要延长的，可以延长四十八小时。裁定责令停止有关行为的，应当立即执行。当事人对裁定不服的，可以申请复议一次；复议期间不停止裁定的执行。

申请人自人民法院采取责令停止有关行为的措施之日起十五日内不起诉的，人民法院应当解除该措施。

申请有错误的，申请人应当赔偿被申请人因停止有关行为所遭受的损失。

第六十七条　为了制止专利侵权行为，在证据可能灭失或者以后难以取得的情况下，专利权人或者利害关系人可以在起诉前向人民法院申请保全证据。

人民法院采取保全措施，可以责令申请人提供担保；申请人不提供担保的，驳回申请。

人民法院应当自接受申请之时起四十八小时内作出裁定；裁定采取保全措施的，应当立即执行。

申请人自人民法院采取保全措施之日起十五日内不起诉的，人民法院应当解除该措施。

第六十八条　侵犯专利权的诉讼时效为二年，自专利权人或者利害关系人得知或者应当得知侵权行为之日起计算。

发明专利申请公布后至专利权授予前使用该发明未支付适当使用费的，专利权人要求支付使用费的诉讼时效为二年，自专利权人得知或者应当得知他人使用其发明之日起计算，但是，专利权人于专利权授予之日前即已得知或者应当得知的，自专利权授予之日起计算。

第六十九条　有下列情形之一的，不视为侵犯专利权：

（一）专利产品或者依照专利方法直接获得的产品，由专利权人或者经其许可的单位、个人售出后，使用、许诺销售、销售、进口该产品的；

（二）在专利申请日前已经制造相同产品、使用相同方法或者已经作好制造、使用的必要准备，并且仅在原有范围内继续制造、使用的；

（三）临时通过中国领陆、领水、领空的外国运输工具，依照其所属国同中国签订的协议或者共同参加的国际条约，或者依照互惠原则，为运输工具自身需要而在其装置和设备中使用有关专利的；

（四）专为科学研究和实验而使用有关专利的；

（五）为提供行政审批所需要的信息，制造、使用、进口专利药品或者专利医疗器械的，以及专门为其制造、进口专利药品或者专利医疗器械的。

第七十条　为生产经营目的使用、许诺销售或者销售不知道是未经专利权人许可而制造并售出的专利侵权产品，能证明该产品合法来源的，不承担赔偿责任。

第七十一条　违反本法第二十条规定向外国申请专利，泄露国家秘密的，由所在单位或者上级主管机关给予行政处分；构成犯罪的，依法追究刑事责任。

第七十二条　侵夺发明人或者设计人的非职务发明创造专利申请权和本法规定的其他权益的，由所在单位或者上级主管机关给予行政处分。

第七十三条　管理专利工作的部门不得参与向社会推荐专利产品等经营活动。

管理专利工作的部门违反前款规定的，由其上级机关或者监察机关责令改正，消除影响，有违法收入的予以没收；情节严重的，对直接负责的主管人员和其他直接责任人员依法给予行政处分。

第七十四条　从事专利管理工作的国家机关工作人员以及其他有关国家机关工作人员玩忽职守、滥用职权、徇私舞弊，构成犯罪的，依法追究刑事责任；尚不构成犯罪的，依法给予行政处分。

第八章　附　　则

第七十五条　向国务院专利行政部门申请专利和办理其他手续，应当按照规定缴纳费用。

第七十六条　本法自1985年4月1日起施行。

中华人民共和国专利法实施细则

（2001年6月15日中华人民共和国国务院令第306号公布　根据2002年12月28日《国务院关于修改〈中华人民共和国专利法实施细则〉的决定》第一次修订　根据2010年1月9日《国务院关于修改〈中华人民共和国专利法实施细则〉的决定》第二次修订）

第一章　总　　则

第一条　根据《中华人民共和国专利法》（以下简称专利法），制定本细则。

第二条　专利法和本细则规定的各种手续，应当以书面形式或者国务院专利行政部门规定的其他形式办理。

第三条　依照专利法和本细则规定提交的各种文件应当使用中文；国家有统一规定的科技术语的，应当采用规范词；外国人名、地名和科技术语没有统一中文译文的，应当注明原文。

依照专利法和本细则规定提交的各种证件和证明文件是外文的，国务院专利行政部门认为必要时，可以要求当事人在指定期限内附送中文译文；期满未附送的，视为未提交该证件和证明文件。

第四条　向国务院专利行政部门邮寄的各种文件，以寄出的邮戳日为递交日；邮戳日不清晰的，除当事人能够提出证明外，以国务院专利行政部门收到日为递交日。

国务院专利行政部门的各种文件，可以通过邮寄、直接送交或者其他方式送达当事人。当事人委托专利代理机构的，文件送交专利代理机构；未委托专利代理机构的，文件送交请求书中指明的联系人。

国务院专利行政部门邮寄的各种文件，自文件发出之日起满15日，推定为当事人收到文件之日。

根据国务院专利行政部门规定应当直接送交的文件，以交付日为送达日。

文件送交地址不清，无法邮寄的，可以通过公告的方式送达当事人。自公告之日起满1个月，该文件视为已经送达。

第五条 专利法和本细则规定的各种期限的第一日不计算在期限内。期限以年或者月计算的，以其最后一月的相应日为期限届满日；该月无相应日的，以该月最后一日为期限届满日；期限届满日是法定休假日的，以休假日后的第一个工作日为期限届满日。

第六条 当事人因不可抗拒的事由而延误专利法或者本细则规定的期限或者国务院专利行政部门指定的期限，导致其权利丧失的，自障碍消除之日起2个月内，最迟自期限届满之日起2年内，可以向国务院专利行政部门请求恢复权利。

除前款规定的情形外，当事人因其他正当理由延误专利法或者本细则规定的期限或者国务院专利行政部门指定的期限，导致其权利丧失的，可以自收到国务院专利行政部门的通知之日起2个月内向国务院专利行政部门请求恢复权利。

当事人依照本条第一款或者第二款的规定请求恢复权利的，应当提交恢复权利请求书，说明理由，必要时附具有关证明文件，并办理权利丧失前应当办理的相应手续；依照本条第二款的规定请求恢复权利的，还应当缴纳恢复权利请求费。

当事人请求延长国务院专利行政部门指定的期限的，应当在期限届满前，向国务院专利行政部门说明理由并办理有关手续。

本条第一款和第二款的规定不适用专利法第二十四条、第二十九条、第四十二条、第六十八条规定的期限。

第七条 专利申请涉及国防利益需要保密的，由国防专利机构受理并进行审查；国务院专利行政部门受理的专利申请涉及国防利益需要保密的，应当及时移交国防专利机构进行审查。经国防专利机构审查没有发现驳回理由的，由国务院专利行政部门作出授予国防专利权的决定。

国务院专利行政部门认为其受理的发明或者实用新型专利申请涉及国防利益以外的国家安全或者重大利益需要保密的，应当及时作出按照保密专利申请处理的决定，并通知申请人。保密专利申请的审查、复审以及保密专利权无效宣告的特殊程序，由国务院专利行政部门规定。

第八条 专利法第二十条所称在中国完成的发明或者实用新型，是指技术方案的实质性内容在中国境内完成的发明或者实用新型。

任何单位或者个人将在中国完成的发明或者实用新型向外国申请专利的，应当按照下列方式之一请求国务院专利行政部门进行保密审查：

（一）直接向外国申请专利或者向有关国外机构提交专利国际申请的，应当事先向国务院专利行政部门提出请求，并详细说明其技术方案；

（二）向国务院专利行政部门申请专利后拟向外国申请专利或者向有关国外机构提交专利国际申请的，应当在向外国申请专利或者向有关国外机构提交专利国际申请前向国务院专利行政部门提出请求。

向国务院专利行政部门提交专利国际申请的，视为同时提出了保密审查请求。

第九条 国务院专利行政部门收到依照本细则第八条规定递交的请求后，经过审查认为该发明或者实用新型可能涉及国家安全或者重大利益需要保密的，应当及时向申请人发出保密审查通知；申请人未在其请求递交日起4个月内收到保密审查通知的，可以就该发明或者实用新型向外国申请专利或者向有关国外机构提交专利国际申请。

国务院专利行政部门依照前款规定通知进行保密审查的，应当及时作出是否需要保密的决定，并通知申请人。申请人未在其请求递交日起6个月内收到需要保密的决定的，可以就该发明或者实用新型向外国申请专利或者向有关国外机构提交专利国际申请。

第十条　专利法第五条所称违反法律的发明创造，不包括仅其实施为法律所禁止的发明创造。

第十一条　除专利法第二十八条和第四十二条规定的情形外，专利法所称申请日，有优先权的，指优先权日。本细则所称申请日，除另有规定的外，是指专利法第二十八条规定的申请日。

第十二条　专利法第六条所称执行本单位的任务所完成的职务发明创造，是指：

（一）在本职工作中作出的发明创造；

（二）履行本单位交付的本职工作之外的任务所作出的发明创造；

（三）退休、调离原单位后或者劳动、人事关系终止后1年内作出的，与其在原单位承担的本职工作或者原单位分配的任务有关的发明创造。

专利法第六条所称本单位，包括临时工作单位；专利法第六条所称本单位的物质技术条件，是指本单位的资金、设备、零部件、原材料或者不对外公开的技术资料等。

第十三条　专利法所称发明人或者设计人，是指对发明创造的实质性特点作出创造性贡献的人。在完成发明创造过程中，只负责组织工作的人、为物质技术条件的利用提供方便的人或者从事其他辅助工作的人，不是发明人或者设计人。

第十四条　除依照专利法第十条规定转让专利权外，专利权因其他事由发生转移的，当事人应当凭有关证明文件或者法律文书向国务院专利行政部门办理专利权转移手续。

专利权人与他人订立的专利实施许可合同，应当自合同生效之日起3个月内向国务院专利行政部门备案。以专利权出质的，由出质人和质权人共同向国务院专利行政部门办理出质登记。

第二章　专利的申请

第十五条　以书面形式申请专利的，应当向国务院专利行政部门提交申请文件一式两份。

以国务院专利行政部门规定的其他形式申请专利的，应当符合规定的要求。

申请人委托专利代理机构向国务院专利行政部门申请专利和办理其他专利事务的，应当同时提交委托书，写明委托权限。

申请人有2人以上且未委托专利代理机构的，除请求书中另有声明的外，以请求书中指明的第一申请人为代表人。

第十六条　发明、实用新型或者外观设计专利申请的请求书应当写明下列事项：

（一）发明、实用新型或者外观设计的名称；

（二）申请人是中国单位或者个人的，其名称或者姓名、地址、邮政编码、组织机构代码或者居民身份证件号码；申请人是外国人、外国企业或者外国其他组织的，其姓名或者名称、国籍或者注册的国家或者地区；

（三）发明人或者设计人的姓名；

（四）申请人委托专利代理机构的，受托机构的名称、机构代码以及该机构指定的专利代理人的姓名、执业证号码、联系电话；

（五）要求优先权的，申请人第一次提出专利申请（以下简称在先申请）的申请日、申请号以及原受理机构的名称；

（六）申请人或者专利代理机构的签字或者盖章；

（七）申请文件清单；

（八）附加文件清单；

（九）其他需要写明的有关事项。

第十七条　发明或者实用新型专利申请的说明书应当写明发明或者实用新型的名称，该名称应当与请求书中的名称一致。说明书应当包括下列内容：

（一）技术领域：写明要求保护的技术方案所属的技术领域；

（二）背景技术：写明对发明或者实用新型的理解、检索、审查有用的背景技术；有可能的，并引证反映这些背景技术的文件；

（三）发明内容：写明发明或者实用新型所要解决的技术问题以及解决其技术问题采用的技术方案，并对照现有技术写明发明或者实用新型的有益效果；

（四）附图说明：说明书有附图的，对各幅附图作简略说明；

（五）具体实施方式：详细写明申请人认为实现发明或者实用新型的优选方式；必要时，举例说明；有附图的，对照附图。

发明或者实用新型专利申请人应当按照前款规定的方式和顺序撰写说明书，并在说明书每一部分前面写明标题，除非其发明或者实用新型的性质用其他方式或者顺序撰写能节约说明书的篇幅并使他人能够准确理解其发明或者实用新型。

发明或者实用新型说明书应当用词规范、语句清楚，并不得使用"如权利要求……所述的……"一类的引用语，也不得使用商业性宣传用语。

发明专利申请包含一个或者多个核苷酸或者氨基酸序列的，说明书应当包括符合国务院专利行政部门规定的序列表。申请人应当将该序列表作为说明书的一个单独部分提交，并按照国务院专利行政部门的规定提交该序列表的计算机可读形式的副本。

实用新型专利申请说明书应当有表示要求保护的产品的形状、构造或者其结合的附图。

第十八条　发明或者实用新型的几幅附图应当按照"图1，图2，……"顺序编号排列。

发明或者实用新型说明书文字部分中未提及的附图标记不得在附图中出现，附图中未出现的附图标记不得在说明书文字部分中提及。申请文件中表示同一组成部分的附图标记应当一致。

附图中除必需的词语外，不应当含有其他注释。

第十九条　权利要求书应当记载发明或者实用新型的技术特征。

权利要求书有几项权利要求的，应当用阿拉伯数字顺序编号。

权利要求书中使用的科技术语应当与说明书中使用的科技术语一致，可以有化学式或者数学式，但是不得有插图。除绝对必要的外，不得使用"如说明书……部分所述"或者"如图……所示"的用语。

权利要求中的技术特征可以引用说明书附图中相应的标记，该标记应当放在相应的技术特征后并置于括号内，便于理解权利要求。附图标记不得解释为对权利要求的限制。

第二十条　权利要求书应当有独立权利要求，也可以有从属权利要求。

独立权利要求应当从整体上反映发明或者实用新型的技术方案，记载解决技术问题的必要技术特征。

从属权利要求应当用附加的技术特征，对引用的权利要求作进一步限定。

第二十一条　发明或者实用新型的独立权利要求应当包括前序部分和特征部分，按照下列规定撰写：

（一）前序部分：写明要求保护的发明或者实用新型技术方案的主题名称和发明或者实用新型主题与最接近的现有技术共有的必要技术特征；

（二）特征部分：使用"其特征是……"或者类似的用语，写明发明或者实用新型区别于最接近的现有技术的技术特征。这些特征和前序部分写明的特征合在一起，限定发明或者实用新型要求保护的范围。

发明或者实用新型的性质不适于用前款方式表达的，独立权利要求可以用其他方式撰写。

一项发明或者实用新型应当只有一个独立权利要求，并写在同一发明或者实用新型的从属权利要求之前。

第二十二条　发明或者实用新型的从属权利要求应当包括引用部分和限定部分，按照下列规定撰写：

（一）引用部分：写明引用的权利要求的编号及其主题名称；

（二）限定部分：写明发明或者实用新型附加的技术特征。

从属权利要求只能引用在前的权利要求。引用两项以上权利要求的多项从属权利要求，只能以择一方式引用在前的权利要求，并不得作为另一项多项从属权利要求的基础。

第二十三条　说明书摘要应当写明发明或者实用新型专利申请所公开内容的概要，即写明发明或者实用新型的名称和所属技术领域，并清楚地反映所要解决的技术问题、解决该问题的技术方案的要点以及主要用途。

说明书摘要可以包含最能说明发明的化学式；有附图的专利申请，还应当提供一幅最能说明该发明或者实用新型技术特征的附图。附图的大小及清晰度应当保证在该图缩小到4厘米×6厘米时，仍能清晰地分辨出图中的各个细节。摘要文字部分不得超过300个字。摘要中不得使用商业性宣传用语。

第二十四条　申请专利的发明涉及新的生物材料，该生物材料公众不能得到，并且对该生物材料的说明不足以使所属领域的技术人员实施其发明的，除应当符合专利法和本细则的有关规定外，申请人还应当办理下列手续：

（一）在申请日前或者最迟在申请日（有优先权的，指优先权日），将该生物材料的样品提交国务院专利行政部门认可的保藏单位保藏，并在申请时或者最迟自申请日起4个月内提交保藏单位出具的保藏证明和存活证明；期满未提交证明的，该样品视为未提交保藏；

（二）在申请文件中，提供有关该生物材料特征的资料；

（三）涉及生物材料样品保藏的专利申请应当在请求书和说明书中写明该生物材料的分类命名（注明拉丁文名称）、保藏该生物材料样品的单位名称、地址、保藏日期和保藏编号；申请时未写明的，应当自申请日起4个月内补正；期满未补正的，视为未提交保藏。

第二十五条　发明专利申请人依照本细则第二十四条的规定保藏生物材料样品的，在发明专利申请公布后，任何单位或者个人需要将该专利申请所涉及的生物材料作为实验目的使用的，应当向国务院专利行政部门提出请求，并写明下列事项：

（一）请求人的姓名或者名称和地址；

（二）不向其他任何人提供该生物材料的保证；

（三）在授予专利权前，只作为实验目的使用的保证。

第二十六条　专利法所称遗传资源，是指取自人体、动物、植物或者微生物等含有遗传功能单位并具有实际或者潜在价值的材料；专利法所称依赖遗传资源完成的发明创造，是指利用了遗传资源的遗传功能完成的发明创造。

就依赖遗传资源完成的发明创造申请专利的，申请人应当在请求书中予以说明，并填写国务院专利行政部门制定的表格。

第二十七条　申请人请求保护色彩的，应当提交彩色图片或者照片。

申请人应当就每件外观设计产品所需要保护的内容提交有关图片或者照片。

第二十八条　外观设计的简要说明应当写明外观设计产品的名称、用途，外观设计的设计要点，并指定一幅最能表明设计要点的图片或者照片。省略视图或者请求保护色彩的，应当在简要说明中写明。

对同一产品的多项相似外观设计提出一件外观设计专利申请的，应当在简要说明中指定其中一项作为基本设计。

简要说明不得使用商业性宣传用语，也不能用来说明产品的性能。

第二十九条　国务院专利行政部门认为必要时，可以要求外观设计专利申请人提交使用外观设计的产品样品或者模型。样品或者模型的体积不得超过30厘米×30厘米×30厘米，重量不得超过15公斤。易腐、易损或者危险品不得作为样品或者模型提交。

第三十条　专利法第二十四条第（一）项所称中国政府承认的国际展览会，是指国际展览会公约规定的在国际展览局注册或者由其认可的国际展览会。

专利法第二十四条第（二）项所称学术会议或者技术会议，是指国务院有关主管部门或者全国性学术团体组织召开的学术会议或者技术会议。

申请专利的发明创造有专利法第二十四条第（一）项或者第（二）项所列情形的，申请人应当在提出专利申请时声明，并自申请日起2个月内提交有关国际展览会或者学术会议、技术会议的组织单位出具的有关发明创造已经展出或者发表，以及展出或者发表日期的证明文件。

申请专利的发明创造有专利法第二十四条第（三）项所列情形的，国务院专利行政部门认为必要时，可以要求申请人在指定期限内提交证明文件。

申请人未依照本条第三款的规定提出声明和提交证明文件的，或者未依照本条第四款的规定在指定期限内提交证明文件的，其申请不适用专利法第二十四条的规定。

第三十一条　申请人依照专利法第三十条的规定要求外国优先权的，申请人提交的在先申请文件副本应当经原受理机构证明。依照国务院专利行政部门与该受理机构签订的协议，国务院专利行政部门通过电子交换等途径获得在先申请文件副本的，视为申请人提交了经该受理机构证明的在先申请文件副本。要求本国优先权，申请人在请求书中写明在先申请的申请日和申请号的，视为提交了在先申请文件副本。

要求优先权，但请求书中漏写或者错写在先申请的申请日、申请号和原受理机构名称中的一项或者两项内容的，国务院专利行政部门应当通知申请人在指定期限内补正；期满未补正的，视为未要求优先权。

要求优先权的申请人的姓名或者名称与在先申请文件副本中记载的申请人姓名或者名称不一致的，应当提交优先权转让证明材料，未提交该证明材料的，视为未要求优先权。

外观设计专利申请的申请人要求外国优先权，其在先申请未包括对外观设计的简要说明，申请人按照本细则第二十八条规定提交的简要说明未超出在先申请文件的图片或者照片表示的范围的，不影响其享有优先权。

第三十二条　申请人在一件专利申请中，可以要求一项或者多项优先权；要求多项优先权的，该申请的优先权期限从最早的优先权日起计算。

申请人要求本国优先权，在先申请是发明专利申请的，可以就相同主题提出发明或者实用新型专利申请；在先申请是实用新型专利申请的，可以就相同主题提出实用新型或者发明专利申请。但是，提出后一申请时，在先申请的主题有下列情形之一的，不得作为要求本国优先权的基础：

（一）已经要求外国优先权或者本国优先权的；

（二）已经被授予专利权的；

（三）属于按照规定提出的分案申请的。

申请人要求本国优先权的，其在先申请自后一申请提出之日起即视为撤回。

第三十三条　在中国没有经常居所或者营业所的申请人，申请专利或者要求外国优先权的，国务院专利行政部门认为必要时，可以要求其提供下列文件：

（一）申请人是个人的，其国籍证明；

（二）申请人是企业或者其他组织的，其注册的国家或者地区的证明文件；

（三）申请人的所属国，承认中国单位和个人可以按照该国国民的同等条件，在该国享有专利权、优先权和其他与专利有关的权利的证明文件。

第三十四条　依照专利法第三十一条第一款规定，可以作为一件专利申请提出的属于一个总的发明构思的两项以上的发明或者实用新型，应当在技术上相互关联，包含一个或者多个相同或者相应的特定技术特征，其中特定技术特征是指每一项发明或者实用新型作为整体，对现有技术作出贡献的技术特征。

第三十五条　依照专利法第三十一条第二款规定，将同一产品的多项相似外观设计作为一件申请提出的，对该产品的其他设计应当与简要说明中指定的基本设计相似。一件外观设计专利申请中的相似外观设计不得超过10项。

专利法第三十一条第二款所称同一类别并且成套出售或者使用的产品的两项以上外观设计，是指各产品属于分类表中同一大类，习惯上同时出售或者同时使用，而且各产品的外观设计具有相同的设计构思。

将两项以上外观设计作为一件申请提出的，应当将各项外观设计的顺序编号标注在每件外观设计产品各幅图片或者照片的名称之前。

第三十六条　申请人撤回专利申请的，应当向国务院专利行政部门提出声明，写明发明创造的名称、申请号和申请日。

撤回专利申请的声明在国务院专利行政部门作好公布专利申请文件的印刷准备工作后提出的，申请文件仍予公布；但是，撤回专利申请的声明应当在以后出版的专利公报上予以公告。

第三章　专利申请的审查和批准

第三十七条　在初步审查、实质审查、复审和无效宣告程序中，实施审查和审理的人员有下列情形之一的，应当自行回避，当事人或者其他利害关系人可以要求其回避：

（一）是当事人或者其代理人的近亲属的；

（二）与专利申请或者专利权有利害关系的；

（三）与当事人或者其代理人有其他关系，可能影响公正审查和审理的；

（四）专利复审委员会成员曾参与原申请的审查的。

第三十八条　国务院专利行政部门收到发明或者实用新型专利申请的请求书、说明书（实用新型必须包括附图）和权利要求书，或者外观设计专利申请的请求书、外观设计的图片或者照片和简要说明后，应当明确申请日、给予申请号，并通知申请人。

第三十九条　专利申请文件有下列情形之一的，国务院专利行政部门不予受理，并通知申请人：

（一）发明或者实用新型专利申请缺少请求书、说明书（实用新型无附图）或者权利要求书的，或者外观设计专利申请缺少请求书、图片或者照片、简要说明的；

（二）未使用中文的；

（三）不符合本细则第一百二十一条第一款规定的；

（四）请求书中缺少申请人姓名或者名称，或者缺少地址的；

（五）明显不符合专利法第十八条或者第十九条第一款的规定的；

（六）专利申请类别（发明、实用新型或者外观设计）不明确或者难以确定的。

第四十条　说明书中写有对附图的说明但无附图或者缺少部分附图的，申请人应当在国务院专利行政部门指定的期限内补交附图或者声明取消对附图的说明。申请人补交附图的，以向国务院专利行政部门提交或者邮寄附图之日为申请日；取消对附图的说明的，保留原申请日。

第四十一条　两个以上的申请人同日（指申请日；有优先权的，指优先权日）分别就同样的发明创造申请专利的，应当在收到国务院专利行政部门的通知后自行协商确定申请人。

同一申请人在同日（指申请日）对同样的发明创造既申请实用新型专利又申请发明专利的，应当在申请时分别说明对同样的发明创造已申请了另一专利；未作说明的，依照专利法第九条第一款关于同样的发明创造只能授予一项专利权的规定处理。

国务院专利行政部门公告授予实用新型专利权，应当公告申请人已依照本条第二款的规定同时申请了发明专利的说明。

发明专利申请经审查没有发现驳回理由，国务院专利行政部门应当通知申请人在规定期限内声明放弃实用新型专利权。申请人声明放弃的，国务院专利行政部门应当作出授予发明专利权的决定，并在公告授予发明专利权时一并公告申请人放弃实用新型专利权声明。申请人不同意放弃的，国务院专利行政部门应当驳回该发明专利申请；申请人期满未答复的，视为撤回该发明专利申请。

实用新型专利权自公告授予发明专利权之日起终止。

第四十二条　一件专利申请包括两项以上发明、实用新型或者外观设计的，申请人可以在本细则第五十四条第一款规定的期限届满前，向国务院专利行政部门提出分案申请；但是，专利申请已经被驳回、撤回或者视为撤回的，不能提出分案申请。

国务院专利行政部门认为一件专利申请不符合专利法第三十一条和本细则第三十四条或者第三十五条的规定的，应当通知申请人在指定期限内对其申请进行修改；申请人期满未答复的，该申请视为撤回。

分案的申请不得改变原申请的类别。

第四十三条 依照本细则第四十二条规定提出的分案申请,可以保留原申请日,享有优先权的,可以保留优先权日,但是不得超出原申请记载的范围。

分案申请应当依照专利法及本细则的规定办理有关手续。

分案申请的请求书中应当写明原申请的申请号和申请日。提交分案申请时,申请人应当提交原申请文件副本;原申请享有优先权的,并应当提交原申请的优先权文件副本。

第四十四条 专利法第三十四条和第四十条所称初步审查,是指审查专利申请是否具备专利法第二十六条或者第二十七条规定的文件和其他必要的文件,这些文件是否符合规定的格式,并审查下列各项:

(一)发明专利申请是否明显属于专利法第五条、第二十五条规定的情形,是否不符合专利法第十八条、第十九条第一款、第二十条第一款或者本细则第十六条、第二十六条第二款的规定,是否明显不符合专利法第二条第二款、第二十六条第五款、第三十一条第一款、第三十三条或者本细则第十七条至第二十一条的规定;

(二)实用新型专利申请是否明显属于专利法第五条、第二十五条规定的情形,是否不符合专利法第十八条、第十九条第一款、第二十条第一款或者本细则第十六条至第十九条、第二十一条至第二十三条的规定,是否明显不符合专利法第二条第三款、第二十二条第二款、第四款、第二十六条第三款、第四款、第三十一条第一款、第三十三条或者本细则第二十条、第四十三条第一款的规定,是否依照专利法第九条规定不能取得专利权;

(三)外观设计专利申请是否明显属于专利法第五条、第二十五条第一款第(六)项规定的情形,是否不符合专利法第十八条、第十九条第一款或者本细则第十六条、第二十七条、第二十八条的规定,是否明显不符合专利法第二条第四款、第二十三条第一款、第二十七条第二款、第三十一条第二款、第三十三条或者本细则第四十三条第一款的规定,是否依照专利法第九条规定不能取得专利权;

(四)申请文件是否符合本细则第二条、第三条第一款的规定。

国务院专利行政部门应当将审查意见通知申请人,要求其在指定期限内陈述意见或者补正;申请人期满未答复的,其申请视为撤回。申请人陈述意见或者补正后,国务院专利行政部门仍然认为不符合前款所列各项规定的,应当予以驳回。

第四十五条 除专利申请文件外,申请人向国务院专利行政部门提交的与专利申请有关的其他文件有下列情形之一的,视为未提交:

(一)未使用规定的格式或者填写不符合规定的;

(二)未按照规定提交证明材料的。

国务院专利行政部门应当将视为未提交的审查意见通知申请人。

第四十六条 申请人请求早日公布其发明专利申请的,应当向国务院专利行政部门声明。国务院专利行政部门对该申请进行初步审查后,除予以驳回的外,应当立即将申请予以公布。

第四十七条 申请人写明使用外观设计的产品及其所属类别的,应当使用国务院专利行政部门公布的外观设计产品分类表。未写明使用外观设计的产品所属类别或者所写的类别不确切的,国务院专利行政部门可以予以补充或者修改。

第四十八条 自发明专利申请公布之日起至公告授予专利权之日止,任何人均可以对不符合专利法规定的专利申请向国务院专利行政部门提出意见,并说明理由。

第四十九条 发明专利申请人因有正当理由无法提交专利法第三十六条规定的检索资料或者审查结果资料的,应当向国务院专利行政部门声明,并在得到有关资料后补交。

第五十条 国务院专利行政部门依照专利法第三十五条第二款的规定对专利申请自行进行审查时,应当通知申请人。

第五十一条 发明专利申请人在提出实质审查请求时以及在收到国务院专利行政部门发出的发明专利申请

进入实质审查阶段通知书之日起的3个月内，可以对发明专利申请主动提出修改。

实用新型或者外观设计专利申请人自申请日起2个月内，可以对实用新型或者外观设计专利申请主动提出修改。

申请人在收到国务院专利行政部门发出的审查意见通知书后对专利申请文件进行修改的，应当针对通知书指出的缺陷进行修改。

国务院专利行政部门可以自行修改专利申请文件中文字和符号的明显错误。国务院专利行政部门自行修改的，应当通知申请人。

第五十二条　发明或者实用新型专利申请的说明书或者权利要求书的修改部分，除个别文字修改或者增删外，应当按照规定格式提交替换页。外观设计专利申请的图片或者照片的修改，应当按照规定提交替换页。

第五十三条　依照专利法第三十八条的规定，发明专利申请经实质审查应当予以驳回的情形是指：

（一）申请属于专利法第五条、第二十五条规定的情形，或者依照专利法第九条规定不能取得专利权的；

（二）申请不符合专利法第二条第二款、第二十条第一款、第二十二条、第二十六条第三款、第四款、第五款、第三十一条第一款或者本细则第二十条第二款规定的；

（三）申请的修改不符合专利法第三十三条规定，或者分案的申请不符合本细则第四十三条第一款的规定的。

第五十四条　国务院专利行政部门发出授予专利权的通知后，申请人应当自收到通知之日起2个月内办理登记手续。申请人按期办理登记手续的，国务院专利行政部门应当授予专利权，颁发专利证书，并予以公告。

期满未办理登记手续的，视为放弃取得专利权的权利。

第五十五条　保密专利申请经审查没有发现驳回理由的，国务院专利行政部门应当作出授予保密专利权的决定，颁发保密专利证书，登记保密专利权的有关事项。

第五十六条　授予实用新型或者外观设计专利权的决定公告后，专利法第六十条规定的专利权人或者利害关系人可以请求国务院专利行政部门作出专利权评价报告。

请求作出专利权评价报告的，应当提交专利权评价报告请求书，写明专利号。每项请求应当限于一项专利权。

专利权评价报告请求书不符合规定的，国务院专利行政部门应当通知请求人在指定期限内补正；请求人期满未补正的，视为未提出请求。

第五十七条　国务院专利行政部门应当自收到专利权评价报告请求书后2个月内作出专利权评价报告。对同一项实用新型或者外观设计专利权，有多个请求人请求作出专利权评价报告的，国务院专利行政部门仅作出一份专利权评价报告。任何单位或者个人可以查阅或者复制该专利权评价报告。

第五十八条　国务院专利行政部门对专利公告、专利单行本中出现的错误，一经发现，应当及时更正，并对所作更正予以公告。

第四章　专利申请的复审与专利权的无效宣告

第五十九条　专利复审委员会由国务院专利行政部门指定的技术专家和法律专家组成，主任委员由国务院专利行政部门负责人兼任。

第六十条　依照专利法第四十一条的规定向专利复审委员会请求复审的，应当提交复审请求书，说明理由，必要时还应当附具有关证据。

复审请求不符合专利法第十九条第一款或者第四十一条第一款规定的，专利复审委员会不予受理，书面通知复审请求人并说明理由。

复审请求书不符合规定格式的，复审请求人应当在专利复审委员会指定的期限内补正；期满未补正的，该复审请求视为未提出。

第六十一条　请求人在提出复审请求或者在对专利复审委员会的复审通知书作出答复时，可以修改专利申请文件；但是，修改应当仅限于消除驳回决定或者复审通知书指出的缺陷。

修改的专利申请文件应当提交一式两份。

第六十二条　专利复审委员会应当将受理的复审请求书转交国务院专利行政部门原审查部门进行审查。原审查部门根据复审请求人的请求，同意撤销原决定的，专利复审委员会应当据此作出复审决定，并通知复审请求人。

第六十三条　专利复审委员会进行复审后，认为复审请求不符合专利法和本细则有关规定的，应当通知复审请求人，要求其在指定期限内陈述意见。期满未答复的，该复审请求视为撤回；经陈述意见或者进行修改后，专利复审委员会认为仍不符合专利法和本细则有关规定的，应当作出维持原驳回决定的复审决定。

专利复审委员会进行复审后，认为原驳回决定不符合专利法和本细则有关规定的，或者认为经过修改的专利申请文件消除了原驳回决定指出的缺陷的，应当撤销原驳回决定，由原审查部门继续进行审查程序。

第六十四条　复审请求人在专利复审委员会作出决定前，可以撤回其复审请求。

复审请求人在专利复审委员会作出决定前撤回其复审请求的，复审程序终止。

第六十五条　依照专利法第四十五条的规定，请求宣告专利权无效或者部分无效的，应当向专利复审委员会提交专利权无效宣告请求书和必要的证据一式两份。无效宣告请求书应当结合提交的所有证据，具体说明无效宣告请求的理由，并指明每项理由所依据的证据。

前款所称无效宣告请求的理由，是指被授予专利的发明创造不符合专利法第二条、第二十条第一款、第二十二条、第二十三条、第二十六条第三款、第四款、第二十七条第二款、第三十三条或者本细则第二十条第二款、第四十三条第一款的规定，或者属于专利法第五条、第二十五条的规定，或者依照专利法第九条规定不能取得专利权。

第六十六条　专利权无效宣告请求不符合专利法第十九条第一款或者本细则第六十五条规定的，专利复审委员会不予受理。

在专利复审委员会就无效宣告请求作出决定之后，又以同样的理由和证据请求无效宣告的，专利复审委员会不予受理。

以不符合专利法第二十三条第三款的规定为理由请求宣告外观设计专利权无效，但是未提交证明权利冲突的证据的，专利复审委员会不予受理。

专利权无效宣告请求书不符合规定格式的，无效宣告请求人应当在专利复审委员会指定的期限内补正；期满未补正的，该无效宣告请求视为未提出。

第六十七条　在专利复审委员会受理无效宣告请求后，请求人可以在提出无效宣告请求之日起1个月内增加理由或者补充证据。逾期增加理由或者补充证据的，专利复审委员会可以不予考虑。

第六十八条　专利复审委员会应当将专利权无效宣告请求书和有关文件的副本送交专利权人，要求其在指定的期限内陈述意见。

专利权人和无效宣告请求人应当在指定期限内答复专利复审委员会发出的转送文件通知书或者无效宣告请求审查通知书；期满未答复的，不影响专利复审委员会审理。

第六十九条　在无效宣告请求的审查过程中，发明或者实用新型专利的专利权人可以修改其权利要求书，但是不得扩大原专利的保护范围。

发明或者实用新型专利的专利权人不得修改专利说明书和附图，外观设计专利的专利权人不得修改图片、照片和简要说明。

第七十条　专利复审委员会根据当事人的请求或者案情需要，可以决定对无效宣告请求进行口头审理。

专利复审委员会决定对无效宣告请求进行口头审理的，应当向当事人发出口头审理通知书，告知举行口头审理的日期和地点。当事人应当在通知书指定的期限内作出答复。

无效宣告请求人对专利复审委员会发出的口头审理通知书在指定的期限内未作答复，并且不参加口头审理的，其无效宣告请求视为撤回；专利权人不参加口头审理的，可以缺席审理。

第七十一条　在无效宣告请求审查程序中，专利复审委员会指定的期限不得延长。

第七十二条　专利复审委员会对无效宣告的请求作出决定前，无效宣告请求人可以撤回其请求。

专利复审委员会作出决定之前，无效宣告请求人撤回其请求或者其无效宣告请求被视为撤回的，无效宣告请求审查程序终止。但是，专利复审委员会认为根据已进行的审查工作能够作出宣告专利权无效或者部分无效的决定的，不终止审查程序。

第五章　专利实施的强制许可

第七十三条　专利法第四十八条第（一）项所称未充分实施其专利，是指专利权人及其被许可人实施其专利的方式或者规模不能满足国内对专利产品或者专利方法的需求。

专利法第五十条所称取得专利权的药品，是指解决公共健康问题所需的医药领域中的任何专利产品或者依照专利方法直接获得的产品，包括取得专利权的制造该产品所需的活性成分以及使用该产品所需的诊断用品。

第七十四条　请求给予强制许可的，应当向国务院专利行政部门提交强制许可请求书，说明理由并附具有关证明文件。

国务院专利行政部门应当将强制许可请求书的副本送交专利权人，专利权人应当在国务院专利行政部门指定的期限内陈述意见；期满未答复的，不影响国务院专利行政部门作出决定。

国务院专利行政部门在作出驳回强制许可请求的决定或者给予强制许可的决定前，应当通知请求人和专利权人拟作出的决定及其理由。

国务院专利行政部门依照专利法第五十条的规定作出给予强制许可的决定，应当同时符合中国缔结或者参加的有关国际条约关于为了解决公共健康问题而给予强制许可的规定，但中国作出保留的除外。

第七十五条　依照专利法第五十七条的规定，请求国务院专利行政部门裁决使用费数额的，当事人应当提出裁决请求书，并附具双方不能达成协议的证明文件。国务院专利行政部门应当自收到请求书之日起3个月内作出裁决，并通知当事人。

第六章　对职务发明创造的发明人或者设计人的奖励和报酬

第七十六条　被授予专利权的单位可以与发明人、设计人约定或者在其依法制定的规章制度中规定专利法第十六条规定的奖励、报酬的方式和数额。

企业、事业单位给予发明人或者设计人的奖励、报酬，按照国家有关财务、会计制度的规定进行处理。

第七十七条　被授予专利权的单位未与发明人、设计人约定也未在其依法制定的规章制度中规定专利法第十六条规定的奖励的方式和数额的，应当自专利权公告之日起3个月内发给发明人或者设计人奖金。一项发明专利的奖金最低不少于3000元；一项实用新型专利或者外观设计专利的奖金最低不少于1000元。

由于发明人或者设计人的建议被其所属单位采纳而完成的发明创造，被授予专利权的单位应当从优发给奖金。

第七十八条　被授予专利权的单位未与发明人、设计人约定也未在其依法制定的规章制度中规定专利法第十六条规定的报酬的方式和数额的，在专利权有效期限内，实施发明创造专利后，每年应当从实施该项发明或者实用新型专利的营业利润中提取不低于2%或者从实施该项外观设计专利的营业利润中提取不低于0.2%，作为报酬给予发明人或者设计人，或者参照上述比例，给予发明人或者设计人一次性报酬；被授予专利权的单位许可其他单位或者个人实施其专利的，应当从收取的使用费中提取不低于10%，作为报酬给予发明人或者设计人。

第七章　专利权的保护

第七十九条　专利法和本细则所称管理专利工作的部门，是指由省、自治区、直辖市人民政府以及专利管理工作量大又有实际处理能力的设区的市人民政府设立的管理专利工作的部门。

第八十条　国务院专利行政部门应当对管理专利工作的部门处理专利侵权纠纷、查处假冒专利行为、调解专利纠纷进行业务指导。

第八十一条　当事人请求处理专利侵权纠纷或者调解专利纠纷的，由被请求人所在地或者侵权行为地的管理专利工作的部门管辖。

两个以上管理专利工作的部门都有管辖权的专利纠纷，当事人可以向其中一个管理专利工作的部门提出请求；当事人向两个以上有管辖权的管理专利工作的部门提出请求的，由最先受理的管理专利工作的部门管辖。

管理专利工作的部门对管辖权发生争议的，由其共同的上级人民政府管理专利工作的部门指定管辖；无共同上级人民政府管理专利工作的部门的，由国务院专利行政部门指定管辖。

第八十二条　在处理专利侵权纠纷过程中，被请求人提出无效宣告请求并被专利复审委员会受理的，可以请求管理专利工作的部门中止处理。

管理专利工作的部门认为被请求人提出的中止理由明显不能成立的，可以不中止处理。

第八十三条　专利权人依照专利法第十七条的规定，在其专利产品或者该产品的包装上标明专利标识的，应当按照国务院专利行政部门规定的方式予以标明。

专利标识不符合前款规定的，由管理专利工作的部门责令改正。

第八十四条　下列行为属于专利法第六十三条规定的假冒专利的行为：

（一）在未被授予专利权的产品或者其包装上标注专利标识，专利权被宣告无效后或者终止后继续在产品或者其包装上标注专利标识，或者未经许可在产品或者产品包装上标注他人的专利号；

（二）销售第（一）项所述产品；

（三）在产品说明书等材料中将未被授予专利权的技术或者设计称为专利技术或者专利设计，将专利申请称为专利，或者未经许可使用他人的专利号，使公众将所涉及的技术或者设计误认为是专利技术或者专利设计；

（四）伪造或者变造专利证书、专利文件或者专利申请文件；

（五）其他使公众混淆，将未被授予专利权的技术或者设计误认为是专利技术或者专利设计的行为。

专利权终止前依法在专利产品、依照专利方法直接获得的产品或者其包装上标注专利标识，在专利权终止后许诺销售、销售该产品的，不属于假冒专利行为。

销售不知道是假冒专利的产品，并且能够证明该产品合法来源的，由管理专利工作的部门责令停止销售，但免除罚款的处罚。

第八十五条　除专利法第六十条规定的外，管理专利工作的部门应当事人请求，可以对下列专利纠纷进行调解：

（一）专利申请权和专利权归属纠纷；

（二）发明人、设计人资格纠纷；

（三）职务发明创造的发明人、设计人的奖励和报酬纠纷；

（四）在发明专利申请公布后专利权授予前使用发明而未支付适当费用的纠纷；

（五）其他专利纠纷。

对于前款第（四）项所列的纠纷，当事人请求管理专利工作的部门调解的，应当在专利权被授予之后提出。

第八十六条　当事人因专利申请权或者专利权的归属发生纠纷，已请求管理专利工作的部门调解或者向人民法院起诉的，可以请求国务院专利行政部门中止有关程序。

依照前款规定请求中止有关程序的，应当向国务院专利行政部门提交请求书，并附具管理专利工作的部门或者人民法院的写明申请号或者专利号的有关受理文件副本。

管理专利工作的部门作出的调解书或者人民法院作出的判决生效后，当事人应当向国务院专利行政部门办理恢复有关程序的手续。自请求中止之日起1年内，有关专利申请权或者专利权归属的纠纷未能结案，需要继续中止有关程序的，请求人应当在该期限内请求延长中止。期满未请求延长的，国务院专利行政部门自行恢复

有关程序。

第八十七条　人民法院在审理民事案件中裁定对专利申请权或者专利权采取保全措施的，国务院专利行政部门应当在收到写明申请号或者专利号的裁定书和协助执行通知书之日中止被保全的专利申请权或者专利权的有关程序。保全期限届满，人民法院没有裁定继续采取保全措施的，国务院专利行政部门自行恢复有关程序。

第八十八条　国务院专利行政部门根据本细则第八十六条和第八十七条规定中止有关程序，是指暂停专利申请的初步审查、实质审查、复审程序，授予专利权程序和专利权无效宣告程序；暂停办理放弃、变更、转移专利权或者专利申请权手续，专利权质押手续以及专利权期限届满前的终止手续等。

第八章　专利登记和专利公报

第八十九条　国务院专利行政部门设置专利登记簿，登记下列与专利申请和专利权有关的事项：

（一）专利权的授予；

（二）专利申请权、专利权的转移；

（三）专利权的质押、保全及其解除；

（四）专利实施许可合同的备案；

（五）专利权的无效宣告；

（六）专利权的终止；

（七）专利权的恢复；

（八）专利实施的强制许可；

（九）专利权人的姓名或者名称、国籍和地址的变更。

第九十条　国务院专利行政部门定期出版专利公报，公布或者公告下列内容：

（一）发明专利申请的著录事项和说明书摘要；

（二）发明专利申请的实质审查请求和国务院专利行政部门对发明专利申请自行进行实质审查的决定；

（三）发明专利申请公布后的驳回、撤回、视为撤回、视为放弃、恢复和转移；

（四）专利权的授予以及专利权的著录事项；

（五）发明或者实用新型专利的说明书摘要，外观设计专利的一幅图片或者照片；

（六）国防专利、保密专利的解密；

（七）专利权的无效宣告；

（八）专利权的终止、恢复；

（九）专利权的转移；

（十）专利实施许可合同的备案；

（十一）专利权的质押、保全及其解除；

（十二）专利实施的强制许可的给予；

（十三）专利权人的姓名或者名称、地址的变更；

（十四）文件的公告送达；

（十五）国务院专利行政部门作出的更正；

（十六）其他有关事项。

第九十一条　国务院专利行政部门应当提供专利公报、发明专利申请单行本以及发明专利、实用新型专利、外观设计专利单行本，供公众免费查阅。

第九十二条　国务院专利行政部门负责按照互惠原则与其他国家、地区的专利机关或者区域性专利组织交换专利文献。

第九章　费　　用

第九十三条　向国务院专利行政部门申请专利和办理其他手续时，应当缴纳下列费用：

（一）申请费、申请附加费、公布印刷费、优先权要求费；

（二）发明专利申请实质审查费、复审费；

（三）专利登记费、公告印刷费、年费；

（四）恢复权利请求费、延长期限请求费；

（五）著录事项变更费、专利权评价报告请求费、无效宣告请求费。

前款所列各种费用的缴纳标准，由国务院价格管理部门、财政部门会同国务院专利行政部门规定。

第九十四条　专利法和本细则规定的各种费用，可以直接向国务院专利行政部门缴纳，也可以通过邮局或者银行汇付，或者以国务院专利行政部门规定的其他方式缴纳。

通过邮局或者银行汇付的，应当在送交国务院专利行政部门的汇单上写明正确的申请号或者专利号以及缴纳的费用名称。不符合本款规定的，视为未办理缴费手续。

直接向国务院专利行政部门缴纳费用的，以缴纳当日为缴费日；以邮局汇付方式缴纳费用的，以邮局汇出的邮戳日为缴费日；以银行汇付方式缴纳费用的，以银行实际汇出日为缴费日。

多缴、重缴、错缴专利费用的，当事人可以自缴费日起3年内，向国务院专利行政部门提出退款请求，国务院专利行政部门应当予以退还。

第九十五条　申请人应当自申请日起2个月内或者在收到受理通知书之日起15日内缴纳申请费、公布印刷费和必要的申请附加费；期满未缴纳或者未缴足的，其申请视为撤回。

申请人要求优先权的，应当在缴纳申请费的同时缴纳优先权要求费；期满未缴纳或者未缴足的，视为未要求优先权。

第九十六条　当事人请求实质审查或者复审的，应当在专利法及本细则规定的相关期限内缴纳费用；期满未缴纳或者未缴足的，视为未提出请求。

第九十七条　申请人办理登记手续时，应当缴纳专利登记费、公告印刷费和授予专利权当年的年费；期满未缴纳或者未缴足的，视为未办理登记手续。

第九十八条　授予专利权当年以后的年费应当在上一年度期满前缴纳。专利权人未缴纳或者未缴足的，国务院专利行政部门应当通知专利权人自应当缴纳年费期满之日起6个月内补缴，同时缴纳滞纳金；滞纳金的金额按照每超过规定的缴费时间1个月，加收当年全额年费的5%计算；期满未缴纳的，专利权自应当缴纳年费期满之日起终止。

第九十九条　恢复权利请求费应当在本细则规定的相关期限内缴纳；期满未缴纳或者未缴足的，视为未提出请求。

延长期限请求费应当在相应期限届满之日前缴纳；期满未缴纳或者未缴足的，视为未提出请求。

著录事项变更费、专利权评价报告请求费、无效宣告请求费应当自提出请求之日起1个月内缴纳；期满未缴纳或者未缴足的，视为未提出请求。

第一百条　申请人或者专利权人缴纳本细则规定的各种费用有困难的，可以按照规定向国务院专利行政部门提出减缴或者缓缴的请求。减缴或者缓缴的办法由国务院财政部门会同国务院价格管理部门、国务院专利行政部门规定。

第十章　关于国际申请的特别规定

第一百零一条　国务院专利行政部门根据专利法第二十条规定，受理按照专利合作条约提出的专利国际申请。

按照专利合作条约提出并指定中国的专利国际申请（以下简称国际申请）进入国务院专利行政部门处理阶段（以下称进入中国国家阶段）的条件和程序适用本章的规定；本章没有规定的，适用专利法及本细则其他各章的有关规定。

第一百零二条　按照专利合作条约已确定国际申请日并指定中国的国际申请，视为向国务院专利行政部门提出的专利申请，该国际申请日视为专利法第二十八条所称的申请日。

第一百零三条　国际申请的申请人应当在专利合作条约第二条所称的优先权日（本章简称优先权日）起30个月内，向国务院专利行政部门办理进入中国国家阶段的手续；申请人未在该期限内办理该手续的，在缴纳宽限费后，可以在自优先权日起32个月内办理进入中国国家阶段的手续。

第一百零四条　申请人依照本细则第一百零三条的规定办理进入中国国家阶段的手续的，应当符合下列要求：

（一）以中文提交进入中国国家阶段的书面声明，写明国际申请号和要求获得的专利权类型；

（二）缴纳本细则第九十三条第一款规定的申请费、公布印刷费，必要时缴纳本细则第一百零三条规定的宽限费；

（三）国际申请以外文提出的，提交原始国际申请的说明书和权利要求书的中文译文；

（四）在进入中国国家阶段的书面声明中写明发明创造的名称，申请人姓名或者名称、地址和发明人的姓名，上述内容应当与世界知识产权组织国际局（以下简称国际局）的记录一致；国际申请中未写明发明人的，在上述声明中写明发明人的姓名；

（五）国际申请以外文提出的，提交摘要的中文译文，有附图和摘要附图的，提交附图副本和摘要附图副本，附图中有文字的，将其替换为对应的中文文字；国际申请以中文提出的，提交国际公布文件中的摘要和摘要附图副本；

（六）在国际阶段向国际局已办理申请人变更手续的，提供变更后的申请人享有申请权的证明材料；

（七）必要时缴纳本细则第九十三条第一款规定的申请附加费。

符合本条第一款第（一）项至第（三）项要求的，国务院专利行政部门应当给予申请号，明确国际申请进入中国国家阶段的日期（以下简称进入日），并通知申请人其国际申请已进入中国国家阶段。

国际申请已进入中国国家阶段，但不符合本条第一款第（四）项至第（七）项要求的，国务院专利行政部门应当通知申请人在指定期限内补正；期满未补正的，其申请视为撤回。

第一百零五条　国际申请有下列情形之一的，其在中国的效力终止：

（一）在国际阶段，国际申请被撤回或者被视为撤回，或者国际申请对中国的指定被撤回的；

（二）申请人未在优先权日起32个月内按照本细则第一百零三条规定办理进入中国国家阶段手续的；

（三）申请人办理进入中国国家阶段的手续，但自优先权日起32个月期限届满仍不符合本细则第一百零四条第（一）项至第（三）项要求的。

依照前款第（一）项的规定，国际申请在中国的效力终止的，不适用本细则第六条的规定；依照前款第（二）项、第（三）项的规定，国际申请在中国的效力终止的，不适用本细则第六条第二款的规定。

第一百零六条　国际申请在国际阶段作过修改，申请人要求以经修改的申请文件为基础进行审查的，应当自进入日起2个月内提交修改部分的中文译文。在该期间内未提交中文译文的，对申请人在国际阶段提出的修改，国务院专利行政部门不予考虑。

第一百零七条　国际申请涉及的发明创造有专利法第二十四条第（一）项或者第（二）项所列情形之一，在提出国际申请时作过声明的，申请人应当在进入中国国家阶段的书面声明中予以说明，并自进入日起2个月内提交本细则第三十条第三款规定的有关证明文件；未予说明或者期满未提交证明文件的，其申请不适用专利法第二十四条的规定。

第一百零八条　申请人按照专利合作条约的规定，对生物材料样品的保藏已作出说明的，视为已经满足了本细则第二十四条第（三）项的要求。申请人应当在进入中国国家阶段声明中指明记载生物材料样品保藏事项的文件以及在该文件中的具体记载位置。

申请人在原始提交的国际申请的说明书中已记载生物材料样品保藏事项，但是没有在进入中国国家阶段声明中指明的，应当自进入日起4个月内补正。期满未补正的，该生物材料视为未提交保藏。

申请人自进入日起4个月内向国务院专利行政部门提交生物材料样品保藏证明和存活证明的，视为在本细则第二十四条第（一）项规定的期限内提交。

第一百零九条　国际申请涉及的发明创造依赖遗传资源完成的，申请人应当在国际申请进入中国国家阶段的书面声明中予以说明，并填写国务院专利行政部门制定的表格。

第一百一十条　申请人在国际阶段已要求一项或者多项优先权，在进入中国国家阶段时该优先权要求继续有效的，视为已经依照专利法第三十条的规定提出了书面声明。

申请人应当自进入日起2个月内缴纳优先权要求费；期满未缴纳或者未缴足的，视为未要求该优先权。

申请人在国际阶段已依照专利合作条约的规定，提交过在先申请文件副本的，办理进入中国国家阶段手续时不需要向国务院专利行政部门提交在先申请文件副本。申请人在国际阶段未提交在先申请文件副本的，国务院专利行政部门认为必要时，可以通知申请人在指定期限内补交；申请人期满未补交的，其优先权要求视为未提出。

第一百一十一条　在优先权日起30个月期满前要求国务院专利行政部门提前处理和审查国际申请的，申请人除应当办理进入中国国家阶段手续外，还应当依照专利合作条约第二十三条第二款规定提出请求。国际局尚未向国务院专利行政部门传送国际申请的，申请人应当提交经确认的国际申请副本。

第一百一十二条　要求获得实用新型专利权的国际申请，申请人可以自进入日起2个月内对专利申请文件主动提出修改。

要求获得发明专利权的国际申请，适用本细则第五十一条第一款的规定。

第一百一十三条　申请人发现提交的说明书、权利要求书或者附图中的文字的中文译文存在错误的，可以在下列规定期限内依照原始国际申请文本提出改正：

（一）在国务院专利行政部门作好公布发明专利申请或者公告实用新型专利权的准备工作之前；

（二）在收到国务院专利行政部门发出的发明专利申请进入实质审查阶段通知书之日起3个月内。

申请人改正译文错误的，应当提出书面请求并缴纳规定的译文改正费。

申请人按照国务院专利行政部门的通知书的要求改正译文的，应当在指定期限内办理本条第二款规定的手续；期满未办理规定手续的，该申请视为撤回。

第一百一十四条　对要求获得发明专利权的国际申请，国务院专利行政部门经初步审查认为符合专利法和本细则有关规定的，应当在专利公报上予以公布；国际申请以中文以外的文字提出的，应当公布申请文件的中文译文。

要求获得发明专利权的国际申请，由国际局以中文进行国际公布的，自国际公布日起适用专利法第十三条的规定；由国际局以中文以外的文字进行国际公布的，自国务院专利行政部门公布之日起适用专利法第十三条的规定。

对国际申请，专利法第二十一条和第二十二条中所称的公布是指本条第一款所规定的公布。

第一百一十五条　国际申请包含两项以上发明或者实用新型的，申请人可以自进入日起，依照本细则第四十二条第一款的规定提出分案申请。

在国际阶段，国际检索单位或者国际初步审查单位认为国际申请不符合专利合作条约规定的单一性要求时，申请人未按照规定缴纳附加费，导致国际申请某些部分未经国际检索或者未经国际初步审查，在进入中国国家阶段时，申请人要求将所述部分作为审查基础，国务院专利行政部门认为国际检索单位或者国际初步审查单位对发明单一性的判断正确的，应当通知申请人在指定期限内缴纳单一性恢复费。期满未缴纳或者未足额缴纳的，国际申请中未经检索或者未经国际初步审查的部分视为撤回。

第一百一十六条　国际申请在国际阶段被有关国际单位拒绝给予国际申请日或者宣布视为撤回的，申请人在收到通知之日起2个月内，可以请求国际局将国际申请档案中任何文件的副本转交国务院专利行政部门，并在该期限内向国务院专利行政部门办理本细则第一百零三条规定的手续，国务院专利行政部门应当在接到国际局传送的文件后，对国际单位作出的决定是否正确进行复查。

第一百一十七条　基于国际申请授予的专利权，由于译文错误，致使依照专利法第五十九条规定确定的保护范围超出国际申请的原文所表达的范围的，以依据原文限制后的保护范围为准；致使保护范围小于国际申请的原文所表达的范围的，以授权时的保护范围为准。

第十一章　附　　则

第一百一十八条　经国务院专利行政部门同意，任何人均可以查阅或者复制已经公布或者公告的专利申请的案卷和专利登记簿，并可以请求国务院专利行政部门出具专利登记簿副本。

已视为撤回、驳回和主动撤回的专利申请的案卷，自该专利申请失效之日起满2年后不予保存。

已放弃、宣告全部无效和终止的专利权的案卷，自该专利权失效之日起满3年后不予保存。

第一百一十九条　向国务院专利行政部门提交申请文件或者办理各种手续，应当由申请人、专利权人、其他利害关系人或者其代表人签字或者盖章；委托专利代理机构的，由专利代理机构盖章。

请求变更发明人姓名、专利申请人和专利权人的姓名或者名称、国籍和地址、专利代理机构的名称、地址和代理人姓名的，应当向国务院专利行政部门办理著录事项变更手续，并附具变更理由的证明材料。

第一百二十条　向国务院专利行政部门邮寄有关申请或者专利权的文件，应当使用挂号信函，不得使用包裹。

除首次提交专利申请文件外，向国务院专利行政部门提交各种文件、办理各种手续的，应当标明申请号或者专利号、发明创造名称和申请人或者专利权人姓名或者名称。

一件信函中应当只包含同一申请的文件。

第一百二十一条　各类申请文件应当打字或者印刷，字迹呈黑色，整齐清晰，并不得涂改。附图应当用制图工具和黑色墨水绘制，线条应当均匀清晰，并不得涂改。

请求书、说明书、权利要求书、附图和摘要应当分别用阿拉伯数字顺序编号。

申请文件的文字部分应当横向书写。纸张限于单面使用。

第一百二十二条　国务院专利行政部门根据专利法和本细则制定专利审查指南。

第一百二十三条　本细则自2001年7月1日起施行。1992年12月12日国务院批准修订、1992年12月21日中国专利局发布的《中华人民共和国专利法实施细则》同时废止。

专利代理条例

中华人民共和国国务院（第76号令）
现发布《专利代理条例》，自1991年4月1日起施行。

总理　李鹏
1991年3月4日

第一章　总　　则

第一条　为了保障专利代理机构以及委托人的合法权益，维护专利代理工作的正常秩序，制定本条例。

第二条　本条例所称专利代理是指专利代理机构以委托人的名义，在代理权限范围内，办理专利申请或者办理其他专利事务。

第二章　专利代理机构

第三条　本条例所称专利代理机构是指接受委托人的委托，在委托权限范围内，办理专利申请或者办理其他专利事务的服务机构。

专利代理机构包括：

（一）办理涉外专利事务的专利代理机构；

（二）办理国内专利事务的专利代理机构；

（三）办理国内专利事务的律师事务所。

第四条　专利代理机构的成立，必须符合下列条件：

（一）有自己的名称、章程、固定办公场所；

（二）有必要的资金和工作设施；

（三）财务独立，能够独立承担民事责任；

（四）有三名以上具有专利代理人资格的专职人员和符合中国专利局规定的比例的具有专利代理人资格的兼职人员。

律师事务所开办专利代理业务的，必须有前款第四项规定的专职人员。

第五条　向专利管理机关申请成立专利代理机构，应当提交下列文件：

（一）成立专利代理机构的申请书，并写明专利代理机构的名称、办公场所、负责人姓名；

（二）专利代理机构章程；

（三）专利代理人姓名及其资格证书；

（四）专利代理机构资金和设施情况的书面证明。

第六条　申请成立办理国内专利事务的专利代理机构，或者律师事务所申请开办专利代理业务的，应当经过其主管机关同意后，报请省、自治区、直辖市专利管理机关审查；没有主管机关的，可以直接报请省、自治区、直辖市专利管理机关审查。审查同意的，由审查机关报中国专利局审批。

申请成立办理涉外专利事务的专利代理机构，应当依照《中华人民共和国专利法》的有关规定办理。办理涉外专利事务的专利代理机构，经中国专利局批准的，可以办理国内专利事务。

第七条　专利代理机构自批准之日起成立，依法开展专利代理业务，享有民事权利，承担民事责任。

第八条　专利代理机构承办下列事务：

（一）提供专利事务方面的咨询；

（二）代写专利申请文件，办理专利申请；请求实质审查或者复审的有关事务；

（三）提出异议，请求宣告专利权无效的有关事务；

（四）办理专利申请权、专利权的转让以及专利许可的有关事务；

（五）接受聘请，指派专利代理人担任专利顾问；

（六）办理其他有关事务。

第九条　专利代理机构接受委托，承办业务，应当有委托人具名的书面委托书，写明委托事项和委托权限。

专利代理机构可以根据需要，指派委托人指定的专利代理人承办代理业务。

专利代理机构接受委托，承办业务，可以按照国家有关规定收取费用。

第十条　专利代理机构接受委托后，不得就同一内容的专利事务接受有利害关系的其他委托人的委托。

第十一条　专利代理机构应当聘任有《专利代理人资格证书》的人员为专利代理人。对聘任的专利代理人应当办理聘任手续，由专利代理机构发给《专利代理人工作证》，并向中国专利局备案。

初次从事专利代理工作的人员，实习满一年后，专利代理机构方可发给《专利代理人工作证》。

专利代理机构对解除聘任关系的专利代理人，应当及时收回其《专利代理人工作证》，并报中国专利局备案。

第十二条　专利代理机构变更机构名称、地址和负责人的，应当报中国专利局予以变更登记。经批准登记后，变更方可生效。

专利代理机构停业，应当在妥善处理各种尚未办结的事项后，向原审查机关申报，并由该机关报中国专利局办理有关手续。

第十三条 已批准的专利代理机构，因情况变化不再符合本条例第四条规定的条件，并在一年内仍不能具备这些条件的，原审查的专利管理机关应当建议中国专利局撤销该专利代理机构。

第三章 专利代理人

第十四条 本条例所称专利代理人是指获得《专利代理人资格证书》，持有《专利代理人工作证》的人员。

第十五条 拥护中华人民共和国宪法，并具备下列条件的中国公民，可以申请专利代理人资格：

（一）十八周岁以上，具有完全的民事行为能力；

（二）高等院校理工科专业毕业（或者具有同等学力），并掌握一门外语；

（三）熟悉专利法和有关的法律知识；

（四）从事过两年以上的科学技术工作或者法律工作。

第十六条 申请专利代理人资格的人员，经本人申请，专利代理人考核委员会考核合格的，由中国专利局发给《专利代理人资格证书》。

专利代理人考核委员会由中国专利局、国务院有关部门以及专利代理人的组织的有关人员组成。

第十七条 专利代理人必须承办专利代理机构委派的专利代理工作，不得自行接受委托。

第十八条 专利代理人不得同时在两个以上专利代理机构从事专利代理业务。

专利代理人调离专利代理机构前，必须妥善处理尚未办理的专利代理案件。

第十九条 获得《专利代理人资格证书》，五年内未从事专利代理业务或者专利行政管理工作的，其《专利代理人资格证书》自动失效。

第二十条 专利代理人在从事专利代理业务期间和脱离专利代理业务后一年内，不得申请专利。

第二十一条 专利代理人依法从事专利代理业务，受国家法律的保护，不受任何单位和个人的干涉。

第二十二条 国家机关工作人员，不得到专利代理机构兼职，从事专利代理工作。

第二十三条 专利代理人对其在代理业务活动中了解的发明创造的内容，除专利申请已经公布或者公告的以外，负有保守秘密的责任。

第四章 罚 则

第二十四条 专利代理机构有下列情形之一的，其上级主管部门或者省、自治区、直辖市专利管理机关，可以给予警告处罚；情节严重的，由中国专利局给予撤销机构处罚：

（一）申请审批时隐瞒真实情况，弄虚作假的；

（二）擅自改变主要登记事项的；

（三）未经审查批准，或者超越批准专利代理业务范围，擅自接受委托，承办专利代理业务的；

（四）从事其他非法业务活动的。

第二十五条 专利代理人有下列行为之一，情节轻微的，由其所在的专利代理机构给予批评教育。情节严重的，可以由其所在的专利代理机构解除聘任关系，并收回其《专利代理人工作证》；由省、自治区、直辖市专利管理机关给予警告或者由中国专利局给予吊销《专利代理人资格证书》处罚：

（一）不履行职责或者不称职以致损害委托人利益的；

（二）泄露或者剽窃委托人的发明创造内容的；

（三）超越代理权限，损害委托人利益的；

（四）私自接受委托，承办专利代理业务的，收取费用的；

前款行为，给委托人造成经济损失的，专利代理机构承担经济赔偿责任后，可以按一定比例向该专利代理人追偿。

第二十六条 被处罚的专利代理机构对中国专利局撤销其机构，被处罚的专利代理人对吊销其《专利代理人资格证书》的处罚决定不服的，可以向中国专利局申请复议，不服复议决定的，可以在收到复议决定书十五日内，向人民法院起诉。

第五章　附　则

第二十七条　本条例由中国专利局负责解释。

第二十八条　本条例自1991年4月1日起施行。1985年9月4日国务院批准，同年9月12日中国专利局发布的《专利代理暂行规定》同时废止。

关于印发《国家知识产权局专利局代办处管理规定》的通知

各有关地方知识产权局、各专利代办处：

现将《国家知识产权局专利局代办处管理规定》印发，请遵照执行。

特此通知。

二〇〇七年六月十八日

国家知识产权局专利局代办处管理规定

第一条　为了适应专利事业发展的需要，加强对国家知识产权局专利局代办处（以下简称代办处）的管理工作，特制定本规定。

第二条　代办处是国家知识产权局专利局（以下简称专利局）依据《设立专利代办处申报办法》（国知发管字〔2001〕第176号）在地方知识产权局设立的专利业务派出机构。代办处主要承担专利局授权或委托的专利业务工作及相关的服务性工作。代办处的工作职能属于执行专利法的公务行为。代办处应设置为独立处室。

第三条　专利局和所在地方知识产权局分别负责对代办处的业务指导和行政管理。

（一）专利局负责代办处工作职能和业务范围的确定；代办处工作规程的制定和监督执行；代办处人员的业务培训；代办处业务工作补贴款的拨付及使用情况的监督。

（二）地方知识产权局负责代办处机构、编制、办公场所的落实及补贴款的使用管理；代办处工作人员的配备和管理；落实专利局对代办处的各项管理规定，保证代办处各项工作正常运行。

第四条　地方知识产权局根据相关要求，至少为代办处配备四名大专以上学历的正式工作人员（其中财会人员应为具有会计从业资格证书、初级会计电算化资格证书的会计和出纳各至少一名），并根据业务量的增长依比例增加人员。

代办处工作人员必须经专利局培训合格并在专利局初审及流程管理部备案，方可上岗工作。未经备案的代办处工作人员，不得在代办处发出的各种通知书上署名。

地方知识产权局应保证代办处人员的相对稳定，每年实行轮岗的人数不得超过已备案人员的三分之一。代办处负责人及其他工作人员发生变动时，应在一周内正式报专利局初审及流程管理部备案。

第五条　代办处受专利局委托，依照专利法及其实施细则的规定，受理专利申请、收缴专利费用，从事与专利申请相关事务的查询、咨询等服务性工作，开展专利局授权或委托的其他工作。

（一）按照专利申请受理工作规程规定的专利申请受理范围，接收、审核、处理专利申请文件。对符合受理条件的专利申请确定申请日、给出申请号，对专利费用减缓请求书进行审批，发出专利申请受理通知书和费用减缓审批通知书（或费用缴纳通知书）。对不符合受理条件的专利申请文件转交专利局受理处处理。

（二）按照专利费用收缴工作规程规定的范围和标准收缴专利费用，确定缴费日，开具专利费用收据。对提供缴费信息不完整，无法开出费用收据的汇款予以退回。

专利费用收缴工作应当严格遵守国家财务管理有关规定,加强对收费业务及账务处理方面的管理,保证国家资金的安全。

(三)按时完成专利申请和专利费用的数据采集、校对工作。在保证数据准确的前提下,按规定期限分别向专利局受理处、收费处传输数据,邮寄申请文件和票据,转缴收取的专利费用。

(四)做好查询、咨询等服务工作。为审查员与申请人远程会晤、申请人和社会公众办理专利文件副本、专利登记簿副本等提供服务。

(五)完成专利局授权或委托的其他工作。

第六条 代办处应当依法行政,规范管理,积极有效地履行各项职能。

(一)代办处应当严格遵守有关法律、法规及国家知识产权局有关规定,并结合自身实际情况,制定相关规章制度,加强管理。建立优良的工作秩序,创造良好的工作环境。

(二)代办处正式开展业务工作后,未经批准,不得停止或改变代办处工作职能,应当严格执行专利申请受理工作规程和专利费用收缴工作规程的各项管理规定。

在收费工作中严格遵守财务管理制度,不得超范围、超标准收取费用,按规定收取的专利费用应当按期如数上缴,不得擅自挪用、滞留。

(三)代办处工作人员在业务工作中要严格执法,依法行政,公正廉洁,不得收取规定之外的任何费用;严格按工作规程操作,自觉遵守保密工作条例,不得泄露或越权使用未公开的专利申请信息。

(四)代办处应当严格按照业务质量管理办法及业务质量标准等规定,强化业务质量管理,建立岗位目标管理责任制,保证高质量、高效率地完成工作任务。

(五)代办处应当认真执行自动化系统管理办法,保证业务工作正常运行。当设备或系统发生故障无法使用时,应及时通知专利局初审及流程管理部,并以书面形式报告故障发生的原因及出现的主要问题。

第七条 专利局根据业务工作需要,有计划地对代办处工作人员进行培训。培训方式包括:上岗培训、继续教育培训、提高培训。

上岗培训是针对新开业代办处人员进行的法律基础知识和业务操作技能的系统培训,经考核合格后发放结业证书(上岗证)。此项培训每年举办两期。

继续教育培训是针对代办处在岗工作人员的业务知识的更新培训,每年举办一期。除举办培训班外,还将通过其他形式为代办处人员提供业务学习交流的机会。

提高培训侧重对管理人员进行与管理和业务相关知识的扩充,不断提高管理能力和业务水平。此项培训每年举办一期。

第八条 专利局根据代办处业务工作情况,每年按季度向代办处拨付业务工作补贴费。

(一)固定费用补贴

固定费用补贴主要为自动化费,包括设备购置费、设备维护费、耗材使用费等。其中设备购置费包含代办处开业所需设备及更新、增加设备费用。

根据年申请受理量,将固定费用补贴划分为以下三档:

1.年申请受理量在2万件以下,固定费用补贴为20万元;

2.年申请受理量在2万件以上至5万件,固定费用补贴为25万元;

3.年申请受理量在5万件以上,固定费用补贴为30万元。

(二)变动费用补贴

1.按受理申请件数、收费笔数计算费用。受理发明专利申请按28元/件,受理实用新型、外观设计专利申请按25元/件,收缴专利费用按3元/笔给予补贴。

2.按受理申请总件数计算质量奖励费,3元/件。该奖励费根据业务质量情况按月计算,按季度随补贴款发放(计算标准参照业务质量管理办法)。

（三）其他业务工作费用补贴

由专利局授权或委托代办处开展的其他工作，按实际需要拨付费用补贴。

（四）各地方知识产权局应加强对代办处补贴款使用的管理，按照补贴款使用管理规定落实补贴款使用的各项要求，做到专款专用，促进代办处业务工作的开展。

（五）专利局对代办处工作负有管理责任的部门，对补贴款使用情况进行监督、检查，督促代办处按年度上报补贴款使用情况，及时解决运行过程中出现的问题。

第九条　建立年会制度。每年一季度召开代办处年会，总结上一年度工作，交流工作经验，协调解决有关问题，表彰先进，根据国家知识产权局工作重点布置当年工作任务。定期举办业务研讨会，对业务工作中的难点、热点问题及相关学术问题进行交流。

第十条　建立年检制度。专利局办公室和初审及流程管理部对代办处工作进行全面监督，每年会同有关部门对代办处工作进行抽查或全面检查。检查内容包括：相关法律、法规及有关规定的执行情况；岗位、人员的落实情况；业务工作完成情况；补贴款的使用及管理情况等。

第十一条　建立奖惩制度。专利局制定先进代办处评选办法，依比例评选年度先进集体及专项奖，在给予精神鼓励的同时，辅以一定物质奖励。

地方知识产权局应当根据补贴款使用管理规定，兑现对代办处人员的奖励费用。

代办处业务工作、管理工作出现差错或失误，按照业务质量管理办法扣除相应补贴款。

对违反本规定，产生恶劣影响并造成损失的，代办处负责人和相关人员应承担相应法律责任，或视具体情况给予行政处罚。

对违反本规定的代办处，专利局将对其通报批评、警告，情节严重者，将责令其停止工作进行整顿，直至撤销代办处工作职能。

第十二条　为全面了解代办处情况，各代办处应在每年7月份向专利局初审及流程管理部提交上半年工作汇报，每年1月份提交上年度工作总结，具体时间以专利局初审及流程管理部发出的通知为准。

第十三条　本规定由国家知识产权局专利局负责解释。

第十四条　本规定自2007年7月1日起施行。原《关于印发〈国家知识产权局专利代办处管理规定〉的通知》（办发〔2005〕7号）同时废止。

国家知识产权局专利局代办处专利费用收缴工作规程

为了规范国家知识产权局专利局代办处（以下简称代办处）专利收费工作，依据会计法、票据法、专利法相关规定，特制定本规程。

一、财务人员资格和职责

代办处至少应当配备两名财会人员（会计、出纳各至少一名）。财会人员须具有会计从业资格证书、初级会计电算化资格证书及经国家知识产权局专利局（以下简称专利局）培训合格的"上岗证"，同时在专利局初审及流程管理部备案。

财务人员的职责分工应符合国家财务管理有关规定，其职责范围包括：专利费用的收缴，数据的采集、校对及传输，账目稽核、对账，科目的更正调整，记账凭证的装订和保管，总账和明细账的保管，以及专利局委托的与专利费用收缴相关的工作。

二、代办处账簿的设立和管理

依据国家财务管理有关规定，代办处收缴专利费用应当设立专用银行账户，实行独立核算，不得委托当地知识产权局财务部门代管。该专用银行账户仅能收取专利费用，账户内资金（含利息）的支出方向为专利局收费处，不包括原方向、原金额的退款。代办处的负责人和财务人员应当加强对专利收费财务账目的管理，并保证所建财务账目的完整性和真实性。

代办处应当接受国家有关财务管理部门、国家知识产权局对专利收费账目的检查，给予积极配合，并提供有关的账簿。

专利收费账簿应当根据时间顺序按月分类装订，由代办处专职财务人员保管。

代办处应设立的会计账簿、会计报表和其他会计资料包括：

（一）科目余额表（一、二、三级科目表）；

（二）银行存款明细账；

（三）现金明细账；

（四）支票明细账；

（五）应收款（邮局）明细账；

（六）专利收费收入款明细表；

（七）资产负债表；

（八）日结单；

（九）过账凭证汇总清单

（十）应交局过账凭证汇总清单（多卷）。

三、账目的稽核与更正调整

代办处财会人员应认真执行财务管理有关规定，实行按日对账。发现账目内容有误的，应做好财务记录，及时更正调整错误账目。更正调整后的结果，必要时以书面形式报送专利局收费处。

四、专利收费中现金、支票的管理

代办处所收缴专利费用中的现金、支票，应严格遵守国家财务管理有关规定，特别是当日收取的现金应在下班前存入银行，遇有特殊情况或当日收取现金未超过银行核定的库存量，经代办处处长批准后，应妥善保存，于次日必须存入银行。任何人不得以任何理由坐支现金。支票存入银行未能兑付而被退回时，应及时通知交款人更换支票。属于交款人责任未及时更换支票的，做冲账处理。

五、专利缴费日的确定

代办处应当依据专利法实施细则第九十一条第三款、审查指南第五部分第二章的有关规定，确定专利费用的缴费日。

六、专利收费的职能范围

（一）收取专利费用种类

专利局根据工作需要，确定代办处收取专利费用的种类如下：

1.三种专利申请费（发明专利申请文件印刷费）。

2.专利申请附加费（说明书附加费、权利要求附加费）。

3.发明专利申请审查费。

4.三种专利登记费（含印花税）。

5.三种专利年费。

6.三种专利年费的滞纳金。

7.恢复权利请求费。

8.著录项目变更手续费。

9.延长期限请求费。

10.实用新型专利检索费。

11.发明专利申请维持费。

12.三种专利复审费。

13.三种专利无效宣告请求费。

14.优先权要求费。

15.中止程序请求费。

16.发明、实用新型专利强制许可请求费。

17.强制许可使用裁决请求费。

18.集成电路布图设计费用。

（1）布图设计登记费；

（2）布图设计登记复审请求费；

（3）著录项目变更手续费；

（4）延长期限请求费；

（5）恢复布图设计登记权利请求费；

（6）非自愿许可使用布图设计请求费；

（7）非自愿许可使用布图设计支付报酬裁决费。

（二）专利收费对象

1.代办处可以收取申请人（专利权人）或代理机构交纳的专利费用。

2.代办处不得收取涉外专利和涉及PCT专利申请的专利费用。涉外专利的专利费用，是指在中国没有经常居所或者营业所的外国人、外国企业或者外国其他组织，在中国申请专利和办理其他专利事务时依法应缴纳的有关专利费用。

3.代办处不得收取港、澳、台法人及个人直接由境外汇交的专利费用。

七、专利费用收取程序

（一）接收专利费用的方式

代办处可接收银行、邮局汇寄或面交至代办处的专利费用（有特别规定的除外）。

（二）专利缴费日的确定

专利缴费日应当依据专利法实施细则九十一条第三款、审查指南第五部分第二章的有关规定确定。

通过银行汇款缴费时，银行汇单中缺少必要缴费信息（申请号及费用种类），以代办处收到正确缴费信息日为缴费日。

通过邮局汇款缴费时，邮局汇单中未写明正确申请号和费用名称的专利汇款，代办处可直接办理退款，退款后不保留原汇款日。

通过速递公司递交到代办处的专利费用，以收到日为缴费日。

面交支票未能兑付而被银行退回，且属于交款人责任未及时更换支票的，以更换支票日期为缴费日。

（三）专利收费的记账

对于收缴的各种专利费用，代办处应当使用由专利局提供的计算机收费系统（以下简称收费系统）记账。

每日应建立面交、邮局、银行记账卷、特殊凭证卷（X卷H卷）。工作需要时，可建立更正卷（J卷）。收费系统的使用应当严格遵守其操作手册或有关说明。

代办处应当将面交的专利费用当日记账。对通过银行、邮局汇寄的专利费用，缴费信息完整的，应当日记账，原则上不超过次日（节假日、法定休息日顺延）。

面交专利费用的，应由缴费人当面核实记账数据。发现数据有误，应立即修改计算机中相关数据，如金额有误应重新打印收据，代办处应将包含错误信息的收据收回作废。当日面交收费结束后，应输出面交数据复核单，依据缴费凭证检验复核单中的数据及收据号。发现数据有误，应立即修改计算机中相关数据。修改后，由复核人员（不得是负责数据采集的同一人员）复核数据。必要时，应通知缴费人更换收据。

通过银行或邮局汇款的，应每日按卷号输出数据复核单，依据缴费凭证检验复核单中的数据。发现数据有误，应立即修改计算机中相关数据，修改后方可通过复核正式记账，并批式打印收费收据。打印后需要更改收据号的，可利用收据号修改管理功能或相关说明的方法修改收据号。

（四）直接退款

通过邮局、银行汇款缴费时，汇单中未写明正确申请号和费用名称的专利汇款，代办处应及时办理直接退款，退款时应注明退款原因。

邮局直接退款，应做好记录以备查询。

银行直接退款，应建立特殊凭证卷（H卷）做记账处理。

（五）专利收费收据的处理

收据第一联（棕色）在记账后应按序排列，寄交专利局收费处。

收据第二联（黑色）在记账后盖章，面交或寄交缴费人。寄交收据时，应采用挂号信函并记录发函日期和挂号号，以备查询。

收据第三联（蓝色）在记账后盖章，并与记账原始凭证和记账凭证合订，按序装订成账本，供财务检查或审计使用。

（六）缴费凭证

通过代办处面交专利费用的，缴费人应按规定认真填写缴费清单，以缴费清单作为记账原始凭证。

通过银行汇款的，以银行汇款单及汇款清单作为记账原始凭证。

通过邮局汇款的，由代办处复印邮局汇单，以其复印件作为记账原始凭证。

八、记账更正

（一）记账错误需更正的内容

因代办处工作失误造成的缴费日期、缴费金额、费用名称、收据号或申请号等五项信息之一有误时，应时更正。

（二）代办处更正

记账后发现缴费金额（少开）、收据号有误，且收费数据及收据尚未转交专利局收费处的，可由代办处自行更正后再进行传输。缴费日、费用名称、申请号有误的，代办处不能自行更正。

缴费日、费用名称、申请号有误的，应填写《代办处传输数据修改报告单》，并将正本附在记账凭证之后。

（三）专利局收费处更正

数据传输专利局收费处后发现上述错误，但尚未转入CPMS数据库的，代办处应将已填写的《代办处传输数据修改报告单》以传真形式报告专利局收费处予以更正。报告单应写明所需要更正的内容，由代办处负责人签章，并附有确属代办处工作失误的证明材料。

（四）收据少开金额或多开金额的更正

发现收据少开金额的，应立即建立同一性质的卷（银行汇款建 A 卷、邮局汇款建 B 卷、面交建 M 卷），输机记账后补开收据，并附送更正报告及证明材料。

发现收据多开金额的，代办处应立即将失误更正报告、证明材料转寄专利局收费处，由专利局收费处及时更正并开出冲款收据，收据第二联寄交款人、第三联复印（原件由专利局收费处记账，复印件签字盖章后寄代办处）。代办处凭复印件记账，在相应科目做冲账处理。

（五）专利局初审及流程管理部更正

记账后发现上述错误，且数据已由专利局收费处转入 CPMS 数据库的，代办处应填写《代办处请求更正错误报告》（申请号错误应按正确和错误的申请号，分别填写两份），寄交至专利局收费处以审核处理，更正报告应附有确属代办处工作失误的证明材料，报告由专利局初审及流程管理部领导审批后予以更正。

九、特殊情况的处理

对于已办理银行直接退款后，又被银行退回的，单据应在代办处保留 6 个月，以备当事人查询。超过此期限的，应将款项单独转交专利局收费处，不得与上缴款同笔汇缴，并注明原缴费人信息，随后将缴费人的原始汇单复印件寄交专利局收费处，同时代办处应做记账处理。

十、银行对账

代办处应在每月 5 日前完成上月银行对账工作，以银行存款账单和银行对账单逐笔核对，列出未达账项，做出银行对账余额调节表，并及时了解未达账项的原因以作出正确处理。

十一、专利收费数据传输及收据的转送

代办处当日记账的数据，应在第二日向专利局收费处传输（节假日、法定休息日顺延），并确认数据传输成功，若传输失败应再次传输。传输工作应当按照代办处收费系统操作手册有关规定执行。因故不能传输数据的，应在当日以传真形式将有关原因上报专利局收费处。未上报的，按无故延误传输数据处理。

（一）专利收费数据传输的记录

数据传输后，代办处应建立相应的书面记录，记录内容包括数据传输日期、数据传输量、数据收据号范围、数据传输人的签章等，以备查询。

（二）费用数据传输日的确定

代办处费用数据传输日，以专利局收费处系统收到日为准。

（三）专利收费收据的转交

代办处当日打印的收据第一联，应在第二日以挂号形式寄交专利局收费处，不得将多日收据合并一日寄交。寄交的收据第一联（棕色：存根）以连续纸形式按序排列。寄交时应附代办处交接单一式两份（应有相关人员签字）、收据使用情况统计表一份。

十二、向专利局转交专利费用

（一）银行汇款到账后，代办处应自开出收据之日起三日内转交专利局收费处。

（二）收到邮局汇单后，代办处应自开出收据之日起三日内转交专利局收费处。如邮局汇单注明的实际汇出日至专利局收费处收到代办处传输收费数据日超过十六日，专利局收费处以实际收到传输数据日为缴费日，

当事人能提供证明的除外。

（三）收到现金、支票后，代办处应自开出收据之日起三日内转交专利局收费处。

（四）代办处每日转交的总金额应与每日向专利局收费处传输的数据及日结单的总金额一致。

（五）代办处应遵守日清月结及三日上缴的规定，不得无故延迟汇款。专利局收费处有关账户信息如下：

户名：中华人民共和国国家知识产权局专利局

账号：0200010009014400518

开户银行：中国工商银行北京北太平庄支行

（六）对由专利费用滋生的利息，根据财政部及国家知识产权局有关规定，应全额上缴国家财政。由代办处独立账户资金滋生的利息发生即上缴专利局（由专利局收费处代收），上缴时应单笔汇款，并在汇单上注明利息生成时间。

（七）专利费用的日报表、月报表

1.日报表

代办处每日应将以下报表与收据一并报送专利局收费处：

（1）日结单；

（2）过账凭证汇总清单；

（3）应交局过账凭证汇总清单（多卷）。

2.月报表

每月终了时，代办处应及时打印总账、分类账，并于每月第一个工作周向专利局收费处报送以下报表：

（1）科目余额表（一、二、三级各一份）；

（2）专利收费收入款明细表；

（3）资产负债表。

报表应当严格遵守国家财务有关规定，即应有三级签章。

十三、专利收费收据的使用及管理

（一）专利收费收据的使用

代办处收到缴费人的缴费应遵照一号一开的原则，即同一申请号、同一缴费日、同一缴费人所缴纳的一笔费用应使用一张收据。

（二）专利收费收据的领取及返回

代办处领取的专利收费收据，应按序使用（从小号到大号）。每日使用的收据第一联（棕色）应于次日使用同一信封挂号寄交专利局收费处。

（三）作废收据的处理

如代办处记账后的收据因故作废，应收齐收据第一联至第三联并注明"作废"字样，将其与其他第一联（棕色）收据一并按序排列，寄交专利局收费处。收据汇总交接单应标明相应的作废收据号。

（四）专利收费收据使用报表

1.代办处应按规定报送《收据使用情况统计表》与《收据使用季报表》。

2.《收据使用情况统计表》为每日记账实际使用的收据量统计表。统计时输入使用（含作废收据号在内）的起始号与终止号。

3.《收据使用季报表》为每季度记账实际使用的收据量统计表。统计方法同上，应于每季度第一个工作周报送专利局收费处。

（五）专利收费收据用途

专利收费收据仅可用于专利收费，不得用于其他用途。

十四、专利缴费凭证和记账凭证的保存

专利缴费凭证应按正式卷号顺序装订成册，每卷的封面和侧面应注明年、月、卷号种类及顺序编号。装订银行、邮局凭证时，应将专利收费收据记账凭证和缴费人的汇款单粘贴在一起。装订面交卷时，应将专利收费收据记账凭证和缴费人的缴费清单粘贴在一起（X卷应将记账凭证和现金及支票回单粘贴在一起），由代办处代为保存。以自然年计算，于第二年年末将上年度成册账簿由专人转送专利局收费处，转送时应附相应的账簿登记清单。

十五、代办处专利收费系统的管理及使用

（一）收费系统的管理

由专利局负责提供收费系统的软硬件，代办处负责设备的使用管理和定期更新。代办处负责人对收费系统的安全及正确使用负责。收费系统应由一名代办处工作人员操作，该工作人员应具备熟练操作计算机的技能。

（二）收费系统的工作范围

收费系统仅用于代办处专利收费，不得用于其他工作，不得向代办处以外的任何单位或个人提供收费收据及收费系统软件。

（三）数据备份及系统恢复

代办处操作人员每日应对收费系统的收费数据备份，妥善保存备份资料。当系统出现故障时，操作人员应立即通知专利局收费处，由收费系统操作员根据恢复手册指导内容，重新安装系统，收费数据由代办处利用本地备份资料恢复。恢复过程应有相应的书面记录，并以书面报告形式报送专利局初审及流程管理部。

（四）收费系统软件的维护与更新

代办处收费系统软件的维护与更新由专利局统一安排。

十六、附则

（一）本规程中所涉及的法律法规调整时，本规程将进行相应调整。

（二）本规程自2007年7月1日起施行。原《关于印发〈国家知识产权局专利代办处管理规定〉的通知》（办发〔2005〕7号）同时废止。

国家知识产权局专利局代办处专利申请受理工作规程

为规范国家知识产权局专利局代办处（以下简称代办处）专利申请受理工作，依照专利法及其实施细则以及审查指南的规定，特制定本规程。

代办处在从事专利申请受理工作中，应当遵守相关保密规定，优质、高效地完成专利申请的受理工作。

一、总则

（一）专利申请受理工作的主要任务

1.受理并审核专利申请文件

代办处对收到的专利申请进行审查，对符合受理条件的专利申请应确定申请日、给予申请号并发出受理通知书。

对申请人提交的费用减缓请求进行审查，确定准予减缓的比例，发出费用减缓审批通知书。

2.完成专利申请的数据采集工作

3.转交专利申请文件及传输专利申请数据

按时向国家知识产权局专利局（以下简称专利局）受理处以挂号邮件的方式转交专利申请文件、传输专利申请数据。邮寄申请文件和传输数据应确保不发生丢失或泄密。

4.完成与专利申请受理有关的管理、统计工作

5.完成专利局委托的与专利申请受理有关的工作

（二）专利申请受理范围

1.可以受理的专利申请文件

（1）内地申请人面交或寄交的发明、实用新型、外观设计专利申请文件；

（2）港、澳、台地区的个人委托内地专利代理机构面交或寄交的发明、实用新型、外观设计专利申请文件。

2.不能受理的专利申请文件

（1）PCT申请文件；

（2）外国申请人及港、澳、台地区法人提交的专利申请文件；

（3）分案申请文件；

（4）有要求优先权声明的专利申请文件；

（5）专利申请被受理后提交的其他文件。

二、专利申请受理的相关法规

（一）专利申请文件的受理条件

根据专利法实施细则第四十条的规定，专利申请文件应当满足下列条件，方可受理：

发明或者实用新型专利申请应当具有请求书、说明书和权利要求书，实用新型专利申请还应当具有说明书附图；

外观设计专利申请应当具有请求书、图片或者照片；

使用中文；

符合专利法实施细则第一百二十条第一款的规定；

请求书中应当具有申请人姓名或者名称及申请人地址；

符合专利法第十八条或者第十九条第一款的规定；

专利申请类别（发明、实用新型或者外观设计）明确或者可以确定。

（二）确定专利申请日

根据专利法第二十八条及实施细则第五条第一款及审查指南的规定，应当按照下述要求确定专利申请日：

向专利局代办处窗口直接递交的专利申请，以递交日为申请日；通过邮局邮寄到代办处的专利申请，以信封上的邮戳日为申请日；邮戳日不清晰无法辨认的，以代办处收到日为申请日，并将信封存档。

通过速递公司递交到代办处的专利申请，以递交日为申请日。

邮寄或者递交到专利局非受理部门或者个人的专利申请，其邮寄或者递交日不具有确定申请日的法律效力。如果被转送到专利局受理处或者代办处，以受理处或者代办处实际收到日为申请日。

（三）审批费用减缓请求

申请人（或专利权人）缴纳专利费用有困难的，可以根据国家知识产权局公布的《专利费用减缓办法》向

专利局提出费用减缓请求。

1.专利费用可以减缓的种类

（1）申请费（不包括公布印刷费、申请附加费）；

（2）发明专利申请维持费；

（3）发明专利申请审查费；

（4）复审费；

（5）年费（授予专利权当年起三年的年费）。

2.专利费用减缓的手续

提出专利申请时以及在审批程序中申请人（或专利权人）可以要求减缓应当缴纳但缴费期限尚未届满的费用。

提出费用减缓请求的，应当提交费用减缓请求书，必要时应当提交证明文件。费用减缓请求书必须有全体申请人（或专利权人）签字或者签章。上述"必要时"是指一般情况下，国内个人提出费用减缓请求的不要求其提供证明，但外国申请人、港、澳、台地区的申请人以及国内社会知名人士提出费用减缓请求的，则要求其提供经济困难的证明。费用减缓请求符合规定的，应予批准并发出费用减缓审批通知书，申请人按照批准的比例缴纳费用。

费用减缓的审批按照国家知识产权局公布的《专利费用减缓办法》执行。

（四）代办处受理数据采集规则

采集专利申请数据是一项非常重要的工作，采集质量将对受理工作产生重要影响。制定本规则的目的在于统一工作标准，规范数据采集格式，提高数据采集质量。本规则涉及数据准备、数据采集、数据校对三项工作，其详细内容另行公布。

三、受理专利申请的程序

（一）受理面交的专利申请

1.确定申请类型

依据申请人提交的专利请求书，确定专利申请类型。

2.受理审查

根据专利法实施细则第四十条的规定，审查申请人提交的专利申请文件是否符合受理条件。符合受理条件的，则申请文件进入受理程序。不符合受理条件的，应告知申请人其申请文件所存在的缺陷和不受理的依据。申请人不能当时消除文件缺陷的，专利申请文件不予受理，将文件退还申请人，不出具受理通知书且不在申请文件上做任何标记；应申请人的要求可以出具不受理通知书，此时的申请文件不再退回申请人，文件应当按照不受理程序进行处理。

3.确定收到日

在请求书左上方加盖代办处的收文章，注明文件收到日。

4.确定申请日

根据专利法第二十八条、专利法实施细则第五条的规定确定申请日。此时递交日即为申请日，应当在请求书上加盖申请日期章。

5.确定申请号

根据专利申请的类别，按顺序给出申请号。两份请求书上分别使用号码型贴条和条码型贴条。

6.审批费用减缓请求

根据国家知识产权局公布的《专利费用减缓办法》以及审查指南的规定，对费用减缓请求进行审查，并在专利请求书相应的栏目内盖章，注明审查结果。审查内容为：

（1）费用减缓请求书的形式审查。审查所注明的发明名称、申请人是否与专利请求书一致，签章栏是否有申请人签字或者盖章。申请人、发明名称不一致或费用减缓请求书未签字、未盖章的，费用减缓请求不予批准；

（2）费用减缓理由及证明的审查。申请人陈述的减缓理由应当符合费用减缓办法的规定。未提交证明、未陈述减缓理由或所提交的证明、陈述的减缓理由不符合费用减缓条件的，费用减缓请求不予批准。

7. 核实文件

根据请求书第2页的文件清单栏核实申请文件和其他文件的份数、页数。发现不相符情形的，如申请人漏填、错填项目，或者文件清单中所列文件实际未提交等，应当交给申请人确认，并由申请人处理。核实无误的，在专利局审核栏内盖"核实"章。

8. 核实发明名称

请求书首页的发明名称应当与请求书第2页、说明书中的名称一致，发现不一致时，应告知申请人进行修改。未修改的应当在专利局审核栏内注明该情况。

9. 整理文件

申请文件分为一式两份。其中只提交一份的文件集中放在一套文件内，如：费用减缓请求书、专利代理委托书等，称为主文档文件，也称第一套文件，第一套文件应当选取最清晰的一份文件。另一套文件称为第二套文件。外观设计专利申请的彩色图片或照片应当存入主文档文件。

文件排序。两套文件都应当按照以下规定进行排序。

发明或实用新型专利申请文件：专利请求书、说明书摘要、摘要附图、权利要求书、说明书、说明书附图、其他文件。

外观设计专利申请文件:请求书、图片或照片、简要说明、其他文件。

其他文件排列顺序：费用减缓请求书、费用减缓请求证明、非职务发明证明、提前公开声明、实质审查请求书、实质审查参考资料、专利代理委托书等。

10. 采集受理数据

受理人员按照受理数据采集规则的规定进行数据准备，录入人员按照受理数据采集规则的规定，采集请求书中所有数据，并进行屏幕校对。屏幕校对无误后进入数据校对程序。

11. 校对数据

校对人员依据请求书对采集的内容逐项校对，错误的数据应当及时修改。校对无误后，准备打印通知书。

12. 发出受理通知书

打印受理通知书、费用减缓审批通知书或缴纳申请费通知书各一式两份、数据校对单一份。一套通知书（含受理通知书、费用减缓审批通知书或缴纳申请费通知书各一页）交申请人，另一套通知书及校对单放入主文档文件。各通知书上的审查员姓名不得使用代码。

13. 包装文件

将剩余的申请号贴条和主文档文件放在一起，同一申请号的两套申请文件装在一个文件袋内，等待登记后寄交专利局受理处。

（二）受理寄交的专利申请

1. 确定申请类型

依据申请人提交的专利请求书，确定专利申请类型。

2. 受理审查

根据专利法实施细则第四十条的规定，审查专利申请文件是否符合受理条件。符合受理条件的，则申请文件进入受理程序。不符合受理条件的，按照不受理程序进行处理。

3.确定收到日

请求书上加盖代办处的收文章,注明收到日。

4.确定申请日

根据专利法第二十八条、专利法实施细则第五条的规定,确定申请日,加盖申请日期章并登记挂号号码。邮戳日不清晰,无法辨认的,以代办处收到日为申请日,在请求书右上角记载"邮戳不清"并将信封归入申请文档。专利代办处实际收到文件日超过寄交邮戳日15日的,应将信封归入申请文档。

5.确定申请号

根据专利申请类别,按顺序给出申请号,两份请求书上分别使用号码型贴条和条码型贴条。

6.审批费用减缓请求

参照三、(一)6执行。

7.核实文件

根据请求书第2页的文件清单栏核实申请文件和其他文件的份数、页数。发现不相符情形的,如申请人漏填、错填项目,应予以更正,更正时要使用修改符号以保留原始记录,文件清单中所列文件实际未提交的,应在相应位置盖"缺此项"章。核实无误后在专利局审批栏盖"核实"章。

8.核实发明名称

请求书首页的发明名称应当与请求书第2页、说明书中的名称一致,二者不同时应在请求书专利局审批栏内注明"请求书与……的发明名称不一致"。

9.整理文件

参照三、(一)9执行。

10.采集受理数据

参照三、(一)10执行。

11.校对数据

参照三、(一)11执行。

12.发出受理通知书

打印受理通知书、费用减缓审批通知书或缴纳申请费通知书一式两份,数据校对单一份。一套通知书使用挂号信寄交申请人,另一套通知书及校对单放入主文档文件。各通知书上的审查员姓名不得使用代码。寄出的通知书应当由代办处进行发文登记,以备申请人查询。

13.包装文件

参照三、(一)13执行并收存信封。申请人寄交的信封应当按照时间顺序整理收存,以备日后查询。保存期为一年。

(三)专利申请不受理程序

代办处按照受理条件进行审查后,不符合受理条件的专利申请文件应当作不受理处理。

应当记录收文信息,并在文件首页加盖收文日章。然后将不受理的理由注明在原始信封的封面上,将全部原始申请文件连同信封一同寄交至专利局受理处。同时做好寄交发文记录,以备查询。

(四)申请文件的寄交与数据的传输

1.打印清单

将应寄交的专利申请文件放在一起(不可与其他文件混装),打印"寄交文件清单"一式二份,代办处存一份,另一份随申请文件寄送专利局受理处。文件清单中的数量应与实际寄交文件相符。

2.每日寄交专利申请文件

向专利局受理处寄交专利申请文件应当每个工作日一批,使用挂号信函(不得使用包裹方式)。第一天受理的专利申请文件应在第二天寄出。每批专利申请文件应与传输的专利申请数据数量一致,排列顺序一致,以便校核。

3.受理的专利申请原则上应在当天完成数据采集、校对工作

经过整理,校对完毕的专利申请数据应于第二天向专利局受理处传输。传输数据的时间应为每个工作日的8:30—16:30。

四、受理工作中错误的更正程序

因代办处工作失误造成受理工作出现错误的,必须及时予以更正。

(一)数据已传输,纸件尚未寄出时,若代办处发现文件处理有错误,应立即向专利局受理处报告申请号及错误内容,同时修改纸件,更正本地数据库,由专利局受理处更正已经传输的数据。

(二)数据已传输、纸件已寄出后,若代办处发现文件处理有错误,应立即向专利局受理处报告申请号及错误内容,由专利局受理处进行修改更正。

(三)专利局受理处已经接收文件,数据也已经装入数据库后,发现代办处的申请文件处理有错误,应按下述方法处理:

1.专利申请著录项目或文件清单出现错误的,由专利局受理处更改,做出修改更正通知书并通知申请人。

2.申请日确定错误的,应由代办处提供申请人寄交文件的邮局凭证,经专利局受理处核准后,由受理处重新确定专利申请日,修改文件及数据并作出重新确定申请日通知书后送达申请人。

3.申请类别确定错误的,专利局受理处应及时通知相关代办处。代办处接到专利局受理处通知后,应提交请求更正错误报告,由经办人写明出现错误的原因,代办处负责人签署意见,报主管领导审批后备案。出错文件由受理处重新受理。

4.费用减缓审批错误的,由专利局受理处核实原文件后,做出修改更正通知书并通知申请人。

五、特殊申请文件的处理

代办处对于接收的要求优先权声明的申请以及分案申请,原则上应当退还申请人。对于无法退还的申请文件,代办处应当确定申请日、盖好收文章,然后连同原始信封一起转交专利局受理处。

六、专利受理月报统计

代办处应当于每月第一个工作周内向专利局受理处报送专利受理工作统计月报表,统计周期以专利局年度工作日历的工作周次为准。

七、专利申请号的使用与管理

(一)专利申请号的用途

专利申请号仅可用于代办处受理的专利申请文件,不得用于其他用途。

(二)专利申请号的领取与返回

代办处应当按照专利局受理处的要求领取申请号。每年1月6日前,将前一年度的剩余申请号及作废申请号一同寄回专利局受理处,同时应当附具该年度内申请号的领取及使用情况记录。

(三)专利申请号的使用

1.专利申请号应当按年度使用。

2.专利申请号应当按流水顺序由小到大连续使用,因故作废的申请号应有记载并将废号条收齐保存,年底

退回专利局受理处。

3.每年1月1日，接收面交专利申请文件时，开始使用新年度的专利申请号，停止使用前一年度申请号。1月5日前，代办处收到的前一年度寄交的专利申请，可以继续使用前一年度申请号。1月5日后，代办处收到的前一年度寄交的专利申请，由代办处确定收到日、申请日，将申请文件与信封一起转寄专利局受理处。

八、附则

本规程中所涉及的法律法规调整时，本规程将进行相应调整。

本规程自2007年7月1日起施行。原《关于印发〈国家知识产权局专利代办处管理规定〉的通知》（办发〔2005〕7号）同时废止。

国家知识产权局专利局代办处自动化系统管理办法

为了加强对国家知识产权局专利局代办处（以下简称代办处）自动化系统的管理，保障其正常运行及数据安全，特制定本办法。

本办法所称自动化系统管理，包括对自动化设备、专用软件及数据的管理。

一、自动化设备的配置、使用及管理

本办法所称自动化设备（以下简称设备），是指国家知识产权局专利局（以下简称专利局）2006年年底以前为代办处配置的，用于专利申请受理、收费系统的硬件设备及其附件。上述设备属国有资产，由专利局统一管理，代办处保管使用，其他任何单位和个人无权调用。

（一）代办处应为所配置设备提供足够的空间和安全的地点，以保障设备的安全和专利申请受理、收费系统的正常运行。

（二）代办处设备应实行定点定人保管使用。任何人不得使用该设备从事和代办处业务无关的工作。

（三）设备使用人不得擅自增减或改动计算机的硬件配置，不得在计算机内安装游戏软件或与代办处业务无关的其他软件。

（四）设备的报废由专利局决定，其他单位和个人无权处置。对于正常报废的固定资产，由使用单位填制《固定资产报废申请单》，交专利局初审及流程管理部转有关部门审批。

自2007年起，代办处为开业所需购置的设备以及更新或增加的自动化设备，应满足系统安全运行所需的配置要求，相关费用在专利局拨付的业务工作补贴费中列支（按照《国家知识产权局专利局代办处管理规定》第八条执行）。相关设备购置后，应报专利局初审及流程管理部备案。

二、专用软件的使用、维护及数据管理

本办法所称专用软件是指专利局为代办处开展业务而开发设计的，用于专利申请受理、收费系统的应用程序，以及根据专利局业务需要为代办处安装的其他应用程序。代办处应保证专用软件的正常使用及数据的安全。

（一）专用软件使用过程中产生的数据是重要的国有资源，代办处工作人员负有保密责任。未经许可，任何人不得向外扩散或用于本职工作以外的其他用途。

（二）数据的采集、修改、更新、维护和使用以分级授权方式进行管理。被授权人员在自己的权限范围内，按照相关规定处理或使用数据，并保证数据的准确、完整和安全。

（三）任何人不得超越权限范围处理或使用数据资源，也不得以任何方式擅自将数据资源提供或出示给未

获得授权的人员。

（四）代办处应当保证系统正常运行，不得更改、删除或添加无关程序，不得与检索或管理系统等其他网络联网，不得使用发送程序发送与业务无关的数据。

（五）代办处自动化系统的日常维护，由本处计算机专业人员负责。如出现代办处无法排除的故障，应尽快以书面形式报告专利局初审及流程管理部，由其协调解决。

三、专项数据的添加与修改

本办法所称专项数据的添加与修改是指与专利代理机构有关的数据项的变更，包括：专利代理机构名称或地址、邮编的变更、专利代理机构的增加及撤销等。

（一）当专利代理机构注册变更生效后，由专利局初审及流程管理部向代办处发出修改数据通知书。

（二）代办处在收到修改数据通知书后，应按照通知书的要求及修改数据的操作规程对有关数据进行修改。

（三）代办处应设专人负责数据修改，并在收到修改数据通知书之日起2日内完成数据修改工作。

四、对违反本办法的处罚

（一）对违反本办法的情形，由代办处的行政主管单位视情况对责任人进行批评教育或行政处分。

（二）违反本办法，造成事故或设备故障的，由责任人承担全部维修费用。

（三）违反本办法自行更改硬件设备的，责令拆除所增加硬件设备并恢复原状。对于不能恢复的硬件设备，由责任人按原价值赔偿。

（四）违反本办法泄露有关数据机密的，根据《中华人民共和国保守国家秘密法》及国家知识产权局有关保密规定，追究当事人责任并对所在代办处进行必要处罚。

五、附则

本办法自2007年7月1日起施行。原《关于印发〈国家知识产权局专利代办处管理规定〉的通知》（办发〔2005〕7号）同时废止。

国家知识产权局专利局代办处业务质量管理办法

为了充分发挥国家知识产权局专利局代办处（以下简称代办处）的作用，加强代办处业务质量管理工作，根据《国家知识产权局专利局代办处管理规定》及专利申请受理、专利费用收缴工作规程，特制定本办法。

一、质量管理模式

代办处业务质量管理分为三个层次，即国家知识产权局专利局质量管理、地方知识产权局质量管理及处级质量管理。

国家知识产权局专利局（以下简称专利局）初审及流程管理部为专利局负责代办处业务质量管理的部门。

（一）专利局初审及流程管理部管理职责

1.制定代办处业务质量管理办法和业务质量标准，对代办处业务进行指导和监督。

2.组织实施对代办处工作进行检查，落实代办处专利申请受理和专利费用收缴工作年检反馈制度，对有问题的代办处提出改进工作的意见或建议。

3.更正代办处业务差错，收集对代办处业务质量的反馈信息并进行统计分析，定期发布代办处业务质量情况通报。

4.对代办处发生的重大失误或质量差错进行调查，向代办处所在地方知识产权局提出整改要求，并向上级领导提出处理意见或建议。

5.组织代办处评优活动，监督和检查代办处奖惩制度的落实情况。

（二）地方知识产权局管理职责

1.按照专利局设立代办处的条件，配备专职人员，设置有利于开展专利申请受理、专利费用收缴工作以及为社会公众服务的工作环境和工作条件。

2.会同专利局对代办处业务质量进行管理和监督，对反馈的业务质量问题，组织代办处人员进行分析、研究、处理，并制定改进措施。

3.根据专利局有关规定，指导代办处转变工作模式，改进工作方法，提高工作质量和效率。

4.制订代办处工作人员业务学习和培训计划，组织或派送代办处人员参加业务学习或考察调研活动。

5.根据代办处管理规定，落实对代办处工作人员的奖惩。

（三）代办处的管理职责

1.代办处业务质量管理由处长负责，副处长协助处长进行本处业务质量管理工作。

2.根据专利局有关规定，制定和落实本处业务质量管理办法，建立本处工作人员的个人业务质量档案，定期对其业务质量进行检查和考核。

3.加强自查，对可以在本处更正的质量问题应及时更正；对通过自查或当事人反馈已无法在本处更正的质量问题，应当及时向专利局初审及流程管理部呈报请求更正错误报告，确保错误得到及时更正。

4.接受专利局对代办处业务工作的指导和对工作人员的业务培训，主动配合专利局对代办处业务工作的检查。

5.加强本处工作人员的业务学习和培训，提高人员的业务素质和本处的业务管理水平。

二、质量管理要求

（一）对受理工作的要求

1.申请文件的受理，应当符合专利法及其实施细则以及审查指南有关规定。

2.受理人员发出的受理通知书、费用减缓通知书或费用缴纳通知书应当正确。

3.受理程序应当符合专利申请受理工作规程。

4.对面交、寄交申请文件的处理应当及时，无积压现象。

5.文件邮寄、数据文件传输应当在规定期限内完成。

（二）对收费工作的要求

1.收缴费用工作，应当符合专利法及其实施细则以及审查指南有关规定。

2.开具的费用收据所记载的缴费人、缴费日、申请号、费用种类、费用金额应当正确。

3.费用收缴程序应当符合专利费用收缴工作规程。

4.对面交、邮寄、银行汇款方式交纳的专利费用应当及时处理，无积压现象。

5.收据邮寄、数据传输、款项上缴应当在规定期限内完成。

6.凭证装订、账务处理应当及时并符合要求。

三、质量管理措施

质量管理措施包括质量检查和评价、质量信息反馈、质量改进等。

（一）质量检查和评价

专利局初审及流程管理部负责代办处专利申请受理、专利费用收缴工作的质量检查，以及对反馈的质量问题进行核查。

各地方知识产权局负责抽检案件的质量检查以及对反馈的质量问题进行核查。

处长负责监督本处工作人员的工作质量，有权指出并要求改正存在的质量问题。

专利局初审及流程管理部根据质量统计结果对各代办处工作质量进行评价。

各地方知识产权局和代办处根据质检结果对工作人员个人工作质量进行评价。

（二）质量信息反馈

1.建立代办处质量控制管理系统，用于记录和反馈通过各种途径发现的代办处质量问题。

2.建立质量双向反馈制度。将后续程序检查发现的代办处质量差错、申请人及社会公众反映的质量问题统计后反馈给各代办处，代办处对差错认定有异议的，可及时反馈，由相关业务部门审核后确认。

（三）质量改进

专利局初审及流程管理部在质量改进方面应当做好下述工作：

1.根据质量情况统计，定期发布质量通报。

2.及时公布所发现的重大质量问题及处理结果，供各代办处在工作中借鉴。

3.分析和研究出现的质量问题及有关信息，修改、制定代办处统一的执行标准。

四、质量奖惩

代办处业务工作中出现的差错由专利局初审及流程管理部登记、统计，作为考评各代办处工作质量的依据。

（一）奖励

1.并计算应发放数额，按季度随补贴款发放。差错率在3‰以下（含3‰），按全额发放；差错率在3‰以上至5‰（含5‰），按80%发放；差错率在5‰以上，不予发放质量奖励费。

2.代办处业务质量作为先进集体、单项奖评选条件之一。

3.根据代办处年度工作综合指标评选先进集体，根据代办处年度工作突出特点评选单项奖。

4.对评选的先进集体、单项奖给予一定物质奖励。

5.地方知识产权局应当根据代办处的工作业绩，按照补贴款使用管理规定，从当年专利局拨付给该代办处的补贴款中提取款项，用于对代办处的奖励。

（二）处罚

1.专利申请受理数据出现A类差错的，扣除补贴费50元／件。

2.专利申请受理数据出现B类差错的，扣除补贴费25元／件。

3.专利费用收缴数据出现A类差错的，扣除补贴费10元／件。

4.专利费用收缴数据出现B类差错的，扣除补贴费5元／件。

5.非线路故障或无其他客观原因，专利申请受理和费用收缴数据延迟传输一天，扣除补贴费200元。

6.无正当理由，专利申请文件和费用收缴票据延迟寄交一天，扣除补贴费100元。

7.涉及操作、管理上的差错，每发生一次扣除补贴费200元，另有规定的除外。情节严重的，按代办处管理规定第十一条处理。

8.因代办处的失误引发有关行政诉讼，法院判决由专利局赔偿的，其赔偿费从该代办处的补贴费中扣除。

五、附则

（一）本办法涉及的质量差错等级按照《国家知识产权局专利局代办处业务质量标准》认定。

（二）本办法自2007年7月1日起施行。原《关于印发〈国家知识产权局专利代办处管理规定〉的通知》（办发〔2005〕7号）同时废止。

附件：国家知识产权局专利局代办处业务质量标准

附件：国家知识产权局专利局代办处业务质量标准

为加强代办处业务质量管理，严格执行代办处专利申请受理工作规程和专利费用收缴工作规程，特制定本标准。

根据质量差错的不同情况，将代办处业务质量差错分为两种类型：涉及个案受理、收费数据的差错；涉及操作、管理上的差错。

受理数据差错根据差错对受理条件的影响和可能产生的法律后果，分为A、B两个差错等级。

收费数据差错根据差错对流程管理的影响和可能产生的法律后果，分为A、B两个差错等级。

由代办处自查发现的受理和收费数据差错，在数据转入主库之前纠正的，不定差错等级，也不予处罚。

一、涉及个案受理、收费数据的差错

（一）A类受理差错

1.不符合受理条件的专利申请被受理；

2.申请类别确定错误；

3.申请日确定错误；

4.申请文件有缺页未能核实准确；

5.因代办处失误，导致申请日与所受理申请文件寄出日超过15日；

6.费用减缓请求书未经审批或审批不符合规定，造成申请费缴纳错误；

7.数据采集时漏采要求保密数据项；

8.因采集数据差错，导致专利局审查员作出错误的处分决定；

9.因代办处受理工作失误，引发当事人提起行政复议或行政诉讼，并被确定撤销原处理决定或被判处行政赔偿。

（二）B类受理差错

1.对手续类文件核实不准确；

2.面交专利申请请求书的发明名称与说明书的发明名称不一致；

3.接收涉外代理机构提交的外国申请或PCT申请；

4.接收分案申请或要求优先权的申请；

5.数据采集不准确或漏采数据项。

（三）A类收费差错

1.原始凭证漏记账；

2.错输、重输缴费金额；

3.错输、重输申请号；

4.错输缴费日；

5.因代办处收费数据（包括电子数据）差错，导致专利局审查员作出错误的处分决定；

6.因代办处收费工作失误，引发当事人提起行政复议或行政诉讼，并被确定撤销原处理决定或被判处行政赔偿。

（四）B类收费差错

1.错输费用名称；

2.收据号赋值错误；

3.缴费日与收据打印日超过15个工作日。

二、涉及操作、管理上的差错

（一）无故延误传输受理数据或收费数据；

（二）无故延误寄交专利申请文件或费用收据；

（三）丢失银行汇单、凭证、收据存根或各类总账及明细账；

（四）各类账目处理发生重大失误；

（五）对账不及时，报表未按规定时间上报；

（六）记账凭证未及时按序装订；

（七）记账凭证未按规定时间转交专利局收费处；

（八）收取专利费用现金未按规定及时存入银行。

展会知识产权保护办法

（中华人民共和国商务部、国家工商总局、国家版权局、国家知识产权局令　2006年第1号）

第一章　总　　则

第一条　为加强展会期间知识产权保护，维护会展业秩序，推动会展业的健康发展，根据《中华人民共和国对外贸易法》《中华人民共和国专利法》《中华人民共和国商标法》和《中华人民共和国著作权法》及相关行政法规等制定本办法。

第二条　本办法适用于在中华人民共和国境内举办的各类经济技术贸易展览会、展销会、博览会、交易会、展示会等活动中有关专利、商标、版权的保护。

第三条　展会管理部门应加强对展会期间知识产权保护的协调、监督、检查，维护展会的正常交易秩序。

第四条　展会主办方应当依法维护知识产权权利人的合法权益。展会主办方在招商招展时，应加强对参展方有关知识产权的保护和对参展项目（包括展品、展板及相关宣传资料等）的知识产权状况的审查。在展会期间，展会主办方应当积极配合知识产权行政管理部门的知识产权保护工作。

展会主办方可通过与参展方签订参展期间知识产权保护条款或合同的形式，加强展会知识产权保护工作。

第五条　参展方应当合法参展，不得侵犯他人知识产权，并应对知识产权行政管理部门或司法部门的调查予以配合。

第二章　投诉处理

第六条　展会时间在三天以上（含三天），展会管理部门认为有必要的，展会主办方应在展会期间设立知识产权投诉机构。设立投诉机构的，展会举办地知识产权行政管理部门应当派员进驻，并依法对侵权案件进行处理。

未设立投诉机构的，展会举办地知识产权行政管理部门应当加强对展会知识产权保护的指导、监督和有关案件的处理，展会主办方应当将展会举办地的相关知识产权行政管理部门的联系人、联系方式等在展会场馆的显著位置予以公示。

第七条　展会知识产权投诉机构应由展会主办方、展会管理部门、专利、商标、版权等知识产权行政管理部门的人员组成，其职责包括：

（一）接受知识产权权利人的投诉，暂停涉嫌侵犯知识产权的展品在展会期间展出；

（二）将有关投诉材料移交相关知识产权行政管理部门；

（三）协调和督促投诉的处理；

（四）对展会知识产权保护信息进行统计和分析；

（五）其他相关事项。

第八条　知识产权权利人可以向展会知识产权投诉机构投诉也可直接向知识产权行政管理部门投诉。权利人向投诉机构投诉的，应当提交以下材料：

（一）合法有效的知识产权权属证明：涉及专利的，应当提交专利证书、专利公告文本、专利权人的身份证明、专利法律状态证明；涉及商标的，应当提交商标注册证明文件，并由投诉人签章确认，商标权利人身份证明；涉及著作权的，应当提交著作权权利证明、著作权人身份证明；

（二）涉嫌侵权当事人的基本信息；

（三）涉嫌侵权的理由和证据；

（四）委托代理人投诉的，应提交授权委托书。

第九条　不符合本办法第八条规定的，展会知识产权投诉机构应当及时通知投诉人或者请求人补充有关材料。未予补充的，不予接受。

第十条　投诉人提交虚假投诉材料或其他因投诉不实给被投诉人带来损失的，应当承担相应法律责任。

第十一条　展会知识产权投诉机构在收到符合本办法第八条规定的投诉材料后，应于24小时内将其移交有关知识产权行政管理部门。

第十二条　地方知识产权行政管理部门受理投诉或者处理请求的，应当通知展会主办方，并及时通知被投诉人或者被请求人。

第十三条　在处理侵犯知识产权的投诉或者请求程序中，地方知识产权行政管理部门可以根据展会的展期指定被投诉人或者被请求人的答辩期限。

第十四条　被投诉人或者被请求人提交答辩书后，除非有必要作进一步调查，地方知识产权行政管理部门应当及时作出决定并送交双方当事人。

被投诉人或者被请求人逾期未提交答辩书的，不影响地方知识产权行政管理部门作出决定。

第十五条　展会结束后，相关知识产权行政管理部门应当及时将有关处理结果通告展会主办方。展会主办方应当做好展会知识产权保护的统计分析工作，并将有关情况及时报展会管理部门。

第三章　展会期间专利保护

第十六条　展会投诉机构需要地方知识产权局协助的，地方知识产权局应当积极配合，参与展会知识产权保护工作。地方知识产权局在展会期间的工作可以包括：

（一）接受展会投诉机构移交的关于涉嫌侵犯专利权的投诉，依照专利法律法规的有关规定进行处理；

（二）受理展出项目涉嫌侵犯专利权的专利侵权纠纷处理请求，依照专利法第五十七条的规定进行处理；

（三）受理展出项目涉嫌假冒他人专利和冒充专利的举报，或者依职权查处展出项目中假冒他人专利和冒充专利的行为，依据专利法第五十八条和第五十九条的规定进行处罚。

第十七条　有下列情形之一的，地方知识产权局对侵犯专利权的投诉或者处理请求不予受理：

（一）投诉人或者请求人已经向人民法院提起专利侵权诉讼的；

（二）专利权正处于无效宣告请求程序之中的；

（三）专利权存在权属纠纷，正处于人民法院的审理程序或者管理专利工作的部门的调解程序之中的；

（四）专利权已经终止，专利权人正在办理权利恢复的。

第十八条　地方知识产权局在通知被投诉人或者被请求人时，可以即行调查取证，查阅、复制与案件有关的文件，询问当事人，采用拍照、摄像等方式进行现场勘验，也可以抽样取证。

地方知识产权局收集证据应当制作笔录，由承办人员、被调查取证的当事人签名盖章。被调查取证的当事人拒绝签名盖章的，应当在笔录上注明原因；有其他人在现场的，也可同时由其他人签名。

第四章　展会期间商标保护

第十九条　展会投诉机构需要地方工商行政管理部门协助的，地方工商行政管理部门应当积极配合，参与展会知识产权保护工作。地方工商行政管理部门在展会期间的工作可以包括：

（一）接受展会投诉机构移交的关于涉嫌侵犯商标权的投诉，依照商标法律法规的有关规定进行处理；

（二）受理符合商标法第五十二条规定的侵犯商标专用权的投诉；

（三）依职权查处商标违法案件。

第二十条　有下列情形之一的，地方工商行政管理部门对侵犯商标专用权的投诉或者处理请求不予受理：

（一）投诉人或者请求人已经向人民法院提起商标侵权诉讼的；

（二）商标权已经无效或者被撤销的。

第二十一条　地方工商行政管理部门决定受理后，可以根据商标法律法规等相关规定进行调查和处理。

第五章　展会期间著作权保护

第二十二条　展会投诉机构需要地方著作权行政管理部门协助的，地方著作权行政管理部门应当积极配合，参与展会知识产权保护工作。地方著作权行政管理部门在展会期间的工作可以包括：

（一）接受展会投诉机构移交的关于涉嫌侵犯著作权的投诉，依照著作权法律法规的有关规定进行处理；

（二）受理符合著作权法第四十七条规定的侵犯著作权的投诉，根据著作权法的有关规定进行处罚。

第二十三条　地方著作权行政管理部门在受理投诉或请求后，可以采取以下手段收集证据：

（一）查阅、复制与涉嫌侵权行为有关的文件档案、账簿和其他书面材料；

（二）对涉嫌侵权复制品进行抽样取证；

（三）对涉嫌侵权复制品进行登记保存。

第六章　法律责任

第二十四条　对涉嫌侵犯知识产权的投诉，地方知识产权行政管理部门认定侵权成立的，应会同会展管理部门依法对参展方进行处理。

第二十五条　对涉嫌侵犯发明或者实用新型专利权的处理请求，地方知识产权局认定侵权成立的，应当依据专利法第十一条第一款关于禁止许诺销售行为的规定以及专利法第五十七条关于责令侵权人立即停止侵权行为的规定作出处理决定，责令被请求人从展会上撤出侵权展品，销毁介绍侵权展品的宣传材料，更换介绍侵权项目的展板。

对涉嫌侵犯外观设计专利权的处理请求，被请求人在展会上销售其展品，地方知识产权局认定侵权成立的，应当依据专利法第十一条第二款关于禁止销售行为的规定以及第五十七条关于责令侵权人立即停止侵权行为的规定作出处理决定，责令被请求人从展会上撤出侵权展品。

第二十六条　在展会期间假冒他人专利或以非专利产品冒充专利产品，以非专利方法冒充专利方法的，地方知识产权局应当依据专利法第五十八条和第五十九条规定进行处罚。

第二十七条　对有关商标案件的处理请求，地方工商行政管理部门认定侵权成立的，应当根据《商标法》《商标法实施条例》等相关规定进行处罚。

第二十八条　对侵犯著作权及相关权利的处理请求，地方著作权行政管理部门认定侵权成立的，应当根据著作权法第四十七条的规定进行处罚，没收、销毁侵权展品及介绍侵权展品的宣传材料，更换介绍展出项目的展板。

第二十九条　经调查，被投诉或者被请求的展出项目已经由人民法院或者知识产权行政管理部门作出判定侵权成立的判决或者决定并发生法律效力的，地方知识产权行政管理部门可以直接作出第二十六条、第二十七条、第二十八条和第二十九条所述的处理决定。

第三十条　请求人除请求制止被请求人的侵权展出行为之外，还请求制止同一被请求人的其他侵犯知识产权行为的，地方知识产权行政管理部门对发生在其管辖地域之内的涉嫌侵权行为，可以依照相关知识产权法律法规以及规章的规定进行处理。

第三十一条　参展方侵权成立的，展会管理部门可依法对有关参展方予以公告；参展方连续两次以上侵权行为成立的，展会主办方应禁止有关参展方参加下一届展会。

第三十二条　主办方对展会知识产权保护不力的，展会管理部门应对主办方给予警告，并视情节依法对其再次举办相关展会的申请不予批准。

第七章　附　则

第三十三条　展会结束时案件尚未处理完毕的，案件的有关事实和证据可经展会主办方确认，由展会举办地知识产权行政管理部门在15个工作日内移交有管辖权的知识产权行政管理部门依法处理。

第三十四条　本办法中的知识产权行政管理部门是指专利、商标和版权行政管理部门；本办法中的展会管理部门是指展会的审批或者登记部门。

第三十五条　本办法自2006年3月1日起实施。

企业专利工作交流试行办法

第一条　为有序开展专利专业人员包括专利审查员、专利代理人、专利律师、其他相关资深专利专业人员等赴企业进行专利工作交流（以下简称"企业专利交流"），制定本办法。

第二条　企业专利交流的主要任务和目标包括：

（一）推动全国企事业知识产权试点示范工作的深入开展；

（二）适应全国企事业知识产权工作发展需要，为全国企事业知识产权试点示范单位以外的企业提供服务；

（三）促进专利审查工作与全国技术创新工作的有机结合，加强专利审查工作与企业专利申请的技术性沟通交流；

（四）配合国家知识产权战略的制定和实施，推动企业知识产权战略的制定和实施。

第三条　企业专利交流根据全国企业专利工作的需要有计划地组织开展。由国家知识产权局统筹，国家知识产权局与各省、自治区、直辖市知识产权局，计划单列市、新疆生产建设兵团、副省级城市知识产权局（以下简称"地方知识产权局"），相关行业部门，相关企事业单位等共同组织。

第四条　国家知识产权局建立"企业专利交流工作站"制度，依托企业专利交流工作站（以下简称"专利工作站"）有序组织企业专利交流。根据全国企业专利工作的需要，特别是全国企事业知识产权试点示范工作的需求，选择若干企业，设立以两年为周期的动态管理的专利工作站。专利工作站在国家知识产权局、各地方知识产权局的统一指导下，实施落实企业专利交流计划。专利工作站申报、认定和管理的具体办法另行制定。

第五条　各地方知识产权局以专利工作站为纽带组织本区域内的企业专利交流活动，指定专人负责专利工作站的管理工作（可兼职），按照国家知识产权局的要求，对专利工作站进行日常管理和联系。

国务院相关部委知识产权管理部门也可以参照本办法在本系统、本行业企业中运用专利工作站机制组织专利交流活动。

第六条　企业申报专利交流活动时，要结合本企业的技术创新等企业活动，对涉及需要专利交流的事项进行充分调研，在此基础上，拟定合理的专利交流活动申报计划。

设有专利工作站的企业申报专利交流活动时，应同时做好企业专利工作站的年度工作计划。专利工作站的年度工作计划除包括向国家知识产权局申报的专利交流活动之外，还可以包括自行开展的其他专利交流活动。

年度工作计划应于每年2月底前报所在区域地方知识产权局。

情况特殊的企业，如中央企业、跨区域的大型企业等也可以通过国务院主管部门或行业归口机构等向国家知识产权局申报专利交流活动计划，同时应向所在区域地方知识产权局备案。

第七条　各地方知识产权局应当把企业专利交流作为开展企业知识产权工作的重要内容之一，统一组织其行政区域内的企业、专利工作站申报企业专利交流活动计划。地方知识产权局将企业、专利工作站申报的企业专利交流活动计划汇总，形成当年度地方总体专利交流活动申报计划，于每年3月底前统一报国家知识产权局。

第八条　国家知识产权局在各地方知识产权局申报的基础上研究拟定当年度全国企业专利交流工作计划。按照统一计划和企业申报的要求确定各企业（专利工作站）具体交流活动方案，组织赴企业专利交流工作组，指定工作组负责人。

第九条　交流活动形式包括：

（一）单个企业单独与专利专业人员（工作组）进行交流；

（二）区域内相关企业共同与专利专业人员（工作组）进行交流；

（三）行业内相关企业共同与专利专业人员（工作组）进行交流；

（四）其他合适形式。

第十条　交流活动计划的具体实施应按照国家知识产权局的统一要求开展。具体组织专利交流活动时，由所在区域地方知识产权局组织活动方案的落实，指派专人负责，并委派人员随同国家知识产权局赴企业专利交流工作组参加企业专利交流活动。举办交流活动的企业、专利工作站按照确定的方案执行。

第十一条　专利交流活动结束后，具体组织实施交流活动的企业或专利工作站应对国家知识产权局赴企业交流工作组的交流活动状况进行评价，填写《企业专利交流工作组交流活动评价表》（另行制定），及时报国家知识产权局。

第十二条　地方知识产权局应对所在区域当年度的企业专利交流活动作出总结，于次年3月底前随同地方总体专利交流活动申报计划一并报国家知识产权局。

第十三条　国家知识产权局赴企业专利交流工作组成员在企业专利交流活动中，应当接受各地方知识产权局、企业或专利工作站的统一安排，遵守国家政策法规，自觉维护国家知识产权局的形象。

第十四条　地方知识产权局、相关部门、企业、专利工作站可根据实际情况，以推动企业知识产权工作为原则，不断创新和丰富专利交流活动的形式和内容，以求得专利交流活动的实效。

第十五条　通过国务院主管部门或行业归口机构等途径申报专利交流活动的企业，其开展专利交流活动的程序和要求参照上述规定办理。

第十六条　本办法由国家知识产权局解释。

第十七条　本办法自发布之日起施行。

二○○七年四月二十七日

专利代理人资格考试实施办法

国家知识产权局令　第四十七号

根据《中华人民共和国专利法》和《专利代理条例》，特制定《专利代理人资格考试实施办法》，现予发布，自2008年10月1日起施行。国家知识产权局令第三十六号公布的《专利代理人资格考试实施办法》同日废止。

局长　田力普
二○○八年八月二十五日

第一条　为了规范专利代理人资格考试工作，根据《中华人民共和国专利法》和《专利代理条例》，制定本办法。

第二条　专利代理人资格考试实行全国统一考试制度，每年举行一次考试。

第三条　专利代理人资格考试包括以下考试科目：

（一）专利法律知识；

（二）相关法律知识；

（三）专利代理实务。

专利代理人资格考试采取闭卷笔答方式。

第四条　国家知识产权局组织成立专利代理人考核委员会。考核委员会负责审定《专利代理人资格考试大纲》和确定专利代理人资格考试合格分数线，其成员由国家知识产权局、国务院有关部门、中华全国专利代理人协会的有关人员以及专利代理人的代表组成，主任由国家知识产权局局长担任。

专利代理人考核委员会办公室设在国家知识产权局，负责专利代理人资格考试的各项具体工作。

第五条　国家知识产权局每年应当在举行专利代理人资格考试六个月前以公告的形式公布考点城市、考试时间及证书发放等事项。

专利代理人资格考试由国家知识产权局统一命题，命题范围以《专利代理人资格考试大纲》为准。

第六条　各考点城市所在的省、自治区、直辖市知识产权局承办受理报名、审查报名人员资格、设置考场、组织考试、发放考试成绩单等项工作。

第七条　报名参加专利代理人资格考试的人员，应当符合《专利代理条例》第十五条规定的条件。

有下列情形之一的人员，不得参加专利代理人资格考试：

（一）因故意犯罪受过刑事处罚的；

（二）被吊销专利代理人资格的；

（三）属于本办法第十二条规定的被处以三年内不得报名参加专利代理人资格考试，且未满三年的。

第八条　举办专利代理人资格考试培训班的，不得强制要求考试报名人员参加培训，不得强制要求参加培训的人员购买其指定的教材或者其他考试资料。

第九条　参与专利代理人资格考试命题和组织管理工作的人员不得泄露考试试题及其他相关信息，并且不得参加考试。

命题人员不得从事与专利代理人资格考试有关的授课、答疑、辅导等活动。

第十条　国家知识产权局负责专利代理人资格考试的全国统一阅卷工作，并公布考试成绩。

第十一条　应试人员达到专利代理人资格考试合格分数线的，由国家知识产权局颁发《专利代理人资格证书》。

第十二条　应试人员有违纪行为的，视情节、后果给予警告、确认考试成绩无效、三年内不得报名参加专利代理人资格考试的处理；考试工作人员有违纪行为的，视情节、后果给予相应的处理，情节严重构成犯罪的，依法追究法律责任。

对应试人员和考试工作人员违纪行为的具体处理办法由国家知识产权局另行规定。

第十三条　专利代理人资格考试考务规则由国家知识产权局另行规定。

第十四条　本办法自2008年10月1日起施行，国家知识产权局令第三十六号发布的《专利代理人资格考试实施办法》同日废止。

专利代理人资格考试考务规则

国家知识产权局令（第四十八号）

根据《中华人民共和国专利法》和《专利代理条例》，特制定《专利代理人资格考试考务规则》，现予发布，自2008年10月1日起施行。国家知识产权局公告第九十九号发布的《专利代理人资格考试考务规则》同日废止。

局长　田力普

二〇〇八年八月二十五日

第一节　考 试 报 名

第一条　报名参加全国专利代理人资格考试的人员，应当选择适合其参加考试的考点之一，以现场报名、信函报名或者网上报名等方式，在规定的时间内向考点城市所在的省、自治区、直辖市知识产权局（以下简称考点知识产权局）报名。

第二条　报名人员应当提交下列材料，并缴纳相关费用：

（一）报名表及照片；

（二）有效身份证件复印件；

（三）学历证书复印件；

（四）工作证明原件。

现场报名的，应当在报名时出示有效身份证件和学历证书原件接受查验；信函报名或者网上报名的，应当在规定的时间内持有效身份证件和学历证书原件到其所选考点知识产权局接受查验。

报名人员可以从国家知识产权局政府网站下载报名表。

第三条　各考点知识产权局应当及时将报名人员的报名表原件及有关信息数据上报专利代理人考核委员会办公室（以下简称考核委员会办公室）。

第四条　准考证由考核委员会办公室统一编号制作。

各考点知识产权局应当对符合相关规定的报名人员发给准考证，并将本规则中要求应试人员了解的事项通知该报名人员。

第二节　考场设置与考场人员配备

第五条　各考点知识产权局应当按照集中、便利的原则设置考场。

设置考场应当符合下列要求：

（一）每个考场的应试人员人数为30名，余数不足30名的单设一个考场；

（二）每位应试人员一个桌位，应试人员横向之间应当有一个桌位以上的间隔；

（三）每个桌位的右上角应当粘贴应试人员姓名及准考证号码；

（四）考场周围环境应当安全、安静，不得使用阶梯教室作为考场。

第六条　各考点应当设总监考人一名，由考点知识产权局局长或者副局长担任，总体负责该考点的监考工作；每个考场应当设男女监考人员各一名，负责该考场的具体监考工作。

总监考人应当至迟于考试前一天召集由全体监考人员和巡考人员参加的监考职责说明会。

第七条　各考点知识产权局应当根据需要安排、配备保卫和医务人员，协助维护考试秩序，提供医疗救助服务。

第八条　各考点知识产权局应当在考场附近设置考务办公室，作为处理有关事务的场所。

第三节　试卷运送和保管

第九条　考试试卷和答题卡由考核委员会办公室委托有关部门运送至各考点，具体事宜和保密义务由双方约定。

第十条　各考点知识产权局应当配备专门的保密室及保险柜，用于存放考试试卷和答题卡，并配备封条及运送试卷的专用车辆。

保密室应当具有防水、防火、防盗等安全措施，并实施二十四小时监控。存放了试卷和答题卡的保险柜应当加贴封条。

存放试卷的保密室距离考场较远，需要将试卷或者答题卡临时存放在考务办公室的，应当在考务办公室配备保险柜并加强相关保卫工作。

第十一条　各考点知识产权局应当指定两名或者两名以上试卷保管人员专门负责试卷保管工作。

保密室和保险柜钥匙应当由不同的试卷保管人员分别保管。

第十二条　从保险柜存取试卷、答题卡，应当由两名或者两名以上试卷保管人员操作，巡考人员应当在场。

存取试卷、答题卡应当由试卷保管人员详细填写考核委员会办公室统一制作的试卷、答题卡存取记录单并签字，由巡考人员予以签字确认。

第十三条　启用前的试卷和答题卡、密封后的有效答题卡，任何人不得以任何理由擅自拆封。

第十四条　试卷运送、保管过程中发生泄密或者其他意外事故的，应当立即采取有效措施防止扩散，并及时报告考核委员会办公室处理。

第四节　考场规则

第十五条　每科考试开始前20分钟，应试人员应当凭准考证和有效身份证件进入考场，按准考证号码对号入座，并将准考证和有效身份证件放在考桌右上角，以便监考人员查验。

第十六条　应试人员迟到30分钟以上的，不得进入考场。考试开始30分钟后，应试人员方可交卷出场。

第十七条　应试人员不得携带下列物品进入考场：

（一）任何书籍、期刊、笔记以及带有文字的纸张；

（二）任何具有通讯、存储、录放等功能的电子产品。

应试人员携带前款所述物品的，应当在各科考试开始前交由监考人员代为保管。

第十八条　应试人员应当用笔正确，在规定时间内按照要求在答题卡上填写姓名和填写、填涂准考证号码，必要时粘贴条形码；答题时应当填涂到位、字迹清晰。

因应试人员未按规定填写姓名、填涂准考证号码或者未粘贴条形码导致身份无法确认的，其试卷无效；因应试人员损坏答题卡、填涂不到位或者书写字迹不清等原因导致试卷无法评阅或者影响考试成绩的，责任由应试人员自行承担。

第十九条　应试人员发现试卷印制有误或者不清晰的，可以向监考人员反映，但不得要求监考人员解释试题。

第二十条　应试人员应当严格遵守考场规则，保持考场肃静，不得相互交谈、随意站立或者随意走动，不得查看或者窥视他人答题卡，不得传递答题卡或者与考试内容相关的任何信息，不得在考场内吸烟。

第二十一条　应试人员提前答完试卷的，可以在座位上举手示意，待监考人员收卷后离开考场。

考试结束时间一到，应试人员应当立刻停止答卷，并将答题卡翻放在桌面上，离开考场。

应试人员不得将试卷或者答题卡带出考场，交卷后不得在考场及附近逗留喧哗。

第五节　监　考

第二十二条　监考人员应当在总监考人的指挥下，明确岗位，按照分工完成下列工作：

（一）每科考试开始前25分钟，各考场两名监考人员一同到保密室或者考务办公室领取试卷和答题卡。

（二）考试开始前10分钟宣布考场规则，当众启封答题卡封装袋并向应试人员分发，要求应试人员及时在答题卡上填写姓名和填写、填涂准考证号码或者粘贴条形码。

（三）每科考试开始前3分钟，当众启封试卷封装袋，核对无误后向应试人员分发试卷。

（四）逐个核对应试人员与其持有的身份证件、准考证上的照片是否相符；核对应试人员准考证号码与座位上粘贴的号码是否一致；检查应试人员在答题卡上填写的姓名、填涂的准考证号码或者粘贴的条形码是否与其姓名、准考证号码一致。

（五）在考试期间维持考场秩序，保证考试的正常进行。

（六）考试结束前15分钟向应试人员发出时间提示。考试结束时间一到，要求应试人员立刻停止答卷并将答题卡翻放在考桌上离开考场。

（七）如实填写考场记录单，写明考场秩序状况、缺考人员准考证号、应试人员的违纪行为以及处理经过等详细情况。考场记录单应当填写一式两份，一份与所在考场的有效答题卡一同放入答题卡封装袋中封装，另一份交由巡考人员带回交给考核委员会办公室。

（八）每科考试结束后，按照所在考场的应试人员人数清点答题卡，将清点后的答题卡按考号顺序排序并封装。封装时应当在答题卡封装袋开口处加贴密封签、加盖骑缝章，并在答题卡封装袋正面写明考点城市、考场编号、有效答题卡数量，签名后交由试卷保管人员存入保险柜。

（九）每科考试结束后，清理考场并对考场进行封闭，考场钥匙由监考人员专管。

第二十三条　监考人员进入考场应当佩戴统一制发的监考标志。

第二十四条　监考人员发现应试人员临场生病的，应当联系考点配备的医务人员进行必要的治疗；对不能坚持考试的，应当说服其终止考试。

第二十五条　监考人员应当恪尽职守，对试题内容不得作任何解释或暗示；不得在考场内吸烟、阅读书报、闲谈、接打电话或者做其他与监考无关的事情。

第六节　巡　考

第二十六条　国家知识产权局向各考点委派巡考人员。巡考人员应当参加考点知识产权局在考试前召开的监考职责说明会。

第二十七条　巡考人员应当在试卷到达之前检查各考点试卷存放处是否符合本规则第十条的规定、查看考场设置和监考人员配备是否符合本规则第二节的规定；发现不符合规定的，应当及时向考点知识产权局指出，共同研究补救措施，必要时向考核委员会办公室汇报。

第二十八条　巡考人员应当全程参加试卷和答题卡的接收、存取、运送、分发、销毁等项工作；发现问题的，应当及时向考点知识产权局指出，共同研究补救措施，必要时向考核委员会办公室汇报。

第二十九条　在考试过程中，巡考人员应当对各个考场进行巡视，查看各考场秩序是否正常。

第三十条　在全部科目的考试结束之后，巡考人员应当及时安全运送有效答题卡返回，交至考核委员会办公室指定的保密室。

第七节　阅　卷

第三十一条　全国专利代理人资格考试统一阅卷的组织协调工作由考核委员会办公室承担。

第三十二条　专利法律知识与相关法律知识科目采取机读阅卷方式；专利代理实务科目采取无纸化人工阅卷方式。

第三十三条　考核委员会办公室在考试结束后公布专利法律知识和相关法律知识科目的试题及其参考答案；公众可以自公布之日起一周内对参考答案提出意见。

第三十四条　考核委员会办公室拆封答题卡封装袋、机读阅卷、扫描答题卡时，应当由两名以上工作人员在指定地点共同完成。

第三十五条　国家知识产权局相关部门参加专利代理实务科目的评阅工作，由相关专家组成阅卷领导小组制定专利代理实务科目评分标准，阅卷人员应当根据评分标准认真阅卷。

第三十六条　阅卷人员应当严格遵守纪律，不得将答题卡带出阅卷地点，不得损坏或者丢失答题卡，不得外传与阅卷有关的信息。发现答题卡有异常情况的，应当及时报告考核委员会办公室，不得擅自处理。

第三十七条　考试成绩公布前，任何人不得擅自泄露分数情况。

第八节　成绩公布与复查

第三十八条　阅卷工作结束后，考核委员会办公室以公告形式说明成绩公布日期、成绩单获取途径和成绩查询方式等事项。

第三十九条　应试人员认为其考试成绩有明显异常的，可以自考试成绩公布之日起十五日内向考核委员会办公室提出书面复查申请；逾期提出的复查申请不予受理。

考试成绩复查仅限于重新核对答题卡各题得分之和相加是否有误。应试人员不得亲自查阅其答题卡。

第四十条　考核委员会办公室应当指定两名以上工作人员共同完成复查工作。

复查结果由考核委员会办公室书面通知提出复查请求的应试人员。

第四十一条　复查发现分数确有错误需要予以更正的，经考核委员会办公室负责人审核同意并签名，报考核委员会主任批准后，方可更正分数。

更正分数的答题卡及相应复查文件一并留存两年，用以备查。

第四十二条　除本规则第四十一条所述情形外，考试成绩公布半年后，经考核委员会办公室负责人批准，可以将答题卡销毁。

第九节　附　则

第四十三条　本规则自2008年10月1日起施行，国家知识产权局公告第九十九号发布的《专利代理人资格考试考务规则》同日废止。

专利代理人资格考试违纪行为处理办法

国家知识产权局令
第四十九号

根据《专利代理条例》和《专利代理人资格考试实施办法》的有关规定，特制定《专利代理人资格考试违纪行为处理办法》，经局务会议审议通过，现予发布，自2008年11月1日起施行。

局长　田力普
二〇〇八年九月二十六日

第一条　为加强对全国专利代理人资格考试的管理，严肃考试纪律，保证考试顺利实施，根据《专利代理条例》和《专利代理人资格考试实施办法》的有关规定，制定本办法。

第二条　本办法适用于全国专利代理人资格考试应试人员和工作人员。

第三条　国家知识产权局和考点所在地的省、自治区、直辖市知识产权局（以下简称考点知识产权局）依据本办法对应试人员和工作人员的违纪行为进行处理。

第四条　处理违纪行为，应当事实清楚、证据确凿，程序规范，适用规定准确。

第五条　应试人员有下列情形之一，由所在考场的监考人员给予其口头警告，并责令其改正；经警告仍不改正的，监考人员应当报总监考人，由总监考人决定给予其责令离开考场的处理：

（一）随身携带书籍、资料、笔记、报纸等带有文字的纸张或者具有通讯、存储、录放等功能的电子产品进入考场的；

（二）未按规定在考试开始30分钟内填写姓名、填涂准考证号码或者粘贴条形码的；

（三）考试期间相互交谈、随意站立或者随意走动的；

（四）在考场内喧哗、吸烟或者有其他影响考场秩序行为的；

（五）未在本人应坐位置答题的；

（六）有其他类似违纪行为的。

第六条　应试人员有下列情形之一，所在考场的监考人员应当报总监考人，由总监考人决定给予其责令离开考场以及本场考试成绩无效的处理：

（一）夹带或者查看与考试有关资料的；

（二）使用具有通讯、存储、录放等功能的电子产品的；

（三）抄袭他人答案或者同意、默许、帮助他人抄袭的；

（四）以口头、书面或者肢体语言等方式传递答题信息的；

（五）协助他人作弊的；

（六）将试卷或者答题卡带出考场的；

（七）有其他类似较为严重的违纪行为的。

第七条　应试人员有下列情形之一，所在考场的监考人员应当报总监考人，由总监考人决定给予其责令离开考场的处理，并报考点知识产权局决定给予其当年考试成绩无效的处理：

（一）与其他考场应试人员或者考场外人员串通作弊的；

（二）以打架斗殴等方式严重扰乱考场秩序的；

（三）以威胁、侮辱、殴打等方式妨碍考试工作人员履行职责的；

（四）有其他类似严重违纪行为的。

有本条前款第（二）项、第（三）项所列行为，违反《治安管理处罚法》的，移交公安机关处理。

第八条　应试人员有下列情形之一，由国家知识产权局决定给予其当年考试成绩无效、三年不得报名参加专利代理人资格考试的处理：

（一）由他人冒名代替或者代替他人参加考试的；

（二）参与有组织作弊情节严重的；

（三）有其他类似特别严重违纪行为的。

当场发现本条前款所列行为的，由所在考点总监考人决定给予其责令离开考场的处理，并报国家知识产权局决定给予前款所述的处理。

第九条　通过提供虚假证明材料或者以其他违法手段获得准考证并参加考试的，由国家知识产权局决定给予其当年考试成绩无效的处理；已经取得专利代理人资格证的，由国家知识产权局给予确认资格证无效的处理。

第十条　考试工作人员在考试过程中发现应试人员有本办法所列违纪行为的，应当在考场记录单中写明违纪行为的具体情况和采取的处理措施，由两名以上（含两名）监考人员和总监考人签字。

对应试人员用于作弊的材料、工具等，应当及时采取必要措施保全证据，并填写清单。

第十一条　考试工作人员有下列情形之一的，国家知识产权局或者考点知识产权局应当停止其继续参加考试工作，视情况给予行政处分或者建议其所在单位给予相应处理；构成犯罪的，依法追究刑事责任：

（一）违反相关规定擅自参加考试的；

（二）命题人员从事与专利代理人资格考试有关的授课、答疑、辅导等活动的；

（三）发现报名人员有提供虚假证明或者证件等行为而隐瞒不报的；

（四）擅自为应试人员调换座位及考场的；

（五）考试期间擅自将试卷带出或者传出考场的；

（六）纵容、包庇应试人员作弊的；

（七）提示或者暗示应试人员试题答案的；

（八）在接送试卷、保管试卷、巡考、监考、阅卷等环节丢失、严重损毁试卷或者答题卡的；

（九）外传、截留、窃取、擅自开拆未开试卷或者已密封答题卡的；

（十）泄露试题内容的；

（十一）偷换、涂改答题卡或者私自变更考试成绩的；

（十二）组织或者参与考试作弊的；

（十三）利用考试工作便利索贿、受贿或者谋取其他私利的；

（十四）对应试人员进行挟私报复或者故意诬陷的；

（十五）未按规定履行职责或者有其他违纪行为的。

第十二条　国家知识产权局或者考点知识产权局根据本办法对应试人员给予本场考试成绩无效、当年考试成绩无效、三年不得报名参加专利代理人资格考试、确认专利代理人资格证无效的处理或者对考试工作人员违纪行为进行处理的，应当以书面方式作出违纪处理决定，并将有关证据材料存档备查。

第十三条　对于应试人员或者考试工作人员因违纪行为受到处理的有关情况，国家知识产权局或者考点知识产权局认为必要时可以通报其所在单位。

第十四条　应试人员对违纪处理决定不服的，可以依法申请行政复议或者提起行政诉讼。

第十五条　本办法自2008年11月1日起施行。

专利权质押登记办法

国家知识产权局令

第五十六号

《专利权质押登记办法》已经局务会议审议通过，现予公布，自2010年10月1日起施行。

局长　田力普

二〇一〇年八月二十六日

第一条　为了促进专利权的运用和资金融通，保障债权的实现，规范专利权质押登记，根据《中华人民共和国物权法》《中华人民共和国担保法》《中华人民共和国专利法》及有关规定，制定本办法。

第二条　国家知识产权局负责专利权质押登记工作。

第三条　以专利权出质的，出质人与质权人应当订立书面质押合同。

质押合同可以是单独订立的合同，也可以是主合同中的担保条款。

第四条　以共有的专利权出质的，除全体共有人另有约定的以外，应当取得其他共有人的同意。

第五条　在中国没有经常居所或者营业所的外国人、外国企业或者外国其他组织办理专利权质押登记手续的，应当委托依法设立的专利代理机构办理。

中国单位或者个人办理专利权质押登记手续的，可以委托依法设立的专利代理机构办理。

第六条　当事人可以通过邮寄、直接送交等方式办理专利权质押登记相关手续。

第七条　申请专利权质押登记的，当事人应当向国家知识产权局提交下列文件：

（一）出质人和质权人共同签字或者盖章的专利权质押登记申请表；

（二）专利权质押合同；

（三）双方当事人的身份证明；

（四）委托代理的，注明委托权限的委托书；

（五）其他需要提供的材料。

专利权经过资产评估的，当事人还应当提交资产评估报告。

除身份证明外，当事人提交的其他各种文件应当使用中文。身份证明是外文的，当事人应当附送中文译文；未附送的，视为未提交。

对于本条第一款和第二款规定的文件，当事人可以提交电子扫描件。

第八条　国家知识产权局收到当事人提交的质押登记申请文件后，应当通知申请人。

第九条　当事人提交的专利权质押合同应当包括以下与质押登记相关的内容：

（一）当事人的姓名或者名称、地址；

（二）被担保债权的种类和数额；

（三）债务人履行债务的期限；

（四）专利权项数以及每项专利权的名称、专利号、申请日、授权公告日；

（五）质押担保的范围。

第十条　除本办法第九条规定的事项外，当事人可以在专利权质押合同中约定下列事项：

（一）质押期间专利权年费的缴纳；

（二）质押期间专利权的转让、实施许可；

（三）质押期间专利权被宣告无效或者专利权归属发生变更时的处理；

（四）实现质权时，相关技术资料的交付。

第十一条　国家知识产权局自收到专利权质押登记申请文件之日起7个工作日内进行审查并决定是否予以登记。

第十二条　专利权质押登记申请经审查合格的，国家知识产权局在专利登记簿上予以登记，并向当事人发送《专利权质押登记通知书》。质权自国家知识产权局登记时设立。

经审查发现有下列情形之一的，国家知识产权局作出不予登记的决定，并向当事人发送《专利权质押不予登记通知书》：

（一）出质人与专利登记簿记载的专利权人不一致的；

（二）专利权已终止或者已被宣告无效的；

（三）专利申请尚未被授予专利权的；

（四）专利权处于年费缴纳滞纳期的；

（五）专利权已被启动无效宣告程序的；

（六）因专利权的归属发生纠纷或者人民法院裁定对专利权采取保全措施，专利权的质押手续被暂停办理的；

（七）债务人履行债务的期限超过专利权有效期的；

（八）质押合同约定在债务履行期届满质权人未受清偿时，专利权归质权人所有的；

（九）质押合同不符合本办法第九条规定的；

（十）以共有专利权出质但未取得全体共有人同意的；

（十一）专利权已被申请质押登记且处于质押期间的；

（十二）其他应当不予登记的情形。

第十三条　专利权质押期间，国家知识产权局发现质押登记存在本办法第十二条第二款所列情形并且尚未消除的，或者发现其他应当撤销专利权质押登记的情形的，应当撤销专利权质押登记，并向当事人发出《专利权质押登记撤销通知书》。

专利权质押登记被撤销的，质押登记的效力自始无效。

第十四条　国家知识产权局在专利公报上公告专利权质押登记的下列内容：出质人、质权人、主分类号、专利号、授权公告日、质押登记日等。

专利权质押登记后变更、注销的，国家知识产权局予以登记和公告。

第十五条　专利权质押期间，出质人未提交质权人同意其放弃该专利权的证明材料的，国家知识产权局不予办理专利权放弃手续。

第十六条　专利权质押期间，出质人未提交质权人同意转让或者许可实施该专利权的证明材料的，国家知识产权局不予办理专利权转让登记手续或者专利实施合同备案手续。

出质人转让或者许可他人实施出质的专利权的，出质人所得的转让费、许可费应当向质权人提前清偿债务或者提存。

第十七条　专利权质押期间，当事人的姓名或者名称、地址、被担保的主债权种类及数额或者质押担保的范围发生变更的，当事人应当自变更之日起30日内持变更协议、原《专利权质押登记通知书》和其他有关文件，向国家知识产权局办理专利权质押登记变更手续。

第十八条　有下列情形之一的，当事人应当持《专利权质押登记通知书》以及相关证明文件，向国家知识产权局办理质押登记注销手续：

（一）债务人按期履行债务或者出质人提前清偿所担保的债务的；

（二）质权已经实现的；

（三）质权人放弃质权的；

（四）因主合同无效、被撤销致使质押合同无效、被撤销的；

（五）法律规定质权消灭的其他情形。

国家知识产权局收到注销登记申请后，经审核，向当事人发出《专利权质押登记注销通知书》。专利权质押登记的效力自注销之日起终止。

第十九条　专利权在质押期间被宣告无效或者终止的，国家知识产权局应当通知质权人。

第二十条　专利权人没有按照规定缴纳已经质押的专利权的年费的，国家知识产权局应当在向专利权人发出缴费通知书的同时通知质权人。

第二十一条　本办法由国家知识产权局负责解释。

第二十二条　本办法自2010年10月1日起施行。1996年9月19日中华人民共和国专利局令第八号发布的《专利权质押合同登记管理暂行办法》同时废止。

关于专利电子申请的规定

国家知识产权局令

第五十七号

《关于专利电子申请的规定》已经局务会议审议通过，现予公布，自2010年10月1日起施行。

局长　田力普

二〇一〇年八月二十六日

第一条　为了规范与通过互联网传输并以电子文件形式提出的专利申请(以下简称专利电子申请)有关的程序和要求,方便申请人提交专利申请,提高专利审批效率,推进电子政务建设,依照《中华人民共和国专利法实施细则》(以下简称专利法实施细则)第二条和第十五条第二款,制定本规定。

第二条　提出专利电子申请的,应当事先与国家知识产权局签订《专利电子申请系统用户注册协议》(以下简称用户协议)。

开办专利电子申请代理业务的专利代理机构,应当以该专利代理机构名义与国家知识产权局签订用户协议。

申请人委托已与国家知识产权局签订用户协议的专利代理机构办理专利电子申请业务的,无须另行与国家知识产权局签订用户协议。

第三条　申请人有两人以上且未委托专利代理机构的,以提交电子申请的申请人为代表人。

第四条　发明、实用新型和外观设计专利申请均可以采用电子文件形式提出。

依照专利法实施细则第一百零一条第二款的规定进入中国国家阶段的专利申请,可以采用电子文件形式提交。

依照专利法实施细则第一百零一条第一款的规定向国家知识产权局提出专利国际申请的,不适用本规定。

第五条　申请专利的发明创造涉及国家安全或者重大利益需要保密的,应当以纸件形式提出专利申请。

申请人以电子文件形式提出专利申请后,国家知识产权局认为该专利申请需要保密的,应当将该专利申请转为纸件形式继续审查并通知申请人。申请人在后续程序中应当以纸件形式递交各种文件。

依照专利法实施细则第八条第二款第(一)项直接向外国申请专利或者向有关国外机构提交专利国际申请的,申请人向国家知识产权局提出的保密审查请求和技术方案应当以纸件形式提出。

第六条　提交专利电子申请和相关文件的,应当遵守规定的文件格式、数据标准、操作规范和传输方式。专利电子申请和相关文件未能被国家知识产权局专利电子申请系统正常接收的,视为未提交。

第七条　申请人办理专利电子申请各种手续的,应当以电子文件形式提交相关文件。除另有规定外,国家知识产权局不接受申请人以纸件形式提交的相关文件。不符合本款规定的,相关文件视为未提交。

以纸件形式提出专利申请并被受理后,除涉及国家安全或者重大利益需要保密的专利申请外,申请人可以请求将纸件申请转为专利电子申请。

特殊情形下需要将专利电子申请转为纸件申请的,申请人应当提出请求,经国家知识产权局审批并办理相关手续后可以转为纸件申请。

第八条　申请人办理专利电子申请的各种手续的,对专利法及其实施细则或者专利审查指南中规定的应当以原件形式提交的相关文件,申请人可以提交原件的电子扫描文件。国家知识产权局认为必要时,可以要求申请人在指定期限内提交原件。

申请人在提出专利电子申请时请求减缴或者缓缴专利法实施细则规定的各种费用需要提交有关证明文件的,应当在提出专利申请时提交证明文件原件的电子扫描文件。未提交电子扫描文件的,视为未提交有关证明文件。

第九条　采用电子文件形式向国家知识产权局提交的各种文件,以国家知识产权局专利电子申请系统收到电子文件之日为递交日。

对于专利电子申请,国家知识产权局以电子文件形式向申请人发出的各种通知书、决定或者其他文件,自文件发出之日起满15日,推定为申请人收到文件之日。

第十条　专利法及其实施细则和专利审查指南中关于专利申请和相关文件的所有规定,除专门针对以纸件形式提交的专利申请和相关文件的规定之外,均适用于专利电子申请。

第十一条　本规定由国家知识产权局负责解释。

第十二条　本规定自2010年10月1日起施行。2004年2月12日国家知识产权局令第三十五号发布的《关于电子专利申请的规定》同时废止。

专利实施许可合同备案办法

国家知识产权局令

第六十二号

《专利实施许可合同备案办法》已经局务会议审议通过，现予公布，自2011年8月1日起施行。

局长　田力普

二〇一一年六月二十七日

第一条　为了切实保护专利权，规范专利实施许可行为，促进专利权的运用，根据《中华人民共和国专利法》《中华人民共和国合同法》和相关法律法规，制定本办法。

第二条　国家知识产权局负责全国专利实施许可合同的备案工作。

第三条　专利实施许可的许可人应当是合法的专利权人或者其他权利人。

以共有的专利权订立专利实施许可合同的，除全体共有人另有约定或者《中华人民共和国专利法》另有规定的外，应当取得其他共有人的同意。

第四条　申请备案的专利实施许可合同应当以书面形式订立。

订立专利实施许可合同可以使用国家知识产权局统一制定的合同范本；采用其他合同文本的，应当符合《中华人民共和国合同法》的规定。

第五条　当事人应当自专利实施许可合同生效之日起3个月内办理备案手续。

第六条　在中国没有经常居所或者营业所的外国人、外国企业或者外国其他组织办理备案相关手续的，应当委托依法设立的专利代理机构办理。

中国单位或者个人办理备案相关手续的，可以委托依法设立的专利代理机构办理。

第七条　当事人可以通过邮寄、直接送交或者国家知识产权局规定的其他方式办理专利实施许可合同备案相关手续。

第八条　申请专利实施许可合同备案的，应当提交下列文件：

（一）许可人或者其委托的专利代理机构签字或者盖章的专利实施许可合同备案申请表；

（二）专利实施许可合同；

（三）双方当事人的身份证明；

（四）委托专利代理机构的，注明委托权限的委托书；

（五）其他需要提供的材料。

第九条　当事人提交的专利实施许可合同应当包括以下内容：

（一）当事人的姓名或者名称、地址；

（二）专利权项数以及每项专利权的名称、专利号、申请日、授权公告日；

（三）实施许可的种类和期限。

第十条　除身份证明外，当事人提交的其他各种文件应当使用中文。身份证明是外文的，当事人应当附送中文译文；未附送的，视为未提交。

第十一条　国家知识产权局自收到备案申请之日起7个工作日内进行审查并决定是否予以备案。

第十二条　备案申请经审查合格的，国家知识产权局应当向当事人出具《专利实施许可合同备案证明》。

备案申请有下列情形之一的，不予备案，并向当事人发送《专利实施许可合同不予备案通知书》：

（一）专利权已经终止或者被宣告无效的；

（二）许可人不是专利登记簿记载的专利权人或者有权授予许可的其他权利人的；

（三）专利实施许可合同不符合本办法第九条规定的；

（四）实施许可的期限超过专利权有效期的；

（五）共有专利权人违反法律规定或者约定订立专利实施许可合同的；

（六）专利权处于年费缴纳滞纳期的；

（七）因专利权的归属发生纠纷或者人民法院裁定对专利权采取保全措施，专利权的有关程序被中止的；

（八）同一专利实施许可合同重复申请备案的；

（九）专利权被质押的，但经质权人同意的除外；

（十）与已经备案的专利实施许可合同冲突的；

（十一）其他不应当予以备案的情形。

第十三条　专利实施许可合同备案后，国家知识产权局发现备案申请存在本办法第十二条第二款所列情形并且尚未消除的，应当撤销专利实施许可合同备案，并向当事人发出《撤销专利实施许可合同备案通知书》。

第十四条　专利实施许可合同备案的有关内容由国家知识产权局在专利登记簿上登记，并在专利公报上公告以下内容：许可人、被许可人、主分类号、专利号、申请日、授权公告日、实施许可的种类和期限、备案日期。

专利实施许可合同备案后变更、注销以及撤销的，国家知识产权局予以相应登记和公告。

第十五条　国家知识产权局建立专利实施许可合同备案数据库。公众可以查询专利实施许可合同备案的法律状态。

第十六条　当事人延长实施许可的期限的，应当在原实施许可的期限届满前2个月内，持变更协议、备案证明和其他有关文件向国家知识产权局办理备案变更手续。

变更专利实施许可合同其他内容的，参照前款规定办理。

第十七条　实施许可的期限届满或者提前解除专利实施许可合同的，当事人应当在期限届满或者订立解除协议后30日内持备案证明、解除协议和其他有关文件向国家知识产权局办理备案注销手续。

第十八条　经备案的专利实施许可合同涉及的专利权被宣告无效或者在期限届满前终止的，当事人应当及时办理备案注销手续。

第十九条　经备案的专利实施许可合同的种类、期限、许可使用费计算方法或者数额等，可以作为管理专利工作的部门对侵权赔偿数额进行调解的参照。

第二十条　当事人以专利申请实施许可合同申请备案的，参照本办法执行。

申请备案时，专利申请被驳回、撤回或者视为撤回的，不予备案。

第二十一条　当事人以专利申请实施许可合同申请备案的，专利申请被批准授予专利权后，当事人应当及时将专利申请实施许可合同名称及有关条款作相应变更；专利申请被驳回、撤回或者视为撤回的，当事人应当及时办理备案注销手续。

第二十二条　本办法自2011年8月1日起施行。2001年12月17日国家知识产权局令第十八号发布的《专利实施许可合同备案管理办法》同时废止。

专利实施强制许可办法

国家知识产权局令

第六十四号

《专利实施强制许可办法》已经局务会议审议通过，现予公布，自2012年5月1日起施行。

局长 田力普

二〇一二年三月十五日

第一章 总 则

第一条 为了规范实施发明专利或者实用新型专利的强制许可（以下简称强制许可）的给予、费用裁决和终止程序，根据《中华人民共和国专利法》（以下简称专利法）、《中华人民共和国专利法实施细则》及有关法律法规，制定本办法。

第二条 国家知识产权局负责受理和审查强制许可请求、强制许可使用费裁决请求和终止强制许可请求并作出决定。

第三条 请求给予强制许可、请求裁决强制许可使用费和请求终止强制许可，应当使用中文以书面形式办理。

依照本办法提交的各种证件、证明文件是外文的，国家知识产权局认为必要时，可以要求当事人在指定期限内附送中文译文；期满未附送的，视为未提交该证件、证明文件。

第四条 在中国没有经常居所或者营业所的外国人、外国企业或者外国其他组织办理强制许可事务的，应当委托依法设立的专利代理机构办理。

当事人委托专利代理机构办理强制许可事务的，应当提交委托书，写明委托权限。一方当事人有两个以上且未委托专利代理机构的，除另有声明外，以提交的书面文件中指明的第一当事人为该方代表人。

第二章 强制许可请求的提出与受理

第五条 专利权人自专利权被授予之日起满3年，且自提出专利申请之日起满4年，无正当理由未实施或者未充分实施其专利的，具备实施条件的单位或者个人可以根据专利法第四十八条第一项的规定，请求给予强制许可。

专利权人行使专利权的行为被依法认定为垄断行为的，为消除或者减少该行为对竞争产生的不利影响，具备实施条件的单位或者个人可以根据专利法第四十八条第二项的规定，请求给予强制许可。

第六条 在国家出现紧急状态或者非常情况时，或者为了公共利益的目的，国务院有关主管部门可以根据专利法第四十九条的规定，建议国家知识产权局给予其指定的具备实施条件的单位强制许可。

第七条 为了公共健康目的，具备实施条件的单位可以根据专利法第五十条的规定，请求给予制造取得专利权的药品并将其出口到下列国家或者地区的强制许可：

（一）最不发达国家或者地区；

（二）依照有关国际条约通知世界贸易组织表明希望作为进口方的该组织的发达成员或者发展中成员。

第八条 一项取得专利权的发明或者实用新型比前已经取得专利权的发明或者实用新型具有显著经济意义的重大技术进步，其实施又有赖于前一发明或者实用新型的实施的，该专利权人可以根据专利法第五十一条的规定请求给予实施前一专利的强制许可。国家知识产权局给予实施前一专利的强制许可的，前一专利权人也可以请求给予实施后一专利的强制许可。

第九条　请求给予强制许可的，应当提交强制许可请求书，写明下列各项：

（一）请求人的姓名或者名称、地址、邮政编码、联系人及电话；

（二）请求人的国籍或者注册的国家或者地区；

（三）请求给予强制许可的发明专利或者实用新型专利的名称、专利号、申请日、授权公告日，以及专利权人的姓名或者名称；

（四）请求给予强制许可的理由和事实、期限；

（五）请求人委托专利代理机构的，受托机构的名称、机构代码以及该机构指定的代理人的姓名、执业证号码、联系电话；

（六）请求人的签字或者盖章；委托专利代理机构的，还应当有该机构的盖章；

（七）附加文件清单；

（八）其他需要注明的事项。

请求书及其附加文件应当一式两份。

第十条　强制许可请求涉及两个或者两个以上的专利权人的，请求人应当按专利权人的数量提交请求书及其附加文件副本。

第十一条　根据专利法第四十八条第一项或者第五十一条的规定请求给予强制许可的，请求人应当提供证据，证明其以合理的条件请求专利权人许可其实施专利，但未能在合理的时间内获得许可。

根据专利法第四十八条第二项的规定请求给予强制许可的，请求人应当提交已经生效的司法机关或者反垄断执法机构依法将专利权人行使专利权的行为认定为垄断行为的判决或者决定。

第十二条　国务院有关主管部门根据专利法第四十九条建议给予强制许可的，应当指明下列各项：

（一）国家出现紧急状态或者非常情况，或者为了公共利益目的需要给予强制许可；

（二）建议给予强制许可的发明专利或者实用新型专利的名称、专利号、申请日、授权公告日，以及专利权人的姓名或者名称；

（三）建议给予强制许可的期限；

（四）指定的具备实施条件的单位名称、地址、邮政编码、联系人及电话；

（五）其他需要注明的事项。

第十三条　根据专利法第五十条的规定请求给予强制许可的，请求人应当提供进口方及其所需药品和给予强制许可的有关信息。

第十四条　强制许可请求有下列情形之一的，不予受理并通知请求人：

（一）请求给予强制许可的发明专利或者实用新型专利的专利号不明确或者难以确定；

（二）请求文件未使用中文；

（三）明显不具备请求强制许可的理由；

（四）请求给予强制许可的专利权已经终止或者被宣告无效。

第十五条　请求文件不符合本办法第四条、第九条、第十条规定的，请求人应当自收到通知之日起15日内进行补正。期满未补正的，该请求视为未提出。

第十六条　国家知识产权局受理强制许可请求的，应当及时将请求书副本送交专利权人。除另有指定的外，专利权人应当自收到通知之日起15日内陈述意见；期满未答复的，不影响国家知识产权局作出决定。

第三章　强制许可请求的审查和决定

第十七条　国家知识产权局应当对请求人陈述的理由、提供的信息和提交的有关证明文件以及专利权人陈述的意见进行审查；需要实地核查的，应当指派两名以上工作人员实地核查。

第十八条　请求人或者专利权人要求听证的，由国家知识产权局组织听证。

国家知识产权局应当在举行听证7日前通知请求人、专利权人和其他利害关系人。

除涉及国家秘密、商业秘密或者个人隐私外，听证公开进行。

举行听证时，请求人、专利权人和其他利害关系人可以进行申辩和质证。

举行听证时应当制作听证笔录，交听证参加人员确认无误后签字或者盖章。

根据专利法第四十九条或者第五十条的规定建议或者请求给予强制许可的，不适用听证程序。

第十九条 请求人在国家知识产权局作出决定前撤回其请求的，强制许可请求的审查程序终止。

在国家知识产权局作出决定前，请求人与专利权人订立了专利实施许可合同的，应当及时通知国家知识产权局，并撤回其强制许可请求。

第二十条 经审查认为强制许可请求有下列情形之一的，国家知识产权局应当作出驳回强制许可请求的决定：

（一）请求人不符合本办法第四条、第五条、第七条或者第八条的规定；

（二）请求给予强制许可的理由不符合专利法第四十八条、第五十条或者第五十一条的规定；

（三）强制许可请求涉及的发明创造是半导体技术的，其理由不符合专利法第五十二条的规定；

（四）强制许可请求不符合本办法第十一条或者第十三条的规定；

（五）请求人陈述的理由、提供的信息或者提交的有关证明文件不充分或者不真实。

国家知识产权局在作出驳回强制许可请求的决定前，应当通知请求人拟作出的决定及其理由。除另有指定的外，请求人可以自收到通知之日起15日内陈述意见。

第二十一条 经审查认为请求给予强制许可的理由成立的，国家知识产权局应当作出给予强制许可的决定。在作出给予强制许可的决定前，应当通知请求人和专利权人拟作出的决定及其理由。除另有指定的外，双方当事人可以自收到通知之日起15日内陈述意见。

国家知识产权局根据专利法第四十九条作出给予强制许可的决定前，应当通知专利权人拟作出的决定及其理由。

第二十二条 给予强制许可的决定应当写明下列各项：

（一）取得强制许可的单位或者个人的名称或者姓名、地址；

（二）被给予强制许可的发明专利或者实用新型专利的名称、专利号、申请日及授权公告日；

（三）给予强制许可的范围和期限；

（四）决定的理由、事实和法律依据；

（五）国家知识产权局的印章及负责人签字；

（六）决定的日期；

（七）其他有关事项。

给予强制许可的决定应当自作出之日起5日内通知请求人和专利权人。

第二十三条 国家知识产权局根据专利法第五十条作出给予强制许可的决定的，还应当在该决定中明确下列要求：

（一）依据强制许可制造的药品数量不得超过进口方所需的数量，并且必须全部出口到该进口方；

（二）依据强制许可制造的药品应当采用特定的标签或者标记明确注明该药品是依据强制许可而制造的；在可行并且不会对药品价格产生显著影响的情况下，应当对药品本身采用特殊的颜色或者形状，或者对药品采用特殊的包装；

（三）药品装运前，取得强制许可的单位应当在其网站或者世界贸易组织的有关网站上发布运往进口方的药品数量以及本条第二项所述的药品识别特征等信息。

第二十四条 国家知识产权局根据专利法第五十条作出给予强制许可的决定的，由国务院有关主管部门将下列信息通报世界贸易组织：

（一）取得强制许可的单位的名称和地址；

（二）出口药品的名称和数量；

（三）进口方；

（四）强制许可的期限；

（五）本办法第二十三条第三项所述网址。

第四章　强制许可使用费裁决请求的审查和裁决

第二十五条　请求裁决强制许可使用费的，应当提交强制许可使用费裁决请求书，写明下列各项：

（一）请求人的姓名或者名称、地址；

（二）请求人的国籍或者注册的国家或者地区；

（三）给予强制许可的决定的文号；

（四）被请求人的姓名或者名称、地址；

（五）请求裁决强制许可使用费的理由；

（六）请求人委托专利代理机构的，受托机构的名称、机构代码以及该机构指定的代理人的姓名、执业证号码、联系电话；

（七）请求人的签字或者盖章；委托专利代理机构的，还应当有该机构的盖章；

（八）附加文件清单；

（九）其他需要注明的事项。

请求书及其附加文件应当一式两份。

第二十六条　强制许可使用费裁决请求有下列情形之一的，不予受理并通知请求人：

（一）给予强制许可的决定尚未作出；

（二）请求人不是专利权人或者取得强制许可的单位或者个人；

（三）双方尚未进行协商或者经协商已经达成协议。

第二十七条　国家知识产权局受理强制许可使用费裁决请求的，应当及时将请求书副本送交对方当事人。除另有指定的外，对方当事人应当自收到通知之日起15日内陈述意见；期满未答复的，不影响国家知识产权局作出决定。

强制许可使用费裁决过程中，双方当事人可以提交书面意见。国家知识产权局可以根据案情需要听取双方当事人的口头意见。

第二十八条　请求人在国家知识产权局作出决定前撤回其裁决请求的，裁决程序终止。

第二十九条　国家知识产权局应当自收到请求书之日起3个月内作出强制许可使用费的裁决决定。

第三十条　强制许可使用费裁决决定应当写明下列各项：

（一）取得强制许可的单位或者个人的名称或者姓名、地址；

（二）被给予强制许可的发明专利或者实用新型专利的名称、专利号、申请日及授权公告日；

（三）裁决的内容及其理由；

（四）国家知识产权局的印章及负责人签字；

（五）决定的日期；

（六）其他有关事项。

强制许可使用费裁决决定应当自作出之日起5日内通知双方当事人。

第五章　终止强制许可请求的审查和决定

第三十一条　有下列情形之一的，强制许可自动终止：

（一）给予强制许可的决定规定的强制许可期限届满；

（二）被给予强制许可的发明专利或者实用新型专利终止或者被宣告无效。

第三十二条　给予强制许可的决定中规定的强制许可期限届满前，强制许可的理由消除并不再发生的，专利权人可以请求国家知识产权局作出终止强制许可的决定。

请求终止强制许可的，应当提交终止强制许可请求书，写明下列各项：

（一）专利权人的姓名或者名称、地址；

（二）专利权人的国籍或者注册的国家或者地区；

（三）请求终止的给予强制许可决定的文号；

（四）请求终止强制许可的理由和事实；

（五）专利权人委托专利代理机构的，受托机构的名称、机构代码以及该机构指定的代理人的姓名、执业证号码、联系电话；

（六）专利权人的签字或者盖章；委托专利代理机构的，还应当有该机构的盖章；

（七）附加文件清单；

（八）其他需要注明的事项。

请求书及其附加文件应当一式两份。

第三十三条　终止强制许可的请求有下列情形之一的，不予受理并通知请求人：

（一）请求人不是被给予强制许可的发明专利或者实用新型专利的专利权人；

（二）未写明请求终止的给予强制许可决定的文号；

（三）请求文件未使用中文；

（四）明显不具备终止强制许可的理由。

第三十四条　请求文件不符合本办法第三十二条规定的，请求人应当自收到通知之日起15日内进行补正。期满未补正的，该请求视为未提出。

第三十五条　国家知识产权局受理终止强制许可请求的，应当及时将请求书副本送交取得强制许可的单位或者个人。除另有指定的外，取得强制许可的单位或者个人应当自收到通知之日起15日内陈述意见；期满未答复的，不影响国家知识产权局作出决定。

第三十六条　国家知识产权局应当对专利权人陈述的理由和提交的有关证明文件以及取得强制许可的单位或者个人陈述的意见进行审查；需要实地核查的，应当指派两名以上工作人员实地核查。

第三十七条　专利权人在国家知识产权局作出决定前撤回其请求的，相关程序终止。

第三十八条　经审查认为请求终止强制许可的理由不成立的，国家知识产权局应当作出驳回终止强制许可请求的决定。在作出驳回终止强制许可请求的决定前，应当通知专利权人拟作出的决定及其理由。除另有指定的外，专利权人可以自收到通知之日起15日内陈述意见。

第三十九条　经审查认为请求终止强制许可的理由成立的，国家知识产权局应当作出终止强制许可的决定。在作出终止强制许可的决定前，应当通知取得强制许可的单位或者个人拟作出的决定及其理由。除另有指定的外，取得强制许可的单位或者个人可以自收到通知之日起15日内陈述意见。

终止强制许可的决定应当写明下列各项：

（一）专利权人的姓名或者名称、地址；

（二）取得强制许可的单位或者个人的名称或者姓名、地址；

（三）被给予强制许可的发明专利或者实用新型专利的名称、专利号、申请日及授权公告日；

（四）给予强制许可的决定的文号；

（五）决定的事实和法律依据；

（六）国家知识产权局的印章及负责人签字；

（七）决定的日期；

（八）其他有关事项。

终止强制许可的决定应当自作出之日起5日内通知专利权人和取得强制许可的单位或者个人。

第六章　附　则

第四十条　已经生效的给予强制许可的决定和终止强制许可的决定，以及强制许可自动终止的，应当在专利登记簿上登记并在专利公报上公告。

第四十一条　当事人对国家知识产权局关于强制许可的决定不服的，可以依法申请行政复议或者提起行政诉讼。

第四十二条　本办法由国家知识产权局负责解释。

第四十三条　本办法自2012年5月1日起施行。2003年6月13日国家知识产权局令第三十一号发布的《专利实施强制许可办法》和2005年11月29日国家知识产权局令第三十七号发布的《涉及公共健康问题的专利实施强制许可办法》同时废止。

发明专利申请优先审查管理办法

国家知识产权局令

第六十五号

《发明专利申请优先审查管理办法》已经局务会议审议通过，现予公布，自2012年8月1日起施行。

局长　田力普

二〇一二年六月十九日

第一条　为了促进产业结构优化升级，推进国家知识产权战略实施，加快建设创新型国家，根据《中华人民共和国专利法》和《中华人民共和国专利法实施细则》的有关规定，制定本办法。

第二条　国家知识产权局根据申请人的请求对符合条件的发明专利申请予以优先审查，自优先审查请求获得同意之日起一年内结案。

第三条　依据国家知识产权局与其他国家或者地区专利审查机构签订的双边或者多边协议开展优先审查的，按照有关规定处理，不适用本办法。

第四条　可以予以优先审查的发明专利申请包括：

（一）涉及节能环保、新一代信息技术、生物、高端装备制造、新能源、新材料、新能源汽车等技术领域的重要专利申请；

（二）涉及低碳技术、节约资源等有助于绿色发展的重要专利申请；

（三）就相同主题首次在中国提出专利申请又向其他国家或地区提出申请的该中国首次申请；

（四）其他对国家利益或者公共利益具有重大意义需要优先审查的专利申请。

第五条　对发明专利申请进行优先审查的数量，由国家知识产权局根据不同专业技术领域的审查能力、上一年度专利授权量以及本年度待审量等情况确定。

第六条　请求优先审查的发明专利申请应当是电子申请。

请求对尚未进入实质审查程序的发明专利申请进行优先审查的，申请人应当启动实质审查程序。

第七条　申请人办理优先审查手续的，应当提交下列材料：

（一）由省、自治区、直辖市知识产权局审查并签署意见和加盖公章的《发明专利申请优先审查请求书》；

（二）由具备专利检索条件的单位出具的符合规定格式的检索报告，或者由其他国家或者地区专利审查机构出具的检索报告和审查结果及其中文译文。

第八条　第七条第二项所称专利检索条件是指：

（一）具备使用《专利审查指南》规定的检索用专利文献和非专利文献进行检索的条件；

（二）检索人员具有专业技术背景、接受过专利实务培训和检索培训；

（三）能够由相应专业技术领域的检索人员按照《专利审查指南》的有关要求对请求优先审查的发明专利申请进行检索。

第九条　国家知识产权局负责受理和审核优先审查请求，并及时将审核意见通知申请人。

第十条　对于同意进行优先审查的发明专利申请，国家知识产权局应当及时处理，并自同意优先审查请求之日起三十个工作日内发出第一次审查意见通知书。

第十一条　对于优先审查的发明专利申请，申请人应当尽快作出答复或者补正。申请人答复审查意见通知书的期限为两个月。申请人延期答复的，国家知识产权局将停止优先审查，按一般申请处理。

第十二条　本办法由国家知识产权局负责解释。

第十三条　本办法自2012年8月1日起施行。

专利代理管理办法

国家知识产权局令

第七十号

《专利代理管理办法》已经局务会审议通过，现予公布，自2015年5月1日起施行。

局长　申长雨

2015年4月30日

第一章　总　则

第一条　为了完善专利代理制度，维护专利代理行业的正常秩序，保障专利代理机构和专利代理人依法执业，根据《专利法》和《专利代理条例》以及国务院的有关规定，制定本办法。

第二条　国家知识产权局和各省、自治区、直辖市知识产权局依照《专利法》《专利代理条例》和本办法对专利代理机构、专利代理人进行管理和监督。

中华全国专利代理人协会应组织、引导专利代理机构和专利代理人规范执行《专利法》《专利代理条例》和本办法，规范执业行为，严格行业自律，不断提高行业服务水平。

第二章　专利代理机构及其办事机构的设立、变更、停业和撤销

第三条　专利代理机构的组织形式为合伙制专利代理机构或者有限责任制专利代理机构。

合伙制专利代理机构应当由3名以上合伙人共同出资发起，有限责任制专利代理机构应当由5名以上股东

共同出资发起。

合伙制专利代理机构的合伙人对该专利代理机构的债务承担无限连带责任;有限责任制专利代理机构以该机构的全部资产对其债务承担责任。

第四条　设立专利代理机构应当符合下列条件:

(一)具有符合本办法第七条规定的机构名称;

(二)具有合伙协议书或者章程;

(三)具有符合本办法第五条、第六条规定的合伙人或者股东;

(四)具有固定的办公场所和必要的工作设施。

律师事务所申请开办专利代理业务的,在该律师事务所执业的专职律师中应当有3名以上具有专利代理人资格。

第五条　专利代理机构的合伙人或者股东应当符合下列条件:

(一)具有专利代理人资格;

(二)具有2年以上在专利代理机构执业的经历;

(三)能够专职从事专利代理业务;

(四)申请设立专利代理机构时的年龄不超过65周岁;

(五)品行良好。

第六条　有下列情形之一的,不得作为专利代理机构的合伙人或股东:

(一)不具有完全民事行为能力的;

(二)在国家机关或企事业单位工作,尚未正式办理辞职、解聘或离休、退休手续的;

(三)作为另一专利代理机构的合伙人或者股东不满2年的;

(四)受到《专利代理惩戒规则(试行)》第五条规定的通报批评或者收回专利代理人执业证的惩戒不满3年的;

(五)受刑事处罚的(过失犯罪除外)。

第七条　专利代理机构只能享有和使用一个名称。

专利代理机构的名称应当由该机构所在城市名称、字号、"专利代理事务所""专利代理有限公司"或者"知识产权代理事务所""知识产权代理有限公司"组成。其字号不得在全国范围内与正在使用或者已经使用过的专利代理机构的字号相同或者相近似。

律师事务所开办专利代理业务的,可以使用该律师事务所的名称。

第八条　设立专利代理机构应当提交下列申请材料:

(一)设立专利代理机构申请表;

(二)专利代理机构的合伙协议书或者章程;

(三)专利代理人资格证和身份证的复印件;

(四)人员简历及人事档案存放证明和离退休证件复印件;

(五)办公场所和工作设施的证明;

(六)其他必要的证明材料。

律师事务所申请开办专利代理业务的,应当提交下列申请材料:

(一)开办专利代理业务申请表;

(二)主管该律师事务所的司法行政机关出具的同意其开办专利代理业务的函件;

(三)律师事务所合伙协议书或者章程;

(四)律师事务所执业许可证复印件;

(五)专利代理人的律师执业证、专利代理人资格证和身份证的复印件;

（六）办公场所和工作设施的证明；

（七）其他必要的证明材料。

上述证明材料应当是在申请设立专利代理机构或开办专利代理业务之前的6个月内出具的证明材料。

第九条 设立专利代理机构的审批程序如下：

（一）申请设立专利代理机构的，应当向其所在地的省、自治区、直辖市知识产权局提出申请。经审查，省、自治区、直辖市知识产权局认为符合本办法规定条件的，应当自收到申请之日起30日内上报国家知识产权局批准；认为不符合本办法规定条件的，应当自收到申请之日起30日内书面通知申请人。

（二）国家知识产权局对符合本办法规定条件的申请，应当自收到上报材料之日起30日内作出批准决定，通知上报的省、自治区、直辖市知识产权局，并向新设立的机构颁发专利代理机构注册证和机构代码；对不符合本办法规定条件的申请，应当自收到上报材料之日起30日内通知上报的省、自治区、直辖市知识产权局重新进行审查。

律师事务所申请开办专利代理业务的，参照上述规定进行审批。

第十条 专利代理机构的名称、地址、章程、合伙人或者股东等注册事项发生变化的，应当自发生变化之日起30日内向国家知识产权局申请变更，同时报所在地的省、自治区、直辖市知识产权局。变更经国家知识产权局批准后生效。

国家知识产权局以及省、自治区、直辖市知识产权局发现专利代理机构未依照前款规定办理变更手续的，应当责令其限期办理。

第十一条 专利代理机构在国家知识产权局登记的信息应当与其在工商行政管理部门登记的信息一致。

第十二条 专利代理机构停业或者撤销的，应当在妥善处理各种尚未办结的事项后，向其所在地的省、自治区、直辖市的知识产权局申请。经审查同意的，应当将专利代理机构注册证及标识牌交回省、自治区、直辖市知识产权局，并向国家知识产权局办理停业或撤销手续。

第十三条 专利代理机构在本省内设立办事机构的，应当向所在地的省、自治区、直辖市知识产权局申请。经批准的，由省、自治区、直辖市知识产权局报国家知识产权局备案。

专利代理机构跨省设立办事机构的，应当在获得其所在地的省、自治区、直辖市知识产权局同意后，向办事机构所在地的省、自治区、直辖市知识产权局申请。经批准的，由办事机构所在地的省、自治区、直辖市知识产权局报国家知识产权局备案。

第十四条 申请设立办事机构的专利代理机构应当符合下列条件：

（一）设立时间满2年以上；

（二）具有10名以上专利代理人；

（三）未被列入专利代理机构经营异常名录或者严重违法专利代理机构名单。

第十五条 专利代理机构的办事机构应当符合下列条件：

（一）具有2名以上由专利代理机构派驻或者聘用的专职专利代理人；

（二）具有固定的办公场所；

（三）办事机构的名称由专利代理机构全名称、办事机构所在城市名称和"办事处"组成。

第十六条 各省、自治区、直辖市知识产权局可以附加规定专利代理机构在其行政区域内设立办事机构的其他条件和程序，并将有关规定报国家知识产权局备案。

第十七条 专利代理机构的办事机构不得以其单独名义办理专利代理业务，其人事、财务、业务等由其所属专利代理机构统一管理。专利代理机构应当对其办事机构的业务活动承担民事责任。

专利代理机构跨省设立办事机构的，其办事机构应当接受办事机构所在地的省、自治区、直辖市知识产权局的指导和监督。

第十八条 办事机构停业或者撤销的，应当在妥善处理各种尚未办结的事项后，向办事机构所在地的省、自治区、直辖市知识产权局申请。经批准的，由该知识产权局报国家知识产权局备案，同时抄送专利代理机构所在地的省、自治区、直辖市知识产权局。

专利代理机构停业或者撤销的，其办事机构应当同时终止。

第三章　专利代理人的执业

第十九条　专利代理人执业应当接受批准设立的专利代理机构的聘请任用，并持有专利代理人执业证。

第二十条　专利代理机构聘用专利代理人应当按照自愿和协商一致的原则与受聘的专利代理人订立聘用协议。订立聘用协议的双方应当遵守并履行协议。

第二十一条　颁发专利代理人执业证应当符合下列条件：

（一）具有专利代理人资格；

（二）能够专职从事专利代理业务；

（三）不具有专利代理或专利审查经历的人员在专利代理机构中连续实习满1年，并参加上岗培训；

（四）由专利代理机构聘用；

（五）颁发时的年龄不超过70周岁；

（六）品行良好。

第二十二条　有下列情形之一的，不予颁发专利代理人执业证：

（一）不具有完全民事行为能力的；

（二）申请前在另一专利代理机构执业，尚未被该专利代理机构解聘并未办理专利代理人执业证注销手续的；

（三）领取专利代理执业证后不满1年又转换专利代理机构的；

（四）受到《专利代理惩戒规则（试行）》第五条规定的收回专利代理人执业证的惩戒不满3年的；

（五）受刑事处罚的（过失犯罪除外）。

第二十三条　申请颁发专利代理人执业证应当提交下列材料：

（一）专利代理人执业证申请表；

（二）专利代理人资格证和身份证的复印件；

（三）人事档案存放证明或者离退休证件复印件；

（四）专利代理机构出具的聘用协议；

（五）申请前在另一专利代理机构执业的，应提交该专利代理机构的解聘证明；

（六）首次申请颁发专利代理执业证的，应提交其实习所在专利代理机构出具的实习证明和参加上岗培训的证明。

第二十四条　中华全国专利代理人协会负责颁发、变更以及注销专利代理人执业证的具体事宜，国家知识产权局依法进行监督和指导。

第二十五条　经审核，中华全国专利代理人协会认为专利代理人执业证的颁发申请符合本办法规定条件的，应当在收到申请之日起的15日内颁发专利代理人执业证；认为不符合条件的，应当在收到申请之日起的15日内书面通知申请人。

第二十六条　专利代理机构辞退专利代理人的，应当提前30日通知该专利代理人；专利代理人辞职的，应当提前30日通知其所在的专利代理机构。

专利代理机构与专利代理人解除聘用关系的，应当由专利代理机构收回其专利代理人执业证，出具解聘证明，并在出具解聘证明之日起的10日内向中华全国专利代理人协会办理专利代理人执业证注销手续。

第二十七条　专利代理机构停业或者撤销的，应当在获得省、自治区、直辖市知识产权局审查同意之日起的10日内，收回其全部专利代理人执业证并向中华全国专利代理人协会办理专利代理人执业证注销手续。

第二十八条　中华全国专利代理人协会应当在颁发、变更或者注销专利代理人执业证之日起的5日内向国家知识产权局备案并上报有关材料，同时抄送专利代理机构所在地的省、自治区、直辖市知识产权局。

第二十九条　未持有专利代理人执业证的人员不得以专利代理人的名义为牟取经济利益从事专利代理业务。

第三十条　专利代理人承办专利代理业务应当以所在专利代理机构的名义接受委托，与委托人订立书面委托合同，统一收取费用并如实入账。专利代理人不得私自接受委托，办理专利代理业务并收取费用。

第四章　专利代理监管

第三十一条　国家知识产权局负责组织专利代理机构年度报告的提交和公示，并负责专利代理机构经营异常名录和严重违法专利代理机构名单的公示。

省、自治区、直辖市知识产权局配合国家知识产权局开展上述提交和公示工作。

中华全国专利代理人协会按照协会章程及自律规范对专利代理人的执业活动进行考核。

第三十二条　专利代理机构应当于每年3月1日至3月31日向国家知识产权局提交年度报告。

专利代理机构应当对其提供的年度报告信息的真实性负责。

第三十三条　专利代理机构年度报告内容包括：

（一）专利代理机构通信地址、邮政编码、联系电话、电子邮箱等信息；

（二）执行事务合伙人或者法定代表人姓名、合伙人或者股东姓名、专利代理人姓名、从业人数；

（三）合伙人或者股东认缴和实缴的出资额、出资时间、出资方式等信息；

（四）专利代理机构开业、歇业、清算等存续状态信息；

（五）设立办事机构的信息；

（六）专利代理机构网站以及从事网络经营的网店的名称、网址等信息；

（七）专利代理机构代理专利申请、复审、无效宣告、诉讼、质押融资等业务信息；

（八）专利代理机构资产总额、负债总额、营业总收入、主营业务收入、利润总额、净利润、纳税总额等信息；

（九）其他应当予以报告的信息。

前款第一项至第六项信息自每年4月1日起公示；专利代理机构选择公示第七项至第九项信息的，同时予以公示。逾期提交专利代理机构年度报告的，自提交之日起30日内予以公示。

第三十四条　国家知识产权局以及省、自治区、直辖市知识产权局的工作人员应当对专利代理机构年度报告中不予公示的内容保密。

第三十五条　任何单位或者个人发现专利代理机构公示的信息不准确的，可以向国家知识产权局提出，国家知识产权局核查后予以更正。

第三十六条　任何单位或者个人认为专利代理机构公示的信息虚假的，可以向国家知识产权局或者省、自治区、直辖市知识产权局举报，国家知识产权局或者省、自治区、直辖市知识产权局应当自收到举报材料之日起30日内进行核查并作出相应处理。

第三十七条　专利代理机构有下列情形之一的，国家知识产权局将其列入专利代理机构经营异常名录，并进行公示：

（一）取得专利代理机构注册证或者提交年度报告时提供虚假信息的；

（二）未在规定的期限提交年度报告或者未按照国家知识产权局责令的期限提交有关专利代理机构信息的；

（三）擅自变更名称、办公场所、执行事务合伙人或者法定代表人、合伙人或者股东的；

（四）擅自设立办事机构的；

（五）不再符合设立条件，省、自治区、直辖市知识产权局责令其整改，期限届满仍不符合条件的；

（六）就同一专利申请或者专利案件接受有利害关系的其他委托人委托的；

（七）以自己名义申请专利或者请求宣告专利权无效的；

（八）疏于管理，造成严重后果的。

专利代理机构自被列入经营异常名录之日起满1年未再发生第一款规定情形的，由国家知识产权局将其移出经营异常名录。

第三十八条　专利代理机构自被列入经营异常名录之日起满3年仍不符合规定的，国家知识产权局将其列入严重违法专利代理机构名单，并进行公示。

专利代理机构自被列入严重违法专利代理机构名单之日起满5年未再发生本办法第三十七条第一款规定情形的，由国家知识产权局将其移出严重违法专利代理机构名单。

第三十九条　国家知识产权局组织指导省、自治区、直辖市知识产权局对专利代理机构和专利代理人的信息公示情况和执业活动进行检查、监督。

省、自治区、直辖市知识产权局应当于每年12月31日前向国家知识产权局提交当年的检查监督报告。

第四十条　省、自治区、直辖市知识产权局应当按照公平规范的要求，根据本行政区域内专利代理机构数量，对专利代理机构进行抽查或者普查。

本行政区域内专利代理机构20家以下的，进行普查；专利代理机构21家以上50家以下的，每年抽查不少于20家；专利代理机构51家以上的，每年抽查不少于30家。

第四十一条　省、自治区、直辖市知识产权局可以采取书面检查、实地检查、网络监测等方式对专利代理机构进行检查，可以根据需要与相关部门联合检查。对已被列入经营异常名录或者严重违法专利代理机构名单的专利代理机构应当进行实地检查。

第四十二条　省、自治区、直辖市知识产权局应当重点对以下事项进行检查监督：

（一）专利代理机构是否符合设立条件；

（二）专利代理机构执行事务合伙人或者法定代表人、合伙人或者股东是否符合资格要求；

（三）专利代理机构提交的年度报告公示信息与实际情况是否一致，与工商行政管理部门公示的信息是否一致；

（四）专利代理机构是否存在本办法第三十七条第一款规定的情形；

（五）专利代理人是否符合执业条件，其执业活动是否符合执业规范。

第四十三条　省、自治区、直辖市知识产权局进行检查监督时，发现专利代理机构和专利代理人的执业活动有不符合相关法律法规规定的，应当及时依法处理；发现专利代理机构有本办法第三十七条第一款规定情形的，应当上报国家知识产权局。

第四十四条　省、自治区、直辖市知识产权局依法对专利代理机构进行检查监督时，应当将检查监督的情况和处理结果予以记录，由检查监督人员签字后归档。

专利代理机构应当配合省、自治区、直辖市知识产权局的检查监督，接受询问，如实提供有关情况和材料。

第五章　附　　则

第四十五条　本办法由国家知识产权局负责解释。

第四十六条　本办法自2015年5月1日起施行。2003年6月6日国家知识产权局令第三十号发布的《专利代理管理办法》和2011年3月28日国家知识产权局令第六十一号发布的《关于修改〈专利代理管理办法〉的决定》同时废止。

专利行政执法办法

第一章　总　　则

第一条　为规范专利行政执法行为，保护专利权人和社会公众的合法权益，维护社会主义市场经济秩序，根据《中华人民共和国专利法》《中华人民共和国专利法实施细则》以及其他有关法律法规，制定本办法。

第二条　管理专利工作的部门开展专利行政执法，即处理专利侵权纠纷、调解专利纠纷以及查处假冒专利行为，适用本办法。

第三条　管理专利工作的部门处理专利侵权纠纷应当以事实为依据、以法律为准绳，遵循公正、及时的原则。

管理专利工作的部门调解专利纠纷，应当遵循自愿、合法的原则，在查明事实、分清是非的基础上，促使当事人相互谅解，达成调解协议。

管理专利工作的部门查处假冒专利行为，应当以事实为依据、以法律为准绳，遵循公正、公开的原则，给予的行政处罚应当与违法行为的事实、性质、情节以及社会危害程度相当。

第四条　管理专利工作的部门应当设置专门机构或者配备专职执法人员开展专利行政执法。

案件承办人员应当持有国家知识产权局或者省、自治区、直辖市人民政府颁发的专利行政执法证件。案件承办人员执行公务时应当严肃着装。

第五条　对有重大影响的专利侵权纠纷案件、假冒专利案件，国家知识产权局在必要时可以组织有关管理专利工作的部门处理、查处。

对于行为发生地涉及两个以上省、自治区、直辖市的重大案件，有关省、自治区、直辖市管理专利工作的部门可以报请国家知识产权局协调处理或者查处。

管理专利工作的部门开展专利行政执法遇到疑难问题的，国家知识产权局应当给予必要的指导和支持。

第六条　管理专利工作的部门可以依据本地实际，委托有实际处理能力的市、县级人民政府设立的专利管理部门查处假冒专利行为、调解专利纠纷。

委托方应当对受托方查处假冒专利和调解专利纠纷的行为进行监督和指导，并承担法律责任。

第七条　管理专利工作的部门指派的案件承办人员与当事人有直接利害关系的，应当回避，当事人有权申请其回避。当事人申请回避的，应当说明理由。

案件承办人员的回避，由管理专利工作部门的负责人决定。是否回避的决定作出前，被申请回避的人员应当暂停参与本案的工作。

第二章　专利侵权纠纷的处理

第八条　请求管理专利工作的部门处理专利侵权纠纷的，应当符合下列条件：

（一）请求人是专利权人或者利害关系人；

（二）有明确的被请求人；

（三）有明确的请求事项和具体事实、理由；

（四）属于受案管理专利工作的部门的受案和管辖范围；

（五）当事人没有就该专利侵权纠纷向人民法院起诉。

第一项所称利害关系人包括专利实施许可合同的被许可人、专利权人的合法继承人。专利实施许可合同的被许可人中，独占实施许可合同的被许可人可以单独提出请求；排他实施许可合同的被许可人在专利权人不请求的情况下，可以单独提出请求；除合同另有约定外，普通实施许可合同的被许可人不能单独提出请求。

第九条　请求管理专利工作的部门处理专利侵权纠纷的，应当提交请求书及下列证明材料：

（一）主体资格证明，即个人应当提交居民身份证或者其他有效身份证件，单位应当提交有效的营业执照或者其他主体资格证明文件副本及法定代表人或者主要负责人的身份证明；

（二）专利权有效的证明，即专利登记簿副本，或者专利证书和当年缴纳专利年费的收据。

专利侵权纠纷涉及实用新型或者外观设计专利的，管理专利工作的部门可以要求请求人出具由国家知识产权局作出的专利权评价报告（实用新型专利检索报告）。

请求人应当按照被请求人的数量提供请求书副本及有关证据。

第十条　请求书应当记载以下内容：

（一）请求人的姓名或者名称、地址，法定代表人或者主要负责人的姓名、职务，委托代理人的，代理人的姓名和代理机构的名称、地址；

（二）被请求人的姓名或者名称、地址；

（三）请求处理的事项以及事实和理由。

有关证据和证明材料可以以请求书附件的形式提交。

请求书应当由请求人签名或者盖章。

第十一条　请求符合本办法第八条规定条件的，管理专利工作的部门应当在收到请求书之日起5个工作日内立案并通知请求人，同时指定3名或者3名以上单数承办人员处理该专利侵权纠纷；请求不符合本办法第八条规定条件的，管理专利工作的部门应当在收到请求书之日起5个工作日内通知请求人不予受理，并说明理由。

第十二条　管理专利工作的部门应当在立案之日起5个工作日内将请求书及其附件的副本送达被请求人，要求其在收到之日起15日内提交答辩书并按照请求人的数量提供答辩书副本。被请求人逾期不提交答辩书的，不影响管理专利工作的部门进行处理。

被请求人提交答辩书的，管理专利工作的部门应当在收到之日起5个工作日内将答辩书副本送达请求人。

第十三条　管理专利工作的部门处理专利侵权纠纷案件时，可以根据当事人的意愿进行调解。双方当事人达成一致的，由管理专利工作的部门制作调解协议书，加盖其公章，并由双方当事人签名或者盖章。调解不成的，应当及时作出处理决定。

第十四条　管理专利工作的部门处理专利侵权纠纷，可以根据案情需要决定是否进行口头审理。管理专利工作的部门决定进行口头审理的，应当至少在口头审理3个工作日前将口头审理的时间、地点通知当事人。当事人无正当理由拒不参加的，或者未经允许中途退出的，对请求人按撤回请求处理，对被请求人按缺席处理。

第十五条　管理专利工作的部门举行口头审理的，应当将口头审理的参加人和审理要点记入笔录，经核对无误后，由案件承办人员和参加人签名或者盖章。

第十六条　专利法第五十九条第一款所称的"发明或者实用新型专利权的保护范围以其权利要求的内容为准"，是指专利权的保护范围应当以其权利要求记载的技术特征所确定的范围为准，也包括与记载的技术特征相等同的特征所确定的范围。等同特征是指与记载的技术特征以基本相同的手段，实现基本相同的功能，达到基本相同的效果，并且所属领域的普通技术人员无须经过创造性劳动就能够联想到的特征。

第十七条　除达成调解协议或者请求人撤回请求之外，管理专利工作的部门处理专利侵权纠纷应当制作处理决定书，写明以下内容：

（一）当事人的姓名或者名称、地址；

（二）当事人陈述的事实和理由；

（三）认定侵权行为是否成立的理由和依据；

（四）处理决定认定侵权行为成立并需要责令侵权人立即停止侵权行为的，应当明确写明责令被请求人立即停止的侵权行为的类型、对象和范围；认定侵权行为不成立的，应当驳回请求人的请求；

（五）不服处理决定提起行政诉讼的途径和期限。

处理决定书应当加盖管理专利工作的部门的公章。

第十八条　管理专利工作的部门或者人民法院作出认定侵权成立并责令侵权人立即停止侵权行为的处理决定或者判决之后，被请求人就同一专利权再次作出相同类型的侵权行为，专利权人或者利害关系人请求处理的，管理专利工作的部门可以直接作出责令立即停止侵权行为的处理决定。

第十九条　管理专利工作的部门处理专利侵权纠纷，应当自立案之日起4个月内结案。案件特别复杂需要延长期限的，应当由管理专利工作的部门负责人批准。经批准延长的期限，最多不超过1个月。

案件处理过程中的公告、鉴定、中止等时间不计入前款所述案件办理期限。

第三章　专利纠纷的调解

第二十条　请求管理专利工作的部门调解专利纠纷的，应当提交请求书。

请求书应当记载以下内容：

（一）请求人的姓名或者名称、地址，法定代表人或者主要负责人的姓名、职务，委托代理人的，代理人的姓名和代理机构的名称、地址；

（二）被请求人的姓名或者名称、地址；

（三）请求调解的具体事项和理由。

单独请求调解侵犯专利权赔偿数额的，应当提交有关管理专利工作的部门作出的认定侵权行为成立的处理决定书副本。

第二十一条　管理专利工作的部门收到调解请求书后，应当及时将请求书副本通过寄交、直接送交或者其他方式送达被请求人，要求其在收到之日起15日内提交意见陈述书。

第二十二条　被请求人提交意见陈述书并同意进行调解的，管理专利工作的部门应当及时立案，并通知请求人和被请求人进行调解的时间和地点。

被请求人逾期未提交意见陈述书，或者在意见陈述书中表示不接受调解的，管理专利工作的部门不予立案，并通知请求人。

第二十三条　管理专利工作的部门调解专利纠纷可以邀请有关单位或者个人协助，被邀请的单位或者个人应当协助进行调解。

第二十四条　当事人经调解达成协议的，由管理专利工作的部门制作调解协议书，加盖其公章，并由双方当事人签名或者盖章；未能达成协议的，管理专利工作的部门以撤销案件的方式结案，并通知双方当事人。

第二十五条　因专利申请权或者专利权的归属纠纷请求调解的，当事人可以持管理专利工作的部门的受理通知书请求国家知识产权局中止该专利申请或者专利权的有关程序。

经调解达成协议的，当事人应当持调解协议书向国家知识产权局办理恢复手续；达不成协议的，当事人应当持管理专利工作的部门出具的撤销案件通知书向国家知识产权局办理恢复手续。自请求中止之日起满1年未请求延长中止的，国家知识产权局自行恢复有关程序。

第四章　假冒专利行为的查处

第二十六条　管理专利工作的部门发现或者接受举报发现涉嫌假冒专利行为的，应当及时立案，并指定两名或者两名以上案件承办人员进行调查。

第二十七条　查处假冒专利行为由行为发生地的管理专利工作的部门管辖。

管理专利工作的部门对管辖权发生争议的，由其共同的上级人民政府管理专利工作的部门指定管辖；无共同上级人民政府管理专利工作的部门的，由国家知识产权局指定管辖。

第二十八条　管理专利工作的部门查封、扣押涉嫌假冒专利产品的，应当经其负责人批准。查封、扣押时，应当向当事人出具有关通知书。

管理专利工作的部门查封、扣押涉嫌假冒专利产品，应当当场清点，制作笔录和清单，由当事人和案件承办人员签名或者盖章。当事人拒绝签名或者盖章的，由案件承办人员在笔录上注明。清单应当交当事人一份。

第二十九条　案件调查终结，经管理专利工作的部门负责人批准，根据案件情况分别作如下处理：

（一）假冒专利行为成立应当予以处罚的，依法给予行政处罚；

（二）假冒专利行为轻微并已及时改正的，免予处罚；

（三）假冒专利行为不成立的，依法撤销案件；

（四）涉嫌犯罪的，依法移送公安机关。

第三十条　管理专利工作的部门作出行政处罚决定前，应当告知当事人作出处罚决定的事实、理由和依据,并告知当事人依法享有的权利。

管理专利工作的部门作出较大数额罚款的决定之前,应当告知当事人有要求举行听证的权利。当事人提出听证要求的,应当依法组织听证。

第三十一条　当事人有权进行陈述和申辩,管理专利工作的部门不得因当事人申辩而加重行政处罚。

管理专利工作的部门对当事人提出的事实、理由和证据应当进行核实。当事人提出的事实属实、理由成立的,管理专利工作的部门应当予以采纳。

第三十二条　对情节复杂或者重大违法行为给予较重的行政处罚的,应当由管理专利工作的部门负责人集体讨论决定。

第三十三条　经调查,假冒专利行为成立应当予以处罚的,管理专利工作的部门应当制作处罚决定书,写明以下内容:

(一)当事人的姓名或者名称、地址;

(二)认定假冒专利行为成立的证据、理由和依据;

(三)处罚的内容以及履行方式;

(四)不服处罚决定申请行政复议和提起行政诉讼的途径和期限。

处罚决定书应当加盖管理专利工作的部门的公章。

第三十四条　管理专利工作的部门查处假冒专利案件,应当自立案之日起1个月内结案。案件特别复杂需要延长期限的,应当由管理专利工作的部门负责人批准。经批准延长的期限,最多不超过15日。

案件处理过程中听证、公告等时间不计入前款所述案件办理期限。

第五章　调查取证

第三十五条　在专利侵权纠纷处理过程中,当事人因客观原因不能自行收集部分证据的,可以书面请求管理专利工作的部门调查取证。管理专利工作的部门根据情况决定是否调查收集有关证据。

在处理专利侵权纠纷、查处假冒专利行为过程中,管理专利工作的部门可以根据需要依职权调查收集有关证据。

执法人员调查收集有关证据时,应当向当事人或者有关人员出示其行政执法证件。当事人和有关人员应当协助、配合,如实反映情况,不得拒绝、阻挠。

第三十六条　管理专利工作的部门调查收集证据可以查阅、复制与案件有关的合同、账册等有关文件;询问当事人和证人;采用测量、拍照、摄像等方式进行现场勘验。涉嫌侵犯制造方法专利权的,管理专利工作的部门可以要求被调查人进行现场演示。

管理专利工作的部门调查收集证据应当制作笔录。笔录应当由案件承办人员、被调查的单位或者个人签名或者盖章。被调查的单位或者个人拒绝签名或者盖章的,由案件承办人员在笔录上注明。

第三十七条　管理专利工作的部门调查收集证据可以采取抽样取证的方式。

涉及产品专利的,可以从涉嫌侵权的产品中抽取一部分作为样品;涉及方法专利的,可以从涉嫌依照该方法直接获得的产品中抽取一部分作为样品。被抽取样品的数量应当以能够证明事实为限。

管理专利工作的部门进行抽样取证应当制作笔录和清单,写明被抽取样品的名称、特征、数量以及保存地点,由案件承办人员、被调查的单位或者个人签字或者盖章。被调查的单位或者个人拒绝签名或者盖章的,由案件承办人员在笔录上注明。清单应当交被调查人一份。

第三十八条　在证据可能灭失或者以后难以取得,又无法进行抽样取证的情况下,管理专利工作的部门可以进行登记保存,并在7日内作出决定。

经登记保存的证据,被调查的单位或者个人不得销毁或者转移。

管理专利工作的部门进行登记保存应当制作笔录和清单,写明被登记保存证据的名称、特征、数量以及保存地点,由案件承办人员、被调查的单位或者个人签名或者盖章。被调查的单位或者个人拒绝签名或者盖章的，由案件承办人员在笔录上注明。清单应当交被调查人一份。

第三十九条 管理专利工作的部门需要委托其他管理专利工作的部门协助调查收集证据的，应当提出明确的要求。接受委托的部门应当及时、认真地协助调查收集证据，并尽快回复。

第四十条 海关对被扣留的侵权嫌疑货物进行调查，请求管理专利工作的部门提供协助的，管理专利工作的部门应当依法予以协助。

管理专利工作的部门处理涉及进出口货物的专利案件的，可以请求海关提供协助。

第六章 法律责任

第四十一条 管理专利工作的部门认定专利侵权行为成立，作出处理决定，责令侵权人立即停止侵权行为的，应当采取下列制止侵权行为的措施：

（一）侵权人制造专利侵权产品的，责令其立即停止制造行为，销毁制造侵权产品的专用设备、模具，并且不得销售、使用尚未售出的侵权产品或者以任何其他形式将其投放市场；侵权产品难以保存的，责令侵权人销毁该产品；

（二）侵权人未经专利权人许可使用专利方法的，责令侵权人立即停止使用行为，销毁实施专利方法的专用设备、模具，并且不得销售、使用尚未售出的依照专利方法所直接获得的侵权产品或者以任何其他形式将其投放市场；侵权产品难以保存的，责令侵权人销毁该产品；

（三）侵权人销售专利侵权产品或者依照专利方法直接获得的侵权产品的，责令其立即停止销售行为，并且不得使用尚未售出的侵权产品或者以任何其他形式将其投放市场；尚未售出的侵权产品难以保存的，责令侵权人销毁该产品；

（四）侵权人许诺销售专利侵权产品或者依照专利方法直接获得的侵权产品的，责令其立即停止许诺销售行为，消除影响，并且不得进行任何实际销售行为；

（五）侵权人进口专利侵权产品或者依照专利方法直接获得的侵权产品的，责令侵权人立即停止进口行为；侵权产品已经入境的，不得销售、使用该侵权产品或者以任何其他形式将其投放市场；侵权产品难以保存的，责令侵权人销毁该产品；侵权产品尚未入境的，可以将处理决定通知有关海关；

（六）停止侵权行为的其他必要措施。

第四十二条 管理专利工作的部门作出认定专利侵权行为成立并责令侵权人立即停止侵权行为的处理决定后，被请求人向人民法院提起行政诉讼的，在诉讼期间不停止决定的执行。

侵权人对管理专利工作的部门作出的认定侵权行为成立的处理决定期满不起诉又不停止侵权行为的，管理专利工作的部门可以申请人民法院强制执行。

第四十三条 管理专利工作的部门认定假冒专利行为成立的，应当责令行为人采取下列改正措施：

（一）在未被授予专利权的产品或者其包装上标注专利标识、专利权被宣告无效后或者终止后继续在产品或者其包装上标注专利标识或者未经许可在产品或者产品包装上标注他人的专利号的，立即停止标注行为，消除尚未售出的产品或者其包装上的专利标识；产品上的专利标识难以消除的，销毁该产品或者包装；

（二）销售第（一）项所述产品的，立即停止销售行为；

（三）在产品说明书等材料中将未被授予专利权的技术或者设计称为专利技术或者专利设计，将专利申请称为专利，或者未经许可使用他人的专利号，使公众将所涉及的技术或者设计误认为是他人的专利技术或者专利设计的，立即停止发放该材料，销毁尚未发出的材料，并消除影响；

（四）伪造或者变造专利证书、专利文件或者专利申请文件的，立即停止伪造或者变造行为，销毁伪造或者变造的专利证书、专利文件或者专利申请文件，并消除影响；

（五）其他必要的改正措施。

第四十四条 管理专利工作的部门认定假冒专利行为成立，作出处罚决定的，应当予以公告。

第四十五条 管理专利工作的部门认定假冒专利行为成立的，可以按照下列方式确定行为人的违法所得：

（一）销售假冒专利的产品的，以产品销售价格乘以所销售产品的数量作为其违法所得；

（二）订立假冒专利的合同的，以收取的费用作为其违法所得。

第四十六条　管理专利工作的部门作出处罚决定后，当事人申请行政复议或者向人民法院提起行政诉讼的，在行政复议或者诉讼期间不停止决定的执行。

第四十七条　假冒专利行为的行为人应当自收到处罚决定书之日起15日内，到指定的银行缴纳处罚决定书写明的罚款；到期不缴纳的，每日按罚款数额的百分之三加处罚款。

第四十八条　拒绝、阻碍管理专利工作的部门依法执行公务的，由公安机关根据《中华人民共和国治安管理处罚法》的规定给予处罚；情节严重构成犯罪的，由司法机关依法追究刑事责任。

第七章　附　则

第四十九条　管理专利工作的部门可以通过寄交、直接送交、留置送达、公告送达或者其他方式送达有关法律文书和材料。

第五十条　本办法由国家知识产权局负责解释。

第五十一条　本办法自2011年2月1日起施行。2001年12月17日国家知识产权局令第十九号发布的《专利行政执法办法》同时废止。

专利标识标注办法

第一条　为了规范专利标识的标注方式，维护正常的市场经济秩序，根据《中华人民共和国专利法》（以下简称专利法）和《中华人民共和国专利法实施细则》的有关规定，制定本办法。

第二条　标注专利标识的，应当按照本办法予以标注。

第三条　管理专利工作的部门负责在本行政区域内对标注专利标识的行为进行监督管理。

第四条　在授予专利权之后的专利权有效期内，专利权人或者经专利权人同意享有专利标识标注权的被许可人可以在其专利产品、依照专利方法直接获得的产品、该产品的包装或者该产品的说明书等材料上标注专利标识。

第五条　标注专利标识的，应当标明下述内容：

（一）采用中文标明专利权的类别，例如中国发明专利、中国实用新型专利、中国外观设计专利；

（二）国家知识产权局授予专利权的专利号。

除上述内容之外，可以附加其他文字、图形标记，但附加的文字、图形标记及其标注方式不得误导公众。

第六条　在依照专利方法直接获得的产品、该产品的包装或者该产品的说明书等材料上标注专利标识的，应当采用中文标明该产品系依照专利方法所获得的产品。

第七条　专利权被授予前在产品、该产品的包装或者该产品的说明书等材料上进行标注的，应当采用中文标明中国专利申请的类别、专利申请号，并标明"专利申请，尚未授权"字样。

第八条　专利标识的标注不符合本办法第五条、第六条或者第七条规定的，由管理专利工作的部门责令改正。

专利标识标注不当，构成假冒专利行为的，由管理专利工作的部门依照专利法第六十三条的规定进行处罚。

第九条　本办法由国家知识产权局负责解释。

第十条　本办法自2012年5月1日起施行。2003年5月30日国家知识产权局令第二十九号发布的《专利标记和专利号标注方式的规定》同时废止。

相关国家政策

国务院关于进一步做好打击侵犯知识产权和制售假冒伪劣商品工作的意见

（国发〔2011〕37号）

各省、自治区、直辖市人民政府，国务院各部委、各直属机构：

党中央、国务院高度重视保护知识产权和打击制售假冒伪劣商品工作，近年来采取了一系列政策措施，推动我国知识产权保护和产品质量安全水平不断提高。2010年10月至2011年6月，国务院部署开展了打击侵犯知识产权和制售假冒伪劣商品（以下简称打击侵权和假冒伪劣）专项行动，集中整治侵权和假冒伪劣突出问题，查办了一批大案要案，维护了公平竞争的市场秩序，增强了全社会的知识产权意识。但一些地区对打击侵权和假冒伪劣工作重视不够，侵权和假冒伪劣行为仍时有发生，有些行政执法领域存在有案不移、有案难移、以罚代刑现象，相关工作机制有待完善。打击侵权和假冒伪劣是一项长期、复杂、艰巨的任务，为进一步做好相关工作，建立健全长效机制，现提出以下意见：

一、依法严厉打击侵权和假冒伪劣行为

（一）切实加大行政执法力度。各地区、各有关部门要围绕食品、药品、化妆品、农资、建材、机电、汽车配件等重点商品，以及著作权、商标、专利等领域的突出问题，确定阶段工作目标，定期开展专项整治，继续保持打击侵权和假冒伪劣的高压态势。要严格对生产经营企业的监管，切实加强市场巡查和产品抽查抽检，对发现的侵权和假冒伪劣线索追根溯源，深挖生产源头和销售网络，依法取缔无证照生产经营的"黑作坊""黑窝点"。要强化重点口岸执法，加大对进出口货物的监管力度，有效遏制进出口环节侵权和假冒伪劣违法活动。要大力整治利用互联网发布虚假商品信息，严厉打击互联网领域侵权和销售假冒伪劣商品行为，依法吊销严重违法违规网站的电信业务经营许可证或注销网站备案，规范网络交易和经营秩序。要创新监管手段，完善重点产品追溯制度，推动落实生产经营企业进货查验、索证索票和质量承诺制度。要督促相关企业切实履行主体责任，严把产品质量关；市场开办者、网络交易平台经营者要承担相应的管理责任，引导和督促商户规范经营。

（二）进一步强化刑事司法打击。公安机关对侵权和假冒伪劣犯罪及相关商业贿赂犯罪要及时立案侦查，明确查办责任主体和办理时限，对情节严重、影响恶劣的重点案件要挂牌督办。要加大对制售假冒伪劣食品、药品、农资等直接损害群众切身利益违法犯罪行为的查处力度，定期开展集中打击行动。要发掘相关案件线索，深挖犯罪组织者、策划者和生产加工窝点，摧毁其产供销产业链条。有关部门要主动支持配合公安机关履行侦查职责，支持配合检察机关履行审查批捕、审查起诉、诉讼监督和对行政执法机关移送涉嫌犯罪案件的监督职责，支持配合法院做好侵权和假冒伪劣犯罪案件审理工作，依法严惩犯罪分子。

（三）加强行政执法与刑事司法有效衔接。商务部作为打击侵权和假冒伪劣领域行政执法与刑事司法衔接工作牵头部门，要切实负起责任，加强统筹协调。行政执法部门在执法检查时发现侵权和假冒伪劣行为涉嫌犯罪的，要及时向公安机关通报，并按规定移送涉嫌犯罪案件；公安机关接报后应当立即调查，并依法作出立案

或者不予立案的决定。公安机关依法提请行政执法部门作出检验、鉴定、认定等协助的，行政执法部门应当予以协助。县级以上地方人民政府要尽快明确打击侵权和假冒伪劣领域行政执法与刑事司法衔接工作的牵头单位，建立健全联席会议、案件咨询等制度，及时会商复杂、疑难案件，研究解决衔接工作中的问题。司法机关应当积极支持行政执法部门依法办案，强化协调配合。要加快建设打击侵权和假冒伪劣领域行政执法与刑事司法衔接工作信息共享平台，2013年年底前分批全面建设完成，实现行政执法部门与司法机关之间执法、司法信息互联互通。除适用简易程序的案件外，行政执法部门应在规定时间内将相关案件信息录入共享平台。对涉嫌犯罪案件不移送、不受理或推诿执法协作的，由监察部门或检察机关依纪依法追究有关单位和人员的责任。

（四）建立跨地区跨部门执法协作机制。各地区、各有关部门要建立联络员制度，定期研判侵权和假冒伪劣违法犯罪形势，确定重点打击的目标和措施。建立线索通报、案件协办、联合执法、定期会商等制度，完善立案协助、调查取证、证据互认、协助执行及应急联动工作机制，形成打击合力，增强打击效果。规范执法协作流程，加强区域间执法信息共享，提高跨区域执法协作监管效能。充分发挥部门联合办案优势，行政执法部门依法提请公安机关联合执法的，公安机关应当依法给予积极协助。

二、建立健全打击侵权和假冒伪劣的约束激励机制

（五）健全监督考核制度。将打击侵权和假冒伪劣工作纳入政府绩效考核体系，并推动纳入社会治安综合治理考评范围，逐级开展督促检查。对侵权和假冒伪劣问题突出的地区，要督促加强执法、限期整改。监察机关要加大行政监察和问责力度，对因履职不力导致区域性、系统性侵权和假冒伪劣问题发生的，严肃追究当地政府负责人和相关监管部门的责任。

（六）加快诚信体系建设。商务诚信是社会诚信体系的重要组成部分。要把打击侵权和假冒伪劣作为社会诚信体系建设的突破口和重要抓手，努力营造诚实、自律、守信、互信的社会信用环境。各地区、各执法监管部门要建立企业和个体经营者诚信档案，记录有关身份信息和信用信息，推进信用信息系统互联互通，实现信息共享。完善违规失信惩戒机制，将实施侵权和假冒伪劣行为的企业和企业法人、违法行为责任人纳入"黑名单"，鼓励金融机构将企业诚信状况与银行授信挂钩。建立和完善信用信息查询和披露制度，引导企业和个体经营者增强诚信意识。

三、动员社会力量参与打击侵权和假冒伪劣工作

（七）充分发挥社会监督作用。加强维权援助举报投诉平台和举报处置指挥信息化平台建设，完善举报投诉受理处置机制，充分发挥各地区、各有关部门举报投诉热线电话、网络平台的作用。建立和完善有奖举报制度，落实奖励经费，鼓励社会公众举报侵权和假冒伪劣行为。行政执法部门要依法将侵权和假冒伪劣案件纳入政府信息公开范围，案件办结后按有关规定公布案件主体信息、案由以及处罚情况，接受社会监督，警示企业与经营者。

（八）加大宣传教育力度。各地区、各有关部门要充分利用电视、广播、报刊、网络等传播渠道，大力宣传打击侵权和假冒伪劣的政策措施、工作进展和成效，解读相关法律法规和政策，普及识假防骗知识，宣传注重创新、诚信经营的企业，曝光典型案件，震慑犯罪分子，教育和引导社会公众自觉抵制侵权和假冒伪劣产品。加强知识产权保护法律服务工作，开展知识产权保护进企业、进社区、进学校、进网络活动，强化对领导干部、行政执法和司法人员、企业管理人员的知识产权培训。以全国打击侵犯知识产权和制售假冒伪劣商品专项行动成果网络展为基础，建设集宣传、教育、警示等功能为一体的打击侵权和假冒伪劣工作平台。

四、完善打击侵权和假冒伪劣工作的保障措施

（九）加强组织领导和统筹协调。设立全国打击侵犯知识产权和制售假冒伪劣商品工作领导小组（办公室设在商务部），负责领导全国打击侵犯知识产权和制售假冒伪劣商品工作。地方人民政府对本地区打击侵权和

假冒伪劣工作负总责，统一领导和协调对侵权和假冒伪劣重点区域、重点市场的整治；各监管部门要制定加强监管的具体措施，指导和督促基层开展工作，切实负起监管责任。形成"全国统一领导、地方政府负责、部门依法监管、各方联合行动"的工作格局，推动打击侵权和假冒伪劣工作扎实有序开展。

（十）完善相关法律制度。研究修订打击侵权和假冒伪劣相关法律法规和规章，推动完善刑事定罪量刑标准，健全相关检验、鉴定标准，加大对侵权和假冒伪劣行为的惩处力度，为依法有效打击侵权和假冒伪劣行为提供有力法制保障。对跨境、有组织知识产权犯罪以及利用互联网等新技术实施侵权和假冒伪劣的行为，各地区、各有关部门要研究完善相应的执法监管措施。

（十一）加强执法能力建设。加强执法队伍业务和作风建设，提高业务水平和依法行政能力。严格执法人员持证上岗和资格管理制度，做到严格执法、规范执法、公正执法、文明执法。充实基层行政执法人员，加强刑事司法打击侵权和假冒伪劣犯罪专业力量，下移监管重心，推进综合执法和联合执法。保障打击侵权和假冒伪劣工作经费，改善执法装备和检验检测技术条件，提高执法监管能力。

（十二）加强国际交流合作。建立和完善多双边的执法合作机制，进一步提高对跨境侵权和假冒伪劣行为的打击能力。建立健全企业知识产权海外预警、维权和争端解决机制，提高企业在对外贸易投资中的知识产权保护和运用能力。加强多双边知识产权交流，增进互利合作。建立国际知识产权法规政策和动态信息资料库，学习和借鉴先进经验，提高我国知识产权保护水平。

国务院
二〇一一年十一月十三日

关于加强与科技有关的知识产权保护和管理工作的若干意见

（2002年2月13日科学技术部发布国科发政字〔2000〕569号）

为贯彻落实中共中央、国务院《关于加强技术创新，发展高科技，实现产业化的决定》精神，进一步加强技术创新活动中与科技有关的知识产权保护和管理工作，推动科研机构和高新技术企业提高知识产权保护意识和管理水平，完善我国科技计划、成果管理等各项科技管理工作中的知识产权内涵，正确处理科技成果转化工作涉及的知识产权问题，特提出以下意见。

一、加强与科技有关的知识产权保护和管理，是促进科研机构和高新技术企业进行体制创新和技术创新的主要途径和重要保证

1.充分认识知识产权制度的重要性，把加强与科技有关的知识产权保护和管理工作提升到促进体制创新和技术创新、增强科技持续创新能力的重要地位。知识产权制度是国家以法定程序和条件授予智力成果完成人在一定期间内拥有一定的独占权，并以法律手段保障这一权利不受侵犯的法律制度。知识产权制度通过对智力成果完成人民事权利的保护，体现了国家发展科技、鼓励创新、促进产业发展、保持国家竞争力的政策意志和战略目标。随着当代科学技术日新月异，高新技术及其产业迅猛发展，以及世界范围内的经济竞争呈现信息化、知识化和全球化趋势的深刻变化，知识产权制度作为保护智力劳动成果的一项重要法律制度，在国家经济、社会发展和科技进步中的战略地位进一步增强，成为国家技术创新体系的重要组成部分，发挥着激励创新、规范竞争、调整利益的重要作用。

近年来，我国的知识产权立法和执法工作不断加强和完善，良好的知识产权法治环境和秩序，对推动我国科技进步和技术创新起到了积极作用。但由于我国建立知识产权制度的时间不长，全社会的知识产权意识还比较薄弱，尤其是许多科研机构和高新技术企业对知识产权的重要性还缺乏足够的认识，也不善于运用必要的知

识产权保护策略和管理手段;科技计划、科技成果等科技管理工作中还缺少知识产权内涵;科技成果转化中各种知识产权纠纷还不断发生,等等。这些问题严重影响了科技创新机制的形成和良性运转。

在当前形势下,加强与科技有关的知识产权保护和管理,以提高我国知识产权的总量和质量,既是增强我国科技持续创新能力,解决技术创新源头问题的迫切要求,也是科研机构和高新技术企业在我国加入世界贸易组织后,应对国际竞争,变压力为动力的必然选择。各级科技行政管理部门要充分认识到知识产权制度在激励技术创新,保持科研机构和高新技术企业科技、经济竞争优势方面的至关重要性,采取积极措施和有效政策,强化与科技有关的知识产权保护和管理工作,并把这一工作纳入到科技计划管理、科技成果管理、科技成果转化及其产业化和科技体制改革的各个环节中去,引导科研机构和高新技术企业提高与科技有关的知识产权保护意识,提高知识产权管理水平,建立和完善相应的知识产权管理制度,全面运用知识产权政策,正确调整科研开发、成果转化及产业化过程中的国家、单位和个人利益,实现知识的资本化,在技术创新和市场竞争中体现知识产权的经济价值,保障智力劳动及其成果价值的市场化实现。

2.明确指导思想,突出工作重点,加强与科技有关的知识产权保护和管理的政策指导和宏观战略研究。当前,加强与科技有关的知识产权保护和管理工作的指导思想,应当是紧紧围绕增强科技持续创新能力,加强技术创新,发展高科技,实现产业化的方针,充分发挥知识产权制度在规范科技管理,调节利益关系,激励和保障技术创新方面的重要功能和作用,深化科研机构和高新技术企业体制创新和技术创新的内涵;充分运用知识产权制度,以增加我国知识产权总量、提高原创性知识产权质量为目的,扶持和保护具有自主知识产权的高新技术产业的形成和发展,加速科技成果转化及其产业化,提升国家创新能力和综合竞争力。

各级科技行政管理部门要围绕当前科技发展的政策方向和重大课题,突出重点,研究相应的知识产权管理和保护对策,提出综合性的、全局性的知识产权战略研究报告。要在宏观上和战略上加强各相关高新技术领域知识产权的态势研究,掌握和了解国外及其他地区在相关专业技术领域的知识产权状况,积极应对,寻找突破。要通过知识产权宏观战略研究,准确确定"有所为"的技术发展领域,并采取有效的倾斜政策,增加研究开发与产业化经费的投入,指导高新技术产业及产品结构调整,形成具有原创性的自主知识产权群,提高高新技术产业竞争的控制能力,并通过有效的知识产权管理和保护,提升技术创新在科技、经济竞争中的实际效益。各级科技行政管理部门要采取积极有效的行政、经济措施,鼓励和支持科研机构和高新技术企业申请专利、注册商标、登记计算机软件版权以及申请植物新品种保护,依法取得知识产权,确保我国知识产权总量特别是原创性发明专利申请量的增加,扩大技术创新的科技储备。

二、加强与科技有关的知识产权保护和管理工作,是科技管理体制创新的重要内容和主要目标之一

1.调整科技成果的知识产权归属政策,激励科研机构、高新技术企业和广大科技人员积极参与技术创新活动。目前,国家财政科技投入仍是我国研究与开发投入的主要渠道,由此形成的科技成果仍是我国科技成果的主要来源之一,因此,应当贯彻尊重知识、尊重人才、保证公平、提高效率的原则,在保证重大国家利益、国家安全和社会公共利益的基础上,以加速科技成果转化和激励创新为目的,鼓励知识作为生产要素参与分配,充分保障科技计划项目承担单位和科技人员的技术权益和经济利益。

科技成果的知识产权归属政策是调整科研开发和成果转化中各方当事人技术、经济利益关系的重要杠杆。要逐步调整科技成果的知识产权归属政策,除以保证重大国家利益、国家安全和社会公共利益为目的,并由科技计划项目主管部门与承担单位在合同中明确约定外,执行国家科技计划项目所形成科技成果的知识产权,可以由承担单位所有。执行国家科技计划项目所产生的发明权、发现权及其他科技成果权等精神权利,属于对项目单独或者共同作出创造性贡献的科技人员。承担单位应当依法落实并保障科技成果完成人员取得相应的经济利益。承担单位应当建立和完善科技成果的知识产权管理制度及相应的转化制度,应对其所有的科技计划项目研究成果采取必要措施,依法申请相关知识产权并加以管理和保护,对侵犯其知识产权的违法行为,有责任寻求法律手段予以制止。对于承担单位无正当理由不采取或者不适当采取知识产权保护措施,以及无正当理由在

一定期限内确能转化而不转化应用科技计划项目研究成果的，科技计划项目的行政主管部门可以依法另行决定相关研究成果的知识产权归属，并以完成成果的科技人员为优先受让人。

2.改革科技计划管理体制，把知识产权管理纳入科技计划管理工作的全过程。各级科技行政管理部门要结合科技规划、重大专项、专题、课题的立项和进展，制定相应的知识产权战略，进行必要的知识产权状况分析和评估。要充分运用知识产权信息资源，选准高起点，突破国外专利封锁，选择最优化的技术开发及产业化路线，避免低水平重复研究。要从知识产权管理入手，提升科技计划立项的质量和科研目标的准确性。科技计划项目立项应当以独立的知识产权中介服务机构提供该项目技术领域的知识产权状况评估报告为基础，并在项目研究与开发过程中，及时进行知识产权信息分析。要结合研究与开发的具体情况，适时适当的选择知识产权保护方式，使科技成果及时形成知识产权。科技行政管理部门可以根据科技计划项目的具体情况，单列资金，用于补助承担单位取得相关知识产权的申请费用和维持费用；对于有国际市场前景的，可以补助承担单位用于取得外国相关知识产权的申请费用和维持费用。知识产权保护和管理制度完善与否，应当成为各级科技行政管理部门确定申报或者投标科技计划项目承担单位的资格指标之一。

3.改革科技成果管理和鉴定制度，将知识产权管理纳入科技成果管理体系，提升科技成果的法律内涵和市场外延。要逐步实行科技成果鉴定的社会化和市场化，大幅度减少行政主管部门组织的科技成果鉴定。科技行政管理部门及其他科技成果鉴定机构组织科技成果鉴定之前，应当要求科技成果完成者提交完整准确的知识产权报告；对于需要申请专利的，应当要求当事人及时申请专利后再行组织鉴定。

4.增加各项科技管理工作的知识产权内涵，将知识产权拥有量及其保护和管理制度建设状况作为高新技术企业资格认定、科技人员职称评定、科技奖励评审等项工作的重要指标。各级科技行政管理部门要将拥有知识产权的数量、质量及其保护与管理制度完善与否，作为高新技术企业认定、高技术产品评审、中小企业技术创新基金申请等的重要资格指标和条件。要改变科技奖励以及科技人员职称、职务评定中重视论文发表数量、轻视知识产权的传统观念和模式，将形成并拥有知识产权的数量及其质量作为评定科研机构、高新技术企业和科技人员科研贡献及能力的重要指标之一。同时，在全国范围内开展的科教兴市（县）活动中，要将知识产权保护和管理工作列入各地方、各部门科技管理工作的重要内容，逐步推行知识产权考核指标体系，并将相关知识产权保护和管理制度建设完备与否、管理水平高低，作为地方党政领导目标责任制和干部考核、晋升的重要内容。

三、加强与科技有关的知识产权管理制度建设，提高科研机构和高新技术企业创造、保护和管理知识产权的能力和水平

1.进一步提高科研机构和高新技术企业的知识产权保护意识和管理水平。创新是知识产权的源泉，知识产权是创新的动力。知识产权制度是科研机构和高新技术企业提高科技、经济竞争实力的法律武器，是增强科技持续创新能力，实现技术创新的重要保障。科研机构和高新技术企业应当增强知识产权保护和管理的自觉性、主动性和紧迫性，要深刻认识知识产权作为无形资产和经济、技术竞争武器的重要价值及其在开拓、占领国内外市场，保持竞争优势和发展后劲方面的积极作用，要从创新战略和经营方略的高度上重视知识产权管理，把知识产权的形成和使用纳入本单位研究与开发、成果转化、生产经营和资源管理的各项工作之中并形成相应的管理制度。利用知识产权信息制定正确的技术创新战略，确定研究方向和技术路线，提高技术研究与开发的起点、水平、质量和效益，避免重复研究或发生不必要的侵权纠纷。

科研机构和高新技术企业应当逐步形成通过掌握和应用自主知识产权，提高市场竞争能力，保持市场竞争优势，并不断创新，进一步形成并取得新的知识产权的良性发展机制。科研机构要完善科研管理制度，改变由课题组和项目完成人提出知识产权申请并承担相关费用的简单作法，主动对其内部科研组织提出知识产权方面的任务和要求，并承担相关申请和维持费用，将知识产权作为本单位的无形资产予以重视并统一管理。科研机构和高新技术企业要克服在知识产权保护和管理方面对政府的过度依赖心理，提高自我保护意识，增强对知识产权法律保护的信心。

各级科技行政管理部门要主动引导、帮助和支持科研机构和高新技术企业建立知识产权管理制度，并把这一工作纳入重要议事日程。要对拥有自主知识产权特别是原创性发明专利的科研机构和高新技术企业实行有效的支持政策，在计划安排和经费投入上对原创性自主知识产权的转化和实施予以重点倾斜。各国家级高新技术产业开发区管理机构及其创业服务机构也应当对园区内高新技术企业的知识产权保护和管理状况进行监控，随时掌握相关信息和动态，不断提高高新技术企业的知识产权开发能力。

要继续开展科研机构和高新技术企业的知识产权保护试点工作，并以推动技术创新和体制创新为目标，丰富试点内涵，提高试点质量。科学技术部将分批选择若干国家高新技术产业开发区、大学科技园及高新技术企业，进行知识产权管理制度和环境建设的试点推动工作，按照"试点先行、逐步深入、以点带面、指导全局"的工作原则，帮助和指导国家高新技术产业开发区及区内高新技术企业建立与科技有关的知识产权管理制度。通过建章立制、培训教育、战略指导、业务交流、专项服务等工作，摸索出有助于科研机构和高新技术企业建立与科技有关的知识产权管理模式及配套的规章制度，并逐步交流推广。

2.加强科技人员流动中知识产权特别是技术秘密的保护和管理工作，实现在社会主义市场经济体制下科技人才和技术资源的优化配置。科技人员流动是社会主义市场经济体制下劳动择业自由的体现，也是鼓励创业、创新，促进科研结构调整、人才分流，实现科技人才和技术资源优化配置的一项重要措施。要继续鼓励和支持科技人员以调离、辞职、离岗、兼职等方式创办、领办高新技术企业，充分发挥其作用。科技人员流动应当依法有序地进行。科技人员在流动中应当遵守国家法律、法规和本单位的各项管理制度，自觉维护国家和单位的合法权益。各级科技行政管理部门应当加强对科技人员流动的宏观管理和政策引导，支持正当合理的科技人员流动。

科研机构和高新技术企业应当对本单位的技术秘密予以严格界定，并采取相应的合法、有效的保密措施。单位未明确界定或未采取适当保密措施，或者有关技术信息的内容已经公开、能够从公开渠道直接得到的技术信息，科技人员有权自行使用。单位在对技术秘密予以界定并采取保密措施的同时，应当遵循公平、合理的原则，切实保障科技人员依法享有的获取相应报酬和奖励的权利。科技人员在流动活动中，可以利用自己在工作中积累和掌握的知识、经验和信息从事技术创新活动，但不得将原单位拥有的特定的技术秘密擅自提供给其他单位或个人，侵害原单位的技术权益。对于以流动为名，故意利诱他人披露相关技术秘密的单位和个人，应当依法追究法律责任。

3.采取有效措施鼓励知识和技术作为生产要素参与分配，切实保障职务技术成果完成人的技术权益和经济利益。要严格按照《合同法》《专利法》《著作权法》《计算机软件保护条例》《植物新品种保护条例》等法律、法规的规定，界定职务技术成果和非职务技术成果的知识产权权属，尊重单位对职务技术成果的使用权、转让权和收益权。对于非本单位任务来源或本职工作任务，仅利用本单位物质技术条件所完成的技术成果，单位和研究人员之间可以以协商方式确定成果权属，协商不成的，研究人员在交付约定的物质技术条件使用费用后，可以依法享有该项技术成果的知识产权。

进一步贯彻落实知识和技术作为生产要素参与分配的政策，及时、充分地兑现国家法律、法规规定的各项奖励政策，切实保障科技人员创造性劳动的经济价值实现。各单位应当严格按照《促进科技成果转化法》和国务院办公厅转发的《关于促进科技成果转化的若干规定》要求，兑现相关的奖励措施，支付相关报酬。各级科技行政管理部门应当进行必要的监督检查。对于拒不支付职务技术成果完成人和在科技成果转化中做出突出贡献人员依法应得报酬的，职务技术成果完成人及相关人员有权通过法律手段予以追偿。要积极探索和推广企业期权激励机制，依法保障技术成果完成人和在科技成果转化中作出突出贡献的其他人员获得与其创造性劳动价值相适应的股份，使高新技术企业在人力资源管理方面的激励机制与约束机制，通过完善知识产权管理得以有机的结合。

4.加强技术合同管理工作，切实保障技术提供方通过技术成果转让或者知识产权许可实施获得相应收益，加速科技成果转化。科研机构和高新技术企业转让科技成果，进行技术交易，应当严格按照《合同法》的有关规定，签订有关技术开发、转让、咨询、服务以及技术入股、联营、培训、中介等合同，并且应当在合同中明确约定有关知识产权归谁所有、如何使用以及由此产生的利益如何分配等事项。签订技术合同应当合法、公平、诚实信用、互利有偿，充分体现并保障技术商品价值的实现，有利于科技进步，加速科技成果的转化、应用和推广。任何一方不得通过技术合同非法垄断技术，妨碍技术进步或者侵害他人技术权益。要通过技术合同中知识产权归属与利益分享的合理约定，进一步加强产学研结合，提升科技成果转化能力和实际效果。

要保障技术交易的各方当事人通过科技成果的转化实施，分享科技进步的利益。技术合同的各方当事人应当严格履行合同约定的权利和义务，提升履行技术合同的效益和水平。受让技术成果的当事人应当严格按照技术合同的约定支付技术使用费和报酬，不得随意拖欠、拒付。约定提成支付的，应当切实保证提成基数的真实、准确。出让技术成果的当事人应当保证知识产权的真实性和有效性以及技术成果的实用性和完整性，保证技术咨询和服务的质量，不得有意提供虚假技术或者故意隐瞒技术成果瑕疵。

各级科技行政管理部门应当通过技术合同的认定登记工作，加强对技术市场及技术交易活动的管理，切实保证技术合同认定登记质量，并与财政、税务部门密切配合，保障国家有关技术交易财税优惠政策的实现。

四、加强与科技有关的知识产权中介服务组织建设，提高与科技有关的知识产权保护和管理的社会化服务水平

1.支持知识产权中介服务机构的建设，努力为科研机构和高新技术企业提供优质高效的知识产权服务。专利、商标、版权、植物新品种等知识产权代理服务机构、律师事务所、资产评估机构、技术交易中介服务机构及科技成果评估和鉴定机构等社会化中介服务机构，是我国技术创新体系中社会化服务组织建设的重要组成部分。要进一步支持这些机构的发展，使之按照市场需求，强化其中介服务的功能和作用，积极面向科研机构和高新技术企业及广大科技人员，开展多种形式的知识产权中介服务，不断提高知识产权中介服务的质量和水平。各级科技行政管理部门可以主动指定或委托这些知识产权中介服务机构进行相关的知识产权中介服务业务，使之既是科研机构和高新技术企业完善与科技有关的知识产权保护与管理制度的重要社会支撑力量，又成为科技行政管理部门有效开展与科技有关的知识产权保护和管理工作的有力助手。

2.推动科研机构和高新技术企业知识产权自我保护和管理的社会组织建设。要支持和鼓励高新技术各领域、高新技术产业开发区及高新技术企业、科研机构等自发组建各类知识产权保护的自律性和维权性社会组织，发挥其在保护和管理知识产权方面的集体运作功能，建立自我教育、自我保护、自我约束、自我发展的机制，形成专业性或区域性知识产权保护组织，自发开展相关技术领域的知识产权战略研究，积极向有关行政主管部门和司法机关提供政策咨询和建议，协助和指导会员单位建立和完善知识产权的内部管理制度，提高自我保护和管理能力，监控知识产权保护状况，协调会员单位之间的知识产权纠纷，建立知识产权公平竞争的市场规则，逐步提高我国与科技有关的知识产权保护的社会化管理和服务水平。

五、深入普法，加大执法力度，坚决查处和制裁科技成果转化中的各种知识产权侵权行为

1.切实抓好知识产权宣传普及工作，提高科研机构和高新技术企业及科技人员的知识产权法律意识。各级科技行政管理部门要面向科研机构、高新技术企业和科技人员，大力宣传和普及知识产权知识，要针对不同对象和层次，以普及教育、专业培养、业务交流等多种方式深入、持久、扎实地抓紧抓好。特别要注重指导和帮助科研机构和高新技术企业培养和建立一支业务能力强、素质好的知识产权专业骨干队伍，充实科研机构和高新技术企业的知识产权管理和保护力量。

2.积极加强与司法机关和知识产权行政执法机关的密切配合，共同营造有利于科技进步的知识产权法治环境。各级科技行政管理部门应当积极支持和协助司法机关和知识产权行政执法机关对知识产权侵权案件的依法审理和查处，保障各类知识产权案件得到公正、及时的处理，制裁各类侵犯知识产权的行为，切实维护科研机构、高新技术企业和科技人员的合法权益。要努力为司法审判和行政执法提供技术支持和帮助，并可接受其委托，组织或者指定有关专业机构和专家就有关知识产权纠纷中的专业技术性问题进行鉴定和评估，提供技术咨询。各级科技行政管理部门应当依法维护和支持科研机构和高新技术企业以及科技人员与科技有关的知识产权

合法权益，主动热情地为他们排忧解难。科研机构和高新技术企业在科研开发和成果转化的各项活动中也应当自觉尊重他人的知识产权，在不侵犯他人知识产权的前提下，勇于并善于运用法律武器，依法维护自身的知识产权合法权益，打击各种知识产权侵权行为，依法保持自己的技术竞争优势。

六、加强国际科技合作与交流中的知识产权保护和管理，切实保护合作各方的知识产权权益，促进对外开放，优化投资环境

保护知识产权既是我国经济发展和科技创新的内在需求，也是对外开放，优化投资环境，参与国际竞争的必然选择。我国即将加入世界贸易组织，经济、科技等领域将面临更大的挑战和竞争。要切实履行我国加入和缔结的国际科技合作协定中有关知识产权的权利和义务，加强国际科技交流与合作中的知识产权保护和管理。要坚持按照平等互利的原则，妥善处理国际科技交流与合作方面的知识产权关系，公平合理地解决对外科技合作中出现的知识产权纠纷，对外国投资者、合作者的知识产权提供有效保护。要指导我国科研机构和高新技术企业等单位在合作研究开发、合办研究开发机构、人才与信息交流、科技考察、学术会议、科技展览、技术贸易等各类科技合作交流活动中，对科技成果的权属与分享及保护等做出合理安排。要采取有效措施，维护我国高新技术企业在境外的合法权益，帮助我国高新技术企业有效运用知识产权武器，积极参与国际市场竞争，并在激烈的竞争中争取优势、维护优势、发展优势。

关于进一步加强知识产权运用和保护助力创新创业的意见

知识产权是联结创新与市场之间的桥梁和纽带。知识产权制度是保障创新创业成功的重要制度，是激发创新创业热情、保护创新创业成果的有效支撑。为深入实施创新驱动发展战略和国家知识产权战略，进一步加强知识产权运用和保护，助力创新创业，现提出以下意见。

一、总体要求

（一）指导思想

全面贯彻落实党的十八大和十八届二中、三中、四中全会精神，认真落实党中央、国务院决策部署，充分发挥市场在资源配置中的决定性作用，更好发挥政府作用，创新知识产权管理机制，健全知识产权公共服务体系，引领创新创业模式变革，优化市场竞争环境，释放全社会创造活力，催生更多的创新创业机会，让创新创业根植知识产权沃土。

（二）基本原则

一是市场导向。发挥知识产权对创新创业活动的激励作用，充分调动市场力量，形成创新创业知识产权激励和利益分配机制，促进创新创业要素合理流动和高效配置。

二是加强引导。突出知识产权对创新创业活动的导向作用，更多采用专利导航等有效手段，创新服务模式和流程，提升创新创业发展水平。

三是积极推动。坚持政策协同、主动作为、开放合作，建立政府引导、市场驱动、社会参与的知识产权创新支持政策和创业服务体系，全力营造大众创业、万众创新的良好氛围。

四是注重实效。紧贴创新创业活动的实际需求，建立横向协调、纵向联动的工作机制，强化政策落实中的评估和反馈，不断完善和深化政策环境、制度环境和公共服务体系，形成利于创新、便于创业的格局。

二、完善知识产权政策体系降低创新创业门槛

（三）综合运用知识产权政策手段。引导广大创新创业者创造和运用知识产权，健全面向高校院所科技创

新人才、海外留学回国人员等高端人才和高素质技术工人创新创业的知识产权扶持政策,对优秀创业项目的知识产权申请、转化运用给予资金和项目支持。进一步细化降低中小微企业知识产权申请和维持费用的措施。充分发挥和落实各项财税扶持政策作用,支持在校大学生和高校毕业生、退役军人、登记失业人员、残疾人等重点群体运用专利创新创业。在各地专利代办处设立专门服务窗口,为创新创业者提供便捷、专业的专利事务和政策咨询服务。

(四)拓宽知识产权价值实现渠道。深化事业单位科技成果使用、处置和收益管理改革试点,调动单位和人员运用知识产权的积极性。支持互联网知识产权金融发展,鼓励金融机构为创新创业者提供知识产权资产证券化、专利保险等新型金融产品和服务。完善知识产权估值、质押、流转体系,推进知识产权质押融资服务实现普遍化、常态化和规模化,引导银行与投资机构开展投贷联动,积极探索专利许可收益权质押融资等新模式,积极协助符合条件的创新创业者办理知识产权质押贷款。支持符合条件的省份设立重点产业知识产权运营基金,扶持重点领域知识产权联盟建设,通过加强知识产权协同运用助推创业成功。

三、强化知识产权激励政策释放创新创业活力

(五)鼓励利用发明创造在职和离岗创业。完善职务发明与非职务发明法律制度,合理界定单位与职务发明人的权利义务,切实保障发明人合法权益,使创新人才分享成果收益。支持企业、高校、科研院所、研发中心等专业技术人员和技术工人进行非职务发明创造,提供相应的公益培训和咨询服务,充分发挥企事业单位教育培训费用的作用,加强对一线职工进行创新创造开发教育培训和开阔眼界提高技能的培训,鼓励职工积极参与创新活动,鼓励企事业单位设立职工小发明小创造专项扶持资金,健全困难群体创业知识产权服务帮扶机制。

(六)提供优质知识产权公共服务。建立健全具有针对性的知识产权公共服务机制,推动引进海外优秀人才。加大对青年为主体的创业群体知识产权扶持,建立健全创业知识产权辅导制度,促进高质量创业。积极打造专利创业孵化链,鼓励和支持青年以创业带动就业。组织开展创业知识产权培训进高校活动,支持高校开发开设创新创业知识产权实务技能课程。从优秀知识产权研究人员、专利审查实务专家、资深知识产权代理人、知名企业知识产权经理人中选拔一批创业知识产权导师,积极指导青年创业训练和实践。

四、推进知识产权运营工作引导创新创业方向

(七)推广运用专利分析工作成果。实施一批宏观专利导航项目,发布产业规划类专利导航项目成果,更大范围地优化各类创业活动中的资源配置。实施一批微观专利导航项目,引导有条件的创业活动向高端产业发展。建立实用专利技术筛选机制,为创新创业者提供技术支撑。推动建立产业知识产权联盟,完善企业主导、创新创业者积极参与的专利协同运用体系,构建具有产业特色的低成本、便利化、全要素、开放式的知识产权创新创业基地。

(八)完善知识产权运营服务体系。充分运用社区网络、大数据、云计算,加快推进全国知识产权运营公共服务平台建设,构建新型开放创新创业平台,促进更多创业者加入和集聚。积极构建知识产权运营服务体系,通过公益性与市场化相结合的方式,为创新创业者提供高端专业的知识产权运营服务。探索通过发放创新券的方式,支持创业企业向知识产权运营机构购买专利运营服务。

五、完善知识产权服务体系支撑创新创业活动

(九)提升知识产权信息获取效率。进一步提高知识产权公共服务水平,在众创空间等新型创业服务平台建立知识产权联络员制度,开展知识产权专家服务试点,实施精细化服务,做到基础服务全覆盖。加强创新创业专利信息服务,鼓励开展高水平创业活动。完善专利基础数据服务实验系统,扩大专利基础数据开放范围,开展专利信息推送服务。

(十)发展综合性知识产权服务。发挥行业社团的组织引领作用,推动知识产权服务机构通过市场化机

制、专业化服务和资本化途径，为创新创业者提供知识产权全链条服务。鼓励知识产权服务机构以参股入股的新型合作模式直接参与创新创业，带动青年创业活动。在国家知识产权试点示范城市广泛开展知识产权促进高校毕业生就业试点工作，强化知识产权实务技能培训，提供高质量就业岗位。

六、加强知识产权培训条件建设提升创新创业能力

（十一）加强创业知识产权培训。切实加强创业知识产权培训师资队伍和培训机构建设，积极推行知识产权创业模块培训、创业案例教学和创业实务训练。鼓励各类知识产权协会社团积极承担创新创业训练任务，为创业者提供技术、场地、政策、管理等支持和创业孵化服务。以有创业愿望的技能人才为重点，优先安排培训资源，使有创业愿望和培训需求的青年都有机会获得知识产权培训。

（十二）引导各类知识产权优势主体提供专业实训。综合运用政府购买服务、无偿资助、业务奖励等方式，在国家知识产权培训基地、国家中小微企业知识产权培训基地、国家知识产权优势和示范企业、知识产权服务品牌机构建立创新创业知识产权实训体系。引导国家知识产权优势和示范企业、科研组织向创业青年免费提供实验场地和实验仪器设备。

七、强化知识产权执法维权保护创新创业成果

（十三）加大专利行政执法力度。健全知识产权保护措施，加强行政执法机制和能力建设，切实保护创新创业者知识产权合法权益。深化维权援助机制建设，完善知识产权维权援助中心布局，在创新创业最活跃的地区优先进行快速维权援助中心布点，推动行政执法与司法联动，缩短确权审查、侵权处理周期，提高维权效率。

（十四）完善知识产权维权援助体系。构建网络化知识产权维权援助体系，为创新创业者提供有效服务。健全电子商务领域专利执法维权机制，快速调解、处理电子商务平台上的专利侵权纠纷，及时查处假冒专利行为，制定符合创新创业特点的知识产权纠纷解决方案，完善行政调解等非诉讼纠纷解决途径。建立互联网电子商务知识产权信用体系，指导支持电商平台加强知识产权保护工作，强化专业市场知识产权保护。

八、推进知识产权文化建设营造创新创业氛围

（十五）加强知识产权舆论引导。广泛开展专利技术宣传、展示、推广等活动，宣扬创新精神，激发创业热情，带动更多劳动者积极投身创新创业活动，努力在全社会逐渐形成"创新创业依靠知识产权，知识产权面向创新创业"的良好氛围。依托国家专利技术展示交易中心，搭建知识产权创新创业交流平台，组织开展创业专利推介对接，鼓励社会力量围绕大众创业、万众创新组织开展各类知识产权公益活动。

（十六）积极举办各类专题活动。积极举办面向青年的创业知识产权公开课，提高创业能力，助推成功创业。鼓励社会力量举办各类知识产权服务创新创业大赛，推动有条件的地方积极搭建知识产权创新创业实体平台。加强创业知识产权辅导，支持"创青春"中国青年创新创业大赛、"挑战杯"全国大学生课外学术科技作品竞赛等活动。鼓励表现优秀的创新创业项目团队参加各类大型知识产权展会。在各类知识产权重点展会上设置服务专区，为创新创业提供交流经验、展示成果、共享资源的机会。

国家知识产权局会同财政部、人力资源和社会保障部、中华全国总工会、共青团中央等有关部门和单位建立创新创业知识产权工作长效推进机制，统筹协调并指导落实相关工作。各地要建立相应协调机制，结合地方实际制定具体实施方案，明确工作部署，切实加大资金投入、政策支持和条件保障力度。各地和有关部门要结合创新创业特点、需要和工作实际，发挥市场主体作用，不断完善创新创业知识产权政策体系和服务体系，确保各项政策措施贯彻落实。各地要做好有关政策落实情况调研、发展情况统计汇总等工作，及时报告工作进展情况。

国家知识产权局 财政部 人力资源社会保障部　中华全国总工会　共青团中央

二〇一五年九月七日

国家知识产权局关于加强专利行政执法工作的决定

各省、自治区、直辖市及计划单列市、副省级城市、新疆生产建设兵团知识产权局；国家知识产权局机关各部门，专利局各部门，局直属各单位、各社会团体：

为深入贯彻党中央、国务院关于加强知识产权执法的工作部署，加快推进专利行政执法制度建设，切实建立健全专利行政执法工作长效机制，进一步提升全国知识产权系统执法能力，促进经济社会发展，国家知识产权局作出如下决定。

一、大力推进专利行政执法制度建设

（一）推进制定和完善专利保护法规规章

加快推进制定和完善专利保护法规，大力加强专利侵权救济制度建设，切实解决专利执法手段不强、专利侵权救济措施不力等问题，依法加大对侵权假冒行为的打击力度。

加强知识产权举报投诉维权援助制度建设，鼓励和支持开展知识产权举报投诉工作。

（二）强化专利行政执法工作责任制度

各地方知识产权局必须将执法办案工作列入重要议事日程，主要领导和有关人员必须依职责履行执法工作责任，坚决消除执法办案中的推诿现象，积极参与行政诉讼，确保公正、廉洁、高效执法，全面提高依法行政水平。

对国家知识产权局安排的专项执法任务，地方知识产权局必须按要求高质量完成。省、自治区、直辖市知识产权局应根据实际需要，对行政区域内知识产权局安排执法办案工作任务，提出并督促落实责任要求。

（三）建立专利行政执法工作督查制度

国家知识产权局对省（区、市）知识产权局执法工作组织年度督查和专项督查。省（区、市）知识产权局对行政区域内知识产权局执法工作开展年度督查和专项督查。

督查中应核验执法档案、执法数据、办案条件、维权中心设置及12330接收举报投诉和转交办理等情况。接受督查的地方知识产权局应就督查中提出的突出问题进行整改。

（四）建立专利行政执法案件督办制度

国家知识产权局对具有重大影响的专利侵权案件和假冒专利案件进行督办。省（区、市）知识产权局对行政区域内具有较大影响的专利侵权案件和假冒专利案件进行督办。根据实际情况，对有关案件进行公开挂牌督办。加大对大型展会上发生的侵权假冒案件的督办工作力度。

负责督办的知识产权局应跟踪案件办理进程，接受督办的地方知识产权局对督办案件应尽快办理并及时提交办理结果。

（五）建立专利行政执法工作考核评价制度

国家知识产权局对各省（区、市）知识产权局、进入5·26专利执法推进工程的知识产权局和维权中心进行考核评价。省（区、市）知识产权局对行政区域内知识产权局执法维权工作进行考核评价。

制定专利行政执法及举报投诉维权工作评价标准，以执法办案数量和质量及举报投诉维权工作接转数量和质量作为重要内容，客观全面评价执法维权工作。

（六）完善专利行政执法信息报送公开制度

各地方知识产权局按要求的周期向上级知识产权局报送执法统计数据、执法办案材料。重大案件及时报送。执法统计数据应全面客观地反映依据专利法及其实施细则、地方专利保护条例、专利行政执法办法、展会知识产权保护办法等法律法规，调解、处理和查处案件的情况。

国家知识产权局和省（区、市）知识产权局在政府网站上公开执法统计数据。

（七）建立知识产权举报投诉奖励制度

鼓励权利人和社会各界对知识产权侵权假冒行为的举报投诉，加快建立知识产权举报投诉奖励制度。

国家知识产权局鼓励地方知识产权局和知识产权维权援助中心加快制定和实施知识产权举报投诉奖励办法，对通过12330平台举报投诉的人员按照规定给予奖励。地方知识产权局和知识产权维权援助中心对提供重要线索和多次提供线索的举报投诉人员给予奖励。知识产权举报投诉奖励应以事实为依据，以证据为基础，鼓励实名举报投诉。要建立健全举报投诉保密机制，切实保护举报投诉人合法权益。

二、切实完善专利行政执法工作机制

（八）创新专利纠纷行政调解工作机制

要大力开展各类专利纠纷的行政调解工作，创新工作机制，根据专利类型和纠纷的实际情况，简化调解程序，采取快速有效的调解方式。

优化专利侵权救济与确权无效程序的衔接机制，充分发挥行政执法简便、快捷的优势。

（九）完善专利行政执法协作机制

完善跨地区专利行政执法协作机制，规范跨地区专利行政执法协作。省（区、市）知识产权局负责在本行政区域内组织开展跨省的执法协作办案工作，安排、指导有关知识产权局及时完成跨省执法协作办案任务。

加强与公安、工商、版权、海关、文化、广电、质检、农业、林业等部门的执法协作。强化与司法机关的沟通协调，推进行政调解与司法调解的衔接，协同提高解决专利侵权纠纷的效率。加强与公安机关的协作，推进行政执法与刑事执法的衔接，对涉嫌刑事犯罪的假冒专利行为和涉及专利的诈骗行为，要及时移送公安机关，予以坚决整治。

（十）健全专利行政执法工作激励机制

国家知识产权局将执法维权工作考评结果作为执法专项支持的重要依据，对表现突出的地方知识产权局和维权中心给予表彰，并加大支持力度；对考评结果不合格的，视情况提出限期整改要求，或作出退出5·26工程、维权中心序列的决定。考评结果将作为全国专利工作先进集体评选和城市试点示范工作评价的重要内容之一，对考评结果不合格的市知识产权局，所在城市不再列入国家知识产权局城市试点示范序列。

省（区、市）知识产权局要根据各市专利行政执法考评结果，加强对执法工作突出的市局的支持力度。地方知识产权局对执法办案工作突出的执法处（科）室和人员给予表彰奖励。

（十一）建立知识产权保护社会信用评价监督机制

建立知识产权保护社会信用评价标准，对地方知识产权局执法工作开展社会满意度调查与评价，对企业侵权假冒行为进行监测与评价，建立知识产权诚信档案。

要充分发挥协会、中介机构、研究机构和各类群众组织的作用，构建多层次的知识产权保护社会信用评价监督机制。

（十二）建立高层次人才和重大项目知识产权维权援助服务机制

加快建立高层次人才和重大项目知识产权维权援助服务机制。选择有条件的地区先行先试，通过全面监测、主动跟踪、专题指导、提前介入、快速维权等措施，充分发挥知识产权维权对高层次人才和重大项目高水平创新的激励作用，为我国引进高层次人才、发挥高层次人才作用，支持原创性、基础性重大发明创造，加快战略性新兴产业发展营造良好环境。

对涉及高层次人才和重大项目且影响广泛的专利纠纷，相应区域的维权中心和知识产权局应及时组织开展专利预警与应对部署。

（十三）深化专利保护重点联系机制

加强与各类专利保护重点联系基地的沟通协调，积极取得司法机构、研究机构、法律服务机构和市场主体的支持与协助。

各地方知识产权局应根据需要，选择各类符合条件的机构进入当地专利保护重点联系机制，或推荐进入全国专利保护重点联系机制，借助各方资源，促进专利行政执法工作水平的提高，营造良好的执法环境。

三、全面加强专利行政执法能力建设

（十四）加强专利行政执法队伍建设

依法积极推进专利行政执法队伍建设，确保专利行政执法专职人员数量，稳定与发展执法队伍。省（区、市）知识产权局、副省级城市及进入5·26工程的地级市知识产权局应依据专利法和有关编制工作的政策法规，明确专门承担执法职责的处室；其他城市知识产权局应明确主要承担执法职责的科室。在争得当地编制部门同意的情况下，省（区、市）知识产权局加挂专利行政执法总队牌子，副省级城市、地级市知识产权局加挂专利行政执法支队牌子。县级知识产权局根据需要依法加强专利行政执法队伍建设，为积极依法开展专利行政执法工作提供队伍保障。

建立健全各级专利行政执法指导机构、知识产权举报投诉维权指挥调度机构。国家知识产权局根据需要向地方派驻执法督导员。省（区、市）知识产权局根据需要向行政区域内知识产权局派驻执法督导员。各地方知识产权局根据需要，在各类园区、商业场所、产业集聚区、大型会展及其他大型活动场所选派执法监督人员和志愿人员。

（十五）提高专利行政执法人员业务素质

专利行政执法人员取得专利行政执法证后方可从事执法办案工作。省（区、市）知识产权局负责组织行政区域内人员参加全国专利行政执法人员上岗培训。组织由国家知识产权局颁证的专利行政执法人员上岗培训，应提前报国家知识产权局同意。国家知识产权局对具备资格、参加专利行政执法上岗培训且考试合格的人员颁发专利行政执法证。要完善专利行政执法上岗培训和各类专利行政执法业务培训的管理与协调工作。

要结合工作实践中的突出问题，组织专利执法专题研讨交流活动。支持执法工作人员参加国内外业务研修及在职攻读学位，加快培养执法业务骨干。

（十六）改善专利行政执法工作条件

省（区、市）知识产权局、副省级城市及进入5·26工程的地级市知识产权局要设立专门的专利纠纷调处场所。其他城市知识产权局要设立可供专利纠纷调处的场所。要为执法人员提供基本的办案设备。承担专利执法工作职责的地方知识产权局应配置必要的执法装备。执法办案时应严肃着装。执法着装、执法用车、执法标志必须遵守国家有关规定。执法着装和执法车的标志应使用国家知识产权局核准的执法标志，以增强执法办案的规范性、严肃性与协调性，确保执法人员现场办案时的人身安全。

对国家知识产权局给予的执法专项支持，地方知识产权局应争取地方政府财政匹配，协同推进改善执法条件。

（十七）加大专利行政执法信息化建设力度

要加快全国专利行政执法工作信息网络建设，健全专利行政执法电子档案库，配置专利执法电子查询设备，建立即时查询系统。

各地方知识产权局必须建立完整一致的纸质和电子专利执法档案，配置专用的执法档案保存设备。

（十八）加强知识产权举报投诉维权援助工作平台建设

要大力加强12330知识产权举报投诉维权援助工作平台建设，加快全国知识产权举报投诉维权援助网络建设，建立健全知识产权举报投诉维权援助案件电子档案库。

国家知识产权局根据各维权中心运行情况，在全国建设若干重点中心。

国家知识产权局
二〇一一年六月二十七日

国家知识产权局关于加强知识产权保护和行政执法工作的指导意见

为了更好地发挥知识产权保护和行政执法工作在构建和谐社会、发展社会主义市场经济和建设创新型国家中的作用，现提出以下意见。

一、提高对加强知识产权保护和行政执法工作的认识

当前，我国经济贸易在世界经济和国际贸易中的比重不断提升，对外投资日益增加，创新能力逐步增强，经济结构、进出口结构不断改善，加强知识产权保护和行政执法工作，既是促进对外开放、营造有利于我国和平发展的国际环境的需要，也是深化改革、促进我国经济又好又快健康发展的需要，两者统一于国家的总体发展方针，统一于满足人民不断提高物质文化生活水平的需要。

近年来，侵权者与假冒者借助快捷、广泛传播的知识产权信息，利用现代技术手段提高了知识产权侵权产品制造、扩散的水平和速度，依靠一种执法途径的保护模式，难以解决知识产权侵权、假冒问题。在完善司法保护的同时，行政保护在解决知识产权纠纷和打击知识产权违法行为方面的作用日益显现。

根据形势变化，党中央、国务院就加强知识产权保护和行政执法工作作出了一系列重要指示和部署，全国人大常委会在专利法执法检查报告中，就加强知识产权行政保护提出了明确要求。我们要全面认清形势，进一步提高认识，深入贯彻落实党中央、国务院的部署和全国人大常委会的要求，不断推进知识产权保护和行政执法工作。

二、把握好加强知识产权保护和行政执法的工作原则

要结合各地实际，在知识产权保护和行政执法中切实把握和贯彻"敢于创新，加强协作；积极保护，加大力度"的工作原则。

要进一步增强责任感，充分行使职能，敢于创新，积极采取各种有效方式，增强知识产权保护和行政执法工作的协作性。要运用政府的知识产权办公会议等有关协调机制，在当地知识产权执法和保护计划的研究制定、组织实施中有效发挥作用；对案情复杂、影响重大的知识产权的侵权、假冒行为，积极协调解决。要建立健全与公安、工商、版权、海关等部门及司法机关的知识产权执法联席会议机制，做好案件移送工作，共同研究、解决难点问题，交流执法信息，相互借鉴经验，共同开展执法培训，不断推进跨部门知识产权执法协作与交流。对于海关知识产权保护中需要就发明、实用新型及外观设计专利侵权认定提供意见的，要及时组织专业人员提出意见，积极支持海关知识产权执法保护工作。对于公安部门打击知识产权违法犯罪的行动，要根据职责积极予以配合；同时，要主动争取公安部门的支持，抓紧建立健全联络工作机制，保证知识产权行政执法的严肃性和执法人员的人身安全，积极预防、坚决打击暴力抗法行为。要将涉嫌犯罪的假冒他人专利案件及时移交公安部门，对公安等部门移交的属于本部门职责范围内的案件，要依法及时办理。要加强对外知识产权执法交流与沟通，以尽早化解疑惑，增强互信，促进合作，争取双赢和共赢。

要根据各类知识产权违法行为的性质和发生规律，加大打击侵犯知识产权违法行为的力度，积极保护知识产权，切实提高知识产权执法成效。对故意侵权，特别是群体侵权、反复侵权行为，对诈骗知识产权权利人的

行为，对弄虚作假故意欺骗国家有关部门、恶意利用知识产权制度的行为，要坚决加大打击力度，探索加重其违法责任的方式、方法。对侵权纠纷，要发挥行政执法的特点，加快调处，争取快速解决。对外观设计专利、实用新型专利，由于法律保护期短，产品市场周期更短，必须在现有措施的基础上，以更快的速度解决这类知识产权侵权纠纷。对优势产业与关键技术领域的发明专利或其他知识产权，要将保护的关口前移，指导创新主体、市场主体尽早采取措施，避免知识产权纠纷的发生；要根据这类知识产权在国外市场上受侵犯、受保护的状况，协调各方，积极维护权利人的合法权益。对取得我国知识产权的权利人，不管其来自本地、外地，本国、外国，都必须依法积极保护其合法权益。

三、加快完善工作机制

国家知识产权局将推进建立知识产权援助机制，在条件成熟时组织建立知识产权援助中心。国家知识产权局将指导支持在有关国家和地区建立相应机制，开展知识产权维权援助活动。各地可以根据本地实际情况，积极探索和推动建立知识产权援助机制，争取建立资金，开展知识产权援助工作。

要不断健全知识产权执法责任机制。各地方知识产权局主要负责人、分管执法工作的负责人，为本局执法工作责任人。责任人要切实负起责任，指导、监督执法人员依法行政。各地方知识产权局对当事人依法提出的调处请求不得拒绝，并确保执法程序的合法性、公正性及执法档案的完整性。要确保及时完成上级知识产权局安排的执法工作任务。

要加快建立知识产权执法考评奖励机制。国家知识产权局将研究制定并实施知识产权执法考核评价标准和方法，组织评选知识产权执法保护先进省份和城市、执法先进单位和个人，并对先进单位和个人给予一定奖励。各地知识产权局要将执法先进个人情况列入档案，作为晋级、升职的依据之一。

要不断完善知识产权局系统跨地区执法协作机制。具有执法职能的地方知识产权局的主要负责人、分管执法工作负责人为执法协作的责任人，共同确保本区域及全国知识产权局跨地区执法协作机制的正常运行。各地方知识产权局在调查取证、案件移送、提供当事人信息、统一采取执法手段等环节，要相互支持协作，不得无故延误。对需要共同查处的案件及时逐级上报；对具有重大影响、地方之间难以协作完成的案件，可以报请国家知识产权局组织执法协作；国家知识产权局对影响大或涉及地区较多的案件，可以组织、督导有关地方知识产权局办理。跨省协作的案件，在办理之初及办结后，要将相关材料报国家知识产权局备案。

要进一步完善执法保护信息公开交流机制。各省区市及执法任务较重城市的知识产权局要按年度公开本地知识产权保护信息，按月及时准确报送专利执法统计数据和执法数据库案件材料。

要通过开展知识产权执法试点工作，加快建立和完善知识产权执法保护的援助机制、责任机制、协作机制、考评奖励机制和信息公开交流机制，推进各项能力与制度建设。

四、大力加强执法能力建设与制度建设

当前，各级知识产权局执法人员普遍不足，执法机构建设滞后，要加快知识产权执法队伍建设。没有建立执法处室的省级局及执法任务较重城市的知识产权局，要争取尽快设立；同时，各级知识产权局要积极创造条件，尽快成立与职能和需要相适应的执法队或稽查队。

各地方知识产权局应争取政府加大对知识产权执法的支持和投入力度。省区市知识产权局、地级市以上城市的知识产权局应至少配备一辆执法专用车。各级知识产权局要加快配备用于取证、证据保存、档案管理的设备，确保纠纷调处的专用场所。

为保证执法的严肃性和执法过程中工作人员的人身安全，国家知识产权局将统一设计用于服装、执法车及纠纷调处场所的标志。

国家知识产权局将为地方知识产权局建立查询专利法律状态的快速通道，解决地方知识产权局执法过程中无法快速获取涉案专利法律状态的问题，促进办案效率的提高。

国家知识产权局将举办中国知识产权执法论坛，研讨知识产权执法热点、难点问题，推进知识产权执法能力建设，充分彰显我国政府加强知识产权执法保护的努力与成效，推进知识产权执法热点、难点问题的解决。

国家知识产权局将积极推进知识产权执法人员业务素质和工作水平的提高。继续按年度组织典型纠纷案例研讨与汇编。推选工作勤勉、认真负责、肯钻研的知识产权执法骨干参加各类执法培训、研修与考察活动。

为掌握全国知识产权局执法工作人员信息，共同推进知识产权执法能力建设，各省区市知识产权局应于本意见印发后即向国家知识产权局报送本地区各知识产权局执法工作责任人、执法人员信息，今后应按年度报送执法责任人、执法人员信息更新变化情况。

要共同推进全国知识产权执法保护专家库的建设工作。各地区应根据实际情况，探索成立知识产权执法保护专家咨询委员会，推动知识产权执法水平的提高。

要共同推进加强专利执法保护的法律法规及规章制度的制定修订工作。要完善细化专利行政执法程序，研究制定专利行政执法办案指南。工作基础较好的地方应尽快推进有利于加强知识产权执法协作与能力建设的知识产权保护条例等地方法规的研究制定工作。

五、有效开展执法专项行动和督导活动

国家知识产权局将在今后一段时期内，按年度组织各地方知识产权局开展执法专项行动。全国各知识产权局要统一开展"4·26—5·26"知识产权执法统一行动，深入贯彻胡锦涛总书记关于知识产权工作的重要讲话精神。各省区市知识产权局要制定具体方案，积极争取当地政府支持，协调有关部门和机构，选择重点地区，以食品、医药、农业及高新技术产业为重点领域，以流通、进出口等环节为突破口，加大集中检查、公开办案的力度，组织开展形式多样的执法行动。要稳扎稳打，真抓实干，确保取得实效，并营造声势，震慑违法分子，增强广大消费者、权利人、研发人员和投资者对知识产权保护的信心。要继续做好大型展会知识产权保护，加大打击诈骗专利权人行动的工作力度。

各地方知识产权局要在积极做好各项日常执法工作的同时，根据本地经济科技文化发展特点和知识产权保护中的突出问题，协调有关部门，选择在当地举行重要活动等时机，组织有本地特色的专项执法行动。

国家知识产权局将组织开展知识产权执法督导活动，督导日常执法和专项行动工作及各项执法工作机制、执法能力与制度建立建设工作，并将督导情况总结上报。对工作不力，敷衍塞责的，要坚决予以曝光和处理。

各地方知识产权局要根据本意见，制定并向国家知识产权局报送本地区实施办法，提交相关材料，及时提出问题和建议。国家知识产权局将采取必要工作措施，推进本意见的贯彻实施。各地方知识产权局要及时向当地政府汇报贯彻落实本意见的问题和建议，争取政府支持和各有关部门的协作，确保各项工作落到实处，取得实效。

国家知识产权局关于进一步促进新疆知识产权事业发展的若干意见

《国务院关于进一步促进新疆经济社会发展的若干意见》（国发〔2007〕32号，以下简称国务院32号文件）根据新形势，以更加宽广的眼光和战略思维谋划新疆的未来，对加快新疆发展与稳定作出了进一步部署，体现了党中央、国务院对新疆经济社会发展的高度重视和支持，为新疆发展带来了难得的历史机遇。

新疆在我国发展和稳定大局中具有特殊重要的战略地位，促进新疆发展是一项重大而紧迫的任务，事关我国现代化建设全局。为了深入贯彻党的十七大精神，落实国务院32号文件，国家知识产权局就加强新疆知识产权工作，促进新疆知识产权事业发展，提出如下意见。

一、加强新疆知识产权工作的重要意义

新疆地处祖国西北边陲，多民族聚居，国土面积占全国的六分之一，是国家能源资源战略基地，是西北地

区经济增长的重要支点，是我国向西开放的重要门户，是西北边疆的战略屏障。促进新疆发展，保持新疆长期稳定，不仅对新疆而且对全国都具有重大的经济意义和政治意义。

近年来，在新疆维吾尔自治区党委、人民政府的领导下，新疆知识产权事业取得较快的发展。但是，新疆知识产权工作与新疆科技、经济和社会的发展还不相适应。面对世界经济全球化进程的加快和知识经济主导地位的日益增强，面对新疆大开发、大建设、大发展的新的形势和要求，加强新疆知识产权工作，不仅能够增强新疆的创新能力，提高新疆的综合实力，而且对全面实现国家知识产权战略目标都具有十分重要的意义。

二、加强新疆知识产权工作的总体要求

加强新疆知识产权工作，必须坚持以邓小平理论和"三个代表"重要思想为指导，深入贯彻落实科学发展观。国家知识产权局按照中央关于新疆发展与稳定的总体部署，把新疆知识产权工作放在全国发展的大局中谋划，给予重点支持，大力促进新疆知识产权的创造、管理、运用和保护能力的提高，以适应新疆优势资源转换、新型工业化建设、农业现代化建设的需要。

三、建立国家知识产权局与新疆维吾尔自治区人民政府知识产权工作合作会商机制

国家知识产权局与新疆维吾尔自治区人民政府建立知识产权工作合作会商机制，磋商加强新疆知识产权工作的重大事项，充分发挥双方的资源优势，共同推进新疆知识产权事业的发展。

四、大力支持新疆实施知识产权优势企业培育工程和知识产权强县（市、区）工程

新疆地大物博，资源丰富，发展特色优势产业潜力巨大。石油、天然气、煤炭和一些重要矿产资源量在全国占有较大比重，是我国重要的能源资源战略基地。国家知识产权局将新疆优势产业中的支柱企业，纳入国家优势企业培育工程等计划中，给予重点指导和支持，以培育一批拥有自主知识产权、核心竞争力强的企业和企业集团，支持新疆的优势产业做大做强。将新疆优势产业相对集中的城市、园区纳入国家试点示范行列，并选择其中有条件、发展较快的县（市、区）实施国家知识产权强县（市、区）工程。

五、促进东中西联合，构建互利共赢的知识产权新格局

新疆不仅是国家能源资源战略基地，而且是向西开放的门户和国际能源陆路运输的战略通道。鼓励和促进东中部省（区、市）与新疆的知识产权合作，实现智力、技术、资本和资源优势互补，促进东中部省（区、市）专利技术在新疆实现产业化。充分利用东中部省（区、市）对口支援新疆的渠道，建立和完善多方合作、互利共赢的知识产权合作机制。

六、扩大对外开放，推进与中亚国家知识产权的交流合作

新疆东与祖国内地相连，西与周边八国接壤，在我国构筑西部陆路开放和东部沿海开放并进的对外开放新格局中，地位举足轻重，在国家向西开放格局具有突出的地缘区位优势。要积极稳妥地开展与新疆周边接壤国家的知识产权的交流合作，促进新疆对外贸易的发展。

七、加强新疆知识产权人才队伍建设

针对新疆多民族、地域广、人居分散的实际，加强对新疆的知识产权人才队伍的培训工作，在计划安排、师资培训、教材提供等方面给予倾斜支持。

八、推进新疆知识产权公共服务能力建设

国家知识产权局在支持新疆建设全部领域专利数据库的基础上，指导新疆知识产权局围绕新疆优势产业，建立专题专利数据库，并在数据更新和专利信息服务人员培训等方面给予支持。支持新疆建立知识产权维权援助中心，为有困难的知识产权权利人、涉外知识产权纠纷、疑难知识产权案件的有关当事人提供知识产权维权援助服务。建立知识产权预警机制，提高保护和运用知识产权的能力与水平，降低企业经营中的知识产权风险。

二〇〇八年七月十七日

关于促进专利代理行业发展的若干意见

（国知发法字〔2014〕12号）

专利代理行业是专利制度有效运转的重要支撑，经过近30年的发展，专利代理行业规模持续扩大，服务能力稳步提升，业务领域不断扩展，有力地推动了我国专利事业的发展。但总体上，专利代理行业仍存在人才资源不足、服务质量不高、区域发展不平衡等问题。为全面贯彻落实党的十八届三中全会精神，深入实施国家知识产权战略，扩大专利代理人队伍，提高专利代理服务质量，充分发挥专利代理服务创新主体的作用，支撑创新驱动发展，现提出以下意见。

一、扩大行业规模，激发市场活力

（一）吸引优秀人才进入行业。允许具有理工科背景的在读满一年以上的研究生报名参加全国专利代理人资格考试。做好面向高校在校生的专利代理行业宣传工作，组织有针对性的考前培训。探索建立与高校联合培养知识产权实务人才的长效机制，引进实务师资，完善课程设置和教学方式，培养国际化、复合型、实用性人才。

（二）多渠道集聚人才优势。营造有利于人才顺畅流动的环境，广泛集聚有资质的优秀人才进入专利代理行业执业发展。对于同时具有专利代理人资格证和法律职业资格证的人员，其律师执业经历视为专利代理执业经历；对于企业、高等院校、科研院所中具有专利代理人资格证的人员，其从事本单位专利申请工作的经历视为专利代理执业经历。

（三）促进资源配置的区域平衡。引导、鼓励大中型专利代理机构到专利代理服务需求旺盛地区、专利代理人才紧缺地区开设分支机构，在符合相关条件的前提下，允许在分支机构中专职执业的专利代理人数量由2名降为1名。加强对分支机构的管理和监督，充分发挥分支机构的积极作用。

（四）健全专利代理行业退出机制。简化专利代理机构组织形式变更以及注销程序，增强审批流程的可操作性和便利性。协调相关部门建立信息交换和资源共享机制，指导和监督专利代理机构认真履行组织形式变更、注销的法定程序和法律责任。

二、创新服务模式，加大支持力度

（五）加强行业发展规划，完善行业标准体系。研究制定专利代理行业发展中长期规划，进一步明确行业发展的方向、目标、主要任务及政策措施。构建以专利代理服务标准、专利代理质量评价指标和专利代理机构管理规范为支撑的行业标准体系。

（六）推动形成规范化、多元化的专利代理服务市场。加强专利代理行业监管，积极协调、联合相关部门

整顿和规范专利代理市场秩序。搭建多种形式的对接平台，引导、鼓励专利代理机构和专利代理人更新服务理念、拓展服务范围，在不断提高专利申请基础业务服务质量的同时，为创新主体提供专利维权、知识产权托管、知识产权分析评议、专利分析和预警、专利技术转让和许可等多种服务。

（七）激发行业协会活力。支持行业协会加强自身能力建设，鼓励扶持行业协会发挥自律作用，全面提升行业诚信水平。支持行业协会健全、完善专利代理人培训制度，扩大培训人员范围，满足从业人员对培训的多样性需求。

本意见自发布之日起实施。现有相关规定与本意见不一致的，以本意见为准。

国家知识产权局

二〇一四年二月二十八日

相关国家文献

国家知识产权战略纲要

(国发〔2008〕18号)

为提升我国知识产权创造、运用、保护和管理能力，建设创新型国家，实现全面建设小康社会目标，制定本纲要。

一、序言

(1) 改革开放以来，我国经济社会持续快速发展，科学技术和文化创作取得长足进步，创新能力不断提升，知识在经济社会发展中的作用越来越突出。我国正站在新的历史起点上，大力开发和利用知识资源，对于转变经济发展方式，缓解资源环境约束，提升国家核心竞争力，满足人民群众日益增长的物质文化生活需要，具有重大战略意义。

(2) 知识产权制度是开发和利用知识资源的基本制度。知识产权制度通过合理确定人们对于知识及其他信息的权利，调整人们在创造、运用知识和信息过程中产生的利益关系，激励创新，推动经济发展和社会进步。当今世界，随着知识经济和经济全球化深入发展，知识产权日益成为国家发展的战略性资源和国际竞争力的核心要素，成为建设创新型国家的重要支撑和掌握发展主动权的关键。国际社会更加重视知识产权，更加重视鼓励创新。发达国家以创新为主要动力推动经济发展，充分利用知识产权制度维护其竞争优势；发展中国家积极采取适应国情的知识产权政策措施，促进自身发展。

(3) 经过多年发展，我国知识产权法律法规体系逐步健全，执法水平不断提高；知识产权拥有量快速增长，效益日益显现；市场主体运用知识产权能力逐步提高；知识产权领域的国际交往日益增多，国际影响力逐渐增强。知识产权制度的建立和实施，规范了市场秩序，激励了发明创造和文化创作，促进了对外开放和知识资源的引进，对经济社会发展发挥了重要作用。但是，从总体上看，我国知识产权制度仍不完善，自主知识产权水平和拥有量尚不能满足经济社会发展需要，社会公众知识产权意识仍较薄弱，市场主体运用知识产权能力不强，侵犯知识产权现象还比较突出，知识产权滥用行为时有发生，知识产权服务支撑体系和人才队伍建设滞后，知识产权制度对经济社会发展的促进作用尚未得到充分发挥。

(4) 实施国家知识产权战略，大力提升知识产权创造、运用、保护和管理能力，有利于增强我国自主创新能力，建设创新型国家；有利于完善社会主义市场经济体制，规范市场秩序和建立诚信社会；有利于增强我国企业市场竞争力和提高国家核心竞争力；有利于扩大对外开放，实现互利共赢。必须把知识产权战略作为国家重要战略，切实加强知识产权工作。

二、指导思想和战略目标

(一) 指导思想

(5) 实施国家知识产权战略，要坚持以邓小平理论和"三个代表"重要思想为指导，深入贯彻落实科学发展观，按照激励创造、有效运用、依法保护、科学管理的方针，着力完善知识产权制度，积极营造良好的知识产权法治环境、市场环境、文化环境，大幅度提升我国知识产权创造、运用、保护和管理能力，为建设创新型国家和全面建设小康社会提供强有力支撑。

（二）战略目标

（6）到2020年，把我国建设成为知识产权创造、运用、保护和管理水平较高的国家。知识产权法治环境进一步完善，市场主体创造、运用、保护和管理知识产权的能力显著增强，知识产权意识深入人心，自主知识产权的水平和拥有量能够有效支撑创新型国家建设，知识产权制度对经济发展、文化繁荣和社会建设的促进作用充分显现。

（7）近五年的目标是：

——自主知识产权水平大幅度提高，拥有量进一步增加。本国申请人发明专利年度授权量进入世界前列，对外专利申请大幅度增加。培育一批国际知名品牌。核心版权产业产值占国内生产总值的比重明显提高。拥有一批优良植物新品种和高水平集成电路布图设计。商业秘密、地理标志、遗传资源、传统知识和民间文艺等得到有效保护与合理利用。

——运用知识产权的效果明显增强，知识产权密集型商品比重显著提高。企业知识产权管理制度进一步健全，对知识产权领域的投入大幅度增加，运用知识产权参与市场竞争的能力明显提升。形成一批拥有知名品牌和核心知识产权，熟练运用知识产权制度的优势企业。

——知识产权保护状况明显改善。盗版、假冒等侵权行为显著减少，维权成本明显下降，滥用知识产权现象得到有效遏制。

——全社会特别是市场主体的知识产权意识普遍提高，知识产权文化氛围初步形成。

三、战略重点

（一）完善知识产权制度

（8）进一步完善知识产权法律法规。及时修订专利法、商标法、著作权法等知识产权专门法律及有关法规。适时做好遗传资源、传统知识、民间文艺和地理标志等方面的立法工作。加强知识产权立法的衔接配套，增强法律法规可操作性。完善反不正当竞争、对外贸易、科技、国防等方面法律法规中有关知识产权的规定。

（9）健全知识产权执法和管理体制。加强司法保护体系和行政执法体系建设，发挥司法保护知识产权的主导作用，提高执法效率和水平，强化公共服务。深化知识产权行政管理体制改革，形成权责一致、分工合理、决策科学、执行顺畅、监督有力的知识产权行政管理体制。

（10）强化知识产权在经济、文化和社会政策中的导向作用。加强产业政策、区域政策、科技政策、贸易政策与知识产权政策的衔接。制定适合相关产业发展的知识产权政策，促进产业结构的调整与优化；针对不同地区发展特点，完善知识产权扶持政策，培育地区特色经济，促进区域经济协调发展；建立重大科技项目的知识产权工作机制，以知识产权的获取和保护为重点开展全程跟踪服务；健全与对外贸易有关的知识产权政策，建立和完善对外贸易领域知识产权管理体制、预警应急机制、海外维权机制和争端解决机制。加强文化、教育、科研、卫生等政策与知识产权政策的协调衔接，保障公众在文化、教育、科研、卫生等活动中依法合理使用创新成果和信息的权利，促进创新成果合理分享；保障国家应对公共危机的能力。

（二）促进知识产权创造和运用

（11）运用财政、金融、投资、政府采购政策和产业、能源、环境保护政策，引导和支持市场主体创造和运用知识产权。强化科技创新活动中的知识产权政策导向作用，坚持技术创新以能够合法产业化为基本前提，以获得知识产权为追求目标，以形成技术标准为努力方向。完善国家资助开发的科研成果权利归属和利益分享机制。将知识产权指标纳入科技计划实施评价体系和国有企业绩效考核体系。逐步提高知识产权密集型商品出口比例，促进贸易增长方式的根本转变和贸易结构的优化升级。

（12）推动企业成为知识产权创造和运用的主体。促进自主创新成果的知识产权化、商品化、产业化，引导企业采取知识产权转让、许可、质押等方式实现知识产权的市场价值。充分发挥高等学校、科研院所在知识产权创造中的重要作用。选择若干重点技术领域，形成一批核心自主知识产权和技术标准。鼓励群众性发明创造和文化创新。促进优秀文化产品的创作。

（三）加强知识产权保护

（13）修订惩处侵犯知识产权行为的法律法规，加大司法惩处力度。提高权利人自我维权的意识和能力。降低维权成本，提高侵权代价，有效遏制侵权行为。

（四）防止知识产权滥用。

（14）制定相关法律法规，合理界定知识产权的界限，防止知识产权滥用，维护公平竞争的市场秩序和公众合法权益。

（五）培育知识产权文化

（15）加强知识产权宣传，提高全社会知识产权意识。广泛开展知识产权普及型教育。在精神文明创建活动和国家普法教育中增加有关知识产权的内容。在全社会弘扬以创新为荣、剽窃为耻，以诚实守信为荣、假冒欺骗为耻的道德观念，形成尊重知识、崇尚创新、诚信守法的知识产权文化。

四、专项任务

（一）专利

（16）以国家战略需求为导向，在生物和医药、信息、新材料、先进制造、先进能源、海洋、资源环境、现代农业、现代交通、航空航天等技术领域超前部署，掌握一批核心技术的专利，支撑我国高技术产业与新兴产业发展。

（17）制定和完善与标准有关的政策，规范将专利纳入标准的行为。支持企业、行业组织积极参与国际标准的制定。

（18）完善职务发明制度，建立既有利于激发职务发明人创新积极性，又有利于促进专利技术实施的利益分配机制。

（19）按照授予专利权的条件，完善专利审查程序，提高审查质量。防止非正常专利申请。

（20）正确处理专利保护和公共利益的关系。在依法保护专利权的同时，完善强制许可制度，发挥例外制度作用，研究制定合理的相关政策，保证在发生公共危机时，公众能够及时、充分获得必需的产品和服务。

（二）商标

（21）切实保护商标权人和消费者的合法权益。加强执法能力建设，严厉打击假冒等侵权行为，维护公平竞争的市场秩序。

（22）支持企业实施商标战略，在经济活动中使用自主商标。引导企业丰富商标内涵，增加商标附加值，提高商标知名度，形成驰名商标。鼓励企业进行国际商标注册，维护商标权益，参与国际竞争。

（23）充分发挥商标在农业产业化中的作用。积极推动市场主体注册和使用商标，促进农产品质量提高，保证食品安全，提高农产品附加值，增强市场竞争力。

（24）加强商标管理。提高商标审查效率，缩短审查周期，保证审查质量。尊重市场规律，切实解决驰名商标、著名商标、知名商品、名牌产品、优秀品牌的认定等问题。

（三）版权

（25）扶持新闻出版、广播影视、文学艺术、文化娱乐、广告设计、工艺美术、计算机软件、信息网络等版权相关产业发展，支持具有鲜明民族特色、时代特点作品的创作，扶持难以参与市场竞争的优秀文化作品的创作。

（26）完善制度，促进版权市场化。进一步完善版权质押、作品登记和转让合同备案等制度，拓展版权利用方式，降低版权交易成本和风险。充分发挥版权集体管理组织、行业协会、代理机构等中介组织在版权市场化中的作用。

（27）依法处置盗版行为，加大盗版行为处罚力度。重点打击大规模制售、传播盗版产品的行为，遏制盗版现象。

（28）有效应对互联网等新技术发展对版权保护的挑战。妥善处理保护版权与保障信息传播的关系，既要依法保护版权，又要促进信息传播。

（四）商业秘密

（29）引导市场主体依法建立商业秘密管理制度。依法打击窃取他人商业秘密的行为。妥善处理保护商业秘密与自由择业、涉密者竞业限制与人才合理流动的关系，维护职工合法权益。

（五）植物新品种

（30）建立激励机制，扶持新品种培育，推动育种创新成果转化为植物新品种权。支持形成一批拥有植物新品种权的种苗单位。建立健全植物新品种保护的技术支撑体系，加快制定植物新品种测试指南，提高审查测试水平。

（31）合理调节资源提供者、育种者、生产者和经营者之间的利益关系，注重对农民合法权益的保护。提高种苗单位及农民的植物新品种权保护意识，使品种权人、品种生产经销单位和使用新品种的农民共同受益。

（六）特定领域知识产权

（32）完善地理标志保护制度。建立健全地理标志的技术标准体系、质量保证体系与检测体系。普查地理标志资源，扶持地理标志产品，促进具有地方特色的自然、人文资源优势转化为现实生产力。

（33）完善遗传资源保护、开发和利用制度，防止遗传资源流失和无序利用。协调遗传资源保护、开发和利用的利益关系，构建合理的遗传资源获取与利益分享机制。保障遗传资源提供者知情同意权。

（34）建立健全传统知识保护制度。扶持传统知识的整理和传承，促进传统知识发展。完善传统医药知识产权管理、保护和利用协调机制，加强对传统工艺的保护、开发和利用。

（35）加强民间文艺保护，促进民间文艺发展。深入发掘民间文艺作品，建立民间文艺保存人与后续创作人之间合理分享利益的机制，维护相关个人、群体的合法权益。

（36）加强集成电路布图设计专有权的有效利用，促进集成电路产业发展。

（七）国防知识产权

（37）建立国防知识产权的统一协调管理机制，着力解决权利归属与利益分配、有偿使用、激励机制以及紧急状态下技术有效实施等重大问题。

（38）加强国防知识产权管理。将知识产权管理纳入国防科研、生产、经营及装备采购、保障和项目管理各环节，增强对重大国防知识产权的掌控能力。发布关键技术指南，在武器装备关键技术和军民结合高新技术领域形成一批自主知识产权。建立国防知识产权安全预警机制，对军事技术合作和军品贸易中的国防知识产权进行特别审查。

（39）促进国防知识产权有效运用。完善国防知识产权保密解密制度，在确保国家安全和国防利益基础上，促进国防知识产权向民用领域转移。鼓励民用领域知识产权在国防领域运用。

五、战略措施

（一）提升知识产权创造能力

（40）建立以企业为主体、市场为导向、产学研相结合的自主知识产权创造体系。引导企业在研究开发立项及开展经营活动前进行知识产权信息检索。支持企业通过原始创新、集成创新和引进消化吸收再创新,形成自主知识产权,提高把创新成果转变为知识产权的能力。支持企业等市场主体在境外取得知识产权。引导企业改进竞争模式,加强技术创新,提高产品质量和服务质量,支持企业打造知名品牌。

(二)鼓励知识产权转化运用

(41)引导支持创新要素向企业集聚,促进高等学校、科研院所的创新成果向企业转移,推动企业知识产权的应用和产业化,缩短产业化周期。深入开展各类知识产权试点、示范工作,全面提升知识产权运用能力和应对知识产权竞争的能力。

(42)鼓励和支持市场主体健全技术资料与商业秘密管理制度,建立知识产权价值评估、统计和财务核算制度,制定知识产权信息检索和重大事项预警等制度,完善对外合作知识产权管理制度。

(43)鼓励市场主体依法应对涉及知识产权的侵权行为和法律诉讼,提高应对知识产权纠纷的能力。

(三)加快知识产权法制建设

(44)建立适应知识产权特点的立法机制,提高立法质量,加快立法进程。加强知识产权立法前瞻性研究,做好立法后评估工作。增强立法透明度,拓宽企业、行业协会和社会公众参与立法的渠道。加强知识产权法律修改和立法解释,及时有效回应知识产权新问题。研究制定知识产权基础性法律的必要性和可行性。

(四)提高知识产权执法水平

(45)完善知识产权审判体制,优化审判资源配置,简化救济程序。研究设置统一受理知识产权民事、行政和刑事案件的专门知识产权法庭。研究适当集中专利等技术性较强案件的审理管辖权问题,探索建立知识产权上诉法院。进一步健全知识产权审判机构,充实知识产权司法队伍,提高审判和执行能力。

(46)加强知识产权司法解释工作。针对知识产权案件专业性强等特点,建立和完善司法鉴定、专家证人、技术调查等诉讼制度,完善知识产权诉前临时措施制度。改革专利和商标确权、授权程序,研究专利无效审理和商标评审机构向准司法机构转变的问题。

(47)提高知识产权执法队伍素质,合理配置执法资源,提高执法效率。针对反复侵权、群体性侵权以及大规模假冒、盗版等行为,有计划、有重点地开展知识产权保护专项行动。加大行政执法机关向刑事司法机关移送知识产权刑事案件和刑事司法机关受理知识产权刑事案件的力度。

(48)加大海关执法力度,加强知识产权边境保护,维护良好的进出口秩序,提高我国出口商品的声誉。充分利用海关执法国际合作机制,打击跨境知识产权违法犯罪行为,发挥海关在国际知识产权保护事务中的影响力。

(五)加强知识产权行政管理

(49)制定并实施地区和行业知识产权战略。建立健全重大经济活动知识产权审议制度。扶持符合经济社会发展需要的自主知识产权创造与产业化项目。

(50)充实知识产权管理队伍,加强业务培训,提高人员素质。根据经济社会发展需要,县级以上人民政府可设立相应的知识产权管理机构。

(51)完善知识产权审查及登记制度,加强能力建设,优化程序,提高效率,降低行政成本,提高知识产权公共服务水平。

(52)构建国家基础知识产权信息公共服务平台。建设高质量的专利、商标、版权、集成电路布图设计、植物新品种、地理标志等知识产权基础信息库,加快开发适合我国检索方式与习惯的通用检索系统。健全植物新品种保护测试机构和保藏机构。建立国防知识产权信息平台。指导和鼓励各地区、各有关行业建设符合自身需要的知识产权信息库。促进知识产权系统集成、资源整合和信息共享。

(53)建立知识产权预警应急机制。发布重点领域的知识产权发展态势报告,对可能发生的涉及面广、影响大的知识产权纠纷、争端和突发事件，制定预案，妥善应对，控制和减轻损害。

（六）发展知识产权中介服务

（54）完善知识产权中介服务管理，加强行业自律，建立诚信信息管理、信用评价和失信惩戒等诚信管理制度。规范知识产权评估工作，提高评估公信度。

（55）建立知识产权中介服务执业培训制度，加强中介服务职业培训，规范执业资质管理。明确知识产权代理人等中介服务人员执业范围，研究建立相关律师代理制度。完善国防知识产权中介服务体系。大力提升中介组织涉外知识产权申请和纠纷处置服务能力及国际知识产权事务参与能力。

（56）充分发挥行业协会的作用，支持行业协会开展知识产权工作，促进知识产权信息交流，组织共同维权。加强政府对行业协会知识产权工作的监督指导。

（57）充分发挥技术市场的作用，构建信息充分、交易活跃、秩序良好的知识产权交易体系。简化交易程序，降低交易成本，提供优质服务。

（58）培育和发展市场化知识产权信息服务，满足不同层次知识产权信息需求。鼓励社会资金投资知识产权信息化建设，鼓励企业参与增值性知识产权信息开发利用。

（七）加强知识产权人才队伍建设

（59）建立部门协调机制，统筹规划知识产权人才队伍建设。加快建设国家和省级知识产权人才库和专业人才信息网络平台。

（60）建设若干国家知识产权人才培养基地。加快建设高水平的知识产权师资队伍。设立知识产权二级学科，支持有条件的高等学校设立知识产权硕士、博士学位授予点。大规模培养各级各类知识产权专业人才，重点培养企业急需的知识产权管理和中介服务人才。

（61）制定培训规划，广泛开展对党政领导干部、公务员、企事业单位管理人员、专业技术人员、文学艺术创作人员、教师等的知识产权培训。

（62）完善吸引、使用和管理知识产权专业人才相关制度，优化人才结构，促进人才合理流动。结合公务员法的实施，完善知识产权管理部门公务员管理制度。按照国家职称制度改革总体要求，建立和完善知识产权人才的专业技术评价体系。

（八）推进知识产权文化建设

（63）建立政府主导、新闻媒体支撑、社会公众广泛参与的知识产权宣传工作体系。完善协调机制，制定相关政策和工作计划，推动知识产权的宣传普及和知识产权文化建设。

（64）在高等学校开设知识产权相关课程，将知识产权教育纳入高校学生素质教育体系。制订并实施全国中小学知识产权普及教育计划，将知识产权内容纳入中小学教育课程体系。

（九）扩大知识产权对外交流合作

（65）加强知识产权领域的对外交流合作。建立和完善知识产权对外信息沟通交流机制。加强国际和区域知识产权信息资源及基础设施建设与利用的交流合作。鼓励开展知识产权人才培养的对外合作。引导公派留学生、鼓励自费留学生选修知识产权专业。支持引进或聘用海外知识产权高层次人才。积极参与国际知识产权秩序的构建，有效参与国际组织有关议程。

全国专利事业发展战略（2011—2020年）

为了深入贯彻落实《国家知识产权战略纲要》（以下简称《纲要》），提升专利创造、运用、保护和管理能力，为加快转变经济发展方式和促进经济社会发展提供强有力支撑，制定本战略。

一、前言

专利制度是知识产权制度的重要组成部分，作为一项激励和保护创新的基础性制度，在国家经济、科技和社会发展中起着越来越重要的作用。进入21世纪以来，随着知识经济日新月异发展与全球化进程的不断加快，专利技术日益成为国家核心竞争力的战略性资源，专利制度日益成为国际产业布局的重要工具，受到越来越多国家的关注。当前，在我国进行新一轮产业结构调整，加快经济发展方式转变，提升我国核心竞争力变得刻不容缓的大背景下，深入贯彻落实《纲要》，认真完成《纲要》中提出的各项战略任务，制定和实施全国专利事业发展战略，充分发挥专利制度激励和保护创新的基础性作用至关重要。

经过30多年的努力，我国专利事业取得了显著成就。专利法律法规体系基本健全，专利创造与运用能力不断提升，专利审批能力显著提高，具有中国特色的专利保护模式基本建立，专利信息传播与服务水平不断提高，专业人才队伍基本适应专利工作发展需要，专利国际交流与合作开创新局面，为我国科技创新和经济建设创造了良好的社会氛围和法制环境。

但是，由于我国建立现代专利制度的历史较短，随着形势的发展，当前仍然存在不能适应我国经济和社会发展的问题：专利制度尚未实现与社会主义市场经济发展的有机融合，在引导产业结构调整与产业升级、促进我国创新能力提升方面的作用未能充分发挥。专利政策与国家经济科技政策的相互衔接不够紧密，未能形成有效的激励和保护创新的专利政策体系。核心专利拥有数量不足，市场主体专利运用能力不强。专利管理体制机制尚不健全，执法保护工作仍需进一步加强。专利信息传播和服务现状与经济科技发展的需求尚存差距。社会公众对于专利制度的认识不深，专利意识不强等。这些问题在较大程度上制约了专利制度在激励创新和推动经济发展方面作用的发挥。

全国专利事业发展战略，是运用专利制度和专利资源，为提升国家核心竞争力而进行的长远性和总体性的谋划。实施全国专利事业发展战略，是落实科学发展观，深入贯彻《纲要》的迫切需要；是解决专利事业发展全局性、制度性和长远性问题的关键举措；是应对激烈的国际竞争，加快转变经济发展方式的必然要求；是建设创新型国家，实现全面建设小康社会目标的强有力支撑。

二、指导思想和基本原则

（一）指导思想

实施全国专利事业发展战略，要高举中国特色社会主义伟大旗帜，坚持以邓小平理论和"三个代表"重要思想为指导，深入贯彻落实科学发展观，全面贯彻落实《纲要》提出的"激励创造、有效运用、依法保护、科学管理"方针，以提升国家核心竞争力为目标，以运用专利制度和专利资源为核心，努力营造良好的专利法制、市场和文化氛围，大幅提高专利创造、运用、保护和管理水平，积极服务市场主体，充分发挥专利制度在建设创新型国家和经济社会发展中的强有力支撑作用。

（二）基本原则

全面推进全国专利事业发展战略实施，必须坚持以下基本原则：

—立足国情与面向世界相结合。既要符合我国现阶段经济科技发展现实需求，密切专利制度与国家经济社会发展的关系，又要适应专利制度的国际发展趋势，为我国改革开放，营造和平发展的良好国际环境。

—政府推动与市场调节相结合。既要充分发挥政府的组织协调和公共服务职能，不断提升政府的政策制定能力和服务水平，又要充分发挥市场机制在专利创造和运用以及资源配置中的基础性作用，大力提升市场主体专利创造、运用、保护和管理能力。

—权利保护与维护公共利益相结合。既要充分发挥专利制度在保护创新中的作用，有效维护专利权人的权益，又要正确处理好保护专利权与维护公共利益的关系，防止专利权滥用。

——全面推进与分类实施相结合。既要对我国专利制度和专利事业发展进行总体谋划，又要针对不同区域和行业具体情况实施分类指导。

三、战略目标

全国专利事业发展战略的长远目标是，大幅提升掌握和运用专利制度与专利资源的能力，专利制度在创新型国家建设和经济社会发展中发挥强有力支撑作用，将我国建设成为专利强国。

到2020年，把我国建设成为专利创造、运用、保护和管理水平较高的国家。专利制度有效运行，专利政策在国家经济和科技工作中的导向作用凸显，专利法治环境进一步完善。每百万人发明专利拥有量和对外专利申请量翻两番，在新兴产业发展的重点领域和传统产业重点技术领域形成一大批核心专利。市场主体专利创造、运用、保护和管理的能力显著增强，规模以上工业企业专利申请的比率达到10%，专利权的拥有量显著提高。专利服务业快速发展，专利公共服务和社会服务能力基本满足经济社会发展需求。专利人才队伍能够满足经济社会发展和专利事业发展需要。专利意识深入人心。专利制度对创新型国家建设和经济社会发展的促进作用充分显现。

2015年目标

——专利制度进一步完善。专利法律法规不断完善，与专利相关法律法规和规章的相互协调程度进一步提高，专利政策在国家经济和科技工作中的导向作用明显增强。形成具有中国特色的较为完善的专利行政管理体制和机制，专利行政管理基本适应经济社会发展需要。

——专利创造能力和水平大幅提高。发明、实用新型、外观设计三种专利年申请量达到200万件，本国人发明专利年度授权量进入世界前两名，专利申请质量进一步提高，每百万人发明专利拥有量和对外专利申请量翻一番。规模以上工业企业专利申请的比率达到8%，专利权的拥有量大幅提高。以国家战略需求为导向，在关键技术领域超前部署，掌握一批核心技术的专利，支撑我国新兴产业发展和产业结构调整。

——运用专利的效果显著增强。专利产业化率稳步提升，全国主要城市设有专利交易服务机构，专利年交易金额达到1000亿元。专利权密集型产品比重显著提高，具有专利权的产品出口额所占比例明显提升。企事业单位专利管理制度进一步健全，重点培育一批拥有核心专利、熟练运用专利制度、国际竞争力较强的知识产权优势企业。建成专利制度综合运用能力强、知识产权市场环境优良的10个示范城市。

——专利审批能力进一步提升。不断提高审查效率，改进审查质量，发明专利申请的平均实审结案周期缩短到22个月左右，实用新型和外观设计专利申请的平均审查周期缩短到3个月左右，专利申请的复审请求案件和无效宣告请求案件的平均审理周期分别缩短到12个月和6个月左右，社会公众对审查质量的满意度稳步提升，专利授权质量和审查综合能力达到世界主要知识产权局的先进水平。

——专利保护状况明显改善。专利执法保护的制度、机制、机构和队伍建设进一步加强，专利执法效率进一步提高，有效维护专利权人合法权益，专利市场环境明显改善，企业专利维权和应诉能力明显提升。

——专利服务水平大幅提升。构建公益服务和商业服务相互支持、协同发展的专利信息服务体系，大力促进专利服务产业的发展，专利公共和社会服务能力基本满足国家经济建设和社会公众的需求。

——专利人才队伍稳步发展。加快培养和造就一支数量充足、结构优化、布局合理、素质较高的专利人才队伍。专利行政管理和执法人才队伍稳步增长。专利审查人才队伍达到9千人。企业专利人才的数量和素质有较大幅度提高。专利服务业人才数量有较大增长，专业门类更加齐全，执业专利代理人达到1万人。专利人才队伍基本满足国家经济社会发展和专利事业发展需要。

——全社会的专利意识普遍提高。尊重知识、崇尚创新、诚信守法的知识产权文化逐步形成，初步建立具有中国特色的知识产权文化教育、宣传、理论研究体系。社会公众的专利意识明显提高，尊重和保护专利的社会环境明显改善。

—专利国际交流与合作全面发展。专利国际交流与合作的领域进一步拓展。涉外知识产权事务统筹协调能力大幅增强，参与专利国际事务的能力显著提升。争取适合我国专利事业发展的良好外部环境。

四、战略重点和保障措施

（一）进一步完善专利法律制度

立足国情，在符合国际规则的前提下，进一步完善具有中国特色的专利法律制度。及时研究国际专利立法的最新发展趋势并借鉴其成功经验。研究制定职务发明法规，合理界定职务发明的权利归属。探索改革外观设计制度，研究外观设计单独立法的可行性。研究完善专利确权程序，缩短专利确权和纠纷的处理周期。研究规制专利权滥用实体和程序性规定。密切关注专利权转让、许可、质押等过程中出现的新问题，适时予以规范。修改完善《专利代理条例》。完善其他配套专利法规规章。

建立专利主管部门与其他部门在专利相关法规制定和实施中的信息沟通和协作机制，促进相关法律制度之间的相互衔接。依据反垄断法的有关规定，研究和积极推动认定滥用专利权构成垄断行为标准和程序的制定。积极推动涉及专利的国家标准管理规定的出台，明确国家标准涉及专利问题的处置原则以及披露义务等规范。健全对外贸易和海关知识产权保护等法律法规中与专利有关的规定和协作机制。加强遗传资源管理制度与专利制度之间的协调与衔接。

（二）大力推进与专利相关的政策体系的构建

充分发挥专利政策在推动国家产业结构调整和促进经济发展方式转变中的作用。加强专利政策研究，推动符合不同产业需求的专利政策的出台，激励企业积极申请专利，加快行业共性专利技术的推广应用，促进产业结构调整与产业升级。在国家科技重大专项、重点产业振兴规划与战略性新兴产业中，在关键技术领域超前部署，掌握一批核心技术的专利，并进行合理的海内外布局，形成核心竞争力。鼓励企业在引进专利技术基础上，通过消化吸收再创新获得专利权。围绕国家区域经济规划，出台合理有效的专利扶助政策和区域专利转移鼓励政策。

充分发挥专利在国家宏观政策中的导向作用。加强专利行政主管部门与相关部门的协调、合作，充分运用财政、税收、金融等政策，激励更多核心专利的创造与运用。进一步健全专利统计指标体系，积极推动将专利指标纳入我国经济、科技等工作的评价考核体系。进一步推动完善涉及国家重大利益科技项目的专利管理，提高科技项目的创新起点和水平，提升将创新优势转化为专利优势的能力，保障国家技术安全。支持和培育专利产品出口，提高专利权密集型商品出口比例，加强企业海外并购中的专利政策引导。平衡专利政策与公共健康、气候变化等重大公共政策之间的关系。

进一步加强专利政策制定的统筹协调。充分利用已有的协调机制，加强部门间的交流与协调，探索建立专利政策评议机制，确保专利政策的有效、合理，符合国际规则。建立专利政策信息披露平台。

（三）进一步加强专利管理体制与机制建设

完善专利管理体制、机制。进一步推动省级、市（地）级知识产权管理机构建设，经济发达地区县级知识产权机构初步健全。建立健全知识产权工作领导、协调机制，充分发挥其作用，积极加强同有关部门的横向联系和协调，推动国家和地区专利政策体系的构建。

加强专利管理职能。切实加强各级专利管理部门的自身能力建设，提升管理水平，拓展和加强区域经济发展政策制定、专利实施和产业化、知识产权资产评估、重大经济项目的知识产权审议等职能，进一步密切专利工作与国家以及地方经济社会发展之间的关系。积极开展地方知识产权发展状况评价，强化地方管理能力建设，营造良好知识产权发展环境。

（四）大力提升专利创造和运用能力

形成促进专利创造的政策体系和环境。进一步推动完善国家资助创新成果权利归属和利益分享机制，鼓励更多的创新成果形成专利权。开展将发明人的奖酬计入生产成本的可行性研究，推动企业制定和落实发明人的奖酬政策。通过税收等优惠政策，积极鼓励企业生产拥有核心专利权的高附加值的产品，促进企业转变发展方式。优化专利资助政策，进一步明确提升专利质量、提高国外专利拥有量、促进自主创新成果产权化的工作导向。

大力促进专利运用。进一步明确专利管理部门及相关部门积极推进专利技术产业化的职责。争取相关政府部门加强对专利技术产业化政策支持，制定鼓励个人和企业进行专利转让和许可的税收优惠政策。推动形成全国专利展示交易中心、高校专利技术转移中心、专利风险投资公司、专利经营公司等多层次的专利转移模式，加强专利技术运用转化平台建设。进一步加强专利质押贷款工作，推动一批知识产权优势企业通过资本市场上市融资，促进专利产业化的股权、债券交易市场的形成，推动建立质押贷款、风险投资、上市、证券化等多层次的专利技术融资体系。探索设立由国家引导多方参与的多形式专利运营资金，促进高等院校、科研院所有价值专利的运用。深入推进国家专利产业化基地建设。进一步强化中国专利奖的经济效益导向作用。加强和规范专利资产的评估工作，增强专利价值评估能力。

进一步提升企事业单位运用专利制度的能力。引导企业以市场分析和专利分析为依据，制定适合自身发展特点的企业专利战略，鼓励和支持企业进行专利海外布局。引导创新要素、专利资源向企业集聚和转移，鼓励企业联合构筑专利联盟。鼓励和支持企业将我国优势领域拥有专利权的核心技术和关键技术上升为国家标准和国际标准。进一步完善企业专利管理工作规范，健全企业专利资产管理规程。深入开展企事业单位试点示范工作、实施中小企业知识产权战略推进工程、实施知识产权优势企业培育工程，提高企事业单位运用专利制度的能力。通过专利托管、引优扶强等措施，促进优秀专利服务机构为中小企业提供公益服务，为优势企业提供个性化服务。

（五）提升专利审查综合能力

进一步提升专利审查能力。以社会需求为导向，不断完善专利审查标准和审查管理政策。适度扩大审查队伍规模，加强人员素质能力培养，开展审查文化建设。建立更为高效、科学的审查业务运行管理体系，不断提高审查效率和审查质量。设立加快审查制度，创设更为灵活、便捷和高效的审查方式，提高审查员与利益相关方之间的沟通效率。务实参与审查业务国际合作，促进审查能力建设。

加强专利审查服务能力建设。统筹审查资源，配合国家重点产业发展政策，提供专利申请策略和专利分析指导等服务，积极引导市场主体重视专利价值挖掘。建立基于审查资源的中介机构扶持机制，引导中介机构拓展服务范围、提升服务能力。采取积极措施，为市场主体向国外申请专利提供相关服务和业务指导。

国家知识产权局专利行政执法能力提升工程方案

为适应形势发展需要，全面提升专利行政执法能力，特制定如下方案。

一、提高执法人员业务素质，提升执法队伍专业化、职业化水平

（一）完善执法上岗培训

国家知识产权局每年面向全系统组织专利行政执法上岗培训班。各省（自治区、直辖市）知识产权局和办案量居全国同类城市前列的市知识产权局，可根据需求申请举办上岗培训班，培训对象以本区域执法人员为主，兼顾周边地区。参加培训且通过考试者可取得国家知识产权局颁发的专利行政执法证。考试不合格者，两年内可再申请参加一次上岗培训，其他任何人员不可重复报名参加上岗培训。

（二）强化执法业务提高培训

针对已持证在岗的专利行政执法人员、执法工作负责人开展专利行政执法业务提高培训。要求参训人员在

培训结束时撰写结业报告。三年内完成对全系统专利行政执法人员的业务提高轮训工作。

（三）加强执法培训基础工作

充分发挥地方知识产权局执法业务骨干作用，协同编写实体与程序相结合、理论与案例相结合的专利行政执法培训系列教材。2013年，完成专利行政执法培训大纲、专利行政执法培训教材、专利行政执法案例汇编的撰写、编辑、论证与印刷发行工作；2014—2015年，根据工作实践，对上述教材进行调整与完善。

通过地方知识产权局和有关单位推荐、他人推荐、个人自荐及主动发现等方式，从本系统业务骨干和律师、专利代理人、法官、学者及国外专家中，遴选优秀师资人才，组建专利行政执法培训师资库。2013年，基本建成专利行政执法培训师资库；2014—2015年，在专利行政执法培训实践中调整充实，加快建成类型齐全、结构合理的专利行政执法培训师资库。

（四）深化执法业务研修与交流

择优支持从事执法工作两年以上、办案量较多的执法业务骨干，赴国内高校参加有关法律研修，攻读硕士、博士学位；每年遴选若干名从事执法工作三年以上、办案量较多，且通过有关考试、外语水平较高的执法业务骨干，参加国际知识产权法律研修。

各省（区、市）知识产权局及执法办案工作突出的城市知识产权局可向我局推荐年度优秀案例。组织专家评析，评选出优秀案例，向全系统执法人员公开。针对执法办案中的典型案件和疑难案件，国家局按区域组织地方知识产权局执法业务骨干和有关专家开展分析论证。

（五）健全执法机构

推进省（区、市）知识产权局建立专门执法处室，成立专利行政执法总队，并引导行政区域内具备条件的城市知识产权局建立专门执法处室，成立专利行政执法支队。

推进开展执法督导员派驻工作。2013年，国家局根据需要向有关地区派出执法督导员。省（区、市）知识产权局根据需要向行政区域内知识产权局派出执法督导员。2013年开展督导员短期派驻工作，有条件的地方开展较长期的督导员派驻工作；2014—2015年，逐步加强督导员派驻工作，适当延长督导员派驻时间。

（六）强化执法激励措施

根据各地执法工作实际，遴选并公开专利行政执法工作模范局长、模范处长和业务骨干。积极创新对执法人员的办案激励措施。加快研究推进专利行政执法队伍职业化建设的方式方法。

举办年度专利行政执法办案业务知识竞赛。知识竞赛名次将作为参加国内外进修、承担执法督导、执法专题研究和执法培训授课任务的依据之一。

二、创新执法工作机制，提高执法办案水平与效率

（一）建立专利侵权纠纷快速调解机制

建立专利侵权纠纷快速调解机制，大力开展各类专利纠纷的快速调解工作。2013年，研究提出专利侵权纠纷快速调解工作方案，选择条件比较成熟的地方知识产权局进行试点，初步构建专利侵权纠纷快速调解机制；2014—2015年，进一步完善和推广，充分发挥专利行政执法简便、快捷的优势。

（二）强化执法协作机制

建立全系统和若干区域专利行政执法协作调度中心，提高执法办案协作水平与效率。选择若干地区开展试点，建立若干区域性专利行政执法协作调度中心；推进建立全系统专利行政执法指挥调度中心，加快实现跨地区执法协作的系统化、规范化。

（三）深化专项行动工作机制

按照更加集中、更加有力、更加务实的原则，深化专项行动工作机制，将专项行动作为锻炼执法队

伍、加大执法办案力度、提升执法能力的重要手段，作为提高广大创新者、消费者满意度和保障民生的重要抓手抓紧抓实。2013—2015年，每年第二、三季度，集中开展知识产权执法维权"护航"专项行动。专项行动要结合当地实际，以涉及民生领域、重大项目、优势产业为重点，针对大型商品流通场所和展会，每月至少组织开展一次集中检查、集中整治、集中办案，大力开展专利侵权调处和假冒专利查处工作，扩大执法办案工作声势，增强执法维权快速反应能力，提高人民群众对知识产权执法维权的满意度。专项行动中，要通过当地主要媒体、政府网站和本局网站向社会公众公开专项行动执法办案电话和主要活动。各省（区、市）知识产权局、进入专利行政执法推进工程的知识产权局在每年第一季度向国家局报送专项行动工作方案，第四季度报送专项行动总结。国家局根据专项行动方案内容、实际成效，选择地方知识产权局予以重点推进和支持。

（四）建立专利侵权判定咨询机制

结合实际需求、工作基础和区域分布，在全国选择若干知识产权维权援助中心，设立专利侵权判定咨询中心，组建专利侵权判定咨询委员会，建立专利侵权判定咨询专家库、专利侵权判定咨询电子档案库，研究制定专利侵权判定咨询办法，及时组织各类专业人员为地方知识产权局提供专利侵权判定咨询公共服务。2013年，各专利侵权判定咨询中心开始运行，对工作开展不到位的中心，及时调整；2014—2015年，在健全工作机制基础上，提高专利侵权判定咨询服务的规模与水平。

（五）完善执法工作重点推进机制

将专利行政执法推进工作纳入专利行政执法能力提升工程之中，选择执法办案工作突出或进展较大的地方知识产权局予以重点推进，有效带动全系统专利行政执法能力提升工作。根据年度执法工作绩效考评情况，特别是执法办案情况，结合东、中、西部地区不同条件与需求，确定专利行政执法推进工程单位。

（六）健全执法调查工作机制

围绕专利行政执法和专利侵权假冒情况，组织动态调查。组织知识产权维权志愿者通过网络、报刊和实地调查等方式，发现并提供专利违法行为线索。各地方知识产权局应结合当地专利授权量和经济发展等实际情况，建立一定规模的知识产权维权志愿者队伍，在研发创新类园区、大型商业场所、产业集聚区、大型展会及其他大型活动场所选派志愿者，积极开展维权调查，提供维权服务。

三、加快执法工作制度建设，提高执法工作规范化水平

（一）完善执法办案规范

各地方知识产权局应加大工作力度，创新工作方式，加快推进制定和完善专利行政执法法规与规章制度。在推进专利保护地方法规制定、修改的同时，从细化专利侵权判定、假冒专利认定、专利侵权赔偿额计算、假冒专利行为行政处罚裁量、专利纠纷快速调处、证据规则等执法办案依据方面，加快专利行政执法制度建设。

（二）健全执法工作目标责任制

各地方知识产权局要建立以执法办案工作为核心的执法工作目标责任制。局主要负责人为执法工作第一责任人，积极推行局领导、处长（科长）、执法人员三级负责制，形成局领导监督、执法处长（科长）指导、执法人员执行的责任机制。2013年，省（区、市）知识产权局、副省级城市和地级市知识产权局应建立起完善的执法工作目标责任制；2014—2015年，重点检查健全执法工作目标责任制的落实和运行情况。

（三）完善执法维权绩效考核评价制度

国家局按年度对各省（区、市）知识产权局、进入专利行政执法推进工程的知识产权局、知识产权示范城市知识产权局和维权中心进行执法维权绩效考核评价，在一定范围内公开考核评价结果。省（区、市）知识产

权局按年度对本行政区域内各地知识产权局执法维权工作进行绩效考核评价。根据各方反馈，调整、完善专利行政执法及维权援助工作绩效考核评价指标，逐年加大考评结果运用力度。

（四）完善举报投诉奖励与维权援助制度

鼓励权利人和社会各界对专利违法行为的举报投诉，健全举报投诉奖励和维权援助制度。2013年，研究提出专利维权援助的方式方法，引导各维权援助中心从保障民生和降低权利人维权成本出发，对确有困难的专利权人给予维权援助，提供必要的经济支持，帮助权利人及时有效维护合法权益；地方知识产权局和知识产权维权援助中心根据当地实际，制定和实施知识产权举报投诉奖励的具体办法，对通过12330平台提供重要线索和多次提供线索的举报投诉人员给予奖励。2014—2015年，共同推进逐年加大维权援助与举报投诉奖励力度。

（五）健全执法管理监督制度

结合各地经济社会发展水平、创新能力和知识产权创造情况，从执法队伍机构建设、人力物力投入、办案情况、责任落实、领导重视程度、政策支持等方面，研究提出施行专利行政执法管理标准的方式方法。

研究提出专利行政执法与维权工作专项经费使用与监管的具体方案，确保规范、高效地使用执法维权专项经费。从使用过程和使用绩效两方面，对专项经费使用加强监督，建立健全使用过程监督机制，加大现场验收工作力度。

各地方知识产权局应加快建立健全执法办案电话公开和接听值班制度。应在本局网站和当地主要媒体公布专利行政执法办案值班电话和移动电话，确保工作时间电话接听畅通。使用普通话接听案件受理和咨询电话。凡出现推诿、拒绝依法受理案件或态度恶劣等情况者，有关领导及当事者均须承担相应责任。

开展专利行政执法证年检工作，掌握执法人员动态情况，稳定执法工作队伍。充分发挥省（区、市）知识产权局在年检工作中的作用。

四、加强执法条件建设，提高执法工作信息化水平

（一）建立执法案件报送系统

加快建设专利行政执法数据三级（国家、省、市）报送系统，实现各级专利行政执法数据的汇总、分析和上报功能。2013年初步建成；2014—2015年，在运行中进行调整、完善。

（二）建立执法人员信息管理系统

建设包括执法人员培训管理模块和执法人员基本信息模块的专利行政执法人员信息管理系统。各地方知识产权局通过本系统可以检索、录入、更改本局执法人员信息。加快实现执法证件年检管理工作的信息化。2013年，初步建立专利行政执法人员信息管理系统；2014—2015年，在系统运行的实践中，不断完善系统和相应管理工作。

（三）建立健全维权援助举报投诉系统

加快建立健全知识产权维权援助与举报投诉系统，实现举报投诉案件网上转接，提供维权援助网上申请服务。2013年，初步完成系统建设，并开始运行；2014—2015年在运行中进行调整、升级。

（四）配备执法装备

加快为专利行政执法工作人员配备便携式专利法律状态查询设备，提高执法办案效率，确保专利行政执法人员准确、及时地获取专利法律状态。具有执法职能的地方知识产权局应完善执法装备、严肃执法着装、设立专门执法办案口审场所。

国家知识产权局　新疆维吾尔自治区人民政府工作会商制度议定书

为贯彻落实胡锦涛总书记"十七大"报告精神和国务院《关于进一步促进新疆经济社会发展若干问题的意见》（国发〔2007〕32号）文件精神，全面加强国家知识产权局与新疆维吾尔自治区之间的合作，充分发挥双方的资源和人才优势，共同推进新疆知识产权事业又好又快发展，促进和谐新疆建设，经过认真研究和协商，国家知识产权局和新疆维吾尔自治区人民政府决定建立工作会商制度。

一、共同推进新疆维吾尔自治区知识产权战略的制定与实施

新疆维吾尔自治区人民政府把知识产权工作纳入重要议事日程，根据国家知识产权战略纲要的总体部署，组织制定和实施具有地方特色的知识产权战略，积极开展重点城市、重点行业和重点企业的知识产权战略研究，大力培育知识产权优势企业。国家知识产权局把新疆作为西部地区实施和推进知识产权战略的重点，发挥知识产权信息资源与专业人才优势，以及采取组织和选派有关专家等有效措施，为新疆知识产权战略制定提供帮助和指导。

二、共同推进新疆知识产权人才队伍建设

国家知识产权局将加大对新疆知识产权人才培训力度。发挥在人才、教材和培训资源等方面的优势，采取知识产权形势报告会、国内与国外培训相结合、长期与短期培训相结合、选派挂职干部等多种形式，帮助新疆培养各类知识产权管理人才。新疆维吾尔自治区在区内选择2—3所高等院校和培训中心，建立知识产权人才培养基地。国家知识产权局在提供教学大纲、师资、教材及培训经费等方面予以支持。双方互派挂职干部，共同推进高层次专业人才培养。

三、共同推进新疆完善知识产权管理体制和工作运行机制

新疆维吾尔自治区将进一步完善知识产权地方性政策法规和管理体制，提升各级政府的知识产权宏观调控和行政管理能力；加大对知识产权工作的政策扶持力度，建立健全政策激励机制；加大知识产权工作的资金投入，创造有利于自主知识产权产出、运用和产业化发展的环境；加强知识产权行政与司法保护，营造良好的市场经济秩序和有效保护知识产权的法治环境；加强宣传教育，形成尊重和保护知识产权的社会氛围。国家知识产权局积极支持和指导新疆的知识产权管理体系的能力建设和宣传培训、专利行政执法等工作的有效开展。

四、共同推进新疆知识产权优势企业培育工程和专利技术产业化试点基地建设，深化知识产权试点示范工作

国家知识产权局将新疆优势产业中的重点企业，纳入国家优势企业培育工程等计划，给予重点指导和支持，提升企业运用知识产权制度和国际规则的能力；组织专家深入新疆骨干企业开展调研，指导和帮助企业在专利技术产业化过程中，提高其运用知识产权信息及专利技术状况分析研究的能力建设。以国家专利产业化工程试点工作推进新疆（石油化工、煤电煤化工、优势矿产资源、特色农产品深加工）专利技术产业化试点基地建设，培育一批拥有自主知识产权、核心竞争力强的企业和企业集团，支持新疆的优势产业做大做强；新疆将在地州市、园区和企事业单位深入开展知识产权试点示范工作。国家知识产权局指导乌鲁木齐市、克拉玛依市、昌吉州创建国家知识产权示范城市，指导乌鲁木齐高新技术开发区、乌鲁木齐经济技术开发区等园区开展知识产权试点示范工作，并选择有条件、发展较快的地区实施国家知识产权强县（市、区）工程。

五、共同促进东中西知识产权合作

新疆不仅是国家能源资源战略基地，而且是向西开放的门户和国际能源陆路运输的战略通道。国家知识产权局将积极协调东中部发达省市与新疆建立知识产权合作关系，推进东中西知识产权联席会议制度的建立，实现智力、技术、资本和资源优势互补，促进东中部发达省市专利技术在新疆实现产业化。鼓励和支持东中部省市积极开展与新疆对口支援地州市的知识产权合作，鼓励和支持新疆知识产权管理人员到东中部省市挂职学习。

六、共同推进新疆知识产权公共服务能力建设

新疆将加大对知识产权公共服务能力建设的投入，建立知识产权服务中心和专利信息公共服务平台；培育和发展知识产权中介服务机构，提高专利信息检索和知识产权法律咨询、评估等中介服务能力。国家知识产权局积极支持新疆专利信息公共服务平台的建设，提供专利信息资源、检索分析软件，以及人员培训等支持；帮助新疆建立重点行业和骨干企业的专利数据库；支持新疆建立知识产权维权援助中心；支持新疆大力发展知识产权中介服务业，指导和帮助新疆建设专利技术展示交易平台。

七、共同推进开展对中亚国家的知识产权合作交流

新疆在我国构筑西部陆路开放和东部沿海开放并进的对外开放新格局中，地位举足轻重。国家知识产权局将根据我国对周边国家外交政策，以"霍尔果斯口岸知识产权兴贸试点基地"为着力点，共同推进开展对中亚国家的知识产权合作，促进新疆向西开放和对外贸易的发展。新疆将充分利用口岸多、边贸活跃的特点，组织宣传、海关、商检、工商、版权等相关部门，加强边贸口岸知识产权保护工作，突出对外宣传与合作交流，提高我国知识产权保护的国际形象。

工作会商的内容主要涉及对新疆维吾尔自治区经济、科技、贸易和社会发展有重大影响的知识产权问题，特别是重点领域、支柱产业和骨干企业发展中的知识产权问题。

工作会商采取例会方式，原则上每年会商一次（具体时间、地点由双方商定），具体议题由新疆维吾尔自治区知识产权局商国家知识产权局协调管理司共同提出。会议研究和商定重大合作事项，总结上年度的工作，部署当年的工作任务，形成会议纪要，双方共同落实。

工作会商制度实施期限暂定为五年，以后根据情况另行商定。

国家知识产权局（签章）　　　新疆维吾尔自治区人民政府（签章）
代表签字：田力普　　　　　　代表签字：杨刚
二〇〇八年八月十三日

共同推进新疆知识产权事业发展工作要点（2008—2009年）

根据国家知识产权局和新疆维吾尔自治区人民政府合作会商制度安排，2008年8月13日，国家知识产权局田力普局长与新疆维吾尔自治区人民政府努尔白克力主席等领导在新疆乌鲁木齐市举行了合作会商制度第一次例会。双方经协商，确定2008—2009年度的工作要点如下。

一、共同推动新疆知识产权战略的制定与实施

制定和实施地方知识产权战略是贯彻落实《国家知识产权战略纲要》的重要基础。要将战略的制定与实施作为当前和今后一段时期加强新疆知识产权工作的重要举措。国家知识产权局将从新疆知识产权战略制定所涉

及的专业领域出发，组织、协调和选派有关专家，通过软课题研究，以及在新疆举办知识产权战略研究制定培训班、研讨会等形式给予重点指导和帮助。新疆维吾尔自治区人民政府将此项工作纳入重要议事日程，加强领导，从组织协调、部门配合、研究制定经费等各方面予以保障，共同推进新疆知识产权战略的制定与实施。

二、共同推进新疆的知识产权教育培训工作和人才队伍建设

新疆维吾尔自治区在区内选择1所高等院校和1个培训中心，建立知识产权人才培养基地。国家知识产权局在提供教学大纲、师资、教材及培训经费等方面予以支持。国家知识产权局在新疆举办2—3期县处级领导干部和高层次专业人才培训班（每期40—50人）。双方互派挂职干部，共同推进高层次知识产权人才队伍建设。

三、共同推进新疆国家级高新技术开发区、经济技术开发区等园区的知识产权工作

国家知识产权局指导新疆国家级高新技术开发区和经济技术开发区等园区知识产权工作，进一步建立健全知识产权管理制度、工作机制、评价模式、奖励和激励办法，建立知识产权服务机构、专利技术孵化器、知识产权信息工作站；开展专利技术产业化、专利质押贷款、知识产权交易等试点工作，提高园区的知识产权转化率；开展知识产权战略、知识产权预警和侵权应对机制等试点工作。乌鲁木齐高新区、乌鲁木齐经济开发区设立知识产权专项资金，重点支持园区内知识产权战略研究、专利技术产业化、知识产权奖励和资助等方面的工作。

四、共同推进东中西开展知识产权合作与对口支援工作

国家知识产权局积极促进东中部发达省市知识产权局与新疆地州市的对口合作，建立东中发达省市与新疆知识产权联席会议制度和对口援疆机制，搭建合作交流平台，促进东中部省市专利技术在新疆实现产业化，鼓励和支持东中西（广东局与哈密地区、上海局与阿克苏地区、江苏局与伊犁州、湖南局与吐鲁番地区）知识产权合作与对口援疆工作。

五、共同推进新疆知识产权服务能力建设

新疆将加大对知识产权公共服务能力建设的投入。国家知识产权局在支持新疆建设全领域专利数据库的基础上，加快新疆专利信息利用平台建设，重点围绕国家在新疆四大基地（石油化工产业基地、煤电煤化工基地、黑色有色等优势矿产资源基地和特色农产品深加工基地）建设及新疆优势产业发展，建立专题数据库，对专利信息利用工作给予有针对性的指导和帮助，在设备、工作人员培训等方面给予支持。

六、共同建设知识产权维权援助中心

新疆将整合相关资源，提供场地、设备和人员，与国家知识产权局在政策和经费上给予支持，共同建立新疆知识产权维权援助中心，为有困难的知识产权权利人、涉外知识产权纠纷、疑难知识产权案件的有关当事人提供知识产权维权援助服务，帮助新疆企业积极应对国外知识产权纠纷。

相关自治区法规

新疆维吾尔自治区专利保护条例

（2004年7月23日自治区十届人大常委会第十一次会议通过）

第一条　为了加强专利保护，维护专利申请人、专利权人的合法权益，促进科学技术进步和创新，根据《中华人民共和国专利法》《中华人民共和国专利法实施细则》和其他有关法律、法规的规定，结合自治区实际，制定本条例。

第二条　在自治区行政区域内从事与专利保护有关的活动，应当遵守本条例。

第三条　县级以上人民政府应当加强对专利保护工作的领导，加大专利资助资金的投入，鼓励单位和个人申请专利，支持实施技术含量高的专利项目，支持管理专利工作的部门做好专利保护工作。鼓励国内外组织和个人以捐助的方式支持专利事业。科学技术、经济贸易、工商、公安、质量技术监督、海关等有关行政管理部门按照各自职责做好专利保护工作。

第四条　被授予专利权的单位应当依法对职务发明创造的发明人或者设计人给予奖励；自行实施专利或者许可他人实施专利的，应当依法给予职务发明创造的发明人或者设计人报酬；转让专利权的，给予职务发明创造的发明人或者设计人的报酬应当高于许可他人实施专利所给予的报酬。奖励或者报酬可以采取现金、股份或者当事人约定的其他形式给付。

第五条　任何单位和个人不得侵犯专利权、假冒他人专利或者冒充专利；不得为假冒他人专利、冒充专利的行为提供便利条件。任何单位和个人均有权向管理专利工作的部门举报专利违法行为。

第六条　国有资产占有单位有下列情形之一的，应当由具有相应资质的资产评估机构进行专利资产评估：

（一）转让专利申请权、专利权的；

（二）资产重组、产权变更或者法人变更、终止前需要对其专利资产作价的；

（三）以专利技术作价投资的；

（四）依照国家规定应当进行专利资产评估的其他情形。

第七条　有下列情形之一的，申请人或者申报人应当向有关行政管理部门提交专利检索报告：

（一）申报应用技术的科研和新技术、新产品开发的；

（二）涉及专利的技术、设备进出口贸易的；

（三）依照国家规定应当提交专利检索报告的其他情形。

第八条　展览会、交易会以及其他会展的展品以专利产品、专利技术参展的，参展者应当持有该产品、技术的专利证书或者专利许可合同。管理专利工作的部门应当对参展的专利产品、专利技术进行监督检查。会展主办者发现有假冒他人专利或者冒充专利行为的，应当向管理专利工作的部门举报。

第九条　利用广告宣传推销专利产品、专利技术的，广告经营者、广告发布者应当核验其提供的国务院专利行政部门或者自治区管理专利工作的部门出具的该专利产品、专利技术的专利权有效证明。

第十条　专利中介服务机构及其工作人员应当依法开展中介服务，不得出具虚假报告，不得与当事人串通谋取不正当利益，不得损害其他当事人的合法权益和社会公共利益。

第十一条　自治区管理专利工作的部门负责调解和处理在自治区内有重大影响和跨地区的专利纠纷，查处有重大影响的假冒他人专利、冒充专利行为。州、市（地）管理专利工作的部门负责调解和处理本行政区域内的专利纠纷，查处假冒他人专利、冒充专利行为。

第十二条　请求调解和处理专利侵权纠纷的，应当符合下列条件：

（一）请求人与专利纠纷有直接利害关系；

（二）有明确的被请求人、具体的请求事项以及事实和理由；

（三）属于管理专利工作的部门管辖范围的受理事项；

（四）当事人没有向人民法院起诉。

第十三条　管理专利工作的部门应当自收到处理专利侵权纠纷请求书之日起7日内作出是否受理的决定，并书面通知请求人；决定受理的，应当自受理之日起7日内将请求书副本送达被请求人；被请求人应当自收到请求书副本之日起15日内提交答辩书和有关证据。

管理专利工作的部门应当自受理专利侵权纠纷之日起4个月内作出处理决定。有特殊情况，不能在规定期限内作出处理决定的，经管理专利工作的部门负责人批准，可以适当延长，并告知请求人和被请求人；延长期限最多不得超过30日。

第十四条　管理专利工作的部门受理专利侵权纠纷后，被请求人依法提出该专利权无效宣告请求并被专利复审委员会受理的，可以中止处理，中止处理期间不计算在处理期限内。

有下列情形之一的，管理专利工作的部门可以不中止处理：

（一）请求人出具国务院专利行政部门作出的实用新型专利检索报告，证明其实用新型专利符合专利法新颖性或者创造性规定的；

（二）被请求人证明其使用的技术为现有技术的；

（三）根据国家有关规定不应当中止处理的其他情形。

第十五条　管理专利工作的部门应当事人请求对专利纠纷进行调解，达成调解协议的，应当制作调解协议书。管理专利工作的部门对专利侵权纠纷进行处理的，应当作出处理决定。

第十六条　管理专利工作的部门对发现或者举报的假冒他人专利、冒充专利的违法行为，应当及时查处。

第十七条　管理专利工作的部门在处理专利纠纷或者查处假冒他人专利、冒充专利行为时，可以询问当事人和证人，查阅、复制有关的合同、账册等资料，检查有关的物品和现场。有关单位和个人应当如实提供相关证据。管理专利工作的部门及其工作人员对当事人的技术秘密和商业秘密负有保密义务。

第十八条　管理专利工作的部门在处理专利纠纷或者查处假冒他人专利、冒充专利案件过程中，在证据可能灭失或者以后难以取得的情况下，经管理专利工作的部门负责人批准，可以先行登记保存，并在7日内作出处理决定。经登记保存的证据，被调查的单位或者个人不得销毁或者转移。

第十九条　管理专利工作的部门在处理专利侵权纠纷过程中，请求人有证据证明他人正在实施或者即将实施侵犯其专利权的行为，如不及时制止将会使其合法权益受到难以弥补的损失的，可以向管理专利工作的部门申请对涉嫌侵权的物品采取封存或者暂扣措施。请求人申请采取封存或者暂扣措施的，应当提供相应的担保。被请求人提供担保的，经管理专利工作的部门审查同意，可以解除封存或者归还暂扣的物品。

第二十条　专利中介服务机构出具虚假报告，与当事人串通谋取不正当利益，损害其他当事人的合法权益和社会公共利益的，由管理专利工作的部门给予警告，责令限期改正；情节严重的，可以报请国家知识产权局给予撤销机构处罚；专利中介服务机构工作人员不履行职责或者不称职以致损害委托人利益的，可由其所在的专利中介服务机构给予批评教育，情节严重的解除聘任关系；专利中介服务机构及其工作人员因违法或者失职行为给当事人造成经济损失的，应当依法承担赔偿责任。

第二十一条　假冒他人专利的，由管理专利工作的部门责令停止假冒行为，没收违法所得，处违法所得一至三倍的罚款；没有违法所得的，处以一万元以上五万元以下的罚款。以非专利产品冒充专利产品、以非专利方法冒充专利方法的,由管理专利工作的部门责令停止冒充行为,处以一万元以上五万元以下的罚款。明知是假冒、冒充专利而参与假冒、冒充活动或者为假冒、冒充活动提供便利条件的,根据其在共同违法活动中的地位和作用依法予以处罚。

第二十二条 违反本条例规定应当受到处罚的其他行为,依照《中华人民共和国专利法》及有关法律、法规予以处罚。

第二十三条 管理专利工作的部门工作人员有下列行为之一的,由其所在单位或者上级主管部门给予行政处分;构成犯罪的,依法追究刑事责任:

(一)包庇或者放纵假冒他人专利、冒充专利行为的;

(二)在专利纠纷调解过程中,偏袒一方,侵害另一方合法权益的;

(三)泄露当事人的技术秘密或者商业秘密的;

(四)利用职务便利,索取或者收受他人财物的;

(五)其他滥用职权、玩忽职守、徇私舞弊的行为。

第二十四条 本条例自2004年9月1日起施行。

新疆维吾尔自治区专利促进与保护条例

(2004年7月23日自治区十届人大常委会第十一次会议通过 2012年9月28日自治区十一届人大常委会第三十八次会议修订)

第一章 总 则

第一条 为了鼓励发明创造,促进专利运用,加强专利保护和管理,维护专利权人的合法权益,根据《中华人民共和国专利法》《中华人民共和国专利法实施细则》和有关法律、法规,结合自治区实际,制定本条例。

第二条 自治区行政区域内的专利创造、运用、保护、管理、服务及相关活动,适用本条例。

第三条 专利工作遵循激励创造、有效运用、依法保护、科学管理的原则。

第四条 县级以上人民政府应当加强对专利工作的领导,将专利工作纳入本行政区域国民经济和社会发展规划,建立健全专利管理工作体系,组织实施专利发展战略,促进专利创造、专利成果运用和产业化发展。

第五条 县级以上人民政府对中小企业和个人在专利申请、运用、转让以及专利产品研究、开发等方面给予资金资助。

第六条 自治区人民政府设立专利奖,对产生显著经济效益、社会效益的专利项目的单位和发明人、设计人给予奖励。

第七条 县级以上人民政府管理专利工作的部门(以下简称专利工作部门)负责本行政区域内的专利促进和保护工作。

发展改革、财政、国有资产监督管理、经济和信息化、科学技术、教育、商务、公安、工商行政管理、质量技术监督、税务等有关部门按照各自职责,做好专利促进和保护的相关工作。

第八条 县级以上人民政府及其有关部门应当加强专利知识的宣传普及。广播、电视、报纸、网络等媒体应当开展专利知识和专利法律、法规宣传,增强全社会的专利意识。

第二章 专 利 创 造

第九条 县级以上人民政府应当在本级年度财政预算中安排专利工作专项资金,并根据财政情况逐步提高。

专利工作专项资金主要用于下列事项:(一)资助专利申请;(二)促进专利实施;(三)专利保护、预警应急与维权援助机制建设;(四)专利公共服务平台建设;(五)专利人才培养、交流、合作;(六)对做出突出贡献的专利权人的奖励；（七）专利促进和保护的其他事项。

县级以上人民政府财政、审计部门应当按照各自职责，对本级专利工作专项资金的使用情况进行监督。

第十条　鼓励企业事业单位或者个人研究、开发对产业发展有重大推动作用的技术和设备，促进原始创新、集成创新和引进消化吸收再创新，取得国内及国外专利。

鼓励企业事业单位建立内部专利人才绩效评价和激励机制。

鼓励对少数民族传统技术工艺进行创新，形成新技术、新产品、新工艺。

第十一条　企业事业单位申请专利、办理其他专利事务以及引进先进专利技术及其设备等费用，依法计入企业成本或者列为事业费。

企业事业单位为研究和开发专利产品所发生的费用，依照有关法律、法规的规定享受税收优惠。

第十二条　评审科学技术奖励、技术创新奖励和专利奖励项目，审批科研开发、技术改造和高新技术产业化等财政性资金支持项目时，有关部门应当将项目是否具有或者能否产生专利技术作为评审的重要条件。

前款规定的项目具有专利技术的，在申请奖励时，申请人应当向有关部门提交专利权有效证明；在申请资金支持时，申请人应当向有关部门提交专利检索报告。

第十三条　被授予专利权的单位应当依照国家和自治区有关规定对职务发明创造的发明人或者设计人给予奖励；自行实施专利、许可他人实施专利或者转让专利权的，应当依法对职务发明创造的发明人或者设计人给予报酬。

奖励或者报酬可以采取现金、股份、股权收益或者当事人约定的其他形式给付。

第十四条　对技术进步产生重大作用、取得显著经济和社会效益的专利技术，其主要发明人或者设计人可以破格申报相关专业技术职称。

第三章　专利运用

第十五条　县级以上人民政府及其有关部门应当加强专利运用工作，支持符合国家和自治区产业政策的专利技术的实施；对自主研发的专利技术产业化项目，应当给予专项资金扶持。

第十六条　鼓励拥有相关专利技术的单位和个人建立专利联盟，促进专利资源的充分利用。

鼓励和支持高等学校、科研机构和企业开展合作，共同研究开发和实施专利技术。

第十七条　企业事业单位和个人可以依法通过专利申请权转让、专利权转让、专利实施许可或者专利权质押等方式促进专利运用。

专利申请权转让、专利权转让和专利实施许可取得的技术性收入，依照有关法律、法规的规定享受税收优惠。

第十八条　鼓励金融机构开展专利权质押贷款等业务，增加对专利技术产业化项目的信贷投入。

鼓励担保机构为专利技术产业化项目提供融资担保。

第十九条　在同等条件下，政府采购应当优先购买专利产品和相关服务，鼓励对专利新产品实行首购或者订购。

第二十条　质量技术监督和有关行业主管部门，应当引导、帮助拥有自主研发专利技术的企业事业单位、行业协会制定或者参与标准的制定，推动专利技术形成相关标准。

第四章　专利保护

第二十一条　县级以上人民政府应当建立健全专利保护工作协调机制，统筹协调本行政区域内的专利保护工作，研究解决专利保护工作中的重大问题。专利工作部门应当加强执法队伍建设，依法处理专利侵权纠纷、调解专利纠纷，查处假冒专利行为，保护专利权人的合法权益。

第二十二条　自治区专利工作部门负责调解和处理在自治区内有重大影响和跨地区的专利纠纷，查处有重大影响的假冒专利行为。

州、市（地）专利工作部门负责调解和处理本行政区域内的专利纠纷，查处假冒专利行为。

县（市、区）专利工作部门负责调解本行政区域内的专利纠纷，查处假冒专利行为。

调解和处理专利侵权纠纷、查处假冒专利行为，应当有持有国务院专利行政部门或者自治区人民政府颁发的行政执法证件的人员参加。

第二十三条　任何单位或者个人不得非法实施他人专利，不得假冒专利，不得为非法实施他人专利和假冒专利提供运输、展示、广告、仓储、邮寄和隐匿等便利条件。

第二十四条　任何单位和个人有权向专利工作部门举报专利违法行为，接受举报的专利工作部门应当及时调查处理，在五个工作日内予以答复；专利工作部门对于查证属实的举报给予奖励，并为举报人保密。

第二十五条　专利工作部门处理专利纠纷案件，可以根据双方当事人的意愿进行调解。经调解，双方当事人达成一致的，专利工作部门应当制作调解协议书，并由双方当事人签名或者盖章；调解不成的，应当终止调解，并作出处理决定。

第二十六条　专利工作部门作出侵权处理决定，或者人民法院作出判决后，侵权人对同一专利权再次作出相同的侵权行为，专利权人或者利害关系人请求专利工作部门处理的，专利工作部门应当依法直接作出责令立即停止侵权行为的处理决定。

第二十七条　展览会、展销会、博览会、交易会、展示会等会展主办方，应当与参展方在参展协议中约定参展的专利产品、专利技术不得侵犯他人专利权、不得假冒专利。

对标有专利标识的产品或者技术，会展主办方应当查验其专利权有效证明或者专利许可合同；未提供专利权有效证明或者专利许可合同的，会展主办方应当拒绝其以专利产品、专利技术的名义参展。

专利工作部门应当派员对参展的专利产品、专利技术依法进行监督检查。

第二十八条　专利工作部门应当建立和完善专利信用公示制度，对查证属实、认定为专利侵权行为和假冒专利行为的，应当定期向社会公布。

第五章　专利管理

第二十九条　县级以上人民政府及其有关部门应当将专利指标纳入科技计划实施评价体系、国有企业绩效考核体系和高等学校、科研机构等单位科研绩效考核体系。

发展改革、科学技术、经济和信息化等有关部门应当将专利权拥有数量、质量作为科学技术园区、企业技术中心、工程（技术）研究中心、高新技术企业、创新型企业等认定和考核的重要指标。

第三十条　县级以上人民政府及其有关部门应当建立重大经济活动专利审议机制，防止技术的盲目引进、重复研发、流失或者侵犯、滥用专利权。

下列项目涉及专利技术的，审批立项时应当会同专利工作部门进行专利审议：（一）政府审批或核准的重大经济建设项目；（二）政府资助的重大科学技术研究、推广项目及重大技术改造项目；（三）国有及国有控股企业并购、重组、转让项目；（四）技术出口项目；（五）科技成果产业化项目；（六）其他对本地区经济社会发展和公共利益具有重大影响的涉及专利的项目。

专利审议应当包括专利数量、法律状态、权利所属、技术风险、技术高度及专利价值等内容。

第三十一条　国有资产占有单位有下列情形之一的，应当委托具有法定资质的资产评估机构按照国家有关规定进行专利资产评估：（一）转让专利申请权、专利权的；（二）以专利技术作价投资的；（三）以专利权质押担保的；（四）引进、输出专利技术或者专利产品的；（五）合并、分立、改制、上市、重组和破产等涉及专利资产的；（六）法律、法规规定的其他情形。

专利资产评估内容、程序、方法适用国家有关规定。

第三十二条　企业事业单位有下列情形之一的，应当进行专利检索分析：（一）研究开发新技术、新产品、新工艺；（二）进行涉及专利的技术贸易；（三）以专利资产投资入股；（四）法律、法规规定的其他情形。

第三十三条　公民、法人和其他组织有下列情形之一的，应当提供专利权有效证明：（一）组织标注专利标识的商品进入商场、超市等市场销售的；（二）委托广告经营者设计、制作、发布的广告，内容标注专利标识的；（三）组织推广专利技术的；（四）进行专利资产评估和办理专利权质押的；（五）请求海关保护专利产品进出口的；（六）法律、法规规定的其他情形。

第六章　专利服务

第三十四条　自治区专利工作部门应当会同有关部门建立专利预警机制和专利公共服务平台，监测和通报重点区域、行业、产业和技术领域的国内外专利状况、发展趋势和竞争态势，为专利创造和运用提供政策指导、技术咨询、信息共享等服务。

第三十五条　县级以上人民政府管理专利工作的部门应当建立专利维权援助机制，依法开展专利维权服务，为公民、法人和其他组织提供专利维权的信息、法律、技术等帮助。

鼓励专利维权援助机构、专利中介服务机构、高等院校、科研机构、社会团体为公民、法人和其他组织提供专利维权援助。

第三十六条　县级以上人民政府及其有关部门应当建立专利人才培养机制，将专利知识培训纳入相关公务员和专业技术人员继续教育内容。

鼓励有条件的高等学校开设专利知识课程，开展专利知识普及教育。

第三十七条　行业协会、商会等社会组织应当为会员的专利创造、申请、保护、运用、维权等提供指导和帮助。

第三十八条　鼓励发展专利代理、检索、评估、鉴定及交易等专利中介服务。

专利代理、专利资产评估、专利信息咨询等专利中介服务机构不得从事下列行为：（一）出具虚假报告及虚假证明文件；（二）以欺骗、误导等手段招揽业务；（三）与当事人串通，损害社会公共利益或者第三人利益；（四）泄露当事人的商业秘密；（五）法律、法规禁止实施的其他行为。

第七章　法律责任

第三十九条　违反本条例第二十三条规定，非法实施他人专利的，依照《中华人民共和国专利法》第六十条的规定进行处理；为非法实施他人专利提供便利条件的，由专利工作部门责令停止该行为。

假冒专利的，依照《中华人民共和国专利法》第六十三条规定查处；明知是假冒专利行为而为其提供便利条件的，由专利工作部门责令改正，并处一千元以上三万元以下罚款。

第四十条　专利侵权纠纷的行政处理决定生效后，侵权人再次侵犯同一专利权，扰乱专利管理秩序的，由专利工作部门责令改正，可以处一万元以上二十万元以下罚款。有违法所得的，没收违法所得。

第四十一条　违反本条例第二十七条第二款规定，会展主办方未履行查验职责，致使假冒专利产品、专利技术参展的，由专利工作部门责令改正；拒不改正的，处两千元以上一万元以下罚款。

第四十二条　违反本条例第三十条规定，县级以上人民政府及其有关部门未按照规定进行专利审议，导致技术盲目引进、重复研发、流失或者侵犯、滥用专利权的，由上一级人民政府或者行政监察机关责令限期改正；情节严重的，对直接负责的主管人员和其他直接责任人员依法给予处分。

第四十三条　违反本条例第三十一条规定，国有资产占有单位对其拥有的专利资产未进行资产评估的，由履行出资人职责的机构或者有关部门责令限期改正。

第四十四条　违反本条例第三十八条第二款规定，从事专利服务的中介机构及其工作人员出具虚假报告及虚假证明文件、牟取不正当利益的，由专利工作部门依法给予警告；有违法所得的，没收违法所得；情节严重的，由发证机关依法吊销相关证照。给当事人造成损失的，依法承担赔偿责任。

第四十五条　县级以上人民政府及其有关部门工作人员在专利工作中滥用职权、玩忽职守、徇私舞弊的，依法给予处分；构成犯罪的，依法追究刑事责任。

第四十六条　违反本条例应当给予处罚的其他行为，依照有关法律、法规的规定予以处罚。

第八章　附　则

第四十七条　本条例自2012年12月1日起施行。

关于新疆维吾尔自治区实施《中华人民共和国专利法》若干问题的暂行规定

(新政发〔1986〕54号)

为保证《中华人民共和国专利法》在我区的顺利实施，现将专利申请、专利权转让、专利实施许可、专利纠纷有关问题的管理作如下规定。

一、凡自治区内全民所有制单位、集体所有制单位、外资企业和中外合资企业以及个人向中国专利局提交专利申请时，应就近委托代理（服务）机构办理申请代理。个人申请须出具非职务发明的书面证明。

二、凡自治区内各有关单位、企业和个人在按照《中华人民共和国专利法》有关条款的规定进行专利申请权或专利权的转让时，应按附表（一）的格式要求填报自治区专利管理处备案。

三、自治区各有关厅、局、总公司根据国家（自治区）计划，决定实施其所属全民所有制单位持有的专利时，应在决定实施前一个月按附表（二）的格式要求填报自治区专利管理处核准。

四、自治区各有关单位、企业和个人凡进行专利许可贸易的，应在签订许可合同后将合同副本一份报自治区专利管理处备案。

五、自治区各有关单位、企业和个人就某项专利在向中国专利局提出强制许可请求之前，应按附表（三）的格式要求填报自治区专利管理处备案。

六、凡属自治区各厅、局、总公司内部的专利纠纷，可由各厅、局、总公司调解处理。同时应将处理结果报自治区专利管理处备案。属于跨部门、跨系统的专利纠纷，报自治区专利管理处负责调解处理。

七、专利案件的处理程序：自治区专利管理处负责处理行政调解；司法诉讼一律由自治区高级人民法院和乌鲁木齐市中级人民法院处理。乌鲁木齐市中级人民法院是第一审法院。自治区最高人民法院是第二审法院。专利纠纷案件审判的诉讼程序和审判工作，按照有关规定执行。

八、自治区专利管理处对自治区境内有关专利侵权、许可证违约行为以及《中华人民共和国专利法实施细则》中第77条—第79条所列的纠纷或争议做出的裁决，当事各方应遵照执行。

九、自治区内各有关单位在技术引进中涉及专利权和其他工业产权的，应遵照新科专字〔1985〕153号《关于技术引进中有关专利等若干问题的管理办法》执行。

十、本规定由自治区专利管理处负责解释。

十一、本规定自批准之日起执行。

新疆维吾尔自治区科学技术委员会
一九八六年四月十五日

附表（一）

专利申请权、专利权转让备案表

出让方名称					
联系人姓名				电话	
受让方名称					
联系人姓名				电话	
转让类别	专利申请权	专利申请名称			
		拟申请人名称			
		拟申请发明专利（　）实用新型专利（　）外观设计专利（　）			

续表

转让类别	专利权	申请号		申请日	
		专利号		IPC分类号	
		专利名称			
		专利权人名称			

转让理由：

主管部门意见：

年　月　日　章

自治区专利管理处意见：

年　月　日　章

此表由转让方填报，一式两份。

附表（二）

实施《持有专利》报告表

专利名称			
持有单位名称			
专利号		申请号	
申请人名称		申请号	
实施单位名称			

实施专利内容：

主管部门意见（实施的条件及根据）：

年 月 日 章

专利管理处意见：

年 月 日 章

此表由转让方填报，一式两份。

附表（三）

《强制许可请求》报告表

	请求人名称	
	联系人名称	
请求强制许可专利的	申请号	
	专利号	
	专利名称	
	专利权人名称	

请求强制许可的理由及具备实施的条件：

请求单位　　　　　　章

专利管理处意见：

年 月 日 章

此表由转让方填报，一式两份。

新疆维吾尔自治区奖励优秀发明创造、专利技术开发者暂行办法

(新政办发〔1997〕59号)

第一章 总 则

第一条 为了奖励发明创造者和专利技术开发者，调动发明创造者的积极性，促进发明创造为经济建设服务，加速社会主义现代化建设，自治区设立"优秀发明创造者奖"和"优秀专利技术开发者奖"

第二条 本办法适用于在各行业做出突出贡献的发明创造者和开发专利技术并取得显著经济效益或社会效益的开发者。

第三条 "优秀发明创造者"和"优秀专利技术开发者"每两年奖励一次，每次奖励人数一般不超过50名。

第二章 奖 励 条 件

第四条 "优秀发明创造者"奖的申请者应符合下列条件之一。

（一）取得重大发明创造并获得专利权，经国际专利权威机构或中国专利局确认达到国际水平或达到国内先进水平的。

（二）其发明创造已取得专利权，技术产品市场前景好，产品在同类技术产品中有独特的优越性，能够占领市场并经推广实施已形成较大的生产规模，产生了较大的经济效益或社会效益。

（三）为获国家发明奖作出主要贡献的人员。

（四）获中国专利局授予的"中国专利金奖"和"中国专利优秀奖"项目的主要研究人员。

（五）获得过3项以上专利，且推广实施后取得较好经济效益者。

（六）获得过发明专利权的发明人。

第五条 "优秀专利技术开发者"奖的申报者应符合下列条件之一。

（一）对发明创造、专利技术的开发、实施作出突出贡献者。

（二）实施专利技术的企业法人，通过实施专利技术，使企业产生较大经济效益。

第三章 评 审 程 序

第六条 自治区成立"优秀发明创造和专利技术开发者"奖励工作委员会，成员由自治区科委、自治区人事厅、自治区总工会、自治区专利局、自治区发明协会组成。工作委员会下设办公室，办公室的日常工作由自治区专利局负责。

第七条 "自治区优秀发明创造和专利技术开发者"奖励工作委员会负责聘请各行业、各学科的专家成立"自治区优秀发明创造和专利技术开发者"专业评审委员会负责评审工作。

第八条 "自治区优秀发明创造和专利技术开发者"的奖励实行个人申请或组织推荐，经所在单位或实施单位提供相关材料，由主管部门审核上报。

第四章 奖 励 形 式

第九条 "优秀发明创造和专利技术开发者"的奖励由自治区人民政府审批和颁发。

第十条 "优秀发明创造者"奖设三个等级，分别给予如下奖励。

一等奖：颁发奖牌、荣誉证书、奖金10000元人民币。

二等奖：颁发奖牌、荣誉证书、奖金5000元人民币。

三等奖：颁发奖牌、荣誉证书、奖金3000元人民币。

第十一条 "优秀专利技术开发者"奖给予如下奖励：颁发奖牌、荣誉证书、奖金。

第十二条 "优秀发明创造者"的奖金由自治区专利局划拨，"优秀专利技术开发者"的奖金由企业参照"优秀发明创造者"的奖励办法，从实施专利技术所获净利润中提取。该奖金可免交个人所得税。

第十三条 "优秀发明创造者和专利技术开发者"的奖励及其荣誉称号应记入本人档案，并作为考核、晋升、评聘职称的依据。

第十四条 荣获"优秀发明创造和专利技术开发者"奖的人员可直接申报"自治区优秀专家、享受政府特殊津贴和自治区优秀专业技术工作者"。

第十五条 在申请和评审"优秀发明创造者和专利技术开发者"的过程中，应坚持认真、公正、实事求是的原则，对弄虚作假骗取荣誉者撤销奖励、追回奖金，由主管部门根据情节轻重，给予当事人或直接责任人以行政处分。

第五章 附　则

第十六条 本暂行办法由自治区专利局负责解释。

第十七条 本暂行办法自发布之日起施行。

一九九七年五月七日

新疆维吾尔自治区有关专利代理工作的几项暂时规定

（新科专字〔1985〕110号）

根据中国专利局国专发咨字〔85〕51号文"有关专利代理工作的几项暂时规定"的精神，结合我区的实际情况，现对我区专利代理工作作如下具体规定。

1. 专利代理人必须在一个专利代理机构内作专职或兼职的专利代理工作。

2. 中央驻疆单位，凡经其上级主管部门批准的代理机构（含事务所），若面向社会作专利代理服务工作的，必须向自治区专利管理处备案，并转报中国专利局备案。

3. 我区各有关单位设立的专利代理机构，需报自治区专利管理处备案（备案项目要求见附表一并附送批准文件副本一份）。若面向社会服务的必须报送自治区专利管理处审批，再报中国专利局备案。

4. 凡经我委和有关单位培训，并取得中国专利局颁发的专利代理人资格证书的代理人，务于10月20日前办理登记手续。即按附表（二）要求填写，加盖公章后报自治区专利管理处。

5. 自4月1日以来，各单位和个人向中国专利局递交了专利申请，凡已得到中国专利局受理通知书的，务必于10月20日前将发明名称、申请人、发明人、申请号、申请日和单位，报送"自治区专利管理处"。

新疆维吾尔自治区科学技术委员会

一九八五年九月五日

新疆维吾尔自治区关于技术引进中有关专利等若干问题的管理办法（试行）

（新科专字〔1985〕153号）

为了在对外经济技术合作的工作中，贯彻执行《中华人民共和国技术引进合同管理条例》，加强技术引进中有关专利、技术诀窍和其他工业产权的保护工作，现就有关问题的管理办法作如下规定。

一、自治区各有关单位在技术引进中，凡涉及专利、技术诀窍和其他工业产权的，应在谈判前一个月按附表的格式填报自治区专利管理处核准。

二、凡要求列入国家和自治区技术引进计划的项目，在涉及专利和技术诀窍时，各引进单位在进行引进项目的可行性论证时，应有自治区专利管理处委派的技术人员参加。专利管理处应在可行性研究报告中就专利等工业产权问题签署意见。否则申报无效。

三、凡列入国家和自治区技术引进计划涉及专利的项目，在进行谈判时，应有自治区专利管理处委派的技术人员参加，以便掌握谈判中专利等工业产权的技术和法律状况，保证合同的合理性和准确性。

四、凡涉及专利的技术引进合同经审批生效后，引进单位应在一月内将合同副本一份报送自治区专利管理处备案。

五、有关单位进行技术引进时，应委托我区有对外经营权的进出口公司（自治区进口公司、自治区机械进出口公司、自治区机械设备进出口公司）办理。其程序按有关规定执行。

六、本《管理办法》自一九八六年一月一日起试行。

新疆维吾尔自治区科学技术委员会、新疆维吾尔自治区经济委员会、

新疆维吾尔自治区对外经济贸易厅

一九八五年十二月十二日

新疆维吾尔自治区专利代理工作暂行规定

（新科专字〔1987〕101号）

根据中国专利局国发咨字（85）第51号、63号文件和《中华人民共和国专利代理暂行规定》的精神，为发展我区专利代理工作，特作如下规定。

一、自治区专利代理机构依照《中华人民共和国专利法》第19条和第20条的规定，接收专利申请人或其他当事人的委托，办理申请专利和其他专利事务。

二、本暂行规定所指的专利代理机构

1.自治区人民政府和各地、州、市人民政府批准成立的专利代理机构；

2.自治区科委批准成立的专利代理机构；

3.各有关厅、局、委、办设置的专利代理机构；

4.各高等院校、科研单位及厂矿企事业单位等设置的专利代理机构；

5.国务院有关主管部门批准设置在自治区境内的专利代理机构。

三、专利代理机构的审批程序

1.凡在自治区境内成立的面向社会服务的专利代理机构，必须向自治区科委专利管理处递交申请报告，经审查批准后，报中国专利局备案；

2.各单位设立的只为本单位服务的专利代理机构须向自治区科委专利管理处登记，并报中国专利局备案；

3.成立专利代理机构，必须有三名以上已经取得正式代理人证书的专利代理人，其中至少有一名专职代理人；

4.面向社会服务的专利代理机构，必须有固定的办事场所和必要的经费来源。

四、登记备案的内容

1.代理机构全称、印章、地址、电话；

2.负责人姓名，本机构内代理人员情况及代理人证书号；

3.批准单位和批准文件副本，工作章程。备案材料均一式两份。

五、专利代理机构的主要任务

1.为专利事务提供咨询；

2.为专利事务承担检索任务；

3.代理专利申请，从请求到获得批准过程中一系列申请文件的撰写和有关事务的处理；

4.专利权转让，专利许可的有关事务；

5.其他有关专利事务。

七、专利代理人必须在专利代理机构内执行任务，未经专利代理机构委派不得自行接受委托任务和收费。

八、专利代理机构接受委托时，应有委托人（单位）签名盖章的委托书。专利代理人的工作范围，不得超过委托人授权的范围。

九、专利代理费的收取、分配及使用原则

1.办理专利代理服务收费标准按自治区科委新科专字（85）138号文件《新疆维吾尔自治区专利代理服务收费的暂行办法》执行；

2.对于在专利代理机构内服务的兼职代理人，代理机构应从代理项目代理费中提取20%作为兼职代理人的酬金，提取30%支付给兼职代理人所在单位；

3.对于在专利代理机构内服务的专职代理人，代理机构应从代理项目代理费中提取10%作为专职代理人的酬金；

4.在自治区境内凡面向社会服务的专利代理机构应提年代理费总额的15%交自治区科委专利管理处，作为自治区专利基金，用于发展专利事业。

十、根据专利法第二十条规定，专利代理人对在业务活动中所了解的发明创造，有保守秘密的责任。如发现专利代理人剽窃发明人的发明创造，故意泄露委托人的发明内容，或者有其他损害委托人利益的行为，可先停止其代理工作，经自治区科委专利管理处调查核实后，上报专利代理人考核委员会，取消其专利代理人资格。

十一、本暂行规定由自治区科委专利管理处负责解释。

新疆维吾尔自治区科学技术委员会

一九八七年七月十三日

关于新疆维吾尔自治区专利代理收费标准的暂行规定

（新科专字〔1988〕037号）

根据中国专利局、国家物价局专发法字〔1987〕第220号文件《关于专利代理机构收取专利代理费的通知》精神，结合我区专利工作的具体情况，现就专利代理收费标准及其有关事项作如下规定，请遵照执行。

一、凡在自治区科委专利管理处备案的专利代理机构，在接受委托承办专利业务时，其收费标准按本规定执行。

二、专利代理人必须在专利代理机构内执行任务，未经专利代理机构委派不得自行接受委托任务和收费。

三、专利代理收费标准，见附表。

四、专利代理机构接受个人委托，承办非职务发明的专利申请时，暂按本规定收费标准减收50%，在专利技术取得经济效益时，从其收入中补交减收金额。

五、本规定所确定专利代理收费标准作为最高上限，下浮不限。

六、加急委托代理，加收50%～100%的费用。

七、本规定由自治区科委和自治区物价局解释。

八、本规定自发布之日起实行。自治区科委新专字〔1985〕138号文件《关于专利代理服务收费的暂行规定》同时作废。

新疆维吾尔自治区科学技术委员会

新疆维吾尔自治区物价局

一九八八年三月三日

新疆维吾尔自治区专利新产品的确认和申请减免税的暂行规定

（新科专字〔1989〕098号）

为配合深化科技体制改革的进行，充分发挥税收经济杠杆作用，促使专利技术转化为生产力，推动自治区科技和经济的发展，自治区税务局颁发了新税字〔1988〕353号文件。该文中规定"实施专利技术开发新产品，经自治区专利管理部门、税务局审核、可免征产品税或增值税1至2年"。为了更好地贯彻自治区税务局的文件，自治区科委对我区专利新产品的确认及申请减免税的有关事项作如下规定。

第一条　专利新产品必须具备以下条件

（一）对已获国内发明专利权和实用新型专利权的专利技术，在全国范围内首次实施的或自治区范围内第一次实施试制的新产品；

（二）实用新型专利新产品在结构、性能、材质、技术特征等方面比老产品有显著的改进，具有一定先进性。

第二条　下列专利产品不能按照专利新产品减免税

（一）对于结构、性能等没有改变，只是在花色、外观、表面、装饰、包装装潢等方面改进的外观设计专利新产品；

（二）国家严格控制减免税的产品和特殊消费品。

第三条　专利新产品必须经自治区产品质量管理部门鉴定检验合格后，才能办理申请新产品减免手续。

第四条　申请减免税的专利新产品必须提交如下材料

（一）专利证书（复印件）；

（二）全套专利申请文件，包括：说明书、权利要求书、附图、摘要；

（三）实施单位取得经济效益和社会效益的证明；

（四）自治区产品质量管理部门颁发的新产品投产质量鉴定检验合格证书（复印件）；

（五）实施他人专利的，还须提交专利实施许可合同。

第五条　专利新产品减免税办理程序

（一）申请单位提交完整的专利文件，证明材料和书面申请报告；

（二）填写齐全的《新疆维吾尔自治区专利新产品登记表》（见附件一），经主管厅、局或所在地、州、市科委审核后，报自治区科委专利管理机构审定；

（三）经审定确认为自治区专利新产品，由自治区科委签发"自治区专利新产品申请减免税审定合格证明"（见附件二）；

（四）由申请单位持"自治区专利新产品申请减免税审定合格证明"向税务部门办理申请减免税的审批手续。

第六条　凡经自治区科委专利管理机构确认的专利新产品，经自治区税务局审批后，可减免该新产品的产品税或增值税。减免税的具体幅度和期限由税务部门核定。

第七条　专利新产品减免税的具体幅度和期限建议按下列掌握。

专利种类	技术难度	免税幅度	免税期限（按月计）
发明专利	难度大	100%	24
	难度较大	100%	18
实用新型专利	难度大	100%	24
	难度较大	100%	18
	难度一般	100%	12

第八条　本规定由自治区科学技术委员会负责解释。

附件一：《新疆维吾尔自治区专利新产品登记表》

附件二：《自治区专利新产品申请减免税审定合格证明》

新疆维吾尔自治区科学技术委员会
一九八九年六月一日

关于在押服刑人员申请专利的暂行规定

（新科专字〔1989〕238号）

为了鼓励在押服刑人员发明创造的积极性，保护发明创造专利权，根据《中华人民共和国专利法》及《中华人民共和国专利法实施细则》和《中华人民共和国劳动改造条例》的有关规定，对我区劳改单位在押服刑人员完成的发明创造申请专利做如下规定：

一、服刑人员完成的发明创造可以申请专利，但必须经所在劳改单位审核，报自治区劳改局审查并签署意见，由所在服刑单位委托专利代理机构代为办理申请专利事宜。

二、服刑人员享有在专利申请文件中写明自己是发明人、设计人或申请人的权利。

三、服刑人员在服刑期间作出的与原单位无关的职务发明，其专利申请权归所在服刑单位，申请费用由所在服刑单位负责；专利申请被批准后，专利权归该单位持有。专利权持有单位应当依照《中华人民共和国专利法》和《中华人民共和国专利法实施细则》的规定，在专利权被授予后，对发明人或者设计人发给奖金。

四、服刑人员的非职务发明创造获得专利权后，在服刑期间其专利权由所在服刑单位负责管理，并负责代办专利权转让、专利实施和专利实施许可等事宜。

五、自治区劳改局设立"专利基金"，各单位在服刑人员奖励基金中设立"专利基金"。非职务发明创造专利申请费、代理费及其他费用，原则上自理，有困难的可以向所在服刑单位申请"专利基金"。该项发明创造获得的收益应首先偿还所用的"专利基金"。

六、服刑人员的非职务发明创造专利在服刑期间的转让、许可或实施所得的收益，除依法纳税，支付有关专利费用和偿还申请专利时所使用的"专利基金"外，其余额的50%归专利权人，30%留所在服刑单位作为"专利基金"，20%上交自治区劳改局作为"专利基金"。

七、服刑人员在服刑期间使用"专利基金"申请的非职务发明专利，在服刑期满后实施获得的经济效益，除依法纳税、支付有关专利费用和偿还申请专利时所使用的"专利基金"外，其余额的70%归专利权人，20%留所在服刑单位作为"专利基金"，10%上交自治区劳改局作为"专利基金"。收益分配情况由劳改局和专利部门双方监督执行。

八、服刑人员完成的职务发明创造专利实施后，所在服刑单位可参照专利法实施细则第72条、73条及劳改局政策的有关规定酌情给予奖励。

九、服刑人员非职务发明专利申请未获批准或无转让实施收益的，经自治区司法厅劳改局审查后，可以减免因专利申请使用的"专利基金"。

十、服刑人员职务发明或非职务发明所得的奖励和报酬以及实施收益，如以现金形式支付时，按《监狱、劳改队管教工作细则》第78条办理。

十一、服刑人员完成的发明创造凡已获得专利权的，可按照其专利推广应用的范围和取得的经济效益，并结合本人的改造表现予以减刑或假释。

十二、任何单位和个人不得对服刑人员正当的非职务发明创造申请专利进行压制和阻挠。所在服刑单位对服刑人员的发明创造，在专利申请公布或公告前，负有保密的责任。

十三、本规定由自治区科委和自治区司法厅劳改局根据《中华人民共和国专利法》及其实施细则之规定负责解释。

十四、本规定自发布之日起执行。

新疆维吾尔自治区　　　　新疆维吾尔自治区司法厅
科学技术委员会　　　　劳改工作管理局
一九八九年十二月二十一日

新疆专利项目可行性评价管理暂行办法

（新专管字〔1995〕020号）

第一章 总 则

第一条 为加强专利项目可行性评价工作的管理，促进专利实施，加速专利技术商品化、产业化，繁荣专利市场，适应社会主义市场经济发展的需要，特制定本办法。

第二条 本办法所称的专利项目可行性评价（简称评价），是指自治区专利管理局组织的专家评价组，根据申请人的具体要求，依严格的程序和规定，对专利项目的先进性、可行性、经济效果进行的评估和预测。

第三条 本办法所称的申请人，是指要求对专利项目进行评价的单位或者个人。

第四条 自治区专利管理局组织和管理全区的专利项目评价工作。

第五条 专利项目评价，坚持实事求是、科学民主、客观公正、讲求实效、自愿申请和有偿服务的原则。

第二章 评价范围和内容

第六条 评价范围

（一）申请专利的技术，授权专利权的技术；

（二）专有技术。

第七条 有下列情形之一的，不进行评价：

（一）对专利权的归属现存在争议的；

（二）专利权终止或被宣告无效的。

第八条 评价内容

（一）专利项目法律状态评价；

（二）专利项目先进性评价；

（三）专利项目技术可行性评价；

（四）专利项目经济可行性评价。

第三章 评价组织和程序

第九条 专家评价组由自治区专利管理局指定有经验的有关专家组成，主评人由自治区专利管理局定。

第十条　评价人员应具备的条件

（一）熟悉本行业或技术领域发展动态，具有较扎实的专业理论知识和丰富的实践经验；

（二）具有良好的职业道德，坦率、正直、主持公道。

第十一条　评价人员应享有的权利

（一）独立进行评价，不受任何单位和个人的影响和干扰；

（二）有权要求提供、补充文件材料；

（三）有权取得报酬。

第十二条　评价人员应承担下列义务

一、认真、客观、全面地进行评价，实事求是地作出评价结果；

二、保守秘密；

三、严格遵守有关约定。

第十三条　参与评价的人员有下列情形之一的，当自行回避，申请人也可以要求其回避

（一）是申请人亲属的；

（二）与申请人有利害关系的；

（三）与申请人有其他关系，可能影响公正评价的。

第十四条　评价方式

（一）检测评价：指评价人员依据法定的专业检测机构提供的数据，作出的评价；

（二）函审评价：指评价人员依据有关文件资料，以书面形式作出的评价；

（三）现场评价：指评价人员采取实地考察测试，并经过讨论作出的评价。

第十五条　申请评价的，应当提供下列文件资料

（一）专利项目评价申请书；

（二）专利证书及专利申请文件的复印件；

（三）现有技术资料；

（四）其他必要的文件资料。

第十六条　自治区专利管理局自收到评价申请之日起15日内，作出是否受理的决定。

第十七条　自受理申请之日起2个月内，由专家评价组作出评价结果，经专利管理局审核后，通知申请人。

第十八条　申请人对评价结果有不同意见的，可以向自治区专利管理局提出书面意见。

第十九条　专利项目经过评价后，由自治区专利管理局向自治区人民政府及有关部门推荐，争取列入有关计划，也可以由自治区专利管理局纳入有关实施计划。

第四章　法律责任

第二十条　评价人员在评价过程中徇私舞弊，弄虚作假或者玩忽职守，致使评价结果失实的，自治区专利管理局可取消其评价资格。

第二十一条　评价人员获取、使用或者披露所掌握的商业秘密的，应当承担法律责任，赔偿经济损失。

第二十二条　申请人因提供的文件资料不实，致使评价结果失实的，后果自负。

第五章　附　则

第二十三条　申请人应当缴纳咨询费用。

第二十四条　本办法由自治区专利管理局负责解释。

第二十五条　本办法自发布之日起施行。

新疆维吾尔自治区专利管理局

一九九五年十一月二十二日

新疆维吾尔自治区专利技术推广基金管理办法(试行)

(新财工字〔1996〕125号)

为了深入推动自治区专利事业的发展,加速专利成果向商品化、产业化的转化,使专利技术在我区得以更好地应用和发展,现决定建立"新疆维吾尔自治区专利技术推广基金",对基金实行有偿使用,为了把这项基金管好、用好,特制定本办法。

一、基金的来源

第一条 基金的资金来源应多渠道筹集,逐步扩大基金规模,其主要来源有:

(一)自治区财政的专利技术推广拨款;

(二)本基金的回收部分;

(三)其他来源。

二、基金的用途

第二条 自治区专利管理部门应按照自治区的经济发展战略、科技和产业政策的要求,编制年度专利技术推广计划,会同自治区财政管理部门共同下达。基金主要用于该计划的实施。

第三条 专利技术推广基金主要用于扶持市场前景好、经济效益高和社会效益好的专利项目。

第四条 用于以国有企业为主体、采用专利技术开发、具有技术密集、附加值高的项目。

第五条 用于推广节约能源、原材料,提高劳动生产率,治理"三废",安全生产等效果显著的专利项目。

三、基金的管理

第六条 基金实行有偿使用,专款专用,可按同期同类银行贷款利率的50%收取基金使用费。

第七条 自治区专利管理部门应与财政管理部门密切配合,采取有效措施,保证基金按时回收。回收的基金以及收取的使用费,应继续纳入本基金的周转使用,不准挪作他用。自治区专利管理部门对基金的发放回收,余额等应设专账管理,并按季向自治区财政管理部门报送基金的使用情况。

第八条 自治区财政管理部门对本基金的使用和管理进行指导和监督,对违反本管理办法的,将采取必要的措施予以纠正。

四、项目管理

第九条 申请专利技术推广基金应具备下列条件:

(一)取得专利权的项目或申请发明专利中国专利局已受理并已公开的项目;

(二)获得自治区专利局评价通过的项目;

(三)未列入自治区任何计划的专利项目;

(四)实施周期短(一年内),见效快的专利项目。

第十条 申请试用该基金的部门或个人必须先填写《专利技术推广基金申请书》,经自治区专利管理部门会同财政部门批准后,才能签订项目实施合同。

第十一条　自治区专利管理部门负责检查、监督项目的实施进展情况，协调、解决实施中出现的问题。项目完成后，由自治区专利管理部门会同财政部门组织验收。

第十二条　项目主要承担单位于每年11月30日以前，将项目实施情况和资金使用情况报自治区专利管理部门。每年12月15日以前，自治区专利管理部门应将当年的资金使用情况及执行情况报自治区财政部门，以利监督、检查。

新疆维吾尔自治区财政厅　新疆维吾尔自治区科学技术委员会

一九九六年十月十六日

新疆维吾尔自治区查处冒充专利行为暂行规定

（新科办字〔1997〕049号）

第一章　总　则

第一条　为了有效查处冒充专利行为，保护公民、法人或者其他组织的合法权益，维护我区经济、科技秩序，根据《中华人民共和国专利法》《中华人民共和国专利法实施细则》《中华人民共和国行政处罚法》及有关法律、法规，结合自治区的实际情况，制定本规定。

第二条　本规定所称的专利产品、专利技术均是中国专利，即取得中国专利权的产品或技术。

第三条　本规定所称的冒充专利行为，是指任何单位或者个人以生产经营为目的，将非专利产品冒充专利产品或者将非专利方法冒充专利方法的行为。下列行为均为冒充专利行为：

（一）印制或者使用伪造的专利证书、专利申请号、专利号或者专利申请标记、专利标记；

（二）印制或者使用专利申请已经被驳回、撤回、视为撤回的专利申请号或者专利申请标记；

（三）印制或者使用专利权已经被撤销、终止、期满或者被宣告无效的专利证书、专利号或者专利标记；

（四）在已提出专利申请但尚未取得专利权的产品或者该产品的包装上及对该产品的广告宣传用语中注明专利标记和专利号；

（五）在专利产品或者该产品的包装上标明与其专利种类或者专利权的保护范围不一致的专利标记和专利号；

（六）在未取得中华人民共和国专利权的外国专利产品上，标明任何足以使人误认为该产品受《中华人民共和国专利法》的保护的专利标记；

（七）制造、销售或者宣传有前6项所列情形之一的产品；

（八）其他足以使他人将非专利产品误认为专利产品或者将非专利方法误认为专利方法的行为；

（九）经自治区专利管理机关确认的其他冒充专利的行为。

第二章　专利执法机关及执法人员

第四条　新疆维吾尔自治区及各自治州（市）人民政府和地区行署设立的赋有专利管理和执法职能的管理机关，依法对本行政区的冒充专利行为进行监督查处。

第五条　有条件对冒充专利行为进行法律状态审查，或者能请求上一级专利管理机关协助进行法律状态审查和技术鉴定。

第六条　专利管理机关发现公民、法人或者其他组织由冒充专利行为时，必须全面、客观、公正地进行调查，收集有关证据，依照法律、法规的规定，对冒充专利行为进行严肃查处。

第七条　专利管理机关应当设置专门的执法机构和配备专职专利执法人员，对冒充专利行为进行严肃查处，并受理公众举报。

第八条　专利执法人员在查处冒充专利行为时，依法行使下列职权：

（一）按照规定程序，询问被查处的当事人、利害关系人、证明人，并要求其提供证明材料或者与冒充专利行为有关的其他材料；

（二）询查、复制同冒充专利行为有关的协议、账册、单据、文件、记录、业务函电和其他材料；

（三）检查当事人与本规定第3条有关的财务，责令被查处的当事人说明冒充专利产品的来源和数量，被查处的当事人不得转移、隐匿、销毁与被查处行为有关的财务账目，责令被查处当事人暂停销售冒充专利产品；

（四）检查同冒充专利行为有关的物品，必要时可责令封存。

第九条　专利管理机关在查处冒充专利行为时，有关执法人员不得少于2人，并应当向当事人或有关人员出示"专利执法证"或者其他有关证件。

第十条　专利执法人员查处冒充专利行为时，有下列情形之一的，应当回避，当时人也有权申请回避：

（一）是当事人或者其代理人的近亲亲属的；

（二）与当事人有直接利害关系的；

（三）与当事人或者代理人有其他关系而可能影响执法公正的。

第十一条　专利管理机关对检举揭发、提供信息、协助调查冒充专利行为的单位或者个人承担保密义务。

第三章　立案查处

第十二条　专利管理机关发现或者受理举报本规定第3条所列冒充专利行为的，应当立案调查，并作出审查处理决定。

第十三条　专利管理机关立案查处冒充专利行为，应当按有关规定制作查处冒充专利案件卷宗。

第十四条　专利执法人员在查处冒充专利行为时，被查处的当事人或者有关人员应当如实回答执法人员的询问，提供有关情况和资料，协助调查，不得加以拒绝和阻挠。

询问和调查应当制作笔录。笔录应当交当事人或证明人审核无误后签字或者盖章；当事人拒绝签字或者盖章的，应当在笔录上如实注明。

第十五条　调查终结，专利管理机关负责人应当对调查结果进行审查，并根据不同情况分别作出如下决定：

（一）确有应受行政处罚的冒充专利行为的，根据情节轻重及具体情况，依法作出行政处罚决定；

（二）违法事实不能成立或者冒充专利行为轻微，依法可不予行政处罚的，不予以行政处罚；

（三）冒充专利行为已构成犯罪的，移送司法机关。

第十六条　当事人有下列情形之一的，应当依法从轻或者减轻处罚：

（一）主动消除或者减轻冒充专利行为危害后果的；

（二）冒充专利行为属于他人胁迫行为的；

（三）配合专利管理机关查处冒充专利行为有立功表现的；

（四）其他依法从轻或者减轻行政处罚的。

第十七条　专利管理机关依照本规定第15条第一款的规定给予行政处罚，应当制作行政处罚决定书。行政处罚决定书应当载明下列事项：

（一）当事人的姓名或者名称、地址；

（二）违反法律、法规或者规章的事实和证据；

（三）行政处罚的种类和依据；

（四）行政处罚的履行方式和期限，以及当事人逾期不执行行政处罚时专利管理机关按照行政处罚法第51条的有关内容追加处罚的规定；

（五）不服行政处罚决定，申请行政复议或者提起行政诉讼的途径和期限；

（六）作出行政处罚决定的专利管理机关名称和作出决定的日期；

（七）行政处罚决定书必须盖有作出行政处罚决定的专利管理机关的印章。

第十八条　行政处罚决定书应当在宣告后当场交付当事人。当事人不在场的，专利管理机关应当在7日内依照民事诉讼法的有关规定将行政处罚决定书送达当事人。

第四章　法 律 责 任

第十九条　对本规定第3条所列行为之一的，专利管理机关可以视其情节，责令停止冒充行为、消除影响，并依法处以1000～50000元或者非法所得额1～3倍的罚款。

（一）冒充发明专利的行为，处以20000～50000元的罚款；

（二）冒充实用新型专利的行为，处以10000～30000元的罚款；

（三）冒充外观设计专利的行为，处以1000～2000元的罚款；

（四）对情节恶劣、社会危害程度大的冒充专利行为，依法从重处以非法所得额1至3倍的罚款。

第二十条　对冒充专利行为的当事人给予行政处罚时，必须以事实为依据，并根据冒充专利行为的性质、情节及其所引起的社会危害程度，依法给予相应的行政处罚。

伪造专利证书、专利申请号、专利号或者其他专利申请标记、专利标记已构成犯罪的，移送司法机关按照刑法第216条追究其刑事责任。

第二十一条　为本规定第3条所列行为提供仓储、运输、邮寄、隐藏以及广告、传媒等便利条件的，比照本规定第19条予以处罚。

第二十二条　经销专利产品，应当到自治区专利管理机关申请办理中国专利产品认定手续。凡未经自治区专利管理机关审查认定而经销专利产品有冒充专利行为的，经销单位或者个人要承担法律责任，并接受专利管理机关处罚。

第二十三条　当事人对专利管理机关作出的行政处罚决定不服的，可以自收到行政处罚决定书之日起15日内向上一级专利管理机关申请复议；对复议决定不服的，可以自收到复议决定书之日起15日内向人民法院提起诉讼。

新疆维吾尔自治区专利管理局设立行政复议机构，受理有关专利管理机关具体行政行为的行政复议申请。

第二十四条　当事人逾期不履行行政处罚决定的，作出行政决定的专利管理机关可以采取下列措施：

（一）到期不缴罚款的，依法每日按罚款数额的百分之三收缴滞纳金；

（二）根据法律规定，将查封、扣押的财物拍卖或者冻结的存款划拨抵缴罚款；

（三）申请人民法院强制执行。

第二十五条　诉讼期间，不停止处罚决定的执行。但有下列情形之一的，停止处罚决定的执行：

（一）专利管理机关认为需要停止执行的；

（二）人民法院裁定停止执行的；

（三）法律规定停止执行的。

第二十六条　专利管理机关应当建立健全对行政处罚的监督制度。当事人对专利管理机关作出的行政处罚决定认为有误的，有权申请或者检举。专利管理机关应当认真审查行政处罚。发现行政处罚有误的，应当主动改正。

第二十七条　专利执法人员应当秉公执法，不得滥用职权、徇私舞弊、贪污受贿，违者给予行政处分；情节严重构成犯罪的，依法追究其刑事责任。

第二十八条　专利管理机关依法行使行政处罚权，不受他人干涉。拒绝、阻碍专利执法人员依法执行公务的，由公安机关依照《中华人民共和国治安管理处罚条例》的规定予以处罚；情节严重、构成犯罪的，依法追究其刑事责任。

第五章　附 　 则

第二十九条　专利管理机关收缴的罚款，应当按照《中华人民共和国行政处罚法》第四十六条的规定上缴国库或者地方财政，任何单位和个人不准以任何形式挪用、截留、坐支或者拖缴。

第三十条　本规定由新疆维吾尔自治区专利管理局负责解释。

第三十一条　本规定自发布之日起执行。

新疆维吾尔自治区科学技术委员会

一九九七年三月五日

新疆维吾尔自治区专利管理机关调处专利纠纷办法

（新科办字〔1997〕049号）

第一章　总　则

第一条　为了正确、及时有效地处理专利纠纷，保护当事人的合法权益，根据《中华人民共和国专利法》《中华人民专利法实施细则》及有关法律、法规和规定，结合我区实际情况制定本办法。

第二条　发明人或者设计人、专利申请人、专利权人及利害关系人请求专利管理机关调处的专利纠纷适用本办法。

第三条　本办法所称专利管理机关是指自治区人民政府和地州（行署）市设立的，具有专利管理和执法职能的专利管理机关。

专利管理机关依法独立行使调处专利纠纷权，不受其他任何组织和个人的干涉。

第四条　专利管理机关调处专利纠纷或争议，必须以事实为依据，以法律为准绳。在查清事实、分清责任的基础上，首先进行调解。调解无效的，应及时作出相应的处理决定。

第五条　专利管理机关调处专利纠纷，同一案件遵循一次终结原则。

第二章　管辖与组织

第六条　专利管理机关受理下列专利纠纷：

（一）专利侵权纠纷；

（二）关于在发明专利申请公布后专利权授予前使用费用的纠纷；

（三）专利申请权纠纷和专利权归属纠纷；

（四）发明人或者设计人署名权或获奖纠纷；

（五）专利权的所属单位或持有单位与发明人或设计人有关奖金、报酬的纠纷；

（六）其他可以由专利管理机关调处的专利纠纷。

第七条　在新疆维吾尔自治区境内发生的专利纠纷案件均由各级专利管理机关按专利纠纷案件管辖范围予以调处，并报自治区专利管理局备案。

第八条　请求人可以向辖区内有管辖权的专利管理机关请求调处，也可以向自治区专利管理机关请求调处。

请求人向两个以上有管辖权的专利管理机关提出处理请求的，由先收到处理请求的专利管理机关调处。

对跨地区的纠纷案件，应由发生侵权行为地区的专利管理机关或者被请求人财产所在地的专利管理机关调处。

第九条　专利管理机关调处专利纠纷案件，应当组成合议组；合议组的成员必须是单数，至少由3人以上组成。

比较容易处理的案件可指定两人进行调处。

第十条　合议组评议案件，实行少数服从多数的原则。评议应当制作笔录，由合议组成员签名。评议中的不同意见，必须如实记录。

第三章 受 理

第十一条 请求申请专利管理机关调处专利纠纷必须符合下列条件：

（一）请求人必须是与专利纠纷有直接利害关系的单位或个人；

（二）有明确的被请求人，有具体的调处要求和事实依据；

（三）当事人任何一方均未向人民法院起诉。

第十二条 请求调处专利纠纷时效为2年，自专利权人或利害关系人得知或应当得知侵权行为之日起计算。

超过时效期限但有正当理由的，可以提供有关证据，请求延长期限，由专利管理机关批准。

在时效期最后6个月内，因不可抗拒的事由或者其他障碍不能行使请求权的，时效中止。自中止时效的原因消除之日起，时效时间继续计算。

第十三条 请求专利管理机关调处专利纠纷，请求人应当递交请求书，提供正、副本各一份。

请求书应写明下列内容：

（一）请求人姓名、性别、年龄、民族、工作单位和住址或单位的名称、地址，法定代表人或代理人的姓名、职务；

（二）被请求人姓名或单位名称、地址，法定代表人或代理人的姓名、职务；

（三）请求调处的具体要求，事实依据和理由；

（四）有关证据及证人的姓名和地址。

同时，还必须提缴下列文件的副本：

（一）已授专利权的应提交专利证书、交费证明及全部专利文件；

（二）未授予专利权的应当提交专利申请公告或公告的全部专利申请文件；

（三）提出专利申请权纠纷请求时，请求人应提交所获得的对方的专利申请文件；

（四）当事人是外国人、无国籍或外国企业和组织的，应提交上述文件的中文译本。

第十四条 专利管理机关受到请求书后，经审查认为符合受理条件的，应在7日内立案受理，不符合受理条件的，应在7日内通知请求人不予受理，并说明理由。

第十五条 专利管理机关立案受理专利纠纷调处请求后，应在7日内将请求书副本发送被请求人。被请求人收到请求书副本后，应在15日内提交答辩书和有关证据。被请求人没有按时或不提交答辩书的不影响专利管理机关作出处理决定。

当事人因不可抗拒的事由或其他正当理由，延误本办法规定或合议组指定的期限，可向合议组提供证据，并申请顺延期限。

第十六条 合议组成员由下列情形之一的必须回避，当事人也有权用口头或书面方式申请其回避。

（一）是本案当事人或代理人及其家属；

（二）与本案有利害关系的；

（三）与本案当事人有其他关系有可能影响本案公正处理的。

第四章 调 处

第十七条 立案后，承办人员应认真审阅请求书、答辩书和有关材料，全面、客观地查验和核实证据。

证据包括：书证；视听材料，证人证言；当事人陈述；鉴定结论；勘验笔录。

调查取证：应有两名以上工作人员进行。专利管理机关在调查取证时，有权向有关单位或个人调查取证，有关单位或个人不得拒绝。

第十八条 调处专利纠纷时，应书面通知当事人调处的时间、地点。当事人经两次通知无正当理由拒不到达的或未经同意中途退出的，如果是请求人，视为自动撤回请求；如果是被请求人，可以作出缺席处理决定。

专利管理机关在调处专利纠纷时可根据需要邀请有关技术专家协助。

第十九条　调处的全部活动应当认真、准确地记录，由当事人签名，拒绝签名的，应记录在案。

第二十条　调解专利纠纷时，应当查清事实，分清是非。促使当事人相互谅解，在双方自愿的基础上，达成协议，协议的内容不得违反法律，不得损害公共利益和他人利益。

第二十一条　调解达成协议后，应当制作调解书。

调解书应写明：

（一）请求人和被请求人的姓名、性别、年龄、民族、工作单位和住址或单位的名称、地址、法定代表人或代理人姓名、职务；

（二）纠纷的主要事实、责任；

（三）调处费用的承担。

调解书应当由当事人双方签字、承办人签名、并加盖专利管理机关印章。

调解书经双方当事人签收后，即具有法律效力，当事人双方应当认真履行。

第二十二条　专利纠纷调处未达成协议的，专利管理机关应当及时作出处理决定。

处理决定书应写明：

（一）请求人和被请求人姓名、性别、年龄、民族、工作单位和住址或单位的名称、地址、法定代表人或代理人姓名、职务；

（二）请求的理由和要求；

（三）处理认定的事实和适用的法律、法规依据；

（三）处理决定和费用的承担；

（五）不服处理决定向人民法院起诉的时限。

第二十三条　在专利管理机关调处专利侵权案件中，经常发生侵权人利用请求宣告专利权无效故意拖延诉讼，继续实施侵权行为。为了有效地依法保护专利权人的合法权益，避免侵权损害的扩大，特规定如下：

（一）专利管理机关受理实用新型或外观设计专利侵权案件后，在向被请求人送达请求书副本时，应当通知被请求人如欲请求宣告该专利权无效，须在答辩期内向专利复审委员会提出。

被请求人在答辩期间内请求宣告该专利权无效，专利管理机关应当中止调处。专利权人提出财产保全申请并提供担保的，专利管理机关认为必要时，在裁定中止调处的同时责令被请求人停止侵权行为或者采取其他制止侵权损害继续扩大的措施。

被请求人在答辩期间内未请求该专利权无效，而在其后的审理过程中提出无效请求的，专利管理机关不中止调处。

（二）专利管理机关调处发明专利纠纷案件，或者经专利复审委员会审查维持专利权的实用新型专利侵权案件，被请求人在答辩期间请求宣告该专利权无效的，专利管理机关可以不中止调处。

第二十四条　专利管理机关调处专利纠纷时，可以进行现场勘验检查，可以向有关单位或个人查阅与案件有关的档案、资料和原始凭证。有关单位或个人应如实提供材料，协助进行调查，需要时应出具证明。对于应当保密的证据，专利管理机关及有关单位和个人应负有保密义务。

办案人员在现场调处时必须出示执法证件或有关证件，通知当事人及有关人员到场。

第二十五条　专利管理机关调处专利纠纷适用调解的原则。调解无效时，专利管理机关应及时作出处理决定；调处达成协议，当事人一方反悔的，可向人民法院起诉。

当事人对专利管理机关处理决定不服的，应在收到处理决定之日起3个月内向人民法院起诉。期满不起诉也不履行该处理决定的，专利管理机关可以请求人民法院予以强制执行。

第二十六条　有下列情形之一的，终止纠纷调处：

（一）一方当事人死亡，需要等待继承以表明是否参加纠纷调处的；

（二）一方当事人丧失行为能力，但未确定法定代理人的；

（三）作为一方当事人的法人或者其他组织终止，尚未确定权利义务承受人的；

（四）一方当事人因不可抗拒的事由，不能参加纠纷调处的；

（五）本案必须以另一案的调处结果为依据，而另一案尚未调处的；

（六）受理侵权纠纷调处请求后，发现确属重复授权的；

（七）其他应当中止纠纷调处的情形。

中止纠纷调处的原因消除后，恢复调处。

第五章 附 则

第二十七条 专利管理机关调处专利纠纷或争议案件，当事人应缴纳调处费（包括受理费和调处活动费）。受理费由请求人预缴，处理活动费（包括鉴定费、勘验费、测试费和证人误工补贴等）按实际开支收取。案件审结后，处理费由责任方承担；当事人双方均有责任的，按责任大小分担。收费标准按中国专利局和自治区有关规定执行。

第二十八条 本办法由自治区专利管理局负责解释。

第二十九条 本办法自一九九七年五月一日起施行。

新疆维吾尔自治区科学技术委员会

一九九七年三月五日

新疆维吾尔自治区企业专利工作管理办法（试行）

（新知综字〔2001〕038号）

第一章 总 则

第一条 为适应建立现代企业制度的需要，充分发挥专利制度在企业发展和参与竞争中的作用，推动我区企业专利工作深入开展，根据《中华人民共和国专利法》《中华人民共和国专利法实施细则》和国家知识产权局、国家经济贸易委员会联合颁布的《企业专利工作管理办法》及其他有关规定，制定本办法。

第二条 自治区各级管理专利工作的部门、宏观经济调控部门共同负责对企业专利工作进行宏观指导、监督和协调。

企业主要负责人应重视和支持企业专利工作。企业的专利状况指标及专利管理水平将作为评价考核企业经营管理水平和技术创新工作业绩的重要依据。

第三条 本办法适用于我区国有企业及国有控股企业（以下简称企业），其他企业可参照执行。企业应根据本办法并结合自身状况建立和完善各项具体专利管理规章制度。

第二章 企业专利工作的任务与工作机构

第四条企业专利工作的主要任务：

（一）制定企业专利工作的规划、计划、制度和管理办法，并纳入企业技术进步和企业经营规划、计划和管理制度中；

（二）负责对职工进行专利法和专利知识的宣传培训，为职工提供有关专利事务的咨询服务；

（三）鼓励职工开展发明创造活动；

（四）办理企业专利申请、专利资产评估、专利合同备案、认定登记和专利权质押合同登记以及专利广告证明等手续或事务；

（五）保护企业专利权和防止侵犯他人的专利权，办理有关专利纠纷、专利诉讼事务；

（六）管理企业专利资产，防止专利资产的流失；

（七）组织开展专利技术实施和专利许可贸易工作；

（八）管理、利用与本企业有关的专利文献和专利信息，为企业科研、生产、贸易、经营全过程服务；

（九）研究制定本企业的专利战略，为企业的经营决策服务；

（十）做好企业技术和产品进出口中有关的专利工作；

（十一）负责对职务发明创造的发明人或者设计人的奖励与报酬工作；

（十二）筹集和管理企业的专利基金；

（十三）其他与企业专利工作有关的事务。

第五条　企业应根据自身的实际，设立专利工作机构或确定归口管理部门，确定主管企业专利工作的领导，配备专职或兼职专利工作人员，负责本企业专利工作。

企业专利工作机构的具体组织结构及管理模式，可根据本办法要求并结合企业自身情况灵活设置。

企业缺乏条件配备专利工作人员的，可从社会中介机构聘请具有注册执业资格的专业人员任企业专利顾问，帮助企业开展专利工作。

企业要明确企业专利工作人员、企业专利顾问的工作任务和职责，提供工作条件，保障他们应有的权利，支持他们参加专利以及其他相关业务的培训、交流活动。

第三章　企业专利工作者

第六条　企业专利工作者应具备的条件：

（一）坚持四项基本原则，热爱专利事业，具有良好的职业道德；

（二）高等院校或中等专业学校理工科毕业（或具有同等学力），具有一定的企业管理工作或科技管理工作经验和能力；

（三）受过专利法及有关知识产权法律知识的培训，掌握专利代理、文献检索及处理专利业务的知识；

（四）取得自治区知识产权局和自治区经济贸易委员会颁发的《企业专利工作者证书》。

自治区知识产权局和自治区经济贸易委员会将定期举办"企业专利工作者"培训班，并颁发《企业专利工作者证书》。

第七条　企业专利工作者应认真履行工作职责，按照企业专利工作任务的要求，结合本企业的情况，全面开展工作。

第八条　企业专利工作者享有下列权利：

（一）对本企业的技术改造、技术引进计划以及产品进出口中的有关专利事宜有提出建议的权利；

（二）有提议并督促、检查为本企业职务发明创造专利的发明人或设计人兑现奖金与报酬的权利；

（三）在企业专利工作中做出显著成绩者，有获得奖励的权利，其成绩应作为技术职务聘任或晋升的重要依据之一；

（四）有优先获得专利业务培训、学习机会的权利；

（五）有接受企业法人委托办理本企业的专利申请的权利并署名权。

第四章　专利权管理

第九条　企业要制定适应本企业情况的覆盖企业各相关环节的专利权管理制度。企业专利权管理的内容包括：

（一）专利技术开发；

（二）专利申请；

（三）专利资产运营；

（四）专利权的保护；

（五）技术和产品进出口中的专利管理；

（六）其他企业专利权管理实务。

第十条　专利技术开发的管理

（一）企业在研究开发新产品、新技术、新工艺，进行技术改造、引进技术和进口产品时，应先进行专利文献检索，避免重复研究和侵犯他人的专利权，提高研究开发的起点和水平。

（二）企业与其他单位签订的合作研究、开发或者委托研究、开发的合同中应包括下列内容：

1.开发中产生的专利申请、专利权和相关技术秘密的归属；

2.企业与合作方或承接方对项目中产生的专利转让、许可等管理权限和管理方式；

3.企业与合作方或者承接方投入的物质条件、资金及研究人员智力劳动各自所占比例以及对专利实施或许可实施取得收益的分享办法和比例；

4.未签订合同或者合同约定不明的，其专利申请权和专利权的归属按照国家有关规定处理。

第十一条　专利申请的管理

（一）企业要建立职工专利申请的申报与审查制度，制定具体的申报、审查程序和办法。

大中型企业可在基层技术单位（项目组）及其他必要的企业基层单位指定兼职专利联络员，由专利联络员配合企业专利工作机构或企业专利顾问办理申请专利等工作。

（二）企业对做出的发明创造，应进行分析评价，确定是否申请专利及申请时机、种类和地域。

对符合申请专利的发明创造应先提出专利申请。申请专利后，再进行科技鉴定、评奖、产品展览与销售等丧失新颖性的活动。

从本企业专利战略及经营实际出发，对于不适于申请专利的发明创造，一般应将其纳入企业技术秘密保护范围，需要公开的除外。

（三）企业职务发明创造在申请专利前，有关人员应对该发明创造保密，企业职工调离、离退休，或者外来学习进修、临时工作人员在离开企业前，应将其从事、参与企业技术工作的技术资料交给企业，并承担保密义务。未经企业许可，不得擅自发表涉及应予保密内容的文章，个人不得将属于企业的发明创造申请非职务发明创造专利，依法约定的除外。

（四）职工将其非职务发明创造申请专利，企业应予以支持，不得限制和侵犯其专利申请权和专利权。

职工就其做出的发明创造的职务与非职务性质与企业发生争议的，可提请自治区知识产权局处理。

第十二条　专利资产运营的管理

（一）专利资产运营，包括专利权转让、许可贸易、运用实施、专利作价投资、专利权质押等。

（二）企业对自身持有或所有的专利技术，应积极组织实施。企业无条件或不能充分实施的，应适时进行转让或许可他人实施。

（三）企业实施他人的专利技术或许可他人实施本企业的专利技术，应使用国家知识产权局监制的合同文本，签订专利实施许可合同并到自治区知识产权局或其授权的专利管理机关备案、认定登记。

（四）企业要定期对专利权及专利申请状况进行系统分析与评估，确定专利权的维持或放弃，估算企业专利资产，并将其纳入企业财务核算管理体系，作为企业经营决策的依据。

联营、兼并及对外开展合资、合作、技术贸易、涉及专利的企业，应依照国家有关规定进行专利资产评估，并且应委托符合执业要求的中介机构完成。

第十三条　企业专利权的保护

（一）企业应充分利用专利信息，掌握与本企业有关的国内和国外专利的动向。对有损本企业权益且不符合授予专利权条件的他人专利，应采取相应措施，维护本企业专利权。

（二）企业职工有权保护本企业专利权不受侵犯，维护企业的合法权益。发现侵权行为，应及时采取措施，必要时可请求知识产权局处理或向乌鲁木齐市中级人民法院起诉。

（三）企业专利权需要海关保护的，要按照《知识产权海关保护条例》要求及时申请办理专利权海关保护备案手续。

第十四条　技术和产品进出口中的专利管理

（一）企业拟出口的新产品、新技术，事先应进行专利文献检索弄清该项技术、产品在拟出口国（地区）受专利保护的状况，研究是否到出口国（地区）申请专利，防止被他人仿制或侵犯他人的专利权。

（二）在建立中外合资、合作企业时，外方以技术、设备、产品作为投资的，企业应就所涉及的专利和相关技术领域进行专利检索和论证。

企业与外方签订涉及专利或将来可能涉及专利问题的涉外合同，应对专利事宜或可能涉及的专利事宜作明确约定。

第五章　专利信息利用

第十五条　企业要建立适合本企业的专利信息利用机制。

大中型企业应逐步建立企业专利信息数据库，有条件的企业要建立企业专利信息计算机管理系统。缺乏条件建立专利信息数据库的企业，可依托社会专利信息中介机构与专利信息网络利用专利信息。

企业专利工作者，专利顾问要及时收集、研究与企业有关的专利信息，为企业制定企业专利战略，为企业制定调整经营发展战略服务。

第十六条　企业不仅在新产品开发立项时要进行专利文献检索，在研发的过程中及完成后，也要进行必要的跟踪检索，鉴定验收时应有专利检索报告。

第十七条　企业技术创新项目申请列入科技计划或者政府与投资的，项目审批部门应当要求项目承担企业提供专利检索报告作为审批项目的依据之一。项目取得阶段性成果或完成后，承担企业向项目审批部门申报时，申报材料应当提供项目所涉及技术领域的新的专利检索报告。

第十八条　企业开展对外贸易有下列情形之一的，应当进行专利检索：

（一）技术成套设备和关键设备的进出口；

（二）未在国内销售过的原材料和产品的进口；

（三）未在其他国家或地区销售过的原材料和产品的出口。

第十九条　对重大的新技术、新产品研究开发项目，或者具有广阔市场前景，需要申请外国专利的技术创新成果，企业要进行专利战略研究，提出专利战略分析报告。

第六章　考核评价与扶持措施

第二十条　企业专利状况作为评价企业技术创新工作与专利工作的主要考核指标，包括：

（一）专利权、专利申请权拥有量指标，包括自主开发和引进的专利权、专利申请权；

（二）专利开发率指标，包括年度专利权、专利申请权数与同期研究开发投资额比，年度专利权、专利申请权数与企业技术人员数比等；

（三）专利收益指标，包括自主开发专利和引进专利的收益；

（四）企业专利管理状况，包括专利管理综合水平，专利产权管理状况，专利信息利用状况，制定与实施专利战略状况，专利收益分配与奖励状况等。

自治区知识产权局与自治区经济贸易委员会，将不定期的举办企业负责人知识产权培训班，将培训作为对企业负责人聘任期间必修知识来考核。

企业应将企业专利状况指标及专利管理要求纳入企业有关负责人任期考核目标。

第二十一条　国务院专利工作行政主管部门、宏观经济调控部门共同制定企业专利工作达标和优秀两级评价标准，对企业进行评价。由企业自愿申报，自治区知识产权局、自治区经济贸易委员会组织评价。

自治区经济贸易委员会和自治区知识产权局每两年将筛选一批企业作为"新疆维吾尔自治区专利工作试点企业"给予扶持，并推荐列入"国家专利试点企业"。对专利工作优秀并符合有关要求的企业，将纳入试点企业或有关扶持企业计划或享受其政策支持。

第二十二条　对于政府财政支持的科技计划项目所取得的新技术成果，除合同规定应向社会推广或保密外，项目承担企业可以申请专利，并可以有偿转让或自行实施，所得收益属于承担企业。

第二十三条　自治区知识产权局与自治区经济贸易委员会将优先对有自主专利权、并符合有关条件的高新技术项目，推荐纳入国家知识产权局"促进专利技术产业化示范工程"，以及有关经济和科技计划。对拥有自主专利权且形成一定产业规模、具有市场前景的新产品和新技术，采取倾斜支持政策。

自治区财政厅与自治区知识产权局，建立"新疆维吾尔自治区专利推广资金"，鼓励支持专利技术实施和产业化。有条件的企业建立企业的专利基金。

第二十四条　鼓励和支持企业依托高等院校、科研院所等社会技术力量，开展以专利为目标的技术创新活动，鼓励企业从高等院校或科研院所引进实施专利技术。

第二十五条　自治区知识产权局与自治区经济贸易委员会，鼓励和引导专利中介服务机构面向企业开展多种形式的服务，成立自治区有关企业专利工作的社会团体或组织，并予以业务指导。

第七章　利益分配与奖励

第二十六条　企业要根据专利法及实施细则和国家相关政策规定，建立企业内部合理的专利利益分配与奖励制度。企业应对发明人或设计人的专利及其实施效益定期评价，兑现奖励和报酬。对职务发明人或设计人的奖励和报酬标准，不得低于专利法实施细则第六章的规定。

专利收益分配与奖励应与专利发明人、设计人的贡献和专利实施效益相适应。专利收益分配与奖励形式可以用股权分配，一次性支付现金，或者按实际收益的一定比例提成等形式。

第二十七条　企业开展专利收益分配与奖励，应依国家有关规定的要求对专利及其实施效益进行评价。

第二十八条　职务发明人、设计人对企业关于其职务专利及实施效益的评价与利益分配、奖励持严重异议的，可以请求自治区知识产权局申诉处理。

第二十九条　在产学研合作过程中，对高等院校、科研院所的专利及实施的主要完成人，企业应支付与其实际贡献相当的报酬，也可以用股权等符合国家政策的分配形式支付报酬。

企业可以在研究开发前订立的合同中约定研究开发完成后取得专利权及专利实施后，给予专利完成人的分配比例。

第三十条　企业在聘任技术人员职务和给予相关奖励时，应将其申请专利、获专利权和专利实施情况作为考核的主要依据之一。

企业技术人员所作出职务专利产生突出效益的，可作为有突出贡献的专业人员，破格晋升技术职务。

第三十一条　企业开展技术创新项目的鉴定验收与奖励时，应将申请专利及获专利权情况作为重要考评依据。

第三十二条　自治区知识产权局、自治区经济贸易委员会将适时表彰专利工作成绩显著的企业、优秀项目和先进个人，在企业专利工作中做出突出贡献的企业专利工作机构、专利工作人员、专利顾问。

在企业专利工作中做出显著成绩，并获得表彰、奖励的人员，其成绩作为职务聘任和晋升的主要依据之一。

第七章　责任与处罚

第三十三条　企业可以依据本办法制定本企业具体的责任追究制度。对违反本办法规定，造成企业专利资产和其他财产损失的，给予责任人员行政处分。

第三十四条　企业因未及时申请专利、申请专利过程中泄露秘密或忽视专利权保护工作造成严重损失的，企业有关负责人及直接责任者应按国家政策、法规和企业规定承担责任。

职工将职务发明创造以个人名义申请专利的（有约定的除外），或者有其他严重违反本办法规定，侵犯、损害了企业权益，造成企业严重损失的，企业应追究其责任。

第三十五条　企业专利工作人员、专利顾问玩忽职守、履行职责不当或者泄露秘密，造成企业损失的，承担相应责任。

第八章 附 则

第三十六条 本办法由新疆维吾尔自治区知识产权局和新疆维吾尔自治区经济贸易委员会解释。

第三十七条 本办法自发布之日起施行。

新疆维吾尔自治区知识产权局 新疆维吾尔自治区经济贸易委员会

二〇〇一年十一月十七日

《新疆知识产权》刊物管理办法

《新疆知识产权》刊物，是自治区知识产权局主办的、反映自治区专利、商标、版权等知识产权工作情况的内部刊物，是自治区对外宣传知识产权工作的窗口，是与上、下级知识产权机关联系的纽带，是区内外知识产权机关传递知识产权信息、交流知识产权工作经验的工具。为了把《新疆知识产权》刊物办好，使之达到制度化、规范化，提高办刊质量，为自治区的知识产权工作充分发挥作用，特制定本管理办法。

一、《新疆知识产权》刊物的总则

要以马列主义、毛泽东思想、邓小平理论和党的十五大精神为指针，以知识产权宣传、知识产权保护为核心，以促进自治区技术创新体系和经济发展为目标，按照三个代表的要求和党的办刊思想，独立自主地办好《新疆知识产权》。

二、《新疆知识产权》刊物的内容

（一）刊登党和国家有关专利和知识产权保护工作方面的方针、政策、法规、制度，以及各级领导的重要讲话。

（二）宣传党和国家及自治区召开的有关知识产权工作会议、知识产权研讨会、座谈会、报告会，以及举办的各种发明博览会和奖励优秀发明家颁奖会等重大活动信息。

（三）介绍自治区专利管理、专利宣传、专利执法、专利实施、专利服务、机构设置以及自治区发明协会等工作情况。

（四）介绍自治区商标、版权的宣传、法规制定及执法等工作的开展情况。

（五）刊登、宣传国家和自治区制定的知识产权法规、条例和管理办法。

（六）传递国内外知识产权信息，交流区内外知识产权工作先进经验和做法。

三、《新疆知识产权》刊物的组织与管理

（一）《新疆知识产权》刊物由综合处负责组稿、编辑、校对、出版、发行，局领导负责审核把关，其他处室负责提供稿件和信息。

（二）《新疆知识产权》编辑人员要主动建立与自治区的商标、版权等部门联系，及时了解有关的信息，并将所收到的信息编辑出版。

（三）在目前人员编制少、资金紧张等情况下，《新疆知识产权》应办成双月刊，在条件许可时，可办成月刊。双月刊应在双月的月底印出和发出，没有特殊情况，不得随意推迟时间和减少期数。

（四）要建立《新疆知识产权》刊物的档案。对所有稿件和印制的刊物要存档，发送的刊物要进行登记。

（五）为了确保《新疆知识产权》刊物稿件的数量和质量，编辑人员要不断学习业务，对刊登的稿件要严把关，报道要实事求是，反对弄虚作假。

（六）《新疆知识产权》的管理应建立一种激励机制。对撰写稿件的人员应进行适当的奖励或稿酬。负责该项工作的处室和编辑人员，应作为职责和工作目标；对每个职工，应作为年终评选先进公务员的条件之一。

（七）每个同志都应及时地将自己所从事的活动情况及专利信息，以文字、图片的形式提供给《新疆知识产权》编辑人员。每个处室每年投稿及提供信息不少于20件（次），对提供信息和投稿积极、表现突出的处室或个人，作为年终评选先进处室和个人的条件之一。

（八）局要加强对《新疆知识产权》的领导。在资金上要给予保障，在思想上给予关心，在工作上给予支持，对出现的困难及时解决。

四、《新疆知识产权》刊物印刷的份数及发行的范围

（一）《新疆知识产权》刊物每期印刷的份数为150份。

（二）《新疆知识产权》发送的范围有：

1. 上级机关：国家知识产权局、自治区人民政府办公厅、自治区人大；

2. 自治区厅局机关：工商局、版权局、科技厅；

3. 自治区15个地、州、市知识产权机关和专利代理机构；

4. 自治区有关企事业、科研院所等；

5. 各省、市、自治区的知识产权局。

二〇〇一年六月十五日

新疆维吾尔自治区企事业单位专利工作管理制度制定指南

根据国家知识产权局和原国家经济贸易委员会《关于开展全国企事业专利试点工作的通知》和《企事业单位专利工作管理办法（试行）》的精神，结合我区企事业单位制定专利工作规章制度和运用专利及专利制度特性和功能的现状，为促进我区企事业单位尽快适应加入世贸组织后的形势需要，提高运用专利及专利制度的能力和水平，指导制定符合本单位特点的专利工作规章制度，特制定本指南。

一、企事业单位专利工作管理制度的基本框架

专利工作管理制度包括：总则、专利工作管理制度的基本内容、专利工作的考核、附则。

（一）总则

制定专利工作管理制度的目的；专利工作的目的与任务；制度的适用范围。

（二）专利工作管理制度的基本内容

专利工作机构及其职责；专利制度的运用；专利产权的管理；专利奖惩。

（三）专利工作的考核

专利工作考核、评价指标的制定与实施。

（四）附则

本制度的解释权；本制度的实施日期。

二、企事业单位专利工作管理制度范本

第一章　总　　则

第一条　为规范本单位专利管理工作，特制定本制度。

第二条　专利工作的目的：在研发、生产、经营活动中充分运用专利及专利制度的特性和功能，增强本单位的市场竞争力，争取最佳经济和社会效益。

第三条　专利工作的任务：根据本单位的经营目标和发展战略，制定符合本单位实际情况的专利工作方针、专利战略和具体工作措施。

第四条　专利工作管理制度实施范围：本制度在本单位各部门及下属单位施行。

第二章　工作机构及其职责

第五条　本单位设立专利工作部，负责本单位的专利管理工作。

第六条　本单位设立专利工作专项资金，由专利工作部统一管理，用于专利培训、专利奖酬、专利工作事务及专利信息网络建设等费用支出。

第七条　本单位专利工作部的基本职责包括：

1.制定专利工作管理办法；

2.制定专利工作的长远规划和年度计划；

3.组织、参与专利战略的制定和实施；

4.组织、指导、协调、检查各部门的专利工作；

5.组织专利宣传、培训；

6.管理专利文献，建立专利信息数据库，提供专利信息检索、分析服务；

7.管理专利申报工作，提供专利咨询服务；

8.办理专利申请、专利权的维护、专利资产评估、专利合同备案、专利权质押、专利广告证明和处理本单位专利纠纷等事务；

9.实施专利奖惩；

10.管理专利工作专项资金。

第三章　专利制度的运用

第八条　本单位在涉及重大利益的投资、立项、研发、引进、合资、合作、营销、专利申请和维权等决策前，要制定和实施专利战略。

第九条　本单位在经营性投资决策前，应由专利工作部分析国内外专利信息，运用专利制度的规则，提出有关投资决策的可行性建议。

第十条　本单位在开发新技术、新产品立项前，应由专利工作部分析国内外专利信息，其中包括失效专利信息，运用专利制度的规则，提出引进、合作或自主研发等方面的建议。

第十一条　本单位在自主研发新技术、新产品前，应由专利工作部分析国内外专利信息，避免重复研究，运用专利制度的规则，提出能获得最大市场效益的有关技术路线和技术解决方案建议。

第十二条　本单位在引进技术、设备决策前，应由专利工作部分析国内外专利信息，运用专利制度的规则，提出引进方案；特别在引进技术、设备中含有专利的，应先由专利工作部核实其专利法律状态，提出有关可利用性的建议，并定期监视其法律状态。

第十三条　本单位在进行产品销售和出口贸易时，应由专利工作部分析国内外专利信息，运用专利制度的规则，明确该产品在销售地和出口地的专利法律状态，避免侵犯他人专利。

第十四条　本单位在合资、合作等生产经营活动中，应由专利工作部对拟合作的项目进行综合分析，运用专利制度的规则，提出合资、合作的合理化建议。

第十五条　本单位在生产经营活动中，当被控侵犯专利权时，应由专利工作部利用专利信息，运用专利制度的规则，提出应对措施。

第十六条　本单位在签订与专利有关的贸易合同时，应由专利工作部根据具体情况，运用专利制度的规则，提出由合作方提供合法证明文件的要求和相应法律责任及损失赔偿的条款建议。

第四章　专利产权的管理

第十七条　本单位的职务发明是指执行本单位的任务或者主要是利用本单位的物质技术条件所完成的发明创造，申请被批准后，本单位为专利权人。

第十八条　本单位在聘用员工（包括临时工作人员）前，应当与员工签订由专利工作部制定的有关职务发明创造协议。

第十九条　本单位与其他单位、个人合作开发或者委托研究，应签订技术合作、委托协议，协议中必须约定研发成果的专利申请权、专利权的归属。

第二十条　本单位的职务发明创造应先申请专利，方可进行论文发表、科技成果鉴定和评奖、技术、产品展览和销售等可能丧失新颖性的活动。

第二十一条　本单位的职务发明创造完成后，应先报专利工作部备案，专利工作部应适时组织专家对职务发明创造进行评价，适宜申请专利的应进行专利查新检索，并结合本单位的具体情况，确定其是否申请专利及申请的时机、种类和国别。

第二十二条　本单位建立专利档案，专利工作部应对单位所有专利或专利申请进行监视和管理，适时维持或放弃。

第二十三条　本单位在实施专利项目时，生产和销售部门应当将专利实施的情况定期上报专利工作部，专利工作部应当对专利实施情况进行综合分析，提出是否继续实施或改进的建议。

第二十四条　本单位在专利权转让、专利许可、专利权质押、专利权作价入股、合资合作前，应由专利工作部组织进行专利资产评估；专利工作部应定期组织评估本单位的专利资产，并将其纳入财务核算管理体系。

第二十五条　本单位转让专利权或专利实施所得收益，按国家有关规定的比例纳入专利专项资金。

第二十六条　本单位在实施专利保护和市场监视时，专利工作部要及时掌握本行业专利申请及授权情况，对有损于本单位权益的他人专利及专利申请应及时启动相应法律程序；对侵权行为，应当进行综合分析，提出应对措施。

第二十七条　本单位在实施专利权海关保护时，专利工作部要及时办理专利权海关保护备案手续。

第二十八条　本单位建立职务发明创造保密制度和档案管理制度，在专利申请公开前，员工对申请专利的技术或产品负有保密义务，要有员工保密协议、竞业限制协议、保密奖惩协议、借阅管理规定、密级确定规定、归档管理规定。

第五章　专利奖惩

第二十九条　本单位对运用专利制度特性和功能给单位带来收益的员工给予奖励。

第三十条　本单位设立专利工作奖，每年根据专利工作人员的工作业绩给予奖励。

第三十一条　本单位对申请专利的职务发明人或设计人给予鼓励，包括精神或物质奖励。

第三十二条　本单位对被授予专利权的职务发明人或设计人给予奖励和报酬，奖酬的标准不得低于国家有关规定。

第三十三条　本单位应将二十九条至三十二条所述的获奖人员的奖励情况记入其业务考核档案，作为职务、职称提升，业绩考核的重要依据。

第三十四条　本单位对违反本制度的规定，给单位造成损失的责任人，给予处罚。情节严重的，追究其刑事或民事责任。

第六章　专利工作的考核

第三十五条　本单位要有年度专利工作考核、评价指标，并将其列入各部门及其领导的工作绩效考核指标体系。

第三十六条　考核指标是指对专利及专利制度特性和功能的运用状况，包括专利拥有量、实施率、收益率；专利战略制定与实施；专利事务管理；专利工作经费落实；专利奖惩执行等指标。

第七章　附　则

第三十七条　本制度由本单位专利工作部负责解释。

第三十八条　本制度自公布之日起开始实施。

二〇〇三年三月二十六日

新疆维吾尔自治区地州市知识产权局工作指南

（新知管字〔2004〕12号）

第一章 总 则

第一条 为规范和加强地、州、市知识产权局管理，促进自治区地、州、市知识产权局工作，特制定本指南。

第二条 地、州、市知识产权局工作的目的是：鼓励科技创新，完善知识产权保护制度，维护市场经济秩序，促进本地区科技、经济和社会的发展。

第三条 地、州、市知识产权局内设机构一般包括：综合、法律事务和协调管理等处（科）室。

第二章 任务与职责

第四条 地、州、市知识产权局工作任务与职责主要是：

（一）贯彻执行国家和自治区知识产权的法律、法规和方针、政策；制定、实施符合本地区实际情况的工作方针、政策，发展规划和计划，知识产权战略。

（二）推进本地区知识产权工作体系建设，指导县、市、区知识产权工作。

（三）统筹协调指导本地区知识产权工作；负责本地区知识产权工作协调指导小组办公室的日常工作。

（四）开展知识产权宣传教育培训工作，普及知识产权法律知识，培养知识产权人才，向社会提供知识产权咨询和信息服务。

（五）行使专利行政执法职能，指导、监督、检查县、市、区专利执法工作，受理县、市、区知识产权行政复议申请。

（六）负责本地区专利实施工作；组织实施本地区的知识产权试点工作，指导县、市、区（含开发区）和企事业单位的知识产权试点工作。

（七）负责本地区各类专利专项资金的管理。

（八）扶持、指导和监管本地区专利服务中介机构。

（九）组织和开展本地区群众性发明创造和知识产权学术交流活动。

（十）加强内部的思想建设、组织建设和制度建设，提高业务水平、管理水平和办事效率。

（十一）完成上级交办的工作任务。

第三章 内设机构及职责

第五条 综合处（科）室

负责本局业务的综合协调及督办。

负责本局的公文起草、印制、报刊征订、收发文、登记、印章和文档管理。

负责人事教育、退休人员、工会、计划生育、综合治理、安全、后勤保障和精神文明建设等工作。

负责财务、固定资产、工资福利等工作。

负责政务信息和办公自动化工作。

负责拟订知识产权工作规划、计划和总结。

负责知识产权宣传教育培训工作，编印、发行知识产权工作简报。

负责咨询和信访接待工作。

负责各类统计工作。

领导交办的其他工作。

第六条　法律事务处（科）室

（一）贯彻实施国家、自治区知识产权法律、法规。

（二）负责专利纠纷调处和专利行政执法工作。

（三）负责专利保护社会监督网络建设。

（四）受理县、市、区知识产权行政复议申请。

（五）指导、检查县、市、区知识产权管理机构专利执法工作。

（六）负责本地区专利行政执法案件的统计上报工作。

（七）负责本地区重大专利案件的上报工作。

（八）领导交办的其他工作。

第七条　协调管理处（科）室

（一）负责专利申请资助、专利实施等专项资金管理工作。

（二）组织实施本地区的知识产权试点工作，指导县、市、区（含开发区）和企事业单位的知识产权工作。

（三）负责本地区知识产权工作协调指导小组办公室的日常工作。

（四）指导、监管本地区专利服务中介机构。

（五）负责本地区发明协会、知识产权研究会、企业专利保护协会和知识产权讲师团等团体的日常工作。

（六）完成领导交办的其他工作。

第四章　内　部　管　理

第八条　坚持"以人为本，以章治局"方针，建立健全内部管理制度。

第九条　内部管理制度包括：教育培训，劳动考勤，会议，财务、资金和档案，政务信息，后勤保障，计划生育、综合治理、勤政廉政和精神文明建设等制度。

二〇〇四年二月十九日

新疆维吾尔自治区专利纠纷调解处理收费管理规定

（新计价费〔2003〕850号）

第一条　为进一步规范调解处理专利纠纷收费行为，保护当事人双方的合法权益，特制定本规定。

第二条　本规定适用于新疆维吾尔自治区范围内调解处理专利纠纷的单位和调解处理专利纠纷的当事人。

第三条　专利纠纷调处机构要严格执行《中华人民共和国专利法》《专利行政执法办法》等有关法律、法规规定，严格执法，依法行政，保护当事人的合法权益。

第四条　专利管理机关调处专利纠纷时，必须坚持双方自愿的原则，按规定的收费标准收费；当事人请求专利管理机关调解处理专利纠纷，应当依照本规定交纳专利纠纷调处费。

第五条　专利纠纷调处费具体标准如下：

（一）没有争议金额的专利纠纷调处案件，每件交纳300～500元的专利纠纷调处费。

（二）有争议金额的专利纠纷调处案件，按其争议金额大小交纳专利纠纷调处费：

1.争议金额不满1000元的，每件收费20元；

2.争议金额在1000～50000元的（含本数）0.6%收费；

3.按争议金额在50000～500000元的（含本数）按0.36%收费；

4.争议金额在500000～1000000元的（含本数）0.18%按收费；

5.争议金额超过1000000元的，其超过部分按0.1%收费。

第六条　当事人向专利管理机关提出一份专利纠纷调处请求书的，为一项请求件；每项请求件只能就一项专利纠纷提出调处请求。

第七条　专利管理机关决定受理案件时，应当通知请求人在七日内预交案件受理费。逾期不交的，按自动放弃请求处理。

第八条　自然人提交调处专利纠纷请求的，因缴纳费用确有困难者，可向专利管理机关提出书面申请，由专利管理机关酌情决定减缓。

第九条　案件调处终结时，调处费用由责任人负担。双方均负有责任的。有专利管理机关按责任的大小，决定双方分担调处费用的金额，由于当事人不正当的请求行为所支出的费用，由该当事人负担。

第十条　经调解达成协议的专利纠纷，调处费用由当事人双方协商负担。

第十一条　请求人撤回调处请求的，受理费和其他费用由请求人负担，各专利纠纷调处机构在本规定发布后应及时办理。

第十二条　《收费许可证》变更手续，并接受价格、财政等部门的监督检查。

第十三条　专利纠纷调处费属于行政事业性收费，实行收支两条线管理，使用财政统一收费票据收费。

第十四条　本规定由自治区计委和自治区财政厅负责解释。

第十五条　本规定自2003年7月1日起执行，以往有关规定同时废止。

新疆维吾尔自治区计委、新疆维吾尔自治区科技厅、新疆维吾尔自治区财政厅

二〇〇三年五月十七日

新疆维吾尔自治区知识产权局政务信息工作管理办法

（新知综字〔2009〕45号）

第一章　总　　则

第一条　为加强全区知识产权局系统政务信息工作，实现政务信息工作规范化、制度化、科学化管理，提高知识产权局信息质量和服务水平，根据国家和自治区有关要求，特制定本办法。

第二条　知识产权政务信息工作的基本任务是收集、整理、传递、上报有关知识产权的政务信息，为上级和本系统领导科学决策服务、为经济社会发展服务、为知识产权事业发展服务。

第三条　知识产权政务信息工作要坚持实事求是的原则，反映情况要客观、全面、准确、及时，杜绝虚假信息。

第四条　各级知识产权局是知识产权政务信息的主渠道。要建立反应灵敏、采集准确、传递及时的知识产权政务信息工作机制，及时向上一级知识产权局和本地党政领导机关反映知识产权工作情况，提供重要信息和决策参考。在依法保密的前提下，要确保信息主渠道畅通。

第二章　信　息　网　络

第五条　信息网络是政务信息工作的基础和保障。自治区知识产权系统政务信息网络由横向网络、纵向网络和延伸网络组成：

（一）横向网络由自治区知识产权局机关各处室及直属单位组成；

（二）纵向网络由自治区知识产权局与各地州市知识产权局、县市区直报点组成；

（三）延伸网络由自治区知识产权工作协调指导小组成员单位、试点示范企业、高等学校、科研院所、高新技术园区等单位组成。

第六条　信息网络单位按照收集、储存、整理、编辑、审核、传递、上报的工作程序和管理流程，规范本

单位的政务信息工作。自治区知识产权局各处每月报送的信息应不少于2条，经济发达的地州市知识产权局每月报送的信息应不少于2条，欠发达地州知识产权局每月报送的信息应不少于1条，其他信息网络单位根据工作情况每年应不少于3条。

第三章 信 息 员

第七条 知识产权政务信息员队伍由专职信息员、兼职信息员和特聘信息员组成。专职信息员或兼职信息员由各级知识产权局（处室）根据工作需要确定，一般每单位1人，特聘信息员由自治区知识产权局从有关单位聘请。

第八条 信息员履行下列义务：

（一）收集、编写并向上级机关报送知识产权政务信息；

（二）完成上级机关和部门领导交办的政务信息工作任务；

（三）总结、交流政务信息工作经验，提出加强和改革政务信息工作的建议。

第九条 信息员享用下列权利：

（一）调阅有关文件和资料；

（二）列席本单位的有关工作会议；

（三）参加政务信息员业务培训；

（四）参加自治区知识产权政务信息工作先进个人评选；

（五）对本机关和上级机关政务信息工作提出建议。

第四章 信息工作制度

第十条 知识产权政务信息工作要围绕中央和自治区重大部署和知识产权中心工作，拓宽信息广度，丰富信息内容，挖出信息深度，提高信息质量，增强政务信息工作的主动性、针对性、预见性和时效性。

第十一条 建立重要信息预约制度。自治区知识产权局通过约稿方式，向信息网络成员单位发出重要信息预约通知，提出预约信息的内容、撰写要求和报送时间。网络成员单位应按要求积极组织专人搜集材料和撰写，按时上报。

第十二条 重视做好信息选题。信息选题要围绕中央和自治区重大部署、重大政策和知识产权中心工作确定。要拓宽信息渠道，从经济、科技、贸易、社会等多领域、多角度、多渠道捕捉苗头性、倾向性情况，及时挖出整理有价值的信息予以报送。

第十三条 重视报送经验做法类信息。要及时发现、总结、报送本地区、本系统解决一些知识产权工作重点、难点问题的好经验、好做法。

第十四条 重视报送调研类信息。通过深入调研挖出信息资源，将调查研究的主要成果和结论及时编辑成政务信息予以报送。调研类信息要有情况、有问题、有分析、有建议。

第十五条 增强信息报送的时效性。事关知识产权全局的苗头性、倾向性情况，要在第一时间报送；本部门、本地区的重要数据、重大决策、重要部署等方面信息，不应滞后于公开渠道发布的时间。

第十六条 提高信息编辑质量。做到语言准确，文字精练，层次清晰，重点突出，合理控制篇幅。

第十七条 丰富信息形式。除常见的文字信息外，对数据较多的信息，可采用文字加图表的形式或纯图表形式；对重要会议、活动，可采用照片（或音像）配文字的形式。

第十八条 规范信息作者署名。上报和发布的信息，必须署上作者单位规范名称和作者真实姓名。两个以上作者的，原始作者或主要作者排在前面。

第十九条 规范信息报送与发布。报送或发布的信息，须经局（处）主要领导或分管领导审核把关，涉及的人名、地名、数字、引文等要准确规范，发布的信息应不涉及保密内容。报送形式应以电子件为主，也可以用纸件或其他可靠形式。网上发布信息应按规定的程序和权限进行。

第五章　考评与奖励

第二十条　实行政务信息工作考评与奖励制度。考评坚持公开、公平、公正的原则，依据信息采用情况量化打分，考评结果公开。政务信息工作的绩效与知识产权局系统年终考核挂钩，并作为先进个人和先进单位评选的重要参考。

第二十一条　信息量化打分办法如下：报送一条动态信息，被自治区知识产权局采用的给报送单位记2分，被相关部门采用的加记2分，被自治区党委办公厅、自治区人民政府办公厅采用的加记4分，被国家知识产权局采用的加记6分，被中办、国办采用的加记10分。同一信息被多次采用，记分采取累计办法。报送的综合信息或调研信息被上述部门采用的，分值相应加倍。

第二十二条　依据考评成绩进行表彰奖励。对年度总分排名位居前列的单位和个人，自治区知识产权局将授予政务信息工作先进集体和先进个人的荣誉称号，并给予适当物质奖励。对没有获得先进个人的专职、兼职、特聘信息员，将依据分值按稿酬形式给予相应奖励。

第六章　附　　则

第二十三条　本办法由自治区知识产权局综合处负责解释。

第二十四条　本办法自2009年7月1日起实行。

新疆维吾尔自治区专利申请工作奖励办法（试行）

（新知管字〔2011〕69号）

为大力实施知识产权战略，促进我区自主知识产权数量、质量的提高，提升我区知识产权创造、运用、保护和管理能力，激励各地、州、市知产权管理部门及企事业单位、专利代理机构积极创造性地开展专利申请工作，以确保年度专利申请任务的完成，进一步推动我区知识产权事业快速发展，现制定本办法。

第一条　奖励范围

各地、州、市知识产权管理部门，国家知识产权试点城市试点园区、专利代理机构。

第二条　奖励标准

年度专利申请增长目标为：上年度专利申请数量（国家局统计数为准）×当年区局确定增长速度。

完成当年任务且专利申请量年增长在2%（含2%以内），奖励0.2万元；

完成当年任务且专利申请量年增长5%（即≤5%），奖励0.5万元；

完成当年任务且专利申请量年增长7%（即≤7%），奖励0.7万元；

完成当年任务且专利申请量年增长10%（即≤10%），奖励1万元；

按照规律以此类推计算奖励。

第三条　奖励资金来源

专利申请奖励资金由自治区专利申请资助资金解决。

第四条　奖励资金用途

奖金由单位和个人共享，其中单位部分用于知识产权工作的条件建设，占奖金总额的30%；个人部分用于奖励在专利申请工作中做出突出贡献的相关人员，占奖金总额的70%。

第五条　奖惩原则

各单位完成专利申请任务的情况，将作为自治区考核评优、申报自治区或国家知识产权试点示范单位和专利实施项目立项的重要依据。

为提高专利申请质量，对片面追求专利申请数量的非专利申请，不予以奖励，严重的在全区通报批评。

第六条 附 则

本办法由自治区知识产权局负责解释。

对县级及其以下专利管理机构的专利申请奖励，由地州市专利管理部门负责。

本办法自通过之日起施行。

新疆维吾尔自治区优秀专利代理机构和优秀专利代理人评选办法（试行）

第一条 为促进自治区专利代理机构健康、稳定、规范的发展，创造一个和谐、公平、有序的市场竞争环境，鼓励专利代理人不断提高执业能力和职业道德素养，为委托人提供优质、诚信、高效的服务，促进自治区专利事业发展，依据国家《专利代理条例》《专利代理管理办法》和《专利代理惩戒规则》等规定，制定本办法。

第二条 开展评选优秀专利代理机构、优秀专利代理人活动，应坚持客观、公正、公平、公开的原则。

第三条 评选范围：凡经依法批准设立并在新疆范围内的专利代理机构和专利代理人，可根据本办法的规定，申请参加优秀专利代理机构和优秀专利代理人的评选。

第四条 优秀专利代理机构和优秀专利代理人每年结合年检评选一次，实行限额制度。

第五条 新疆维吾尔自治区知识产权局成立评审委员会，委员会由局领导和主管处室负责人组成，负责优秀专利代理机构和优秀专利代理人的审核评审的工作。

第六条 优秀专利代理机构的评选条件：

（一）专利代理的业务质量好、水平高、业务量居于全区专利代理机构前列，圆满完成与自治区签订的专利代理指标和代理任务；

（二）重视内部制度和激励机制建设，制度健全、管理规范、依法纳税，社保制度健全；

（三）年检合格，代理人和工作人员爱岗敬业，诚实守信，加强内外团结，无违纪行为，无重大责任过错；

（四）能带头遵守《新疆专利代理机构自律公约》，社会信誉佳，客户反映良好，无违法违纪和服务质量投诉事件发生；

（五）重视专利代理人继续教育和专业培训，每年有不少于三分之一的人员参加国家、自治区知识产权局及有关单位组织或认可的培训学习；

（六）积极配合自治区知识产权局开展工作，积极参加知识产权宣传、为企事业单位服务以及社会公益性活动。

第七条 优秀专利代理人的评选条件：

（一）能树立全心全意为人民服务的思想；

（二）热爱知识产权事业，有较强的事业心和责任感；

（三）有良好的职业道德，团结同志，业绩突出；

（四）能模范遵守《新疆专利代理机构自律公约》，遵守执业纪律，无违法违纪行为；

（五）发明专利和职务发明代理量占本所代理量的10%以上；

（六）有较强的综合业务能力和业务水平，其他知识产权服务工作成绩突出。

第八条 评选程序

（一）申报：凡申报优秀专利代理机构和优秀专利代理人的应根据本办法第六条、第七条的规定，填写《新疆维吾尔自治区优秀专利代理机构推荐表》（附件1）和《新疆维吾尔自治区优秀专利代理人推荐表》（附件2），并附主要事迹书面材料上报自治区知识产权局；

（二）审核：由自治区评审委员会对申报材料进行审核；

（三）评审：由自治区评审委员会采取实地考核或会议评审的方式进行评审，确定候选单位及人员，并在网上公示；

（四）奖励：自治区评审委员会考核评定后，由自治区知识产权局对获得"新疆维吾尔自治区优秀专利代理机构"和"新疆维吾尔自治区优秀专利代理人"的单位和个人给予表彰，颁发奖牌和证书，并予以公告。

第九条　本办法由自治区知识产权局负责解释，自发布之日起施行。

二〇一〇年二月二十日

附件1　新疆维吾尔自治区优秀专利代理机构推荐表

单位名称		机构代码		
机构地址			邮编	
负责人		联系电话		
经济性质		机构类型		
职工人数		年申请量		
主要先进事迹				
申报单位： （盖章） 年　月　日		自治区评审委员会审批意见： （盖章） 		
管理部门推荐意见： 年　月　日				年　月　日

附件2　新疆维吾尔自治区优秀专利代理人推荐表

姓名		性别		民族	
籍贯		出生年月		文化程度	
政治面貌		联系电话		所学专业	
工作单位		执业证号			
参加工作时间		资格证号			
主要工作经历					
主要先进事迹					
申报单位意见： （盖章） 年　月　日			自治区评审委员会审批意见： 		
管理部门推荐意见： （盖章） 年　月　日			（盖章） 年　月　日		

新疆维吾尔自治区知识产权试点示范企事业单位专利工作服务交流（试行）办法

第一条　为了推进自治区知识产权战略的制定和实施，推动知识产权试点示范工作的深入开展，有效组织知识产权管理部门、知识产权（专利）中介服务机构人员深入企事业单位开展专利工作服务交流（以下简称专利服务），提升企事业单位知识产权创造、运用、保护、管理能力，制定本办法。

第二条　专利服务的对象是：自治区知识产权试点示范企事业单位。

第三条　专利服务的主要任务和目标：

（一）为服务对象提供专利申请代理、专利诉讼代理、专利知识咨询培训、专利数据库建立应用及专利审查等服务，提升自治区试点示范企事业单位专利工作；

（二）推动服务对象专利战略的制定和实施；

（三）优先对服务对象给予专利申请、专利实施资金资助；

（四）提高服务对象的知识产权创造、运用、保护、管理能力，提升服务对象的自主知识产权数量和质量，增强其核心竞争力；

（五）开展专利人才培训，指导服务对象专利人才梯队建设。

第四条　自治区建立企事业单位专利交流工作站制度，依托专利交流工作站，有序地组织专利工作服务交流。

第五条　专利服务组织实施由自治区知识产权局负责，各专利代理机构参与，地州市知识产权局和专利交流工作站配合。明确工作目标和要求，加强日常管理。

第六条　根据自治区专利工作的需要和专利服务对象的需求，自治区知识产权局将及时了解、指导地州市知识产权局、专利交流工作站制定专利服务实施方案，有序组织知识产权（专利）中介服务机构为企事业单位开展服务。

第七条　组织实施部门在开展专利服务时，要进行充分调研，紧密结合企事业单位的实际，注重与企事业单位的技术创新等活动衔接。在结对子时要坚持志愿和双向选择相结合原则，以确保专利服务的针对性和实效性。

第八条　各地州市知识产权局要把专利服务作为开展企业知识产权工作的重要内容之一，结合辖区内的知识产权试点示范企事业单位及本局人员情况，制订并实施专利对口服务计划。

第九条　专利服务形式包括：

（一）由自治区知识产权局和各地州市知识产权局将企事业单位与知识产权（专利）中介服务机构和专利代理人搭建桥梁、结对子，开展服务活动；

（二）知识产权（专利）中介服务机构举办专题培训班，就企事业单位所关注的内容开展培训和交流；

（三）知识产权（专利）中介服务机构和企事业单位相互提供协同工作机会，为培养优秀代理人和提高企事业单位专利工作者素质创造条件；

（四）企事业单位聘任优秀代理人作为本单位的知识产权法律顾问；

（五）针对企事业单位专利工作中的问题和需求，邀请国家专利局专利审查员到企事业单位开展专利工作交流。

第十条　知识产权管理部门工作人员在开展专利服务时，应当自觉接受专利交流工作站的统一工作安排，遵守国家政策法规，维护国家公务人员形象。

第十一条　地州市知识产权局应对所在区域当年度的企事业单位实施专利服务进行总结，并将总结和下年度计划于每年12月上旬报自治区知识产权局。

第十二条　专利服务结束后，由组织实施的企事业单位对服务活动做出评价，填写《企事业单位专利工作服务交流评价表》(另行制定),由本地州市知识产权局收集、汇总后报自治区知识产权局。

第十三条 对领导重视、措施有力、成效突出的专利服务组织单位,自治区知识产权局将给予表彰,并作为先进地州市知识产权局考核评比的条件之一。

第十四条 各地可根据实际情况,以推动企事业单位专利工作为原则,不断创新和丰富专利服务活动的形式和内容,以求得专利服务的实效。

第十五条 本办法由新疆维吾尔自治区知识产权局负责解释。

第十六条 本办法自公布之日起试行。

二〇一〇年四月二十四日

新疆维吾尔自治区专利实施资金和项目管理办法

(新财建〔2011〕167号)

第一章 总 则

第一条 为加快我区自主创新能力建设,促进专利技术产业化,提升知识产权的创造、运用、保护和管理能力,根据《新疆维吾尔自治区知识产权战略纲要》,自治区本级财政设立专利实施专项资金。为规范资金和项目管理、提高资金使用效益,结合我区实际,特制定本办法。

第二条 本办法所称专利实施资金(以下简称"实施资金"),是指由自治区本级财政预算安排,用于资助我区专利技术实施及其产业化的专项资金。

第三条 本办法适用于自治区行政区域内实施转化专利技术、促进专利产业化的企事业法人单位。

第四条 实施资金和项目管理遵循公开受理、专家审查、择优支持的原则。

第五条 各地州市、县市政府根据财力情况建立专利实施资金并纳入本级财政预算,用于支持本地专利项目实施。

第二章 部门职责

第六条 实施资金由自治区财政厅会同知识产权局管理。

第七条 自治区财政厅负责提出实施资金年度预算规模,会同自治区知识产权局提出资金安排方案,办理预算拨款。

第八条 自治区知识产权局负责专项实施项目管理,审核实施资金申请材料,提出资助资金安排建议,负责项目验收,做好绩效评价工作。

第三章 使用范围和适用条件

第九条 实施资金主要用于以下方面:

(一)符合国家和自治区产业政策,科技含量高、创新性强、经济效益好、有市场前景的专利技术产品开发并有望形成产业规模的专利技术实施转化的资金补助;

(二)利用专利权质押贷款的专利实施项目的贷款利息补贴;

(三)其他经批准用于专利实施的费用补贴。

第十条 列入国家、自治区级有关重大经济社会科技发展计划的项目,国家、自治区确定的知识产权试点示范城市、园区、企事业单位的专利项目,知识产权对口援疆项目的实施,可优先安排实施资金。

第十一条 申请实施资金的项目应符合以下条件:

(一)具有独立法人资格,有健全的财务机构和严格的财务管理制度,资信可靠;

(二)发明或实用新型专利的专利权持有者或合法使用者;服务机构具备促进新疆专利技术实施和产业化

的服务条件；

（三）具备实施专利项目的基础物资条件（包括实施场地、必要的设备、一定的自有资金等）；

（四）有实施专利技术的研发人员；

（五）无专利权属争议或其他纠纷的项目；

（六）各级财政部门已安排专项资金支持过的项目。

第四章　项目申报和资金管理

第十二条　每年5月底前，各地州市财政局会同知识产权局根据财政厅、知识产权局发布的年度申报指南提出实施资金申请报告（相关附件详见申报指南）。资金申请报告须附以下内容：

（一）地州市级财政局、知识产权局资金申请文件；

（二）《新疆维吾尔自治区专利实施项目申报书》；

（三）专利有效证明；

（四）专利实施计划或方案；

（五）申请专利权质押贷款贴息的，提交专利权质押贷款合同及利息支付清单。

第十三条　自治区财政厅、知识产权局共同组织专家对各地报送的资金申请报告进行审查，出具专家审查意见。

第十四条　自治区财政厅、知识产权局根据专家审查意见、年度预算规模，确定专利实施项目和专利实施资金分配方案，并在自治区财政厅、知识产权局官方网站上向社会公示一周。

第十五条　公示期满后无异议的，自治区知识产权局对拟支持的专利实施项目予以立项，按照合同管理的方式，自治区知识产权局与项目承担单位签订《自治区专利实施计划项目合同书》。每年6月底前自治区财政厅下达预算拨款文件，按预算级次将实施资金拨付各地州市财政局。

第十六条　各地州市财政局应及时将实施资金按国库集中支付的规定拨付至专利实施项目承担单位。

第五章　项目管理

第十七条　专利实施项目承担单位严格按照《自治区专利实施计划项目合同书》约定的项目实施计划进度和实施资金用途使用资金。自治区知识产权局加强对项目实施的管理，确保项目实施成功。

第十八条　承担专利实施资金项目的单位，因政策、技术、市场等因素变化致使项目无法继续实施时，应及时提出书面报告，自治区知识产权局会同财政厅调查核实后，做出变更、终止实施并收回专项资金的决定。

第十九条　项目承担单位未按规定用途使用资金的，将分别给予停止拨款、追回资金等处理，并追究有关人员的责任。

第二十条　专利实施项目完成后，项目承担单位及时向自治区知识产权局、财政厅提出验收申请。申请验收时提供以下材料：

（一）项目验收申请表；

（二）项目实施工作总结报告；

（三）实施资金决算表；

（四）实施资金审计报告。

第二十一条　自治区知识产权局会同自治区财政厅组织项目验收工作。

第二十二条　自治区知识产权局负责实施资金绩效评价工作，每年12月向自治区财政厅报送当年实施资金绩效评价报告。

第二十三条　自治区财政厅、知识产权局组织开展实施资金监督检查工作，各地州市财政局、知识产权局及项目承担单位自觉接受检查。

第六章　附　　则

第二十四条　自治区财政厅、知识产权局《关于印发〈新疆维吾尔自治区专利实施资金管理办法〉的通知》（新财建〔2003〕103号）同时废止。

第二十五条　本办法由自治区财政厅、知识产权局负责解释。

第二十六条　本办法自发布之日起施行。

新疆维吾尔自治区财政厅　新疆维吾尔自治区知识产权局

二〇一一年五月六日

新疆维吾尔自治区专利申请资助专项资金管理办法

（新财建〔2011〕168号）

第一章　总　　则

第一条　为鼓励我区企事业单位、机关团体和个人发明创造的积极性，提高专利申请数量和质量，促进我区科技创新和经济发展方式转变，根据《新疆维吾尔自治区专利保护条例》和《新疆维吾尔自治区知识产权战略纲要》，特制定本办法。

第二条　本办法所称专利申请资助专项资金（以下简称"资助资金"），是指由自治区本级财政预算安排，对自治区企事业单位、国家机关、社会团体和个人（以下简称"申请人"）申请国内、国外专利进行资助的专项资金。

第三条　资助资金的安排体现科学评估、择优资助原则。

第二章　部门职责

第四条　资助资金由自治区财政厅会同知识产权局管理。

第五条　自治区财政厅负责提出资助资金年度预算规模，会同自治区知识产权局确定资金安排方案，办理预算拨款。

第六条　自治区知识产权局负责审核资助资金申请材料，提出资助资金安排建议，做好绩效评价工作。

第三章　资助重点和条件

第七条　资助资金重点用于以下方面：

（一）技术含量高、市场前景好，符合我区产业发展方向的发明专利申请，以及重大科技攻关项目产生的专利申请；

（二）我区优势产业和支柱产业的重点企业、骨干企业的发明专利申请，高新技术领域的项目和具有前瞻性的基础研究项目的发明专利申请，知识产权试点示范企事业单位、知识产权优势企事业单位的专利申请，实用价值高的非职务发明创造专利申请；

（三）通过我区专利代理机构办理的专利申请；

（四）通过专利合作条约（PCT）途径提出并以国家知识产权局为受理局的专利申请；

（五）在校学生的专利申请。

第八条　申请人需符合以下条件：

（一）自治区境内注册登记的企事业单位、机关和社会团体；

（二）具有自治区境内户籍或居住证明的个人，且住址在自治区境内。

第九条　申请资助资金须具备以下条件：

（一）申请国内实用新型和外观设计专利已获得授权，申请国内发明专利已进入实质审查阶段以及获得授权；

（二）直接申请国外专利，已取得国际专利组织或相关国家专利行政部门授权；以PCT方式申请国外专利，已进入国际阶段或授权；

（三）申请人获得专利授权（有效证明文件）或进入国际阶段一年之内。

第四章　资助范围、标准

第十条　资助资金的使用范围：申请费、实质审查费、专利登记费、印刷费、授权后前三年年费、专利代理费。

第十一条　国内发明专利每件资助4000元，分两次资助，缴纳实质审查费后资助2000元，专利授权后资助2000元；实用新型专利每件资助1500元；外观设计专利每件资助500元。

国家和自治区级知识产权试点（示范）、知识产权托管企事业单位申请专利代理费用按实际发生额资助。在校学生申请专利代理费用按实际发生额资助。

第十二条　向国外申请专利，按财政部统一规定执行。

第十三条　申请国家知识产权局专利费用减缓的专利申请，应先申请费用减缓，减缓后费用按实际发生额资助。

第十四条　有下列情况之一者不予资助：

（一）专利申请权或者专利权有争议的；

（二）同一专利已获得资助的；

（三）其他相关法律、法规规定不得资助的。

第五章　资助资金申报和审核

第十五条　资助采取先减缓、再缴费、后申请资助的方法。即申请人首先申请费用减缓，缴纳相关费用后，再向所在地知识产权管理部门提出资助申请。

第十六条　申请人提出资助申请时提交以下材料：

（一）《新疆维吾尔自治区专利申请资助资金申请表》（在新疆维吾尔自治区知识产权局网站下载或在各级知识产权局领取）一式两份；

（二）单位营业执照副本或者有效证明及复印件两份，个人身份证及复印件两份；

（三）国内实用新型和外观设计专利须提供专利证书复印件（复印件并加盖公章），国内发明专利申请第一次资助时需提供进入实质审查阶段的缴费凭证和通知书（复印件并加盖公章），申请第二次资助时需提供专利证书复印件（复印件并加盖公章）；向国外申请专利的，提供专利申请受理通知书或专利授权证书（复印件并加盖公章），PCT申请的国际检索报告，专利审查机构、国内专利代理机构、专利检索机构出具的发票等有效缴费凭证（复印件并加盖公章），专利申请文件（中文）等。

第十七条　各地州市知识产权局负责受理和初审本地区资助申请，自治区知识产权局负责终审。每年5月，自治区知识产权局提出当年资助资金安排建议，报送自治区财政厅。

第十八条　自治区财政厅根据资助资金年度预算规模，会同自治区知识产权局初步确定资金安排方案，并在自治区财政厅、知识产权局官方网站上向社会公示一周。公示期满后无异议，再最终确定资助项目和金额。

第十九条　申请人提供的材料及凭证必须真实可靠。凡申请材料和凭证弄虚作假或相同项目重复申报者，一经查证，3年内不再受理资助申请。

第六章　资助资金管理

第二十条　资助资金列入自治区知识产权局部门预算。根据资助资金公示结果，自治区知识产权局向申请人下发资助通知书，并于每年6月按国库集中支付的规定将资助资金拨付申请人。

第二十一条　申请人领取资助资金时，需提供本人身份证、户口簿，单位有效证明等身份证明材料。经各地州市财政局、知识产权局审核确认后办理资助资金发放手续。

第二十二条　自治区知识产权局负责资助资金绩效评价工作，每年12月向自治区财政厅报送当年资助资金绩效评价报告。

第二十三条　自治区财政厅、知识产权局组织开展资助资金监督检查工作，各地州市财政局、知识产权局自觉接受检查。

第七章　附　则

第二十四条　自治区财政厅、知识产权局《关于印发〈新疆维吾尔自治区专利申请资助资金管理办法〉的通知》（新财建〔2003〕102号）同时废止。

第二十五条　本办法由自治区财政厅、知识产权局负责解释。

第二十六条　本办法自发布之日起施行。

新疆维吾尔自治区财政厅　新疆维吾尔自治区知识产权局

二〇一一年五月六日

新疆维吾尔自治区专利权质押贷款管理办法（试行）

（新知管字〔2012〕63号）

第一章　总　则

第一条　为拓宽企业融资渠道，促进专利技术与金融资本结合，规范专利权质押贷款工作，推进专利技术产业化进程，依据《中华人民共和国商业银行法》《中华人民共和国担保法》《中华人民共和国物权法》《贷款通则》《流动资金贷款管理暂行办法》《项目融资业务指引》《专利权质押登记办法》等法律法规，结合我区实际，制定《新疆维吾尔自治区专利权质押贷款管理办法（试行）》（以下简称"办法"）。

第二条　本办法所称专利是指经国家知识产权局授权的有效发明专利、实用新型专利和外观设计专利；专利权质押贷款是指借款人以其依法享有的专利权作为质押物，从银行业金融机构取得贷款，并按约定的利率和期限偿还贷款本息的一种贷款方式。

第三条　贷款人系指在新疆维吾尔自治区依法设立的合法经营贷款业务的银行业金融机构。借款人系指经工商行政管理机关依法登记成立并从事经营活动的企业法人、其他经济组织和自然人。

第二章　贷款条件和用途

第四条　办理专利权质押贷款业务，应遵循自愿、公平、公正、诚信、合法原则，出质专利须符合以下条件：

（一）必须是已授权的中国发明专利、实用新型专利和外观设计专利，且发明专利剩余有效期不少于8年，实用新型专利和外观设计专利剩余有效期不少于3年；

（二）专利权归属清晰无争议；

（三）该专利不得涉及国家安全与保密事项；

（四）授予专利权的专利项目处于实质性的实施阶段，具有一定的市场潜力和良好的经济效益。

第五条　有下列情形之一的，不予办理质押贷款：

（一）专利权质押期限超过专利剩余法定有效期限的；

（二）存在专利纠纷的；

（三）专利权被启动无效宣告程序的；

（四）专利权已处于质押状态的；

（五）专利权已被国家知识产权局强制许可或者已被国家有关机关采取查封、扣押、冻结等强制措施的；

（六）其他不具备办理专利权质押贷款的情形。

第六条　贷款只能用于技术研发、技术改造、流动资金周转等生产经营活动，不得从事股本权益性投资，不得用于有价证券、基金、期货等投资经营活动。

第三章 贷款额度、期限及利率

第七条 专利权质押贷款额度,应根据出质专利权的评估价值和专利权质押率合理确定。专利权质押率由银行依据出质专利权质量、借款人的财务和资信状况等因素确定,但专利权质押率原则上不得超过专利权评估价值的50%。专利权价值评估可由借款人聘请贷款人认可的有资质的中介机构进行。

第八条 专利权质押贷款期限由借款人和银行双方协商确定,但不得超过专利权的剩余法定有效期限。

第九条 专利权质押贷款利率按中国人民银行公布的同档次贷款基准利率执行并可依规定浮动。

第四章 贷款申办程序

第十条 贷款申请:借款人需要以专利权出质向贷款人借款,应当向贷款人直接申请。同时,需向贷款人提交下列资料:

(一)专利权质押贷款申请书;

(二)拟出质专利的专利证书原件及复印件;

(三)证明专利权有效的专利登记簿副本原件;

(四)法人客户提交工商营业执照、法定代表人身份证明、企业贷款卡及复印件,自然人客户提交身份证明及复印件;

(五)贷款人要求提供的其他资料。

第十一条 贷款审批:贷款人重点审查专利权是否真实有效、借款人信用记录、借款人是否有权将该专利权进行质押、借款人是否有重复设定质押的情况及该专利的市场价值,并根据自身审批流程和审查标准决定是否与借款申请人建立授信关系以及确定担保条件。

第十二条 借款人和贷款人可在约定的期限内向借款人所在辖区的地、州、市知识产权主管部门征询办理专利权质押登记意见。该知识产权主管部门应根据国家知识产权局相关要求,就办理专利权质押登记提供服务。

第十三条 双方当事人在收到借款人所在辖区的地、州、市知识产权主管部门出具的书面意见后,可根据该意见签订书面的借款合同及专利权质押合同,明确质押双方当事人的权利义务。

第十四条 质押登记:专利权质押贷款申请书、专利权质押合同格式文本由贷款人负责提供;双方当事人按规定向国家知识产权局或国家知识产权局专利局乌鲁木齐代办处办理质押登记,并将质押登记结果报贷款银行所在地具有审查资格的知识产权管理部门备案。

专利权质押合同应包括但不限于以下内容:

(一)出质人、质权人以及代理人或联系人的姓名(名称)、通讯地址;

(二)被担保的主债权的种类;

(三)债务人履行债务的期限;

(四)专利项数及每项专利名称、专利号、申请日和颁证日;

(五)质押担保的范围;

(六)质押的金额与支付方式;

(七)对质押前被质押专利实施许可情况的说明,以及对质押期间进行专利实施许可的确定;

(八)质押期间维持专利权有效的约定;

(九)出现专利纠纷时出质人的责任;

(十)质押期间专利权被宣告无效时的处理;

(十一)违约及索赔,争议的解决方法,质押期满债务的清偿方式;

(十二)当事人认为需要约定的其他事项、合同签订日期、签名签章。

第十五条 出质人必须是合法专利权人。如果一项专利有两个以上的共同专利权人,则借款人应为全体专利权人。

第十六条　贷款人应当按照专利权质押借款合同约定及时向借款人发放贷款，并妥善保管借款人移交的专利证书及其他相关资料。

第五章　贷款管理

第十七条　贷款人在发放专利权质押贷款后，要监控借款人贷后资金运用情况，关注资金流向，防止借款人随意变更信贷资金用途。

第十八条　贷款人应对出质专利的价值变动情况进行贷后跟踪监控，建立专利权价值动态评估机制，当质押专利权价值减少时，质押权人有权要求恢复质押财产的价值，要求借款人采取增加担保或提前偿还贷款等补救措施。专利权质押期间，借款人须按时、足额缴纳年费，保证专利法律状态稳定性，法律状态变化情况应及时告知贷款人。

第十九条　专利权质押合同登记内容发生变更的，当事人应在做出变更决定之日起30日内持变更协议及相关资料向国家知识产权局专利局乌鲁木齐代办处申请办理变更登记。办理变更登记后，双方当事人将变更结果报送当地知识产权主管部门备案。

第二十条　借款人应书面承诺质押期间转让或授权许可第三方使用出质权利时，必须经贷款人同意，转让费、许可使用费、实施专利所得收益均须优先用于归还贷款。

第二十一条　借款人到期不能清偿债务，贷款人可依法处置质押的专利权，并就处置所得优先受偿。通过担保公司担保融资的，贷款人可向担保机构发出担保履约通知书，担保机构在接到担保履约通知书后即对催讨无果的担保债务先行代偿。担保机构对已代偿的逾期贷款，取得代位求偿权，可依法采取措施积极追偿或处置质押专利权进行变现。处置所得超过债权、代偿数额部分归出质人所有，不足以偿还借款本息的或未能处置的，可按照合同约定追索借款人其他财产。

第二十二条　贷款人应在每季度后20日内将专利权质押贷款业务开展情况及借款人违约信息报送当地人民银行、银监局；人民银行各地州市中心支行、各银监分局负责汇总辖区内专利权质押贷款业务开展情况并分别上报人民银行乌鲁木齐中心支行、新疆银监局。人民银行乌鲁木齐中心支行、新疆银监局与自治区知识产权局共享专利权质押贷款信息。

第六章　附　则

第二十三条　本办法由自治区知识产权局、中国人民银行乌鲁木齐中心支行和自治区银监局负责解释，自发布之日起实施。

新疆维吾尔自治区知识产权局、中国人民银行乌鲁木齐中心支行、新疆维吾尔自治区银监局

二〇一二年十月九日

新疆维吾尔自治区专利行政执法人员管理办法

（新知法字〔2013〕46号）

第一条　为加强自治区专利行政执法队伍建设与管理，提高专利行政执法人员整体素质和执法水平，有效履行执法职责，依法保护管理相对人的合法权益，根据有关法律、法规的规定，结合我区实际，制定本办法。

第二条　专利行政执法是指管理专利工作的部门依照《中华人民共和国专利法》《中华人民共和国专利法实施细则》及其他有关法律、法规和规章，处理专利侵权纠纷、调解专利纠纷以及查处假冒专利行为的活动。

第三条　专利行政执法人员是指代表自治区或各地州（市）、县（市、区）管理专利工作的部门执行专利行政执法任务的工作人员。

第四条　专利行政执法人员应当具备以下基本条件：

（一）拥护中国共产党，执行党的路线、方针、政策，遵纪守法，忠于职守，秉公执法；

（二）身体健康，具有大专以上学历；

（三）属于管理专利工作的部门在编在岗干部，各年度考核称职以上；

（四）熟悉专利行政执法相关法律、法规、规章，具备必要的专业理论知识；

（五）通过国家或自治区、各地州市相关部门组织的法律、法规培训和执法资格考试，并获得国务院专利行政部门或者自治区人民政府法制办公室颁发的行政执法证件。

第五条　专利行政执法人员在其执法区域内，应当履行下列职责：

（一）依法处理专利侵权纠纷、调解专利纠纷以及查处假冒专利行为；

（二）不定期进行专利行政执法检查，对本辖区内举报投诉的专利违法行为及时开展执法；

（三）积极参加各级管理专利工作的部门组织的各项专利行政执法工作和法律、法规培训；

（四）认真完成国家、自治区、地州市管理专利工作的部门交办的任务；

（五）自觉接受上级业务指导部门和各级行政执法监督部门的监督检查；

（六）履行法律、法规赋予的其他职责。

第六条　专利行政执法人员应该遵守以下纪律：

（一）不准在公务活动中以权谋私、优亲厚友，做到公正执法；

（二）不准刁难管理相对人，不准吃、拿、卡、要，做到勤政为民；

（三）不准接受管理相对人的各种宴请、礼金、礼品，做到公正办事；

（四）不准利用职务之便，为管理相对人从事行政违法活动提供便利或保护，做到克己奉公；

（五）不准酒后从事行政执法活动，做到文明执法；

（六）不准擅自变更行政处罚的种类、幅度，禁止违反法定的处罚程序，做到依法行政；

（七）禁止以执行公务之名，进行损公利己的违法违纪活动；

（八）执法人员不得利用执法证件谋私，在不执行公务的情况下，不得随意出示执法证件。

第七条　县级以上人民政府管理专利工作的部门应当加强对专利行政执法人员的管理，定期或不定期地对专利行政执法人员的执法情况进行检查。

第八条　专利行政执法人员不能胜任或调离行政执法工作岗位的，由其所在部门收回行政执法证件。

各地州（市）、县（市、区）知识产权局对本局的专利行政执法人员的变更，应当报自治区管理专利工作的部门备案。

第九条　自治区管理专利工作的部门每年对各地州市专利行政执法工作进行考核评比，对在执法工作中表现突出的人员予以表彰奖励，并将表现特别突出的人员推荐为全国专利行政执法工作先进个人候选人。

第十条　对专利行政执法人员实施行政执法错案和执法过错追究制度：

（一）过错责任追究应当坚持实事求是，有错必究，责罚与教育相结合的原则；

（二）在执法工作中发现并审查认定存在严重程序错误的，必须追究承办人和单位主管领导的责任；

（三）对过错责任人员，视情节及造成的后果予以追究。

第十一条　专利行政执法人员违法违纪，情节较轻，进行批评教育；情节严重的，取消其行政执法资格，并给予行政处分；构成犯罪的，依法由司法机关追究其刑事责任。

第十二条　本办法由自治区知识产权局负责解释。

第十三条　本办法自发布之日起施行，2003年2月20日印发的《新疆维吾尔自治区专利行政执法人员管理办法》同时废止。

二〇一三年五月二十二日

新疆维吾尔自治区知识产权局专利行政执法督导与检查工作制度

（新知法字〔2013〕47号）

一、组织机构

为了保障专利行政执法督导与检查工作有序开展，成立自治区知识产权局专利行政执法工作督导与检查工作领导小组。

组长

马庆云（自治区知识产权局局长）

副组长

谭力（自治区科技厅副巡视员、知识产权局副局长）

成员

哈洪江（自治区知识产权局法律事务处处长）

贺迎国（自治区知识产权局法律事务处副调研员）

杨靖（自治区知识产权局法律事务处副调研员）

阿依努尔（自治区知识产权局法律事务处主任科员）

自治区知识产权局专利行政执法督导与检查工作领导小组下设办公室，办公室主任由谭力副局长兼任，副主任由哈洪江处长任，办公室设在自治区知识产权局法律事务处。办公室下设三个工作组，分别是东疆组、北疆组和南疆组，其中东疆组负责乌鲁木齐市、昌吉州、石河子市、吐鲁番地区及哈密地区的督导工作，杨靖为该工作组的联络员；北疆组负责克拉玛依市、伊犁州、博州、塔城地区及阿勒泰地区的督导工作，贺迎国为该工作组的联络员；南疆组负责巴州、阿克苏地区、克州、喀什地区及和田地区的督导工作，阿依努尔为该工作组的联络员。各组联络员负责本片区的电话督导及实地督导检查工作的联系、安排和督导检查报告的拟写等工作。

二、督导检查的形式

督导检查工作可以采取电话督导、现场考察、座谈、抽查走访或书面报告等方式；其中电话督导工作主要由各组联络员结合日常工作开展；现场考察和抽查走访每年不得少于4次。

三、督导检查的内容

（一）执法办案工作开展情况（包括执法办案数量、质量与效果，展会中专利侵权、假冒案件的防范、调处以及后续程序情况）；

（二）执法工作基础情况（包括执法人员与机构、制度建设、政策制定、经费支持、条件建设及执法档案等情况）；

（三）上级委托执法任务的完成情况及上级督办案件处理情况；

（四）知识产权维权援助中心运行情况（包括机构、工作人员详细情况，办公场所、网络软硬件条件配备及经费保障情况，维权援助业务工作开展情况，12330接收举报投诉和转交办理情况，12330公益电话宣传推介等）。

（五）对执法工作的重视和安排情况。

四、督导检查报告

每一次督导检查工作结束一周内，督查组或督查人员应自治区专利行政执法督导与检查工作领导小组办公室提交督查报告，同时抄送督查对象。督查报告应客观分析督查对象的执法工作现状，肯定成绩，对不足之处提出整改要求。督查对象应根据督查报告中提出的整改要求和期限及时整改。

五、2013年督导检查工作安排

（一）6月上旬，督导检查组赴东疆片区2个地州市开展实地督导检查工作；

（二）8月中下旬，督导检查组赴南疆片区2个地州市开展实地督导检查工作；

（三）10月中下旬，督导检查组赴北疆片区2个地州市开展实地督导检查工作；

（四）12月底，结合专利行政执法绩效考核工作，督导检查组开展书面集中督导检查工作。

二〇一三年五月二十三日

新疆维吾尔自治区商业流通领域标注专利标识商品的监督管理办法

（新知法字〔2013〕50号）

第一条　为维护市场经济秩序，维护专利权人和消费者的合法权益，加强商业流通领域标注专利标识商品的管理，制止假冒专利等违法行为，根据《中华人民共和国专利法》《中华人民共和国专利法实施细则》及《新疆维吾尔自治区专利促进与保护条例》等相关法律法规的规定，制定本办法。

第二条　在新疆维吾尔自治区行政区域内，商业流通领域的企业（含办事处、个体工商户等经营商品的单位和个人，以下统一简称"商业流通企业"）经营标注专利标识商品的，应当遵守本规定。

第三条　管理专利工作的部门负责在本行政区域内对商业流通领域标注专利标识商品进行监督管理，指导公民、法人和其他组织建立专利管理制度。对于发生《中华人家共和国专利法实施细则》第八十四条规定的专利违法行为，应依法予以查处。

第四条　专利商品的标识应符合《专利标识标注办法》第五条、第六条、第七条的规定：

（一）采用中文标明专利权的类别，例如中国发明专利、中国实用新型专利、中国外观设计专利；国家知识产权局授予专利权的专利号。

除上述内容之外，可以附加其他文字、图形标记，但附加的文字、图形标记及其标注方式不得误导公众。

（二）在依照专利方法直接获得的产品、该产品的包装或者该产品的说明书等材料上标注专利标识的，应当采用中文标明该产品系依照专利方法所获得的产品。

（三）专利权被授予前在产品、该产品的包装或者该产品的说明书等材料上进行标注的，应当采用中文标明中国专利申请的类别、专利申请号，并标明"专利申请，尚未授权"字样。

第五条　商业流通企业应当加强对其经营的标注专利标识商品的管理，建立相关制度，并对单位职工进行专利知识培训。有条件的，还应配备专职或者兼职管理人员。

第六条　商业流通企业经营标注专利标识商品的，应当采取措施，合法营销专利商品，防止假冒专利等违法行为的发生；对标有专利标识的商品进行审核、登记和管理；对管理专利工作的部门执法行为应当予以协助、配合。专利标识标注不当，构成假冒专利行为的，由管理专利工作的部门依照专利法第六十三条的规定进行处罚。

第七条　商业流通企业在商品进货时，对在商品包装、说明书、广告宣传或者其他资料上出现标注专利标记的，应向生产厂家或供货商索取专利证书等有效证明文件。对不能提供有效证明文件的，应当拒绝进货。

第八条　商业流通企业应对标注专利标识商品的进货、销售、储存情况进行登记造册，建立进货、销售、储存登记制度。在知识产权局执法检查时，应及时、准确地提供相关资料。

第九条　消费者向商业流通企业反映销售中存在假冒专利、侵犯他人专利权等违法行为时，该单位有关机构或人员应当积极调查核实，并负责作出合理解释和答复。确定存在违法行为时，应采取撤柜或停止销售等措施。

第十条　商业流通企业故意为非法实施他人专利和假冒专利提供销售、展示、广告、仓储、运输、隐匿等便利条件的，管理专利工作的部门将依法进行查处。

第十一条　本办法由自治区知识产权局负责解释。

第十二条　本办法自发布之日起施行。2005年9月13日印发的《新疆维吾尔自治区商业流通领域标注专利标记商品的管理办法》同时废止。

二〇一三年五月二十八日

新疆维吾尔自治区专利行政执法责任制考核办法

（新知法字〔2013〕52号）

第一条　为了规范专利行政执法行为，提高行政执法水平，促进管理专利工作的部门和执法人员依法行政，根据《新疆维吾尔自治区人民政府关于全面推进行政执法责任制和评议考核工作的实施意见》，结合我区专利行政执法工作实际，制定本办法。

第二条　自治区知识产权局及各地州（市）县区知识产权局根据各自所承担的执法职责，依照本办法开展执法责任制考评工作。

第三条　行政执法责任制年度考评工作依照下管一级的原则由上级局对下级局进行考评，即自治区知识产权局负责对各地州（市）知识产权局专利行政执法工作进行考评，各地州（市）知识产权局负责对本辖区的县区级知识产权局专利行政执法工作进行考评。

考评工作每年开展一次，各地州（市）知识产权局组织的考评工作应于当年12月1日前完成。

第四条　考评工作由自治区知识产权局统一领导，法律事务处会同有关处室具体组织实施。考评采取单位先自评，上级主管部门在下级单位自评的基础上进行考评。

第五条　行政执法责任制考评主要内容包括：落实行政执法和执法监督保障制度情况；执法责任制分解率；执法主体资格合法性；办案程序合法性；行政法律文书的建档率、结果及时公开率、抽查合格率；案件结案率；案卷评查率；行政处罚正确率；错案纠正率；受理知识产权举报、投诉处理率；文明执法情况等。

第六条　各地州（市）县区知识产权局应结合本单位实际情况制定行政执法责任制考核评分细则。

第七条　考评结果分为：优秀、合格、基本合格、不合格四个等次。其中，行政执法优秀单位的评定，各级知识产权局的考评结果报上级知识产权局审核批准后确认。

第八条　考评结果的处理行政执法优秀单位，颁发荣誉证书，通报表彰。

行政执法合格的单位，颁发合格证书。

行政执法基本合格单位，应查找问题，制定整改措施。

行政执法不合格的单位，通报批评，责令限期改正，并追究相关人员的相应责任。当年不得参与评先进集体和个人的评选考评结果由上级知识产权局通报。

第九条　本办法由自治区知识产权局负责解释。

第十条　本办法自发布之日起施行。

二〇一三年五月二十九日

新疆维吾尔自治区知识产权举报投诉奖励办法

（新知法字〔2013〕62号）

第一条　为加大知识产权保护力度，鼓励权利人和社会各界对知识产权违法行为的举报投诉，严厉打击知识产权违法行为，根据《新疆维吾尔自治区专利促进与保护条例》和有关法律法规，以及国家知识产权局"关于加强专利行政执法工作的决定"，结合我区实际，制定本办法。

第二条　本办法适用于对向中国（新疆）知识产权维权援助中心（以下简称维权援助中心）举报投诉的个人、单位或其他组织（以下简称"举报人"）给予奖励，以及对提供重要线索和多次提供线索的举报人给予奖励。但对案件负有调查或处理职责的国家机关及其工作人员，工作人员的配偶、直系亲属，被侵权人及其利害关系人除外。

第三条　本办法所称知识产权违法行为，是指涉及侵犯或假冒专利、商标、著作权、商业秘密、地理标志、植物新品种、集成电路布图设计等违法行为。

第四条　维权援助中心负责知识产权举报投诉奖励工作的具体实施。

第五条　举报人可以通过以下方式向维权援助中心举报：

（一）拨打知识产权举报投诉热线12330；

（二）直接到维权援助中心举报投诉；

（三）发送电子邮件至xj12330@sohu.com；

（四）能够将举报投诉信息传递至维权援助中心的其他方式。

第六条　举报投诉知识产权违法行为应当符合以下条件：

（一）有明确的举报对象；

（二）有具体的违法事实及相关证据；

（三）违法行为发生地在自治区行政区域管辖范围；

（四）未向其他行政执法机关或司法机关举报投诉。

第七条　知识产权举报投诉的奖励，遵循以下原则：

（一）以事实为依据，以证据为基础，鼓励实名举报投诉；

（二）举报的知识产权违法行为经查证后由自治区知识产权行政执法机关或公安、检察机关予以立案并查处；

（三）依据所举报的违法行为性质和危害程度，以及举报线索的作用大小给予奖励200~2000元；

（四）实行一案一奖制；两人以上联名举报，按一案进行奖励，举报人应确定一名代表人领取奖金并自行协商分配奖金；多人举报同一违法行为的，奖励最先举报人；

（五）有其他专项奖励规定的，从其规定不重复奖励。

第八条　举报人应对所举报的内容负责，借举报之名故意捏造事实诬告他人或涉嫌不正当竞争构成违法的，须承担相应法律责任。

第九条　建立举报投诉保密制度，有关工作人员应严格遵守保密制度，对违反保密规定造成严重后果的，依照相关规定给予行政处分。

第十条　经立案查处的知识产权违法行为在案件处理完毕后，由维权援助中心通知举报人办理领奖手续。接到领奖通知之日起三个月不办理领奖手续的，视为自动放弃。

第十一条　举报投诉奖金从自治区知识产权维权援助工作资金中安排，接受财政、审计等部门的检查监督。

第十二条　本办法由自治区知识产权局负责解释。

第十三条　本办法自公布之日起施行。

新疆维吾尔自治区知识产权局假冒专利行为行政处罚自由裁量基准

（新知法字〔2013〕65号）

一、假冒专利行为行政处罚法律依据

（一）《中华人民共和国专利法》第六十三条

假冒专利的，除依法承担民事责任外，由管理专利工作的部门责令改正并予公告，没收违法所得，可以并处违法所得四倍以下的罚款；没有违法所得的，可以处二十万元以下的罚款；构成犯罪的，依法追究刑事责任。

（二）《中华人民共和国专利法实施细则》第八十四条第三款

销售不知道是假冒专利的产品，并且能够证明该产品合法来源的，由管理专利工作的部门责令停止销售，但免除罚款的处罚。

（三）《专利行政执法办法》第二十九条

案件调查终结，经管理专利工作的部门负责人批准，根据案件情况分别作如下处理：

1.假冒专利行为成立应当予以处罚的，依法给予行政处罚；

2.假冒专利行为轻微并已及时改正的，免予处罚；

3.假冒专利行为不成立的，依法撤销案件；

4.涉嫌犯罪的，依法移送公安机关。

二、假冒专利行为的认定依据

假冒专利行为认定依据是《中华人民共和国专利法实施细则》第八十四条。

下列行为属于专利法第六十三条规定的假冒专利的行为：

（一）在未被授予专利权的产品或者其包装上标注专利标识，专利权被宣告无效后或者终止后继续在产品或者其包装上标注专利标识，或者未经许可在产品或者产品包装上标注他人的专利号；

（二）销售第（一）项所述产品；

（三）在产品说明书等材料中将未被授予专利权的技术或者设计称为专利技术或者专利设计，将专利申请称为专利，或者未经许可使用他人的专利号，使公众将所涉及的技术或者设计误认为是专利技术或者专利设计；

（四）伪造或者变造专利证书、专利文件或者专利申请文件；

（五）其他使公众混淆，将未被授予专利权的技术或者设计误认为是专利技术或者专利设计的行为。

专利权终止前依法在专利产品、依照专利方法直接获得的产品或者其包装上标注专利标识，在专利权终止后许诺销售、销售该产品的，不属于假冒专利行为。

销售不知道是假冒专利的产品，并且能够证明该产品合法来源的，由管理专利工作的部门责令停止销售，但免除罚款的处罚。

三、假冒专利行为违法程度、情形及行政处罚基准

（一）情节较轻的假冒专利行为

有以下情形之一的为情节较轻的假冒专利行为：

1.专利权终止或者无效后一年内，在专利产品、依照专利方法直接获得的产品或者其包装上标注专利标识以及在媒体上宣传专利的；

2.在产品或者其包装上将专利申请标注为专利，或者在产品说明书等材料中将专利申请称为专利；

3.销售第1、2项所述的产品，且能证明该产品合法来源的；

4.能够积极配合行政机关查处违法行为，并主动改正或者及时停止假冒专利行为的；

5.其他依法应当从轻或者减轻处罚的假冒专利行为。

处罚基准：对情节较轻的假冒专利行为，管理专利工作的部门应当责令改正并予公告。

（二）情节较重的假冒专利行为

有以下情形之一的为情节较重的假冒专利行为：

1.专利权终止或无效一年后，在专利产品、依照专利方法直接获得的产品或者其包装上标注专利标识，或者在产品说明书等材料中称为专利以及在电视、报纸等媒体上宣传专利产品的；

2.在未被授予专利权的产品或者其包装上标注专利标识的；

3.在产品说明书等材料中将未被授予专利权的技术或者设计称为专利技术或者专利设计的；

4.销售假冒专利产品且不能证明合法来源的；

5.其他假冒专利情节较重的行为。

处罚基准：对情节较重的假冒专利违法行为，管理专利工作的部门应当责令改正并予公告，没收违法所得，可以并处违法所得2倍以下的罚款；没有违法所得的，可以处5万元以下的罚款。

（三）情节严重的假冒专利行为

有以下情形之一的为情节严重的假冒专利行为：

1.伪造或者变造专利证书、专利文件或者专利申请文件的；

2.未经许可，在其制造或者销售的产品、产品包装、产品说明书等上标注或者使用他人的专利号，使公众将所涉及的产品或者技术或者设计误认为是专利产品或者专利技术或者专利设计的；

3.上述行为之外的假冒专利行为造成如下后果的：

（1）严重损害消费者合法权益的；

（2）严重扰乱市场经济秩序的；

（3）假冒两项以上专利的；

（4）造成其他严重后果的。

4.重复实施假冒专利行为或经告诫、劝阻后继续实施假冒专利行为的；

5.妨碍、逃避或者抗拒专利行政执法人员执法的；

6.擅自转移、隐匿已被采取行政强制措施的物品的；

7.拒不提供相关证明材料的，作虚假陈述以及销毁或者篡改有关证据材料的；

8.对举报人打击报复的；

9.法律、法规、规章规定的其他应当从重处罚的情形。

处罚基准：对情节严重的假冒专利行为，管理专利工作的部门应当责令改正并予公告，没收违法所得，并可以处违法所得的2倍以上4倍以下的罚款；没有违法所得的，可以处5万元以上20万元以下的罚款。

四、其他事项

1.本基准中所称的"以下""以上"均含本数。

2.本基准由自治区知识产权局负责解释。

3.本基准自2013年8月1日起施行。

二〇一三年七月十五日

新疆维吾尔自治区专利行政执法案卷评查制度

（新知法字〔2013〕68号）

第一条　为加强对专利行政执法案卷的管理，进一步规范专利行政执法行为，提高办案质量，根据国务院《全面推行依法行政实施纲要》规定，结合自治区实际，特制定本制度。

第二条　本制度所称专利行政执法案卷是指管理专利工作的部门依法处理专利侵权纠纷、调解专利纠纷及查处假冒专利行为，已办结的行政处理案件和行政处罚案件，依法需要归档或提供当事人查阅的案卷。

第三条　自治区知识产权局法律事务处负责案卷评查工作的组织、指导、管理和监督工作。

第四条　案卷评查的主要内容包括：

（一）行政执法主体是否合法，执法人员是否具有执法资格；

（二）行政执法行为是否符合法定权限；

（三）行政执法行为是否有法律依据，适用依据是否准确；

（四）行政执法行为认定事实是否清楚，证据是否充分；

（五）执法程序是否合法，内部运作程序是否规范；

（六）行政执法决定是否依法执行；

（七）是否属于依法应当移交司法机关追究刑事责任的案件；

（八）执法文书是否完整齐备，文书使用是否规范、正确；

（九）执法案卷归档是否规范。

第五条　案卷评查采取随机抽查和自查方式。随机抽查由自治区知识产权局在每年年底随机从五个地州的执法案卷进行抽取检查，其余地州知识产权局每年12月前对本单位案卷实施自查并上报自查报告，评查工作结束后，自治区知识产权局对案卷评查中发现的问题提出书面意见。

各地州市知识产权局负责组织对县（市）区知识产权管理部门的案卷评查工作。

第六条　案卷评查结果分为：优秀、合格、不合格三个等级，自治区知识产权局对评查结果予以通报。

第七条　受查单位对评查人指出的行政执法案卷存在的问题，应制定整改措施，自治区知识产权局对整改情况进行监督检查。

各县级以上知识产权局要加强对专利行政执法案卷的立卷和管理工作，明确专人负责案卷的立卷和管理。

第八条　本办法自发布之日起施行。

二〇一三年八月十二日

新疆维吾尔自治区知识产权局系统专利行政执法案件督办工作制度

（新知法字〔2013〕71号）

第一条　为加强专利行政执法案件督办工作，提高办案质量和工作效率，加大专利行政执法办案工作力度，保证依法、及时、准确、高效办案，依据国家知识产权局《关于加强专利行政执法工作的决定》和《关于知识产权系统执法督查督办工作若干事项的通知》，特制定本制度。

第二条　专利行政执法案件督办工作（以下简称案件督办工作）是指上级管理专利工作的部门对下级管理专利工作的部门处理专利侵权纠纷和查处假冒专利案件等办案工作进行督办。

第三条　督办案件范围：跨区域案件、疑难案件、上级管理专利工作的部门交办案件、重大或者久拖未结的案件、区域内影响较大的案件等。

第四条　专利案件督办的内容包括：新立或结案件统计上报情况、案件处理进度、与案件相关的法律文书等按照规定时限撰写、报批和送达情况及案件的建档立卷等情况。

第五条　督办的方式主要有现场督办和书面督办。

采取现场方式督办的，案件督办人员应当就督办的内容、要求和时间等进行详细记录。

采取书面方式督办的，督办人员应当发给案件承办单位或者承办人员《案件督办通知书》。

第六条　案件督办单位督办案件，应当指定一名或者两名工作人员作为案件督办人员开展具体督办工作。

案件督办人员应当根据各类专利案件的立案情况，及时了解并记录案件办理的进度，认真、准确书写督办记录，建立案件督办档案，适时进行督办。

第七条　案件督办工作应当根据案件处理的时限、程序、进度等进行综合督办。

第八条　督办案件办结后，案件承办单位应当及时向督办人员填报《专利侵权纠纷督办案件办理情况上报表》或者《假冒专利督办案件办理情况上报表》。

第九条　对于案件处理不力或者怠于处理，导致未能按期结案并造成一定后果的，应当追究案件单位及承办人员责任；对其中督办不力的，案件督办人员应当承担相应责任。

第十条　自治区知识产权局法律事务处负责对本制度执行情况的指导、检查和监督。

第十一条　本规定自下发之日起施行。

新疆维吾尔自治区知识产权局专利行政执法公示制度

第一条　执法人员进行执法检查时，应当有两人以上（含两人）一同进行，并向当事人出示证件，示明身份，告知检查项目。

第二条　执法检查时，应做到语言文明、行为规范，不得影响公民、法人或其他组织正常的生产、生活和工作秩序。

第三条　询问或检查应制作记录，并交由当事人签名，当事人核对无误后逐页签名或盖章，记录中如有涂改，当事人应在涂改处按手印；当事人拒绝签名的，由执法人员在笔录上注明情况并请在场证明人签名。

第四条　执法人员要充分听取当事人的陈述和申辩，认真复核当事人提出的事实、理由和证据，成立的应予以采纳。不得因当事人申辩而加重处罚。

第五条　凡与当事人有利害关系的执法人员均应回避；当事人认为执法人员与本案有利害关系，可能影响行政处罚案件的公正处理，可向自治区知识产权局提出回避请求，由自治区知识产权局领导审定。

第六条　收缴财物时应出具省级财政部门统一制发的收据，违反规定收缴的，当事人可以拒绝缴纳。

第七条　执法人员应依法办案、廉洁办案，严禁以案谋私，严禁办人情案，严禁"吃、拿、卡、要"。

第八条　违法行为从发生之日起两年内未被发现的，不再给予行政处罚。法律另有规定的除外。违法行为有连续或者继续状态的，从行为终了之日起计算。

第九条　收集证据采用登记保存措施，应报局负责人批准，填写《证据先行登记保存单》，并在7个工作日内及时作出处理决定。超过7个工作日当事人未来接受处理的，不影响行政处罚（理）决定的作出。

第十条　作出处罚决定前，应当告知当事人作出行政处罚决定的事实、理由及依据，并告知申请行政复议或提起行政诉讼的期限、途径。

第十一条　作出较大数额罚款（个人500元以上、法人单位组织1000元以上，从事经营活动的2万元以上）的处罚决定前，应当告知当事人听证的权利。当事人在3日内决定是否要求听证。

第十二条　向当事人送达处罚决定书，按规定要求必须在7日内送达，并填写送达回证。

第十三条　行政处罚实行查处分离、罚缴分离制度。

第十四条　除涉及国家机密、商业秘密和个人隐私外，行政处罚应公示。凡违法（章）事实不清的，不得给予行政处罚。

中国-亚欧博览会保护知识产权管理办法

第一章　总　　则

第一条　为加强中国-亚欧博览会（以下简称"亚欧博览会"）展览期间的知识产权保护，处理知识产权纠纷，维护正常交易秩序，保护参展人和知识产权权利人的合法权益，根据国家有关法律、行政法规和规章，结合亚欧博览会实际，制定本办法。

第二条　本办法仅适用于当届亚欧博览会展览期间发生在展馆内的知识产权纠纷的投诉及处理。

第三条　亚欧博览会主办人通过与参展人签订亚欧博览会展会知识产权保护合同（其样式见附件），约定知识产权保护条款，参展人应当在亚欧博览会展览期间严格履行承诺的知识产权保护义务。

第二章　投诉管理

第四条　亚欧博览会设立知识产权举报投诉工作组（以下简称"投诉工作组"）负责受理当届、当期亚欧博览会展览期间的知识产权纠纷的举报或投诉。投诉工作组成员由自治区知识产权行政管理部门或相关机构派驻的工作人员组成。

第五条　对涉嫌知识产权侵权行为的投诉及处理，应按本办法第三章规定的投诉程序处理。

第六条　亚欧博览会参展人对其展品、展品包装、宣传品及展位的其他展示部位拥有知识产权或有授权文件的，应当携带相关的权属证明文件或授权文件参展。

第七条　举报投诉人如按照本办法向投诉工作组投诉，并要求投诉工作组对被投诉人按本办法进行处理，应当承担处理该投诉而发生的费用，侵权不成立的，投诉人应当承担由此给被投诉人造成的损失。

第三章　投诉程序

第八条　持有参加当届亚欧博览会有效证件的与会人员，在展馆内发现展位上陈列摆放的展品、展品包装、宣传品及任何展示部位涉嫌侵犯知识产权的，可向投诉工作组投诉。对不通过投诉工作组，擅自与涉嫌侵权人进行交涉而影响展馆秩序的，按违反大会管理规定处理。

第九条　投诉人向投诉工作组投诉应当符合以下条件：

（一）投诉人是权利人或者是利害关系人；

（二）被投诉人为本届亚欧博览会参展人；

（三）投诉标的在本届亚欧博览会展览期间的展馆内；

（四）未向人民法院起诉或向有关知识产权行政管理部门请求处理。

第十条　上届投诉工作组受理过的知识产权投诉而本届再次发现的同一侵权案件，投诉人还应出示在上届亚欧博览会闭幕后处理的法律文件。投诉人不能出示相关文件的，投诉工作组可以不予受理。

投诉工作组一般不受理本届亚欧博览会展览期间同一投诉人就同一知识产权纠纷向同一被投诉人提出的重

复投诉。

涉及专利侵权的投诉，投诉人还应当同时向管理专利工作的部门请求处理。否则，投诉工作组可以不予受理。

第十一条 投诉人投诉，应当向投诉工作组出示权属证明文件或授权文件，并按要求填写《投诉请求书》。其样式见附件。

第四章 处理程序

第十二条 投诉工作组受理投诉后，应先召集投诉人与被投诉人协商解决。协商按以下程序进行：

（一）投诉人陈述；

（二）被投诉人答辩，并提交答辩材料；

（三）双方进行辩论；

（四）协商及处理。

第十三条 投诉工作组在处理投诉过程中，被投诉人应协助投诉工作组工作人员对被投诉物品进行查验。经查验认定被投诉物品涉嫌侵权的，被投诉人应当立即出示证据以证明其拥有被投诉物品的合法权益，做出不侵权的举证。

第十四条 被投诉人不能当场对涉嫌侵权的物品做出"不侵权"有效举证的，投诉工作组工作人员可以对涉嫌侵权的物品作暂扣或撤展处理。同时被投诉人应立即签署《承诺书》，承诺自被认定涉嫌侵权起，如不能提供有效举证，不再展出该涉嫌侵权物品。《承诺书》一式两份，分别由被投诉人和投诉工作组保存。其样式见附件。

第十五条 被投诉人对投诉工作组的处理结果有异议的，可在一个工作日内（以亚欧博览会作息时间表为准）到投诉工作组提出不侵权的补充举证。举证有效的，投诉工作组立即允许其继续展出被投诉物品；举证无效或不作补充举证的，维持原处理决定。

第十六条 当届亚欧博览会结束后，投诉工作组应当及时将受到当届亚欧博览会投诉工作组处理的涉嫌侵权参展人名单抄送相关交易团备案。

第十七条 发生在展位上的涉嫌侵权行为，由在亚欧博览会正式备案分配使用该展位的参展人承担责任并接受投诉工作组的处理。

第十八条 投诉工作组按本办法规定程序对知识产权投诉进行处理，不能做出"不侵权"有效举证的参展人，被认定为"涉嫌侵权"的人，投诉工作组终止其涉嫌侵权物品展出。方式包括参展人自撤涉嫌侵权物品及投诉工作组暂扣涉嫌侵权物品。

第十九条 投诉工作组对发生涉嫌侵权行为的参展人进行登记并报交易团。对在同一展区内，连续两届或累计三届发生专利、版权涉嫌侵权行为或累计两届发生商标侵权行为的参展人，进行交易团通报。被通报两次的参展人，按侵权摊位占该参展人摊位比例扣减或取消该参展人下一届亚欧博览会参展摊位，并进行大会通报。

第二十条 被投诉人对投诉工作组的查处工作拒绝合作、态度恶劣的，在劝说无效的情况下，投诉工作组可以会同大会保卫处收缴当事人的参展证件，并可视情节轻重对该参展人进行交易团通报、大会通报、酌情扣减其下一届亚欧博览会摊位或直接取消下一届参展资格。

第二十一条 投诉工作组对涉嫌侵权物品做出处理后，如发现涉嫌侵权人在同一展位再次展出同样的涉嫌侵权物品，投诉工作组可以暂扣涉嫌侵权物品，会同大会保卫处收缴该展位全体工作人员的参展证件，并视情节依照第十九条进行处理。

第二十二条 有生效的司法判决或行政裁决认定侵权成立而又将其侵权展品、展品包装、宣传品等摆上亚欧博览会展位的；或曾被取消多届亚欧博览会参展资格，恢复参展后再一次涉嫌侵权的，将永久取消该参展人的亚欧博览会参展资格并进行大会通报。

第二十三条　对在同届亚欧博览会期间，涉及10个以上参展人同时侵犯同一知识产权的（即群体侵权），视情况进行大会通报，并转交相关交易团备案。

第五章　附　则

第二十四条　投诉工作组建立档案系统，对每届亚欧博览会的有关投诉数据进行统计分析，并将每届亚欧博览会的情况向有关部门进行通报。

第二十五条　本办法解释权归中国-亚欧博览会秘书处。

第二十六条　本办法自发布之日起生效。

中国（新疆）知识产权维权援助中心管理办法（暂行）

（新知法字〔2014〕12号）

第一条　为贯彻实施自治区知识产权战略纲要，建立健全知识产权维权援助工作体系，加强和规范知识产权维权援助工作，整合社会资源，为我区居民、法人和其他组织提供及时有效的知识产权维权援助服务，根据国家法律、法规以及《新疆维吾尔自治区专利促进与保护条例》的有关规定，结合我区实际，制定本办法。

第二条　中国（新疆）知识产权维权援助中心（以下简称"维权援助中心"）受理和审查知识产权举报投诉和维权援助申请，组织开展知识产权维权援助工作。

第三条　维权援助中心开展知识产权维权援助工作坚持"公平公正、自愿申报、专家评审"的原则。

第四条　本办法所称知识产权维权援助工作，是指维权援助中心对符合条件的我区居民、法人和其他组织提供知识产权维权援助服务。维权援助的方式以智力援助为主，资金援助为辅，包括一般咨询、专项论证和资金援助。

第五条　维权援助中心直接答复一般咨询。一般咨询包括：

（一）提供有关知识产权政策法规、申请授权、纠纷处理和诉讼等咨询服务；

（二）提供自治区知识产权行政保护、司法保护等咨询服务。

第六条　专项论证是对重大、疑难的知识产权案件采用专家论证或委托中介服务机构的方式给予的智力援助。

第七条　资金援助是对胜诉并有重大影响的案件当事人给予必要的资金援助。符合以下条件的，可以优先获得资金援助：

（一）具有重大影响的专利权纠纷；

（二）涉外专利权纠纷；

（三）自治区重点产业领域发生的专利权纠纷。

上述第（一）项所称的"重大"是指对自治区重点产业的发展产生直接影响的；第（二）项所称的"涉外"是指专利权纠纷一方当事人是外国人、无国籍人、外国法人的；专利权纠纷或争议的标的物在外国领域内的；专利权纠纷发生地在外国的。

第八条　申请专项论证和资金援助，须提交以下书面材料：

（一）《自治区知识产权维权援助申请表》；

（二）企业营业执照、事业法人登记证、社会团体法人登记证书；

（三）专利权有效证明；

（四）证明申请事项属于重大、疑难的有关材料；

（五）与援助事项有关的说明文件，包括事件发生的时间、地点、经过、进展等相关材料；

（六）申请资金援助的，还须提交终审判决书和与案件有关的费用支付凭证。

第九条　知识产权维权援助的申请手续，应当以书面的形式或者其他形式办理。维权援助中心应当自收到之日起三个工作日内对是否给予援助做出决定，并通知申请人。

（一）对于符合援助条件的，维权援助中心作出给予援助的决定，并与申请人签订《知识产权维权专项援助服务合同》，明确援助事项及各方的权利和义务。

合作单位在接到维权援助中心指派任务后，应及时确定承办人员，并自接到指派任务之日起二个工作日内回复维权援助中心。合作单位有正当理由不能提供维权援助服务的，应当自接到指派任务之日起二个工作日内回复维权援助中心。

申请材料应当真实、有效、完备，不符合要求的，维权援助中心可以要求申请人作出必要的补充和说明，申请人未按要求在规定时间内作出补充或说明的，视为撤回申请。

因特殊情况，需要延长上述规定期限的，必须在期限届满前一日请示维权援助中心负责人批准。

（二）对于不符合援助条件的，维权援助中心应当作出不予援助的决定，并通知申请人，同时说明原因。

第十条　合作单位和专家应当积极办理维权援助中心指派的知识产权维权援助事项。

第十一条　合作单位开展知识产权维权援助服务，应当坚持"公平、公正、诚信"的原则，恪守职业道德，遵守执业纪律，认真负责地帮助申请人办理知识产权维权援助事项，最大限度地维护申请人的合法权益。

第十二条　合作单位完成知识产权维权援助事项后，应当及时将相关材料整理归档，并提交维权援助中心备案。

在年底之前，合作单位应将本年度开展的知识产权援助事项汇总上报维权援助中心备案。

第十三条　同一合作单位不得同时为具有利害关系的当事人双方提供知识产权维权援助服务。

第十四条　合作单位和专家无正当理由不得拒绝、拖延、中止或者终止承办的知识产权维权援助事项，不得向申请人变相收取钱物或者牟取其他不正当利益。

合作单位在正常营业过程中开展的有关费用优惠、折扣的商业活动不得列入知识产权维权援助服务的范围。

合作单位和专家因客观原因需要中止或者终止所承办知识产权维权援助事项的，应当向维权援助中心提出书面申请。

第十五条　合作单位不能因为免收、减收服务费用而减少服务内容或者降低服务质量。

第十六条　申请人弄虚作假、提供虚假信息和材料的，维权援助中心可以不予受理；以欺诈或者隐瞒重要信息等不正当手段获得维权援助服务的，合作单位可以终止维权援助服务，并要求申请人按规定全额补缴服务费用。

第十七条　合作单位和专家与申请人因知识产权维权援助事项产生争议的，双方可以协商解决，也可以申请维权援助中心予以调解。

第十八条　本办法所称合作单位，是指自愿参加知识产权维权援助工作，并经申请、审核、批准或邀请参加的有关部门、中介服务机构、研究机构、社会团体以及有能力提供知识产权维权援助的单位。

本办法所称专家，是指自愿参加知识产权维权援助工作，并经申请、审核、批准或受邀参加的在知识产权或相关技术领域具有一定影响的专业人员。

合作单位和专家按照自愿申报、公正审核、统一标准、动态进出的原则，申请成为中心会员。

第十九条　自治区知识产权局定期表彰在知识产权维权援助工作中做出突出贡献的单位和个人。

第二十条　本办法由自治区知识产权局负责解释。

第二十一条　本办法自公布之日起施行。

二〇一四年二月二十二日

中国（新疆）知识产权维权援助中心章程（修订）

第一条　为贯彻自治区知识产权战略纲要，加强知识产权公共服务，推进知识产权维权援助工作，大力提高我区保护、运用知识产权的能力，根据有关法律法规的规定特制定本章程。

第二条　中心名称为中国（新疆）知识产权维权援助中心（以下简称"中心"），英文名称China（Xinjiang）Intellectual Property Aid Center，简称XJIPAC。

第三条　中心是由国家知识产权局批准设立，由自治区知识产权局管理的公共服务机构。

第四条　中心遵守国家宪法、法律、法规和有关政策，尊崇社会文明和道德风尚。

第五条　中心主要任务是组织知识产权维权援助合作单位和专家，为我区居民、法人和其他组织，提供必要的智力援助和资金援助；为全区重点产业和有关部门提供知识产权预警服务；接收知识产权举报投诉案件。

第六条　中心地址为新疆乌鲁木齐市光明路26号建设广场写字楼15楼自治区知识产权局，知识产权维权援助公益服务电话为0991-12330。

第七条　中心提供知识产权维权援助的范围包括：

（一）提供有关知识产权法律法规、申请授权程序以及法律状态、纠纷处理和诉讼咨询及指派合作单位等；

（二）提供知识产权侵权判定及赔偿额估算的咨询意见；

（三）对重大、疑难知识产权案件组织专家论证并提供咨询意见；

（四）接收知识产权侵权假冒等违法行为的举报或投诉，以及转送的案件；

（五）组织协调有关机构，研究制定重大知识产权纠纷与争端的解决方案；

（六）对重大知识产权纠纷当事人提供资金援助，援助资金优先用于涉外案件；

（七）为重大研发、经贸、投资和技术转移活动提供知识产权分析论证和知识产权预警服务；

（八）对大型体育赛事、文化活动、展会和海关知识产权保护等事项，提供法律咨询服务。

上述第（六）项所称的"重大"是指对自治区重点产业的发展产生直接影响的；"涉外"是指知识产权纠纷一方当事人是外国人、无国籍人、外国法人的；知识产权纠纷或争议的标的物在外国领域内的；知识产权侵权行为发生地在外国的。

第八条　中心建立合作单位及专家库。

合作单位是由自愿参加知识产权维权援助工作，并经申请、审核、批准或邀请参加的有关部门、中介服务机构、研究机构、社会团体以及有能力提供知识产权维权援助的其他组织机构组成，负责接受中心委托的知识产权维权援助工作。

专家是由自愿参加知识产权维权援助工作，并经申请、审核、批准或受邀参加的在知识产权或相关技术领域具有一定影响的专业人员组成，负责对维权援助的有关事项进行分析研究并提出建议，为我区涉外或者重大知识产权案件提供咨询服务。

合作单位和专家按照一定的条件和程序，申请成为中心会员。

第九条　申请成为中心会员应当具备下列条件：

（一）自愿参加维权援助工作；

（二）在本领域内具有一定影响；

（三）接受中心管理，恪守执业纪律。

第十条　申请成为中心会员须经过以下程序：

（一）提交申请书及有效注册登记文件复印件；

（二）中心根据章程进行审查；

（三）审查合格后签订合作协议。

第十一条　中心对合作单位统一授予"中国（新疆）知识产权维权援助中心合作单位"铭牌，对受聘专家颁发聘书。

合作单位和专家享有中心会员权利，并承担中心会员义务。

第十二条　中心会员享有下列权利：

（一）享有中心优先推荐业务工作权；

（二）参加中心组织的维权援助活动；

（三）享受中心提供的有关服务经费；

（四）对中心工作提出建议。

第十三条　中心会员履行下列义务：

（一）自觉遵守本章程有关规定，严格按照《中国（新疆）知识产权维权援助中心知识产权维权援助办法（暂行）》开展工作；

（二）按照"公正、公平、诚信"的原则，依法维护受援人的合法权益；

（三）接受中心管理监督，并及时向中心反馈维权援助工作结果。

第十四条　中心对知识产权维权援助工作开展成绩显著的会员，将上报自治区知识产权局给予表彰或奖励。

第十五条　中心会员如有严重违反本章程的行为，中心将取消其会员资格。

第十六条　中心援助资金来源：

（一）从自治区专利维权援助预警专项费中列支，纳入年度预算；

（二）社会捐赠或资助。

第十七条　援助资金主要用于开展知识产权维权援助活动，包括会员的咨询费、劳务费，以及按照《中国（新疆）知识产权维权援助中心工作办法（暂行）》的规定给予的资金援助。

第十八条　中心将按照《国家事业单位财务管理制度》的要求，建立严格的财务管理制度，接受审计机关的监督，确保专款专用。

社会捐赠或资助的援助资金，中心每年将资金使用情况以适当方式向社会公布。

第十九条　本章程解释权属中国（新疆）知识产权维权援助中心。

第二十条　本章程自二○一三年八月二十三日起生效。

中国（新疆）知识产权维权援助中心工作守则

一、牢固树立全心全意为社会公众和权利人服务的思想，发挥12330联系政府和人民群众的桥梁纽带作用，热心、诚心、细心、耐心地为维权援助申请人及举报投诉人提供服务。

二、无偿接收举报投诉和维权援助申请，满腔热忱地做好知识产权维权援助工作，竭诚为举报投诉人和维权援助申请人排忧解难。

三、讲求务实高效的工作作风，做到咨询解答快、投诉受理快、转交案件快、维权援助快、纠纷调解快、信息反馈快，规范快捷地做好每项工作。

四、严格按照有关规定和工作流程做好举报投诉和维权援助的受理、登记、转交、督办和反馈，做到事实清楚，定性准确，处理得当，程序规范。

五、严格遵守保密制度和保密纪律，不得向无关人员泄漏有关举报投诉、维权援助的内容。

六、发扬团结协作精神，密切合作单位及专家关系，各负其责，相互配合，共同做好维权援助中心的工作。

七、作风正派，办事公正，清正廉洁，不以权谋私、徇情枉法。

中国（新疆）知识产权维权援助中心接待工作流程及规范用语

一、适用人员

中国（新疆）知识产权维权援助中心的工作人员。

二、接待工作原则

维权援助中心工作人员在接待来访人员时，应当认真、细致、耐心、和蔼、热情地为公众和权利人提供知识产权法律、法规和政策咨询等服务。

三、接待工作流程

（一）登记

1.一般咨询类

对知识产权维权援助事项的相关咨询，接待人员应当先行登记并加以记录当事人的基本信息，认真听取当事人陈述的内容。记录要点如下：

（1）当事人的类别，即为个人、法人或其他组织；

（2）当事人的姓名、工作单位以及联系方式；如果当事人不愿意透露真实身份或联系电话的，应当尊重其意愿。

（3）分清记录事项，即为维权援助、举报投诉或其他事项；

（4）记录咨询事项的具体内容；

（5）其他必要的信息。

在完成记录之后，需要及时按照维权援助中心的有关规定，详细地将来访情况登记入表。

2.专项维权援助类以及举报投诉类

根据有关规定，来访人员如果申请专项维权援助或者举报投诉的，还应提供相应的书面材料，书面材料一般包括：

（1）当事人为个人的，应当提供本人身份证明，本人的知识产权权利证书，本人知识产权遭到侵害的证据，包括书面的情况描述；知识产权遭到侵害的实物、照片或者其他证据，以及其他当事人认为可以证明权利遭到侵害的证据；侵权嫌疑人的情况，包括姓名、地址以及联系方式等。

（2）当事人为法人或其他组织的，应当提供其主体资格证明，知识产权权利证书，知识产权遭到侵害的证据，包括书面的情况描述；知识产权遭到侵害的实物、照片或者其他证据，以及其他可以证明权利遭到侵害的证据；侵权嫌疑人的情况，包括姓名、地址以及联系方式等。

（3）根据具体情况，维权援助中心认为举报投诉人和维权援助申请人应当提供的其他材料。

如果来访人员提供的书面材料不齐全，接待人员应当一次性告知其需要补充的其他材料。

（二）受理

对于申请的事项，对属于维权援助中心可以受理范围的，应当及时予以受理；对不属于维权援助中心受理范围的，接待人员应当向来访人员说明原因，并尽量提供相关受理部门、单位的联系方式，以取得他们的理解。

（三）解答

对于受理的事项，可以直接答复的，应当先行答复，并详细记录答复内容；不能直接答复的，应当说明原因，并详细记录咨询问题，以后再及时予以答复。

四、接待工作规范用语

1.对于人员来访，接待人员应该说：您好，中国（新疆）知识产权维权援助中心欢迎您，您有什么需要帮助的吗？

2.接待工作结束后，接待人员应该说：中国（新疆）知识产权维权援助中心感谢您的来访。

中国（新疆）知识产权维权援助中心电话接听流程及规范用语

一、适用人员

中国（新疆）知识产权维权援助中心的工作人员。

二、电话接听原则

12330电话接听人员应当认真、细致、耐心、和蔼、热情地为公众和权利人提供知识产权法律、法规和政策咨询等服务。

三、电话接听流程

（一）登记

电话接听人员应当详细记录电话接听事项。记录时要耐心听取当事人的陈述内容，并加以记录。记录要点如下：

1.当事人的类别，即为个人、法人或其他组织；

2.当事人的姓名、工作单位以及联系方式；如果当事人不愿意透露真实身份或联系电话的，应当尊重其意愿。

3.分清记录事项，即为维权援助、举报投诉或其他事项；

4.记录具体事项的内容；

5.其他必要的信息。

在完成记录之后，需要及时按照维权援助中心的有关规定，详细地将来电情况登记入表。

（二）受理

根据有关规定，对属于维权援助中心受理的范围，应当及时予以受理；对不属于维权援助中心受理范围的，接听人员应当向举报投诉人或维权援助申请人说明原因，并尽量提供相关受理部门、单位的联系方式，以取得他们的理解。

（三）解答

1.对于接听的电话，可以直接答复的，应当先行答复，并详细记录答复内容，随后应及时向领导汇报；不能直接答复的，应当说明原因，并详细记录电话内容，以后再及时予以答复。

2.对于举报投诉以及维权援助申请，需要到维权援助中心面谈的，应当告知其维权援助中心的地址以及需要准备的相关材料。需要提供的材料一般是：

（1）当事人为个人的，应当提供本人身份证明，本人的知识产权权利证书，本人知识产权遭到侵害的证据，包括书面的情况描述；知识产权遭到侵害的实物、照片或者其他证据，以及其他当事人认为可以证明权利遭到侵害的证据；侵权嫌疑人的情况，包括姓名、地址以及联系方式等。

（2）当事人为法人或其他组织的，应当提供其主体资格证明，知识产权权利证书，知识产权遭到侵害的证据，包括书面的情况描述；知识产权遭到侵害的实物、照片或者其他证据，以及其他可以证明权利遭到侵害的证据；侵权嫌疑人的情况，包括姓名、地址以及联系方式等。

（3）根据具体情况，维权援助中心认为举报投诉人和维权援助申请人应当提供的其他材料。

四、电话接听规范用语

1.在电话接听时，电话接听人员应该说：您好，欢迎您致电中国（新疆）知识产权维权援助中心，您有什么需要帮助的吗？

2.在通话结束时，电话接听人员应该说：感谢您致电中国（新疆）知识产权维权援助中心。

新疆维吾尔自治区知识产权软科学研究项目管理办法

（新知规字〔2013〕69号）

第一章 总 则

第一条 为了贯彻实施自治区知识产权战略纲要，加强知识产权软科学研究项目（以下简称：项目）的管理，实现项目管理的科学化、公开化、制度化，更好地指导和协调地州市、相关部门和单位开展知识产权软科学研究工作，特制定本办法。

第二条 知识产权软科学研究，是探索和分析知识产权制度的发展规律，研究解决关于知识产权创造、运用、保护和管理的决策理论问题，为新疆经济、社会和科技实现跨越发展的知识产权重大决策提供支撑。

第三条 项目的管理，主要包括立项、实施、检查、结题、奖励，以及成果应用推广等环节的管理。

第二章 研究范围

第四条 项目要利用现代科学技术提供的方法和手段，采用定性分析与定量分析相结合的方法，进行多学科、多层次的综合性研究。

第五条 项目研究的范围，主要包括：以知识产权创造、运用、保护、管理和服务等知识产权战略的研究，以及知识产权软科学研究的基本理论和方法等。

第三章 项目管理

第六条 自治区知识产权局（以下简称：项目管理部门）负责编制项目计划，并会同知识产权有关部门，地州市知识产权局共同组织实施。

第七条 各地州市知识产权局负责编制本地区的项目计划，并会同本地区有关部门共同组织实施。

第八条 编制项目计划，应贯彻国家和自治区知识产权战略纲要及知识产权发展方针和政策，密切结合中央和地方的经济、社会、科技发展重大决策，以及知识产权中心工作的需要，突出重点，统筹兼顾。

第九条 项目管理部门加强对各地州市知识产权软科学研究工作的宏观指导和管理，做好项目计划的协调，避免多层次的重复研究，以使软科学经费发挥最大的效益。

第四章 项目的受理和立项

第十条 申报项目的单位，选题范围应符合公布的《年度知识产权软科学研究计划项目指南》的规定和要求。

第十一条 项目管理部门对申报项目单位提交的申报书进行受理和初审，并组织相关行业领域的专家对通过初审的项目，进行可行性论证。

第十二条　项目管理部门根据专家可行性论证意见和知识产权工作的目标任务，确定批准立项的项目，并列入计划予以下达。

第十三条　计划批准下达时，项目管理部门与项目承担实施单位签订项目实施合同，拨付项目经费。

第五章　项目的实施管理

第十四条　项目计划经批准下达后，即具有指令性效力。为保证项目计划具有科学性、连续性、系统性和可操作性，适应国家、部门、地区重大决策的需要，项目管理部门在进行广泛调查研究之后，可对软科学研究计划进行修改和调整。修改和调整包括撤销、合并、分解和增加项目，改变项目的名称、主要研究内容和研究方向，增减项目经费，变动项目完成期限，改换或增减项目承担单位等。

对已签订合同并开始实施的项目进行修改或调整时，项目管理部门应会同项目承担单位进行协商，提出修改、调整意见，并签订补充合同。

第十五条　项目管理部门加强对项目的实施管理，按合同规定检查和督促项目的进展。对项目在实施过程中出现的问题，应及时处理和解决。项目承担单位在项目实施过程中，应按合同约定，配合项目管理部门对项目执行情况和经费使用情况进行检查。

第六章　经费的管理

第十六条　项目经费是从国家和地方的财政中拨出的专项经费，用于资助列入软科学研究计划的项目。项目研究经费由项目管理部门采取一次审定，分期拨款，包干使用，超支不补，违章处罚的办法进行统一管理。

第十七条　在项目实施过程中，如发生变更，其经费管理应按合同约定执行。

第七章　项目的结题

第十八条　项目的结题可采取鉴定、验收和撤销三种方式。

第十九条　项目按合同要求完成后，承担单位应在两个月之内向项目管理部门提出结题的书面申请，并提交项目的总结报告和全套研究资料。结题的方式由软科学研究管理部门视情况商定。

第二十条　项目研究成果的鉴定，由项目管理部门会同科技成果管理部门共同组织。

第二十一条　项目因发生不可抗拒的原因而无法继续实施时，项目承担单位应及时向项目管理部门提交项目中止或撤销申请报告。经批准后可办理中止或撤销手续，未使用完的经费应全部退还经费下达单位。

中途停止而又不及时上报的项目，项目承担单位除应将下达经费退还给经费下达单位，并应按合同约定向软科学研究管理部门支付违约金。

第二十二条　项目因发生不可抗拒的原因而无法按期完成时，项目承担单位应向软科学研究管理部门申请延期，经批准后可适当延期。

第八章　项目成果的管理

第二十三条　项目验收合格并通过科技成果鉴定后，项目承担单位应及时将成果上报项目管理部门。几个单位共同完成的项目，由项目的主持单位会同参加单位向项目部门上报。

第二十四条　项目成果的管理，按自治区知识产权局成果管理的规定办理归档、登记手续。

第二十五条　项目承担单位可按行政隶属关系申报国家和自治区科技进步奖及其他奖励，但应在申报前报告项目管理部门。项目管理部门可根据成果的具体情况出具有关证明。

第二十六条　执行项目取得的软科学研究成果，除合同另有约定者外，属软科学研究管理部门和成果完成单位共有。

第二十七条　知识产权软科学研究成果是国家宝贵的财富和资源，自治区各级软科学研究管理部门应积极开发这批资源，提高它们的效益，充分发挥其作用。研究成果提出的决策方案、政策建议、实施措施、预警报告以及重大经济科技项目的评议结果，凡对国家、部门和地区经济、科技、社会发展具有积极作用的，软科学研究管理部门应会同成果完成单位共同努力，推广其应用。

第九章 附 则

第二十八条 本办法由自治区知识产权局负责解释。

第二十九条 本办法自发布之日起执行。

二〇一三年八月十四日

新疆维吾尔自治区知识产权软科学研究项目指南

（新知规字〔2013〕69号）

根据《新疆维吾尔自治区知识产权软科学研究项目管理办法》，2013—2014年度，新疆维吾尔自治区知识产权软科学研究项目（以下简称：项目）围绕：深入贯彻落实科学发展观，加快转变经济发展方式，加速新型工业化、农牧业现代化建设，提升自主创新能力与提升产业竞争力等重大决策需求和知识产权战略推进的体制机制相关问题，组织一批立足实践、面向决策的研究项目，为新疆跨越发展提供决策参考。

一、申报基本要求

（一）项目申报单位必须具有独立法人资格，是软科学研究机构或具有软科学研究能力的单位，有一支能胜任研究任务、学科结构和人员结构较为合理的研究队伍；

（二）原则上项目实施地必须在新疆；

（三）项目完成时间必须在2014年10月31日前；

（四）实行限项申报，原则上一个单位只承担一个项目，原项目完成结题后，可申报新的项目。

二、组织方式

2013—2014年度，由自治区知识产权局提出研究方向和领域，由项目单位择题申报。

三、主要研究内容

（一）科技研发投入与知识产权产出研究——围绕科技研发投入与知识产权产出的关系展开，就如何提高知识产权创造的主体—企业的创造动力，提出我区知识产权资源优化配置的建议等；

（二）新疆知识产权密集型产业发展状况分析——通过调查新疆知识产权密集型产业发展状况，研究企业知识产权管理的问题和对策，探讨企业在创新发展过程中面临的问题以及解决的途径；

（三）新疆专利技术商业化及产业化研究——分析新疆专利技术商业化及产业化现状，发现专利技术产业化和商业化的制约因素，提出促进新疆专利技术商业化及产业化有效策略。

四、申报时间

本次项目申报日期为2013年9月10日至2013年10月11日。按《申报书》格式一式四份，左侧装订，报经本单位管理部门审核并签署意见后统一送交自治区知识产权局规划发展处。

五、其他

若有未尽事宜，请联系自治区知识产权局规划发展处，电话0991-8878532。

二〇一三年八月十四日

新疆维吾尔自治区知识产权局基层调研工作管理办法

第一章 总 则

第一条 为加强自治区知识产权局对自治区知识产权工作调查研究工作的管理，保证调研工作规范化、制度化、科学化，根据自治区、科技厅的相关规定，结合自治区知识产权工作实际，制定本办法。

第二条 本办法所指的基层调研工作是指自治区知识产权局有组织开展的赴基层调研活动。

第三条 本办法所指的基层包括地州市、县（市）区及其所属科研院所、企业、大专院校等知识产权管理服务对口单位。

第二章 调研计划制订、审批

第四条 各处室在每年1月根据下一年知识产权重点工作，拟订调研计划，报分管局领导审签后，报综合处汇总，由综合处提交局长办公会议研究确定后下达实施。

第五条 局领导可根据分管工作实际，结合各自对口联系的地州，制订调研计划，交由局长办公会议研究批准后实施。

第六条 调研计划主要包括调研时间、调研地点、调研主题、调研目的、参加调研的人员及费用等。

第七条 各级领导的调研时间要严格遵照自治区科技厅规定的领导干部调研的时间要求。

第三章 调研工作的组织实施

第八条 局长是调研工作的总负责人。其他局领导协助局长对分管处室调研工作进行具体指导并牵头组织。

第九条 局综合处具体负责局领导和各处调研工作组织、协调和督促工作，以及调研报告的登记、收集、总结和管理等工作。

第十条 各处的调研计划批准后，要认真组织实施。围绕调研主题，拟定调研提纲，按计划进行调研。

第十一条 对于调研内容、地点与其他处室有交叉的，由牵头处室提出建议，综合处协调安排，有关部门要积极配合搞好交叉性调研，避免重复调研增加基层负担。

第四章 调研成果的应用

第十二条 各处室每年提交不少于1篇的调研报告。每位局领导班子成员每人每年选定1个调研课题，亲自主持制定调研方案，亲自组织调研活动，亲自组织撰写有分析、有建议、有价值的调研报告。

第十三条 调研工作结束后，各处要及时对调研记录进行整理总结，对发现的问题进行分析比较，并在15日内形成调研报告，经分管领导审签后交局综合处，由局综合处登记后提交局领导批阅或转送有关部门参阅。

第十四条 调研工作要立足于帮助基层单位解决实际问题，对下基层调研带回来的重大问题，要以专题形式提交局长办公会研究解决，由相关部门负责落实，并负责向有关单位反馈。

第十五条 撰写调研报告要数据真实、准确，语句简练，建议意见要有较强的可操作性，力争每份调研材料都为局提供科学、有效的理论与实践依据。

第十六条 加强对调研成果的转化，建立调查研究工作资料库。对一些有分量、有价值、对工作有指导意义的调研成果，可印发局系统进行成果共享，也可推荐给新闻媒体或其他刊物。

第十七条 实行调研成果检查、评比制度。每年年底，局综合处要对当年各处调研计划的落实情况进行考核，并作为考核部门和个人工作成绩的一项内容。

第五章 调研工作的要求

第十八条 基层调研要严格遵守局工作纪律，按程序报批后外出，调研公函由局综合处统一出具。

第十九条 基层调研工作要厉行勤俭节约，应充分结合项目管理、工作检查等一并进行。

第二十条　基层调研要遵守中央、自治区和科技厅关于改进工作作风、密切联系群众的有关规定精神，严格执行《自治区科技厅改进工作作风密切联系群众的暂行规定》。

第六章　附　则

第二十一条　因公出国（境）、赴内地省市考察学习和调研等活动参照本办法执行。

第二十二条　本办法自下发之日起试行。

二〇一四年五月五日

新疆维吾尔自治区专利奖评奖办法（暂行）

第一条　为实施国家知识产权战略，贯彻落实《新疆维吾尔自治区知识产权战略纲要（2010—2020年）》，充分调动我区创新主体的积极性，提升我区知识产权创造、运用、保护和管理能力，根据《新疆维吾尔自治区专利促进与保护条例》等有关规定，结合我区经济、社会发展实际，制定本办法。

第二条　本办法适用于自治区专利奖的评审、奖励和管理。

第三条　自治区专利奖是自治区人民政府为表彰在新疆行政区域内产生显著经济、社会效益的中国专利而设立的专项奖励项目。

第四条　自治区专利奖的申报、推荐、受理、评审和奖励工作，遵循公开、公平、公正的原则，任何组织或者个人不得非法干预。

第五条　自治区专利行政部门负责自治区专利奖评审、奖励的组织工作和日常管理。

第六条　自治区人民政府设立自治区专利奖评审委员会（以下简称评审委员会），负责自治区专利奖的综合评审工作。

第七条　评审委员会由相关领域的专家及自治区科技厅、人力资源和社会保障厅、知识产权局、发改委、经信委、财政厅、教育厅、科协、总工会等部门及自治区发明协会等社会团体负责人组成。评审委员会根据工作需要，聘请有关方面的专家、学者组成专业评审组，负责技术领域的专业评审工作。

第八条　自治区专利奖每两年评审一次，设特等奖和一、二、三等奖四个等级，奖励经费从自治区财政专利奖励资金预算中列支。

第九条　自治区专利奖特等奖授予在国家技术创新领域取得重大突破，在专利技术实施推广中取得巨大经济、社会效益的单位或公民。

第十条　自治区专利奖一、二、三等奖授予在运用科学技术知识研制新产品、新工艺、新材料及其系统中有重大发明或运用和转化的重大专利技术，参与国内外市场竞争发挥了重要作用，在促进本领域的技术进步与创新中有突出贡献并取得显著经济、社会效益的单位或公民。

第十一条　申报自治区专利奖，应当具备以下条件：

（一）申报单位为在自治区行政区域内登记注册、具备独立法人资格的专利权人或者实施单位；

（二）申报人（公民）为自治区行政区域内常住的中国专利发明人、设计人或专利实施转化主要贡献者；

（三）申报专利项目为已获得国家知识产权局授权的专利（不含国防专利和保密专利），且该专利权有效、稳定；

（四）该专利创新性强、技术水平高或者设计独特，实施后取得显著的经济效益或者社会效益；

（五）该专利及其产品符合国家和自治区的产业及环保政策；

（六）针对该专利有相对完善的保护措施；

（七）不存在专利权属纠纷、专利权无效纠纷、发明人或者设计人纠纷；

（八）专利未获得国家科学技术进步奖、新疆维吾尔自治区科学技术进步奖或者自治区专利奖。

第十二条　申报自治区专利奖的专利项目，应当填写《新疆维吾尔自治区专利奖申报书》，并提交以下材料：

（一）申报单位的法人证明材料，申报单位为非专利权人的，还需提供对该专利享有合法实施权的材料；

（二）申报人（公民）的有效证明材料；

（三）专利权有效证明材料，实用新型专利和外观设计专利还需提供独立的专利权评价报告；

（四）专利项目实施所产生的经济效益、社会效益或者生态效益的证明材料；

（五）针对该专利采取的保护措施说明；

（六）外观设计专利产品的样品或者实物照片；

（七）特殊产品的市场准入证明；

（八）其他有关材料。

第十三条　自治区专利奖申报专利项目由以下单位推荐：

（一）州（市）人民政府、地区行政公署；

（二）自治区人民政府组成部门、直属机构；

（三）自治区级相关行业协会；

（四）经自治区人民政府认定的符合国家规定资格条件的其他单位。

第十四条　推荐单位对申报自治区专利奖的专利项目，应组织专家进行初评，提出推荐意见及其等级和奖励人选，报自治区专利行政部门。

第十五条　自治区专利行政部门受理申报材料后，对项目申报书及其附件进行审查，经审查符合申报要求的，按专业组织专家进行专业组评审。

第十六条　自治区专利行政部门根据专业组评审结果，组织相关人员对拟参加综合评审的专利项目进行实地考察。

第十七条　对通过专业评审和实地考察的专利项目由评审委员会组织进行综合评审。

第十八条　最终评审结果由自治区专利行政部门向社会公告，接受社会监督，公告期为7天。

对自治区专利奖候选人、候选专利项目及其单位有异议的，应当在公告期内以书面形式向自治区专利行政部门提出异议。自治区专利行政部门组织专家对异议内容进行调查、核实，并将处理结果书面通知异议方、申报方和推荐方。

二〇一六年二月二十二日

相关自治区政策

关于新疆维吾尔自治区贯彻
《国务院关于加强知识产权保护工作的决定》的若干意见

（新知权字〔1995〕03号）

一、加强对知识产权工作的领导

全区各级领导干部要深刻领会保护知识产权对于在社会主义市场经济体制下保护科技、文化工作者权益，保护企业和地方的长远经济利益，改善对外合作交流环境，促进科技进步、文化繁荣和经济发展的重要意义，统一思想，端正态度，自觉地把加强知识产权保护工作作为政府工作的一项重要内容，采取有力措施，切实抓好。

二、加强知识产权的行政和司法保护

知识产权保护是一项涉及面广、综合性强的工作。自治区知识产权工作协调指导小组要充分发挥宏观管理和统筹协调的职能，加强对全区知识产权工作的指导。各地要加强知识产权管理机构的力量并理顺关系，各知识产权行政执法部门、各级司法机关、各行业主管部门要分工协作，密切配合，形成行政管理与司法保护并作运行的知识产权保护体系。

三、加强知识产权法律法规的宣传教育

各地、各部门要按照国务院《决定》的要求，做好知识产权保护知识的宣传普及工作。要把知识产权法律法规的宣传普及情况作为"二五"普法考核验收的重要内容。宣传、新闻等部门要广泛宣传知识产权法律法规和国务院《决定》以及我区保护知识产权方面的重点工作情况。

四、加强知识产权法律法规实施的监督和检查

要建立统一、协调、高效的日常监督和重点检查相结合的知识产权法律实施机制。自治区工商行政管理、新闻出版、文化、广播电视、专利、海关、公安等有关部门，要按照自治区知识产权工作协调指导小组的统一部署，在国务院规定的8月31日以前的知识产权重点执法期内，重点查处一些重要的、有影响的知识产权侵权案件，督促解决一些地方存在的执法不严和对侵权行为处罚不力的现象，切实净化市场、整顿秩序，使我区保护知识产权的环境有明显改善。

五、加强培训，抓好知识产权保护工作队伍建设

要积极组织各级领导干部和企业、科研院所、该等学校的管理人员，认真学习知识产权法律知识。自治区各知识产权行政执法部门要抓好各自的培训工作，建立和不断壮大知识产权保护工作队伍。要鼓励和扶持知识产权社会团体和社会化服务组织，开展多种形式的知识产权法律咨询和服务。

六、加强新技术、新产品进出口中的知识产权保护工作，依法严格实施知识产权的边境保护措施

要强化对外经济、贸易、科技、文化合作交流活动中的知识产权保护工作，建立和执行相应的制度。各单位在从事新技术、新产品进出口和涉及知识产权的加工、制作、发行等活动时，必须先了解和查询有关的知识产权状况。与有关部门配合，加强监督管理，有效地防止侵权产品进出口。要加强新疆特有的动植物种质资源及涉及知识产权的某些地方特有产品的边境保护措施。

七、加强对经营性宣传中的知识产权保护的监督管理工作

各新闻媒介、广告经营和标识制作单位，在经营性宣传活动中凡涉及知识产权内容的，应按规定向有关行业主管部门或知识产权管理部门及咨询机构进行知识产权状况查询。

八、加强各行业、各企事业单位的知识产权保护工作

各企业、科研院所和高等学校，要把知识产权保护作为建立现代化企业和现代化科研院所制度的一项重要内容。各行业、各企事业单位要增强知识产权自我保护意识，遵守知识产权法律法规，把加强知识产权保护纳入各自的研究开发、生产经营和内部管理工作，并参照国际惯例，建立健全内部知识产权管理制度，逐步形成自我监督机制。各行业主管部门要针对本行业的实际，积极开展知识产权战略和管理的研究工作。在无形资产转移过程中，要做好评估工作，严防国有资产流失。

新疆维吾尔自治区知识产权工作协调指导小组

一九九五年四月二十八日

中共新疆维吾尔自治区委员会、新疆维吾尔自治区人民政府关于贯彻《中共中央、国务院关于加强技术创新，发展高科技，实现产业化的决定》的意见

为了深入贯彻《中共中央、国务院关于加强技术创新，发展高科技，实现产业化的决定》和全国技术创新大会精神，加快新疆科技、经济和社会的全面发展，自治区党委、自治区人民政府从区情出发，提出如下意见。

一、提高认识，把加强技术创新、加快科技成果转化、发展高新技术实现产业化放在突出重要位置

1.科技进步和技术创新对新疆的区域发展具有特殊重要的意义。21世纪的前十年是新疆区域发展的关键时期。面对世界经济一体化趋势越来越强、全球市场竞争日趋激烈的挑战，面对党中央在加快中西部地区发展中把新疆放在优先位置带来的机遇，必须把以技术创新为先导促进生产力发展的质的飞跃摆在新疆经济建设的首要地位，使优势资源转换建立在依靠科技进步、加强技术创新、发展高新技术实现产业化的基础之上。这要成为一个重要的战略指导思想。

2.加强技术创新，加快科技成果转化，发展高新技术实现产业化，必须把为新疆的开发建设服务放在首位。要坚持市场导向和应用导向，增强技术创新能力和科技向现实生产力转化的能力，提高高新技术的产业化程度，让科技为新疆的大规模开发建设和优势资源转换提供有效的服务。科技进步和技术创新要在改变经济增长方式、提高经济增长质量上发挥关键性的作用。提高宏观经济的科学决策能力，进行经济的规模开拓，实现传统产业的技术改造和建立新的产业群，促进传统生产方式向现代生产方式转变，推动区域的可持续发展，改

善各族人民的居住环境和生活质量。

3.以深化改革推动技术创新、科技成果转化、高新技术发展与产业化。要深化经济体制、科技体制、教育体制的配套改革，推进包括知识创新、技术创新、管理创新、制度创新、机制创新、观念创新在内的区域创新体系建设。在技术创新体系中，要强化企业的主体地位，充分发挥科研院所、高等学校的关键性作用，实现产、学、研相结合。在政府的宏观调控下，发挥市场在配置科技资源、调节科技活动方面的基础性作用，推动大部分科技力量进入市场创新、创业。

二、明确重点领域，坚持自主创新与引进技术的有机结合，推进技术跨越发展

4.正确选择新疆技术创新的重点领域。新疆对技术创新重点支持的领域，是那些能在解决经济和社会发展重大问题中起关键作用特别是对优势资源转换产生重大影响的、具有较好工作基础的领域。

围绕棉花、粮食、畜牧、林果和糖料五大基地建设、十大类支柱产业的发展，以及名牌农产品的开发，按照特色农业和可持续发展的要求，加强农业关键技术的创新、配套开发和应用推广。切实加强生物技术、信息技术与传统农业技术的结合，努力在优良品种引进和培育、高产种植和养殖、节水灌溉、农业机械化和农副产品加工等技术领域实现新的突破。

以新产品开发为重点，推进工业技术创新。开发石油、天然气及相关化工产品、高效农业化学品，研究开发有色金属、稀贵金属深度加工产品。大力应用电子信息等高新技术改造传统产业，推广计算机辅助设计、计算机辅助制造、计算机集成制造系统等先进技术，提高企业的新产品设计和加工能力、经营管理水平。

以科技为先导，大力加强矿产资源的勘查、开发。针对新疆不同的成矿地质构造，研究和运用地质找矿的新理论、新技术、新方法和新设备，实行科研、勘查、开发一体化，不断地发现和评价新的矿产地，为开发金属和非金属矿产提供资源保障。

继续抓好有一定基础的生物技术、新能源技术和新材料技术的创新和产业化工作，形成一批拥有自主知识产权、具有竞争优势的高新技术企业。

促进可持续发展领域的技术创新，大力发展环保技术及其产业，合理利用和开发自然资源，切实保护和改善生态环境。

5.把引进技术的消化吸收作为我区提高自主创新能力的一个主要手段。新疆的技术，特别是共性技术和制造业技术，大部分来源于区外。要坚持自主创新与引进技术的有机结合，积极引进新疆需要的先进技术，使自主创新建立在新的技术水平基础上。要自觉地把技术创新融入技术引进的全过程，防止出现续代引进；要由目前的引进硬件为主逐步过渡到硬件和软件互相适应、同时引进；要重视引进技术与原有技术的匹配和衔接，实现引进技术的本地化；要拓展引进技术的应用范围，促进相关技术的创新。自治区要加强对技术引进工作的宏观指导和统筹协调，加强技术的搜索、选择、引进、消化吸收和创新等各个环节的工作。要把引进技术在消化吸收基础上的二次开发和组装配套作为新疆技术创新的基本内容。同时，鼓励在那些与新疆优势资源和特殊环境密切相关的、有一定工作基础并难以求助于外界的领域，积极开展自主的技术创新，力争取得有自主知识产权的成果。

6.重点围绕优势资源转换和优势产业的发展，推进科技成果转化和产业化。要从新疆已有的科技成果中，选出适于转化和产业化的先进适用技术，并开展必要的配套开发。要以名特优产品、高新技术产品、出口创汇产品的开发和传统产业的改造升级为重点，大力推进科技成果转化和产业化。"十五"期间，力争有100项重大科技成果得到转化，有5—10项科技成果形成产业。

科技人员的职务发明成果进行技术转让时，可从转让收入中提取不低于40%的份额奖励给课题组和作出突出贡献的个人，其中奖励个人部分应占到奖励总额的70%以上；非职务发明成果进行技术转让时，所得收益归成果所有者。企业、科研院所、高等学校等单位独立开发的或合作开发的科技成果转化投产后，受益单位应连续5年从转化该项科技成果新增留利中提取不低于10%的份额，奖励给成果的完成者和成果转化的主要实施

者。对在科技成果转化工作中做出突出贡献的技术人员及管理人员，可依据其贡献大小，奖励一定数额的股份。

7.加大科技成果转化的力度，促进农业产业化。要加大"星火计划"对农业产业化龙头企业的技术支持。大力发展农民行业协会和技术协会，为农业专业化生产和经营提供服务、减少市场风险。县、乡两级农业技术推广服务站（点）要大力推广和转化科技成果，在开展有偿技术服务中为农业产业化提供支持。适应农业产业化的需要，农村科技服务体系要逐步向组织网络化、功能社会化、服务产业化方向发展。

三、深化体制改革，转变技术创新、科技成果转化、高新技术发展与产业化的机制

8.逐步建立以企业为主体的技术创新体系。在两年内，自治区的重点企业都应建立起自己的技术中心，并争取拥有3—5年的技术储备。国有企业要把形成技术创新机制作为建立现代企业制度的重要内容，把提高技术创新能力和经营管理水平作为走出困境、发展壮大的关键措施。

企业每年用于研究开发的经费占年销售额的比例，高新技术企业应达到5%以上，一般企业都应达到1%以上。亏损企业也要重视对技术创新和新产品开发的投入，走依靠科技进步扭亏为盈之路。要制定优惠政策措施，鼓励和支持大型企业提取一定数量的资金，集中用于共性、关键性技术的研究开发和产业化。

鼓励、支持企业与高等学校、科研院所以多种形式共建技术开发实体，以项目或课题为纽带联合开发技术攻关，解决生产技术难题。

组织科研院所、高等学校的科技人员到企业去，开展技术咨询、技术诊断、技术培训。积极组织新疆与国外的科技合作与交流、同兄弟省区的科技协作，引进智力和人才，促进企业的技术进步与技术创新。

9.大力推动科研院所的改革，使之尽快成为技术创新体系的中坚力量。技术开发类科研机构应实现企业化转制，原则上要转为科技型企业、整体或部分进入企业、转为中介服务机构等。正在开展深化改革试点工作的科研院所，要率先实行企业化转制；一些产业部门所属的科研机构，要在明年上半年实行企业化转制；其他技术开发类科研机构，要在明年年底实行企业化转制。

现有的社会公益类科研机构和农业科研机构，要实行分类改革。社会公益类科研机构中有面向市场能力的，要整体或部分转为科技型企业，或转为企业性的中介服务机构。农业科研机构中具有技术产品的开发实力并已形成自我发展能力的，要转为科技型企业，也可整体或部分进入企业。其他的社会公益类科研机构、农业科研机构，经批准按非营利机构运行和管理。

自治区将通过科技计划项目招标的方式，继续对转制的科研机构所从事的共性、关键性、前沿性产业技术研究开发给予支持；对于按非营利机构的机制运行和管理的科研机构，主要通过扶持政策、竞争择优方式来提供科研项目和基地建设经费。

10.加强高新技术产业开发区和高新技术工业园的建设，形成技术创新和高新技术成果产业化的示范区、高新技术产品出口创汇的重要基地。要按国家级高新技术产业开发区的严格要求，理顺管理体制，巩固和扩大改革成果，帮助解决发展中的困难，促进乌鲁木齐高新技术产业开发区在创新能力、产业发展、管理水平等方面上新台阶。要制定"新疆高新技术工业园管理办法"，搞好相应的基础设施建设，加大招商引资的力度，推动昌吉、米泉、石河子、奎屯等高新技术工业园的发展。

11.扶持和引导民营科技企业的发展，使其成为高新技术产业化的新生力量。鼓励科技人员带技术和成果创办或发展民营科技企业，允许民营科技企业采用股份，期权等形式的奖励，调动有创新能力的科技人员或经营管理人员的积极性。对申请和实施政府科技计划项目的民营科技企业，应给予同国有科研机构和科技企业同等的支持。技术创新基金和科技发展基金要对民营科技企业给予支持。民营科技企业从事科技活动的收入，享受国家和自治区对科技活动的税收优惠政策。民营科技企业的技术开发费用，按税收规定给予税前扣除；其技术转让、技术开发和与之相关的技术咨询、技术服务，可申请免征营业税，其年净收入在30万元以下的免征所得税；进口直接用于科学研究的仪器设备，免征增值税。要积极引导民营科技企业完善企业制度、规范经营

行为、提高管理水平，增强对高新技术应用、开发和创新的能力。要尊重和保护民营科技企业的合法权益，积极为其创造公平竞争的环境。

四、优化政策环境，采取有效措施，为技术创新、科技成果转化、高新技术发展与产业化提供强有力的保障

12.采取扶持的财税政策。自治区财政每年要安排一定的引导资金，促进以企业投入为主体、银行贷款作支撑、吸纳社会投资和境外投资的多元化科技投融资体系的逐步形成。

全区各级财政的科技三项费用拨款的增长速度，都不得低于本级财政支出的增长速度。此外，自治区财政在今后五年每年要拿出1100万元的专项资金，其中500万元用于建立主要面向科技型中小企业的技术创新基金，500万元用于建立支持科研院所改革与发展专项基金，100万元用于"新疆少数民族科技人才特殊培养项目"匹配的科技项目经费。贫困地县科技三项费用占本级财政预算支出的比例，不得低于0.3％，并力争逐年有所增加。

金融部门对于符合条件的高新技术成果产业化项目应优先发放贷款。税务等部门要按照国家和自治区的有关规定，制定更加优惠的税收政策支持技术创新。要创造条件，争取一些高新技术企业、科技型中小企业和民营科技企业上市融资或发行债券。建立健全企业产权交易市场，为高新技术企业创造融资环境。

13.建立高素质的技术创新人才队伍。要认真落实1998年自治区知识分子工作会议精神及有关政策措施，稳定现有人才，充分调动全区科技人员的积极性；创造更具吸引力的环境条件，吸引国外及外省区的各类科技人才以多种形式为新疆服务；加快教育制度的改革，为本区培养更多的富有创新能力的专业人才；加强科技人员的继续教育，积极开展创造思维和创新能力的培养；不断完善人才市场体系，灵活利用和引进区内外的人才与智力资源。

要深化人事制度改革，逐步推行技术职称评聘分开和职称评审社会化，评聘高级技术职称注重业绩和能力。转制后的科研机构内部可按需设岗聘用，不受职数限制。

14.加强科研基础设施建设。要依托企业、科研院所、高等学校建设工程技术中心、重点实验室和科技开发基地，配置技术创新、研究开发所必需的先进仪器设备和工业化试验装备，强化技术创新和科技成果转化的手段。工程技术中心和重点实验室可享受非营利科研机构的待遇。

15.对实行企业化转制的科研机构实施专项扶持政策。科研机构转制时，其全部资产（包括土地使用权）转为企业资产，全部资产减去负债转作国有资本金或股本金。转为企业的，可将其原名称作为企业名称；进入企业的，可继续以原名称从事技术开发等业务活动。

鼓励技术作为生产要素参与收益分配。职务技术成果可以作价入股，在技术股份中可以提取不低于20％的比例，划给科技成果完成者和成果转化的主要实施者。科研机构转制时，允许将前3年职务技术成果转化后新增留利部分作为技术积累，一次性从存量资产中切出，按一定的比例折成股份，划给科技成果完成者和成果转化的主要实施者。

16.发展多种形式的科技中介服务机构。要努力创造必要的环境条件，支持社会各界和科技人员个人创办科技中介服务机构。鼓励性质相似的社会公益型科研机构转制为企业化经营的技术创新、技术经纪、技术评估、信息咨询等类的科技中介服务机构。要在资金投入和政策方面支持高新技术创业服务中心的建设与发展，提高其服务质量和能力，努力孵化培育出更多的高新技术企业。

充分发挥新疆生产力促进中心的作用，在企业比较集中的一些中心城市建立面向中小企业的技术创新服务中心，为企业提供信息、咨询、培训、投资评估担保等服务，帮助其推广新技术、新成果。

大力培育和发展技术市场，逐步扩大技术经纪人队伍，加强为科技成果转化服务的信息网络及相应信息库、资料库的建设。各地州市都要建立常设技术市场。

17.改革和完善现行的科技奖励制度。要认真贯彻《国家科学技术奖励条例》和国务院批转的《科学技术奖励制度改革方案》，强化对技术创新、科技成果转化、高新技术发展及产业化的机制。要精简奖励数量，加

大奖励力度，加强奖励管理，提高奖励的权威。根据国家有关规定的精神，自治区人民政府颁发的科学技术奖项只设"新疆维吾尔自治区科学技术进步奖"。科技成果转化和高新技术产业化项目，通过评审验收后，可纳入自治区科技进步奖的奖励范围。

18.加强对知识产权的保护和管理。加强知识产权保护，是促进技术成果商品化、产业化的一项重要法律制度。要把知识产权宣传培训工作纳入普法计划和科普计划，各级各类学校，包括党校、干校，都要加强知识产权方面的普及和教育。为适应加入世界贸易组织的需要，实施"新疆企事业单位知识产权人才教育培训计划"，培养造就一批知识产权管理的高层次人才。

对于政府财政资金支持的科技项目，立项前要进行知识产权文献检索，既可防止侵犯他人的知识产权，又可及时采用已逾保护期的技术，避免低水平重复研究。对于我区自主创新的成果，要重视利用知识产权制度保护其合法权益；对其职务发明人、设计人、作者以及主要实施者，要给予与实际贡献相当的报酬和股权收益。

要充实和加强各级知识产权执法机关，强化知识产权保护的执法手段，建立知识产权稽查专业队伍，组建知识产权保护技术专家委员会和技术鉴定中心，查处侵权行为，处理纠纷案件。

五、加强领导，全面推进技术创新、科技成果转化、高新技术发展及产业化

19.采取切实有效的措施，优化政策环境和社会环境。各级政府部门要切实转变职能，学会在社会主义市场经济体制下主要运用经济的、法律的手段推动科技进步和技术创新。要多渠道、多层次地增加对科技的资金投入，并将科技资金重点用于技术创新、科技成果转化、高新技术发展与产业化。在研究制定"十五"计划和2015年规划时，要从指导思想、战略重点和政策措施等方面把依靠科技进步与技术创新作为促进经济和社会发展的关键因素。各级党政领导在作出经济和社会发展的重大决策时，要广泛听取专家的意见，做好科学论证，推进决策的科学化、民主化。要进一步解放思想，深入调查研究，围绕技术创新、科技成果转化、高新技术及产业化的需要，制定配套的政策措施。要切实加强科研机构、高等学校党的基层组织建设，认真做好各族科技人员的思想政治工作，使他们进一步强化求实创新、乐于奉献、勇于创业、艰苦奋斗的精神。

20.各级党政领导要成为科技进步、技术创新的倡导者和带头人。各级领导干部要胜任新时期现代化建设的领导职责，不仅要努力学习马列主义、毛泽东思想、邓小平理论，而且要努力学习现代科学技术基本知识，及时掌握新科技革命及世界经济、社会发展的态势，不断提高知识水平和自身素质，成为在新形势下领导经济工作和科技工作的内行。各级党委和政府要在加强领导干部的科技知识学习上采取具体措施。各级党政领导要学会用科学精神、科学方法、科学态度观察分析问题，指导和开展工作。在制定规划、研究决策、指导生产、组织基础设施建设和重大资源开发项目时，必须把科技进步作为重要因素予以统筹考虑。

21.把科技进步纳入党政领导干部的任期目标。在科教兴新战略的实施中，要把推动科技进步的情况和成效作为考核各级党政领导干部业绩的重要内容。要在全区范围内实施县市党政领导科技进步目标责任制。

加强技术创新，加快科技成果转化，发展高新技术实现产业化，是坚定不移地实施自治区党委和自治区人民政府提出的优势资源转换、科教兴新和可持续发展战略的重大举措。全区各族干部群众要发扬团结协作、艰苦奋斗的优良传统，振奋精神、开拓进取、真抓实干，发挥科技第一生产力的强大作用，不失时机地加快新疆的开发建设，努力实现国民经济和社会发展的跨世纪宏伟目标。

新疆维吾尔自治区人民政府关于加强专利工作促进技术创新的意见

（新政发〔2001〕64号）

伊犁哈萨克自治州，各州、市人民政府，各行政公署，自治区人民政府各部门、各直属机构：

为认真贯彻落实中共中央、国务院《关于加强技术创新，发展高科技，实现产业化的决定》，充分发挥专利制度在促进技术创新、科技进步中的作用，推进西部大开发战略的实施，现就加强我区专利工作提出如下意见：

一、增强依靠专利制度，促进技术创新的紧迫感

专利制度是社会主义市场经济条件下保障和促进技术创新的一项基本法律制度，是激励发明创造、有效配置技术创新资源、保护和鼓励技术创新成果的商品化和市场化、实现产业结构优化升级的有效机制。面对经济全球化和知识产权保护发展的新形势，尤其是我国加入世贸组织后，面临着严峻的挑战，各级领导和科技人员要充分认识专利制度在技术创新中的重要作用，增强自觉性和紧迫感，强化专利意识，树立依靠专利制度，促进技术创新的思想。

二、加强对全区专利工作的领导，建立健全专利工作体系

各级政府要加强对专利工作的领导，把专利工作作为一项重要内容，纳入到各地科技进步考核之中。主管科技工作的领导要亲自抓好专利工作。各级科技、经济行政管理部门要加强对专利工作的指导、协调和投入。自治区各有关部门要重视并积极扶持专利工作，制定有关规章制度，协同推进专利工作。管理专利工作的部门要按自治区人民政府的要求，逐步改革现有的专利工作机制，全面推进专利管理体制、机制和环境三大建设，使专利管理更好地适应创新体系建设的需要，发挥专利制度在技术创新中的作用。要强化专利管理和行政执法职能。企业、科研院所和大专院校要自觉把专利工作融入技术创新全过程，并将此项工作作为考核评价本单位技术创新能力的重要指标。

原则上地州一级都应设立知识产权管理机构。各地、州、市人民政府（行署）要按事业单位机构、编制分级管理的原则，从经济发展水平和专利事业发展的实际出发，逐步健全和完善管理专利工作的机构。自治区有关委、办、厅、局要有一名领导负责专利工作，并在其科技部门配备专（兼）职工作人员。科研院所、大专院校等事业单位也要有领导分管专利工作，并配备负责专利工作的专（兼）职工作人员，建立本单位的专利管理制度。努力形成上下一致、多层次协调运行的专利管理体系。

三、加强宣传和培训，提高全社会的专利意识

各级政府应加强对专利宣传工作的领导，把《中华人民共和国专利法》列入年度普法计划，保证计划、组织、资金和人员四落实。各级宣传部门和新闻机构要把专利工作作为宣传重点之一，以各种形式宣传普及专利知识，尽快提高领导、科技人员和全社会的专利意识。

根据我区专利工作发展的需要，各级政府及其管理专利工作的部门，要有计划、分层次、分类型培养提高专利管理与执法、企业专利工作、专利中介服务等人员的素质，适应实际工作的需要。应保证各级领导、科技管理干部和科技人员在两年之内接受一次专利知识的系统培训，干部管理学院和区、地两级党校要把包括专利在内的知识产权知识列入培训课程，大专院校要开设知识产权讲座，科技人员的继续教育要包括专利知识的内容。

四、激励发明创造，鼓励技术创新成果拥有自主专利权

自治区财政每年安排专项经费，用于支持我区优选的单位和个人项目申请国内外发明专利。企业、科研院所和大专院校要安排专项资金，用于本单位专利申请、维持。凡财政资助的研究开发项目，要安排一定比例的研究开发经费用于项目涉及专利的相关费用。企业、科研院所和大专院校将获得专利，作为科技人员、经营管理人员绩效考核、职称评定、专业技术职务聘任、职级晋升的重要条件之一。其中有突出贡献的，可参加政府有突出贡献专家和享受政府特殊津贴人员的评选。

技术创新要以取得自主专利权特别是发明专利作为主要目标之一。各级科技行政管理部门要将拥有自主专利权作为科技成果管理、高新技术企业或高技术产品认定、中小企业技术创新基金项目申报等的重要资格指标。对应用开发研究成果，凡需要申请专利的，应先申请专利，后鉴定和评奖，在成果鉴定和评奖中，要把取得专利权作为必备条件之一。从事应用开发研究的科研机构（除不适宜或不能申请专利的科技领域外）在2年内没有专利产出的，原则上政府财政不再给予科研经费资助。

五、加强专利技术产业化，促进有自主专利权的技术创新成果的实施和转化

自治区财政应保证"专利技术推广资金"的投入；各地、州、市政府应根据条件建立专利技术推广资金，用于引导和扶持专利技术实施。自治区科技、经济管理部门优先选择具有开发价值的专利项目列入自治区科学研究计划和新产品开发计划及高新技术产业化项目计划。

专利权人可以通过专利信托的方式实施和转化专利，还可以按有关规定采取专利权质押的方式向银行贷款。专利权可以作价入股，参与收入分配。作价入股所占注册资本金的比例可达35%。单位以职务发明作价投资的，可给予发明者与其实际贡献相当的股权收益。

对于职务发明创造，由专利权所有单位实施的专利，可连续在3—5年内，提取不低于该项专利年净收入5%的金额奖励发明人或设计人。由专利权所有单位转让或许可实施的专利，专利权转让方或实施许可方，可从管理专利工作的部门核定的技术收入产生的技术性纯收入中提取不高于35%的金额，奖励有关人员。

专利权受让方或实施被许可方，可从专利实施获利之日起，连续3—5年从新增的税后利润中提取不低于2%的金额，奖励为实施专利做出贡献的人员。

凡是实施有效专利都应享受国家规定的税收优惠政策。科研单位和大专院校服务于各业的技术成果转让、技术培训、技术咨询、技术承包所取得的技术性服务收入，暂免征收所得税；企业、事业单位以及事业单位所属从事科技开发的机构、民营科技机构和企业办的搞科技开发的事业单位，其技术转让以及在技术转让过程中发生的与技术转让有关的技术咨询、技术服务、技术培训的所得，年净收入在30万元以下的暂免征收企业所得税；超过30万元的部分，依法缴纳企业所得税。国有、集体工业企业及国有、集体企业控股并从事工业生产经营的股份制企业、联营企业研究开发新产品、新技术、新工艺所发生的各项费用比上年实际增长10%（含10%）以上的，经税务机关审核批准，允许再按实际发生额的50%，抵扣当年度的应纳税所得额。凡属科研单位取得的专利技术性收入可免征营业税；以上规定，各地税收部门都要认真落实。

对区内首次生产的发明专利产品从销售之日起1—3年内，实用新型专利产品从销售之日起1—2年内，新增的企业所得税和增值税的地方分成部分，由同级的财政全额或部分返还企业。专利产品减免税目录和额度由自治区管理专利工作的部门提出，会同自治区财政厅、地税局共同审定编制下达。

六、抓好企业专利工作

企业是技术创新主体，有关管理部门要制定我区企业专利工作管理办法，有重点、分步骤地推进企业专利工作。自治区各大中型（国有、国有控股）企业和高新技术企业应建立专利管理制度，制定企业专利战略，将专利工作贯穿于产品开发、生产、经营、管理全过程，发展具有自主专利权的创新产品，增强市场竞争能力，提高经济效益。自治区将每两年选择一批企业进行重点指导和扶持，成为自治区专利工作示范企业。将拥有自主专利权作为评价企业技术中心的条件之一，逐步实行两年内没有专利产出的企业技术中心取消其资格的措施。

企业、大专院校和科研院所在产、学、研联合开发工作中，应根据联合协作、优势互补、利益共享的原则，鼓励高校、科研院所的高新技术项目以共享专利权收益的方式向企业转移。大专院校、科研院所要面向市场和企业，加大创新力度，提供技术含量、成熟度高的可供转化的专利技术。企业通过专利技术入股、专利许

可实施、专利权转让等多种形式，积极引进国内外大专院校、科研院所的专利技术成果进行中试或产业化工作，在消化吸收和再创新的基础上，推出有自主专利权的新产品，进而形成拥有自主知识产权的新兴产业。企业用于专利许可实施的费用可一次性或分期计入成本。

七、加强高新技术产业开发区的专利工作

高新技术产业是市场竞争的制高点，自主专利权是高新技术产业发展的核心。要强化自治区国家级高新技术产业开发区和自治区高新技术工业园区的专利管理工作，健全和完善高新技术产业开发区的专利管理体系，将高新技术产业开发区办成具有自主专利权的高新技术开发及产业化基地。

着力抓好高新技术企业的专利工作，建立完善高新技术企业专利管理和保护评价体系，凡是高新技术企业都应至少拥有一项有效专利技术。在认定高新技术企业时，把拥有自主专利权的产品和技术作为重要条件之一，并作为对高新技术企业的考核内容。

八、加大专利执法力度，强化专利保护

要制定我区《专利管理条例》及相关办法，实现专利管理科学化、法制化。坚持依法行政，自觉排除地方保护主义干扰。司法部门与管理专利工作的部门要密切配合，依法审理和查处专利权侵权案件，公正、及时地处理专利纠纷案件，制裁各类侵犯专利权的行为。自治区管理专利工作的部门与公安、工商、技监、内贸、海关等部门要加强执法协作，提高专利执法成效。要严厉打击技术贸易、商品流通和广告传媒等领域里的冒充专利行为，并逐步建立起社会监督网络，建立对假冒和冒充专利举报制度，奖励举报人员。切实维护专利权人及公众的合法权益，司法、科技管理和管理专利的部门要通力协作，共同营造有利于科技进步的专利保护法治环境，不断提高全区的专利保护水平，为促进、激励、保障技术创新提供基本法律保障。

九、加强专利信息的开发和利用

要充分利用专利信息，建立"科研、新产品开发立项专利文献检索制度"，提高专利工作信息化、网络化和自动化水平，避免低水平重复研究、重复投资和侵权行为的发生。凡是政府财政资助的科技项目，以及申请国家、自治区、地州市各类应用开发和新产品开发计划项目立项的，都需提供自治区管理专利工作的部门认定的检索机构出具的专利文献检索报告。有关投资立项与进出口项目，以及技术引进项目、工业产品创新项目、高新技术产业化项目等的立项，项目审批部门应把专利文献检索报告作为审批立项的必备条件。应加强科技项目实施过程中的专利信息跟踪，项目承担单位要及时追踪国内外研究发展动态，不断调整研究策略。对能形成自主专利权的发明创造，应及时确定国内外保护措施，并随时监控。因过错造成知识产权国有资产流失的，应追究项目承担单位责任。

十、建立专利中介技术服务监督机制

大力培育、发展专利中介服务市场，鼓励发展各类专利中介服务机构，引导、规范、管理专利中介服务机构及人员。实行对专利中介服务人员执业资格和专利中介服务机构资格审核制度。新设专利中介服务机构，应经自治区管理专利工作的部门审核同意，并在工商行政管理机关登记注册后，方可营业。专利服务机构应遵纪守法、从事专利服务工作的人员应有良好的职业道德，为社会提供优质、高效的服务。自治区管理专利工作的部门应对专利服务机构进行年审，对其服务质量、水平和业务经营范围进行审核。

各地、州、市人民政府（行署）要结合本地实际，提出贯彻的具体意见和措施。自治区各有关部门，按其管理的业务工作范围，制定配套的贯彻措施并认真落实。

二〇〇一年十二月三日

新疆维吾尔自治区人民政府关于加强专利行政保护的意见

（新政办发〔2010〕230号）

伊犁哈萨克自治州，各州、市、县（市）人民政府，各行政公署，自治区人民政府各部门、各直属机构：

为充分发挥专利行政保护在规范市场经济秩序、构建和谐社会和建设创新型新疆中的作用，现就我区加强专利行政保护工作提出以下意见：

一、提高对加强专利行政保护工作的认识

随着知识经济和经济全球化深入发展，知识产权日益成为国家发展的战略性资源和国际竞争力的核心要素，成为建设创新型国家的重要支撑和掌握发展主动权的关键。进一步加强我区知识产权行政保护工作，不仅是促进对外开放、营造和谐稳定新疆的需要，更是深化改革、促进我区经济社会又好又快发展的需要。为此，各级政府要深刻认识加强专利行政保护对于促进科技进步、文化繁荣和经济发展的重大意义，加强对专利行政保护工作的领导，加快知识产权法制建设，加大对专利行政保护工作的支持和投入，强化知识产权保护合作机制，增强知识产权管理工作部门的社会管理和公共服务职能，提高执法能力和水平，有效打击假冒专利和侵犯专利权行为，为营造良好的创新和投资环境提供坚强有力的支撑和保障。

二、专利行政保护工作的指导思想及目标任务

指导思想：坚持以邓小平理论和"三个代表"重要思想为指导，深入贯彻落实科学发展观，大力实施国家和自治区知识产权战略，按照激励创造、有效运用、依法保护、科学管理的方针，着力完善知识产权制度，积极营造良好的知识产权法治环境、市场环境、文化环境，大幅度提升我区知识产权创造、运用、保护和管理能力，为建设创新型新疆提供强有力保障。

近期目标任务：加强专利行政保护队伍建设，设立专利行政执法专项经费，改善专利行政执法条件；加强知识产权工作部门之间的协作与配合，提高综合行政执法水平、快速反应能力及结案率；依法行政，严厉打击群体侵权、反复侵权行为和假冒专利等行为，树立良好的专利行政保护社会信誉；指导创新企业建立健全专利管理制度，提高企业保护知识产权的能力；努力提高全社会知识产权法律意识，加大专利行政保护力度，营造尊重劳动、尊重知识、尊重创造、尊重人才的良好氛围。

三、加强协作，合力打击专利侵权和假冒专利行为

自治区各级知识产权保护相关部门及行业专业监管部门要建立专利行政保护联席会议机制，形成对专利保护工作协调配合、各司其职、齐抓共管的工作格局。在保护工作中要发挥各部门在专利行政保护工作中的优势，相互支持、协调运作，共同开展执法活动，做好案件移送工作，共同研究、解决难点问题，不断推进跨部门专利执法协作与交流。建立对侵犯专利权违法犯罪形势进行分析的长效机制，及时解决工作中遇到的问题；要建立完善执法协作机制，实现信息共享，加强业务交流，提高专利行政保护业务技能和知识产权保护工作的整体水平。

公安部门与知识产权管理工作部门要积极落实《关于建立协作配合机制 共同加强知识产权保护工作的通知》（国知发管字〔2008〕80号）部署的各项工作，抓紧建立健全联络工作机制，全面加强知识产权保护工作。在知识产权工作部门查处假冒专利、调处专利侵权纠纷时，公安部门应当积极预防、坚决打击暴力抗法行为和维护行政执法的严肃性，保证专利行政执法人员的人身安全；知识产权管理部门在进行现场勘验、调查取

证、暂扣封存等执法工作，出现案件当事人不配合或暴力抗法等行为，公安部门要快速反应、积极配合，制止抗法等行为。

全区海关应当积极开展知识产权海关保护工作，加大知识产权保护力度；在口岸海关监管区域，收到知识产权管理工作部门的协助调查函后，海关应当予以协助开展专利案件调查取证工作，对知识产权管理工作部门已认定侵犯专利权的进出口产品进行查扣。

在知识产权管理工作部门开展执法工作过程中，工商行政管理部门和质量技术监督部门应当协助进行调查取证、送达法律文书等工作；同时，工商行政管理部门应当对当事人工商档案信息进行核对、确认，并对当事人是否存在其他经营违法行为进行检查；质量技术监督部门应当同时对当事人是否存在产品质量和标准方面的违法行为进行检查。

在知识产权管理工作部门开展执法工作过程中，食品药品、城市建设、农业机械、机电等行业管理办公室及监管部门应当协助开展调查取证、查阅档案资料、提供技术咨询等工作，并对知识产权局认定侵权或者假冒专利的产品，要及时取消相关当事人的生产许可证、推广许可证等资证，制止专利侵权及假冒专利行为的延续。

在各有关部门共同开展专利保护工作的过程中，发现当事人除了实施专利侵权、假冒专利行为的同时实施了商标、标准等其他方面的违法行为的，各部门要依法查处，知识产权管理部门应给予积极配合。

四、加强案件督办、指导检查落实

加强重大案件的督办工作，协调组织优势力量，提高办案效率，不断完善联席会议制度、互通情况、信息交换等机制，共同会商、研究案情和制定打击对策，联合开展打击工作。自治区知识产权局、公安厅等部门要建立联合挂牌督办案件的长效机制，加大指导协调力度，确保严格执法，依法办案。

自治区知识产权局、公安厅、工商局、乌鲁木齐海关等部门要定期对各地在专利行政保护工作中的协作配合等情况进行联合检查和考核，并于每年年底对专利保护工作情况进行总结，公布年度知识产权刑事保护与行政保护典型案例。

五、提高企事业单位自我保护能力

各级政府要强化知识产权政策引导，建立和完善知识产权激励机制，加大知识产权创造、运用、保护和管理等投入力度，拓宽知识产权融资渠道。各级知识产权管理工作部门要强化社会管理和公共服务职能，积极开展知识产权维权援助服务工作，加大对创新主体的服务与援助；要帮助和指导中小企业建立健全知识产权管理制度，提高知识产权保护意识；要对我区优势产业与高新技术领域的发明创造及时申请专利，以获得知识产权保护；要将保护工作的中心和端口前移，指导创新主体、市场主体尽早采取措施，建立预警应急和争端解决机制，积极维护权利人的合法权益。企业、大中专院校、科研院所作为创新主体，要建立健全知识产权管理制度，增强创造、管理、运用和保护知识产权的能力和水平，提高自我维权意识和维权能力，不断提升自身创新能力和竞争力，形成一批拥有自主知识产权的大企业和企业（行业）集团，发挥知识产权在经济发展中的引领和支撑作用。

六、加强知识产权宣传培训

各级政府要建立政府主导、新闻媒体支撑、社会公众广泛参与的知识产权宣传工作体系。各级专利管理工作部门要会同有关部门认真制订和实施专利宣传计划，宣传部门及新闻机构要积极支持与配合，把专利工作作为宣传重点之一，通过报道专利工作、案例评析等多种形式，做好专利宣传普及工作，增强社会公众，特别是企事业单位和有关部门领导的专利意识，进一步激发人民群众发明创造积极性，在全社会营造保护知识产权的良好氛围。

各地要将知识产权培训课程列入党校和专业技术人员继续教育内容。在我区高校逐步开设知识产权课程，使高校学生掌握知识产权方面的基本知识。在中小学开展鼓励创造发明、尊重他人知识产权的教育，培养中小学生知识产权意识，激发自主创新意识。

七、加强对专利行政保护工作的领导

各地、各有关部门要以实施《国家知识产权战略纲要》和《新疆维吾尔自治区知识产权战略纲要》为契机，及时修订《新疆维吾尔自治区专利保护条例》，制定配套措施；加强对专利行政保护工作的领导，主管知识产权工作的领导要亲自抓好专利行政保护工作；要定期组织本地知识产权工作相关部门对本辖区内专利行政保护工作进行督导检查；贯彻落实国家知识产权局《关于加强知识产权保护和行政执法工作的指导意见》，尤其是目前没有建立执法科室的知识产权局，要争取尽快设立，保证执法人员编制和人数；设立专利行政保护专项经费，优先保障工作条件，配备至少一辆执法专用车和执法取证、证据保存、档案管理的设备，确保纠纷调处的专用场所。

各州、市人民政府（行署）要结合本地实际，提出贯彻的具体意见和措施。自治区各有关部门，按其管理的业务工作范围，制定配套的贯彻措施并认真落实。

二〇一〇年十一月一日

新疆维吾尔自治区加强专业市场知识产权保护工作的意见

（新知法字〔2014〕27号）

为做好商品生产流通领域知识产权保护工作，切断假冒伪劣商品的集中流通渠道，建立健全专业市场知识产权保护工作机制和知识产权管理队伍，切实维护消费者权益，国家知识产权局在全国范围内开展了专业市场知识产权保护试点工作，并以自治区霍尔果斯经济开发区对外贸易口岸专业市场为试点开展了知识产权保护工作。经过一年的试点，在总结工作经验、解决问题的基础上，逐步摸索出了适合自治区专业市场的工作模式及工作方法，并在全区范围内推广应用。为指导各地州扎实推进、切实做好专业市场知识产权保护工作，现提出如下意见：

一、充分认识加强专业市场知识产权保护工作重要性和紧迫性

近年来，随着经济全球化进程的不断加快和知识经济的快速发展，我国的专业市场正由传统封闭型市场向创新开放型流通中心转变。同时，由于新兴电子商务的冲击以及产业结构转型升级的迫切需求，绝大部分专业市场面临着调整定位的现实挑战。专业市场内的知识产权侵权假冒问题，严重影响了专业市场的品牌形象，制约了市场的转型升级，各方对于加强专业市场知识产权保护工作的呼声日益强烈。做好专业市场知识产权保护工作，能够有效切断侵权商品由制造向销售领域的扩散，实现净化经营环境、提升消费者满意度、促进市场繁荣进而推动本地区产业转型升级的目的。

根据专业市场知识产权保护工作的现状，国家知识产权局下发了《关于开展专业市场知识产权保护工作的通知》，要求加大对专业市场中侵权假冒行为的打击力度、加强专业市场知识产权保护规范化管理，营造良好的市场秩序和知识产权保护氛围。自治区各级知识产权部门要全面认清形势，进一步提高认识，深入贯彻落实国家知识产权局要求，不断推进专业市场知识产权保护工作，把此项工作作为当前一件十分重要和紧迫的任务来抓。

二、明确专业市场知识产权保护工作目标任务

指导思想：以邓小平理论、"三个代表"重要思想和科学发展观为指导，以贯彻实施国家和自治区知识产

权战略纲要为统领，以促进知识产权与经济融合为主攻方向，全面认识和正确处理加强知识产权保护工作与优化经营环境、建立公正秩序、提升市场品牌的关系，以舆论宣传为先导、管理保护为核心、调解仲裁为重点、机制服务为保障，加快建立政府部门、商会协会联动机制，扎实开展专业市场知识产权保护工作，鼓励企业、市场经营户大胆创业创新，努力打造诚信、活力、文明专业市场。

基本原则：按照"规范与发展并重、打击与保护并举"的工作方针，坚持行政主导与行业自律、平时监管与重点抽查、纠纷调解与司法仲裁相结合，切实加强综合治理，确保全区专业市场知识产权保护工作顺利推进。

工作目标：建立一个以"政府主导、部门负责、协会监管、企业自律"的协调联动机制，规范专业市场知识产权保护的管理，通过对专业市场中侵权假冒行为的打击力度、加强市场知识产权保护规范化管理，提升市场主体保护意识和管理能力，培育一批知识产权保护意识强、规章制度建设完善、保护管理规范、行业影响力和市场竞争力强的专业市场。

重点任务：开展全面摸底调查，充分掌握专业市场知识产权保护现状及问题，明确主要工作对象和重点工作内容。选择基础好、需求强的专业市场开展培育，指导市场建立健全知识产权保护工作机制、完善管理制度，有效提升保护能力。研究制定规范化市场知识产权保护管理标准，推动市场加强知识产权保护工作。加大宣传培训力度，提高各方知识产权保护意识，畅通信息渠道，加强社会监督。

三、加快推动专业市场知识产权保护工作

（一）建立健全专业市场知识产权保护工作机制

一是成立专业市场知识产权保护工作组织机构，明确各自职责，分工协作。

二是建立健全专业市场知识产权保护协调机制。建立与工商、公安、海关、出入境检验检疫等部门的沟通联系，在已有保护协调机制基础上，加强联动。

三是指导专业市场建立健全知识产权工作管理机制，建立专业市场知识产权管理队伍，通过知识产权特派员进驻市场，与商户、消费者直接对接等形式，提供知识产权咨询、维权服务。

四是建立健全市场内的知识产权侵权假冒举报投诉机制、举报奖励制度。

五是指导专业市场建立知识产权商品的预警分析机制。

（二）全面了解专业市场分布及知识产权保护工作状况

了解本地区专业市场分布情况，分析当地专业市场经济结构；通过组织开展专业市场实地调研，了解专业市场的知识产权保护工作现状；根据调研情况，梳理归纳，分析研究，发现问题，拟定目标。

（三）确定专业市场知识产权保护工作的培育目标

根据本地区专业市场的分布及类型，选择有一定规模的专业市场开展知识产权保护工作试点培育工作；制定专业市场知识产权保护工作方案和相应工作机制。

各地州知识产权局要在充分了解当地专业市场分布的基础上，确定本地区专业市场培育目标。通过培训、讲座、现场宣讲、联合执法检查等形式，提高市场管理层及商户知识产权保护意识。

（四）开展专业市场知识产权执法维权活动

联合相关部门开展专业市场知识产权行政执法检查；统计专业市场内的知识产权行政执法维权等保护情况并酌情向社会公布；通过媒体、网络等公布专业市场知识产权保护工作进展情况，公布侵权案件形成打击侵犯知识产权的高压态势。

（五）开展知识产权宣传培训及相关服务

开展对市场主办方的知识产权宣传工作，增强其知识产权保护积极性；指导市场主办方、市场商户学习对

中外知识产权信息的检索利用；加大知识产权维权援助服务工作力度，为市场商家、消费者提供专利维权服务，切实保障各方利益；配合并指导市场知识产权工作部，开展专业市场知识产权保护满意度调查。

四、加大专业市场知识产权保护工作指导检查力度

在实施专业市场知识产权保护工作过程中，及时跟进工作进展情况，进行督导宣传和汇报。各地州应及时上报工作进展及重大事项，确保任务顺利完成；自治区知识产权局根据工作开展情况进行定期和不定期督导检查，针对工作中发现的问题，认真抓好整改，不断完善。

各地州市知识产权局要根据本意见，制定本地区专业市场知识产权保护工作实施方案并报送自治区知识产权局。自治区知识产权局将采取必要工作措施，推进本意见的贯彻实施。各地方知识产权局要及时向当地政府汇报贯彻落实本意见存在的问题和建议，争取政府支持和各有关部门的协作，确保各项工作落到实处，取得实效。

二〇一四年四月十八日

关于加强重大经济科技活动知识产权评议工作的意见

（新政办发〔2016〕2号）

为贯彻落实《自治区党委 自治区人民政府关于实施创新驱动发展战略加快创新型新疆建设的意见》（新党发〔2013〕7号），全面实施国家知识产权战略，充分发挥知识产权制度在加快自主创新、加快产业结构调整、加快发展方式转变、实现跨越发展，构建具有新疆特色的现代产业体系中的重要支撑与引领服务作用，保障政府投资或财政支持的重大经济科技活动有序进行，避免因知识产权问题导致重大经济损失，现就开展重大经济科技活动知识产权评议工作提出如下意见：

一、重大经济科技活动知识产权评议的内涵和意义

（一）重大经济科技活动知识产权评议是指针对政府资金投入较多、涉及国有资产金额巨大或对自治区经济社会科技发展影响重大的经济科技活动，通过知识产权综合分析形成咨询意见，为政府决策、项目规划和技术研发等提供依据的一项服务性工作。开展重大经济科技活动知识产权评议工作，是实施知识产权战略的内在要求，是建立健全知识产权审议制度、审议机制的重要内容和工作基础，是从源头上防止技术的盲目引进、重复研发、流失或者侵犯、滥用专利权的必要措施，是减少自主知识产权流失、优化创新质量和构筑竞争优势的有效手段。

（二）在国际竞争日益聚焦知识产权的背景下，开展重大经济科技活动知识产权评议工作具有重要意义。通过分析国内外专利信息，掌握相关产业的发展趋势和竞争态势，规避重大经济科技活动的知识产权法律风险和市场风险，提供调整本区域产业发展策略的依据，有利于产业结构优化升级；通过对相关技术领域中空白点和存在问题的分析，了解已取得的成果及各种解决方案，有助于科研人员开拓思路，启发创造性思维，避开已有专利的技术陷阱，确定研究方向、研究起点或高点，有利于提高科技创新效率；通过分析竞争者所拥有的全部专利或分析该技术领域的全部专利，跟踪竞争者的专利申请领域及范围等情报，了解其竞争地位及其相对的技术性竞争优劣势，预测其未来技术战略趋势，发现其技术、装备和产品开发动向，进行专利许可、出售、联合风险开发等专利投资组合管理决策，有利于增强企业技术竞争力和可持续发展能力。

二、重大经济科技活动知识产权评议的对象和内容

（三）重大经济科技活动知识产权评议对象主要包括：

1.使用财政性建设资金或国有资产5000万元以上的生产建设项目、技术改造项目、合资合作项目、重大技

术装备发展和自主创新项目以及企业并购、企业上市等经济活动。

2.使用国有资产1000万元以上的科学研究、技术研发、成果转化、专利实施等科技创新项目。

3.关系国家利益的技术转让、技术合作、专利转让、专利许可、技术装备进出口项目。

4.自治区科技进步奖励、专利奖励、高层次紧缺人才引进工程、千人计划、百人计划、创新团队国际合作伙伴计划和技术标准制定活动。

5.其他对自治区经济社会发展有重大影响的涉及知识产权的经济科技活动。

（四）重大经济科技活动知识产权评议内容主要包括：

1.重大经济科技项目。项目的知识产权风险和壁垒评估；项目承担方的知识产权基础和管理能力、针对技术的知识产权布局规划；项目推进过程中的技术发展方向建议等。

2.企业并购和技术交易。并购和交易对象所拥有的知识产权数量、法律状态、权利所属、地域分布、技术高度、风险等；并购和交易中所涉及知识产权的价值等。

3.对在全国中小企业股份转让系统（新三板）进行挂牌的企业申报中提出的知识产权的资产价值、法律状态、权利归属、技术高度和权利风险进行评价。

4.技术进出口。引进技术的知识产权数量、法律状态、权利所属、地域分布、技术高度、风险等；出口技术是否在相关国家进行了知识产权布局和风险分析及该国的知识产权保护状况等。

5.招商引资。各竞投单位的知识产权管理能力、所拥有的知识产权数量、法律状态、权利所属、地域分布、技术高度、风险和价值等。

6.科技成果产业化项目。科技成果的知识产权数量、法律状态和权利所属、产业化的知识产权风险和技术壁垒等。

7.科技进步奖、专利奖。奖项所涉及的知识产权数量、法律状态、权利所属及核心专利对行业的影响。

8.技术标准。标准制定所涉及的专利数量、法律状态、权利所属及应对措施等。

9.人才引进。引进人才拥有知识产权的数量、法律状态、权利所属、技术高度、权利风险等。

10.上市评定。上市后备企业申报中提出的知识产权的法律状态、权利所属、技术高度、权利风险等。

11.产业结构调整和集群管理。实施产业集聚区知识产权集群管理，在战略性新兴产业集聚区探索建立以优势企业为龙头，技术关联企业为主体、知识产权布局与产业链相匹配的知识产权集群管理模式。开展相关业的知识产权风险评估，提出知识产权壁垒、技术发展趋势和产业集群化发展的知识产权建议。

三、重大经济科技活动知识产权评议工作机制

（五）建立自治区重大经济科技活动知识产权评议协作机制。由自治区知识产权战略实施领导小组协调组织开展重大经济科技活动知识产权评议工作，自治区知识产权战略实施领导小组办公室负责日常工作。

（六）围绕政府主导项目建立不同类别重大经济科技活动的知识产权评议制度，规范政府部门重大经济科技活动的决策程序，提高政府部门决策重大经济科技活动的科学水平。主管重大经济建设项目、重大技术创新项目、重大企业并购或重组、重大进出口贸易项目和高层次紧缺人才引进工程的行政管理部门，都应建立相应的工作机制，加强知识产权评议工作，形成共同参与、相互合作、依法决策的推进机制。

（七）加强重大经济科技活动知识产权评议工作基础建设。以评议人才、评议队伍、评议机构、评议公共服务平台为建设重点，建立完备的人才培养机制、机构认定机制，搭建和完善面向全社会的知识产权评议服务体系，提高知识产权服务全社会的广度和深度。

（八）明确重大经济科技活动知识产权评议工作的责任。各地各部门要认真履行职责，落实工作责任，建立完善配套政策和工作机制，加强信息沟通、数据共享和协作配合，切实做好重大经济科技活动知识产权评议工作。相关重大经济科技项目承担单位及中介评议机构，应对其提交的知识产权评议报告的真实性负责，因弄虚作假出具虚假评价内容而导致重大经济损失的，应当依法承担相应的责任。

（九）提高知识产权评议的意识和能力。建立激励机制强化政策导向，提高各级主管部门及各类市场主体

开展知识产权评议的意识和能力，积极引导和指导各类市场主体在创新和生产经营活动中自觉开展知识产权评议，积极防范和抵御各类知识产权风险，全面提升知识产权创造、运用、保护和管理水平，推动知识产权评议工作的全面开展。

四、重大经济科技活动知识产权评议的组织及程序

（十）明确重大经济科技活动知识产权评议工作管理流程。在有关重大经济科技活动项目的立项、备案、核准、审批等环节，由主管部门或承担单位按规定的条件确定需进行评议的项目，经与领导小组办公室协商确定并依托具备评议资质的知识产权服务机构，对确定的评议项目进行独立分析，出具知识产权评议报告，组织专家对评议项目的知识产权分析评议报告进行论证，并出具知识产权评议意见书报自治区知识产权战略实施领导小组，并反馈主管部门和项目承担单位。

（十一）重大经济科技活动主管部门应将知识产权评议意见作为项目管理与决策活动的重要依据。

（十二）重大经济科技活动主管部门和自治区知识产权战略实施领导小组办公室应对项目进展跟踪服务。如发现项目实施过程中存在风险或产生重大知识产权影响的，应当向实施单位提出改进意见和建议，并向知识产权战略实施领导小组报告。

（十三）各有关部门对项目应进行知识产权评议而未评议的，执行中因知识产权因素产生重大不良影响，由项目主管部门承担相应责任。

五、重大经济科技活动知识产权评议的保障措施

（十四）加强重大经济科技活动知识产权评议工作的领导。自治区知识产权战略实施领导小组负责知识产权评议活动的组织、协调工作。各有关部门要高度重视知识产权评议工作，切实把知识产权评议作为重大经济科技活动决策的重要依据。

（十五）大力培育知识产权评议服务体系。引导资产评估、科技信息、产业研发等专业性机构开展知识产权评议服务工作，逐步建立一批重大经济科技活动知识产权评议服务机构。

（十六）建立知识产权评议投入保障机制。逐步加大财政对知识产权评议工作的投入。重大经济科技项目主管部门应当在项目经费预算科目中列支知识产权评议经费。

（十七）搭建知识产权评议公共服务平台。建立自治区重大知识产权评议信息共享平台，为各部门及企事业单位重大经济科技活动提供服务，推进知识产权评议成果运用和共享。

（十八）加强知识产权评议宣传工作。各级政府要积极做好宣传工作，普及知识产权评议的相关知识，引导企事业单位充分认识知识产权评议工作的重要意义，提高主动开展知识产权评议工作的意识，形成有利于开展知识产权评议工作的良好社会氛围。

（十九）未使用国有资产的重大经济科技活动可以参照本意见进行知识产权评议。

二〇一六年一月十六日

相关自治区文献

新疆维吾尔自治区专利工作"九五"计划和2010年远景目标

自治区党委四次全委扩大会议审议通过的《中共新疆维吾尔自治区委员会关于国民经济和社会发展"九五"计划和2010年远景目标的建议》（以下简称《建议》），提出了今后15年自治区国民经济和社会发展的指导思想、奋斗目标、基本方针、主要任务、产业布局和发展重点，展示了一幅新疆经济腾飞的宏伟蓝图，它也是我区各族人民未来15年的行动纲领。专利制度是市场经济的产物，专利事业是自治区现代化建设事业的一个重要组成部分，因此，必须根据《建议》和《中共中央、国务院关于加速科学技术进步的决定》，制订今后5年和15年自治区专利工作的发展计划和远景目标，继续开拓进取，努力工作，力争使自治区专利工作迈上一个新台阶，更好地为科技进步和经济建设服务，在实现自治区社会主义现代化建设目标中再创佳绩。

一、自治区专利工作的回顾与现状

自1985年4月1日我国专利法实行以来，在中国专利局和自治区科委的领导和支持下，经过10年的开拓进取和努力奋斗，自治区的专利事业从无到有，蓬勃发展，取得了可喜的成就。截至1995年年底，新疆专利申请量已达3680件，专利授权已达1807件，年平均增幅达20%以上。"八五"期间，自治区专利工作开创了新的局面：

（一）专利法宣传普及工作日益深入

我国实施专利法以来，自治区专利管理局就把专利法的宣传普及工作列为头等重要工作来抓，将专利法的宣传普及工作纳入了自治区"二五"普法规划，采取多种形式，通过各种新闻媒体广泛宣传专利法和专利知识，增强社会的专利意识。在宣传活动中印发《新疆专利工作》达84期，专利法宣传材料和培训教材1.4万余册（其中维文4000册），举办各类学习班70多期，培训人员达4340人（次），组织全区200多个单位、1.3万余人参加全国专利知识竞赛，个人获奖9项，自治区专利管理局获优秀组织奖。

（二）专利工作体系日臻完善

目前，自治区已初步建立了完整的专利工作体系，拥有专利管理机关1个、专利服务机构6个，全区现有专利代理人53名，企业专利工作者90名，为自治区的专利工作打下了一个较好的基础。

（三）地方专利法规相继出台

为使专利法在自治区顺利实施，自治区专利管理局会同自治区经济、科技、财政、计划、外贸、税务、物价、体改和劳动、人事等部门共同制定了贯彻执行专利法的地方专利法规11个，使自治区的专利工作有法可依，有章可循，对专利法的顺利实施起到了重要作用。

（四）专利实施逐步落实

近几年来，自治区专利管理局始终把专利实施作为重点工作来抓。一方面积极争取将专利技术实施纳入各级、各类计划；另一方面通过举办各类技术交易会，加速专利信息的传播与交流，促进专利实施。

（五）企业专利工作稳步发展

为进一步推动企业专利工作的开展，自治区专利管理局会同有关部门联合印发"关于开展企业专利试点工作的通知"等文件，提出了相应的措施，要求各地、州、市选择5—15个企业开展专利试点工作。根据试点企业的规模，对专利申请量、专利实施效益做出了相应的规定，并提出了一系列优惠政策和具体实施意见。目前，乌鲁木齐和石河子市等地区已有62家骨干企业初步建立了专利管理制度。

（六）专利保护不断加强

随着专利法宣传普及的日益深入，专利纠纷案件的不断增加，自治区专利管理局坚持"有法必依、违法必究"的原则，积极开展专利纠纷的调处工作，受理调处专利纠纷案件13件，并及时组建"查处假冒专利行为社会监督网"，有效地保护了企业和专利权人的合法权益。

（七）专利项目可行性评价和无形资产评估工作初具规模

为提高专利技术转让的成功率，自治区专利管理局于1994年成立了新疆无形资产评估事务所，于1995年发布了"新疆专利项目可行性评价管理暂行办法"，先后开展了专利等无形资产评估和专利项目的可行性评价工作，为自治区企业股份制改造和专利技术步入市场铺平了道路。

然而，我区专利工作的整体水平与兄弟省、市相比，差距仍然较大，还存在许多困难和问题。一是自治区地域辽阔，交通不便，工业基础薄弱，专利工作人员少，特别是在自治区的企业、大专院校及科研机构，对专利工作的重视不够，存在着专利工作无人过问的现象，专利宣传普及的深入和广度还很不够。二是专利工作机构还不健全，编制不落实，管理滞后，全疆多数地、州没有专利服务机构，地、州的专利工作无人管，专利工作难以开展。南疆地区少数民族申请专利难的问题没有得到彻底解决。三是专利工作经费不足，机构欠完善，开展专利工作存在许多困难。专利实施是专利工作的重点，专利保护是专利工作的核心，没有必要的专利实施资金，重点工作只能停留在纸面上；机构欠完善，专利管理机关的执法职能难以正常发挥，核心工作无法开展，使专利工作的社会效益、经济效益没有充分发挥出来。

今后15年，是建立与社会主义市场经济相适应的自治区专利工作运行机制和管理体制的关键时期，我们一定要抓住机遇，在自治区经济腾飞过程中充分发挥专利工作的积极作用。

二、主要奋斗目标和指导方针

"九五"期间，自治区专利工作的主要奋斗目标是：抓好专利法宣传培训工作。重点抓好区、地两级经济、科技、大中型国有企业、科研院所及大专院校的领导及中层以上职称的科技人员的宣传培训，培训人数约5000人（次）；初步实现专利管理、专利信息传播网络的自动化；强化专利保护，严厉查处假冒专利和侵权行为；培育专利市场，完善专利（申请）许可合同登记备案管理工作；继续开展专利等无形资产的评估和专利项目可行性评价工作；加强专利工作体系建设，合理布局专利服务机构；设立专利实施资金，促进专利技术向现实生产力转化；专利申请量年均增幅力争保持在15%~20%。

2010年的主要奋斗目标是：专利法宣传的重点是县级科技、经济管理部门、乡镇企业和民营企业的领导及业务人员，培训人数约5万人（次）；全面实现专利管理、专利信息传播自动化；形成完善的专利项目评价、无形资产评估、专利市场、专利实施、专利保护的管理和服务体系，有效地保障我区经济的健康发展。

实现上述奋斗目标，必须在党的基本理论、基本路线和基本方针的指导下，确立自治区专利工作的指导方针，它们是：更广泛、深入地宣传普及专利法，进一步强化专利意识；加强专利工作体系建设，建立完善的专利服务和管理体系；以加强专利保护为核心，进一步强化专利管理机关的执法职能，维护专利权人的合法权益，切实保障专利法的严肃性；进一步推动企业专利工作，以企业专利工作为重点，围绕实现两个根本性转变，把专利工作渗透到企业的生产、科研、改造、经营中去，鼓励发明创造，促进专利实施，充分发挥专利制度在企业技术引进、消化吸收与创新中的作用；同时要加强专利工作的组织建设和队伍建设，为全疆各地、州及市、县专利工作的开展打下坚实的基础。

三、"九五"期间的主要任务、指标和措施

（一）进一步深入普及专利法，提高专利意识

继续以专利法的宣传普及为先导，根据不同时期的工作，分别制订全疆宣传普及专利法的计划，通过各种新闻媒体，广泛宣传普及专利法，不断增强全社会的专利意识，树立"科教兴新，专利先行"的观念。

1.每年制订全区的专利宣传工作计划，提出专利宣传的重点。

2.每年组织一次全疆专利宣传工作检查，评选专利好新闻活动，总结经验，表彰先进，推动专利宣传工作的不断开展。

3.广泛深入地开展以宣传普及专利法为主要内容的宣传教育活动，采取多种形式，在全区开展专利法宣传教育活动，首先争取各级领导的支持，把专利法的普及教育列入普法计划。

（1）在中小学普法教育中，通过各种活动使中学生对专利法有初步的认识。

（2）在大中专院校，逐步开设专利法及知识产权知识课程，作为大中专院校毕业生的必修课或选修课，使他们对专利法及知识产权有较为清楚的认识。

（3）在全民普法及各级领导干部普法教育中，宣传专利法，使他们对专利法有清醒的认识。

4.宣传内容与宣传形式相结合，充分发挥发明协会的作用，积极鼓励开展学术交流和科技发明活动，采取集中学习、上门宣传、实例与理论相结合的形式，举办专利知识学习班，参加各种发明展览会，每年组织各类型学习班3—4期，学员达200人（次），组织参加发明展览会3—4次。

5.继续办好《新疆专利工作》，以此为媒介，加强与各地、州、各行业的交流，把宣传工作同建立信息网络结合起来，在办好《新疆专利工作》的同时，广泛建立信息网络，在各种新闻媒体中开辟新产品、新技术、专利技术之窗、专利知识讲座等专题宣传栏目，加强专利技术知识的传播速度。

（二）建立和健全专利工作机构，加强专利工作体系的建设

1.专利工作机构的建设和发展是完成专利工作任务的组织保证。为适应专利工作发展的需要，应进一步巩固和完善自治区专利工作机构。首先要加强专利管理机关的内部建设，使其能正常行使专利法赋予的执法和管理的双重职能。其次，在有条件的地、州、市建立相应的专利工作机构，把专利工作作为科技工作的重要内容来抓，以经济建设为中心，全力做好专利技术成果的转化工作，为当地经济建设服务。

2.干部队伍建设是完成专利工作的人员保证。应通过各种途径，强化专利管理人员、专利代理人员以及企业专利工作者的培训，建立一支适应自治区专利事业发展需要的干部队伍。

3.大力发展专利服务机构和服务队伍。认真贯彻《代理条例》，明确专利管理机关对专利代理机构的归口管理，建立对专利代理人的考核监管制度，提高专利代理人的办案数量和质量；组织专利代理人与专利审查员之间、专利代理人之间、各专利代理机构之间的业务交流，提高专利代理人的业务素质。针对新疆专利代理人关心的代理、复审、无效、撤销等问题，与国家专利局的有关部门协商，为专利代理机构提供解决问题的有效方法和途径，发挥专利管理机构的"规划协调、法律监督、信息引导"的管理职能。

4.加强专利试点，扩大专利工作辐射面。力争在3—5年内，在有条件的地、州、市设立专（兼）职专利管理人员，建立2—3个专利试点城市；在有条件的地区，合理配置专利服务机构；树立一批依靠专利技术振兴企业的典型，加大专利工作对社会的影响力度，促进专利技术长入经济，从而推动自治区经济、贸易、科技的全面发展。

（三）专利申请量继续保持较高的增长

1.根据专利法实施以来新疆专利申请量及年增长率，今后几年要根据自治区科技发展水平，力争使新疆的

专利申请量年平均增幅保持在15%~20%。

2.充分发挥专利制度促进发明创造的作用。进一步落实《关于职务发明创造专利的发明人、设计人奖酬提取办法的规定》，进一步调动大、中型企业、高等院校和科研机构专利申请的积极性，不断提高专利申请的数量和质量。制定科技成果申请专利的管理办法，从奖酬以及管理上鼓励科技人员申请专利。

3.针对少数民族发明人在申请专利时，面临语言不通、经费困难的现状，通过培训少数民族专利代理人、加强宣传少数民族发明人典型事迹和建立少数民族专利申请基金等途径，提高少数民族专利申请量。

（四）深入开展企业专利工作，积极推动专利实施，促进专利技术向现实生产力转化

1.根据国家和自治区的产业政策，运用计划和市场相结合的机制，加强专利实施的管理，促进专利技术转化为生产力。加强专利技术信息的收集工作，定期或不定期地向大、中型企业、乡镇企业及高新技术企业推荐经济效益好的专利技术和有潜在效益的专利技术，使企业有更多的机会了解专利技术及其所带来的经济效益，提高企业自身实施专利技术的积极性，及时宣传专利实施效益显著的企业及项目。

2.采取各种措施，提高专利技术实施率，加强与自治区有关部门的业务联系，制定促进专利（申请）技术实施的有关政策，并积极将先进适用的专利技术的实施纳入自治区及各部门新产品试制计划、科技成果推广计划以及星火、火炬等计划，利用国家和自治区各种计划的有利政策和渠道，促进专利技术实施工作的开展。

3.发挥市场机制的作用，通过宏观调控，促进专利技术的实施，争取有关领导及各部门的支持，建立专利技术实施启动资金，积极创造条件，培训专利经纪人队伍，鼓励和支持建立专利技术信息服务、中间试验、生产经营等机构，做好专利技术开发前的评估工作，促进专利许可贸易的开展。

4.全面、深入地开展企业专利工作。首先，应加强宣传，为企业培训专利工作骨干，利用骨干带动企业专利工作的开展，重点抓好2—3个企业专利工作，及时交流经验，以点带面，带动一个行业及一个地区的企业专利工作。大中型企业要按照《企业专利工作办法》的规定，切实把专利工作纳入企业管理工作中去，把专利工作逐步分解为：建立专利工作机构、落实专利规章制度、专利法的宣传教育、专利申请、专利实施、专利保护、专利文献利用、专利奖酬兑现等各项具体工作。同时，针对小型企业及乡镇企业的特点，结合大中型企业的经验，从专利信息入手，充分利用专利文献，采取代管、合作等方式开展专利工作，为小型及乡镇企业的发展注入活力。

5.制定并实施《专利（申请）技术实施许可合同管理办法》，切实做好专利（申请）技术实施许可合同登记备案管理工作，把好合同关，防止纠纷，做好专利市场的扶持及监督和管理工作。

（五）加快专利纠纷调处，严厉查处假冒专利行为

1.专利管理机关是依据专利法规定设立的履行一级政府基本职能的机构，具有执法和管理的双重职能。自治区专利管理局作为全区唯一的专利管理机关，其主要执法职能之一是专利纠纷调处，要切实保证和努力提高专利行政执法人员的政治素质和业务素质，抓紧做好专利行政执法人员的选拔培训工作，进一步壮大自治区的专利管理队伍，提高专利纠纷调处的办案速度和办案质量。

2.充分发挥专利管理机关在专利纠纷调处工作中的职能作用，做到查明事实，分清是非，灵活审理，及时调处，坚持依法办案，妥善解决纠纷，维护当事人的合法权益。

3.加强与司法、科技部门及专利服务机构的联系，争取司法和科技部门的支持，共同研究商定专利侵权的赔偿以及执行、反诉、无效和行政诉讼等问题，并结合自治区实际情况，制定相应的规定和处理办法，保证调处工作准确、及时、合法地进行。同时，对一些有影响的案例，通过新闻媒体，广泛宣传，扩大影响。

4.积极受理调处请求，加强专利行政执法，加大打击力度，采取处理与教育相结合的方式，尽量使纠纷在诉前调解处理。对调解不了的案件，应及时做出处理决定，并将处理决定汇编成册，广泛宣传。

5.加大执法力度，打击假冒专利和侵权行为。在专利保护方面，我国在专利法开始施行之际就确立了司法审理和专利管理机关依法处理和查处两条途径、协调运作的体制。专利管理机关应根据《国务院关于进一步加强知识产权保护工作的决定》的精神，严厉查处假冒专利和侵权行为，进一步扩大和充实自治区"查处假冒专利行为社会监督网"，并加强与司法和工商部门的合作，提高打击力度。同时，要建立健全专利管理机关依法办案的程序及相应的统计制度、档案制度和重大案例报告制度，提高自治区专利保护水平。

（六）加快专利工作自动化的建设步伐

1.进一步巩固扩大新疆专利服务中心的专利文献收藏量，加紧自动化建设，建立和完善专利文献检索自动化系统。

2.力争在各地、州、市建立布局合理的专利文献收藏网点。在现有基础上，首先在乌鲁木齐市、石河子市、克拉玛依市、库尔勒市、喀什市建立中国专利公报收藏网点，并根据中国专利公报的使用情况，逐步建立中国专利数据光盘的检索终端。

3.根据企业对专利文献的需求，首先在乌鲁木齐市建立以新疆专利服务中心订购的中国专利文献CD—ROM光盘为基础的，以乌鲁木齐地区的企业和科研院所为网点的中国专利文献电子化服务网，加速专利信息的传播，提高专利文献的利用率。

（七）加强区内外的合作与交流

1.加强与国内各省区之间的交流与合作，积极组织专利业务交流活动以及专利学术研讨活动，加强自治区知识产权方面的软科学研究。

2.积极组织参加国内、国际发明展览会和有关技术信息交流会，推动区内外技术交流与合作，大力发展技术贸易，为自治区发明人创造实施专利技术的条件和机会。

3.加强与国内外知识产权组织的联系和交流，组织自治区专利工作者人员参加培训，推动自治区专利工作的开展。

（八）精神文明建设

坚持"两手抓、两手都要硬"的方针，紧紧围绕"弘扬一种精神、塑造一种形象、培养一种风气"的主题，在解放思想、振奋精神、拼搏进取上下功夫，充分发动全区专利工作人员，把专利事业的"行业精神"树立起来，并在此基础上形成"勇于开拓、拼搏进取"的敬业精神，使之成为自治区专利工作全面发展的精神支柱。

1.加强党的领导和思想政治工作，提高专利工作人员的政治思想素质，树立良好的工作作风和职业道德。

2.积极开展精神文明建设活动，使精神文明建设逐步走上制度化、规范化、系统化的轨道，不断提高精神文明建设水平。

自治区人民政府办公厅转发自治区知识产权局等部门
关于自治区实施知识产权战略推进工程意见的通知

（新政办发〔2004〕53号）

伊犁哈萨克自治州，各州、市、县（市）人民政府，各行政公署，自治区人民政府各部门、各直属机构：

为应对入世后我区科技创新和知识产权工作所面临的严峻挑战，进一步加强知识产权工作与科技、经济和对外贸易工作的结合，充分发挥知识产权制度在促进区域科技创新、经济发展中的重要作用，全面提升我区运用知识产权的能力和水平，营造良好的区域知识产权保护环境，现将自治区知识产权局、工商局、新闻出版局、财政厅、科技厅、质量技术监督局、外经贸厅、教育厅等9部门《关于自治区实施知识产权战略推进工程的意见》转发给你们，请各地、各有关部门结合各自实际，认真组织实施。

二〇〇四年四月三日

关于自治区实施知识产权战略推进工程的意见

知识产权局　工商局　新闻出版局　财政厅
科技厅　经贸委　质监局　外经贸厅　教育厅
（二〇〇四年二月二十七日）

为应对入世后我区科技创新和知识产权工作所面临的严峻挑战，进一步加强知识产权工作与科技、经济和对外贸易工作的结合，充分发挥知识产权制度在区域经济和企业发展中的重要作用，培育有自主知识产权和核心竞争力的产业和企业，现就自治区实施知识产权战略推进工程提出如下意见。

一、总体思路和主要目标

（一）总体思路：以增加自主知识产权总量，提高自主知识产权质量，提升区域经济发展能力和产业、企业竞争力为重点，以优势产业和重点企业知识产权战略研究与运用为主线，着力构建完善的法制和政策环境，推进科技创新机制的建立和科技管理体制的创新，促进知识产权制度与建立现代企业制度紧密结合，抓试点、抓重点、典型示范引路，逐步推进，进而辐射带动全区知识产权工作上一个新台阶，走上跨越式发展的轨道。

（二）主要目标:通过实施知识产权战略推进工程，5年内全区专利申请量每年递增18%以上，商标注册申请量明显提高，培育一大批著名、驰名商标和原产地证明商标；培育一支基本能满足我区知识产权事业发展需要的数量足、质量高、结构合理的知识产权人才队伍；主要产业和重点企业技术创新能力、市场竞争力明显提高，形成一批拥有自主知识产权、核心能力强的大公司和企业集团；知识产权制度在促进区域经济发展中发挥重要作用，知识产权工作对我区经济发展的贡献率明显提高。

二、主要任务

（一）开展我区优势产业知识产权战略研究。组织有关部门和专家，利用知识产权信息，对我区优势产业及相关领域的国际国内发展现状和趋势进行分析研究，帮助技术创新主体正确选择创新的重点、方向和目标，确定自己的知识产权战略，选择并制定知识产权获取和运用策略，构筑企业知识产权进攻和防御战略，建立实时高效的知识产权保护应急和预警机制，以培育和形成优势产业领域的科技优势，并尽可能地将其转变成具有我区特色的知识产权优势，促进和保护优势产业做大做强。

（二）开展知识产权试点工作。按照"试点先行、逐步深入、以点带面、指导全局"的方针，取得经验，培养典型，在全疆示范推广，推进全区知识产权工作全面发展。

——积极推进国家级专利试点城市乌鲁木齐市的专利试点工作，此外，我区还将选择10个地州、县市区开展区域知识产权试点工作。以构建与社会主义市场经济相适应的区域知识产权管理体系为基础，以加强知识产权工作与科技、经济的紧密结合，提高企事业单位运用知识产权制度的能力为重点，以形成自主知识产权的技术、产品和产业群为主攻方向，全面提升试点区域的知识产权管理和保护能力，为把乌鲁木齐建设成为西部国际商贸中心，为地州、县市区改革开放、科技创新、经济发展、投资贸易创造良好的知识产权环境。

——抓好企事业单位知识产权试点工作。在继续抓好在我区的国家级专利试点企业和我区已开展的9个试点企业工作的基础上，再选择一批企事业单位开展知识产权试点工作。扶持和培养这些企业成为知识产权管理制度健全、能自觉运用知识产权制度促进技术创新、拥有一批自主知识产权成果、具有一定技术和市场竞争优势的企业和企业集团；使试点事业单位（高等学校和科研院所）科技创新和自主知识产权产出能力得到进一步提高。各地州市也要根据本地实际，开展相应的企事业单位知识产权试点工作。

（三）大力促进拥有自主知识产权技术的实施。知识产权管理部门要会同科技、财政、税务、金融等部门，研究提出拥有自主知识产权的技术实施的特惠扶持政策，以贯彻中央关于扶持拥有自主知识产权的高新技术及其产业化的战略方针。尤其对于拥有自主知识产权的核心技术和配套技术的中小型高新技术企业，要加大扶持力度，促进我区拥有自主知识产权高新技术产业的发展。采取措施，促进拥有自主知识产权的技术转移和扩散，鼓励高校、科研机构与企业合作研究开发或者引进国内外先进技术，共同进行二次开发和创新，其成果在取得知识产权并进行合理分享权益的基础上，由有关企业实施。要拓展实施拥有自主知识产权的技术的投资渠道，探索风险投资机制，构建孵化、转移平台，大力推进拥有知识产权的技术产业化、商品化进程，形成一批有自主知识产权的产品和产业，使其迅速转化为现实生产力，成为自治区新的经济增长点。

（四）进一步加强宣传和培训。为提高对知识产权重要性的认识，全面提升我区运用知识产权的能力和水平，自治区将从2004年开始实施"知识产权万人教育培训计划"。根据计划，自治区将在5年的时间内，每年培训一万人，其中乡镇以上领导干部和企事业单位负责人1500人，企事业单位科技管理和知识产权管理人员2500人，科技人员和企业营销人员4000人，大中专学生等2000人。通过实施这一计划，提高全社会的知识产权意识，形成尊重知识、崇尚创新、保护知识产权的良好氛围。

三、主要措施

（一）加强组织领导。充分发挥各级知识产权协调指导小组对知识产权战略推进工程的协调领导作用。自治区知识产权局、工商局、新闻出版局、科技厅、经贸委、外经贸厅、教育厅、财政厅、质量技术监督局等有关部门要紧密配合，加强对这一工作的指导和支持，共同研究制定具体的实施方案和相应的政策措施，精心组织、周密部署，做好检查指导和服务，推进这一工程的健康开展。要把知识产权战略推进工程作为科技兴地州市、科技兴县市区的重要内容，纳入各地各部门的重要议事日程。试点区域政府和试点企事业单位要成立由政府主管领导和单位负责人牵头的试点领导小组，制订试点计划，建立指导、检查、考核制度，明确和落实责任，设立或指定工作机构，提供必要的工作条件和经费。

（二）强化政策导向。技术创新要以取得自主知识产权及其产业化作为主要目标之一。对试点的区域和企事业单位，有关部门在计划立项、专利申请资助、知识产权数据库和信息网络建设等方面给予优先扶持。在科技计划的制订、项目立项、评审、检查、验收鉴定和成果奖励等各个阶段，强化知识产权管理；科技计划优先支持技术含量高、产业前景好的发明专利的实施。

（三）建立激励机制。不断完善政策规定，引导和扶持取得更多的知识产权及其产业化。鼓励、支持企业争创"新疆著名商标"和"中国驰名商标"，提升产品的品牌价值和市场竞争力。充分发挥专利申请资助资金的作用，激励申请更多的专利。认真落实奖酬政策，按照有关法规，对成果完成人、职务发明人和为成果转化做出贡献的人员给予奖励和报酬。各地各部门要结合实际，制定相应的配套政策措施，鼓励知识产权作为生产要素参与分配，切实保障职务技术成果完成人的技术权益和经济利益。

（四）大力推进企事业单位知识产权工作。引导企事业单位根据本单位的实际，建立和完善知识产权管理和保护制度。进一步提高企事业单位运用知识产权制度的自觉性，调动科技人员技术创新与发明创新的积极性，提高技术创新和运用知识产权的能力和水平。

（五）组织实施知识产权战略研究。以试点区域和试点企事业单位为重点，着力帮助和指导开展试点区域支柱产业和试点企业主导产品的知识产权战略研究和运用，将知识产权上升到区域发展和企业发展的战略高度，成为区域经济、科技发展战略的重要组成部分，实施与企业发展战略紧密结合的知识产权战略，提高企业的综合竞争力。

（六）切实加强知识产权保护。建立健全我区知识产权行政执法工作体系和政府、行业协会、企业三位一体的知识产权保护机制，支持和鼓励建立知识产权自律和维权性组织，逐步建立健全行业自律、舆论监督、群众参与的知识产权保护监督体系。充实力量，提高执法人员素质，强化执法手段，严格依法行政，重点抓好生产、流通、进出口等领域的知识产权侵权和假冒行为的查处工作。根据区域和企业知识产权保护存在的问题，制订加强知识产权保护行动的计划和工作方案，加大知识产权保护力度。

（七）大力加强知识产权信息基础设施建设。建立行业和企业的商标、专利信息网络共享平台、知识产权信息网站和商标、专利信息专用数据库，为社会各界充分、有效利用知识产权信息提供便利条件。

（八）扶持和培育知识产权中介机构健康发展。鼓励和扶持知识产权代理、信息咨询服务、无形资产评估等中介服务机构的发展，培育和发展知识产权中介服务市场，改进和完善对中介机构的监督、管理，加强对中介服务人员的业务资格审查和业务培训，提高服务水平，发挥他们在知识产权工作中的桥梁和纽带作用。

（九）加大高新技术产业开发区、经济技术开发区等各类园区的知识产权工作力度，使之成为我区知识产权与技术创新有机结合的示范点和知识产权产出的重要基地。

（十）建立和完善知识产权市场运作机制。建立知识产权资产评估、统计制度，并将其纳入企业资产和财务核算管理体系。积极推进知识产权的市场化运营，实施知识产权转让、许可、引进、信托、质押、投资入股等经营策略，将知识产权从财产和资本两方面加以运营，以获得最大效益。

新疆维吾尔自治区加强知识产权保护工作方案（2006—2007年）

（新政办发〔2006〕167号）

为积极应对在知识产权领域面临的严峻挑战，发挥知识产权保护在整顿和规范市场经济秩序中应有的作用，有效遏制侵犯著作权、商标权、专利权等违法行为，国务院办公厅下发了《国务院办公厅关于印发保护知识产权行动纲要（2006—2007年）的通知》（国办发〔2006〕22号）（以下简称《通知》）。根据《通知》精神，现就自治区（2006—2007年）加强知识产权保护工作制定如下方案。

一、指导思想

以邓小平理论和"三个代表"重要思想为指导，全面落实科学发展观，认真贯彻胡锦涛总书记在2006年5月26日中共中央政治局第三十一次集体学习时的重要讲话精神，坚持"政府统筹、协调高效、适应区情、保护有力"的工作方针，突出对著作权、商标权、专利权等知识产权的保护，完善知识产权保护工作机制，强化行政与司法保护的衔接配合，加大宣传培训力度，增强全社会知识产权保护意识，全面提升区域创新能力，努力开创自治区保护知识产权工作的新局面。

二、工作目标

各级政府对知识产权保护工作的统筹领导明显加强，知识产权保护工作责任制全面建立并切实得到落实；知识产权得到有效保护，侵犯知识产权违法活动得到有效遏制；知识产权保护工作服务于增强自主创新、建设创新型国家、促进繁荣发展的作用突出显现；行政保护和司法保护的衔接、协调、配合长效机制趋于完善；企业、科研院所、高等院校创造、运用、保护知识产权的意识和能力明显提高；社会公众知识产权保护意识明显提高；各级知识产权执法队伍建设明显加强。

三、工作要求

各地、各有关部门要切实贯彻落实胡锦涛总书记在2006年5月26日中共中央政治局集体学习中作出的："各级党委和政府要高度重视知识产权工作，把知识产权工作纳入重要议事日程，完善和落实责任制。要加强知识产权专门人才的培养，特别是要加大知识产权高层次人才培养的力度。要加强对党政领导干部、行政执法和司法人员、企事业管理人员的知识产权工作培训，提高他们做好知识产权工作的能力和水平。全社会要共同努力，把我国知识产权工作提高到一个新的水平"的指示精神，加强对知识产权保护工作的统一领导。

（一）各地要把保护知识产权工作列入重要议事日程，加强统一领导、统筹协调，完善和落实责任制，对知识产权管理和保护工作中的机构、人员、工作经费等要逐项予以督查落实。各级发展改革、财政等有关部门要对知识产权保护工作给予必要的支持，加大对知识产权创造、管理、保护工作的投入，为知识产权管理和保护提供必要的工作条件。

（二）各级知识产权执法部门要按照依法行政、标本兼治、打防结合、促进发展的原则，充分发挥职能作用，加大行政执法力度，依法严厉打击和有效遏制侵犯知识产权违法犯罪行为，加强对知识产权的保护。公安、司法机关要进一步加强知识产权刑事司法保护工作。

（三）要健全知识产权管理和保护机构，充实版权、商标、专利及司法机关的基层力量，形成一支精干高效的知识产权管理和保护工作队伍，做到执法能力与承担任务相适应。

（四）宣传、教育部门要积极配合知识产权重点工作，广泛深入地开展宣传报道工作，并注重向国内外介绍自治区保护知识产权工作的成效。

（五）各地及知识产权管理部门要密切关注国内外知识产权保护新动向，把握其特点和规律，采取有效的应对措施，遏制各类侵权行为；要集中力量严查情节严重、影响恶劣的侵权案件，严厉打击侵权犯罪团伙；要妥善化解涉外知识产权纠纷。

四、工作安排

（一）版权保护

1.加强出版物市场、音像市场、印刷和发行等环节的监管和检查；加大打击各类侵权行为的力度，重点坚决打击盗版教材、教辅、软件电子出版物及网络侵权行为；不断规范出版物市场和音像市场的经营秩序。

2.做好相关人员的培训工作。对大中型企业、文化、广电、信息网络从业人员及图书、音像、电子出版物经销人员进行培训。

3.2006年8月底完成地州市政府部门软件正版化工作，下半年启动大、中型企业软件正版化工作。2007年年底完成20家大中型企业的软件正版化工作，并将此项工作列入自治区版权工作"十一五"规划，在"十一五"期间全面完成大中型企业软件正版化工作。

4.打击网络侵权盗版行为，会同电信管理局强化对网站的管理，建立起较为完善的监管机制，形成行业自律。

5.拓展企业版权登记工作。通过企业作品版权登记，扶助企业创作和开发享有自主版权的品牌产品，以培育自治区的版权产业，同时也提高企业的版权保护意识和企业自律意识。

6.培育自治区版权中介服务机构，在逐步完善新疆版权保护协会（反盗版联盟）工作的同时，设立音乐、文字作品集体管理机构的分支机构。启动背景音乐及公开使用音乐作品的许可及代理著作权人收取版税（稿酬）的工作，在四、五星级宾馆、大型娱乐场所实现音乐作品的有偿使用。

7.在中学生中普及版权保护知识，举办中学生著作权法知识讲座。会同教育部门在地方教材中增设著作权法相关内容，使其成为常规教学内容。

（责任单位：自治区新闻出版局（版权局）、文化厅等相关单位）

（二）专利权保护

1.加强知识产权制度建设。围绕《新疆维吾尔自治区专利保护条例》的实施，出台《〈新疆维吾尔自治区专利保护条例〉详解》；适时制定规范性文件和规章制度，有效推动全区专利保护工作发展。

2.加强对地州市专利执法工作的指导与监督，发挥各级知识产权局作用，提高处理专利侵权纠纷的能力与效率；加强对专利代理机构和专利代理人的执业监督，规范执业行为，维护专利代理市场的正常秩序；规范专利行政执法数据统计；建立专利执法信息平台；强化全区专利保护工作。

3.以食品、药品、农业及高新技术领域为重点，加强专利执法检查，加大专利行政执法力度；打击重复性、群体性专利侵权行为；继续严厉打击各类专利诈骗行为；建立和完善商品流通领域的专利保护机制，加大对流通领域的专利保护执法力度；在商业企业中确定专利试点单位，引导商业企业采取有效措施，遏制冒充专利、假冒他人专利行为。

4.各级财政部门要对专利行政执法工作提供必要的经费保障。

5.加强专利行政执法队伍建设。

（责任单位：自治区知识产权局等相关单位）

（三）注册商标专用权保护

1.严厉查处商标侵权假冒大要案件，保护注册商标专用权，维护公平有序的市场竞争秩序。对涉外、涉农和食品、药品以及情节严重、性质恶劣、严重危害人民群众身心健康的商标侵权假冒行为，要快查快办，依法惩处；对城乡接合部生产、加工、制售侵害、假冒注册商标商品的黑窝点，要坚决摧毁；对达到移送标准、涉嫌构成犯罪的商标违法案件，要依法移交司法机关追究刑事责任，加大对商标专用权的刑事保护力度。

2.加强对著名、驰名商标的保护力度。积极动员和利用社会力量，加强与国内外著名、驰名商标企业及其品牌代理商、知识产权代理机构以及兄弟省区工商部门和公安、法院的配合与协作，建立重点商标保护网络，拓宽监管范围，努力使商标违法行为置于全社会监督之下。

3.严格市场主办者的管理责任，强化行政执法力度，以商场、集贸市场、专卖店、专修店以及星级酒店的专卖柜为重点，适时开展商标专项整治工作。对搭"便车"从事不正当竞争的"傍名牌"行为，要坚决予以打击和制止。

4.力争自治区年注册商标申请量增长率不低于15%；地理标志和农产品商标年增长率不低于20%；中国驰名商标年增长不少于2件；新疆著名商标每年认定不少于20件。

5.加大对商标工作的指导力度。注重发现、分析和掌握商标违法行为的阶段性特点和动向，及时制定应对措施，发布商标权受侵害严重的重点商标、重点商品和重点地区信息，提供商标案件线索，统一指挥和调动基层力量，实现上下联动，准确、及时、有效地查处和打击商标侵权行为。

6.结合实际，采取多种形式和途径加强培训工作，努力提高自治区商标管理干部队伍的整体素质和执法水平。

（责任单位：自治区工商局等相关单位）

（四）强化知识产权海关保护

1.全面落实《知识产权海关保护条例》，针对进出口环节知识产权案件的特点和区域分布规律，加强对商标权、专利权、著作权和奥林匹克标志专有权保护的同时，积极运用风险管理理念和技术手段，重点查处边贸市场出口环节及邮递渠道的假冒知名品牌、注册商标和盗版光盘案件，提高查获进出口侵权货物的效率。

2.加强一线查验关和办案人员的知识产权执法培训，规范执法行为，提高执法水平。

3.加强对定牌加工企业的监管和服务，对出口生产加工企业尤其是定牌加工企业的监管，建立委托方备案制度，帮助企业加强自律和完善内部管理，增强对侵权活动的防范能力。

4.在新疆外经贸网站和"乌洽会"等主要网站上，建立保护知识产权的专门栏目和侵权投诉中心，与国家保护知识产权公众信息服务网站联网，实现信息和数据共享。

（责任单位：乌鲁木齐海关、自治区新闻出版局、知识产权局、工商局等相关单位）

（五）加强植物新品种的监管与保护

1.加强执法，切实维护当事人合法权益，进一步发挥自治区及各地农、林植物新品种保护行政执法机构的作用，以农、林作物新品种为重点，加强植物新品种的监管与保护。开展物种新品种检查，依法严厉查处以农、林作物新品种为重点的植物新品种侵权和假冒授权品种的违法行为，加强执法工作。

2.把提高品种权申请的数量放在农、林植物新品种保护工作的重要位置,加大宣传培训力度,采取有效措施,提升新疆植物新品种权申请总量。

3.大力发展品种权中介服务组织。不断充实和扩大品种权代理人队伍,更好地适应国内外品种权代理服务的需要。

(责任单位:自治区农业厅、林业厅、质监局、工商局等相关单位)

(六)加强展会中的知识产权保护

1.强化对展会的知识产权保护的管理和指导,依法对展会开展执法检查和提供法律服务。防止境内外参展单位及个人展示、销售假冒侵权产品;防止不法组织和个人通过展会组织造假和出口,实现知识产权保护的"关口前移"。

2.在组织参加出国(境)展会时,加强对参展、参会企业的宣传教育和监督管理,防止在展会当中销售假冒侵权商品。

(责任单位:自治区工商局、知识产权局、新闻出版局、外经贸厅、经贸委、乌鲁木齐海关等相关单位)

(七)司法、公安机关加强对知识产权的保护

1.法院应充分发挥刑罚的惩治和威慑作用,依法公正审判知识产权案件,有效打击和预防侵犯知识产权的违法犯罪行为。

2.全区各级公安机关按照《公安部关于进一步加强打击侵犯知识产权犯罪工作的通知》要求,重点打击和查处一批侵犯知识产权犯罪案件。要组织好对乌鲁木齐、巴州、喀什、克拉玛依、哈密、伊犁、石河子市、外贸口岸、各类商品批发市场等重点地区和部位的打击侵犯知识产权犯罪专项行动。

3.法院、公安机关应加强与知识产权行政执法部门的沟通协调,密切配合,在各司其职的同时,编织严密法网,形成合力,加强对知识产权的保护。

(责任单位:自治区高法、乌鲁木齐市中法、自治区公安厅、工商局、知识产权局、新闻出版局等相关单位)

(八)多层次、全方位开展宣传教育培训活动

1.加大宣传力度,营造舆论氛围。各地各部门要采取多种方式,及时宣传全国、自治区保护知识产权工作取得的成效,不断增强全社会保护知识产权意识。要做好版权、专利权、注册商标专用权、知识产权海关保护、植物新品种以及会展等各项知识产权保护的宣传教育工作。在每年"4·26"世界知识产权日前后,在全疆各地广泛开展多种形式的知识产权保护宣传教育活动。各地各部门要将保护知识产权方面的法律法规纳入"五五"普法教育内容。新闻媒体要将知识产权保护的宣传教育工作纳入总体宣传计划,通过多种形式进行宣传报道,营造良好的社会舆论氛围。

2.加强保护知识产权的培训工作。各主管部门要围绕商标权、著作权、专利权等知识产权重点内容,制订实施保护知识产权教育培训计划,在2006—2007年分别举办2—3期知识产权保护培训班,提高各级干部、行政执法人员、公务员、企事业单位管理和科技人员掌握和运用保护知识产权的能力和水平。

(责任单位:整规办(保知办)、自治区党委宣传部、自治区政府法制办、科技厅、工商局、知识产权局、新闻出版局、经贸委、乌鲁木齐海关等相关单位)

(九)建立完善知识产权保护协作配合机制

建立完善知识产权行政部门与司法机关协作配合机制,通过健全联络员制度、健全情况通报制度和健全案件移交等制度,深化合作内容,拓宽合作渠道,加强衔接配合,实现知识产权行政执法与刑事司法执法的有效衔接,促进执法协作,形成打防合力;建立完善保护知识产权协调指导小组成员定期沟通协调会议制度,形成信息共享、沟通便捷、打击迅速的知识产权保护机制;建立完善有关部门与企事业单位知识产权保护沟通联络机制，发挥行业协会和知识产权中介组织的作用，为企事业单位知识产权保护提供有效服务。

（责任单位：自治区整规办（保知办）、自治区知识产权协调指导小组成员单位）。

（十）建立新疆维吾尔自治区保护知识产权举报投诉服务中心

在乌鲁木齐建立"新疆维吾尔自治区保护知识产权举报投诉服务中心"；逐步在地州市建立举报投诉服务中心。根据国家商务部《关于实施"知识产权保护网工程"的通知》（商整规发〔2006〕208号）要求，结合新疆实际实施"知识产权保护网工程"，建设"保护知识产权公共信息服务平台"。

（责任单位：自治区整规办（保知办）、检察院、高法、公安厅、工商局、知识产权局、新闻出版局、乌鲁木齐海关等相关单位）。

自治区人民政府办公厅

二〇〇六年十一月一日

新疆维吾尔自治区专利工作"十五"计划

（新知管字〔2002〕09号）

随着经济全球化加快和科学技术的迅猛发展，知识或智力资源的创造、占有、配置和运用越来越成为经济社会发展的决定因素，知识产权在经济、科技发展中的作用越来越重要，专利拥有量、专利的保护和运用能力已成为一个国家或地区技术创新能力和经济竞争实力的重要体现。"十五"期间，是自治区全面推进改革开放和现代化建设的重要时期，以实现西部大开发和经济结构调整为主线的各项工作将全面展开。我国加入世贸组织，既给我们带来了有利的发展机遇，又使我们面临新的挑战。实现自治区经济和社会发展"十五"计划，必须大力加强技术创新和科技进步，而专利制度能够为技术创新和科技进步提供有效的激励和保护机制。全面加强我区专利工作，是自治区"十五"计划和应对"入世"的必然选择。

根据自治区国民经济和社会发展"十五"计划和全国专利工作"十五"计划的精神，结合自治区的实际情况，特制订《新疆维吾尔自治区专利工作"十五"计划》，它是自治区国民经济和社会发展"十五"计划的重要组成部分，也是今后五年自治区专利工作的基本依据。

一、自治区专利工作发展现状和面临的形势

《专利法》实施以来，自治区的专利事业从无到有，从小到大，不断发展。"九五"期间，全区专利工作发展较快，取得了显著成绩，在自治区的经济建设和社会发展中起到了积极的作用。

——专利工作体系初步形成。自治区已初步形成包括专利管理、专利服务、专利保护在内的专利工作体系和运行机制。除自治区知识产权局外，全区15个地州市科委都赋予了专利管理的职能；有6个专利代理机构；部分企事业单位建立了专利管理机构；全区拥有一支由专利管理、代理及服务人员组成的近500人的专利工作队伍。建立了"中国专利信息工程新疆网站"。

——开展了专利宣传和培训。利用各种媒体，开展形式多样的宣传活动，采取办学习班、培训班、报告会、讲座、知识竞赛等，传播专利知识，提高社会公众的专利意识。1996年以来共举办学习班、培训班近百期，培训5000多人次，举办专题报告会和讲座130次，听讲人员1.6万人次。

——建立激励机制，促进技术创新。自治区相继出台了12个激励发明创造、促进技术创新和专利保护、管理的文件，曾两次评选奖励了优秀发明家和专利企业家，极大地调动了全区技术创新的积极性，推动了全区发明活动的日益活跃。

——专利保护力度不断加大。采取专利管理机关行政执法和人民法院司法审判"两条途径、协调运作"的

专利保护机制，及时处理专利纠纷案件和查处冒充专利行为，有效地保护了专利权人的合法权益，维护了市场秩序。

——专利申请量和授权量出现持续上升的趋势。"九五"期间，新疆专利申请量、授权量分别是前十年的1.21倍和1.51倍。2000年专利申请量首次突破千件大关，达到1088件，授权717件，在西北五省区居于第二位。

——积极推进专利实施。多次在自治区举办和组织参加国内外专利技术博览会、展览会，促进了自治区专利技术的交易和引进内地专利推广应用。1996年自治区在全国率先建立了专利技术实施资金，带动了全区专利技术的实施，专利技术实施为自治区的经济发展起到了积极的作用。

——企业专利工作不断加强。"九五"期间，自治区开展了企业专利工作试点，并推广他们的经验，为全区企业专利工作的开展提供了条件。

自治区专利工作取得了一定成绩，为自治区专利工作的进一步发展奠定了较好的基础。但是，我们必须清醒地看到，自治区专利工作还处于一个初级发展阶段，总体水平较低，专利工作还存在着许多不容忽视的困难和问题，与自治区经济、社会和科技发展的需要和"入世"的形势的要求很不适应。主要表现在：

——全社会特别是领导干部的专利意识还很薄弱，专利知识的宣传不够普及和深入。全区拥有的专利不仅数量少，而且质量也不高。

——专利工作尚未纳入科技、经济工作中，专利制度在技术创新中的作用还没有得到应有的发挥。许多企事业单位没有建立专利管理制度。全区运用专利战略的意识和能力很弱，专利工作综合能力亟待提高。

——政策引导不力，还没有形成良好的专利事业发展环境；有关专利权归属和利益分配的激励政策尚未健全和落实；鼓励专利技术转化的政策不到位，专利实施率仅有23%。

——专利法规建设和执法力度不够，专利行政执法的力量有限。

——专利工作体系不健全、力量十分薄弱，远不能适应需要；专利信息化和管理网络建设的任务十分繁重。

自治区专利工作存在的问题，既在一定程度上反映了自治区经济技术发展的整体水平比较低的实际情况，也与自治区专利工作起步晚、基础差的客观原因有直接关系。解决这些问题和困难，归根结底要靠解放思想，提高认识，加强领导，深化改革，加快发展。

随着科学技术的迅猛发展和经济全球化的加快，国际知识产权制度的变革进入空前活跃的阶段，强化知识产权保护已成为一种世界性潮流。我国加入世贸组织，将在更大范围、更广阔领域、更高层次上参与国际经济一体化，这更加有利于改善我国经济发展的外部环境，拓宽经济发展空间，加快经济结构战略性调整，推动科技进步和创新。但是，我们也要清醒看到，加入世贸组织，各种竞争接踵而来，特别是在知识产权领域中的竞争和渗透会更加激烈，这必将给我们的经济和社会生活带来一系列全新而深刻的变化。这些，对专利工作既是严峻的挑战，也是专利工作全面发展的有利时机和强大的动力。

"九五"以来，在中央西部大开发战略的指导下，自治区经济结构战略性调整迈出了坚实步伐，全区经济、社会和科技发展出现良好的态势，为自治区专利工作的发展创造了极为有利的条件。

二、"十五"期间我区专利工作的指导思想和主要奋斗目标

面对新形势和自治区专利工作的现状，自治区的专利工作要按照自治区党委和人民政府的要求，充分把握和抓住"入世"的有利时机，有效地发挥专利制度在促进技术创新和推进科技进步中的作用，努力开创自治区专利工作的新局面。

"十五"期间自治区专利工作的指导思想：以邓小平理论和江泽民同志"三个代表"重要思想为指导，深入贯彻落实《中共中央、国务院关于加强技术创新、发展高科技、实现产业化的决定》，以全面构建与社会主义市场经济发展相适应的专利工作体系为基础，以加强专利管理，推动制度创新和技术创新，全面提高企事业

单位运用专利制度参与国内外市场竞争的能力和水平为中心环节，以强化专利保护为着力点，以形成拥有自主知识产权的产品和产业为主攻方向，全面提高技术创新能力和综合竞争力，促进国民经济持续、健康、快速发展。

"十五"期间自治区专利工作的目标：全社会知识产权意识明显增强，掌握和运用知识产权的能力显著提高。专利申请的年均增长率为15%，到2005年专利申请量力争达到2200件。其中发明专利申请的年增长率为20%，"十五"期间力争发明专利申请量累计达到1600件；职务发明所占比例要有显著提高，由2000年的20%提高到2005年40%。与优势产业相关的关键技术和高新技术领域的发明专利申请量大幅度提升，形成一批拥有自主知识产权的大中型企业、企业集团和高新技术产业。在国外有一定数量的专利申请。形成比较完善的专利管理和工作体系，专利管理和保护水平进一步提高，专利执法能力进一步加强。专利中介服务机构建设快速发展。

"十五"期间自治区专利工作的重点：紧紧围绕自治区的中心工作，建立和完善专利管理体制和运行机制，强化专利宣传和培训，加强专利战略和政策研究，强化专利行政执法，充分发挥专利制度促进技术进步与创新的作用，推动专利技术产业化，为自治区经济发展服务。

三、主要任务和措施

（一）切实加强对专利工作的领导

科学技术是第一生产力，抓专利工作就是抓生产力，保护发明创造就是保护生产力。各级政府要提高对专利工作领导的自觉性，要把专利工作纳入决策内容，列入重要的议事日程，作为政府推进科技兴新和建立社会主义市场经济的重要工作来抓，全面推进专利管理体制、工作机制和政策法规环境的建设，切实解决专利和经济、科技、外贸管理脱节的问题，把专利工作纳入到各级政府领导的科技进步考核的内容中去，作为评价企事业单位技术创新和单位领导业绩考核的重要指标。要把专利工作的任务分解到具体的企事业单位，层层落实，实行年终考核，保证专利工作任务的完成。

专利工作涉及经济、科技、贸易等领域，涉及几乎国民经济的各个行业。政府对专利工作的领导，既要发挥管理专利工作的部门的主导作用，也要充分依靠经济、科技、贸易以及各行业主管部门的积极参与，形成专利工作"全方位、多层次"大管理格局，就是说政府各部门都有责无旁贷的责任，把专利工作纳入到各部门的管理体系中，采取有力措施，积极与管理专利工作的部门配合，共同做好专利工作。要充分发挥自治区知识产权工作协调指导小组的作用，加强全区知识产权工作的宏观管理和统筹协调。

（二）优化政策法治环境，为专利事业发展和技术创新营造良好的氛围

《新疆维吾尔自治区人民政府关于加强专利工作促进技术创新的意见》出台了有利于专利事业发展的一系列政策规定。自治区各部门、各地州市政府（行署）要结合各自管理业务和当地的实际情况，提出贯彻落实的具体意见和措施。自治区有关部门要将《意见》中涉及本部门管理范围内的内容，纳入到本部门制定的有关规定办法中，形成可操作性的措施，落到实处，为企事业单位、科研院所、大专院校运用专利制度促进技术创新提供政策引导和措施保障。

自治区知识产权局要积极配合自治区科技厅制定科技计划项目有关知识产权归属与利益分配的政策，明确国家、集体、个人三者间的知识产权关系。充分调动科技计划项目承担单位和科研人员两方面的积极性，进一步提高我区科技计划中的创新水平和形成自主知识产权的能力。

自治区要制定《专利管理条例》等地方性法规，进一步完善地方专利法规建设。要继续实行人民法院和专利行政管理机关"两条途径、协调运作"的模式，充实和加强司法和行政执法力量，加强社会监督网络的建设，严厉查处和制裁各种专利侵权行为，严肃查处冒充专利行为，及时有效地处理专利侵权和纠纷案件，维护专利权人的合法权益和市场秩序。

（三）推动和引导企事业单位建立健全专利管理制度和管理机构

加强企事业单位特别是企业的专利管理工作，是提高企事业单位创新能力和企业市场竞争力的需要。必须尽快扭转自治区大部分企事业单位在专利管理方面无章可循、制度不严、管理不力的被动局面。各级政府以及各级管理专利工作的部门要鼓励和引导企事业单位根据自身的需要和条件，建立健全专利工作的规章制度和组织机构。大中型企业、高新技术企业、高等院校和区属科研院所还没有建立专利规章制度和组织机构的要在2002年内建立起来，已有规章制度和组织机构的也要按照"入世"的要求，进一步健全完善。要把专利工作纳入技术创新的全过程，切实落实专利奖酬制度，用专利制度激励和保护科技人员的发明创造，尽快形成促进科技创新和专利管理有机结合的良性机制。企事业单位应该把建立专利管理制度当成单位改革和发展的大事来抓，在技术创新工作中增强专利管理和保护的自觉性、主动性和紧迫感，思想观念要从计划经济的轨道上转变到市场经济上，逐步从依靠政府扶持转向主要依靠知识产权资源竞争优势上来，通过掌握和运用知识产权，形成市场竞争优势，提高竞争能力。

（四）增强专利工作的综合能力

要把提高专利工作的综合能力摆在今后一个时期自治区专利工作的突出位置。自治区知识产权局和地州市管理专利工作的部门要会同科技、经济、贸易主管部门，共同推进专利制度与科技、经济、贸易管理制度的衔接与协调工作，使专利工作切实纳入到科技、经济、贸易的管理体系中。要切实加强管理专利工作的部门在区地两级规划发展、政策引导、行政执法、宣传培训和队伍建设方面的职能，使政府对专利工作的引导作用得到充分有效的发挥。

加强专利战略的研究与运用，并使之纳入到自治区、重点行业和企业的发展规划和发展战略中，成为其有机组成部分。自治区知识产权局将会同有关经济、科技和行业主管部门，开展自治区优势产业和相关高新技术领域专利战略研究，帮助技术创新主体正确选择创新的重点方向和目标，培育和形成上述产业和领域的科技优势，并尽可能地将其变成具有我区特色的知识产权优势。大中型企业也应根据技术的发展和市场的变化，研究制定专利战略，将其作为企业的发展战略、技术创新战略和市场营销战略的重要组成部分。

要继续抓好企业专利试点工作，为自治区企业专利工作起到示范带动作用。自治区知识产权局和经贸委确定的10家企业开展专利试点工作已经启动，其中特变电工股份有限公司被列为国家的专利试点企业。自治区知识产权局和经贸委将重点帮助指导这些企业做好知识产权战略的研究制定，建立健全规章制度和管理机构，人员培训等，学习国内外企业的经验和做法，使企业运用知识产权的能力和水平迅速得到提高，成为自治区做好专利工作的示范典型。试点完成后及时总结推广他们的经验，推动和引导更多的企业走上依靠专利制度促进技术创新的道路，形成一批拥有自主知识产权、核心竞争力强的大公司和企业集团。

加强高新技术产业开发区和经济技术开发区的专利工作，将其建设成为自治区知识产权制度与技术创新有机结合新体制的示范点和知识产权产出的重要基地。

要加强专利信息网络的建设。自治区知识产权局要根据自治区科技、经济发展的需要和产业优势，建立相关技术领域的专利信息专题数据库，并与地州市知识产权局联网，为政府部门、企业事业单位、科技人员和公众及时获得并有效运用专利信息提供便利和条件。"十五"期间，自治区还要按照国家知识产权局的统一标准，根据自己的特点，建立自治区专利管理信息系统，提高专利管理工作效能。

要管好用好自治区专利技术实施资金，使其在推进专利技术商品化、产业化中发挥应有的作用。各地州市政府也要根据条件建立专利技术实施资金，用于引导和扶持专利技术实施。积极探索专利权与金融资本相结合的融资机制，制定相关政策，充分发挥专利作为财产和资本在融资中的作用，积极开展专利信托、质押、投资入股等业务。将专利从财产和资本两方面加以运营，鼓励和引导风险投资基金用于专利技术项目，拓宽实施专利技术投、融资渠道，促进有自主知识产权产品、产业和企业群的形成和发展。

积极取得财政支持，争取设立自治区专利申请资金，用于资助技术含量高、有产业化和市场前景的发明创造的专利申请，促使我区专利申请量的大幅度提高。科技管理部门可以根据科技计划的具体情况，单列资金，用于补助承担单位取得知识产权的申请费用和维持费用。企事业单位也应拨出专项经费，用于职务发明的申请和维持。

（五）加强专利工作体系建设

专利工作体系的建设和发展，是自治区专利工作迅速发展的重要保障。地州市一级知识产权局应尽快建立起来，选配好领导和工作人员，提供必需的办公条件和经费。有条件的县级市（区）可率先成立知识产权局。自治区有关厅局要有一名领导负责专利工作，在科技管理部门配备专职或兼职的工作人员。各厅局要监督检查所属企事业单位知识产权管理机构和制度落实情况。通过上述努力，形成上下一致、多层次协调运行的专利管理体系。

要大力发展中介服务机构，提高专利保护和专利管理的社会化服务水平。鼓励和扶持包括专利代理、专利信息服务、无形资产评估等专利中介服务机构的发展，帮助解决中介机构和队伍发展中的困难和问题，强化服务功能，提高服务质量和水平，规范从业行为，加强行风建设，使专利中介服务机构和队伍的建设适应自治区专利工作发展的需要，成为专利事业发展的重要社会支撑力量和管理专利工作的部门的有利助手。

加强专利管理队伍建设，造就一批高素质人才是专利工作的基础和保证。自治区和地州市管理专利工作的部门和组织人事管理部门要互相配合，围绕专利工作的目标，研究制订并组织实施专利管理队伍建设和人才培养计划，利用已有的经济干部、科技干部、公务员培训基地，或者委托高等院校进行培训。积极组织我区专利管理人员参加全国知识产权远程教育的培训。与有关部门联系，争取在新疆高校开办知识产权研究生班。不断提高专利管理人员的业务素质和道德修养，树立良好专利的行业作风，逐步形成一支有创造力、凝聚力和战斗力的高素质的专利管理队伍，以适应专利工作发展的需要。

（六）加强宣传培训，提高全社会的知识产权意识

全面提高社会公众的专利保护意识，是自治区应对"入世"的一项十分紧迫的任务。各级政府要加强对知识产权宣传工作的组织领导，形成一个知识产权管理部门和各厅局齐抓共管，企事业单位积极参与，工、青、妇、科协等群众团体通力协助，新闻媒体大力配合的局面，在我区掀起宣传《专利法》和普及知识产权知识的新高潮。要把对《专利法》的普及教育列入"四五"普法计划中，各级宣传部门和新闻机构要把知识产权作为宣传的重点之一。宣传工作要突出"入世"的新形势、把握技术创新、经济结构调整、国有企业改革与专利保护的关系等重点，面向社会公众，针对不同对象，运用生动活泼的形式、通俗易懂的语言进行宣传教育。

专利培训工作直接关系到运用专利制度的能力和水平。要把专利培训摆到更加突出的位置，按照自治区和地州市统筹规划、合理分工、各有侧重的原则，面向专利战线在职干部和科技与经济管理干部，抓好世贸组织的知识产权规则和新修改的《专利法》的培训工作。适应"入世"后政府部门和重点企事业单位急需大量懂得知识产权的复合型人才的需要，既要下大力气尽快培养一支掌握国际知识产权法律规则的高级专利工作队伍，又要加强在职人员的再教育和后备管理队伍的培养，还要加大企事业单位专利工作者的培训力度，使绝大部分企事业单位都有能够适应专利管理需要的人才。要加强对广大科技人员的培训，保证科技管理干部和科技管理人员专利基本知识的受教育面达到50%以上，使他们掌握基本的专利知识，能够正确运用专利战略，从事科技创新活动，大幅度提高科技创新并依法获得自主知识产权的能力和水平。要充分利用各级党校和行政学院，开展对各级党政领导、科技、经济等部门的领导的专利知识的普及教育，增强他们的专利意识，要保证全疆94个县市区的主管科技的领导都参加一次全面的专利知识培训。高等学校也要开设专利专题讲座，让在校大学生从学校开始就能接受专利的教育。

二○○二年三月十一日

关于贯彻《中共中央、国务院关于进一步加强新疆干部与人才队伍建设的意见》的措施和建议

中共中央、国务院下发的《关于进一步加强新疆干部与人才队伍建设的意见》（中办发〔2003〕32号，以下简称32号文件），是对新疆各族人民的关怀，充分体现了党中央、国务院对新疆干部队伍建设和人才队伍建设的高度重视。因此，紧密结合新疆知识产权工作的实际，认真学习好、贯彻落实好这一"管根本、管长远"的文件精神，按照32号文件关于新疆干部与人才队伍建设的指导思想和总体要求，全面加强新疆知识产权干部与人才队伍建设，是摆在我们面前的一项重要政治任务。

一、认真学习和理解32号文精神，是加强新疆知识产权干部队伍和人才队伍建设的前提

通过传达学习党中央、国务院下发的32号文件，使我们认识到，中央32号文件的下发，是贯彻落实党的十六大和十六届三中全会精神的重要举措，它充分体现了党中央、国务院对新疆干部队伍和人才队伍建设的高度重视，是对新疆干部和人才队伍在建设边疆，维护社会稳定，加强民族团结，反对民族分裂主义，全面建设小康社会目标中所处地位的充分肯定。因此，我们要不辜负党中央、国务院的殷切希望，认真学习、全面贯彻落实中央32号文件精神，树立正确的人才观，牢固树立"人才资源是第一资源""人才投入是效益最大的投入"的观念，坚持"以人为本"，站在"人才强新"的高度，增强紧迫感和使命感，抓住培养人才、吸引人才、用好人才这三个环节，以改革的精神研究新情况、发现新问题、解决新问题，切实把新疆知识产权干部与人才队伍建设作为一件大事抓紧抓好。

知识产权人才队伍是自治区人才队伍建设的重要组成部分，是自治区知识产权工作的主力军，是实施知识产权战略推进工程的重要力量。加强新疆知识产权干部和人才队伍建设，是实施"西部大开发"战略和"科教兴新"战略的根本性措施之一。我们应认真贯彻中央32号文件精神，紧密结合新疆实际，在知识产权人才建设方面，采取开放的政策，创造优良的环境，提供完善的服务，做到以对事业的高度负责态度对待人才，以正确的"人才观"选好人才，以事业和情感留住人才，以优惠的政策和待遇吸引人才，以工作业务和实践锻炼人才、培养人才。

二、认真贯彻落实中央32号文件精神，切实加强知识产权干部和人才队伍建设

（一）新疆知识产权干部和人才队伍现状

1.初步建立了自治区知识产权工作体系和工作队伍

知识产权干部和人才队伍是做好知识产权工作的保证。新疆维吾尔自治区知识产权局成立以后，面临我国入世的机遇和挑战，提出了"打基础，营造环境"和"以人为本"的工作思路，从建立健全自治区知识产权工作体系和工作队伍入手，主动向自治区人民政府汇报，及时召开了"自治区首次专利工作大会"，制定下发了《新疆维吾尔自治区人民政府关于加强专利工作促进技术创新的意见》，将自治区知识产权工作体系建设和干部、人才队伍建设纳入"意见"之中。在国家知识产权局和自治区人民政府的关怀支持下，经过几年的努力，初步建立了自治区知识产权工作体系和管理队伍和中介服务队伍，为自治区知识产权工作的开展创造了条件。截至2003年12月底，在全区的15个地州市挂牌成立了知识产权管理机构；全区的知识产权（专利）管理人员编制有108个，现有人员97人；专利行政执法人员38人。全区现有知识产权中介服务机构7个，其中专利代理机构5个，实有专利代理人员有43人；商标中介服务机构2个，人员18人。

在自治区知识产权管理机构中，除自治区专利（知识产权）局以外，还有自治区工商行政管理局的商标监

督管理处、自治区新闻出版局（版权局）的版权监督管理处、自治区信息化工作领导小组办公室、自治区农业厅科技处、自治区林业厅科技处等知识产权管理部门。另外，与知识产权有关的还有自治区最高人民法院、乌鲁木齐市中级人民法院司法机关和乌鲁木齐海关等司法机关。

2.狠抓知识产权干部队伍素质的提高

干部队伍素质的高低、人才队伍的状况，直接关系到知识产权管理工作水平和业务水平的提高，为此，我局从干部培训入手，有计划、有目的、有重点地开展知识产权培训工作。在培训工作中做到了：（1）树立大管理的思想，充分发挥各级党、政部门和知识产权工作协调小组成员单位的作用，分层次、有重点地推动知识产权培训工作。（2）认真贯彻落实国家知识产权局有关知识产权培训的指示精神，按照培训规划每年制订下达知识产权培训计划。（3）坚持创新，不断探索培训的方法，自治区知识产权管理部门、与知识产权有关的政府部门、地州市知识产权管理机构和企事业各有侧重，根据业务和所管辖范围开展培训。（4）加强知识产权师资队伍建设，及时调整讲师团成员，给讲师团成员颁发了聘书，选送有关人员参加国家知识产权师资培训班，不断扩大自治区知识产权讲师团队伍，在培训工作中充分发挥自治区知识产权讲师团的作用。（5）重视培训资金、设备的投入，争取国家和自治区人民政府人力、物力和财力的支持。（6）自治区知识产权局加强对地州市和企事业单位知识产权培训工作的指导，在资金、教材、培训资料和师资力量等方面给予最大能力的帮助。（7）加强知识产权管理人员的培训。一方面派人参加国家知识产权局和各类党校组织的培训班；另一方面鼓励干部在职学习和在工作实践中提高。总之，通过培训和工作实践，使自治区知识产权干部队伍的政治素质和业务素质都有了明显提高；使各级领导干部和企事业单位负责人的知识产权意识有明显增强；使地州市和部分县市知识产权局和科技局管理和工作人员获得了岗位培训，提高了管理水平和业务水平，有力地推动了地县知识产权工作。据对3年知识产权培训统计，全区共举办各类知识产权培训班144期，培训人员11897人次，专题讲座59次，参加人数11630人次。

（二）新疆知识产权干部和人才队伍建设面临的困难和问题

改革开放以来，新疆的知识产权干部和人才队伍建设虽然有了较快的发展，知识产权干部政治素质和业务素质有了一定提高，但是，自治区知识产权干部和人才队伍不论是数量或管理水平与沿海地区相比，特别是与知识产权工作所面临的形势要求相比，还有很大差距。对此必须有一个清醒的认识和正确的态度。从目前新疆在干部和人才队伍建设现状来看，所面临的困难和问题主要有以下几个方面。

1.知识产权工作体系还不完善，知识产权工作队伍人数少、人员新，业务新

从知识产权管理工作方面看，全区15个地州市中虽然从形势上都挂牌成立了知识产权局，但是隶属于政府的机构只有2个，多数地州是挂靠科技部门，其中有3个只是挂了牌子，而没有专职干部管理队伍。在全区的96个县（市、区）中有20个挂了知识产权局的牌子，占全区县（市、区）20.8%。

从干部队伍和工作人员自身素质方面来看，还存在着专职人员少、人员新和业务新的现象。由地州市知识产权局成立时间短，配备的干部和人员基本上没有从事过知识产权工作，2003年虽然自治区举办了一期知识产权工作人员上岗培训班，但是要使每一个干部和工作人员都能胜任本职工作，还需要在管理和业务上进一步提高。

从专利中介服务机构和专利代理人员队伍来看，主要存在的问题是：一是专利代理机构和专利代理人分部不平衡。到目前，自治区的专利代理机构有5个，其中乌鲁木齐市有3个，石河子市和克拉玛依市各一个。全区有12个地州市是空白，占全区总数的80%。二是专利代理人数少，尤其是少数民族专利代理人更少。由于专利代理资格证难考，特别是少数民族的专利代理资格证则更难考，因此，在2003年8月专利代理人换证时，登记换证的专利代理人有45人，其中少数民族3人。目前全区在专利代理机构具备专利代理资格证和执业证书的人员15人，平均一个地州市一个。三是由于新疆与内地在经济、科技和文化等方面的差距，知识产权人才队伍同其他行业的人才队伍一样，存在着孔雀东南飞的现象。据统计，截至目前，新疆流向内地的专利代理人有10人，加之年老退休、工作调动和改制转行等原因，新疆的专利代理人由70人减少到45人。专利代理人队

伍逐渐减少的现象与飞跃发展的知识产权事业相比,是极不正常的,它应该引起我们的高度重视。如果我们再不采取有效措施,新疆现有的知识产权人才队伍也难于保持。

2.知识产权工作经费困难,严重影响干部和人才队伍的建设

由于历史的原因,新疆的经济、科技、文化比较落后。改革开放后,新疆各方面虽然有了较大发展,但是,新疆与内地发达省区存在的巨大差距,不可能在短期内消除。因此,新疆的干部和人才队伍建设不可能不受到因经济落后而带来的财力不足的制约和影响。作为新兴的知识产权事业,一方面从工作方面讲,需要一支具有较高素质的管理、服务人才队伍,另一方面,又因经费紧张,县市的知识产权管理机构也只能是只挂牌而不增编,或只下文不见专职队伍。再不就是有机构、有人而没有开办费、没有固定的办公场所、没有必备的办公设施、没有专项业务经费,更谈不上配备交通工具了,有的地州甚至人员工资都不能按月发放。这样一来,很难保证干部队伍的稳定和工作的顺利开展,也更谈不上业务素质的提高了。

(三)新疆知识产权干部和人才队伍建设应采取的意见和措施

针对上述情况,我们的建议如下。

1.充分发掘、利用区内外知识产权培训资源

2003年,在自治区科技厅的大力支持下,在没有投入一分钱的情况下,在新疆科技培训中心挂了知识产权培训中心牌子,有了一个知识产权培训场所。但是,要使知识产权培训中心建成为真正的培训班基地,还需要下大力气,需要有一定的投入。因此,自治区要进一步整合、集成新疆已有的知识产权培训资源,加强对知识产权师资队伍建设、培训大纲和培训教材的编写工作。同时,也希望能得到国家和自治区的资金支持。总之,通过努力,在新疆知识产权培训中心的基础上,建设"新疆知识产权人才培训基地",为实施大规模知识产权培训提供设施和阵地保障。与此同时,新疆要进一步加强同东部发达省市的交流与合作,充分利用区外知识产权培训资源。

2.以知识产权管理为对象,办好区内外和国内外的知识产权培训

在今后的工作中,要加大对干部和人才队伍的培训力度,通过举办或组织参加国家举办的知识产权培训班,来提高自治区知识产权管理干部、知识产权讲师团、知识产权工作联络员兼通讯员等人员的管理水平、服务水平和业务素质。每年培训知识产权管理干部不少于30人,争取在3年内对县以上管理人员轮训一遍。

3.加强对新疆知识产权干部的政治理论培训和党政干部的知识产权培训

对知识产权干部培训除了业务培训外,还要重视政治理论水平的提高。对各级党政领导进行政治理论培训时,也要加入知识产权内容。因此,建议各级党校、行政学院举办的党政领导干部培训班中多吸收新疆知识产权干部参加,同时,在培训课程设置上应增加知识产权知识的内容。

4.通过挂职锻炼的方式培养知识产权管理人才

建议通过对口支持的渠道,安排新疆的知识产权管理干部到国家知识产权局或内地有关省市知识产权管理部门进行为期3个月至一年的挂职锻炼,在挂职的工作实践中增强才干,培养人才。

5.在援疆干部中增加一定比例的知识产权管理干部

建议国家知识产权局通过中组部及有关部门,在对口支援新疆的省市选派援疆干部时,有针对性地增加一定比例的知识产权管理干部。

6.在政策、资金、设备等方面给予支持,以稳定现有干部和人才队伍,吸引外地人才

留住现有知识产权干部和人才队伍,不断吸引外来人才,是加强新疆知识产权干部队伍和人才队伍建设的关键所在。为此新疆维吾尔自治区知识产权局建议:(1)国家知识产权局和自治区人民政府在资金上应加大对知识产权工作的投资力度,改善知识产权工作人员的办公条件,提高他们的物质待遇。(2)要加强对他们进行经常性的思想教育,使他们树立献身边疆,奉献知识产权事业的思想。只有这样,做到了对国家大政策的贯彻与对本单位小环境的优化双管齐下,用事业留住人才、吸引人才,缓解了人才流失的势头。(3)制定吸引优秀人才的优惠政策、法规,要拓宽人才来源渠道,积极引进急需人才,特别是知识产权事业急需的高层次管理人才和紧缺的知识产权中介服务等专业技术人才。要加强政策引导,充分运用市场机制引进人才,用社会化手段

和志愿服务等方式广纳贤才。采取"不求所有，但求所用"的人才柔性流动政策，把引进人才和引进智力结合起来。构建有利于人才成长的环境，形成吸引人才到新疆建业和发展的机制。

7.加强对专利代理人的培训，进一步扩大知识产权中介服务队伍建设

目前，新疆在15个地州市中，只有3个地州市有专利代理机构，而占全区的80%的地州市没有专利代理机构，尤其是南疆的4地州40多县市长期以来一直处于空白，专利代理机构分布极不平衡。专利代理机构与2000年相比，下降了近28.6%。专利代理资格的人员与以前相比，下降了37.7%。新疆专利代理机构分布的不平衡性和地大、边远和信息、交通不利因素，给新疆边远地区的专利申请带来诸多不便。新疆专利代理机构和专利代理人的现状，与我国入世后飞速发展的知识产权事业要求相比不相适应。因此，扩大新疆专利代理人队伍，加强专利代理人的培训是新疆专利事业发展的要求。

另外，自2000年8月国家知识产权局在新疆举办专利代理人培训班以来，再没有在新疆举办过专利代理人培训班。这几年，虽然国家在内地也曾举办过几期专利代理人培训班，但是，由于新疆与内地省距离较远，加之经济落后，各单位经费紧张，使得一些想参加专利代理人培训和资格考试的人，因经费困难而望而却步，如果在新疆举办培训班，就不存在这些问题。为此，请国家知识产权局在专利代理人培训方面特别是在少数民族专利代理人培训方面给予关怀和支持。同时，新疆维吾尔自治区知识产权局建议，能否针对边疆少数民族地区，实行"地方粮票"，即适当降低专利代理人资格考试分数，其取得的专利代理资格仅在新疆使用，调往内地不能使用。这样一方面可以解决新疆代理人少的问题，另一方面还可以解决一部分少数民族代理人的资格。

8.加强专利行政执法的软件和硬件建设，规范专利执法工作

针对在我区专利行政执法工作中存在的人员少、无专项经费、无法庭等困难和问题，新疆维吾尔自治区知识产权局认为，一是加强对专利执法人员的培训，进一步提高业务素质。二是争取自治区建立专利执法专项资金。三是建议国家知识产权局在资金上给予适当的补助或倾斜，在专利执法培训方面给予支持。

新疆维吾尔自治区知识产权局
二〇〇三年十二月三十一日

新疆维吾尔自治区知识产权万人教育培训计划

（新知协办字〔2004〕1号）

加强知识产权的宣传和培训，全面、迅速提高全社会知识产权意识，增强各级领导对知识产权工作重要性的认识，培养一批懂管理、通业务的知识产权干部和人才队伍，以大幅度提高我国知识产权的能力和水平，增强我国的综合竞争力，是我国应对入世后国际知识产权激烈竞争的一项十分紧迫和重要的工作。为此，自治区知识产权工作协调指导小组办公室提出在自治区实施"知识产权万人教育培训计划"（简称"万人教育培训计划"），以期通过实施这一计划，在全区开展为期5年的知识产权大规模宣传培训工作。"万人教育培训计划"是我区实施"知识产权战略推进工程"的重要内容，也是"知识产权战略推进工程"的基础性工作。

一、"万人教育培训计划"的指导思想

"万人教育培训计划"的指导思想是：以邓小平理论和"三个代表"重要思想为指导，从自治区经济、科技、社会发展和实施我区"知识产权战略推进工程"的需要出发，充分调动社会各方面的积极性，形成多层、多渠道、大规模的知识产权教育培训格局，促进自治区知识产权事业的更大发展。

二、"万人教育培训计划"的目的

通过"万人教育培训计划"的实施，向乡镇以上领导干部和企事业单位负责人、企事业单位科技管理和知

识产权管理人员、科技人员和企业营销人员、大学生等人员普及知识产权知识,增强知识产权保护意识。使自治区知识产权干部和人才总量有较大幅度增长,知识产权管理水平和业务素质有明显提高,干部和人才结构更加合理,基本能满足自治区经济、科技、社会和知识产权事业发展的需要。

三、"万人教育培训计划"的目标与任务

(一)目标

从2004年开始在我区实施"万人教育培训计划",用5年的时间,每年培训10000人(次),其中乡镇以上领导干部和企事业单位负责人1500人(次),科技管理和知识产权管理人员2500人(次),科技人员和企业营销人员4000人(次),大学生等2000人(次)。

(二)任务

1.开展中高层次知识产权人才的培养

着眼于自治区未来知识产权事业的发展对中高层人才的需求和人才队伍建设目标,加强对中高层次知识产权人才的培养。有计划、有重点地从知识产权、科技和经贸领域,大型企业(集团),高等学校等单位选派从事知识产权管理工作、理论研究的优秀中青年干部、业务骨干参加国内外培训,争取培养10—20名知识产权中高层次人才。培训的内容主要包括:国内外的知识产权法律及实务、国际知识产权规则、国际知识产权诉讼、经贸外语和法律外语等。通过培训,使他们能够掌握和运用知识产权法律和国际国则,具有较高的知识产权理论研究、管理、执法和中介服务的能力,成为自治区知识产权事业的中高层次复合型人才。

2.开展对乡镇以上领导干部和企事业单位负责人培训

要从自治区知识产权事业发展的需要出发,采取有效措施,积极有效地开展对乡镇以上领导干部和企事业单位负责人普及知识产权法律知识,增强知识产权保护意识的培训,使他们成为知识产权的明白人,增强重视和加强对知识产权工作领导的自觉性。每年培训人数不少于1500人(次),每次培训的时间不少于16个学时。

3.开展知识产权管理人员的培训

要从加强知识产权管理的需要出发,开展对政府管理部门、企事业单位以及中介服务机构的科技管理、知识产权管理和中介服务人员的培训。培训的内容是:知识产权基本知识、知识产权法律法规、保护和管理实务。每年培训人数不少于2500人次,每次培训的时间不少于40个学时。通过举办各类知识产权培训班等形式,培养一支分布基本合理、有一定数量、业务熟练,能适应形势发展需要的知识产权干部队伍和人才队伍。

4.开展科技人员和企业营销人员的培训

加强对科研院所、大专院校、企事业单位科技人员和营销人员的培训。对他们主要进行知识产权基本知识、知识产权保护知识、专利文献信息利用等内容的培训。每年培训人数不少于4000人(次),每次培训的时间不少于24学时。通过培训,使他们懂得科技成果怎样依法取得知识产权保护,尊重他人知识产权。

5.开展对大学生的知识产权基础教育

要充分发挥高等学校人才培养基地的作用,让知识产权知识进校园、进教材、进课堂,开展对在校大学生尤其是理工科在校学生的知识产权教育,大力推动在校本科设立知识产权必修课和增加知识产权双学士、硕士学位授予点工作。每年至少有2000名大学生接受知识产权教育,使大中专学生成为知识产权的后备人才。

四、组织与实施

实施"万人教育培训计划",是实施"知识产权战略推进工程"的主要任务和发展我区知识产权事业的基础性工作。各级政府和政府部门要切实加强对这一工作的领导,精心组织,明确任务,落实责任,保证这一计划的圆满完成。"万人教育培训计划"由自治区知识产权工作协调指导小组统一领导、部署,由自治区知识产权工作协调指导小组办公室会同知识产权工作协调指导小组成员单位,共同研究制定实施方案,对"万人教育

培训计划"的组织领导、任务落实和组织措施提出具体要求。区、地两级知识产权工作协调指导小组办公室和知识产权管理部门在每年年初，要根据"万人教育培训计划"的总要求，对全区和本地区当年的教育培训工作作出计划安排，年中进行检查指导，年终进行总结，向本级政府（行署）和知识产权工作协调指导小组报告。要把教育培训任务指标层层分解，下达落实到具体部门和单位，明确责任，针对不同人群和工作需要，层层举办各类研修班、培训班、报告会和专题讲座。要将知识产权教育培训，纳入组织人事等部门的干部和科技人员再教育培训计划；充分利用已有的教育培训基地（党校、行政学院、高等学校等），开展教育培训工作；要组织编写翻译培训教材和培训一批知识产权师资；要充分发挥知识产权讲师团的作用，深入各地，深入企事业单位开展宣讲；要积极多方筹措资金，用于教育培训；要大胆探索，不断创新，认真总结推广教育培训的好做法和新经验，提高教育培训效果。各级知识产权管理部门要切实负起责任，在实施"万人教育培训计划"中发挥重要作用，积极推进、加强组织协调，想方设法完成教育培训任务。实施"万人教育培训计划"是各地州市知识产权局的一项重要工作，纳入到地州市知识产权局工作考核内容。自治区计划在2006年召开一次全区"万人教育培训计划"经验交流会，2008年召开一次总结表彰大会。

新疆维吾尔自治区知识产权万人教育培训计划年度任务指标分配方案

地区、部门	教育培训对象及人数				年度教育培训任务指标（人次）	备注
	党政领导、企事业单位负责人（人）	知识产权管理人员（人）	科技及营销人员（人）	知识产权师资、大学生等（人）		
乌鲁木齐市	200	400	800	0	1400	
伊犁哈萨克自治州	110	200	360	0	670	
塔城地区	60	100	160	0	320	
阿勒泰地区	50	100	150	0	300	
博尔塔拉蒙古自治州	60	100	160	0	320	
昌吉回族自治州	110	200	360	0	670	
吐鲁番地区	60	100	160	0	320	
哈密地区	60	100	160	0	320	
巴音郭楞蒙古自治州	80	150	230	0	460	
阿克苏地区	80	150	230	0	460	
喀什地区	110	200	300	0	610	
克孜勒苏柯尔克孜自治州	30	100	150	0	280	
和田地区	50	100	150	0	300	
克拉玛依市	60	100	160	0	320	
石河子市	80	100	180	0	360	
小计	1200	2200	3710	0	7110	
自治区各部门	党政领导、大中型企业、科研院所、高等院校负责人300人，知识产权管理人员300人，科技及营销人员300人，知识产权师资人员20人，大学生2000人，中高层次人才20人				2940	各部门指标另行分配
合计	1500	2500	4010	2040	10050	

二〇〇四年四月二十六日

新疆维吾尔自治区中小学知识产权教育试点示范工作方案（试行）

随着知识经济的兴起和经济全球化的深入发展，世界范围内知识产权制度的重要性日益突出，国家核心竞争力越来越体现为对知识产权的拥有和运用能力，科技竞争和综合国力较量的焦点就是知识产权。为深入贯彻《国家知识产权战略纲要》及《新疆维吾尔自治区知识产权战略纲要》精神，落实制订并实施全国中小学知识产权普及教育计划，将知识产权内容纳入中小学教育课程体系的要求，培养中小学生的知识产权意识和创新精神，在中小学中普及知识产权教育，自治区知识产权局、自治区教育厅决定在我区中小学开展知识产权教育试点示范工作，特制定本方案。

一、工作目标

在自治区中小学中开展知识产权教育，树立知识产权教育从娃娃抓起的理念，让青少年从小形成尊重知识、保护知识产权的意识，培养青少年的创新精神和实践能力。同时，发挥中小学知识产权教育的辐射带动作用，通过"教育一个学生，影响一个家庭，带动整个社会"，进一步增强全社会的知识产权意识。

自治区知识产权局、自治区教育厅（以下简称区知识产权局、区教育厅）在我区中小学中开展知识产权教育试点和示范学校的培育和认定工作，培育一批能带动全区中小学知识产权教育工作的试点、示范学校，并通过试点促推广，通过示范促深化，整体推进全区中小学知识产权教育工作。

在试点示范期内，各知识产权教育试点、示范学校（以下简称试点、示范学校），应建立和健全知识产权教育工作体系，使知识产权普及教育工作成为学生素质教育的有机组成部分，形成教有师资、学有课时、鼓励发明、激励创新的良好氛围，确保师生知识产权意识得到有效提高。

二、申报条件

（一）试点学校的申报条件

1.校领导重视知识产权教育工作；

2.已开展或计划开展知识产权师资队伍的培育工作；

3.已开设或计划开始知识产权教育课程；

4.积极支持学校团队组织开展普及知识产权的体验教育和实践活动；

5.积极开展发明创新、科技竞赛活动，鼓励和激发中小学生的发明创新热情；

6.积极组织师生员工参加区内外的青少年发明创新比赛。

（二）示范学校的申报条件

1.建立校领导负责制的知识产权教育工作体系，知识产权教育工作呈现规范化和制度化得发展态势；

2.拥有一支能熟练开展知识产权教育工作的专兼职师资队伍；

3.采用形式多样的教学模式，深入开展知识产权教育工作；

4.小学（四、五年级）和初中（一、二年级）知识产权教育活动每学年不少于10学时，高中（一、二年级）每学年不少于8学时，职业中学每学年不少于12学时；

5.利用学校网络、宣传橱窗、墙报、校报等开展内容丰富多彩、师生喜闻乐见的知识产权宣传，营造良好的知识产权普及教育氛围；

6.依托学校其他活动平台，积极开展各类与知识产权教育相关的体验实践活动；

7.建立对学生发明创造的激励机制和奖励制度，鼓励和支持学生创新成果的知识产权保护；

8.积极开展中小学知识产权教育的教学研究工作；

9.知识产权教育成效明显，师生知识产权意识不断增强，学校发明创新活动积极踊跃。

三、申报与审批程序

（一）申报试点示范的学校，应据实填写申报表，制定工作方案，经所在地区知识产权局、教育局筛选，推荐上报自治区知识产权局。

（二）自治区知识产权局、教育厅组成"自治区知识产权教育试点示范考核评定小组"（以下简称"考评小组"），依据本工作方案对各地区上报的学校进行考核、评定，必要时进行现场考核，确认试点和示范学校。

（三）对被确认的试点和示范学校，自治区知识产权局、教育厅联合下发批准文件，并颁发"新疆维吾尔自治区中小学知识产权教育试点学校"和"新疆维吾尔自治区中小学知识产权教育示范学校"牌匾。

四、扶持措施

（一）对纳入试点示范的学校，由自治区知识产权局给予适量的引导经费，专项用于知识产权教育工作。

（二）自治区知识产权局为各试点、示范学校提供一定数量的知识产权教育读本。

（三）各地知识产权局、教育局联合培育知识产权教育师资队伍。

（四）在自治区知识产权宣传、培训专项经费中，划拨专款用于资助和奖励中小学生发明创造和知识产权保护。

（五）充分利用报刊、网络、电视等新闻媒体，对试点、示范学校的先进做法和成功经验进行广泛宣传。

（六）适时组织试点、示范学校师生开展国内外知识产权教育交流活动。

五、组织管理与考核评价

（一）自治区知识产权局、教育厅负责全区中小学知识产权教育试点示范工作的总体规划、统筹协调和指导；"考评小组"负责试点、示范学校的评定及考核。

（二）自治区知识产权局、教育厅每年根据工作安排，发出申报通知，并在自愿申报、地级推荐和组织考评的基础上，确定试点、示范学校。

（三）自治区知识产权局负责筹集试点示范的引导资金，落实扶持措施，分阶段对试点、示范学校的知识产权教育工作进行检查。

（四）各地知识产权局、教育局负责当地中小学知识产权教育的组织开展和推广工作，指导学校设置知识产权课程，帮助学校培养知识产权授课老师，积极组织试点、示范学校教师员工开展知识产权教学研究和经验交流。

（五）各地知识产权局、教育局应积极争取当地政府及各有关方面的支持，落实配套资金，并可参照《工作方案》开展本地区的知识产权教育试点示范工作。

（六）试点学校期限为2年，试点期满及试点期间条件成熟的，可申报示范学校。示范学校不设期限，"考评小组"每2年对示范学校进行一次考核，考核不合格的将取消其示范学校的称号。

（七）试点、示范学校每年进行一次知识产权教育工作总结，以书面和电子版形式上报"考评小组"。

（八）自治区知识产权局、教育厅对试点示范学校的成功经验进行总结，并在全区范围内进行推广。

（九）对开展中小学知识产权教育成效显著的地区，由自治区知识产权局、教育厅联合授予"新疆维吾尔自治区中小学知识产权教育示范区"的称号及牌匾。

本办法由自治区知识产权局负责解释，自发布之日起执行。

二〇一〇年六月十八日

新疆维吾尔自治区知识产权战略纲要

（新政发〔2010〕40号）

为贯彻落实《国家知识产权战略纲要》，提升新疆知识产权创造、运用、保护和管理能力，建设创新型新疆，实现跨越式发展，结合我区实际，制定本纲要。

一、序言

1.知识产权是由人类智力劳动成果依法产生的专有权利，包括专利权、商标权、版权、商业秘密权、植物新品种权、集成电路布图设计权、地理标志权，以及从遗传资源、传统知识、民间文艺等特定领域产生的知识产权。

2.随着知识经济的快速发展，知识产权已成为决定一个国家和地区经济社会发展的关键要素，其地位和作用日益凸显。大力开发和利用知识资源，对于加快自主创新，转变经济发展方式，提高综合竞争力，具有重大的战略意义。

3.改革开放以来，新疆知识产权事业得到较快发展。知识产权政策法规体系初步建立；市场主体创造、运用、保护和管理知识产权的能力不断提高，知识产权数量和质量逐年提升；政府管理、服务、保护工作得到加强，在促进经济社会发展中发挥了重要作用。但是，从总体上看，知识产权工作与经济社会快速发展的要求还不相适应，主要表现在：政策法规体系不够完善；知识产权产出量少、质量不高、转化率低；市场主体和社会公众的知识产权意识仍较薄弱，侵犯知识产权的现象仍然比较严重；知识产权投入不足，管理机构、服务体系、协调机制尚不健全，人才队伍建设滞后等。

4.当前，新疆正处在加快发展的关键时期，实施新疆知识产权战略，提升知识产权创造、运用、保护和管理能力，是推动新疆经济社会又好又快发展的必然选择，是实现稳疆兴疆、富民固边目标的必由之路。各级政府、部门和单位必须提高认识，大力推动新疆知识产权战略的实施。

二、指导思想、基本原则和目标

5.指导思想。

坚持以邓小平理论和"三个代表"重要思想为指导，深入贯彻落实科学发展观，按照激励创造、有效运用、依法保护、科学管理的方针，营造良好的知识产权法治环境、市场环境和文化氛围，推进新疆知识产权战略与优势资源转换战略、大企业大集团战略和科教兴新战略同步实施，加快创新型新疆建设步伐，推进新型工业化进程，为实现全面建设小康社会的宏伟目标提供强有力支撑。

6.基本原则。

——坚持政府推动与市场导向相结合。强化政府的宏观管理和公共服务职能，制定知识产权发展规划和政策措施，引导各类经济主体以市场为导向，积极推进自主知识产权创造和运用。

——坚持整体推进与重点突破相结合。立足实施优势资源转换战略需要，在各领域知识产权工作整体推进的同时，突出重点，在优势产业领域实现突破，形成新疆知识产权的独特优势。

——坚持制度保障与能力建设相结合。加强制度建设，完善知识产权管理服务体系与基础设施建设，增强知识产权综合竞争力，以制度和能力建设促进知识产权发展。

——坚持保护创新与促进运用相结合。强化保护以激励创新、维护权利人与社会公众合法权利平衡，促进知识产权成果的运用，营造有序竞争的市场氛围。

——坚持增加数量与提高质量相结合。加强自主创新与积极引进并举，不断增加知识产权拥有量，切实提高知识产权创造质量，增强核心竞争力。

7.远期战略目标。

根据《国家知识产权战略纲要》的要求，新疆实施知识产权战略的总体目标为：到2020年，社会公众知识产权意识普遍增强，知识产权法治环境进一步改善，形成配置合理、功能齐全的知识产权管理与服务体系，培养一支结构合理、适应经济社会发展需要的知识产权人才队伍，市场主体知识产权综合能力明显增强，知识产权数量和质量大幅度提高，在优势产业、特色领域中拥有一批核心与关键技术的知识产权，知识产权对经济社会发展的支撑作用显著提高。

8.近五年目标。

——知识产权数量和质量不断提高。力争专利申请量、授权量年均增长15%以上，发明专利拥有量进入西北地区前列，在优势产业领域形成一批核心专利；商标注册申请量年均增长10%以上，核准注册地理标志突破40件；植物新品种权数量年均增长5%；商业秘密、遗传资源、传统知识、民间文艺等得到较为有效的保护和合理利用。

——知识产权对经济社会发展的贡献能力明显提高。大力推进企业商标战略，使新疆的中国驰名商标超过20件，著名商标突破500件；形成一批拥有自主知识产权、竞争力较强的文化龙头企业；自治区级知识产权试点示范企事业单位增加到100家，试点企业自主知识产权产品销售收入不低于30%，示范企业达到50%以上。全面提升试点示范工程效益，使其成为新疆经济增长的新亮点。

——知识产权保护环境得到优化。知识产权保护法规和政策体系日趋完善，建立知识产权预警和维权援助机制，法治环境得到有效改善。

——知识产权管理和服务能力增强。知识产权管理体系基本健全，形成权责一致、决策科学、执行顺畅、监督有力的行政管理体制。初步形成知识产权服务体系，建成基本覆盖全疆的知识产权公共服务网络。

——知识产权人才队伍初具规模。培养100人以上的知识产权高级人才队伍，形成一支2000人以上的知识产权管理、服务、司法人才队伍，知识产权人才队伍基本满足社会需求，重点行业、企事业单位拥有一批能够支撑自身发展壮大的知识产权专业人才。

三、战略重点

（一）提升知识产权创造能力

9.突出企业在知识产权创造中的主体地位。强化企业技术创新和知识产权创造政策导向，积极引导创新要素向企业集聚，建立企业知识产权工作机制，加强企业技术研发机构建设。支持企业通过原始创新、集成创新和引进、消化、吸收、再创新，掌握一批核心技术专利，打造一批知名品牌，培育一批具有地域特色、有较高影响力的知识产权，不断提高企业核心竞争能力。

10.充分发挥高等院校、科研院所、文化单位的重要作用。高等院校、科研院所、文化单位应建立健全知识产权工作机构与管理制度，充分发挥自身人才和科研优势，积极与企业开展技术合作，构建产学研知识产权创造联合体，形成研发与生产相互促进的有效机制，提高知识产权的创造与运用能力。

11.鼓励群众性的发明创造。营造良好环境，激发社会公众特别是专业技术人员、技术革新能手、发明创造爱好者和教师、学生的发明创造、艺术创作活动积极性，促进知识产权形成。培养青少年的创新观念，开展各种发明创造活动。

12.培育知识产权优势集群。围绕石油天然气、煤电煤化工、特色农业及其精深加工等优势产业，坚持自主创新与知识产权创造同步，有效整合、优化配置知识产权资源，推动科技优势转变为知识产权优势。将高新技术和经济技术开发区、重点工业园区建设成为知识产权创造的重要基地，形成独具特色的知识产权集群。

（二）促进知识产权转化运用

13.加快知识产权成果产业化。完善促进知识产权转化的政策措施，大力促进自主创新成果的知识产权化、商品化和产业化。对核心技术或关键技术取得重大突破、具有自主知识产权的创新成果转化给予重点支持，加速其规模化生产和应用。

14.提高企业知识产权转化运用能力。推动高等院校、科研院所的知识产权成果向企业转移，扶持一批技术含量高、市场前景好、带动效应强的自主知识产权产业化项目。加快知识产权孵化基地建设，鼓励各类投资主体通过转让、并购重组、特许经营、补偿贸易、知识产权联盟等方式运营知识产权。鼓励有自主知识产权的专利技术转化为技术标准。

（三）强化知识产权保护

15.营造知识产权保护环境。各级政府应当把营造知识产权保护环境作为推动经济发展的重要工作来抓，形成全社会保护知识产权的良好氛围。在维权执法中，提高侵权代价，降低维权成本。引导知识产权拥有者有效管理知识产权，重点加强人才流动中商业秘密保护。建立知识产权信用制度，将企业和个人侵犯知识产权的记录纳入社会信用体系。

16.依法打击知识产权违法犯罪行为。知识产权行政执法部门和司法部门要密切配合，明确职责，建立健全司法和行政执法联动打击知识产权违法行为的工作机制，既充分发挥各自职能，又要形成合力，有效遏制知识产权侵权行为，规范市场秩序。

17.注重对外贸易中知识产权保护。建立进出口贸易知识产权监管和审查机制，做好对涉外企业并购、技术出口等活动中的知识产权特别审查，避免自主知识产权流失和危害国家安全。支持重大自主创新成果申请国外专利和海外维权。强化知识产权海关备案保护，加大海关执法力度，打击跨境知识产权违法犯罪活动。

（四）培育知识产权文化

18.加强知识产权宣传教育。建立政府主导、新闻媒体支撑、社会公众参与的知识产权宣传教育体系，将知识产权法制宣传纳入自治区普法教育规划中，广泛宣传普及知识产权法律知识。在中小学开展知识产权教育。把普及知识产权法律知识列为道德教育、诚信建设、文明创建及科普活动等重要内容，提高公众知识产权意识，培育全社会尊重知识、尊重人才、尊重创造、尊重知识产权的社会风尚。

19.加强知识产权培训。对各级党政领导进行知识产权战略和知识产权法律制度等方面的培训，增强领导干部在决策中运用知识产权的意识和推进知识产权战略实施的能力。加强对企业、大中专院校、科研院所和文化单位中层以上领导和骨干员工的知识产权培训，增强知识产权创造与管理能力，提高企事业单位管理人员运用、保护知识产权的自觉性。

四、专项任务

（一）知识产权领域专项任务

20.专利。大力促进优势资源转换中的技术创新，努力提高专利申请量、授权量及专利质量和效益。在加强通过自主创新形成专利的同时，注重引进利用国内外专利技术，在战略性新兴产业、石油天然气化工、煤电煤化工、棉花生产与纺织、矿产开发、林果园艺、现代畜牧和民族医药业等产业中掌握一批核心专利技术，促进专利技术产业化。

21.商标。进一步完善商标行政和司法保护体系，加大对注册商标专用权，特别是对驰名商标、著名商标、地理标志及农产品商标的保护力度，维护市场竞争秩序。综合运用经济、法律和行政手段，实施新疆企业商标战略，培育一批具有影响力的驰名商标、著名商标，推进资源优势向品牌优势和经济优势转化，提升企业核心竞争力。

22.版权。鼓励自主版权的形成，加强民族、区域文化资源特色版权成果的开发、利用和保护。加大对动漫、影视创作、数字出版、印刷复制、软件开发等产业创新扶持力度，提高我区版权产业的自主创新和市场竞争力，继续推进软件正版化工作，打造一批竞争力强、拥有优秀自主版权和版权产业的龙头企业。健全版权行政与司法保护体系，净化版权市场，推动版权保护示范单位的创建工作，适应文化产业持续发展的需求。

23.商业秘密。引导企事业单位建立健全商业秘密管理制度，采取切实可行的商业秘密管理和保护措施，实现商业秘密的规范化管理。处理好企事业单位商业秘密保护与员工合理流动的关系，维护国家、企事业单位、公民合法权益。依法打击窃取他人商业秘密的行为。

24.传统知识与民间文艺。加强传统知识、民间艺术、传统技艺等非物质文化遗产的立法保护，促进传统知识和民间文艺的发展。扶持非物质文化遗产生产性保护的基地建设，建立非物质文化遗产知识产权持有人个体与相关群体之间的利益合理分享，以及持有人个体、相关群体与后续传承人、创作人之间利益合理分享机制，保障公民非营利性利用传统知识、民间文艺、传统技艺的合法权益。

（二）重点产业领域专项任务

25.高新技术产业领域。围绕新能源、新材料、生物技术、信息技术和装备制造等重点领域，坚持自主创新与引进、消化、吸收再创新并举，推动高新技术产业发展。通过实施高新技术产业重大专项，在新兴产业、改造提升传统产业中形成自主知识产权和核心技术。支持和引导高新技术企业、科技型中小企业形成自主知识产权核心技术与标准，打造名牌产品。

26.石油和化学工业领域。以建设国家重要能源基地、能源通道、化工基地为目标，建立完善石油和化学工业领域以企业为主体、产学研相结合的知识产权工作机制，大力提升石油和化学工业企业的知识产权创造、运用、保护和管理能力。坚持自主创新与引进、消化、吸收、再创新相结合，构筑产业领域核心技术专利集群。

27.矿产资源领域。以满足国家战略性矿产资源需求为导向，以探寻大型、超大型矿床为重点，在重大关键技术引进、消化、吸收和再创新中，全面提高自主知识产权创造能力，为实施优势资源转换战略提供基础服务。在矿产资源的勘探、采掘、加工和贸易中，加强新技术的开发与应用，实施专利、版权和商业秘密等知识产权管理和保护。在优势矿产资源开发应用中，形成一批具有核心竞争力的名牌产品和企业。

28.农业领域。重点抓好农业领域的新品种、新技术成果知识产权化，尤其要抓好粮、棉、果、畜四大基地建设中的知识产权创造和保护。积极推动育种创新成果转化为植物新品种权，发挥知识产权在资源优化配置中的突出作用，促进农业结构调整和农村经济结构优化升级。对具有传统优势和独具地理环境的农产品积极采取地理标志等知识产权保护措施，用知识产权带动传统和常规农林牧技术升级，打造一批上规模、竞争能力强的农产品品牌和龙头企业。

29.文化与旅游产业领域。积极开发利用民族文化遗产资源为主要内容的旅游项目，坚持以有利于保护、传承、发展为原则，适度开发、合理利用、切实维护遗产持有人的知识产权和资源地民众的合法权益。倡导在继承传统基础上的文化创新，推动文化创意产业园区建设，培育和打造文化旅游市场品牌，建设具有民族地域特色的文化旅游产业。推动新疆文化旅游"走出去"，向国际化品牌发展。

五、保障措施

（一）加强知识产权工作领导

30.健全知识产权工作领导组织体系。各级政府要加强对知识产权工作的领导，将知识产权战略纳入当地经济社会发展总体规划，解决工作体系、经费保障、人员设备等方面的问题。地州市要建立独立的知识产权行政管理工作机构，县（市、区）根据经济社会发展需要，可以设立知识产权工作管理机构并配备专职工作人员。

31.加强知识产权工作协调指导。完善自治区知识产权工作协调机制，充分发挥政府宏观指导、组织协调职能，统筹规划自治区知识产权事业发展，形成政府统一领导、部门相互配合、行业协会协同、社会公众参与的知识产权工作格局。

32.建立知识产权预警和应急机制。建立包括政府相关部门、行业协会、企事业单位在内的知识产权预警和应急管理体系，编制知识产权应急预案。知识产权管理部门要充分运用信息资源，对可能发生的涉及面较广、影响较大的知识产权纠纷进行预测，并及时发出警示，启动应急预案，采取规避风险措施，减轻损失。

（二）加强知识产权法制建设

33.加快制定地方知识产权法规。借鉴国内外先进经验，做好前瞻性研究，制定与新疆经济社会发展相适应的地方知识产权法规，完善相应的配套政策措施。加快植物物种资源和地理标志保护等知识产权地方立法工作。加强地方知识产权立法解释工作，及时回应知识产权新问题。

34.强化知识产权执法体系建设。各级政府要着力改善知识产权执法条件，充实基层知识产权执法力量。注重发挥司法机关主导作用，加强行政执法机关与司法机关的协调、配合与衔接，完善案件移送制度，形成执法协调机制和纠纷解决机制。完善区内外知识产权行政执法协调机制，依法开展打击跨区域知识产权违法行为的联合行动。

35.提高知识产权执法能力和水平。加快培养知识产权执法人才，提高执法人员素质，规范执法行为。合理配置执法资源，切实解决专业人员匮乏、经费短缺和装备落后等问题。加强知识产权举报投诉中心建设。

36.完善知识产权维权援助机制。加强新疆知识产权维权援助中心建设，帮助市场主体依法应对知识产权侵权纠纷，对维权确有困难的权利人给予法律援助。畅通知识产权侵权投诉渠道，实行举报奖励制度，保障举报人的合法权益。加快建立行业知识产权维权组织，形成多元化的维权援助机制，协调解决知识产权纠纷。

（三）加大政策资金扶持力度

37.强化知识产权政策导向作用。在重大技术改造、重大科技专项等经济活动中，要建立知识产权审议制度。各级政府部门在制定产业发展、政府采购、税收优惠、科技进步等政策时，要充分体现知识产权的导向作用，引导企事业单位积极创造和运用知识产权。财政在设立新产品开发、重大技术改造、知名品牌、科技支撑计划等专项资金中，优先支持具有自主知识产权的产品和技术。

38.建立和完善知识产权激励机制。各级政府要建立和完善知识产权奖励制度，设立知识产权政府奖项，对为经济社会发展作出重大贡献的知识产权相关人员进行奖励。制定知识产权作为生产要素参与分配的相关政策。有关部门应将取得知识产权的数量和质量，以及转化运用情况纳入科技奖励、职称评定、职级晋升等评价指标。

39.加大知识产权投入力度。逐步建立政府引导性投入、企业主体性投入、社会多元化投入相结合的知识产权投入格局。各级财政要加大对知识产权工作的投入，建立知识产权创造、管理和保护及产业化等投入的逐年稳定增长机制，保障知识产权工作需要。设立自治区重大知识产权产业化示范专项资金，加大知识产权战略导入工程资金投入力度。

40.拓宽知识产权融资渠道。完善政府引导、市场化运作的知识产权融资和风险投资机制，引导各类金融机构、风险投资、创业投资基金及社会资金增加对知识产权创造、转化和服务的投入力度。完善信用担保体系，加大对企业自主知识产权实施的贷款担保力度。支持金融机构开展知识产权质押贷款业务，支持企业运用自主知识产权进行质押融资、项目融资、资本市场融资、发行债券融资等。

（四）加强知识产权人才队伍建设

41.优化知识产权人才发展环境。将知识产权人才队伍建设纳入新疆人才发展整体规划，建立与知识产权事业发展相适应的知识产权管理、服务队伍。完善知识产权专业技术评价体系和人才评价标准，开展企事业单位知识产权管理、中介机构工作人员职称评定工作。加快新疆知识产权人才库建设。

42.加快知识产权人才培养。制订知识产权人才培养计划，建立知识产权人才培养机制，加大培训力度。搞好培训基地建设，将知识产权培训全面纳入党政领导干部和专业技术人员继续教育内容。在高等院校开设知识产权课程，有条件的设立知识产权学科或专业，有针对性地采取自我培训和委托内地院校定向培养各级各类知识产权专业人才，重点培养企业亟需的知识产权管理和中介服务人才。

43.切实稳定和积极引进知识产权人才。根据新疆重点领域、重点产业发展需求，制定稳定、引进知识产权人才的政策措施，切实保障知识产权人才创造性劳动价值的实现。支持区外知识产权中介服务机构来疆开展业务，为知识产权人才交流创造条件，提升知识产权服务水平。

（五）建立健全知识产权服务体系

44.充分发挥知识产权技术市场作用。积极培育知识产权交易市场，建立信息畅通、交易活跃、秩序良好的交易体系，做好知识产权评估、咨询等服务工作，促进知识产权流动和转移。整合知识产权市场资源，建立统一的包括专利、商标、版权等知识产权交易市场，开展多种形式的交易活动，吸引国内外知识产权成果向区内转移。做好知识产权市场与金融市场、产权市场的衔接。

45.加强知识产权中介服务机构建设。支持知识产权代理、咨询、评估、诉讼等各类中介服务机构建设，鼓励其向专业化、规范化、市场化方向发展，为实施知识产权战略提供服务。加强知识产权中介机构监督和管理，规范从业行为，引导建立科学合理的管理制度，提升服务功能。

46.搭建知识产权信息平台。加快建设政府知识产权公共信息平台，整合各类知识产权信息，形成技术先进、功能完备、覆盖面广的公共信息服务网络，为企事业单位和社会公众提供知识产权信息、查询服务。支持企事业单位建立相关知识产权信息数据库。

（六）扩大知识产权合作交流

47.加强与周边国家的知识产权交流。充分利用独特的地缘优势，认真研究国外知识产权制度及规则，熟悉周边国家和相关贸易国的知识产权法律政策，广泛开展与周边国家知识产权领域的交流与合作。制定对外经贸和科技合作中知识产权保护政策，加强海关合作与磋商，建立快速反应、协同运作、有效应对的涉外知识产权处理机制，为企业参与国际竞争提供服务。

48.积极开展跨区域知识产权工作协作。强化东中西部区域知识产权合作机制，不断拓展合作领域，实现区域间的优势互补与资源共享。充分利用知识产权部门间的专业合作平台，建立知识产权输出、引进、转化的互动机制，广泛开展知识产权政策理论研究、宣传培训、中介服务等方面的交流。

（七）认真做好实施与评估工作

49.加强组织领导。建立自治区知识产权战略实施领导小组，自治区政府对实施本纲要进行任务分解，并做好经常性督导。各级政府、相关部门要制定实施方案，落实领导责任制，确保本纲要各项任务落到实处。

50.建立知识产权战略实施评估制度。政府制定知识产权战略实施评估办法和评估指标，组织对本纲要近期、中远期目标任务完成情况进行综合评估，并根据新疆知识产权战略实施情况评估结果和经济社会发展需要，对本纲要目标及政策措施适时修正和调整。

新疆维吾尔自治区知识产权战略实施推进计划（2011—2015年）

为实施《新疆维吾尔自治区知识产权战略纲要》，明确任务和职责，创新机制，形成合力，共同推进自治区知识产权工作又好又快发展，结合我区"十二五"发展规划，特制订《新疆维吾尔自治区识产权战略实施推进计划（2011—2015年）》（以下简称《计划》）。

一、指导思想

以科学发展观为指导，以"激励创造、有效运用、依法保护、科学管理"为方针，充分运用知识产权制度的功能和作用，调动各方面的积极性，促进知识产权与经济、科技的协调发展，全面提升我区知识产权创造、运用、保护、管理和服务能力，增强核心竞争力，加快创新型新疆建设步伐，为实现自治区跨越式发展和长治久安目标提供有力支撑。

二、基本原则

（一）营造政策法制环境，提高管理服务能力。政府相关部门作为实施《计划》的主体，要充分发挥政府宏观指导、组织协调职能，形成政府统一领导、部门相互配合、行业协会和中介组织协同、社会公众参与的知识产权工作新格局。

（二）坚持科学发展，力求工作实效。以建设创新型新疆为目标，围绕自治区党委和政府的中心工作，落实《计划》各项指标任务的实现。

（三）坚持部门、地区联合，形成推进合力。以自治区政府各职能部门为主，促进各地（州、市）知识产权工作的开展，条块结合、整体推进。加强自治区与地、州、市《计划》任务的衔接，聚集行政资源，共同推动《计划》的实施。

三、主要任务

（一）提升知识产权创造能力

1.通过完善科技创新和知识产权的政策法规体系，加大科技创新的投入，鼓励产学研结合，建立完善目标责任制，提升专利、商标、版权、集成电路布图设计、植物新品种、地理标志等知识产权的数量和质量。知识产权创造数量和质量要列入政府各类与科技有关项目的立项要求和评估指标，确保科技经费的投入与知识产权的获得相适应。（自治区发展改革委员会牵头，经济和信息化委员会、科学技术厅、商务厅、国有资产管理委员会、教育厅、林业厅、农业厅、知识产权局、工商行政管理局、新闻出版局（版权局）、质量技术监督局等具体落实）

2.提升知识产权试点示范工作。2015年，自治区级知识产权试点示范企事业单位增加到100家，试点企业自主知识产权产品销售收入不低于30%，示范企业达到50%以上。开展知识产权优势企业培育工程认定工作，总结推广知识产权试点示范经验，推动全区知识产权工作又好又快发展。（自治区知识产权局牵头，经济和信息化委员会、商务厅、工商行政管理局、新闻出版局（版权局）等具体落实）

3.培育知识产权优势集群。围绕石油天然气、煤电煤化工、特色农果业及其深加工等优势产业，建立行业专利数据库，以高新技术和经济技术开发区、重点工业园区知识产权创造重要基地为重点，形成独具特色知识产权集群。（自治区知识产权局牵头、科学技术厅、财政厅、经济和信息化委员会、国有资产管理委员会具体落实）

4.营造发明创造优化政策环境，激发全社会发明创造的积极性，年专利申请量、授权量年均增长20%以上，到2015年力争全区专利申请量达到60000件，授权量达到38000件，其中发明专利申请量占总申请量的比重达到35%，向国外申请专利数量有所增长。（自治区知识产权局具体落实）

5.实施商标战略，促进经济又好又快发展。全区注册商标年增长量不低于5000件；到2015年年末，全区年商标累计有效注册商标突破60000件，地理标志突破44件，国际注册商标突破200件，中国驰名商标突破30件，新疆著名商标突破600件；国际注册商标和中国驰名商标比2010年翻一番。（自治区工商行政管理局、质量技术监督局具体落实）

6.以新疆农业发展区域和资源优势为重点，建立植物新品种权保护和发展的地方法规与制度，积极推动育种创新成果转化为植物新品种权；植物新品种权数量年增长5%，到2015年新品种授权突破40件。（自治区农业厅、林业厅具体落实）

7.加强自主版权保护登记及产业化工作。进一步推进新疆三级版权行政监管体系建设，健全机构、充实人员，划拨专项经费；建立推进企业版权战略发展机制，扶持特色文化产业创新。不断提高企业特别是市场主体的版权意识，依法打击各种盗版行为，确保盗版产品市场占有率下降20%。进一步推进软件正版化工作，力争使政府部门和企业实现软件正版化达到80%以上，版权登记数量年递增10%，自主版权拥有量大幅度增加，具有自主版权的优势企业超过20家。"十二五"规划期间提交申报1—2项世界级非物质文化遗产。（自治区新闻出版局（版权局）牵头，文化厅、经济和信息化委员会具体落实）

（二）促进知识产权转化运用

1.加速知识产权成果产业化。围绕新能源、新材料、生物技术、信息技术和装备制造等战略性重点高新技术领域的知识产权成果转化和产业化项目予以重点支持。大力扶持和引导高新技术企业、科技型中小企业形成自主知识产权核心技术与标准，打造名牌产品，形成区域优势产业集群，培育一批拥有自主知识产权、国际竞争力和辐射能力较强的企业集团，推进建立从资源优势、比较优势向知识产权优势转变的发展模式。（自治区经济和信息化委员会牵头，国有资产管理委员会、科学技术厅、工商行政管理局、质量技术监督局、知识产权局具体落实）

2.鼓励知识产权自主转化和产业化。以促进具有自主知识产权的产业发展为目标，推动自治区知识产权产出领先的乌鲁木齐市、克拉玛依市、昌吉州、石河子市以及大型中央企业、石油石化企业、拥有自主知识产权的民营企业等实现知识产权的转化和产业化。积极开展以专利权、商标权质押为主要内容的知识产权质押融资工作，推动中小企业技术成果的实施与产业化。（自治区经济和信息化委员会牵头，国有资产管理委员会、工商行政管理局、知识产权局具体落实）

3.依托新疆维吾尔木卡姆艺术中国民族民间文化保护试点工程，在现有保护与传承基础上建立木卡姆艺术数据库，推出多媒体的传承媒介完善非物质文化遗产名录体系建设，在现有世界—国家—自治区—地—县五级非物质文化遗产目录基础上，进一步完善区级、县级非物质文化遗产名录体系，形成较完善的申报、评审、审批制度。（自治区文化厅具体落实）

4.抓好"知识产权强县工程"，为县域经济发展培育核心竞争力。重点抓好昌吉市、奎屯市、哈密市、库尔勒市和吐鲁番市5个国家级知识产权试点县市和国家知识产权兴贸试点基地—伊犁霍尔果斯口岸建设。通过政策扶持、工作支持、县（市）政府组织，围绕各县（市）的产业特色和地域特色，在知识产权创造、运用、保护和管理上取得较大进展。经过几年的努力，形成各县（市）特色，具有自主知识产权的特色产业、企业和农业、农村经济产业集群，增强县（市）的自主创新能力和自主知识产权推动力。（自治区知识产权局牵头，经济和信息化委员会、商务厅、农业厅、林业厅具体落实）

5.建立知识产权预警和应急机制，开展知识产权战略专项预警分析。根据我区产业和区域经济发展的实际，"十二五"期间，完成、石油天然气、煤电煤化工、特色农业及其精深加工等产业的知识产权战略分析与研究，为政府决策、企业和行业发展提供决策咨询和依据。（自治区知识产权局牵头，经济和信息化委员会、国有资产管理委员会、农业厅、林业厅具体落实）

6.进一步完善版权质押、作品登记和转让合同备案等制度，拓展版权利用方式，降低版权交易成本和风险。积极发挥版权集体管理组织、行业协会、代理机构等中介组织在版权市场中的作用。（自治区新闻出版局（版权局）具体落实）

（三）强化知识产权保护

1.完善相关知识产权政策。在重大技术改造、重大科技专项等经济科技活动中，建立知识产权审议制度，针对我区重大工程、重大科技项目开展知识产权审查工作，避免知识产权保护不当等行为的发生；引导知识产权中介机构进入企业提供服务，指导项目承担单位建立健全知识产权制度和运用机制，加强知识产权工作；针对项目中形成的核心技术，加强知识产权保护。(自治区发展改革委员会牵头，商务厅、科学技术厅、知识产权局等具体落实)

2.加大知识产权行政执法力度。完善知识产权法律法规体系：依据《专利法》第三次修改内容及我区近年来知识产权发展实际，修改《新疆维吾尔自治区专利保护条例》《新疆维吾尔自治区专利行政执法办法规程》。制定出台《新疆版权保护条例》《新疆版权产业与文化促进办法》以及新疆民族民间传统文化保护和新疆地理标志保护等单行法规。(自治区人民政府法制办公室牵头，知识产权局、新闻出版局（版权局）、文化厅、工商行政管理局、质量技术监督局具体落实)

3.加强展会知识产权保护工作力度。对自治区举办的各项展会开展知识产权执法检查，及时查处各种侵犯、假冒知识产权的行为。(自治区工商行政管理局牵头，知识产权局、新闻出版局（版权局）具体落实)

4.把知识产权法律法规的宣传教育列为"五五"普法的重要内容，纳入年度的工作计划，作为"法律六进"等主题法制宣传教育活动的重要内容。(自治区司法厅、人民政府法制办公室具体落实)

5.加强知识产权保护及行政执法与司法的衔接与保护。加强行政执法部门之间、行政与司法部门之间的信息沟通，建设与知识产权工作相关的行政执法与刑事司法等部门的信息共享平台；加强对各类侵犯知识产权违法犯罪行为的打击态势。(自治区知识产权局牵头，各有关知识产权行政执法和司法部门具体落实)

6.有效推进省区之间的知识产权协作与保护。建立跨区域行政执法协作机制，优化知识产权保护环境。(自治区知识产权局牵头，工商行政管理局、新闻出版局（版权局）具体落实)

7.在全区继续完善以非物质文化遗产为核心的保护和开发工程，实现新疆非物质文化遗产资源优势价值。结合自治区各级非物质文化遗产名录的建立，把全区的保护工程纳入规范化轨道，形成适应区情的保护制度，使重要的、濒危的非物质文化遗产得到有效保护。(自治区文化厅具体落实)

(四) 政策措施

1.完善知识产权专项资金资助政策，加大知识产权专项资金投入。设立重大专利技术产业化示范专项资金，设立自治区知识产权战略导入工程专项资金，研究建立财政资金投入—成长—收益—退出的风险投资管理机制。(自治区财政厅具体落实)

2.完善专利行政保护政策法规。认真落实《关于加强专利行政保护的意见》（新政办发〔2010〕230号），完善激励机制，落实责任，加快推进专利战略的实施。认真贯彻落实《新疆维吾尔自治区专利申请资助资金管理办法》《新建维吾尔自治区专利实施资金管理办法》《新疆维吾尔自治区奖励"优秀发明创造、专利技术开发者"暂行办法》（新政办〔1997〕159号），重点落实关于专利申请的扶持政策、优秀专利技术的奖励政策和专利转化的产业政策并进一步修改完善。(自治区知识产权局、财政厅、人力资源和社会保障厅具体落实)

3.鼓励企业实施"走出去"战略，培育更多的国际知名品牌和外国专利申请。鼓励我区具有自主知识产权和自主商标的产品出口企业，通过《商标国际注册马德里协定》和 *Patent Cooperation Treaty*（专利合作协定，简称PCT）PCT申请商标国际注册和向境外申请专利，增加我区商标、专利在外国的注册和申请数量，以维护我区企业在境外的合法权益，推动外向型经济健康发展。(自治区知识产权局牵头，财政厅、工商行政管理局)

4.加快知识产权人才培养。"十二五"期间将知识产权培训全面纳入党政领导干部和专业技术人员继续教育内容。培养100人以上的知识产权高级人才队伍，形成一支2000人以上的知识产权管理、服务、司法人才队伍，基本满足社会需求。(自治区人力资源和社会保障厅牵头，知识产权局、高级人民法院、教育厅、司法厅具体落实)

5.逐步推进知识产权学历教育和素质教育，在高校开设知识产权课程，有条件的高校设立知识产权学科，在新疆大学等开展知识产权远程教育试点。按照教育部义务教育学校《思想品德课程标准》有关知识产权内容

的要求，开展中小学知识产权教育试点示范工作。（自治区教育厅、知识产权局具体落实）

6.完善知识产权专业技术评价体系标准。制定引进知识产权专业人才的激励政策。建立专利等知识产权从业人员技术岗位、技术等级、技术职称的考评制度，建立专利工程师评聘制度。把知识产权作为企事业单位科技人员绩效考核、职称评定的重要内容。（自治区人力资源和社会保障厅、知识产权局具体落实）

7.加强地（州、市）和县（市、区）知识产权工作体系建设。逐步完善行政管理体系，加强执法队伍建设，提高管理和服务水平。（自治区机构编制委员会办公室、知识产权局具体落实）

8.加大海关知识产权保护执法力度。加强海关知识产权保护，引导和鼓励企业等进行海关知识产权备案，加大海关查处知识产权侵权力度，加强知识产权边境保护，完善口岸知识产权保护制度，建立口岸知识产权保护预警机制，维护我区口岸良好的进出口秩序。（乌鲁木齐海关具体落实）

新疆专利战略纲要

专利战略是知识产权战略的重要组成部分，根据自治区知识产权战略的整体要求，制定本纲要。

一、序言

（一）专利作为知识产权的重要内容之一，它是经济社会持续发展的动力源泉，当今社会，拥有专利的水平决定了一个地区、一个国家在全球竞争参与资源配置和国际分工的地位。专利战略作为国家在新时期提出实施的"三大"战略之一，这充分说明国家已经把专利作为国家的一个大政方针，并把专利战略提高到了前所未有的高度。

（二）自治区正处在大力实施优势资源转换，推进新型工业化进程大发展和全方位开放的新阶段，为顺应和支持自治区经济社会可持续发展的客观要求，制定并实施专利战略就成为必然的选择。实施专利战略对于促进自治区自主创新专利成果产权化、资本化，激励机制市场化，管理规范化、产业化，提高自治区自主创新能力和产业（企业）核心竞争力，推动自治区经济社会全面、协调、可持续发展具有重要的意义。

（三）近十余年来，自治区专利工作有了长足发展，专利创造、转化、运用的政策环境不断完善，专利制度运用能力不断提高，专利保护和管理体系初步形成，专利的创造能力不断提升，作为创新的主体，高校、科研院所创造能力不断提高，专利保护意识不断增强。但是，与全国其他省区纵横比较，自治区专利工作还面临许多挑战，主要表现在：专利申请数量不足，且增长缓慢；专利质量较低，实施率不高；专利构成不合理，发明专利比重较小；专利保护意识薄弱，无意识侵权行为时有发生；高校、科研院所发明专利较少，实施、转化率较低；专利执法任务中，难度大；专利制度对自治区经济社会发展的促进作用尚未得到充分发挥。

（四）实施新疆专利战略，大力提升专利的创造、运用、保护和管理能力，有利于开发利用智力资源，转变经济增长方式；有利于培育一批拥有自主知识产权、核心技术能力的优势产业和企业集团；有利于专利成果的市场化、规范化和有序的公平竞争；有利于自治区优势资源战略的实施，并在区域合作中实现人才、资本、技术的优化配置。

二、新疆专利战略指导思想和目标

（一）指导思想

以邓小平理论和"三个代表"重要思想为指导，落实科学发展观，根据自治区知识产权战略的总体要求，立足服从和服务于自治区优势资源转换战略，科教兴新战略，人才强区战略，努力提升自治区专利的创造生产能力，保护能力、管理和实施能力。

（二）战略目标

远期目标（2020年）：针对自治区优势资源，利用自主创新专利技术，提高资源利用率，以优势产业为主攻对象，形成一批具有自主专利技术的优势产业和核心产品。积极营造有利环境，建立促进专利产业化政策与协调机制。进一步加强专利信息开发利用与数据网络建设，扩大与充实执法队伍建设，做好专利人才队伍与服务体系建设。在专利的创造、管理、保护、实施诸方面，力争专利发展水平进入西部前列，国内中等水平。

近期目标（近五年）：依托新疆沿天山北坡经济带形成的中小企业集群，建立专利示范企业，形成专利聚集区，加大专利性生产力转化的力度，加强特色产品的专利的保护，提高其核心竞争力，加强信息平台建设，建立专利预警应急机制。建立生态环境基地，运用专利加大对实施循环经济的企业在环境的治理方面的力度，提高节能、减排、绿化等生态建设上的专利实施率，并给予政策和资金上的支持。在专利申请量、授权量力争年均增长率达到15%以上，其中优势产业专利申请量每年递增20%以上，发明专利占总申请比重的30%，职务发明占总量的40%以上，企业专利申请占申请量的10%以上。

三、战略重点

为实现专利战略进期和远期目标，确定自治区专利战略的重点是推进专利创造、运用实施、保护及其专利人才培养，加快自治区优势产业专利发展，逐步将专利战略落实到我区各行业及各领域。

（一）提升专利创造能力

以自治区优势资源转化战略为指导，构建高等学校、科研结构、企业"三位一体"的专利战略技术系统；发挥政府在科技创新活动中的引导与宏观调控职能，对我区优势产业专利技术研发进行重点支持；建立自治区优势产业的专利数据信息库，根据行业专利技术状况及市场态势，定期发布各类专利情况，指导各产业（企业）选择其切入点、重点和突破口，把技术发明的重点集中在增加产业核心竞争力的行业领域。

（二）加快专利转化运用

充分发挥专利市场作用，促进专利的转化运用。努力实现专利成果的公开化和信息化，使专利信息在专利创造着和投资者之间顺畅流动，使人力资源和资金进入市场筹融资、市场约束和市场发展的良性循环。培育和发展自治区中介服务市场，鼓励发展各类中介机构，为企事业单位和全社会在专利的各种咨询方面提供全方位的服务，促进自治区专利技术商品化和产业化、专利服务社会化。

（三）强化专利保护

建立专利预警应急机制，并提出相应对策。加强对重点产业、领域和地区的专利保护、维护专利权人及社会公众的合法权益。整顿和规范专利市场秩序。严厉打击假冒专利等违法犯罪行为，建立执法监管系统和重大事项通报制度，在各执法部门形成协调执法，各负其责的联合执法机制。

（四）培育专利文化

制订专利教育和普及规划，建立专利专门人才教育基地，通过各种形式，形成全社会尊重知识、尊重人才，崇尚创新，诚信守法的专利文化。建立各类专利知识及管理的培训制度，在大学、中学广泛开展以专利为主题的宣传和发明创造活动，营造我区浓厚的创造发明氛围。

四、专项任务

（一）实施优势资源转换战略

在石油化工、棉花生产与纺织、矿产开发、林果园艺、现代畜牧和特色民族传统医药等优势产业领域中形成一批拥有自主产权、核心技术能力强的大企业、大集团，有效发挥专利技术产业化。在优势产业中专利的申请及授权量显著提高，力争每年以20%的速度递增。

（二）实施可持续发展战略

在优势资源转化战略的同时，要高度注重保护性开发资源、保护生态环境，坚持走可持续发展之路，把生态建设放在突出位置来抓，坚持保护与建设并举。大力发展循环经济，在资源循环利用和可再生能源开发中，研发和利用国内外专利技术积极探索循环经济的新思路、新方法和新举措。

五、保障措施

（一）法律政策保障

建立起既符合我区专利工作实际，又适应自治区优势资源转化，具有地方特色的专利法规政策体系。

（二）加强专利工作的领导

健全组织领导机制，完善专利管理体系，建立健全专利服务平台，创建完善专利监管体系，负责专利成果的评鉴和专利战略计划的实施。

（三）专利技术保障

为适应新疆经济社会发展的需要，推进知识创新体系和技术创新体系的建设，进一步发挥高校、科研院所在知识创新和应用中的基础和生力军作用；充分利用科技资源，依托我区重点骨干企业；推进重点实验室、工程技术中心、博士后科研流动站和工作站的建设，推动企业、高校、科研机构"三位一体"的系统联盟，使专利发展具有不竭的源泉。

（四）建立专利激励和政策资金扶持力度

充分发挥政府调控职能，建立和实施专利技术研发的激励与扶持政策，激发广大科技工作者科研和创造的积极性。运用产业政策、财税、金融、政府采购等在内的各项政策作用，引导和支持企业。建立重点项目和重点扶持机制，培育并发展有前途的项目及产品申请国外专利，抢占国际市场。

2011年新疆维吾尔自治区知识产权战略实施推进计划

（新知战办〔2011〕4号）

一、提升知识产权创造能力

（1）印发《关于在我区科技创新和科技管理中加强知识产权工作的通知》。（自治区科技厅、知识产权局）

（2）推动区域创新基础能力建设，重点抓好工程实验室、工程（技术）研究中心、企业技术中心等创新平台建设，提升重点产业的知识产权创造能力。（自治区发改委、经信委、科技厅）

（3）做好知识产权战略在国有企业的实施推进工作，在国有工业企业实施专利"消零工程"，加速知识产权成果转化运用和产业化，在大型国有工业企业建立知识产权制度和专利预警应急机制、完善相关知识产权政策。（自治区国资委、知识产权局）

（4）积极开展地理标志产品申报，加快已批准保护产品的制度建设。在自治区第3次地理标志产品普查的基础上，对确立符合条件的产品做好指导、初审、上报和沟通协调工作。（自治区质监局）

（5）做好《新疆维吾尔自治区科学技术进步条例》修订工作。（自治区科技厅）

（6）出台《关于在重大科技项目中加强知识产权管理的暂行规定》。（自治区科技厅、发改委、经信委、财政厅、知识产权局）

（7）提高专利服务能力建设。依托自治区专利工作交流站、专利信息中心、专利代理等机构，在企事业单位有计划地开展知识产权试点示范、专利服务。（自治区知识产权局）

（8）在中小企业启动专利"消零"工作。深入企业开展调研、指导和服务，挖掘专利资源，重点促进乌鲁木齐高新区、乌鲁木齐经济技术开发区内中小企业知识产权创造能力和运用能力的快速提升。（自治区经信委）

（9）完善科技创新和知识产权创造的相关政策法规体系建设。（自治区科技厅、经信委）

（10）深化知识产权试点示范工作。组织开展自治区第四批企事业单位知识产权试点示范申报；推荐昌吉高新区申报国家知识产权试点园区、克拉玛依市申报国家知识产权示范创建城市。（自治区知识产权局）

（11）推进软件正版化工作。年内在自治区三级政府部门实现软件正版化，完成50家企业的软件正版化工作。培育卡尔罗、漫龙动漫公司。（自治区经信委、新闻出版局（版权局））

（12）做好知识产权试点工作中的商标保护工作。（自治区工商局）

（13）建立《新疆特色农业—林果业加工专利数据库》。（自治区知识产权局、农业厅、林业厅）

（14）加大对乌鲁木齐高新区（新市区）、经济技术开发区（头屯河区）、重点工业园区创新能力方面的投入，促进其成为知识产权创造的重要基地。（自治区财政厅）

（15）在乌鲁木齐高新区（新市区）、经济技术开发区（头屯河区）开展企业知识产权托管试点工作。（自治区知识产权局）

（16）完成哈萨克族《阿依特斯》和蒙古族史诗《江格尔》申报"人类非物质文化遗产代表作名录"文件准备工作。（自治区文化厅）

（17）在自治区"双百"企业中，培育一批知识产权优势企业。（自治区经信委）

（18）表彰奖励"十一五"期间"自治区优秀发明创造者和优秀专利技术开发者"及获中国专利优秀奖单位。（自治区知识产权局）

（19）全区专利申请量力争达到5000件，年增幅达到35%以上，其中发明专利申请1750件以上。（自治区知识产权局）

（20）会同知识产权局做好企事业单位向国外申请专利（PCT）资助工作。（自治区财政厅）

（21）协助企事业单位做好向国外申请专利（PCT）申请申报工作。（自治区知识产权局）

（22）全区注册商标年增长量不低于5000件；到年末，全区地理标志达到38件，中国驰名商标17件，新疆著名商标380件。（自治区工商局）

（23）做好植物新品种权的申报工作，年内获植物新品种权2件，累计达到31件。（自治区农业厅）

（24）选育林木新品种10个，申请植物新品种2个。（自治区林业厅）

（25）完成作品登记500件。（自治区新闻出版局（版权局））

（26）软件产品登记量达到100件、软件著作权登记突破60件。（经信委）

二、促进知识产权转化运用

（27）加快自治区具有比较优势和发展潜力的新兴能源、新材料、先进装备制造、生物、信息、节能环保、清洁能源汽车等7大战略性新兴产业的培育和发展。重点扶持100家主业突出、核心竞争力强的优势骨干企业；扶持和推动企业实施国家重大科技成果转化项目11项，自治区重点技术创新项目115项，在资金上给予重点支持，形成一批拥有自主知识产权的新技术和新产品。（自治区经信委）

（28）组织实施国家支持的关键产业领域自主创新及高新技术产业化项目，加速推进我区新材料、生物医药等领域的知识产权成果产业化。（自治区发改委）

（29）制定重点培育商标目录，实施全程跟踪服务。加快驰名著名商标创立进程，年内开展两次著名商标认定工作，培育一批在全国有影响力的驰名著名商标。出台《新疆商标战略发展规划》，召开推进商标战略大会。（自治区工商局）

（30）围绕战略性新兴产业和自治区优势特色产业，加大对具有自主知识产权的高新技术产品、民特产

品、涉及民生类产品的品牌培育，年内新增20个新疆名牌产品。（自治区质监局）

（31）鼓励药品生产企业和研究单位开发创新新药，鼓励和支持利用我区特有资源开发生物医药、民族医药，推动产业化、产权化；保护公民、法人和其他组织研究、开发新药的合法权益。（自治区药监局）

（32）加强环保专利技术应用、推广、示范，引进消化吸收一批适合我区特点的污染治理技术。（自治区环保厅）

（33）加大自治区专利实施项目支持力度，对重点地区和重点企业专利技术转化优先支持，促进专利技术转化和产业化。（自治区知识产权局、财政厅）

（34）完成新疆维吾尔木卡姆艺术数据库建设；完成第3批自治区级非物质文化遗产名录评审、公布，全区95%的县（市）建立非物质文化遗产名录，并由同级政府公布。（自治区文化厅）

（35）指导支持昌吉市、奎屯市、哈密市、库尔勒市和吐鲁番市5个国家级知识产权试点县市和国家知识产权兴贸试点基地——伊犁霍尔果斯口岸的试点工作，组织开展专利管理、信息利用、执法保护、代理等相关培训。（自治区知识产权局）

（36）配合昌吉市、奎屯市、哈密市、库尔勒市和吐鲁番市5个国家级知识产权试点县市和国家知识产权兴贸试点基地建设工作，在项目和资金等方面给予积极支持，促进当地林业知识产权的创造、运用、保护和管理。（自治区林业厅）

（37）充分发挥专利中介机构的作用，引导外贸企业、口岸管理部门建立运用专利数据库、预警机制等。（自治区知识产权局）

（38）根据林业发展的技术需求，组织开展林木植物新品种保护现状与趋势研究，为自治区林业知识产权战略制定提供依据。（自治区林业厅）

（39）联合制定《自治区专利权质押融资管理办法》。（自治区知识产权局、财政厅）

（40）出台《新疆商标专用权质押贷款暂行办法》，举办《新疆商标专用权质押贷款暂行办法》及"马德里商标国际注册"培训班。（自治区工商局）

（41）根据国家版权局的规划，指导培训创作人、团体开展版权质押工作。（自治区新闻出版局（版权局））

三、强化知识产权保护

（42）协助配合相关部门做好贸易中知识产权保护工作。（自治区商务厅）

（43）对自治区重点技术创新项目进行公示，注重知识产权审议，防范知识产权风险。（自治区经信委）

（44）出台《中国-亚欧博览会保护知识产权管理办法》。（自治区知识产权局）

（45）在国家高技术项目和高技术产业化示范项目申报、审核中，把"应具有我国自主知识产权，知识产权归属明晰"作为申请应具备的基本条件。（自治区发改委）

（46）落实《关于加强专利行政保护的意见》。（自治区知识产权局）

（47）协调有关部门恢复《自治区奖励"优秀发明创造、专利技术开发者"暂行办法》。（自治区知识产权局、人社厅）

（48）完成《新疆维吾尔自治区专利促进和保护条例》（草拟稿）并报法制办。（自治区知识产权局）

（49）按照年度立法计划，适时出台《新疆维吾尔自治区专利促进和保护条例》。（自治区法制办）

（50）积极协助、参与相关部门对知识产权相关法规条例及公法的制定、修改和完善。（自治区高法）

（51）加大地理标志产品保护工作力度，开展打击假冒地理标志产品行为，加强对我区特色产品的有效保护。（自治区质监局）

（52）加强对展会的监督检查力度，严厉打击商标侵权假冒行为。（自治区工商局）

（53）加强首届"中国–亚欧博览会"会展商品专利检查执法保护工作，及时查处侵犯专利权及假冒专利的行为。（自治区知识产权局）

（54）加强药品、医疗器械和保健食品监管，配合有关部门对我区举办的相关展会进行联合执法检查，对发现药品、医疗器械和保健食品的侵权案件及时移送有关部门进行查处。（自治区药监局）

（55）在全区深入推进由公安部组织的全国开展的打击侵犯知识产权和制售假冒伪劣商品犯罪"亮剑"专项行动。（自治区公安厅）

（56）按照"六五"普法年度工作计划，宣传普及有关知识产权的法律法规。（自治区党委宣传部、法制办）

（57）完成国家知识产权局专利复审委员会（新疆）口审庭建设工作。（自治区知识产权局）

（58）加大知识产权司法保护力度，降低维权成本，提高侵权代价，保障知识产权权利人合法权益。（自治区高法）

（59）开展知识产权专项行动督导检查工作，配合相关部门在全区深入开展打击侵犯知识产权和制售假冒伪劣商品专项行动。（自治区知识产权局）

（60）加强与海关、公安、司法等部门的信息交流与执法合作，完善商标案件通报、移送制度；对涉嫌构成犯罪的，及时移交司法机关追究刑事责任。（自治区工商局）

（61）加强涉及动漫、影视、广告、设计等文化创意产业的著作权案件审判工作力度。密切关注电信网、广播电视网、互联网"三网融合"等信息技术发展带来的新问题，及时作出司法应对，促进我区信息化水平的提高。（自治区高法）

（62）对侵权盗版行为进行严厉查处。打击KTV侵权、网络侵权盗版、制售假冒伪劣商品行为，开展打击预装盗版软件专项行动及贺岁片电影治理行动。在乌鲁木齐市七坊街开展版权宣传活动。（自治区新闻出版局（版权局）、公安厅、经信委、文化厅、广电局）

（63）按照《新疆维吾尔自治区质量技术监督行政执法涉嫌生产销售伪劣商品犯罪案件移送工作暂行规定》，加强与公安、检察等部门的配合，及时移送涉嫌犯罪案件。（自治区质监局）

（64）进一步做好东中西部知识产权对口合作和知识产权对口援疆工作，年内完成3个省市对口援疆对接工作。（自治区知识产权局）

（65）建立健全区内商标保护综合治理机制和省际协作机制，构建快捷高效的重点商标保护网络，形成遏制、打击商标侵权行为的长效监管机制。（自治区工商局）

（66）落实自治区级非物质文化遗产保护专项资金；落实自治区"非遗"名录项目及代表性传承人相关保护措施；选择2—3类非物质文化遗产名录项目，制定代表性传承人认定标准并颁布实施；拟定自治区首批非物质文化遗产濒危项目清单，公布并采取措施予以重点保护。（自治区文化厅）

（67）做好跨区域专利执法保护工作。（自治区知识产权局）

（68）加大知识产权海关保护力度，提高一线监管人员查处侵权案件的能力，确定喀什、霍尔果斯为代表的南北疆打击侵权知识产权案件重点区域，深入开展打击侵权知识产权和制售假冒伪劣商品专项行动。（乌鲁木齐海关）

四、政策措施

（69）加大知识产权资金投入力度，保障知识产权各项工作的顺利开展，重点支持自治区知识产权战略实施推进工作、知识产权战略导入工程等，研究建立财政资金投入-成长-收益-退出的风险管理机制。（自治区财政厅）

（70）年底前完成《新疆维吾尔自治区专利保护条例》修订工作。（自治区法制办、知识产权局）

（71）完成《新疆维吾尔自治区专利实施资金管理办法》《自治区专利申请资助资金管理办法》的修订工

作。（自治区财政厅、知识产权局）

（72）设立自治区优秀发明创造者奖励专项资金。（自治区财政厅、知识产权局）

（73）将知识产权基础知识纳入公务员任职培训内容，并列入自治区"十二五"公务员培训计划，适时举办知识产权专业技术人员高级研修班。（自治区人社厅）

（74）建立"国家知识产权培训（新疆）基地"。（自治区知识产权局、教育厅）

（75）组建自治区推进实施知识产权战略讲师团，深入地州市开展宣讲活动。（自治区知识产权局）

（76）研究拟定自治区知识产权专业技术人员评价办法，启动专利工程师系列职称评审试点工作。（自治区人社厅、知识产权局）

（77）指导高校设立知识产权选修课程，指导各高校利用多种方式加强对师生的知识产权教育。（自治区教育厅）

（78）大力加强专利管理和服务队伍建设。以政策为导向，以专利代理人资格考试为契机，引导专利管理和服务人员提高专利法律知识水平和运用水平。（自治区知识产权局）

（79）推进自治区中小学知识产权教育试点工作。年底对中小学知识产权试点工作总结表彰。（自治区教育厅、知识产权局）

（80）组织研究知识产权战略实施评估指标体系，进行专题调研，完成知识产权战略实施评估指标体系（初稿）制定工作。（自治区政府发展研究中心）

（81）通过大中型工业企业科技年报、科技综合统计年报，做好大中型工业企业、研究机构、高校有关自主知识产权情况统计汇总工作。（自治区统计局）

（82）配合自治区人民政府发展研究中心，完成知识产权战略实施评估的相关工作。（自治区党委政策研究室）

（83）开展《新疆科技成果项目知识产权现状调查分析研究及对策》《新疆优势产业知识产权状况调查分析与对策》等软课题研究，为自治区制定完善相关政策提供依据。（自治区知识产权局、科技厅）

二〇一一年九月七日

2012年新疆维吾尔自治区知识产权战略实施推进计划

（新知战办〔2012〕1号）

一、提升知识产权创造能力

（1）开展2011年度自治区专利奖评选及表彰奖励工作。推荐我区优秀专利项目参加"第十四届中国专利奖"评选。（自治区知识产权局、财政厅、人社厅）

（2）建立科学有效的非物质文化遗产传承机制。选择2~3类非物质文化遗产名录项目，制定代表性传承人认定标准并颁布实施。（自治区文化厅）

（3）启动重大经济科技活动知识产权评议试点工作。开展知识产权专家咨询评估，为科学决策提供参考依据。（自治区发改委、财政厅、科技厅、知识产权局）

（4）做好地理标志产品申报。重点做好阿勒泰羊、阿勒泰白斑狗鱼、吐鲁番黑羊、吐鲁番斗鸡、和田羊毛手工地毯、和田管花肉苁蓉等地标产品的申报工作。（自治区质监局、工商局）

（5）开展自治区级文化生态保护实验区建设。建立3~4个自治区级文化生态保护实验区，并实行整体性

保护。（自治区文化厅）

（6）提高企业的科技创新、专利创造能力，继续推进科技型企业消除"零专利"活动。（自治区科技厅、经信委、国资委、知识产权局）

（7）深入推进知识产权试点示范，启动第四批企事业单位知识产权试点工作。（自治区知识产权局、经信委）

（8）继续推进全区政府机关软件正版化工作，在年底前全面完成。（自治区新闻出版局（版权局））

（9）扩大知识产权托管试点。在克拉玛依区、奎屯－独山子经济技术开发区开展知识产权托管工作。（自治区知识产权局）

（10）促进企业专利数量与质量同步增长。加大对发明专利、PCT国际专利申请的支持力度，注重专利资源积累，提高专利质量。（自治区财政厅、知识产权局）

（11）全区注册商标年增长量不低于5000件，地理标志达到45件，中国驰名商标27件，新疆著名商标410件。（自治区工商局）

（12）全区专利申请量力争突破6000件，其中发明专利申请量力争达到1800件。（自治区知识产权局）

（13）做好植物新品种权的申报工作。年内植物新品种权申请数量5件，获植物新品种权1件。（自治区农业厅）

（14）继续加大植物新品种保护力度，进一步规范林木种苗的选育工作。（自治区林业厅）

（15）我区作品著作权登记量保持10%的增长率，作品著作权登记突破800件。（自治区新闻出版局（版权局））

（16）软件产品登记量达到100件，完成软件著作权登记350件。（自治区经信委）

（17）做好新疆名牌产品培育、评审工作。新评定30个新疆名牌产品。（自治区质监局）

（18）加强新疆专利信息服务中心建设，推进专利信息资源开发。建立《新疆特色农业－林果业加工专利数据库》。（自治区知识产权局、农业厅、林业厅）

（19）在自治区"双百"企业中，培育一批知识产权优势企业。（自治区经信委、知识产权局）

（20）做好我区少数民族与他国同一民族共有"非遗"项目的跨国联合"申遗"和保护工作。关注我区人口较少民族"非遗"项目的申报与保护。（自治区文化厅）

（21）加强知识产权服务功能建设，开展全区专利管理、专利代理等机构与各类开发区、科技型企业的知识产权全方位服务。（自治区知识产权局、科技厅）

二、促进知识产权转化运用

（22）扩大高等学校设立知识产权选修课程的范围，印发关于在高等学校开设知识产权相关选修课程的文件，逐步实现选修课程覆盖所有区属本科院校。（自治区教育厅）

（23）大力促进自主知识产权运用。围绕自治区产业发展的重点领域，推动拥有知识产权的创新成果商品化、产业化、市场化；扶持一批技术含量高、市场前景好、带动效应强的自主知识产权项目。（自治区发改委、经信委、国资委、财政厅、科技厅、知识产权局）

（24）推动有条件的高校在法学一级学科下设立知识产权专业方向。在高校和青少年中开展形式多样的知识产权宣传普及教育活动。组织高校科研管理人员和研究生教育管理人员的知识产权培训，加强对中小学科技辅导教师的培养与培训。（自治区教育厅）

（25）发挥好国家知识产权培训（新疆）基地作用，办好各类知识产权培训，落实党政领导干部和企事业单位管理者等重点对象的专题培训工作。（自治区知识产权局、教育厅）

（26）开展自治区中小学知识产权试点工作。进行首批自治区中小学知识产权试点工作考核。（自治区教育厅、知识产权局）

（27）扶持文化品牌产业发展。支持自治区文化产业通过实施商标战略发展壮大，对拥有自主知识产权的民族优秀文化产业品牌，在推荐驰名商标、培育著名商标方面给予优先扶持和全程服务。（自治区工商局）

（28）努力培育非物质文化遗产（简称"非遗"）市场主体。建立3—5个非物质文化遗产生产基地。（自治区文化厅）

（29）积极推进商标权质押融资工作。支持和鼓励企业利用商标权质押融资，促进商标无形资产资本化运作。（自治区工商局、财政厅）

（30）积极推进商标富农工程。指导各地加强农产品商标和地理标志的注册、使用、保护和管理工作。（自治区工商局）

（31）重点抓好国家级和自治区级"非遗"代表性名录项目的宣传工作。陆续编纂出版《西域记忆——新疆非物质文化遗产名录图典》等国家级"非遗"名录项目系列丛书。开展自治区"非遗"代表性传承人、传承班社、传承基地评选命名及整体宣传推介活动；整理出版新疆"非遗"调查报告文集；抓好自治区"非遗"数据库建设工程。（自治区文化厅）

（32）强化科技创新知识产权管理。充分发挥科研院所在知识产权创造中的重要基础作用，落实重大科技项目知识产权管理要求，优先支持专利技术项目。（自治区科技厅、知识产权局）

（33）支持专利新药的研发。加快新药技术的评审和药品生产。（自治区药监局）

三、强化知识产权保护

（34）有效推进跨区域知识产权协作与保护。建立跨区域行政执法协作机制，优化知识产权保护环境。（自治区知识产权局、工商局、新闻出版局（版权局）、质监局）

（35）强化知识产权审判指导工作，提高整体审判水平。加强案例指导，撰写典型案例。（自治区高法）

（36）推进维权援助、举报投诉工作机制和平台建设，完善工作制度，推动伊犁、昌吉、喀什、巴州四个分中心及乌鲁木齐工作站的基础建设。（自治区知识产权局）

（37）加强农业新品种保护。打击与防范相结合，开展一次全区农业植物新品种保护大检查。（自治区农业厅）

（38）加强中国-亚欧博览会知识产权保护工作，密切与相关部门的协调，进一步完善工作机制。（自治区知识产权局）

（39）继续开展打击侵犯知识产权和制售假冒伪劣商品的专项行动。（自治区商务厅、质监局、工商局、新闻出版局（版权局）、知识产权局、公安厅、经信委、文化厅、广电局、海关）

（40）按照"六五"普法年度工作计划，积极开展有关知识产权的政策法规宣传活动。（自治区党委宣传部、法制办）

（41）继续强化知识产权司法服务，延伸审判职能。（自治区高法）

（42）加大地理标志保护产品生产源头的检查和帮扶。贯彻27个地理标志产品的配套技术性规范、标准化生产。（自治区质监局、工商局）

（43）建立完善全区三级非物质文化遗产名录体系。公布第三批"自治区级非物质文化遗产代表性名录"，并从中遴选公布首批重点保护"自治区级非物质文化遗产濒危名录"。（自治区文化厅）

（44）加强地理标志保护产品的市场监管。依法对滥用、冒用、伪造等违法行为坚决予以打击。（自治区质监局、工商局）

（45）加强重要非物质文化遗产代表性项目的保护管理。结合重点项目分类保护规范开展专题研究，依法推进"非遗"保护工作的规范化、制度化。（自治区文化厅）

（46）加大我区特色产品和特色商标的保护力度。严厉打击侵犯少数民族特色商标专用权的行为，加强与内地工商部门的沟通协调，为自治区企业的区外商标维权工作提供帮助。（自治区工商局）

（47）加强全区非物质文化遗产保护传承制度体系建设。建立自治区三级非物质文化遗产领导协调机构、专家咨询机构和保护工作机构。（自治区文化厅）

（48）进一步做好中东西部知识产权对口合作和知识产权对口援疆工作，年内完成2个省市对口援疆对接工作。（自治区知识产权局）

（49）加强海关执法队伍建设。以海关基层执法队伍为对象，开展知识产权培训，提高执法质量。（乌鲁木齐海关）

（50）进一步加大知识产权司法保护力度，降低维权成本，提高侵权代价，维护权利人的合法权益。（自治区高法）

（51）积极推进知识产权"备案制度"，提高知识产权权利人备案量。（乌鲁木齐海关）

（52）继续做好与贸易有关的知识产权工作，大力促进自治区国际贸易发展，有效支持自治区企业知识产权海外维权工作。（自治区商务厅）

（53）强化知识产权海关保护，实现海关执法检查规范化、常态化。（乌鲁木齐海关）

四、政策措施

（54）抓紧完成知识产权战略实施评估指标体系制定工作。（自治区政府发展研究中心、党委政策研究室、知识产权局）

（55）出台《新疆维吾尔自治区专利保护与促进条例》。（自治区知识产权局、法制办）

（56）出台《新疆维吾尔自治区科学技术进步条例》。（自治区科技厅、法制办）

（57）加强自治区知识产权人才库与人才信息网络平台建设。逐步建成分级分类管理的人才库和人才信息网络平台。（自治区知识产权局、人社厅）

（58）在全区开展专利工程师职称评定试点工作。（自治区人社厅、科技厅、知识产权局）

（59）召开国家知识产权局与自治区人民政府第三次会商暨中东西部知识产权合作与援疆工作会议。（自治区知识产权局）

（60）制定《新疆维吾尔自治区农业植物新品种保护工作试点实施方案》。（自治区农业厅）

（61）开展"推进计划"实施情况评估，推动年度工作计划的落实。（自治区知识产权局）

（62）制定《自治区工商局2012年重点培育商标目录》。（自治区工商局）

（63）制定《自治区打击制作销售假劣林木种苗和保护植物新品种权专项行动实施方案》。（自治区林业厅）

（64）全面开展专利电子申请推广普及，完成全区电子申请率和代理机构电子申请率任务。（自治区知识产权局）

（65）制定《自治区专利权质押融资管理办法》。（自治区知识产权局、财政厅）

（66）修改《新疆名牌产品管理办法》。（自治区质监局）

（67）引导和扶持企业知识产权联盟、行业协会、知识产权社团开展知识产权服务。（自治区知识产权局、工商局、新闻出版局（版权局））

（68）制定《自治区知识产权优势企业培育工程管理办法》，培育一批知识产权优势企业。（自治区知识产权局）

（69）做好知识产权战略在国有企业的实施推进工作，强力推动大型国有企业建立知识产权制度和专利预警应急机制，不断完善相关知识产权政策。（自治区国资委）

二〇一二年二月二十日

2013年新疆维吾尔自治区知识产权战略实施推进计划

（新知战办〔2013〕1号）

一、提升知识产权创造能力

（1）在科技、经济工作中注重知识产权导向，鼓励创新主体积极开展知识产权创造活动，进一步提升我区知识产权产出的数量和质量。（自治区科技厅、经信委、国资委、工商局、知识产权局、新闻出版局（版权局）、农业厅、林业厅）

（2）组织开展自治区专利奖评审活动，召开自治区专利奖颁奖大会。（自治区知识产权局、科技厅、人社厅、财政厅）

（3）立足新疆产业基础及未来前景，积极组织实施生物育种、生物医药、新材料、物联网、高端装备制造等领域的高技术产业化专项示范工程，积极培育战略性新兴产业。（自治区发改委、科技厅、经信委、农业厅、林业厅）

（4）进一步推进新疆名牌战略的实施，努力打造品牌产业集群，着力促进产业结构优化升级，加强名牌产品的培育、认定和监督管理，加大跟踪服务、保护宣传力度。（自治区质监局、工商局）

（5）积极引导创新主体增加专利产出，力争2013年全区专利申请量突破8000件，发明专利申请所占比例不低于25%。（自治区知识产权局）

（6）做好驰名著名商标推荐和第十届新疆著名商标认定工作，开展著名商标网上申报工作，年内新增驰名商标不少于4件、新增著名商标不少于35件。（自治区工商局）

（7）积极组织植物新品种权申请工作，力争申请林木新品种8个，新增林果地理标志产品3个，制定国家行业标准2个、自治区地方标准10个。（自治区农业厅、林业厅）

（8）加强作品版权登记工作，确保全区作品登记量增长率不低于10%。（自治区新闻出版局（版权局））

（9）推进"四书两帐一卡"（四书指《商标注册建议书》《商标管理提示书》《商标培育指导书》和《商标法律告知书》；两帐即《辖区商标注册情况登记台账》和《辖区企业商标联络员登记台账》；一卡即《商标战略跟踪服务卡》）商标行政指导措施的落实，引导企业加强商标注册及后续维护管理工作。（自治区工商局）

（10）选择3类非物质文化遗产名录项目，制定代表性传承人认定标准并颁布实施；建立4个自治区级文化生态保护实验区，实行整体性保护；推进自治区少数民族与他国同一民族共有非物质文化遗产保护的交流与合作。（自治区文化厅）

（11）推动科研院所、高等学校、高新技术企业实施"发明专利倍增行动"，促进其发明专利申请和授权量大幅提升。（自治区教育厅、科技厅、知识产权局）

（12）开展地理标志资源普查活动，建立新疆特色产品地理标志资源库，制定地理标志发展规划，鼓励涉农企业（协会）加快地理标志和农产品商标注册步伐，发挥商标示范三农工作效应。（自治区工商局）

（13）继续推进科技型企业和规模以上工业企业开展消除"零专利"工作，年内消零率不低于20%。（自治区科技厅、经信委、知识产权局）

（14）年内完成上市、拟上市企业软件正版化；推进建筑行业软件正版化，完成5家龙头企业、10家甲级设计院所办公软件正版化；三甲医院、银行及金融行业全面完成软件正版化；完成5家五星级酒店的软件正版化；推动印刷复制业的软件正版化工作。（自治区新闻出版局（版权局）、经信委）

（15）组织实施技术创新项目300项，其中，50项通过自治区以上新产品鉴定；认定自治区级企业技术中心10家，力争1家企业技术中心通过国家认定；培育产学研联合开发示范基地10家；认定自治区战略性新兴

产业优势骨干企业 10 家、重点培育企业 15 家。(自治区经信委、科技厅)

(16)搭建促进环保产业发展的节能减排实用技术交流合作、成果转化平台,不断提高污染治理设施运营的社会化和专业化水平,促进自治区环保产业发展,培育一批具有自主知识产权的环保产业骨干企业。(自治区环保厅)

(17)推进科技工作全过程的知识产权创造、运用和管理,完善管理运行机制和相关措施,建立自治区重大关键技术领域专利预警机制。(自治区科技厅、知识产权局)

(18)对国有资金投入为主的重大经济、科技项目,进行知识产权专项分析与评价,预防发生知识产权风险。(自治区发改委、经信委、国资委、财政厅、科技厅、知识产权局)

(19)全面推进专利电子申请工作,积极为企事业单位提供方便快捷的专利申请途径,提升非委托代理专利申请的电子申请率,加大个人电子申请宣传力度。(自治区知识产权局)

(20)加大对发明专利、PCT 国际专利申请的支持力度,推进各地、州、市设立专利申请资助资金并制定和完善资助办法,引导自治区创新主体不断提升专利申请质量。(自治区财政厅、知识产权局)

(21)加强民族药基础研究,加大支持力度,积极引导企业开展具有自主知识产权的新药研发工作。(自治区卫生厅、科技厅、药监局、知识产权局)

(22)鼓励广播影视知识产权创造,促进广播影视知识产权转化与运用,推动知识产权成果产品化、商品化和产业化。(自治区广电局)

二、促进知识产权转化运用

(23)将鼓励自主创新、专利转化运用等相关税收优惠政策纳入税法宣传重点,充分发挥税收政策引导效应,支持企业引进新技术、新产品、新工艺,淘汰落后产能。(自治区国税局、地税局)

(24)推进政、企、银融合的专利权、商标权资产化运作机制,鼓励银行、企业参与专利权、商标权质押贷款、融资活动,引导企业尝试专利权、商标权出(增)资注册资本,推进知识产权无形资产资本化运作。(自治区经信委、知识产权局、工商局)

(25)培育知识产权服务市场,壮大知识产权服务机构,建设知识产权信息服务平台和企业服务终端,提高企业专利技术转化运用和知识产权制度运用能力。(自治区经信委、知识产权局、商务厅)

(26)开展非物质文化遗产生产性保护示范基地建设工作,培育非物质文化遗产市场主体,推进非物质文化遗产优势资源合理利用、可持续发展。(自治区文化厅)

(27)完善专利统计指标体系,丰富统计内容,启动专利技术转化与产业化调查统计分析工作,用经济数据反映专利技术及产品在国民经济发展中所发挥的重要作用。(自治区统计局、知识产权局)

(28)加强专利信息利用指导工作,建立 2 家以上企业专利信息应用示范单位。(自治区财政厅、知识产权局)

(29)积极推动专利权质押登记和专利实施许可合同备案工作,促进专利技术转移、转化和有效运用。(自治区知识产权局)

(30)规范地理标志的使用,提升地理标志知名度和影响力;继续推进"商标富农"工作;指导企业将商标战略纳入企业总体发展战略。(自治区工商局)

三、强化知识产权保护

(31)加大《新疆维吾尔自治区专利促进与保护条例》的宣传与实施力度。(自治区知识产权局、法制办)

(32)围绕重点区域、重点产业开展知识产权快速维权中心试点工作,推进重大项目知识产权维权援助服务机制,支持行业协会开展知识产权保护工作。(自治区知识产权局)

(33)确保全年知识产权二审案件审限内结案率不低于 90%,将调解工作贯穿始终,确保案件调撤率不低于 35%。(自治区高法)

（34）进一步巩固和扩大"双打"工作成果，以驰名、著名、涉外商标以及地理标志和农产品商标等为重点保护对象，严厉打击商标侵权和假冒伪劣行为。（自治区工商局、公安厅、商务厅）

（35）撰写典型知识产权案件案例指导，推进自治区高级人民法院及各地中级人民法院知识产权审判民行合一的审判机制改革。（自治区高法）

（36）对驰名商标司法认定工作予以重点关注，既要防止驰名商标不当认定，也要积极发挥司法职能，服务于自治区人民政府提出的品牌战略。（自治区高法）

（37）与职能部门加强协作，加快推进建立侵权认定和假冒伪劣商品（食品、药品等）鉴定机制，做好行政执法和刑事司法的衔接配合。（自治区公安厅、工商局、新闻出版局（版权局）、知识产权局、商务厅、药监局、质监局）

（38）年内开展打击侵犯知识产权犯罪专项行动，在重点地区、重点行业，查处一批危害严重、影响恶劣的大要案件，切实维护知识产权权利人的合法利益。（自治区公安厅、工商局、新闻出版局（版权局）、知识产权局、商务厅、文化厅、质监局）

（39）加强基层专利行政执法能力建设，实施"专利行政执法能力提升工程"，开展地、州、市专利执法人员与部分县、市、区知识产权局执法人员轮训工作。（自治区知识产权局、科技厅）

（40）继续开展打击制售假劣林木种苗和保护植物新品种权活动，开展一次农业植物新品种保护执法大检查。（自治区农业厅、林业厅、公安厅）

（41）做好2013年度打击侵犯知识产权和制售假冒伪劣商品专项行动和剑网行动；对侵权盗版网站予以严厉打击；打击影视作品侵权盗版行为；加强对电视购物活动的监管，打击利用广播电视网络销售侵犯知识产权和假冒伪劣商品的欺诈行为。（自治区新闻出版局（版权局）、文化厅、广电局、公安厅）

（42）加强有关广播电台电视台著作权法律文书的规范化，进一步规范广播电台电视台合法使用作品，提高广播电台电视台尊重创作，尊重知识的意识。（自治区广电局、新闻出版（版权）局）

（43）建立健全自治区三级非物质文化遗产领导协调机构、专家咨询机构和保护工作机构。（自治区文化厅）

（44）选取3家商品生产流通领域专业市场，指导其规范知识产权管理制度，以点带面，培育一批知识产权保护规范化市场。不断提升自治区专业市场知识产权保护水平。（自治区知识产权局）

四、公众宣传与人才培养

（45）做好"世界知识产权日""中国专利周"等主要知识产权纪念日的宣传工作，提高公众知识产权意识，培育知识产权文化。（自治区知识产权局牵头，其他成员单位配合）

（46）在"六五"普法中加强知识产权内容宣传普及工作，在法治宣讲团中增加专利、商标、版权等专业的讲师比例。（自治区司法厅、法制办、知识产权局）

（47）办好商标协会网站，做好《新疆商标》杂志的编辑出版工作，及时公布商标典型大要案件，编制发布《2012年度新疆商标发展报告》。（自治区工商局）

（48）年内派15—20名骨干到内地接受专业培训，举办2期自治区非物质文化遗产专业知识培训班，培训地、县专兼职"非遗"工作人员300人。（自治区文化厅）

（49）举办1—2期全区工商系统商标业务培训班。（自治区工商局）

（50）举办自治区农业植物新品种保护培训班2期；举办林业系统知识产权保护培训班1期，培训人员35人（次）。（自治区农业厅、林业厅）

（51）编纂出版国家级、自治区级非物质文化遗产名录项目系列出版物。（自治区文化厅）

（52）将知识产权基础知识纳入专业技术人员继续教育课程，举办专业技术人员知识产权中高级研修班；继续将知识产权战略纳入党政领导干部培训内容，在公务员任职培训中，增加知识产权培训内容。年内预计培训全疆各厅局、地州、县市公务员400人。（自治区人社厅、知识产权局）

（53）学习内地省市专利工程师职称设立及评审工作经验，力争年内完成《新疆专利管理工程师任职资格暂行办法》初稿。（自治区人社厅、知识产权局）

（54）做好版权知识进机关、进社区、进学校工作。运用新媒体，以全新思路开展宣传普及工作，提高全社会版权保护意识。（自治区新闻出版局（版权局）、人社厅、教育厅）

（55）依据国家知识产权战略长远规划，加强知识产权师资力量培养，以试点示范知识产权学校为样板，逐步开展全区中小学生知识产权宣传普及工作。（自治区教育厅、知识产权局）

（56）支持高校开设知识产权课程、购置知识产权书籍资料以及开展形式多样的知识产权宣传活动，确保在校学生毕业前掌握基本的知识产权知识；加强我区知识产权行政管理部门工作人员及科技人员知识产权专业继续教育工作，探讨开展知识产权专业在职研究生培养计划。（自治区教育厅、人社厅、知识产权局）

五、政策措施

（57）积极推进《新疆版权保护条例》《自治区版权产业与文化促进办法》制定工作，开展新疆民族民间传统文化保护、新疆地理标志保护、广播影视知识产权等地方性法规的调研论证工作。（自治区法制办、新闻出版局（版权局）、文化厅、工商局、质监局、广电局）

（58）依据《新疆维吾尔自治区地、州、市知识产权战略实施绩效评价暂行方案》，组织专家组对各地、州、市知识产权战略实施推进实施情况开展绩效评价。（自治区知识产权局牵头，其他成员单位配合）

（59）依据上位法律法规，对《新疆维吾尔自治区奖励优秀发明创造专利技术开发者暂行办法》（新政办〔1997〕59号）进行相应修订。（自治区知识产权局）

（60）推动国家知识产权局与自治区人民政府联合成立知识产权援疆工作专家顾问委员会，开展实务研究，增强决策科学性。（自治区知识产权局）

（61）制定非正常专利申请防控办法，建立非正常专利申请人诚信档案，督促各地、州、市知识产权管理部门采取有效措施遏制非正常专利申请。（自治区知识产权局）

（62）推动各地、州、市出台落实国家知识产权局《关于加强专利行政执法工作的决定》的具体意见，开展地、州、市执法维权工作绩效考核工作。（自治区知识产权局、法制办）

二〇一三年一月二十三日

2014年新疆维吾尔自治区知识产权战略实施推进计划

（新知战办〔2014〕1号）

一、提升知识产权创造能力

（1）加强我区知识产权工作在科技、经济中的重要导向作用，强化实施国家知识产权战略纲要，着力构建知识产权服务创新体系，进一步提升我区知识产权创造能力。（自治区科技厅、发改委、经信委、国资委、工商局、知识产权局、新闻出版（版权）局、农业厅、林业厅）

（2）根据《新疆维吾尔自治区专利促进与保护条例》修订《新疆维吾尔自治区专利奖暂行办法》及《新疆维吾尔自治区专利奖实施细则》。（自治区知识产权局、财政厅、人社厅）

（3）开展专利信息检索、分析与利用工作，掌握我区重点产业和行业专利状况，对重点产业进行专利态势研究，推动企业制定和实施知识产权战略。（自治区知识产权局、经信委）

（4）积极引导创新主体增加专利产出，力争2014年全区专利申请量突破9400件，发明专利申请所占比例不低于25%。（自治区知识产权局）

（5）加强自治区级文化生态保护实验区建设，推进非物质文化遗产整体性保护，年内争取设立1个国家级文化生态保护实验区。（自治区文化厅）

（6）加强企业技术中心建设，提升企业技术创新能力，增强企业知识产权创造能力。将企业建立知识产权管理制度和知识产权产出情况作为企业技术中心认定、评价的指标，推动企业提高知识管理水平。（自治区经信委、发改委）

（7）自治区重点技术创新项目计划和战略性新兴产业专项资金计划加大对自主知识产权研发和产业化项目支持，加快企业自主知识产权的转化、运用。（自治区经信委）

（8）组织实施技术创新项目500项，其中，50项通过自治区以上新产品鉴定；认定自治区级企业技术中心15家，产学研联合开发示范基地10家，力争1家企业技术中心通过国家认定；自治区战略性新兴产业优势骨干企业10家、重点培育企业15家。（自治区经信委、发改委）

（9）在各类林业科技项目的安排中，将品种选育、地理标志认定、专利申请等知识产权创造纳入项目重要考核指标任务，并给予资金倾斜；选育林木新品种10个，申请植物新品种保护1个，申请实用新型专利5个；围绕自治区特色林果业，开展地理标志产品和商标权的认定，全区林果地理标志产品新增6个，新注册商标5个。（自治区林业厅、工商局）

（10）新疆畜牧科学院建立以科研创新能力和成果转化应用为导向的绩效考评制度，分级分期进行绩效考评，考评结果与班子组合、领导能力、执行能力、保障程度等直接挂钩，充分发挥绩效考评促进形成"科研—转化—推广—服务"一体化，增强创新活力和创新效率的积极作用。（自治区畜牧厅）

（11）加大知识产权方面资金投入力度，保障知识产权宣传培训、维权及预警、鼓励发明创造、自主创新等方面经费，重点支持知识产权技术实施及产业化，积极推动和引导主导产业、优势产业和新兴产业领域的知识产权创造活动，提升知识产权转化率，整体推进知识产权战略实施，确保知识产权各项工作的顺利开展。（自治区财政厅、知识产权局）

二、促进知识产权转化运用

（12）梳理"十一五"以来的自治区环保科技成果，加强科研成果应用，使之服务于环境管理及减排工作。组织项目单位报告成果转化应用情况，积极支持项目单位加强成果转化及推广应用工作。（自治区环保厅）

（13）积极支持自治区环科院"自治区清洁生产工程技术研究中心""准噶尔生态环境观测站""生态遥感应用中心"建设，支持自治区环科院申请建设环保部、科技厅生态及污染场地修复重点实验室；以自治区环保高新技术企业为依托，积极申请建立国家环保工业废水资源化工程技术中心。（自治区环保厅、科技厅）

（14）积极扩大非物质文化遗产传承发展，做好分类开展自治区非物质文化遗产传承基地建设工作，促进国家级和自治区级非物质文化遗产代表性项目的保护利用，活态传承。（自治区文化厅）

（15）在监管企业所涉及的石油石化、金融、煤电煤化工、矿产资源、特色农副产品、先进装备制造、战略性新兴产业、现代服务业、旅游等领域，从国有资本经营预算中对知识产权转化项目给予一定资金支持；提高监管企业推动知识产权自主转化进程，加快知识产权转化速度。（自治区国资委）

（16）切实加强知识产权教育试点学校和示范学校建设工作，进一步推动校园知识产权教育宣传工作。（自治区教育厅、知识产权局）

三、强化知识产权保护

（17）认真履职、严格审限管理，确保全年审限内结案率不低于90%；不断总结调解经验，创新调解模式，力争知识产权案件调撤率不低于35%。（自治区高法）

（18）强化知识产权审判指导工作，提高整体审判水平，对于涉及知识产权知识点较多、较具普遍性、有一定社会影响或指导意义的案件要适时安排人员开展案例撰写工作；通过业务培训提升全疆法官的知识产权水平，有针对性地对知识产权案件较集中的法院加强知识产权案件案例指导工作，选择典型知识产权案件撰写案例指导；加强对下级法院的监督和业务指导。（自治区高法）

（19）进一步做好司法公开，逐步实现庭审录音录像，组织庭审现场转播；诉讼的案件公开诉讼中止或不中止的处理决定和理由；充分公开司法鉴定程序和鉴定意见；生效知识产权裁判文书全部上网公开。（自治区高法）

（20）对知识产权保护和维权领域的刑事案件、行政案件持续关注，作好相关调研工作；推进知识产权审判民行合一的审判机制改革。（自治区高法）

（21）继续强化知识产权能动司法，延伸审判职能；深入重点企业、科技园区、工业园区，了解知识产权司法需求，有针对性的提供司法服务。（自治区高法）

（22）进一步实施"专利行政执法能力提升工程"，加强专利行政执法队伍建设，加大专利行政执法人员培训工作力度，举办不同层次和形式的执法培训班；加强执法工作条件和硬件设备建设，有效改善执法办案条件。（自治区知识产权局、科技厅）

（23）做好第二届中国（上海）国际技术进出口交易会新疆维吾尔自治区代表团组团和参展工作，为我区企业引进国内外先进技术和开展知识产权合作交流搭建平台。（自治区商务厅）

（24）积极配合商务部，继续做好与贸易有关的知识产权工作，大力促进我区国际贸易发展，有效支持我区企业知识产权海外维权工作。（自治区商务厅、海关）

（25）做好第二届"中国—亚欧出版博览会"的各项工作，出博会将突出"丝绸之路文化交流"的特点，届时邀请沿丝绸之路国家出版机构、国内各出版单位参展，力争一个完整的展厅（1500平方米），参展的产品除图书外还可将动漫、新疆特色文化创意产品纳入，扩大图书现场销售，举办一场高水平的"丝绸之路出版文化"高层论坛。（自治区新闻出版局（版权局））

（26）做好在我区开展创建全国版权示范城市的调研和动员工作。（自治区新闻出版（版权）局）

（27）继续深入开展知识产权执法维权"护航"专项行动，加大执法办案力度。以涉及民生领域、重大项目、优势产业为重点，针对大型商场流通场所和展会，组织开展集中检查、重点整治、联合办案，大力开展制止专利侵权和查处假冒专利工作，利用有关媒体，公布举报途径，教育发动社会群众，震慑违法犯罪分子。（自治区公安厅、工商局、新闻出版局（版权局）、知识产权局、商务厅、文化厅、质监局）

（28）建立完善全区三级非物质文化遗产名录体系，公布第四批"自治区级非物质文化遗产代表性名录"，并从中遴选一批项目申报第四批国家级非物质文化遗产代表性名录。（自治区文化厅）

（29）做好展会知识产权保护工作，在做好第四届中国–亚欧博览会知识产权相关工作的同时，积极与有关部门沟通协调，进驻会期3天以上的主要经贸展会，提供知识产权服务工作。（自治区知识产权局、工商局、新闻出版局（版权局）、商务厅、司法厅）

（30）在林木种苗的生产、销售和使用等环节，加大监督检查和执法力度，确保林业生产的苗木质量；林木种苗检查覆盖面由70%提高到75%，苗木合格率达到90%以上。（自治区林业厅）

（31）贯彻落实国务院《政府机关使用正版软件管理办法》，着力建立政府机关软件正版化工作长效机制，强化监督责任，开展软件正版化考核工作；指导各地州、自治区各部门健全软件资产管理；组织相关成员单位对地县两级政府机关软件正版化工作进行检查验收；力争国资委直接监管企业、总部设在新疆的银行金融机构、建筑设计企业，二级以上公立医院实现软件正版化；落实以奖代补政策，严格审查，确保奖补资金的使用合规合法。（自治区新闻出版局（版权局）、国资委、卫生厅、财政厅）

（32）确定专人定时与工商、药监、质监等行政执法部门协调沟通，定期召开联席会议，建立以地方政府统一协调、部门依法参与的打假机制，在信息共享、线索协查、证据调取、送检鉴定等方面相互支持、配合，形成打击合力。（自治区公安厅、工商局、食药监局、质监局）

（33）在全区范围内开展一次农业植物新品种保护科技执法大检查，实行打击与防范相结合，不断提高打击品种权违法行为的主动性、预见性和实效性，努力从源头上切断品种权侵权行为的发生。（自治区农业厅）

（34）扩大专业市场知识产权保护工作范围，在乌鲁木齐市等有关地州市选择1—2家专业市场开展知识产权保护工作，提高专业市场知识产权保护水平，逐步形成规范化、制度化、专业化的市场保护机制，不断提高我区专业市场知识产权保护良好氛围。（自治区知识产权局、公安厅、工商局、新闻出版（版权）局）

（35）深入开展专利行政执法督导检查和指导工作，采取现场督导、集中座谈、抽查或书面报告等方式，将督导检查和指导工作形成长效机制，其中一年内现场集中督查不少于3次。（自治区知识产权局、公安厅、工商局、新闻出版局（版权局））

（36）加强和完善知识产权维权援助工作，积极与公安、工商、版权等执法部门沟通交流，建立跨部门知识产权举报投诉案件移送机制，建立健全各项工作制度，深入开展维权援助工作。（自治区公安厅、工商局、新闻出版局（版权局）、知识产权局）

四、公众宣传与人才培养

（37）组织开展公证机构和公证人员的知识产权专项培训，培养一批熟悉知识产权法律法规的高素质公证员队伍。（自治区司法厅）

（38）普及知识产权法规教育，把知识产权法律法规宣传教育列为"六五"普法和"法治六进"等主题法制宣传教育活动的重要内容，并纳入年度工作计划。（自治区司法厅、知识产权局）

（39）做好"知识产权周""中国专利周"等知识产权纪念活动的宣传工作，提高公众知识产权意识，培育知识产权文化。（自治区知识产权局牵头，其他成员单位配合）

（40）在各地、州、市设立知识产权帮扶工作站，并集中针对提高专利申请的数量和质量赴各个帮扶工作站进行知识产权系列培训。（自治区知识产权局）

（41）举办全区农业植物新品种保护科技执法培训班1期，举办全区农业植物新品种保护科技执法培训讲座2期。（自治区农业厅）

（42）充分发挥广播电视媒体的舆论引导和监督作用，新疆人民广播电台、新疆电视台要继续在《新广早新闻》《新广行风热线》《新疆新闻联播》《直播民生》等一批重点新闻频率（频道）重点新闻节目（栏目）中开展知识产权战略实施相关报道，扩大宣传覆盖面和影响力，为加快经济发展方式转变、建设创新型国家营造良好氛围。（自治区广电局）

（43）举办培训班、讲座、研讨会、知识竞赛、知识问答等多种活动，立足实际、分级分类，做好新《商标法》培训工作，有效提高执法人员的依法行政能力，提高商标代理机构的自律和诚信意识，提升商标代理机构服务以及企业商标注册、运用、保护和管理水平。（自治区工商局）

（44）广泛开展知识产权普及教育，使人民群众提高认识，懂得如何识假、防假和参与打假，形成全民打假的社会氛围。（自治区知识产权局、公安厅、工商局、广电局）

（45）继续抓好新疆非物质文化遗产代表性项目的宣传展示活动，组织开展好第九个"文化遗产日"系列活动。（自治区文化厅）

（46）将知识产权纳入党政领导干部培训内容，在公务员任职培训中，增加知识产权培训内容；计划于2014年举办"现代文化为引领"东西部对口专题培训班时，将知识产权列为重要培训内容；举办3期知识产权培训班，促进新疆知识产权人才队伍建设。（自治区知识产权局、人社厅）

（47）加强知识产权的宣传力度，利用新疆法院网、新疆日报、新疆法制报等新闻平台宣传知识产权相关法律知识、典型案例；利用"4·26"知识产权日和"12·4"法制宣传日，以新闻发布会、观摩庭、法律咨询、发放知识产权宣传品等形式开展宣传活动；与知名企业的代表召开座谈会，解答企业在生产、流通领域涉及的知识产权方面的问题，提升企业在知识产权保护方面的意识；年终发布新疆知识产权司法保护状况白皮书或当年典型案例。（自治区高法、知识产权局）

五、政策措施

（48）组织评价组对各地、州、市知识产权战略实施推进情况开展绩效评价工作。（自治区知识产权局牵头，其他成员单位配合）

（49）在新疆国家大学科技园设置第三方服务机制，以此为试点，由第三方从事科技园的专利挖掘、申请、保护等服务工作，并减免部分费用，全面激发科技园的创新活力。（自治区知识产权局）

（50）建立情报信息收集机制，广泛收集社会舆论信息；拓展情报信息来源，在办理经济案件或协助外地协查过程中，注意发现涉及人员多、涉及面广的制售假冒伪劣产品犯罪信息，实战需要服务；为有力打击侵权犯罪工作打下良好基础。（自治区公安厅）

（51）充分发挥律师和法律援助中心的作用，加强对企业重大案件的应诉指导，帮助企业增强知识产权维权意识与能力；设立知识产权咨询站，为企业提供咨询与调解服务。（自治区司法厅）

（52）在民族药审评审批方面积极争取国家食品药品监督管理总局的政策支持；加强民族药基础研究；对研究申报具有自主知识产权的新药加快受理初审进度。（自治区食药监局）

（53）开展《新疆维吾尔自治区非物质文化遗产保护条例》《新疆维吾尔自治区维吾尔木卡姆艺术保护条例》执法检查和民族民间传统文化特定领域知识产权保护调研工作。（自治区文化厅）

（54）加强企业商标工作指导力度，帮助企业解决实施商标战略工作中存在的问题，加快推进商标培育工作，促进全区商标增量提质；对申报驰名著名商标企业实施跟踪指导服务；开展第十一届新疆著名商标认定及第八届新疆著名商标复审工作，年内推荐新疆著名商标不少于30件；根据我区地理标志资源优势，进一步加强地理标志商标注册、运用和保护工作；加快制定地理标志商标发展规划，加大对农产品商标和地理标志证明商标的注册、运用和管理指导力度，切实提高我区地理标志证明商标的注册和有效使用率。（自治区工商局）

（55）继续办好商标宣传"一网一刊"，及时更新商标协会网站信息，拓展网站的服务功能，提高信息的权威性和可读性，做好《新疆商标》杂志的编辑出版工作。（自治区工商局）

（56）研究出台《自治区国资委监管企业知识产权工作指导意见》，鼓励监管企业科技创新，促进监管企业自主创新成果的知识产权化和产业化，为企业转变经济增长方式和提升核心竞争力提供有力保障，推进企业发展。（自治区国资委）

二〇一四年二月十六日

2012年新疆维吾尔自治区专利事业发展战略推进计划

为全面推进自治区知识产权战略，进一步提升自治区专利创造、运用、保护、管理水平，根据《2012年全国专利事业发展战略推进计划》和《2012年新疆维吾尔自治区知识产权战略推进计划》提出的目标任务，制订《2012年新疆维吾尔自治区专利事业发展战略推进计划》（简称《推进计划》）。

一、基本思路

以经济社会发展需求为导向，以完善提升专利制度运用能力和科学利用专利资源为核心，不断提高专利数量和质量，促进专利运用，加强专利执法，培养专利人才，培育知识产权文化，发展专利服务业，助推企业转型升级，支撑重点区域发展，促进产业结构调整，为创新型新疆建设、实现新疆经济跨越式发展和社会长治久安目标提供强有力支撑。

二、主要内容

（一）激励专利创造计划

1. 目标任务

以提升专利数量和质量为导向，实现年专利申请年增幅35.0%以上、数量达到6400件，发明专利申请年增幅达到40%以上，数量1800件以上，万人发明专利达到0.78件，完善专利申请资助资金、专利实施资助资金和专利申请奖励办法等法规政策，引导科技创新主体重视专利数量、质量的提升。

2. 主要内容

（1）完善自治区专利申请资助资金管理办法，明确专利申请资助资金支持重点，突出资助提升专利数量和质量的政策导向。

（2）建立万人发明专利拥有量考核评价指标。制定万人发明专利拥有量地州市考核评价实施方案，按照"目标分解与单位努力相结合、政策引导与项目导入相结合、质量提升与效益评价相结合"的原则，与相关部门联合，将发明专利创造列入重大项目立项管理、验收、高新企业认定等指标体系。

（3）完善专利申请管理服务激励机制。继续实施专利申请目标管理工作，将专利申请指标作为地州市知识产权局、专利代理机构、试点示范园区、示范创建城市和示范企业考核评先的重要指标之一。

（4）加强非正常专利申请的监控工作。研究非正常专利申请的原因，找出解决的办法，探索非正常专利申请监控和处理的长效管理机制。

（5）广泛推进消除"零专利"工作。以中小企业为重点，以专利申请资助政策为导向，大力开展消除"零专利"工作。

（二）促进专利运用计划

1. 目标任务

加强专利运用工作，推进以项目实施管理、资金投入为导向的创新成果转化运用导入机制，促进创新成果的专利化、商品化、产业化。

2. 主要内容

（1）制定完善科研项目专利管理办法。协调科技等部门制定完善科研项目专利管理办法，引导项目实施主体树立专利运用的思想观念，建立专利申请、维持、放弃的论证机制，完善职务发明制度，明确产学研各方主体利益分配机制，加强对专利技术转移的管理。

（2）出台促进专利运用的有关政策。联合相关部门出台促进专利转化的配套政策，鼓励专利转让、专利许可；建立专利实施资助资金、科技项目转化资金管理引导机制，促进通过专利运用实现市场收益；支持专利池构建，集中管理高校、科研院所"闲置"专利，促进产学研结合。

（3）建立专利运用体系机制。充分发挥专利实施资金，引导项目实施主体建立运用专利制度体系机制。

（4）加强知识产权投融资服务。积极推进建立知识产权价值分析服务机制，对技术含量高、具有市场前景的专利予以扶持，积极支持高校等单位的专利转移服务工作。

（5）开展专利技术优势产品认定工作。与相关部门联合启动制定专利技术优势产品认定标准工作，编制自治区专利技术优势产品目录。

（三）加强专利保护计划

1. 目标任务

充分发挥专利行政执法查处迅速、程序简单的优点，坚决依法打击专利侵权行为，保护产权人的合法权利，使侵权成本大幅度提高，维权成本显著降低。

2.主要内容

（1）推进专利行政执法制度建设。完善自治区专利行政保护法规规章，建立健全专利行政执法工作协调合作制度、执法案件督办制度、考核评价制度、举报投诉奖励制度。

（2）完善专利行政执法工作机制。实施跨地区、跨部门的专利行政执法协作机制，创新专利纠纷行政调解工作机制，优化专利侵权救济与确权无效程序的衔接机制，完善专利行政执法协作机制，健全专利行政执法工作激励机制，建立知识产权保护社会信用评价监督机制，推进高层次人才和重大项目知识产权维权援助服务机制，深化专利保护重点联系机制。

（3）加强专利行政执法能力建设。加强专利行政执法队伍建设，提高专利行政执法人员业务素质，改善专利行政执法工作条件，加大专利行政执法信息化建设力度，加强知识产权举报投诉维权援助工作平台建设，出台地方知识产权局考核评价指标。

（四）"专利助推企业转型升级"计划

1.目标任务

加强对企业专利工作的指导，提升企业专利制度和专利资源的运用能力，推动企业实现转型升级。

2.主要内容

（1）推行企事业单位知识产权管理规范。出台企事业单位知识产权管理工作规范并推进实施，推动企事业单位将知识产权作为战略性资产科学管理、谋划运营。做好企事业单位知识产权管理规范与相关政策的衔接和融合。

（2）实施知识产权优势企业培育工程。积极争取财政支持，建立自治区知识产权优势企业培育工程专项资金，制定出台《新疆知识产权优势企业培育工程管理办法》，制定和完善知识产权优势企业认定标准。通过建立重点企业联系机制、建设企业专利工作交流站、设立企业专利工作薄弱环节专项培育计划等方式，培育30家知识产权优势企业。

（3）实施中小企业知识产权托管工程。出台《知识产权托管考核标准》，推选2家优秀服务机构为两个国家级开发区的50家中小企业提供专利服务，有效提升中小企业知识产权创造、运用、保护、管理能力。

（五）"专利促进产业结构调整"计划

1.目标任务

推动将专利指标和相关工作纳入产业结构调整和优化工作中，建立专利促进产业结构调整和优化的有效服务机制。

2.主要内容

（1）推动建立重大经济活动知识产权评议机制。在总结完善自治区开展重大科技经济活动知识产权评议试点工作的基础上，会同相关部门探索建立自治区层面的科技经济重大专项立项知识产权评议机制的有效模式。

（2）推动战略性新兴产业培育和发展。联合科技等部门出台加强战略性新兴产业知识产权工作的指导意见，以提高战略性新兴产业创新能力和国际化发展能力为导向，建立战略性新兴产业专利分析预警机制，加快构建产业知识产权比较优势，产生一批核心技术的专利，有力推动战略性新兴产业发展壮大。

（六）"专利支撑重点区域发展"计划

1.目标任务

落实国家区域发展总体战略，加强局区会商、东中西部合作与对口援疆协调指导，扶持重点区域专利事业发展，培育形成专利优势区域，带动全区共同发展。

2.主要内容

（1）通过局区会商机制加强专利工作。发挥国家知识产权局与自治区人民政府局区会商机制和国家知识产权资源优势，提升专利制度运用能力，促进自治区经济社会发展。

（2）加强对国家高新技术产业开发区专利工作的指导。出台加强国家高新技术产业开发区知识产权工作的指导意见，指导国家级高新区有效运用专利制度和专利资源提升自主创新能力，增强国家级高新区核心竞争力。

（3）深化知识产权试点示范工作。继续抓好企事业单位知识产权试点示范工作，启动自治区第四批知识产权试点工作。

（4）建立自治区专利战略推进与服务中心。以需求为导向，选择重点区域，建立自治区专利战略推进与服务中心，为自治区行业发展，提供综合性、针对性、专业性服务。

（5）积极推进东中西部知识产权合作与对口援疆工作。充分发挥东中西部知识产权合作与对口援疆机制和资源优势，加强对援疆工作的协调指导，不断深化知识产权援疆工作，提高合作与对口援疆效益和水平。

（七）"专利服务综合能力提升"计划

1.目标任务

深化专利服务内容，使专利公共服务和社会服务能力基本满足经济发展和社会公众的需求。

2.主要内容

（1）加快专利代理行业发展。加强专利代理行业管理制度建设，建立完善奖励制度和机制；加强专利代理行业服务标准化建设；实施专利代理机构业务能力促进计划；探索建立专利代理优质服务评价制度；加大专利代理行业扶持政策创新和实施力度，促进专利代理行业协调发展；全面推进专利代理人实务技能培训工作；建立专利代理援助机制。

（2）加强专利信息传播利用与信息化建设。加快新疆专利信息公共服务体系建设规划的落实，建立自治区专利信息利用的宏观管理与业务指导体系；推进自治区专利信息中心建设，拓展企业充分利用专利信息资源的渠道，构建企业专利信息利用平台和体系。

（3）培育专利服务业发展。大力促进专利信息检索、分析预警、交易、运营、资产评估等专利服务业发展，加强培训，扶持培育一批专业化的专利服务企业。

（4）加强发明协会的建设。充分发挥发明协会的作用，以企业为重点，组织会员参加开展专利展示、知识产权培训、消除"零专利"等活动；会同自治区经信委逐步建立行业协会知识产权工作制度。

（八）"专利人才培养"计划

1.目标任务

推动人才队伍建设体制机制改革与制度政策的建立完善，为促进自治区专利事业发展提供强有力的人才保证和智力支持。

2.主要内容

（1）积极加强全国知识产权培训（新疆）基地建设，提升新疆专利人才队伍培养培训工作，建立和完善自治区知识产权人才库及信息平台。

（2）培养专利信息人才。建立基本适应自治区专利事业发展需要的专利信息工作队伍。

（3）坚持开展优秀专利代理人评选活动，推进专利代理人才培养工作。

（4）探索高层次人才工作机制创新。重视和加强专利价值分析师、专利师资，探索建立中高层次专利运营人才培养的长效机制。

（5）加强专利人才后备队伍建设。继续抓好中小学知识产权教育试点示范工作，在对第一批试点工作总结的基础上，进一步深化，扩大试点面。

2012年新疆维吾尔自治区专利事业发展战略推进计划实施方案

为确保《2012年新疆维吾尔自治区专利事业发展战略推进计划》(简称《推进计划》)任务目标的实现,特制定2012年《推进计划》实施方案如下。

一、基本思路

以经济社会发展需求为导向,以完善提升专利制度运用能力和科学利用专利资源为核心,不断提高专利数量和质量,促进专利运用,加强专利执法,培养专利人才,培育知识产权文化,发展专利服务业,助推企业转型升级,支撑重点区域发展,促进产业结构调整,为创新型新疆建设、实现新疆经济跨越式发展和社会长治久安目标提供强有力支撑。

二、目标任务

2012年自治区《推进计划》由八个具体计划组成。

第一个计划为激励专利创造计划,其目标任务是:以提升专利数量和质量为导向,实现年专利申请年增幅35.0%以上、数量达到6400件,发明专利申请年增幅达到40%以上,数量1800件以上,万人发明专利达到0.78件,完善专利申请资助资金、专利实施资助资金和专利申请奖励办法等法规政策,引导科技创新主体重视专利数量、质量的提升。

第二个计划为促进专利运用计划,其目标任务是:加强专利运用工作,推进以项目实施管理、资金投入为导向的创新成果转化运用导入机制,促进创新成果的专利化、商品化、产业化。

第三个计划为加强专利保护计划,其目标任务是:充分发挥专利行政执法查处迅速、程序简单的优点,坚决依法打击专利侵权行为,保护产权人的合法权利,使侵权成本大幅度提高,维权成本显著降低。

第四个计划为"专利助推企业转型升级"计划,其目标任务是:加强对企业专利工作的指导,提升企业专利制度和专利资源的运用能力,推动企业实现转型升级。

第五个计划为"专利促进产业结构调整"计划,其目标任务是:推动将专利指标和相关工作纳入产业结构调整和优化工作中,建立专利促进产业结构调整和优化的有效服务机制。

第六个计划为"专利支撑重点区域发展"计划,其目标任务是:落实国家区域发展总体战略,加强局区会商、东中西部合作与对口援疆协调指导,扶持重点区域专利事业发展,培育形成专利优势区域,带动全区共同发展。

第七个计划为"专利服务综合能力提升"计划,其目标任务是:深化专利服务内容,使专利公共服务和社会服务能力基本满足经济发展和社会公众的需求。

第八个计划为"专利人才培养"计划,其目标任务是:推动人才队伍建设体制机制改革与制度政策的建立完善,为促进自治区专利事业发展提供强有力的人才保证和智力支持。

三、组织实施方案及进度安排

(一)制定方案、成立机构

2012年1月中旬至2月上旬,制定《推进计划》实施方案;成立《推进计划》实施领导小组,并进行分工。《推进计划》实施领导小组组成是:

组长:马庆云

副组长:谭力、多里坤·阿吾提、孙东方

成员：薛卫东、常铖、哈洪江、陈勇、刘山玖

领导小组下设办公室：

主任：孙东方

副主任：薛卫东、常铖、哈洪江、陈勇、刘山玖

成员：沈联海、范志刚、史治勋、杨靖、赵斐斐、郑伊民等

领导小组办公室内设协调指导组、秘书组、宣传组等5个专项组。

（1）协调指导组、秘书组设在管理实施处，由薛卫东负责，成员有沈联海、史治勋、赵斐斐等，主要负责每年《推进计划》及实施方案的制定；办公室日常管理工作；《推进计划》的启动；定期组织召开领导小组会议；收集整理、上报《推进计划》情况，对《推进计划》进行部署和适时进行调整，对《推进计划》进行协调、监督、检查和情况通报；对实施情况进行调研、指导，年底对地州市局进行考核验收。

（2）宣传组设在综合处，由常铖负责，成员有范志刚、郑伊民等，主要负责《推进计划》宣传报道工作。利用广播、电视、报刊、网络等新闻媒体开展宣传活动，创新宣传方式，彰显《推进计划》实施效果，提高各级领导对专利工作的重视度，提高各部门对专利战略、专利制度的认知度，提高全社会各界对专利及专利制度的关注度。

（3）"专利数量和质量提升"专项组。由薛卫东、常铖、刘山玖负责，主要目标任务：一是根据《2012年自治区知识产权战略推进计划》提出的专利申请数量、质量指标和制定万人发明专利拥有量地州市考核评价实施方案，并参照以往情况，将专利申请数量、质量指标分解到各地州市；每季度对各地州市专利申请情况进行统计分析和通报；规范自治区专利申请资助资金管理，提高利用率，激励专利申请数量和质量的提升；二是提出各专利代理机构专利申请代理量指标，提高电子申请比例，每季度进行检查指导、年终纳入优秀专利代理机构和优秀专利代理人评选指标之一；三是加强非正常专利申请的监控工作。研究非正常专利申请的原因，找出解决的办法，探索非正常专利申请监控和处理的长效管理机制。提高专利代办服务质量，将服务窗口迁移，积极推动专利申请数量和质量的提高；四是深化城市、高新园区、企事业单位试点示范工作，与相关部门联合，将发明专利创造列入重大项目立项管理、验收、高新企业认定等指标体系，提升专利创造主体专利申请数量的提升；五是大力开展专利宣传，提高社会公众的专利保护意识和专利知识。

（4）"专利助推企业转型升级"专项组。由薛卫东、沈联海负责。主要目标任务：一是实施知识产权优势企业培育工程。积极争取财政支持，建立自治区知识产权优势企业培育工程专项资金，制定出台《新疆知识产权优势企业培育工程管理办法》，制定和完善知识产权优势企业认定标准。通过建立重点企业联系机制、建设企业专利工作交流站、设立企业专利工作薄弱环节专项培育计划等方式，培育30家知识产权优势企业。二是实施中小企业知识产权托管工程。出台《知识产权托管考核标准》，推选2家优秀服务机构为两个国家级开发区的50家中小企业提供专利服务，有效提升中小企业知识产权创造、运用、保护、管理能力。

主要内容：出台自治区知识产权托管考核标准和办法，遴选2家优秀专利代理机构，重点为部分中小企业提供实施产权托管服务，使集聚区专利申请数量和质量明显提升；探索高层次知识产权托管模式，选择四个国家高新区开展高层次知识产权托管工作试点。

安排进度：4月份选择乌鲁木齐高新区、乌鲁木齐经济技术开发区、库尔勒经济技术开发区、昌吉工业园区等四个国家级开发区开展高层次知识产权托管工作试点；6月选择80—100家中小企业和乌鲁木齐新科联、合众专利代理机构开展高层次知识产权托管工作；10月，对4个开发区和2家专利代理机构的知识产权托管工作进行考核。

（5）"专利行政执法推进"专项组。由哈洪江负责。主要目标任务：适应新形势变化，健全联合执法保护协作体制机制，推进加强专利执法保护法规的修订和完善，达到强化专利执法工作体系，提升专利执法力度，增加专利执法手段的目的。主要内容：进一步落实国家知识产权局印发的《关于加强专利行政执法工作的决定》，积极开展专利执法维权工作：一是推进专利保护专项行动及执法督导工作常态化，进一步加大专利保护

工作力度；二是加大执法人员业务培训，进一步提高执法办案水平；三是进一步完善知识产权维权援助工作机制，加大维权援助工作力度及其宣传工作；四是进一步加大部门间协作与配合力度。

（二）明确任务、提出目标

2月下旬，根据《〈2012年全国专利事业发展战略推进计划〉组织实施方案》，结合新疆实际，提出2012年自治区《推进计划》，提升新疆专利质数量、促进专利运用、推进专利执法、助推企业升级、促进产业结构调整、支撑重点区域发展和优势产业、自主创新项目转化、产业化以及提升专利服务综合能力等方面的任务、目标。

（三）加强领导、督查落实

2012年3月中旬，向全区印发《推进计划》实施方案；3月下旬，召开自治区《推进计划》实施领导小组会议；4月下旬，举行自治区《推进计划》实施启动仪式；5月上旬—9月上旬，落实《推进计划》资金，加强检查、指导，确保任务目标的实现；9月中旬召开自治区《推进计划》总结会；6月初、10月中旬两次对《推进计划》实施情况进行通报。

2013年新疆维吾尔自治区专利事业发展战略推进计划组织实施方案

为全面推进自治区知识产权战略，进一步提升自治区专利创造、运用、保护、管理水平，根据《2013年全国专利事业发展战略推进计划》和《2013年新疆维吾尔自治区知识产权战略实施推进计划》提出的目标任务，制定《2013年新疆维吾尔自治区专利事业发展战略推进计划组织实施方案》，具体内容如下。

一、专利制度创新主体任务

（一）完善专利相关配套政策

工作目标：根据经济社会发展对专利工作的要求，不断完善专利法律法规配套政策。

工作措施：（选做4）。

1.依据2012年12月1日生效的《新疆维吾尔自治区专利促进与保护条例》第六条规定，制定《新疆维吾尔自治区专利奖评审办法》，同时督促各地、州、市出台相应专利奖励政策。

进度安排：第二季度末完成《新疆维吾尔自治区专利奖评审办法》，督促有条件的地区于第四季度末出台相应专利奖励政策。

负责部门：管理实施处负责，其他处室参与。

经费保障：待定。

（二）完善运用专利制度参与科学决策机制

工作目标：探索建立自治区科技、经济重大专项立项过程以专利为核心的知识产权评议机制。

工作措施：（必做7）。

2.在总结完善自治区开展重大科技经济活动知识产权评议试点工作的基础上，会同相关部门探索建立自治区科技、经济重大专项立项过程以专利为核心的知识产权评议机制的有效模式。

进度安排：第二季度开展相关调研活动；第三季度出台试行办法，第四季度正式开展相关评议工作。

负责部门：规划发展处负责，其他处室参与。

经费保障：待定。

二、专利制度运行保障体系建设主体任务

（三）专利质量保障体系建设

工作目标：在保证专利申请增长的前提下，不断提高我区专利申请质量。

工作措施：（选做12，必做13、14）。

3.依据《新疆维吾尔自治区专利申请资助专项资金管理办法》（2011年修订），优先支持发明专利申请。督促各地、州、市设立专利申请资助资金并制定和完善资金管理办法，引导我区创新主体不断提升专利申请质量。

进度安排：第三季度到各地州调研专利申请资助资金设立和资金管理办法制定情况；第四季度形成专题报告。

负责部门：综合处负责，其他处室参与。

经费保障：待定。

4.制定非正常专利申请管理办法，明确处理方法、处理流程及各级知识产权局在处理非正常专利申请中的职责，并建立非正常专利申请人诚信档案。督促各地、州、市知识产权管理部门采取有效措施遏制非正常专利申请。

进度安排：2013年5月，完成《新疆维吾尔自治区非正常专利申请人诚信档案管理办法》制定工作并在全疆执行；6月，完成《新疆维吾尔自治区非正常专利管理办法》制定工作并在全疆执行。

负责部门：管理实施处负责，其他处室参与。

经费保障：待定。

（四）专利运用支撑体系建设

工作目标：探索建立专利协同运用新模式，推动建立多层次的专利投融资服务体系，加快推进专利运用工作。

工作措施：（选做16部分）。

5.依据《新疆维吾尔自治区专利权质押贷款管理办法（试行）》，推进形成政、企、银融合的专利权资产化运作机制。

进度安排：第二季度末，完成试点示范企业专利权质押贷款需求调查；第三季度促成银行和企业对接，争取在第四季度履约。

负责部门：管理实施处负责，其他处室参与。

经费保障：待定。

（五）专利执法保护体系建设

工作目标：进一步加强专利行政执法的制度、机制和能力建设，进一步显现专利行政执法查处迅速、程序简单的优势，增强维权力度，创造良好的市场环境。

工作措施：（必做17、19，选做18）。

6.实施"专利行政执法能力提升工程"，大力加强行政执法能力建设，加强"5·26"执法推进工作；积极开展专利行政执法人员轮训工作，不断提高执法业务能力。

进度安排：第一季度启动"专利行政执法能力提升工程"；第二季度开展专利行政执法人员轮训工作；第四季度完成专利行政执法能力提升工程实施情况总结。

负责部门：法律事务处负责，其他处室参与。

经费保障：待定。

7.加强专利行政执法队伍建设，成立专利行政执法总队，提高专利侵权、假冒案件的处理效率。

进度安排:第二季度报送成立专利行政执法总队的申请。

负责部门:法律事务处负责,其他处室参与。

经费保障:待定。

8.推荐1～2个地、州、市开展知识产权快速维权中心试点工作,推进重大项目知识产权维权援助服务机制,支持行业协会开展知识产权保护工作。

进度安排:第二季度宣传重大项目知识产权维权援助服务政策;第三季度开展行业协会知识产权保护工作交流活动。

负责部门:法律事务处负责,其他处室参与。

经费保障:待定。

9.建立健全专利行政执法工作协调合作制度、执法案件督办制度、考核评价制度、举报投诉奖励制度,创新专利纠纷行政调解工作机制,健全专利行政执法工作激励机制;加强对地、州、市执法维权工作指导,开展对地、州、市执法维权工作绩效考评。

进度安排:第一、二季度完成专利行政执法工作协调合作制度、执法案件督办制度、考核评价制度、举报投诉奖励等制度制定工作;第三、四季度加强对地、州、市执法维权工作指导,开展对地、州、市执法维权工作绩效考评。

负责部门:法律事务处负责,其他处室参与。

经费保障:待定。

10.加大《关于加强专利行政执法工作的决定》的执行力度,投入100万元执法工作经费,并力争每年均按一定比例增长。

进度安排:第一季度转发《关于加强专利行政执法工作的决定》并督促各地区采取切实措施;第二、三、四季度持续投入执法工作经费,强化执法条件。

负责部门:法律事务处负责,其他处室参与。

经费保障:100万元。

(六)专利行政管理体系建设

工作目标:推动全区知识产权系统机构建设进一步健全,人员编制进一步充实,工作职能进一步加强。

工作措施:(必做20、21)。

11.依据《新疆维吾尔自治区知识产权战略纲要》,推动各地、州、市加强知识产权管理机构建设,推进县(市、区)根据经济社会发展需要设立知识产权工作管理机构,力争到2015年年底,第二产业占优势的县(市、区)全部设立知识产权工作管理机构。

进度安排:上半年摸清拟设立知识产权工作管理机构的县(市、区);下半年落实设立情况。

负责部门:综合处负责,其他处室参与。

经费保障:待定。

12.大力支持下属社会团体开展业务活动,充分发挥"新疆发明协会""新疆知识产权研究会"和"新疆企事业单位知识产权发展沙龙"等组织的积极作用。其中"新疆发明协会""新疆知识产权研究会"每年组织大型活动不少于1次,"新疆企事业单位知识产权发展沙龙"每年活动不少于2次。

进度安排:上半年"新疆发明协会"组织大型活动1次,"新疆企事业单位知识产权发展沙龙"开展活动1次;下半年"新疆知识产权研究会"组织大型活动1次,"新疆企事业单位知识产权发展沙龙"开展活动1次。

负责部门:管理实施处负责,其他处室参与。

经费保障:待定。

13.加强专利管理和服务职能,推进专利实施和产业化,推进专利资产评估和专利业务托管等活动,确保自治区本级年内投入的专利实施资助资金不少于1200万元。

进度安排：第一季度完成专利实施项目勘验和初审工作；第二季度签订项目实施合同并拨付资金；第三季度开展项目管理培训活动；第四季度检查项目实施进展情况。

负责部门：管理实施处负责，其他处室参与。

经费保障：1200万元。

（七）专利服务体系建设

工作目标：加快全区专利信息公共服务平台建设和专利代理行业发展，满足我区经济建设和社会公众需求。

工作措施：（选做22部分，必做23）。

14.推进我区专利信息服务平台建设，建成特色农业专利数据库，指导全区专利信息传播利用工作，力争培育2—3家专利信息运用示范单位。

进度安排：上半年完成2家专利信息运用示范单位拨款工作；下半年组织试点示范企业开展专利信息运行观摩活动。

负责部门：管理实施处负责，其他处室参与。

经费保障：25万元。

15.做好专利代理人考前培训及考务工作，为我区培育更多专利代理人，促进专利代理行业健康发展。

进度安排：第二季度印发专利代理人考试报名通知；第三季度举办考前培训班；第四季度做好考务工作。

负责部门：管理实施处负责，其他处室参与。

经费保障：待定。

16.制订并实施专利代理机构扶持计划，鼓励正规专利代理机构在无代理机构的地区或边缘地、州、市设置代办处，各级知识产权局给予资金和政策扶持。

进度安排：第二季度印发《自治区专利代理机构扶持计划》；第三、四季度做好落实工作。

负责部门：管理实施处负责，其他处室参与。

经费保障：待定。

（八）专利人才体系建设

工作目标：加快培育一支数量充足、结构优化、布局合理、素质较高的专利人才队伍，为促进专利事业发展提供强有力的人才保证和智力支撑。

工作措施：（选做24、25）。

17.研究制定知识产权人才政策措施，推动知识产权人才规划落实，推进知识产权工程师职称认定工作。年内完成20名以上知识产权高级人才的认定与入库，培养400人以上的知识产权管理、服务、司法人才。

进度安排：第二季度开展知识产权管理、服务、司法人才培训工作；第三、四季度落实20名以上知识产权高级人才的认定与入库工作。

负责部门：综合处负责，其他处室参与。

经费保障：100万元。

18.通过实施知识产权人才工程和规划，强化知识产权人才体系建设。落实国家百千万知识产权人才工程、知识产权培训基地建设工程、知识产权人才信息化工程和知识产权领军人才等工程和计划。力争年内投入专项经费20万元，培养3—5名国家级知识产权人才。

进度安排：上半年落实国家百千万知识产权人才工程、知识产权培训基地建设工程相关任务；下半年落实知识产权人才信息化工程、知识产权领军人才计划。

负责部门：管理实施处负责，其他处室参与。

经费保障：20万元。

三、专利支撑经济社会发展主题任务

（九）专利助推企业转型

工作目标：贯彻实施《企业知识产权管理规范》，使企业知识产权工作从无序向标准化转变，开展第五批自治区级知识产权试点单位征集工作。

工作措施：（必做26）。

19.贯彻实施《企业知识产权管理规范》，继续做好自治区试点示范单位培育工作，开展第五批自治区级知识产权试点单位征集工作。

进度安排：第二季度转发《企业知识产权管理规范》；第三季度开展第五批自治区级知识产权试点单位征集工作。

负责部门：管理实施处负责，其他处室参与。

经费保障：待定。

（十）专利支撑区域发展

工作目标：通过局、区会商机制提升我区知识产权整体实力，依据《援疆工作协议》深入推进全国知识产权系统援疆工作，发挥国家知识产权试点示范城市特色与优势。

工作措施：（选做36、37）。

20.通过局、区会商机制，积聚局区双方资源，运用专利制度，以满足我区经济社会发展需求为指引，开展全方位知识产权合作会商工作。

进度安排：上半年筹备局、区会商事宜；第三季度召开局、区会商工作会。

负责部门：管理实施处负责，其他处室参与。

经费保障：待定。

21.制订援疆工作规划，推进援疆省市与受援地区的深入合作，协调建立国家局和新疆局参与的江苏与伊犁合作试点模式。

进度安排：上半年完成《援疆工作规划》；下半年协调建立江苏与伊犁合作试点模式。

负责部门：管理实施处负责，其他处室参与。

经费保障：待定。

22.组织召开"东中西部知识产权合作与对口援疆工作领导小组"联席会议，协调解决知识产权援疆工作中出现的困难和问题，推进东中西部省市知识产权局把援疆工作纳入本部门工作的"N+1"管理模式。

进度安排：第三季度初组织召开联席会议；下半年推进"N+1"管理模式。

负责部门：管理实施处负责，其他处室参与。

经费保障：待定。

23.筹划成立以自治区专家为主的知识产权援疆工作专家顾问委员会，开展实务问题研究，增强决策执行能力和项目实施能力。

进度安排：上半年拟定专家顾问委员会筹备方案；下半年落实人员并开展工作。

负责部门：综合处负责，其他处室参与。

经费保障：待定。

24.加强对我区乌鲁木齐、昌吉州、克拉玛依和巴州等国家知识产权试点城市的指导，推动乌鲁木齐和昌吉州全面提升知识产权综合能力，力争年内通过专项考核，进入国家知识产权试点示范城市行列，更好地发挥辐射带动作用。

进度安排：上半年指导乌鲁木齐市、昌吉州开展示范城市创建工作；下半年推动克拉玛依和巴州加强试点工作。

负责部门：管理实施处负责，其他处室参与。

经费保障：待定。

2014年新疆维吾尔自治区专利事业发展战略推进计划

工作任务		工作目标	具体措施	进度安排	执行部门	经费保障
（一）完善专利政策	1. 加强专利政策体系顶层设计	加强新疆专利政策顶层设计，研究和制定重要专利政策，初步建立支撑经济社会发展的专利政策体系	根据国家专利政策体系建设指南，开展专利政策框架建设的研究工作：1.整理新疆现有专利政策；2.分析新疆现有专利政策执行落实情况；3.提出新疆专利政策框架的补充完善建议和解决专利政策执行落实问题的办法建议。	第一季度：收集新疆现有专利政策，整理编制目录，掌握其有效与否；第二、三季度：调查研究现有专利政策执行落实情况，分析好与否的原因；第四季度：研究提出新疆专利政策框架的补充完善建议和解决专利政策执行落实问题的办法建议。	自治区知识产权局规划发展处	10万元（自筹5万元，国知局资助5万元）
	2. 推动制定专利纲领政策	在保证专利申请增长的前提下，不断提高我区专利申请质量	制定《非正常专利申请管理办法》。	第一、二季度：修订《新疆维吾尔自治区专利实施资金和项目管理办法》（讨论稿）；第三、四季度：根据反馈意见，修订完善该管理办法并下发办法。	自治区知识产权局综合处	自筹资金
			修订《新疆维吾尔自治区专利实施资金和项目管理办法》。	第一、二季度：修订《新疆维吾尔自治区专利实施资金和项目管理办法》（讨论稿）；第三、四季度：根据反馈意见，修订完善该管理办法并下发办法。	自治区知识产权局管理实施处	
（二）专利质量保障体系建设	3. 大力提升专利申请质量	提高全疆专利申请资助资金的使用效率，突出专利资助政策对专利质量的导向	1.印发《关于评选2013年新疆维吾尔自治区专利奖的通知》在全区范围内展开专利奖申报、评选工作；2.对所有参与申报的专利项目进行有效专利检索、初评，组织相关领域专家进行专家评审、综合评审等相关评审工作；3.对评选出的获奖专利及个人进行为期一周的公示，公示结束无异议后对其进行表彰奖励；4.修订《新疆维吾尔自治区专利奖评选（暂行）办法》及《新疆维吾尔自治区专利奖评选（暂行）办法实施细则》。	第一季度各地州完成专利奖推荐工作；第二季度组织申报项目进行评审工作；第三季度组织开展表彰奖励工作；第四季度完成修订自治区专利奖评选办法及实施细则。	自治区人民政府、自治区知识产权局管理实施处、新疆财政厅	100万元（新疆财政拨款）
		对全区产生显著经济效益、社会效益的专利项目的单位和发明人、设计人给予表彰奖励				

续表

工作任务		工作目标	具体措施	进度安排	执行部门	经费保障
(三)专利运用支撑体系建设	4.建设专利运用公共服务平台	提升知识产权公共服务平台功能,加强专利信息推广运用,建立专利信息推广运用工作体系	推进新疆专利信息服务平台建设,指导全区专利投融资工作,力争建立1个知识产权投融资服务平台。 1.与相关单位举办一次座谈会协调投融资服务平台合作意向; 2.制定2014年知识产权投融资服务平台方案; 3.签订投融资服务平台合作协议,创建平台; 4.试运行。	第一季度:多方洽谈,与有意向的相关单位召开座谈会协商投融资服务平台合作事宜;第二季度制定投融资平台方案;第三季度签订协议;第四季度试运行。	自治区知识产权局管理实施处	200万元(申请国家知识产权局资100万元;自筹100万元)
(四)专利运用支撑体系建设	5.推进专利价值分析指标体系应用	推进专利价值分析体系建设,促进专利转移转化。通过试点工作,推广专利价值分析指标体系,在实践中进一步扩大专利价值分析的应用范围;结合专利质押融资等专利运营工作,探索应用专利价值分析的工作方式,促进各项专利运营工作的顺利开展	1.加强专利价值分析试点工作; 2.强化专利价值分析工作人才建设。	第一、二季度:开展专利价值分析试点工作,推动建立专利价值分析工作机制,探索专利价值分析工作模式;第三、四季度:收集汇编专利价值分析优秀案例,加强研究总结,总结工作成效及存在的问题和困难,研究确定下一年度的工作计划。	自治区知识产权局管理实施处	自筹资金
	6.加强推进专利金融服务	以解决科技型中小企业融资难为切入点,深化知识产权质押融资工作	1.面向全区拥有专利的企业开展需求调查,收集整理企业专利权质押融资需求信息,建立专利权质押贷款供需信息库,向各相关方提供信息,针对性地开展工作; 2.推进小微科技型企业专利权质押的打包贷款。探索政银合作,促进专利权质押贷款工作的新模式,为更多的科技型中小企业提供融资贷款机会。	第一、二季度:组织专利投融资对接活动,初审2014年度专利运用试点专利权质押贷款企业;第三、四季度:组织专利权质押贷款签约仪式,审定2014年度专利运用试点。	自治区知识产权局管理实施处、高新区	自筹资金

续表

工作任务			工作目标	具体措施	进度安排	执行部门	经费保障
（五）专利行政执法体系建设	7.推进专利行政执法能力提升		加强专利行政执法能力建设，推进专利执法体制机制创新，进一步健全专利行政执法体系，提升专利行政执法成效	1.建立新疆专利纠纷快速调解机制。	第一季度：组建快速调解工作委员会，草拟快速调解工作方案，征求各委员的意见；第二至三季度：按照确定的快速调解工作方案试开展快调工作；第四季度:进一步完善工作方案，印发各地州市局实施。	自治区知识产权局法律事务处负责建立机制，并指导地州市知识产权局具体实施。	争取国家知识产权局的项目经费支持，同时争取本地财政支持
				2.建立新疆专利行政执法协作调度中心。	第一季度：制定成立调度中心的工作方案，并统计各地州专职执法人员信息；第二至三季度：草拟调度中心工作指南，并征求意见；第四季度：运行。	自治区知识产权局法律事务处负责组建，地州市知识产权局配合运行。	
				3.加强专利行政执法信息化建设。	1.已建立执法案件报送系统，并运行，2014年根据国家知识产权局的要求再进行调整和完善；2.第一至二季度初步建立执法人员信息库，再根据国家知识产权局建立管理系统的情况及要求，完善内容；3.2013年已初步建立维权援助举报投诉系统并运行，2014年根据国家知识产权局的要求再进行调整和完善；4.支持有条件的地州市知识产权局为执法人员配备便携式专利法律状态查询设备；我局给部分地州市知识产权局配置执法设备箱。	自治区知识产权局及中国（新疆）知识产权维权援助中心	

续表

工作任务		工作目标	具体措施	进度安排	执行部门	经费保障
（五）专利行政执法体系建设	7. 推进专利行政执法能力提升	加强专利行政执法能力建设，推进专利执法体制机制创新，进一步健全专利行政执法体系，提升专利行政执法成效	4.建立新疆专利行政执法培训师资库。	第一季度：请各地州市知识产权局及司法机关推荐专利行政执法培训师资库师资，筛选后成立师资库；第二至四季度：充分发挥师资库作用，举办各类执法培训班。	自治区知识产权局	争取国家知识产权局的项目经费支持，同时争取本地财政支持
			5.举办专利行政执法培训班。	第一季度，制定培训方案及经费预算，报局领导审批确定；第二季度，组织召开培训。	自治区知识产权局	需经费15万元，争取国家知识产权局项目经费和本地财政支持
	8. 发挥知识产权维权援助平台作用	加强专利行政执法能力建设，推进专利执法体制机制创新，进一步健全专利行政执法体系，提升专利行政执法成效	1.完善知识产权维权援助与举报投诉工作机制；2.建立专利侵权判定咨询机制。	第一季度：建立合作单位及专家库；健全专利侵权判定咨询专家库；第二至三季度：建立跨部门协作机制。建立案件移送协调工作机制，保障跨部门案件依法得到及时办理；第四季度:进一步完善工作方案，印发各分中心实施。	自治区知识产权局法律事务处负责建立机制，并指导各地州市知识产权局具体实施。	争取国家知识产权局的项目经费和本地财政支持。
（六）专利运用支撑体系建设	9. 优化专利行政管理职能	开展专业市场知识产权保护试点工作	1.制定新疆专业市场知识产权保护试点工作方案；2.确定专业市场知识产权保护试点企业；3.派驻知识产权保护工作联络员，指导企业建立制度，制定措施，开展工作。	第一季度，根据霍尔果斯专业市场知识产权保护试点工作经验，制定新疆专业市场知识产权保护工作方案；第二季度，由各地州申报知识产权保护试点企业，并确定各地州局知识产权保护工作联络员；第三季度组织开展相关工作。	自治区知识产权局	需经费10万元，争取国家知识产权局的项目经费和本地财政支持。

续表

工作任务	工作目标	具体措施	进度安排	执行部门	经费保障
（六）专利运用支撑体系建设	10.规范各类专利管理项目和平台	规范专利管理项目及平台，使企业合理支配申报进度，提高项目管理的工作效率	1.制定新疆专利管理项目平台建设方案； 2.签订新疆专利管理项目平台协议； 3.建设新疆专利管理项目平台； 4.测试该平台后，正式启用。	第一季度，制定项目平台建设方案，并征求相关单位意见进行修改完善； 第二季度，建设项目平台； 第三、四季度进行平台测试，待平台稳定后投入使用。	自治区知识产权局管理实施处	申请国家知识产权局支持经费100万元，自治区经费50万元
（七）专利信息服务体系建设	11.持续推进全国专利信息公共服务体系建设	建设好专利信息中心网站，完善现有的基础设施，做好全领域数据库以及在线专利信息分析系统的数据更新和系统维护工作，提高专利信息数据库的利用率	1.开展专利信息服务培训工作。通过培训和座谈交流的形式，进一步强化企业专利意识，了解和掌握专利信息检索与分析方法、不断提高专利信息服务水平和影响力； 2.进一步加强人员队伍建设。逐步提高专利信息中心的服务能力，提高对专利信息的综合运用能力，掌握应用专利信息解决问题的基本操作技能，不断提高工作水平。	第一季度，新疆专利信息服务门户平台的测试工作。与平台的开发部门进行及时的沟通协调； 第二季度，关于设备配置与网络环境建设的建议和需求；撰写与新疆维吾尔自治区知识产权局的委托协议关于采购服务器网络等内容； 第三季度，管理和维护好国家知识产权局和自治区知识产权局所下发的所有设备，并及时检查设备的运行状况； 第四季度，对目前的全领域数据库及在线专利分析系统做好升级服务工作，完成日常检查，及时排除专利全领域数据库和专利在线分析系统的异常问题。	自治区知识产权局管理实施处、新疆专利信息中心	100万元（申请国家知识产权局经费50万元，自治区经费50万元）
	12.加强专利信息传播与利用	推进新疆专利信息公共服务体系建设和开放专利基础数据资源，加强专利信息传播与利用，初步建立起适应新疆经济社会发展需要的专利信息服务体系	1.征集社会各方对专利基础数据资源开放的意见和建议，研究制定开放专利基础数据资源方案； 2.针对新疆地方特色产业及重点企业或重大项目，选择部分产业开展专利信息利用支撑项目； 3.加大专利信息人员培训工作，每年不少于2次。	第一季度：征求企业、科研院所、高等学校的意见； 第二、三、四季度：针对新疆地方特色产业及重点企业或重大项目，选择部分产业实施专利信息利用支撑项目； 第二、三季度：开展专利信息人员培训工作。	自治区知识产权局规划发展处	20万元

续表

工作任务	工作目标		具体措施	进度安排	执行部门	经费保障
(八)专利人才体系建设	13.加快知识产权人才体系建设	不断完善专利人才体系，加快知识产权人才库建设	研究制定知识产权人才库使用管理办法，完成知识产权人才库建设工作。	计划在第三季度完成。	自治区知识产权局综合处	自筹资金
(八)专利人才体系建设	13.加快知识产权人才体系建设	加快培育一支数量充足、结构优化、布局合理、素质较高的专利人才队伍，为促进专利事业发展提供强有力的人才保证和智力支撑。	1.拟定2014年知识产权人才培训计划；2.联合国知局人事司、中国知识产权培训中心、新疆党委组织部下发《新疆县处级领导干部知识产权培训班》的通知；3.下发《新疆专利代理人考前强化班》的通知；4.按期举办2期培训班。	7月举办新疆县处级领导干部知识产权培训班；9月举办专利代理人考前强化班。	国家知识产权局人事司、中国知识产权培训中心、新疆党委组织部、自治区知识产权局管理实施处	国家知识产权局培训经费
(九)专利助推企业转型	14.培育知识产权优势企业和示范企业	以提高全区企业专利创造能力为核心，以推进科技型中小企业创新为重点，培育一批新疆知识产权优势企业	1.探索开展优势企业培育工作，组织开展优势企业申报、认定和指导；2.加强优势企业专利创造、运用、保护和管理能力工作指导，引导企业制定和实施专利战略。	第一季度：研究优势企业培育的方法和主要举措；第二、三季度：组织遴选优势企业；第四季度：指导重点培育企业制定专利战略。	自治区知识产权局管理实施处	自筹资金
(九)专利助推企业转型	15.全面推进企业知识产权管理标准体系建设	通过试点企业的贯标，引导和帮助企业建立科学、规范化的知识产权管理制度，形成贯穿于生产经营各环节的知识产权管理体系，实现企业对知识产权的获取、维护、运用和保护	1.初选2014年贯标企业；2.选定2014年贯标企业；3.对新选入的贯标企业专管员进行相关知识培训；4.下发2014贯标企业通知。	第一季度：初选实施国家标准的企业；第二季度选定贯标企业，对新选入的贯标企业进行宣传培训；第三季度下发2014贯企业通知，协调贯标中介机构指导各贯标企业工作。	国家知识产权局专利管理司、自治区知识产权局管理实施处	国家知识产权局贯标专项经费100万元

续表

工作任务		工作目标	具体措施	进度安排	执行部门	经费保障
（十）专利引领产业升级	16.深入推进重大经济科技活动知识产权评议工作	推进重大经济活动知识产权评议工作，进一步发挥专利引领我区产业升级发展的作用	研究制定知识产权分析评议规范。研究建立知识产权评议人才体系。推动在人才引进等重点类别的经济科技活动中开展知识产权评议，建立工作机制。	第一季度，对上一年度评议项目开展评审汇报，并将成果推送至相关职能部门；第二季度，争取出台《关于开展重大经济科技活动知识产权评议工作的意见》；第三季度，开展知识产权评议培育工作，并对选定单位进行实地调研；第二、三、四季度，开展2014年自治区高层次紧缺人才引进工程项目和重点产业评议工作。	自治区知识产权局规划发展处	80万元
（十一）专利支持区域创新发展	17.加强重点区域专利工作指导	多举措加强对区县工作的指导，在知识产权助推区域经济发展方面实现新突破	开展各地州市知识产权助推区域经济发展特定工程项目通过项目的实施发挥典型带动作用，破解知识产权助推区域经济发展抓手不足等难题。开展与各地州市战略合作，推动区域知识产权发展。继续开展全区的知识产权发展状况评估工作。	第一、二季度，开展项目征集，完成知识产权发展状况评估报告；第三、四季度，项目实施，深化重点区域战略合作。	自治区知识产权局管理实施处、各地州市知识产权局	申请国家知识产权局贯标专项经费300万元
	18.探索制定自由贸易区知识产权制度	积极探索边境贸易区知识产权制度，为重点区域创新发展提供有力支撑	结合《中国（上海）自由贸易实验区总体方案》，开展我区边境贸易区知识产权相关问题研究，推动制定边境贸易区专利政策。梳理总结国际自由贸易区知识产权保护经验，探索转运行为的知识产权监管机制。为新丝绸之路经济带发展建设中的知识产权合作交流政策制定提供基础数据。	第一季度，组织开展《中亚五国和俄罗斯专利保护环境及合作对策研究》和《科技创新引领丝绸之路经济带发展战略研究》等中亚合作知识产权问题研究课题，并落实相关条件保障；第二季度，对研究课题开展进行阶段评审；第三季度，对我区开展边贸口岸地区进行实地调研；第四季度，将研究成果汇总成文上报。	自治区及各地州市知识产权局	100万元

续表

工作任务	工作目标	具体措施	进度安排	执行部门	经费保障
（十二）发展知识产权服务业	19. 培育和发展知识产权服务业	发展知识产权服务业，推动专利代理服务能力建设，服务于经济社会发展需求	1.继续开展知识产权服务品牌机构的培育工作；2.开展全国知识产权服务业统计调查工作，对全疆服务机构状况进行调查；3.引导专利代理机构服务基层，服务边远贫困地区。	1.第一季度：总结和分析新疆知识产权服务品牌机构的工作情况，存在问题和方案；2.第二、三、四季度：按国家局统一安排的时间进行调查工作；3.第二、三、四季度：引导专利代理机构服务基层，服务边远贫困地区。	新疆知识产权局规划发展处	5万元
（十三）建设知识产权文化	20. 积极推动知识产权教育	推动开展中小学校知识产权教育，提高全社会的知识产权意识	传播知识产权文化，积极营造尊重知识、崇尚创新、诚信守法的知识产权校园教育氛围。	第一季度，开展"4·26"宣传周活动：新疆知识产权杯大学生知识产竞赛、新疆优秀大学生发明创造者；第二季度，开展20家知识产权创新学校申报、审核工作；第三季度，总结中小学校知识产权工作开展情况。	新疆知识产权局管理实施处	100万元（申请国家知识产权局经费）

新疆维吾尔自治区知识产权人才队伍建设和宣传普及工作专项工程推进计划（2011—2015年）

为贯彻落实《新疆维吾尔自治区知识产权战略纲要》，根据自治区知识产权人才队伍建设和宣传普及工作的现状，建设一支高素质知识产权人才队伍，建立宣传普及工作长效机制，制定本计划。

一、自治区知识产权人才队伍建设和宣传普及指导思想和战略目标

（一）指导思想

坚持以邓小平理论和"三个代表"重要思想为指导，深入贯彻落实科学发展观，按照激励创造、有效运用、依法保护、科学管理的方针，着力完善知识产权制度，积极营造良好的知识产权法制环境、市场环境、文化环境，大幅度提升自治区知识产权创造、运用、保护和管理能力，加速推动创新性新疆建设，为实现新疆跨越式发展和长治久安提供有力支撑和引领。

（二）战略目标

建立完善合理、实用高效的知识产权人才队伍建设和知识产权宣传普及工作体制和机制为最终目标，分阶段、有步骤地实施，稳扎稳打、切实有效。

1.知识产权人才队伍建设目标

——建立一支高水平的服务于知识产权培养和培训的师资队伍，逐步建立起知识产权专业人才终身学习体系。

——培养和引进一批研发能力高、创新能力强的知识产权创造生产型人才；培养和凝聚一批精通知识产权国际国内规则并能熟练处理涉外知识产权事务的高层次专业人才；培养和造就一批严格执法、公正司法和高效

服务的知识产权行政管理队伍、司法审判队伍和中介服务队伍。

——建立一套知识产权的人才培养、研发创造、实践运用等环节相互衔接的知识产权创造生产型体制和机制，并且形成一套行政管理、执法司法和中介服务等领域有机统一的知识产权管理服务型体制和机制。

——改革知识产权人事制度，建立并不断完善知识产权人才尤其是知识产权管理服务型人才的选拔任免、考核奖惩制度和知识产权中介服务人才队伍的认证评价体系，从而使自治区知识产权人才的数量、质量和结构得到显著优化和提升，能够基本满足实施自治区知识产权战略和建设创新型新疆的需要。

具体目标：力争到2015年使自治区的知识产权人才数量达到2000人以上，高层次知识产权专业人才至少达到100人左右，其中含有专门从事民族医药、新疆区域特产品牌等产权工作的少数民族知识产权人才。

2.知识产权宣传普及工作目标

——建立一个"以党委和政府为主导、以高校和科研院所为先锋、以企业为主体、以新闻媒体为支撑、社会公众广泛参与"的知识产权宣传工作机制；

——建立一个宣传内容囊括知识产权文化观念、知识产权制度和知识产权实践经验，且宣传对象面向知识产权执法、司法和中介服务人员，高校科研院所，新闻媒体，社会公众以及国际社会的知识产权宣传工作体制。

——营造"尊重知识、崇尚创新、诚信守法"的尊重知识产权的社会氛围，并形成一种高效、统一、和谐的知识产权基础设施和运行机制，为自治区实施知识产权战略提供持续优质的智力支持、公平的法律准则和合理的道德准则。

（三）发展思路

未来五年（2011—2015年），自治区知识产权人才队伍建设与宣传普及战略的发展思路如下。

——切实落实科教兴区和人才强区战略，建立适应建设创新型新疆要求的知识产权"人才培养、引进消化、吸收运用、自主创新、管理服务"的知识产权人才队伍建设机制。

——建立一个"以党委和政府主导、以高校和科研院所为先锋，以企业为主体、以新闻媒体为支撑、社会公众广泛参与"的知识产权宣传普及机制。

——建立知识产权人才队伍建设和宣传普及的厅局级会议联席和行动联动制度，在落实知识产权相关部门对知识产权人才培养、培训和管理以及知识产权宣传普及的工作责任，加强部门之间的沟通联动、协调配合，及时制定和实施相关工作规划，努力使知识产权人才队伍建设和宣传普及工作高效、实用、持续发展。

——积极学习、引进、消化、吸收和转化国外和国内先进地区的知识产权培养模式，与发达国家、新兴工业化国家、国内先进地区在知识产权人才培养尤其是知识产权高层次专业人才培养方面开展交流合作，在知识产权方向上相应增加公派留学生数量、引导自费留学生选择知识产权专业，并且加强与国内高校知识产权方面的学术交流和人际交流，充分利用国际、国内、区际和区内多个市场、多种渠道、多种力量加强自治区知识产权人才队伍建设。

——进一步明确自治区知识产权宣传普及的主体机制、内容机制和对象机制，积极创新自治区知识产权宣传普及的方式方法，全面强化和提升全区领导层、知识产权执法司法服务人员、企业管理科研人员、学校和科研院所、新闻媒体和社会公众知识产权意识和知识产权制度的相关知识。大力加强知识产权文化建设和对外宣传工作，创造良好的知识产权创新与保护的国内外环境。

二、自治区知识产权人才队伍建设和宣传普及的具体推进计划

改革开放以来，自治区坚持"外引内联，东联西出"的全方位对外开放战略方针，充分发挥地缘优势，随着经济高速发展，企业数量和产业经济规模迅速增加，对外贸易的迅速增长，对知识产权工作的全面推进提出了更高的要求。自治区知识产权人才培养和宣传普及的未来五年计划具体包括以下几个方面。

（一）知识产权专业人才的具体需求计划

根据《新疆维吾尔自治区知识产权战略纲要》的要求，自治区知识产权人才队伍建设的数量、结构和质量应当与自治区知识产权战略目标和实施步骤相适应。

1.企业与科研机构知识产权经营管理人才需求计划

企业的知识产权创造、使用、管理和保护是知识产权工作服务经济发展的落脚点，是知识产权工作人才培养和宣传工作的重心之一。企业与科研机构的知识产权经营管理人才应全面掌握知识产权法律基础知识，同时还应具备管理、理工农医等学科知识背景，这些人才不仅在知识产权申请方面，而且要在企业知识产权战略管理、经营方面发挥作用。

根据自治区目前规模以上企业和科研机构对知识产权专业人才的需求现状，预计自治区未来五年（2011—2015）企业与科研机构知识产权经营管理人才计划每年至少增加180人左右，到2015年累计增加900人左右。

2.知识产权行政管理与执法人才需求计划

知识产权行政管理人才主要包括知识产权行政部门的管理人员、审查及技术辅助人员及相关执法人员。这些人员除须掌握知识产权法律基础知识，同时还须具备管理、理工农医等学科知识背景，执法人员更应具备与工作相关的知识产权法律法规知识。

根据自治区各级各类知识产权审查和管理方面的现状，预计未来五年（2011—2015年）内，自治区知识产权行政管理与执法人员计划每年增加100人左右，到2015年自治区知识产权行政管理与执法人员至少增加500人左右。

3.知识产权司法人才需求计划

新疆目前有7个中级人民法院设立了知识产权审判庭，知识产权法官34人。新疆60%涉及知识产权侵权案件主要集中在乌鲁木齐市中级人民法院。

知识产权法官不仅应当掌握知识产权法，还应当掌握诸如民法行政法等实体法和一些程序法，当然，具备一定的管理、理工农医等学科的背景知识也很必要。知识产权诉讼案件的审理的专业性、复杂性决定了不宜频繁调配换知识产权法官，所以分析未来五年（2011—2015年）内自治区需要增加知识产权法官50人。计划每年增加10人，到2015年累计增加50人。

4.知识产权中介服务专业人才需求计划

知识产权中介服务专业人才应当包括（但不限于）知识产权律师、专利代理人、商标代理人、版权经济人和技术经济人等。

（1）知识产权律师。新疆维吾尔自治区知识产权律师目前的主要服务领域是处理知识产权案件纠纷和在个别实力雄厚的大型企业中担任法律顾问。知识产权律师不仅应当熟练掌握有关法律知识，还应当具备理工农医、资产评估、营销、管理等方面的背景知识。着眼于区内经济和对外贸易的实际，根据涉外和区内知识产权诉讼与非诉讼业务发展的需要，预计今后五年（2011—2015年）内，自治区将需要新增100名精通知识产权诉讼业务或者非诉讼业务的律师（包括专职律师和兼职律师）。计划每年增加20人，到2015年累计增加100人左右。

（2）专利代理人。专利代理人是指获得了专利代理人资格证书，持有专利代理人执业证并在专利代理机构专职从事专利代理工作的人员。根据新疆维吾尔自治区专利申请统计表统计数据计算，自治区近六年全区专利申请平均增长率为15%，据此预测，自治区未来五年（2011—2015年）至少需求专利代理人100人左右。计划每年增加20人，到2015年累计增加100人。

（3）商标代理人。商标代理人是指符合《商标代理管理办法》规定的条件，参加商标代理人资格考核，商标局授予其资格，颁发《商标代理人资格证书》，在国家工商行政管理总局指定和认可的商标代理组织从事商标代理事务的专业人员。近几年自治区商标申请年平均增长在10%以上，预计未来五年（2011—2015年）内自治区需要商标代理人100人左右。计划每年增加20人，到2015年累计增加100人。

（4）版权经纪人。版权经纪人其实主要就是版权贸易的中介人，因此他们必须掌握版权法、合同法、资产评估等专业知识。自治区经济属于后起加速型，随着知识产权工作在全疆的全面深入推进，预计自治区未来五年（2011—2015年）内需要新增加版权经纪人50人左右。计划每年增加10人，到2015年累计增加50人。

（5）技术经纪人。技术经纪人是科技成果转化、专利许可贸易以及其他技术贸易的中介人，对其知识结构要求更高，包括知识产权、合同法、国际贸易和金融知识等。科技创新及其成果转化在自治区经济发展和科技进步中存在的瓶颈尤为严重。预计自治区未来五年（2011—2015年）需要新增技术经纪人200人左右。计划每年增加40人，到2015年累计增加200人。

5.知识产权人才培养和培训的师资队伍需求计划

根据《国家知识产权战略专题研究总报告》的计算方法，2010年全疆高考招生6万多人，需要知识产权专兼职教师至少50人。考虑到高考报名人数逐渐趋于稳定和招生政策，预计自治区未来五年（2011—2015年）内需要培养知识产权师资人才100人左右。计划每年增加20人，到2015年累计增加100人。

（二）知识产权培训的未来需求计划

1.对领导干部的培训计划

领导干部是各项工作的总负责人和推动力，对领导干部的知识产权培训，有利于直接提高一个单位和地区的知识产权意识和水平。自治区未来五年（2011—2015年）内需要对一定级别的80%领导干部每年进行知识产权知识的培训。

2.对科技人员的知识产权培训计划

科技人员是技术创新和知识产权创造的一线力量，他们熟知自己所掌握的专业技术、市场价值和行业前景。因此，自治区未来五年（2011—2015年）内需要对这批直接从事知识产权创造、运用和开发的100%科技人员每年进行必要的知识产权培训。

3.对管理人员的知识产权培训计划

知识产权管理人员在知识产权管理中承担着重要的决策者的角色。因此自治区未来五年（2011—2015年）内需要对100%知识产权管理人员每年进行必要的知识产权培训。

（三）知识产权宣传普及工作计划

1.对高校学生开展知识产权宣传普及

高校学生是知识产权各项工作全面推进的后备力量和中坚，对高校学生（包括与知识产权专业不相关专业）进行系统知识产权宣传普及是知识产权宣传普及工作地重心之一。随着自治区高校教育的发展（特别是民办教育的兴起），高校学生的人数不断增加，针对在校学生自治区未来五年（2011—2015年）要进行诸如开设知识产权选修课、增加图书馆资料室知识产权书籍资料、开展形式多样的知识产权宣传活动等，进行有效的知识产权宣传，同时对完善高校学生知识结构和实践能力也大有裨益。

2.对中小学生开展知识产权教育

对中小学生进行知识产权宣传普及，有利于学生从小树立知识产权意识，也是自治区知识产权战略的长远规划，是知识产权国民整体宣传普及的重要环节。自治区2008年在校中小学生数量为244.8万，自治区未来五年（2011—2015年）在中小学生中开展知识产权宣传普及的任务非常艰巨。

3.对社会公众开展知识产权宣传普及

自治区民族众多，幅员辽阔，随着信息社会和知识经济的快速发展，对广大民众进行知识产权知识的普及宣传，提高民众知识产权意识，是非常紧迫的工作。自治区未来五年（2011—2015年）对各民族人民群众进行知识产权普及宣传要结合自治区不同民族的文化习惯和民族品牌因势利导，使得自治区实施知识产权战略、健全知识产权保护制度 引导公众树立正确的知识产权认识观的目标能有效实现。

三、自治区知识产权人才队伍建设和宣传普及工作推进计划的主要任务

根据自治区知识产权人才队伍建设和宣传普及工作的推进计划,未来五年(2011—2015年)实现这项推进工作的战略重点和主要任务如下。

(一)2011—2013年加强师资队伍和人才队伍培养基地建设

针对自治区已经建立起来的人才队伍培养基地现状,加强基地的师资建设。

——鼓励国内外知名在职的或者离退休的资深知识产权官员、专家来基地担任兼职和专职,进行教学工作,充实基地的师资力量,提升知识产权专业人才的培养能力和水平。

——要加强人才培养方案建设,改革课程设置,积极探索符合我区实际的人才培养模式。要以知识产权的通识人才、专业人才、高层次的人才为培养目标,分别进行培养。

——在教学改革上,在本科生中运用双学位制度,在硕士生中运用知识产权方向的法律硕士、知识产权方向的法学硕士制度。

——积极开展针对不同群体的富有特色的知识产权知识培训班。大规模培养自治区急需的各类知识产权人才。

——要积极为人才基地的学生,提供到知识产权管理部门、企业和研究机构知识产权事务部门、律师事务所、法院等实务部门实习的机会。

(二)2011—2014年建立知识产权专业人才管理和评价认证制度

——基于自治区特殊的地理因素,要做好知识产权的涉外工作。要积极鼓励自治区部分知识产权人才到国外留学,学习国外的知识产权知识,高度重视从国内外引进知识产权高层次专业人才为自治区服务。与国内外知识产权人才培养机构开展人才培养合作,或者聘任国内外知识产权官员、专家来自治区讲学。积极参与中亚地区知识产权秩序的构建。

——要针对南北疆的现实状况,建立自治区知识产权人才预测和预警机制,为自治区高校开展知识产权人才培养工作提供重要的参考依据。加快建设自治区知识产权人才库,构建自治区知识产权人才信息网络平台,为自治区各个单位各个部门提供识产权人才信息共享服务。结合《公务员法》,完善知识产权政府管理部门公务员管理制度。指导企事业单位知识产权人才规范化管理。

——建立知识产权专业人才从业资格、职务登记和业绩评价制度,建立知识产权专业人才的从业准则和从业规范。按照国家职称制度改革的总体要求,建立自治区知识产权评价与认证体系。

(三)2011—2015年构建知识产权专业人才终生学习体系

——充分利用自治区知识产权培养基地和高校的资源,为领导干部、企事业管理人员、科技人员和文艺工作者等提供知识产权知识培训。

——培训工作的形式应当灵活,富有成效性。

——在自治区高校中理工农医专业的本科生、硕士生和博士生提供知识产权的选修课。

——根据各类知识产权人才的工作特点,定期定点地对他们进行知识产权培训,更新知识,改善知识结构,扩宽视野,形成知识产权知识终生学习体系。

(四)2011—2015年推动知识产权宣传普及工作深入发展

——贯彻落实自治区知识产权宣称普及的中期规划,调动与知识产权相关的政府职能部门、研究会、学会、行业协会以及中介组织在知识产权宣称普及工作上的优势,组成专门力量,并联合企业与媒体定期开展对外知识产权的宣传,将知识产权宣传普及计划纳入自治区普法计划当中,向自治区广大民众开展知识产权宣传普及活动,增强广大人民群众的知识产权保护意识。

——宣传普及活动形式要灵活,如广大社区、公园、广场等都可以。注重在高校的宣传普及活动。在中小

学要开展形式灵活的宣传普及工作，可以在思想政治课中增设知识产权知识内容，培养中小学生的创新意识。

（五）2011—2015年培育和建设知识产权文化环境

——开展知识产权人才队伍建设以及宣传普及工作需要知识产权文化提供支撑。

——要培育知识产权文化，营造全社会尊重知识、崇尚创新、诚信守法的氛围。尊重知识就是要倡导尊重人才、尊重创造、尊重权利的观念。崇尚创新就是要发扬创新变革、勇于竞争、宽容失败的精神。诚信守法就是要推行诚实守信、遵纪守法、遵从公益、和谐发展的风尚。在全社会弘扬创新为荣、剽窃为耻，以诚信守信为荣、假冒欺骗为耻的道德观念。

——通过培养和建设知识产权文化环境，提高自治区创新主体自主创新能力和理解运用知识产权制度的能力，促进自治区知识产权制度以及相关基础设施和外部环境高效协调运行机制的形成。

——要加强知识产权文化精神实质与自治区丰富的民族文化的相容，找到一种最佳的融合方式，推动知识产权文化建设工作的发展。

——完善相关协调机制，制定相关政策和工作计划。

新疆维吾尔自治区"知识产权试点示范服务行动计划"工作方案
（2009—2010年）

为推进知识产权战略实施，深化自治区知识产权试点示范工作，整合全区知识产权管理服务资源，强化试点区域和试点企事业单位知识产权制度运用能力建设，特制订自治区知识产权试点示范服务行动计划。

一、指导思想

以邓小平理论和"三个代表"重要思想为指导，全面落实科学发展观，认真贯彻胡锦涛总书记"5·26"重要讲话精神，坚持"政府统筹、协调高效、分层管理、分类指导、互为补充、共同推进"的工作方针，突出对试点区域和试点企事业单位的指导服务，完善知识产权协调指导服务机制，强化知识产权相关管理部门的横向联合及自治区与地州市知识产权管理部门的纵向互动，充分发挥专利、商标等知识产权中介服务机构作用，加大交流合作和指导服务工作力度，全面提升试点区域和企事业单位自主创新能力和综合竞争力，努力开创自治区知识产权试点示范工作的新局面。

二、工作目标

各级知识产权管理部门对试点区域和试点企事业单位的指导服务能力明显加强，知识产权工作协调指导服务机制全面建立；试点区域和企事业单位知识产权创造、管理、保护和运用能力显著提高；试点示范工作"试点先行，逐步深入，以点带面，指导全局"的作用突出显现；各级知识产权管理部门和中介服务机构工作队伍建设明显加强。

三、组织机构

为加强领导，决定建立由自治区知识产权局、工商管理局、新闻出版局（版权局）、海关等部门参加的自治区知识产权试点示范服务行动计划工作领导小组，（成员及职责见附件2），下设领导小组办公室。在有关地州市成立知识产权试点示范服务行动小组。

四、服务内容

(一)针对试点区域:协助指导当地试点区域人民政府制定有关加强知识产权工作政策措施;建立完善知识产权管理体系;开展知识产权宣传培训工作;搭建专利技术转化实施平台,开展专利技术成果展示、交易活动,推动专利技术产业化;开展知识产权联合执法活动;指导试点区域重点企事业单位开展知识产权工作。

(二)针对企事业试点示范单位:指导建立健全知识产权工作体系和工作制度;开展企事业单位人才培训;推介专利技术成果,争取资金支持,扶持和推动企业专利成果产业化、商品化;指导开展专利申请、商标注册、植物新品种、地理标志登记等工作,提升知识产权管理、保护、应用能力和核心竞争力;指导建立企业知识产权信息利用平台和专利数据库;帮助解决知识产权纠纷;指导制定和运用知识产权战略。

五、服务方式

自治区知识产权试点示范服务行动分为服务行动小组的"日常定期服务"和领导小组办公室的"应急直通服务"两部分。

(一)服务行动小组日常定期服务

1.针对试点区域:各服务行动小组与当地政府联合制定服务行动计划实施方案,共同建立良好的信息沟通机制和协商会议制度,定期组织开展宣传培训、联合执法、专利成果展示等活动,并适时召开会议研究解决区域试点工作出现的问题。

2.针对企事业试点示范单位:各服务行动小组确定专门工作人员(知识产权"特派员"),点对点定期上门指导服务;由"特派员"结合试点单位实际,制定服务工作方案,建立与试点单位信息沟通渠道,并组织协调相关知识产权管理部门、中介服务机构的工作人员定期到试点单位开展指导、培训、咨询、代理、执法等工作。

(二)领导小组办公室应急直通服务

面向所有试点区域和试点企事业单位,由领导小组办公室指定专门工作人员1名,向试点区域和试点示范企事业单位公布一部固定电话和一个专门的电子邮箱,接受试点区域和试点示范单位有关问题的咨询,帮助试点区域和试点单位选择最优的解决途径;以互联网络为平台,提供各类有关知识产权主管部门和中介服务机构的名称、单位地址、办事程序以及知识产权知识等有关知识产权方面的信息。服务行动领导小组其他各成员单位都明确一名工作人员负责本部门的知识产权服务工作,向领导小组办公室提供联系方式并保持联系。领导小组办公室根据试点区域和试点示范单位所反映的问题,可以直接解决的,及时提供解决建议;确需由其他具体主管部门解决的,可根据各领导小组成员单位的职责,告知由该主管部门负责知识产权服务的工作人员提供解决方案。

六、工作要求

(一)各相关地州市服务行动小组日常定期服务的重点工作及要求

1.针对本地试点区域:每年与试点区域政府组织召开会议,研究制定相关政策措施,解决试点工作中存在的问题,不得少于2次;每年针对试点区域政府领导开展专题讲座不得少于1次;组织试点区域重点企业进行知识产权业务培训不得少于2次;每年确定和指导试点区域重点企事业单位设立知识产权管理机构体系、配备工作人员、建设工作制度,不得少于10家;每年扶持本地企业专利技术产业化项目不得少于1个;每年指导协助开展知识产权联合执法行动不得少于2次;每年配合试点区域开展大型宣传、咨询活动不得少于1次;每年组织专利、商标等知识产权中介服务机构对重点企业进行培训、咨询服务,不得少于2次。

2.针对试点示范企事业单位:协助试点单位建立健全知识产权工作体系,完善管理制度;每年帮助企业开展培训工作,不少于2次;组织专利、商标等知识产权产权中介服务机构上门进行咨询服务,不少于2次;用2

年时间，协助企业建立知识产权信息利用平台，建立试点产品所属领域专利数据库；每年协助试点单位完成主要产品专利信息分析与对策报告，不少于1项；指导试点单位积极申报专利、注册商标，提升自主知识产权数量和质量；指导协助试点单位许可转让、自行实施专利技术成果，每年不少于1项；每年"特派员"点对点上门服务，不少于12次。

（二）领导小组办公室应急直通服务要求

1.限时服务。工作人员应当强化服务意识，热情周到。对于电话和来访咨询的，应及时提供相关信息；对于以电子邮件等信件形式咨询的，应在48小时内提供相关信息。

2.信息沟通。领导小组办公室以工作动态的形式将工作开展情况不定时向领导小组各成员单位进行通报；各领导小组成员单位应将各类问题的处理结果及时给予反馈。

3.通报制度。对试点区域和试点企事业单位反映和上报的问题，工作人员应当认真进行登记；处理问题的单位应及时将处理结果反馈给领导小组办公室；领导小组办公室对处理情况进行通报。

附件：自治区知识产权试点示范服务行动计划工作领导小组成员及职责

一、领导小组人员

组长：马庆云（自治区知识产权局局长）

副组长：谭力（自治区科技厅副巡视员、知识产权局副局长）

成员：薛卫东（自治区知识产权局管理实施处处长）

哈洪江（自治区知识产权局法律处处长）

巴哈古丽（自治区新闻出版局（版权局）版权监督管理处处长）

冯希瑞（乌鲁木齐海关法规处处长）

张东岩（乌鲁木齐市知识产权局党支部书记）

赛力克·马哈提（伊犁哈萨克自治州知识产权局局长）

胡克（克拉玛依市知识产权局局长）

伦金义（昌吉回族自治州知识产权局局长）

张新岗（石河子市知识产权局副局长）

卢东明（哈密地区知识产权局局长）

时鉴（吐鲁番地区知识产权局局长）

陈春林（塔城地区知识产权局副局长）

董晓旭（博尔塔拉蒙古自治州知识产权局局长）

刘传启（巴音郭楞蒙古自治州知识产权局局长）

贾新军（阿克苏地区知识产权局局长）

二、领导小组职责

领导小组主要职责是：每年定期或不定期召开会议，研究制定有关自治区试点示范工作的政策、措施和工作规划；协调服务行动工作的重大事项，听取有关工作汇报和重要对策建议，研究部署年度工作任务；决定领导小组成员调整事项等。

三、领导小组办公室职责

领导小组办公室设在自治区知识产权局，办公室主任由谭力同志兼任。其主要职责是：研究知识产权服务行动计划工作方案及其实施中的主要问题，汇总工作情况，并向领导小组提出报告和对策建议；协调组织各级知识产权管理部门和中介服务机构开展日常工作；筹备领导小组会议。指导检查各地州市"知识产权试点示范服务行动小组"开展各项工作。

四、地州市知识产权试点示范服务行动小组职责

对当地试点区域和试点示范企事业单位进行对口指导服务;乌鲁木齐市、昌吉州、乌鲁木齐高新技术开发区的区域试点对口指导服务工作直接由"自治区知识产权工作协调指导小组"负责。

新疆维吾尔自治区科技型企业消除"零专利"工作专项行动方案

为全面实施国家和自治区知识产权战略纲要,贯彻落实《新疆维吾尔自治区知识产权战略实施推进计划(2011—2015年)》和国家及自治区增强自主创新能力,加快建设创新型新疆,实现新疆跨越式发展的有关精神,推进我区科技型企业知识产权工作的开展,提升企业知识产权创造、运用和管理能力,促进我区科技型企业不断提高专利申请数量和质量,引导企业充分运用知识产权制度增强创新能力,提升企业核心竞争力,特制定本行动方案。

一、总体思路

以增强我区科技型企业知识产权创造、占有、管理、运用和保护能力为核心,以普及知识产权知识、培养知识产权人才、完善知识产权制度、制定知识产权战略、营造知识产权政策环境、强化知识产权服务等为主要手段,以建立健全科技型企业知识产权产出机制、运营机制、保护机制为目标,大幅度提高科技型企业自主知识产权的拥有量和质量,提升企业核心竞争力,为推动我区增强自主创新能力,加快建设创新型新疆,实现新疆跨越式发展提供强有力的支撑。

二、工作目标

为切实做好全区科技型企业消除"零专利"工作,全面了解和做好本地区科技型企业的专利工作情况和专利申请情况,摸清企业专利工作现状和存在的主要问题,有重点、有针对性、分阶段开展科技型企业专利申请"消零"工作。力争在三年的"消零"专项行动中,全区及各地州市在调研企业知识产权情况的基础上,"零专利"科技型企业的年度消除率在10%以上;乌鲁木齐高新技术开发区(新市区)、乌鲁木齐经济技术开发区(头屯河区)、昌吉高新技术开发区、库尔勒高新技术开发区、克拉玛依区等区域"零专利"科技型企业的年度消除率在20%以上。

三、主要任务

(一)建立健全科技型企业知识产权工作体系

全区科技部门和知识产权局系统应加大对本地区科技型企业知识产权工作力度,积极引导科技型企业建立、健全知识产权工作体系,树立知识产权工作体系建设典型,做到制度、领导、资金、人员"四落实"。

(二)大力开展知识产权知识宣传普及和培训服务工作

各级科技部门和知识产权局应采取举办培训班、报告会和讲座等形式,大力开展科技型企业知识产权知识的普及培训工作。重点开展知识产权形势宣传教育、知识产权基础知识、知识产权与技术贸易壁垒、知识产权与企业创新发展等知识的宣传培训,切实提高企业领导层和广大科研管理人员的知识产权意识,为工业企业培养一批通业务、懂管理的复合型知识产权管理人才,推动企业全面加强知识产权管理与保护。

（三）开展科技型企业专利工作现状调研工作

各级科技部门和知识产权局应针对企业专利工作现状开展调研工作，并在调研基础上组建企业知识产权战略制定的专家队伍，按照对口指导原则，分批分阶段为企业选派专家，引导企业开展知识产权战略制定与应用工作。

（四）加强知识产权保护

各级科技部门和知识产权局应针对本地区科技型企业构建知识产权保护快速反应机制，建立专利案件调解处理绿色通道，进一步简化程序，加快办案速度，提高办案质量，加大执行力度。

（五）创建知识产权信息平台

各级科技部门和知识产权局应创建以专利文献为主的各类知识产权信息数据库，充分利用包含"九国两组织"专利文献在内的新疆专利信息平台，开展专利信息分析、专利预警等工作，建立健全服务机制，指导和协助工业企业创建知识产权数据库，为企业研发提供有力的支撑。

（六）开展企业知识产权托管试点工作

各级科技部门和知识产权局应根据本地区科技型企业情况，有针对性地选择专业知识产权服务机构，分期、分批、有重点地开展企业知识产权托管试点工作。

四、任务分工

自治区科技厅、知识产权局负责指导地州市科技型企业专利工作调研和企业消除"零专利"工作，重点指导和检查乌鲁木齐高新技术开发区（新市区）、乌鲁木齐经济技术开发区（头屯河区）、昌吉高新技术开发区、库尔勒高新技术开发区、克拉玛依区等区域的科技型企业消除"零专利"工作。

地州市科技局、知识产权局负责本地区科技型企业专利工作调研和企业消除"零专利"工作，并指导县市区科技型企业专利工作调研和消除"零专利"工作。

五、工作步骤

（一）培训工作（8月2日—8月20日）

自治区科技厅、知识产权局于8月上中旬举办全区"科技型企业开展消除'零专利'工作培训班"，主要培训地州市科技局、知识产权局的有关人员，以及乌昌地区科技型企业的有关人员。主要培训内容有：知识产权制度的重要作用，企业科技创新与知识产权创造和运用的密切关系，知识产权基本知识，各种调查表和统计表的填报要求等。

地州市科技局、知识产权局于8月中下旬举办本地区"科技型企业开展消除'零专利'工作培训班"，主要培训县市区科技局、知识产权局的有关人员，以及本地区的科技型企业的有关人员。培训内容同上。

（二）摸底调查（8月20日—12月20日）

各级科技部门和知识产权局应指定专人负责此项工作，指导企业认真填写《全区科技型企业知识产权工作情况调查表》（附件2）。

（三）统计汇总上报（10月20日、12月20日）

各级科技部门和知识产权局分别于10月20日、12月20日对本地区企业知识产权工作情况进行统计、汇总并逐级上报。

1.县市区科技局、知识产权局填报《县市区科技型企业知识产权工作情况调查一览表》（附件3）；

2.地州市科技局、知识产权局填报《地州市科技型企业知识产权工作情况调查一览表》（附件4）和《地州

市科技型企业知识产权工作情况统计汇总表》(附件5);

3.自治区科技厅、知识产权局填报《全区科技型企业知识产权工作情况调查一览表》(附件6)和《全区科技型企业知识产权工作情况统计汇总表》(附件7)。

(四)调研报告报送

各级科技部门和知识产权局根据本地区科技型企业专利工作调查情况,分别于10月20日、12月20日报送本地区开展"消零"专项行动前、后工作调研报告。

各级科技部门和知识产权局根据本地区科技型企业专利工作调查情况,并分别形成本地区2011年度、2012年度、2013年度工作调研报告。

自治区科技厅、知识产权局将在地州市科技型企业专利工作调研报告的基础上分别形成全区2011年度、2012年度、2013年度科技型企业专利工作调研报告。

六、保障措施

(一)加强组织领导

自治区科技厅、知识产权局成立自治区科技型企业消除"零专利"工作专项行动领导小组,下设工作办公室,指定专人负责"消零"专项行动组织协调工作,统筹各种资源向"消零"专项行动倾斜。各地州市科技局、知识产权局也应成立本地区科技型企业消除"零专利"工作专项行动领导小组和工作办公室,制定本地区科技型企业消除"零专利"工作方案,指定专人负责"消零"专项行动组织协调工作,并向自治区科技型企业消除"零专利"工作专项行动领导小组办公室上报备案。

(二)多渠道筹措工作资金

自治区科技厅、知识产权局将筹措开展"消零"专项行动工作经费,主要用于对地州市县相关人员及科技型企业有关人员的培训、工作调研、统计分析和表彰奖励等。地州市科技部门、知识产权局和科技型企业应加大对知识产权工作的投入,多渠道筹措资金推动"消零"专项行动在全区的顺利开展。

各级科技部门、知识产权局要积极指导本地区科技型企业充分利用现有的技术研发平台,增加研发经费,提升企业研发能力,加大创新力度,建立企业知识产权激励机制,调动一线工人的发明创造积极性,提升企业知识产权产出率,促进专利申请量和授权量的增长。

(三)建立健全知识产权工作体系

各级科技部门、知识产权局要积极指导本地区科技型企业建立、健全知识产权工作体系,力争使企业做到机构、制度、资金、人员"四落实"。

(四)加强指导培训

各级科技部门、知识产权局要积极组织专利代理机构走访企业,对相关企业进行分类指导,采取培训班、报告会、讲座等形式,加强对企业专利工作的服务和业务知识培训,切实提高企业领导层和广大科研管理人员的知识产权意识,为企业培养一批通业务、懂管理的复合型知识产权管理人才。

(五)深入企业开展服务

各级科技部门、知识产权局要积极深入企业,积极组织专利代理机构为企业提供专利申请代理服务,配合专利代理人员挖掘专利,一旦发现专利源,就要鼓励企业积极申报,并协助企业做好专利申报期间的材料准备工作。

七、鼓励政策

(一)对科技型企业专利申请进行资助

企业申请发明专利每件资助4000元(含专利代理费),实用新型专利每件资助1500元(含专利代理费),

外观设计专利每件资助500元，以提高企业申报专利的积极性。

（二）建立激励机制

1.对地州市科技部门、知识产权局和县市区科技局、知识产权局每调查、统计、汇总一个企业给予100元的工作经费补助（地州市为30%，县市区为70%），完成当年本地区"零专利"科技型企业的年度消除率指标的，给予表彰奖励。

2.加大对"零专利"科技型企业申请专利资助力度，对"零专利"科技型企业三年内申请专利的费用实行全额资助。

3.各级科技部门、知识产权局要指导企业建立知识产权创造的激励机制，按照专利法规定，认真落实"一奖两酬"政策，充分调动技术人员的发明创造积极性；并将职务发明人的专利发明情况存入本人档案，作为技术职务晋升和聘任的重要依据。

新疆维吾尔自治区科学技术厅　新疆维吾尔自治区知识产权局

二〇一一年八月二日

新疆维吾尔自治区知识产权托管工作方案（试行）

（新知管字〔2011〕21号）

为加强知识产权工作，充分运用知识产权制度的规则，发挥知识产权制度作用，提高企事业单位运用知识产权的能力，增强市场竞争力，在全区开展知识产权托管工作。结合自治区实际，特制定本方案。

一、指导思想

深入贯彻科学发展观，按照"激励创造、有效运用、依法保护、科学管理"方针，充分发挥知识产权制度的作用，调动各方面的积极性，以提高企事业单位运用知识产权制度的能力和水平为重点，以形成拥有自主知识产权的产品群和企业群为主攻目标，全面提升我区知识产权创造、运用、保护、管理和服务能力，增强核心竞争力，加快创新型新疆建设步伐，为实现自治区跨越式发展和长治久安目标提供有力支撑。

二、知识产权托管的含义与特点

知识产权托管是指将企事业单位（以下简称企业）对知识产权管理的需求与知识产权服务机构（以下简称服务机构）专业化的服务相结合，在严格保守企业商业秘密的前提下，企业委托服务机构管理其全部或部分知识产权相关事务，为企业量身定制一揽子服务的工作模式。

知识产权托管具有以下特点。

（一）预防性特点：托管系统能有效地防止知识产权纠纷的发生，起到防患于未然的目的。

（二）便捷性的特点：实行统一管理和全方位服务，克服了传统知识产权保护的诸多弊病，起到方便快捷的作用。

（三）经济性的特点：托管系统能有效地实现资源共享，节省大量人力、物力资源，极具经济性。

（四）托管内涵大于保护内涵的特点：托管所提供的服务范围远远超出知识产权保护的范围。

（五）保护力度大的特点：托管系统把行政管理、档案管理和司法管理三方面结合起来，进行宏观管理，克服了单一司法保护的局限性，加强了知识产权保护的力度。

（六）优化知识产权法律服务环境的特点：托管系统的建立将能有效地强化市民的知识产权保护意识，提高市民的司法保护素质，对知识产权法律服务环境起到优化的作用。

（七）理论创新的特点：托管概念超越了传统知识产权保护的理论，具有重要的理论创新的意义。

知识产权托管系统的上述种种特点，决定了建立和发展知识产权托管系统是加快推进知识产权相关工作的重要战略举措，将为我区企业知识产权创造、运用、保护和管理营造良好的环境。

三、知识产权托管工作的主要内容

企业知识产权事务的内容十分广泛，涉及知识产权创造、运用、保护和管理多个方面。按工作类别可分为以下八类。

（一）战略规划与制度建设事务

战略规划是指根据外部环境和自身条件状况及其变化，以获得和保持市场竞争优势以及最佳经济效果为目的，对知识产权工作进行总体性谋划，明确近期以及未来一段时期内的工作原则和目标、工作部署、策略和手段等。

制度建设包括工作机构建设和管理制度建设两个方面。工作机构建设是指根据企业实际需求，在内部设立专门的知识产权工作机构，配备专职工作人员，全面统筹管理企业所有知识产权事务；管理制度建设是指根据企业实际情况，逐步建立起各类知识产权规章制度，形成有效运转的制度体系。

（二）信息提供与信息利用事务

信息提供是指根据需要建立综合性的知识产权电子信息平台以及知识产权专题数据库，提升企业知识产权管理的信息化水平，方便管理人员和研发人员及时获取各类知识产权及相关信息。

信息利用是指根据需要定期或不定期从专利文献中采集相关专利信息，通过科学的方法对专利信息进行加工、整理和分析，使其转化为具有总揽性及预测性的竞争情报，为企业决策提供参考。

（三）研发支撑与研发管理事务

研发支撑是指根据技术研发现状和需求，通过对相关专利信息与非专利信息的检索分析，为企业确立和调整研发方向、改进和完善研发方案、保护和运用研发成果提供依据。

研发管理是指与研发部门密切配合，对企业各研发项目的进展情况进行实时监控，保证企业研发过程各阶段产生的各种形式的成果得到及时有效的保护，防止研发成果流失。

（四）权利获得与权利维持事务

权利获得是指根据相关法律的规定，对企业做出的研发成果及时提出知识产权保护申请，依法获得各类知识产权保护，包括申请素材的挖掘、申请的代理、申请档案的管理等。

权利维持是指为避免企业已取得的知识产权不当终止而开展的各项工作，主要包括专利年费的缴纳、专利无效的应对、商标权的续展等。

（五）知识产权实施与经营事务

知识产权实施是指企业在实际生产经营中组织实施已经获得的知识产权，从而将其转化为现实生产力的过程。

知识产权经营是指企业采取许可使用或转让等方式将自身所拥有的知识产权输出给别人而获得经济收益，或者根据企业需要引进他人知识产权以增强自身竞争力的活动。

（六）权利维护与风险控制事务

权利维护是指通过各种渠道监控企业所拥有的各类知识产权，在发现侵权现象时，及时向侵权主体发出警告，或者利用行政途径请求调处或提起法律诉讼，从而维护自身合法权益。

风险控制是指通过建立预警应急机制，对企业可能遇到的各种知识产权风险提前做好应对预案，提出规避风险的措施，从而消灭或减少知识产权风险事件的发生，或者减少风险事件发生时造成的损失。

（七）品牌宣传与品牌建设事务

品牌宣传是指为建立品牌知名度、扩大品牌影响等开展的各类宣传活动。

品牌建设是指对所拥有的品牌进行的包括设计、规划、维护等在内的一系列品牌打造活动。

（八）教育培训与考核奖惩事务

教育培训是指企业根据需要，定期或不定期地对各个层面的员工进行各种不同层次的知识产权培训，以提高企业知识产权相关工作人员的素质和水平。

考核奖惩是指为保障企业知识产权工作顺利开展，对相关员工在知识产权创造、运用、保护和管理方面的工作绩效进行考核和奖励，分门别类地制定考核指标和建立奖惩制度。

四、知识产权托管工作的组织实施

自治区知识产权托管工作采取试点先行、逐步推进的方式。首先在基础条件较好的园区先行试点，用三年的时间在全区推行知识产权托管工作。

（一）知识产权托管工作试点区域的确定

自治区知识产权局在审查申报材料，组织调研的基础上，根据自治区知识产权托管工作的总体部署，统筹考虑，选择确定知识产权托管试点区域。

（二）知识产权托管工作的实施

试点区域确定后，知识产权托管工作试点区域的政府（园区管委会），负责全面规划，统一领导，对本区域内知识产权托管工作的整体运行进行管理和监督，其主要职责包括以下方面。

1. 建立知识产权托管工作的工作体系；

2. 制定知识产权托管工作的发展规划；

3. 编制知识产权托管工作的年度计划；

4. 组织监督知识产权托管工作的实施；

5. 起草知识产权托管工作的配套政策；

6. 管理知识产权托管工作的资助资金；

7. 其他与知识产权托管工作相关事宜。

（三）知识产权托管方式

由于企业的规模和性质、知识产权事务的工作量、知识产权工作的整体水平等差异很大，服务机构的规模和水平也各不相同，因而知识产权托管的方式可以多种多样，广义的知识产权托管方式包括以下三种。

1. 完全式托管

完全式托管是企业将其全部知识产权事务整包给服务机构，服务机构充当企业知识产权部门角色的一种托管方式。

完全式托管适用于没有专门工作机构、完全没有或者仅有少量知识产权工作人员、知识产权意识刚刚起步、基本没有知识产权积累的中小型企业。

按这种方式，服务机构集企业知识产权部门和各种中介机构（知识产权代理机构、律师事务所、专利数据公司等）之职能于一身，托管企业无须再另行配备专门机构和人员，因此操作便利，有利于获得全面专业的服务和更快地取得工作成效。

2. 顾问式托管

顾问式托管是指企业将其咨询性知识产权事务委托给服务机构，由服务机构充当企业顾问角色的一种托管方式。

顾问式托管适用于有少量知识产权工作人员、已经具有了一定的知识产权保护意识和若干零散的知识产权积累的中小型企业。

按这种方式，托管企业需自行配备专门机构和人员，服务机构虽不直接承担企业知识产权部门和各种中介机构的职能，但是会为企业的各种知识产权需求提供咨询意见，特别是会与托管企业共同确定其知识产权工作思路和工作任务，协助和指导其完成各项任务。要以这种托管方式获得成效，需要服务机构和托管企业相关人员经常性地充分沟通和更密切的配合。

3.专项式托管

专项式托管是企业将某类知识产权事务（比如知识产权经营）委托给服务机构，服务机构作为企业该类事务全权代表的一种托管方式。

专项式托管适用于有专门机构和一定量的知识产权工作人员，并且企业知识产权工作水平达到较高程度的大中型企业。

在专项式托管中，服务机构将作为托管企业知识产权力量的补充，为托管企业提供其所需的高端、深入的专业服务。例如，在托管企业已有知识产权积累的基础上，为其提供构建专利池服务，或者托管企业可委托服务机构负责其所有专利的商业化运营等。

五、知识产权托管试点工作的检查和验收

自治区知识产权局每年对试点地区的工作进行一次检查，试点届满，适时组织验收。主要验收指标有：1.企业入托率；2.专利申请量增长率；3.专利侵权率；4.企业知识产权培训率；5.工业企业专利消零率指标等。

二〇一一年三月二十八日

2004年新疆维吾尔自治区知识产权保护状况

一、自治区各级领导管理机关高度重视知识产权保护

自治区党委、政府历来十分重视知识产权工作，不断加强对知识产权工作的领导，在党委、政府工作报告和重要会议主要领导讲话中都多次强调要加强知识产权保护工作，并将知识产权工作纳入"科教兴新"的总体战略，作为促进科技创新、增强区域综合竞争力、改善投资环境的一项重要工作。

1994年，自治区成立了由政府副主席为组长的自治区知识产权工作协调指导小组，从政府层面上加强对全区知识产权工作的统一部署、指导、检查、协调。在2004年开展的全国知识产权保护专项行动中，自治区整顿和规范市场经济秩序工作领导小组又专门成立了由多个政府部门组成的知识产权保护工作组，负责全区知识产权保护专项行动的统一部署和协调；当年，自治区还成立了"软件正版化领导小组"，负责全区软件正版化工作的组织和协调。

自治区积极推进知识产权保护工作体系建设。经过20年的努力，已初步建立了较为完善的行政管理、行政执法、司法和服务工作机构，培育了一支爱岗敬业、具有一定专业素质的行政执法队伍。截至2004年，全区大部分地、州、市建立了知识产权工作协调指导机构；14个地、州、市成立了知识产权局和新闻出版局（版权局）；40个县、市和市辖区（全区县市区97个）挂牌设立了知识产权局；全区所有地、州、市和县、市、市辖区已成立工商管理机构，具有商标管理职能。自治区农业厅和林业局设立了植物新品种管理机构。自治区高级人民法院和伊犁州等5个地、州、市中级人民法院设立了审理知识产权案件的民三庭，建立了知识产权审判队伍。全区部分企事业单位也已设立了知识产权管理机构，建立了相关知识产权管理制度，配备了专（兼）职

工作人员。自治区大力扶持和引导中介服务机构的发展，截至2004年年底，全区有专利代理机构6个，具有专利代理人资格的人员45人；商标代理机构28个，商标代理人员80多人。此外，自治区还设有相关知识产权保护组织，如"发明协会""知识产权研究会""版权保护协会""专利保护技术鉴定委员会""著名商标评审委员会"和"假冒专利、商标、版权行为社会监督网"等。

自治区知识产权保护政策法规体系建设稳步推进。自治区人大将知识产权地方法规建设作为立法重点，2004年审议通过了《新疆维吾尔自治区专利保护条例》。自治区党委和人民政府出台了一系列鼓励创新、加强知识产权保护的政策文件，如《自治区党委、自治区人民政府关于贯彻〈中共中央、国务院关于加强技术创新、发展高科技、实现产业化的规定〉的意见》《新疆维吾尔自治区人民政府关于加强专利工作促进技术创新的意见》等；2004年4月，自治区人民政府批转了自治区知识产权局、工商局、新闻出版局（版权局）等9个部门提出的关于实施知识产权战略推进工程的意见。自治区高级人民法院制定了知识产权纠纷案件管辖和受案范围的规定。各相关管理部门先后出台了一系列知识产权管理和保护的规章制度，主要包括保护知识产权的行政执法、办案程序、监督检查等方面的规定。

二、积极开展保护知识产权专项行动

根据国务院保护知识产权专项行动电视电话会议和《国务院办公厅关于印发保护知识产权专项行动方案的通知》精神，2004年8月，自治区整顿和规范市场经济秩序工作领导小组办公室制定了为期一年的自治区保护知识产权专项行动方案。各部门、各地州市结合实际制定了专项行动方案，成立了相应的保护知识产权专项行动领导小组，集中执法力量和时间，开展了一系列专项执法活动，查处了一批侵犯知识产权的案件。自治区知识产权局、工商局、版权局和公安厅，依照各自职能在全区范围内组织开展了"打击专利侵权、冒充专利、假冒他人专利为的专项行动""打击商标侵权、冒充商标，整顿和规范市场秩序的专项行动""打击盗版计算机软件、打击盗版'蓝猫'系列音像制品、2004年秋季盗版教材、教辅读物专项治理行动"以及"打击商标专用权犯罪'山鹰'专项行动"等。

8月—12月，全区专利管理机关共组织实施联合执法活动39次，出动专利执法人数1200余人（次），检查食品和药品大型批发市场、零售商店等800余家，检查食品和药品19万多种，机电商品3000多种，检索标有专利标记的商品近8000多种，立案查处涉嫌冒充和假冒他人专利行为的有200件；全区各级工商局共出动执法人员3.1万人（次），检查商品交易市场1539个、经营户近13万家，捣毁制售假窝点22个，查处商标违法案件494件，罚没款115万元，没收侵权商标标识24.87万件，没收、销毁侵权商品3.1万件；全区版权管理机关共查获盗版《蓝猫淘气3000问》、盗版MP3光盘等盗版音像制品28277盘（张），收缴《2004年全国司法考试辅导用书》等盗版图书、杂志、地图、挂历84031册（张）；自治区植物新品种管理机关在全区范围内开展了农业和林业植物新品种保护科技执法大检查，有效遏止了侵犯品种权和假冒授权品种案件的发生；自治区公安机关开展知识产权相关执法行动30余次，出动警力12000余人（次），车辆200台（次），清理检查印制业、IT行业企业630余家、农资市场1000余家、农资生产经营企业3000余家，印刷农资打假宣传资料50000余份，查处涉及农资治安案件108起，查获假冒伪劣农资产品价值127万元，缴获侵权盗版图书和非法出版物1.7万册，收缴盗版光碟、软件2.7万张，其他盗版物品1400多张。

三、知识产权宣传培训成效显著

根据国务院整顿和规范市场经济秩序办公室等9部委《关于开展2004年"保护知识产权宣传周"活动的通知》精神，自治区整顿和规范市场经济秩序工作领导小组办公室、自治区党委宣传部等11个政府部门于2004年4月19日—26日，在全区联合开展了以"尊重知识产权，维护市场秩序"为主题的"第四个自治区知识产权宣传周活动"。在"自治区2004年保护知识产权宣传周"新闻发布会上，专利、商标、版权和海关等部门发布了一批侵犯知识产权的典型案例，对2003年度知识产权好新闻进行了表彰。宣传周期间，自治区主席司马义·

铁力瓦尔地发表了加强知识产权保护的电视讲话；自治区党委宣传部、知识产权局和新闻媒体在各大报纸上开辟了"4·26"宣传专版，开展了"尊重知识产权，维护市场秩序"为主题的征文活动；自治区和各地电台、电视台开辟了宣传专栏；举办了"科研院所科技创新与知识产权保护座谈会""企业知识产权保护与发展座谈会""广场万人签名大型咨询宣传活动""大学生知识产权沙龙"等一系列活动。全区各地州市采取多种方式开展广泛的知识产权宣传活动。据统计，全区共出动工作人员2163人（次），出动宣传车236台（次），发放宣传资料20.9万份，悬挂宣传条幅1037条，出宣传板报466块，举办知识产权专题报告会和座谈会39次，参加会议的人数达到9245人（次），汇编著作权法宣传读本20000册，编发《新疆知识产权》刊物6期、900册，编发《版权信息》3期、900份，选编信息45条，咨询服务80642人（次）。

2004年2月正式启动实施了"知识产权万人教育培训计划"，将在五年的时间里，每年培训一万人。目前，除全区知识产权系统举办了各类培训班以外，自治区许多厅局和地州市都把知识产权知识列入组织、人事部门的干部、科技人员的教育培训计划；自治区党校、行政学院和部分地州市党校已将知识产权教育列入教学计划，形成制度。据统计，2004年，全区共举办知识产权培训班176期，培训人数达到14956人（次）。

四、专利行政保护

近年来，全区专利保护意识不断提高，专利申请量逐年递增。2004年，全区专利申请为1492件，其中职务发明专利申请为371件，非职务发明专利申请为1121件，专利申请累计13424件；全年专利授权为792件，其中职务发明专利授权为207件，非职务发明专利授权为585件，专利授权累计达到7461件。

加大行政执法力度，及时有效地保护专利权人的合法权益。2004年，全区专利管理机关共受理专利案件299件，其中专利纠纷案件39件，假冒和冒充他人专利案件260件；结案242件，其中调处专利纠纷案件32件，查处假冒、冒充专利行为案件206件。截至2004年年底，全区已累计受理专利案件579件，其中受理的专利纠纷案件232件，受理的假冒和冒充他人专利案件347件；结案累计达到483件，其中调解专利纠纷案件129件，查处冒充和假冒专利案件293件。

以抓专利项目实施促企业专利战略运用，保护产业、产品做大做强。近年来，自治区出台了《新疆维吾尔自治区专利实施资助资金管理办法》，设立了专利实施资助资金，共拨付670万元，分9批支持专利实施项目65个。在项目管理中，与时俱进，探索创新，实现了将专利战略运用导入项目实施全过程的新模式。通过设定自治区专利实施项目知识产权管理目标，督导各项目承担单位建立健全知识产权管理制度，建立专利专项数据库，开展专利实施项目所属领域专利信息的研究分析，形成企业知识产权预测和预警机制，在充分的知识产权保护中完成专利项目的实施。据不完全统计，自治区专利实施计划项目实施以来，已累计新增收入40亿多元，上缴税金4.2亿元，带动其他各方投资3.8亿元。

发挥试点、示范带动作用，提升企事业单位知识产权保护能力。截至2004年，自治区分两批开展企事业单位专利试点工作，确定示范单位7家、试点单位20家，通过适时总结推广试点单位的经验，对我区其他企业起到了明显的带动作用，2002年和2003年，我区专利申请中企业专利申请量分别比上一年增长64%和50.3%。同时，为全面提升区域的知识产权创造、运用、管理和保护能力，2004年，自治区选择乌鲁木齐市、奎屯市、克拉玛依区、库尔勒经济技术开发区等8个地、市、开发区，启动了区域知识产权试点工作，实现了知识产权试点工作从分散个体探索性管理向整体区域综合性管理的跨越。

五、商标行政保护

2004年，自治区各级工商行政管理机关将打击生产和销售危害人身健康、生产安全的商标违法行为以及侵犯驰名商标、著名商标、地理标志和涉外商标专用权行为作为商标行政保护工作的重点，严打快处，查处了一批商标侵权大要案件。其中涉及的驰名商标包括"茅台""五粮液""伊力"白酒，"哥俩好"粘胶，"天山"羊毛衫等；涉及的地理标志包括"哈密大枣""库尔勒香梨"等，其中"库尔勒香梨"案值达380万元；涉外商标有"皮尔·卡丹""老爷车""阿迪达斯""袋鼠""柯达"等；涉农商标有"登海""金色农华"种子等。

2004年，自治区各级工商行政管理机关共立案查处商标违法案件1022件，罚款252.02万元，没收和销毁侵权商品69.09吨，案件数量和罚款金额比去年同期分别增长了30.03%和41.43%。截至2004年年底，全区工商管理机关共立案查处各类商标违法案件10177件，其中国内一般案件3189件，国内假冒商标侵权案件5883件，涉外侵权案件79件，结案10061件，罚款900.8万元，收缴和消除商标标识9128.8万件（套），销毁侵权物品41.16吨。

2004年，自治区各级工商行政管理机关把商标管理和保护与支持农村经济发展、促进解决"三农"问题紧密结合起来，不断加大对农产品商标和地理标志注册与保护的宣传力度，指导农产品商标和地理标志的注册与保护工作，促进农村经济走规模化、产业化、品牌化道路，帮助农民增收致富。部分地州市工商局提出了商标战略实施的近期发展目标、长远规划以及实施意见。截至2004年，自治区的地理标志达到10件。

2004年，自治区工商局开展了第三届"新疆著名商标"认定活动。部分地州出台了《关于支持企业实施商标发展战略》，制定了对获得著名商标、驰名商标的企业和有功人员给予奖励的具体规定。截至2004年，自治区工商局已受理著名商标申请材料130多件，获"新疆著名商标"累计达到67件。

2004年，特变电工的"新特"商标被国家工商总局商标局认定为"中国驰名商标"，值此，自治区获"中国驰名商标"已达到3件。

2004年，各地工商局将教育、规范、整顿相结合，主动协调相关部门，深入当地主要集贸市场、超市、专卖店、印刷企业、文化市场等进行集中执法检查，规范商标使用行为。

随着全社会商标意识的提高，有效地提升了自治区的商标申请量。2004年，全区商标注册申请量达5050件，比上年增长19.7%；截至2004年年底，全区有效注册商标累计达到16797件，同比增长16.6%。

六、著作权行政保护

2004年，自治区各级版权管理部门加强著作权登记和著作权纠纷案件的调处工作。全年自治区版权管理机关共调解著作权纠纷6件；全区登记出版外国图书授权合同登记5件；鉴定盗版音像制品70多种，盗版软件10种，盗版图书100余种；受理作品自愿登记70件，同比增长20.6。截至2004年年底，全区累计调解著作权纠纷案件228件，作品自愿登记累计达到234件；查缴收缴盗版图书、软件、音像制品511810册（盘），处罚金6.7万元。

2004年，自治区版权局针对和田手工地毯以及玉石雕刻、英吉沙小刀图案造型和柯尔克孜族民间手工艺品等我区具有民族特色的手工艺作品的登记工作，开展了专项的实地调研和宣传工作。

2004年，自治区"软件正版化领导小组"制定了《自治区正版化工作的实施方案》，召开了自治区人民政府厅局正版化工作会议。2004年年底按时完成了自治区政府49个厅局的软件正版化工作，该项工作受到国务院政府软件正版化工作督察组高度评价。同时，自治区版权局会同自治区建设厅向全疆280多家勘察设计单位下发了禁止使用盗版设计软件的通知，对各勘察设计单位实现设计软件正版化提出了明确的时限和要求。

在2004年"知识产权宣传周"期间，自治区版权局会同乌鲁木齐文管办对新疆图书批发市场以及街头个体书报摊点进行了检查。查获出盗版出版物800余册；查获盗版《饮料企业良好生产规范》等53种国家标准书籍26500册，并根据侵权事实依法作出了处理。因严格执法，自治区版权局受到中国标准出版社的表扬，并赠送"维法卫士"锦旗。

加强对图书市场的管理，进一步规范图书经营者经营行为，增强他们自觉抵制盗版的思想意识，自治区版权局会同新疆发行协会对文史书店等5家图书二级批发书店授予"维护版权 诚信书店"称号。

七、知识产权海关保护

乌鲁木齐海关针对自治区拥有著名商标的商品经营企业开展"知识产权海关保护备案"知识的宣传，组织自治区近百家企业专业人员进行培训，提高企业的自我保护意识，使企业及时向海关申请知识产权边境保护备案，以便在进出口环节商标权益受到侵犯时能够及时得到海关保护。

2004年，乌鲁木齐海关接受新疆美克国际家私股份有限公司、库尔勒香梨股份有限公司、乌鲁木齐七色花油漆厂、湖北仙光日化公司等5家企业的产品备案。2004年，乌鲁木齐海关共查获各类渠道进出口侵权案件18起，案值156.6万元，查获的案件数与上年相比增长2倍，案值增长2.3倍，有效遏制了假冒侵权货物出入境，维护了权利人的合法权益。

在知识产权海关保护中，乌鲁木齐海关重视加强与权利人的沟通合作。在侵权案件处理过程中充分考虑权利人的合法权益，克服关区点多线长、信息传递慢等困难，采取简化程序同步操作的方法，加快案件处理速度，减少权利人在处理案件上的费用支出；对侵权货物的处理充分听取权利人的意见，与阿迪达斯、诺基亚等公司建立了良好的合作关系。

八、植物新品种行政保护

2004年，自治区的植物新品种保护管理、协调机构进一步完善。自治区农业厅成立了"新疆植物新品种保护领导小组"，负责农业系统品种权归口管理、工作指导和统筹协调。2004年，自治区农业、林业科研、教学单位及一些种子企业进一步建立完善了农业植物新品种保护机构，配备了专（兼）职管理人员。

2004年，自治区农业、林业管理部门积极开展品种权保护知识的宣传培训活动，不断加强自治区的品种权申请工作。截至2004年年底，全区植物品种权申请15件，植物新品种授权4件。

在农业植物新品种行政保护活动中，自治区农业部门积极调处植物新品种纠纷案件，通过双方协商解决、各级农业行政主管部门行政调处和司法机关依法审判的三种方式，积极加强对农业植物新品种权的保护。2004年，全区农业管理部门共开展农业植物新品种保护科技执法检查活动519次，查处各类违法种子案件352起，案值555万元。

自治区林业管理部门有计划地在全区组织开展了植物新品种保护行政执法检查活动，有力地加强了对林木种子、种苗及植物新品种的保护，有效地遏制了侵犯品种权和假冒品种案件的发案率。2003—2004年，自治区林业管理部门在全区共开展执法检查活动4次，整顿苗木种子市场86个，涉及种子苗木经营单位214户，查处违法苗木案件81起，案值306万元。与此同时，自治区林业局还加强了与司法部门的联系，推荐新疆林科院为自治区高级法院有关林业品种的司法鉴定单位。

九、知识产权司法保护

2004年，自治区司法机关积极加强知识产权业务庭建设。各地法院从加强知识产权司法工作出发，建成法院局域网，为司法人员查询最新的法律、法规及司法解释和相关案例创造了条件。法院针对知识产权案件专业技术性强、审理难度大等特点，不断加强法官队伍建设，努力提高法官的业务素质。

在知识产权审判工作中，法院坚持公开、公正和高效的办案原则，积极开展知识产权案件的调解和审判工作，依法打击各类侵权行为，维护权利人的合法权益，为建立和谐社会创造良好的法制环境。2004年全区法院共受理知识产权案件74件，结案69件。截至2004年年底，全区法院共受理知识产权案件382件，其中专利纠纷案件109件，商标纠纷案件37件，著作权纠纷案件154件，其他纠纷案件82件。

十、知识产权刑事保护

2004年，全区公安机关按照打击防范、保护与服务并重的原则，在全区部署开展了对侵犯酒类、药品、食品等驰名商标专用权违法犯罪的打击活动，以及对文化图书市场盗版等方面的重点整治行动，对发生在货物进出口、各商品批发市场、定点加工、印刷复制等重点环节的严重侵犯知识产权的犯罪活动，进行了严厉打击，加强了对伊力特、奥斯曼、天彩等10多家全疆、全国名牌企业的保护。全年全区公安机关共受理各类侵犯知识产权犯罪案件11起，立案8起，破案7起，涉案价值730多万元，抓获犯罪嫌疑人20余名。其中伊犁、博州公安机关联合侦破假冒美国产"津港四磷酸二氨"产品案，涉案金额400余万元，追缴假冒产品429吨，5名犯罪嫌疑人受到刑事追究；乌鲁木齐市公安部门侦破的生产销售假藏药"二十五味阿魏胶囊"案件，涉案金额110多万元，4名犯罪嫌疑人受到刑事追究；侦破的假冒甘肃省武威市"绿宝石"葫芦种子案件，涉案的19万元假种子均被收缴。另外，全区公安机关还立案查处了与侵犯知识产权有关的生产、销售伪劣商品案件23起，挽回经济损失10136.5万元，抓获犯罪嫌疑人31名。

11月，自治区公安机关在全区开展了为期一年的打击侵犯商标专用权犯罪"山鹰"行动。对侵犯食品、卫生生活用品、药品、农资等商品专用权、严重危害人民群众身体健康、生命安全和生产安全的犯罪行为，以及在货物进出口、商品批发、定点加工、印刷复制等重点环节的严重侵犯商标专用权和严重侵犯驰名商标专用权的违法行为进行了严厉打击。

十一、知识产权对外交流与合作

3月27日—4月5日，应莫斯科国际工业产权沙龙的邀请，自治区两名工作人员作为中国代表团成员，对俄罗斯进行了为期10天的考察访问。

4月27日—5月8日，自治区3名工作人员携项目4项，作为中国代表团成员赴法国巴黎参加了第95届法国巴黎国际发明展览会，其中2个项目获得展览会银奖，1个项目获得展览会"列宾竞赛奖"。

8月，香港知识产权署署长谢肃方再次来新疆考察，与自治区知识产权局等部门的有关人员进行了座谈和交流。

12月，自治区在广东省举办了"自治区知识产权工作协调指导小组成员单位工作人员培训班"。期间，学员与广东省和香港的同行进行座谈和交流。

是年，自治区工商行政管理局承办了由海关总署与中国外商投资企业协会优质品牌保护委员会在伊宁市联合举办的西北边境知识产权保护执法研讨会。

2005年新疆维吾尔自治区知识产权保护状况

2005年，在自治区党委、自治区人民政府的领导和政府各部门的大力支持下，新疆的知识产权保护工作取得显著成绩。

一、建立长效机制，营造环境，加大知识产权保护力度

（一）建立了自治区保护知识产权组织和工作协调机制

为了贯彻落实全国保护知识产权专项行动电视电话会议和《国务院办公厅关于印发保护知识产权专项行动方案的通知》（国办发〔2004〕67号）精神，自治区人民政府决定在自治区整顿和规范市场经济秩序工作领导小组统一领导下成立了由自治区经贸委、工商行政管理局、知识产权局、新闻出版局（版权局）、质量技术监督局、新疆出入境检验检疫局、乌鲁木齐海关、科技厅、文化厅、卫生厅、公安厅、药监局、人民检察院、高级人民法院、人民政府法制办等部门组成的自治区保护知识产权工作组。

自治区保护知识产权工作组在自治区"整规办"设立办公室，主要任务是会同有关部门建立自治区保护知识产权专项行动联席会议制度，定期通报有关情况，听取意见和建议，及时解决工作中出现的问题，加强执法协作与执法信息交流。

各地州市按照自治区的统一要求，设立了相应的保护知识产权工作组织领导机构，加强对本地区保护知识产权专项行动的领导和组织协调。

（二）在全区组织开展了"2005年保护知识产权宣传周"活动

4月20—26日，由自治区"整规办"牵头组织，自治区宣传、知识产权及新疆生产建设兵团等部门参加，在全区组织开展了以"保护知识产权，促进创新发展"为宣传主题的自治区第五个"2005年保护知识产权宣传周"活动。为了加强对此次活动的领导和保证有效开展，自治区及各地州市成立了"2005年保护知识产权宣传周"活动组委会，制定了活动方案，下发了通知，对活动的时间、宣传主题、内容、重点做出了统一部署，提出具体要求。

在宣传活动中，各地、各部门充分发挥广播、电视、报刊、网络等新闻媒体的作用，开展了丰富多彩的宣传活动。据不完全统计，2005年，全区共印发宣传材料32.5万份，悬挂宣传条幅2438条，制作知识产权宣传板报2592块，举办大型咨询会10次，咨询人数12.2万多人（次），举办报告会和专题讲座150场，发布公益广告440多条，展示商标成果130件，检查药品、保健品1000余种，出动宣传车1005辆（次），编印知识产权刊物6期1800份，给国家知识产权局网站供稿174篇。

（三）举办了"保护知识产权，优化社会环境"新闻发布会

4月20日，由自治区"整规办"和自治区党委宣传部在乌鲁木齐市举行了"2005保护知识产权，促进创新发展"为主题的新闻发布会。自治区人民政府副主席刘怡出席新闻发布会并做了重要讲话，对我区知识产权保护工作提出了要求。自治区知识产权局、工商行政管理局、新闻出版局（版权局）、乌鲁木齐海关、高级人民法院在发布会上发布了保护知识产权专项活动期间的典型案例；颁发了2004年知识产权好新闻奖，同时在人民广场举行了知识产权试点企业知识产权成果展示活动。

（四）举行了"发挥知识产权制度作用，促进新疆经济社会和谐发展"新闻发布会

6月28日，国家知识产权局和自治区人民政府联合在北京人民大会堂召开了"发挥知识产权制度作用，促进新疆经济社会和谐发展"新闻发布会。国家知识产权局局长田力普和自治区人民政府副主席刘怡出席新闻发布会并作重要讲话。举办这次活动的目的是为了让国内外了解新疆，认识新疆，走进新疆。通过展示新疆知识产权保护环境，吸引国内外人才、技术和资金参与新疆建设，谋求共同发展。会上发布了《2004年新疆维吾尔自治区知识产权保护状况》白皮书。新疆高新技术产业促进会和乌鲁木齐市人民政府分别与首都科技集团签订了合作协议，特变电工、伊犁特、美克等6家新疆企业签署加入了国家知识产权局倡导的"共创品牌中国"企业联盟。中外60多家新闻媒体出席新闻发布会并进行广泛地宣传报道。

（五）召开了第三届新疆著名商标新闻发布会暨企业商标战略论坛

11月10日，自治区召开了第三届新疆著名商标新闻发布会暨企业商标战略论坛。自治区党委副书记、自治区政协主席艾斯海提·克里木拜参加会议并作重要讲话，自治区党委、自治区人民政府、自治区人大和新疆生产建设兵团的领导及社会各界代表近300人参加了会议。会议期间交流了企业实施商标战略的成功经验，展示了自1998年以来我区认定的130件新疆著名商标。

（六）在霍尔果斯口岸启动了国家知识产权兴贸工程试点基地试点工作

11月11日，国家知识产权局和自治区人民政府在新疆霍尔果斯口岸，启动了国家知识产权兴贸工程试点基地试点工作。这是国家首家知识产权兴贸工程试点基地。自治区人民政府副主席刘怡、国家知识产权局副局长邢胜才为试点基地揭牌。自治区知识产权兴贸工程试点基地的建设，标志着国家和自治区知识产权兴贸工程正式启动实施。

（七）加强了高校和遗传资源等领域的知识产权保护工作

3月3日，自治区教育厅与自治区知识产权局联合印发了《转发教育部、国家知识产权局关于进一步加强高等学校知识产权工作的若干意见的通知》。自治区各高校认真落实通知精神，建立和完善了知识产权管理机构，制定了知识产权保护实施方案。4月26日前后，在4所高校开展了知识产权专题讲座、对话等系列宣传活动；在新疆大学挂牌建立了知识产权宣传教育基地。12月27日，新疆伊犁师范学院作为自治区第二批企事业知识产权试点单位，启动了知识产权试点工作，成立了学院知识产权工作领导小组，出台了学院知识产权工作实施意见，开设了知识产权公共选修课程。随着高校知识产权保护工作的进一步加强，高校教职员工和大学生的知识产权保护意识明显增强，专利申请量大幅度提高，2005年全区高校专利申请45件，比上年同期增长了164.7%。

5月12日，自治区知识产权局与自治区新闻出版局（版权局）联合印发了《关于加强对我区涉及遗传资源和传统医药知识保护的通知》，就如何切实做好我区传统医药知识包括相关药用资源方面新闻出版物的管理工作，防止我区传统医药知识和遗传资源的流失进行一次认真的自查、清理活动。

二、积极实施知识产权战略推进工程

2005年，自治区以实施知识产权战略推进工程为主线，以实施知识产权万人教育培训计划、知识产权试点示范、优势产业知识产权战略研究等项工作为重点，全面推进知识产权保护工作。

知识产权推进工程已全面启动，初见成效。2005年，自治区专利申请为1851件，同比增长24.06%，累计达到15277件；专利授权为921件，同比增长12.69%，累计达到8382件。全区商标申请为5823件，同比增长15.3%，商标注册累计达到1.9万件。2005年评选新疆著名商标63件，累计达到130件。获中国驰名商标3件；地理标志14件；植物新品种申请3个。

（一）积极实施自治区知识产权万人教育培训计划

2005年，自治区将知识产权教育培训工作作为实施自治区知识产权战略推进工程的重要任务来抓，各级知识产权部门通过制订培训计划，自筹资金，自办、承办和委托办班以及党校、教育培训中心培训等形式，认真落实自治区知识产权万人教育培训计划，积极加强对各级领导、科技和知识产权管理人员、企事业单位人员、知识产权中介服务人员、大中专学校教职员工和大中专学生的教育培训，普及知识产权法律知识，提高知识产权保护意识，并取得了显著成绩。据统计，2005年全区共举办各类知识产权培训班、专题报告会346期（次），培训人数4.23万人（次），其中举办各类知识产权培训班269期，培训人数1.96万人（次），举行专题报告会71次，参加人数2.36万人（次）。

（二）深入开展知识产权试点示范工作

2005年，自治区知识产权试点示范工作有新的发展和深化。一是启动了乌鲁木齐市、昌吉市、哈密市、克拉玛依市克拉玛依区的知识产权区域试点工作；二是指导帮助试点示范单位建立了知识产权制度和专利数据库；三是积极推进地州市知识产权试点工作。目前，全区被列为全国知识产权试点企事业单位2个、试点城市一个；国家知识产权兴贸工程试点基地一个；自治区知识产权试点企事业单位20个、示范单位7个；自治区知识产权试点区域7个。与此同时，地州市和县市区也选择了一批企事业单位开展知识产权试点工作，初步形成国家、自治区、地州市和县市区四级知识产权试点工作联动的局面。

（三）圆满完成新疆优势产业知识产权战略研究课题

2005年9月，由自治区知识产权局组织的《新疆优势产业知识产权战略研究》课题顺利完成并通过国家和自治区验收。该课题借鉴国内外知识产权工作的做法和经验，提出了新疆优势产业知识产权的定位、指导思想、战略目标、战略布局和实施措施，对我区优势产业在知识产权的保护，提高核心竞争力和市场竞争力具有重要的指导意义。该课题的研究成果受到国内权威专家的好评，获国家知识产权局软科学研究二等奖。

（四）自治区知识产权保护体系进一步完善

2005年，自治区新成立知识产权机构的县市有3个，新成立知识产权工作协调指导机构的地级市一个。截至2005年年底，全区14个地州市、42个县市区建立了知识产权局，专兼职人员达到199人，持专利执法证的人员有173人；有8个地州市建立知识产权工作协调指导机构；有14个地州市和97个县市区建立了商标管理机构，配备工作和执法人员305人，建立了较为完善的商标管理、执法保护体系；有14个地州市挂牌建立了版权局，版权专兼职管理和执法人员有110人；自治区农业、林业管理部门和乌鲁木齐海关设立了知识产权管理机构，配备了专兼职工作人员和执法人员；自治区高级人民法院和6个地级中级人民法院设立了知识产权法庭，配备了34名审理知识产权案件的法官；全区有专利代理机构5个、工作人员23人，具有专利代理资格证和执业证的人员17人，具有专利代理资格的人员45人；全区有商标代理机构39个，商标代理人员120多人。

三、保护知识产权专项行动成效显著

2005年1—10月，自治区各地州市按照国务院和自治区的有关通知要求和自治区制定的实施方案，围绕普及知识产权知识，提高保护知识产权意识，查处侵犯专利权、著作权、商标权等违法行为为重点，在全区组织开展了"自治区保护知识产权专项行动"，取得阶段性成果。据统计，2005年全区组织开展大型专项执法行动11次，出动执法人员8.73万人（次）；出动车辆2800台（次）；检查食品、药品大型批发和零售市场及商店288万家；检查的商品40余万件；收缴各类非法出版物16.33万余册（盘）；收缴侵权商品17.65万件；没收、销毁侵权商品99.45吨；捣毁制售假窝点15个；收缴非法电脑、刻录设备14台套；立案查处各类侵犯知识产权案件3868件，涉案金额680.76万元，处罚金488.76万元，收缴侵权假冒盗版品157.5万件，取缔非法经营单位109家；移送司法机关案件3件；抓获犯罪嫌疑人4人。

四、专利行政保护

（一）自治区专利实施工作再上新台阶

2005年，自治区财政投入的专利实施资助资金由上年的100万元增加到140万元，支持项目19个。2005年对上年度专利技术实施项目进行了验收，实现产值25229.74万元，带动其他各方投资1.2亿元，上缴税金4911.8万元，实现利润5054.9万元。

（二）专利申请资助资金管理进一步规范化

2005年，自治区知识产权管理部门对专利申请资助资金的使用情况进行了调研，使该项资金的管理进一步规范化。本年度自治区财政拨专利申请资助金48万元，资助国家及自治区级专利示范、试点单位对12家，资助项目172项，其中，资助的发明专利22件，实用新型专利142件，外观设计专利8件。截至2005年年底，全区专利申请资助资金累计达到200万元，资助专利申请2128项。

（三）专利行政执法成效显著

为了提高自治区专利行政执法水平，规范专利执法工作，继去年出台了《新疆维吾尔自治区专利保护条例》之后，2005年，自治区配套出台了《自治区专利行政执法规程》《自治区商业流通领域标注专利标记商品的管理办法》和《自治区管理专利工作的部门采取封存或者暂扣措施细则》，为进一步规范我区专利执法行为、营造我区知识产权保护法治环境奠定了良好的基础。

自治区知识产权局重视和加强对地州市专利执法的业务指导，通过印发文件、现场指导、举办培训班、办案工作研讨会、工作检查和年终考评等形式，提高地州市专利执法能力和办案水平。

各级专利管理机关以"3·15""4·26"等纪念日和"乌洽会"为契机，会同消协、质监、药监等部门在乌鲁木齐市人民广场、百花村软件园等大型商场产品集散地开展了以"健康·维权"为主题的投诉、查假活动。2005年，全区专利管理机关共开展集中执法检查活动11次，出动执法人员2693人（次）；检查药品批发、食品和药品零售及机电商场（店）1823家，检查的食品、药品及机电商品约40万余件。另外，专利管理机关

重视抓好日常专利案件的查处工作。全年受理专利侵权纠纷51起，结案72起（包括往年遗留案件），结案率达85%；查处冒充、假冒专利案件385起。

（四）参加了第十五届全国发明展

在中国发明协会成立20周年之际，9月12—15日，自治区发明协会组团参加了在北京举办的"第十五届全国发明展览会"。新疆展团参展项目受到参展会人员的一致好评，获得金奖2个、银奖6个、铜奖4个。展览会上，自治区与全国各地的客商达成技术合作协议19项。

五、商标行政保护

2005年，在商标权保护工作中，自治区商标管理部门实施了"关口前移"，即商标管理人员深入商场，指导帮助建立商品商标备案制度和商标印制申报备案制度；深入企业，坚持把保护注册商标专用权，打击商标侵权假冒行为与指导企业实施商标战略紧密结合起来；深入边境口岸，对进出口商品商标开展检查活动；深入地州、农村，将地理标志保护和农产品商标注册保护工作与解决"三农"问题相结合，帮助农民做好地理标志和农产品商标的注册工作，把商标工作不断向农村延伸。商标管理部门还利用"3·15""4·26"等纪念日，集中力量，对商品交易批发市场、星级酒店、印刷等单位进行了重点检查，依法打击各类侵权行为，保护商标权人合法权益。据统计，2005年，全区工商行政管理机关共出动执法人员5.12万人（次），检查商品交易市场10.42万个、经营户近18万家，捣毁制假窝点15个。立案查处商标违法案件1037件，案值907.07万元，罚款228.01万元，收缴侵权商标标识11.1万件，销毁侵权物品30.36吨，移送司法机关案件2件。

为促进新疆著名商标认定工作，2005年，自治区工商管理局向全区印发《关于开展第三届"新疆著名商标"认定活动的通知》，调整了新疆著名商标评审委员会成员，组织开展了第三届新疆著名商标认定活动。经过宣传动员、申报推荐、书面审查、实地考察、会议评审和社会公示等阶段，最终产生第三届新疆著名商标63件。

六、著作权行政保护

2005年，自治区版权管理部门高度重视著作权保护工作，按照国务院的部署和要求，圆满完成了自治区级和地州市政府部门软件正版化招标、采购、发放和组织安装等软件正版化工作。该项工作通过国务院正版化工作验收组验收并受到高度评价。

2005年，自治区各级版权行政管理部门紧密结合实际和工作特点，积极开展"知识产权保护专项行动"，取得显著成绩。全年共组织开展著作权专项保护行动6次，出动执法人员3.34万人（次），出动车辆2300余台（次），收缴非法出版物6.33万余册（盘），其中，收缴盗版教材教辅书51.8万余册，盗版电子音像出版物近35.84万盘，盗版图书18.86万余册，盗版教辅半成品3.46万印张；处罚违规书店、摊点90余家，没收非法电脑、刻录设备14台套，检查印刷复制企业、经营网点等2180余家，罚没款87.29万元；调解稿酬纠纷案件12起，检查CAD软件使用单位6家，调查使用音乐作品的三星级酒店20家，完成作品登记140件，审核出版外国图书授权合同12件，审核出版外国音像制品授权合同3件，鉴定图书、音像制品2万件。

七、植物新品种行政保护

2005年，自治区农业管理部门，从普及品种权知识和提高保护意识出发，深入基层广泛开展品种权保护知识宣传活动，积极组织品种权申请工作，大力推进农业植物新品种保护工作，使自治区新品种保护事业得到了较快发展。

2005年，自治区林业管理部门积极加强植物新品种保护，在全区组织开展林木种子、种苗等植物新品种保护执法检查活动3次，并派出专人对7个地州19个县市的林木品种保护工作进行了重点抽查和整顿，全年共查处种子、苗木、种苗经营单位违法案件67起，有效遏制了侵犯品种权和假冒品种案件的发案率。

2005年，全区植物新品种权申请为20件，其中，农作物新品种权申请17件，林木新品种权申请3件。农作物新品种权授权1件。截至2005年年底，全区植物新品种权申请累计达到35件，植物新品种授权累计达到5件。

八、知识产权海关保护

2005年，乌鲁木齐海关认真执行《中华人民共和国知识产权海关保护条例》，加强对进出口涉及知识产权商品的监管力度，深入开展"保护知识产权专项行动"，针对乌鲁木齐关区出口侵权服装鞋帽现象突出的特点，加大查缉力度，将服装、鞋帽、手机等列为重点敏感商品，将NIKE、adidas、NBA等国内外知名商标纳入本年度重点保护范围，对屡次发生侵权行为的企业进行重点查缉。

在知识产权海关保护中，乌鲁木齐海关重视加强与自治区知识产权部门和权利人的合作联动，通过建立联络员队伍，形成打击侵权行为的合力，在查缉侵权货物中充分发挥执法关员的重要作用，加强对执法关员的培训，提高关员鉴别真假产品的能力，通过简化程序，缩短办案时间，加快办案速度，提高办案效率。2005年，乌鲁木齐海关共立案查获各类侵权案件82起，查获侵权案件是前5年案件的277%，据全国第10位；查获侵权服装近2.88万件，案值210多万元；查处的侵权运动鞋9912双，运动帽4000顶，手机175部，药品外包装盒4万盒，电视机、DVD138台，软驱设备38个，手机电池、配件1485个，运动包460个，运动眼镜2000个，手表352只，电话机90部，计算器180个，药品近7.2万片。

九、知识产权司法保护

一年来，自治区大力推进知识产权司法审判机构和法官队伍建设。自治区高级人民法院、伊犁哈萨克自治州分院、乌鲁木齐市中级人民法院、昌吉州中级人民法院、克拉玛依市中级人民法院、吐鲁番地区中级人民法院、哈密地区中级人民法院等法院设立了知识产权庭—民事审判第三庭，其他有关法院也设立了知识产权案件合议庭。截至2005年年底，全区设立知识产权庭的法院有7个，配备知识产权案件审判人员34人，其中主管院长7人，庭长7人，副庭长5人，审判员8人，助理审判员7人。

2005年，自治区各级法院积极开展知识产权案件的受理和审理工作，依法保护知识产权权利人的合法权益。据统计，全年全区法院共受理各种知识产权案件145件，其中一审案件117件，二审案件28件。专利纠纷案件39件；商标纠纷案件18件；著作权纠纷案件32件；技术合同纠纷案件53件；其他纠纷案件3件。全年审结案件共计140件，其中审结一审案件114件，二审案件26件。截至2005年年底，全区累计审理知识产权案件527件，其中专利纠纷案件148件，商标纠纷案件55件，著作权纠纷案件183件，技术合同案件92件，其他纠纷案件49件。

十、知识产权刑事保护

2005年，在知识产权刑事保护工作中，自治区公安机关按照打击、预防和保护并重的原则，坚持标本兼治综合治理的方针，积极有效地开展了知识产权刑事保护工作。全年受理侵犯知识产权犯罪案件8起，立案3起，破案3起，涉案价值100万元，抓获犯罪嫌疑人6名，挽回经济损失60万元；查处与侵犯知识产权有关的生产销售伪劣商品犯罪案件22起，立案22起，破案15起，涉案价值221.97万元，抓获犯罪嫌疑人19名，挽回经济损失6.71万元。

2006年新疆维吾尔自治区知识产权保护状况

2006年，在自治区党委、自治区人民政府的领导下，自治区的知识产权保护工作，在全区知识产权管理、执法部门和司法保护机关的努力工作、同力配合下，取得了显著成绩。

一、进一步加强对知识产权保护工作的领导

自治区党委、人大、政府历来高度重视知识产权保护工作，各级政府部门进一步加强对知识产权保护工作的领导。在知识产权保护工作中，坚持以邓小平理论和"三个代表"重要思想为指导，全面落实科学发展观，认真贯彻学习胡锦涛总书记在中共中央政治局第31次集体学习时的重要讲话精神，提高知识产权工作在我国经济社会发展中的重要地位、作用以及与树立科学发展观、建设创新型国家的紧密关系的认识，增强知识产权保护工作的紧迫性、责任感和使命感。10月、12月，自治区召开了第七次党代会和自治区科学大会，自治区党委和政府领导在讲话中，明确提出要"积极营造尊重知识、尊重人才、尊重劳动、尊重创造"的社会环境，形成保护知识产权的社会氛围。自治区人民政府，从建立完善知识产权保护体系的需要出发，对"自治区保护知识产权工作组"成员单位进行了调整和充实，成员单位由15个增加到19个，自治区胡伟副主席亲自担任组长。7月，成立了自治区保护知识产权举报投诉服务中心，制定了《自治区保护知识产权举报投诉服务中心工作制度》和《自治区保护知识产权举报投诉服务中心管理办法》等各项管理规定以及督办、查办案件的流转程序；开通4条12312保护知识产权投诉专线电话，建立了"中国保护知识产权网"新疆子站和保护知识产权举报投诉业务处理系统，搭建了执法机关和举报投诉服务中心之间的信息互通平台，实现了举报投诉在线接收、转交、跟踪督办等功能，有效地加强了知识产权保护。为保证举报投诉渠道顺畅、及时转交、办理和反馈，自治区"保护知识产权工作办公室"各成员单位，通过设立固定电话、电子邮箱等联系方式，完善并形成了自治区保护知识产权工作成员单位之间便捷、高效的沟通协调机制。截至2006年12月底，自治区保护知识产权举报投诉服务中心共接到举报投诉服务329件（次），其中投诉电话23起、举报电话3起、咨询电话220起、其他83起。涉及专利权16起、著作权7起、商标权2起、其他事项304起，办理结案5起。接待来访人员18人（次），受理、转办案件6起。

自治区人大高度重视知识产权保护工作。3月10日，自治区人大常委会副主任张国梁、杜秦瑞一行到自治区知识产权局，对贯彻执行《专利保护条例》的情况进行了检查调研。

二、积极开展保护知识产权专项行动

2006年11月，自治区认真贯彻落实《国务院办公厅关于印发保护知识产权专项行动方案的通知》（国发办〔2004〕67号）精神，制定出台了《新疆维吾尔自治区加强知识产权保护工作方案（2006—2007年）》，对我区知识产权保护工作的指导思想、目标、要求、安排、重点和措施等方面作出了部署。各级政府按照国务院和自治区的部署和要求，坚持"政府统筹、协调高效、适应区情、保护有力"的工作方针，在全区范围内开展了以围绕提高知识产权意识，查处假冒、冒充、侵犯他人专利权、著作权、商标权等违法行为为重点的保护知识产权专项行动，并取得了显著成绩。据不完全统计，2006年，全区共出动执法人员10.1万人（次），出动执法车辆6000多台（次），检查各类场所近8000个，检查商品10.65万件，查处各类侵犯知识产权案件3400件，案值3133.9万元，取缔、处罚非法经营单位、摊点3.7万个（家），处罚金778.9万元，收缴非法出版物1732971册（张），没收侵权货物5.9万个（件）。

自治区专利管理部门在专项行动中，制订实施了《关于加强我区专利行政执法开展专项执法行动的计划》，对全区专利保护专项行动作了周密部署。在自治区"整规办"的统一部署下，各级专利执法部门主动与工商、公安、质量监督、药品监督和农机等部门协作，在食品、日用品、药品、农资、农机等产品市场开展了联合执法活动。对专业批发市场或大型商场（超市）标有专利标记的商品进行了普查、自查。向社会发布了专利典型案例，公布了假冒或冒充专利产品名单。对侵权物品进行了处理，专项保护行动取得了明显的社会效果。2006年，全区出动专利执法人员1439人（次），检查商业场所1317个，检查标有专利标记的商品106520件。

自治区工商行政管理部门在专项行动中，集中力量，加强市场日常巡查，将商品交易批发市场、超市、专

卖、专营、专修店和印刷单位以及星级酒店内的专卖柜等作为重点检查对象，不断加大对商标侵权假冒行为的查处力度。2006年，全区查处商标违法案件1053件，案值1628.87万元，罚没款275.14万元。

自治区新闻出版局（版权局）在专项行动中，坚持把扫黄打非、打击盗版与整顿和规范市场经济秩序相结合，组织开展了"打击政治性非法出版物专项行动"和"反盗版百日行动"等一系列集中行动。2006年，全区出动执法人员99728人（次），出动车辆5732台（次），检查出版物市场6544个（次），检查店档摊点29303个（次），收缴非法出版物1732971册（张），处罚店档摊点2559个、印刷复制企业1634家，取缔关闭店档摊点64个。查收侵权制品179件。受理调处著作权纠纷案件9起。版权专项保护行动的开展，有力地打击了图书音像电子出版及软件制品盗版猖狂的现象，净化了文化市场环境。

乌鲁木齐海关在专项行动中，认真实施《知识产权海关保护条例》，结合实际，制定了《乌鲁木齐海关保护知识产权专项行动方案》，成立了专项行动领导小组，建立健全从受理知识产权保护申请到侵权嫌疑货物处置、权利人知情权保障等各个环节的具体工作制度，进一步规范执法程序，提高了执法能力和执法水平。2006年，全区海关人员出动执法人员720人（次），查获侵犯知识产权案件33起，侵权货物价值185.6万元，没收侵权货物59503个（件），处罚金33750元。查获的侵权货物涉及SONY、LG、Nokia、Adidas、Nike、GUCCI、花花公子、七匹狼、鳄鱼、仙光、蝴蝶等19个国内外商标和专利。

2006年，自治区公安机关在全区组织开展了为期6个月的打击侵犯知识产权犯罪"山鹰二号"专项行动。全年全区共受理侵犯知识产权案件18起，立案11起，涉案金额96万余元，同比上升了157.14%、450%、125%；破案7起，同比上升了250%；抓获犯罪嫌疑人11名，同比上升了175%；挽回经济损失17万元。

三、大力开展知识产权行政保护

（一）大力开展专利行政保护

自治区专利管理执法部门，积极加强专利行政保护工作。全区专利管理部门，在专利行政保护活动中，坚持以保护专利权人合法权益为中心，坚持日常执法与专项执法相结合，重点领域执法与重点阶段执法相结合，在春节、古尔邦节、"3·15""4·26"纪念日和"乌洽会""科洽会"等展会期间，与工商、公安等部门开展横向联合，在区、地、县三级专利管理部门之间开展纵向联合执法活动。与此同时，自治区知识产权局坚持把提高专利执法人员的业务素质放在重要位置来抓，通过举办专利执法培训班，选派执法人员参加全国及国外专利执法培训，深入地州市知识产权局办案指导，组织开展"以案说法""现场观摩"等多种形式的学习培训活动，提高专利执法人员的执法能力和办案水平。2006年，全区专利执法部门受理专利纠纷案件57件，结案39件；查处冒充专利行为案件95件、假冒他人专利行为案件5件，结案95件；与其他部门协作执法10起；到人民法院应诉5起，受理专利技术鉴定1起，处理行政复议案件1起；受理自治区知识产权举报投诉服务中心移交的案件4起。到年底，受理的案件已全部依法处理完结。

（二）大力加强商标行政保护

2006年，自治区各级工商行政管理部门，积极加强商标行政保护工作，按照"五查五看"和"五个重点"的要求，主动拓宽案件来源，加强与国内外著名、驰名商标企业及其品牌代理商和相关部门的沟通与协调，针对季节性、节日性、区域性消费特点及与群众生活息息相关的食品、药品、农资等重点商品，组织力量以集贸市场、专卖、专修店以及星级酒店的专卖柜、印制单位及城乡接合部为重点，集中查处了一批商标违法大要案件和跨部门、跨省区商标侵权案件，取缔和摧毁了一批制假售假窝点，有效地维护了注册商标专用权，净化了市场竞争环境。工商行政管理部门重视著名、驰名商标认定和宣传工作，大张旗鼓地宣传商标法，利用《新疆商标》和红盾信息网等宣传阵地，广泛开展商标法律知识宣传活动，努力营造商标保护的良好社会氛围，企业和经营者的商标法律意识有了明显提高，商标保护工作取得了显著成绩，涌现出一批著名和驰名商标，带动和促进了我区经济的发展。

（三）大力加强著作权行政保护

2006年，根据国家版权局《关于开展打击非法预装计算机软件专项行动的通知》，自治区新闻出版局（版权局）组织人员开展了预装市场的检查活动。为使执法工作有成效开展，自治区版权管理部门坚持把宣传、培训、服务与执法相结合，向赛博数码广场、恒久计算机市场、百花村软件园3家电脑市场150个经营户下发了自查通知。对3家市场的40多家经营单位进行了执法检查，与预装市场管理者和经营人员进行了沟通，达成了共识。8月份，举办了电脑经销人员培训班，有93户经营人员参加了培训。

2006年，自治区积极推进并完成了地州市政府部门软件正版化工作。自治区软件正版化领导小组，向全区印发了《关于落实正版软件采购资金的通知》，会同财政厅下发了《各地州市承担采购资金分配份额的通知》，确保了地州市正版软件资金的落实；会同采购中心举行了招标采购，采购正版软件达435万元；协调并与5家国内外软件企业签订了捐赠合同，向地州市捐赠的软件价值达1000多万元，为我区软件正版化工作奠定了基础。

2006年，自治区新闻出版局（版权局）积极开展执法活动。向24家涉嫌侵权的民语网站发出了要求停止侵权的通知，使违规民语网站停止了侵权活动。组织执法人员对石河子汇业网站进行执法检查，下发了写出书面检查的通知，对违规网站予以关闭。会同自治区通讯管理局对网络管理人员进行了培训，举办了一期经营性网站负责人培训班，培训网站负责人40人。

（四）大力加强植物新品种行政保护

2006年，自治区农业厅坚持把农业植物新品保护当作一项重要工作来抓，积极组织执法人员开展执法检查活动，有效地遏制了侵犯品种权和假冒授权品种案件的发生。自治区林业厅在林木植物新品种权保护工作中，全年组织开展林木种子、种苗及植物新品种保护执法检查3次，重点抽查的地州市5个、林业苗圃62个，出动执法人员49人（次），出动执法车辆16车（次），整顿、查处侵权案件8起，涉案金额10.3万元，处罚款0.5万元，有效遏制了侵犯品种权和假冒品种案件。

（五）大力加强海关知识产权保护

2006年，乌鲁木齐海关按照海关总署及自治区的统一部署和要求，积极开展海关知识产权保护工作。为充分调动各级海关部门的积极性，乌鲁木齐海关将办案权限下放给隶属的10个海关，明确了办案执法部门和职责，设立了知识产权保护工作联络员，建立并形成了总关指导、监督、各级海关现场查办案件、协作配合的海关知识产权保护办案模式。另外，乌鲁木齐海关积极推进企业和个人的海关知识产权备案工作。2006年，我区有8家企业和个人在海关总署进行了知识产权备案，共计16项。

（六）大力开展知识产权刑事保护

2006年，自治区公安厅在知识产权刑事保护工作中，坚持"打击与保护并重"的原则，把开展打击侵犯知识产权"山鹰二号"专项行动与整顿和规范市场经济秩序、抵制销售假冒产品活动有机结合起来，在公安系统提出了"人人都是侦查员、人人都是宣传员"的口号。在"4·26"宣传周纪念日和重大节日期间，自治区公安机关会同知识产权局等部门开展对乌鲁木齐北郊华南农机等市场联合执法检查活动。8月，根据群众举报，和田地区公安局查处了一起巴基斯坦商人在我国经销假药案件，查获假药35箱，涉案金额3万元。

四、大力加强知识产权司法保护

2006年，全区各级法院在审判任务繁重、新类型案件增多、审理难度加大等困难情况下，以立足增强司法能力、提高司法水平为目标，充分发挥审判职能作用，认真开展知识产权审判工作，依法审理各类知识产权案件，妥善调解知识产权关系，严厉制裁侵犯知识产权违法犯罪行为，有效维护权利人合法权益和社会公共利益，为建设创新型国家和构建和谐社会提供及时有效的司法保障。全年全区法院共受理知识产权案件145件，其中一审案件111件，二审案件34件；专利纠纷案件51件，商标纠纷案件16件，著作权纠纷案件38件，技术合同纠纷案件33件，其他纠纷案件7件。全年审结案件共计131件，其中审结一审案件103件，审结二审案件28件。2002—2006年12月，全区法院累计审理知识产权一、二审及再审民事案件672件，其中专利纠纷案件199件，商标纠纷案件71件，著作权纠纷案件221件，其他纠纷案件181件。

五、努力营造知识产权保护环境

自治区积极加强知识产权保护体系建设，大力开展知识产权宣传教育、培训、实施、试点示范等工作，努力营造良好的知识产权保护社会环境和知识产权文化氛围。

（一）知识产权保护体系进一步完善

自治区的知识产权保护体系建设又有新的进展。2006年，自治区的福海县、青河县、哈巴河县、富蕴县、吉木乃县和布尔津等6县挂牌成立了知识产权局。9月21日，由新疆友好百盛商业发展有限公司等12家企业发起，在乌鲁木齐成立"沙依巴克区知识产权保护联盟"。截至2006年12月，自治区15个地州市成立了专利、商标、版权等知识产权管理、执法保护机构；有14个地州市成立了知识产权协调指导机构；有86个县市区建立了商标管理、执法机构；有53个县（市、区）和两个开发区成立了知识产权（专利）管理、执法保护机构，专利管理执法人员达到239人，商标管理执法人员305人，版权管理执法人员110人，知识产权法官34人。全区有专利代理机构5个，具有专利代理资格的人员45个，具有两证的人员20人；有商标中介机构45个，商标代理人130多人。

（二）知识产权宣传活动深入开展

2006年4月20—26日，由自治区整顿和规范市场经济秩序领导小组办公室牵头，知识产权局、工商行政管理局、新闻出版局（版权局）等15个政府部门参加，在全区组织开展了以"保护知识产权与自主创新"为主题的第七个宣传周活动。4月20日，在乌鲁木齐举办了自治区保护知识产权与企业自主创新新闻发布会，相关部门发布了典型案件，向企业发出保护知识产权倡议。宣传周期间，各地电视台播放了保护知识产权专题宣传片，各城市主要街道悬挂宣传横幅。在部分高校开展了"知识产权走进大学"专题报告会和"沙龙"活动。在昌吉市组织开展了以"保护知识产权"为主题的"新疆知识产权杯知识竞赛活动"。据不完全统计，在自治区知识产权宣传周期间，全区共印发宣传资料近35万份，咨询人数2.5万人（次），发布宣传口号5420多条，出动宣传车620车（次），举办各类座谈会、报告会、讲座、知识竞赛70次，制作、展出板报1900块。

（三）知识产权教育培训成效显著

2006年，自治区坚持实施"知识产权万人教育培训计划"。各级知识产权管理部门和知识产权工作协调指导机构积极加强对培训工作的领导和协调指导，把实施知识产权万人教育培训计划作为实施自治区知识产权战略推进工程的重要任务来抓，充分发挥党校、干部培训中心、干部教育基地的作用，不断挖掘、利用社会培训资源，坚持有计划、有重点地对各级党政领导干部、企事业单位负责人、知识产权和科技管理人员、科技人员、企业营销人员，以及知识产权中介服务人员和大中专学生的培训。据不完全统计，2006年，全区共举办各类知识产权培训班、专题报告会267期（次），培训人数35538人（次），其中举办培训班158期，培训人数16075人（次），举办专题报告会106次，参加人数19363人（次）。

（四）以企事业单位为重点的知识产权保护进一步深入

自治区把企事业单位当作知识产权保护的重点工作来抓，通过开展区域和企事业单位知识产权试点示范工作以及专利实施计划导入工程，积极加强企事业单位知识产权保护工作。为引导企事业单位建立和完善知识产权制度，自治区在专利实施计划管理工作中创造性提出并成功实施了"知识产权战略导入工程"；在乌鲁木齐市、昌吉州、霍城县、昌吉市、奎屯市、哈密市、博乐市、克拉玛依市克拉玛依区、库尔勒经济技术开发区和霍尔果斯口岸等10个区域和37个企事业单位组织开展了知识产权试点示范工作。这些活动的开展，有力地提升了试点区域和试点示范单位知识产权创造、管理、保护和应用水平，也为全区知识产权保护工作的深入开展提供了有益的做法和经验。

（五）公平有序的中介服务市场环境进一步维护

积极加强对专利中介机构和服务队伍建设，努力维护公平有序的中介服务市场环境。4月18日，召开了自治区专利代理机构负责人会议，对专利代理机构改制以来的工作进行了总结，针对改制后出现的困难和问题进行了座谈交流，在行业自律等方面统一了思想认识，达成了共识。9—10月，自治区知识产权局依法完成了5个专利代理机构和20名具有两证的专利代理人执法等情况的年检。

六、积极加强对自主知识产权保护

随着知识产权保护意识的提高，自治区的专利、商标、植物新品种等自主知识产权的数量和质量不断提升。

2006年，自治区专利申请为2256件，首次超过2000件大关，同比增长21.88%，发明专利申请为381件，同比增长19.06%。截至2006年年底，全区专利申请累计达到17531件。2006年，自治区专利授权量为1187件，首次突破千件大关，同比增长28.88%，发明专利授权为117件，同比增长32.96%。截至2006年年底，自治区专利授权累计达到9569件。自治区的专利申请、授权和累计数量均在西北五省区排第二位。

2006年，自治区工商行政管理局认定新疆著名商标84件，新疆著名商标累计达到151件。2006年，自治区的"库尔勒香梨"被认定为中国驰名商标，"中国驰名商标"累计达到4件，全区共有地理标志18件。2006年，自治区注册商标申请为5773件，有效注册商标累计超过2万多件。

2006年，自治区农业植物新品种权申请为6件，授权为1件。截至2006年年底，自治区农业植物新品种权申请累计达到36件，授权量累计达到4件。2006年，自治区申请并获得授权保护的林木新品种3个。自治区林业厅组织完成了杏等3个树种14个品（系）的林木良种的审定工作，其中完成审定1件，完成认定13件。

2006年，自治区作品著作权登记180件，合同备案6件。

七、开展知识产权对外交流

2006年10月13日，自治区整顿和规范市场经济秩序领导小组办公室在乌鲁木齐市召开了新疆与外商投资企业知识产权保护座谈会。全国保护知识产权工作组办公室、自治区保护知识产权成员单位的代表和相关人员出席了座谈会。部分日本企业、美国宝洁和英国联合利华等外商投资企业参加了座谈会。自治区有关部门介绍了自治区保护知识产权工作相关情况，听取了外商投资企业代表的意见和建议，对边境贸易中的知识产权保护等有关问题进行了解答和交流，增进了外商投资企业与自治区执法部门之间的相互了解和沟通。

2007年新疆维吾尔自治区知识产权保护状况

一年来，在自治区党委和自治区人民政府的领导下，自治区的知识产权保护工作，坚持以邓小平理论和"三个代表"重要思想为指导，以强化实施自治区知识产权战略推进工程为主线，深入贯彻科学发展观，知识产权保护能力和保护水平有新的提升。

一、党委、人大、政府和政协更加重视知识产权工作

自治区党委、政府更加重视知识产权工作。3月21—22日，自治区人民政府在乌鲁木齐昆仑宾馆召开了"自治区知识产权试点示范工作会议"。自治区主席助理靳诺主持会议，自治区党委常委、自治区常务副主席陈

雷、国家知识产权局副局长邢胜才、自治区人大常委会副主任张国梁等领导出席会议。陈雷副主席作重要讲话，他从坚持科学发展观和建设创新型国家重大战略的高度，深刻分析了当前自治区经济社会发展面临的机遇与挑战，精辟阐述了全面做好知识产权工作的重要性、紧迫性，对自治区知识产权工作提出了新要求。4月17日，在乌鲁木齐召开了《2007年新疆维吾尔自治区保护知识产权宣传周新闻发布会》，自治区副主席胡伟到会讲话。会议发布了《2006年新疆维吾尔自治区知识产权保护状况》(白皮书)和《2006年新疆维吾尔自治区知识产权典型案例》，对自治区第一批9家商业专利保护试点单位进行了授牌，启动了自治区商业企业专利保护试点工作。7月31日，自治区人民政府办公厅印发了《关于成立自治区知识产权战略制定工作领导小组的通知》，成立了由自治区党委副书记、常务副主席杨刚为组长，自治区主席助理靳诺等领导为副组长、自治区党委宣传部等33个部门和单位参加的自治区知识产权战略制定工作领导小组。10月10日，自治区工商局组织召开了"美克·美家、库尔勒香梨荣获中国驰名商标揭牌仪式暨企业商标战略高层论坛"。自治区党委副书记、常务副主席杨刚，自治区副主席胡伟等领导出席会议并作重要讲话。10月24日，在乌鲁木齐举行了"国家知识产权局中国专利局乌鲁木齐专利代办处开业揭牌仪式"，自治区主席助理靳诺出席仪式并讲话。

自治区人大、政协关注知识产权保护工作。为使《专利法》和《专利保护条例》列入自治区人大2008年"一法一条"检查工作之中。10月，自治区人大教科文卫工作委员会和知识产权局组成调研组，对乌鲁木齐、昌吉、奎屯、伊犁、巴州、石河子、克拉玛依等地区3年来贯彻执行《专利保护条例》情况进行了实地调研。4月25日，自治区政协邀请自治区知识产权局局长姜万林向民主党派、工商联负责人及在乌鲁木齐的政协委员通报当前新疆知识产权保护形势、存在的问题及采取的对策等情况。

各部门积极加强知识产权保护工作。自治区科技管理部门在科技项目管理、科技兴县市等项工作中把专利申请作为一项重要考核验收指标；自治区知识产权局会同经贸委和科技厅，以试点示范为抓手，积极推进企事业单位知识产权试点示范工作；自治区知识产权工作协调指导小组等组织，充分发挥协调指导作用，大力推进知识产权保护工作。1月23日，自治区人民检察院、自治区整规办等召集20个部门召开会议，就知识产权行政执法与刑事司法衔接工作进行了座谈和研讨，制定信息共享、情况通报、联席会议制度，落实自治区《关于在行政执法中及时移送涉嫌犯罪案件的意见》要求，强化案件移送工作，加强行政执法与刑事司法的联系和配合，努力营造良好创新发展环境；自治区保护知识产权工作组成员单位在保护知识产权专项行动中，以"政府统筹、协调高效、适应区情、保护有力"为指针，以查处假冒、冒充、侵犯他人知识产权等违法行为为重点，开展多领域、全方位咨询服务举报投诉活动，依法打击各种违法侵权行为；自治区整规办、保知办在知识产权宣传周期间，协调专利、商标、公安等部门开展联合执法活动。自治区保护知识产权举报投诉服务中心积极加强自身建设，安装了电子网络传输系统，通过全国反商业欺诈网实现了案件办理网上对接；制定下发了《关于建立自治区保护知识产权举报投诉服务机制的意见》(暂行)；有3人获得了全国颁发的上岗证书，提升了工作效率和案件接收、批转、办理的质量和能力。

二、保护知识产权专项行动深入开展

自治区认真贯彻落实国务院《保护知识产权行动纲要（2006—2007年）》精神，按照国务院保知办和国家知识产权局的统一部署和要求，坚持宣传教育与严厉打击相结合、行政执法与刑事司法相衔接、部门互动与上下联动相协调，扎实推进知识产权保护工作。据统计，2007年在专项行动中全区共出动执法人员11.3万人（次），出动执法车辆5812台（次），检查各类场所近10000余个，检查商品21.37万件，查处各类侵犯知识产权案件3600件，案值3376.9万元，取缔、处罚非法经营单位、摊点2.6万个（家），处罚金534.8万元，收缴非法出版物165万册（张），没收侵权货物3.8万个（件）；自治区知识产权举办投诉服务中心开展公众咨询1856人（次），受理举报投诉案件7件，审查批转4件，结案3件，举报投诉案件转交率达到60%，举报投诉办案率达到75%。

三、努力营造良好的保护知识产权环境

（一）知识产权保护体系进一步完善

知识产权保护体系建设又有新的进展。2007年，克州成立知识产权工作协调指导机构，阿图什市等4市一县以及霍城县清水河经济开发区挂牌成立知识产权管理机构。自治区林业厅所属科研、勘察设计和教学单位均设立了保护植物新品种工作管理机构，配备了专兼职工作人员。截至2007年年底，全区14个地州市建立专利、商标、版权等知识产权管理、协调机构；有55个县（市、区）和2个国家级开发区挂牌成立知识产权局。全区专利管理人员225人，专利执法人员251人。全区有专利代理机构5个，具有专利代理资格证的人员49人，从事专利代理业务的人员22人。全区商标代理机构43个。自治区林业系统知识产权管理机构有5个，专兼职工作人员17人，具有资质证书的林业专业执法、司法鉴定人员28名。

（二）知识产权宣传成绩斐然

2007年4月，全区以纪念第七个"4·26世界知识产权日"为契机，组织开展丰富多彩的保护知识产权宣传周活动。4月24日，自治区整规办和知识产权局在昌吉市联合举办了"新疆第三届'知识产权杯'知识竞赛"活动；自治区保知办及其成员单位在乌鲁木齐国际机场等显要位置，设立3块大型户外广告宣传牌；在乌鲁木齐市280家办公楼、写字楼和宾馆以大屏幕多媒体形式，每天60次播放保护知识产权专题宣传片；在各边境口岸悬挂了中文和外文（英语、俄语、哈萨克语、蒙古语等）宣传横幅、张贴了宣传画；深入各商场开展宣传咨询打假活动，张贴发放专利、商标、版权知识、12312宣传画、报刊夹页和手提袋等宣传品。据不完全统计，在宣传周活动中，全区共出动工作人员1900多人（次），出动宣传车辆720台（次），制作大型户外宣传牌3块，印发12312报刊夹页、保护知识产权手提袋等宣传资料40多万份，现场咨询3.5万人（次），发布宣传口号6420多条，举办座谈会、报告会、讲座、知识竞赛59场（次），出宣传板报2900块，悬挂横幅2620多条。

（三）知识产权教育培训成效显著

2007年，自治区积极实施知识产权万人培训计划，大力加强对管理、执法、司法和科技等人员的专业知识和法律知识培训。据不完全统计，全年全区共举办各类知识产权培训班、专题报告会302期（次），参加人数62412人（次），其中举办知识产权培训班199期，培训人数20873人（次）；举办专题报告会103次，参加人数41575人（次）。

随着知识产权宣传培训工作的深入和公民知识产权保护意识的增强，自治区的知识产权数量和质量明显提升。2007年自治区专利申请2270件，同比增长0.6%，其中，发明专利申请476件，同比增长24.9%，实用新型专利申请1255件，同比增长7.6%；职务发明专利申请764件，同比增长29.7%，其中大专院校专利申请48件，同比增长52.6%，科研院所专利申请315件，同比增长56.9%，工矿企业专利申请476件，同比增长20.2%；

2007年，全区专利授权为1534件，同比增长29.2%。职务发明专利授权为477件，同比增长50.5%，其中大专院校专利授权23件，同比增长43.8%，科研院所专利授权149件，同比增长52.0%，工矿企业专利授权299件，同比增长48.8%，机关团体专利授权6件，同比增长200.0%。非职务发明专利授权1057件，同比增长21.5%。截至2007年年底，全区专利申请量累计达到19801件，专利授权累计达到11103件。自治区专利申请、授权及累计量均在西北五省区排第二位。

2007年，自治区注册商标申请量比去年增长10%以上。新获驰名商标1件，累计5件；著名商标累计151件；地理标志数量已超过20件，在全国排第三位。2007年自治区已登记各类作品310件，同比增长100%。2007年自治区林木品种权申请22件，累计58件；授权1件、累计5件。

四、知识产权行政、司法保护不断开拓创新

（一）扎实有效开展专利行政保护

2007年，自治区专利管理部门制定并实施《新疆维吾尔自治区加强知识产权保护工作方案（2006—2007

年）》，在全区组织开展了保护知识产权专项行动。为加强商业领域知识产权保护，自治区制定了《商业企业知识产权（专利）保护试点工作方案》，在4月17日启动商业领域识产权保护试点工作。各级专利管理部门在执法活动中，坚持平时与重大节日、纪念日及会展期间开展专项执法相结合；专利执法与公安、工商、整规办等部门联合执法相结合；自治区与各地专利管理部门执法相结合。各地各部门整合执法资源，密切协同、上下互动，形成合力，努力营造保护知识产权的社会环境。据统计，2007年，全区共出动专利执法人员599人（次），检查营业场所340个，检查标有专利标记的商品13593件，受理专利纠纷案件44件，结案44件，查处冒充专利行为案件48件，受理并审结自治区知识产权举报投诉服务中心移交案件1起，参加法院行政诉讼案件3起。由于专利执法工作突出，2007年，自治区知识产权局法律事务处被评为全国专利执法先进集体，受到国家知识产权局的表彰奖励。

（二）深入开展商标行政保护

2007年，自治区商标管理部门认真落实自治区工商行政管理工作会议精神，坚持"一手抓执法、一手抓服务"，积极查处商标侵权假冒案件，依法保护商标专用权，面向基层积极开展服务工作，大力普及商标法律知识，支持企业创造自主知识产权，培育著名和驰名商标，取得了显著成效。（1）突出重点，严厉打击危害人身健康的食品、药品以及侵犯著名、驰名商标和涉农、涉外商标专用权的商标违法行为。截至2007年年底，全区共查处商标违法案件1045件，其中一般商标违法案件147起，商标侵权假冒案件898起，罚款286.8万元，案值1496.62万元，收缴和消除违法商标标识201.35万件，没收、销毁侵权商品51.84吨。（2）加强了与国内外著名、驰名商标企业及其品牌代理商、知识产权代理机构联系与协作，完善了商标保护网络，提高了商标执法效能。（3）以"3·15消费者权益保护日""4·26世界知识产权日"和商标节为契机，积极开展保护知识产权宣传活动，增强社会公众商标保护意识。（4）以企业荣获中国驰名商标和新疆著名商标为契机，努力营造保护商标、争创著名和驰名商标的氛围。（5）积极实施自治区商标战略，提升企业品牌价值和市场竞争力，带动和促进自治区经济社会又好又快发展。2007年，自治区工商管理部门在完成第四届新疆著名商标认定的基础上，组织开展了第五届新疆著名商标认定工作，对100家企业的104件著名商标申请材料进行了受理审查。经申报并经过国家商标局认定，"美克·美家"牌家具成为我区第5件驰名商标。与此同时，自治区工商管理部门加大了对"新农"牌棉花等一批具有较高知名度商标的企业创立驰名商标的培育和指导。

（三）进一步拓展版权行政保护

2007年，自治区版权管理部门积极拓宽保护范围，将版权保护拓展到娱乐、服务等众多行业和传统工艺等新的领域，使版权管理工作逐步规范，版权保护环境明显改善，版权执法成效显著。

2007年，自治区版权管理部门在巩固政府软件正版化工作成果的同时，将软件正版化工作拓展到勘察设计企业、网吧和大型企业。一是自治区版权局会同建设厅印发了《关于在全区勘察设计行业开展软件正版化工作的通知》，制定了实施方案，对乌鲁木齐地区的16家勘察设计单位使用CAD软件情况进行了检查，选择5家作为示范单位予以挂牌表彰；对伊犁、石河子、博州和昌吉州的15家设计企业使用CAD软件情况进行检查，下发了勘察设计行业CAD软件正版化工作的通报，提出了完成操作系统和办公配套软件正版化的要求；与教育厅和浩辰软件公司向新疆大学建工学院开展了CAD软件捐赠活动。捐赠CAD软件达450套、价值145万元。二是自治区版权局会同文化厅印发了《关于在全区网吧行业开展软件正版化工作的通知》，对全区网吧组织开展了检查活动，对未授权的软件要求限期删除，更换正版软件。三是筹备并启动了大型企业软件正版化工作。对自治区软件正版化领导小组成员进行了调整；制定了自治区大型企业软件正版化实施方案；在新疆广汇、八一钢铁、新疆电力等12家大型企业开展软件正版化工作。

2007年，自治区版权管理部门认真贯彻落实国家版权局、公安部和信息产业部《关于开展2007年打击网络盗版专项行动的通知》精神，紧密结合实际，制定了自治区2007年打击网络侵权盗版专项行动方案，会同通信管理局对新疆网通的天脉网、新疆电信的丝路宽频网站进行了检查。对传播电影、音乐、软件、动漫作品网站的现状进行了普遍摸底调查，有效地开展了打击"三无网站"和未经许可传播音乐、电影、软件网站的专项行动。据统计，2007年全区共检查经营单位12853家，取缔非法经营单位143家，行政处罚439起，移送司法机关侵权案件12起，查获地下窝点一个，罚款2万元，查缴各类侵权盗版制品834125件，其中盗版图书164565册，盗版音像制品616083盘（张），盗版软件17232张，盗版电子出版读物10217张，其他盗版作品2431件。

2007年，自治区版权管理部门加大了对工艺品市场的宣传执法检查力度。在各市场张贴了《关于禁止销售侵权工艺美术品的通告》，进行广泛宣传。在商贸城、国际大巴扎、国贸城、二道桥市场及米泉市进行执法检查活动，捣毁复制侵犯版权作品的窝点，有效遏制了各旅游品市场销售侵权制品的势头。另外，自治区版权管理部门积极开展版权贸易审查，全年审批出版外国图书合同16件。

自治区信息产业厅把计算机软件保护作为振兴软件产业、加强行业管理的一项重要工作常抓不懈，在做好组织领导、规范管理、协调服务等工作的同时，积极开展计算机软件产品认定、计算机软件著作权登记、软件正版化推进等工作，取得了较好的成效，截至2007年年底，全区已有通过认定的软件企业53家，计算机信息系统集成资质企业258家，通过认定的自主研发的软件产品155个，计算机软件著作权登记16个。

（四）积极推进植物新品种行政保护

2007年，自治区林业管理部门以林木种子、种苗及植物新品种保护为重点，对14个地州市86个县（市）2700余个林业苗圃进行了2次专项检查活动，有效遏制了侵犯品种权和假冒品种案件的发案率，防止了木材种类假冒和木材产品商标侵权行为的发生。据统计，全年全区共出动执法人员222人（次），执法车辆101台（次），抽查苗木2579万株，涉及苗木数量达382万株。另外，自治区林业厅还加大了对流通领域的知识产权保护力度，组织相关部门对全区4800余个木材市场和木材加工企业进行了检查。

2007年，自治区林业厅根据《新疆维吾尔自治区野生植物保护条例》，首次发布了新疆重点保护野生植物名录。有109种野生植物纳入第一批保护范围，其中一部分属于濒危、特有或珍惜的野生物种。

2007年，自治区被农业部列为全国农业植物新品种保护执法试点省区之一。在试点工作中，自治区农业厅在全区范围内开展了农业植物新品种保护科技执法大检查，有效地遏止了侵犯品种权和假冒授权品种案件的发生。自治区农业管理部门广泛开展宣传培训工作，大力普及品种权保护知识，积极组织品种权申请工作，新品种保护事业得到了较快发展。

（五）进一步加强知识产权海关保护

在知识产权海关保护工作中，乌鲁木齐海关加强领导，统筹部署，从维护和改善我国和平发展环境的高度出发，不断加强对假冒侵权进出口商品的查处力度并取得较好成绩。2007年海关共查获侵权案件35起，同比增长12.9%，案值达124.5万元。自治区企业和个人在海关总署的知识产权备案为14项。

2007年，乌鲁木齐海关积极加强与工商、版权、公安等部门的合作，不断建立完善与政府部门、企业和权利人及下属部门之间的工作合作、联动机制，形成上下联动、齐抓共管的工作格局。在办案活动中，乌鲁木齐海关将权限下放，深入基层，开展调查研究，加强对基层业务的指导、服务和监督。各隶属海关都有知识产权办案部门，建立了联络员队伍，制定了完善的知识产权管理制度。在风险管理、查验等环节设置知识产权保护岗位，配备了相关的人员，为知识产权保护提供了组织、人员、机制保障。在处理案件中，执法人员通过采取简化程序同步操作的方法，缩短办案时间，提高办案速度，减少费用支出，维护了权利人的合法权益。

2007年，乌鲁木齐海关组织开展了知识产权保护"龙舟行动"。为使专项保护行动更有成效，针对点多面广、监管对象分散多样等特点，乌鲁木齐海关对20多个企业进行了摸底检查，建立了侵权企业"黑名单"和侵权商品资料库。在货运现场，针对混装、夹藏、伪报瞒报、分离标识、使用近似商标和类似商标等隐蔽的重点侵权行为，明确告知并补充申报。在邮递现场，注意审核物品品名和品牌、分析收寄件人信息和物品寄递的流向，加强对"化整为零"式邮递物品的查验。在旅客检查现场，针对过往旅客国籍和身份证、运输工具始发地和目的地以及物品等情况确定查缉重点，并取得阶段性成果。截至2007年年底，海关在保护知识产权"龙舟行动"中，共查获侵权案件22起，查获手机、手机电池、运动鞋、运动裤、旅行包、墨粉、光碟等16种侵权商品，涉及诺及亚、摩托罗拉、松下、阿迪达斯、佳能等17个国际著名商标，侵权物品件数达45453件，有力打击了口岸侵权势头。

（六）卓有成效地开展知识产权刑事司法保护

自治区公安机关积极开展知识产权刑事保护工作。2007年，自治区公安厅成立了由公安厅副厅长王乐祥同志为组长的"打击侵犯知识产权犯罪工作领导小组"，建立了对重特大案件实行公安厅挂牌督办制度，加强了对知识产权刑事保护工作的统一指挥和协调。从4月1日起，自治区公安机关在全疆开展了为期6个月的打击侵犯知识产权"山鹰二号"专项行动，查处了一批侵犯、冒充知识产权的案件。

在知识产权刑事执法活动中，自治区公安机关积极加强与烟草、卫生、农业、质监、工商、知识产权等行政监管部门和执法部门的沟通联系，相互协作，建立健全联合执法、密切配合的长期协作机制，充分发挥各职能部门的作用，形成打击合力。公安机关高度重视流通领域的知识产权保护工作，坚持对流通领域中的假种子、假化肥、假农资等伪劣商品案件的打击力度，积极维护知识产权权益人和消费者的利益。据统计，2007年，各级公安机关受理侵犯知识产权案件12起，破案11起，案值1141.9万元，挽回经济损失57.5万元；查获与知识产权有关案件47起，破案31起，涉案金额946.94万元，挽回经济损失313万元；抓获犯罪嫌疑人50名；收缴盗版非法音像制品32316盒，非法出版物1.2万张，非法书刊45万余本，非法宣传品5910张。

2007年，自治区各级人民法院，积极开展知识产权司法保护工作。全年全区法院共受理知识产权案件251件，其中一审案件219件，二审案件32件；在审理的案件中，专利侵权案件36件，商标侵权案件98件，著作权侵权案件74件，植物新品种侵权案件1件，技术合同纠纷案件35件，其他知识产权纠纷案件7件；审结知识产权纠纷案件237件，其中一审结案200件，二审结案37件；在审结的案件中，专利纠纷案件45件，商标纠纷案件78件，著作权纠纷案件73件，植物新品种纠纷案件1件，技术合同纠纷案件35件（含上年遗留案件），其他知识产权纠纷案件5件；知识产权纠纷案值2138.4万元。

五、对外交流活动有新进展

2007年5月30日，自治区工商管理部门在乌鲁木齐举办了"与外商投资企业定期沟通协调机制第16次交流会"，日本贸易振兴机构会员单位以及大韩贸易振兴公社外商投资企业等60余家企业代表参加；9月10日，在乌鲁木齐召开了"飞利浦知识产权保护研讨会"，飞利浦（中国）投资有限公司等外资企业代表及中华商标协会中国企业商标发展中心、自治区商标管理干部70多人参加；12月20日，在乌鲁木齐召开了"中日商标协作保护研讨会"，奥林巴斯、建伍、索尼、丰田、三菱、凯迩必（KYB）、本田、卡西欧、日立等日本知名商标企业，中华商标协会中国企业商标发展中心、日本贸易振兴机构北京代表及自治区商标管理干部200多人参加。8月23日—9月6日，自治区知识产权局组织地州市知识产权局局长共9人到澳大利亚和新西兰考察培训。

2008年新疆维吾尔自治区知识产权保护状况

2008年，在自治区党委和自治区人民政府的正确领导下，自治区知识产权保护工作，坚持以邓小平理论和"三个代表"重要思想为指导，全面落实科学发展观，大力实施国家知识产权战略，取得了显著成绩。

一、自治区党委、人大、政府和政协高度重视知识产权保护工作

自治区党委、自治区人民政府积极加强对自治区知识产权战略制定工作的领导。2008年，自治区人民政府对知识产权战略制定工作领导小组进行调整和加强，自治区党委副书记、自治区常务副主席杨刚任组长，自治

区党委常委尔肯江·吐拉洪、自治区副主席靳诺任副组长。8月6日，自治区党委副书记、自治区常务副主席杨刚主持召开自治区知识产权战略制定工作领导小组第一次会议。自治区副主席、自治区知识产权战略制定工作领导小组副组长靳诺，自治区党委副秘书长景海燕，自治区人民政府副秘书长刘华及自治区知识产权战略制定工作领导小组各成员单位的有关负责同志参加了会议。会议审议并原则通过了《自治区知识产权战略制定工作方案》《自治区知识产权战略制定工作制度》及《自治区知识产权战略专题研究实施细则》等文件。会后，自治区知识产权战略制定工作领导小组办公室与各专题牵头单位签订《新疆维吾尔自治区知识产权战略专题研究任务书》，划拨研究经费，举办战略制定培训班，为各专题研究人员提供了相关资料。自治区知识产权战略制定工作成员单位和专题组，按照自治区统一部署，积极启动自治区知识产权战略制定工作。

自治区人民政府认真贯彻落实国务院〔2007〕32号文件精神，积极推进局区会商制度和会商机制的建立。3月17日，自治区副主席靳诺一行在京拜会了国家知识产权局局长田力普等领导，就国家知识产权局与自治区人民政府建立局区工作会商制度有关事项进行了认真协商，并达成共识。7月17日，国家知识产权局印发《关于进一步促进新疆知识产权事业发展的若干意见》（国知发管字〔2008〕92号）。该意见从8个方面对自治区知识产权事业发展给予大力支持。8月12日，在乌鲁木齐市举行国家知识产权局与自治区人民政府工作会商制度议定书签字仪式。国家知识产权局局长田力普，自治区党委副书记、自治区常务副主席杨刚，自治区党委常委尔肯江·吐拉洪，自治区副主席靳诺等领导出席签字仪式。自治区人民政府与国家知识产权局签订了《国家知识产权局和新疆维吾尔自治区人民政府共同推进新疆知识产权事业发展建立工作合作会商制度议定书》。签字仪式后，举行了东中西知识产权对口支援合作协议签字仪式，召开了东中西知识产权对口支援合作第一次联席会议。伊犁、哈密、阿克苏、吐鲁番、喀什等地州分别与江苏、广东、上海、湖南、山东等省市知识产权局签订对口支援合作协议。国家知识产权局局长田力普，自治区党委常委尔肯江·吐拉洪，自治区副主席靳诺出席协议签字仪式和联席会议。

自治区人大、政协积极加强执法检查、监督工作。6—7月，自治区人大与知识产权局组成专利执法检查组，对伊犁、巴州、昌吉、乌鲁木齐、克拉玛依等地州市贯彻执行《专利法》和《专利保护条例》情况进行了专项检查。检查结束后，向自治区人民政府提出了"提高各级领导和企业管理人员的知识产权意识，加大'一法一条例'的实施力度"等建议。12月1日，召开了第五届新疆著名商标新闻发布会。自治区政协主席艾斯海提·克里木拜，全国人大常委达列力汗·马米汗，自治区副主席胡伟等领导出席发布会。4月25日，自治区保知办在乌鲁木齐市举办了"2008年新疆维吾尔自治区知识产权宣传周新闻发布会"。自治区政协副主席、自治区人民政府党组成员、自治区保护知识产权工作组副组长、自治区经贸委主任王永明出席新闻发布会并讲话。

自治区人民政府大力加强知识产权协调、指导工作。7月16日，自治区人民政府印发《关于调整自治区知识产权工作协调指导小组成员的通知》（新政办发〔2008〕112号），对自治区知识产权工作协调指导小组成员进行调整。自治区副主席靳诺任组长，自治区人民政府副秘书长刘华任副组长，成员单位由25个部门组成。8月7日，自治区副主席、自治区知识产权工作协调指导小组组长靳诺主持召开了自治区知识产权工作协调指导小组会议。自治区人民政府副秘书长刘华及自治区知识产权工作协调指导小组成员有关负责同志参加会议。会议就实施国家知识产权战略，加强知识产权协调、指导和保护，做好自治区知识产权战略制定等方面提出了要求。8月12日，国家知识产权局局长田力普应自治区人民政府邀请，在自治区党校作了"实施知识产权战略，建设创新型国家"的专题报告。自治区厅以上干部、科研院所和大中型企业负责人600多人参加。4月20日，在乌鲁木齐市举办了2008年全国集中销毁侵权盗版及非法出版物新疆分会场销毁活动。自治区副主席铁力瓦尔迪·阿不都热西提出席活动并讲话。此次活动共销毁各类非法出版物386674册（张）、非法音像制品等289046件。

2008年自治区人民政府法制办等单位，密切配合专利法第三次修改工作。为专利法修改提出了修改意见和建议。"自治区保知办"、自治区知识产权举报投诉中心，面向社会积极开展知识产权保护活动。全年受理电话、来访咨询服务127人（次），向全国发布新闻268条。

二、自治区知识产权管理、执法部门和司法机关，积极加强知识产权保护工作

（一）专利行政保护工作成效显著

2008年，自治区各级专利管理、执法部门开展了"雷雨""天网"执法专项行动。全区专利执法人员，在"4·26世界知识产权日"等纪念日，元旦、春节、古尔邦等节日，以及"乌洽会"期间，与商标、公安等执法人员联合开展执法活动。在日常执法活动中，自治区专利执法部门，对各地专利执法工作有针对性地进行培训和指导。各地专利执法部门之间，在相互协作配合，共同打击各类侵犯专利权行为，积极维护专利权人的合法权益。据统计，2008年，全区专利执法部门共出动执法车辆192台（次），出动执法人员965人（次），检查商业场所532个，检查商品19.98万件，受理专利侵权纠纷案件63件，结案49件，查处冒充他人专利案件50起，查处假冒专利案件1起，接受其他部门移交案件1件，与其他部门协作执法43次，地州之间协作执法7次，与区外协作执法1次。

加强专利申请资助资金管理，提升专利申请数量和质量。2008年，自治区专利管理部门，从制度、机制入手，在调研的基础上，对《新疆维吾尔自治区专利申请资金管理办法》进行了修订和完善，增加了资助资金数量，扩大了资助范围，创新管理手段，提高使用效果。2008年，自治区专利申请资助资金由上年的50万元增加到100万元，同比增长了一倍。在资助专利申请活动中，以资助发明专利申请和职务发明专利申请为主，并扩大了对PCT专利申请资助。2008年，资助PCT专利申请7项，资助经费9.85万元。同时，为101项专利申请办理了费用减缓出具了证明，为专利申请人减免专利申请费近20万元。

坚持以试点示范和项目实施为抓手，不断提升企业知识产权制度运用能力和保护水平。一是积极开展知识产权示范城市创建工作。经国家知识产权局批准，乌鲁木齐市被列为全国知识产权示范创建城市；哈密、昌吉、奎屯、库尔勒和吐鲁番5个市被列为全国知识产权强县市工程城市。二是积极推进园区知识产权试点示范工作。经国家知识产权局批准，乌鲁木齐高新技术开发区被列为全国知识产权试点园区。三是积极加强企（事）业单位专利工作。2008年，在新疆独山子天利高新技术股份有限公司和特变电工建立全国专利工作交流站。四是以实施专利项目为导向，引导项目实施单位建立健全并充分运用专利制度。2008年，自治区审定专利实施项目21个，划拨专利实施资助资金300万元。同时，促使20家项目实施企业进一步完善知识产权制度，建立知识产权数据库，加强专利人才培训等工作。

从加强机构、队伍入手，不断完善专利管理保护服务体系。2008年，自治区知识产权局积极推进一个基地，三个中心建设。即"新疆知识产权教育培训基地""新疆专利信息中心""专利法律维权援助中心""国家专利技术（新疆）展示交易中心"。8月7日，阿瓦提、拜城、柯坪、库车、沙雅、温宿、乌什、新和、阿克苏市等8县一市挂牌成立知识产权局。2008年，自治区新增专利代理机构一个，新增专利代理人6名。截至2008年年底，全区14个地州市、65个县（市、区）和2个国家级开发区挂牌成立知识产权（专利）管理机构，专兼职人员达到241人，专利执法人员达到258人。全区有专利代理机构6个，具有专利代理人资格的人员63人，专利代理执业人员25人。

（二）商标行政保护工作不断创新

2008年，全区商标管理部门，组织开展了以保护著名驰名商标、地理标志、农产品商标以及奥林匹克标志为重点的专项整治工作。各地工商局成立了专项整治领导小组，制定了实施方案，坚持将专项整治与节日市场整治、市场巡查、红盾护农和日常商标监管工作相结合，以城乡接合部、商品批发市场、专营专卖店、城镇小商品集散地为监督检查重点，严厉打击制售仿冒著名驰名商标、地理标志、农产品商标、奥林匹克标志的商标侵权假冒行为，查处一批商标违法大要案件。2008年，全区共查处商标违法案件1044件，案值1121.36万元，罚款349.92万元，收缴和消除商标标识8247件，没收、销毁侵权商品96695件。

2008年，自治区商标管理部门，从建立商标监管工作长效机制入手，不断推进商标工作的制度化、规范化

建设。一是建立案件移交、指导督办机制，强化对基层办案工作的指导力度。2008年，自治区工商局向基层移交、指导、督办案件65件。二是深入基层调研，创新监管方式，树立先进典型，为基层搞好指导、服务工作。三是从建立完善制度入手，积极探索构建有效打击和制止商标侵权行为的长效机制，推进商标监管工作的制度化、规范化建设。四是加强培训工作，努力提高基层商标管理干部业务素质，采取各种形式强化商标培训工作。五是加强对工商所查办商标大要案件工作的指导，利用网络平台，运用专家点评、以案说法、专题研讨、协同办案和以点带面等形式，有效地提高工商所的办案水平。

各级商标管理部门，坚持"一手抓执法、一手抓服务"，强化服务意识，把加强商标工作、培育著名驰名商标作为支持企业发展、促进经济发展的一个重要抓手，积极参与商标战略制定和实施。各级商标管理人员，坚持深入企业开展调研，指导工作，引导企业创立著名、驰名商标。2008年，自治区商标管理人员深入80多家企业调研，帮助企业解决商标注册、使用、保护中存在的问题和困难，鼓励支持企业创立著名驰名商标。

（三）版权行政保护工作深入发展

2008年，自治区版权管理部门，积极开展保护版权专项执法活动，并取得显著成绩。自治区版权局会同公安厅、通信管理局建立了"打击网络侵权盗版专项行动办公室"，在全区开展了为期4个月的打击网络侵权盗版专项活动；会同通信管理局对乌鲁木齐市从事传播音乐、电影、图书、游戏等内容的网站组织开展了自查、检查活动。各地在奥运期间，启动快速反应机制，查办涉奥运侵权案件，对网络进行24小时监控，对网络侵权盗版开展举报投诉活动。对未经许可传播哈萨克语录音、录像、电影作品的网站印发了断开连接，停止侵权通知。对涉嫌销售盗版软件的5家用户印发了停止使用侵权软件的通知。对小商品批发城的3家经营户进行了执法检查，没收侵权化妆镜169个。对新疆人民出版社等7家出版单位的合同进行了检查和情况通报，提出了整改要求。会同通信管理局启动全国反盗版举报电话的备案工作，向6大电信运营商印发了通知，开通了12390举报电话。根据著作权人的要求，对《吐鲁番学》稿酬纠纷等近10起纠纷进行了调解。会同百花村软件园等管委会，对3大电脑商城的25家计算机经营户预装软件情况进行了调查；组织召开了计算机经营户、市场管委会、软件公司代表参加的预装正版软件座谈会；与3家电脑商城和26家商户签订了"维护版权、诚信经营责任状"。版权执法活动的深入开展，有效遏制了侵权盗版活动。据统计，2008年，全区版权管理部门共出动执法人员3.6万人（次）；出动车辆7800台（次）；检查出版物市场3832个（次），检查店档摊点8306个（次），检查印刷复制企业2470家；收缴非法出版物877193册（张），其中盗版图书117579册，盗版音像制品647951张，盗版软件及电子出版物19013张，盗版教材教辅7642册，非法报刊48866份，走私光盘30张；取缔店档摊点47个、取缔印刷复制企业10家。

2008年，自治区软件正版化工作继续推进。根据《自治区企业软件正版化实施方案》的规定，自治区版权局指导12家企业建立正版化领导小组，对有关企业和网吧负责人、出版系统相关技术人员等110人进行了培训。5月印发了"关于在新闻出版企事业单位中开展使用正版软件的通知"。8月和9月中旬，与信息产业厅、银监局、国资委、保监局、工商联组成检查验收组，对新疆人寿保险等8家首批企业实施软件正版化工作进行了检查验收。11月24日—12月5日，自治区软件正版化领导小组办公室，组织信息产业厅、建设厅对喀什等地州政府软件正版化工作及勘察设计企业CAD软件正版化工作进行了检查验收。与此同时，自治区版权管理部门，以网吧为重点，积极推进软件正版化工作。一是制订了推进软件正版化工作计划和实施方案。二是在喀什、乌鲁木齐、奎屯、沙湾等地区网吧，组织开展著作权法及软件保护条例的宣传工作。三是指导地州做好正版化工作。截至10月底，喀什、和田、阿勒泰、阿克苏、克州和克拉玛依等地州市近400家网吧与微软公司签订了授权许可合同。四是召开会议对先进单位予以表彰。11月20日，自治区版权局会同文化厅，在克拉玛依市召开会议，克拉玛依市网吧协会被授予"自治区网吧行业软件正版化第一阶段工作先进单位"，受到大会表彰。

2008年，自治区信息产业厅和计算机软件协会，深入企业大力开展软件保护宣传活动，不断增强企业软件保护意识，管理人员引导企业，对自主知识产权的软件产品进行登记，鼓励使用正版软件，打击盗版行为；通过报刊媒体严厉谴责无序竞争、不正当手段盗取技术成果，泄露技术和商业秘密的行为，努力营造健康、有序的软件竞争环境。

（四）海关知识产权保护工作力度加大

2008年乌鲁木齐海关加大查处假冒侵权进出口商品的执法力度，并取得丰硕的成果。全年立案查处海关知识产权侵权案59起，查获的侵权商品主要有：手机及其配件、香水、化妆品及个人护理用品、电视机、DVD、盗版光碟、棉被、挂饰、汽车标志、氙气灯高压包、刀刃、天线、手表、太阳眼镜、手提包、手提箱、服装等30余种，案值140万元，侵权商品种类和案值，同比分别增长为73.5%和30.2%。在查获的侵权商品中，除历年常见的nokia、sony、LG、adidas等侵权商标外，又新增了福娃、Nivea、DOVE、Pantene、海飞丝、香奈尔、欧莱雅、兰蔻、奔驰、博世、001、D&G等。在查获的手机及其配件等电子产品类侵权货物共计18571件，案值达86万元，占全部侵权货物案值的61.4%；查获的香水、化妆品及个人护理用品类侵权产品130万个，案值17.8万元，案值位居全国第二；服装鞋帽类货物案值3万元。印有福娃、奥运五环标志的挂饰、奥林匹克标志侵权案件3起。

2007年10月至2008年3月，乌鲁木齐海关组织开展了保护知识产权"龙舟行动"，取得明显效果。共查获侵犯知识产权案41起，查获侵权货物30399件，案值109万元，同比分别增长为141.2%、352.6%和93.6%，在全国海关分别排第16名、19名和15名。

2008年，海关各单位充分利用"知识产权海关保护执法系统"，开展案件分析，提高执法效率，加强侵权案件查获工作。2008年，海关查获的59起侵权案件中有近3成的侵权案件查获线索来自于"知识产权海关保护执法系统"的风险分析。

（五）植物新品种行政保护工作稳步推进

2008年，自治区农业管理部门大力推进农业植物新品种保护工作，广泛宣传品种权保护知识，积极组织品种权申请工作，新品种保护事业得到了较快发展。

2008年，自治区继续被农业部列为全国农业植物新品种保护执法试点省区之一。为深化试点工作，自治区农业厅在全区范围内开展了农业植物新品种保护科技执法大检查，有效地遏制了侵犯品种权和假冒授权品种案件的发生。

2008年，自治区林业管理部门重视管理执法队伍建设。截至2008年年底，全区设置林木新品种保护管理工作机构7个，专兼职工作人员24人。

2008年，自治区林业管理部门坚持以查处伪劣苗圃和假冒苗木品种为重点，在全区14个地州市的92个县（市、区）组织开展了2次林木种子、种苗及植树新品种保护执法专项检查活动。全年共出动执法人员56人（次），出动执法车辆37台（次），检查林业苗圃800余个，抽查林业苗木品种6个，苗木16批（次）、约140万株，样株948个。通过检查，查处苗木侵权和不合格苗木事件2起，涉及苗木37万株，有效遏制了侵犯品种权、病虫伪劣苗木和假冒品种案件的发案率。与此同时，自治区林业管理人员还对全区木材市场和木材加工企业（作坊）进行了检查。检查达10批（次），企业有10家。另外，自治区野生动植物保护部门查处的违法收购自治区一级保护植物案件有2起。

2008年，自治区林业管理部门，以林木品种保护和林果业发展为目标，以林果业中高级专业技术人员为对象，以林果业新品种申请、保护、基因标记、地理标志产品保护等相关知识为主要内容，大力开展专项培训工作，提高了专业技术人员知识产权知识，提高了林木品种保护水平。另外，自治区林业管理部门重视加强林业植物新品种的司法鉴定工作，对林业专业技术人员进行司法鉴定资格培训。经过培训，有28名林业专业技术人员通过司法鉴定资格考试并获得资格证书。

（六）非物质文化遗产行政保护工作得到加强

自治区重视非物质文化遗产保护工作。为了加强非物质文化遗产保护工作，自治区成立了非物质文化遗产保护研究中心，并在每年6月10日，举行自治区"非物质文化遗产保护日"宣传纪念活动。自治区文化管理部门按照"保护第一、抢救第二，合理利用、继承发展"的要求，积极做好非物质文化遗产保护工作。通过原生态传承、专业传承、教育传承、文本传承和媒体传承等渠道，推动自治区非物质文化遗产保护事业的全面发展，并取得可喜的成果。截至2008年年底，经自治区政府批准公布的自治区首批非物质文化遗产名录有108项。

（七）知识产权刑事保护成绩斐然

2008年，自治区公安机关积极开展严厉打击侵犯知识产权犯罪活动和查处生产销售假冒伪劣商品犯罪活动。根据国务院和公安部的部署，自治区公安机关对农资市场、家电、食品药品领域和涉奥题材的假冒伪劣商品活动进行专项治理，并取得成效。2008年，全区公安机关共受理侵犯知识产权案件15起。立案7起，涉案金额440万元。破案5起，抓获犯罪嫌疑人14名。受理生产销售假冒伪劣商品案件33起，立案39起（含遗留案件），涉案金额960万元。破获生产销售假冒伪劣商品案件36起，为权益人挽回经济损失288万元，抓获犯罪嫌疑人68名。

2008年，自治区公安机关积极实施知识产权名牌保护战略。将新疆众和、新疆乡都酒业和特变电工等公司纳入国家知识产权名牌予以保护。另外，自治区公安厅积极开展对外交流活动。公安厅经侦总队总队长刘云峰，赴加拿大参加"2008知识产权犯罪国际执法会议"，交流知识产权刑事执法经验。

（八）知识产权司法保护稳步发展

2008年，自治区法院探索创新司法保护工作。一是提出审判资源的优化配置，进一步研究设置民事、行政和刑事审判"三审合一"的审判模式，以确保司法裁判尺度的统一，提高司法效率和司法权威。二是为妥善解决专利纠纷中技术性问题，提出建立知识产权审判咨询专家制度。经全区法院的不懈努力，实现了2008年提出的新目标。自治区法院全年共受理知识产权民事案件252件，行政案件15件。民事案件中一审案件223件，二审案件29件。其中专利纠纷案件41件，商标纠纷案件93件，著作权纠纷案件75件，技术合同纠纷案件35件，其他知识产权纠纷案件8件。全年审结案件共计245件，其中一审案件结案216件，二审案件结案29件。全年经调解撤诉的案件90件，占案件受理数的35.7%。行政案件中一审案件15件，结案15件，其中撤诉案件3件，占案件受理数的20%。

三、激励创新，加强自主知识产权保护

随着科技创新活动的深入开展和知识产权保护意识的不断增强，自治区的自主知识产权数量和质量有新的提升。2008年，全区专利申请为2412件，同比增长6.3%；发明专利申请为482件，实用新型专利申请为1408件，外观设计专利申请为522件。非职务发明专利申请为1621件。职务发明专利申请为791件，其中，大专院校专利申请为73件，科研院所专利申请为219件，企业单位专利申请为447件，机关团体专利申请为52件。2008年，全区三种专利授权为1493件，同比减少2.7%。其中发明专利授权为82件，实用新型专利授权为1100件，外观设计专利授权为311件。非职务发明专利授权为993件。职务发明专利授权为500件，其中，大专院校专利授权为21件，科研院所专利授权为143件，企业单位专利授权为325件，机关团体专利授权为11件。截至2008年年底，全区专利申请累计达到22215件，专利授权累计达到12596件，专利申请与授权量在全国排第25位、在西部排第7位、在西北排第2位。

2008年，自治区注册商标2725件，截至2008年年底，全区注册商标累计达到25922件；新认定著名商标46件，累计达到197件；2008年，新疆"天彩"被认定为中国驰名商标，累计达到6件；以商标法认定的地理标志累计达到26件，居全国第5位。

2008年，自治区作品志愿登记330件，同比增长6.5%；版权贸易合同备案34件。截至2008年年底，全区作品登记累计1203件，版权贸易合同备案累计达到59件。

2008年，自治区认定软件企业5家，截至2008年年底，全区认定软件企业累计达到63家，办理软件著作

权登记累计达到27件。

2008年，自治区植物新品种权申请14件。截至2008年年底，全区品种权申请累计72件，授权累计达到5件。

2008年，自治区知识产权海关备案16件，同比增长14.3%。截至2008年年底，知识产权海关备案累计达到46件。

四、加强宣传培训，努力营造保护知识产权的社会环境

2008年，自治区以纪念"'4·26'世界知识产权日"为契机，组织开展了以"保护知识产权"为主题的第8个"知识产权宣传周"活动。4月8日，自治区党委宣传部、科技厅和知识产权局，组织开展了2007年度知识产权好新闻评奖活动；4月25日，在乌鲁木齐举行"2008年新疆维吾尔自治区知识产权宣传周新闻发布会"；自治区专利、商标、版权、海关、法院向社会发布了2007年典型案例和专项保护行动取得的成绩；4月25日，在昌吉市举办了"第四届新疆知识产权杯知识竞赛活动"。在宣传周期间，全区开展了形式多样的宣传活动，取得了可喜成绩。全区出动工作人员2000多人（次），咨询人数2万多人（次），印发宣传资料48.6万份，出动宣传车1.4万台（次），电视、广播开展宣传活动170次，报纸刊登专版37个，出板报2900多块，悬挂横幅2620多条，举办讲座100场（次），参加人数1.97万人（次），支出宣传经费35.1万元。

2008年，自治区积极实施"知识产权万人教育培训计划"，充分发挥党校、干部培训教育基地的作用，开展多渠道、多形式的知识产权教育培训工作。全年全区共举办各类知识产权培训班、专题讲座255期（次），培训人数28万人（次），投入培训经费142.5万元。通过培训，使各级领导和企业的知识产权意识明显增强，知识产权创造、应用、保护、管理及服务水平有新的提高。

2009年新疆维吾尔自治区知识产权保护状况

2009年，在自治区党委、自治区人民政府的正确领导下，自治区的知识产权保护工作，坚持以邓小平理论和"三个代表"重要思想为指导，全面落实科学发展观，全力推进国家知识产权战略实施和自治区知识产权战略制定工作，并取得了显著成绩。

一、加强协调指导，积极推进自治区知识产权战略制定工作

2009年是自治区知识产权战略制定的关键一年。一年来，在自治区党委、政府的正确领导下，在自治区知识产权战略制定工作领导小组的协调指导和33个成员单位的不懈努力下，自治区知识产权战略制定工作取得了显著成绩，截至年底，基本上完成了自治区知识产权战略纲要和13个专题的研究制定工作。

自治区知识产权战略制定工作领导小组办公室认真履行职责，积极推进自治区知识产权战略制定工作。一是建立了由13个厅局牵头33个成员单位参加的战略研究制定专题组、专家咨询组和联络组，建立了联络制度，与各专题组实行对接，及时了解情况解决问题；二是与各专题组牵头单位签订了责任书，建立了责任制，划拨了研究经费；三是充分发挥专家组和联络组的作用，加强对战略研究制定工作的咨询指导。两次召开专家咨询会，听取专题研究情况汇报，进行专家咨询论证，提出修改意见和建议；四是突出重点，大力抓好《自治区知识产权战略纲要》（简称《纲要》）制定工作。在《纲要》研究制定工作中，坚持以国家知识产权战略纲要为指导，充分借鉴兄弟省区的经验，紧密结合区情，汇总各专题研究成果。为提高《纲要》研究制定质量和

水平，多次向战略制定工作领导小组组长、副组长汇报情况，根据领导批示，将《纲要》（征求意见稿）3次印发政府有关部门征求意见。同时，还将《纲要》（征求意见稿）印发地州市政府、重点企事业单位、国内有关专家以及上网公布，广泛听取各方面意见和建议。经过13次修改，最终形成了提交政府常务会议审议的思路清晰、目标明确、重点突出、措施可行，具有新疆特色的《纲要》（报审稿）。与此同时，各专题也基本完成研究制定工作，已进入验收阶段。

二、以营造良好市场竞争秩序为目标，不断加大知识产权行政保护和司法保护力度

（一）专利权行政保护工作

一年来，全区专利行政执法部门，积极采取保护措施，依法加强专利行政保护工作。一是在坚持开展日常执法的同时，继续组织"雷雨""天网"等专项执法行动，坚决打击假冒专利和侵犯他人专利权行为；二是强化执法协作机制，与公安、法院等部门联合开展执法检查工作，促进专利行政保护与司法保护相协调；三是以"4·26"知识产权宣传周为契机，发布2008年专利典型案例；四是按照国家统一部署，在新疆开通了5部"12330"知识产权维权援助公益服务电话，启动了受理举报投诉活动；五是积极推进商业企业试点工作，促使商业流通领域相关人员专利保护意识进一步提升；六是加强大型会展中的专利保护工作，专利执法人员深入"乌洽会""喀交会"等会展进行检查，为会展营造良好的环境；七是加强对地州市专利执法工作指导，使各地专利保护取得成效。如，巴州专利执法人员积极开展查处专利欺诈行为；克拉玛依市知识产权局构建了刑事、司法、媒体执法协作体系；阿克苏地区知识产权局建立了每周专利执法日。在全区专利管理部门的通力协作下，自治区的专利保护工作取得了显著成效。据统计，截至年底，全区专利行政管理部门共出动执法人员1468人（次），检查商业场所684个，检查商品18.15万件，与其他部门协作执法92次，受理专利侵权纠纷案件47件、结案（含上年结转）54件，查处假冒专利案件7件、结案7件，向其他部门移交案件4件，接受其他部门移交案件3件，自治区与地州市协作执法9次。

（二）商标权行政保护工作

2009年，全区商标监管部门加大注册商标保护力度，依法打击商标侵权假冒违法行为，努力维护良好的市场竞争秩序，商标保护工作取得了显著成绩。据统计，全年全区共查处商标违法案件894件，案值1384.31万元，罚没款479万元，收缴和消除违法商标标识17593件，没收、销毁侵权商品98868件。

自治区重视商标保护工作。一是自治区商标监管部门在全区组织开展以保护驰（著）名商标为重点的专项行动，各地州市成立了专项保护领导工作小组，制定了实施方案，将专项整治与节日市场整治、市场巡查、商标日常监管及基层监管责任服务相结合，整合执法资源，提高执法效能，依法打击侵犯驰（著）名商标行为。全年共查处侵犯驰（著）名商标专用权案件232件，案值338.54万元，罚没款79.23万元；二是广泛利用社会力量，加强与驰（著）名商标企业及其代理商和相关部门的协作与沟通，不断扩宽案件来源，完善自治区重点商标保护网络，加大了执法力度。例如，乌鲁木齐市和克拉玛依市工商局在"五粮液""茅台""伊力特"等驰（著）名商标企业、知识产权代理机构和代理商的配合支持下，顺利查处了一批驰（著）名商标违法案件；伊犁州霍尔果斯口岸工商局积极与海关部门协作配合，查处了一批出口假冒"LG""三星"电视机案，没收假冒电视机229台；阿勒泰地区福海县工商局查处了案值527.19万元的"赞江"淀粉假冒注册商标案；三是组织召开了"天业、天彩、银力、新天荣获驰名商标新闻发布会"。自治区政府相关部门、商标管理干部、企业代表和社会各界人士近300人参加。自治区、兵团及国家工商总局商标局领导出席会议并做了重要讲话。"蒙牛""小肥羊"等4家获得驰名商标的企业介绍了经验；四是成功组织召开了"中国西部第七届商标行政保护协作会议暨企业商标战略论坛"，进一步加强了西部省区间商标工作交流与协作，巩固、完善了查处和打击跨省区商标侵权假冒行为的配合协作机制，提高了西部省区商标行政管理工作和企业商标运作水平；五是大力开展商标法律知识宣传普及活动，不断提高企业及社会各界商标意识，并邀请国家工商总局商标局有关领导为全区各

级工商部门商标管理干部、企业代表讲授商标注册、保护及驰名商标认定方面的法律知识，进一步提高全区商标执法水平，增强企业注册、保护商标及创立驰名商标的思想认识。

一年来，自治区商标管理部门强化服务，积极推进自治区企业商标战略实施。自治区工商管理部门制定发布了《自治区工商局推进企业商标战略发展措施》，提出了2009年度阶段性商标发展目标、任务、重点产业和9项措施；发布了《全国及自治区商标发展状况对比图》《自治区注册商标地域分布统计表》等相关数据统计信息。各地结合实际制定发布了《推进企业商标战略发展措施》和《重点商标培育发展计划》，分解落实各项目标任务。全区工商系统形成了自治区、地州市、县工商局和工商所4级联动的工作机制。

（三）著作权行政保护工作

2009年，自治区版权管理部门积极开展版权宣传工作，全社会版权创造、运用、保护和管理意识明显提高。一是采取课堂授课、开办讲座的方式，讲授著作权法律法规以及信息网络传播权保护条例知识；二是通过召开KTV娱乐企业座谈会，宣传《集体管理条例》的规定，向娱乐企业答疑解惑，推动娱乐行业自觉缴纳音乐作品版税工作；三是在大型企业、网吧和勘察设计行业以及网站经营者中进行著作权法及其实施条例、软件保护条例和信息网络传播权保护条例培训；四是通过作品登记、合同登记以及版权鉴定等工作，向作者、传播者和使用者提供版权知识咨询服务；五是通过"新广行风热线"和新疆新闻出版网站等渠道，解答公众提出的版权问题，使版权法律法规的宣传走进民众；六是积极开展打击盗版活动。版权监管部门在乌鲁木齐组织了集中销毁侵权盗版制品及各类非法出版物活动，共销毁侵权盗版制品及各类非法出版物668214册（张）；七是在青少年中普及版权保护知识。在乌鲁木齐市等5地州市开展了版权保护知识竞赛活动，向青少年捐赠《版权保护小卫士》图书8000册。

积极稳妥推进企业软件正版化工作。（1）完成了自治区首批企业软件正版化工作检查验收；（2）启动了自治区第二批企业软件正版化工作，10个地州市的20家企业参加；（3）加强与相关软件厂商与图书销售单位的协调，为新华书店、新疆教育出版社提供价格优惠的正版软件；（4）加强与行业主管部门配合与协作，联手推进正版化工作；（5）积极开展软件示范工作。推荐新疆教育出版社等5家企业成为第二批全国软件正版化示范单位；（6）加强执法监督保护工作。版权监管部门向乌鲁木齐、奎屯、哈密3家勘察设计企业印发了停止侵权的通知，对软件正版化工作提出了明确要求。截至2009年年底，全区已有喀什、和田、阿勒泰、克拉玛依市、克州、阿克苏、石河子市、昌吉市完成了网吧软件正版化工作。

2009年，自治区版权监管部门将音乐视频网站作为版权保护的工作重点，加大对民族音乐和电视节目等具有新疆特色和自主版权作品的保护力度。对侵犯新疆卡尔罗文化传播有限公司的维语音乐电视栏目《纳瓦》传播案件和侵犯南京逐浪网的案件进行了重点查处。

自治区重视KTV版权保护工作。自治区版权监管部门向4地州市的25家KTV经营者发出停止侵权的通知，促成10家KTV企业与中国音像集体管理协会签订了授权许可协议，按标准缴纳版权使用费。组织70多家KTV经营企业进行座谈。对恒远中惠公司委托印制其享有版权的请柬图案案件进行执法检查，查扣盗版制品上千件。根据著作权人的要求，对《女人一生的七个智慧》等4起纠纷案件进行了调解。与作家出版社共同对乌鲁木齐市出版物稽查队提交的《毛泽东》等图书进行鉴定，出具了鉴定意见。

积极发展系统集成服务业。2009年，自治区新认定系统集成企业51家，累计达到356家。系统集成服务业务收入增幅近百分之百。软件业务收入超过亿元的软件企业有2家、超过5000万元的企业有5家；主营业务收入超过亿元的软件企业有5家、超过5000万元的企业有8家。1—9月，全区规模以上软件服务业实现收入9亿元，同比增长73.9%。

（四）植物新品种行政保护工作

2009年，自治区农业厅进一步推进农业植物新品种保护试点工作。通过宣传、培训及品种权申请等形式，在试点单位大力宣传植物新品种保护知识，增强保护意识，完善保护制度，建立健全保护机制。据统计，2009

年，全区举办农业植物新品种保护培训班2期，培训人员120余人。举办讲座3次，参加人数160余人。另外，自治区农业植物新品种行政执法人员深入基层，积极开展执法检查工作，依法打击侵犯品种权和假冒品种行为。

2009年，自治林业厅积极加强林木植物新品种保护工作。全年共派出林木质量检查组20个，对林木种子、种苗及植物新品种保护状况进行了全面检查；对14个地州的44个县市区110个单位的林业苗圃进行了抽查；对伪劣苗木和假冒苗木品种进行了重点抽查，并取得了明显成绩。据统计，全年共出动执法人员66人、车辆20台（次），抽查林业苗木12个树种、221个苗批、约500万株。查处侵权和不合格苗木案件5起，涉及苗木50万株，避免经济损失75万元。组织完成自治区地方标准96项。

（五）海关知识产权保护工作

一年来，乌鲁木齐海关将知识产权保护工作作为关区重要工作进行统筹部署。从"调结构、促转变"入手，增强工作责任感和紧迫感，针对各口岸不同执法环境，明确各隶属海关执法权限，加强指导、监督，制定工作制度，改善内外环境条件，努力营造打击侵权货物的良好氛围。在执法活动中，集中检查力量，对重点口岸、重点企业、重点商品开展执法检查。各隶属海关从管理体系和运行机制入手，明确办案机构、专职联络人员和职责，加强相互配合，形成上下联动、齐抓共管的格局，使查获侵权货物执法水平有明显提升。据统计，全年海关共查获侵权案件62件，同比增长51%。查获案件案值132万元，同比增长73%。同期查获的案件数在全国海关排13位，有力地打击了口岸侵权货物进出口势头，维护了权利人权益，受到海关总署及中国外商投资企业协会优质品牌保护委员会的赞誉。

乌鲁木齐海关重视合作机制建设，积极加强与工商、版权、公安等部门协作配合，实现信息互通、经验交流和执法资源共享的局面。在处理侵权案件过程中，海关充分维护权利人合法权益，简化办案程序，缩短办案时间，加快办案速度，节约办案成本。执法人员主动与权利人联系，宣传知识产权保护知识，使权利人主动放弃维权现象明显减少。各隶属海关在"4·26"世界知识产权日和"8·8"全国海关法制日等纪念日，利用多种形式，向进出口企业开展宣传咨询活动，使进出口企业维权意识增强，海关知识产权备案数量增加。2009年有4家企业主动向海关了解知识产权备案程序，有2家企业在备案前向海关递交说明，提出加强合作请求。有一家企业主动举报，并协助海关进行执法检查，查获即将出境的侵权货物近20万盒，价值10万元。

（六）知识产权刑事保护工作

2009年，自治区公安机关根据国家知识产权局《关于建立协作配合机制共同加强知识产权保护的通知》要求，主动与有关知识产权执法部门协作配合，依法开展知识产权刑事保护工作，全力维护权利人合法利益，努力营造良好的市场竞争秩序。全年公安机关共受理侵犯知识产权案件22起，立案17起，破案13起，涉案金额555.5万元，抓获犯罪嫌疑人19名；受理涉嫌侵犯知识产权的生产、销售伪劣商标案件52起，涉案金额916.2万元，抓获犯罪嫌疑人53名；受理销售非法出版物案件242起，处理涉案人员384人；收缴、销毁侵权盗版制品和各种非法出版物940025册（张）。

（七）知识产权司法保护工作

2009年，自治区各级法院开展了"知识产权审判工作'优化自主创新司法环境'主题活动"，成立了以金利岷副院长任组长的活动领导小组，制定了实施方案，筹建了知识产权专家证人库，制定了《知识产权司法保护专家证人工作规程》，建立了由化工材料等五大类专业人员组成的知识产权专家队伍。另外，自治区各级法院积极加强知识产权审判法官队伍建设。截至2009年年底，全区法院设立知识产权法庭7个，从事知识产权案件审判法官47人。

自治区驰名商标司法认定工作进一步完善。一是明确涉及驰名商标认定的民事纠纷案件统一由乌鲁木齐市中级人民法院管辖；二是组织乌鲁木齐市中级人民法院知识产权法官进行了驰名商标认定范围、认定条件和严禁扩张认定范围及降低认定条件的培训；三是制定了《新疆法院审理涉及驰名商标司法认定案件指导意见》，进一步细化驰名商标司法认定标准；四是开展了对涉及驰名商标相关案件和已认定驰名商标案件的评查。

自治区各级法院不断完善知识产权审判体制和工作机制，逐步试行知识产权刑事、民事、行政"三审合一"审判机制。印发了《关于在乌鲁木齐市中级人民法院试行知识产权审判"三审合一"审判模式的实施方案》，试行知识产权刑事、民事、行政"三审合一"审判机制改革工作。乌鲁木齐市中级人民法院受理的民事、行政知识产权案件统一由本院知识产权审判庭审理。在刑事诉讼法有关内容未作修改之前，对于此类问题的尝试可通过二审程序，由知识产权审判法官参与相关刑事案件的审理以逐步推行此项改革试点工作。乌鲁木齐市中级人民法院知识产权庭审理的民事、行政一审案件中的上诉案件统一移送至自治区高级人民法院民三庭。

自治区知识产权司法保护工作取得突出成绩。据统计，全年全区法院共受理知识产权民事案件286件，行政案件7件。民事案件中一审案件239件，二审案件45件，再审案件2件。受理专利权纠纷案件42件，商标权纠纷案件46件，著作权纠纷案件163件，技术合同纠纷案件24件，其他知识产权纠纷案件11件。全年审结案件共计292件（含旧存53件），其中一审案件结案249件，二审案件结案41件，再审结案2件。全年经调解撤诉的案件146件，占案件结案数的50.0%。行政案件中一审案件7件，结案5件，其中撤诉案件1件，占案件受理数的14%。

三、以提高核心竞争力和综合势力为目的，大力促进自主知识产权数量和质量的提升

一年来，自治区坚持把知识产权创造、保护当作一件中心工作来抓，采取有效措施，大力促进自主知识产权数量和质量的提升。

2009年，新疆专利申请、授权数量和质量有较大幅度提升。全年专利申请为2872件，同比增长19.1%。发明专利申请为662件，同比增长37.3%。实用新型专利申请为1865件，同比增长32.5%。外观设计专利申请为345件，同比降低33.9%。非职务专利申请为1681件，同比增长3.7%。职务发明专利申请为1191件，同比增长50.6%。大专院校专利申请为122件，同比增长67.1%。科研机构专利申请为257件，同比增长17.4%。工矿企业专利申请为759件，同比增长69.8%。机关团体专利申请为53件，同比增长1.9%。截至2009年年底，新疆专利申请累计达到25087件。

2009年，新疆专利授权为1866件，同比增长25.0%。发明专利授权为120件，同比增长46.3%。实用新型专利授权为1260件，同比增长14.6%。外观设计专利授权为486件，同比增长56.3%。非职务发明专利授权为1214件，同比增长22.3%。职务发明专利授权为652件，同比增长30.4%。大专院校专利授权为42件，同比增长100.0%；科研机构专利授权为138件，同比降低5.0%；工矿企业专利授权为431件，同比增长32.6%；机关团体专利授权为41件，同比增长272.7%。截至2009年年底，新疆专利授权累计达到14462件。

2009年，新疆注册商标申请为5452件，核准注册商标为6575件，同比增长2倍多，累计核准注册商标为32990件，有效注册商标累计达到27808件。全年新疆新认定的中国驰名商标5件，累计达到11件；当年新认定的新疆著名商标62件，累计达到256件；新核准注册地理标志6件，累计达到32件，位居全国第6位。

2009年，新疆登记备案版权贸易合同67件；著作权登记320多件。新登记备案软件产品三批27个，新认定软件企业7家。截至2009年年底，新疆累计认定登记软件企业60家，登记备案软件产品205个。

2009年，新疆农业植物新品种权申请4件，授权16件。截至2009年12月底，新疆农业植物新品种权申请累计达到76件，授权累计达到21件，主要包括：梨属1个、棉属8个、普通番茄1个、普通西瓜2个、普通小麦1个、甜瓜4个、玉米4个。

四、以营造知识产权保护社会环境为己任，加大知识产权宣传培训力度

（一）政府部署，知识产权宣传活动成绩斐然

4月20—26日，在自治区人民政府的统一部署下，全区开展了以"文化·战略·发展"为主题的知识产权宣传周活动。4月19日，自治区人民政府举行了"2009年自治区知识产权宣传新闻发布会"。自治区人民政

府副主席靳诺、自治区政协副主席柯丽、自治区人民政府副秘书长刘华等领导出席新闻发布会。自治区知识产权工作协调指导小组成员单位、企事业单位及新闻媒体共210多人参加。在新闻发布会上，发布了2008年自治区知识产权保护状况（白皮书）；专利、商标、版权、海关等部门发布了"2008年自治区知识产权十大典型案例"；自治区商标监管部门发布了自治区推进企业商标战略发展措施和2009年重点商标培育发展计划；自治区版权管理部门公布了"新疆第六届图书奖暨第三届音像制品电子出版物奖获奖名单"；自治区党委宣传部宣读了2008年度自治区"知识产权好新闻"奖获奖名单。新闻发布会后，在乌鲁木齐人民广场举行了"2009年自治区知识产权宣传周活动启动仪式"和大型宣传、咨询、展示、交易、文化等活动。在昌吉市举办了"第五届新疆'知识产权'杯知识产权知识竞赛"活动；在新疆大学、新疆农业大学和新疆财经大学分别举办了知识产权沙龙、知识产权知识竞赛和大学生知识产权演讲比赛活动。

自治区知识产权宣传周活动丰富多彩，成绩斐然。据统计，在宣传周期间，全区共举办知识产权讲座28次，参加人员8400人（次）；接待咨询2.5万人（次）；悬挂宣传标语、横幅1100多条；制作宣传栏、宣传展板865块、视屏公益广告、流动车载公益广告25块；出动宣传车155台（次）；发放宣传资料28.66万份；发布宣传口号2420多条，发送知识产权宣传手机短信13万多条；出动执法人员327人（次），检查商品2万余件，销毁违法商品11000件、价值7万余元。

（二）部门推动，知识产权培训工作取得实效

以提升知识产权创造、运用、保护和管理水平为目的，政府部门积极推动知识产权培训工作，并取得了显著成绩。据统计，全年全区共举办各类知识产权培训班、专题报告会302期（次），培训各类人员55360人（次），其中举办知识产权培训班142期，培训人数12914人（次），举办专题报告会160次，参加人数42446人（次），承办、委托的培训班9个，培训人数1040人（次）；全年投入培训经费156.98万元。

全区专利管理部门认真实施国家"百千万"人才培训工程和自治区知识产权万人教育培训计划，充分发挥各级党校、干部教育培训基地的作用，采取"请进来、走出去"和承办、协办培训班等形式，积极开展对各级党政领导、企事业单位负责人、知识产权和科技管理人员、企业营销等各类人员的知识产权培训。全区工商管理部门强化商标培训工作。制订了《自治区工商局2009年重点商标培育发展计划》，确定了42家重点培育和帮扶创建驰名商标的企业，并通过举办培训班、研讨会座谈会、远程教育等形式，有计划、有重点地对商标监管人员进行培训。全区版权部门积极组织版权管理人员和司法人员参加"版权产业培训班""中欧网络版权保护研讨会""北京国际图书版权贸易研讨会"和"数字版权与版权贸易培训班"。自治区林业管理部门委托河北农业大学和新疆农业大学各举办林业骨干知识产权保护培训班各一期，对75名林果专业技术人员进行了特色林果业有关品种及专利、原产地和地理标志保护等相关知识培训。

2010年新疆维吾尔自治区知识产权保护状况

自治区党委、人大、政府高度重视知识产权保护工作，从完善法规、政策、制度和机制出发，不断强化知识产权保护，全面落实科学发展观，为促进自治区经济发展方式转变，加快新型工业化建设和创新型新疆建设步伐，实现自治区跨越式发展和长治久安目标提供有力保障和服务。

一、自治区党委、人大、政府高度重视知识产权保护工作

2010年1月22日，在自治区党委后楼二楼召开《新疆维吾尔自治区知识产权战略纲要（送审稿）》审议会议，由自治区党委副秘书长景海燕主持，自治区党委、政府20多个部门负责人参加，自治区党委常委尔肯江·吐拉洪出席并作重要讲话。4月19日，自治区人民政府印发《关于印发新疆维吾尔自治区知识产权战略纲要的通知》，正式颁布自治区知识产权战略纲要。4月21日，自治区人大召开纪念《专利法》实施25周年和

《专利保护条例》实施5周年座谈会，自治区人大、政府、政协及相关部门负责人60多人参加了座谈。4月26日，自治区人民政府在乌鲁木齐市昆仑宾馆举行《新疆维吾尔自治区知识产权战略纲要》颁布实施新闻发布会，自治区人大常委会副主任杜秦瑞、自治区副主席靳诺等领导及相关部门、企事业单位负责人、新闻媒体记者等200多人出席。7月21日，成立了由自治区党委副书记、常务副主席杨刚为组长，自治区党委常委尔肯江·吐拉洪、自治区副主席靳诺为副组长，自治区党委、政府34个部门负责人为成员的"自治区知识产权战略实施领导小组"。8月17日，成立了由自治区党委常委宋爱荣为组长的新疆软件园建设领导小组。8月18日，自治区人民政府与工信部签署了《关于维哈柯语言文字软件开发和推广应用工作的合作协议》和《关于共同推进新疆工业和信息化发展的合作协议》。11月1日，自治区人民政府出台了《关于加强专利行政保护的意见》等法规政策；自治区制订完成了《新疆商标战略发展"十二五"规划》《专利保护条例》立法前的修订评估和《新疆注册商标专用权质押贷款暂行办法》等管理办法。12月12日，在北京召开了全国知识产权局系统对口援疆工作会议暨国家知识产权局与新疆维吾尔自治区人民政府第二次合作会商会议。国家知识产权局局长田力普、自治区党委常委尔肯江·吐拉洪出席会议讲话并签署国家知识产权局援疆工作协议。在会上成立了"东中西部知识产权合作与对口援疆工作领导小组"，对全国知识产权局系统知识产权对口援疆工作进行了部署。12月21日，自治区软件正版化工作领导小组印发了《自治区2010-2011年度企业软件正版化工作计划》。

二、从协作保护机制入手，联合开展知识产权保护专项行动

自治区各部门、各地区按照国家及自治区的统一部署，积极有效地开展了保护知识产权专项行动，有力地打击了群体侵权、反复侵权、假冒等各类知识产权侵权行为，保护了权利人的合法权益，维护了市场秩序，营造了市场环境。

自治区专利管理部门与公安等部门，从协作机制入手，设立了知识产权保护工作联络室，制定并实施了行政执法与刑事司法相衔接、协作配合、联合执法、案件线索移交、案件移送和重大案件督办等制度。在上海"世博会"期间，自治区知识产权局与公安厅等8部门联合印发了《关于2010年世博会期间开展知识产权保护专项行动的通知》，在全区组织开展了保护"世博会"标志专项行动。在"4·26"宣传周期间，自治区专利、商标等7个部门的执法人员组成执法组，深入乌鲁木齐市大型超市、商场开展联合执法活动。自治区知识产权局开通了5部12330知识产权维权援助公益服务电话，开展了知识产权维权援助公益服务活动。在广州"亚运会"期间，自治区知识产权局与自治区党委宣传部等4部门联合印发了《关于加强2010年广州亚运会知识产权保护工作的通知》，共同组织开展了保护"亚运会"标志专项行动。在元旦、春节、古尔邦节及"乌洽会"等重大节日和会展期间，各级专利执法部门与商标等部门密切配合，选择案件多发地区及商品集散地和商场，组织开展多种形式的执法专项活动，并取得显著成绩。据不完全统计，全区专利行政管理部门与其他部门共同协作执法187次，出动执法人员2432人（次），检查商业场所1371个，检查商品34.9万件。

自治区商标管理部门积极开展了世博、亚运特殊标志以及重点商标的专项保护行动，为世博会和亚运会的顺利举行营造了良好的知识产权保护环境。深入开展了打击侵犯知识产权与制售假冒伪劣商品专项行动，坚持打击与规范并重，执法与服务并举，行动与宣传同步，以强化执法加大打击力度，以行政指导加强引导规范，以服务发展赢得理解支持，以抓好宣传扩大社会影响，以加强领导提供组织保证，专项行动扎实深入开展，取得了阶段性成效。全区在专项行动中共出动执法人员1.91万批（次）、4.54万人（次），检查经营主体14.08万户、各类市场3424个，整治重点区域1744处，捣毁制假售假窝点35个；立案查处侵权假冒案件1323件、案值1831.20万元，罚没款293.09万元；移送公安部门案件11件。

自治区版权管理部门在宣传周期间与公安、工商等部门对乌鲁木齐市音像、电子出版物零售、批发重点单位，开展版权保护专项执法行动。在"4·26""世博会""亚运会"期间，集中开展了"剑网"专项执法行动。在专项行动中共出动车辆7台（次），出动执法人员27名，查处侵权网站4家，没收服务器3台，监管大型门户网站4家，查处网络大案一起，检查音像店36家、书店书屋11家，收缴盗版音像制品、电子出版物10608

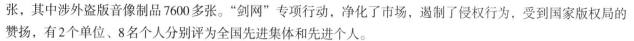

张，其中涉外盗版音像制品 7600 多张。"剑网"专项行动，净化了市场，遏制了侵权行为，受到国家版权局的赞扬，有 2 个单位、8 名个人分别评为全国先进集体和先进个人。

乌鲁木齐海关积极开展与相关部门协调配合，积极开展"2010 年世博会知识产权保护专项行动"和"打击侵犯知识产权和制售假冒伪劣商标专项行动"。科学筹划，精心组织，充实和加强一线监管队伍，在进出关口始终保持打击侵权商品的高压态势。海关的知识产权保护工作得到社会各界的普遍称赞，有 2 人（次）被授予"2010 年世博会知识产权保护专项行动先进个人"，被多家媒体报道。

10 月至 12 月，自治区公安机关在全区组织开展了打击侵犯知识产权和制售伪劣商品犯罪的"亮剑"行动，共破获侵犯知识产权和制售伪劣商品犯罪案件 19 起，抓获侵犯知识产权嫌疑人 31 名，逮捕 7 名。

三、认真履行职责，积极加强知识产权行政司法保护

（一）专利行政保护

一年来，自治区专利行政保护部门从制度入手，不断加强专利行政保护工作。为适应形势发展的需要，自治区知识产权局组织开展了《新疆维吾尔自治区专利战略》《新疆维吾尔自治区知识产权工作"十二五"规划》研究制定及《专利保护条例》修订和立法前的评估工作。全区各级专利行政执法部门，将专利保护工作作为一项中心工作来抓，积极开展查处专利侵权、调解专利纠纷和打击假冒专利案件活动，依法加强专利行政保护，努力营造良好的科技创新和知识产权保护环境。全年全区专利行政执法机关共受理专利纠纷案件 42 件，结案 38 件，查处假冒专利案件 22 件，参加行政诉讼 6 起，接听举报投诉咨询电话 100 余人（次），受理维权援助案件 2 起。

（二）商标行政保护

2010 年，自治区商标行政保护工作，在保护注册商标专用权、宣传普及商标法律知识、加快推进商标战略、服务地方经济发展等方面狠下功夫，开创了商标行政保护工作新局面。一是自治区商标管理部门制订了《新疆商标战略发展规划》《新疆商标战略发展"十二五"规划》和《新疆注册商标专用权质押贷款暂行办法》；二是加大了商标培育发展力度，分级编写了 2010 年重点培育商标目录，建立了商标梯次培育发展机制，开展了重点培育商标全程跟踪服务，全面加强商标培育发展工作；三是加强了企业商标工作，对企业商标现状进行了调研指导，引导企业把商标战略制定实施纳入总体发展规划，帮助企业整理驰名商标申报材料，对全区商标国际注册数据进行了调查摸底，鼓励出口型企业进行商标国际注册，引导企业实施"走出去"战略；四是发布了《全国及新疆商标发展状况对比图》《新疆与西部及部分经济发达省区注册商标对比表》《新疆注册商标地域分布统计表》《新疆注册商标行业分布统计表》等注册商标相关信息，为企业和相关部门提供数据，开展了信息服务；五是加强商标监测工作。2010 年监测商标近 22 万件，向企业发出商标异议建议通知书 20 多份，接待咨询 500 多人（次），为企业和相关部门提供商标信息 1200 多条；六是促成乌鲁木齐市政府组织召开了推进商标战略大会，积极推进自治区商标战略颁布实施工作；七是乌鲁木齐市和伊犁特股份公司分别荣获首批商标实施示范城市和示范企业，享受总局的扶持措施，商标战略实施步伐进一步加快；八是强化了商标执法保护工作，并取得可喜成绩。全年全区商标管理部门共查处商标违法案件 821 件，案值 884 万元，罚没款 395 万元，没收假冒商品 57235 件，收缴非法商标标识 61684 个、制假工具 52 件，向基层移交、督办案件 34 件。

（三）著作权行政保护

一年来，自治区版权管理部门在著作权保护工作中，坚持面向基层、面向社会服务。在全国打击侵权盗版有功集体和个人申报活动中，向基层倾斜。在新疆青少年出版社遇到使用琼瑶作品问题时，充分利用著作权法对少数民族文字出版的优惠条款，指导帮助其依法合理使用琼瑶作品。在承办全国"2010 年基层版权执法培训工作会议"时，积极为基层争取名额 17 名。在"7·5"事件网络关闭后，积极与国家版权局等单位联系，在第一时间使网络恢复正常，接入国家版权局"版权监管平台"。为提高社会公众版权意识，7 月 13 日，在乌鲁

木齐市水磨沟区建立了自治区首家版权法律咨询、维权服务和作品登记服务工作站，举行了揭牌仪式。8月30日，举办了自治区首次作品登记工作座谈会，邀请自治区文联领导及所属作协、美协、音协、摄影家协会负责人知名作家、作曲家、摄影家、画家、玉雕大师，以及新疆"7坊街"创意产业集聚区的管理人员和入驻艺术家参加。

在图书馆著作权保护工作中，自治区版权管理部门会同自治区教育厅、文化厅、"扫黄办"等部门印发了《关于加强图书馆著作权保护的通知》，组成联合检查组，对自治区、乌鲁木齐市和新疆大学等8家图书馆的版权保护情况进行了抽查。在KTV使用正版执法活动中，指导乌鲁木齐市新闻出版局（版权局）做好15家KTV有偿使用音乐作品的工作。

为加强对软件正版化工作的领导，2010年，自治区人民政府对自治区软件正版化领导小组成员进行了调整。5月12日，自治区经信委与乌鲁木齐经济技术开发区签署了共同建设新疆软件园的战略合作协议。8月18日，自治区人民政府与工信部签署了《关于维哈柯语言文字软件开发和推广应用工作的合作协议》和《关于共同推进新疆工业和信息化发展的合作协议》。8月18日，在乌鲁木齐经济技术开发区举行了新疆软件园奠基仪式，工信部娄勤俭副部长、自治区党委常委宋爱荣等领导出席并作重要讲话。11月制订了《自治区2010—2011年度企业软件正版化工作计划》，对2010年度软件正版化工作进行了部署。为支持新疆软件园建设，自治区财政划拨100万元专项经费。为全面推进企业正版化工作，自治区软件正版化领导小组向各地印发了《关于报送第二批软件正版化企业名单的通知》，向勘察设计企业印发了《关于对勘察设计企业正版软件使用情况进行抽查的通知》，会同住房和城乡建设厅组成检查组，对19家乙、丙级勘察设计企业的CAD软件使用情况进行了检查和通报。为促进企业软件正版化工作，自治区版权管理部门深入企业开展调查，总结经验，提出对策，解决企业软件正版化工作遇到的困难和问题，并通过召开自治区企业软件正版化工作表彰大会，对先进企业进行了表彰。经过不懈努力，自治区企业的软件正版化工作有了新的进展，涌现出一批先进集体。新疆电力公司等6家企业荣获"全国软件正版化示范单位"称号。

（四）植物新品种行政保护

2010年，自治区被农业部继续列为全国农业植物新品种保护执法试点省区之一。为做好试点工作，加强农业植物新品种保护，自治区农业厅在全区范围内组织开展了农业植物新品种保护执法大检查，有效地遏止了侵犯品种权和假冒授权品种案件的发生。同时，通过广播、报刊等多种新闻媒介和举办培训班、专题讲座等形式，广泛宣传品种权保护知识。全年举办农业植物新品种保护培训班3期，培训人员180余人，举办专题讲座3次，参加人数240余人。

为加强林木新品种行政保护，自治区林业厅对13个地州市、30个县（市）、49个单位的林木种子、种苗及植物新品种保护开展了执法检查，对伪劣苗木和假冒苗木品种进行了重点抽查，先后派出检查组7个，出动车辆20台（次），出动执法人员66人（次），抽查林业苗木树种9个、127个苗批、约178万株，涉及苗木353万株，检测苗木5300株，查处苗木侵权和不合格苗木案件3起，涉及苗木21万株，挽回经济损失42万元。组织完成自治区地方标准制定109项。

（五）海关知识产权保护

在海关知识产权保护工作中，乌鲁木齐海关注意加强对企业和市场环境调研，经常深入企业有针对性地开展法制宣传，解答企业在知识产权申请、备案、案件线索举报等方面的疑问。通过多种形式的宣传，企业知识产权保护意识明显增强，高露洁、联合利华、阿迪达斯、ABRO等9家企业的知识产权工作人员主动向海关人员反映具体情况，提出加强知识产权的意见与建议，形成了良好的"关企互动"氛围。通过努力，多家企业、自然人申了海关保护备案，一家企业成功启动知识产权海关保护程序，阻止了价值近36万元的侵权商品出口。

一年来，乌鲁木齐海关共查获知识产权侵权案件58起，查收侵权货物3.78万件，案值220.18万元，同比增长66.2%。侵权商品涉及遥控器、手机、手机电池、运动鞋、打印机墨盒、汽车配件、手表、钱夹等商品，侵权品牌涉及步步高、诺基亚、耐克、阿迪达斯、惠普、丰田等国内外知名品牌。

（六）知识产权司法保护

一年来，自治区高级人民法院从法官队伍、审判机制建设入手，积极加强知识产权司法保护工作。一是加强了知识产权司法体系和法官队伍建设。截至2010年年底，自治区高院及伊犁州、乌鲁木齐市、昌吉州、克拉玛依市、吐鲁番地区和哈密地区法院设立了审理知识产权案件的民事审判第三庭，其他中级人民法院也设立了审理知识产权案件的合议庭，指定法官从事知识产权审判工作。目前全区法院共有知识产权案件审判法官45人，其中，审判员36人、助理审判员9人。二是重视提高法官业务素质，将知识产权法律知识的内容纳入全区中级人民法院副院长、庭长的培训内容；在自治区法院网页中增加了"知识产权案件指导性文件"专业板块，及时发布知识产权的最新动态和指导性意见，以便全区法官们学习。各级人民法院针对知识产权案件法律性、专业性强，案件审理中情况新、问题多，量化难度大，标准不统一等特点，在案件审理过程中，坚持"调解优先、调判结合"的原则，不断完善调解机制，加大案件调解力度，积极探索调解方法，提出切实可行公平合理的调解方案，为当事人各方找到能接受的平衡点，以达到"案结、事了、人和"的目的。2010年全区人民法院调解、撤诉、结案148件，调解撤诉率达到54%，与2009年相比，提高了4个百分点。三是自治区高院启动了知识产权刑事、民事、行政"三审合一"的审判机制改革试点工作。经过试点，乌鲁木齐市中级人民法院已形成了知识产权民事、行政"二合一"的审判机制，有效提高了知识产权审判资源利用效率，为在全区全面推行提供了经验。四是充分发挥法院审判职能，依法加强知识产权案件的受理和审判工作。2010年全区法院共受理知识产权案件330件（其中，新受理案件282件，遗留案件48件），同比提高了15.4%。全年受理一审案件265件，二审案件65件；受理专利纠纷案件66件，商标纠纷案件42件，著作权纠纷案件151件，技术合同纠纷案件19件，植物新品种纠纷案件4件，不正当竞争纠纷案件12件，其他知识产权纠纷案件36件。全年共审结知识产权案件274件，其中，审结一审案件222件，审结二审案件52件。

（七）知识产权刑事保护

一年来，自治区公安机关积极开展知识产权刑事保护工作。一是自治区公安厅与专利、商标、质监、食品、药品、烟草、卫生、农业等部门建立联席会议制度和长效保护机制，相互密切配合，互通情况，交流经验，提供线索，制定对策，联合对大型超市、商场等商业流通领域开展执法检查活动；二是在刑事保护活动中，针对制假售假违法犯罪活动潜伏期长、作案手段隐蔽、"地下网络"、跨地区以及与侵犯知识产权、非法经营犯罪交叉等特点，将关口前移，对有制假售假的前科人员作为管控重点对象，对制假售假活动比较猖獗的外来人员聚居地、私房出租屋、各类批发交易市场、专业市场作为巡查重点，加强防范，依法监管，力争做到及时发现及时查处；三是积极受理查办侵犯知识产权刑事案件。全年公安机关共受理侵犯知识产权案件41起，立案33起，破案23起，涉案价值632万元，挽回经济损失320万元，抓获犯罪嫌疑人41人，查处制售传播非法出版物案件427起，收缴、销毁盗版制品及非法出版物30.93万册（张）。

四、加强知识产权保护，进一步提升知识产权创造

一年来，自治区专利管理部门采取有力措施，加强专利保护，大力促进自治区专利数量和质量的不断提升。2010年，新疆三种专利申请为3560件，同比增长24.0%，其中，发明专利申请为912件，同比增长37.8%，实用新型专利申请为2272件，同比增长21.8%，外观设计专利申请为376件，同比增长3.5%，非职务专利申请为1740件，同比增长3.5%，职务专利申请为1816件，同比增长52.8%，大专院校专利申请为191件，同比增长56.6%，科研院所专利申请为242件，同比下降5.8%，企业专利申请为1301件，同比增长71.4%，机关团体专利申请为82件，同比增长54.7%。2010年自治区专利授权为2562件，同比增长37.3%，其中，发明专利授权为189件，同比增长57.5%，实用新型专利授权为2012件，同比增长59.7%，外观设计专利授权为361

件，同比下降25.7%，非职务专利授权为1334件，同比增长9.9%，职务专利申请为1228件，同比增长88.3%，大专院校专利授权为66件，同比增长57.1%，科研院所专利授权为199件，同比增长44.2%，企业专利授权为791件，同比增长83.5%，机关团体专利授权为55件，同比增长34.1%。截至2010年年底，新疆专利申请累计达到28645件，专利授权累计达到17024件，在西北五省区排第2位，在西部12省区排第7位。2010年，新疆申请（PCT）专利10件，同比增长42.8%，全国排名第28位。

2010年，全区新增注册商标10898件、驰名商标6件、新疆著名商标78件，均创下历史新高，全区累计注册商标总数为43888件，累计有效注册商标总数达37991件，驰名商标总数达15件，新疆著名商标总数达到333件，地理标志总数达到36件。

2010年，自治区登记各类作品508件，同比增长40.0%；新认定软件企业5家，累计登记软件企业71家，其中国家规划布局重点软件企业1家，新登记备案软件产品3批32个，累计登记备案软件产品250个，主营业务收入超过亿元的软件企业4家，新认定系统集成企业一批56家，累计达到425家，其中通过国家认定的有13家，自治区认定的有412家。

2010年，自治区植物新品种权申请12件，累计达到88件；新品种授权13件，累计达到29件。

五、大力开展宣传培训工作，不断增强知识产权保护意识

在"4·26"期间，自治区各地各部门按照国家和自治区的统一部署和要求，在全区范围内组织开展了以"创造、保护、发展"为主题，内容丰富、形式多样的知识产权宣传周活动，取得了良好效果。据不完全统计，在宣传周期间，全区举办知识产权讲座、培训班28次，参加培训人数6800人（次）；悬挂横幅480余条；制作宣传栏、宣传板595块，视屏及流动车载宣传广告25块；咨询服务1万余人（次）；出动宣传车35台（次）；印发宣传资料18.7万余份；出动执法人员327人（次），检查商品2万余件，销毁侵权违法商品1.1万件，价值7万余元，销毁侵权盗版制品及各类非法出版物共计66.82万册（张）。

一年来，自治区各级知识产权管理部门、党校、教育培训基地密切配合，积极开展对各类人员的知识产权培训工作，圆满完成了年度万人知识产权培训计划，并取得了突出的成绩。据统计，全年全区举办各类知识产权培训班384期，培训人数33644人（次），其中，培训党政干部10415人（次），知识产权管理人员1396人（次），知识产权师资人员290人（次），企事业单位管理人员3730人（次），科技人员14311人（次），执法人员731人（次），中介服务人员55人（次），大中专学生10598人（次），其他人员3072人（次）。举办专题报告会73场（次），参加人数1.44万人（次）。

2011年新疆维吾尔自治区知识产权保护状况

一年来，自治区坚持以推进实施知识产权战略为主线，以宣传培训为先导，以完善知识产权保护制度为根本，以建立协调保护机制、大力开展打击各类侵犯知识产权行为专项行动为抓手，依法保护权利人合法权益，努力营造知识产权保护的市场环境，为创新型新疆建设和经济跨越式发展提供有力支撑。

一、自治区党委、政府高度重视知识产权保护工作

一是加强领导。自治区党委、政府加强对推进实施自治区知识产权战略的领导，不断提升知识产权保护水平。2月15日，自治区人民政府办公厅印发《关于调整自治区知识产权战略实施领导小组的通知》（新政办发〔2011〕14号），对自治区知识产权战略实施领导小组进行了调整和充实，自治区党委常委、常务副主席黄卫任组长，自治区党委常委尔肯江·吐拉洪、副主席靳诺任副组长，成员由34个政府部门组成。8月7日，自治区人民政府办公厅印发《关于印发新疆维吾尔自治区知识产权战略推进计划（2011—2015年）的通知》（新政办

发〔2011〕14号）。8月17日，自治区政府召开第25次常务会，审议通过了《新疆维吾尔自治区人民政府关于推进商标战略的实施意见》，成立了由艾尔肯·吐尼亚孜副主席任组长的自治区推进商标战略工作领导小组。9月8日，自治区知识产权战略实施领导小组办公室印发《关于印发〈2011年新疆维吾尔自治区知识产权战略实施推进计划〉的通知》（新知战办〔2011〕4号），将年度战略目标、任务、责任分解到各成员单位。年底，"自治区知战办"印发通知，对本年度战略推进实施工作进行了全面的总结。10月9日，召开了自治区推进商标战略大会，发布了《实施意见》，并对2010年以来获得中国驰名商标认定的10家企业各给予了50万元的奖励。自治区党委书记张春贤对推进商标战略高度重视，对大会召开作出重要批示，自治区党委副书记、主席努尔·白克力给大会发来书面致辞，自治区政协主席艾斯海提·克里木拜出席会议，国家工商总局副局长付双建、自治区副主席艾尔肯·吐尼亚孜出席会议并讲话。二是强化保护。自治区知识产权局等部门从完善法律制度入手，完成了《促进与保护条例（送审稿）》及立法后的评估报告；自治区专利、科技等管理部门从机制入手，把加强知识产权保护作为科技兴新"十二五"规划和全区科技工作的重要保障措施之一，纳入科技管理和创新绩效评估体系，从而形成激励技术创新、知识产权创造、保护、运用的科技管理体系和工作运行机制；自治区版权管理部门从软件正版化入手，积极推进全区版权保护工作。4月9日，在昆仑宾馆召开了自治区向国务院督查组汇报我区软件正版化工作情况汇报会，自治区副主席铁力瓦尔迪·阿不都热西提出席会议。

二、知识产权行政保护工作取得新成绩

（一）专利行政保护

全区知识产权局系统积极加强专利保护工作。一是按照国务院关于开展打击侵犯知识产权和制售假冒伪劣商品专项行动的部署，先后制定印发了《自治区知识产权局系统执法专项行动实施方案》《关于全区知识产权局系统开展打击侵犯知识产权和制售假冒伪劣商品专项行动督导检查工作的通知》等文件，提出了专项行动工作目标、任务、要求、具体措施及时间安排，建立了联络员、信息上报和检查督查等制度，保障专项行动的有序开展。二是积极做好重大会展的知识产权保护工作。在9月中国－亚欧博览会期间，自治区知识产权局制定印发了《中国－亚欧博览会保护知识产权管理办法》和《中国－亚欧博览会知识产权举报投诉工作指南》，向参展商发出了保护知识产权倡议书，并派执法组深入展会开展多种形式的宣传、咨询、检查执法活动。三是依法打击各种侵犯专利权行为，维护专利权利人合法权益。全年全区知识产权局系统共受理专利纠纷案件56件，同比增长33.0%，结案53件，同比增长39.5%，查处假冒专利案件65件，同比增长195.5%，出动执法人员5051人（次），检查商业场所2.345次，检查商品5.94万件，向其他部门移交案件2件，接受其他部门移交的案件4件，与其他部门协作执法205次，跨地区协作执法34次，跨省区协作执法3次。伊犁州等5地州知识产权局荣获2011年度全国专利执法工作先进集体荣誉称号。四是采取有力措施加强专利保护，提升专利申请数量和质量。2011年，全区专利申请为4736件，同比增长33.03%。发明专利申请为1273件，同比增长39.58%，实用新专利申请为2732件，同比增长20.25%，外观设计专利申请为731件，同比增长94.41%；非职务专利申请为1974件，同比增长13.19%，职务专利申请为2762件，同比增长52.09%；大专院校专利申请为204件，同比增长6.81%，科研院所专利申请为286件，同比增长18.18%，企业专利申请为2187件，同比增长68.10%，机关团体专利申请为85件，同比增长3.66%。2011年PCT专利申请21件，同比增长110.0%；有效发明专利902件，同比增长35.6%，万人发明专利达到0.41件。全年全区专利授权为2642件，同比增长3.12%。发明专利授权为302件，同比增长59.79%，实用新专利授权为1974件，同比下降1.89%，外观设计专利授权为366件，同比增长1.39%；非职务专利授权为1168件，同比下降12.44%；职务专利授权为1474件，同比增长20.03%；大专院校专利授权为96件，同比增长35.21%，科研院所专利授权为173件，同比下降18.40%，企业专利授权为1158件，同比增长32.19%，机关团体专利授权为47件，同比下降31.88%。截至2011年年底，全区专利申请累计达到33383件，专利授权累计达到19475件。

大力营造知识产权保护社会环境。2011年，自治区发明协会在全区组织开展了表彰奖励"优秀发明创造

者"和"优秀专利技术开发者"活动，共表彰奖励"优秀发明创造者"和"优秀专利技术开发者"42名。全区知识产权局系统在科技型企业和规模以上工业企业开展了消除"零专利"专项行动；在乌鲁木齐高新技术开发区等园区开展了专利托管工作；在企事业单位和高新园区继续开展知识产权试点示范工作；在专利项目实施计划管理中建立知识产权创造、保护、运用导入机制；在"4·26"世界知识产权日期间，全区开展了形式多样的知识产权宣传周活动；11月在组织开展了第五个专利周活动；以知识产权能力建设为目标，积极开展人才培养和培训工作。全区共举办知识产权培训班162期，培训人数13782人（次），举办专题报告会210场（次），参加人数2.63万人（次）。另外，全区知识产权局系统充分利用东中西知识产权合作与对口援疆机制和对口省市的优势资源，提升自治区知识产权保护等项工作。

（二）商标行政保护

2011年，自治区商标保护工作取得显著成绩，得到了国家工商总局和自治区充分肯定，自治区工商局荣获自治区农产品品牌建设先进单位和全国工商行政管理系统打击侵犯知识产权和制售假冒伪劣商品（以下简称"双打"）专项行动先进集体荣誉称号。

1.加强宣传引导，着力营造商标保护良好氛围

自治区工商局协调国家工商总局组成商标战略宣讲团历时7天，行程2000多公里，分别在自治区（乌鲁木齐市）、伊犁州、巴州开展了3场宣讲活动，包括3名副省级领导、81名厅局级领导在内的1430多人听取了宣讲，有力提升了各级领导和广大企业商标意识。同时采取多种形式，加大商标宣传工作力度，据不完全统计，2011年全区工商机关共在新闻媒体刊发商标保护工作信息2030多篇，召开新闻发布会12次，向社会公布商标违法典型案例58件，举办商标法律知识培训班29期，培训4500多人（次）；开展专题宣传咨询服务活动132次，发放宣传资料18.65万份。

2.立足监管执法，深入开展"双打"专项行动

组织全区工商机关开展了为期9个月的"双打"专项行动，自始至终，工作力度不减、干劲不松，建立了信息周报、情况通报、工作例会、行政问责和考核表彰等五项制度，每周1期简报或情况通报，公开工作进展和存在不足，宣传表扬先进，激励带动后进，形成了比学赶超、创先争优的良好氛围。专项行动期间，全区工商机关共查处侵权假冒案件2875件、案值3673.91万元；罚没款1331.93万元；查扣没各类物品69.03万件；移送公安机关案件16件。开展行政指导2480多次，调研走访企业400多家，举行讲座座谈60多场次。受理19家企业的商标侵权投诉，向基层转办商标案件73起。全区工商机关不仅成为自治区开展"双打"专项行动的主力军，也走在了全国工商系统的前列。包括自治区工商局在内的4个单位、12名个人分别荣获全国工商系统"双打"专项行动先进集体和先进个人。另有4个单位、9名个人受到自治区工商局通报表彰。

"双打"专项行动直接推动全区加大了商标违法案件的查处力度，2011年全区工商机关共查处商标违法案件1617件，案值2538万元，罚没款624万元，分别比2010年同期增长97%、187%和58%。没收假冒商品197496件，收缴非法商标标识65633件、制假工具4000件，分别是2010年同期的3.45倍、1.06倍和77倍。

3.着眼发展大局，加快驰名著名商标创立进程

年初，自治区工商局制定了2011年重点培育商标目录，确定47件重点商标，实施分类指导、重点帮扶。一年内向国家工商总局商标局报送16件驰名商标申报材料，开展了第八届新疆著名商标认定工作。2011年全区注册商标申请为10192件、核准注册量7101件。截至2011年年底，全区累计有效注册商标达到43647件、中国驰名商标23件、新疆著名商标381件、地理标志43件。乌鲁木齐市、阿克苏地区、和田地区和阿勒泰地区等分别对新疆著名商标企业给予了资金奖励。

（三）版权行政保护

1.采取有力措施，积极推进软件正版化工作

自治区软件正版化工作领导小组办公室积极推进自治区软件正版化工作。2011年，向自治区级政府机关等

部门制定印发了《自治区开展各级政府机关软件正版化检查整改工作的方案》《在软件正版化自查过程中如何认定盗版软件的意见》《关于采取以奖代补的方式推进自治区级政府机关实施软件正版化工作的通知》等文件，加强对软件正版化工作的部署和指导。通过召开软件正版化阶段性工作部署会暨各厅局办公室主任联席会；举办软件正版化和版权执法培训班，对324名软件正版化工作人员和执法人员进行培训；编发《正版化工作快报》、通报，对提前完成正版化工作的17个厅局通报表扬，对51个未完成正版化的部门提出8月底全面完成的工作任务的要求；组织开展对政府部门的软件正版化现况摸底调查、现场检查；与财政部门加强协调落实采购软件奖励补贴等活动，促进软件正版化工作。6月，向自治区政府呈报了《关于对自治区级党政机关采购正版软件经费予以补贴的请示》，按照政府主席努尔·白克力的批示和要求，落实政府机关采购软件奖励补贴1245万元。自治区版权管理部门多次与财政厅等部门采购办协调、接洽，下达紧急采购任务，确保自治区党政机关软件正版化工作任务的按时完成。致函自治区"双打领导小组"33家成员单位按照要求，商请提前完成软件正版化工作。6月17日，乌鲁木齐市水磨沟区作首府第一家完成正版化采购。9月15日，自治区71个部门完成了软件正版化工作，成为全国第二家完成省级机关正版化工作的省区。在自治区政府的大力支持下，2011年各部门采购正版操作系统软件4377套，办公软件10823套，防病毒软件（国产）22800套，采购金额达2600多万元，采购国产软件金额达611.2万元。

自治区重视加强对地州市和企业软件正版化工作的指导。3月31日—4月1日，组织召开"自治区企业软件正版化工作总结表彰大会暨软件正版化培训会议"，对自治区企业软件正版化工作进行了总结和对6个先进集体、14个优秀组织单位和27名先进个人进行了表彰。4月7—10日，配合国务院软件正版化督查组对自治区宏源证券股份有限公司等4家企业软件正版化工作进行了检查。6月13—15日，对克拉玛依市软件正版化工作进行了检查验收，并受到国家版权局领导多次表扬。9月27日—10月20日，组织4个督察组分别对13个地州市软件正版化工作进行调研督查。2011年，自治区人民政府确定新疆青少年出版社等50家企业为软件正版化工作实施单位，已有近30家企业完成了软件正版化工作。

2.加大巡查力度，依法打击盗版

一年来，全区版权局系统积极开展对图书市场拉网式的执法巡查活动。全区共出动执法车辆500余台（次），出动执法人员2000多人（次），立案查处侵权盗版案件13起，涉案总金额达到33.57万元，其中重大案件3起，移送司法机关案件3起；捣毁窝点或清理取缔店档摊贩350多个，没收侵权盗版制品416233册（张）。利用报纸、期刊、发布专项行动宣传信息8次，发放宣传资料1.8万多份。

3.加大对重点地区和市场的整治工作

2011年，全区版权管理部门将乌鲁木齐等5地市作为全区的重点，针对教材教辅、贺岁片、工具书、外国电影影碟开展治理活动。同时，伊犁州等地州也对游商摊贩集中的市场开展拉网式的治理，取缔了近百家无证经营的摊贩，没收大量盗版音像制品。另外，自治区还重视加强对电视台等重点单位的监管，将保护国产贺岁片音像版权工作纳入专项行动，派人员对相关电视台进行检查督导，没收盗版贺岁片500多张，杜绝未经贺岁片著作权人许可播放行为的发生。

4.注重对大案要案的督办和查处

一年来，自治区版权管理部门将"霸气征途私服案""'11·12'特大贩卖民语光盘案""'6·5'盗版图书案""'2·2'私服案""新疆文学出版社"网站涉嫌诈骗案、"'3·1'涉嫌盗版工具书、教辅图书案""'3·10'销售盗版图书案"等案件作为自治区重点案件进行了督办和查处，加快办案效率，及时办结案件6起。对地州市版权部门查处案件提供指导帮助，加大对移送司法机关案件的督办力度，协调公安部门调取证据，加快司法处理程序，加大刑事处罚力度，对侵权盗版案件快判重判，达到震慑盗版分子的作用。报请国家版权局将"'11·12'特大贩卖民语光盘案""'2·2'私服案"列为国家"双打"行动五部门联合督办案。4月后，联合自治区公安厅、乌鲁木齐市新闻出版局对14家KTV开展了行政执法。对拒不整改的娱乐场所，采取行政处罚和通过电视和报纸予以曝光等措施。2011年自治区版权保护工作受到总署专项行动领导小组办公室表扬，在全国排名第8、西北五省区排名第1。在全国查处侵权盗版案件评选活动中，自治区获二等奖、三等奖单位各2个，获三等奖个人有3名，获奖集体和个人在西北五省区中名列第一。

5.做好服务，加强版权登记工作

一年来，自治区版权管理部门做好服务工作，为出版社编写教辅图书是否涉及侵权问题，积极帮助寻找法律依据，解除困扰；针对翻译出版外国图书存在未经授权的问题，及时给予指导，发出《各出版社在翻译出版境外作品时应注意的版权问题》的函件，指导出版社使用作品的行为；积极在印刷、发行、出版社编辑人员、创作者群体中宣传普及著作权法，为不同行业举办版权培训班或讲座7个，培训1200多人（次）。截至年底，全区共登记各类作品725件，同比增长60%；登记备案出版外国图书授权合同41件。

（四）植物新品种权行政保护

一年来，自治区农业部门大力推进农业植物新品种保护工作，广泛宣传品种权保护知识，积极组织品种权申请。全区全年植物新品种权申请11件，累计达到99件；授权品种5件，累计达到34件。

2011年，新疆被国家农业部继续列为全国农业植物新品种保护执法试点省区之一。在试点工作中，农业厅在全区范围内开展了农业植物新品种保护执法大检查，有效地遏止了侵犯品种权和假冒授权品种案件的发生。

一年来，自治区林业厅根据《新疆维吾尔自治区打击侵犯知识产权和制售假冒伪劣商品专项行动方案》和《国家林业局打击制售假劣林木种苗和保护植物新品种权专项行动实施方案》，制定了《自治区打击制售假劣林木种苗和保护植物新品种权专项行动实施方案》，明确了专项行动的工作目标、工作重点、实施步骤、组织领导和工作要求，对专项行动进行了安排和部署，成立了由副厅长英胜任组长的"自治区林业厅打击制售假劣林木种苗和保护植物新品种权专项行动领导小组"，加强对专项行动的组织领导。在专项行动中，以地州为单位，对直属的育苗单位和各县的育苗者林木种苗生产许可证进行了清查。在有关地州种苗集散地、种苗交易市场等种苗经营较集中的地点组织执法检查，规范林业重点工程使用种苗行为。

（五）知识产权海关保护

一年来，知识产权海关保护工作取得突出成绩。全区海关共查获各类知识产权侵权案件87起，罚没侵权货物5.53万件，均创历史新高，案值197.02万元。侵权商品涉及高露洁等30余个品牌和服装鞋帽等12个大项35种商品。乌鲁木齐机场海关旅检科荣立"集体三等功"，邮局办事处荣获"2010年度全国打击盗版侵权集体三等功"，4个先进集体和6个先进个人受到海关总署的通报表扬。

2011年，乌鲁木齐海关深入开展了"知识产权海关执法情况检查"活动。以查促改，着力提升执法统一性和规范性。5—11月，对霍尔果斯海关等6个单位进行重点检查，查阅知识产权案卷184卷，实地走访监管场所8个，询问一线关员50余人（次），召开情况反馈及交流座谈会6次，组织授课5次，反馈信息100余条（次）。

2010年10月—2011年6月，乌鲁木齐海关组织和开展了"打击侵犯知识产权和制售假冒伪劣商品专项行动"，共查获各类侵权案件62起，案值105.4万元，较历史同期分别增长23.6%和18.9%。

三、知识产权司法保护工作取得新成效

（一）知识产权司法保护

自治区司法机关重视司法保护体系和法官队伍建设。截至2011年年底，自治区高级人民法院及伊犁哈萨克自治州、乌鲁木齐市、昌吉州、克拉玛依市、吐鲁番地区、哈密地区等5地州市中级人民法院均设立了民事审判第三庭（专门审理知识产权案件）。没有单独设立的中级人民法院，设立了审理知识产权案件的合议庭或指定专人从事知识产权审判工作。目前全区法院共有专门审理知识产权案件的审判人员45人，其中审判员36人、助理审判员9人。

一年来，自治区知识产权司法保护工作取得显著成绩。全年法院共受理知识产权案件442件，其中一审案件332件，二审案件68件，再审案件42件。受理专利纠纷案件178件，商标纠纷案件129件，著作权纠纷案件

112件，技术合同纠纷案件12件，其他知识产权纠纷案件11件。遗留案件54件，其中一审案件41件，二审案件13件。

全年法院共审理案件496件，其中一审案件373件，二审案件81件，再审案42件。已结案件432件，占审理案件数的87.1%，其中一审结案320件，二审结案件70件，再审结案42件。未结案件64件，其中一审未结案件53件，二审未结案件11件。在已审结的案件中，经调解撤诉的案件247件，占审结案件数的57.2%，其中一审调解撤诉案件209件，占一审结案数的65.3%，二审调解撤诉案件38件，占二审结案数的54.3%。

法院严格案件审判管理，提高案件质量。全区法官在审理知识产权案件中，牢固树立程序意识，充分保证当事人在庭审中行使诉讼权利，充分体现裁判的公平、公开、公正。注重知识产权案件调解工作，不断加大调解力度，积极化解矛盾，做到了"案结、事了、人和"。积极为企业提供服务，积极帮助企业解决知识产权司法保护工作中出现的难题。

（二）知识产权刑事保护

一年来，全区公安机关按照国务院、公安部的统一部署，积极开展了打击侵犯知识产权和制售伪劣商品犯罪"亮剑"专项行动，取得了丰硕战果。全年公安机关共立侵犯知识产权等案件308起，破获270起，涉案价值达4.76亿元，其中案值500万元以上的大案要案7起、100万元以上的大案要案件33起。抓获犯罪嫌疑人492名，逮捕犯罪嫌疑人136名，捣毁制假、售假犯罪窝点136个，打掉批发、销售侵权伪劣商品犯罪团伙26个。全区抓捕上网逃犯68名，占上网逃犯数的97.14%，实现了公安部下达的上网逃犯抓捕率力争完成90%的任务目标。

在专项行动中，全区公安机关坚持整体推进、突出重点、打防结合、标本兼治、力求实效的原则。将涉及知名品牌企业的假冒伪劣商品和知识产权案件作为专项打击的重点，强化侦查破案。全年乌鲁木齐等公安机关连续侦破了全国"扫黄打非"工作小组办公室等五部委督办的高原涉嫌侵犯知识产权案、艾买尔·艾力涉嫌侵犯知识产权案和公安部督办的李道川涉嫌假冒注册商标案等大案要案。9月，自治区公安厅"亮剑"办组织开展了决战"亮剑"行动，成立了由迪力木拉提副厅长任总指挥的集群战役前线指挥部，按照"打大、打多、打深"的工作方针，联合自治区质量技术监局等部门，在伊犁等9地州市组织开展了决战"亮剑""一号""二号"和"三号"集群作战战役，抓获涉案人员107人，刑拘犯罪嫌疑人35人，案值达4000余万元。11月17日，在乌鲁木齐市等地市组织开展了打击"7·20"系列特大制售假药案集群战役统一收网行动。

四、非物质文化遗产保护工作稳步推进

在6月11日我国第六个"文化遗产日"期间，自治区文化等部门在乌鲁木齐和全区各地举行了启动仪式，组织开展了形式多样的文化遗产宣传展示系列活动。自治区人大常委会副主任杜秦瑞、自治区副主席铁力瓦尔迪·阿不都热西提出席启动仪式并剪彩。在启动仪式上举行了《阿瓦提刀郎文化》《哈萨克族阿依特斯论文集》（英文版）、《心血三十年功业百世存——全国十大文艺集成志书新疆卷编纂纪实》《巴里坤汉语方言俗语》4本新书首发式。

目前，《中国新疆维吾尔木卡姆艺术》、柯尔克孜史诗《玛纳斯》、维吾尔《麦西热普》3个项目已被列入联合国教科文组织人类非物质文化遗产的"代表作名录"和"急需保护名录"。此外，新疆各民族非物质文化遗产有52项被列入国家级名录、185项列入自治区级名录。

2012年新疆维吾尔自治区知识产权保护状况

2012年，新疆维吾尔自治区在知识产权保护工作中坚持以推进知识产权战略实施为主线，以完善知识产权保护制度和协调机制为抓手，不断强化知识产权保护力度，大力营造"尊重知识、崇尚发明、尊重知识产权"

的良好社会环境和市场环境，为创新型新疆建设和跨越式发展提供有力支撑。

一、自治区党委、人大、政府高度重视知识产权保护工作

自治区党委、政府加强对知识产权工作的领导。2月20日，自治区知识产权战略实施领导小组办公室印发《关于印发〈2012年新疆维吾尔自治区知识产权战略实施推进计划〉的通知》(新知战办〔2012〕1号)，将知识产权创造、保护等66项指标任务分解到各成员单位。2月22日，自治区人民政府在昆仑宾馆召开自治区知识产权工作会议。国家知识产权局党组成员、纪检组组长肖兴威，自治区人大常委会副主任杜秦瑞、自治区副主席靳诺、自治区政协副主席约尔古丽·加帕尔和自治区政府副秘书长刘华等领导出席会议。会上，正式发布了《2012年新疆维吾尔自治区知识产权战略实施推进计划》，对2011年度知识产权执法保护等工作先进单位和先进个人进行了表彰奖励，对2012年知识产权工作进行了安排部署。4月1日，自治区人民政府办公厅印发《关于开展2012年自治区知识产权宣传周活动的通知》(新政办发〔2012〕43号)，对知识产权宣传周活动进行周密部署。4月20日—26日，全区按照自治区人民政府的统一部署和要求，以"培育知识产权文化，促进社会创新"为主题，在全区组织开展了丰富多彩的宣传周活动。自治区党委、政府重视完善激励知识产权创造、保护的方针政策。7月2日，全国评比达标表彰工作协调小组印发《关于新疆维吾尔自治区党委、自治区人民政府申报项目的复函》(国评组函〔2012〕34号)，同意自治区党委、自治区人民政府设立自治区优秀发明创造和专利技术开发评选表彰项目的申请，恢复执行《新疆维吾尔自治区奖励优秀发明创造、专利技术开发者暂行办法》(新政发〔1997〕59号)。7月26日，国家知识产权局、自治区人民政府在乌鲁木齐召开第二次全国知识产权系统对口援疆工作会议暨国家知识产权局、新疆维吾尔自治区人民政府第三次合作会商会议。国家知识产权局局长田力普、自治区党委常委尔肯江·吐拉洪和自治区副主席靳诺等领导出席会议并讲话。会上，双方签署了《国家知识产权局、新疆维吾尔自治区人民政府2012—2013年度知识产权援疆工作协议》，就建立全国知识产权援疆工作长效机制，共同推进知识产权战略实施，加快新疆知识产权事业发展进行了研究部署。2012年，在自治区政府机关绩效管理试点工作中，将专利创造数量和质量，加强版权保护，打击侵犯著作权行为和政府软件正版化等工作内容纳入政府绩效考评指标体系。

自治区人大、政协重视知识产权保护工作。3月29日，自治区人大代表、政协委员等相关人员参加自治区高级人民法院组织的庭审观摩活动，对知识产权司法保护工作提出意见和建议。9月10—18日，自治区人大常委会组成联合调研组赴南北疆对各地知识产权司法保护情况进行了检查和调研；自治区第十一届人民代表大会常务委员会第三十九次会议对《新疆法院系统知识产权司法保护状况五年工作报告》进行了审议。9月28日，新疆维吾尔自治区第十一届人民代表大会常务委员会第三十八次会议审议通过《新疆维吾尔自治区专利促进与保护条例》，该条例于12月1日正式实施。11月29日，自治区人大常委会在新疆人民会堂举行《条例》颁布实施新闻发布会，自治区人大常委会主任艾力更·依明巴海、副主任马明成和自治区副主席靳诺等领导出席并讲话。

自治区行政执法保护部门强化知识产权保护。在宣传周期间，自治区知识产权工作协调指导小组成员单位联合发布《2011年新疆维吾尔自治区知识产权保护状况》(白皮书)和《2011年自治区知识产权十大典型案例》；全区知识产权局系统组织开展专利侵权纠纷案件公开审理观摩和知识产权维权援助与举报投诉公益服务宣传推广活动；全区知识产权执法和司法机关充分发挥协调机制，联合组织开展打击侵犯知识产权行为专项行动。据统计，宣传周期间，全区知识产权局系统之间开展协作执法16次，出动执法人员120余人，查检商品4000余件。

二、自治区知识产权行政、司法保护工作积极有效推进

(一)专利行政保护

3—10月，全区知识产权局系统按照国家知识产权局的统一部署和安排，积极开展知识产权执法维权"护

"航"专项行动。3月14日，自治区知识产权局印发《关于印发〈自治区2012年知识产权执法维权"护航"专项行动实施方案〉的通知》（新知法字〔2012〕18号），对"护航"行动各项工作进行了全面部署，并于4月1日举行"自治区知识产权执法维权'护航'专项行动启动仪式"；14个地州市根据自治区的安排部署制定了各地"护航"专项行动实施方案，并结合本地情况开展了形式多样的专利执法保护行动。10月，自治区知识产权局领导带队赴喀什、克拉玛依、塔城等地州市对专利执法维权工作进行了督导检查。

2012年，全区专利执法部门，依法开展调处专利纠纷、查处假冒专利行为等执法活动。9月2—7日，自治区知识产权局与工商局等执法人员组成举报投诉组，入驻2012年第二届中国-亚欧博览会，开展知识产权举报投诉与咨询活动。10月12日，自治区知识产权局承办了由国家知识产权局委托的"西部地区知识产权系统执法案例与实务研讨交流会"。据统计，全年全区专利执法部门共受理专利纠纷案件113件，同比增长101.79%，结案73件，同比增长37.74%，查处假冒专利案件115件，同比增长76.92%，出动执法人员1326人（次），检查商业场所1288个（次），检查商品242.55万件，向其他部门移交案件1件，与其他部门协作执法126次。2012年，全区知识产权局系统有3个单位、7名执法人员被评为全国知识产权系统和公安机关知识产权执法保护先进集体和先进个人，受到国家知识产权局和公安部的通报表扬。

（二）商标行政保护

2012年，全区工商局系统积极开展商标行政保护工作，并取得了新成效。一是商标战略实施工作格局初步形成。全区各级工商机关力促商标战略实施由部门行为上升为政府行为，各地出台了商标战略推进措施或奖励政策，全年各级政府共兑现驰名著名商标奖励资金1370万元；二是召开了自治区推进商标战略工作领导小组成员单位第一次联席会议，明确了各部门工作职责和分工，初步形成以政府为主导、工商部门为主力、企业为主体、部门主推和社会参与的商标战略实施工作格局；三是商标"双打"专项执法工作取得新成效。在"双打"专项行动期间，全年共立案查处侵犯和假冒商标权案件4630件，结案4264件，案值17468万元，罚没款2658万元，与上年相比，分别增长了61%、66%、607%和99%，有7个单位和18名个人被评为自治区商标执法先进集体和先进个人，受到自治区工商管理局的表彰；四是积极构建商标监管长效机制。自治区工商局制定"四书两帐一卡"商标行政指导制度，并在全疆推行，使得商标行政指导工作进一步向规范化、常态化转变；昌吉州工商局建立了推广商标品牌查验制度和商标印制企业电子备案系统；阿克苏地区工商局出台了商标品牌授权经营及备案公示制度，并在各县市试点推行；五是加大地理标志商标和民族特色品牌的保护力度。自治区工商管理局开展了保护"阿尔曼"注册商标专用权等5项专项整治行动。针对哈密瓜地理标志在区外被侵权的情况，向国家商标局提出在全国范围内予以保护的建议。针对"和田玉枣"地理标志注册人的投诉，协调各地加大打击力度，有效遏制了侵权行为。乌鲁木齐市米东新区工商局开展了地理标志保护专项行动，查获假冒"和田玉枣"10吨；六是商标战略宣传工作产生积极影响。自治区工商局协调国家工商总局再次组织商标战略宣讲团到乌鲁木齐市、阿克苏和阿勒泰地区开展商标战略宣讲活动，参加人员达1800余人。宣讲活动受到当地党政领导及与会人员的一致好评，产生了积极的影响。

（三）版权行政保护

2012年，自治区新闻出版局（版权局）继续保持打击侵权盗版行为的高压态势，针对自治区版权市场存在的问题，集中时间、集中力量，开展专项治理和集中行动，有重点、有目的地对图书、音像、网络、印刷、运输市场和校园周边进行集中整顿。通过对重点地区、重点环节、重点部位、重点对象的暗访和专项检查，在净化出版物市场，查办各类大案要案方面取得了阶段性成果，使全区版权市场的版权保护状况得到了明显改善。全年全区新闻出版（版权）部门共出动执法人员155619人（次），出动执法车辆7200台（次），检查出版物市场店档摊点74205个（次），收缴盗版非法书刊185362册、盗版非法音像制品1024772张（盘）、盗版教辅读物3407册，删除网上有害信息72条。

2012年，自治区继续推进软件正版化工作。一是对自治区软件正版化工作领导小组成员进行了调整。将审计厅、知识产权局、法制办、海关、文化厅、机关事务管理局、旅游局、卫生厅、住房与城乡建设厅等部门增加为成员单位，扩大了行业正版化工作范围；二是召开了自治区正版化工作领导小组会议。对上年正版化工作进行了总结，对2012年软件正版化工作进行了部署；三是制订实施了《新疆维吾尔自治区2012年度软件正版化工作计划》，提出了年底前完成地州软件正版化任务的时限；四是完善了软件资产管理制度和机制。自治区财政厅印发了《新疆维吾尔自治区政府机关软件资产管理暂行办法》，建立了政府机关正版化软件采购经费保障、软件资产管理、日常监管及审计监督等软件正版化长效机制。对自治区级9个政府部门，2个地（市）和4个县（市、区）软件正版化工作进行了检查验收。7月6日，自治区人民政府召开新闻发布会对软件正版化工作进行了通报。截至2012年年底，自治区所属71个委办厅局提前10个月完成了软件正版化检查整改工作，有6个地州市、14个县（市、区）政府机关完成了软件正版化工作；五是大力推进企事业单位软件正版化工作。年初，自治区版权局对50家企业软件正版化工作进行了检查验收，其中有42家企业通过验收，完成率达到84%；4月，组织开展了第四届"全国推进使用正版软件示范企业"推选活动，对已完成软件正版化工作的友好（集团）等6家企业（集团）作为候选单位推荐至国务院推进使用正版软件部际联席会议办公室；7月，与新疆证监局共同印发《在自治区上市企业和申请上市企业中开展软件正版化工作的通知》，并于10月举办证券期货行业软件正版化培训班，对60余家企业进行了培训；与新疆证监局、自治区住房与城乡建设厅等部门联合发文，选定10余家企业作为软件正版化推进单位。截至2012年年底，伊犁州等5个地州市网吧行业、吐鲁番等3个地区的打字复印企业、1家拟上市企业和新疆经济报社总部等单位完成正版化工作。

积极开展出版对外交流活动。一是依托"中国-亚欧博览会"，着力构建以新疆为中心，辐射中亚、南亚等周边国家的出版物交易和版权贸易平台。9月3—7日，成功举办了第一届"中国-亚欧出版博览会"，共有11个国家的18家出版机构和国内20余家出版集团参加，收到了良好的效果；二是加强对港台的出版交流。7月18—24日，组织新疆出版代表团参加了第23届香港国际书展；11月22—24日，策划举办了祖国大陆图书展——新疆主题展活动的开幕式、新疆新书首发式、新疆-台湾出版文化论坛等活动；三是加强与外国的出版交流。2月15—22日，组织新疆新闻出版交流团一行22人参加了在伊斯兰堡举办的为期5天的出版文化交流活动；11月，自治区选派10人参加了土耳其中国文化年活动和伊斯坦布尔图书展活动。

（四）植物新品种保护

2012年，自治区被农业部继续列为全国农业植物新品种保护执法试点省区之一。自治区农业厅积极推进、不断深化农业植物新品种保护执法试点工作。一是在全区范围内开展了农业植物新品种保护执法大检查，有效地遏止了侵犯品种权和假冒授权品种案件的发生；二是广泛深入做好品种权保护知识的宣传普及工作。通过广播、报刊、举办培训班和讲座等形式，广泛宣传品种权保护知识，不断提升全社会公众的品种权保护意识。全年举办农业植物新品种保护培训班5期，培训人员360余人（次）；举办知识讲座5次，参加人员380余人（次）。

2012年，自治区林业部门在全区组织开展了打击制售假劣林木种苗和保护植物新品种权专项行动，成立了由副厅长英胜任组长的"自治区林业厅打击制售假劣林木种苗和保护植物新品种权专项行动领导小组"，制定了《2012年自治区打击制售假劣林木种苗和保护植物新品种权专项行动实施方案》，提出了专项行动的工作目标、工作重点、实施步骤、组织领导和工作要求，对专项行动进行安排和部署。

一年来，自治区林业执法人员在全区组织开展了林木种子、种苗及植物新品种保护执法检查活动，对9个地（州、市）、45个县（市）、89个单位的105个苗批的苗木质量在自查基础上进行了抽查。自治区林业部门重视林木新品种保护制度和奖励机制的建立与健全，在各类林业科技项目管理工作中，将植物新品种保护工作纳入项目重要考核指标体系，并给予资金倾斜。另外，重视执法人员能力的提升。2012年，共举办林木知识产权保护培训班20余期，培训林业技术和管理、执法人员近2000人（次）。

（五）知识产权海关保护

2012年，乌鲁木齐海关从提升知识产权保护能力和水平入手，加强对执法人员的业务培训。从规范执法程序入手，积极探索适用简易的案件办理流程，降低一线业务负荷，集中精力查办大案要案。加强与中级人民法院的沟通，妥善解决货物处置问题，积极为权利人挽回经济损失。加强执法监督，深入开展知识产权保护执法监察。年末，对海关系统执法情况进行了检查，对发现的问题及时提出整改意见。

2012年，全区海关按照总署的统一部署，积极开展"国门之盾"专项行动，认真做好"打击假冒药品、食品和汽车配件专项整治工作"。在专项整治工作中，乌鲁木齐海关制定了《打击假冒药品、食品和汽车配件专项整治工作实施方案》，建立了专项整治工作组织，配备了人员，制定了监督、检查制度和保障措施。由于领导重视，执法保护有力，在专项行动期间，关区知识产权案件数量连续14个月保持两位数增长。海关一线保持了打击侵权的高压态势，加大了对出口侵权手机、平板电脑等电子产品的打击力度。各口岸强化执法，使违法犯罪分子无空可钻，海关知识产权保护工作取得了显著成绩。2012年，全区海关共查处各类侵犯知识产权案件113起，案件首次突破100起，同比增长29.89%；案值626.52万元，同比增长217.99%；收缴侵权商品11.06万件，同比增长100.14%。

（六）知识产权刑事保护

一年来，全区公安机关在知识产权刑事保护工作中，坚持整体推进、突出重点、打防结合、标本兼治、力求实效的原则，围绕"破案会战"打击行动，积极采取多种措施，有针对性地开展打击侵犯知识产权犯罪活动，有效地遏制了规模性侵犯知识产权行为。全年全区公安机关共立侵犯知识产权案件221起，破获案件186起，抓获犯罪嫌疑人209人，案值5700余万元，查获盗版光盘14371册（张），捣毁销售侵权盗版出版窝点12个。

（七）知识产权司法保护

2012年，全区法院系统不断加大知识产权司法保护力度，提高保护水平。一是充分发挥知识产权审判职能，依法受理和审结各类知识产权案件。全年全区法院共受理知识产权民事案件335件，其中一审案件288件、二审案件45件、再审案件2件；受理专利权纠纷案件41件、商标权纠纷案件156件、著作权纠纷案件80件、技术合同纠纷案件6件、植物新品种权纠纷案件2件、其他知识产权纠纷案件3件。全年共审结知识产权案件354件（含旧存案件），结案率88.72%，其中，一审结案299件、结案率87.68%，二审结案53件、结案率94.64%，再审结案2件、结案率100%；二是积极参与"打击侵犯知识产权和制售伪劣商品犯罪亮剑专项行动"，依法严惩知识产权犯罪行为，以刑事审判手段加强知识产权司法保护力度。全年共审理知识产权刑事案件89件，审结86件，判处罪犯114人，其中生产销售伪劣产品罪7件10人、生产销售假药罪5件6人、非法经营罪22件31人、假冒注册商标罪14件24人、销售假冒注册商标的商品罪30件34人、侵犯著作权罪8件9人；三是加强知识产权行政审判，依法监督行政行为，支持依法行政。全年审理知识产权行政案件14件，审结11件；四是在知识产权审判工作中严格贯彻"调解优先、调判结合"的工作方针，将调解贯穿案件审理的各个环节。全年经法院调解结案及调解后撤诉结案的案件达226件，占审结案件的63.84%，在维护知识产权权利人合法权益的同时，积极化解矛盾，做到"案结、事了、人和"。

一年来，全区法院高度重视知识产权司法保护宣传工作。一是积极宣传涉及"楼兰""古城""昆仑""赛里木""红双喜""阿尔曼"等知名度较高的知识产权侵权案件，引起了社会的广泛关注。在"4·26"宣传周新闻发布会上，自治区高级人民法院向社会公布了2011年度15例知识产权审判典型案件；二是积极组织自治区人大代表、政协委员和知识产权局等单位相关人员参加庭审现场观摩和举办座谈会，广泛听取各方面的意见和建议；三是重视发挥新闻媒体的作用，多渠道宣传知识产权司法保护工作。宣传周期间选派法官参加新疆人民广播电台《说法》栏目，开展知识产权司法保护宣传活动。

（八）非物质文化遗产保护

一年来，自治区文化部门积极推进非物质文化遗产保护工作。一是进一步完善了非物质文化遗产保护的协调指导、专家咨询和业务工作体系。由自治区人民政府领导牵头组成的非物质文化遗产保护工作领导小组，加强对全区非物质文化遗产保护工作的协调指导工作；二是坚持实施对基层非物质文化遗产保护工作人员专业知识的培训辅导和交流学习；三是扩大非物质文化遗产保护对外宣传的展示与交流合作。自治区组织参加了由文化部牵头举办的全国非物质文化遗产生产性保护成果大展、非物质文化遗产苏州论坛、成都非物质文化遗产节和山东非物质文化遗产传统技艺大展等活动；四是建立完善全区三级非物质文化遗产名录体系。6月，由自治区人民政府批准公布了第三批"自治区级非物质文化遗产代表性名录"52项，使自治区级非物质文化遗产名录项目总数增加到237项。

三、加强知识产权保护，促进知识产权创造数量和质量的提升

2012年，新疆专利申请、授权数量和质量又上新台阶。据统计，全年新疆三种专利申请为7044件，同比增长48.73%，比上年提高15.7个百分点。万人发明专利拥有量达到0.59件，同比提升了42.75个百分点。全年发明专利申请为1679件，同比增长31.89%；实用新型专利申请为3375件，同比增长23.54%；外观设计专利申请为1990件，同比增长172.30%。非职务发明专利申请为2878件，同比增长32.61%。职务发明专利申请为4166件，同比增长50.83%。大专院校专利申请为286件，同比增长40.20%；科研院所专利申请为337件，同比增长17.83%；工矿企业专利申请为3365件，同比增长53.86%；机关团体专利申请为478件，同比增长109.41%。截至2012年年底，新疆三种专利申请累计达到40427件，其中发明专利申请达到8498件，实用新型专利申请达到24217件，外观设计专利申请达到59212件。

2012年，新疆三种专利授权为3440件，同比增长30.20%，同比提升27.1个百分点。全年发明专利授权为451件，同比增长49.34%；实用新型专利授权为2383件，同比增长20.72%；外观设计专利授权为606件，同比增长65.57%。非职务专利授权为1325件，同比增长13.44%。职务专利授权为2115件，同比增长43.49%。大专院校专利授权为140件，同比增长45.83%；科研院所专利授权为203件，同比增长17.34%；工矿企业专利授权为1701件，同比增长46.89%；机关团体专利授权为71件，同比增长51.06%。截至2012年年底，新疆三种专利授权累计达到22915件，其中，发明专利授权达到1939件，实用新型专利授权达到16721件，外观设计专利授权达到4446件。

2012年，自治区商标、地理标志注册数量有新提升。据统计，全年全区商标申请为14207件，同比增长39.39%，连续两年突破万件大关。新驰驰名商标8件，累计达到31件。新认定著名商标32件，累计达到413件。截至2012年年底，全区有效注册商标累计达到50117件；地理标志累计44件。全年新增有效注册商标7708件，新增地理标志3件。

2012年，自治区著作权登记数量有新提高。全年全区共登记作品1000余件，同比增长20%；登记出版外国作品合同26件；全年新登记软件著作权402个，同比增长37.0%，新认定软件产品102个，同比增长45.7%。

2012年，自治区新品种保护工作有新进展。全年全区新品种权申请12件，授权6件。截至2012年年底，全区农业植物新品种权申请累计达到109件，授权累计达到40件。

2012年，自治区林业部门积极开展新品种审定工作。全年审定林木良种31个，其中通过审定良种18个、认定良种8个。

2013年新疆维吾尔自治区知识产权保护状况

2013年，自治区知识产权系统认真贯彻党的十八大精神，坚持以深入实施知识产权战略为统领，进一步解放思想，不断创新工作方法，着力于强化全社会知识产权创造、运用、保护和管理能力建设，各项知识产权工作取得了新进展，知识产权保护为激励技术创新、综合实力提升、加强创新型新疆建设和促进自治区产业结构调整、发展方式转变提供了有力支撑。

一、自治区党委、政府高度重视知识产权保护工作

按照《新疆维吾尔自治区知识产权战略实施推进计划（2011—2015年）》总体规划，1月23日，自治区知识产权战略实施领导小组办公室会同各成员单位制订并颁布了《2013年新疆维吾尔自治区知识产权战略实施推进计划》（新知战办〔2013〕1号），将知识产权创造、保护等66项指标任务分解到各成员单位。同时，还制定了《2013年新疆维吾尔自治区专利事业发展战略推进计划实施方案》《自治区各地、州、市知识产权战略实施绩效评价方案》。

4月19—26日，在全区组织开展了以"实施知识产权战略，支撑创新驱动发展"为主题知识产权宣传周活动。宣传周期间在全疆范围内开展了以"知识产权企业大讲堂""新疆专利电子申请帮扶行动""发明专利倍增行动启动仪式""大学生知识产权知识竞赛""公开审理专利侵权纠纷案件方案""公布2012年知识产权保护十大典型案例工作方案""联合执法"等为主要内容的一系列宣传教育活动。通过此次宣传周活动，自治区和各地、州、市参加此次宣传周活动的部门、企业和各级领导对知识产权的认识进一步提高，全社会的知识产权保护意识得到一定加强，许多企事业单位由原来被动接受知识产权知识转变为主动开展维护知识产权，在社会公众中引起了强烈反响，对于营造我区实施知识产权战略良好环境产生了积极的推动作用。

2013年，《新疆维吾尔自治区奖励优秀发明创造、专利技术开发者暂行办法》（新政办〔1997〕59号）经国务院正式批准执行，自2013年起更名为《新疆维吾尔自治区专利奖》，并首次以自治区人民政府名义组织开展了"新疆专利奖"评审和奖励工作。

2013年，在自治区政府机关绩效管理试点工作中，将专利创造数量和质量，加强版权保护，打击侵犯著作权行为和政府软件正版化等工作内容纳入政府绩效考评指标体系。

二、自治区知识产权行政、司法保护工作积极有效推进

（一）专利行政保护

2013年，全区知识产权局系统以宣传贯彻实施《促进与保护条例》和"专利行政执法能力提升工程"为重点，继续深入开展知识产权执法维权"护航"专项行动，专利行政执法保护力度进一步加强，执法工作取得了显著成效。一是开展《促进与保护条例》的宣传贯彻实施工作，提升专利工作部门、企事业单位依法保护和管理知识产权的能力和水平，推动我区知识产权工作的全面开展。印制了4000本《促进与保护条例》汉文和维文单行本下发地州市，在全区组织安排了10期《促进与保护条例》宣讲会。各地、州、市知识产权局也组织开展了形式多样的宣传贯彻活动。二是实施"专利行政执法能力提升工程"。完善专利行政执法维权工作制度建设，修订了《专利行政执法人员管理办法》《新疆维吾尔自治区商业流通领域标注专利标记商品的管理办法》和《新疆维吾尔自治区专利行政执法责任制考核办法》；制定印发了《新疆维吾尔自治区知识产权局专利行政执法督导与检查工作制度》《新疆维吾尔自治区知识产权局专利行政执法案卷评查制度》《新疆维吾尔自治区知识产权举报投诉奖励办法》。进驻"科洽会""中国-亚欧博览会"，设立知识产权投诉组，开展执法检查、宣传咨询、接受举报投诉并现场检查处理等工作。举办了专利行政执法提高培训班和新疆专利法侵权判定培训班，共培训专利行政执法人员和知识产权中介服务机构人员120余人。三是继续开展知识产权执法维权"护航"和"双打"专项行动。确定全区15个地州市"护航"专项行动举报投诉电话，同时在局网站等有关媒体进行公布。"4·26"期间，自治区知识产权局会同自治区法院、公安、工商、新闻出版（版权）和乌鲁木齐海关等部门，发布了《2012年新疆维吾尔自治区知识产权典型案例》。联合乌鲁木齐市打击侵犯知识产权和制售假冒伪劣商品专项行动领导小组办公室在乌市华凌市场开展一次打击侵犯知识产权和制售假冒伪劣商品联合执法活动。各地州市知识产权局按要求及时结合本地执法维权工作实际，制订了"护航"专项行动工作计划。四是开展专业市场知识产权保护工作。申报国家知识产权局专业市场知识产权保护试点工作项目，根据新疆边贸市场特点，启动霍尔果斯口岸江源市场知识产权保护试点工作，探索对外贸易市场知识产权保护工作模式，总

结经验加以推广。确定新疆16家重点专业市场名录，开展调研，撰写调查报告，为全面开展新疆专业市场知识产权保护工作奠定基础。

2013年全区知识产权系统执法人员积极受理专利侵权纠纷及查处假冒专利案件，专利行政执法工作不断推进。全区知识产权局系统共受理各类专利案件323件，同比增长41.67%，专利侵权案件结案326件（含上年结转），同比增长74.47%，出动执法人员1880人（次），检查商业场所908个，检查商品26万件，与其他部门协作执法15次，参加行政诉讼5起。专利侵权纠纷处理量和假冒专利案件查处量明显加大，专利行政执法能力进一步加强。

（二）版权行政保护

2013年我区的版权管理工作成绩喜人。版权战略扎实推进，版权规范、执法、服务、宣传全面进步。创造性地开展政府机关软件正版化工作，多措并举，提请政府以第一号督查通知要求各地州完成软件正版化；将软件正版化纳入各地州的行政效能考核，使地州政府高度重视此项工作。7月底，自治区艾尔肯·吐尼亚孜副主席亲自给8个地州市的主要领导电话督办。10月底，自治区主席努尔·白克力亲自主持政府常务会研究推进，要求地州市必须在11月底完成正版化工作，同时落实企业软件正版化奖补资金300万元，纳入自治区版权局部门预算。11月底，自治区党委、政府组成督察组，对南疆4地州开展软件正版化督查，这一系列措施确保了全区三级政府机关的软件正版化全面完成。全区各级政府共采购正版软件6000多万元，取得授权14万多个，体现了我区保护知识产权的力度，树立了政府依法行政的良好形象。近150家企业完成软件正版化工作，上市企业、拟上市企业、商超行业、医疗卫生行业、建筑设计行业正版化均取得突破，特点鲜明。全年全区举办培训班15期，培训人员3000多人（次）。作品登记提前完成"十二五"版权战略的目标，超过1000件。指导各地查处重点案件5起，调解版权纠纷3起，赢得了权利人的一致认可。

（三）植物新品种保护

农业植物新品种保护是知识产权保护的重要内容，2013年，新疆大力推进农业植物新品种保护工作，广泛宣传品种权保护知识，积极组织品种权申请工作，新品种保护事业得到了较快发展。全区全年品种权申请数量23件，授权品种1件。至2013年年底，全区品种权申请总量累计达到132件，授权总量累计达到41件。

2013年，新疆被农业部继续列为全国农业植物新品种保护执法试点省区之一。在试点工作中，新疆农业厅在全区范围内开展了农业植物新品种保护科技执法大检查，有效地遏止了侵犯品种权和假冒授权品种案件的发生。同时通过广播、报刊、举办培训班、讲座等形式，广泛宣传品种权保护知识，开展培训工作，举办农业植物新品种保护培训班5期，培训人员400余人（次）；举办知识产权讲座3次，培训人员380余人（次）。同时，积极参加了"知识产权宣传周活动"，制作了有关植物新品种保护的版面，开展了宣传活动。并与自治区种子管理总站一起开展了2次全区植物新品种保护种子执法检查。

（四）知识产权海关保护

2013年，乌鲁木齐海关按照党中央、国务院关于建设创新型国家的重大决策和实施《国家知识产权战略纲要》的统一部署，充分发挥海关在国家知识产权保护体系中的重要作用，充分发挥边境执法机关的职能作用，海关知识产权保护工作进一步加强。

2013年，乌鲁木齐海关共查获各类商标侵权案件65起，案值305.39万元；罚没侵权商品9.9万件；侵犯权利数75个。

面对日益增长的监管业务量，如何在保证进出境货物和人员通关顺畅的同时，提高针对进出境侵犯知识产权货物执法的有效性，是中国海关面临的一个重大课题。为解决便利合法进出口和对知识产权实施有效保护的矛盾，乌鲁木齐海关不断采取措施，通过采取风险分析技术、加强与知识产权权利人的合作、加大对口岸执法关员的知识产权法规培训力度等手段，全面提升海关保护知识产权的执法能力，在进出境环节有效维护了权利人合法权益。

（五）知识产权司法保护

2013年，全区法院知识产权审判工作紧紧围绕"努力让人民群众在每一个司法案件中都感受到公平正义"的目标，进一步加强队伍建设，充实知识产权审判力量，改进工作作风，努力提高司法能力和水平；进一步加强改革创新，优化知识产权审判体制和工作机制，加大司法保护力度，充分发挥司法保护知识产权的主导作用；进一步加强司法公信建设，依法独立公正审理各类知识产权纠纷案件。

2013年，全区法院新受理知识产权民事案件559件，其中一审案件508件，占新受理案件的91%，二审案件50件，占新受理案件的8.9%；再审案件1件，占新受理案件的0.1%。2012年的旧存知识产权民事案件45件，其中一审案件3件，二审案件42件。新受理知识产权民事案件中专利纠纷案件102件、商标纠纷案件206件、著作权纠纷案件238件、技术合同纠纷案件7件、植物新品种纠纷案件3件、其他知识产权纠纷案件3件。

全年共受理知识产权民事案件604件（新收559件、旧存45件），审结572件，结案率94.85%。其中，一审结案524件，一审结案率95.27%；二审结案48件，二审结案率90.56%；再审结案1件，再审结案率100%。全年新收刑事知识产权案件64件，旧存3件。全年共受理知识产权刑事案件67件，审结63件，处以刑罚94人，其中生产销售伪劣产品罪9件22人，生产销售假药罪4件4人，非法经营罪9件14人，假冒注册商标罪10件15人，销售假冒注册商标的商品罪28件36人，侵犯著作权罪2件2人，其他知识产权犯罪1件1人。全年新收行政知识产权案件8件，旧存3件。全年共审理知识产权行政案件11件，审结10件，其中原告撤诉4件，移送2件，维持行政机关具体行政行为2件，驳回诉讼请求1件，部分撤销行政机关具体行政行为1件。

2013年，知识产权案件上升较快的乌鲁木齐市中院和昌吉州中院，大力开展将案件化解在庭外的审理方式，创新知识产权案件立案审查模式，加大庭前调解力度，48起案件在法院主持下，在双方开庭前达成了和解协议。昌吉州中院结合自身特点，创新工作模式，2013年先后在昌吉、呼图壁、玛纳斯、吉木萨尔、阜康、奇台等县市工商局开展巡回庭审活动，开庭审理了58件商标侵权案件，其中调撤54件，巡回调撤率达93%；其中当庭履行52件，巡回当庭履行率96%。

全区法院知识产权案件调解及撤诉结案436件，调撤率76.22%；其中一审调解及撤诉结案398件，调撤率75.95%，二审调解及撤案结案38件，调撤率79.16%。自治区高院、高院伊犁州分院、乌鲁木齐市中院、昌吉州中院四个知识产权案件较集中的法院调撤率分别达到75%、100%、70.56%、86%。

2013年，通过案件审理向案件当事人尤其是被控侵权人并通过他们的亲身经历向社会宣传知识产权法律知识。撰写信息报道、以案说法、编写典型案例通过《人民法院报》《新疆日报》《乌鲁木齐晚报》《新疆法制报》《新疆都市报》等传统媒体及亚新网、法院网、腾讯网、搜狐网等网络媒体宣传知识产权知识及知识产权保护情况，努力推动全社会知识产权保护意识，扩大人民法院保护知识产权的社会影响，取得了较好的成效。在发挥"4·26"知识产权宣传周活动期间，以庭审观摩、新闻发布会、挂横标、发放宣传材料等方式开展宣传活动，宣传法律，增进全社会对人民法院知识产权司法保护工作的了解和认可度。高级法院、乌鲁木齐市中级人民法院分别邀请了人大代表、政协委员、知识产权局、科技局、高新区企业界代表参加举办了两次庭审观摩活动。并于庭后召开座谈会，听取代表、委员的意见和建议，了解社会对知识产权司法保护的需求。高级法院和乌鲁木齐市中院分别召开知识产权新闻发布会，通报了2012年来全区法院知识产权司法保护状况、工作大事记；发布了高院2012年8起知识产权典型案例和2012年度乌鲁木齐市法院十大知识产权案件；以答记者问的形式向社会宣传司法保护中的热点、难点问题。

（六）非物质文化遗产保护

2013年，新疆新增55处全国重点文物保护单位。完成了259处自治区级文物保护单位的申报、核查、评审和116处自治区级文物保护单位的保护范围、建设控制地带划定及汇总工作，并报经自治区人民政府公布。编制完成《新疆文物保护总体规划（2012—2020年）》、坎儿井地下水利工程等保护规划。出台了《新疆吉木萨尔北庭故城遗址保护条例》。成立了自治区世界文化遗产监测中心，全面开展进入申遗名单的北庭故城等6处遗产地基础建设工作，接受了联合国教科文组织世界遗产委员会委派的国际专家现场评估。完成自治区第一次全国可移动文物普查第一阶段各项工作，北庭故城遗址入选国家考古遗址公园。启动吐虎鲁克铁木尔汗麻扎等重点文物保护工程。继续开展高昌故城保护四期等文物保护工程。配合定居兴牧等民生工程开展考古发掘工作。完成自治区博物馆国家一级博物馆运行评估和全区博物馆年度检查、备案等工作，成功申报巴音郭楞蒙古自治州博物馆为国家三级博物馆。引进《盛世华彩遗珍归——圆明园生肖兽首展》等众多文物大展，举办《新疆古代服饰的记忆》等多个新疆原创展览。

积极开展生产性保护、展示传播、教育普及、研究培训、民族传统节庆活动保护、文化生态保护实验区、特色景区景点等七类基地建设。组织开展自治区第四批非物质文化遗产名录项目申报和第三批自治区级非物质文化遗产项目代表性传承人评选、第三批自治区级非物质文化遗产名录项目保护责任单位认定工作。召开新疆维吾尔木卡姆艺术保护工作会议和全疆麦西来甫保护工作会议。成功举办第八个"文化遗产日暨首届新疆非物质文化遗产展示周"活动。组织国家级项目《维吾尔族乐器制作技艺》参加成都国际非遗节展示、《维吾尔族的土陶制作技艺》参加广东省非遗展示活动。与中国艺术研究院合作成立文化援疆科研基地。遴选26个项目申请国家级非物质文化遗产名录项目保护补助经费和国家级非物质文化遗产代表性传承人传习活动补助经费共计7229.238万元，实际拨付资金3411万元，争取经费总量居全国前列。

（七）商标行政保护

全区各级工商机关从推进自主创新、促进经济发展方式转变、加强社会诚信建设、维护国家和地区形象的高度认识"双打"工作，围绕严重侵害人民群众切身利益和影响创新驱动发展的突出问题，继续深入开展专项整治，并把之作为2013年的硬任务纳入考核指标，实施绩效考核。一是根据年初自治区工商局《关于继续做好打击侵犯知识产权和制售假冒伪劣商品的通知》（新工商商〔2013〕13号）要求，继续扎实推进"双打"工作，并结合全疆实际，制定各个阶段工作重点，确定重点监管区域、商点商品。全年相继开展"伊力及图形""伊力特""联想""lenovo""ThinkPad""黑卡""红牛"饮料等注册商标专用权专项保护行动。年底对全疆涌现出的7个"双打"先进集体和21个先进个人进行了表彰。二是坚持以强化执法为主要手段，突出大要案查办，严厉打击制假售假行为。截至2013年12月底，全区共立案5159件、结案4859件、罚没款3605.11万元，与去年同期同比分别增长11.4%、14.1%和35.6%。三是积极发挥与质监、卫生、公安、文化等部门的联合机制作用，加大横向监管频次，形成打击合力，扩大"双打"社会影响力，震慑不法分子。四是坚持以舆论宣传为辅助工具，加大侵权假冒案件的曝光力度，扩大社会影响，增加对制假售假者的社会压力；甄选发布了2012年自治区工商系统保护注册商标专用权十大典型案例，在自治区公布的2012年侵犯知识产权十大案件中，商标侵权案件就占7件，凸显了打击商标侵权的执法力度；建立信息通报制度，按时统计并上报相关数据，每月按时编报"双打"工作简报。同时，还结合"4·26"全国知识产权宣传周和"12·4"法制宣传日，全系统联合媒体集中开展现场咨询服务活动，广泛普及商标法律知识和新《商标法》的宣传贯彻，共发放宣传资料8万余份，现场接待咨询投诉6000余人（次），先后举办各类座谈会、报告会、讲座、知识竞赛、演讲比赛等50余场（次），增强了社会各界商标意识。

三、加强知识产权保护，促进知识产权创造数量和质量的提升

一年来，自治区企业知识产权创造和运用水平显著提高，一些企业依靠科技创新形成的核心专利技术，不仅形成了具有自主知识产权的产品，而且还大大增强了企业在国内外市场的影响力和竞争力，创造了良好的经济效益。如，国投新疆罗布泊钾盐有限责任公司的"含钾硫酸镁亚型卤水制取硫酸钾的方法"专利技术，有效解决了硫酸钾生产过程中缺少淡水等技术难题。2013年，自治区共有5项专利获得中国专利奖优秀奖。

知识产权创造能力快速提高，专利申请质量得到提升。全年新疆三种专利申请受理量为8224件，同比增长16.8%。其中，发明专利申请为2081件，占25.3%，同比增长23.9%；实用新型专利申请为4620件，占56.2%，同比增长36.9%；外观设计专利申请为1523件，占18.5%，同比下降23.5%。全年新疆专利授权为4998

件，同比增长45.3%。其中，发明专利授权为540件，占全区专利授权总数10.8%，同比增长19.7%；实用新型专利授权为3244件，占全区专利授权总数64.9%，同比增长36.1%；外观设计专利授权为1214件，占全区专利授权总数24.3%，同比增长100.3%。企业专利授权为4073件，占全区专利授权总数的49.5%，同比增长21.0%；企业授权专利为2647件，占全区专利授权总数的53.0%，同比增长55.6%。2013年，新疆拥有发明专利总量达到1756件，同比增长34.5%。每万人拥有发明专利0.79件。2013年，新疆PCT国际专利申请为23件，累计达到111件。全年新疆核准注册量为8767件，同比增长13.7%，累计达到67464件；新疆申请马德里注册为84件，位列全国第23位，同比增长15.1%；新认定著名商标32件，累计达到418件，驰名商标6件，累计达到37件；地理标志2件，累计达到56件，位居全国第12位。全年全区作品自愿登记1000多件，超过上年。全年自治区农业植物新品种权申请23件，累计达到132件，授权品种1件，累计达到41件。

2014年新疆维吾尔自治区知识产权保护状况

2014年，新疆维吾尔自治区知识产权保护工作在自治区党委、政府的正确领导下，全面贯彻党的十八届三中、四中全会和自治区党委八届六次、七次、八次全委（扩大）会议精神，坚持以营造"大众创业、万众创新"环境、推进知识产权战略实施为主线，以开展打击各类侵犯知识产权行为专项行动为抓手，以完善知识产权保护制度为根本，不断强化知识产权保护力度，依法保护权利人合法权益，营造了良好的知识产权保护环境，有效提高了自治区知识产权创造、运用、保护、管理能力，为推进自主创新，建设创新型新疆提供有力支撑。

一、自治区党委、政府高度重视知识产权保护工作

年初，自治区知识产权战略实施领导小组办公室会同各成员单位，制订印发了《2014年新疆维吾尔自治区知识产权战略实施推进计划》。"计划"明确、细化了各成员单位的战略实施目标、任务，注重各部门和行业之间的分工合作，以及知识产权法律、法规、政策与经济、科技、文化、社会发展等领域法律、法规和政策之间的衔接配套，以提高知识产权战略实施的系统性、实效性和操作性。为扎实推进知识产权战略实施工作，6月—8月自治区知识产权战略实施领导小组办公室组成3个战略实施考评组，分赴阿勒泰、和田、喀什、塔城、哈密和博州等6个地州，对知识产权战略实施推进工作进行实地检查督导。在《新疆维吾尔自治区知识产权战略纲要》实施四年之际，各地州市的知识产权战略宏观部署基本完成，均出台了本地州市贯彻《新疆维吾尔自治区知识产权战略纲要》的实施意见或实施办法，成立了战略实施组织领导机构。昌吉州、和田地区、博州等地州成立了以政府（行署）分管领导挂帅，科技、经贸、工商、版权、知识产权等部门为成员的知识产权工作领导小组。和田地区报请自治区编委，在七县一市均挂牌成立知识产权局，配备了知识产权局长。博州首次拿出财政资金7.8万元，奖励专利申报工作先进单位。乌鲁木齐市、伊犁州、吐鲁番地区和塔城地区等也都设立了财政专项奖励资金。自治区知识产权战略实施主体及其推进工作体系基本建立，全区知识产权战略实施工作进入全面推进、不断深入的新阶段。知识产权战略实施工作的稳步推进使得我区知识产权创造、管理、运用和保护的能力明显提升，社会公众知识产权意识显著提高，为地区经济发展、社会稳定和长治久安提供了有力支撑。

自治区政府上报的《关于自治区专利奖更名及专利奖评选办法修订的报告》得到国务院批复同意，自治区政府办公厅下发《关于表彰2012年度自治区专利奖获奖项目的通报》（新政办发〔2014〕39号），对2012年度自治区专利奖获奖项目和获奖者进行表彰奖励。

3月底，自治区知识产权战略实施领导小组对知识产权宣传周活动进行了周密部署。4月20—26日，全区按照自治区战略指导小组的统一部署和要求，组织开展了丰富多彩的宣传周活动。一是召开了新闻发布会，公布《2013年新疆维吾尔自治区知识产权保护状况》（白皮书）和《2013年自治区知识产权十大典型案例》；二

是组织开展知识产权宣传、咨询服务、产品展示、展板展示等大型宣传展示活动；三是举办了"企业知识产权大讲堂"、知识产权管理人员及大学生知识产权知识竞赛和发明创造优秀大学生评选工作；四是组织知识产权工作人员开展了知识产权"进机关、进企业、进校园、进社区、进军营"等活动，并取得良好的效果；五是开展专利执法宣传活动。全区专利执法人员深入商场开展执法宣传活动；六是充分利用网络、报刊、新闻媒体开展宣传活动。8月14日，在乌鲁木齐举行了国家知识产权局与新疆维吾尔自治区人民政府新一轮合作会商（以下称局区会商）研究讨论会。此次会议对开展新一轮局区会商合作的主题、目标、内容及相关机制进行了讨论交流。国家知识产权局专利管理司副司长雷筱云、自治区科技厅党组成员、副厅长杨晓伟出席会议，自治区知识产权局领导、新疆科技发展战略研究院、自治区科技厅相关处室负责人，乌鲁木齐市知识产权局和经开区科技局主要领导参加。国家知识产权局以政策、项目、人才、信息等方面的优势，与自治区政府在资金、政策、体系体制等方面的优势有效整合，共同推进地方经济又好又快发展。

二、自治区知识产权行政、司法保护工作积极有效推进

（一）专利行政保护

2014年，全区知识产权局系统全面实施"专利行政执法能力提升工程"，积极开展知识产权执法维权"护航"专项行动，继续做好专业市场知识产权保护工作，专利行政执法工作稳步推进。一是全面实施专利行政执法能力提升工程，建立自治区、地州市专利行政执法联动机制，在石河子市、巴州、吐鲁番地区、博州设立了专利巡回审理庭，并在巴州和昌吉州开展区、地、县三级行政部门联合执法活动。建立专利纠纷快调机制，制定《自治区专利侵权纠纷快速调处工作办法》。完善专利侵权判定咨询机制，建立中国（新疆）知识产权维权援助中心专利侵权判定咨询专家库，制定《中国（新疆）知识产权维权援助中心专利侵权判定咨询工作办法》。编印了《专利行政执法工作法规政策及制度文件汇编》。二是继续推进专业市场知识产权保护工作，伊犁州霍尔果斯经济开发区顺利通过国家知识产权局专业市场知识产权保护试点工作验收，乌鲁木齐市华凌综合市场被列入第二批国家规范化市场培育项目。三是深入开展打击侵犯知识产权专项行动，整顿规范市场秩序，营造有利于创新创业的市场环境。各级知识产权局结合本地实际，在"知识产权宣传周""专利周""质量月"期间，在重点领域、重点区域开展知识产权执法维权专项检查活动，并开展展会及电子商务领域专利执法维权工作。2014年，全区知识产权局系统共办理各类专利案件310件，结案289件。全年开展执法检查1467次，检查商品32万多件，跨地区、跨部门协作执法89次。参加行政诉讼6起。专利侵权纠纷处理量和假冒专利案件查处量明显加大，专利行政保护能力进一步增强。

（二）商标行政保护

2014年，全区工商局系统积极推进商标监管执法和商标战略实施两大工作进程，商标工作取得新成效。一是商标宣传培训工作深入开展。全区上下紧紧围绕"建设知识产权强国 支撑创新驱动发展"这一主题，重点宣传普及新《商标法》及其《实施条例》知识、提高社会各界商标意识为重点，以"尊重知识、崇尚创造、诚信守法"知识产权文化建设为核心，卓有成效地开展了宣传周活动。二是商标战略实施稳步推动。各地充分发挥商标战略工作领导小组办公室职能作用，推动商标战略深入实施。巴州政府下发了《关于加快推进自治州品牌建设的实施意见》、吐鲁番地区行署制定下发了《吐鲁番地区关于推进商标战略的实施意见》，昌吉州委、州政府出台了《自治州关于鼓励创新、扩大消费，促进经济社会加快发展的若干奖励政策》，有利推动了当地商标战略实施进程；进一步完善重点培育商标储备库和地理标志资源库，提升了服务效能；开展第十一届新疆著名商标评审认定工作，评审认定了34件商标为第十一届新疆著名商标；商标专用权质押贷款有力推进。成功协助7家驰（著）名商标企业以商标专用权贷款融资3000万元。三是商标监管长效机制有效推进。大力推进商标授权经营制度，在乌鲁木齐市美美百货和汇嘉时代组织召开了全区商标授权经营制度经验交流现场会，为全疆范围全面推行此项制度奠定良好基础。目前全区已建立示范点126家；制定印发了《新疆维吾尔自治区工商

系统重大商标案件预警及应急处理机制》；不断完善与国家工商总局商标局和自治区民宗委等部门的沟通协作工作机制，涉疆商标监测工作取得显著成效，共监测商标190余万件，监测出的61件问题商标经自治区民宗委审核确认后上报总局商标局。目前，已撤销4件，驳回不予注册10件，51件正在异议流程中，3件处于驳回复审流程中。四是商标专用权保护力度日益强化。"双打"工作扎实深入开展，案件查办取得明显成效。截至12月31日，全系统共立案4729件，办结4505件，罚没款3647.97万元，捣毁窝点31个，移送司法机关案件5件。

（三）版权行政保护

2014年自治区积极稳妥开展软件正版化工作。一是印发《自治区2013年软件正版化工作总结和2014年工作计划》。二是召开地县两级政府完成软件正版化新闻发布会。三是对地州进行软件正版化工作指导，配合国务院软件正版化检查组对我区两个地市12家单位进行检查并获通过。四是积极贯彻落实国务院办公厅《政府机关使用正版软件管理办法》，强化考核和责任，落实自治区近150家单位的负责人信息，编制自治区软件正版化考核评价细则并印发全区并组织开展考核工作，受到了国家版权局的高度评价。五是对80家企业下发了软件正版化整改函，督促其完成软件正版化，并对20余家企业进行电话督办，现场检查11家企业，全年共有38家企业完成了软件正版化，正版软件采购金额920万元，兑现奖补资金92万元。六是与人行乌鲁木齐中心支行、卫生厅、住建厅、国资委、证监局、乌鲁木齐市经济技术开发区等部门协商推进2014年度行业软件正版化工作事宜。八是举办全区政府机关软件正版化培训班、国有企业软件正版化培训班、新疆地方性金融行业软件正版化培训班，共有110多个政府机关及所属事业单位、大专院校180人、48家本地金融机构70多人，43家国有企业62人参加培训。

2014年继续做好版权执法和服务宣传工作。一是指导乌鲁木齐市新闻出版局对一起涉嫌侵权的工艺品案件进行了现场执法，扣押涉嫌侵权伊斯兰风格钟表工艺品288件；移交4家KTV侵权投诉，做出行政处罚，同时侵权人向音集协缴纳版权费40万元。二是协调兵团新闻出版局，对一起涉嫌侵犯医院管理系统软件的案件进行调查，赴农六师四个团场进行取证，并将证据提交鉴定机构鉴定。三是登记作品1200多件，比去年同期增长50%。四是应电信企业的要求，分别赴中国电信新丝路网站和中国电信民文业务部开展著作权法与信息网络传播权保护条例的宣传。五是积极参加消费维权活动，现场宣传著作权法和新闻出版法律法规。六是协调新疆相关出版社授权乌鲁木齐广播电台维语台播送各社出版的图书。七是开展"4·26"知识产权宣传周活动，与乌鲁木齐市新闻出版局合作，对我区出版物批发市场人员以及印刷从业者开展著作权法宣传，共110人参加培训。八是成立了由版权局、公安厅、通信管理局、互联网办公室共同组成的自治区"剑网行动"领导小组。制定了我区实施"剑网行动"的工作方案并印发全疆。同时，通过《新疆日报》《新疆经济报》、天山网、亚心网等媒体公布了举报电话以及举报奖励办法。

（四）植物新品种保护

2014年，新疆大力推进农业植物新品种保护工作，广泛宣传品种权保护知识，积极组织品种权申请工作，新品种保护事业得到了较快发展。全区全年品种权申请数量7件，授权品种4件。截至2014年年底，全区品种权申请总量累计达到139件，授权总量累计达到45件。

2014年，新疆被农业部继续列为全国农业植物新品种保护执法试点省区之一。在试点工作中，新疆农业厅在全区范围内开展了农业植物新品种保护科技执法大检查，有效地遏止了侵犯品种权和假冒授权品种案件的发生。同时通过广播、报刊、举办培训班、讲座等形式，广泛宣传品种权保护知识，开展培训工作，举办农业植物新品种保护培训班5期，培训人员360余人；举办知识讲座4次，培训人员410余人。同时，积极参加了"自治区知识产权周宣传活动"，制作了有关植物新品种保护知识的版面，开展了宣传活动。并与自治区种子管理总站一起开展了2次全区植物新品种保护种子执法检查。

（五）知识产权海关保护

2014年，乌鲁木齐海关继续按照《国家知识产权战略纲要》战略要求，加大知识产权海关保护工作力度，不断发挥海关风险、监管、企管、审单和现场查验等综合立体研判效能，持续打击进出口侵权货物的违法活动，有力维护了新疆公平规范的对外贸易秩序。2014年，乌鲁木齐海关查获各类知识产权侵权案件43起，同比减少28.33％；案值124.988万元，同比减少58.58％；罚没侵权商品3.47万件，同比减少63.32％；侵犯权利数32个，同比减少52.94％。

2014年，乌鲁木齐海关不断强化知识产权保护是海关法定义务的统一认识，将知识产权保护工作放在更高的层次进行落实，以建设法治海关的理念来引领和规范。一是发挥海关进出境监管职能，实施海关主动查处，相继组织开展了以"保护、运用、发展"为主题的知识产权保护宣传周活动，海关知识产权保护"绿茵行动"，借助海关业务管理风险管理平台，加大相关出口货物的风险分析和查验力度，及时提醒相关加工企业防范侵权风险因素。二是依法信息公开，提高海关执法透明度和公信力。海关总署下发了《海关依法公开进出口侵犯知识产权货物行政处罚案件信息的实施办法（试行）》。4月15日，乌鲁木齐海关开始在互联网的门户网站上开辟专栏，要求关区各单位在办结案件后20个工作日内，公开关区侵犯知识产权货物行政处罚案件的信息。三是加强业务培训，深化与知识产权权利人的合作。6月，乌鲁木齐海关举办侵权商品鉴别培训，邀请31家著名知识产权品牌权利人代表及自主知识产权品牌权利人参加培训。四是重视制度建设，从制度层面保障打击力度与成效。完善了《乌鲁木齐海关知识产权海关保护联络员工作制度》和《乌鲁木齐海关知识产权海关保护工作办案操作流程》，从备案注册查询、线索移交与受理、案件调查与办理、移送、处罚、信息公开和侵权货物处置、档案归档等各项执法程序环节进行了规范和统一。结合《海关依法公开进出口侵犯知识产权货物行政处罚案件信息的实施办法（试行）》的实施，健全完善了乌鲁木齐海关侵权重大案件上报制度，理顺信息在隶属海关、总关和海关总署传导的通路，准确把握一线执法实际情况，及时对大案要案实施督办。五是创新保护工作方式，畅通咨询、举报和投诉渠道。在"12360全国海关统一服务热线"中加入了受理知识产权咨询、举报和投诉的功能，并依照《乌鲁木齐海关"12360"管理办法》的规定，由专职人员24小时负责接听，及时回复咨询内容，回复时间最长不超过两个工作日。对于群众举报和投诉做好前期记录，及时通知法规与风险管理部门进行布控，线索受理和办理做到全程跟踪，年内受理了2起线索举报，进行风险布控两次，处理结果及时反馈举报人。

（六）知识产权刑事保护

2014年，全区公安机关严厉打击侵犯知识产权和制售假冒伪劣商品犯罪，以打击破案、夯实基础、舆论宣传为重点，以开展专业化打击和建设为主线，以提升社会影响力和满意度为标准，扎实推进打假专项行动。一是坚持打击主业不动摇。围绕危害群众健康安全、妨碍创新驱动发展的制售假冒伪劣"名牌产品"问题，重点打击影响农村和基层群众生产生活的犯罪，威胁地方支柱行业和企业的犯罪，利用互联网实施的犯罪等四类犯罪活动，依法严惩假冒伪劣犯罪。二是加快基础工作建设步伐。深化专业手段和协作机制建设，从而不断完善常态化条件下的打防工作格局，实现专项行动常态化、常态打击专项化。公安厅经侦总队与自治区工商局会商保护知识产权工作，采集全区2014年驰名商标及著名商标名录，推动各地警企协作等重点项目建设，并以此为纽带深化警企合作和区域联动，提升工作合力。各地公安机关主动协调当地龙头企业，严格标准科学遴选，先后报送食品、农资等备选产品30余种。公安部已将我区新疆伊力特实业股份有限公司和巴州富全新科种业有限责任公司的7种产品列入了全国公安机关打假溯源机制重点产品名录。三是以提升社会影响力和满意度为标准，主攻危害国计民生的大要案件，2014年，全区公安机关共受理侵犯知识产权等案件141起，立案侦查109起，破案97起，涉案总价值2084.48万元，抓获犯罪嫌疑人100余人，挽回经济损失1294.81万元。

（七）知识产权司法保护

2014年，全区法院系统充分发挥司法保护知识产权的主导作用，依法独立公正审理各类知识产权纠纷案件。一是充分发挥民事审判在保护知识产权中的主渠道作用。全年全区法院新受理知识产权民事案件506件，其中一审案件466件，二审案件40件。全年的旧存知识产权民事案件31件，其中一审案件26件，二审案件5

件；新受理知识产权民事案件中专利纠纷案件34件、商标纠纷案件281件、著作权纠纷案件131件、技术合同纠纷案件9件、植物新品种纠纷案件1件、其他知识产权纠纷案件10件。二是刑事审判在打击侵犯知识产权犯罪中的作用进一步加强。全年新收刑事知识产权案件68件，旧存4件，共受理知识产权刑事案件72件，审结66件，处以刑罚93人。三是法履行知识产权行政审判对行政行为的司法监督职责。全年新收行政知识产权案件5件，旧存1件，共审理知识产权行政案件6件，审结5件，其中维持行政机关具体行政行为3件，支付赔偿金1件，其他裁定处理1件。

2014年，全区法院系统知识产权审判工作紧紧围绕"努力让人民群众在每一个司法案件中都感受到公平正义"的目标，进一步加强队伍建设，充实知识产权审判力量，改进工作作风，努力提高司法能力和水平。一是以办精品案、做到案结事了人和为目标，诉讼调解工作再上新台阶。全区法院知识产权案件调解及撤诉结案436件，调撤率76.22%；其中一审调解及撤诉结案398件，调撤率75.95%，二审调解及撤案结案38件，调撤率79.16%。二是知识产权宣传工作内容丰富、形式多样。通过撰写信息报道、以案说法、编写典型案例在《人民法院报》《新疆日报》《乌鲁木齐晚报》《新疆法制报》《新疆都市报》等媒体及亚新网、法院网、腾讯网、搜狐网等网络媒体宣传知识产权知识及知识产权保护情况，努力推动全社会知识产权保护意识，扩大人民法院保护知识产权的社会影响。通过"4·26"知识产权宣传日宣传周活动，宣传法律，增进全社会对人民法院知识产权司法保护工作的了解和认可度。

（八）非物质文化遗产保护

一年来，自治区文化部门积极推进非物质文化遗产保护工作。一是加强制度建设，完成《新疆非物质文化遗产专项资金管理办法（送审稿）》，为自治区非物质文化遗产保护专项资金的规范管理、使用制定了政策依据。二是组织开展第四批国家级非物质文化遗产名录项目申报工作。有15个项目入选第四批国家级代表作项目，其中新增项目13项，位列全国前5名。三是积极争取国家对非物质文化遗产保护资金投入，从我区70个国家级非遗名录项目（涉及110个保护单位）中，遴选出42个国家级非遗名录项目，申请2014年国家非物质文化遗产保护专项资金，共计落实资金3149万元。四是为入选联合国急需保护名录的"麦西来甫"，向联合国教科文组织提交《麦西热甫履约报告》，报告彰显了在党和政府的高度重视下，在广大民众的积极参与下，麦西热甫保护取得的成就。五是积极开展非物质文化遗产分类保护，在全疆组织开展了新疆非物质文化遗产保护传承基地的申报工作。命名呼图壁县文化馆等91个单位为新疆非物质文化遗产保护传承基地。六是进一步加强保护单位建设，认定第四批自治区级非物质文化遗产名录97个保护单位，至此我区的自治区级名录项目保护单位达到520个。确定了第四批自治区级非物质文化遗产项目代表性传承人85人，自治区级代表性传承人共计521位。七是积极开展国家级非物质文化遗产生产性保护示范基地申报工作，自治区有2个保护单位入选第二批国家级非物质文化遗产生产性保护示范基地。2014年，新疆已有3个国家级非物质文化遗产生产性保护示范基地，分别是疏附县吾库萨克乡热合曼·阿布都拉传习所、和田托提瓦柯桑皮纸国家贸易有限公司、洛浦县时代地毯厂。八是实施中华文脉——新疆非物质文化遗产保护记录工程，完成了《玛纳斯》等13个项目，约100万字书籍的编撰，《新疆曲子》等18个项目26集，共计390分钟专题片的录制，为全面开展新疆非物质文化遗产保护记录工作迈出了关键一步。九是积极开展国家级文化生态保护区建设。组织编制《莎车（维吾尔十二木卡姆）文化生态保护实验区建设规划纲要》《新源哈萨克文化生态保护实验区》《察布查尔锡伯文化生态保护实验区》建设规划纲要，并将上述三地申报国家级文化生态保护区。

三、加强知识产权保护，促进知识产权创造数量和质量的提升

2014年新疆三种专利申请受理量为10210件，首次突破万件，同比增长24.1%。其中，发明专利申请受理量为2360件，占专利申请总数的23.1%，同比增长13.4%；实用新型专利受理量为4935件，占专利申请总数的48.3%，同比增长6.8%；外观设计专利受理量为2915件，占专利申请总数的28.6%，同比增长91.4%。非职务专利申请受理量为3983件，占专利申请总量的39.0%，同比增长33.3%；职务专利申请受理6227件，占专利申

请总量的61.0%，同比增长18.9%。在职务专利申请受理中：企业5020件，同比增长23.3%；科研院所为488件，同比下降0.8%；大专院校为493件，同比增长12.8%；机关团体为226件，同比下降3.4%。截至2014年年底，新疆三种专利申请累计达到58861件。

2014年，新疆专利授权为5238件，同比增长4.8%。其中，发明专利授权为605件，占专利授权总量的11.6%，同比增长12.0%；实用新型专利授权为3850件，占专利授权总量的73.5%，同比增长18.7%；外观设计专利授权为783件，占专利授权总量的15.0%，同比增长-35.5%。非职务专利授权为1459件，占专利授权总量的27.9%，同比下降20.6%；职务专利授权为3779件，占专利授权总量的72.2%，同比增长19.6%。企业专利授权量为3150件，占专利授权总量的60.1%，同比增长19.0%；科研机构专利授权量为304件，占专利授权总量的5.8%，同比增长16.5%；大专院校专利授权量为210件，占专利授权总量的4.0%，同比增长31.3%；机关团体专利授权量为115件，占专利授权总量的2.2%，同比增长23.7%。

2014年，新疆有效发明专利2353件，同比增长34.0%，每万人发明专利拥有量为1.04件。其中，个人为424件，占有效发明专利总量的18.0%，同比增长4.67%；企业为1156件，占有效发明专利总量的49.1%，同比增长57.7%；大专院校为212件，占有效发明专利总量的9.0%，同比增长26.2%；科研机构为521件，占有效发明专利总量的22.1%，同比增长21.7%；机关团体为40件，占有效发明专利总量的1.7%，同比增长81.8%。截至2014年年底，新疆专利授权量累计达到33342件。

2014年，自治区商标、地理标志注册数量有新提升。据统计，全年全区商标申请为17051件，注册商标11760件。截至2014年年底，全区累计有效注册商标达到64230件，地理标志达到59件，马德里商标国际注册申请达到88件，中国驰名商标达到39件，新疆著名商标达到442件。

2014年，自治区著作权登记数量有新提高。全年，全区共登记作品1100余件，同比增长21%；登记出版外国作品合同22件；全年新登记软件著作权410个，同比增长38.0%，新认定软件产品126个，同比增长50.1%。

2014年，自治区新品种保护工作有新进展。全年全区农业植物新品种权申请7件，授权品种4件。截至2014年年底，全区植物新品种申请累计达到139件，植物新品种授权累计达到45件。

编　后　语

　　为庆祝中国《专利法》颁布实施30周年，反映30年新疆专利事业的发展情况，自治区知识产权局编写了《新疆知识产权（专利）工作三十年》一书。2015年3月启动编写工作，2016年年底完成初稿，2017年6月定稿。

　　参加本书撰写工作的有：史治勋（第1—15章）、李晨（15章第8节）、阿不都拉·阿不都热合曼、陈春林、狄英、林燕鹏、郭峰、郭志刚、王焰烈、宋智军、帕尔哈提·艾拜都拉、黄广昌、张莺莺、王成武、张明国、龚小茜、赵慧彬（第16章）。

　　马庆云、谭力、孙东方、艾拉·吾买尔巴克、夏黎、董海军参加了书稿的初审工作。

　　文稿审定：马庆云；全书统稿：姜万林、史治勋；校对：李晨、史媛、李放。

　　提供资料：杨靖、李元、崔志静、赵斐斐、张芳萍、阿依努尔·阿布都如苏里、古丽娜、郑伊民、司海静、姜晓璐、丁奇德等。

　　构架设计：史治勋。

　　本书需要说明的内容：一是在表述"新疆维吾尔自治区"时用了"自治区"；二是在表述自治区有关部门名称时有的用了简称，如计划委员会简称为"计委"；经济贸易委员会简称为"经贸委"；经济与信息化委员会简称为"经信委"等。三是在表述自治州名称时有了用简称，如：伊犁哈萨克自治州简称为"伊犁州"；博尔塔拉蒙古自治州简称为"博州"；昌吉回族自治州简称为"昌吉州"；巴音郭楞蒙古自治州简称为"巴州"；克孜勒苏柯尔克孜自治州简称为"克州"。

　　本书在编写过程中，曾得到自治区领导的亲切关怀和自治区知识产权局领导的全力支持，以及局机关各处、直属单位、地州市知识产权局同仁的大力协助和密切配合。值此，一并表示衷心感谢。

《新疆知识产权（专利）三十年》编委会

2017年6月30日